마르크스로 돌아가다

경제학적 맥락에서 고찰한 철학 담론

이 도서의 국립중앙도서관 출판예정도서목록(CIP)은 서지정보유통지원시스템 홈페이지(http://seoji.nl.go.kr)와 국가
자료공동목록시스템(http://www.nl.go.kr/kolisnet)에서 이용하실 수 있습니다.
CIP제어번호: CIP2018032307(양장), CIP2018032308(반양장)

마르크스로 돌아가다

경제학적 맥락에서 고찰한 철학 담론

장이빙(張一兵) 지음

김태성·김순진·고재원·피경훈·김현석·임춘성 **옮김**

정성진·서유석 **감수**

한울
아카데미

차례

한국 독자에게

『마르크스로 돌아가다: 경제학적 맥락에서 고찰한 철학 담론』의 한국어판이 걸출한 한국 학자들의 공동 노력에 힘입어 한울엠플러스에서 출판되었다. 이는 일본어판과 영어판에 이어 이 책의 세 번째 외국어 번역본이다.[1] 당대 중국의 마르크스 사상 연구자로서 한국어판 출간을 무한한 영광으로 생각하는 동시에 무거운 책임감을 느낀다.

2018년은 마르크스 탄생 200주년으로, 100여 년 전 급진적으로 부르주아 세계를 비판했던 이 유대인 예언자가 세계 각지에서 또 다시 선명하게 우리 앞에 떠오르고 있다. 지난 세기 말 서양의 일부 학자가 소련 및 동유럽의 붕괴와 '역사의 종말'에 대해 기뻐 날뛰었지만, 얼마 지나지 않아 자본주의의 지구적 승리라는 환상은 스스로 급격하게 붕괴되기 시작했다. 특히 2008년 이후 주요 자본주의 국가들은 서브프라임 모기지론과 금융위기 등 겹겹의 위기 가운데 도산했으며 일찍이 국제 독점자본주의로 명성을 떨쳤던 EU 각국도 벗어날 수 없는 모순과 혼란에 빠져들었다. 이로 말미암아 사람들은 다시 한 번 마르크스를 생각하게 되었다. 그러나 과거 긴 시간 동안 마르크스 사상의 해석과 재현은 스탈린 교조주의 이데올로기의 틀로부터 영향을 받았고, 이 그림자로 인해 오늘날 사람들은 마르크스를 언급하더라도 소련과 동유럽의 거

---

1   일본어판은 張一兵, 『回到馬克思: 經濟學語境中的哲學話語』(日本情況出版社, 2013), 영어판은 Yibing Zhang, *Back to Marx: Philosophical Discourse in an Economics Context*(Universitätsverlag Göttingen, 2014)로 출간된 바 있다. 이 외에도 독일어판과 러시아어판을 출판 준비 중이다.

친 관방 이데올로기 독해와 정치 실천의 실패로부터 분리되기 어려웠다. 이는 바로잡기 어려운 사상의 혼란이었다. 사실 20여 년 전 나는 중국에서 솔선해서 '마르크스로 돌아가자'라는 구호를 제기했는데, 그 직접적인 목적은 동일성을 요구하는 강제적인 정치 이데올로기의 환상으로부터 벗어나 마르크스를 당대 세계적인 사상 맥락과 새로운 텍스트 독해 방식으로 자리매김하고, 마르크스를 역사적인 원초적 학술 맥락으로 돌려보내는 동시에 마르크스가 새로운 발전과 시대의 흐름에 부합하도록 이론 지평을 정리하기 위함이었다. 이 노력은 중국 학술계가 20여 년 동안 문제를 제기하고 수용하는 과정을 거치면서 중국의 청년 세대 학자들로 하여금 마르크스의 원전 연구의 과학적 플랫폼으로 돌아가도록 성공적으로 유도했다. 최근 들어서는 점차 세계 학술계가 이러한 학술적 노력을 이해하기 시작했다.

필자는 지금 사실 자체로 돌아가야 한다는 현상학의 취지에서 사상 고고학 시리즈[2]를 진행하고 있는데, 이 시리즈의 시발점인 『마르크스로 돌아가다』라는 책이 한국 독자들에게 소개되어 기쁘기 그지없다. 나는 이 책을 통해 한국의 동지를 만나기를 진심으로 기대하고 있다. 최근 몇 년간 나는 한국의 마르크스 연구학자 고 정문길 교수와 함께 '한중마르크스주의 포럼'을 네 차례 개최했는데, 이는 양국의 마르크스 사상 연구자들이 서로 깊이 이해할 수 있는 계기가 되었다. 솔직히 말해 나는 한국의 마르크스 연구학자들을 매우 존경한다. 왜냐하면 사회주의 중국의 특수한 사회 현실과 양호한 학술 연구 환경에 비해 한국 학자들이 처한 환경은 험난하기 그지없기 때문이다. 2007년 2월 나는 연세대학교에서 정문길 교수는 처음 만났다. 그의 마르크스 문헌학 연구는 최근 마르크스학 연구에서도 높은 수준이었다. 정 교수는 한국에서 고독하다고 말했다. 군사독재 시대에 마르크스 연구는 불법이었고 오늘날에

---

2 張一兵, 『回到列宁: 關于'哲學筆記'的一种后文本學解讀』(江蘇人民出版社, 2008); 張一兵, 『回到海德格爾: 本有与构境』(商務印書館, 2014); 張一兵, 『回到福柯: 暴力性构序与生命治安的話語构境』(上海人民出版社, 2016).

도 한국의 마르크스주의와 마르크스학 연구는 학술계의 주변에 놓여 있어 한국에서는 마르크스주의를 연구하기가 대단히 어렵다는 것이다. 그러나 이는 정문길 교수가 고려대학교의 걸출한 교수이자 세계적인 마르크스 연구학자가 되는 데 방해가 되지 못했다. 그 후로도 나는 여러 명의 우수한 한국 마르크스 연구학자들을 만났다. 복잡한 사회 정치투쟁과 간고한 학술 조건에서도 그들은 마르크스주의 경전 문헌의 번역과 연구를 통해 당대 자본주의 현실을 비판하고 있으며, 한국 마르크스주의 사조를 건설하기 위한 학술 전선에서 대단히 훌륭한 성과를 내고 있다. 현재 이 우수한 한국 마르크스 연구학자들은 마르크스 학술 연구에서 중국 학자들의 사상적 지기이자 훌륭한 동료가 되었다.

정성진 교수와 홍정선 교수에게 감사드린다. 그들의 추동이 없었다면 이 책의 한국어판은 출판되기 어려웠을 것이다. 한국의 저명한 번역가 김태성 박사를 필두로 김순진 교수, 고재원 박사, 피경훈 교수, 김현석 박사 등 공동 번역자들에게 감사드린다. 그리고 공동번역을 조직하고 통고를 맡아준 임춘성 교수, 감수를 맡아준 서유석 교수와 정성진 교수에게 감사드린다. 특히 전체 원고를 꼼꼼하게 감수해준 정성진 교수에게 특별한 감사를 전한다. 동시에 한울엠플러스 김종수 사장에게도 감사드린다. 여러 해 전 우리가 서울에서 만나 이 책의 출판에 대해 의논하던 장면이 지금도 눈에 선하다. 아울러 이 책 출판에 참여해준 출판사 편집진에 감사드린다. 이 분들의 노력과 땀이 없었다면 이 책이 한국에서 출판되기 어려웠을 것이다.

이 책이 많은 분들의 노력에 보답하기를 희망한다.

2018년 10월
난징에서 장이빙

제3판 서문[*]

　『마르크스로 돌아가다: 경제학 맥락에서 고찰한 철학 담론』은 2009년에 제2판이 출판된 뒤로 국가신문출판서가 주관하는 '2010년도 중국도서 대외 추광프로젝트'(일어판)와 국가사회과학기금이 주관하는 제1회 '2010년 중화 학술외국어번역 프로젝트'(영어판)에서 지원 자금을 획득했다.

　이 책의 일본어 번역은 나카노 히데오가 담당했다. 그의 전공은 경제학이다. 중국 난징(南京)대학교 마르크스사회주의이론 연구센터에 장기간 겸직연구원으로 근무한 바 있는 그는 2년 동안 난징대학에서 일본어를 가르치면서 남는 시간을 활용해 중국 학술계에서 이미 아주 이해하기 어려운 책으로 판명된 이 책을 한 자 한 자 꼼꼼히 일본어로 완역해냈다. 학술적 축적이나 중국 문화와 언어에 대한 깊은 이해가 없었다면 이처럼 어려운 일을 완벽하게 실현하기란 대단히 힘들었을 것이다. 그에게서 나는 일본 학자들의 근면하고 성실한 모습을 확인할 수 있었다. 텍스트의 이론 및 사상적 취지를 비교적 정확하게 이해하기 위해 나카노 히데오는 난징대학에서 거행한 수많은 학술토

---

[*]　『回到馬克思: 經濟學語境中的哲學話語』의 제1판은 1999년에 출간되었으며, 제2판은 2009년, 제3판은 2014년에 출간되었다. 이 번역서는 가장 최근에 나온 제3판을 번역한 것이다. _옮긴이

론회에 참석했고, 이 책을 번역하는 2년 동안 매주 번역과정에 부딪친 문제들을 가지고 와서 공동토론을 거쳐 학술사상을 중국어 맥락에서 일본어 맥락으로 최대한 정확하게 바꾸었다. 그 과정에서 나는 문헌의 인용이나 사상의 이해에서 내가 갖고 있던 편차를 많이 수정할 수 있었다. 이런 작업을 가능하게 해준 나카노 히데오 선생에게 감사의 뜻을 전한다. 나의 오랜 친구인 일본 도쿄 사회사상사연구회의 호시노 사토시와 요시다 노리오, 히야마 미치히코, 고바야시 마사토, 이시즈카 리오지, 쿠쓰나 게이오 여섯 분께는 특별히 감사의 뜻을 전하고 싶다. 이 책의 일본어 원고를 출판사에 보낸 뒤 이들은 특별히 난징까지 와서 원서를 여섯 권 구입해 일본어 원고 전체를 나누어 감수하고 교열함으로써 번역원고의 품질을 확실하게 보증해주었다. 이 책의 일본어판은 히로마쓰 와타루[1]가 생전에 창립에 참여했던 조우교우출판사에서 출판되었다. 2011년 12월, 나는 또 다시 도쿄로 가서 교수들과 만난 자리에서 번역상의 문제들을 토론하면서 출판사 편집자들과 출판문제를 최종 상의했다.

이 책을 영어로 옮기는 작업은 멀리 미국에서 온 청년학자 토머스 미첼(Thomas Mitchell)이 맡았다. 미첼은 난징대학와 미국 브리검 영대학이 공동으로 진행하는 학술교류 프로젝트의 미국 측 연구원으로, 전공은 정치학이다. 미첼은 모친이 재미 타이완 학자라서 중국어와 중국문화에 대한 기초가 탄탄했기에 난징에 머무는 동안 우리는 이 책의 내용과 학술 맥락, 그리고 각 장과 절의 구체적인 내용에 대해 아무런 장애 없이 연구와 토론을 반복할 수 있었다. 심지어 영역본에서 학술개념에 대한 논쟁의 소지가 있는 부분에 관

---

1   히로마쓰 와타루(廣松涉, 1933~1994), 일본의 저명한 신마르크스주의 철학자이자 사상가다. 1933년 8월 1일 일본 후쿠오카 야나가와에서 태어나 1954년에 도쿄대학에 입학했다. 1959년에 도쿄대학 철학과를 졸업하고 1964년에 같은 대학에서 박사과정을 수료했다. 1965년 이후 나고야공업대학 강사(독일어)와 부교수(철학 및 사상사)를 거쳐 1966년에 나고야대학 문화대학 강사 및 부교수(철학 및 윤리학)를 역임했다. 1976년 이후에는 도쿄대학 부교수를 거쳐 교수로 재직하다가 1994년 퇴임했다. 같은 해 5월, 도쿄대학 명예교수가 되었고 같은 달에 암으로 세상을 떠났다. 대표적인 저서로『유물론 사관의 원상』을 비롯해『세계의 상호교류 주체성의 구조』,『문헌학 맥락에서의 '독일 이데올로기'』,『사건의 세계관의 전초』,『물상화론의 구도』,『존재와 의미』등이 있다.

해 깊이 있는 교류를 진행하기도 했다. 그는 미국으로 돌아간 뒤에도 우편을 통해 자신이 발견한 문제점들을 즉시 보내주었고 내가 번역 진도를 좀 더 직관적으로 파악할 수 있도록 한 달에 한 번씩 완성된 원고를 보내주었다. 아울러 중국어 원문과 영어 번역문을 간격을 두고 동시에 배열한 뒤 번역과정에서 문제가 있다고 생각하는 부분이나 정확히 파악하지 못한 영어 번역문과 개념들을 일일이 표시했고 이에 대해 나의 대답을 기다렸다. 이처럼 세밀한 연구와 토론은 번역원고가 완성될 때까지 유지되었다. 미첼에게 깊은 감사의 뜻을 전하는 바다.

한편 2010년 괴팅겐대학에서는 내 책의 영어번역 원고를 본 후 동아시아학과의 슈나이더 교수가 국제학술계의 몇몇 동료 전문가를 초빙해 심사를 진행했는데, 3개월 뒤 괴팅겐대학의 부총장이 몹시 흥분된 어투로 내게 한 가지 사실을 알려왔다. 몇몇 외부 심사 전문가가 약속이라도 한 듯 내 원고를 대단히 높이 평가해 현재 번역원고가 영문 교열 과정에 들어갔다는 것이었다. 2012년 11월 강연을 위해 독일에 가는 기회를 이용해 괴팅겐대학출판사의 편집자 및 영어 교열 전문가인 코르프 박사를 만나 연구토론을 진행했다. 괴팅겐대학출판사에서는 2014년 이 책을 출간했다.

『마르크스로 돌아가다』의 영어판과 일어판의 번역작업이 기본적으로 마무리되고 난 뒤 나는 진행하고 있던 『하이데거로 돌아가다』의 제3고 수정작업을 중단하고 무려 1년에 걸쳐 이 책의 중국어판 제3판의 교열작업에 들어갔다. 중국어판 제3판은 원문의 기본적인 학술구도의 속성과 전체적인 맥락을 그대로 유지했으며, 변화가 있는 부분은 다음 몇 가지로 제한된다.

첫째, 이번 수정에서 나는 마르크스가 1843년에 쓴 『유대인 문제에 대하여』에 관해 논술하면서, 특별히 헤스에 관한 한 절의 내용을 다시 쓰는 데 집중했다. 여기에는 청년 마르크스와 헤스의 관계에 대한 새로운 견해도 포함된다. 이 밖에 책 전체를 수정하는 과정에서 일부 관점을 수정하면서 이와 관련된 문헌을 보완했다.

둘째, 이번 수정이 이전의 두 판본과 가장 다른 점은 내가 직접 『마르크스·엥겔스 전집』 제2판(MEGA2)과 MEW판 등 독일어 원문을 바탕으로 마르크스의 텍스트가 중국어로 전환되는 과정에서 재현된 일부 사항을 수정하고, 과거에 중국어판의 맥락에서 분명하게 오류로 판정된 부분을 전부 수정했다는 것이다. 이 책 제1판을 쓰는 과정에서는 MEGA2에 대한 문헌을 인용하면서 중국어로 번역된 자료들을 기초로 했지만, 이번에는 직접 독일어 원문에 의존했다. 동시에 최근 몇 년 동안 하이데거에 관한 텍스트 연구로 골머리를 앓고 있던 터라 이미 반백이 넘은 나이에 독일어 학습에 많은 노력을 기울여야 했다. 하지만 지금 생각해보면 이 모든 것이 충분히 가치 있는 일이었다. 왜냐하면 이번 수정작업 과정을 통해 십 년 전 '마르크스로 돌아갔을' 때 근거로 삼았던 주요 문헌인 『마르크스·엥겔스 전집』 중국어판 제1판의 텍스트 상당 부분이 뜻밖에도 러시아어판을 중역한 것이었다는 사실을 발견했기 때문이다. 일부 대단히 중요한 개념과 범주가 실은 소련 전문가들이 러시아어 맥락에서 의역한 것이었다는 사실을 알게 된 것이다. 예컨대 마르크스의 철학과 경제학을 이해하는 데 대단히 중요한 단어인 Vergegenständlichung(대상화)이 『1844년 수고』와 『정치경제학 비판 요강』의 적지 않은 부분에서 '물화(物化)'로 오역되어 있었고, Gemeinwesen(공동 본질)은 '사회연계'로, 그리고 확실하게 서로 다른 의미를 갖고 있는 Dasein(정재)과 Existenz(생존)가 '존재'로 오역되어 있었다. 마르크스가 사회생활의 복잡한 관련성을 설명하는 데 사용했던 Band(연결), Bezeihung(연계), Verhältnis(관계), Zusammenhang(관련), Relation(상대관계) 등 서로 다른 개념들이 간단하게 '관계(연계)'로 혼역되어 있기도 했다. 이 가운데 상당 부분이 중국어판 제2판에서 수정되긴 했지만 아직 고쳐지지 않은 내용도 없지 않았다. 마르크스 철학 테스트를 구체적으로 토론하는 맥락에서 볼 때, 이러한 오역들은 이미 중국의 전통적인 번역 텍스트 연구에서 마르크스 사상을 이해하는 데 일정한 오식(誤識, Quid proquo)을 유발하고 있다. 이런 의미에서 이 책의 제3판 수정작업은 새로운 이론과 현실을 제시한다는 의미를 갖는다고 할 수 있다.

셋째, 제3판 수정작업을 진행하면서 나는 이 책이 근거로 삼는 마르크스의 주요 독일어 텍스트에 대해 불완전하게나마 문헌학적 단어빈도 통계를 진행하고, 이를 새로 시작된 학술 텍스트 단어빈도 통계연구라고 명명했다.

이러한 단어빈도 통계를 진행할 수 있었던 것은 일본 학자 모치즈키 세이지[2]와의 교제와 그로부터 얻은 교훈 덕분이었다. 2009년 내가 처음으로 도쿄에 있는 그의 집을 방문했을 때 이미 88세의 고령이던 모치즈키 세이지는 내게 이런 얘기를 들려주었다. 1970년대에 마르크스가 정말로 브로델[3]이 말했던 것처럼 '자본주의라는 단어를 한 번도 사용하지 않았는지' 확인하기 위해 그는 여러 달에 걸쳐 마르크스가 쓴 주요 학술 저작들의 독일어 텍스트를 한 쪽 한 쪽 샅샅이 확인했다고 한다. 결국 그는 『자본론』 제2권에서 마르크스가 유일하게 독일어 명사인 'Kapitalismus'라는 단어를 사용했다는 것을 확인했고, 이로써 브로델의 단언이 사실이 아님을 증명해냈다. 그는 이 일로 인해 한동안 몹시 흥분했으며, 나중에 학교에서 수업을 할 때마다 학생들에게 이 단어의 출처를 찾아보게 했다고 한다. "누구든 이 단어의 출처를 찾아내는 학생에게 맥주를 사겠네." 하지만 모치즈키 세이지 선생의 맥주를 마신 학생은 한 명도 없었다고 한다. 당시 나는 이 노학자와 마주 앉아 있으면서 부끄러움에 얼굴이 붉어졌다. 여러 해 전 나는 진지하게 문헌학적 통계조사를 하지 않은 상태에서 브로델과 유사한 말을 자주 했었기 때문이다. 일본 학자들의 이러한 학문 태도는 나를 반성하게 만들었고, 그 자리에서 원문의 키워드에 대

---

2   모치즈키 세이지(望月淸司, 1929~), 일본의 신마르크스주의 사상가로, 1929년 일본 도쿄에서 출생했다. 1951년에 일본 센슈대학 상학부 경제학과에 입학했고 1956년에 같은 대학 상학부 조교로 일하다가 1969년에 같은 대학 경제학부 교수로 승진했다. 1975년에 센슈대학 경제학부에서 박사학위를 취득하고 1989년부터 센슈대학에서 9년 동안 교수로 재직하다가 중도에 퇴임했다. 대표 저서로 『마르크스 역사이론 연구』 등이 있다.
3   페르낭 브로델(Fernand Braudel, 1902~1985), 프랑스 아날학파 제2세대 철학자다. 대표 저서로 『필리프 2세 시대의 지중해와 지중해 세계』(1949), 『15~18세기의 물질문명과 경제, 자본주의』(전 3권, 1979) 등이 있다.

한 조사작업을 진행하기로 결심했다.

　모치즈키 세이지는 『마르크스 역사이론 연구』에서 마르크스가 독일어에서 명확하게 시민사회와 부르주아 사회를 구별했다고 했는데, 나는 그런 견해에 약간의 의심을 갖고 있었다. 과거에 우리는 마르크스가 1840년대부터 1850년대까지 독일어 텍스트에서 사용한 bürgerliche Gesellschaft라는 단어조합만 알고 있었기 때문이다. 이를 중국어로 번역하는 과정에서 중국어 역자들은 통상적으로 마르크스의 텍스트 맥락에 따라 bürgerliche Gesellschaft를 '시민사회'로 번역하거나 '부르주아 사회'로 번역했다. 하지만 마르크스가 정말로 서로 다른 두 가지 독일어 단어를 사용해 이 두 가지 개념을 구분했다는 얘기는 한 번도 들어보지 못했다. 모치즈키 세이지의 이런 관점은 자본주의 비판에 대한 마르크스의 과학적 인식을 과학적으로 이해하는 데 대단히 중요한 의미를 갖는다. 재미있는 것은 모치즈키 세이지가 『마르크스 역사이론 연구』에서 마르크스 텍스트에 존재하는 두 가지 서로 다른 단어조합인 부르주아 사회(Bourgeoisgesellschaft)와 시민사회(bürgerliche Gesellschaft)를 거론하면서, 이를 마르크스가 나중에 사용했던 '자본주의 사회'(Kapitalistische Gesellschaft, 모치즈키 세이지는 고집스럽게 이를 일본어로 '자본가사회'로 번역했다)와 대치시켰다는 점이다. 독일어 원문에 익숙지 않은 독자에게는 이것이 충분히 근거 있는 텍스트의 진실이라 그대로 받아들여야 하는 것처럼 느껴질 수 있다. 하지만 나는 장기간의 자세한 텍스트 검증과 조사를 거쳐 마침내 마르크스가 그 문헌에서 bürgerliche Gesellschaft와 Bourgeoisgesellschaft라는 두 가지 단어조합을 사용한 것은 그 두 단어조합이 진정으로 서로 다른 성질을 지닌 것으로 구별한 것이 아니라는 사실을 발견했다. 두 단어의 차이는 단지 bürgerliche Gesellschaft는 독일어에서 왔고 Bourgeoisgesellschaft는 '부르주아 사회'와 같은 개념으로 프랑스어에서 왔다는 것뿐이었다. 마르크스는 『독일 이데올로기』 제2권에서 이 단어를 두 차례 사용했으며, 대부분의 경우 bürgerliche Gesellschaft를 사용했다. 『정치경제학 비판 요강』의 서두에서 마르크스는 Kapitalistische Gesellschaft라는 단어를 사용하기 시작했고, bürgerliche Gesellschaft의 사용 빈도는 점차 줄어들었다. 이러한 연구성과는 나를 대대적으로 고무시켰다. 이에 따라 이 연구방식을 『마르크스로 돌아가다』 제3판의 수정작업 전체로 확대하기로 마음먹었다. 처음에는 수동적인 조사방법을 주축으로 하고 워드의 검색기능과 어도비 시스템의 PDF 검색기능을 부분적으로 병용했으나, 나중에는 관련 문헌학과 컴퓨터 전문가들의 도움을 받아 독립된 데이터베이스 전용 단어 프로그램을 구축했고, 이를 기초로 텍스트 단어빈도 통계의 과학화를 완성할 수 있었다. 나는 문헌학의 단어빈도 통계 작업은 독일어 텍스트에서 마르크스 학술 키워드들이 사용되는 빈도의 증감상황이 역사적으로 변화해가는 양상을 분석할 수 있다는 데 의의가 있다는 사실을 체감했다. 우리는 마르크스 학술담론이 실제 운용되는 데 있어 첫 번째로 나타났던 사상구도가 지닌 세밀함을 발견할 수 있었고, 이를 바탕으로 마르크스의 서로 다른 시기의 사상이 지닌 속성에 대해 든든한 객관적 문헌기초를 확보할 수 있었다. 이 작업을 통해 너무 많은 것을 얻었던 셈이다.

우리는 단어빈도 통계방법이 문헌통계학(bibliometrics)의 전통적인 방법 가운데 하나라는 사실을 잘 알고 있다. 이른바 단어빈도(term frequency: TF)는 주어진 문헌에서 특정 단어가 그 문헌에 나타나는 횟수를 의미한다. 단어빈도 통계는 연구자가 일정한 연구목표에 따라 통계학의 방법을 운용해 서로 다른 문헌 텍스트(예컨대 인터넷 검색엔진, 신문잡지, 역사문건, 개인기록 등) 연구에서 문제가 되는 핵심 어휘들을 수집하고 특수한 기호화 작업을 거친 뒤 정량(定量) 어휘빈도 분석을 진행하는 방법이다. 문헌통계학 연구에서 연구자는 단어빈도 통계분석을 통해 과학연구의 한 영역이 발전하는 추세, 언어습관의 발전, 그리고 각종 사회현상의 변화 같은 문제에 대해 정량연구를 진행할 수 있다. 나는 문헌학 관련 전문가들과 교류하면서 가장 최근에 나온 이러한 방법을 사용하는 것이 문헌정보학 분야 전체의 방법론을 향상시키는 데 중요한 의미를 갖는다는 사실을 알게 되었다. 이처럼 중요한 과학을 기초로 하여 나는 이른바 텍스트 단어빈도 통계라는 방법론을 제시하고자 했다. 이는 한 사상가의 중요한 텍스트의 모국어 원문에 대해, 지배적 담론구조에서 나타나는 지배적인 개념 혹은 범주의 통계와 다른 시기에 발생한 중요한 사상 변이의 텍스트에 나타나는 단어빈도를 통계화해 시기에 따른 비교분석을 진행하고, 아울러 이를 2차원적인 단어빈도 그래프의 곡선으로 직관적으로 표시해냄으로써 기존의 텍스트학 분석에 데이터를 제공하는 것을 말한다. 단어빈도 통계가 반드시 모국어 텍스트를 기초로 해야 하는 이유는 언어를 번역하는 과정에서 새로운 번역어가 낯선 담론시스템에 새롭게 터를 잡기 때문이다. 나는 단어빈도 통계 자체가 직접적으로 텍스트 분석의 결과를 생산하지는 않으며, 단지 심도 있는 텍스트학 연구에 보조적 설명을 하는 실증과학의 도구가 될 수 있을 뿐이라고 생각한다. 현재 나는 이미 『마르크스로 돌아가다』 제3판의 수정작업을 끝냈으며, MEGA2와 다른 독일어 원전 전체의 데이터베이스에 근거해 마르크스의 다른 텍스트들 가운데 중요한 학술적 키워드의 출현과 소실, 증가와 감소 상황에 대해 실험적으로 일정한 문헌데이터 통계 작업을 진행하고 있다. 실제로 이러한 문헌통계작업을 통해 기존의 문헌학 연구에 완전히 새로운 사유의 관점과 방법을 확보할 수 있었다.

여기서 구체적인 예를 하나 더 들어보겠다. 『마르크스로 돌아가다』에서 나는 쑨보쿠이(孫伯鍨) 교수가 가장 먼저 인식한 '두 차례 전환론'을 유지하고 발전시켰다. 1970년대 말, 소련이나 동유럽에서 공인된 목적론과 평이한 진화론식 사상사 모델에서는 청년 마르크스의 철학사상에 단 한 차례 전환만 있었던 것이 확실하다는 견해가 주도적 지위를 점하고 있었다. 즉, 철학적 입장에서는 관념론에서 유물변증법으로 전환했고, 정치적 입장에서는 민주주의에서 공산주의로 전환했다는 것이다. 통상적으로 사람들은 청년 마르크스의 이런 사상 전환의 시점이 1843년이라고 생각한다. 그래서 마르크스가 1844년 이후에 쓴 대량의 텍스트가 직접 마르크스주의에 속한 것으로 인식되고 있다. 물론 그 가운데는 아직 '충분히 성숙되지 못한' 부분도 들어 있다. 쑨보쿠이는 마르크스 사상의 발전 과정에서 1843년의 전환이 마르크스주의의 탄생을 의미하지는 않는다고 처음으로 분명하게 밝혔다. 여기서 1845년 3월 이전의 청년 마르크스의 사상발전 과정은 구체적으로 두 단계로 나뉜다. "청년 마르크스의 철학사상은 주로 청년헤겔학파의 개조를 거친 헤겔 철학의 영향을 받았고, 이는 그의 박사논문 「데모크리토스와 에피쿠로스 자연철학의 차이」와 ≪라인신문≫ 시기에 쓴 일련의 글에 잘 반영되어 있다. 다른 하나는 청년 마르크스 사상이 현실문제에 부딪쳐 대단히 곤혹스러울 때, 그가 프랑스대혁명을 중심으로 하는 역사학 연구를 통해 바이틀링(Weitling), 헤스, 그리고 청년 엥겔스 등의 영향하에 첫 번째 중요한 사상적 전환을 한 것으로(마르크스가 마르크스주의를 자각적으로 정립하기 시작한 것은 아니었다), 즉 관념론에서 포이어바흐식 인간학 유물론으로, 민주주의에서 일반 공산주의(과학적 사회주의가 아니다)로 사상을 전환한 것이다. 이 시기와 관련된 텍스트에는 청년 마르크스가 1843년 여름 이후 『크로이츠나흐 노트』와 『독일 – 프랑스 연감』을 쓰던 시기의 글, 맨 처음 경제학을 연구할 때의 『파리 노트』, 그리고 그 과정에서 점차적으로 완성한 유명한 저작 『1844년 수고』, 『신성가족』, 1845년 3월에 쓴 『리스트를 평함』의 수고 등이 포함된다. 두 번째 전환은 『리스트를 평함』에서 그 단초가 형성되어 「포이어바흐에 관한 테제」에서 발생했고 『독일 이데올로기』와 『마르크스가 안넨코프에게』, 『철학의 빈곤』 등 진정한 자각을 바탕으로 한 마르크스주의의 사상혁명으로 완성되었다. 이러한 전환은 게슈탈트(Gestalt)식의 총체적 전환으로서, 양적인 점진적 과정에 불과한 것은 아니었다. 이 시기가 되어서야 마르크스와 엥겔스는 처음으로 실천적인 새로운 유물론의 철학 전망을 확립했다. 이는 철학적 논리체계가 아니라 일종의 살아 있는 과학의 입장이자 관점이며 방법이었다. 그리고 이때가 되어서야 마르크스와 엥겔스는 진정한 과학적 사회주의를 수립했다."[4]

우리는 쑨보쿠이의 관점과 유사한 견해로 1960년대에 프랑스의 서양 마르

크스주의자인 알튀세르의 '단절설'이 있다는 사실을 잘 알고 있다.[5]

"알튀세르는 마르크스 사상 발전의 또 다른 특징인 심층 이론구조('문제 설정', 즉 질문의 기본방식과 논리구조)에 착안해서 1845년 4월 마르크스의 「포이어바흐에 관한 테제」를 분기점으로 하는 두 가지 마르크스, 즉 인간주의 이데올로기의 논리구조에 놓인 청년 마르크스와 완전히 새로운 과학적 세계관을 수립한 마르크스주의자 마르크스가 존재한다는 사실을 밝혀냈다. …… 이와 유사한 관점으로 일본의 마르크스주의 철학자 히로마쓰 와타루의 논점을 들 수 있다. 그의 견해는 1845년 4월 마르크스는 소외의 논리에서 '사물화(Versachlichung)' 논리로 전환했다는 것이다. 물론 히로마쓰 와타루의 관점은 하이데거 및 동시대의 다른 사조로부터 영향을 받았기 때문에 더욱 복잡한 이론의 변형된 체계라고 할 수 있다."[6]

이 두 사람의 관점과 달리 쑨보쿠이는 1845년 청년 마르크스의 사상 변화를 간단한 단절로 보지 않았다. 그는 『1844년 수고』에 실제로 존재하는 두 가지 판이하게 다른 이론논리를 보다 정밀하게 인식해냈던 것이다. 하나는 노동자의 선험적 유적 본질인 노동에서 출발해, 사회역사(주로 현대 공업문명)를 인간 본질의 소외와 회복의 과정으로 간주하는 인간주의적인 은폐된 관념론의 틀이다. 이는 당시 청년 마르크스의 철학을 지배하던 주도적인 이론의 틀이다. 다른 하나는 마르크스가 프롤레타리아계급 실천과 경제학 사실을 진실하게 접한 뒤 자신도 모르게 발생한, 역사의 객관 현실에서 출발한 새로운 이론논리다. 1844년에서 1845년 3월까지 이 두 가지 이론논리는 시종 서로를 강화시키거나 약화시키는 동태적 상태에 처해 있었다. 나는 『마르크스로 돌아가다』 제1판에서 텍스트학 독해의 관점에서 쑨보쿠이의 견해를 보다 상세히

---

4   이 책 74쪽 참조.
5   阿爾都塞, 『保衛馬克思』, 顧良 譯(商務印書館, 1984); 張一兵, 『問題式, 症候閱讀與意識形態』(中央編譯出版社, 2003) 참조.
6   이 책 71~72쪽 참조.

설명한 바 있다. 나는 여기서 최근에 새로 진행한 학술담론 키워드의 단어빈도 통계 데이터를 근거로 새로운 문헌학의 증거를 제공하고자 한다.

독일어 원문 텍스트의 학술 키워드에 대한 단어빈도 통계조사를 최근 완성했는데, 여기서 우리는 1845년 마르크스 사상에 발생했던 두 번째 변화에서 인간학 철학 담론과 역사유물론 과학이론의 결합이 주도적 개념빈도 그래프에서 나타내는 다중 '단절성'의 최고치를 분명하게 확인할 수 있다. 예컨대 『밀 노트』와 『1844년 수고』에서는 Entfremdung(소외), Entäußerung(외화), Gattungswesen(유적 본질), 이 세 단어가 지배적 담론 키워드인데, 『밀 노트』와 『1844년 수고』에서는 Entfremdung이 각각 25회, 150회, Entäußerung이 27회, 99회, Gattungswesen 0회, 16회의 빈도를 나타내다가 갑자기 『리스트를 평함』과 『독일 이데올로기』에서는 Entfremdung이 0회, -17회[7](부정적인 서술을 말한다. 이 가운데 마르크스가 직접 인용한 것이 4회다), Entäußerung 0회,[8] -3회(이 가운데 마르크스가 직접 인용한 것은 1회다), Gattungswesen 0회, 0회로 하락한다(〈표 1〉 참조).

『1844년 수고』에서 긍정적으로 인정된 Humanismus(인간주의)는 상대적으로 최고치 8에서 『독일 이데올로기』의 저곡점에 해당하는 -13으로 하락한다(이는 비판의 대상이 되었음을 의미한다. 〈표 2〉 참조).

내가 작성한 그래프를 통해 우리는 쑨보쿠이가 제시한 '마르크스의 두 번째 사상 전환설'의 이상한 담론 전환 곡선을 확인할 수 있다. 나는 『마르크스로 돌아가다』 제1판에서 청년 마르크스의 노동소외를 핵심으로 하는 인간학 담론의 해소과정을 인식한 바 있는데, 이 두 건의 단어빈도 통계 그래프는 이

---

7 『리스트를 평함』에서는 'entäußern'을 단 한 번 사용했는데, 소외의 철학적 의미에서 이 단어를 사용한 것이 아니라 현대 공업이 주로 외국의 원료를 가공하고 외국 상품을 기초로 하면 공업이 국내 기지에서 이탈(entäußern)한다는 점을 지적하면서 사용한 것이기 때문에 통계에는 반영하지 않았다.

8 『리스트를 평함』에서는 'entaussern'을 단 한 번 사용했는데, '외화(外化)'를 철학적 의미에서 사용한 것이 아니라 곡물수입이 곡물가격을 외부의 우연한 상황에 복종하게 만들고 국가를 완전히 외화(entausseren)시킨다는 것을 지적하면서 사용한 것이기 때문에 통계에는 반영하지 않았다.

표 1 | 독일어 원문 텍스트에서 지배적 담론 키워드가 등장하는 횟수

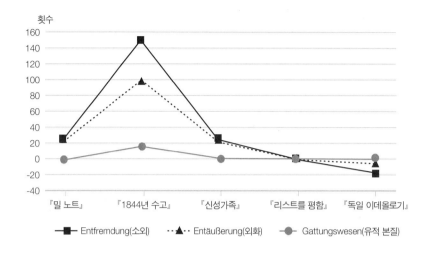

표 2 | 독일어 원문 텍스트에서 Humanismus(인간주의)라는 키워드가 등장하는 횟수

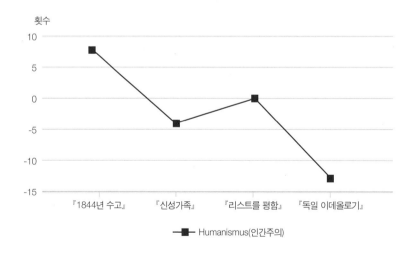

러한 인식을 객관적인 데이터 차원에서 직접적으로 지지한다. 중요한 이론 논리는 그 이론이 발생시킨 학술사상 운용의 키워드가 결여되면 필연적으로

이러한 담론논리의 자기해체가 유발되기 때문이다. 게다가 더욱 중요한 것은 이러한 빈도치와 완전히 대응하는 것은 역사유물론이 주도하는 담론의 키워드인 Produktivkraft/Produktionskraft(생산력),[9] Produktionsverhältnis (생산관계), Produktionsweise(생산양식)이 『밀 노트』, 『1844년 수고』, 『신성 가족』, 『리스트를 평함』에서는 거의 0에 가까운 빈도회수를 보이다가 [Produktivkraft/Produktionskraft 0회, 0회(마르크스가 6회 인용), 0회, 0회(마르크스가 31회 인용)[10]; Produktionsverhältnis 0회, 0회, 0회, 0회; Produktionsweise 0회, 1회, 1회, 0회] 『독일 이데올로기』에서는 갑자기 89회, 7회, 17회로 증가했다는 점이다(〈표 3〉 참조).

이러한 단어빈도 그래프는 마르크스와 엥겔스가 수립한 생산력 - 생산관계 - 생산양식 등의 핵심 키워드가 구성하는 역사유물론이 『독일 이데올로기』에서만 완전히 새로운 지배적 담론이 되고 있으며 이를 바탕으로 마르크스주의의 과학적 신세계관이 진정으로 확립되었음을 직접적으로 보여준다.

물론 이 책의 수정작업 과정에서 나는 문헌통계의 부분적인 결과를 초보적으로 기록했을 뿐, 보다 깊이 있는 질적 분석을 진행하지는 않았다. 반드시 설명하고 넘어가야 할 것은 내가 이미 마친 문헌통계학 작업도 대단히 초보적이고 거친 수준에 지나지 않는다는 점이다. 여기에는 네 가지 원인이 있다. 첫째, MEGA2의 출판 상황의 한계로 인해 데이터베이스의 기초 텍스트 판본이 동일성을 확보하지 못했다. 둘째, 문헌의 단어빈도 통계에서 마르크스가

---

9   단어빈도 통계에서 독일어 '생산력'은 단수인 'Produktivkraft'와 'Produktionskraft'를 포함하고 또 그 복수형식인 'Produktivkrafte'와 'Produktionskrafte'를 포함한다. 그리고 MEGA2 『1844년 수고』에서 아직 정형화되지 않았던 '생산력' 개념의 원초적 병기도 포함하고 'Produktivkraft'와 'Produktionskraft' 및 단어의 조합으로 나타난 'produktiv Kraft' 등을 두루 포함한다. 하지만 이 시기의 마르크스는 생산력에 대한 다른 사람들의 견해를 직접 인용하거나 재서술하는 단계였다.

10   『1844년 수고』에서 청년 마르크스의 인용문에 스미스 등의 '생산력(produktive Kraft)'이라는 단어가 나타나긴 했지만 마르크스 자신은 독일어에서 사용한 생산력 개념을 사용하지 않았다. 『리스트를 평함』에서 마르크스는 리스트의 생산력 관점에 대해 부정적으로 재서술했다(마르크스는 생산력이라는 단어를 31회 인용했다).

표 3 | 독일어 원문 텍스트에서 역사유물론이 주도하는 담론의 키워드가 등장하는 횟수

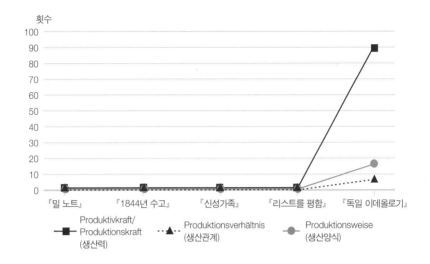

타인의 문헌을 이용해 서술할 때의 단어를 자세히 배제하지 않았다. 셋째, 마르크스 등 유명 작가들은 자신의 문헌을 창작할 때 외래어 문제, 집필 습관 등 여러 가지 이유 때문에 서로 다른 단어로 동일한 지칭대상을 서술했다. 예컨대 Kapital / Capital(라틴어 병기), Bourgeoisie(자산계급, 프랑스어에서 왔음) / bürgerlich, social(사회적, 프랑스어에서 왔음) / sozial 등이다. 넷째, 현대 독일어로 역사 텍스트를 재건했기 때문이다. 이번 단어빈도 통계에서 나는 나중에 다시 편집된 독일어 텍스트는 현대 어휘로 재건되었다는 사실을 발견했다. 이는 주로 현대 독일에서 두 차례 '정자법(正字法)'(1880년의 정자법과 1996년의 신정자법)이 진행된 결과다. 한편 MEGA판에서는 마르크스와 엥겔스가 집필에 사용했던 단어의 원초적 상태를 유지하고 있다. 예컨대 나는 수정작업 과정에서 'Theilung der Arbeit'(분업)가 'Teilung der Arbeit'로, 'Waare'(상품)이 'Ware'로, 'That'(활동)가 'Tat'로 바뀐 것을 발견했다. 골치 아픈 것은 마르크스의 원문에 있던 일부 독일어 단어가 두 가지로 쓰였거나 심지어 현재

의 일반 독일어 사전에서 찾아볼 수 없다는 것이다. 이러한 상황은 헤스와 리스트에게서도 나타난다. 내가 이런 문제에 최대한 주의하면서 일부를 수정했지만, 이런 독일어 집필과 신구 독일어 어휘의 역사적 차이는 필연적으로 데이터 생성에 상대적인 의미를 발생시킬 수밖에 없다. 이는 독자들이 반드시 주의해야 하는 부분이다.

나는 과학적인 의미의 문헌학 단어빈도 통계를 진정으로 완성하는 과정은 거대한 과학통계 프로젝트라는 점을 잘 알고 있다. 하지만 반가운 사실은 마르크스 연구 영역에 대한 문헌학 작업에서 비교적 완벽한 시스템 단어빈도 통계의 도입이라는 중요한 한 걸음을 중국의 마르크스 연구자가 시작했다는 것이다. 모치즈키 세이지가 2011년 난징대학을 방문했을 때, 나는 그에게 과거 그가 여러 달에 걸쳐 완성했던 작업을 우리는 초보적으로 구축한 대형 원전 데이터베이스에 의거해 몇 분 내에 완성할 수 있게 되었다고 아주 자랑스럽게 말할 수 있었다. 내가 아는 바로는 이는 국제 마르크스연구 학술계에서 처음 진행된 시도다.

마지막으로 제3판 수정작업에서 특별히 설명해야 할 중요한 문제가 하나 있다. 다름 아닌 내가 마르크스에 대해 사용했던 두 단어 Verdinglichung과 Versachlichung을 개역했다는 것이다. 전통 중국 학술계에서는 통상적으로 이 두 단어를 전부 물화(物化)로 번역했지만 나는 Verdinglichung은 물화로 번역하고 Versachlichung은 사물화로 개역했다. 이에 대한 사상적 근거는 두 가지다. 첫째, 제2인터내셔널 이후의 마르크스주의 해석사에서는 마르크스 경제학 맥락에 감춰져 있는 물화 개념이 기본적으로 드러나지 않고 있었다. 그러다가 1920년대가 되어서야 청년 루카치[11]가 『역사와 계급의식』에서 새

---

11 죄르지 루카치(Georg Lukacs, 1885~1971), 헝가리의 유명한 마르크스주의 철학자 겸 미학자로 서양 마르크스주의 철학 사조의 기초를 놓은 인물이다. 1885년 4월 13일 부다페스트의 부유한 유대인 은행가 가정에서 태어났다. 고등학교를 졸업한 후 부다페스트대학에 들어가 법률과 국가경제학을 공부하면서 문학과 예술사, 철학 분야의 책을 공격적으로 읽었다. 1906년에 법학박사 학위를 취득했다. 1918년 12월에 헝가리공산당에 가입했으며 1933년에는 소련과학원 최고연구원으로 선출되었다. 1944년에

롭게 해석해내고 「물화와 프롤레타리아계급의식」이라는 제목의 글에서 마르크스의 물화(Verdinglichung) 개념 및 그 현대적 의미를 상세하게 설명했다.[12] 둘째, 여러 해 전에 내가 번역과 소개를 맡았던 일본 신마르크스주의 철학자 히로마쓰 와타루의 관점이다. 그는 자신의 연구 논저에서 마르크스의 Verdinglichung이라는 개념을 물상화(物象化)로 번역함으로써 마르크스의 Verdinglichung(물화) 개념과 구별했다. 아울러 물상화를 1845년 마르크스 사상 변화의 중요한 근거로 삼음으로써 이를 이전의 인간학 소외사관과 차별화했다.[13] 그는 청년 마르크스가 "인간학 소외론에서 물상화론으로 전향했다"는 견해를 갖고 있었으며 이러한 토론과 사유에서 물상화와 물화가 같지 않다는 것을 지적해냈다.

후기 마르크스가 말하는 '물상화'는 더 이상 주체적인 것이 직접 물적 존재가 되는 그런 구상이 아니라 인간과 인간사회의 관계가 사물과 사물의 관계 또는 사물의 성질과 같다는 전도된 견해와 관련이 있다. 예컨대 상품의 가치관계, '수요'와 '공급'의 관계가 물가를 결정하는 것, 화폐가 구매력을 갖는 것, 자본이 자기증식능력을 갖는 것 등 우리 신변의 현상들이 전부 물상화다.[14]

부다페스트대학 미학 및 문화철학 교수로 부임했다. 1946~1956년 국회의원을 역임했고 1956년에는 나치정부의 교육부장관을 역임하기도 했다. 1971년 6월 21일에 암으로 세상을 떠났다. 주요 저서로 『역사와 계급의식』(1923), 『이성의 훼멸』(1954), 『미학』(1963), 『사회존재본체론』(1970) 등이 있다.

12 Georg Lukács, *Geschichte und Klassenbewußtsein, Georg Lukács Werke Gesamtausgabe*, Band 2(Darmstadt: Hermann Luchterhand Verlag, 1968), S. 257~397. 청년 루카치의 첫 번째 독해의 영향은 아주 컸다. 나는 나중에 하이데거와 아도르노가 뜻밖에도 모두 Verdinglichung이라는 개념에서 마르크스의 관점을 추종했지만 하이데거는 좀 더 세밀한 태도를 보였다는 사실을 발견했다. 일찍이 1919년의 강좌에서 하이데거는 이미 물화(verdinglichung)와 사물화(versachlicht)를 구별했다. 海德格爾, 「哲學概念與世界觀問題」, 『形式顯示的現象學:海爾德格早期弗萊堡文選』, 孫周興譯(同濟大學出版社, 2004), 4쪽; *Gasamtausgabe*, Band 56/57(Frankfurt am Main: Vittorio Klostermann, 1987), S. 66 참조.

13 廣松涉, 『唯物史觀的原像』, 鄧習議譯(南京大學出版社, 2008), 35~37쪽 참조.

14 같은 책, 38쪽 참조.

히로마쓰 와타루가 보기에 여기서 말하는 특정한 물상화는 "근대 철학적 의미에서의 주체-객체 관계나, 후자를 향한 전자의 전환 같은 구상에서의 '물화'가 아니라, 인간 주체들 사이의 대상성 활동의 어떤 총체적 연계로서, 사물과 사물의 관계 또는 물적 성질이라는 가상이다".[15] 여기서의 히로마쓰 와타루의 인식이 상당히 깊이 있다는 사실을 인정하지 않을 수 없다. 그는 마르크스의 독일어 텍스트에 나오는 Verdinglichung과 Versachlichung을 구별했을 뿐만 아니라 양자의 서로 다른 경계를 구획해냈다. Verdinglichung에 '주체가 객체로 전환된다'는 의미가 담겨 있다면 Versachlichung은 철저하게 주체-객체의 이분법 구도를 파괴하는 것으로서, 그 본질은 인간관계의 물상화라고 할 수 있다. 독일어의 원초적 맥락에 기초한 히로마쓰 와타루의 사상 구도는 매우 깊이 있고 돌발적인 것으로서, 우리가 마르크스 사상의 심층에 있는 사상구도를 정확히 파악하는 데 매우 중요한 의미를 갖는다. 히로마쓰 와타루의 물상화 개념은 일본의 마르크스 연구계에 광범위한 영향을 미쳤고, 그의 텍스트가 중국어로 번역되면서 그의 물상화 개념도 점차 중국 학술계에 영향을 미치기 시작했다.

하지만 나는 이 책의 제3판 수정작업에서 히로마쓰 와타루의 사상구도 맥락을 따라 보다 깊이 들어가는 과정에서 또 다른 문제를 발견했다. 그가 보다 깊이 있게 탐구해내지 못한 사실은 Verdinglichung과 Versachlichung이 둘 다 독일어에서 '물(物)'을 나타내는 어원으로 구성되어 있다는 사실이다. Verdinglichung에서 어원에 해당하는 단어 Ding의 의미는 영어의 'thing'에 가까워 일반적으로 인간의 외부적인 물건 혹은 물질적인 것을 나타내는 데 비해, Versachlichung에서 어원에 해당하는 단어 Sache는 영어에서 직접적으로 대응하는 단어를 찾을 수 없다는 것이다. 일상적인 사용에서는 이 단어도 물(物) 혹은 물품을 의미한다. 하지만 상황에 따라 인간 외부의 Ding과는

---

15   같은 책, 38~39쪽 참조.

미세한 차이가 있으며 인간과 관련된 사물이나 일을 의미할 때가 더 많다. 히로마쓰 와타루와 달리 나는 개인적으로 Sache를 차별적으로 '사물(事物)'이라고 번역한다. 따라서 나는 Ding과 Sache라는 두 단어로 구성되는 dinglich와 sachlich도 '물성'과 '사물성'으로 구별해서 번역하고 Verdinglichung과 Versachlichung은 각각 '물화'와 '사물화'로 번역해야 한다고 생각한다. 다시 말해 히로마쓰 와타루가 Versachlichung을 일본어 '물상화'로 번역한 것은 자신의 히로마쓰 시스템, 즉 사지(四肢)논리에서는 일리가 있겠지만 마르크스 텍스트의 원래 상황에서는 타당하지 못하다고 생각한다. 우리는 에드문트 후설(Edmund Husserl)(하이데거)이 내가 앞의 맥락에서 제시했던 "사물 자체로 돌아가라(auf die Sachen selbst zurückgehen)"라는 현상학적 기본 구호를 제시했다는 사실을 잘 알고 있다. Sache는 진정한 현상이 되지만 히로마쓰 와타루가 후설 현상학의 영향을 많이 받아 아예 Sache를 '물상', 즉 Sache für es(나를 위한 사물)로 의역하고 마르크스의 역사현상학에서의 경제적 물신숭배와 관련시킨 것은 과도한 점이 없지 않다. 이른바 마르크스의 '물상화' 이론은 이렇게 생겨난 것이다.

보다 깊은 경지로 들어가면, 문제의 본질은 마르크스가 수행한 경제적 물신숭배 비판의 전제에 대한 나와 히로마쓰 와타루의 이해가 같지 않다는 점에 있다. 히로마쓰 와타루에게는 경제적 물신숭배의 전제가 "인간과 인간의 관계가 물질과 물질의 관계와 같거나 물질의 성질과 같다는 전도된 견해"다 (강조 표시는 내가 한 것으로, 히로마쓰 와타루가 이해한 '~같은', '~와 유사한'의 느낌을 나타낸 것이다). 따라서 물신숭배의 전제는 물성과 유사한 허위적 현상이다. 그래야만 Versachlichung을 일종의 물상이라고 인식한 그의 견해가 가능해진다. 반면에 내가 보기에는 마르크스의 경제적 물신숭배의 전제는 인간과 인간의 연계가 객관적으로 사물(Sache)과 사물(Sache) 사이의 중개적인 관계로 대체되는 것이다. 이것이 주체 – 객체 이원구조에서 말하는 것처럼 '주체적인 것이 직접 물적 존재가 되는' 것을 뜻하는 것은 아니지만 단순한 주관적 견해와 허상으로 그치는 것도 아니다. 교환과정에서 발생하는 객관추상과 마찬가지로 사람들은 무수한 현실의 상품교환에서 객관추상적으로 가치라는 등가물을 생성하고 화폐는 교환관계의 주관현상이 아닌 일종의 역사적 객관추상이 된다. 인간이 창조한 경제세계에서 주체적인 것은 간단히 물(Ding)적인 것이 되는 것이 아니다. 현대적 공업생산이 생성한 사회생활의 직접적인 물질기초는 인간과 인간이 작용하는 각종 사물 혹은 인공사물(Sache)이다. 자본주의 생산양식의 비밀지배 역량은 일종의 물상적 주관견해가 아니다. 원래는 인간과 인간 사이의 직접노동연계가 구축한 사회적 존재이지만 시장교환에 의해 중개되는 또 다른 상품과 상품, 화폐와 화폐, 자본과 자본 사이의 경제관계(ökonomisches Verhältnis)체제로 기형적으로 변질된다. 이러한 기형적 변화의 본질은 사물성 관계의 전도다. 그 과정에서 기존의 노동연계가 가려지고 이로 인해 인간은 더 이상 노동이 세계를 창조한다는 진리를 알지 못하게 되며, 이와 반대로 각종 경제 과정 가운데 교환관계에 의해 규정되고 구축되는 사물(화폐나 귀금속)을 숭배하게 된다. 이것이 바로 마르크스가 말하는 경제적 물신숭배의 실질이다. 마르크스가 1848년(『임금노동과 자본』) 자본은 물(物)이 아니라 일종의 관계라는 사실을 깨달았을 당시 그의 사상의 구조층은 몹시 복잡했다. 첫째 층의 구조는 자본은 물질(Ding)이 아니라 관계(Verhältnis)라는 것으로서, 여기서의 직접적인 구조의 의미는 자본이 직관적인 물품이 아니라 추상력에 의해서만 파악할 수 있는 사회관계라는 것이다. 둘째 층의 구조는 자본이 일종의 사회관계로서, 그 실질은 이미 일종의 전도, 즉 비직관적 노동연계가 마찬가지로 비직관적인 사물과 사물 사이의 중개성 시장관계로 대체된다는 것이다. 이는 주체가 물체로 전환되는 물화(Verdinglichung)가 아니고 주관적 물상화 견해도 아니다. 바로 인간과 인간의 연계가 사물과 사물의 관계로 전도되는 관계성 사물화(Versachlichung)다.

  사실 '물상화'라는 단어를 일본어로 번역하기 위해 나는 여러 차례 일본학자들을 초청한 바 있다. 이 가운데는 히로마쓰 와타루의 친구인 요시다 교수와 독일어와 마르크스 텍스트에 정통한 우치다 히로시 교수, 히라코 교수 같은 사람도 포함되었다. 그들은 히로마쓰 와타루가 왜 Versachlichung을 '물상화'로 번역했는지 알지 못했다. 게다가 일본 한자에서 '상(像)'의 구조적 의미를 깊이 탐구해보지도 않은 듯했다. 일본 학자들은 내가 이 문제를 따져 묻자 오히려 더 흥미를 느끼는 것 같았다. 나는 히로마쓰 와타루의 철학에 대한 사유에서 그의 속뜻을 알 수 있었다. 그가 자신의 사지론을 정립하는 과정에서 핵심적으로 작용한 구조 가운데 하나가 후설과 하이데거의 현상학이고 그는 마르크스와 헤스의 관계본체론으로부터 영향을 받아 마르크스의 철학을 비판적 실천현상학으로 이해했던 것이다. 그 과정에서 자본주의 경제관계에 대한 마르크스의 물성 전도가 히로마쓰 와타루의 관심의 초점이자 중요한 논리 발전의 한 고리로 나타났고, 이를 기초로 Versachlichung이 일본어 '물상화'로 번역된 것이다.[16] 나는 히로마쓰의 철학 맥락에서 벗어나 있는 일본학자들이 성찰 없이 물상화 개념을 인용한 것은 부적절하다고 생각한다. 나의 이런 지적에 일본 학자들은 크게 놀라는 모습이었다.

최근 몇 년 동안 중국 마르크스주의 이론연구의 기초를 새로 닦는 작업이 추진 중인데, 내가 언급한 내용은 이러한 작업의 초기 작업이기도 하다. 이 작업의 더 중요한 직접적 주체는 내가 이미 집필을 시작한 『개념의 맥락과 사상의 고고학: '마르크스로 돌아가다'의 기본으로 다시 돌아가기(槪念語境和思想考古: '回到馬克思'的一種再歸基)』라는 책이다.

이번 연구방법의 전환을 위해 만든 연구모임에는 탕정둥(唐正東), 저우자신(周嘉昕), 쑨러창(孫樂强) 외에 새로 합류한 양차오위(楊喬喩), 리첸쿤(李乾坤), 장이슈(張義修), 류빙칭(劉冰菁) 등이 문헌준비 작업과 전 과정의 연구토

---

16 나카노 히데오의 소개에 따르면 청년 루카치의 『역사와 계급의식』이 1962년에 일본어로 번역될 때 역자인 히라이 도시히코가 Verdinglichung을 '물상화'로 번역했다고 한다. 그렇다면 히로마쓰 와타루는 한 걸음 더 나아가 Verdinglichung과 Versachlichung을 구별하면서 Versachlichung을 '물상화'로 인식한 것이라 할 수 있다.

론에 참여했다. 이들 가운데 양차오위의 업무량이 가장 많았다. 류빙칭은 난 징대학과 프랑스 영사관이 공동으로 운영하는 프랑스어 정예반 학생이고, 나 머지 세 명은 난징대학과 독일 괴팅겐대학교가 공동으로 운영하는 독일어 정 예반의 학생이다. 그들의 노력과 의지에 깊은 감사의 뜻을 표하는 바다. 특별 히 난징대학 외국어대학의 창쉬안(常晅) 박사에게 감사의 뜻을 전한다. 그의 성실한 가르침이 없었다면 나와 탕정둥은 독일어 학습의 문턱을 넘지 못했을 것이다. 내가 독일어를 훌륭하게 학습하지는 못했지만 이 노력은 중국 마르 크스주의 연구 학술계에 큰 의미를 갖는다고 생각한다.

장쑤인민출판사의 간부들과 편집자들에게도 감사의 인사를 전하는 바다.

2013년 1월

난징에서 장이빙

'마르크스로 돌아가다'의 원초적 이론 맥락[*]

마르크스 철학의 생명력이 마르지 않는 이유는 그 철학이 '현재'의 사상적 지평에서 부단히 발생하는 역사성과 융합되기 때문이다. 이러한 해석학적 상황은 통상적으로 본래의 텍스트를 새롭게 해석하는 것을 전제로 한다. '마르크스로 돌아가다'는 최근의 새로운 이론적 조건에서 마르크스철학의 학술 지평을 새롭게 해석하는 기초적 연구로서, 중국의 신세대 마르크스주의 이론 연구자들이 반드시 짊어져야 하는 역사적 임무라고 할 수 있다. 이러한 임무가 현실적인 차원에서 지닌 학술적 가치는 소련의 전통적인 교과서가 보여준 교조주의적 철학 체계와 그 변종의 타당성을 부정한다는 것과, 마르크스주의 철학을 위해 새로운 사유의 기점을 공고히 한다는 데 있다. 이 글에서는 '마르크스로 돌아가다'와 학술적 혁신 간의 관계를 논할 것이며, 그러한 이론적 과정에서 이루어지는 독창적인 텍스트 연구방법이 갖는 의미, 마르크스 경제학 맥락 가운데 철학 담론의 전환, 그리고 '역사현상학'이 갖는 원초적 의미를 논할 것이다.

---

[*] 이 글은 원래 ≪中國社會科學≫ 2001년 3기에 게재되었는데, 저자가 『回到馬克思』 제3판을 내면서 이 글을 부록으로 실었다. 이를 '저자 해제'로 바꾸었음을 밝힌다. _옮긴이

'발전'과 '당대성'에 대해 큰소리치는 데 익숙한 전통적인 마르크스주의 토론장에서, 누군가가 미지의 역사적 영역으로 '돌아가' 이론적 지평을 명확히 밝혀야 한다고 요구하는 것은 분명 일정한 이론적 위험을 감수해야 하는 일이다. 나는 지난 세기 말인 1999년 이 책을 집필하기 시작했다. 사전에 몇몇 비판과 오해를 예상하긴 했지만, 이 책에 실제로 가해진 언설들은 실로 예상을 초월했다. 첫째로 예상했던 비난은 선배 이론가들이 나의 경망스러움을 성토하리라는 것이었다. "마르크스로 돌아가자고? 무슨 말인지 모르겠군!" 둘째로 예상했던 비난은 지구적인 승리자라 할 수 있는 부르주아 자유주의자들의 비웃음이었다. "아직도 마르크스를 고민한다고?" 그런데 예상 밖이었던 점은 청장년 마르크스주의 학자들이 오히려 '마르크스로 돌아가다'라는 표제에서 역사가 '부패'하는 냄새를 맡았다는 것이다. 이들은 '마르크스는 우리와 동시대인이다'라는 말을 구호로 승격시켰고, 마르크스주의를 현대적 취지로 해석함으로써 과거지향적인 '교조'라는 콤플렉스를 거부했다. 이러한 반응에 대해 나는 전혀 준비가 되어 있지 않았다. 하지만 지금 나는 이러한 도전적 해석을 받아들이고 '마르크스로 돌아가다'라는 화제로 돌아가 대화의 자세로 이러한 이론 작업에 관한 본래의 토론장을 재현시키고자 한다.[1] 『마르크스로 돌아가다』 제1판에서 나는 학술 목표를 다음과 같이 개괄한 바 있다. "텍스트학의 기초 위에서 마르크스의 경제학 연구에 담겨 있는 잠재적인 철학적 담론의 전환을 묘사함으로써 1990년대 중국 마르크스주의 연구가 응당 제기해야 하는 구호, 즉 '마르크스로 돌아가다'를 실현한다."[2] 이 말에 '역사현상학'이라는 말을 더하면 본문에서 논의하고자 하는 다섯 가지 키워드 ― 마르크스로 돌아가다, 텍스트학 연구, 경제학 맥락, 잠재적 철학 담론, 역사현상학 ― 를 포함

---

1   사실 이 책이 출판된 이후 나는 현대 서유럽 마르크스주의 철학 연구로 되돌아가 『무조(無調)의 변증법적 환상: 아도르노의 '부정변증법'에 대한 텍스트학적 연구』를 출판한 바 있다. 이 책은 2001년 베이징 싼롄서점에서 출판되었다. 또한 청년 루카치, 슈미트, 코지크에 관한 일련의 논문도 발표했다.

2   張一兵, 『回到馬克思: 經濟學語境中的哲學話語』(江蘇人民出版社, 1999), 序言 참조.

하게 된다.

우리는 어떤 의미에서 '마르크스로 돌아가다'를 말하는가?

어떤 학자들은 『마르크스로 돌아가다』의 이론적 의미를 교조적 의미라는 식으로 협의로 해석해 독자들의 오해를 초래하고 있다. 그들은 '마르크스로 돌아가다'가 마치 아직 도달해보지 못한 완전히 새로운(텍스트 해석) 역사적 관점을 재구축하거나 우리로 하여금 마르크스 사상의 개방성과 현재적 가능성을 새롭게 구축하게 만드는 것이 아니라, 시대를 이탈하게 하고, 현재 자본주의의 최신 발전과 중국 개혁개방의 현실을 무시하게 하며, 과거의 텍스트로 되돌아가 텍스트에 대한 고고학적 해석에 머무르게 하여 마르크스 철학을 일종의 '이론적 실체'로 바라보게 만드는 것이라고 비판한다. 이것은 영리한 전략이라고 할 수 있다. 그들이 비판하는 이유는 단순하다. 담론권력을 수호하기 위해서다. 만약 전통적인 해석틀 안에서 마르크스의 맥락이 '객체존재성'[3]의 최종적인 결과물이 아니라면(MEGA2이든 현재의 이론적 시각에서 전통적 텍스트를 새롭게 해석한 완전히 새로운 해석학적 효과이든 상관없이), 마르크스의 맥락은 자연히 새롭게 형성될 수 있는 것이며, 그 새로운 '도구존재성'은 필연적으로 특정한 역사적 조건 속에서 형성된 철학 체계로 하여금 그 담론권력적 지위를 상실하게 한다. 역사적 맥락의 혁신을 거부하는 것은 기존의 것을 비호하는 것이다. 즉, 마르크스가 일종의 **기성품**(해석학적 의미에서의 종결성)이라고 주장하는 것이다. '마르크스는 우리와 동시대인이다'라고 선언하는

---

[3] 하이데거의 존재론에서 사용한 개념으로 '도구존재성(Zuhandenheit, ready to hand)'과 '객체존재성(Vorhandenheit, presence at hand)'이 있다. '도구존재성'이 무언가를 지향하는 행위나 환경 속에서의 교섭으로, 단순히 거기에 놓여 있는 물체가 아닌 무엇을 위한 도구를 가리킨다면, '객체존재성'은 단독으로 거기에 있음, 즉 아무런 소용없이 그 자체로 존재하는 것을 가리킨다. 저자는 ready to hand는 '上手'로, presence at hand는 '在手'로 번역했다. 이에 이 책에서는 上手는 도구존재성으로, 在手는 객체존재성으로 번역한다. _옮긴이

것은 바로 이 때문이다. 하지만 과연 그럴까?

우선 그러한 사고에 입각해 한번 가정해보자. 마르크스의 사상이 정말로 '객체존재성' 상태이며 그것이 필연적으로 그 역사적 맥락을 좀 더 명확하게 할 필요성을 제거해버릴 수 있는 것이라면, 그 결과 본래 존재하고 있던 스탈린식의 교조주의적인 철학 체계 혹은 '수정을 거친' 준(准)철학 체계('실천유물론', '종별[類] 철학' 등)가 여전히 마르크스의 '당대성'을 논하는 논리적 전제가 되어야 할 것이다. 나는 이러한 가설의 진위 여부를 능히 가릴 수 있다고 생각한다. 만약 방법론상에서 이와 같은 출발점을 승인한다면, 다음과 같은 전복적 사실을 정면으로 응시해야 할 것이다. 마르크스 사상은 오늘날의 역사적 맥락 속에서 결코 기성품이었던 적이 없으며, 심지어 반드시 갖추고 있어야 할 '도구존재성'을 전혀 갖추고 있지 않다는 것이다. 이러한 사실이 만들어내는 전율은 거대한 건물을 기초에서부터 허물어내는 데서 느껴지는 전율과 다를 바 없으며, 그 어떠한 부분적 '개선'의 가능성도 근절시켜버리는 것이라고 할 수 있다. 이러한 전복적인 문제는 이전의 토론, 심지어 학자들의 잠재의식 속에서도 깊이 숨겨져 있던 것으로, 한 번도 수면 위로 떠오른 적이 없다. '마르크스로 돌아가다'에 대한 거부는 이와 같은 이론적 무근거성에 대한 공포를 숨기고 있는 것이다.

과거 마르크스 원전에 대한 중국의 연구가 시종일관 '입양'의 상태에 놓여 있었기 때문에[4] 중국 독자들은 1차 문헌을 직접 진지하고도 심도 깊게 해석함으로써 중국만의('황색 피부와 검은색 눈을 가진') 독립적이고 독창적인 견해를 만들어낸 적이 없다. 그리고 이러한 기초 위에서 마르크스가 가 닿은 역사적 맥락과의 특정한 융합을 만들어낸 적도 없다(이것이 바로 내가 풍자적으로 말한

---

4   중국의 마르크스주의 경전 문헌의 번역은 소련의 마르크스레닌편역국의 전반기 작업에 완전히 의존하고 있다. 초기의 마르크스주의 문선에서부터 이후 『마르크스·엥겔스 전집』, 『레닌 전집』(제1, 2판), 그리고 『스탈린 전집』에 이르기까지 모두 예외가 아니다. 이 작업들은 이데올로기적 충격으로부터 영향을 받지 않았다. 원전을 연구하는 측면에서도 마찬가지다. 한마디로 말해 소련의 전통 교과서적 번역틀은 중국 원전 연구의 유일한 전제 조건인 셈이다.

'도구존재성'이 가리키는 바다). 그렇다면 우리에게 있어 역사적 맥락과의 융합을 상실한 마르크스는 필연적으로 외재적이며 대상화된 아무런 사유를 함축하지 않은 기성품이 될 수밖에 없다. 이러한 상황의 출현은 정치 이데올로기의 원인을 배제시켰으며, 더욱 중요하게는 방법론상의 그릇된 전제에 의해 초래되었다. 다시 말해 마르크스가 기성적인 '고정물'이 될 수 있다고 생각하고 그의 전집을 번역해 그중 한 텍스트를 열면 곧바로 마르크스의 사상이 남김없이 드러날 수 있다고 생각했던 것이다. 이 때문에 우리는 우리의 현실적 필요에 근거해 임의적으로 마르크스 텍스트 중 몇몇 편린에 대해 동일한 방식으로 추출하고(제1권 제1쪽에서부터 마지막 권의 마지막 쪽까지), 그것을 '실제와 연계시키고', 현재와 대화시키며, '발전'의 전제로 삼기만 하면 된다고 여겼다. 마르크스 학설의 역사적 생성('도구존재성')은 여기서 전혀 존재하지 않게 된 것이다. 사람들은 심지어 우리가 오늘날 마르크스의 텍스트를 읽을 때, 구소련의 전통적인 교과서의 해석틀이 선험적으로 구조적인 기호화(coding) 작용을 하고 있다는 것도 의식하지 못하고 있다. 실상 '마르크스로 돌아가다'는 이러한 편향적인 작용으로부터 탈주술화하기 위한 일종의 책략에 불과하다.

현대 철학사에서 에드문트 후설(Edmund Husserl)은 '사실 자체로의 회귀'를 현상학의 중요한 이론적 입구로 삼았다. 그러나 훗날 해석학적 의미에서의 '회귀'는 하이데거가 소크라테스 이전의 이른바 사유의 본원성으로의 회귀를 통해 현재의 사상사를 새롭게 쓰는 발단이 되었다. 실상 해석학에 있어 그 어떠한 '회귀'도 역사적 지평의 정합(整合)에 불과하다. 마찬가지로 '마르크스로 돌아가다'에서 '텍스트로의 복귀' 역시 '완강한 숭고(崇古) 의식'에서 비롯된 것이 아니며 '마르크스 원전으로의 물러남'을 의미하는 것도 아니다. 그것은 오히려 교조적인 체제 정당화로부터 탈피하기 위한 준비이며 기성의 강제성을 배제시키고 텍스트에 대한 독해를 통해 새로운 '도구존재성의 상태'를 만들어내는 것을 의미한다. 이것은 또한 중국인들이 과거에 말하곤 했던 '법고창신(法古創新)'의 정신이기도 하다. '마르크스로 돌아가다' 자체는 우리가 오늘날 얻게 된 최신의 방법과 맥락으로 개방된 시각 속에서 마르크스를 대면하는 것을 말한다.[5] 바꿔 말해 해석학적 관점에 의하면 마르크스는 결코 원초적 대상이 아니라 이미 해석된 역사적 효과가 되었다. 완전히 새로운, 하지만 근거를 갖는 마르크스가 우리 앞에 현전해 있다. 이를 통해 우리는 마르크스가 기성품이 아니며 또한 한 번도 기성품이었던 적이 없음을 알 수 있다. '마르크스로 돌아가다'가 갖는 역사적 맥락을 이탈해 단순히 마르크스의 '당대성'만을 언급하는 것은, 내가 보기에 대부분의 경우 일종의 서술 전략 차원에서의 고려이며 일종의 의식적인 은폐다.

나의 식견으로는 마르크스 철학과 당대성의 문제는 결코 새로운 명제가 아니다. 마르크스의 철학과 당대성의 문제는 지난 1960년대 교조화된 체제에서의 서술 방식을 둘러싸고 소련의 전통적인 학계가 논쟁을 벌였을 때부터 존재해왔던 것이다. 앞서 언급했던 것처럼, 여기에는 모종의 허구적 관계가 설정되어 있는데, 전통적인 인식틀로써 마르크스를 해석하는 방식의 완전성과 기성성이 가정되어 있다는 것이다. 좀 더 노골적으로 말하면 그러한 해석 방식의 이데올로기적 본질은 소련의 전통적인 마르크스 철학 해석의 비역사적 성격과 절대적인 담론권력의 부당성을 은폐하는 것이다. 실상 마르크스 철학이 반드시 당대적 성격을 띠어야 한다는 것은 의심의 여지가 없는 사실이다. 관건은 그와 같은 의도를 어떻게 현실화할 것인가 하는 것이다. 마르크스의 철학이 교조적인 독해의 틀 안에서 형성된 역사적 시각에서 사라져가는 것을 회피하면서, 맹목적으로 교조적인 독해를 일종의 구호로 삼아 마르크스의 당대화에 대한 거대 서사를 만들어낼 것인가? 아니면 용감하게 이전의 경전을 다시 해석하고 새로운 텍스트를 정면으로 바라보면서 견실하게 텍스트

---

5   파리 쇠이유출판사는 2000년 프랑스 여성 철학자 이자벨 가로(Isabelle Garo)의 신작 『철학에 대한 마르크스의 비판』을 출간했다. 이 책은 평론계로부터 마르크스로 회귀한 저작으로 평가되었다. 이자벨 가로는 마르크스 철학의 주요 개념이 형성된 과정을 새로운 방법과 관념으로 탐색함으로써 마르크스의 이론을 활용해 생태학, 여권주의, 그리고 전 지구화된 자본주의의 새로운 생산양식 등의 문제를 깊이 있게 탐구했다. 이 사례는 중요한 의미를 지닌다.

를 새롭게 펼쳐들어 새로운 역사적 시각 안에서 당대 생활세계의 새로운 문제들을 진정으로 해결할 것인가? 이것이 아마도 이 문제의 쟁점에 관한 실질적인 변별점이 될 수 있을 것이다. '마르크스는 우리와 동시대인이다'라는 말은 일종의 이론적 구호로서, 사르트르가 1950년대에, 그리고 데리다가 1990년대에 제시했던 것이다. 하지만 따져 물어야 할 것은 마르크스의 당대성에 관한 언설이 과연 '객체존재성'의 상태인 외재적인 층위에서 마르크스의 사상과 '당대 인간 생활의 의미'를 단순하게 대화하게 하는가, 아니면 마르크스 사상 논리 속 가장 중요한 문제의 접합점을 정확하게 포착해 새롭게 '접착적' 학술 창조 관계를 만들어내는가라는 것이다. 이것은 또한 이 문제에 있어 내가 여타의 사상들과 다르게 생각하는 사유의 출발점이기도 하다.

나는 만약 마르크스 철학에 관한 텍스트(특히 MEGA2)를 직접적이고 정밀하게 독해하지 않는다면 마르크스 사상 발전의 맥락을 과학적이고 전면적으로 파악할 수 없으며, 마르크스 철학의 당대성에 대한 언설 역시 실현할 수 없다고 줄곧 생각해왔다. 만약 마르크스와 최근 사조 사이의 '대화'를 강제로 만들어낸다면 『1844년 경제학철학 수고』(이하 『1844년 수고』)에 담긴 인간주의적 담론을 마르크스의 가장 중요한 철학적 이론으로 오인하게 만들고 또 그것을 신인간주의 이후의 각종 부르주아 이데올로기와 뒤섞어버리는 오류가 초래될 것이다. 이와 같은 이른바 '대화'는 겉보기에는 '당대적' 의미를 갖고 있는 것으로 보이지만, 실상 기성의 교조적인 체제 안에서 진행되는 부당한 외재적 연접과 다름없다. 이러한 현상은 이미 주목할 만한 이론적 재난이 되지 않았던가? 또한 청년 세대로 하여금 튼실한 마르크스 철학 텍스트의 역사적 해석 위에 자신들의 학문을 진지한 태도로 구축하게 해야 하지 않겠는가?

텍스트 독해모델이란 무엇인가?

이 책 『마르크스로 돌아가다』에서 나는 마르크스 철학 연구에 있어 독해모델이 갖는 중요성을 제시한 바 있다. 오늘날 학술 토론에 있어 독해모델은 여전히 진지하게 고민된 적이 없는 방법론적 문제다. 현재 발생하는 수많은 학술 논쟁에서 학자들은 분명 서로 다른 연구 방식에 의거하고 있으며 서로 다른 이론적 척도를 통해 동일한 문제를 논의하고 있다. 예컨대 '인간학', '실천적 유물론' 등의 전문적인 문제, 그리고 청년 마르크스의 『1844년 수고』, 마르크스 만년의 '인류학 노트' 등의 주요 텍스트에 대한 새로운 해석은 실상 전통 철학 해석의 틀 안에서 혹은 서유럽 마르크스주의의 배경 안에서 이루어져왔고, 이러한 해석의 결과가 서로 이질적이리라는 것은 충분히 예상할 수 있다. 하지만 사람들은 문제를 확정하기 전에 누구도 자신의 이론적 전제를 확정하지 않고 있다. 다시 말해 어떤 의미 그리고 어떤 독해모델 안에서 특정한 이론 논쟁의 영역으로 진입하는지를 논하지 않고 있는 것이다. 이것은 반드시 주의를 기울여야 할 학술 규범에 관한 문제다. 물론 내가 여기서 관심을 두고 있는 것은 텍스트라는 차원에서의 독해모델이다.

나의 관점에 의하면 "동일한 텍스트를 서로 다른 담론, 서로 다른 독해 방식으로 다룰 경우 그 독해 결과는 근본적으로 이질적일 수 있다. 우리가 여기서 이야기하고 있는 연구의 맥락으로 되돌아오면, 다시 말해 서로 다른 독해 방식을 통해 마르크스의 텍스트를 대변하면 완전히 다른 이론적 결과가 도출될 수 있는 것이다".[6] 또한 이 때문에 나는 이 책의 '이끄는 글'에서 마르크스 철학 발전사에 있어 객관적으로 존재하는 다섯 가지 독해모델, 즉 서양 마르크스학 모델, 서양 인간주의적 마르크스주의 모델, 알튀세르 모델, 소련 학자들 모델, 그리고 중국 학자 쑨보쿠이 교수의 모델을 분명하게 구분한 바 있다. 쑨보쿠이는 중국 마르크스주의 철학사 연구의 대가로 1970년대 마르크스 철학 경전 원본에 대한 세밀하고도 깊이 있는 독해로 명성을 떨쳤다. 그의 '마르크스·엥겔스 사상의 두 차례 전환론 및 『1844년 수고』 속 두 가지 이론

---

6   張一兵, 『回到馬克思』(1999), 2쪽 참조.

논리의 상호 증감'이라는 관점은 나에게 상당히 큰 영향을 끼쳤다. 그 이유는 그의 텍스트 연구방법이 매우 독특했기 때문이다. 또한 나는 그의 독해 방식을 텍스트학이라는 연구 모델로 불렀다. 이에 대해 나는 약간의 설명을 해야겠다.

내가 여기서 언급한 텍스트학의 연구 영역은 과거 전통적인 의미에서의 '마르크스주의 경전 원전 연구'를 말한다. 텍스트학을 전문적으로 규정짓는 이 새로운 개념이 목표로 삼는 것은 이론논리상의 경계를 명확히 하는 것이다. 텍스트학 역시 경전 저작을 연구하는 것이지만 그 기본적 인식 모형과 방법은 전통적인 원전 연구와 상당히 다르다. 협의의 텍스트학이라는 각도에서 보았을 때(광의의 텍스트는 독해가 가능한 모든 대상을 가리킨다), 이른바 '텍스트'라는 것은 특정한 논저 속 문자의 총합을 가리키는 것이 아니다. 동시에 텍스트의 구축은 극도로 복잡한 역사적 맥락을 내포하고 있다. 모든 텍스트의 생성은 저자가 경험한 문화적 배경 및 저술 배경과 밀접한 관계를 맺고 있고, 저자 자신의 인지 체계가 텍스트를 만들어내는 과정에서 사유의 동태적 맥락에 따라 변화한다. 따라서 저자를 결정짓는 텍스트 자체는 정태적이고 동일한 대상이 아니며, 첫 번째 책의 첫 구절부터 마지막 논문의 마지막 구절까지 동질적인 성격이 유지되는 것이 아니다. 이 때문에 텍스트의 매 구절이 동일한 언설적 배경과 의미를 지니고 있다고 가정하는 것은 근본적으로 오류인 동질성의 논리다. 또한 텍스트가 탄생되는 그날부터 저자는 이미 '사라졌기' 때문에(푸코가 이와 동일한 의미에서 "저자는 죽었다"라고 말한 바 있다) 우리가 만나고 대화하는 것은 영원히 역사성을 띤 텍스트이지 저자 본인이 아니다(이러한 점은 이미 오래된 텍스트의 저자인 경우 더욱 두드러지며 마르크스 역시 그러하다). 이 때문에 텍스트가 내장하고 있는 사상은 그 행간의 선명한 논리 속에서 선형적으로 그 모습을 드러내는 것이 아니다. 텍스트에 내장된 사상은 주체가 자신의 독해 과정을 통해 역사적으로 획득해내야 하는 것이다. 그러므로 독자의 '배경 지식'은 독해 과정에 상당한 영향을 끼칠 수밖에 없다. 한스 게

오르그 가다머(Hans Georg Gadamer)가 언급한 텍스트 해석 과정 속 서로 다른 시각의 역사적 융합과 해석 결과로서의 '역사 해석의 효과'도 이러한 의미를 설명한 것이다. 하지만 나의 시각이 가다머의 해석학과 근본적으로 다른 점은, 내가 여기서 설명하고 있는 텍스트학에는 그 어떠한 **본체론적 월권**이 존재하지 않는다는 것이다.

나는 수차례에 걸쳐 우리들의 마르크스주의 경전 원전에 관한 전통적인 연구의 주류적인 담론과 언설 방식이 시종일관 스스로에 대한 비판적 시각을 상실하고 있다고 지적한 바 있다. 그러한 연구 방식의 가장 큰 문제는 마르크스 철학의 범주를 지나치게 확정짓고 원 저작과 여타 유형의 텍스트를 엄밀한 동질성을 갖춘 총체로 본다는 것이다. 이러한 해석 배경하에 마르크스 이론 텍스트의 본래적 사유경로는 사전에 **격자화**되어버린다. 철학 텍스트를 예로 들면, 원전 연구는 이른바 교과서적인 '철학원리'를 사용해 마르크스의 텍스트와 수고를 비역사적으로 독해한다. 마르크스가 텍스트를 작성했을 당시의 역사성과 서로 다른 대상에 대한 이론적 주제는 비역사적으로 '철학적 기본 문제', '변증법', '인식론', 그리고 '역사관'으로 분할되어버린다. 여기서 발생되는 사건은 마르크스 철학 텍스트가 비역사적으로 '원리화'되어 버린다는 것이다. 이는 실상 황당한 교조적 해석이다. 더욱 심각한 경우는 서로 다른 시기에 생성된 텍스트 사이의 이질성이 무시당하고 완전히 동질적인, 임의로 인용할 수 있는 '어록 더미'가 되어버리는 것이다. 이러한 방법론상의 오류는 마르크스 철학 텍스트에 관한 우리들의 연구가 장기간 동안 낮은 수준에서 배회하고 이론적인 혁신이 활력을 잃는 결과를 초래했다. 나는 이러한 상황을 개혁하기 위해 역사성을 갖춘 '텍스트학적 독해'에만 기대더라도 과거 전통적인 해석 틀에 익숙해져버린 텍스트를 다시 '낯설게' 할 수 있고 완전히 새로운 역사성을 갖춘 해석의 시각을 만들어낼 수 있다고 생각한다. 텍스트 형성의 과정은 정태적이거나 선형적인 사유의 지평선이 아니며 아무런 이질성도 갖지 않는 나 자신의 '독백'도 아니다. 텍스트의 형성은 저자가 동시대 사람의 사유와 교류하고 부딪히면서 만들어내는 것으로(대량의 텍스트들이 특히 더욱 그러하다), 이를 통해 텍스트 독해가 반드시 기반으로 삼아야 하는 발생학적 기초가 만들어지고, 역사적인 시각을 통해 그 이론이 구축되는 과정의 진정한 가치가 새롭게 평가되는 것이다. 마르크스 철학 텍스트의 역사성에 대한 독해로 되돌아온다면, 이는 곧 철학 체계의 전제('원리')를 잠시 의문에 부치고 본래 텍스트 해석의 결과에 괄호를 쳐 역사 자체의 시간과 공간 구조로써 마르크스 텍스트의 본래적 맥락을 드러나게 하고 완전히 새로운 이해의 결과를 얻어내는 것이다. 이는 실상 미국의 사회심리학자 에이브러햄 매슬로(Abraham Maslow)가 말한 '재신성화'의 과정으로, 이미 존재하고 있는 편견들을 독해 행위 외부에 배치하고 간접적으로 텍스트를 대면하는 것을 의미한다. 간단히 말해 후설이 말한 '편견을 버리고' 사물 자체로 돌아가는 것이다. 이것이 바로 '마르크스로 돌아가다'의 본래적 맥락이기도 하다.

『마르크스로 돌아가다』에서 나의 텍스트학 연구는 최소한 두 가지 점에서 주목할 만한 학술적 창발성을 지니고 있다고 할 수 있다. 첫째, 마르크스 이론 텍스트에 대한 분류학적 구분이다. 나는 MEGA2를 통해 발표된 문헌을 근거로 보았을 때 마르크스가 남겨 놓은 저술들이 대체로 세 가지 유형의 서로 다른 의미와 가치를 가진 텍스트로 분류되고 있다고 지적했다. 첫째 유형은 독서노트와 기록, 둘째 유형은 미완성된 수고와 편지, 셋째 유형은 이미 완성된 논저와 공개적으로 발표된 문헌이다. 우리들은 이왕의 연구에서 보편적으로 셋째 유형의 논저를 중시했고 중점적으로 연구했다. 둘째 유형의 문헌 역시 일정한 주목을 받았지만, 첫째 유형의 텍스트는 응당 갖추었어야 할 독해와 연구의 지위를 확보하지 못했었다. 하지만 실상 첫째와 둘째 유형의 텍스트야말로 마르크스 사상의 발전과 변혁의 진정한 사유 과정과 그 기원적 맥락을 진실하게 보여주고 있다. 노트를 예로 들면, 담론의 단절, 범주의 설정, 그리고 이론논리 속의 특이한 이질성이 남김없이 그리고 무형식적으로 드러나고 있다. 노트 자체의 기록이라는 것이 독자가 독해 대상의 맥락에 진입하고 또 독자의 사상적 실험을 거칠 때 아무것도 결정된 것이 없기에 우리는 그로 부터 학술적 관점의 개요에 실린 이론적 경향성과 최초의 평론, 그리고 논쟁을 통해 형성된 저술 계획과 구상, 그리고 각종 사상이 최초로 형성된 이론적 촉발점과 원초적 단서를 직접적으로 확인할 수 있다. 그것은 첫 번째 텍스트에 대한 '상호 텍스트'적 다시 쓰기로, 저자와 첫 번째 텍스트가 충돌한 후 만들어내는 의식적 효과의 즉자적 표현이며 원칙을 갖지 않는 기계적 인식이다. 동시에 여기에는 근본적인 주관적 독단도 내포되어 있지 않다. 그리고 이와 같은 중요한 원초적 이론 범주와 '준의도성'을 갖춘 즉흥적 사고는 일반적인 이론 수고와 논저에서는 얻어낼 수 없는 것들이다. 예컨대 1844년 『파리 노트』에서 마르크스가 장 바티스트 세(Jean-Baptiste Say), 애덤 스미스(Adam Smith), 데이비드 리카도(David Ricardo)를 거쳐 제임스 밀(James Mill) 경제학에 대한 탐색 과정에서 보여준 상승식 이해의 논리를 연구하지 않는다면, 특히 『밀 노트』에 나타난 경제학적 학습의 '실어증' 상태에서 인간주의 철학 담론의 통섭적 운용으로의 전환을 연구하지 않는다면, 그것과 동시대에 쓰인 『1844년 수고』의 진정한 맥락을 이해할 수 없고 수고를 이해하고 평가하는 진정한 객관적 기초를 잃어버린다. 또한 『1850~1853년 런던 노트』(이하 『런던 노트』)를 연구하지 않는다면 『정치경제학 비판 요강』의 내재적 철학 논리 역시 심도 깊게 발굴할 수 없고 자연히 마르크스 경제학의 맥락에 내재된 중요한 철학적 원리를 이해할 수 없게 된다.

둘째, 텍스트 독해에 대한 기능적 심층 독해 방법이다. 이러한 비유적 표현은 알튀세르로부터 차용한 것이다. 그는 일찍이 '징후적 독해'를 제시했는데, 이는 겉으로 드러난 문자로부터 숨겨진 이론적 틀을 읽어내는 것, 즉 마르크스가 쓴 문자로부터 그가 말하지 않았던 것을 읽어내는('공백을 읽어내는') 것을 말한다. 실상 쑨보쿠이의 『탐색자의 길에 대한 탐색(探索者道路的探索)』은 동일한 텍스트 속에 담긴 '이중논리'를 제시함으로써 심층적 텍스트 독해 방식을 언급한 바 있다.[7] 여기서 나는 이 책에서 제시한 실례를 하나 제시하려

한다. 우선 비교적 성격의 기능적 독해 방법이다. 마르크스의 노트를 대함에 있어 나는 쓰인 문자에 머무르지 않고 더욱 많은 사고를 한다. 예컨대 청년 마르크스의 『크로이츠나흐 노트』의 실어적 상태를 판단할 때면 마르크스가 얼마 지나지 않아 썼던 『에피쿠로스 철학에 관한 노트』를 동시에 참조하는 것이다. 그 결과 나는 다음과 같은 사실을 발견할 수 있었다. "청년 마르크스가 역사학 영역에 진입할 당시 그는 이제 막 ≪라인신문≫에서 현실을 공격하는 철학을 받아들였다. 관념론은 아직 완전히 붕괴되지 않았다. 하지만 관념론은 새로운 역사적 사실 앞에서 시작과 함께 텍스트의 개요와 평론 바깥으로 위축되었다. 나는 이러한 상황을 마르크스가 새로운 역사 연구의 영역에 들어설 때 본래 가지고 있었던 철학이론 담론의 실어증 상태라고 부른다. 청년 마르크스가 기존에 가지고 있던 이론적 작풍에서 이것은 매우 보기 드문 상황이다(우리는 『에피쿠로스 철학에 관한 노트』와 같은 초록 성격의 노트에서 마르크스가 철학 텍스트를 대면했던 자유주의적 담론의 통섭적 상황을 볼 수 있었다. 그는 초록의 거의 매 구절에 철저한 독해와 비판을 수행했다)."[8] 다음은 마르크스가 쓴 노트 성격의 텍스트가 가지고 있는 복잡한 독해 구조다. 예컨대 나는 청년 마르크스의 『파리 노트』의 독해 맥락에 내포된 인지 구조를 초점의식과 배경적 의식으로 구분한 바 있다.[9] 초점의식은 곧 마르크스가 직접적인 이론적 목적을 가진 것이다. 여기서 중요한 것은 마르크스가 부르주아 경제학자가 긍정한 것을 부정했다는 것이다. 『파리 노트』의 독서 과정에서 마르크스가 의도한 직접적인 목적은 부르주아 경제학자가 지목한 합리적인 것을 전도시키는 것으로서, 그것은 단순한 전도적인 성격의 독해 방식이다. 배경적 의식은 준의도적인 층위에서 마르크스가 인지적 과정을 완성시키는 배경적 맥락이다.

---

7   孫伯鍨, 『探索者道路的探索』(安徽人民出版社, 1985).
8   張一兵, 『回到馬克思』(1999), 145~146쪽. 이 책 258~259쪽 참조.
9   이것은 내가 영국의 철학자 마이클 폴라니(Michael Polanyi)로부터 차용한 개념이다. 波蘭尼, 『個人知識』, 許澤民譯(貴州人民出版社, 2000).

여기에는 두 가지 층위가 있다. 첫째는 직접적인 참고 배경으로, 모제스 헤스 (Moses Hess), 청년 엥겔스, 피에르 조제프 프루동(Pierre-Joseph Proudhon)의 국민경제학에 대한 비판과 사회주의다(청년 엥겔스와 헤스는 공산주의였지만, 프루동은 시스몽디식의 프티부르주아적 사회주의였다). 노트 전반부의 초록 내용을 통해 볼 때 주요 내용은 엥겔스로부터 영향을 받았다. 둘째 층위는 좀 더 심층적인 것으로, 포이어바흐와 헤겔의 철학 논리인데, 특히 포이어바흐의 철학적 인간주의(비단 자연유물론뿐만 아니라)의 영향이 더욱 중요하다. 또 다른 층위는 수고 텍스트에 존재하는 **복합적인 담론구조**다. 예컨대 청년 마르크스의 『1844년 수고』의 텍스트를 독해하면서 나는 쑨보쿠이의 '이중논리설'의 기초에서 한 발 더 나아가 이 텍스트가 '극도로 복잡한 다중적인 논리로 구축된 모순적인 사상 체계'라는 것을 지적했다. 왜냐하면 완전히 서로 이질적인 이론논리와 담론이 마르크스의 동일한 텍스트 안에 병존하고 있는바, 하나는 소외된 노동 이론을 주축으로 삼는 인간주의적 철학 논리이고, 다른 하나는 경제 현실로부터 출발한 객관적 단서로, 양자는 동일한 텍스트 안에서 무의식적으로 교차하고 있고 매우 기이한 **복합적인 맥락**을 보여주고 있기 때문이다. 이것은 오히려 무의식적인 중층구조인데[이것은 이후 미하일 바흐친 (Mikhail Bakhtin)이 언급한 자각적인 텍스트 창조 과정 속의 다성악적 변주와는 다른 것이다], 왜냐하면 이렇게 복잡한 맥락은 마르크스의 경제철학 비판 속에서 무의식적으로 발생한 것이기 때문이다. 『1844년 수고』의 제1수고에서 나는 세 종류의 서로 다른 담론을 구분했는데, 첫째 담론은 피고석에 서 있는 자본주의 제도와 국민경제학이고(직접적인 비판의 대상), 둘째 담론은 프루동 – 청년 엥겔스의 심판과 인지이며(실상은 리카도 사회주의에 대한 재서술), 셋째 담론은 마르크스가 국민경제학의 범주를 초월해 비판하고 있는 철학적 인간주의 비판이다(그 이면에는 또한 자연유물론적 전제가 내포되어 있다). 이것은 매우 심각하고도 극도로 복잡한 이론적 대화다.

경제학 맥락에서 고찰한 마르크스의 철학 담론

텍스트학의 독해모델에 대한 방법론상의 이론을 정리한 이후 우리는 보다 구체적이고 미시적인 화제로 진입해야 한다. 그것은 바로 이 책『마르크스로 돌아가다』가 확립한 독창적 특징을 지닌 새로운 형태의 독해 관점으로, 이 책의 부제이기도 한 '경제학적 맥락에서 고찰한 철학 담론'이다. 전통 마르크스 철학사 연구에 비해 이것은 독특한 연구 시각으로, 마르크스 경제학 연구의 심층적 맥락에서 그의 철학 담론의 전환을 새롭게 탐색해내는 것이다. 국내외 문헌들 중에서 이러한 완정한 사유로써 경제학과 철학 연구를 결합해 마르크스 사상 발전의 전 과정을 연구한 것은 마르크스와 엥겔스 사후 아마도 최초일 것이다.

우선 마르크스의 일생에 대한 학술 연구의 전 과정을 통해 볼 때, 1842년 하반기 마르크스가 처음으로 경제학 연구를 시작한 이래로 경제학에 관한 내용이 그의 중후기 학술 연구에서 70% 이상을 차지하고 있다. 만년에 이르러서는 그 비율이 심지어 90%에 달한다. 1846년 이후 마르크스주의의 창시자인 마르크스에게 순수한 철학과 과학적 사회주의는 독자적인 의미에서 근본적으로 존재한 적이 없다. 마르크스는 부르주아 정치경제학 경전에 대한 텍스트 독해를 통해 경제학이 대면하고 있는 각종 상황이 바로 당시의 사회 현실이라는 점을 인식하게 되었다. 엥겔스의 말을 빌려 표현하면 당시 경제는 유일한 현실이었던 것이다. 그러므로 객관적인 역사적 현실로부터 출발하기 위해서는 우선 경제학에 대한 이해와 깊이 있는 탐구를 완성해야 했다. 그리고 이 주도적인 연구 자체의 실질적인 과정을 분명히 해야만 '순수하디 순수한' 철학과 과학적 사회주의 발전 경로의 진정한 기초를 근본적으로 파악할 수 있었다.

다음으로, 철학적 사유에 내재된 맥락의 의미를 경제학적 맥락에서 찾아내는 것은 전통적인 해석틀 속에 분할되어 고착화되어 있는 이론적 경계를 깨부수는 것이기도 하다. 나는 전통적인 마르크스주의 이론 연구에서는 마르크스주의 이론의 하위 체계 사이에 지나치게 고착화된 경계가 존재한다고 생각한다. 다시 말해 마르크스 이론을 연구하는 과정에서 마르크스의 철학, 경제학, 그리고 사회와 역사에 대한 현실적 비판(과학적 사회주의)은 하나의 완전하고 시종일관 분리되지 않는 총체로서, 각종 이론연구의 상호 간에는 상호 침투하고 포용하는 관계가 존재하고 있다. 그러므로 우리가 마르크스의 경제학에 대해 연구를 진행하려면 마르크스의 철학적 관점을 이해하지 않으면 안 된다. 또한 철학적 분석이 마르크스 경제학 연구와 완전히 분리되어서도 안 된다. 이 두 연구가 마르크스가 자본주의를 비판했던 현실적 목적과 분리되어서는 더욱 안 된다. 나 자신의 인식에 대해 말하자면, 마르크스의 철학을 연구한다는 것은 반드시 마르크스의 경제학 저작을 진지하게 이해해야 한다는 것을 의미한다. 그렇지 않으면 형이상학적 거품 속에서 헤매게 된다. 이것은 또한 『마르크스로 돌아가다』가 본래 의도한 것이기도 하고 이 책의 완전히 새로운 시각이 겨냥하고 있는 바이기도 하다. 아래에서 나는 아쉬운 대로 마르크스 철학 사상 발전의 세 가지 이론적 정점의 발견을 가지고 경제학 연구의 중요성을 논하려 한다.

청년 마르크스 철학 사상의 첫 번째 전환은 관념론에서 일반 유물론으로의 전환이자 민주주의에서 사회주의(공산주의)로의 전환이다. 이 전환은 『크로이츠나흐 노트』에서부터 시작되어 『헤겔 법철학 비판』과 『유대인 문제에 대하여』를 거쳐 『파리 노트』 후기와 『1844년 수고』에 이르러 정점에 다다른다. 이것은 마르크스가 역사 연구와 사회주의 노동 운동의 실천 과정에서 접한 현실적인 기초 위에서 경제학을 연구한 결과다. 당시 유럽 사상사 전체의 단면이라는 각도에서 보았을 때 마르크스의 이와 같은 사상적 전환은 간단한 이론적 혁신이 아니라 여러 배경적 요소(포이어바흐의 일반 유물론, 헤겔 변증법, 그리고 청년 엥겔스와 헤스, 프루동의 경제학에 기반을 둔 철학 비판과 사회주의 관점)의 제약하에 발생한 이론적 승인이다. 더욱 중요한 것은 고전경제학에 존재하던 사회유물론적 사유와 방법이 바로 당시 여전히 인간주의에 근간한 소외에 관한 역사관의 틀에 매여 있던 청년 마르크스에 대한 거절과 비판의 측면을 반영하고 있었다는 사실이다. 만약 마르크스 경제학 연구의 이론적 참조 체계에 대한 확증을 거치지 않는다면 『1844년 수고』에 대한 독해는 여전히 '순수한' 철학적 담론 층위의 단어를 해석하는 데 그치고 말 것이다. 그렇게 되면 노동소외에 관한 역사관은 역사유물론으로 인식되고 인간학은 마르크스주의 철학으로 오인되고 만다. 이것은 이상한 일이 아니다.

마르크스 사상의 두 번째 전환은 그의 두 번째 발견, 즉 광의의 역사유물론의 정립으로서, 이것이야말로 진정한 의미의 마르크스주의 철학 혁명이다. 이 전환은 마르크스의 두 번째 경제학 연구인 『브뤼셀 노트』와 『맨체스터 노트』의 저술 과정에서 시작된 것으로, 「포이어바흐에 관한 테제」로부터 『독일 이데올로기』를 거쳐 『마르크스가 안넨코프에게』까지 이어진다. 이 전환 과정에서 가장 중요한 것은 마르크스가 정치경제학에 대한 과학적 비판의 기초를 형성했다는 점이다. 나는 사회주의적 실천과 여타 철학적 관념의 작용을 제외하면 마르크스가 고전경제학의 스미스와 리카도가 지닌 사회역사관의 사회유물론에 대한 승인과 부르주아 이데올로기에 대한 비판적 초월의 토대 위에서 비로소 역사유물론과 역사변증법을 창조해냈다고 생각한다. 이러한 의미에서 우리는 마르크스가 정치경제학 연구로 파고듦에 따라 점점 더 역사유물론에 근접해갔다고 말할 수 있다.

나는 역사유물론이 마르크스가 이전의 일체의 형이상학과 '철저한 단절'을 감행한 이후 경제학 담론의 기초 위에 세운 새로운 철학 담론이라고 생각한다. 이것은 완전히 새로운 현실에 관한 역사적 담론이다. 「포이어바흐에 관한 테제」에서 그는 실천을 철학의 총체적 논리의 입구로 삼아 일종의 이론적 역설을 해결해냈고, 이론적 역설을 해결함으로써 새로운 세계관에 대한 논리적 의도, 즉 역사적 맥락을 드러냈다. 하지만 『독일 이데올로기』는 이미 이러한 새로운 역사성의 논리를 완정한 '역사 과학'으로 표현했다. 즉, 특정한 사회적·역사적 단계와 구체적인 역사 현실에 관한 사회관계와 역사적으로 생존하는 본체적 성격에 관한 과학적 규정의 역사적 이론에 주목한 것이다. 이것은 일반적인 철학적 기본 문제를 해결한 것이 아니었다. 왜냐하면 그것은 '철학으로부터의 탈피'를 전제로 삼기 때문이다. 헤스의 영향하에서 마르크스는 이미 슈티르너의 개인주의적 망상으로부터 근본적인 문제를 인식했는데, 이는 바로 슈티르너의 개인과 '무'를 포함해, 신에서 인간으로, 논리학에서 인간의 유적 본질로, 자기의식에서 노동하는 자기활동으로, 민주주의적 자유와 정의에서 공산주의로라는 모든 문제가 형이상학적인 논리 명제로서, 철학자의 직업적 대상에 불과하다는 것이다. 실천, 생산, 심지어 '과학적 사회주의'(헤스)로 명칭이 바뀌었다고 할지라도 이것은 여전히 관념과 논리로부터 출발한 것이다. 여기에 이르러 마르크스는 자신을 다시는 전통적인 구식 철학자로 여기지 않게 되었고, 철학적 틀을 통해 주변 세계와 사회 역사를 이론적으로 설명하는 방식을 포기하고 보통 사람이 사회생활과 역사적 맥락을 대면하는 방식으로부터 출발하는 새로운 철학적 세계관을 확립했다. 이러한 결단은 마르크스로 하여금 사물 배후의 피안을 찾는 엘레아학파가 남용한 이념론을 벗어나게 했고, 현실의 역사적이고도 구체적인 사회생활 자체로 돌아가게 했다. 따라서 우리는 다음과 같은 결론을 내릴 수 있을 것이다. 극심한 혁명적 시대에서 마르크스주의 철학이 변혁한 것은 전통적인 연구가 확정했던 것처럼 역사유물론을 정립한 이후 정치경제학으로 전향한 것이 아니다. 오히려 이는 정치경제학에 관한 과학적 연구의 시작과 동시에 발생한 것이다. 이것은 마르크스로 하여금 세계에 대한 철학적 출발점을 대면하게 했고, 처음으로 고전 정치경제학의 전제와 합류하게 했다.

마르크스 철학 사상의 세 번째 중대한 변화는 여전히 그의 세 번째 경제학 연구에 기반하고 있다. 이 과정은 『철학의 빈곤』에서 시작해 『런던 노트』를 거쳐 『정치경제학 비판 요강』에서 기본적으로 완성되었다. 내가 보기에 이 세 번째 변화는 이질적인 사상 혁명이 아니다. 이는 그의 철학 연구가 진일보 심화한 것이다. 즉, 협의의 역사유물론과 역사인식론 위에 역사현상학을 정립한 것이다. 그 직접적인 기초는 바로 마르크스가 경제학 발전에서 혁명적 돌파력을 갖춘 위대한 발견인 잉여가치 이론을 수립한 것이다. 1847년 이후 마르크스는 '부르주아 사회'를 생산력 발전의 정점('인체')으로 삼는 인류 사회 역사에 대해 과학적인 비판적 고찰을 진행했다. 자본주의 대공업이 실현한 생산양식을 대면해 그는 정치경제학에 관한 과학적 이론 구축을 완성함과 동시에, 인류사회 역사발전이 이룬 생산력의 최고 수준을 척도로 삼는 인류 사회 및 그 개체적 존재 실현에 관한 철학적 확증과 비판을 실시했다. 이로써 이 연구 과정에서 철학적 탐구는 포기되지 않았을 뿐만 아니라 오히려 진정한 실현을 획득했다. 왜냐하면 이를 통해 전자본주의 사회와 특히 자본주의 사회의 경제에 관한 마르크스의 역사적 연구에 있어 인류사회 발전의 역사적 본질은 처음으로 과학적 설명을 얻었고, 모든 사회 역사 발전의 특수한 운행 법칙이 비로소 처음으로 드러났기 때문이다. 인간과 자연의 관계, 인간과 인간의 사회관계가 처음으로 진실한 사회 역사적 맥락에서 구체적으로 지목되었던 것이다. 이것은 또한 마르크스가 정립한 협의의 역사유물론 철학이론의 주요 내용이기도 하다. '부르주아 계급'의 사회화라는 대생산 과정에서 분업과 교환이 형성하는 생활조건은 필연적으로 인간의 사회 노동관계의 객관적 외화(가치)를 초래하고 자본주의적 시장이라는 조건하에서 한층 더 심해진 물신숭배의 전도된 관계(자본)를 초래한다. 이 때문에 유사 이래 사회생활의 측면에서 가장 복잡한 사회적 층위와 내재적 구조가 구축되고, 이는 독특한 비직접성의 역사인식론에 관한 완전히 새로운 철학적 기초를 형성한다. 그리고 부르주아 이데올로기의 물신 숭배를 비판적으로 제거하는 한편 전도되고 사물화된 경제관계의 가상을 꿰뚫으며 최종적으로 자본주의 생산양식의 본질을 과학적으로 설명하는 것이 마르크스의 새로운 과학적 비판이론, 즉 역사현상학의 주요 내용이다.

역사현상학의 의미

　그렇다면 마르크스의 과학적 비판이론을 명명하는 새로운 명칭으로서 역사현상학이 지닌 진정한 함의는 도대체 무엇일까? 이것은 내가 이 글 마지막에서 식별할 문제다. '역사현상학'이라는 개념이 제시된 이후 나는 몇몇 학자로부터 질의를 받았는데, 이는 학계가 앞에서 언급한 연구방법에 대해 함구하던 태도와 선명하게 비교되는 현상이었다. 그중에는 나의 스승인 쑨보쿠이의 비평도 포함되어 있다. 그들은 '현상학'이라는 개념으로 마르크스 철학의 이론적 성과를 지칭하는 것이 가능한가라는 질문을 제기했다. 이는 매우 의미 있는 질문이라 할 수 있다. 나는 문제의 관건이 '현상학'이라는 개념을 역사적으로 정의하는 것이라고 생각한다.

　후설의 『논리연구』가 발표된 이후 현상학은 20세기 서유럽 철학의 '현학'으로 널리 알려졌다. 사람들은 '현상학'이라는 세 글자로부터 현상학과 후설, 하이데거 같은 철학 대가들의 관계를 쉽게 떠올린다. 하지만 반드시 설명해야 하는 것은 내가 『마르크스로 돌아가다』라는 이 책에서 이 개념을 사용한 것은 후설의 현대 현상학으로부터 유래한 것이 아니라는 점이다. 오히려 나는 칸트에서 헤겔에 이르는 고전적 의미에서의 현상학을 더욱 많이 사용했다. 고전적 의미에서의 현상학은 전통적인 의미의 본체론과 인식론에서 발생한 것이기도 하다. 후설이 주장한 '의식의 현상학'과는 다르게 이 현상학은 자아의 내적 의식 혹은 체험, 그리고 의식의 정밀한 구조를 통해 '사실'을 향해 선험 본질의 '청명한' 경계에 가 닿을 것을 요구하지 않는다. 오히려 고전적 의미에서의 현상학은 흄이 말한 경험적 회의론에서 출발해, 칸트가 분할해놓은 이원적 세계 속의 '현상계'라는 기초를 경유한 후 다시 피히테와 셸링의 주체성에 대한 노력을 거쳐 최종적으로는 헤겔의 절대 관념에서 현상과 본질의 통일에 다다르는 것이다. 헤겔이 정립한 '정신현상학'은 본체론과 인식론의 통일이라는 비판적 입장을 기반으로 하는 것으로, 구체적인 사물에 대한 감각으로부터 감성적 확신(sinnliche Gewissheit)의 '지각'과 자기의식의 틀에 이르는 여러 층위의 현상 구조와 현상의 배후에 있는 **최종적 본질과 규칙으로서의 절대 이념**의 계시에 주목할 것을 요구한다. 이러한 고전적 의미에서의 '현상학'은 헤겔이 칸트의 인식론을 비판하는 기초 위에 발전한 것으로, 사물(본질)이 시간 속에서 역사적으로 현현(현상)하는 것에 대한 연구로부터 나온 인지 과학이다. 헤겔 자신의 말을 빌리면, 정신현상학의 주요 임무는 "변증법적 방법과 발전의 관점을 사용해 인간의 의식, 정신 발전의 역사적 과정을 연구함으로써 가장 낮은 단계로부터 가장 높은 단계에 이르기까지 그 모순 발전의 과정을 분석하는 것이다".[10] 이 때문에 헤겔 본인은『정신현상학』의 서문과 서론에서 "정신현상학이 묘사하고 있는 것은 일반적 과학 혹은 지식 형성의 과정이다"라고 말한 바 있다. 근본적으로 말해 헤겔의 '현상학' 역시 자연존재와 사회적 존재의 배후에서 물화되고 있는 정신의 본질과 운동 규칙에 관한 **물상 비판이론**이다. 이것은 또한 내가 이 개념을 차용하고 있는 원초적 맥락이기도 하다. 물론 마르크스는 한 번도 '역사현상학'이라는 개념을 통해 자신의 이론을 지칭한 적이 없다. 이것은 다만 내가 헤겔의 고전적 현상학에 대한 비판적 맥락에서 차용한 비유에 불과하다. 다시 말해 마르크스는 경제학 연구 안에서 자본주의 경제생활의 과정을 대면함에 있어 반드시 여러 가지로 다중적 사물화에 의해 전도된 상품 - 시장의 매개 관계라는 역사적 벗겨냄을 경유해야만 비로소 사물의 본질에 관한 매개된 비판적 인지에 가 닿을 수 있음을 확인한 것이다. 이러한 역사적인 성격의 비판적 현상학은 상당 부분 '현상을 통해 본질을 본다'라는 레닌의 말과 일치한다. 이 점에 관해 나는 이 책에서 위와 같이 논술했던 것이다.

우리는 우선 포이어바흐가 헤겔의 관념론과 신정론(神正論)을 비판하는 과정에서 인류의 유적 소외를 비판한 **인류 현상학**을 정립했음을 인식할 필요가

---

10   黑格爾,『精神現象學』上卷, 賀麟·王玖興譯(商務印書館, 1981).

있다. 이것은 헤겔 철학 논리에 대한 전도였다. 그리고 청년 마르크스는 1845년 최초의 경제학 비판에서 헤스의 경제적 소외에 대한 비판이론의 기초 위에 노동소외 이론을 제시했다. 마르크스가 보기에 헤스는 진정한 철학적 기초가 부족했으며, 특히 헤스의 논술은 포이어바흐와 헤겔을 심도 깊이 이해하고 그 핵심에 가 닿기에 부족했다. 더욱 중요한 것은 헤스의 교환(금전) 소외론이 이미 마르크스의 노동 생산(대상화)의 소외로부터 출발한 좀 더 심층적이고 완정한 경제적 소외 이론에 의해 대체되었다는 점이다. 비록 고전경제학 현실의 객관적 사유경로와는 상대적으로, 마르크스의 이런 인간주의적 논리, 즉 이상화된 가설적인 노동의 유적 본질은 여전히 잠재된 관념론적 역사관에 머물러 있었고, 이로 인해 그는 혁명적 결론을 위해 현실을 윤리적으로 비판하지 않을 수 없었지만, 이는 또한 그가 스스로 확인한 새로운 비판적 사유경로의 출현이기도 했다. 그것은 포이어바흐의 인류 현상학과는 달리, 완전히 새로운 논리 구축과정에서 부르주아 경제 현상 비판을 관통한 인간주의적 사회현상학이었다.

하지만 1845년에서 1847년 사이의 철학 혁명에서 마르크스가 인간주의적인 소외 비판 논리를 포기할 때 실상 그는 이미 실증적인 과학의 의미에서 현상학적 인지(종종 소외의 논리와 동일한)의 타당성을 부정한 것이었다. 하지만 『런던 노트』에서 경제학 자료를 상세히 파악하는 과정에서 그는 현실 자본주의 경제관계의 전도된 성격과 사물화된 복잡성을 다시 한 번 과학적인 시각에서 의식했다. 그래서 고전경제학의 이데올로기적 범주를 넘어설 때 마르크스는 협의의 역사유물론과 사회인식론의 기초 위에 놓여 있는 역사현상학을 구축했던 것이다. 마르크스가 당시 관심을 두고 있던 것은 일반적인 광의의 역사유물론 원칙이 아니었다. 바로 협의의 역사유물론적 관점에서 그러한 전도된 가상을 꿰뚫어보는 것이었다. 다시 말해 어떻게 겹겹의 현상과 가상을 없애고 진실한 존재의 본질과 법칙에 가 닿을 수 있을 것인가 하는 것이었다. 이는 자본주의 경제 현실의 자연성(자유성) 속에서 객관적으로 발생하고 있는 다중적인 전도와 객관적인 소외가 비직관적이고 비기성적인 비판적 현상학을 필요로 하고 있었기 때문이다. 여기서 그것은 헤겔의 정신현상학이 대면하고 있던 주관적 현상이 아니었으며 또한 포이어바흐와 청년 마르크스가 본래 가지고 있던 현실적인 경제 현상을 부정하는 인간주의적 사회현상학도 아니었다. 왜냐하면 마르크스의 당시 역사현상학의 전제는 사회관계의 객관적 전도였으며, 이러한 전도의 소멸은 관념 속에서 이루어질 수 없고 반드시 물질적인 변혁을 통해 완성되어야 했기 때문이다. 과학에 기반을 둔 사회역사적 현상학은 자본주의 경제현상에서 발생하는 그러한 전도가 어떻게 역사적으로 형성된 것인지를 설명하고, 자본주의 생산양식 속에서 객관적으로 전도된 사회관계를 폭로하며, 최종적으로는 자본주의 경제의 착취의 비밀을 폭로하고자 한다. 구체적으로 말해 마르크스는 복잡한 사물, 물상(物相), 외적 관계, 전도된 관계, 사물화 관계, 비주도적 관계(예컨대 지나가버린 봉건적 관계와 같은)를 대면해야 했고, 과학적인 역사적 추상 안에서 본래의 관계(간단한 관계)를 찾아내야 했으며, 한 발 더 나아가 오늘날 진실하고 복잡한 관계와 전도된 사회구조를 재현해야 했던 것이다. 이것은 직관적 혹은 추상적 반영이 아니며 새롭게 구성해낸 반영이다. 여기서 사회관계 속에서 전도에 의해 발생한 미혹을 없애야 했고, 역사 이전에 존재하던 간단한 사회관계를 획득해낸 후 그러한 추상적인 관계에서 한 발짝씩 전도된 복잡한 경제적 형상으로 되돌아가야 했던 것이다. 이것이 마르크스로 하여금 자본주의 경제현상 속의 자본, 화폐, 가치, 상품 등을 직접적으로 대면하는 개인과 일반인의 상식적인 관점으로는 그것들의 본질을 볼 수 없다는 것을 발견하게 했다. 왜냐하면 이것은 전도되고 왜곡된 사회적 현상이었기 때문이다. 부르주아 정치경제학(그것의 사회유물론을 포함함) 역시 이와 같은 가상을 전체 이론의 긍정적 전제로 삼고 있었다. 마르크스가 당시 관심을 두고 있던 문제는 이데올로기적 장막을 없애고 경제적 현실(물상)의 진정성(생산관계)을 발견하는 것이었다. 이것이 마르크스 역사현상학의 근본적 출발점이다. 그리고 바로 이러한 의미에서 나는 마르크스의 역사현상학이야말로 그의 정치경제학 혁명의 내재적 논리의 전제라고 주장했던 것이다. 이는 과거 우리의 전통적인 연구가 진지하게 주의를 기울이지 못했던 측면이다. 그러므로 역사현상학은 마르크스의 『정치경제학 비판 요강』의 가장 중요한 철학적 성과이자 마르크스 철학 사상 발전의 가장 중요한 이론적 정점이라고 할 수 있다.

나는 마르크스 철학을 연구하는, 현재적 의미의 모든 학술적 혁신에는 전제가 있다고 생각한다. 그리고 이것은 '마르크스로 돌아가다'라는 연구에서 우리가 건너뛸 수 없는 기초적 연구다. 실상 '마르크스로 돌아가다'는 일종의 구호로서는 공허해서 그 자체가 그렇게 큰 논쟁의 가치가 있지는 않다. 관건은 그러한 구호 아래에서 우리가 비판할 만한 구체적인 연구를 하고 있는가 하는 것이다. 예컨대 앞에서 나는 마르크스 철학 연구의 새로운 방향으로서의 텍스트학의 독해모델, 마르크스 경제학 연구의 내재적 사유경로를 통해 그의 철학 발전의 논리에 관한 새로운 시각을 반성해야 하는 문제, MEGA2에 실린 새로운 텍스트들의 의미, 그리고 내가 이름 붙였던 '역사현상학'에 관한 마르크스 비판이론의 새로운 해석을 논의했다. 의문이 드는 것은 『마르크스로 돌아가다』라는 이 책의 구체적인 내용이 대다수의 비평가에 의해 의식적·무의식적으로 은폐되는 것은 아닌가라는 점이다. 아마도 구체적인 비판이 구호에 비해 더욱 신랄하고 어려울 것이다. 나는 구체적인 비판과 논쟁을 기대하고 있다. 왜냐하면 그러한 비판과 논쟁은 마르크스 철학 연구가 깊이 있는 한 걸음을 내딛는 계기가 될 것이기 때문이다. 중요한 것은 내 관점의 맞고 틀림이 아니라, 검은 눈과 황색 피부를 가진 젊은 세대의 마르크스 철학 연구자들이 견실하게 마르크스를 우리 손 안의 '도구존재성'으로 전환시킬 수 있는가 하는 것이다.

마지막으로 나는 나의 스승 쑨보쿠이 교수의 말을 결어로 대신하고자 한다. "그 어떠한 발전도 마치 역사의 연장인 것처럼 보인다. 하지만 단순한 역사의 연장은 아니다. 발전의 길은 왜곡과 우회로 가득 차 있고, 출발점으로 되돌아갈 수도 있다. 하지만 그러한 되돌아감은 탁월한 성과를 모두 던져버리는 것이 아니라 새로운 출발점을 찾아 좀 더 높은 목표로 나아가는 것이다. 마르크스는 프롤레타리아 계급의 사회주의 혁명은 고난과 좌절 속에서 발전할 수밖에 없다고 말하면서 다음과 같이 말했다. '19세기의 혁명과 같은 프롤레타리아 혁명은 종종 자기 스스로를 비판한다. 그리고 종종 전진하다가 멈춰선다. 마치 이미 완성된 일로 되돌아가 그 일을 다시 하는 것처럼 보인다. 프롤레타리아 혁명은 자신의 최초 시도의 불철저함, 약점, 그리고 부적당한 목표를 매우 무정하게 비웃는다. 프롤레타리아 혁명이 적을 땅에 처박는 것은 마치 적으로 하여금 토지에서 새로운 힘을 얻어 더욱 강한 모습으로 그들 앞에 서게 하는 것처럼 보인다. 그것은 자신의 무한히 위대한 목표 앞에서 뒤돌아설 곳이 없는 상황에 이르기까지 다시 뒷걸음질친다.'[11] 마르크스주의 철학의 발전은 상술한 상황과 같은 길을 걷고 있다. '마르크스로 돌아가다', '마르크스 최초 텍스트로의 회귀', 이것은 흡사 현재 마르크스주의 철학을 연구하고 토론하는 데 힘을 쏟고 있는 사람들의 공통된 목적인 것 같다. 만약 앞서 마르크스가 생동감 있게 묘사했던 것처럼 견결하고도 철저하게 마르크스의 사상과 사업을 앞으로 전진시켜야 한다면 이는 당연히 매우 정확하고 지혜로운 일일 것이다. 마르크스와 그의 최초 작품으로 되돌아가는 것은 한 세기가 넘는 혁명사와 학술사의 풍부한 경험(성공한 것과 실패한 것, 긍정적인 것과 부정적인 것 모두를 포함해)과 마르크스 이후 전 세계의 역사적 발전 과정에 담겨있는 여러 측면의 풍부하고도 생동감 넘치는 사실에 기대어 마르크스주의 철학의 혁명적 변혁이 지닌 진정한 본질을 한 발 더 나아가 탐색하는 것이다. 이러한 탐색을 통해 마르크스 철학의 새로운 이론적 층위와 정신적 함의를 발굴함으로써 마르크스의 학설이 구세계의 질서를 파괴하고 새로운 세계질서

---

11   『馬克斯恩格思全集』, 第8卷(人民出版社, 1961), 125쪽.

를 구축하는 데 성공적으로 응용될 수 있도록 해야 한다. 혁명과 전쟁 같은 구시대에뿐만 아니라 평화롭고 발전적인 새로운 시대에도 성공적으로 응용해야 한다. 이것이 시대의 요청이며 역사가 마르크스주의 철학에 부여한 새로운 사명이다. 마르크스주의 철학이 시대의 도전을 정면으로 마주할 수 있을 것인가, 역사의 중임을 짊어질 수 있을 것인가, 이것이 오늘날 중국의 마르크스주의 철학자들이 집중적으로 고민해야 할 문제인 것이다."[12]

---

12 쑨보쿠이가 張一兵, 『馬克思歷史辨證法的主體向度』(河南人民出版社, 1995)에 쓴 서문 참조.

이끄는 글

모두 아는 바와 같이 당대 마르크스주의 철학 연구의 중요한 과제 가운데 하나는 마르크스주의 철학의 본질에 관한 연구토론이다. 1930년대 이전에는 이 문제에 대한 해답에 아주 큰 차이가 존재했다. 하지만 논자가 서로 다르더라도 마르크스주의의 텍스트 근거는 단 한 가지밖에 존재하지 않았다. 다름 아닌 마르크스와 엥겔스가 공개적으로 발표한 성숙한 논저들이다. 이로 인해 그 시대는 전통적 마르크스주의 철학 연구의 틀에 있어 우리에게 익명으로만 존재하는 일종의 '범시(凡是)' 담론을 남겼다. 즉, 마르크스와 엥겔스가 말한 것은 전부 반드시 진리라는 것이다. 따라서 마르크스주의 철학 연구자들은 자신의 논문과 저술에서 한 가지 토론 주제를 마주할 때마다 역사적으로 특정된 설명 없이 『마르크스·엥겔스 전집』의 제1권부터 제50권까지를 동질적으로 서술했다. 이처럼 비합리적인 연구 태도는 오늘날의 일부 논자에게서도 여전히 쉽게 찾아볼 수 있다.

레닌 사망 이전까지는 마르크스와 엥겔스의 초기 텍스트에 관심을 갖는 사람들이 거의 없었다. 하지만 1920~1930년대 이후로 청년 마르크스의 초기 문헌들이 발표되기 시작하면서 아무도 이의를 제기하지 않던 문제들이 복잡하게 착종되었고, 이로써 '무엇이 마르크스 철학의 진정한 요체인가' 하는 문제에 대한 해석에서 서로 다르거나 심지어 상반된 견해들이 쏟아지기 시작했다. 하지만 우리를 곤란하게 만드는 것은, 다른 관점을 가진 논자들이 기대고 있는 것이 마르크스의 1차 텍스트라는 점이다. 여기에는 서양 마르크스학과 서양 마르크스주의, 심지어 인간주의적 사회주의를 새롭게 인식한 고르바초프도 포함된다. 특히 최근 몇 년 동안 중국 내 일부 마르크스주의 연구에서도 실천철학과 실천적 인도주의, 가치주의 철학 등으로 명명된 텍스트를 무시한 갖가지 해석들이 마르크스주의 철학 '개혁'의 두드러진 사조가 되고 있다. 나는 이런 주장들을 과학적 척도에 이르지 못한 이론의 혼전에 지나지 않는 것으로 판단하고 있다. 보다 깊이 있는 이론적 맥락에서 볼 때, 이러한 연구 상황은 엄밀하지 못한 논리의 지배에 의해 조성된 것이라 할 수 있다. 이러한 연구 상황 때문에 우리는 마르크스·엥겔스의 초기 논저에 나타난 이론 맥락이 반드시 과학적인 것은 아니라는 사실에 대해 성찰을 전개하지 못했고 전개할 수도 없었다! 이러한 맥락에서 우리가 청년 마르크스의 초기 텍스트를 기초로 한다면 마르크스주의 철학의 텍스트에 대해 어떠한 회의도 가질 수 없을 것이다. 보다 중요한 것은 우리가 어떤 이론의 논리를 거론할 때 자신이 마음속으로 분명하게 알고 있는 이론의 내원이나 이론적 무의식 차원의 지원 배경을 정의하지 않고 있다는 점이다. 1930년대 이후 중국의 국내외 토론에서 출현했던 각종 독해 맥락이 좋은 예다. 그리하여 우리는 자신의 이론적 경계를 분명히 정의할 수 없을 때 부적절하게 그리고 너무나 가볍게 "나는 그렇게 생각한다"라고 말하는 것이다. 이러한 연구 상황은 마치 뿌리 없는 부평초와 같이 확실한 이론적 근거가 없기 때문에 필연적으로 연구 규범을 마비시키고 과학적 토론의 척도를 상실하게 만든다.

1) 다섯 가지 주요 독해모델: 청년 마르크스에서 마르크스주의까지

오늘날 이 문제를 토론하면서 가장 먼저 해야 할 것은 적어도 이미 형성된 마르크스 철학사상의 발전에 대한 정의들의 논리 지평을 분명하게 밝히는 것이라고 생각한다. 나는 이를 다섯 가지 주요 독해모델의 이론 배경이라 칭하고자 한다. 이론 지평이 규정되고 제시된 다음에야 비로소 분명한 평론의 지평이 나타나기 때문이다. 나는 「인간학적 청년 마르크스: 지나가버린 신화」

라는 글에서 처음으로 오늘날 마르크스 철학사상의 발전을 이해하기 위한 다섯 가지 모델, 즉 서양 마르크스학 모델, 서양 인간주의적 마르크스주의 모델, 알튀세르(Althusser) 모델, 소련 학자들 모델, 그리고 중국 학자 쑨보쿠이(孫伯鍨) 교수의 모델을 확실하게 제시한 바 있다.[1] 여기서 이에 대해 보다 진일보한 해석과 보충을 시도하고자 한다.

첫째 독해모델에서는 서양 마르크스학의 두 가지 마르크스 신화를 제시한다. 이른바 마르크스학이란 마르크스주의를 믿지 않고 단지 마르크스의 문헌을 '객관적인' 역사 텍스트 대상으로 삼아 연구하는 활동을 말한다. 사실 이처럼 신의 눈으로 보는 듯한 가치중립은 일종의 이데올로기적 환상에 지나지 않는다. 물론 '마르크스학'이 정식으로 이름을 내건 것은 1950년대 말의 일이지만[2] 서양에서는 이러한 연구 경향이 아주 일찍 출현했다. 모두 아는 바와 같이 1920년대 이전에 서양 마르크스학 학자들은 청년 마르크스(『공산당 선언』)와 노년 마르크스(『자본론』)를 구별할 것을 주장했다. 1924~1932년에 『독일 이데올로기』를 포함한 1845년 이전의 마르크스 초기 저작들(『어느 젊은이의 직업선택에 관한 고찰』, 「데모크리토스와 에피쿠로스 자연철학의 차이」 및 그 준비자료, 『본 노트』, 『베를린 노트』, 『크로이츠나흐 노트』, 「헤겔 법철학 비판 서설」, 『1844년 수고』 등)이 세상에 공개된 후 서양 마르크스학 학자들은 곧장 새로운 이론 기준을 제시했다. 『1844년 수고』에서 '새롭게 발견된 마르크스', 즉 '인간주의적 마르크스'가 마르크스 학설 가운데 최고봉('가장 가치 있는 인간학적 청년 마르크스')이고 『자본론』 시기 및 그 이후의 마르크스는 '정체되고' '쇠퇴한' 마르크스(노년 마르크스)라는 것이었다. 후자는 엥겔스에서부터 스탈린 이후에 이르는 이른바 정통마르크스주의의 이론적 근거이기도 하다.

---

1   「人本學的青年馬克思．個遍太了的神話」, 《東末》(1996), 1期.

2   '마르크스학(marxologie)'이라는 용어는 프랑스 학자 뤼벨(Rübel, 1905~1996)이 처음 창시했다. 1959년 뤼벨은 '마르크스학'이라는 용어를 사용해 자신이 창간해서 주간을 맡았던 간행물을 《마르크스학 연구》라고 명명했다.

그들의 견해에 따르면 이 '두 가지'의 마르크스는 서로 대립한다. 이것이 바로 당시에 아주 유명했던 이른바 '두 가지 마르크스' 관점이다. 좀 더 구체적으로 분석하자면 서양 마르크스학이라는 관점 자체도 가지와 마디가 서로 얽힌 매우 복잡한 양상을 띠고 있다.

유명한 마르크스학자인 막시밀리앵 뤼벨(Maximilien Rübel)의 관점은 '마르크스가 마르크스주의를 비판한다'는 말로 개괄·요약할 수 있다. 그는 애당초 마르크스주의의 타당성을 인정하지 않았다. 뤼벨의 견해에 따르면 마르크스 본인은 '마르크스주의'라는 표현을 한 번도 인정한 적이 없다("나는 마르크스주의자가 아니다"). 이러한 용어는 제1인터내셔널(국제노동자협회)의 바쿠닌[3] 주의자들이 마르크스를 공격하기 위해 만들어낸 것이다. 마르크스가 세상을 떠난 뒤 엥겔스도 처음에는 이런 견해를 받아들이지 않다가 나중에서야 이 부정확한 명명을 묵인하게 되었다. 뤼벨은 엥겔스가 나중에 개괄한 마르크스의 두 가지 발견, 즉 역사유물론과 잉여가치 이론을 부정했다. 이 두 가지 이론이 나중에 전통 마르크스주의 입론의 뿌리가 되었기 때문이다. 따라서 뤼벨은 마르크스의 발견을 18개의 논리 요점으로 귀결해야 하며 그 가운데 가장 중요한 의의는 초기 마르크스의 인간주의 사상을 기초로 발전되어 나온 위대한 '유토피아주의', 즉 인도주의에 기초한 몽상적인 합리주의여야 한다고 주장했으며,[4] 이에 따라 마르크스가 인류에 남긴 것은 주로 우렁찬 '도덕적 호소'라고 생각했다. 또 다른 서양 마르크스학 학자 이링 페처(Iring Fetscher)도 이러한 사유에 따라 초기 마르크스주의의 비판정신에 입각해 마르크스주의, 특히 스탈린식 마르크스주의에 반대해야 한다고 공개적으로 주장했다. 이러한 독해모델의 주요 관점은 근본적으로 엥겔스 이후의 마르크스주의를 부정하고 인간주의적 청년 마르크스의 사상을 숭상하고 있는 것이 분명하다.

---

3   미하일 알렉산드로비치 바쿠닌(Mikhail Aleksandrovich Bakunin, 1814~1876), 러시아의 혁명가이자
     급진적 무정부주의자다.
4   呂貝爾, 『呂貝爾論卡爾·馬克思五篇論文』(倫敦, 1981), 183쪽.

물론 그 뒤를 잇는 일부 서양 마르크스학 학자들에게서는 이런 관점에 약간의 변화가 발생했다. 예컨대 두 가지 마르크스주의의 병존을 인정하기 시작했는데, 그 하나는 인간주의적 마르크스주의 또는 비판적 마르크스주의이고, 다른 하나는 교착상태에 빠진 전통 마르크스주의다. 물론 그들이 전자를 긍정하고 후자를 부정하고 있다는 데에는 의심의 여지가 없다. 서양 마르크스주의의 영향을 받은 뒤로 그들은 마르크스의 논저들을 하나의 '전집'으로 읽어야 한다는 견해[슐로모 아비네리(Shlomo Avineri)를 예로 들 수 있다]를 제시하기 시작했다. 하지만 이것 역시 마르크스의 초기 저작으로 후기 논저들을 해석하는 것과 다름없다. 이러한 새로운 관점은 다음에 설명할 둘째 독해모델과 연관되어 있다.

둘째 독해모델은 서양 마르크스주의 가운데 인간주의적 마르크스주의의 관점을 드러내고 있다. 이는 서양 마르크스학과 서로 관련이 있으면서도 일정한 차별성을 갖는 마르크스 철학사상에 대한 중요한 독해모델이라고 할 수 있다. 나는 중국의 이론계에서는 특히 이런 모델들과 어떻게 경계선을 긋느냐 하는 것이 가장 중요한 문제라고 생각한다. 현재 중국의 일부 이론가들은 의식적 또는 무의식적으로 이러한 독해 방식을 반복하고 있기 때문이다. 모두 아는 바와 같이 루카치나 그람시,[5] 코르슈[6] 같은 초기의 서양 마르크스주의자들은 성실하게 자신들의 철학이론을 수립해 나아가는 동시에 은연중에

---

5 안토니오 그람시(Antonio Gramsci, 1981~1937), 이탈리아 철학자이자 서양 마르크스주의 1세대 인물이다. 1913년에 이탈리아사회당에 가입했고 1921년 1월 21일에 팔미로 톨리아티(Palmiro Togliatti), 아마데오 보르디가(Amadeo Bordiga) 등을 대표로 하는 사회주의연합 좌파를 이끌고 이탈리아공산당을 건립했다. 1922년 5월 이탈리아공산당 대표로 모스크바에서 코민테른 집행위원회 서기처 서기로 선출되었으며, 1923년에는 코민테른에 의해 이탈리아공산당 총서기로 임명되었다. 1926년 10월, 이탈리아공산당의 활동을 금지시키고 당시 법률로 보장되어 있는 국회의원들의 구속 및 체포 면책특권을 무시하던 무솔리니가 국회의원 신분인 그람시를 체포해 징역 20년 8개월의 형을 선고했다. 1929년부터 옥중에서의 집필이 허용된 그람시는 친구들의 도움을 받아 적지 않은 서적들을 확보했으며 혁명이 왜 지속적으로 좌절되는지에 대한 사유로 유명한 『옥중수고』를 써냈다. 1934년 조건부로 가석방된 그람시는 1937년 4월 27일 뇌일혈로 세상을 떠났다.
6 카를 코르슈(Karl Korsch, 1886~1961), 독일 철학자로 초기 마르크스주의의 대표적인 인물 가운데 한 명이다.

역사주체성을 확실하게 인정했다. 예컨대 총체성이나 사물화, 실천철학, 주객체 변증법 등을 사용해 마르크스 사상 가운데 주체성의 측면을 규정하고 발양시켰던 것이다. 하지만 다량의 마르크스 초기 저작들이 당시에는 아직 출판되지 않았기 때문에 그들 연구의 사유경로는 기본적으로 나중에 쓰인 마르크스의 성숙한 텍스트들(『공산당 선언』이나 『자본론』 등)로부터 출발하고 있다. 심지어 그들은 아직 '청년 마르크스'와 '성숙한 마르크스주의'의 구분조차 의식하지 못했다고 볼 수도 있다. 하지만 1930년대 이후로 마르크스의 초기 논저들이 속속 발표됨에 따라 이러한 이론적 지향은 곧장 모종의 인간주의적 마르크스주의를 형성했다. 이는 주로 제2세대 서양 마르크스주의 연구자들(초기 에리히 프롬[7]이나 초기 마르쿠제,[8] 초기 르페브르,[9] 그리고 후기 사르트르[10])에 의해 이루어졌다. 그들의 견해로 볼 때는 서양 마르크스학에서 말하는 완전히 대립하는 두 가지 마르크스는 존재하지 않았다. 서양 마르크스학과 달리 그들은 스스로 자신들이 진정한 마르크스주의라고 생각했지만 동시에 『1844년 수고』로 마르크스주의의 논리 전체를 통합하려 했다. 마르크스는 인간주의적 마르크스 하나밖에 없고 마르크스주의도 소외를 제거함으로써 인간의 해방을 실현하는 것을 최고의 목적으로 삼는 단 하나의 마르크스주의밖에 없다는 것이다.[11] 그들의 철학 사유에서 마르크스주의의 확립은 『1844년 수고』에서 실현되었다(그들은 1843년 이전의 청년 마르크스는 전혀 중시하지 않았다). 마르크스의 선험적인 노동소외 사관의 인간주의 논리가 마르크스주의의 참뜻을 대표하는 근거로 인식된 것이다. 하지만 나중에 1845년의 「포이어바흐에 관

7　에리히 프롬(Erich Fromm, 1900~1980), 미국 국적의 독일 유대인으로 프랑크푸르트학파의 주요 멤버 가운데 한 명이며, 서양 인간주의적 마르크스주의 철학자이자 정신분석심리학자다.

8　헤르베르트 마르쿠제(Herbert Marcuse, 1998~1979), 독일계 미국 철학자이자 사회이론가로서 프랑크푸르트학파의 주요 멤버 가운데 한 명이다.

9　앙리 르페브르(Henri Lefebvre, 1898~1991), 프랑스의 마르크스주의 철학자다.

10　장 폴 사르트르(Jean-Paul Sartre, 1905~1980), 프랑스의 실존주의 철학자이자 마르크스주의자다.

11　張一兵, 『折斷的理性翅膀』(南京出版社, 1990), 第4章; 「西方馬克思哲學的歷史邏輯」(南京大學出版社, 2002) 참조.

한 테제」에 나타난 '주체에서 출발한' 실천(=노동), 『자본론』 및 수고에 나오는 인간해방 문제(특히 1939년 마르크스의 『정치경제학 비판 요강』이 발표되었는데 이는 『1844년 수고』를 발표한 이후 '두 번째 충격파'로 인식되었다), 심지어 마르크스 만년의 인류학 연구도 기존의 인간주의 논리를 전개 및 '업그레이드'한데 지나지 않았다. 이에 따라 그들은 엥겔스 이후, 특히 제2인터내셔널 이후의 전통 마르크스주의가 마르크스주의를 '인간이 없는' 경제결정론으로 해석한 것은 부적절하다고 비판했다.

이 독해모델은 나중에 동유럽의 '신마르크스주의'에 의해 계승되었다(유고슬라비아의 '실천파'나 폴란드 학자 샤프[12]가 만년에 정립한 인간학 이론을 예로 들 수 있다). 오늘날 일부 중국 학자들의 '실천철학'과 '실천적 인도주의'의 텍스트를 포함해 1980년대 초 중국 인도주의 소외 토론에서도 이러한 논리 흐름의 직접적인 노정을 발견할 수 있다.

셋째 독해모델에서는 서양 마르크스주의 과학방법학파의 이른바 '단절설'을 제시하고 있다. 다시 말해 마르크스 철학사상에서 나타난 이데올로기와 과학의 이질성에 대한 독해모델이라고 할 수 있다. 이 독해모델은 상술한 둘째 독해모델을 이론적으로 반박하는 과정에서 형성되었다. 1960년대 프랑스의 마르크스주의자 알튀세르는 과학주의[주로 바슐라르(Bachelard)의 인식론과 준구조주의] 방법으로 마르크스주의 사상 발전의 진로를 새롭게 획정하면서 이른바 마르크스 철학사상의 '단절설'을 제시했다.[13] 알튀세르는 일반 텍스트의 표층 의미에서 출발해서 성찰을 진행한 것이 아니라 마르크스 사상 발전의 또 다른 특징인 심층 이론구조('문제 설정', 즉 질문의 기본방식과 논리구조)에 착안해서 1845년 4월 마르크스의 「포이어바흐에 관한 테제」를 분기점으로 하는 두 가지 마르크스, 즉 인간주의 이데올로기의 논리구조에 놓인 청년 마르

---

12 아담 샤프(Adam Schaff, 1923~), 폴란드의 마르크스주의 철학자로, 폴란드 통일노동자당 중앙위원과 폴란드과학원 및 사회과학원 소장을 역임한 바 있다.

13 阿爾都塞, 『保衛馬克思』; 張一兵, 『問題式, 症候閱讀與意識形態』 참조.

크스와, 완전히 새로운 과학적 세계관을 수립한 마르크스주의자 마르크스가 존재한다는 사실을 밝혀냈다. 그는 또한 하나의 마르크스주의만 인정했는데, 그것은 바로 과학적('무주체'의 객관적 역사운동에 관한) 역사유물론이었다. 마르크스주의는 그 심층 논리에서 '이론상의 인간주의'를 거부하고 있는 것이다! 이와 유사한 관점으로 일본의 마르크스주의 철학자 히로마쓰 와타루의 논점을 들 수 있다. 그의 견해는 1845년 4월 마르크스는 소외의 논리에서 '사물화(Versachlichung)' 논리로 전환했다는 것이다. 물론 히로마쓰 와타루의 관점은 하이데거 및 동시대의 다른 사조로부터 영향을 받았기 때문에 더욱 복잡한 이론의 변형된 체계[14]라고 할 수 있다. 중국 학자들 가운데 알튀세르의 영향을 받은 사례로는 후완푸(胡萬福)와 그의 저서 『청년 마르크스를 논함』을 들 수 있다.[15]

넷째 독해모델은 전통 마르크스주의 철학사 연구에서 비교적 보편적인 양적 변화의 '진화설'이다. 이는 소련(특히 1960~1980년대 초) 학자들이 마르크스 철학을 독해할 때 사용하던 이론적 관점이다.[16] 그들은 마르크스 사상 발전에 대한 레닌의 시기 구분의 틀(레닌은 나중에 발표된 청년 마르크스의 초기 논저들을 읽지 못했다)에 갇혀 이론의 논리에서 그다지 철저하지 못했고 모호한 관점을 주장했다. 그들은 1843년 『파리 노트』가 출간되기 이전의 마르크스는 '여전히 헤겔 관념론의 영향을 받은' 청년 마르크스로서, 마르크스가 마르크스주의의 새로운 유물론과 공산주의로 변화하기 시작한 것은 1843년 여름부터 연말 사이였고(하지만 그들은 이러한 변화가 마르크스가 역사유물론으로 전환한

---

14 張一兵, 「廣松涉的馬克思關係本體論」, ≪馬克思主義與現實≫(1994), 第4期 참조.
15 胡萬福, 『論靑年馬克思』(華東師範大學出版社, 1998) 참조.
16 특별히 지적할 필요가 있는 것은 1970년대 이전의 소련 이론계는 인적 문제에 대해 기본적으로 부정적인 태도를 견지하면서 구동유럽 신마르크스주의의 인도주의적 경향에 직접 간여했다는 사실이다. 또한 1980년대에 고르바초프가 집권한 뒤로 소련 학계는 실제로 상술한 둘째 사유단계, 즉 인간주의적 마르크스주의로 되돌아갔다는 사실도 지적할 필요가 있다. 고르바초프가 말한 "인류의 이익이 계급의 이익보다 중요하다"라는 관점의 '신사유' 논리가 바로 이상화된 인간주의라 할 수 있다. 스스로를 속이고 남도 속이는 이 관점이 조성한 현실적 비극은 이미 우리 모두가 목도하고 있는 바와 같다.

것은 아님을 감히 확증하지는 못했다), 이러한 진행과정은 1845년 봄 「포이어바흐에 관한 테제」까지 지속되었으며 1846년 가을 『독일 이데올로기』에 이르러서야 끝이 났다고 주장했다. 이를 통해 마르크스주의를 정립하는 과정은 일종의 양적 점진의 과정으로서, 여기에는 헤겔과 포이어바흐[17] 철학의 영향을 끊임없이 제거하고 나아가 성숙한 이론 표현으로 발전하는 요소밖에 존재하지 않는다는 것을 알 수 있다. 1843년 여름 이후 작성된 수많은 청년 마르크스의 텍스트에서는 마르크스주의가 여러 곳에서 확인되기 시작했다.[18] 마르크스에 의해 훗날 '인체 해부는 원숭이 해부의 열쇠'라고 불리던 방법이, 여기에서는 반대로 '원숭이 몸이 사람의 몸'이라는 식으로 인식되었다.[19] 그리하여 마르크스주의 철학이 지닌 1845년의 방법론적 혁명의 의미가 크게 약화되었다. 1932년 이후 서양 마르크스주의가 마르크스주의 철학을 인간화하는 심각한 이론적 퇴보에 직면하자 이러한 모델은 혼란과 갈등으로 인해 무기력한 모습을 보였다. 유감스러운 것은 중국의 전통 마르크스주의 철학사에서 일부 연구들이 기본적으로 이러한 '진화설'을 토대로 한 소련식 연구의 사유경로를 따르고 있다는 점이다.

다섯째 독해모델은 나의 스승인 난징대학 철학과 쑨보쿠이 교수가 1970년대 말에 쓴 책 『탐색자 길의 탐색(探索者道路的探索)』에서 제시한 것이다. 구체적으로 말하면 이 모델은 마르크스·엥겔스 사상의 2차 전환론과 『1844년

---

17 루트비히 안드레아스 포이어바흐(Ludwig Andreas Feuerbach, 1804~1872), 독일의 유물론 철학자. 란츠후트의 한 법학가 집안에서 태어나 1828년에 베를린대학을 졸업하고 에를랑겐대학에서 교편을 잡았다가 무신론을 선전한다는 이유로 박해를 받아 시골에 은거하면서 철학 연구에 몰두했다. 주요 저작으로 「헤겔 철학 비판」(1939)과 『기독교의 본질』(1841), 『미래 철학의 근본 원리』(1842), 『종교의 본질』(1845), 『행복론』(1867~1869) 등이 있다.

18 소련 학자들이 이 분야에서 이룩한 비교적 중요한 학술적 성과로는 拉賓, 『馬克思的靑年時代』, 南京大學校外文系俄羅斯語言文學敎硏室譯(北京三聯書店, 1982)을 비롯하여 巴加圖利亞, 『馬克思的第一個偉大發現』, 陸忍譯(中國人民大學出版社, 1981); 納爾斯基等, 『19世紀馬克思主義哲學』, 上·下卷, 金順福·賈澤林等譯(中國社會科學出版社, 1984) 등이 있다. 沈眞이 엮은 『馬克思恩格思早期哲學思想硏究』(中國社會科學出版社, 1982)도 주목할 만하다.

19 이 관점은 박사과정을 밟고 있는 내 제자 천성윈(陳勝雲)이 1995년에 과제에서 가장 먼저 제시했다.

수고』에 나오는 두 가지 이론의 상극이라는 관점을 기술하고 있다. 쑨보쿠이의 연구에서는 청년 마르크스 자체가 구체적으로 둘로 나뉘고 있다. 그중 하나는 1837년 청년헤겔학파 진영에 가담할 때부터 1837년 여름 이전까지의 마르크스다. 청년 마르크스의 철학사상은 주로 청년헤겔학파의 개조를 거친 헤겔 철학의 영향을 받았고, 이는 그의 박사논문 「데모크리토스와 에피쿠로스 자연철학의 차이」와 ≪라인신문≫ 시기에 쓴 일련의 글에 잘 반영되어 있다. 다른 하나는 청년 마르크스 사상이 현실문제에 부딪쳐 대단히 곤혹스러울 때, 그가 프랑스대혁명을 중심으로 하는 역사학 연구를 통해 바이틀링, 헤스, 그리고 청년 엥겔스 등의 영향하에 첫 번째 중요한 사상적 전환을 이룬 것으로(마르크스가 자각적으로 마르크스주의를 정립하기 시작한 것은 아니었다), 즉 관념론에서 포이어바흐식 인간학 유물론으로, 민주주의에서 일반 공산주의(과학적 사회주의가 아니다)로 사상을 전환한 것이다. 이 시기와 관련된 텍스트에는 청년 마르크스가 1843년 여름 이후 『크로이츠나흐 노트』와 『독일 – 프랑스 연감』을 쓰던 시기의 글, 맨 처음 경제학을 연구할 때의 『파리 노트』, 그리고 그 과정에서 점차적으로 완성한 유명한 저작 『1844년 수고』, 『신성가족』, 1845년 3월에 쓴 『프리드리히 리스트의 저작 '정치경제학의 국민 시스템'을 평함』(이하 『리스트를 평함』)의 수고 등이 포함된다. 두 번째 전환은 『리스트를 평함』에서 그 단초가 형성되어 「포이어바흐에 관한 테제」에서 발생했고 『독일 이데올로기』, 『마르크스가 안넨코프에게』, 『철학의 빈곤』 등 진정한 자각을 바탕으로 한 마르크스주의로의 사상혁명으로 완성되었다. 이러한 전환은 게슈탈트식의 총체적 전환으로서 양적인 점진적 과정이라고 할 수 없다. 이 시기가 되어서야 마르크스와 엥겔스는 처음으로 실천적인 새로운 유물론의 철학 전망을 확립했다. 이는 철학적 논리체계가 아니라 일종의 살아있는 과학의 입장이자 관점이며 방법이었다. 그리고 이때서야 마르크스와 엥겔스는 진정한 과학적 사회주의를 수립했다.

이 외에 보다 중요한 이론의 진전은 쑨보쿠이 교수가 처음 제시한 것으로,

『1844년 수고』 같은 텍스트에서 청년 마르크스는 이미 정치적으로 프롤레타리아 계급의 입장으로 돌아섰고 철학의 기본 관점에서도 포이어바흐식의 일반 유물론 관념으로 전환했으나 그 이론 발전의 깊은 곳에서는 전혀 다른 두 가지의 이론논리가 나타나기 시작했다는 것이다. 그 첫째는 노동자들의 선험적 유적 본질인 노동에서 출발해 사회역사(주로 근대 공업문명)를 인간 본질의 소외와 회복의 과정으로 보는 인간주의의 잠재된 관념론 사관의 구조다. 이것이 당시 청년 마르크스 철학을 지배하던 주도적 이론의 틀이다. 둘째는 마르크스가 진정으로 프롤레타리아 계급의 실천과 경제학의 역사적 사실을 접하고 나서 자신도 모르게 발생한 역사의 객관적 현실에서 출발한 이론논리다 (이는 전통 소련 마르크스주의 철학 연구사에서 마르크스주의 철학이 이미 확립되었다는 증거로 간주되는 많은 텍스트적 증거이기도 하다). 하지만 이것이 마르크스주의의 새로운 세계관 자체가 확립될 수 있음을 의미하진 않는다. 그저 마르크스는 현실을 깊이 이해함에 따라 자신도 모르게 인간주의 소외논리의 사상적 경향에서 벗어난 모습을 보인 것뿐이다. 이 새로운 이론논리는 실제 존재하긴 하지만 마르크스의 두드러진 의식과는 상대적으로 무의식적인 것이라 할 수 있다. 1844년부터 1845년 3월 사이에 이 두 가지 이론논리는 시종 일종의 동태적인 상호 흥망의 단계에 처해 있었다. 물론 이 시기 청년 마르크스 이론 전체의 발전 과정에서 지배적 위치를 차지한 것은 여전히 포이어바흐식의 인간학 노동소외 사관이었다. 이론의 심층에서 볼 때, 이러한 인간주의 윤리 가치 비판은 프롤레타리아 혁명을 변호하고 있지만 근본적인 의미에서 (독일) 부르주아 이데올로기를 넘어서진 못했다. 1845년 4월, 「포이어바흐에 관한 테제」를 썼을 때에 이르러서야 마르크스의 사상이 자각적인 철학 혁명의 수준으로 발전되었다. 원래 『1844년 수고』에서 활약했던 인간학 담론은 여기서 철저하게 해체되고 실천을 입구로 하는 철학의 새로운 전망이 부각되었다. 이 사상혁명은 포이어바흐를 포함해 마르크스와 엥겔스 자신이 1845년 이전의 관점을 다룬 『독일 이데올로기』를 비판하고 청산함으로써 비로소 완성되었다. 알튀세르와 달리 쑨보쿠이는 마르크스 철학사상의 발전을 형이상학적으로 상호 모순되는 두 개의 전혀 다른 시기로 분리하지 않고 이를 복잡하고 서로 연관되어 있으며 동태적인 모순운동 및 변화 과정에 있는 것으로 묘사했다. 쑨보쿠이는 마르크스와 엥겔스가 이때부터 더 이상 '인간'과 '주체'에 관심을 갖지 않은 것이 아니라 완전히 새로운 역사유물론의 기초 위에서 과학적인 인간학을 수립한 것으로 이해하고 있다. 이러한 인간학은 추상적인 인간주의가 아니었다. 그것은 프롤레타리아 혁명이라는 구체적인 사회의 주체적 국면에 대한 관심을 통해, 19세기 이래 대산업이 이미 확정한 인류 해방의 현실 가능성에 대한 사유를 통해 사회발전의 필연적인 추세이자 전망으로서의 공산주의가 나타나기를 기대했던 것이다.

맨 마지막 독해모델과 알튀세르 관점의 원칙적인 차이에 관해 나는『마르크스 역사변증법의 주체 국면(馬克思歷史辯證法的主體向度)』이라는 책에서 이미 진일보한 체계적 논증을 진행한 바 있다. 쑨보쿠이의 원래 표현은 전통적 이론 분위기의 영향을 받아 비교적 전략화하는 경향을 보이고 있다. 따라서 나는 독자들이 이를 독해할 때 소련의 진화론 모델과 혼동할 수 있기 때문에 (이는 내가 나중에 마르크스와 엥겔스, 레닌의 철학 텍스트를 다시 독해하게 된 중요한 원인 가운데 하나다) 모델의 이론 경계와 특징을 분명히 할 필요가 있다고 생각했다. 이 책은 새로운 텍스트학의 기초 위에서 이 모델에 대해 가장 중요한 이론적 추진을 진행할 것이다.

부언할 것은 내가 인식한 이 다섯 가지 독해모델이 시간의 전후에 따른 순서관계를 갖는 것이 아니라 기본적으로 공시성(共時性)을 갖는다는 점이다. 동시에 이 독해모델들은 절대적인 폐쇄 모델이 아니며 각자의 이론사유 과정에서의 전형적인 양식만을 대표한다. 단일하면서 순수한 텍스트 독해 방식은 존재하지 않으며 각 모델의 구체적인 형태가 복잡하고 다변적이기 때문이다.

마지막으로 주제에서 벗어난 문제로, 최근 마르크스에 대한 독해에 이른바 '포스트 마르크스주의'의 관점이 나타났다는 것이다. 이 새로운 이론논리는 실제로 프랑크푸르트학파의 중후기 사유에서 발단했다. 정확히 말해 이 이론의 서막은 프랑크푸르트학파의 핵심 멤버인 호르크하이머[20]와 아도르노[21]의 『계몽의 변증법』이라는 책이었다. 물론 이 논리 사유의 시발점은 20세기 초 루카치가 막스 베버[22]의 도구합리성과 마르크스의 사물화 이론을 서로 연결시킨 것으로서, 무의식중에 생성되었다고 할 수 있다. 물론 이는 이미 또 다른 맥락에서의 연구과제이기도 하다.[23]

중국 내의 이론계를 직시하다 보면 무척 유감인 점이, 중국의 일부 논자들이 마르크스주의 철학사 연구에 관한 기존의 국내외 기본 성과들을 충분히 이해하지 못한 상황에서 상술한 독해모델 가운데 하나에 무의식적으로 집착하고 있으며, 스스로 이를 학술의 창의성이라고 착각하고 있다는 것이다. 이는 정말로 통탄할 일이 아닐 수 없다. 그들의 가장 큰 실수는 어떤 것을 받아들여 계속 나아갈 것인가 하는 분명한 의식 없이 맹목적으로 자기주장만 내세우는 것이다. 이런 태도의 결과는 충분히 상상할 수 있을 것이다. 나는 지금 1843~1844년 청년 마르크스의 인간학 논리로 마르크스주의 철학을 돌아보는 것은 적절치 못하다고 생각한다. 당대 마르크스주의 철학 발전 과정에서 보면 이는 사상사에 역류하는 움직임이 분명하기 때문이다. 한 걸음 더 나아가서 말하자면, 우리가 후기 하이데거[24]의 기술을 논한 논문과 아도르노의 『부정의 변증법』, 바르트[25]의 『기호의 제국』, 제임슨[26]의 『언어의 굴레』, 히로마

---

20 막스 호르크하이머(Max Horkheimer, 1895~1973), 독일의 유명 마르크스주의 철학자이자 프랑크푸르트학파의 대표적 인물 가운데 한 명이다.

21 테오도르 아도르노(Theodor Wiesengrund Adorno, 1903~1969), 독일 마르크스주의 철학자이자 사회학자인 동시에 음악이론가다. 프랑크푸르트학파의 대표 인물 가운데 한 명이다.

22 막스 베버(Max Weber, 1864~1920), 독일 정치경제학자이자 사회학자로서 근대사회학과 공공행정학에서 가장 중요한 인물 가운데 한 명이다.

23 張一兵,「無調哲學, 後人學和否定辨證法」,≪上海社會科學院學術季刊≫(1996), 第2期;「西方馬克思主義, 後馬克思主義思潮和晚期馬克思主義」,≪福建論壇≫(2000), 第4期에 수록.『文本的深度耕犁: 西方馬克思思潮文本解讀』第2卷(中國人民大學出版社, 2008) 참조.

24 마르틴 하이데거(Martin Heidegger, 1889~1976), 독일의 위대한 철학자.

25 롤랑 바르트(Roland Barthes, 1915~1980), 프랑스 문학비평가이자 철학자.

26 프레데릭 제임슨(Frederic Jameson, 1934~), 미국 마르크스주의 문학이론가이자 문화비평가.

쓰 와타루의 『존재와 의미』 같은 텍스트를 진지하게 읽어본다면 자기 사상의 입지가 고전인간주의(신인간주의의 문턱에는 가보지도 못한)의 낡은 슬리퍼에도 미치지 못한다는 것을 깨달을 것이다. 어쩌면 이러한 논자들은 격앙되어 다음과 같이 말하고 있는지도 모른다. "우리가 인간주의를 주장하고 있는 것은, 오늘날 우리는 이미 인간주의에서 포스트 인간학으로 넘어간 근대 구미인들과 다르기 때문이다. 오늘날 우리나라 시장경제에서는 인간의 주체성을 확립할 필요가 있다(사물화된 주체?!). 오늘날 중국에서는 더욱 인간의 주체성이 필요하다." 그렇다. 이 점은 현실적 차원에서 볼 때 결코 틀린 말이 아니다. 그러나 이 경우에 필요하다는 것은 과학은 아니다. 인민에게 격정을 주는 것과 과학을 주는 것은 결과가 완전히 다르다. 중국인들은 이미 격정에 지배되고 농락당한 지 오래다! 오늘날 우리는 근대화된 사물화(세속화)로 가는 과정에서 과학적 이성의 기초 위에서 다시금 인간에 대해 관심을 가질 필요가 있다. 다시 비과학적인 인간주의로 돌아가선 안 될 것이다. 따라서 역사적 차원에서 보든 현실적 차원에서 보든, 청년 마르크스를 근거로 하는 인간학 마르크스주의는 이미 시대가 지난 근대적 신화일 뿐이다. 최근에 일어난 이러한 신화의 파멸 사례로 소련과 동유럽의 인간주의적 사회주의가 실패한 것을 들 수 있다. 일부 사람이 "인류의 이익이 계급의 이익에 우선한다"라는 인간학적 환상으로 자신의 사회주의(실제로는 자신의 민족성)를 과시하고 있을 때, 지구적 자본주의의 서양 열강(데릭의 말)은 어떤 실질적인 양보도 하고 있지 않다. 설마 우리가 또다시 몸으로 시도해야 하는가? 또다시 전철을 밟아야 한단 말인가?

2) 마르크스 이론 저작의 세 가지 유형 및 그 철학적 평가

중국 마르크스주의 연구가 끊임없이 심화되어가는 과정에서 중국의 주체적 인지구조에 속하는 독해모델 문제 외에 또 다른 문제가 점점 중요하게 부각되고 있다. 다름 아니라 마르크스 이론 문헌을 연구대상으로 삼는 텍스트 분류학이다. 과거의 전통적인 교과서 시스템과 학술연구에서는 그저 마르크스가 공개적으로 발표한 이론 텍스트에만 관심을 가졌으며, 그 텍스트들을 마르크스 이론연구의 주요 문헌근거로 삼아왔다. 객관적인 역사적 원인을 따지자면 마르크스가 쓴 대량의 노트와 수고가 1920~1980년대에야 비로소 점차적으로 세상에 모습을 드러냈기 때문이다. 중국어판 마르크스·엥겔스 논저의 기존 문헌만 놓고 보더라도 상당수의 원전 텍스트들이 아직 번역조차 되지 않고 있다. 하지만 보다 중요한 원인은 우리 자신의 독해의 틀에 존재하는 오류 유도의 메커니즘이다. 바꿔 말해 정식 논저와 노트 및 수고 사이에 항상 성숙과 미성숙의 단순한 경계가 존재한다고 인식하는 것이다. 사실은 이러한 관점 자체가 성숙하지 못한 것이다. 내 견해로 마르크스 이론 저작에는 대체로 서로 다른 의의와 가치를 지닌 세 가지 유형의 텍스트가 존재한다. 첫째는 책을 읽고 발췌한 노트와 사실을 기술한 노트이고, 둘째는 미완성 수고와 서신이며, 셋째는 이미 완성된 논저와 공개 발표된 문헌들이다. 과거 마르크스 연구에서 학자들이 보편적으로 중시하고 연구에 열을 올렸던 부류는 대부분 셋째 유형의 논저였고 둘째 유형의 문헌들 역시 어느 정도 관심을 받았다. 하지만 첫째 부류의 텍스트들은 그에 합당한 분석과 연구의 지위를 아직 얻지 못하고 있다. 나는 첫째와 둘째 유형의 텍스트를 심도 있게 분석해야만 마르크스 사상이 발전하고 변혁한 진실한 사유의 맥락과 그 원인이 되는 맥락을 발견할 수 있을 것이라고 생각한다. 우리는 이 점을 충분히 중시해야 한다.[27]

---

27 나는 2008년이 지나서 출판된 『레닌으로 돌아가다(回到列寧)』라는 책에서 넷째 유형의 텍스트도 언급한 적이 있다. 이는 유사 텍스트로, 주로 마르크스와 레닌의 문헌들 가운데 대량으로 존재하는 각종 독서 주석들을 가리킨다. 이것들은 형태를 갖춘 텍스트가 아니라 후세 사람들이 독서했던 언어 환경에 따라 새로이 구성하고 실현해낸 특수한 텍스트다. MEGA2의 출판을 기획할 당시에는 마르크스와 엥겔스의 독서 주석들을 출판할 생각이었으나 이 계획은 나중에 취소되었다. 1999년, MEGA2의 제4부 제32권에는 단지 마르크스와 엥겔스의 장서 목록과 주석의 개괄만 소개되었다. 레닌의 주요 독서 주석은 대부분 이미 출판되었다. '유사 텍스트'에 관한 나의 구체적인 토론에 관해서는 張一兵, 『回到列寧: 關于'哲學筆記'的一種后文本學解讀』(江蘇人民出版社, 2008), 第2章을 참조하기 바란다. 하지만

첫째 부류의 텍스트에는 마르크스(엥겔스)가 학습과 연구의 과정에서 알게 된 새로운 학술 영역이나 아직 생소한 텍스트를 마주했을 때 목적을 갖고 정리한 독서노트 및 부차적 의도를 갖고 쓴 체험노트가 있다. 그 가운데는 마르크스가 기록에 사용한 일부 연구 요강이나 중요한 서적의 목차, 생각의 흐름을 적은 수상록 등이 포함되어 있다. 지금까지 발표되고 정리된 문헌의 정황으로 볼 때, 이러한 노트는 대략 250권 정도이며, 그 가운데 마르크스와 엥겔스의 표시와 주석을 거친 것이 약 6만 쪽에 이른다. 이 가운데 일부는『마르크스·엥겔스 전집』제2판(이하 MEGA2)의 제4부에 이미 발표되었는데, 분량은 도합 40권에 달한다.

마르크스는 대학에서 공부하던 시기(1836~1837)에 이미 독서노트를 쓰는 습관을 갖고 있었는데, 이러한 학습·연구 방식은 그의 학술 생애 전체를 관통한다. 마르크스가 쓴 다량의 노트 내용을 살펴보면, 초기에는 시를 포함한 일부 문학 노트를 제외하면 철학예술 노트가 주류를 이룬다. 예컨대『에피쿠로스 철학에 관한 노트』7권(1839),『베를린 노트』8권(1840~1841),『본 노트』5권(1842), 정치역사학을 발췌한『크로이츠나흐 노트』5권(1843) 등이다. 하지만 1843년 이후부터는 일부 독서노트 성격의 노트(모두 17권인데,『1843~1847년 사항노트』,「포이어바흐에 관한 테제」등 중요한 텍스트들도 바로 이 노트에 쓰여 있다)와 중후기의 역사, 인류학, 자연과학 및 기술사를 다룬 노트를 제외한 90% 이상이 모두 경제학 관련 노트다. 이 가운데 비교적 중요한 것으로『파리 노트』7권(1844),『브뤼셀 노트』7권(1845),『맨체스터 노트』9권(1845),『런던 노트』24권(1850년 9월~1853년 8월, 인쇄용지 약 100장) 등을 들 수 있다.

나는 이 노트들이 우리가 마르크스가 지녔던 각종 사상의 초보적인 요소를

나는 최근 하이데거에 대한 연구에서 신학, 학술, 정치 등 세 종류의 타자를 직면하고 있는 텍스트를 본인이 소장한 진리사상과 오로지 다양한 측면에서 타성으로 관측하고 제작한 '학술논리 구성'에 의거하여, 강요에 의해 승복한 연출성(vorführen) 텍스트, 논쟁 형식의 표현성(ausdrücklich) 텍스트, 현장에 서 있는 현신성(Gegenwart) 텍스트, 잠재적 신비(Geheimnis) 텍스트로 분류했다. 이것은 텍스트 성장의 주체적인 입장에 근거한 결과다.

이해하는 데 아주 중요한 텍스트라고 생각한다. 이 노트들을 통해 우리는 마르크스와 엥겔스가 일부 학술적 관점에 대해 발췌한 이론의 방향성과 최초의 평론 및 여기서 발생한 저술 기획과 구상까지 직접 읽어낼 수 있을 것이다. 아울러 그 속에서 마르크스와 엥겔스의 각종 사상이 처음 형성된 이론의 촉발점과 연원이 되는 단서들을 찾을 수도 있을 것이다. 이처럼 중요한 원초적 이론의 경지는 일반 이론의 수고와 논저에서는 얻을 수 없는 것들이다. 더욱 중요한 것은 이 노트들이 종종 제2차 텍스트(수고)를 이해하는 핵심적 열쇠가 된다는 점이다. 예컨대 『크로이츠나흐 노트』에는 프랑스대혁명을 주축으로 하는 마르크스의 정치·역사 발췌록이 있는데, 이를 연구하지 않았다면 1843년에 『헤겔 법철학 비판』 수고에 나타난 마르크스의 첫 번째 철학적 전환, 즉 일반 유물론으로의 전환을 이해하지 못했을 것이다. 그리고 그것을 이해하지 못했다면 전통적인 연구에서 청년 마르크스의 철학사상이 전환된 것을 간단하게 포이어바흐에 대한 '옹호'로 간주했을 것이며, 그 결과 마르크스의 독립적인 연구의 복잡한 내재 요소들을 소홀히 하는 갖가지 오독이 출현했을 것이다. 또한 마르크스는 1844년 『파리 노트』에서 세에서부터 시작해 스미스와 리카도, 밀에 이르는 경제학 탐구를 수행했는데, 이러한 상승적인 이해 논리를 연구하지 않았다면 같은 시기에 그가 저술한 『1844년 수고』의 진정한 맥락을 분석할 수 없었을 것이고, 또한 수고를 이해하고 평가하는 데서 진실하고 객관적인 기초를 상실했을 것이다. 1845년의 『브뤼셀 노트』와 『맨체스터 노트』를 연구하지 않았다면 「포이어바흐에 관한 테제」나 『독일 이데올로기』, 『마르크스가 안넨코프에게』를 제대로 이해하지 못했을 것이고, 마르크스와 엥겔스의 두 번째 위대한 사상의 전환, 즉 마르크스주의 철학혁명의 본질을 정확하게 이해하지 못했을 것이다. 또한 『런던 노트』를 연구하지 않았다면 『정치경제학 비판 요강』에 내재되어 있는 철학 논리를 깊이 있게 터득하지 못했을 것이고, 그 결과 자연스럽게 마르크스의 경제학 맥락에 내재된 중요한 철학이론들의 공적을 눈앞에서 놓치고 말았을 것이다.

대단히 유감스러운 것은 오늘날까지도 이러한 텍스트군에 대한 연구가 여전히 충분히 전개되지 못하고 있고 부족한 점이 많다는 것이다. 하지만 1960년대 중기 이후, 특히 MEGA2의 제4부가 1980년대 이후 계속 출판된 뒤로 소련과 동유럽 학자들의 연구가 완전히 새롭고 대단히 가치 있는 성과들을 내고 있다. 예컨대 소련 학자 니콜라이 라빈(Nikolai Lapin)과 바가투리아(Bagaturija), 말리시(Malysch), 독일 학자 얀(Jahn), 야크(Jackh), 한국의 정문길 등의 연구 성과가 주목할 만하다. 중국 중앙편역국의 연구원들 역시 1980년대 이후부터 MEGA2 노트에 있는 일부 내용을 소개하고 편역하기 시작했다. 하지만 이러한 텍스트 가운데 절대 다수의 노트가 아직 정식으로 중국에 출판되지 않았기 때문에 객관적인 연구 작업을 전개하고 심화하는 데 어려움이 적지 않다.

둘째 유형의 텍스트는 마르크스의 각각의 이론 창작 전기에 형성된 수고 또는 이론연구와 관련된 각종 학술적 서신이다. 이 텍스트들은 기본적으로 마르크스 이론 창작의 원시적 지평이라 할 수 있다. 왜냐하면 이 텍스트들은 마르크스가 직접 문제를 이해하고 새로운 이론을 구성한 사상의 실험실이었기 때문이다. 특히 중요한 것은 마르크스가 자발적으로 미완성 상태로 놔두었던 이론 수고와 텍스트 초고들이다. 예컨대 1843년의 『헤겔 법철학 비판』 수고와 1844년의 『제임스 밀의 '정치경제학 원리' 개요』(이하 『밀 노트』)에 담긴 논설 수고, 『1844년 수고』, 1845년 초의 『리스트를 평함』 수고, 1879~1880년의 『바그너의 '정치경제학 교과서'를 평함』 등이다. 이 밖에 마르크스가 중대한 이론을 창조하는 과정에서 여러 번 교정한 수고들도 있다. 예컨대 『독일 이데올로기』 제1권 제1장의 여러 종류의 수고와 1850~1870년 『자본론』 3권의 여러 수고, 『베라 자술리치에게 보내는 편지』의 여러 수고 등이다. 또한 마르크스의 서신들 가운데 특히 그가 엥겔스 등의 인물들과 사상에 관한 토론을 진행한 편지들은 모두 대단히 중요한 이론 텍스트다. 예컨대 1940년대 마르크스가 포이어바흐, 아르놀트 루게(Arnold Ruge) 등과 주고받은 편지나

1844~1845년 마르크스와 엥겔스가 주고받은 편지, 1846년 마르크스가 안넨코프에게 보낸 편지, 1850~1880년 마르크스가 엥겔스에게 『자본론』과 관련해서 보낸 편지 등이다.

이러한 수고와 서신들 속에서 우리는 마르크스의 사상이 형성되는 과정의 수식을 거치지 않은 진실한 맥락을 무수히 만날 수 있고, 이를 토대로 그의 사상 발전 과정을 더욱 분명하게 파악할 수 있다. 연구와 서술의 차이점이라는 각도에서 보았을 때, 수고와 서신의 중요성은 어떤 의미에서 오히려 나중에 발표된 정식 논저들을 능가한다. 예컨대 마르크스가 1846년 말에 『독일 이데올로기』 제1권 제1장을 수정하는 과정에서 러시아 이론가인 안넨코프에게 보낸 편지는 그의 이론 사유에서의 새로운 관점들, 즉 역사유물론과 역사변증법이 하나로 통일된 '일정한' 구체적인 역사상황론을 직접 반영하고 있다. 또 다른 예로, 전통 연구에서는 마르크스의 『정치경제학 비판 요강』을 일반적으로 경제학 텍스트로만 독해한다. 또한 『자본론』의 경제이론 구축(잉여가치 이론)의 성숙도를 평가의 척도로 삼다 보니 이러한 텍스트에 잠재되어 있는 풍부한 철학적 성과를 소홀히 여기게 된다. 내 생각으로는, 마르크스는 바로 이런 수고에서 마르크스주의 철학의 중요한 이론적 혁신을 완성했고, 마르크스주의 철학의 새로운 이론적 금자탑을 세웠다. 협의의 역사유물론과 역사인식론에서의 역사현상 이론이 수립된 것이다.

이 밖에도 연구방법상 여전히 잠재적인 제약이 따르기도 한다. 바로 이러한 수고들을 연구하는 과정에서 종종 마르크스가 나중에 정식으로 발표한 논저들로 이 수고들을 간단하게 평가해버리는 비과학적이고 관성적인 사고의 맥락[28]이 존재하는 것이다. 이것은 우리로 하여금 수많은 중요한 것을 잃어버리게 만든다. 왜 그럴까? 이 문제는 셋째 부류의 수고를 논할 때 좀 더 깊이 분

---

28   틸의 말을 빌리자면 "그것이 경전에 '이미' 접근했는지 '아직 접근하지 않았는지'에 따라 저작을 결정한다". 蒂爾, 『關于解釋馬克思的幾個階段』, 《馬克思主義硏究》, 圖賓(1954), 5쪽에 수록.

석하기로 하자. 여기서 나는 소련 학자 일렌코프(Ilyenkov)의 관점에 주목했다. 그는 마르크스 사상의 진실한 본질과 과학적 방법이 "마르크스의 각종 수고와 발췌록, 초안, 그리고 경제 사실에 대한 원천적 연구 과정에서 머릿속에 떠오른 그의 각종 생각을 고찰하는 기초에서는 절대 복원할 수 없다"라고 주장했다.[29] 왜 그랬을까? 첫째, 일렌코프는 서양의 마르크스주의와 서양 마르크스학의 일부 논자들이 청년 마르크스의 수고(주로『1844년 수고』)의 사상으로 마르크스 후기의 과학 논저들을 독해하는 것에 대해 단호히 반대했다. 둘째, 가장 성숙한 마르크스의 과학적 방법은 오직『자본론』에만 존재한다고 여겼다. 셋째, 수고와 단상들로 마르크스의 사상을 연구하는 것은 연구 작업을 복잡하게 만들 뿐이라고 생각했다.[30] 일렌코프의 관점은 내가 여기서 연구하고 있는 사유의 맥락에 반대하는 것처럼 보인다. 게다가 그는 이러한 연구 방법에 대해 '수정주의'와 '부르주아 계급'의 수법이라는 '커다란' 모자를 씌우고 있다. 나는 이런 견해들을 직시하지 않을 수 없었다. 일렌코프의 이 책은 당시 마르크스의『자본론』을 연구한 방법의 측면에서 보았을 때 상당히 우수한 학술연구 성과(러시아어로 1960년에 첫 출판되었다)라고 할 수 있다. 하지만 나는 상술한 일렌코프의 관점의 명백한 오류를 지적하지 않을 수 없다. 어디가 잘못된 것일까? 청년 마르크스에 의거해 마르크스주의에 주석을 가하는데 반대하는 것은 결코 그릇된 방법이 아니다. 이는 이 책의 기본적인 이론방향이기도 하다. 하지만 마르크스의 '가장 성숙한'『자본론』을 마르크스주의의 본질을 인식하는 과학적 방법의 유일한 통로로 간주하는 것은 비과학적이다. 마르크스주의의 방법에는 오로지 경제학의 추상에서 구체로 서술하는 방법만 있는 것이 아니며, 게다가 오로지 결론에만 관심을 갖고 사상의 형성 과정을 진지하게 연구하지 않는 것은 과거 교조주의적 연구 지평의 근본적인

---

29 伊林柯夫,『馬克思「資本論」中抽象與具體的辨證法』, 孫開煥等譯(山東人民出版社, 1993), 109쪽.
30 같은 책, 114쪽.

폐단이기 때문이다. 하지만 노트와 수고의 연구가 '복잡화'라는 문제를 야기할 것이라는 일렌코프의 걱정은 그와 그를 대표로 하는 전통 연구 모델이 단순화된 선형적 사고라는 것을 증명한다.

이런 유형의 문헌들은 대다수가 이미 MEGA2의 제1~3부에 발표되었다. 그 가운데 중요한 텍스트들은 중국에서 출간된『마르크스·엥겔스 전집』제1판의 후반 10권(제40~50권)에 번역되기도 했다. 1930년대 이래로 이러한 텍스트에 대한 연구는 줄곧 국외 마르크스주의 학술계가 주목한 영역이었고, 방대한 양의 주요 연구 성과들이 끊임없이 나왔다. 예컨대 서양 마르크스주의와 서양 마르크스학 학자들은 1930~1940년대에『1844년 수고』에 대한 연구를 수행했고, 1960~1980년대 소련과 동유럽 학자들[소련 학자 비고츠키(Vygotsky), 동독 학자 발트 투슈세러(Wald Tuchscheerer) 등]은『정치경제학 비판 요강』에 대한 연구를 수행했다. 중국 이론계에서는 유독 마르크스 경제학 연구 영역만 이 새로운 텍스트군의 연구에서 비교적 커다란 발전을 이루었다.[31] 하지만 마르크스 철학 연구에서는『1844년 수고』에 대한 관심 외에는 이들 텍스트에 대한 심도 있고 과학적인 연구가 여전히 공백 상태다. 이러한 상황은 필연적으로 중국 마르크스주의 철학 연구의 깊이와 폭에 심각한 영향을 미쳤다.

셋째 유형의 텍스트에는 마르크스가 공개적으로 출판하고 저술해서 이미 발표한 논저도 있고 발표하지 않은 논저도 있다. 이 텍스트들은 마르크스의 완성된 사상의 형식화를 서술하고 있다. 이 유형의 텍스트를 연구하는 데 있어서의 문제점은 학술적 색채가 강하고 분량이 많은 전문 논저에만 관심이 집중되고 마르크스가 현실사회 정치투쟁과 관련해 남긴 각종 정론적 글은 무시된다는 것이다. 전자를 이론연구라고 한다면 후자는 각종 이론을 현실에서

---

31   주로 중국『자본론』연구회를 중심으로 한 일부 전문가의 성과였다. 예컨대 탕짜이신(湯在新)의『마르크스 경제학 수고 연구』를 비롯하여 장중푸(張仲朴), 리젠민(李建民), 야오샤오펑(姚曉鵬) 등의 논문 등이다.

운용하는 것이라 할 수 있다. 이러한 텍스트는 마르크스가 정식으로 발표한 텍스트 가운데 실제로 더 많은 분량을 차지하고 있으며 훨씬 더 적극적으로 작용하고 있다.

앞에서 말한 두 가지 유형의 텍스트와 비교해볼 때, 마르크스의 이러한 논저들은 대부분 특정 시기의 비교적 성숙했던 사상과 관점을 대표한다. 그 결과 이 논저들은 자연스럽게 우리가 마르크스 사상을 이해하는 데서 주도적인 문헌이 된다. 1845년 이전의 텍스트를 제외하면 1847년 이후에 발표된『철학의 빈곤』,『공산당 선언』,『자본론』(제1권) 등이 지닌 과학이론적 지위는 의심의 여지가 없다. 하지만 일정한 의미에서 마르크스가 이러한 텍스트에서 사유했던 주요 착안점은 이미 이론논리 자체의 구축이 아니라 이를 실현하기 위한 구체적 조건과 구체적 형식, 그리고 체계화된 서술의 구축이었다. 예컨대『독일 이데올로기』제2권의 저작은 이 책의 비판 대상이었던 헤스가 공동집필했다는 것의 영향을 필연적으로 받았다. 또 다른 예로 각종 현실요소가 원래의 저작 기획에 변화를 야기하기도 했다. 마르크스의『정치경제학 비판 요강』과『자본론』4권 가운데 후자가 과학이론에서 전체적으로 훨씬 더 성숙하고 전면적인 최종 성과를 거두었다고는 말할 수 없다. 전자에 포함된 풍부한 내용(예컨대 정교하고 깊이 있는 역사철학 견해)의 취사선택은 과학성의 척도만으로 결정되는 것이 아니라 학문분야의 주요 흐름으로부터 제약을 받기 때문이다. 이러한 점도 우리의 연구에서 전면적으로 관심을 가져야 할 중요한 참고요소들이다. 이 책의 중요한 이론적 방향은 첫째, 둘째 유형의 텍스트를 진지하고 깊이 있게 이해하거나 연구하지 않는다면 마르크스의 이런 정식 문헌에 대한 연구와 토론이 완전하고 과학적인 인식의 결과를 얻을 수 없다는 것이다. 이 점이 특히 마르크스주의 철학 연구계가 주목해야 할 부분이다.

이 밖에 나는 또 하나를 건의하고자 한다. 바로 이론연구에서 마르크스주의 이론과 그 하위 체계 사이의 경계를 지나치게 '경직화'시키지 말아야 한다는 것이다. 다시 말해 마르크스 이론연구가 진행되는 과정에서 그의 철학과 경제학, 사회역사현실 비판(과학적 사회주의) 등은 한 번도 분리된 적 없는 총체이기 때문에 각종 이론연구는 서로 융화되고 포용된다는 것이다. 따라서 우리가 마르크스의 경제학을 연구하면서 그의 철학적 관점을 이해하지 못하는 것은 결코 있어선 안 될 일이고, 철학 분석 역시 마르크스의 경제학 연구에서 완전히 벗어나서는 안 된다. 이 두 가지 연구 모두 마르크스가 자본주의를 비판한 현실적 목적에서 벗어날 경우 제대로 연구가 이루어지지 않을 뿐만 아니라 아예 가능하지도 않을 것이다. 나 자신의 인식으로 미루어볼 때, 마르크스 철학을 연구하는 것은 마르크스의 경제학 저작물들을 진지하게 읽지 않으면 불가능한 일이다. 그 저작들을 진지하게 읽지 않을 경우 형이상학적 경박함을 드러낼 것이다. 이 책의 연구 맥락은 마르크스의 경제학 연구의 맥락에서 그의 철학사상이 변화한 기초를 찾아내는 것으로, 이는 공들여 개척하고 있는 완전히 새로운 시각이다. 하지만 이는 동시에 전통적 마르크스주의 철학 연구계에서 소홀히 하고 있는 핵심 문제이기도 하다. 마르크스 자신의 철학사상을 발전시킨 진정한 지원 배경이 바로 그의 경제학 연구와 역사 연구였고, 심지어 1844년 이후 마르크스가 매번 철학에서 얻은 중대한 발전이 전부 경제현실에 대한 연구와 일맥상통하고 있음에도 이런 경향은 변하지 않고 있다. 그리하여 우리는 레닌이 했던 말에 보충 설명을 할 수 있을 것이다. 레닌은 헤겔의 『논리학』을 제대로 이해하지 못한다면 마르크스의 『자본론』도 제대로 이해할 수 없을 것이라고 말했다. 그렇다면 우리는 마르크스의 경제학 연구의 사유경로를 진정으로 이해하지 못한다면 마르크스 철학에 내재한 논리를 과학적으로 이해하는 것도 불가능하다고 뒤집어서 말할 수 있을 것이다.

3) 마르크스의 철학사상 발전에서 나타난 세 번의 이론적 정점

우리가 연구에서 상술한 첫째, 둘째 유형의 텍스트들을 진실하게 대한다면, 특히 마르크스가 초기에 시작한 경제학 연구의 구체적인 이론 경지에 깊이 들어간다면, 아울러 마르크스 철학사상 발전의 전체 과정을 진지하게 고찰한다면, 마르크스 철학사상에 통시적으로 이론창조의 정점이 세 번 존재한다는 사실을 어렵지 않게 발견할 수 있다. 첫째 정점은 1844년으로, 이 시기의 가장 중요한 텍스트는 청년 마르크스가 수립한 인간주의적 사회현상학의 『파리 노트』 가운데 『밀 노트』와 『1844년 수고』다. 둘째 정점은 1845년 1월에서 1846년 12월까지로, 이 시기의 가장 중요한 텍스트는 마르크스의 첫 마르크스주의 철학 문헌들, 즉 광의의 역사유물론을 정립한 「포이어바흐에 관한 테제」, 『독일 이데올로기』, 그리고 『마르크스가 안넨코프에게』다. 셋째 정점은 1847년부터 1858년까지로, 이 시기의 가장 중요한 텍스트는 마르크스가 마르크스주의의 협의의 역사유물론 학설과 역사인식론 위에 역사현상학을 수립한 『정치경제학 비판 요강』이다. 나는 이 세 개의 이론적 최고봉을 마르크스 철학사상 발전 과정의 3대 담론 전환 및 인식의 비약이라 칭하고자 한다. 이는 이 책이 마르크스 철학 발전사 연구에서 취하는 주도적인 이론입장이기도 하다.

마르크스 철학사상 발전에서 중요한 첫째 전환은 청년 헤겔의 관념론에서 일반 유물론으로, 민주주의에서 사회주의(공산주의)로 전환한 것이다. 나는 이미 반복적으로 이 첫째 전환이 마르크스주의로의 전환은 아니었다고 밝힌 바 있다. 이 전환은 『크로이츠나흐 노트』에서 시작되어 『헤겔 법철학 비판』과 『유대인 문제에 대하여』를 거쳐 『파리 노트』 후기와 『1844년 수고』에서 정점에 이르렀다. 일반적으로 말해 이 시기 이루어진 마르크스의 사상 전환의 현실적 기초는 마르크스의 역사연구와 사회주의 노동자운동 실천이 접촉한 것이었다. 하지만 이 단계의 후기에 마르크스는 이미 첫 번째 경제학 연구를 시작했다. 여기서 나는 새로운 견해를 제시하고자 한다. 사상 배경과 사고의 맥락을 당시 유럽사상사의 총체적 단면에 놓는다면, 마르크스의 이 사상 전환은 단순한 이론적 혁신이 아니라 여러 배경 요소의 제약 아래 형성된 이론적 승인이다. 여기서 지적해야 할 마르크스 사상 전환의 지원 배경으로는 이미 알고 있는 포이어바흐의 일반 유물론과 헤겔의 변증법 외에 청년 엥겔스와 헤스, 프루동 등의 경제학에 기초한 철학 비판과 사회주의 관점도 있다. 보다 중요한 것은 고전경제학에 객관적으로 존재하는 사회유물론의 사유경로와 방법인데, 이는 당시 인간주의 소외사관의 틀에 갇혀 있던 청년 마르크스에게 표면적으로는 부정되고 거부당한 바 있다. 이는 전통 연구가 중시하지 않은 부분이기도 하다.

마르크스 철학사상의 두 번째 전환이 바로 마르크스주의 철학혁명, 즉 마르크스의 첫 번째 위대한 발견인 광의의 역사유물론을 수립한 것이다. 마르크스의 두 번째 경제학 연구(『브뤼셀 노트』와 『맨체스터 노트』) 과정에서 발생한 이 철학사상의 혁명은 「포이어바흐에 관한 테제」를 쓰는 것으로 시작해 『독일 이데올로기』를 거쳐 『마르크스가 안넨코프에게』까지 이어졌다. 이러한 전환의 가장 중요한 이론적 기초는 정치경제학에 대한 마르크스의 과학비판 기초가 형성된 것이었다. 나는 사회주의 실천과 기타 철학 관념의 작용을 제외하면, 마르크스가 고전 정치경제학에서의 스미스와 리카도의 사회역사관에 기초한 사회유물론에 대한 승인, 그리고 부르주아 이데올로기에 대한 비판적 초월 위에 역사유물론과 역사변증법을 수립했다는 새로운 관점을 제안한다. 실천유물론을 기본 입장으로 한, 특정한 사회역사 단계에 놓인 구체적이고 역사적인 현실의 사회관계에 대한 연구, 특히 역사적 생존의 '실체'의 과학적 규정에 관한 사유는 마르크스 철학 관심의 이론적 초점이 되었다. 내 생각으로는 광의의 역사유물론과 역사변증법에 대한 마르크스의 성숙한 관점은 그가 마지막으로 『독일 이데올로기』 제1장의 제4수고와 제5수고를 수정할 때 안넨코프에게 보낸 편지에 드러났다. 그 편지에 드러난 내용은 사회역사의 '일정한' 역사상황설 또는 역사문맥론이었다.[32] 이 시기에 마르크스

---

32 2007년부터 나는 이 새로운 사상관념에 대해 한 걸음 더 나아가 이론적으로 설명했다. 張一兵, 「思想構境

는 마침내 철학의 틀로 주위 세계와 사회역사를 묘사하는 이론방법을 포기하고 사회현실에 대한 과학 연구에 돌입했다. 엥겔스의 말을 빌리자면, 그 시기에는 '현실이 경제학'이었다. 마르크스주의 철학 연구의 새로운 단계는 사회현실의 경제학 및 역사학에 대해 과학적 연구를 진행하는 시기였다. 따라서 이 특별한 혁명 시기에 마르크스주의 철학변혁과 정치경제학에 대한 과학 연구는 전통 연구에서 말하는 것처럼 마르크스가 먼저 역사유물론을 정립하고 나서 뒤이어 정치경제학 연구로 전향한 것이 아니라 동시에 발생한 것이라 할 수 있다. 이러한 판단은 우리의 철학 및 경제학 연구에서 공통 인식으로 거의 자리 잡고 있다.

내가 제시하는 관점은 마르크스 철학사상의 세 번째 전환이 이질적인 사상 혁명이 아니라 마르크스 철학 연구 자체에서 한 걸음 더 나아간 심화, 즉 협의의 역사유물론과 역사인식론에서의 역사현상학의 정립이라는 위대한 인식의 비약이라는 것이다. 이러한 변화는 마르크스의 세 번째 경제학 연구에 기초한다. 이 변화는『철학의 빈곤』에서 시작되어『런던 노트』에서 크게 발전한 다음『정치경제학 비판 요강』에서 기본적으로 완성되었다. 그 기초는 마르크스의 경제학 혁명의 탐색, 즉 마르크스의 두 번째 위대한 발견인 잉여가치 이론의 형성으로 이어졌다. 1847년 이후 마르크스는 '부르주아 사회'를 생산력 발전의 정점('인체')으로 삼는 인류 사회역사에 대해 과학적 비판과 고찰을 진행하기 시작했다. 나는 이 연구과정에서 철학적 탐색이 포기된 것이 아니라 진정한 실현을 이루었다는 사실을 발견했다. 이전 자본주의 사회, 특히 자본주의 사회의 경제역사에 대한 마르크스의 연구를 통해 인류사회 발전의 역사 본질이 처음으로 과학적 설명을 얻게 되었고 모든 사회역사 발전의 특수한 운행법칙도 처음으로 드러났다. 인간과 자연(주위 환경)의 관계, 인간과

論: 一種新文本學方法的哲學思考」, ≪學術月刊≫(2007), 第5期;「歷史唯物主義與歷史構境」, ≪歷史硏究≫(2008), 第1期;『回到列寧: 關于'哲學筆記'的一種后文本學解讀』(江蘇人民出版社, 2008), 導言 참조.

인간의 사회관계가 처음으로 진실한 사회역사의 정경 속에 구체적으로 인식된 것이다. 이것이 마르크스가 정립한 협의의 역사유물론 철학이론의 주요 내용이다. 자본주의 사회화라는 물질의 대생산 발전 과정에서 분업과 교환이 형성하는 생활조건은 필연적으로 인간의 사회적 노동관계의 객관적 외화(가치)를 유발하고 자본주의 시장조건하에서 한 걸음 더 나아간, 사물에 노예화되는 전도된 관계(자본)를 유발한다. 그리고 이에 따라 역사적으로 유사 이래 사회생활 분야에서 가장 복잡한 사회차원과 내재구조를 구축하고 이는 필연적으로 독특한 비직접적 역사인식론의 완전히 새로운 철학 기초를 형성한다. 그리고 각종 전도와 사물화된 경제관계의 가상을 돌파함으로써 부르주아 이데올로기의 물신숭배를 비판적으로 배제하고, 최종적으로 **자본주의 생산양식의 본질**을 설명한다. 이것이 마르크스 역사현상학의 주체적 내용이다.

사실 나의 최근 연구 성과에서 볼 때, 마르크스의 방법론 전환은 단순하고 돌발적인 변화가 아니라 다차원적인 전진의 반복을 거쳐 완성된 복잡한 과정이다. 1838년부터 계산하면 첫 번째 변화는 1843년 청년헤겔학파에서 포이어바흐식의 일반 유물론으로의 전향이었고, 두 번째 변화는 1845년 일반 유물론에서 방법론상의 역사유물론으로의 전환이었으며, 세 번째 변화는 1847년 철학에서 현실 비판으로의 전향이었고, 네 번째 변화는 1857~1858년 역사현상학의 비판논리의 실현이었으며, 다섯 번째 변화는 경제학 서술 논리방법의 확립이었다. 시각을 전환하면 상술한 변화들은 마르크스 철학논리가 다섯 번 전도했음을 말해준다. 첫 번째는 1843년 마르크스 철학 전제의 전도로서, 감성적 구체에서 출발한(실제로는 아직 비역사적 추상이다) 논리를 형성하기 시작했고, 두 번째는 1845년 인지방법의 전도로서, 실천과 생산의 역사 '본체'라는 현실에서 출발한 논리를 형성하기 시작했다. 세 번째는 연구내용의 전도로서, 역사현실에서 출발한 논리를 형성하기 시작했다. 네 번째는 1857~1858년 자본주의 사회의 사물화 표상에 대한 현상학에 의한 전도였고, 다섯 번째는 경제학 이론 구축의 형식 전도로, 추상에서 구체로의 재귀환이었다. 물론

이처럼 복잡한 사상변화의 과정은 본질적으로는 상술한 3대 담론 전환의 범위 안에서 이루어졌다.

이 세 가지 철학이론의 논리 구축의 주요 맥락은 다음과 같이 교체되면서 나타났다. 첫 번째 시기(청년 마르크스가 유물론으로 전향하기 이전의 시기인 1837~1842년은 포함되지 않음)에 마르크스는 여전히 독일 고전철학의 전통적 틀 안에 갇혀 있었다. 이 시기 마르크스의 지배적 이론구조는 포이어바흐식의 인간주의 담론체계였다. 하지만 초보적인 경제학 연구를 통해 얻은 성과 덕분에 이미 포이어바흐의 자연주의와 헤겔의 사변관념론을 월등히 초월했고 청년 엥겔스와 헤스, 프루동 등의 일반적인 경제학에 대한 철학적 비판도 초월해 독특한 인간주의 노동소외 이론, 즉 인간주의적 사회현상학을 형성할 수 있었다. 이 담론구조는 마르크스주의 철학, 즉 역사유물론이 아니다. 두 번째 시기에 마르크스는 사회실천에서 착수해 일정한 역사조건하의 물질생산양식을 이론의 주축으로 하는 새로운 철학세계관을 수립했다. 그는 엥겔스와 함께 광의의 역사유물론과 역사변증법의 입장과 관점, 그리고 방법을 확립했다. 여기서 처음으로 전통 철학의 형이상학 체계가 소멸되었다. 세 번째 시기에 마르크스는 자본주의 대공업이 실현한 생산양식에 직면해 정치경제학 과학이론의 구축을 완성하는 동시에 인류사회 역사발전의 생산력 최고수준을 척도로 하는 인류사회 및 그 개체의 현실 존재에 대한 철학적 확증과 비판, 즉 협의의 역사유물론에서의 역사현상학 비판을 실현했다. 이는 역사적이고 현실적이면서도 구체적인 사회역사철학 서술이었다.

이 세 시기의 **공통된 이론 목적**은 현실 자본주의를 비판하는 것이었다. 첫 번째 시기에 마르크스는 인간의 사회적 유적 본질 − 이상화된 자주적 노동활동 − 을 가치 가설, 즉 인간 존재가 반드시 갖춰야 할 본질적이고 진실한 상태로 삼았다. 아울러 이를 토대로 부르주아 사유재산제의 비인간성, 즉 인간노동의 유적 본질, 인간과 인간 자신의 노동생산물, 인간과 인간 사이의 사회관계의 비정상적인 소외와 전도를 확증했으며, 노동소외를 지양하고 사유제를 소멸시키며 인간의 본질로 회귀하는 공산주의의 이상적 생존상태를 제시했다. 여기서의 논리공식은 S가 반드시 P가 되어야 한다는 것이었다. 이는 전통 인간학에서 '당위'와 '존재'가 윤리적으로 대립한 것이다. 두 번째 시기에 마르크스는 엥겔스와 함께 이미 인류사회 발전의 객관적 법칙에 입각해 '부르주아 사회'가 인류사회 역사발전 과정에서 갖는 현실적 합리성을 긍정하면서 인류사회 해방의 객관적 가능성은 대공업 발전의 정점에서만 가능하다는 사실을 과학적으로 인식해냈다. 여기서의 논리공식은 S의 현실적 가능성이 P라는 것이다. 이는 새로운 역사변증법에서의 '가능성'과 '존재' 사이의 상호투쟁이라는 객관적 모순을 분석한 것이다. 세 번째 시기에 마르크스는 경제학 연구에서의 역사사실을 척도로 하여 전자본주의 사회역사, 특히 자본주의 생산양식에 대한 연구 및 비판적 고찰을 통해 과학적으로 전체 인류사회와 개체의 현실 생존상태 및 역사발전 과정을 설명하고 인류 세계 역사의 전면적인 해방이 실현되는 추세와 방향을 전망했다. 여기서의 논리공식은 과거의 S_1이 오늘날의 S_2로 발전하여 한창 $S_3 \cdots S_n$으로 가고 있다는 것이다. 이는 진실한 역사발전에 객관적으로 존재하는 '선유(先有)'와 '현유(現有)', '후유(後有)'의 역사모순을 분석한 것이다.

이로써 나의 인식과 탐색은 마르크스 철학사상의 발전을 연구하는 다섯 가지 전통적 독해모델과 구별되기 시작했다. 나는 쑨보쿠이의 두 차례 전환설을 기초로 하여 그 위에 더 중요한 한 걸음을 내디뎠기 때문이다. 여기서 나는 마르크스 경제학과 철학 연구의 현실적 관련을 이론의 토대로 삼아 다음 두 가지 '단절설'을 분명하게 반대한다. 첫째는 알튀세르의 구조주의적 '단절설'이다. 그는 청년 마르크스의 철학 발전이 인간주의 이데올로기 문제 설정에서 역사유물론의 과학적 문제 설정으로 직접 단절된 것으로 파악한 것이다. 둘째는 장기적으로 전통 연구에서 인식하는 것으로, 마르크스가 철학에서 경제학으로 전환했다는 '단절설'이다. 둘째 관점에서는 1847년 이후 철학 연구가 이미 더 이상 마르크스 이론연구의 주요 핵심이 아니고, 이른바 경제학 연구 시기가 출현했다고 간주한다. 나의 연구 성과는 이러한 판단을 부정한다. 1847년 이후에야 진정으로 마르크스 철학 연구의 또 다른 중요한 성과가 나타났기 때문이다. 이것이 바로 자본주의 현실의 사회적 관계를 참조 시스템으로 하여 인류 역사의 진정한 발전과 인류의 주체적 본질을 직시하는 과학적 확증이자 현실사회 비판의 철학이론 창조다. 이는 경제학 구축 과정에 잠시 빛을 발하는 화려한 철학적 편린이 아니라 완전하고 엄밀한 철학을 구축하는 과정이다. 철학이 시종 마르크스 이론 생애의 내재적 주선율의 하나였음은 의심의 여지가 없다. 그렇지 않았다면 우리는 마르크스의 맥락에서 중대한 철학 담론의 전환을 은폐했을 것이다.

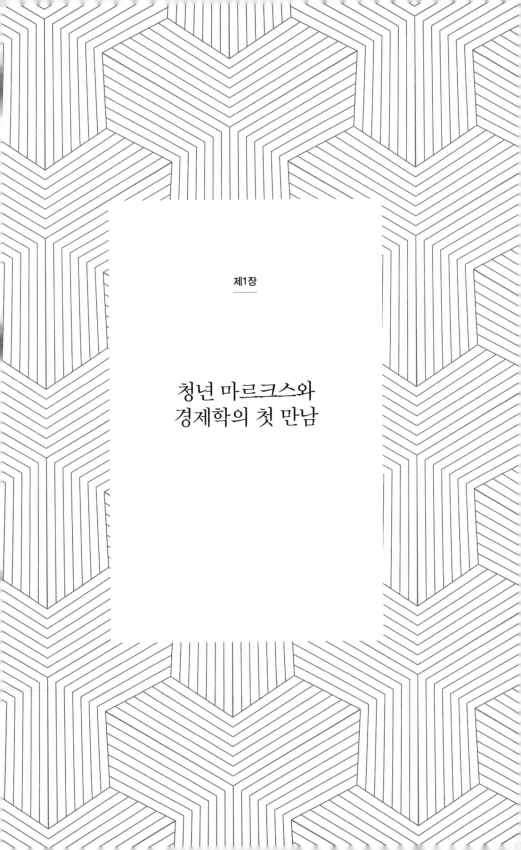

제1장

청년 마르크스와
경제학의 첫 만남

텍스트 해석학의 맥락에서 보자면 어떤 문헌도 직접 완성된 가독성을 갖추고 있지 않다. 저자가 텍스트를 창작하게 된 맨 처음 배경이 설명된 뒤에야 역사적 독해 맥락이 진정한 모습을 드러내고 독자들의 시야가 배경 및 맥락과 정합될 수 있는 전제가 생긴다. 마찬가지로 마르크스의 논저들도 가장 먼저 일정한 역사시기에 그의 사상을 지배했던 배경과 심층적인 이론의 틀을 연구해야 한다. 그리하여 다시금 텍스트 독해 과정에서 새로운 경계를 설정해내야 한다. 이것이 우리가 초기 청년 마르크스를 독해하는 데서 무엇보다 중요하다. 나는 전통적 철학 해석의 틀을 벗어나야만 여러 겹으로 가려져 있던 창작배경의 단서가 서서히 모습을 드러낸다는 사실을 깨달았다. 이러한 새로운 해석방법은 이 장에서 배경의 경계를 타파하는 것으로 표현될 것이다.

1. 가려진 단서 1: 초기 정치경제학의 잠재적 철학의 틀

아주 오랫동안 전통 이론연구에서는 정치경제학(the political economy)[1]에 존재하는 중요한 철학적 단서가 무의식중에 가려졌다. 그것은 다름 아닌 사회역사 연구에서의 특수한 유물론 논리인 사회유물론이다. 우리는 초기 정치

---

1 '정치경제학'은 독일어로 'die politische Ökonomie'라 칭하지만 엥겔스와 마르크스가 처음에 사용한 단어는 'die Nationalökonomie'(국민경제학)이었다. 이는 헤스의 영향을 받은 것으로 추정되며, 헤스는 또 리스트의 영향을 받았을 가능성이 크다.

경제학에 일종의 사회유물론이 존재한다고 말하지만, 이는 사회학 맥락에서 사회실재론과 구분된다. 전자의 논리는 철학적 추상이고 후자의 맥락은 경험의 직접적 결과다. 동시에 이러한 사회유물론 및 그 표현형식인 경제결정론은 부르주아 이데올로기의 현실적 지지점이자 3대 물신숭배 이론의 논리 전제다. 청년 마르크스가 1844년에 이 철학의 틀을 처음으로 조우했을 때는 이를 완전히 투시하지 못했다. 하지만 1845년의 철학 변혁 과정에서 이는 역사유물론 과학이 진정으로 사회유물론을 뛰어넘는 계단이 되었다.

1) 정치경제학은 어떤 감성경험에서 출발했는가?

과거의 고전경제학 연구에서 사용되는 순경제학 담론과 달리 1984년에 중국 경제학자 우이펑(吳易風)은 『영국 고전경제학』 제2장 '방법론'에서 고전경제학의 철학 전제 문제를 분명하게 제시했다. 마르크스의 후기 평론에 근거해 우이펑은 "만일 베이컨과 홉스의 철학이 초기 영국 정치경제학의 모든 관점의 기초라고 한다면, 로크 철학은 그 이후 영국 정치경제학의 모든 관념의 기초다"[2]라고 지적했다. 이후에 그는 또 고전경제학의 추상성과 구체성, 논리와 역사의 관계 등의 문제를 설명한 바 있다. 그의 관점은 고차원의 참신한 이론적 충격을 담고 있으며, 우리가 진지하게 토론해볼 만한 몇 가지 논점을 제공한다.

우이펑은 영국의 경험론 유물론을 고전경제학의 전제로 간주하는데, 이는 의심의 여지가 없는 정확한 판단이다. 하지만 문제는 사유가 이러한 인식의 평면에 머물러 있다면 심층이론의 논리가 진정으로 갖춰야 할 깊이에 도달했다고 할 수 있느냐 하는 것이다. 해결해야 할 문제는 초기 정치경제학에서 현실적으로 운용되는 유물론 방법은 영국 경험론의 유물론 철학이 경제학에 간

---

[2]　吳易風, 『英國古典經濟理論』(商務印書館, 1988), 27쪽.

단히 이식된 것인가 하는 것이었다. 나의 대답은 부정적이다. 여기서 우리는
몇몇 경제학자들이 자기 이론방법론의 전제로 설정한 정의를 토론의 출발점
으로 삼을 수 있을 것이다.

우선은 고전경제학 시발점에 위치해 있는 윌리엄 페티[3]다. 과거에 우리는
페티 방법론의 전제가 영국 경험론의 유물론 철학이라고 간주했었다. 그는
이런 방법론을 처음 운용해 사회현상을 관찰했는데, 특히 이를 경제 과정에
운용했다. 이런 관점은 틀리지 않았다. 페티의 이론 운용에서 볼 때, 그의 연
구에 지배적 작용을 한 것은 17세기 영국 유물론 철학자 프랜시스 베이컨[4]과
홉스[5]의 관념이었다. 우리는 페티가 자신의 경제학 논저에서 '귀납과 분석,
비교, 관찰, 실험'[6]의 방법을 논리 운용의 출발점으로 삼고 있음을 확인할 수
있다. 페티 자신의 말을 빌리자면 일종의 '정치 산술'을 수립하는 것을 목표로
삼았던 것이다. 다시 말해 쉽게 변동하는 사상과 의견, 감정을 버리고, 직접
"숫자와 무게, 척도 등의 단어로 자신이 말하고자 하는 문제를 표현하고, 사
람들에게 어필할 수 있는 감각적 논증을 진행하고 볼 수 있는 근거의 성격상
의 원인을 고찰할 뿐이다".[7] 이로 인해 페티는 후대 사람들에게 '통계학의 아
버지'라는 명예로운 칭호를 얻기도 했다. 그의 목표는 사회(정치)생활을 겨냥한

---

3   윌리엄 페티(William Petty, 1623~1687), 영국 고전경제학의 창시자로, 주요 저작으로 『과세론』
    (1662), 『아일랜드 정치해부』(1672), 『정치 산술』(1676, 1691) 등이 있다. 마르크스는 페티를 '영국 정
    치경제학의 아버지'라고 칭했다. 『馬克思恩格斯全集』, 第13卷, 中共中央馬克思恩格斯列寧斯大林著作
    編譯局 馬恩實編譯(人民出版社, 1962年), 43쪽 참조(『馬克思恩格斯全集』은 전부 中共中央馬克思恩
    格斯列寧斯大林著作編譯局 馬恩實編譯에서 편역했다. 이하 『馬克思恩格斯全集』에 대한 편역자 표기
    는 생략한다).
4   프랜시스 베이컨(Francis Bacon, 1561~1626), 영국 철학자이자 작가, 과학자. 저서로 『학술의 진보』
    (1605), 『새로운 도구』(1620) 등이 있다.
5   토머스 홉스(Thomas Hobbes, 1588~1679), 영국의 정치철학자. 저서로 『리바이어던』(1661) 등이 있
    다. 페티와 홉스는 가까운 친구였다. 두 사람 사이의 학술 통신은 페티의 유물주의 방법론 형성에 직
    접적으로 중요한 역할을 했다. 페티 본인도 1646년에 설립된 런던철학학회에 참여한 바 있다. 이 학회
    는 자연과학자들과 유물론 철학자들의 연맹으로서 중세기의 스콜라철학에 공동으로 반대하는 것을
    목표로 했다.
6   『馬克思恩格斯全集』, 第2卷(人民出版社, 1957), 163쪽.
7   配第, 「政治算術」, 王亞南主編, 『資産階級古典政治經濟學選集』(商務印書館, 1979), 63쪽.

과학을 수립하는 것이었다. 이것은 나중에 정치경제학으로 자리 잡았다. 나는 마르크스에 의해 경제학의 시각에서 비판을 받은 바 있는 영국 경제학자 매컬럭[8]도 이와 같은 자각적 인식을 가졌다는 점에 주목했다. 『정치경제학 원리』라는 책에서 그는 정치경제학을 과학이라 칭했다. 정치경제학이 '사실과 실험' 위에 세워졌기 때문이라는 것이다. 이는 생산과 재화의 축적, 문화의 진보 등이 의거하는 원리들이 법률에 의해 제정된 것이 아니기 때문이다. 이러한 '원리'들과 그 작용은 "일부는 인간의 본질, 일부는 물질세계로 구성된다. 기계원리와 마찬가지로 관찰과 분석을 통해 그 작용을 토론할 수 있다".[9] 나는 또 경제학의 결론은 크고 작은 수많은 나라들이 사람들의 생활조건을 지배하는 각종 원칙을 관찰한 다음에야 도출할 수 있다고 생각한다.[10] 또 다른 영국 경제학자 리처드 존스[11]도 자신의 책에서 경제학의 연구방법은 '귀납법 과학'이어야 하고, "정치경제학은 이른바 보편적으로 적용되는 준칙들이 경제학의 기초 위에 수립되어야 하며", 이러한 기초는 "각국 역사에 발생한 사건들을 반복적으로 관찰해야만 분석과 연구, 철저한 이해가 가능하다"[12]라고 주장했다. "서로 다른 환경에 처해 있는 방대한 인류 집단의 지위와 진보, 그들을 지배하는 행위의 원칙 등의 결정은 경험에서 나올 수밖에 없다."[13] 그리고 이러한 관찰은 반드시 전면적인 것이어야지 관찰한 자료가 "자기 신변의 좁은 세계에 국한되어서는 안 된다".

이렇게 볼 때 경험론의 유물론은 고전경제학 시작 초기 부르주아 경제학

---

8 존 램지 매컬럭(John Ramsay Mcculloch, 1789~1864), 영국 경제학자. 주요 저서로 『리카도의 정치경제학 원리에 관하여』(1818), 『자본축적 및 교환가치에 대한 그 영향』(1822), 『정치경제학 원리』(1825), 『정치경제학의 기원과 발전, 특수대상, 중요성을 논함』(1825) 등이 있다. 마르크스는 정치경제학 발전사의 시각에서 분석한 결과 그를 리카도 이론, 심지어 몰리 이론을 세속화한 대표적 인물로 규정했다.
9 麥克庫洛赫, 『政治經濟學原理』, 郭家麟譯(商務印書館, 1975), 10쪽.
10 같은 책, 11쪽 참조.
11 리처드 존스(Richard Johns, 1790~1855), 영국 경제학자. 주요 저서로 『재화의 분배와 과세의 내원을 논함』(1831), 『정치경제학 서론(緒論)』(1833), 『국민정치경제학 교정』(1852) 등이 있다.
12 瓊斯, 『論財富的分配和賦稅的來源』, 于樹生譯(商務印書館, 1994), 11~12쪽 참조.
13 같은 책, 9쪽 참조.

방법론의 전제였다고 간주해도 큰 문제는 없을 것 같다. 하지만 사실이 그럴까? 나는 초기 정치경제학에서의 철학방법론과 영국의 경험론 사이에 중요한 이론적 차별성이 존재한다는 새로운 인식을 제시하고 싶다.

나는 사람들에게 초기 정치경제학자들이 경험한 관찰 시야의 초점이 이미 영국 경험론에서처럼 자연대상을 직관하는 것이 아니고, 심지어 사회실재론처럼 사회생활에서의 직관적 감성 실체에 그치지도 않으며, 사회생활에서의 '행위'와 '사건'(존스의 표현), 즉 비실체적인 사회경험 현상으로서 심지어 '문화'와 '법률', '인간의 본질'(매컬럭의 표현) 등 무형의 주관적 요소도 포함한다는 점을 일깨워주고 싶다. 경제학자들이 사회생활에 운용하는 영국 경험론의 유물론이 과거의 논자들이 인식했던 것처럼 자연적 감성 실체에 대한 직관에 그치는 것이 아니라 사회현상에 대한 인식을 감성적 관찰 위에 수립하는 것이라는 점은 분명해 보인다. 여기서 말하는 감성현상에는 사회생활에서의 물질대상도 포함되고, 인간의 객관적 활동과 사건(생산과 경제활동, 정치투쟁)도 포함되며, 이론과 문화현상도 포함된다. 이런 관점은 실제로 이미 이론적 지향에서의 중요한 변화를 발생시키고 있다.

사유가 여기까지 미쳤으니 대단히 중요한 원칙 문제를 하나 제시하지 않을 수 없을 것 같다. 바로 어떤 척도로 고전 정치경제학을 평가하느냐 하는 것이다. 과거의 이론연구에서는 소련이나 동유럽, 그리고 중국의 절대 다수 연구자들(대부분 경제학자다)이 정치경제학 학설사를 토론하면서 예외 없이 고전경제학자들에 대한 마르크스의 평가를 끌어들여 이를 평가와 판단의 척도(주로 1857년 이후의 평술)로 삼았다. 정치경제학의 학리를 토론할 때는 이러한 방법을 비난할 이유가 없다. 하지만 우리는 마르크스가 철학에서 체계적으로 고전경제학을 평가하고 서술한 적이 없다는 사실을 소홀히 하고 있다. 1845년 이전까지만 해도 그는 고전경제학의 철학방법론을 정확하게 인식하지 못했고 인식할 수도 없었다. 그러다가 1845년에 마르크스와 엥겔스가 역사유물론을 수립한 뒤로 마르크스는 정치경제학의 시각에서 고전경제학을 확증하는 데 착안했다. 이리하여 마르크스가 고전경제학 전기 철학의 시각과 후기 경제학 시각을 대할 때, 그 사이에 이론의 논리 해석상에서 역방향의 공백지대가 존재하게 되었다. 따라서 우리가 마르크스의 경제학 척도를 이용해서 고전경제학 철학방법론의 본질을 평론할 때 모든 규정이 완벽하게 접합되지는 않는다. 우이펑의 문제도 바로 여기에 있다. 그는 고전경제학의 철학방법론이라는 중요한 문제를 제시했지만 철학 문제를 담론할 때는 간단하게 마르크스의 중기 경제학 담론을 이식하고 있다.

세심한 독자라면 우리가 여기서 마르크스가 경제학 논리에 착안해 전개했던 경계 설정, 즉 고전경제학(페티)과 속류경제학(매컬럭)의 엄격한 구분을 단순하게 차용하지 않는다는 것을 알아차렸을 것이다. 철학의 기본적인 방법론에서 양자는 일정한 의미에서 동질성을 갖기 때문이다. 양자의 차이는 단지 분석이 일정한 깊이에 이르렀을 때 다시 두드러지게 나타난다.

2) 초기 정치경제학 방법론에 감춰진 사회유물론의 전제

여기서 우리는 한 걸음 더 나아가 문제를 해석할 필요가 있다. 나의 연구 시야에는 진지하게 주의를 기울여볼 만한 경제학자가 한 사람 더 있다. 바로 마르크스가 경제학 과학의 기준에서 비판한 바 있는 프랑스 경제학자 세[14]다. 초기 부르주아 경제학자들 가운데 세는 자각적으로 그리고 체계적으로 경제학 연구방법론을 설명한 몇 안 되는 학자들 가운데 한 명이다. 먼저 세가 자신의 저서 『정치경제학 개론』 서론에서 제시한 정치경제학 연구방법에 관한 토론과 분석을 고찰해보자.

세는 정치경제학의 방법이 실제로 18세기 후반에 자연과학에서 온 것이라

14　장 바티스트 세(Jean-Baptiste Say, 1767~1832), 프랑스 경제학자. 주요 저서로 『정치경제학 개론』(1803), 『정치경제학 정의』(1817), 『정치경제학 교과서』(전 6권, 1828~1830) 등이 있다.

고 생각했다. 그는 페티나 애덤 스미스와 영국 유물론 철학의 직접적인 관계를 이해하지 못했다.[15] 그의 견해로는 스미스가 "새로운 연구방법론을 정치경제학에 응용한 것이었다. 다시 말해 그는 추상적으로 원칙을 찾는 것이 아니라 흔히 관찰되는 사실에서 이러한 사실들을 지배하는 일반적인 법칙을 추적했던 것이다".[16] 세는 정치경제학이 사회에 실제로 존재하는 사물의 본질과 발전 과정을 탐구해야 한다고 말했다.[17] 정치경제학의 학문적 성질을 평론할 당시 세의 관점은 페티 등과 유사했고 그도 직접 "이 과학이 가설 위에 세워진 것이 아니라 관찰 결과와 경험 위에 세워져 있다"[18]라고 말한 바 있다. 그가 보기에 정치경제학은 물리학과 같은 학문이었다. 다시 말해 둘 다 "자세히 관찰한 사실을 인정하고 이런 사실에 근거해야만 정확한 추론이 가능한 것이다". 이것이 공통된 방법론의 전제인 것 같았다. 하지만 사실은 다시 존재하는 사실과 발생하는 사실로 구분된다. 이는 나중에 후설[19]과 하이데거[20]의 '현상설'과 '존재설'의 관계와 유사하다. 전자는 '존재하고 있는 실물'로서 우리는 '각종 관점에서 그 실물의 실제 상황을 관찰해야 할 뿐만 아니라 동시에 그 성질'의 사실도 관찰해야 한다. 후자는 '발생하고 있는 사건'이다. 다시 말해 '우리가 그 사물이 어떻게 발생했는지 관찰할 때 드러나는 현상'의 사실[21]이다. 오늘날의 인지과학 담론으로 인식하자면 이른바 공시성과 통시성의 서로 다른 시각이라고 할 수 있다. 세는 과학적 진리가 현상에 대한 일반

---

15 薩伊, 『政治經濟學槪論』, 陳福生·陳振驊譯(商務印書館, 1963), 17쪽 참조.
16 같은 책, 38쪽 참조.
17 같은 책, 43쪽 참조.
18 같은 책, 49쪽 참조.
19 에드문트 후설(Edmund Husserl, 1859~1938), 독일 철학자로서 20세기 현상학파의 창시자이기도 하다. 1859년 4월 8일에 체코 프로스테요프의 한 유대인 가정에서 출생했다. 일찍이 수학과 물리를 공부하여 1881년에 박사학위를 취득했으며, 1883년부터 비엔나에서 독일 철학자이자 심리학자인 브룬타노를 따라 철학을 연구하기 시작했다. 독일의 할레이대학과 괴팅겐대학, 프라이부르크대학에서 각각 교수생활을 했다. 1983년에 병으로 프라이부르크에서 사망했다.
20 마르틴 하이데거(Martin Heidegger, 1889~1976), 독일의 유명 철학가. 대표적인 저서로 『존재와 시간』(1927), 『철학논고』(1936~1938) 등이 있다.
21 薩伊, 『政治經濟學槪論』, 17쪽 참조.

적인 직관일 뿐만 아니라 주로 사물의 본질에 대한 파악이라고 생각했다. "사물이 어떻게 존재하고 어떻게 발생하는가 하는 것이 이른바 사물의 본질을 구성하고, 사물의 본질에 대한 자세한 관찰이 모든 진리의 유일한 근거를 구성한다"라는 것이다. 바로 여기서 과학은 두 가지로 분리된다. 하나는 우리에게 물체와 그 성질에 관해 정확한 지식을 알려주는 '서술과학'이고, 다른 하나는 사건이 어떻게 발생했는지를 설명해주는 '실험과학'이다. 자연과학에서 식물학은 서술과학이고 화학이나 물리학은 실험과학이다. 그리고 사회과학에서 통계학은 서술과학이고 정치경제학은 실험과학이다. 이는 아주 재미있는 구분이다.

세는 한 걸음 더 나아가 실험과학 가운데 현재 발생하고 있는 사실도 두 가지 각도에서 분석할 수 있다고 주장했다. 즉, 일반적이고 불변적인 관점과 특수하고 가변적인 관점에서 분석을 진행할 수 있다는 것이다. 특수 사실도 사물의 본질에서 발생한다. 하지만 "그 몇 가지 동작은 특수 상황에서 서로 제약한 결과다". 일반 사실은 "사물이 모든 유사한 상황에서 그 본질에 의해 생산된 결과다". 세의 관점으로는 정치경제학은 바로 실험과학 가운데 발생하고 있는 사건이 직면한 일반 사실에 대한 연구다. 그는 이 과학의 특징을 이렇게 설명한다.

> 정치경제학에서는 어떤 사실들이 끊임없이 서로 결합하여 한 사물이 항상 다른 사물의 결과와 원인이 되게 한다. 정치경제학은 가설을 이용하여 한 걸음 더 나아간 설명을 할 뿐만 아니라 사물의 본질에서 사물의 연계를 분명하게 이해하려 한다. 정치경제학은 사람들을 한 마디에서 다른 마디로 인도함으로써 이해력이 있는 사람들로 하여금 이 사슬이 어떻게 연결되는지 이해할 수 있게 해야 한다.[22]

---

22 같은 책, 18~19쪽.

이를 기초로 세는 스미스의 논저를 "계발성의 예증을 갖춘 가장 정확한 정치경제학 원리이자 유익한 의견을 가진 통계학 천재의 연구이지만 그것들이 잡다하게 쌓여 있는 것에 불과하다"[23]라고 비판했다. 철학방법론에서 볼 때 세의 이런 지적은 어느 정도 일리가 있다. 하지만 보다 깊이 있는 경제학 측면의 철학에서 성찰해보면 세는 애당초 스미스를 잘못 독해했거나 그를 이해하지 못했다고 할 수 있다. 이는 우리가 좀 더 깊이 연구해볼 만한 문제다.

절대 진리는 자연과학 안에만 존재한다고 생각하는 자연과학자들의 관점을 겨냥해 세는 두 가지 편견을 반박한다. 첫째는 사회 지식이 사회현상에 직면할 때 생산하는 다양한 견해가 통일된 인식의 관점을 생산할 수 없다는 것이다. 이는 실제로는 가치관의 문제다. 자연과학의 가치관은 1940년대에 이르러서야 영국 과학철학자 폴라니[24]에 의해 완전하게 제시되었다.[25] 세는 물리, 화학 등 여러 과학 분야에 논쟁이 존재한다고 지적했다. "논쟁의 쌍방은 같은 사실을 관찰하지만 이런 사실들에 대해 서로 다르게 분류하고 설명한다."[26] 하지만 이런 상황이 과학의 확립을 방해하진 않는다. 이 문제가 진정으로 제기되고 깊이 있게 사유되기 시작한 것은 1960년대 미국 과학철학자 쿤[27]이 수립한 과학범례인 통약불가능성(incommensurability)에서였다.[28] 둘째는

---

23 같은 책, 19쪽.
24 마이클 폴라니(Michael Polanyi, 1891~1976), 영국에 거주한 헝가리 과학철학자. 경제학자 카를 폴라니(Karl Polanyi)의 동생으로 의회인식론을 제창해 철학자로 유명해졌다. 1917년에 부다페스트대학에서 박사학위를 취득했고 1930년대 초에 파시스트의 박해를 피해 영국으로 이주하여 맨체스터대학에서 물리학 교수로 재직했다. 1930년대 말부터 1950년대 초까지 경제, 사회, 과학철학 분야의 작품을 다량 썼다. 1948년에 여러 해 동안 재직했던 맨체스터대학 물리학 교수직을 사임하고 같은 대학의 사회학과 교수직을 맡았다. 1951년에 맨체스터대학 사회학 교수직을 떠나 옥스퍼드대학 머튼 칼리지의 고위직 연구원으로 자리를 옮겼다. 주요 저서로 『과학과 신앙, 사회』(1946), 『자유의 논리』(1951), 『개인지식』(1958), 『허무주의를 넘어서』(1960), 『깨달음의 차원』(1966), 『인식과 존재』(1969), 『의미』(1958) 등이 있다.
25 波蘭尼, 『科學, 信仰與社會』, 中譯本·王靖華譯(南京大學出版社, 2003) 참조.
26 薩伊, 『政治經濟學槪論』, 24쪽.
27 토머스 새뮤얼 쿤(Thomas Samuel Kuhn, 1922~1996), 미국 과학사가이자 과학철학자. 대표 저서로 『코페르니쿠스 혁명』과 『과학혁명의 구조』가 있다.
28 庫恩, 『科學革命的結構』, 李寶恒·紀樹立譯(上海科學出版社, 1980) 참조.

사회과학의 객관적 현실의 기초 문제다. 자연과학자들은 자연과학의 대상은 눈에 보이는 사물과 객관적인 법칙인 반면, 사회과학에서 토론하는 것은 종종 상상의 산물이라고 생각하는 오해가 마찬가지로 존재한다. 이에 대해 세는 사회과학의 기초도 자연과학과 마찬가지로 객관적으로 존재하는 일반적 사실이라고 강조한다.

명확한 관찰을 통해 이런 일반적인 사실의 존재를 확정하고 그 관계를 증명할 수 있으며 아울러 여기에서 결론을 연역해낼 수 있다. 이러한 결론은 확실히 사물의 본질에서 출발한다. 객관세계의 법칙이 사물의 본질에서 출발하는 것과 마찬가지다. 이러한 결론은 결코 상상의 산물이 아니라 자세한 관찰과 분석을 통해 얻은 결과다.[29]

나는 이 문제가 하마터면 **사회적 존재**라는 중요한 규정성을 건드릴 뻔했다고 생각한다. 세는 또 사회현상에 대한 정치경제학의 분석에서 단순히 수학적 통계방법을 사용해선 안 된다고 주장했다. 사회생활에서는 계산할 수 없는 '인류의 재능과 욕구, 욕망 등의 영향'을 받기 때문이다. 단순히 수학적 통계를 사용할 경우 사회현상이 우리의 '계산' 속에서 '원래의 복잡성'을 상실하고 정치경제학이 일종의 '추상이론'으로 변질된다는 것이다.[30] 나는 이런 논점에 대해 부르주아 정치경제학이 유물론의 전제 위에 일종의 과학적 자각성을 갖추고 있긴 하지만 이것이 철학방법론상의 진정한 자각의식은 아니라고 생각한다.

상술한 세의 분석은 대표성을 갖는다. 이는 실제로 초기 정치경제학에서 현실적으로 발생한 방법론으로서, 간단히 영국의 경험유물론 철학과 동일시

---

29   薩伊, 『政治經濟學槪論』, 25쪽.
30   같은 책, 26~27쪽 참조.

해선 안 된다. 심지어 이는 사회과학적 의미의 실증방법론도 아니다. 이는 시작부터 추상적 의미를 갖고 사회생활의 내부에 존재하는 특수한 유물론의 틀이다. 내 생각으로는 바로 이런 이론방법이 경제학에서 무의식적으로 사회역사관 기초 문제인 유물론 입장을 수립한 것 같다. 마르크스가 나중에 1845년의 『독일 이데올로기』에서 인식한 상황은 이렇다. "정치경제학에는 이미 주요 착취관계는 개인 의지로 전이되지 않고 전체 생산이 결정하며 단독적인 개인은 모두 이런 관계에 직면해 있다는 사상이 제시되어 있다." 마르크스의 이러한 중요한 이론 경계는 부르주아 초기 정치경제학에 이미 사회생활에서 물질생산과 객관적 경제의 관계를 긍정하는 유물론이 존재했다는 것을 의미한다!

첫째, 이러한 유물론은 사회생활에서 객관적 존재가 의식을 결정한다는 원칙을 경제학 이론에 객관적으로 확립했다. 나는 여기에 과거의 모든 철학 유물론의 자연물질 결정론과 구분되는 완전히 새로운 사회 경제결정론이 존재한다고 생각한다. 부르주아 정치경제학의 발생과 발전 과정에서는 중상주의(경제활동에서의 유통)와 중농주의(농업생산)에서 곧장 리카도(대규모 기계생산)로 변화했다. 그 과정에서 발생한 사회 경제 사실(사건)은 관념과 이론의 기초이자 사회생활 자체의 기초다. 이는 말하지 않아도 자명한 전제다. 바꿔 말하자면 객관적 경제 현실의 우선적 성격이 거의 정치경제학 과학의 출발점이 되고 있는 것이다. 그들이 투시하지 못했던 역사의 본질은 이러한 경제우선성의 출현이 역사적 산물이라는 것이다. 이는 마르크스가 이어서 역사유물론의 맥락에서 고전경제학을 초월한 논리의 기점이기도 하다. 매컬럭의 말을 빌리자면 어떤 이론이 똑같은 사실 및 자주 나타나는 사실과 일치하지 않는다면 이는 반드시 이론에 오류가 있는 것이다. 리스트는 "정치경제학에 관해 우리가 읽을 수 있는 가장 훌륭한 책은 현실생활"[31]이라고 생각했다. 한편 세는 객관적 역사사실의 발전과 정치경제학 이론 발전의 관계에 관해 재미있는

31   李斯特, 『政治經濟學的國民體系』, 陳萬照譯(商務印書館, 1961), 7쪽.

분석을 제시했다. 그는 "각 과학의 영역은 먼저 사례가 있은 후에 이론이 생긴다"[32]라고 말했다. 이를 입증하기 위해 세는 다음과 같은 예를 들었다. 15세기 포르투갈과 스페인에 끊임없이 출현한 기업들은 경제학자들에게 부에 관한 학설에 대해 주의를 환기시켰고 이는 이들 국가가 가장 먼저 부를 연구하는 원인이 되었지만 당시 부에 관한 연구는 귀금속에만 머물러 있었다. 세는 18세기 초엽 케네(Quesnay)보다 50년 앞선 반디니(Bandini)가 중상주의를 비판할 수 있었던 것도 당시에 출현한 새로운 경제현실에 의존했기 때문이라고 설명했다.[33] 나는 18세기 중엽 프랑스 케네 주변에 있던 경제학파(중농주의)에 대해 세가 했던 중요한 비판에 주목했다.

그들은 먼저 사물의 본질을 관찰하거나 사물이 어떻게 발생했는지 관찰하고, 이러한 관찰의 결과를 분류하며, 그 결과에 따라 일반적인 법칙을 추론하지 않고, 먼저 개인적인 추상적 일반성의 논지를 정한 다음, 이를 자명한 이치로 간주한다. 왜냐하면 그들은 이처럼 자명한 이치에 그 이치를 진실하고 정확한 것으로 만들어주는 직관의 증거가 포함되어 있다고 생각하기 때문이다. 그리고 나서 그들은 개별 사실을 이러한 이치에 적응시키려 시도하면서 이에 근거해 이러한 사실들의 법칙을 추정한다. 이처럼 그들은 자연스럽게 상식이나 일반 경험에 분명하게 저촉되는 원리를 옹호하는 것이다.[34]

세의 비판은 깊은 의미를 가진다. 그는 이론과 실천을 대립시키는 것에 반대한다. 그가 보기에는 이론과 실천이 일종의 통일적 관계에 있기 때문이다. 따라서 "만일 이론이 결과와 원인을 연계시키는 것이 아니라면, 또는 사실과 사실 사이의 법칙을 연계시키는 지식이 아니라면 이론은 도대체 무엇이란 말

32   薩伊, 『政治經濟學槪論』, 29쪽.
33   같은 책, 23~30쪽 참조.
34   같은 책, 33쪽 참조.

인가? 누가 여러 분야에서 사실을 관찰하고 사실들의 상호관계를 이해하는 이론가들보다 더 사실을 잘 알 수 있겠는가? 마찬가지로 이론을 실천하지 않아서 사용방법을 제시하지도 못하고 방법이 어떻게 어떤 작용을 일으키는지도 모른다면 그게 뭐가 되겠는가? 이는 일종의 위험한 '경험주의'에 불과한 것이 분명하다".[35] 따라서 세는 윤리학과 정치학의 사상누각의 태도에 반대하면서 루소를 예로 들었다. 왜냐하면 루소는 사회현상(사회계약과 불평등 문제 등)을 토론하면서 권리문제만 근거로 삼았고 이것이 그의 논술을 '실제적 효용이 별로 없는' 공론으로 밀어 넣었기 때문이다. 사실 세는 경제 사실이 윤리와 정치 요구의 기초가 되어야 한다고 주장한 것이다.[36]

여기서 나는 중요한 비교 분석을 시도하고자 한다. 정치경제학이 생겨나기 전에 출현한 서양의 사회역사 분석(고대 그리스 사상가들의 사회정치 연구와 중세기 신학 사회 문제 토론 같은)과 그와 동시에 또는 약간 늦게 나타난 프랑스 계몽사상의 사회역사 비판에서는 절대 다수의 논자들이 이론논리에서 출발해 사회 현실을 반추한다. 이는 사람들이 자각적으로 자연현상과 사회역사현상의 이질적인 차별성을 인식하는 구별점이 되기도 한다. 여기에는 자연현상의 인식에서 일반 유물론을 견지한 사상가(예컨대 디드로[37]나 엘베티우스[38] 등)들도 포함된다. 그들은 사회역사 분석을 시작하면서 자신들도 모르게 감성적 유물론의 출발점을 상실했던 것이다. 실제로 자연인식 분야에서의 유물론은 보다 깊은 차원에서 여전히 역사유물론이라고 할 수 있다. 이 책 제6장 제2절 제1항에 나오는 마르크스가 포이어바흐의 유물론을 비판한 내용을 참고하는 것도 바람직할 것이다. 왜 그럴까? 사회역사에서의 객관 현실은 주로 물질실

---

35 같은 책, 21쪽 참조.
36 같은 책, 34쪽 참조.
37 드니 디드로(Denis Diderot, 1713~1784), 프랑스 18세기 계몽사상가이자 유물론 철학자 및 교육이론가다. 그의 최대 업적은 『백과전서(Encyclopedie)』(1751~1772)를 편찬한 것이다. 다른 저서로는 『자연에 대한 해석』(1754), 『생리학 기초』(1774~1780)가 있다.
38 클로드 아드리앙 엘베티우스(Claude Adrien Helvétius, 1715~1771), 프랑스 18세기 계몽사상가이자 유물론 철학자다.

체적 존재가 아니라 인간의 활동을 주체로 하는 사회생활이고, 특히 객관적 존재인 인간과 인간 사이의 사회관계이기 때문이다. 나는 마르크스주의가 탄생하기 이전에는 초기 정치경제학자들을 제외하면 대다수의 사상가가 인류사회의 이런 비실체적 물질존재를 직시하지 못했다는 점에 주목했다. 물질실체를 전제로 하는 모든 유물론 철학자는 사회역사현상 연구에 진입하자마자 단순한 관념론으로 변질되었다. 이는 상당히 중요하고 분명한 사실이다. 한편 정치경제학은 감성적 경제 사실의 전제에서 출발해 감성적 관찰을 통해 사회생활에 대한 본질(관계)적 인식에 도달한다. 이는 철학방법론에 있어 대단히 중요한 원칙적 차별성이다.

둘째, 초기 정치경제학의 이론 운용은 자각적 또는 비자각적으로 사회의 물질생산을 사회생활 전체의 기초로 삼았다. 아울러 그들은 많든 적든 연구의 중심을 **사회활동에서 추상화해낸 사회관계와 운동법칙**에 두기 시작했다. 이것은 나중에 마르크스와 엥겔스가 역사유물론을 수립하는 진정한 이론적 기초가 되었다. 여기에는 두 가지 중요한 이론적 특징이 포함된다. 하나는 물질생산이고, 다른 하나는 사회생활에서 추상화해내는 사회관계다. 전자는 중상주의에서 중농주의로 전이하는 과도기(유통영역에서 생산영역으로의 전환)에 실현되는 이론적 전환이자 스미스와 리카도가 다져놓은 학문분야 이론 기초의 전제이기도 하다. 고전경제학 전체를 놓고 보자면 물질생산의 기초성은 노동가치론과 하나로 연결되어 있다고 할 수 있다. 이 이론의 성질에 대해 우리는 뒤에서 보다 진일보한 분석을 진행할 것이다. 여기서는 두 번째 요점에 관해 토론을 진행하기로 한다.

이러한 입론을 확정하기 위해 우리는 잠시 관심을 이 절에서 가장 먼저 접촉한 바 있는 페티에게로 되돌려본다. 과거의 경제학 학설사에서 적지 않은 학자들이 페티 자신의 표현에 근거해 그를 '가시적인' 사실에 착안한 경험유물론자로 규정했다. 나는 바로 이 '가시적'이라는 단어를 진지하게 분석해볼 필요가 있다는 사실을 깨달았다. 다시 말해 우리는 페티가 말한 사회역사현상에서의 가시적인 것이 도대체 무엇인지, 실체적인 자연환경인지 아니면 실재하는 각종 인공물품인지 따져봐야 하는 것이다. 이를 위해 우리는 먼저 실례를 살펴볼 수도 있다. 17세기 아일랜드 현실생활의 불평등을 설명하면서 페티는 구체적으로 당시 집집마다 설치되어 있는 굴뚝의 수를 예증으로 삼았다. 아일랜드의 20만 가구 가운데 고정된 굴뚝이 설치되어 있지 않은 집은 약 16만 가구였고, 굴뚝이 하나만 설치된 집은 2만 4000가구였으며, 하나 이상의 굴뚝이 설치된 집은 1만 6000가구였다. 하지만 아일랜드 총독부(더블린)에는 굴뚝이 125개나 설치되어 있었다. 여기서 그는 그저 가시적인 물건(굴뚝)의 통계학적 숫자를 설명하려 한 것이 아니라 가시적인 물질의 실체를 통해 비실체적 사회관계의 불공정한 본질을 드러내려 했던 것이다. 이는 가시적인 직관에서 출발해 추상해낸 보이지 않는 사회관계다. 페티는 여기서 가시적인 생활사실을 통해 직관할 수 없는 사회사실을 설명하려 했던 것이 분명하다. 나는 이것이 고전경제학 철학적 전제의 진정한 시작이라는 것을 깨달았다. 따라서 우리는 페티가 완전히 유물론의 입장에 서 있다고 말할 때, 이 유물론의 방법론에 내포된 실질이 무엇인지 따져보아야 한다.

이 문제에 대한 이해를 높이기 위해 우리는 페티의 다음과 같은 관점을 살펴볼 필요가 있다. 그는 아일랜드의 각 정당 간 투쟁의 현실적 기초가 그들이 제시하는 갖가지 민족적 또는 종교적 구호가 아니라 토지재산의 분배라는 견해를 제시했다. 토지재산은 자연토양과 달리 경제적 소유관계를 표상하며 분배는 일종의 경제활동이자 사회관계다. 경제관계 자체는 직관이 불가능하지만 추상을 통해 파악할 수 있다. 마르크스는 나중에 『정치경제학 비판 요강』에서 이 점을 직접적으로 인식했다. 『아일랜드 정치해부』라는 책에서 페티는 정치의 운영에서 발생하는 역할의 어떤 구조 및 그 각 부분 사이의 상호관계를 발견해야 한다고 주장하면서, 이러한 것들을 사회현상운동에 존재하는 '자연법의 도로'라고 칭했다. 여기서 말하는 '자연법(natural law)'은 실제로 사회역사운동의 객관적인 법칙이다. 사실 매컬럭도 제시한 바 있지만, 정치경제학에서 수행하는 관찰과 연구에서는 사실만 알고 '사실들 사이의 상호관계'[39]는 모른다는 것은 불가능하다. 18세기 후반 프랑스 중농주의의 대표적 인물인 튀르고[40]에 이르러서는 사회활동에서의 '경제관계'[41]가 분명하게 제시되었다. 심지어 세 또한 고대 그리스의 플라톤이나 아리스토텔레스도 생산의 각종 양식과 여기서 발생되는 결과 사이에 일정한 필연적 연관이 존재한다는 관점을 이미 제시한 바 있다는 사실에 크게 주목했다. 물론 이는 일종의 정치적 견해에 지나지 않는다. 당시에는 정치경제학이 의존하는 근대적 경제생활이 아직 존재하지 않았기 때문이다. 세는 근대 경제생활에서의 이러한 법칙성은 직관을 통해 얻을 수 있는 것이 아니며 반드시 일반적인 사실에서 얻어야 한다고 생각했다. 일반 사실은 선택을 거친 개별 사실에 대한 관찰을 근거로 하고 우리는 일반 사실에서 일반적인 법칙을 발견할 수 있기 때문이다. 물론 우리가 복잡한 사회활동을 대할 때 일반 법칙은 '개별 상황의 간섭을 받을 수 있지만', 간섭 요소가 작용을 중지한 뒤에는 이 법칙의 모든 힘이 회복된다.[42] 또한 우리가 앞으로 언급할 중농주의의 '자연 질서(ordre naturel)'는 그 유명한 스미스의 '보이지 않는 손(The invisible hand)'과 마찬가지로 인간의 경제활동에서 객관적으로 발생하는 사회운동법칙을 드러내고 있다.

셋째는, 초기 정치경제학에 역사성과 구체성이라는 특징이 이미 제한적으로 나타나고 있다는 것이다. 이는 경제학 연구에서 사회역사변증법에 포함된 중요한 요소이기도 하다. 마르크스는 나중에 부르주아 경제학에서 종종 과거를 직시하는 것은 역사적인 일이었는데 부르주아 사회에 이르러서는 영원한 자연법칙이 되었다고 지적한 바 있다.[43] 나는 독자들에게 이 절에서 인용하는

---

39   麥克庫洛赫, 『政治經濟學原理』, 12쪽.
40   안 로베르 자크 튀르고(Anne Robert Jacques Turgot, 1727~1781), 프랑스 경제학자. 주요 저서로 『부의 형성과 분배에 관한 고찰』(1766) 등이 있다.
41   杜爾哥, 『關于財富的形成與分配的考察』, 南開大學經濟學系經濟學說史敎硏組譯(商務印書館, 1961).
42   薩伊, 『政治經濟學槪論』, 20쪽.
43   『馬克思恩格斯全集』, 第4卷(人民出版社, 1958), 154쪽 참조.

부르주아 정치경제학에 대한 마르크스의 견해가 1847년 이후라는 시한에서의 과학논술로 엄격히 제한된다는 점을 일깨워주고 싶다. 다시 말해 고전경제학이 과거의 경제사회 발전을 묘사할 때는 일정한 역사적 관점을 가져야 한다는 것이다. 이와 관련해 경제학자들의 견해를 들어보자.

먼저 스튜어트[44]의 역사관이다. 그는 『정치경제학 원리연구』라는 책에서 인류사회의 발전이 역사적 발전 과정이라고 주장하면서 이를 세 단계로 구분했다. 첫째는 유목경제이고, 둘째는 농업경제이며, 셋째는 근대적 교환경제다. 첫째 경제 형태에서는 인간들이 자연이 주는 것에 의존하는 수밖에 없다. 이는 천연의 자유사회로, 끊임없이 증가하는 인구의 압력이 사람들로 하여금 땅에서 일정량의 잉여 양식을 생산하지 않으면 안 되게 만들었다. 이는 둘째 경제 형태를 탄생시키는 주요 원인이다. 그리하여 서로 다른 생산 결과를 얻은 사람들 사이에 주인과 노예 같은 강제관계가 형성된다. 셋째 경제 형태는 농업경제에서 발전되어 나오는 것으로, 잉여생산물을 교환하는 시스템이 출현함을 상징한다. 이는 실제로 부르주아 사회 경제관계가 확립됨을 의미한다. 스튜어트의 눈에는 이것이 일종의 자유로운 제도로 보였다. 현실의 유도가 강제를 대체했고 상업의 생산과 교환으로 완전히 새로운 계약사회를 창조했기 때문이다. 보다 중요한 것은 스튜어트가 사회 경제의 발전을 합리적인 진화 과정으로 간주했다는 점이다.

한편 튀르고의 경제학 연구 중심에는 선명한 역사 관점이 내포되어 있다는 것을 어렵지 않게 알 수 있다. 튀르고의 유명한 저서 『부의 형성과 분배에 관한 고찰』(1766) 제10절의 제목은 '사회의 진보: 모든 땅에는 주인이 있다'다. 얼핏 보면 사유제를 긍정하는 것 같지만 그의 구체적인 분석을 살펴보면 그가 생산의 발전에 따라 사회역사가 고대사회에서 노예제도를 거쳐 근대(부르

44　제임스 스튜어트(James Stuart, 1712~1780), 영국 부르주아 경제학자이자 중상주의의 마지막 대표 인물이다. 주요 저서로 『정치경제학 원리연구』(1767)가 있다.

주아 사회)로 한 걸음 한 걸음 발전되어왔음을 설명하려 했다는 것을 알 수 있다. 중요한 것은 튀르고가 시종 인간의 물질생산을 단서로 역사의 발전을 설명하고 있다는 점이다. 물론 당시에 그는 농업생산을 유일한 생산으로 간주하는 실수를 범하기도 했다. 그는 물질생산(농업생산)이 사회의 존재와 발전을 결정하고, 이에 따라 사회는 두 가지 계급으로 분류된다고 생각했다. "생산계급은 토지경작자 계층이고 비생산계급은 사회에서 보수를 받는 나머지 계층을 전부 포함한다."[45] 그가 보기에는 이 두 계급 모두 힘들게 노동한다. 전자는 노동을 통해 토지에서 부를 창출해 '사회에 생활자원을 제공하고', 후자는 단지 생산된 물건에 대해 가공을 해서 이를 사람들이 사용하기에 보다 적합한 형태로 바꿀 뿐이다. 하지만 그는 전자의 생산이 있어야만 사회의 진정한 기초가 존재한다고 생각했다. 한편으로 튀르고는 노예제도를 정의롭지 못한 폭력의 결과라고 규정했다. 이는 토지경작 방식에 대한 고찰을 통해 얻은 결론이었다. 여기서 가장 중요한 부분은 그가 노예제도의 소멸이 '대형 사회에서는 노예를 이용한 경작방식을 계속 실행해나갈 수 없다'는 사실에 기인하고(이는 제22절의 제목이다) 노예제도가 전면적으로 사라진 뒤에야 사회가 '문명국가'로 진입할 수 있다는 사실을 깊이 있게 깨닫고 있었다는 것이다. "노예제와 함께 따라온 것은 인간을 토지에 속박시키는 제도였다"(이는 제23절의 제목이다). 이어서 '영지(領地)제도'와 '소작제'가 차례대로 나타나 '인간을 토지에 속박하는 제도'를 대체했다.[46] 내가 독자들에게 상기시키고 싶은 것은 이것이 생산력을 기본 단서로 하는 사회역사 발전 과정을 구현한 것이라는 점이다. 또한 내가 주목한 것은 화폐와 자본에 대한 튀르고의 분석에 중요한 역사적 요소가 내포되어 있다는 사실이다. 튀르고는 상업의 유래를 연구의 기점으로 삼아, 교환에서의 평가원칙과 가치척도의 '평균 평가'가 만들어

45   杜爾哥, 『關於財富的形成與分配的考察』, 28쪽.
46   같은 책, 28~31쪽 참조.

내는 교환에서의 평가원칙, 이상적 화폐, 금속화폐의 발생을 하나씩 차례로 분석했다. 마지막으로 그는 "화폐 사용의 실천이 서로 다른 사회 성원들 사이의 갖가지 다른 노동의 분업을 대대적으로 촉진시키고 화폐가 갈수록 모든 물품을 대표할 수 있게 될 때, 모든 사람이 전문적으로 어떤 직업을 찾을 것이고 화폐의 사용이 사회의 발전을 대대적으로 가속화할 것"이라는 이상을 직접적으로 설명했다.[47] 가장 놀라운 것은 공업의 발전과 계급의 '재획분'을 논하면서 다음과 같은 관점을 설명했다는 점이다.

> 다양한 공산품 생산에 종사해 사회의 갖가지 욕구를 만족시키는 계급 전체를 두 가지 계층으로 구분할 수 있다. 기업가와 제조업주, 그리고 고용주 계층은 모두 대량의 자본을 소유한 사람들로서 자본에 의지해 다른 사람들을 노동에 종사하게 하고 그에 대해 일정한 지불을 함으로써 이윤을 획득한다. 또 다른 계층은 단순한 기술자들로 구성된다. 그들은 두 손 말고는 아무것도 가진 게 없다. 그들이 받는 것은 노동에 대한 보수일 뿐, 이윤은 얻지 못한다. 그저 임금만 받을 뿐이다.[48]

이것이 바로 나중에 마르크스가 말한 두 계급인 부르주아 계급과 프롤레타리아 계급이다.

이런 관점에 대단히 근접하는 것으로 생산관계의 역사 변화에 관한 존스의 논술도 있다. 그는 인류사회가 '문명과 부의 영역에서 일정한 발전을 이룬 뒤에는' 농업에서 공업으로의 전환을 시작하고, 이와 동시에 '국가산업의 관리권'이 과거의 지주나 노동자와는 전혀 다른 사람인 자본가의 수중에 떨어진다고 주장했다. 현재의 노동자들은 자본가들이 '먹여 살리면서 고용하지만'

---

47   같은 책, 46쪽.
48   같은 책, 54~55쪽.

"노동자와 자본가가 약정을 체결한 뒤에는 과거처럼 지주에게 의존하는 관계가 해소된다".[49] 이는 하나의 사회관계에서 새로운 사회관계로의 역사적인 전환이다.

이 외에 독일 경제학자인 빌헬름 로서[50]와 로트베르투스[51]의 견해에도 관심을 가져볼 만하다. 독일 구역사학파의 창시자인 로서는 사빌이 법학 연구에서 사용하던 역사방법론을 경제학에 적용한 최초의 인물이다. 그는 정치경제학이 중농주의와 사회주의처럼 항상 사물의 이상적 상태가 어때야 하는지를 제시할 것이 아니라 사물 자체의 역사발전 과정을 사실적으로 진실하게 기록해야 한다고 분명하게 주장했다. 이는 현실에서 출발한 논리다. 이로써 로서는 철학자들의 '추상적으로, 시간과 장소를 벗어난 우연성(Zufälligkeit)으로 개념을 찾고 판단하는 시스템'에 반대하면서 '최대한 충실하게 현실생활을 묘사하고 인류발전 및 그 관계를 기술할 것'을 주장했다.[52] 로서가 보기에 정치경제학의 주요 임무는 경제제도가 "왜 그리고 어떻게 '합리에서 불합리로', '행복에서 유해함으로' 변했는지를 설명"하는 것이었다.[53] 이는 대단히 놀라운 견해였다. 한편 로트베르투스는 "국가 생활의 상층 영역은 경제생활과 밀접하게 연관되어 있으며 생산성이 높을수록 국가의 정신생활과 예술활동도 더 풍부하고 다채로워진다"[54]는 점을 주목하고 있었다. 이는 마르크스가 나중에 제시했던 경제 토대(ökonomische Grundlage)가 상부구조(superstrukture)를 결정한다고 비유한 논리의 전신이다.[55] 또한 "노동자가 새로운 기능을 가

---

49   琼斯, 『論財富的分配和賦稅的來源』, 132~134쪽 참조.
50   빌헬름 로서(Wilhelm Roscher, 1817~1894), 독일 경제학자. 주요 저서로 『국민경제학 체계』 전 5권 (1854)이 있다.
51   요한 칼 로트베르투스(Johann Karl Rodbertus, 1805~1875), 독일 경제학자. 주요 저서로 『독일 국가경제상황에 관한 인식』(1842), 『생산과잉과 공황』(1871), 『지주, 현재의 경제적 곤란과 구제』(1871) 등이 있다.
52   羅雪爾, 『歷史方法的國民經濟學講義大綱』, 朱紹文譯(商務印書館, 1981), 11쪽 참조.
53   같은 책, 8쪽.
54   洛貝爾圖斯, 『關于德國國家經濟狀況的認識』, 斯竹等譯(商務印書館, 1980), 112~123쪽.
55   사실 마르크스는 자신의 주요 텍스트에서 이 두 개념을 비교적 적게 사용했다. 경제기초(ökonomische

질 때는 새로운 재화의 원천, 즉 향상된 생산력이 수반하는 일정한 생산양식을 발전해내게 된다".[56] 동시에 "근대화 도시가 건립되고 도시와 농촌 간 대립이 합법화되며 대부분의 실업이 도시의 특권(여기서 필연적으로 원료상품의 주인이 바뀌는 결과가 나타난다)이 되어야만 독특한 자본가 등급을 수립할 수 있고 자본개념을 형성할 수 있다".[57] 로트베르투스가 보기에 사회발전의 초기에는 자연과학의 영향이 주요 지위를 점했지만 나중에는 생산 자체의 발전에 따라 사회의 생산성이 "갈수록 인간 활동과 재능의 단일성과가 되는" 것 같았다. 이 점에서 "인간의 활동은 기술의 분업과 생산과정의 합리화, 도구와 기계의 개선 등으로 영향력을 더하게 되었다".[58]

사회수단(사회제도가 아니더라도)은 그 역사발전의 과정에서 인간의 장악하에 성질과 기능이 변질되어 처음과 전혀 다른 것이 될 수 있다. 이는 사회관계가 원래 자연적 필연성에 기초했지만 자연계의 지배를 받으면서 자연계의 사실을 기초로 하게 되었고, 나중에는 그 발전 과정에서 점차 인류 자유의 영역으로 역사의 새로운 창조자인 인간 자체에 의해 계속 발전한 것과 마찬가지다.[59]

우리는 로트베르투스가 '생산양식'과 자본개념의 역사적 생성, 그리고 사회관계의 인류 자유 영역으로의 전환 등에 관해 대단히 깊이 있는 견해를 가

Grundlage)라는 단어는 네 번밖에 사용하지 않았다. 『독일 이데올로기』에서 한 번 사용했고, 『1861~1863년 경제학 수고』에서 한 번 사용했으며, 『자본론』제1권에서 두 번 사용했다. Marx/Engels, *Die Deutsche Ideologie*, MEW, Band 3(Berlin: Dietz Verlag, 1969), S.399; *Zur Kritik der politischen Okonomie(Manuskript 1861~1863)*, MEGA2, II/3, Bd. III(Berlin: Dietz Verlag, 1978), S.34; Marx, *Das Kapital*, Bd. I, MEW, Band 23(Berlin: Dietz Verlag, 1963), S.513, 515. 마르크스는 다른 곳에서는 같은 맥락에서 'Basis'라는 단어를 사용했다. 상부구조(Superstruktur)라는 단어는 『독일 이데올로기』에도 한 번 등장한다. Marx/Engels, *Die deutsche Ideologie*, S.37 참조.

56 洛貝爾圖斯, 『關于德國國家經濟狀況的認識』, 114쪽.
57 같은 책, 118쪽.
58 같은 책, 169쪽.
59 같은 책, 184쪽.

졌다는 사실을 인정하지 않을 수 없다.[60]

가장 중요하고 의미 있는 것은 매컬럭의 관점이다. 그는 진정한 경제학자의 과학 연구는 '다른 환경에 있는 사람을 연구해야 하고', 그 연구가 문명의 발전을 가속화시키거나 지연시키는 원인이 되는 사물을 설명할 수 있어야 한다고 주장했다. "경제학자는 전 세계 서로 다른 지역과 서로 다른 시대에 사는 사람들의 행복과 생활 상황에 발생하는 변화를 표지화해야 하고 공업의 흥기와 발전, 쇠망을 추적해야 한다. 보다 중요한 것은 서로 다른 제도와 관리 방법의 결과를 세심하게 분석하고 비교하는 동시에 진보된 사회와 낙후된 사회를 결정하는 갖가지 정황을 구별할 수 있어야 한다는 것이다." 이것이 바로 '인류사회의 운동을 지배하는 법칙'이다.[61] 이러한 관점이 마르크스가 나중에 구축한, 일정한 역사조건하에서 구체적 문제에 대해 구체적 분석을 진행해야 한다는 역사변증법 맥락과 근접해 있다는 것은 분명해 보인다. 매컬럭은 또 정치경제학은 농업과 공업이라는 특수한 일과 전문적인 연구에 주력하지 않고 "일반 노동이 최고 생산을 얻게 할 수 있는 방법과 모든 업종에서 그 생산력을 증강시킬 수 있는 방법을 연구해야 한다"[62]라고 지적했다. 심지어 동시에 그는 "한 세대의 기술과 과학, 자본은 다음 세대에 세습되어 보다 개선되고 증가됨으로써 보다 높은 힘과 효용을 갖춰야 한다"[63]라고 주장했다. 매컬럭은 또 기계의 발명과 역사발전의 관계에도 주목했다. "선박이 나룻배를 대체하고 모젤 총이 투석기를 대체하며 증기기관이 곤봉을 대체하고 방직기가 베틀을 대체하게 되는 것이다."[64] 그는 '과학기술이 바로 생산력'이라는 관점에 거의 근접해 있다. 과학의 발명과 창조는 공업사회의 중요한 요소이고 과학과 교

---

60 19세기 말에 로트베르투스는 마르크스가 경제학에서 자신의 사상을 그대로 답습했다고 지적한 바 있다. 심지어 이런 견해가 로트베르투스를 '과학사회주의'의 창시자로 만들었다는 우스갯소리도 있다. 「洛貝爾圖斯致伊澤勒爾的信」(≪國家學時報≫ 1879년, 219쪽 수록) 참조.

61 麥克庫洛赫, 『政治經濟學原理』, 14쪽 참조.

62 같은 책, 44쪽.

63 같은 책, 66쪽.

64 같은 책, 66~67쪽.

육은 사회진보의 중요한 기초다.[65] 나는 매컬럭의 이러한 표현이 당시 부르주아 정치경제학에서는 흔히 볼 수 없는 것이었다는 사실을 발견했다. 여기서 다른 예를 하나 들고자 한다. 매컬럭은 기계생산에서 노동자가 기계의 부품으로 변한다는 관점을 비판하면서 기계생산에서의 노동자와 과거의 농민에 대해 비교를 진행한 바 있다. 그는 노동자의 능력을 농민의 능력보다 더 앞에 두고 노동자의 처지가 농민의 처지보다 더 편하다는 결론을 내렸는데, 이는 그가 마음대로 단순하게 내린 결론이 아니라 진지하게 분석을 수행하고 생산 및 생활에서의 농민과 노동자의 구체적인 상황을 비교한 뒤에 내린 결론이었다. 부르주아 입장에서 볼 때 매컬럭의 이러한 관점은 대단히 객관적이고 과학적이다.[66] 또한 매컬럭의『정치경제학 원리』제1장은 경제학에 대한 과학적 비판인 동시에 정치경제학 학설의 역사이기도 하다. 나는 경제학의 통속적 논리 바깥에서 보면 매컬럭이 우리가 주목할 만한 깊이 있는 역사철학 사상가라고 생각한다.

이상의 분석에 기초해 우리는 이미 초기 부르주아 정치경제학들이 근대사회 경제생활에서 관찰과 경험을 중시했으며 그들의 이러한 특징은 영국의 경험론적 유물론에서 비롯된 자연대상에 대한 직관을 단순히 확장한 것이 아니라는 것을 확실히 알 수 있다. 그들은 사회생활에서 감성적 관찰을 통해 객관적·비실체적 사회물질의 존재를 확정하기 시작했다. 이는 경제(물질)활동과 사회관계, 그리고 과거의 사회생활에 직면할 때 이미 노출된 제한된 역사적 관념이다. 바로 이런 의미에서 나는 정치경제학자들의 경제학 분석을 통해 새로운 유형의 유물론적 철학방법론을 인식해낼 수 있다고 생각한다. 확실히 경제학계에서는 이것이 아직은 잠재적이고 자연적인 형식으로 나타나고 있었다. 나는 이처럼 정치경제학에 나타난, 자연유물론과도 다르고 마르크스

---

65   같은 책, 69~70쪽 참조.
66   같은 책, 93쪽 참조.

의 역사유물론과도 구별되는, 잘 드러나지 않는 역사철학 관점을 사회유물론이라고 칭하고자 한다. 이는 마르크스 연구자들의 초기 부르주아 정치경제학 연구에서 시종 심각하게 가려져 있던 철학이론논리다.

3) 고전 정치경제학 이론논리 발전에서 나타난 사회유물론 원칙

지금까지 우리의 분석은 모종의 원칙적인 직접적 이론 인식에 제한되어 있었다. 하지만 이론논리의 확립은 실제로 그 학문에 서서 가장 중요한 이론 구조 본체를 지지점으로 삼아야 한다. 이것이 바로 우리가 처음부터 의도적으로 한쪽으로 치워두었던, 속류경제학의 중상주의 – 중농주의 – 스미스 및 리카도와 구별되는 고전경제학의 이론논리구조의 진행과정이다. 정치경제학의 일반적인 출발점과 방법상의 특징이라는 각도에서만 고찰하면 내가 말하는 사회유물론의 심층적 이론논리를 포착하지 못하기 때문에 내 견해로는 이러한 철학구조는 고전경제학 자체의 이론구조 안에 더 많이 존재한다. 이어서 우리는 이론 시각을 전환해 이러한 경제학 이론구조의 역사적 발전 과정에서 비자각적인 철학논리의 단서를 찾아내야 한다. 이를 통해 우리는 고전경제학에 존재하는 드러나지 않는 사회유물론의 제2단계를 확인할 수 있을 것이다. 물론 이러한 단계의 사유는 우리가 상술한 내용에서 초보적으로 제시한 입론에서 한 걸음 더 나아간 이론적 지지를 제공할 것이다.

모두 아는 바와 같이 유럽 부르주아 고전경제학의 발생과 초보 단계는 중상주의에서 비롯되었다.[67] 이러한 자리매김은 정치경제학 학설사의 공통된

---

67 중상주의(mercantilism)는 부르주아 계급 최초의 경제이론이다. 대표 인물로는 영국의 토머스 먼, 프랑스의 콜베르 등을 들 수 있다. '중상주의'라는 단어는 애덤 스미스가 『국부의 본질과 원인에 관한 연구』(약칭 『국부론』)라는 책에서 가장 먼저 제시한 것이다. 일반적으로 중상주의의 탄생과 발전은 유럽의 시원적 자본축적 시기에 시작되어 이 시기 상업자본의 이익과 요구를 반영했다. 역사의 시각에서 보자면, 중상주의는 서구 봉건사회 스콜라철학의 교리와 윤리규범을 포기하고 세속적인 안목으로 상업 자본가들의 경험에 의거해 사회의 경제현상을 관찰하고 설명했다. 초기 중상주의는 15~16세기에 탄생해 대외무역에서 소매를 강조하고 화폐의 국외 유출을 엄금했다. 또한 행정수단을 동원해 화

인식이다. 하지만 우리는 지금까지 이러한 자리매김의 역사철학적 내포를 해독하지 못하고 있다. 경제 현실에서의 중상주의는 17세기 특허주식회사를 핵심으로 하는 네덜란드의 중상주의 운동이었다. 중상주의는 일종의 경제사상이자 정책으로, 당시에 광범위한 인정을 받으면서 객관적으로 신흥 자본주의 상공업의 발전을 보호했다. 나는 중상주의의 출현이 실제로는 인간과 외부세계의 의존관계에 나타난 중대한 변화라고 생각한다. 직설적으로 얘기하자면 이는 인간 생존의 직접적 물질조건이 자연경제(농업이 주도하는 생산모델)의 자연적 물질조건에서 상품경제(공업생산이 주도하는 생산모델)의 사회적 물질조건으로 전환한 것이라고 할 수 있다.[68] 이 점은 인류의 부에 대한 신형 상인들과 경제학자들의 완전히 새로운 이해에 집중적으로 표현되었다. 당시의 특수 사회가 처했던 역사조건의 제한으로 상업자본 이론의 대표로서의 중상주의는 경제유통 영역에서 적게 사고 많이 파는(G-W-G') 것이 연구의 중심이었다. 그들의 견해에 따르면 한 국가의 대외무역에서 귀금속 형태의 화폐가 유일한 부였다. 경제학적 용어로 말하자면 이를 화식론(貨殖論)이라고 할 수 있다. 물론 고전경제학이 나중에 도달한 이론의 관점에서 말하자면 이는 여전히 가상의 부였다. 당시 그들은 여전히 부를 실체적인 물질(귀금속)로 보았으며 화폐의 본질이 이미 사회 경제관계의 객관적 추상(형이상학적인 '하나')이라는 점을 인식하지 못했다. 사회실천의 측면에서 볼 때, 이는 주로 상업자본가들이 노동을 착취하긴 하지만 직접적으로 생산노동을 조직하지는 않기 때문에 공업생산과 사회적 노동이라는 사회적 부의 진정한 원천을 발견하지 못했고 발견할 수도 없었던 데 기인한다. 이 때문에 그들은 진정으로 경

페의 운용을 통제함으로써 최대한 많은 화폐를 비축할 것을 요구했다. 이 때문에 화폐차액론이라 불리기도 했다. 후기 중상주의는 17세기 상반기에 성행하면서 다매를 강조하고 화폐의 국외 수출을 허락할 것을 주장했다. 국외 상품을 구매할 수 있는 화폐의 총액이 본국 상품을 팔아서 얻는 화폐 총액보다 적기만 하면 더 많은 화폐를 얻을 수 있다는 것이다. 후기 중상주의는 해외무역에서의 수출 초과를 보증하기 위해 보호관세 정책을 펼쳤다. 후기 중상주의는 상품의 운동을 통제하고 조정하는 한편 공장수공업을 발전시켰기 때문에 무역차액론이라 불리기도 했다.

68   張一兵, 『馬克思歷史辨證法的主體向度』(南京大學出版社, 2002), 2版, 引言 참조.

제활동의 외피인 교환관계를 꿰뚫어보지 못했고, 보다 깊은 차원의 사회본질인 생산관계를 포착하지도 못했다. 그렇다 하더라도 중상주의는 여전히 자연경제와는 다른 새로운 사회 경제 현실, 특히 인간의 세속적 경제이익에서 출발해 사회생활에서의 새로운 '인공의 사물' 사이의 인과관계에 주목했고, 이론적으로 사회생활에서의 '이익이 의리보다 중요'하다는 **경제결정론** 원칙을 확립했다. 실제로 이는 경제생활이 정치를 결정한다는 법칙이 처음으로 사회역사관에서 주목을 받는 것으로서, 이로 인해 부르주아 이데올로기가 중세기의 정치통일관에서 벗어나게 되었다. 철학적으로 볼 때, 중상주의는 부르주아 고전경제학의 전기 발전 과정에서 사회유물론의 선성이 되었다.

이론을 좀 더 심화시켜보자. 첫째, 과거의 경제학 연구에는 한 가지 기본적인 공통인식이 있었다. 페티가 비교적 초기에 이런 관점을 제시한 바 있다. 바로 부의 원천은 유통영역에 있는 것이 아니라 생산영역에 있다는 것이다. 마르크스가 나중에 구축한 과학적 경제학의 맥락으로 표현하자면 "진정한 근대 경제과학은 이론연구가 유통과정에서 생산과정으로 전이할 때 비로소 시작된다"[69]라고 할 수 있다. 이는 중상주의의 경제결정론의 방향이 결정적으로 한 걸음 더 나아갔음을 의미한다. 나는 경제결정론 가운데 유통에서 생산과정으로 전이하는 과도기가 경제학적 의미만 갖는 것이 아니라 중요한 철학적 의미도 갖는다는 사실을 발견했다. 이는 사회현상(교환관계)에서 본질로 가는 중대한 전진으로, 물질생산이 사회생활에서 갖는 결정적인 기본작용을 처음으로 확인한 것이다.

둘째, 페티는 한 걸음 더 나아가 사회적 부와 자연적 부를 분명하게 구분했다. '사회적 부'는 국가와 사회에 대해 실제 효용과 가치를 갖는 물품으로 한정된다.[70] 나는 사회적 부라는 개념 자체가 철학적 추상 의미를 갖는다고 생

---

69   『馬克思恩格斯全集』, 第25卷(人民出版社, 1974), 376쪽.
70   配第, 「政治算術」, 89쪽.

각한다. 페티에게는 자연적 부와 달리 사회적 부의 기초가 수공업 생산 및 생산에 필요한 기술이었기 때문이다. 이를 위해 그는 네덜란드의 경제발전과 공업의 관계를 아주 상세하게 설명한 바 있다.[71] 확실히 농산물과 자연생산 조건의 관계와 달리 사회적 부와 새로운 물질생산(공업)의 관계는 철학역사관의 진보이기도 하다.

셋째, 가장 중요한 것은 페티가 이러한 새로운 사회적 부와 노동의 관계를 직접 인식했다는 점이다. "우리의 이른바 국가의 부와 자산 및 저축은 모두 이전 또는 과거의 노동의 성과이기 때문에 이를 기존의 갖가지 능력과 다른 것으로 간주해서는 안 되고 기존의 능력과 동일하게 평가해야 한다."[72] 정치경제학 학설사에서 이는 노동가치론의 전기 단서로서, 역사철학의 논리선상에서 볼 때 페티의 노동가치론은 실제로 생산에서의 인류 주체성에 대한 최초의 확인이자 사회적 부의 본질에 대한 최초의 과학적 추상이라고 할 수 있다. 이러한 추상은 필연적으로 다음의 결과를 도출한다. "산업의 거대하고 궁극적인 성과"는 유형적이고 구체적인 물품이 아니고, 식량이나 육류처럼 "시간과 지역의 제한을 받는 부"도 아니며, 화폐라는 일반적인 부다. 즉, "어느 곳에서도 부가 될 수 있는 것이다".[73] 페티의 노동가치론과 결합할 경우, 이러한 일반 부론(富論)은 사람들에게 깊은 깨달음을 준다. 여기에는 네 가지 상호 점진적인 규정, 즉 사회적 부, 생산, 노동, 화폐 일반이 있다. 이 네 가지 규정의 구성은 상통하고 의존하는 관계다. 유통에서 생산으로, 자연적 부에서 사회적 부로, 농업에서 공업으로, 노동에서 일반적 부로서의 화폐로, 정치적으로 결정되는 인위적 가격에서 자연가격으로 상통하고 전환되는 것이다. 철학역사관의 커다란 논리에서 보면, 페티가 고전경제학을 시작하고 발전시킨 것은 동시에 철학역사관이 크게 비약하는 기점이기도 하다. 확실히 이러한 진보는

---

72   配第, 『賦稅論·獻給英明人士·貨幣略論』, 陳冬野等譯(商務印書館, 1978), 104쪽.

73   같은 책, 78, 88쪽.

초보적인 사유의 추상적이고 조잡한 면을 지니고 있지만 아무튼 천재적인 진리의 빛을 반짝이고 있다.

우리는 프랑스 중농주의가 마르크스에 의해 '근대 정치경제학의 진정한 시조'[74]라고 불렸던 사실을 잘 알고 있다. 마르크스는 정치경제학이 "중농학파를 통해 특수한 학문으로 자리 잡았으며 그 시대부터 하나의 학문으로서 토론의 대상이 되었다"[75]라고도 말한 바 있다. 중농주의는 중상주의를 비판하면서 등장했다. 그들의 이론적 공헌은 두 가지에 집중되었다. 하나는 중상주의의 유통결정론에 반대하면서 부의 원천은 농업생산에서의 노동에 있다고 지적한 것이고, 다른 하나는 중상주의(그리고 중세 사람들 전부)의 인위적인 경제생활 간섭을 반대하면서 경제운동에서의 객관적인 '자연 질서'를 제시한 것이다. 첫째 사항에서 당시 유럽의 정체된 경제 상황에 놓여 있던 프랑스 중농주의는 물질생산의 촉발성과 '각종 물질의 조성 부분'(마르크스의 표현)을 처음으로 체계적으로 논증했다. 문제는 그들이 생산의 본질을 단지 토지에서 생산되는 자연작물의 물질생장으로 확정했다는 데 있다. 이는 일종의 눈에 보이는 '다수'다. 하지만 중상주의가 중시하는 상업은 생산이 아니었고 공업생산도 그저 가공일 뿐이라서 자연물질에서의 '다수'가 아니었다. 따라서 농업생산 노동만이 '순수한 생산물'인 자연이 부여하는 부를 획득하는 원천이 된다. 그들이 자연적 부와 사회의 인공적 재조직을 통해 얻어지는 새로운 사

---

74 중농주의(physiocracy) 학파는 1950~1970년대의 프랑스 부르주아 고전경제학 학파다. 그들은 자연질서를 최고의 신조로 삼아 농업을 부의 유일한 원천이자 사회의 모든 수입의 기초라고 생각하면서 재산 권리와 개인의 경제 자유를 보장하는 것이 사회의 번영에 필요한 요소라고 주장했다. 주요 성원 가운데 하나인 뒤퐁 드 라무르가 1767년에 편집·출판한 『페시오클라트 또는 인류 관리에 가장 유리한 자연체계』라는 케네의 저작 선집에서 처음으로 그리스어 '자연'과 '지배' 두 단어를 결합한 개념을 자신들 이론체계의 명칭으로 삼았다. 케네는 중농학파의 주요 창시자로서 그의 대표작인 『경제표』는 이 이론의 체계를 전면적으로 정리한 것이다. 1750~1770년대에 케네의 주변에 점차 추종자들이 모여들면서 비교적 완전한 이론체계와 공통된 신념, 명확한 강령과 조직을 갖춘 정치학술 단체가 형성되었다. 그들은 정기적으로 학술문제를 토론하는 집회를 갖고 학파의 목소리를 대변하는 간행물 ≪농업, 상업, 재정잡지≫와 ≪공민일지≫를 발행했다. 튀르고가 케네 이후 중농주의 학파의 가장 대표적인 인물이다.
75 『馬克思恩格斯全集』, 第3卷(人民出版社, 1960), 483쪽.

회적 부를 구별하지 못했다는 것을 쉽게 알 수 있다. 이 점에서 그들의 식견은 페티의 견해에 크게 뒤떨어진다. 이러한 한계는 18세기 중엽의 현실에서 당시 프랑스의 낙후된 경제발전 상황에 의해 결정되었다.

나는 매컬럭이 농업이 부의 유일한 원천이라고 생각하는 중농주의를 비판하는 한편 중농주의자들이 생산의 실질을 완전히 오해하고 있다면서 실제로 그들은 '부는 곧 물질'이라고 가정했다고 분명하게 설명한 부분에 주목했다. 이는 매우 깊이 있는 분석이다. 이를 위해 그는 "적당한 물질에 노동을 가해야만 그 물질이 우리의 사용에 적합해지고 비로소 교환가치를 얻어 부가 된다. 인간의 노동은 지구상의 물질을 증가시키는 것만으로 부를 생산하는 것은 아니다"[76]라고 지적했다. 이 점에 대한 매컬럭의 판단은 조금도 틀리지 않았다. 마르크스가 나중에 제시한 과학적 표현에 따르면, 중농주의는 잉여가치의 기원에 관한 연구를 유통에서 직접생산 영역으로 전이시켰는데, 이는 자본주의 생산에 대한 분석에 튼튼한 기초를 놓아주었다.[77] 하지만 그들의 오류는 부(가치)를 '토지, 즉 자연이 제공하는 물질 및 그 물질의 각종 변형으로 구성된다'고 간주한 점이다. 하지만 실제로 가치는 '인간 활동(노동)의 일정한 사회적 존재 방식'이다.[78]

둘째 사항에서 중농주의는 경제학을 '자연 질서에 관한 과학'으로 규정했다. 이 역시 마찬가지로 중요한 철학이론의 의미를 갖는다. 중상주의의 경제 간섭론에 반대하면서 중농주의자들은 프랑스 계몽사상의 **자연법**을 경제 관찰에 관철시켰고, 경제생활에서 봉건적 '인위 질서'와 대립하는 자연 질서에 대한 존중을 피력했다. 실제로 이른바 자연 질서라는 것은 이상화된 부르주아 사회의 객관법칙이었다.

---

76   麥克庫洛赫, 『政治經濟學原理』, 29쪽 참조.
77   馬克思, 『剩餘價値理論』, 第1卷, 中共中央馬克思恩格斯列寧斯大林著作編譯局譯(人民出版社, 1975) 참조.
78   같은 책, 19쪽.

당시 프랑스 정부가 정책에 관여하는 것에 대해 반대하면서 부아기유베르(Boisguillebert)는 가장 먼저 '대자연의 행사를 방해하지 말라'라는, 경제 자유의 '자연법칙'론을 분명하게 제시했다. 매컬럭의 고증에 따르면 나중에 나무르가 『새로운 과학의 기원과 발전』에서 처음으로 '자연 질서'를 제시하면서 '교환의 자유와 무역의 자유, 재산 사용의 자유'를 규정했다. 아울러 국가의 법권이 반드시 자연 질서의 결과를 집행하고 응용해야 한다고 주장했다. 그러다가 케네에 이르러서는 이른바 자연 질서가 인간의 의지로 움직일 수 없는 객관법칙으로 간주되었고, 경제운동이 자연 질서의 지배를 받을 경우 반드시 측정이 가능한 객관적 발전 과정이 된다고 여겨졌다. 특히 모두가 주의 깊게 변별해야 할 점은 이 자연 질서가 칸트[79]가 말하는 외재적 '자연의 의도'(때로는 신학 또는 봉건의 겉옷을 걸치기도 하지만)[80]가 아니라 인간과 인간 사이의 경제활동에 존재하지만 개인 의지로 전이되지 않는 객관법칙이라는 점이다. 이러한 법칙은 인간과 인간의 자유경쟁을 통해 자발적으로 실현된다. 예컨대 자유경쟁은 노동을 정확한 비율로 각 산업 부문에 분배할 수 있고, 그럼으로써 합리적인 비율의 자기조직을 형성할 수 있다. 이러한 자연성은 개인 활동의 자발성을 연결함으로써 형성된다. 경제활동에 개체가 무의식적으로 관련되어 있어야 자연 질서가 있는 것이다. 마르크스는 나중에 이러한 관점의 '거대한 공적'을 인정했다. 이것은 생산 형식이 "생산 자체와 자연의 필연성에 의해 발생되는 것이지, 의지나 정책 등으로 전이되는 것이 아니기 때문이다. 이것이 물질의 법칙이다. 오류는 그들이 사회의 한 특정한 역사단계의 물질법칙을 모든 사회형식을 지배하는 추상법칙으로 간주한다는 데 있다".[81] 독자들에게 다시 한 번 주의를 당부하고 싶은 것은 이는 부르주아 '자연 - 영원'의 이데올

---

79   임마누엘 칸트(Immanuel Kant, 1724~1804), 독일 철학자이자 천문학자. 성운설의 창시자이며 독일
      고전철학의 창시자이기도 하다. 대표 저서로 『순수이성 비판』(1781), 『실천이성 비판』(1788), 『판단
      력 비판』(1790) 등이 있다.
80   칸트의 '자연의도' 사상은 張一兵, 『馬克思歷史辨證法的主體向度』서문 참조.
81   馬克思, 『剩餘價値理論』, 第1卷, 15쪽.

로기가 경제학에서 기초적인 첫걸음을 뗀 것이기도 하다는 점이다.

대단히 중요한 사실은 케네는 국가가 제정한 '인위적 질서'가 자연 질서와 공존한다고 판단했다는 점이다. 이러한 인위적 질서는 자연 질서에 부합할 때에만 합리적일 수 있으며, 그렇지 못할 경우에는 불합리하고 인간의 자연 본성에 위배된다. 자연 질서가 결정하는 인위적 질서의 원칙에서 우리는 시민사회가 국가와 법을 결정한다는 관점을 발견할 수 있다. 곧이어 우리는 헤겔에게서 완전히 전도된 이론 표현을 보게 될 것이다.

4) 과학적 추상 관점에서 분석한 근대사회의 존재본질과 운동법칙

스미스[82]는 『국부의 본질과 원인에 관한 연구』(이하 『국부론』)의 첫 쪽에서 "한 국가 국민의 한 해 노동은 원래 그들에게 매년 공급되는 소비에 필요한 모든 생필품과 편리품의 원천이다"라고 쓰고 있다. 이 탁월한 논단을 내놓았을 당시 실제로 그는 이미 아주 중요한 이론 시대의 획을 그었다. 스미스가 최초로 고전 정치경제학의 체계를 세운 경제학자로 불리는 주요 원인은 그가 정치경제학의 과학이론 전체에 기초를 놓은 최초의 인물이기 때문이다. 과거에 우리가 스미스의 방법을 분석하면서 주로 관심을 기울인 부분은 마르크스가 지적한 '추상에서 구체로의' 방법이었다. 하지만 우리는 이 추상 자체의 철학적 의미를 깊이 있게 탐구하지 못했다.

스미스가 말한 '국부'는 상품을 기초로 한 부르주아 사회의 부임이 분명하

---

82 애덤 스미스(Adam Smith, 1723~1790), 영국의 유명 경제학자로 고전 정치경제학의 진정한 창시자다. 1723년 6월 5일에 스코틀랜드 피페의 커크칼디에서 출생했다. 부친의 이름도 애덤 스미스로 직업은 변호사였다. 스코틀랜드의 군법무관이자 커크칼디 세관 감독이기도 했던 그의 부친은 애덤 스미스가 태어나기 몇 달 전에 세상을 떠났다. 스미스는 평생을 모친에게 의지하면서 죽을 때까지 결혼을 하지 않았다. 1737~1740년 스코틀랜드 글래스고대학에서 수학했고 1740~1746년에는 옥스퍼드대학에서 수학했다. 1751년 이후에는 글래스고대학에서 윤리학과 도덕철학을 강의했다. 1787~1789년에는 글래스고대학 총장으로 재직하다가 1790년 7월 17일에 67세의 나이로 세상을 떠났다. 사망하기 전 그는 자신의 수고를 전부 불태워버렸다. 대표 저작으로 『도덕정조론』(1759), 『국부론』(1768) 등이 있다.

다. 우리는 스미스가 과학적인 추상 규정에서 출발해 "한 국가 국민의 한 해 노동은 원래 그들에게 매년 공급되는 소비에 필요한 모든 생필품과 편리품의 원천"이라고 했을 때, 여기서 말하는 노동이 노동 전체를 가리킨다는 것을 알 수 있다![83] 중상주의와 중농주의는 둘 다 부를 창조해내는 구체적인 형식을 추상화해냈지만 스미스는 이러한 활동이 갖는 구체적인 규정을 포기하고 노동의 추상일반성을 획득했다. 우리는 우선 이 추상성의 현실 기초를 따지지 않고 스미스 이론의 역사연관성을 분석하기로 한다. 부르주아 산업(공업)의 자본 이익을 대표하는 스미스는 프랑스 중농주의 이론의 제한성과 농업생산의 관계를 깊이 있게 간파했다. 농업생산에서는 근대적 의미에서의 노동 분업이 갖추어져 있지 않기 때문에 사람들에게 필요한 모든 물품이 자급자족으로 공급된다. 이 때문에 근대적 의미의 교환이 존재하지 않는 것이다. 물론 이는 대단히 낙후된 봉건적 자연경제다. 그리고 영국에서 이미 발생한 공업(수공업) 생산에서는 일단 "철저하게 분업을 실시한 뒤에도 한 사람이 스스로 생산한 생산물은 자신에게 수시로 발생하는 욕구의 아주 작은 부분만 만족시킬 수 있었다. 다른 대부분의 욕구는 타인의 노동생산물에 의존해 공급해야 했다".[84] 그리하여 농업노동이든 공업노동이든 간에 개인은 반드시 교환을 통해 서로에게 부족한 것을 채워야 했다. 농업생산에서는 자연과 인간의 노동이 함께 생산에 참여했지만 "제조업에서는 자연이 아무것도 하지 못하고 모든 것을 인간이 해야 했다".[85] 나중에 속류경제학자 시니어[86]는 산업에 있어 "생산의 진행은 기존의 모든 물질의 상태에 변화를 일으켰고, 이러한 변화 또는 그로 인해 발생한 결과로 어떤 사물을 교환할 수 있었고"[87] "생산의 주요 수단은

83 　斯密, 『國民財富的性質和原因的硏究』, 上卷, 郭大力·王亞南譯(商務印書館, 1972), 252쪽 참조.
84 　같은 책, 252쪽.
85 　같은 책, 334쪽.
86 　나소 윌리엄 시니어(Nassau William Senior, 1790~1864), 영국 경제학자. 주요 저서로 『정치경제학 대강』(1836), 『면방직업에 대한 공장의 영향을 논한 서신』(1837) 등이 있다.
87 　西尼爾, 『政治經濟學大綱』, 蔡受百譯(商務印書館, 1977), 81쪽.

노동과 인력의 도움을 받지 않고 자연이 협력하는 그런 요소들이었다"[88]라고 주장했다. 생산에서의 자연조건에 대한 초월로 인해 산업생산에 무제한의 발전과 가능성이 출현했다. 따라서 현재 사람들이 교환하는 것은 자연물이 아니라 '모든 것을 다 하는' 노동이다. 실제로 스미스는 이미 상품가격에서 교환가치를 추상화해내 교환가치의 기초가 일반적 노동이라는 사실을 확정했다. 이를 바탕으로 그는 처음으로 어떤 부문의 노동도 모두 부의 원천이라고 선포할 수 있었다. 이는 노동가치론의 기초가 되는 사회적 노동을 가리킨다. 또한 이 추상화된 사회적 노동의 끊임없는 축적과 변형이 자본을 형성하게 되었다. 이리하여 스미스는 처음으로 페티의 보편적 원칙을 과학적으로 확증했다. 매컬럭은 나중에 "한 상품 또는 제품은 그 유용함으로 가치를 갖는 것이 아니라 노동으로 획득할 수 있다는 것만으로 가치를 갖는다"[89]라고 말한 바 있다. 이 때문에 정치경제학은 일반 자연물은 연구하지 않고 노동을 통해 가치를 획득하는 부의 생산과 분배만을 연구의 대상으로 한다. 이는 '독자적 영역'[90]이다. 이 점에 있어 이 두 속류경제학자들의 지적은 상당히 정확했다고 할 수 있다.

사실 이러한 사회적 노동 자체도 공업생산에서만 나타날 수 있는 객관적 사회활동의 '공통된 모습'으로서, 스미스의 일반적 노동의 현실적 기초다(스미스의 기초가 수공업 생산에 한정되어 있긴 하지만). 이는 노동 분업과 교환에서만, 특히 노동이 임금노동(노동과 생산자원의 분리)으로 변할 때에만 객관적으로 근대적 의미에서의 비개인적 사회적 노동이 출현하기 때문이다. 이는 이미 사람과 사람의 공동 활동이 구성하는 경제활동의 사회관계시스템, 즉 새로운 '부르주아 사회'의 생산양식으로서, 생산과 교환, 분배와 소비로 구성된다. 스미스가 당시의 경제 지식을 처음으로 하나의 완전한 전체로 귀결시킬

---

88   같은 책, 91쪽.
89   麥克庫洛赫, 『政治經濟學原理』, 4쪽.
90   같은 책, 6쪽 참조.

수 있었던 것은 무엇보다도 객관 현실에 이미 새로운 완전한 사회운동이라는 총체가 등장했기 때문이다. 이에 기초하여 제임스 밀[91]도 정치경제학의 대상을 상품생산을 결정하는 법칙, 사회적 노동이 생산하는 상품에 대해 분배를 진행하는 법칙, 상품 간의 교환의 법칙, 소비를 결정하는 법칙 등 네 가지 법칙으로 귀결시킬 수 있었다.[92] 철학역사관의 시각에서 볼 때, 스미스의 생산과 분업, 교환과 노동의 이론은 근대적 사회적 존재에 대한 최초의 탐색이라 할 수 있다. 공업이 처음으로 사회적 존재의 비실체성을 드러내면서 사회적 존재가 인간의 활동으로 구성된다는 것을 설명했기 때문이다. 이러한 객관적 존재 자체는 직관할 수 있는 것이 아니라 추상을 통해 드러난다. 사회적 존재의 본질(관계)과 운동법칙은 더더욱 그렇다. 스미스가 교환관계에서 인식해 낸 노동가치론은 실제로 **사회적 존재본질론**, 즉 **사회관계**다. 나중에 마르크스는 자각적으로 사회화된 추상적 노동이 무엇보다도 먼저 공업 발전 과정과 상품 - 시장 경제관계에서 객관적으로 실현된다는 것을 마침내 인식했다.

하지만 여기서 내가 특별히 독자들에게 일깨워주고 싶은 것은 스미스 이론의 현실적 사회 기초가 부르주아 사회의 초기 수공업 생산이라는 특수단계였고 이 시기에는 부르주아 사회 경제 시스템이 아직 시장교환을 구축하는 초기 과정이었기 때문에 사람과 사람 사이의 사회관계는 아직 완전히 철저한 **사회화**와 **사물화**(Versachlichung) 형태로 표현되지 않았다는 점이다.[93] 스미스는 분업에서 출발해 사람과 사람 사이의 직접적인 노동 교환관계에 착안하는

---

91 제임스 밀(James Mill, 1773~1836), 영국 경제학자. 주요 저서로 『상업을 위한 보호』(1804), 『정치경제학 원리』(1821) 등이 있다.

92 穆勒, 『政治經濟學要義』, 吳良建譯(商務印書館, 1993), 4쪽 참조.

93 'Versachlichung'이라는 단어는 중국의 전통적 마르크스 연구에서 통상적으로 '물화(物化)'로 번역된다. 1970년대부터 일본의 신마르크스 학자들은 이를 '사물화'라고 일역하기 시작했고, 최근에 중국 학술계에서도 그 영향을 받기 시작했다. 나도 최근 사유에서 이 단어의 적절한 번역이 '사물화'라고 생각하기 시작했다. 'Versachlichung'이라는 단어의 어간인 'Sache'는 독일어에서 'Ding(物)'과 반드시 구분되어야 하는 것으로, 사람과 관계된 사물을 의미한다. 마르크스 자신도 연구에서 시종 이 개념을 아주 조심스럽게 사용했다.

한편, '부의 주체적 본질'에 대한 인식에도 착안했다.[94] 이는 필연적 역사서술이다. 스미스의 이러한 이론의 국한성은 일부 초기 경제학자들에게 직접적인 영향을 미쳤다. 이 가운데는 1845년에 『독일 이데올로기』를 써서 초보적으로 정치경제학의 과학적 전제를 긍정했던 마르크스도 포함된다.

이 외에 스미스가 인식한 '보이지 않는 손'의 관념도 있다. 앞에서 설명한 것처럼 부르주아 경제학자들의 눈에는 봉건경제(중상주의 포함)는 인위적으로 경제발전 과정에 간섭하기 때문에 자연 질서에 위배되고 인간의 본성에 부합하지도 않는다. 중농주의는 인위적인 경제를 반대하기 때문에 이미 자연 질서를 제시했다. 이것이 부르주아 사회의 경제는 인성에 가장 부합한다는 관념을 확립했다. 부르주아 경제는 개인 경제활동의 자유방임이라는 기초 위에 세워져 있기 때문이다. 이러한 사회 경제생활에서의 법칙은 자유경쟁에서 자발적·객관적으로 실현된다. 이러한 관념의 기초 위에서 스미스는 노동력과 자본의 자유로운 유통을 방해하는 모든 것에 보다 명확하게 반대했다.[95] 그는 농업이 고정성을 갖는다고 생각했다. 농업은 고정된 토지와 고정된 거주지, 필연적으로 고정화되어야 하는 생활에 의해 지탱되기 때문이다.[96] 한편 공업만이 부르주아 사회의 산업에서 처음으로 일종의 가능성, 즉 경제적으로 모든 고정성을 타파한 자유를 창조했다고 생각했다. 이는 '인간이 모든 것을 다 한다'는 제조업에서만 비로소 생산에서의 일종의 자유 공간을 획득할 수 있기 때문이다. 또한 공업은 인간의 자유 활동 위에 존재한다. 이것이 바로 자연이 형성하는 시민사회 특유의 객관적 경제법칙이다.

우리는 스미스의 이론 틀에 따르면 이기주의적 자유 경제인이 시민사회의 기점이 된다는 사실을 잘 알고 있다. 이러한 관점은 흄[97]의 인생관에도 파고

---

94 孫伯鍨·姚順良, 『馬克思主義哲學史』(黃楠森主編, 8卷本) 第2卷(北京出版社, 1991), 118쪽 참조.
95 斯密, 『國民財富的性質和原因的研究』上卷, 129쪽 참조.
96 斯密, 『國民財富的性質和原因的研究』下卷, 郭大力·王亞南譯(商務印書館, 1974), 257쪽 참조.
97 데이비드 흄(David Hume, 1711~1776), 스코틀랜드의 철학자이자 경제학자 및 역사학자다. 스코틀랜드 계몽운동과 서양 철학사에서 가장 유명한 인물 가운데 하나로 평가된다. 주요 저서로 『인성론』

들어 흄도 스미스로부터 큰 영향을 받았다.[98] 스미스는 흄의 관점을 긍정적으로 평가하면서 인간의 본성은 이기적이라고 여겼다. 다시 말해 인간은 천성적으로 생존의 욕망을 갖고 있으며, 이를 위해 재원이 희소한 상황에서 노동생산을 하고 있다는 것이다. 경제인의 본질은 이기적인 물욕이다. 중세의 금욕적인 도덕적 인간과 달리 스미스는 인간의 물욕을 긍정하면서 이를 자유롭게 발전하도록 방임해야 한다고 주장했다. 이는 실제로 부르주아 계몽정신의 요지 가운데 하나였다(예컨대 루소의 『참회록』에서처럼). "모든 특혜와 제한의 제도는 이미 완전히 폐지되었다. 이제 가장 명백하고 단순한 자연적인 자유제도가 수립될 것이다. 모든 사람은 정의로운 법률에 위배되지 않는 한 완전히 자유롭게 자신의 방법으로 자신의 이익을 추구할 수 있다."[99] 스미스의 견해에 의하면 자유로운 경제활동에서 개인이 "고려해야 할 것은 사회의 이익이 아니라 자기 자신의 이익이다. 하지만 자신의 이익에 대한 연구는 자연스럽게 또는 필연적으로 그로 하여금 사회에 가장 이로운 용도를 선택하게 할 것이다".[100] 따라서 부르주아 시민사회에서 먹을 음식이 있고 입을 옷이 있는데 대해 감사할 대상은 제빵사와 재봉사의 이타심이 아니라 사람들 자신의 이기주의적 물욕 충동인 것이다. 이는 사람들의 노동은 많지 않은 수의 물품을 만드는 데 반해 사람들의 욕구는 모든 분야에 두루 걸쳐 있기 때문이다. 그래서 사회적 분업과 시장에서의 교환이 생겨났고, 이는 시장수요의 조절을 통해 자발적으로 시민사회 전체의 욕구(비인위적인 객관사회와 연계하여)를 형성한다. 스미스의 눈에는 시민사회의 경제인들이 자유롭고 자주적으로 활동하면서 점차 자기의 이익을 추구하는 것으로 보였다. 하지만 실제로는 그렇지 않았다.

(1739~1740), 『인류 이해론』(1748), 『도덕원리 연구』(1751), 『자연종교 대화록』(1779) 등이 있다.

98 休謨, 『人性論』 下卷, 關文運譯(商務印書館, 1980), 533~538쪽.

99 斯密, 『國民財富的性質和原因的研究』 上卷, 252쪽.

100 같은 책, 23쪽.

이런 경우에도 다른 경우와 마찬가지로 보이지 않는 손의 지도를 받아 최대한 그의 본의가 아닌 목표에 도달하려고 노력했다. 본의에서 나온 일이 아니라고 해서 사회에 유해한 것은 아니었다. 그는 자신의 이익을 추구하지만 진정으로 본의에서 나온 상황보다 더 효과적으로 사회에 이익을 가져다주고 있었다.[101]

여기서 우리는 공시성과 통시성 두 가지 시각에서 상술한 스미스의 논단에 대해 한 걸음 더 나아간 설명을 할 수 있다. 우선 공시성의 시각에서 살펴보자. 이기주의의 충동은 자유경쟁에서 부르주아 사회의 경제관계 **총체**를 형성한다. 이어서 통시성의 시각에서 살펴보면, 재생산의 동태적 추세에서 자발적으로 부르주아 사회 경제운동의 객관법칙을 형성하는 것을 알 수 있다.

우리는 스미스의 보이지 않는 손이 철학역사관의 논리 차원에서는 근대 사회 경제 과정에서 확립된, 인간의 의지로 전이되지 않는 최초의 사회 경제 구조이자 객관법칙이라는 것을 알 수 있다. 물론 이러한 입론은 부르주아 계급에 내재된 자연 이데올로기의 두 가지 중요한 측면을 동시에 유발하기도 한다. 하나는 이러한 자유경제의 자연성과 공정성이고, 다른 하나는 여기서 발생되는 부르주아 사회 생산관계의 자연성과 영원성이다.

5) 리카도와 사회유물론의 심층 맥락

사실 리카도[102]만이 스미스가 전면적으로 수립한 부르주아 고전경제학 이

---

101 같은 책, 27쪽.

102 데이비드 리카도(David Ricardo, 1772~1823), 영국의 저명한 정치경제학자. 스미스 이후의 경제학 이론에 체계적으로 공헌해 마르크스로부터 '가장 위대한 고전경제학자'라는 평가를 받았다. 1772년 4월 18일 영국 런던의 유대인 이민계 부르주아 가정에서 태어났다. 유년 시절에는 별로 교육을 받지 못했지만 14세부터 부친을 따라 증권교역 활동에 종사했으며 18세에는 영국 금융계의 유명 인물이 되었다. 1799년에 우연히 스미스의 저서 『국부론』을 읽게 되었는데, 이는 그가 처음으로 경제학을 접한 것이었다. 이때부터 정치경제학에 흥미를 갖고 경제문제를 연구했다. 증권교역소에서 일하면서 큰돈

론논리의 정점에 서 있었다. 스미스가 수공업을 기초로 하는 '대공업 이전 시기를 반영하는' 학자라면, 리카도는 대공업시대 산업자본의 이익을 대표한다고 할 수 있다. 나는 리카도가 경제학에서 도달한 사회역사관의 논리 차원이야말로 마르크스가 1845~1858년에 펼친 과학사상 혁명의 진정한 기점이라고 생각한다. 한 가지 지적해야 할 사실은 과거에 우리도 이 중요한 이론의 시야를 순수경제학의 맥락으로 가렸지만 실제로 이는 철학사회역사관에서 완전히 새로운 이론을 체현한 것이었다는 것이다. 정확히 말하자면 리카도의 논리는 부르주아 사회 생산양식하의 공업 발전 과정에 내재된 도구이성의 총체적 문화 논리를 드러내는 가장 핵심적인 부분으로서, 서양의 르네상스 이래로 부르주아 이데올로기가 19세기에 오를 수 있었던 이론의 정점이기도 하다. 이 이론의 정상에는 두 명의 위대한 학자, 경제학의 리카도와 철학의 헤겔이 있다. 그리고 아도르노의 관점에 따르면 음악의 전당에는 베토벤이 있다. 리카도로 인해 고전경제학의 사회유물론은 또 다시 깊이를 더하게 되었다. 이는 다음 세 가지 차원에서 참신한 맥락을 형성했다.

첫째, 리카도는 대부분의 초기 부르주아 정치경제학자들의 방법론과 다른 중요한 차별성을 보였다. 앞의 토론에서 우리는 이미 후자에 존재하는 일반적 방법론의 특징과 그 철학적 의미를 묘사한 바 있다. 이러한 방법론은 페티에서 스미스로 발전되어왔으며, 스미스에게서 정점에 도달했다. 우리는 이러한 방법이 '단지 생활과정에서 외부적으로 표현되어 나온 것들을 표현된 모습에 따라 묘사하고 분류하고 서술해 단순하고 개괄적인 개념 규정으로 귀납시키고 있는' 것을 알 수 있다.[103] 사회현상에 직면해 이러한 방법은 '여러 가지' 가운데 '하나'의 본질이자 '변화' 속의 '불변'의 법칙이라고 할 수 있다.

을 벌였으며, 1814년 만 42세의 나이에 은퇴해 1819년 영국 의회 상원에서 아일랜드를 대표하는 의석을 샀는데, 세상을 떠날 때까지 이 지위를 유지했다. 1823년 9월 11일 51세의 나이로 세상을 떠났다. 주요 저작으로 『정치경제학 및 과세 원리』(1817) 등이 있다.

103 馬克思, 『剩餘價値理論』, 第2卷(人民出版社, 1975), 132쪽.

우리는 이미 이러한 추상적 방법과 자연유물론의 경험론이 결코 같지 않다는 것을 인식하고 있지만 근본적으로 말하자면 이는 여전히 일종의 경험귀납식 추상이다. 따라서 이런 의미에서 우리는 이 방법 아래 있는 속류경제학자들을 '놓아준' 셈이다. 스미스에 관해 구체적으로 논하자면 다음과 같이 설명할 수 있을 것이다.

> (그는) 관련이 경쟁 현상에서 표현된 모습에 따라, 또한 관련이 비과학적인 관찰자의 안중에 표현된 모습에 따라, 바꿔 말해 부르주아 생산 과정 연구에 연루되고 아울러 이 과정과 실제적인 이해관계를 가진 사람들의 안중에 표현된 모습에 따라 관련을 제시했다.[104]

나중에 마르크스가 스미스에 대해 내린 평가를 차용해서 말하자면, 스미스는 시종 "자본주의 생산 당사자의 안목으로 사물을 대했고, 이런 당사자들이 보고 생각하는 모습에 따라, 사물이 이런 당사자들의 실천 활동을 결정하는 상황에 따라, 사물이 실제로 드러내는 모습에 따라 사물을 묘사했다".[105] 또한 이를 기초로 세는 스미스의 주장을 얇지만 체계적인 한 권의 교과서로 개괄해낼 수 있었던 것이다. 하지만 또 다른 면에서 보자면 스미스의 분석은 비자각적으로 새로운 방법, 즉 '부르주아 경제제도의 내재 연계를 깊이 연구할 수 있는' 본질적 추상의 논리를 드러내주었다. 이는 그의 저작에서 그 이전의 주도적 연구방법과 이론적으로 모순된다. 마르크스는 이미 스미스의 방법론에 무의식적인 다성성(多聲性, polyphony)이 존재한다는 점을 지적한 바 있다. 스미스의 수많은 계승자들 또한 이 점을 제대로 알지 못했고 자신들도 알게 모르게 이전의 방법에 기초했다. 마르크스는 나중에 "고전 정치경제학이 거

---

104 같은 책, 132쪽.
105 같은 책, 243쪽.

의 사물의 실제 상황에 근접했지만 이를 자각적으로 표현해내진 못했다"[106]
라고 한탄한 바 있다.

부르주아 사회의 새로운 대공업 시대에 살던 리카도의 과학방법론은 스미
스의 후기 방법론선상에서 파생되어 나온 것으로, 이로써 고전경제학 방법론
의 새로운 차원인 진정한 **과학추상방법론**이 형성되었다. 나중에 마르크스가
보인 과학인식에 따르면 "리카도의 방법론은 이러했다. 리카도는 상품의 가
치량이 노동시간에 의해 결정된다는 규정에서 출발해 다른 경제관계(다른 경
제 범주)들이 이 가치규정과 모순되는지, 또는 다른 경제관계들이 상당 부분
이 가치규정을 변화시키는지 여부를 연구했다".[107] 우리는 마르크스가 리카
도에 대해 높이 평가했음을 알 수 있다.

> 과학을 향해 "멈춰!"라고 소리쳤다. 부르주아 생리학 — 이 제도의 내재적인
> 유기적 연계와 생활과정에 대한 이해 — 의 기초와 출발점은 가치가 **노동시간**에
> 의해 결정된다는 규정이다. 리카도는 이 점에서 출발해 과학이 기존의 진부한
> 틀을 포기하고 보다 명징해질 것을 요구했다. 과학이 천명하고 제시한 그 나머
> 지 범주 — 생산관계와 교환관계 — 가 이 기초와 이 출발점에 어느 정도 적합하
> 고 모순되는지를 분명하게 밝힐 것을 요구한 것이다. 일반적으로 말해, 과정의
> 현상형태들을 반영하고 재생산하는 것에 불과한 사회의 내재적 연계, 즉 현실
> 생리학의 토대 또는 그 출발점이라고 말하는 그 기초에 어느 정도로 적합한지,
> 일반적으로 말해 이 제도의 외관상의 운동과 실제 운동 사이의 모순이 어떻게
> 형성된 것인지를 명확하게 밝히라는 것이다.[108]

따라서 리카도는 자신의 『정치경제학 및 과세 원리』라는 책 맨 앞 두 개의

106 『馬克思恩格斯全集』, 第23卷(人民出版社, 1972), 593쪽.
107 馬克思, 『剩餘價値理論』, 第2卷, 181쪽.
108 같은 책, 183쪽.

장을 설명하면서 대공업시대에 발전한 부르주아 사회의 비인간적이고 사물화된 생산관계에 대해 본질적 측면에서 서술한 다음, 이러한 본질을 그의 각종 표현형식과 통일시켰다. 또는 "분산된 각양각색의 현상에서 가장 본질적인 것들을 흡수하고 집중시켜 부르주아 경제시스템 전체를 하나의 기본 법칙에 종속시켰다"라고 할 수 있다. 이처럼 리카도는 필연적으로 과거의 모든 정치경제학에 대해 비판하면서 "애덤 스미스의 모든 저작물에 존재하는 심원한 (esoteric) 고찰방법과 통속적(exoteric) 고찰방법 간의 모순과 단호하게 결별하고 이러한 비판을 통해 참신하고 놀라운 결과를 도출해냈다".[109] 이 때문에 마르크스는 이 새로운 방법 앞에서는 사유가 표면운동과 표현형식에 머물러 있는 '범인(凡人)' 세가 '노기충천'할 것이라고 조롱하듯 말했다. 이리하여 리카도는 과거의 사상의 진흙탕에서 벗어나 참신한 과학의 경지로 진입해 "갖가지 공고하면서도 서로 소외되어 있는 부의 형식을 내재적 통일성으로 환원시켰다. 아울러 그 형식들에서 서로 상관이 없으면서도 공존하고 있는 형식을 벗겨내고 표현형식의 다양성과는 다른 내재적 연계를 이해하려 했다".[110] 이는 현상의 '다수'를 과학적으로 초월해 본질적인 '하나'에 도달하는 사상의 발전 과정임이 분명하다.

나중에 마르크스는 이미 리카도의 방법이 사회역사생활을 보다 깊이 있게 직면하는 사회유물론 과학추상방법이라는 사실을 의식했다. 젤레니[111]의 개괄에 따르면 리카도의 방법에는 세 가지 단계가 있다. 첫째는 경험의 표면현상과 본질을 구별하는 것이고, 둘째는 본질을 불변하는 것으로 간주하는 것이며, 셋째는 이러한 방법이 보다 개괄된(계량화된) 형식에 의지하는 것이

109 같은 책, 186쪽 참조.
110 『馬克思恩格斯全集』, 第26卷(III)(人民出版社, 1972), 555쪽.
111 인드리흐 젤레니(Jindrich Zeleny, 1922~1997), 체코 경제학자. 대표 저서로 『마르크스의 논리』 (1968)가 있다. 이 책은 원래 독일어[Die Wissenschaftslogik bei Marx und "Das Kapital", Kritische Studien zur Philosophie(Frankfurt am Main, 1968)]로 출판되었다가 나중에 영어로 번역[the Logic of Marx(Oxford: Blackwell, 1980)]되면서 비교적 큰 학술적 영향을 미쳤다.

다.[112] 여기서 리카도는 근대 대공업 생산을 기초로 하는 사회생활의 가장 중요한 본질인 사물화되고 객관화된 생산관계를 포착하고 이러한 새로운 형태의 생산관계 및 그 발전을 사회역사를 관찰하는 전체적인 출발점으로 삼았다. 그리하여 리카도의 철학역사관이 한 걸음 크게 전진하는 동시에 새로운 단계로 올라갈 수 있었다. 이것이 바로 마르크스가 1845~1858년에 철학 세계관의 변혁을 이루게 된 진정한 방법론의 기초다.

둘째로 우리가 따져보아야 할 것은 리카도가 어떻게 이처럼 빠르게 이론의 고지에 오를 수 있었느냐 하는 것이다. 해답은 이론의 고지에 오르는 것이 사회역사 자체의 객관적인 진행과정에 의해 결정된다는 데 있었다. 우리는 스미스 시대는 아직 부르주아 사회의 초기 수공업 발전단계였다는 것을 잘 알고 있다. 그의 이론적 모순과 논리의 혼란은 필연적이었다. 부르주아 사회의 대공업이 근대 경제활동의 주체적 기초가 되었을 때에만 리카도 같은 사람들이 부르주아 생산양식의 근대적 본질을 이론적인 측면에서 진정으로 인식하고 생활의 모든 구석을 이미 진실하게 비추고 있는 부르주아 사회의 사물화된 생산관계의 '일반적 조명'(마르크스의 말)을 철저하게 밝힐 수 있었던 것이다. 리카도의 대생산이라는 지평에서만 비로소 모든 영역의 노동에 통용될 수 있는 필요노동시간의 척도가 생겨났다. 이는 생산노동이 한 걸음 더 나아가 객관적으로 일체화되는 최고의 추상이다. 자본이 이미 만들어낸 세계시장(세계 역사)의 보다 높은 척도에서 리카도는 결국 인간에서 물질(자본관계)로 가는 과도를 실현했다. 즉, 완전히 객관적인 생산력 발전을 첫째 척도로 삼아 생산을 위해 생산하고 축재를 위해 축재(마르크스의 표현)하게 된 것이다. 이를 기초로 리카도가 추구한 것은 더 이상 인간의 욕구가 아니라 부르주아 사회 생산양식의 자체 운동에서 발생하는 객관적인 수요다. 이것이 바로 제한 없는 '무주체적' 자본증식과 최대화 이윤의 추구다. 따라서 "리카도에게는 생

---

112 澤勒尼, 『馬克思的邏輯』(牛津, 1980), 10쪽 참조.

산력의 진일보한 발전이 결국 토지소유제나 노동자를 파괴하게 되지만 이는 그다지 중요하지 않다. 이러한 진보가 산업부르주아의 자본을 평가절하시킨다면 리카도도 환영했을 것이다". 여기서 결국 인간의 주체성이 사라지고 노동자가 가축이나 상품과 마찬가지로 기계의 부속품이 되며, 자본이 '우리 또는 당신들에게 속하지 않게' 되며, 자본가 주체인 '그들'도 해체되어 "자본가는 그저 인격화된 자본으로서 G - W - G′, 즉 생산 당사자가 된다".[113] 이리하여 원래 스미스의 이론에서 이기주의적 개인 주체 활동을 통해 수립되기 시작한 인류의 시민사회는 결국 진정한 경제 사물화 구조가 지배적 지위를 점하는 새로운 필연의 왕국이 된다. 마르크스가 나중에 한 말을 빌리자면 스미스의 경제인은 결국 리카도에게서 비인간적인 '모자'가 되고 만다. 실제로 이 단계에 이르러서야 마르크스가 나중에 마르크스주의 정치경제학에서 과학적으로 확증한 주요 대상인 **자본주의**가 진정으로 등장하는 것이다.[114]

이제 사회유물론을 설명할 때 근거로 삼았던 리카도 이전의 고전경제학 이론 발전 과정에서의 노동가치론이 상품가치 실현이라는 부분에서 자리매김된다고 인식할 수 있다. 이는 실제로 문제를 해석하고 진전시키는 데 있어 입구에 지나지 않는다. 이 점에 관해 우리는 노동가치론을 진일보하게 구체적으로 설명하는 것에서부터 시작해야 할 것이다. 솔직히 우리는 노동가치론에 세 가지 서로 다른 이론의 차원이 존재한다는 사실을 과학적으로 구별하지 못했다. 첫째는 노동이 상품가치의 창조 요소라는 이론이고, 둘째는 노동이 상품가치의 결정 요소라는 이론이며, 셋째는 노동이 상품가치의 현상 요소라는 이론이다. 중농학파 이후의 정치경제학에서는 첫째 관점에 대해 아무런 의문을 제기하지 않는다. 문제는 둘째 관점과 셋째 관점의 이해가 서로 다른

---

113 馬克思,『剩餘價値論』, 第1卷, 278쪽 참조.
114 마르크스는 1850년대 이후에야 처음으로 명확하게 '자본주의적 생산양식'을 인식했고, 그 이전에는 줄곧 '부르주아 사회', '근대 사유제 사회' 등의 용어를 사용했다. 이 점과 관련해 우리는 뒤에서 더 구체적으로 분석을 진행할 것이다.

차원이라는 점이다. 구체적으로 말하자면 스미스의 노동가치론은 둘째 관점과 셋째 관점의 병존에 의해 구성된다. 스미스는 한편으로는 가치 결정의 차원에서 노동가치론을 설정하면서 다른 한편으로는 가치 실현의 차원에서 노동가치론을 설정했다(가치 실현의 구간에서 볼 때 한 상품의 가치는 물론 그 상품이 교환을 통해 얻는 노동량에 의해 결정된다). 이것이 스미스가 서로 모순된 이중가치 이론을 수립하게 된 유래다. 사실 스미스 시대에는 이것이 필연적인 일이었다. 수공업 '부르주아 사회' 시대와 나중에 등장한 리카도의 '부르주아 사회' 시대를 비교할 때 중요한 이론적 의미를 지닌 차이점은, 전자는 부의 축적과 생산에 중점을 두고 있고, 후자는 자본의 축적에 중점을 두고 있다는 것이다. 이 때문에 스미스는 이미 노동의 가치결정 이론의 단초를 마련하긴 했지만 교환을 통해 얻을 수 있는 부의 각도에서 상품의 가치를 이해하는 문제에서 완전히 탈피하지 못했던 것이다. 그 결과 그의 가치 이론은 여전히 '범인의 이론'이라는 꼬리표를 달게 되었다. 정확히 말하자면 당시 수공업 시대가 그에게 이러한 꼬리표에서 벗어날 수 있는 객관적인 조건을 제공하지 않았던 것이다.

셋째, 리카도의 가장 큰 공헌은 그 시대(부르주아 사회의 대공업시대)의 상황을 정확하게 개괄했고 이를 기초로 교환이 가져다주는 부가 가지고 있는 노동량의 각도에서 상품의 가치를 이해하는 관점으로부터 철저하게 탈피해 완전히 상품 자체가 갖는 내재적 가치의 시각에서 노동가치론을 확정했다는 점이다. 리카도의 시대에는 부르주아 사회 생산력이 산업대혁명을 거치면서 이미 극도로 발전해 있었기 때문이다. 이 시기 부르주아 산업자본 이익의 이론을 대표하는 리카도가 관심을 가진 것은 부의 생산 문제가 아니라 부의 분배에 따른 자본의 축적과 사회의 객관적 발전이라는 문제였다. 이 때문에 리카도는 이미 교환을 통해 얻는 부의 노동량의 각도에서 이론의 흐름을 전개하는 데에는 흥미가 없었다. 그의 관심은 상품의 내재가치 자체, 즉 가치의 결정론 측면에 집중되어 있었던 것이다. 상품교환의 측면에서 결정되는 노동가치론은 사실 노동가치론의 셋째 차원과 다름없었고, 이 차원이 스미스에게는 긴 꼬리가 되어 물에 빠져 있었던 것이다. 리카도의 똑똑한 면은 바로 이 꼬리를 잘라냈다는 점이다. 리카도 이론을 속류화시킨 제임스 밀과 매컬럭, 프레보(Prevot), 트라시[115] 등이 범한 오류는 이 꼬리표를 다시 달려 했다는 것이다. 이 부분의 경제학 이론 논술은 탕정둥(唐正東) 박사의 토론에서 큰 도움을 받았다. 이처럼 가치교환의 측면에서만 경제학이 추상해낸 사회관계를 이해하고자 한다면 속류경제학자들과 스미스의 차이를 구별할 수 없을 뿐만 아니라 리카도의 의미도 자연히 다시 가려버려질 것이다. 따라서 우리는 사회유물론의 단서를 드러내면서 반드시 세 가지 이론의 차원을 구별해야 한다. 특별히 첫째, 둘째 차원과 셋째 차원 간의 중요한 차이를 놓쳐선 안 된다. 스튜어트 이후의 경제학자들이 보인 커다란 특징은 자연대상 직관물의 유물론에서 사회관계의 사회유물론으로 전향했다는 것이다. 이러한 흐름은 별다른 구별 없이 속류경제학자(세, 매컬럭, 트라시 등)와 스미스의 '절반'까지 이어졌다. 그들은 가치 실현의 각도에서 이론 분석을 전개했기 때문이다. 한 개인의 상품은 반드시 사회적 교환을 거쳐야만 진정한 상품이 될 수 있다. 따라서 우리가 앞에서 언급한 것처럼 사회관계라는 차원이 부각된다. 하지만 이러한 사회유물론은 일종의 '경험적 추상'이고, 이는 사회유물론의 초급 단계(첫째, 둘째 차원)에 해당한다. 스미스의 또 다른 '절반'과 리카도는 사회유물론의 셋째 단계의 새로운 기초가 되면서 이미 사회적 본질에 대한 과학추상이 되었다.

엄격한 의미에서 말하자면 고전경제학은 이 단계를 거침에 따라 스미스에서 리카도로 전이하는 방향으로 나아가게 되었다. 이 차원에서 사회관계는 인간의 상품이 교환을 통해 실현되는 부분에 대응하는 것이 아니고, 또한 단순한 인간관계의 층위에 대응하는 것도 아니다. 그것은 자본 자체가 갖추고 있는 **전면적으로 사물화된** 생산관계의 특성에 대응하는 것이다. 이것이 바로

---

115 데스튀트 드 트라시(Destutt de Tracy, 1754~1836), 프랑스 경제학자이자 사상가다.

근대 부르주아 사회 문명에서 두드러지게 나타나는 진정하고 철저한 근대적 사회적 존재다. 『정치경제학 및 과세 원리』라는 책에서 리카도는 스미스가 노동가치론에서 철저하지 못했던 부분을 수정하는 한편, 부와 가치를 정확하게 구분하면서 교환가치와 사용가치에 대해 근본적인 혼란을 빚었던 세를 비판했다.[116] 리카도는 생산과정에서의 자본의 투입과 전이 및 객관적으로 형성되는 이윤의 평균화[117]에 주목하면서, 사회관계가 자본 생산 자체의 발전 과정에서 나타나는 사물화의 객관적 관계라는 것을 확증했다. 그는 분배관계를 고찰한다는 명목을 내세웠지만 실제로는 부르주아 사회 발전의 수요에 가장 적합한 생산관계를 드러냈으며, 이러한 생산관계를 세계 역사를 통일할 수 있는 객관적인 힘으로 간주했다. "이 생산관계는 노동을 통해 가장 효율적이고 경제적인 분배를 실현하는 동시에 생산총액을 증강시킴으로써 사람들 모두가 이익을 얻게 할 것이다. 아울러 이해관계와 상호 교통하는 공동의 유대를 통해 문명세계의 각 민족을 통일된 사회로 결합시킬 것이다."[118] 이것이 부르주아 사회에서 세계 역사 패권(오늘날의 담론으로 바꾸면 지구화!)으로서의 근대의 가장 중요한 선언이었다. 이리하여 분배관계가 사실상 리카도에게는 생산관계의 특정한 은유가 되었다.[119] 나는 사회관계의 이러한 심층적인 차원이 분명히 세 같은 속류경제학자나 심지어 스미스 같은 사람이 도달할 수 있는 영역이 아니라고 생각한다. 이는 마르크스가 1857~1858년 사이에 심화시킨 역사유물론의 생산관계 개념과 서로 상통하는 부분이다. 1845~1846년 사이에 집필한 『독일 이데올로기』에서 마르크스는 이러한 깊이에 도달하지 못했다. 이 복잡한 논쟁은 제8장에서 토론하기로 한다. 마르크스가 나중에 제시한 과학적 생산관계는 우선 경제활동에서 사람과 사람 사이의 상품교역관계

---

116 李嘉圖, 『政治經濟學及賦稅原理』, 郭大力·王亞南譯(商務印書館, 1962), 232~245쪽 참조.
117 같은 책, 73쪽 참조.
118 같은 책, 113쪽.
119 馬克思相關論述, 『馬克思恩格斯全集』, 第46卷 上卷(人民出版社, 1979), 34쪽 참조.

를 가리키는 것이 아니라 실질적인 생산과정에서 구성되는 미성숙한 생산관계를 가리킨다. 우리는 리카도의 은유적 생산관계가 실제로는 가치를 낳는 자본적 관계라는 것을 쉽게 알 수 있다. '자본은 일종의 관계로서 존재해야만' 가치를 생산하는 것이다. 주의해야 할 것은 이 점과 첫째, 둘째 차원의 사회유물론에서 교환관계를 통해 구성되는 사회관계가 동일하지 않다는 점이다. 이는 이론의 깊이에 있어 중요한 차이점이다.

우리는 리카도의 이러한 사회유물론 – 경제결정론 또한 부르주아 이데올로기 가운데 3대 물신숭배의 가장 중요한 기초라는 사실도 인식해야 한다. 이는 대단히 중요한 논리 인식이다. 마르크스는 나중에 "조잡한 경험주의가 허위의 형이상학으로 변하고 자질구레한 철학으로 변해 억지로 머리를 쓰게 만들고 단순한 형식으로 추상해 직접 일반적 법칙에서 부인할 수 없는 경험 현상을 얻어내게 만든다. 또는 경험 현상을 교묘하게 일반적 법칙으로 만든다"라고 말했다.[120] "심지어 고전경제학의 가장 우수한 대표자마저도 부르주아 관점에서 출발하면 필연적으로 이렇게 된다. 그리고 많든 적든 간에 그들이 일찍이 비판적으로 드러냈던 가상세계에 속박된다. 이 때문에 많든 적든 간에 불철저성에 빠지게 되고 도중에 폐기되어 해결되지 못하는 모순에 빠지게 된다."[121] 이런 사회유물론 역사관이 종결된 곳은 오히려 1845~1846년 사이에 마르크스가 정립한 역사유물론의 비판적 지점이 되었고, 또 1857~1858년 사이에 그가 다시 한 번 역사유물론을 심화시키고 역사현상학을 구축하는 초월점이 되었다.

그리고 이를 기초로 나는 새로운 견해를 제시하고자 한다. 즉, 고전경제학에 존재하는 이러한 사회유물론이 바로 나중에 마르크스주의 역사유물론을 변혁하는 진정한 비판적 시원이라는 생각이다. 자오중잉(趙仲英), 슝쯔윈(熊子雲)

---

120 馬克思,『剩餘價値理論』, 第1卷, 69쪽.
121 『馬克思恩格斯全集』, 第23卷, 939쪽.

등의 중국 학자들도 이미 마르크스의 정치경제학에 대한 연구와 유물론의 발생을 연관시키려 시도한 바 있지만, 그들은 모두 이 정확한 관점을 텍스트학적으로 깊이 들어가 확증하지는 못했다. 특히 그들은 철학 자체의 이론논리에서 부르주아 초기 정치경제학에 감춰진 철학의 틀을 밝혀내지 못했다.[122] 특별히 경계선을 그어야 할 것은 마르크스의 역사유물론은 경제학에서의 사회유물론과 같지 않고, 제2인터내셔널 이론가들이 인식했던 경제결정론과도 같지 않다는 점이다. J. 스턴은 경제유물론이 일반 물질을 기초로 하는 것이 아니라 사회적·경제적 역량을 기초로 한다는 철학이론을 제시한 바 있는데, 이는 실제로 부르주아 초기 정치경제학의 철학적 틀에 지나지 않는다. 그리고 그가 직접 마르크스의 역사유물론이 일종의 경제유물론이라고 지적했을 때, 이는 심각한 비과학적 이해의 방향을 연 셈이었다.[123] 또한 이는 제2인터내셔널의 속류경제결정론과 같은 해석의 틀을 초래한 비극적 단초였다. 20세기에 루카치와 그람시가 기초를 놓은 초기 서양 마르크스주의는 마르크스 역사유물론을 경제결정론으로 해석하는 오류를 정확하게 비판한 바 있지만, 시종 이 문제의 사상사적 근원을 진정으로 변별하고 설명하지는 못했다.[124] 이 복잡한 이론 문제가 바로 내가 시종 변별해서 인식하려고 노력하는 중요한 논리적 오류다.[125]

---

122 趙仲英, 『馬克思早期思想探源』(雲南人民出版社, 1994); 熊子云·張向東, 『歷史唯物論形成史』(重慶出版社, 1998) 참조.

123 斯特恩, 「經濟的和自然哲學的唯物論」, ≪新時代≫(1897)에 수록.

124 그람시는 『옥중수고』에서 여러 회에 걸쳐 역사유물론 발생과 리카도의 경제학을 연계시켰지만 체계적이고 과학적인 설명을 완성하진 못했다. 『葛蘭西文選』, 中共中央馬克思恩格斯列寧斯大林著作編譯局譯(人民出版社, 1992), 485~487쪽 참조.

125 1995년에 출판된 『馬克思歷史辨證法的主體向度』에서 나는 이미 자연성과 사물에의 노예화 등의 개념과 구체적인 논리를 설명함으로써 경제결정론 및 그 논리의 변증과 마르크스가 1845년 이후에 정립한 역사유물론과 역사변증법을 철학논리에서 자세하게 구분하기 시작했다. 이 책에서는 경제학 맥락과 철학 맥락을 교차시키면서 양자의 근본적인 차이를 좀 더 깊이 있게 변별하고 인식하고자 한다.

2. 가려진 단서 2: 고전경제학에 대한 헤겔의 동일시와 초월

헤겔은 독일의 위대한 철학자다. 헤겔 철학이 청년 마르크스 사상의 중요한 원천적 기초라는 사실은 새로운 화제가 되지 못한다. 하지만 헤겔 철학과 고전경제학에 대한 심층적인 역사적 논리 연결은 1940년대 이후에서야 점차적으로 새로운 연구영역으로 부상하기 시작했다. 경제학을 지원 배경으로 하는 헤겔 철학은 우리가 과거에 마르크스 사상의 발전을 이해하는 데서 또 하나의 가려진 논리적 단서로 작용했다. 그리고 이러한 단서는 우리가 앞으로 청년 마르크스의 이론 텍스트를 독해하는 데서도 중요한 의미를 갖는다. 따라서 이 절에서는 청년 헤겔의 초기 이론연구 과정에 나타난 경제학 단서와 이런 단서가 나중에 그의 철학체계에 만연하면서 남긴 논리의 흔적을 집중적으로 설명하고자 한다.

1) 헤겔 철학과 고전경제학

나는 헤겔 철학의 총체적인 논리에 대해 진지하고 깊이 있는 분석을 새로 진행해야 한다고 주장한다. 이러한 분석은 전통적 철학 연구의 틀에서 세부화된 '신론(新論)'이 아니라 새로운 분석의 시각이 되어야 한다. 내 견해로는 일정한 의미에서 헤겔의 철학은 실제로 엘레아학파[126]의 절대 본질('하나')과 플라톤의 이데아론의 연속이자 중세 기독교 신학을 독일 사변철학적으로 다시 쓴 것이다. 여기서 신비한 신학 담론이 사변화되면서 인식 가능한 이성담론으로 대체되기도 한다. 이는 대단히 중요한 논리 인식이다. 최고 존재로서

---

126 엘레아학파는 초기 그리스 철학에서 가장 중요한 철학 유파 가운데 하나로, 기원전 6세기 이탈리아 남부 엘레아에서 탄생했다. 이 유파의 중심 사상은 세계 태동의 본원은 변하지 않는 '하나'(존재)라는 것이다. 이를 바탕으로 본원은 단일하지만 변화한다고 주장하는 이오니아학파나 본원은 불변하지만 다중적이라고 주장한 피타고라스학파와 차별성을 보였다.

의 신은 실제로 가장 추상적인 객관정신으로 내재화된다. 헤겔은 자신의 비판적 철학논리 발생학에서 개체 의식이 직면한 변화무쌍한 감성적 존재('다수') 배후에 잠재되어 있는 원래 모습의 피안세계를 인식해냈다. 하지만 여기서 창조주(절대적인 '하나')는 대문자로 쓴 절대관념이 되었다(이 과정은 『정신현상학』(1806)에서 『논리학』(1812~1816)까지에 잘 드러나 있다). 감성적 환영이 이미 산산조각 난 서막이 드러난 후 오디세이의 신화적인 떠남과 돌아옴, 물욕에 굴종하는 파우스트의 비극에 곡절 많은 필연성과 깊이 있는 비직선적 특성이 부여되었고, 이는 다시 한 번 역사의 드넓은 현장에서 재연될 수 있었다. 하지만 이러한 조물(造物) 운동은 변화무쌍해서 포착하기 어려운 정신의 신이 자연의 배후에 환영화되는 것을 발단으로 한다. 이것이 이른바 정신적 소외(피히테[127]부터 시작됨)의 첫걸음(절대 관념이 자신을 실현하는 전체에서의 둘째 단계, 즉 『자연철학』)이었다. 여기서 관념적인 유적 존재(Gattungswesen)는 양도를 통해 물질의 지속적 존재를 위해 실현되고, 정신은 자연물질에 '빠진다'. 하지만 관념 주체가 자신으로부터 소외되는 것도 과도적으로 자신을 긍정하는 것이 된다. 소외(Entfremdung)[128]는 외화(Entäußerung)[129]와 같다. 자연대상화의 방기와 부양은 과학이성의 역사적 점진 배치로 실현된다. 절대적 관념운동을 표상하는 셋째 단계에서 개인의 현실 '격정'은 조물주의 도구(『정신철학』에서의 '이성의 간계')가 되고, 이로 인해 소외된 다음에 이어지는 과정은 인간의식이 그 노동의 생산물로 외화되며, 객관정신은 시민사회활동의 '보이지 않는' 법칙으로 외화되는 것이다. 이처럼 보다 높은 역사 차원에서 인간의 주체는 사회재산(제2의 자연)의 생산과 점유로 물화되고 필연의 왕국에

---

127 요한 고틀리프 피히테(Johann Gottlieb Fichte, 1762~1814), 독일의 고전철학자다. 대표 저서로 『지식학 전체의 기초』(1796), 『자연권법 기초』(1796), 『윤리학체계』(1798), 『인간의 사명을 논함』(1780) 등이 있다.

128 Entfremdung의 어간 fremd는 '외국의', '타향의', '낯선' 등의 뜻을 갖고 있다. Entfremdung은 '소원한', '자기와 다름' 등의 의미를 갖고 있다.

129 Entäußerung은 독일어에서 '포기' 또는 '양도'의 뜻을 지니고 있다. 여기서는 철학 맥락에서 '외화'로 전유된다.

서의 새롭고 보다 깊이 있는 소외의 출현을 표상하게 된다. 마지막으로 절대 이성의 태양이 시민사회를 초월하는 국가와 법 위에 떠오르고, 이는 완전히 새로운 정신적 자유왕국이 된다.

이처럼 방대하고 깊이 있는 철학의 틀에 직면해 과거에 우리는 헤겔이 자기 체계를 표현하는 성숙한 논저들에서 거대한 사변의 논리체계를 제련해냈었다. 하지만 그 과정에서 이 담론체계의 역사형성 과정, 즉 청년 헤겔 초기의 대단히 깊이 있는 문화역사 연구(튀빙겐에서 예나 시기까지), 특히 당시 헤겔이 직면했던 유럽 역사와 생활의 현실적 확증 ─ 주로 프랑스대혁명과 영국의 산업혁명을 무시하게 된다. 통속적으로 말하자면 말 등에 오른 나폴레옹과 절대정신, 스미스의 '보이지 않는 손'과 '이성의 간계'의 내재적 연계를 무시하게 되는 것이다. 여기에는 이 책에서 말하는 주제와 가장 밀접하고 가장 중요한 연결점도 포함된다. 이는 바로 산업 발전 이론이 비추는 고전경제학과 헤겔 철학의 관계다. 이는 우리가 깊이 있게 토론해보아야 할 핵심 문제이기도 하다.

1920~1930년대에 헤겔의 초기 문헌이 대량으로 발굴되면서[130] 서양의 일부 학자들, 특히 신헤겔주의자들의 주목을 받았다. 우리가 읽은 텍스트에 근거해볼 때, 루카치는 헤겔 철학과 고전경제학의 관계를 가장 먼저 확인한 학자들 가운데 한 명이다. 1945년에 쓰여 1948년에 출판된 『청년 헤겔과 자본주의 사회 문제』라는 책에서 루카치는 헤겔 철학의 본질이 프랑스대혁명과 부르주아 고전경제학의 이론을 반영하고 있는지를 처음으로 철학이론의 관점에서 분석했다. 루카치의 관점은 다음과 같았다.

헤겔은 독일인 가운데 프랑스혁명과 나폴레옹 시대에 대해 가장 정확한 견해를 가졌던 인물인 동시에 영국 산업혁명 문제를 진지하게 연구했던 유일한

---

130   黑格爾, 『黑格爾靑年時期的神學著作』(杜賓根, 1907); 『黑格爾政治和法哲學論文集』(萊比錫, 1923); 『耶拿時期的實在哲學』(萊比錫, 1932) 등.

독일 사상가이며, 영국 고전경제학의 문제와 철학 문제, 변증법 문제를 연계시킨 유일한 독일 사상가였다.[131]

 루카치가 보기에, 베른 시기에 헤겔 역사철학의 이론구조가 프랑스대혁명이라는 이 세계사적 사실에 대한 분석을 기초로 하여 세워졌다면, 프랑크푸르트 시기에는 그의 사상 발전이 직접 영국 고전경제학에 대한 연구에 기초하기 시작했다. 심지어 그의 이런 연구를 직접 영국의 현실 경제발전 자체에 연결시키기도 했다. 그리고 예나 시기에는 한 걸음 더 나아간 경제학 연구에서 헤겔은 이미 "부르주아 사회의 객관적 본질 문제를 제기하고 있었다". 나는 루카치의 이런 견해가 대단히 중요하고 커다란 계시적 성격을 갖는다고 생각한다. 나는 허린(賀麟)이 루카치의 이런 견해를 부정했던 점에 주목한다. 그는 헤겔이 마르크스에 앞서 "철학변증법으로 영국 정치경제학을 정리하고 비판했다"는 것을 긍정할 수 없다고 생각했다. 허린은 헤겔을 이렇게 높이 평가하는 것이 마르크스의 가치를 떨어뜨릴 것이라고 걱정한 게 분명하다. 이런 염려는 지나친 기우다.[132] 1960년대 이후 헤겔의 초기 저작과 수고에 대해 심도 있는 연구가 수행됨에 따라 청년 헤겔 연구 및 헤겔 철학의 연원에 대한 추적이 근대 서양의 헤겔 철학 연구의 뜨거운 쟁점이 되었다. 이 가운데 헤겔과 고전경제학의 관계는 중요한 토론의 시점이다.[133] 중국의 학자들도 개별적으로 이 문제의 중요한 의의를 인식하기 시작하고 일정하게 유의미한 탐색을 진행하고 있다.[134] 이는 우리가 여기서 진일보한 이론연구를 진행하는 데 비교적 양호한 기초를 제공할 것이다.
 유럽 사회의 역사발전이라는 커다란 배경에서 볼 때, 헤겔 철학의 전체적

131 盧卡奇, 『靑年黑格爾(選譯)』, 王玖興譯(商務印書館, 1963), 23쪽.
132 賀麟, 「譯者導言」, 『精神現象學』上卷, 王玖興譯(商務印書館, 1979), 38~40쪽 참조.
133 夏姆萊, 『斯圖亞特和黑格爾的政治經濟學和哲學』(巴黎, 1963) 참조.
134 劉永信·王郁芬, 「導論」, 『剩餘價値發展史』(北京大學出版社, 1992) 참조.

인 확립은 마침 영국 산업혁명 시대와 같은 시기에 완성되었다. 그리고 서양 사상사의 시각에서 볼 때, 그의 철학체계의 확립은 부르주아 고전경제학이 가장 번영했던 연대에 형성되었다. 자료에서 알 수 있듯이 1776년 스미스의 『국부론』이 출판된 이후 당시 유럽 학술계(정계도 포함)는 모두 정치경제학에 대한 열기에 '빠져' 있었고 완전히 심취해 있었다. 날카로운 안목을 가진 사상 가로서 헤겔은 자연스럽게 부르주아 사회 경제체제 – 시민사회라는 전혀 새 로운 역사발전에 대한 정치경제학적 견해에 주목하고 있었다. 이러한 경제학 (실제로는 역사 현실이기도 함)과의 거리 없는 접촉이 헤겔로 하여금 진정으로 신학의 이상인 천국에서 현실 역사의 물질과 경제의 기초로 돌아올 수 있게 해주었다. 이로써 그의 이성논리의 발전이 유럽 역사 현실 발전의 가장 높은 지점에 세워지게 되었다. 이 때문에 일부 학자들은 이런 평론을 내놓기도 했 다. "헤겔은 당시 정치경제학의 진정한 의미를 인식하고 리카도와 어깨를 나 란히 할 수 있는 얼마 안 되는 학자 가운데 하나였다."[135] 이는 상당히 정확한 지적이다.

헤겔이 처음 경제학에 흥미를 가진 것은 프랑크푸르트에서 가정교사로 있 던 시기였다. 그는 『역사연구 단편』에서 이미 "근대국가에서는 사유재산을 보장하는 것이 모두 입법을 주축으로 하고 있다"[136]는 점에 주목했다. 이는 나 중에 청년 마르크스가 자신의 최초의 역사연구인 『크로이츠나흐 노트』에서 밝힌 이론 발견과 흡사하다. 이 점에 관해서는 다음 장에서의 토론을 참조할 수 있을 것이다. 헤겔은 1798년에 쓴 「보틀란트가 페이크에게 보낸 과거 국 가 법률관계에 관한 궁중 통신록」이라는 글에서 정치경제학에 대한 흥미를 직접 드러내고 있다. 1799년 초, 즉 경제학 연구 초기 단계에서 헤겔이 먼저 진지하게 분석한 것은 스튜어트의 『정치경제학 원리연구』[137]였다. 영국 학자

---

135   李光林, 「黑格爾的政治經濟學研究和馬克思」, ≪馬克思恩格斯研究≫(1994), 第19期, 63쪽.
136   黑格爾, 『歷史研究片斷』, 宋祖良, 『靑年黑格爾的哲學思想』(湖南敎育出版社, 1989), 170쪽에서 인용.
137   1799년 2월 19일부터 5월 16일까지 헤겔은 스튜어트의 『정치경제학 원리연구』 독일어판을 읽고 평론

브란트의 관점에 따르면 헤겔은 스튜어트의 이 책에서 세 가지 관점을 포착했다. 첫째는 역사주의를 기초로 하는 역사철학의 틀이고, 둘째는 역사의 시야에서 근대 '교환경제'(시민사회)가 현실적으로 인간의 자유와 자아의 발전을 촉진했다는 사실을 긍정하는 것이며, 셋째는 근대 상업사회라는 새로운 각도에서 현실생활에 대한 국가의 자각 작용을 확립한 것이다.[138] 확인할 수 있는 것은 경제학에 대한 헤겔의 연구가 단순한 이론의 획득이 아니라 논리구축을 위한 현실역사의 확증에 편중되었다는 점이다. 실제로 역사주의와 사회발전의 목적론은 둘 다 독일 이성주의(헤르더[139]에서 셸링[140]까지)가 갖춰야 할 내용으로서 헤겔에게는 외재적인 새로운 개념이 아니었다.

고전경제학에 대한 헤겔의 비교적 전면적인 연구는 주로 19세기 최초 몇 년 동안 예나대학에 있을 때 이루어졌다. 대체로 1800년을 전후해서 헤겔은 진지하게 스미스 등의 논저를 읽었고 1803~1804년 사이에는 자신의 강의에서 자주 스미스의 경제학 사상을 거론했다. 그리고 이 시기에는 노동 문제가 그의 주요 사유대상이었다. 관련된 문제로는 인간의 활동 본질과 분업, 시민사회 등이 있었다. 같은 시기에 그는 『실제 철학』이라는 책 제1권에서 스미스의 『국부론』에 나오는 유명한 못 제조공장의 노동 분업을 사례로 인용하기도 했다. 이때가 루카치가 말하는, 헤겔이 '자본주의 사회의 본질과 법칙을 투시했을지도' 모르는 시기이기도 하다.

헤겔이 정치경제학의 이론을 완전하게 서술한 것은 나중에 등장한 그의 책 『법철학 원리』(1820)에서였다. 이 책에서 헤겔은 정치경제학을 '국가경제학(Staatsökonomie)'이라 칭하면서 '근대 세기의 기초 위에 발생한 몇 가지 학문영역 가운데 하나'[141]로 규정했다. 이 '국가경제학'에서의 국가는 무척이나 재

을 썼다. 이 문헌은 나중에 소실되었다.

138 普蘭特, 『黑格爾政治哲學中的經濟和社會的整體性』 참조. 『國外黑格爾哲學新論』(中國社會科學出版社, 1982), 274~275쪽에 수록.
139 요한 고트프리트 헤르더(Johann Gottfried von Herder, 1744~1803), 독일 역사학자이자 철학자.
140 프리드리히 빌헬름 요제프 셸링(Friedrich Wilhelm Joseph von Schelling, 1775~1854), 독일 철학자.

미있다. 그는 국가경제학에서 "사상을 만나는(스미스와 세, 리카도를 만났음) 것은 그 앞에 놓여 있는 무수한 개별 사실들 가운데 사물의 간단한 원리, 즉 사물에 작용을 미치는 이지(理智)를 찾는 것"[142]이라고 생각했다. 이 '이지'가 비사변적 담론으로 전환되면 본질이자 법칙이다. 헤겔이 보기에 국가경제학의 대상은 맹목적으로 운동하는 시민사회의 비직관적 필연성이었다. 그는 상업사회에서 "이처럼 표면적으로는 분산되고 혼란한 국면은 자연스레 출현한 일종의 필연성(Notwendigkeit)에 의거해 유지"되는데, 국가경제학은 "한 무더기의 우연성(Zufälligkeiten)을 위해 법칙(Gesetze)을 찾아준다"고 확신했다. 그는 근대 경제운동을 마주하여 각종 경제관계('모든 관계')가 서로를 촉진하기도 하고 서로를 방해하기도 하면서 신기한 '교직 현상'을 형성한다는 사실을 분명하게 인식했다. 특히 이러한 경제현상이 겉으로 보기에는 태양계의 불규칙 운동처럼 개인의 임의적인 배치에 따르는 것 같지만, "그 법칙은 인식될 수 있다"고 판단했다.[143] 고전경제학에 대한 헤겔의 전체적인 인식이 상당히 정확했다는 것을 알 수 있다. 헤겔은 경제학이 사람들의 눈에 임의적으로 보이는 우연적인 시장 활동에서 필연적 연관성과 운동법칙을 포착하는 학문이라는 점을 인식했다. 헤겔이 보다 자각적으로 '보이지 않는 손'을 포착하려 했음을 알 수 있는 대목이다. 헤겔의 연구 방향이 우리가 상술한 고전경제학의 사회유물론을 분석하는 방법과 논리적으로 서로 접근하고 있는 것이 분명하다.

강조할 필요가 있는 것은 헤겔 철학 발전의 중후기에는 경제학 관점이 직접적인 이론형태로 표현되지 않고 항상 철학 담론의 배후에 감춰져 있다는

---

141 黑格爾, 『法哲學原理』, 范揚·張企泰譯(商務印書館, 1961), 204쪽 참조. 중역본에서는 Staatsökonomie를 정치경제학으로 오역했다. Georg Wilhelm Friedrich Hegel, *Werke 7*(Frankfurt am Main: Suhrkamp Verlag, 1970), S.346 참조.
142 黑格爾, 『法哲學原理』, 204쪽. 여기서 헤겔은 스미스의 『국부론』, 세의 『정치경제학 개론』, 리카도의 『정치경제학 및 과세 원리』에 직접 주석을 달았다.
143 같은 책, 205쪽.

점이다. 그는『철학전서』(1817~1830)나『법철학 원리』의 일부 장절에서처럼 어쩌다 한 번씩 사상논리에서 정치경제학이 갖는 지위를 분명하게 인식하기도 했다. 한편 고전경제학의 일부 중요한 이론 규정은 헤겔 철학이 현실의 핵심적 논리 구간을 대하는 데 있어 간접적으로 표현되었다. 노동과 시민사회의 문제를 예로 들 수 있다. 그리고 이런 규정들은 또 나중에 마르크스의 역사유물론 과학방법론 및 경제학 연구와 보다 깊고 중요한 이론적 직접 연계를 갖게 된다.

2) 노동: 인간이 자신을 창조하고 사회역사를 구축하는 외화 활동

헤겔의 철학 담론에서 노동은 두 가지 중요한 이론적 의미를 가지고 있다. 첫째는『정신현상학』의 개체 의식 과정에서 노동은 주인과 노예, 그리고 물의 변증법적 매개자로서 개인 주체가 대상에 자신을 확립하는 통로로 표현된다. 둘째, 절대관념이 천국(『논리학』)에서 출발해 그 총체적 소외가 자연적인 몰락을 겪은 뒤 노동은 소외 주체가 겪는 제3단계가 된다. 이것은 절대정신이 사회역사의 운행을 빌려 자신을 실현하는 필연적 수단이다. 여기에서 개체 층위의 노동 규정과 유적 층위의 노동 규정의 정의가 다른 점에 주의하기 바란다.

헤겔의 견해에 따르면 노동은 관념의 총체적인 소외(외화)에서 먼저 인류의 정신 본질(현실에서의 절대정신의 2차적 주인)이 실현되는 데 필요한 마디다. 앞에서 우리가 인지한 거대한 논리에 근거하자면 노동은 주체의 유적 의식의 외화 또는 소외다. 정신적 인간의 유적 존재는 물질적이고 대상적(gegenständlich) 활동으로 실현되고 직접 노동 상품으로 외화되기 때문에 노동도 인류의 자기생산 및 인간 주체성의 자아확립 및 향상을 의미하게 된다. 헤겔은 대상화(Vergegenständlichung)라는 개념을 사용하지 않고 대상성(gegenständlich)이라는 개념을 많이 사용했다. 인류 주체는 스스로 노동을 통해 자신을 창조한다. 이는 외재하는 신이 인간을 창조한다는 논리의 단순한 부정이다. 동시에 인간의 노동이 발생하기 전에 이미 소외된 자연물질은 노동의 운용을 통해 노동성과의 형식에서 정신의 자각적 창조물의 수준으로 지위가 높아진다.

물론 헤겔은 '해 아래 새로운 것은 없다'는, 일반적으로 자연이 관조하는 지성(知性)철학을 마주해 주체적이고 의식적인 실천 인식으로 전환하기 시작했다. 이러한 주체의 의식적인 노동결과(시민사회의 사회적 존재)는 관념이 더 높은 수준으로 물화된 형식의 '제2자연(Die zweite Natur)'으로 인식되어 원래의 완전히 대상화된 제1자연과 구별된다. 여기서 한 가지 중요한 역설이 나타난다는 점에 주의해야 한다. 인간은 노동을 통해 무기계와 유기계의 물질을 자기 주변에 '모으게 되고', 노동은 사실 정신을 자연물질이 되게 하는 주인이라는 것이다. 이는 죽은 물질이 관념적 존재로 귀환하는 것으로, 즉 자연의 대상화(소외)에 대한 이탈이다. 하지만 노동은 또 정신이 보다 높은 차원에서 인조물(경제적 부)의 노역을 받을 수 있게 해준다. 노동의 외화는 동시에 관념으로서의 인류의 주체적 활동(사회역사과정)에서 발생되는 새롭고 보다 깊이 있는 소외인 것이다. 이로써 주체는 사물화된 시장에서 또 한 번 침잠하는 것이다. 물론 이는 어쩔 수 없이 발생하는 긍정해야 할 소외이기도 하다.

한 가지 지적하고 넘어가야 할 것은, 과거에는 우리가 대부분 철학의 시각에서 헤겔의 노동 규정을 담론하면서 이 철학적 지평 안에서의 노동 규정의 현실적 내원, 즉 헤겔이 경제학 연구에서 얻은 구체적 확증을 소홀히 했다는 점이다. 사실 노동 문제에 관한 연구와 성찰(Reflexion)이 바로 헤겔의 초기 경제학 연구의 중요한 진전이었다. 이는 또한 나중에 그의 철학논리의 심도를 나타내는 중요한 한계선이기도 하다. 명확하게 말할 수 있는 것은 헤겔 역사변증법의 형성과 근대 노동 문제에 대한 그의 이해가 직접적인 연관을 갖는다는 사실이다. 바로 이런 이유 때문에 다음과 같은 루카치의 서술도 일리가 있다. "헤겔 관점의 발전에 있어 전환점은 바로 애덤 스미스 연구와 관련이 있다. 인류활동의 기본 수단으로서 노동 문제는 …… 헤겔이 애덤 스미스의 저작을 연구하는 과정에서 가장 먼저 발생했다."[144] 보다 중요한 것은 앞에서 우리가 언급한 바와 같이 헤겔 철학의 구조는 고전경제학의 사유를 기초로 세워져 있다는 것이다. 하지만 헤겔의 형이상학적 사유는 고전경제학의 사유보다 훨씬 더 깊이가 있다. 특히 시민사회(bürgerliche Gesellschaft), 즉 근대적 사회 경제관계에 대한 비판적 성찰이 그렇다.

이 점에 관해 우리는 헤겔 자신의 구체적인 견해를 참조할 수 있을 것이다. 헤겔의 관점에 따르면 '국가경제학'은 바로 욕구(Bedürfnis)와 노동(Arbeit)의 관점에서 출발해 "여러 집단의 관계와 운동(Verhältnis und die Bewegung)을 그들의 질적 및 양적 규정성과 복잡성에서 설명하는 학문이다".[145] 마르크스는 나중에 사회적 연관 속에서 Verhältnis라는 개념을 비교적 많이 사용했다. 여기서 노동은 정치경제학의 본질이자 핵심으로 인식되기 때문이다. 이는 나중에 『정치경제학 비판 요강』(『1844년 수고』가 아님)을 쓸 때의 마르크스에 더욱 가깝다. 게다가 여기서 드러난 것은 앞에서 우리가 보았던 것 같은 추상적 사변이 아니라 구체적인 경제학 담론이다. 노동에 관한 헤겔의 연구를 좀 더 자세히 살펴보면 여기서 말하는 노동도 점차 심화되는 세 단계로 구분할 수 있다.

첫째는 인류 자아 형성에 대한 노동의 작용이다. 헤겔은 정치경제학 연구에서 한편으로는 노동은 인간이 외부대상을 변화시키는 능동적이고 기교 있는 활동으로서 노동의 본질은 대상을 이용하여 대상을 변화시키는 것이며 "자연적인 자기 마찰과 수수방관, 가벼운 행동 등으로 전체를 지배하는 정교한 기술"[146]이라는 점을 깨달았고, 다른 한편으로는 노동이 실제로 인류 주체

---

144   盧卡奇, 『靑年黑格爾』(蘇黎世, 1948), 210쪽.
145   黑格爾, 『法哲學原理』, 204쪽 참조. 여기서 헤겔은 스미스의 『국부론』과 세의 『정치경제학 개론』, 리카도의 『정치경제학 및 과세 원리』를 직접 언급했다.
146   宋祖良, 『靑年黑格爾的哲學思想』, 171~172쪽에서 재인용.

를 구성하는 객관적인 활동이라는 점을 깨달았다. 인류는 노동과정에서 한편으로는 외부대상을 개조시키고 다른 한편으로는 스스로 주체로서의 인간을 확립한다. 인간 개인이건 총체이건 간에 이러한 주체적 자아 확립의 특징에는 이 두 가지가 다 포함된다.

> 노동은 다양한 과정을 통해 자연계에 직접 제공된 물질(Material)을 가공하여 이러한 다양한 목적(vielfache Zwecke)에 부합하게 만든다. 이러한 조형가공(Formierung)을 통해 수단은 가치(Wert)와 적용성(Zweckmäßigkeit)을 갖게 된다. 인간이 자기 소비에서 접촉하는 것은 주로 인간의 제품이고 그가 소비하는 것은 인간 노력의 성과다.[147]

헤겔의 이러한 노동 규정은 중농주의 이전의 자연경제활동에 중점을 두는 것이 아니라 **공업생산** 활동에 중점을 두는 것이 분명하다는 점에 유의할 필요가 있다. 이러한 이해 맥락은 우리가 앞에서 서술한 스미스와 시니어의 정의와 직접적인 관련이 있다. 주체의 외화는 전통적 농업노동에서는 제한적이다. 거기서 주체 활동은 자연생산의 보조요소이고, 공업노동에서만 인류활동의 창조성이 완전한 의미에서 '조형(Formierung)'의 본질 특징으로 실현된다. 여기에서 헤겔은 **조형**(Formierung)과 **형태**(Gestalt)라는 두 가지 재미있는 개념을 사용했다. 인간이 사물을 점유하는 것은 노동을 통해 물질을 조형하는 것이다. 그는 물질에 대한 인간의 점유방식 가운데 하나는 노동조형을 통해 물질의 외형과 구조를 변화시키는 것이라고 분명하게 제기했다. "이러한 조형은 경험에서 갖가지 상이한 형태'를 갖게 된다."[148] 마르크스는 나중에『정치경제학 비판 요강』에서 헤겔의 이러한 견해와 비슷한 생각을 밝혔

---

147 黑格爾,『法哲學原理』, 209쪽.
148 같은 책, 64쪽 참조. Georg Wilhelm Friderich Hegel, *Werke 7*, S. 120 참조.

다. 이는 헤겔이 정립한 진정한 의미의 노동 외화로서, 물론 근대사회역사 차원에서 전체 인류 주체의 소외라는 개념의 객관적 기초이기도 하다. 마르크스는 1845~1846년 쓴 『독일 이데올로기』에서 비로소 헤겔의 이러한 견해의 중요성을 인식했다. 진지하게 사유해야 할 문제는 헤겔이 인간이 자유생활에서 소비하는 것은 자연물이 아니라 '인간이 노력한 성과', 즉 인간의 노동생산물이라고 분명하게 인식했다는 점이다. 이는 실제로 노동가치론의 또 다른 긍정이라고 할 수 있다.

이리하여 우리는 자연스럽게 토론 맥락의 둘째 차원으로 들어서게 된다. 노동에 관한 헤겔의 논설은 이미 역사적으로 공허한 규정이 아니라 근대 상품 생산조건에서 출발한 구체적인 확증이었다. 여기서 이미 노동 일반이라는 현실 규정이 이루어지는데, 실제로 이는 근대 분업과 교환 기초에서 발생하는 사회적 노동이다. 우리는 앞에서 스미스와 리카도의 경제학을 토론하면서 이미 이 '노동 일반'이 생성되는 사회역사적 상황을 설명한 바 있다. 『철학전서』 제524절에서 노동과 분업은 항상 연관되어 출현했다. 이는 인간이 자기완성 과정에서 노동하는 사람인 동시에 분업하에서 독립된 개인과 개인 사이의 상호인정관계에서 함께 노동하는 사람임을 의미한다. 헤겔은 스미스와 리카도의 경제학을 보면 분업상태의 '교환'사회에서는 모든 사람이 어떤 일정한 욕구를 만족시키기 위해 일하지만 사회 전체의 일부인 개인으로서는 객관적으로 수많은 욕구를 충족시키고 있다는 사실을 발견했다. 실제로 헤겔은 이미 노동의 사회적 분업과 노동자 개인의 노동 특수성의 관계를 의식하고 있었던 것이다. 헤겔은 이렇게 설명한다.

모든 사람의 노동은 내용으로 말하자면 보편적인 노동이라 할 수 있다. 모든 사람의 욕구, 즉 모든 개인의 욕구를 만족시키기 위해 노동하는 것이다. 다시 말해 노동은 가치가 있는 것이다. 개인의 노동과 재산은 개인에게만 노동과 재산인 것이 아니라 모든 사람에게 노동과 재산이다. 욕구와 만족은 모든 특수한 개인의 상황 관계에서 일종의 보편적인 의존관계다. …… 모든 개인은 개개의 욕구를 갖춘 개인이지만 보편적인 존재가 된다.[149]

이에 따라 개별적인 개인이 그 개별적 노동에서 자신도 모르게 또는 무의식적으로 일종의 보편적 노동을 완성하게 된다.[150] 이처럼 헤겔은 실제로 이미 노동 일반의 개념에 근접하고 있는 것이다. 이는 스미스의 경제학 관념에 대한 철학적 설명 같기도 하다. 이를 근거로 헤겔은 인류가 초기에 실물을 조작하던 노동과 근대 상업생산에서의 노동을 구분하면서 근대사회 경제교환현상으로서의 노동 가운데 전체 대상에서 소모되는 노동은 노동 자체의 분배에서만 이루어져 단일한 노동형태가 되고, 단일한 노동형태는 바로 이러한 분배를 통해 더욱 더 기계화된다고 지적했다. 여기서 발생하는 다양성으로 인해 노동 자체는 더욱 일반화되고 더욱 전체와 달라진다. 헤겔은 이러한 노동 일반이 주로 도구를 통해 표현된다는 것을 발견했다. 헤겔은 개별 영역에 남아 있는 노동 제품과 달리 도구는 일반성을 지니고 있다고 파악했다. "노동의 주체성이 도구에서 일반성으로 상승한다"는 것이다. 이는 헤겔의 독창적인 견해다.

이에 대해 헤겔은 이렇게 분석했다.

일반 기술 수준을 마주하며 개인은 자신을 이러한 일반성에서 이탈시킴으로써 스스로 타인보다 기술이 더 높은 사람이 되고 더 효율성이 높은 도구를 발명한다. 하지만 그의 특수기술은 진정으로 보편성의 요소를 지니고 있어, 그는 여전히 보편적인 것을 발명하는 셈이 된다. 다른 사람들은 그에게서 이런 것을 얻음으로써 자신의 특수성을 취소한다. 이렇게 도구는 모든 사람들의 직접적 공

---

149 黑格爾, 『耶拿時期的實在哲學』, 第1卷(萊比錫, 1932), 328쪽.
150 黑格爾, 『精神現象學』, 上卷, 234쪽.

유물이 된다.[151]

　노동도구는 기술일반의 외화로서, 이러한 일반은 물론 이념의 실현이기도 하다. 하지만 대상화 도구는 노동을 통해서만 자연계의 개발에 참여할 수 있다. 그렇지 못하면 공허한 무용지물이 되고 만다.

　이쯤 되면 헤겔은 점차 자연스럽게 새로운 인식에 이른다. **구체적 노동**과 **추상적 노동**을 구분하게 되는 것이다. 이는 헤겔의 노동 규정의 세 번째 의미의 차원이자 가장 중요한 부분이다. 일반(추상)과 무한을 향해 가는 것은 헤겔 철학이 항상 내재 논리지향적이었기 때문이다. 헤겔이 보기에 물질에 집착하는 구체적 노동은 초급 제품을 만들어내는 사람들, 즉 자연계와 생동적인 연계를 유지하는 사람들의 노동이었다. 예컨대 '아침 일찍 황무지에 나가서 일을 하다가 저녁에 낫을 메고 돌아오는' 농민들의 생산 활동이 이에 속한다. 이는 우리가 앞에서 말한 인류 초기의 전통적 자연경제에서 물질을 조작하는 노동형식에 속한다. 하지만 헤겔은 이러한 구체적 노동이 원시적 노동이라고 분명하게 지적한다. 왜냐하면 그것은 자연이라는 실체를 보류하는데 이때의 노동은 전체적으로 거칠고 힘든 노동이기 때문이다. 그렇기 때문에 이런 노동에서도 개인은 노동 결과를 통해 자신의 **완전한 개성**을 유지할 수 있는 것이다. 마르크스는 나중에 『자본론』과 그 수고에서 이런 관점을 제시한 바 있다. 하지만 근대 교환사회로 진입한 뒤로 노동사회 분업시스템에서의 갖가지 개인 노동은 필연적으로 인류의 추상적 노동으로 전환될 수밖에 없었다. 이는 개인을 사회관계의 노예로 만드는 단조로운 노동이자, 개인을 기계의 부품으로 전락시키는 노동이다. "노동은 추상적 자아 존재의 욕구를 만족시키기 위한 것이기 때문에 노동도 추상적일 수밖에 없다." 이러한 노동에서 개인은 자유로운 추상적 노동을 통해 자신과 자기 형식의 개성을 통찰하고 다른 사람들과 상

151　黑格爾, 『耶拿時期的實在哲學』, 第1卷, 197쪽.

대적인 존재로서의 자신을 통찰한다. 이러한 추상적 노동이 바로 이른바 노동의 공통성이다. 또는 각종 노동의 중립성이라는 말이 노동의 평균화를 가리키는 용어가 될 수도 있다. 이를 통해 노동은 비교를 진행하게 된다. 한편 어떤 개별 현실의 물건이나 화폐도 직접 이런 추상적 노동으로 전환될 수 있다. 여기서 헤겔의 이해는 이미 곧장 리카도의 수준에 도달했음을 알 수 있다. 그가 서술한 추상적 노동과 경제교환은 실제로는 대공업의 기계생산 과정에만 나타날 수 있기 때문이다.

> 노동에서 보편적이고 객관적인 것은 추상화(Abstraktion)의 과정에 존재하고 추상화는 수단과 욕구의 정교화를 유발한다. 그리고 이는 생산의 정교화를 유도하는 동시에 분업(Teilung der Arbeit)을 발생시킨다. 개인의 노동은 분업을 통해 더욱 단순해지고, 그 결과 그 추상적 노동(abstrakte Arbeit)에서의 기술이 향상되고 생산량도 증가된다. 동시에 이러한 기능과 수단의 추상화는 사람들 사이에 다른 욕구에서의 의존성과 상호관계(Abhängigkeit und die Wechselbeziehung)의 만족을 더욱 완성시켜 완전한 필연성(Notwendigkeit)이 되게 한다. 또한 생산의 추상화(Abstraktion des Produzierens)는 노동을 갈수록 더 기계화(mechanisch)하여 결국 사람은 떠나고 기계가 사람을 대신하게 만든다.[152]

헤겔은 사람과 사람 사이에 Bezeihung(연계)이라는 단어를 사용하고 있는데, 이는 나중에 마르크스에게 영향을 미쳤다. 헤겔이 여기서 토론하고 있는 분업은 스미스가 말한 의미에서의 공장 내부의 노동 분업을 가리킨다. 헤겔은 이러한 분업에서 노동의 추상성이 직접 지식을 회전축으로 한다는 사실을 깨달았다. 지식을 장악한다는 것은 어떤 형식의 노동을 기계에 전담시킬 수

---

152 黑格爾, 『法哲學原理』, 210쪽.

있다는 것을 의미하며 장악 대상의 행위는 갈수록 형식화된다. 기계가 주도하는 고지식함과 기계노동은 노동자들로 하여금 자신이 처한 노동 분업하에서 단편적인 노동 작업이라는 특징의 제한을 받게 한다. 노동은 단순해질수록 완전해지는 것이다. 나중에 마르크스는 『자본론』 및 그 수고에서 보다 높은 과학이론의 수준에 기초해 이를 보다 깊이 있게 토론했다. 나는 헤겔이 근대 기계생산의 본질을 대단히 민감하게 투시하고 있다고 생각한다. 물론 그는 이것이 추상적 노동에서의 절대정신을 직접적으로 현신한 것이라고 생각했다.

또 한 가지 지적하고 넘어가야 할 것은 헤겔이 '자연적 산물을 조형하는 직능적 산업'을 세 등급으로 구분했다는 점이다. 첫째는 수공업 등급, 즉 '비교적 구체적인 방식과 개인적 요구에 근거해 개별 욕구를 만족시키는 노동'이고, 둘째는 제조업 등급, 즉 '비교적 보편적인 개별 욕구를 만족시키기 위해 수행하는 비교적 추상적이고 집체적인 노동', 셋째는 상업 등급, 즉 '자잘한 제품에 대해 주로 화폐(Geld)라는 보편적인 교환수단(allgemeines Tauschmittel, 화폐에서는 모든 상품의 가치가 현실적이다)을 통해 이루어지는 상호 교환적 업종'이다.[153] 사실 상업과 앞의 두 가지 공업생산 과정은 완전히 다른 영역이다. 상업은 시장에서 공업생산물(상품)의 교환이 실현되는 과정이다. 상업에는 자연물에 대한 '조형'이 이루어지지 않는다.

여기서 보충 설명해야 할 부분은, 첫째, 헤겔이 노동 형태 자체의 발전을 발견하긴 했지만 그는 구체적 노동만을 전통 노동형식으로 보았기 때문에 근대 노동에서의 구체적 노동과 추상적 노동의 관계를 정확하게 이해하지 못했다는 점과, 둘째, 헤겔이 이미 시민사회에 근접했다고 생각한 노동의 '일반'은 대상화된 수동적인 것으로서 여러 가지 힘이 결합되어 작용한 객관적 결과이자 한 개체와 유적 주체가 소외된 새로운 차원으로서, 이로 인해 시민사회 전

---

153 같은 책, 214쪽 참조.

체의 맹목성과 자발성이 유발된다는 점이다. 동시에 헤겔은 노동대상으로 조성되는 경제소외의 객관적인 진보성을 충분히 긍정했다. 이 점에 있어 헤겔은 고전경제학과 일치한다. 양자 사이의 차이는 헤겔은 경제가 소외되는 역사의 일시적인 합리성을 긍정하는 데 비해, 고전경제학은 자연성과 영원성의 논증에 착안한다는 데 있다. 1844년까지 청년 마르크스는 처음에는 소외가 지닌 객관적 진보의 의미를 부정했다. 이는 무척 재미있으면서도 깊이 있는 대비라고 할 수 있다.

3) 경제의 맹목성과 자생성: 시민사회 배후의 이성의 간계

헤겔이 분업 교환상태에 처한 노동 일반을 포착했을 때는 이미 시민사회(bürgerliche Gesellschaft)[154]의 본질을 확정하고 있었다. 또한 헤겔은 시민사회의 "시민은 곧 부르주아 계급[Bürger(als bourgeois)][155]이라는" 사실을 깊이 있

---

154 bürgerliche Gesellschaft는 '부르주아 사회'로 번역되기도 한다. 이 단어와 영어의 civil society(시민사회) 사이에는 일정한 차이가 존재한다. 중국어판 마르크스·엥겔스 문헌에서 bürgerliche Gesellschaft라는 단어는 사용하는 맥락에 따라 '시민사회' 또는 '부르주아 사회'로 구별되어 번역되고 있다. 통상 1844년 이전의 문헌에서는 bürgerliche Gesellschaft라는 단어가 일반적으로 '시민사회'로 번역되지만 1845년 이후에는 대부분 '부르주아 사회'로 번역되고 일부 소수의 맥락에서만 '시민사회'로 번역된다. 한 가지 설명하고 넘어가야 할 것은 시민사회에 대한 헤겔의 사상이 포거슨의 『시민사회사론』으로부터 직접적인 영향을 받았다는 사실이다. 포거슨이 이해한 정치 법권 의미에서의 '시민사회(civil society)'와 헤겔이 고전경제학에서 답습한 경제유기체와 기초적 사회구조 의미에서의 bürgerliche Gesellschaft 사이에는 핵심적인 차이가 존재한다. 하지만 사상사에서 풍자적 의미를 갖는 사실은 헤겔이 포거슨의 저작을 읽고 수용할 때 바로 그 책의 독일어판 덕분에 게르만 학술계에 'bürgerliche Gesellschaft'라는 표현이 유행하게 되었고 당연히 인정을 받았다는 점이다. 헤겔의 '시민사회(bürgerliche Gesellschaft)' 사상의 또 다른 측면은, 그 사상이 중세 말기 이래 시민(자산가)의 흥기를 배경으로 칸트와 피히테가 창시한 독일 '시민사회' 분석의 맥락에서 로크와 몽테스키외의 국가와 시민사회 토론의 기초 위에 형성된 일종의 학리의 종합을 수용했다는 점이다. 칸트에게서는 시민사회가 일종의 사회역사 발전의 자연 이미지로 추상적으로 표현되고 있다. 마르크스의 문헌에서도 아주 드물게 Bourgeoisgesellschaft라는 단어가 나타난다. 이 역시 부르주아 사회를 지칭하는 단어로, 프랑스어에서 왔다는 것이 다를 뿐이다. 예컨대 마르크스는 『독일 이데올로기』 제2권에서 이 단어를 두 번 사용했다. Marx/Engels, *Die Deutsch Ideologie*, MEW, Bd. III(berlin: Dietz Verlag, 1969), S.194, S.233 참조.

155 黑格爾, 『法哲學原理』, 205쪽 참조. 헤겔은 여기서 전문적으로 프랑스어의 bourgeois를 인용했다. Georg Wilhelm Friderich Hegel, *Werke 7*, S.348 참조.

게 인식하고 있었다. 나는 헤겔의 이러한 전문적인 프랑스어 표기가 대단히 중요하다고 생각한다. 그는 뷔르거가 했던 bourgeois라는 말의 본질을 자각했던 것이다. 루카치는 『청년 헤겔과 자본주의 사회 문제』에서 이렇게 지적하고 있다.

> 헤겔은 독일 최초로 경제생활에 자체적인 법칙성이 존재한다고 인정한 사상가였다. 국가가 경제에서 발생하는 사회모순을 조정하고 완화시켜줄 것이라는 환상을 갖긴 했지만 그는 국가의 이러한 작용을 추상적인 디테일 제정과 경제활동 간섭의 강행, 행정명령을 통한 자본주의 사회의 경제법칙 취소 등으로 표현하지는 않았다.[156]

이는 무척 깊이 있는 판단이다. 헤겔은 고전경제학자들이 전제로 삼았던 부르주아 시민사회의 실현을 단순히 긍정한 것이 아니었다. 우리는 헤겔이 현실 역사의 정점에 서서 시민사회가 논리상으로는 "근대 세계(moderne Welt)에 형성되고 근대사회 최초로 모든 이념 규정이 제자리를 찾았다"라고 정의한 것을 확인할 수 있다. 시민사회는 절대이념이 근대 역사에 전개되고 객관적으로 실현된 것이라고 헤겔은 생각했던 것이다. 이는 일종의 역사의 긍정이라고 할 수 있다.

동시에 프로이센에 거주하고 있던 헤겔은 절대이념 전체라는 거시적 시각에서 시민사회를 윤리 실체 발전에서의 '분열 또는 현상(Phänomen)'[157]이라고 판단했다. 이 또한 초월적이고 비판적인 부정이다. 헤겔의 견해는 상당한 변증법적 성격을 지니고 있다. 그렇다면 그는 어떻게 이처럼 깊이 있는 통찰을 갖게 된 것일까?

---

156 盧卡奇, 『青年黑格爾』, 458쪽.
157 黑格爾, 『法哲學原理』, 41쪽 참조.

첫째, 헤겔은 시민사회가 개인을 가족의 결속에서 '끄집어내' 가족의 성원들을 서로 낯설게 하고, 아울러 그들 모두 독립적이고 자주적인 사람임을 인정하게' 하지만 '시민사회는 그들로 하여금 자연적인 생계수단(natürliche Erwerbsmittel)을 상실케 하고 가족 — 광의의 가족은 종족(Stamm)임 — 의 유대[158]를 해체하게 한다'는 사실을 발견했다. 이 모든 것은 또 사람들을 시장의 우연성에 지배되도록 만든다. 이에 따라 '개인은 시민사회의 자녀(Sohn der bürgerlichen Gesellschaft)가'[159] 된다. 헤겔에게는 결속이 관계보다 내밀한 혈연관계다. 시민사회는 사람과 사람 사이의 '종족' 유대를 해체시키고 그들로 하여금 자연경제에서의 생계수단을 상실해 시민사회의 도움을 받지 못하는 자녀가 되게 한다. 헤겔의 이러한 지적은 매우 깊이 있는 것임에 틀림없다. 마르크스는 나중에 부르주아 사회가 냉정한 금전관계로 정이 넘치는 친족적 관련을 대체했다고 지적한 바 있다.

둘째, 시민사회에서 발전되어 나온 공업은 사람들로 하여금 땅을 벗어나게 했고, '생활이 더 이상 땅과 제한된 범위의 시민생활에 고정되지 않게' 했다. 생활의 기초는 공업이 조성하는 '유동성'과 모험, 심지어 파괴로 대체되었다. 게다가 시민사회의 그런 이윤 추구로 인해 공업은 작위적인 관계의 가장 거대한 매개물을 통해 멀리 떨어진 국가들과 교통(Verkehr)[160]을 진행한다. 이 때문에 "상업도 이를 통해 세계사적 의미를 얻게 된다". 공업은 토지(부동산) 위의 응집적이고 유한한 존재를 타파했고, 이에 따라 사람들의 생활 기초는 일종의 유동성(동산) 위에 자리하게 되었다. 또한 이처럼 이윤을 추구하는 새로운 시장적 관계는 보다 광범위한 세계적 교통을 구축하게 된다. 나중에 『독일 이데올로기』와 『정치경제학 비판 요강』에서 마르크스는 헤겔의

---

158 같은 책, 243쪽.
159 같은 책, 241쪽.
160 같은 책, 241쪽 참조. 중역본에서는 Verkehr을 '교역'이라고 오역했지만 나는 '교통'으로 바꿔 번역했다. Georg Wilhelm Friderich Hegel, *Werke 7*, S.391 참조.

이러한 중요한 견해를 긍정적으로 평가했다.

셋째, 시민사회가 '순조로운 상태에 처해 있을 때'는 그 자체 내부에서 '인구와 공업 분야의 전진(fortschreitende Bevölkerung und Industrie)'을 하게 된다.

> 인간이 자신들의 욕구에 따라 형성한 관련(Zusammenhang)이 보편화될 뿐만 아니라 욕구를 만족시키는 수단의 준비와 제공방법도 보편화된다. 이리하여 한편으로는 부의 축적이 증강된다. 이 이중의 보편성이 최대 이윤을 발생시키기 때문이다. 다른 한편으로는 특수한 노동의 세분화와 국한화로 인해 이러한 종류의 노동에 속박된 계급적 의존성과 결핍도 점차 증대된다.[161]

이는 공업의 진보와 '광대한 군중의 생활'의 하락이 동시에 발생한다는 것을 의미한다. 또한 "생활자원은 노동을 통해(노동 기회의 부여를 통해) 생산량이 증가될 수 있다". 하지만 동시에 생산과잉을 유발할 수도 있다.[162] 헤겔은 Zusammenhang이라는 단어로 공동관계를 표현했다.

헤겔이 보기에 시민사회는 주체성이 해체되고 분산된 사유제 사회다. 이는 시장관계가 자발적으로 구성되는 경제시스템의 중요한 특징이다. 여기서 자발적인 필연성이 **무정부상태와 경쟁**으로 가는 길을 열게 된다.

> 시민사회에서는 모든 개인이 자신을 목적으로 하기 때문에 나머지 모든 사람은 의미가 없어진다. 하지만 개인에게 다른 사람과의 관계가 발생하지 않으면 그의 목적 전체를 달성할 수 없게 된다. 따라서 개인에게는 다른 사람들도 목표를 달성하기 위한 특수한 수단이 된다. 하지만 특수 목적은 타인과의 관계를 통해 보편적인 형식(Form der Allgemeinheit)을 취득하므로 타인의 복지를

---

161   黑格爾, 『法哲學原理』, 241쪽.
162   같은 책, 241쪽.

만족시키는 동시에 자신도 만족시킬 수 있다.[163]

이러한 관점은 얼핏 보면 흄과 스미스가 제시한 이기주의적 경제인의 직접적인 철학적 해석인 것처럼 보인다. "이기의 목적은 보편적으로 제약을 받는 실현 속에서 모든 영역에 서로 의존하는 제도(System allseitiger Abhägigkeit)를 구축하게 된다. 개인의 생활과 복지 및 그들이 획득하는 현존재(Desein)는 모두 여러 사람들의 생활과 복지, 권리와 서로 교직되어 하나가 된다. 이기의 보편적 목적들은 이러한 제도적인 기초 위에 수립되고, 동시에 이런 관련 속에서만 실현되고 의지할 수 있게 된다."[164] 이는 다음과 같은 연유에 기인한다.

> 개별적인 인간은 이러한 국가의 시민(Bürger)으로서는 사인(私人, Private Porsonen)이다. 이들은 모두 자체의 이익을 자기의 목적으로 삼는다. 이러한 목적은 보편물(Allgemeines)에 의해 매개되기 때문에 그들에게는 보편물이 일종의 수단으로 보인다. 따라서 그들이 이러한 목적에 도달하기 위해서는 보편적 방식(allgemeine Weise)으로 자신들의 지식과 의지, 활동을 규정함으로써 스스로 관련(Zusammenhang)의 사슬에서 한 마디가 되는 수밖에 없다.[165]

여기서 보편물이란 무엇일까? 이는 시민사회의 시장교환에서 **자발적으로** 형성되는 객관적이고 사물화된 '관련'이다. 독일어에서 Zusammenhang이라는 단어는 '관련'이라는 뜻을 갖고 있다. 헤겔이 이 단어를 특별히 시민사회에서 생성되는 사회활동 관련시스템에 사용한 것은 상당히 깊은 의미가 있다. 이 점도 나중에 마르크스에게 영향을 미쳤다.

헤겔이 이미 시민사회('부르주아 사회')가 자체 생성하는 두 가지 원칙을 인

---

163 같은 책, 197쪽.
164 같은 책, 198쪽.
165 같은 책, 201쪽.

식하고 있었다는 사실은 분명하다. 하나는 인간이 자신의 국부적인 이익에서 출발하기 때문에 '누구나 자신을 위한다'는 것이고, 하나는 개인 사이에 자발적으로 사회관계가 형성되어 원래는 '하느님이 모두를 위한다'는 생각이 '시장이 모두를 통제한다'는 생각으로 변했다는 것이다. 그가 보기에 시민사회의 본질은 실제로 부르주아 사회관계의 기능적 경제구조인 것이다. 헤겔은 이러한 사회에서는 모든 개인이 자신의 개인적 목적을 추구하는 것처럼 보이지만, 사람들이 활동한 결과로 나오는 객관적인 결과물은 오히려 모든 사람이 요구하지 않은 사회적 연관이고, 모든 개인은 자신의 일에서 의식적·무의식적으로 어떤 전체적 작업을 완성하게 된다고 지적했다. 따라서 개인은 전체적 작업을 완성하는 동시에 이미 정해진 자신의 작업을 완성하는 것이다. "전체가 개인의 생산물이 되면서 이 생산물을 위해 개인은 자신을 희생하게 되고, 바로 이런 이유 때문에 거꾸로 그 안에서 자아를 획득하는 것이다." 헤겔은 겉으로는 이기적인 것처럼 보이는 부르주아 사회의 사심과 재산소유권, 개인이 자신의 욕구를 만족시키기 위해 진행하는 노동과 도구 사용 등이 외형적으로는 개인이 타인에게서 분화되고 독립되는 것 같지만 실제로는 이 모든 것이 객관적으로 모종의 새로운 관련을 형성한다는 사실을 분명히 인식했다. 이는 인간의 활동으로 형성되지만 개인 의지로 전이되지 않는 객관적 사회연관이다. 여기서 사회생산과 인간은 모두 무조건적으로 매순간 생성되는 이러한 객관적 사회연관에 복종해야 한다. 이와 관련해서는 바로 앞 절에서 우리가 스미스 경제학 이론에 관해 설명한 내용을 참조할 수 있을 것이다. 여기서는 헤겔의 견해가 훨씬 더 깊이 있고 자각적이라는 것을 분명히 알 수 있다.

물론 헤겔은 시민사회에 이처럼 자발적으로 형성되는 전체적 사회연관이 사회보편성(이 역사단계에서 나타나는 절대관념의 물상형태)이 실현해야 하는 표현이자 그 절대적인 '하나'가 사회역사 발전 과정에서 나타나는 새로운 발전이라고 간주했다. 따라서 헤겔은 당연히 이를 적극적으로 긍정한 셈이다. 구체적으로 말하자면, 이런 입장은 두 가지 방향에서 더 자세히 관찰될 수 있다. 첫째로 구조적 역사 단면에서 볼 때, 이렇게 자발적으로 형성된 사회관계는 직접 근대사회의 본질로 체현된다. "사람들의 특수성이 가장 직접적으로 그들 자신의 욕구에 포함된다. 이러한 욕구를 만족시키는 능력은 사회관계 안에 존재한다. 사회관계가 바로 사람들이 모두 만족을 얻을 수 있는 공동의 부인 것이다." 하지만 일단 사회관계 안으로 들어서면 개인은 더 이상 자기 의지의 지배만 받는 것이 아니라 보편적 힘의 지배를 보다 깊이 있게 받는다. 둘째, 생각의 방향을 바꿔 사회역사의 통시적 시각으로 이를 고찰해보면 사람들의 사회생활 운동에서 이처럼 자발적으로 형성된 사회관계는 또 '이성의 간계'의 특성을 지닌 시민사회에서 직접적 표현이 되고, 이는 또 스미스가 말한 '보이지 않는 손'이 된다. 양자를 구별하는 방법은, 스미스의 '보이지 않는 손'은 구체적인 것으로서, 부르주아 사회 자유경쟁에서의 자발적 조절역량이지만, 헤겔의 사유는 경제학을 초월하는 더 거대한 역사철학의 이성 투시를 진행하고 있다는 점을 들 수 있다.

또한 우리는 시민사회에 관한 헤겔의 관점을 깊이 있게 이해해야만 특수노동과 일반노동, 구체적 노동과 추상적 노동과 연관된 그의 근대 노동가치론과 화폐의 이론을 보다 깊이 분석할 수 있다. 헤겔은 이미 시민사회의 본질, 즉 "개인의 노동(Arbeit) 및 다른 모든 사람들의 노동과 욕구의 만족을 통해 욕구가 매개(Vermittelung)를 거쳐 개인이 만족을 얻는다는 **욕구의 체계(System der Bedürfnisse)**"[166]를 인식하고 있었다. 여기서 개인의 특수노동에서 추상적 사회일반노동으로의 전환은 가장 핵심적인 한 걸음이다. 이에 관해 헤겔은 이렇게 인식했다.

> 욕구와 수단, 실재로서의 현존재(reelles Desein)는 일종의 타인을 위한 존재 (Sein für andere)가 되고, 타인의 욕구와 노동은 모두가 서로를 만족시키는 조

---

166 같은 책, 203쪽.

건이 된다. 욕구와 수단의 성질이 일종의 추상(Abstraktion)이 될 때, 추상도 개인들 사이의 상호관계(Beziehung der Individuen aufeinander)의 규정이 된다. 이러한 보편성은 인정된 것으로서 하나의 마디가 됨으로써 고립되고 추상적인 욕구와 만족의 수단이 전부 구체적, 즉 사회적인 것이 되게 한다.[167]

교환을 전제로 하는 시민사회에서 자신의 욕구를 만족시키기 위한 노동은 일종의 '남을 위한' 노동으로 표현되기 때문에, 이처럼 교환을 목표로 하는 노동은 그 최종 결과로 전면적인 대상성 관계에서의 경제의존 시스템을 수립하게 된다. 스미스의 눈에 비친 이기적인 제빵사와 재봉사의 이야기가 그렇다. 모든 개인은 시장에서의 물건과 물건의 교환을 통해서만 사회연계를 진행할 수 있고, 시장에서의 상품유통을 통해서만 상품에 물화된 각종 노동의 가치가 비교되고 실현될 수 있다. 이처럼 사회관계의 실질은 물질의 외피를 걸친 가치관계(Verhältnis)다. 이러한 추상적 관계가 지배적 힘, 즉 시장사회에서의 지배적 지위를 갖게 된다.

동시에 헤겔에게는 가치관계가 구체적 노동이 추상적 노동으로 변화된 결과이고, 시장시스템에서 전통적인 실물경제를 배제한 결과다. 여기서 점유는 대량으로 교환 과정에 처해 있는 사람을 통해 실현되고, 가치는 재물의 실현이 된다. 시장에서의 교환관계에서 노동자는 구체적 노동의 물질적 내용에서 벗어나기 때문에 "그의 힘은 분석되고 추상되면서 수많은 추상요소에 근거해 구체적인 노동에 대해 해석을 진행하게 된다". 헤겔이 보기에 가치는 한 가지 물건의 또 다른 물건에 대한 추상이지만, 근대 시민사회의 교환영역에 있어야만 이러한 등식이 출현할 수 있다. "타인이 팔고자 하는 물건이 있어야만 나는 이런 등식을 만든다. 물건에 존재하는 이런 내재적 등식이 바로 가치다." 『인륜의 체계』라는 책에서 헤겔은 가치 자체가 일종의 추상적 등식이자

---

167 같은 책, 209쪽.

이상에 맞는 척도이지만 실제로 나타나는 절대관념의 척도는 가격이라고 밝혔다. 한 걸음 더 나아가서 얘기하자면, 욕구를 물질로 간주하는 이러한 각종 형식을 갖춘 연구는 자신의 개념, 즉 추상을 실현해야 하고, 이러한 연구들 공통의 개념은 물질 자체여야 하지만 그 물질은 반드시 공통적인 것이어야 한다. 화폐가 바로 이러한 물질의 개념으로서, 욕구와 관련된 모든 물질의 통일된 형식 또는 가능한 형식이라 할 수 있다. 이리하여 가치에서 화폐로 넘어가게 된다.

헤겔에게는 화폐(Geld)가 다음과 같은 논리에서 등장한다. 시장의 작동에서 상품은 교환을 통해서만 화폐로 실현되고, 상품을 가지고 있는 사람의 주체성도 사회적 인정을 받게 된다. 화폐가 공통의 상품이긴 하지만 일종의 추상적 가치 자체로서 어떤 특수한 욕구를 만족시키지는 못한다. 화폐는 그저 구매에 필요한 특수물품으로 쓰이는 공동수단일 뿐이다. "화폐의 용도는 매개성일 뿐이다." 헤겔은 이미 시민사회에서 화폐가 인간을 지배할 수 있는 권력은 화폐가 상품으로서 교역 중에 실현하는 물적 연계를 보증할 수 있다는 데서 발생하고 이를 바탕으로 상품 점유자의 지위를 결정한다는 점을 인식했다. 시민사회에서 화폐는 상품교환에서 두각을 나타낸다. 원래 화폐는 그저 매개물로 등장한 추상적 가치관계였으나 지금은 지배적 지위를 점한 존재로 부상했다. 이처럼 화폐는 진정한 **주체**가 되었다. 확실히 시장교환의 실질은 '추상적' 존재가 **지배적 역량**을 갖는 것이지만(이것이 헤겔이 긍정하려던 것이다) 여전히 물적 형식으로 표현되기 때문에 필연적으로 **전도된** 형식으로 물질에 대한 숭배를 표현한다. 헤겔의 전체 논리 과정에서 이는 사회역사 과정에서의 절대정신의 최후의 형태적 소외다. 노동은 이미 추상화된 일반노동이고 가치는 이미 노동에 대한 '관념' 추상이 되었으며 화폐는 이미 이러한 정신 관념의 물적 형식이 되어버렸다. 인간이 금전에 **빠졌다**는 것은 일종의 오인이자 가정의 소외였다. 따라서 금전관계는 인류가 새로운 사회생활에서 창조한 전면적인 의존의 총체이기 때문에 필연적으로 새로운 물질(경제)의 의존성으로 표현된다. 이 점이 고전경제학 운용에서의 중요한 전제였는데, 마음속에 줄곧 비판적 관념현상학을 갖추고 있던 헤겔은 이를 단호하게 부정했다.

이에 대해 나는 기본적으로 이러한 가치에 찬성한다. 즉, 화폐의 실질에 대한 헤겔의 판단이 마르크스 이전에 정치경제학에 대한 성찰의 절정이라고 생각한다.[168] 하지만 헤겔의 이러한 사상을 마르크스가 정확하게 이해한 것은 1845년 이후, 특히 1857~1858년 사이에 있었던 제3차 경제연구 이후[169]의 일이다. 과거에 우리는 마르크스의 『자본론』에 헤겔이 미친 영향을 논하긴 했지만, 통상적으로 방법론상의 '추상에서 구체로'의 변증법적 논리를 거론했다. 하지만 깊이 있는 역사철학의 의미에서 마르크스의 역사현상학은 헤겔의 관념현상학과도 상통한다.

4) 전도된 철학논리와 경제세계: 헤겔의 정치경제학 비판

모두 아는 바와 같이 헤겔 철학은 관념이 객관세계의 본질인, 전도된 세계관이다. 과거에 우리는 항상 철학유물론의 비판척도에서 이런 세계 그림의 기본적 허위성을 비판했고, 이런 방법은 합리적이었다. 하지만 우리는 한 걸음 더 나아가 사회역사 현실의 차원에서 이러한 오류를 유발하는 보다 깊은 차원의 원인을 찾아내진 못했다. 나는 이러한 오류를 발생시키는 가장 중요한 원인 가운데 하나가 부르주아 사회의 경제 과정에 대한 헤겔의 오해라는 사실을 발견했다. 재미있는 것은 헤겔이 실제로 일정한 의미에서 시민사회(부르주아 사회)가 일종의 전도된 사회라는 사실을 절실하게 인식하고 있었다는 점이다. 이는 첫째, 시민사회에서는 추상(일반노동 - 가치 - 화폐)이 통치자가 된다는 현실이 있고, 이것이 한 걸음 더 나아가 헤겔 추상적 관념결정론이 현실에서

우수하다는 것을 확증하기 때문이다. 이러한 객관적 관념론은 리카도의 대공업과 발달된 화폐경제에 대한 인식의 오류를 지적한 것이다. 둘째, 시민사회에서 이러한 보편성이 지배 역량이 되는 것은 맹목적인 경제 과정이 자발적으로 실현되는 것이다. 따라서 헤겔은 필연적으로 이러한 경제적 필연성을 부정했다. 그는 절대이념의 보편윤리가 실현되는 자유왕국을 기대했기 때문이다. 셋째, 시민사회에서 관념결정론은 또 상품과 화폐 같은 물질이 전도되는 형식으로 표현된다. 헤겔은 당연히 정신이 전도되어 거꾸로 사회의 재물로 추락하는 것을 계속 반대하면서 어떤 형식의 **물신숭배**도 거부했다.

한 가지 지적하고 싶은 것은 헤겔의 『정신현상학』이 실제로는 일부 개인의식(대중의 상식적 경험)의 현상학이라는 점이다. 칸트가 기초를 놓은 인식현상학의 본의는 기존의 경험상식에서 철학의식 ― 이성적 비판으로 심화되는 것이다. 철학의식은 비판을 통해 이러한 상식에서 전도된 세계(verkehrte Welt)로 환원된다. 헤겔의 『정신현상학』은 개인의식에서 전도된 그림이 재전도된 것이다.[170] 헤겔의 『정신현상학』은 우리에게 개인의 눈에 비친 감성적 물질세계가 실제로는 허상임을 말해준다. 감성적 물질세계는 자기의식이 이성 관념에 근거하여 구성되는 것이기 때문이다. 『정신현상학』은 개별에서 특수를 거쳐 다시 일반(즉, 객관감성 ― 자기의식 ― 이념)으로, 개별적인 '다수'에서 일반적인 '하나'로(부정적인 구체에서 추상으로) 변화하는 현상의 거짓을 증명하는 과정이다. 하지만 헤겔 철학체계의 총체적 논리는 여전히 유적 주체(절대관념)의 자기인식의 현상학이다. 논리학에서의 '하느님의 성채'(유적 관념 본체)는 소외되고 전도되어 물성(物性) 자연으로 표현되고, 사회역사, 즉 제2의 자연은 노동의 외화를 통해 현실적 인간의 소외를 유발한다. 특히 시민사회는 현실적으로 전도된 세계다. 이는 일반에서 개별로(추상에서 구체로) 형성된, 또한 개인(개별)과 개인 사이에 자발적으로 형성된 시민사회(관계)다. 하

---

170   伽達默爾, 『伽達默爾論黑格爾』, 張志偉譯(光明日報出版社, 1992), 2章 참조.

지만 이념관계(추상적 일반관념)의 대상화는 경제학에서 구체적으로 노동-가치-화폐(신용)로 표현된다. 이것이 현실 속의 '하나'다. 물론 헤겔이 말하는 전도는 우리의 이해와 상반된다. 그가 보기에는 관념이 세계의 본질이지만 물질로 전도되어 표현되고 있는 것이다. 자각적인 이성 목적은 역사 자체의 법칙이지만 이는 무수한 개인 주체(격정적 이기자)들의 맹목적인 운동에서 비자각적인 보편적 현실로 표현된다. 바로 이런 의미에서 헤겔은 시민사회 및 그 이론상의 표상인 정치경제학에 대해 비판적인 태도를 보이는 것이다. 동시에 방법론상에서 기성성은 현상학 부정의 전제이고 시민사회의 기성성을 긍정하는 것은 부르주아 고전경제학의 기초적 원칙(이는 고전경제학의 비역사적이고 무비판적인 인식론의 근원인 동시에 고전경제학의 심층적 역사유물론의 기초다)이기 때문에 헤겔이 초월적으로 고전경제학을 비판하는 것은 논리적 필연이다.

상술한 내용을 종합하자면, 헤겔이 보기에 시민사회는 교환 속에서의 자발적인 연결이다. 사람들의 노동생산이 사회에 도움을 제공하는 원인은 이타심이 아니라 이기심인 것이다. 욕구는 욕구를 가진 사람에게서 직접 발생되는 것이 아니라 오히려 그러한 시도 속에서 이윤을 얻은 사람들이 만들어내는 것이다. 이러한 견해는 스미스와 유사한 관점이라 할 수 있다. 고전경제학에서 사유제 조건하의 개인은 자유경쟁에서 자발적으로 서로의 관련을 형성하며 또한 수동적이기 때문이다. 이래야 자연적인 경제법칙이 생길 수 있다. 스미스의 경제인은 개인의 이익을 위해 노동하지만 객관적으로는 사회 전체의 복지를 증진시킨다. 사회 복지의 증진은 개인의 이익을 추구한 후에 일어나지만, 개인은 '보이지 않는 손'에 의해 통제를 받는다. 이는 '모든 사람은 자신을 위하고 하느님은 모두를 위하는' 상황의 또 다른 재현인 것 같다. 동시에 이러한 '보이지 않는 손'이라는 사회의 자발적 조직은 봉건경제에서의 외재적인 강제적 '타조직'이 아니라 실제로 부르주아 사회 경제에서의 자유경쟁에 나타나는 자발적인 노력이다. 개인은 알지도 못하고 관심도 없지만 총체를 실현하고 있다. 얼핏 보기에는 '이성의 간계(List der Vernunft)'라는 의미에서 헤겔이 스미스에 찬동하는 것처럼 보이지만 실질적으로 헤겔은 보다 깊은 차원에서 이 점에 반대했다.

그렇다면 이런 견해의 근거는 무엇인가? 멀리 거리를 두고 보자면 헤겔은 사실 부르주아 근대 계몽사상 자연법의 개인주의 관점에 찬성하지 않았다. 이 점은 스미스가 흄을 계승하는 이론의 출발점이었다. 절대이념을 실현하려는 헤겔의 가치의 좌표는 총체적인 보편윤리, 즉 자각적인 절대선을 지향하고 있었다. 하지만 시민사회에서 이러한 욕구와 노동의 체계는 실질적으로 보편윤리의 부정물로 나타난다.[171] 그는 "이러한 관념은 인간이 이른바 자연상태에 있으면서 생활이 자유롭다고 말하는 것과 같다. 자연 상태에서 인간은 이른바 간단한 자연적 욕구(Naturbedürfnisse)만 갖고 있다. 욕구를 만족시키기 위해서는 자연의 우연성을 이용해 직접 그에게 수단을 제공하기만 하면 된다"라고 분석했다.[172] 이것이 스미스가 말한 시민사회의 본질이다. 하지만 헤겔은 시장경제에서 "공동의 것으로 된 욕구와 노동은 인구가 많은 민족에서 공공성과 상호의존성을 지닌 방대한 시스템을 형성하는데, 이 시스템 자체는 내부로부터 죽은 물질의 생명이 되고, 항상 엄격한 훈련과 통제를 필요로 하는 맹수처럼 맹목적이고 자발적으로 달려가는 생명이 된다"[173]라고 생각했다. 이는 물질이익이 개인의 목적이 되고 절대관념은 그저 일종의 맹목적인 '열정'과 물욕에서 자발적으로 드러나지 않는 지배 작용을 하기 때문이다. 이는 개인이 상호부정(투쟁) 속에서 물화된 관계에 굴종하는 것으로 표현되고, 점차 양화되는 재물의 추구라는 '악무한'[174] 속에서 근본적으로 주체를 상실하게 된다! "이러한 현실체계는 완전히 부정성과 무궁무진함에 처하기

---

171 黑格爾, 「論自然法的行爲方法」, 『黑格爾全集』, 第4卷(漢堡 1968), 479쪽 참조.
172 黑格爾, 『法哲學原理』, 208쪽.
173 黑格爾, 『耶拿時期的實在哲學』, 第1卷, 232~233쪽.
174 헤겔 철학에서 한없이 나아가는 운동 과정을 이르는 말. 궁극에 끝없이 접근하려 하지만 끝내 접근하지 못하는 진행을 이른다. '네이버 사전' 참조 _옮긴이

때문에 그것과 긍정적인 것의 총체관계를 놓고 말하자면, 결과는 이 현실체계가 긍정적인 총체의 완전히 부정적인 대접을 받고 영원히 이러한 관계의 지배에 굴종하게 되는 것이다.”[175] 이는 여전히 일종의 전도다! 이러한 정신과 사회재물의 전도는 필연적으로 “시민사회를 개인적 이익을 추구하기 위한 전장, 모든 사람이 모든 사람에 반대하는(alle gegen alle) 전장이 되게 만든다. 마찬가지로 시민사회도 개인의 이익과 특수 공공사무가 충돌하는 무대가 된다”.[176] 이처럼 시민사회는 사회질서처럼 보이지만 실제로는 보편적인 원한이고, 이러한 원한의 그물 속에서 모든 사람은 자신이 지배할 수 있는 모든 것을 지배한다. 이런 질서가 사물의 전체 발전 과정에 속하고 끊임없이 진보하는 외표를 드러내지만 이러한 진보는 허위의 보편성에 지나지 않는다. ‘화려한 두루마기’ 같지만 실상은 ‘그 위에는 이가 득실거리고 있는’ 것과 같다.

둘째, 이러한 시민사회에서 “공장과 수공업 작업장은 모두 자신의 존재를 계급적 빈곤의 기초 위에 세우고 있다”. 헤겔은 이를 ‘노동자 생활의 비인간화’ 과정이라고 칭했다. 그의 생각은 이랬다.

노동의 가치는 노동생산의 효율이 향상됨에 따라 동일한 비율로 하락한다. 노동은 절대적으로 갈수록 더 죽어갈 수밖에 없다. 노동이 기계의 노동이 되고 개인은 자신의 기능에 극도의 제한을 받는다. 그리고 공장 노동자들의 의식은 극단적으로 우둔한 상대로 하락한다. 개별방식의 노동과 전체적인 무제한의 대량 욕구 사이의 연계는 완전히 보이지 않아 맹목적인 의존성이 발생하고 계급 전체가 생존을 위한 노동에 갑작스러운 제한을 받아 남아도는 무용지물로 전락한다.[177]

---

175 黑格爾, 「論自然法的行爲方法」, 450쪽.
176 黑格爾, 『法哲學原理』, 309쪽.
177 宋祖良, 『靑年黑格爾的哲學思想』, 177~178쪽에서 재인용.

물질적 부는 흡인의 중심이기 때문에 그 작용력 범위 안에 있는 모든 것을 그 주변으로 끌어들인다. 큰 물고기가 작은 물고기를 삼키는 것과 마찬가지다. 부를 가진 사람은 갈수록 부가 늘어나고 동시에 물질 추구가 이러한 "빈부 격차를 유도한다. 이런 욕구와 필연성이 희망을 산산조각 내 내부적 분노와 원한을 변질시키는 것이다".[178] 헤겔은 필요의 간섭이 없다면 시민사회는 자기멸망으로 흐를 것이라는 점을 인식했다. "빈곤을 어떻게 해결할 것인가라는 것은 근대사회를 고뇌하게 만드는 가장 중요한 문제다."[179]

헤겔이 보기에 시민사회의 '보이지 않는 손'은 경제 대상화에서의 절대정신에 불과했고 그가 시도하는 최종 결과물은 정신의 '보이는 손'이었다. 따라서 헤겔은 스미스를 단순히 철학적으로 승화시킨 것이 아니라 보다 깊이 있게 초월하고 비판했던 것이다. 헤겔은 한편으로는 고전경제학이 물질(상품경제 - 시민사회)에서 드러낸 맹목적인 필연성과 외부적 힘을 충분히 긍정했지만, 다른 한편으로는 일종의 주체의 자각적 자유를 요구했다. 왜냐하면 헤겔이 보기에, 모든 생물은 주체이지만 주체는 정신적 존재의 가능성을 가지고 있을 뿐이다. 그러나 인간은 일반 생물과 완전히 다르다.

> 인간은 이러한 주체성을 의식하는 주체다. 인간에게서 나는 나 자신을 인식하기 때문이다. 인간은 자신의 대자적 존재(Fürsichsein)의 그 자유로운 단일성을 의식한다. …… 인간은 무한한 것과 완전히 유한한 것의 통일, 일정한 경계와 완전한 무경계의 통일을 포함하고 있다.[180]

따라서 인간 존재에서 시민사회의 자연필연성(Naturnotwendigkeit)은 정신주체가 발전하는 상태의 전사(前史)일 뿐으로, 그 지위는 전면적인 자각적 자

---

178 黑格爾, 『法哲學原理』, 245쪽.
179 같은 책, 245쪽.
180 같은 책, 46쪽.

유왕국을 향해 나아가야 한다. 물론 사회 차원에서 이러한 자유와 자각은 인류 개인을 통해 실현되고 자각적인 보편윤리가 대표하는 국가와 법에 의해 실현된다. 원인은 다음과 같다.

> 자유로운 국가는 윤리적 총체이자 자유의 현실화다. 그리고 자유가 현실이 되는 것은 이성의 절대 목적이다. 국가는 지상의 정신이고, 이러한 정신은 세계에서 의식적으로 자신을 실재가 되게 한다. 자연계에서는 정신은 자신의 타자로서만 자신을 …… 실현할 수 있다.[181]

국가와 법이 총체적으로 절대정신의 진정한 자각을 체현하고 있음을 쉽게 알 수 있다. 국가와 법이 있어야만 시민사회의 부정적인 윤리분열을 소멸시킬 수 있고 '그것이 양(量)과 관계 맺는 것을 막을 수 있을 뿐 아니라 갈수록 큰 차이와 불평등이 형성되는 것도 막을 수 있으며', 생산과 사회생활의 맹목성을 진정으로 없앨 수 있고 자각적으로 '개별물과 보편물의 통일'을 실현할 수 있다. 일부 학자들은 이미 여기서의 헤겔의 관점이 실제로는 '계획경제 사상에 대단히 근접해 있다'는 견해를 제시한 바 있다.[182] 이는 헤겔이 고전경제학에서 말하는 시민사회가 국가와 법을 결정한다는 유물론적 역사관처럼 보이는 법칙을 반대한 중요한 이유이기도 하다. 하지만 프로이센에 있던 헤겔은 여기서 회화적 수법으로 봉건적 국가가 절대윤리를 대체하는 것을 지적했다. 물론 헤겔은 결국 예술과 종교, 철학에서 외화되지 않았던 자유와 절대적 무한 - 절대관념에 도달했다. 이것이 겹겹의 복잡한 길을 넘고 돌아서 헤겔이 돌아온 마지막 귀착점인 객관적 관념론이자 최대의 역사적 관념론이다.

헤겔과 고전경제학의 관계는 진지하게 연구해볼 가치가 있다. 그람시는 마

---

181 같은 책, 258쪽.
182 柏耶爾, 「黑格爾的實踐概念」, 『國外黑格爾哲學新論』(中國社會科學出版社, 1982), 9쪽.

르크스의 유물론이 '헤겔과 리카도를 더한 것' 같다는 지나치게 단순하고 과장된 견해를 제시하긴 했지만[183] 이 견해는 이 가려진 이론의 단서를 진지하게 드러내 헤겔의 철학 담론을 좀 더 진지하게 이해할 것을 우리에게 요구한 셈이었다. 청년 마르크스는 1845년 헤겔을 조우하고 철학적 전제에서 헤겔을 직접 부정했지만, 1845년 이후에(특히 『정치경제학 비판 요강』과 『자본론』 등 경제학 수고에서) 마르크스는 헤겔의 비판적 역사변증법을 대면하고 새롭게 수용했다는 점이다. 중요한 것은 우리가 최초로 이 두 가지 비판적 맥락의 중요한 이질성을 분명하게 구별했다는 사실이다.

3. 가려진 단서 3: 부르주아 사회에 대한 직접 비판으로서의 경제철학 논리

앞 절에서 우리는 철학자 헤겔의 고전경제학에 대한 이론적 승화와 총체적인 부정을 확인했다. 이는 객관적 이성주의의 역사비판 사유라고 할 수 있다. 이어서 우리는 또 다른 복잡한 지평에서 오는 부르주아 사회의 경제관계에 대한 비판의 단서를 살펴보기로 한다. 우리는 이러한 비판이 투사하는 시각이든 담론의 정치적 입장이든 간에 아주 중요한 이질적 맥락을 구성한다는 것을 알 수 있다. 즉, 이러한 시각이 정확하게 부르주아 사회의 영원성을 부정하지만 철학적 역사관의 심층 논리에서는 앞에서 고찰한 경제학 맥락보다 뒤로 크게 물러서 있는 것이다. 한 가지 지적하고 넘어가야 할 것은 이러한 단서들이 새롭게 드러내는 이론 맥락을 따라가다 보면 처음 경제학 연구에 들어선 청년 마르크스와 우리 사이의 거리가 크게 좁혀진다는 점이다.

---

183 『葛蘭西文選』, 中共中央馬克思恩格斯列寧斯大林著作編譯局譯(人民出版社, 1992), 476쪽 참조.

1) 경제학 낭만주의의 주체적 심판

여기서 먼저 거론할 인물은 프랑스의 유명 경제학자인 시스몽디다.[184] 19세기 초『상업적 부를 논함』이라는 책을 출판했을 당시만 해도 시스몽디는 스미스의 신도였지만, 1819년『정치경제학 신원리』를 출간했을 때는 이미 고전경제학의 반대자이자 비판적 이론가로 변모했다. 나중에 마르크스가 내린 경제학에서의 자리매김에 따르면 시스몽디는 프랑스 고전경제학의 종결자이자 부르주아 전체 고전경제학에 마침표를 찍은 인물이다. "리카도에게서 정치경제학이 무정하게 마지막 결론을 내리고 끝을 맺었다면, 시스몽디는 정치경제학의 자체에 대한 회의를 표현했고, 이를 통해 그 결론을 보충했다고 할 수 있다."[185] 시스몽디는 프티부르주아의 입장에 서서 부르주아 사회 생산양식에 존재하는 사회모순을 폭로했다. "시스몽디는 이러한 모순을 감지했기 때문에 정치경제학에 한 획을 그을 수 있었던 것이다."[186]

하지만 고전경제학 방법론의 철학적 틀과 마찬가지로 시스몽디의 경제학에 내포된 철학 담론을 진지하게 해독한 학자가 거의 없다는 점에 대해서는 설명할 필요가 있다. 이는 시스몽디 경제학에 감춰진 철학적 의향도 드러나지 않았다는 것을 의미한다. 총체적으로 볼 때, 정치경제학을 '개인적 부'의 관심물로만 간주했던 스미스나 리카도와 달리, 시스몽디는 정치경제학이 인간을 중심으로 하여 '우리가 인류를 위해 복지를 도모하는 이론'이 되어야 한다고 주장했다. 정확히 말하자면 시스몽디의 중심축이 된 인간은 이상화의 소생산자였다. 시스몽디의 이론 지향은 사람들로 하여금 부르주아 계몽사상에 반대했던 프랑스 신학자 파스칼[187]의 깊이 있고 반동적인 모습을 연상케 한다. 시스

184　장 샤를 레오나르 드 시스몽디(Jean Charles Léonard Simonde de Sismondi, 1773~1842), 프랑스 경제학자. 주요 논저로『토스카나의 농업』(1801),『상업적 부를 논함』(1803),『정치경제학 신원리』(1819),『정치경제학 연구』1~2권(1838) 등이 있다.

185　『馬克思恩格斯全集』, 第13卷, 51쪽.

186　馬克思,『剩餘價値理論』第3卷(人民出版社, 1975), 301쪽.

몽디가 사회역사의 출발점을 관찰하고 부르주아 사회의 척도를 부정한 것은 주체를 또 한 번 전도했기 때문이다. 객관적인 발전 과정의 역사필연성('존재') 척도로 부르주아 사회를 비판했던 헤겔과 달리, 시스몽디는 프티부르주아 개인 주체의 주관적 윤리('당위')라는 아주 좁은 시야를 갖고 있었다. 고전경제학은 부르주아 사회를 자연적 제도로 간주하지만 시스몽디는 소생산을 천연의 제도로 간주했다. 리카도가 근대 객관 사회적 노동에서 대상화된 사회구조와 운동법칙으로 나아갔다면, 시스몽디는 개인의 주체적 노동에서 철학에서의 추상적 인간으로 나아갔다고 할 수 있다. 철학역사관의 심층에서 볼 때, 헤겔이 고전경제학을 반대한 것이 객관주의적 자기비판이었다면, 시스몽디가 리카도를 반대한 것은 일종의 주관주의로 객관주의에 반대한 투쟁이라고 할 수 있다. 리카도가 부르주아 사회 경제활동과 이 사회구조의 내재 연계가 무엇인지를 분석했다면, 시스몽디는 우리에게 사회역사 현실이 어떠해야 하고 어떠하면 안되는지를 말해준다고 할 수 있다. 이것이 바로 로서가 비판한 대상이다. 시스몽디의 내재논리는 주체윤리 원칙 위에 세워진 가치설정이었다. 이런 의미에서 볼 때, 시스몽디 정치경제학 배후의 철학역사관은 다소 낙후된 것으로서, 전체 부르주아 정치경제학의 사회유물론과 비교할 때 정치경제학 이론방법론 가운데 드러나지 않는 관념론 사관이라 할 수 있다. 이는 아마도 과거 경제학자들이 의식하지 못했던 문제일 것이다. 하지만 이 점이 우리가 1844년의 마르크스 사유 맥락을 정확히 이해하는 데 있어서는 대단히 중요하다.

우선 이론의 출발점과 방법론 원칙의 문제다. 시스몽디가 보기에 스미스와 리카도 등은 아직 구별이 가능했다. 방법론에 있어 스미스는 "먼저 이론을 찾고 나중에 모든 사실을 이 이론의 틀에 넣은 것이 아니라 정치학을 하나의 실험과학으로 간주했다. 그는 완전히 각 민족의 역사를 기초로 하고 사실에

---

187 블레즈 파스칼(Blaise Pascal, 1623~1662), 프랑스 수학자이자 물리학자이며 종교철학자였다. 저서로 『수상록』이 있다.

대해 세밀한 관찰을 진행한 뒤에야 원리를 귀납해냈다".[188] 특히 "그는 사실과 연계가 있는 각종 객관적 정황을 무시하지 않았을 뿐 아니라 국민의 행복에 영향을 미칠 수 있는 각종 결과도 무시하지 않았다".[189] 이런 견해는 정확했다. 하지만 시스몽디는 정치경제학이 '숫자 계산에 파묻히는 과학'으로 그쳐서는 안 되고 '사회과학'으로서 정치경제학이 해결해야 할 문제가 다른 자연과학에 비해 훨씬 많다고 생각했다. 동시에 "이러한 문제에는 이지(理智)가 필요한 것과 마찬가지로 양심도 필요하다"[190]라고 생각했다. 분명한 것은 모두 사회과학의 복잡성을 논술했고 리카도, 심지어 세는 사회생활 자체의 객관성을 강조했지만, 시스몽디는 '양심'을 내세웠다는 것이다. 윤리가치에서 인류 주체가 진행하는 이론의 투사는 시스몽디 논단의 중요한 특징으로서, 이로 인해 시스몽디와 부르주아 정치경제학은 출발점부터 근본적으로 달랐다.

마찬가지로 이러한 주관적 자리매김에서 출발해 시스몽디는 부르주아 고전경제학을 이상하게도 '철학자들의 사상체계'라고 칭했다. 시스몽디가 보기에 스미스의 약간 인간미 있는 철학(도덕 감정과 경제인)은 그의 신도들에 의해 '추상적인' 물성 이론으로 변했다.[191] 시스몽디가 열거한 심판 명단은 우리가 앞에서 본 것과 기본적으로 일치한다. 그 가운데는 리카도와 세, 매컬릭, 시니어 등이 포함된다. 마찬가지로 의심의 여지가 없는 것은 그가 고전경제학과 속류경제학을 구분하지 못했다는 사실이다. 시스몽디가 특별히 스미스의 '나쁜 학생' 리카도를 비판한 것은 "애당초 인간의 문제를 고려하지 않고 이 과학의 목적이 부를 무한히 증가시키는 것이라고 생각했기 때문이다".[192] 시스몽디는 약간 감상적으로 리카도가 "인간을 망각했다. 하지만 부는 인간에게 속한 것이고 인간이 누리는 것"[193]이라고 말했다. 시스몽디가 보기에 인

---

188   西斯蒙第, 『政治經濟學新原理』, 何欽譯(商務印書館, 1964), 43쪽.
189   같은 책, 47쪽.
190   같은 책, 13쪽 참조.
191   같은 책, 46쪽 참조.
192   같은 책, 497쪽.

간의 소비가 경제활동의 목적이어야 하고 생산은 소비를 만족시키기 위한 수단에 불과하므로 분배는 생산과 소비 사이의 중재자였다. 그는 소비가 생산을 결정한다고 주장했다. 이러한 관점은 한 세기가 지나 보드리야르[194]에 의해 또 다른 극단적 형식으로 표현되었다. 분명한 것은 생산을 위해 생산한다는 리카도의 객관주의 출발점과 달리 시스몽디의 출발점은 인류 주체의 소비였다는 사실이다. 시스몽디는, 인간이라는 주체에서 벗어났기 때문에 스미스의 이론은 리카도의 손에서 추상으로 빠지고 말았다고 생각했다. 객관적으로 말해 이러한 판단은 적합하다.

하지만 시스몽디에게는 '추상'이 폄하의 의미를 갖는 단어다. 즉, 인류 주체에 대한 무관심이나 물성이라는 의미이자, 심지어 반인간적이고 비인간적이라는 의미다. 이 점을 기억하는 것은 무척 중요하다. 우리가 뒤에서 청년 마르크스의 『파리 노트』를 독해할 때 이 중요한 맥락을 만나기 때문이다. 리카도 등의 정치경제학 이론은 시스몽디에 의해 비인간적인 '재화학파'로 인식되었다. 이러한 이론은 단지 '추상적으로 부의 증강을 추구하기' 때문이다. 그들은 사회를 대할 때 그저 사회를 부의 퇴적물로 보면서 '눈길을 사물의 추상적 성질에 고정시키고' 이 사회를 조직한 인류 주체를 무시한다. '재화학파'의 척도로 보면, '부가 모든 것이고 인간은 언급할 가치도 없는 것'[195]이 되고 만다. 한마디로 말해 '사람은 보지 않고 물질만 보는 것이다!'[196] 그리고 보니 마오쩌둥이 1960년대에 소련의 『정치경제학 교과서』에 주석을 달면서 이와 똑같은 단어를 사용했던 것이 생각난다. 이는 아마도 우연이 아닐 것이다. 물질 때문에 개인이 개미처럼 미천해져 임의로 희생당하고 쉽게 밟히고 만다. 그리고

---

193 같은 책, 47쪽.
194 장 보드리야르(Jean Baudrillard, 1929~2006), 프랑스의 유명한 사상가다. 대표 저서로 『물 체계』(1968), 『소비사회』(1970), 『부호정치경제학 비판』(1972), 『생산의 거울』(1973), 『상징교환과 죽음』(1976), 『모방된 진실과 상상』(1978), 『유혹을 논함』(1979) 등이 있다.
195 西斯蒙第, 『政治經濟學新原理』, 457쪽 참조.
196 西斯蒙第, 『政治經濟學研究』 第1卷, 胡堯步譯(商務印書館, 1989), 5쪽.

'이런 개인의 희생은 위대한 추상을 위한 것'이다. 시스몽디에게는 인간에게 관심을 갖는 정치경제학 학설은 구체적이어야(주체로 읽힐 수 있어야) 하는 반면, 인류사회생활의 객관적 물질조건을 강조하는 이론은 '추상적'이어야 한다. 시스몽디는 자신의 견해가 주체적 철학추상으로 객관적 과학추상을 반대하는 것이라는 점을 도저히 이해하지 못했다. 시스몽디는 리카도가 긍정한 인간과 물질, 생산과 소비의 전도된 논리에 대해 분개해 다음과 같이 물었다. "물질을 위해 인간을 망각하는 영국은 수단을 위해 목적을 희생하는 것이 아니란 말인가?"[197] 시스몽디는 이러한 기초 위에 세워진 건물은 사상누각이나 다를 바 없다고 생각했다. 그것이 과학이라면 '사람들을 속이는 과학'[198]에 불과하다는 것이다. 이는 '본질을 버리고 말단을 구하는' 추상철학이다. 그가 보기에는 인간이 과학의 '근본'이고 물질은 인간에게 복무하는 말단(도구나 수단)이기 때문이다.

둘째, 일단 경제학 학리의 구체적인 내용으로 깊이 들어가면, 우리는 시스몽디와 고전경제학의 근본적인 대립을 확인할 수 있다. '재화학파'와 달리 시스몽디도 사실에서 출발하려고 시도했지만 그가 관심을 갖는 '사실'은 '부와의 관련이 아니라 인간과의 관련'[199]이었다. 당시 사회의 역사현실로 되돌아가서 시스몽디는 '인류가 공업에서 거대한 진보를 얻었고, 이러한 진보를 과학에 사용해 주인공의 자세로 자연능력을 지배했다'는 것을 인정했다. 실제로 인류는 이미 자연을 전면적으로 정복했고 지구의 모습을 변화시켜놓았다. 그 가운데서 생산과 부를 축적하는 능력의 발전은 "지난 몇 세기의 소망이 미치지 못하는 수준이었다".[200] 이는 마르크스가 나중에 『공산당 선언』에서 사용했던 말이다. 이렇게 보면 재화학파가 승리한 것처럼 보인다. 사실 시스몽

197   西斯蒙第, 『政治經濟學新原理』, 9쪽.
198   西斯蒙第, 『政治經濟學研究』, 第2卷, 胡堯步譯(商務印書館, 1989), 3쪽.
199   西斯蒙第, 『政治經濟學研究』, 第1卷, 37쪽.
200   같은 책, 16쪽 참조.

디는 "공업세계의 갖가지 결과가 경제학자들이 창조해낸 것이 아니고, 그들은 단지 이런 결과를 관찰하고 해석할 뿐"[201]이라는 사실을 분명하게 인식하고 있었다. 시스몽디는 부르주아 고전경제학이 방법론에 있어 비판적이지 못하고 일방향적이라는 사실을 단번에 포착했다고 할 수 있다. 다시 말해 똑같이 이처럼 거대한 변화 앞에 있으면서 우리가 '눈길을 물질이 아니라 인간에게로 돌린다면' 새롭게 정신을 집중할 수 있을 것이다. 부가 증가하고 생산이 발전한다고 해서 모든 사람이 진정으로 행복해질 수 있을까? 이에 대한 시스몽디의 대답은 확실히 부정적이었다.

첫째, 노동가치론에서 출발해 시스몽디는 경제학에서의 **주체성**이 부정된 구조를 도출해낸다. 시스몽디의 견해에 따르면 스미스의 노동가치론은 긍정할 만하다. "노동은 부의 유일한 원천이고 절약은 부를 축적할 수 있는 유일한 수단이다."[202] 주의해야 할 것은 시스몽디는 인류 주체의 각도에서 스미스의 노동가치론을 인식하고 이해했다는 점이다. 그는 부의 **주체성**을 강조하면서 노동은 인간의 모든 물질적 향수의 아버지라고 생각했다. 노동만이 부를 창조할 수 있다는 것이다. "노동은 우리가 말하는 부의 유일한 원천이다. 노동은 생산하고 가공하고 적어도 자연물질을 수집하기 때문이다."[203] 그는 "교환은 부의 성질을 변화시키지 못한다"[204]라고 분명하게 못 박았다. 시스몽디는 이 점을 확실히 인식하고 있었다. 하지만 주의해야 할 점은 그가 말하는 노동은 인간의 노동이고 부는 노동의 결과로서 인간의 욕구에 의해 생산된다는 것이다. 따라서 부는 인간에게 행복을 가져다주어야 하고 모든 사람이 "노동의 결과를 누려야 한다". 이는 대단히 완전한 논리적 추론이다. 그는 사회 경제생활의 "모든 것이 인간에게서 기원하고 모든 것이 인간과 관련되어 있으

---

201   西斯蒙第, 『政治經濟學研究』, 第2卷, 125쪽.
202   西斯蒙第, 『政治經濟學新原理』, 45쪽.
203   西斯蒙第, 『政治經濟學研究』, 第1卷, 105쪽.
204   西斯蒙第, 『政治經濟學新原理』, 54쪽.

며 하나로 결합되어 공동으로 인간과의 연계를 구성한다"라고 생각했다. 이리하여 자연스럽게 생산은 인류의 보다 나은 생활조건을 만들기 위한 것이 되고 부는 단지 '사회의 행복을 얻기 위한 수단'에 지나지 않게 된다. 따라서 사람을 위한 삶이 부를 위한 삶으로 전도되어서는 안 되는 것이다. "정치경제학의 연구대상은 모든 사람이 물질적 부를 함께 누리는 것이다."[205] 우리는 반드시 "물질의 진보가 아니라 인류의 진보에 관심을 기울여야 한다. 정치경제학은 부를 획득하기 위해서가 아니라 인류에게 행복을 가져다주기 위해 존재한다".[206] 분명한 것은 그가 실제로 직접 일종의 철학 담론을 조작하고 있었다는 것이다. 우리는 시스몽디의 정치경제학이 일종의 철학경제학, 인간주의 경제학이라고 말할 수 있다. 이것이 그가 노동가치론을 이해한 전제였다. 이 점에 있어 시스몽디는 부르주아 정치경제학의 물신숭배를 분명히 반대했지만 이처럼 부정적 척도를 가졌던 시스몽디는 헤겔과 확연히 달랐고, 나중에 객관논리에서 출발해 리카도를 전도시키고 부르주아 사회주의를 반대했던 경제학자들과도 달랐다. 이 점과 관련해서는 이 책 제5장을 참고할 수 있다.

이처럼 일종의 철학적 인간주의의 내재논리 척도를 지녔기 때문에 시스몽디도 자연히 사회역사 현실에서 원래 발생하지 말았어야 할 일들을 발견했다. 부르주아 사회에서 노동이 부를 창조한 현실적 결과가 반인간적이었던 것이다. 시스몽디는 인류사회에 시장교환을 위한 상업이 생긴 뒤로 직접적인 분업화가 일어났고 모든 사람이 자신을 위해 노동하는 것이 아니라 사회를 위해 노동하게 되었다고 지적했다. 이리하여 사람들도 사회(시장교환)로부터 노동의 보상을 기대하게 되었고, 인간과 노동도 개인과 사회인, 개인노동과 사회적 노동으로 양분되었다는 것이다.[207] "개인의 노동은 자신의 휴식을 위한 것이지만 사회인의 노동은 남의 휴식을 위한 것이다." 더 안 좋은 일은 교

205 西斯蒙第, 『政治經濟學研究』, 第1卷, 6쪽.
206 西斯蒙第, 『政治經濟學研究』, 第2卷, 3쪽 참조.
207 西斯蒙第, 『政治經濟學新原理』, 54쪽 참조.

환에서는 사회적 평가인 가치가 자생적으로 발생한다는 것이다. "가치는 어떤 사회 관념으로 개인의 관념을 대체한다. 또한 추상적 관념으로 구체적 관념을 대체하기도 한다!"[208] 이리하여 가치는 인간의 진정한 욕구를 대체하게 되고 추상물이 인간의 진정한 노동을 대체하게 된다. 이러한 인간과 노동 자체의 분열은 노동결과가 약탈되는 전제가 된다. 바로 이러한 분열 속에서 자본가는 토지, 자본, 노동을 세 가지 생산물로 병렬하면서 이윤과 지대의 명의로 노동자를 착취한다. 그리고 이는 필연적으로 노동이 가치를 창조하지만 노동자는 교환과정에서 부를 점유하지 못하는 현상을 초래한다. 부르주아 사회가 비인도적이라는 것을 명확히 알 수 있는 대목이다.

둘째, 시스몽디는 인간에서 출발해 필연적으로 부르주아 사회의 끊임없는 이윤 추구로 형성된 공업주의를 반대한다. 부르주아 사회의 현실에 직면해 시스몽디는 '재화학파'처럼 실증된 사유 맥락과는 완전히 상반된 논리를 제시했다. 즉, 인간주의적 주체비판 척도를 제시한 것이다. 물론 상술한 것처럼 이러한 척도의 기초는 그의 마음속에 있는 상상 현상인 소생산자의 주체 시야일 뿐이다. 이러한 사유 맥락을 따라가다 보면 '절대로 기술의 진보로 인해 인간에 반대해서는 안 된다'는 생각을 제기하게 되고, 자연스럽게 대공업이 수공업을 소멸시키는 것을 반대하게 된다.[209] 이는 그가 대공업이야말로 새로운 빈곤을 발생시키는 원인이라고 생각했기 때문이다. 이러한 각도에서 출발해 시스몽디는 부르주아 사회의 대공업 발전을 충분히 긍정했던 리카도의 자유주의 경제학을 '공업주의'라며 배척했다. 이러한 공업주의는 기계가 노동자들의 밥그릇을 빼앗아가고 전면적인 경쟁이 노동의 합리적 이익을 감소시키며 일사천리의 생산이 가난한 사람들에게 충족한 생활을 가져다주지 못할 뿐만 아니라 반대로 가난한 사람들을 죽음에 이르게 하는 등의 악영향을

208 西斯蒙第, 『政治經濟學硏究』, 第2卷, 219쪽.
209 西斯蒙第, 『政治經濟學硏究』, 第1卷, 29쪽 참조.

완전히 무시한다. "공업주의가 앞을 향해 나아가면 생산이 증가하지만 생산자들의 곤경은 갈수록 가중된다." 시스몽디는 공업주의가 여지가 없을 정도로 물질적 부를 증진시키면 사람은 보이지 않고 물질만 보이게 되고, 결과적으로는 가난한 사람들만 양산하는 것이 아니냐고 묻는다.[210] 공업주의는 인간이 대자연을 정복해 승리한 것을 증명하려고 시도하지만, 어쩌면 '그것은 인간이 인간을 정복한 승리'[211]를 증명하는 것이 될지도 모른다. 이러한 비판논리는 나중에 프랑크푸르트학파의 도구이성 비판에서 더욱 심화되었다. 호르크하이머와 아도르노의 『계몽의 변증법』[212]에서 관련된 논술을 참조할 수 있다. 이 생산을 위해 생산하는 사회에서는 "물질이 진보의 지위를 취득하기만 하면 인간이 고통을 받게 된다".[213] 바로 공업의 진보로 "인류불평등 현상의 추세가 크게 강화된다. 한 국가가 기술과 공업 분야에서 앞서 갈수록 노동자와 수혜자 간 운명의 부조화 현상도 더 가중된다".[214] 물론 시스몽디는 이것이 기계 자체의 사용이 아니라 '현재의 노예 노동자들의 사회조직이 만들어낸 것'[215]이라는 점도 지적했다.

셋째, 이에 따라 시스몽디는 필연적으로 스미스 등의 자유방임을 반대하면서 직접 시민사회 자체를 부정한다. 물론 시스몽디는 단순한 퇴보적 역사관을 주장한 것이 아니다. 그도 실제로 객관적으로 역사 자체의 일정한 진보를 확인할 수 있었다. 그도 노예제도와 봉건제도, 부르주아 사회의 '자유제도'를 인류사회 역사발전 과정의 각 단계로 간주했었다. "이 세 가지 단계 모두 시기를 달리해 성공적인 발명이자 문명의 진보로 간주되었기 때문이다."[216] 노예제 자체는 지금 보면 아주 추악하긴 하지만 선사시대의 야만상태로부터 진

---

210 같은 책, 36쪽.
211 西斯蒙第, 『政治經濟學研究』, 第2卷, 43쪽.
212 霍克海默·阿多諾, 『啓蒙辨證法』, 渠敬東·曹衛東譯(上海人民出版社, 2006).
213 西斯蒙第, 『政治經濟學研究』, 第2卷, 131쪽.
214 西斯蒙第, 『政治經濟學新原理』, 61쪽.
215 같은 책, 450쪽 주1.
216 西斯蒙第, 『政治經濟學研究』, 第1卷, 64쪽 참조.

보한 것이었고, 봉건사회는 노예제 사회에 비하면 '더 빛나고 발전된 사회'였다. 봉건지배자들은 '보호와 매매관계로 채찍을 대신했기' 때문이다. 하지만 나중에 봉건 영주들은 "다시 족쇄로 가난한 사람들을 압박했고, 봉건제도는 참을 수 없게 되었다". 이리하여 오늘날 '오랫동안 몸을 속박하고 있던 족쇄를 부숴버리는' 자유제도[217]가 생기게 된 것이다. 하지만 또 다른 각도에서 보면 부르주아 사회 이전은 다음과 같은 상황이었다.

인간은 자신이 노동과정에서 무엇을 추구해야 하는지 정확히 모를 수 있다. 하지만 누구나 자신이 무엇을 필요로 하는지는 알고 있다. …… 하지만 나중에 사람들은 사회를 결성했고 무역을 시작했으며 이리하여 모든 사람의 사상이 더 이상 공동의 이익만 추구하지는 않게 되었다. 그 뒤로 국부적인 이익만 고려하게 되었다.[218]

시스몽디는 모든 사람이 생산 중에 자신만의 이익을 추구하는 것이 필연적으로 경제생활 전체에 부르주아 사회주의 같은 자유사회의 **무정부 상태**와 맹목적인 발전을 유도한다고 생각했다. 이는 재화학파가 고취하는 자유방임과 자유경쟁의 현실적 전제이기도 하다. 그들은 항상 사회가 개인들 자신의 이익활동에서 객관적인 조절을 형성할 수 있다고 가정한다. '당하게 될 손해를 자발적으로 조정할 수 있다'는 것이다. 하지만 시스몽디가 보기에 이것은 현실적이지 못하다. 사람들이 시장에서 실제로 직면하는 것은, 첫째, "생산의 무절제한 증대다. 하지만 이러한 증대를 시장의 수요가 결정하는 것은 아니다. 둘째, 공업이 소비의 수요를 초과하면 어려움과 고통이 발생하고 시장이 원활하게 돌아가지 못한다. 또한 부의 생산이 과도해지면 노동에 참여하

---

217 같은 책, 65쪽 참조.
218 같은 책, 53쪽.

는 모든 사람이 고통을 맛본다".[219] 보다 중요한 것은 이로 인해 필연적으로 생산과잉의 경제위기가 발생한다는 것이다. 시스몽디는 당시 부르주아 사회 경제발전의 진행과정에서 이처럼 생산력을 파괴하는 위기 폭발의 주기가 크게 단축되어 과거에는 여러 해에 한 번 발생하던 것이 몇 개월에 한 번 혹은 몇 주에 한 번으로 단축된 사실에 주목했다.[220] 바로 이런 이유로 시스몽디는 국가의 조절과 지도를 중시해야 한다는 견해를 제시하면서 유한생산론을 주장했다. 그는 "기술과 도구가 계속 개선되면 생산능력도 계속 증강될 것이고, 그렇게 되면 아주 빨리 양적 증가가 중지되고 질적 개선에 모든 힘이 집중되는 때가 올 것"이라고 생각했다. 하지만 질적 개선에도 일정한 한계가 있기 때문에 "생산도 한도가 있어 그 이상으로 넘어가지 않게 된다".[221] 주의할 것은 시스몽디가 여기서 제시한 관점과 헤겔의 유사한 사상이 근본적으로 다르다는 점이다. 전자는 소생산의 이익을 위해 생산발전을 제한함으로써 모순을 완화시켜야 한다는 것이고, 후자는 한 걸음 더 나아간 객관적 역사발전에서 자각적으로 모순을 해결해야 한다는 것이다. 이는 중요한 논리의 맥락에서 대비를 보이는 것이기도 하다. 이처럼 복잡한 맥락에서 우리는 나중에 마르크스가 제시한 사회주의 계획경제에 관한 논리의 단서를 쉽게 찾아볼 수 있다.

한 가지 지적하고 넘어가야 할 사실은 청년 마르크스가 1844년을 전후해서 시스몽디의 저작을 읽었고, 이는 프루동의 영향을 받은 결과일 가능성이 크다는 것이다. 시스몽디는 프루동 사상의 중요한 기초 가운데 하나이기 때문이다.

219 같은 책, 79쪽.
220 西斯蒙第, 『政治經濟學研究』, 第2卷, 130쪽 참조.
221 西斯蒙第, 『政治經濟學研究』, 第1卷, 95~96쪽 참조.

2) 프루동의 사회주의 정치경제 비판

피에르 조제프 프루동[222]은 19세기 프랑스 프티부르주아 사회주의자이자 경제학자로서, 이 책에서 언급되는 청년 마르크스와 직접 교류한 첫 번째 사상가이기도 하다. 마르크스와 프루동의 교제는 주로 1844~1845년에 파리에 있는 동안 이루어졌는데, 이는 청년 마르크스가 처음으로 경제학을 연구한 시기이기도 하다. 사료의 기록에 따르면 프루동은 1844년 2월에서 4월 사이, 9월에서 1845년 2월 사이에 파리에서 활동했다. 이 기간 동안 프루동은 주로 아르놀트 루게와 바쿠닌, 그륀, 청년 마르크스 등과 교우했다. 그들은 함께 있을 때면 항상 베토벤의 교향곡을 들으면서 헤겔 철학을 토론했다(경제학을 논하지는 않았다). 프루동과 청년 마르크스 사이에는 밤을 새는 격렬한 논쟁이 벌어지곤 했다.

모두 아는 바와 같이 프루동의 이름이 알려지게 된 것은 1840년에 『소유란 무엇인가』라는 제목의 책을 쓰면서부터였다. 이 책의 전체 제목은 『소유란 무엇인가? 또는 권리와 정치의 원리에 관한 연구』다. 메링[223]의 견해에 따르면 당시 "프랑스 프롤레타리아 계급은 자신들의 가장 탁월한 대표가 프루동이라고 생각했다. 그의 저서 『소유란 무엇인가』는 어떤 의미에서 서유럽 사회주의의 최전선이었다".[224] 청년 마르크스는 이 책에 대해 충분히 긍정하는

---

[222] 피에르 조제프 프루동(Pierre-Joseph Proudhon, 1809~1865), 프랑스 브장송의 농민 겸 수공업자 가정에서 출생했다. 집안 형편이 어려워 어린 나이에 학업을 포기하고 12세부터 생계를 위해 외지로 나가 노동했다. 여관의 점원, 배관공으로 일하다가 나중에는 합자를 통해 작은 인쇄소를 차렸다. 1837년에 『보통문법시론』이라는 책으로 브장송대학에서 3년 동안 500프랑의 학비보조를 받았다. 이때부터 파리로 이주해서 이론저술 활동에 전념하기 시작했다. 주요 저서로 『소유란 무엇인가』(1840), 『인류사회 질서의 수립을 논함』(1843), 『빈곤의 철학』(1846), 『사회문제의 해결』(1848), 『19세기 혁명의 총관념』(1851), 『혁명에서와 교회에서의 공평을 논함』(1860) 등이 있다.

[223] 프란츠 메링(Franz Mehring, 1846~1919), 독일 및 국제적 노동자운동의 저명한 활동가이자 독일 사회민주당 좌파 지도자 겸 이론가이며, 역사학자, 문학평론가였다. 독일공산당 창당 멤버 가운데 한 명이다. 주요 저서로 『라신 전기』(1893), 『독일 사회민주당사』(1897~1898), 『카를 마르크스, 그의 생애』(1918) 등이 있다.

[224] 梅林, 『馬克思恩格斯和是科學共産主義的創始人』 何清新譯(三聯書店, 1962), 91쪽.

반응을 보였고, 이런 태도는 『신성가족』으로까지 계속 이어졌다. 프루동과 마르크스 사이의 관계와 관련해 과거 중국의 학자들은 주로 프루동에 대한 마르크스의 비판에 초점을 맞추면서 프루동이 마르크스에게 미친 영향은 소홀히 했다. 이런 점을 의식했다 하더라도 중국 학자들의 연구는 여전히 프루동 저작 중의 사회주의 관점이 마르크스에게 미친 영향에 집중되어 있었다. 이런 측면에서 외국 학자들의 연구는 한 걸음 앞서 있었다. 오귀스트 코르뉘는 1845년 이전에 마르크스는 부르주아 재산에 대한 프루동의 비판을 충분히 긍정했고 이에 따라 여러 번 그를 가장 우수한 프랑스의 사회주의자라고 칭하기도 했다고 설명했다. 동시에 프루동의 『소유란 무엇인가』에서 정립한 '경제는 역사의 기초'라는 관점과 1843년에 출판된 『인류사회 질서의 수립을 논함』이라는 책에서 "사회발전은 경제법칙에 의해 결정되고, 따라서 임의로 이러한 발전 과정을 간섭하려는 시도는 전부 실패하도록 정해져 있다"라고 한 관점도 마르크스에게 아주 깊은 영향을 미쳤다는 것이 그의 생각이었다. 그뿐만 아니라 프루동의 무신론 사상도 마르크스에게 커다란 사상적 충격을 주었다.[225] 이러한 중요한 관념들은 이미 철학이론에서의 선험적 요소로 축적되어 있다. 나는 이것이 대단히 중요하다고 생각한다. 실제로 1845년 이전에 프루동의 사상은 마르크스 사상에 직접적인 영향을 미쳤다. 이는 이미 공유되고 있는 인식이다. 예컨대 마르크스의 증외손자는 "프루동이 마르크스를 미혹시킨 부분은 그가 공상주의자가 아니라는 점이었다. 프루동은 사유재산제 위에 수립된 사회제도가 노동자 빈곤의 원인이라는 점을 증명하려고 애썼다. 또한 그는 종교가 과학 진보의 길에 중요한 장애가 된다고 생각했다. 마르크스와 프루동은 이 두 가지 점에서 일치했다"[226]라고 술회한 바 있다. 물론 프루동이 1845년에 청년 마르크스에게 영향을 미쳤다는 견해에 대해서는 나

---

225 科爾紐, 『馬克思恩格斯傳』 第2卷, 王以鑄·劉丕坤·楊靜遠譯(三聯書店, 1965), 79~80쪽 참조.
226 龍格, 『我的外曾祖父卡爾·馬克思』, 李淸靑譯(新華出版社, 1982), 72쪽.

도 찬성표를 던진다. 하지만 1845년 이전에 프루동의 어떤 사상이 마르크스에게 영향을 미쳤는지, 그리고 어느 정도의 영향을 미쳤는지는 보다 진일보한 토론이 필요한 부분이다.

『소유란 무엇인가』에서 프루동은 인간의 **사회성**을 분명하게 지적했다. 사상적 배경으로 볼 때, 이는 프랑스 사회주의가 줄곧 강조한 원칙이다. 프루동은 "인간은 사회생활을 하는 동물이다. 사회는 각종 관계의 총화를 의미한다. 사회를 한마디로 요약하면 관계라고 할 수 있다. 하지만 모든 관계는 어떤 조건하에서만 존재할 수 있다"[227]라고 말했다. 이런 사상은 마르크스에게 직접 영향을 주었다. 『마르크스가 안넨코프에게』에서 마르크스는 이와 유사한 관점을 보이고 있다. 또한 인간과 동물의 본능적 차이는 "인간은 **복잡한 방식으로 결합한다**"는 점에 있다고 밝혔다.[228] 이런 방식은 사회관계, 정의, 공공성이라는 초급, 제2급, 제3급의 다층적인 사회성을 포함한다. 동시에 프루동은 사회역사 발전에 대한 고찰이 사회의 경제관계에 보다 많은 관심을 가져야 한다고 강조했다. 사회의 경제관계는 인체구조의 조직이나 기관과 마찬가지로 역사적 기능이지만 사회역사 연구는 인체의 구조를 연구하는 것과 같기 때문이다. 이런 의미에서 프루동은 직접 "한 국가가 어떤 소유권 제도를 갖고 있느냐에 따라 가정과 혼인, 종교, 민정, 군사조직, 그리고 입법 및 사법 제도까지 다 달라진다"[229]라고 주장했다. 이는 분명하게 사회유물론 원칙을 긍정한 것이나 마찬가지다. 프루동은 1844년 10월 24일 요한 베크만(Johann Beckmann)에게 보내는 편지에서 이렇게 썼다.

사람들이 어떤 임의적인 결론을 피하고자 한다면 연합, 도덕, 경제관계 — 이 모든 것이 그 구체적인 표현에서부터 좀 더 연구되어야 하네. 반드시 출발점의

---

227 蒲魯東, 『什么是所有權』, 孫署冰譯(商務印書館, 1963), 240쪽.
228 같은 책, 263쪽.
229 같은 책, 381쪽.

자의성(이러한 주관성은 지금까지도 철학자와 입법자들이 여전히 가지고 있네)을 포기하고 정의와 선이라는 모호한 개념의 범주 밖으로 가서 우리가 이러한 개념들의 법칙을 확정하는 데 도움이 되는 것들을 찾아야 하네. 이러한 법칙이 우리에게는 객관적으로 경제요소가 발생시키는 사회관계 대해 연구를 진행한 결과여야 하네.[230]

코르뉘는 프루동의 이런 사상이 마르크스의 영향을 받은 결과라고 생각했지만 중국 학자 자오중잉은 이러한 판단에 동의하지 않는다. 이유는 당시 청년 마르크스가 아직 이처럼 분명한 논점을 제련해내지 못했기 때문이라는 것이다. 나는 자오중잉의 견해에 동의한다.

여기서 나는 몇 가지 범주를 확정하고자 한다. 첫째는 프루동의 이러한 사회유물론에 근접한 관점들(역사유물론이 아님)이 그 자신이 직접 창시한 이론이 아니라 정치경제학의 영향을 받은 필연적인 결과라는 점이다. 하지만 그의 이런 논점들은 연구방법에서든 아니면 기본논리에서든 고전경제학이 도달한 수준에 크게 미치지 못했다. 둘째는 이러한 논점들이 프루동의 초기 저작에서 총체적인 이론논리 원칙이 아니었다는 점이다. 이 시기 그의 이론담론은 주로 정치 법권(法權) 논리였다. 셋째는 이러한 사회유물론적 관점들은 외재적으로 청년 마르크스에게 영향을 미친 주요 분야가 아니었다는 점이다. 이 시기에 마르크스가 관심을 갖고 있었던 부분은 프루동의 부르주아 사회 정치 법권에 대한 비판이었다. 마르크스가 자각적으로 어떤 방법으로 이러한 비판을 진행할 것인가 하는 문제에 관심을 갖지 않은 것은 분명한 사실이다. 이어서 프루동의 사상 가운데 청년 마르크스를 움직인 것이 무엇이었는지 살펴보자.

『소유란 무엇인가』에서 프루동은 유명한 말을 남겼다. "소유권은 절도다

---

230 『蒲魯東全集』, 第2卷, 第166쪽.

(la propriété, c'est le vol)"라는 말이다. 사유제를 옹호하는 사람들의 구호 앞에서 프루동의 창끝은 상대적으로 강하고 힘 있는 반격을 시작했다. '소유권의 제정이 인류의 가장 중요한 제도'라는 구호에 맞서 프루동은 "그렇다. 군주제가 가장 빛나는 제도였던 것과 마찬가지다"리고 받아쳤다. 소유권이 '정의의 응용'이라는 주장에 대해서는 부의 평등에서 벗어난 정의는 가짜 추를 사용하는 저울과 같다고 받아쳤으며, 소유권이 '도덕에 완전히 부합한다'는 주장에 대해서는 "굶주린 배는 무엇이 도덕인지 알지 못한다"라고 반박했고, '소유권이 영원한 법칙'이라는 주장에 대해서는 "소유권을 기초로 하는 모든 제도와 법률은 반드시 소멸할 것이다"라고 분명하게 주장했다. 요컨대 프루동은 소유권이 확실히 현존하는 모든 사물의 초석이긴 하지만, 동시에 존재해야 할 모든 사물의 장애물이라고 생각했던 것이다.[231] 이는 법권 논리의 비판과 부정에서 온 것이라 할 수 있다. 이처럼 아름다운 문학적 색채를 띤 대비는 당시 마르크스의 인식구조와 잘 어울린다고 할 수 있다.

그렇다면 프루동은 결국 어떻게 이런 결론을 내렸던 것일까? 프루동은『소유란 무엇인가』서두에서 봉건전제에 충격을 준 부르주아 혁명에 대해 원칙적으로 긍정한 뒤 먼저 부르주아의 자연 법권관을 필두로 비판을 시작했다. 이는 프루동의 이론적 출발점이자 문제를 분석하는 입구다. 그는 부르주아 계몽사상가들이 제시한, 모든 사람이 가지고 태어나는 법률 앞에서의 평등 원칙이 실제로는 추상적인 법권 설정에 지나지 않는다고 분석했다. 이것이 바로 '재산과 지위의 불평등의 전제'가 되기 때문이다.[232] 이는 대단히 깊이 있고 투시성을 갖는 판단이다. 부르주아 「인권선언」의 네 가지 권리, 즉 자유권과 평등권, 소유권, 안전권에 대응해 프루동은 소유권이라는 핵심 문제를 직접 물고 늘어졌다. 프루동은 모든 사람의 부가 사회적 부라면 모든 사람이 평

231　蒲魯東,『什么是所有權』, 106~107쪽 참조.
232　같은 책, 59쪽 참조.

등해질 것이고, 그렇게 되면 모든 사람이 마음대로 사회적 부를 지배할 수 있을 것이라고 생각했다. 이렇게 되면 소유권은 필연적으로 자기모순에 빠진다. 부가 개인 소유가 되면 필연적으로 반사회적 성격을 갖게 되고 사회 밖의 무언가가 된다.[233] "프랑스의 혁명은 물권이 신분권을 대체한 것이라 규정할 수 있다. 이는 봉건주의 시대에는 부의 가치가 소유주의 신분에 따라 결정되었으나 혁명 이후에는 인간에 대한 존중이 그의 재산에 비례해 규정되었음을 의미한다."[234]

프루동은 "인류 역사발전의 과거 어느 시기에는 사람들이 공산주의 사회에서 살았던 적이 있다. 이런 공산주의가 적극적이었는지 소극적이었는지는 그다지 중요하지 않다. 그 당시에는 소유권이 없었고 심지어 개인 점유도 없었기 때문이다"[235]라고 말했다. 그 시대에 노동자는 자신의 노동성과의 소유자였고, 노동하지 않는 사람은 생활이 불가능했다. 하지만 노동의 발전과 누적으로 인해 나중에 개인에 의한 점유, 즉 소유물권이 생겼다. "소유권은 노동의 산물이다!" 소유권이 바로 사람과 사람 사이의 부의 불평등을 조성하는 발단이다. 한 걸음 더 나아가 분석해보면 우리는 프루동이 실제로 고전경제학의 노동가치론을 정확하게 인식하고 있지 않다는 사실을 발견할 수 있다. 이 책에서 프루동은 이미 중농주의와 스미스 이후 고전경제학의 일부 차이를 분명히 발견하고 있다. "케네와 초기 경제학자들의 견해에 따르면 모든 생산물이 토지에서 얻는 것인 데 반해 애덤 스미스와 리카도, 트라시 등은 노동이 생산의 유일한 원천이라고 주장했던 것이다."[236] 하지만 세 등이 토지와 자본, 노동은 전부 각자 생산력을 갖는다고 말했을 때, 프루동은 그들의 생각이 틀렸다고 지적했다. 이 세 가지가 결합되어야만 생산의 단계로 들어갈 수 있기

---

233 같은 책, 77쪽 참조.
234 같은 책, 377~378쪽.
235 같은 책, 96쪽.
236 같은 책, 186쪽.

때문이다. 독립적으로 존재하는 토지, 자본, 노동은 전부 '생산력을 갖지 못한다'.[237] 이는 대단히 정확한 지적이었다. 특히 세의 효용가치론에 대해 그는 날카롭게 지적했다.

> 가치는 효용의 기초일 뿐만 아니라 완전히 우리의 욕구와 일시적인 호오, 유행 등등에 속하는 것이다. 따라서 가치는 사람의 의견처럼 변동될 수 있다. 하지만 정치경제학은 가치 및 가치의 생산과 분배, 교환, 소비의 과학이다. 교환가치가 절대적으로 확정될 수 없는 것이라면 정치경제학이 어떻게 존재할 수 있고, 어떻게 과학이 될 수 있단 말인가?[238]

프루동은 똑같은 상품이 시간과 장소에 따라 생산에 소요되는 시간과 소비에 있어 다소간의 차이를 보인다면 이는 일종의 변수라고 생각했다. 하지만 상품과 화폐의 표현의 변동을 통해 모든 유용한 상품은 "많든 적든 그것을 (생산하는 데 소모된) 시간과 비용에 따라 가치를 지불한다".[239] 이는 다시 말해 "한 가지 상품의 교환가치의 계산 기준은 물건을 사는 사람의 견해도 아니고 물건을 파는 사람의 견해도 아니며, 이 물건을 생산하는 데 소모된 시간과 비용의 총액"이라는 뜻이다.[240] 프루동의 표현이 정확하지 못하긴 하지만 기본적인 사유의 맥락이 노동가치론을 지향하고 있다는 것을 알 수 있다. 뒤에서 우리는 1844년의 청년 마르크스가 처음부터 노동가치론을 긍정하는 프루동의 이런 견해를 받아들인 것은 아니라는 사실을 확인할 수 있다.

부르주아 경제학이 규정하는 상품의 교환에 대응해 프루동은 자신의 비판을 제시했다. 정치경제학의 주장에 따르면 상품교환은 자유로운 사람들 사이

---

237 같은 책, 186쪽.
238 같은 책, 157~168쪽.
239 같은 책, 160쪽.
240 같은 책, 168쪽.

의 자발적이고 평등한 교환이어야 한다. 하지만 작은 빵을 한 조각 얻기 위해 한 무더기의 빵을 굽고, 말 축사에 거주하기 위해 궁전을 지으며, 남루하고 해어진 옷을 입기 위해 가장 진귀한 옷감을 직조하고, 자신의 모든 것을 아끼기 위해 모든 것을 생산하는 문명세계의 사람들은 자유롭지 못하다![241] 교환에서 인간은 진정으로 자유롭지 않은 것이다. 게다가 원래 평등한 "상품으로 노동을 배상해야 한다. 이는 경제학에서의 법칙이다. 하지만 소유권의 존재로 인해 생산비용은 그 가치를 초과하게 된다".[242] 동시에 모든 교환 조건이 상품의 등가성이라면 이윤은 불가능한 것이고 정의에도 부합하지 않는다. 그렇다면 현실의 모든 것이 어떻게 발생할 수 있단 말인가? 프루동은 노동자들의 노동은 이미 일종의 가치를 창조한 것이라고 지적했다. 이러한 가치는 그들의 재산이기 때문이다. 하지만 그들은 그러한 가치를 팔지 않았고 교환하지도 않았다. 게다가 자본가들은 이러한 가치를 쟁취하기 위해 어떤 힘도 쏟지 않는다. 하지만 노동자들이 창조한 재산이 어떻게 자본가들의 주머니 속으로 들어가는 것인가? 프루동에 따르면 "임금은 노동자들이 매일매일의 생활을 유지하고 정력을 보충하는 데 필요한 비용이다. 그런데 자본가들은 이를 생산되는 모든 가치에 대한 대가로 여긴다. 이것이 잘못이다".[243] 실제로 프루동은 자본가가 노동자에게 지급하는 임금이 노동자의 노동이 창조한 가치와 같지 않다고 지적했다. 노동자는 노동하지 않는 날의 가치에 대해서는 아무런 보상도 받지 못할 뿐만 아니라 노동자들이 "단결과 협력을 통해 생산하는 방대한 힘에 대해서도 자본가들은 아무런 대가를 지급하지 않는다"는 것이다.[244] 따라서 이러한 법권상 평등해 보이는 교환이 실제로는 '절도이자 사기'다. 나는 프루동의 이러한 비판적 분석이 당시 부르주아 사회를 겨냥한 모든

---

241 같은 책, 155쪽 참조.
242 같은 책, 238쪽.
243 같은 책, 136~137쪽.
244 같은 책, 139쪽.

비판 가운데 가장 무게가 있었다고 생각한다. 이처럼 중요한 사상은 이 책에서 마르크스의 칭송을 받은 주요 내용이기도 하다.

하지만 프루동은 공산주의자나 진정으로 자각적인 사회주의자는 아니었다. 그는 여전히 "과거의 문명은 이미 그 끝으로 사라져버렸다. 새로운 햇빛 아래 지구의 모습은 곧 혁신될 것이다"라고 말했다. 인류가 위대한 자유와 평등의 시대를 맞을 것이라는 것이다. 하지만 프루동은 사유재산제 사회를 비판하는 동시에 공산주의 사회도 부정했다. 그는 소유제 사회에서는 강자가 약자를 착취하지만 공산주의 사회에서는 약자가 강자를 착취한다고[245] 생각했다. 따라서 그는 푸리에[246]나 생시몽[247]의 견해에 반대한다는 뜻을 여러 차례 밝혔다. 그는 사유제 사회와 공산주의 사회의 결합체, 즉 이른바 평등하고 무정부적이며 다양성이 보장되는 사회를 세우려고 시도했다. 물론 이 점은 마르크스의 긍정을 얻어내지 못했다. 이는 아마도 두 사람이 1844년 파리에서 밤을 새워가며 토론한 내용들 가운데 하나였을 것이다.

3) 헤스의 철학 차원에서 나타난 부르주아 사회의 경제적 소외

우리의 탐색의 걸음은 청년 마르크스의 1844년 초기 경제학 연구 지평으로 점점 다가가고 있는 것 같다. 이러한 배경에서의 복잡한 철학이론 분석과 관련해 필자는 이전의 연구에서 많은 노력을 기울인 바 있다.[248] 하지만 이는 이 책의 주요 연구대상이 되지 못한다. 여기서 먼저 강조하고자 하는 새로운 사실은, 1843년부터 1845년 3월까지 청년 마르크스의 철학논리가 홀로서기

---

245 같은 책, 272쪽 참조.
246 프랑수아 마리 샤를 푸리에(Francoise Marie Charles Fourier, 1772~1837), 프랑스의 유명 철학자이자 경제학자이며 공상적 사회주의자다.
247 클로드 생시몽(Louis de Rouvroy, duc de Saint-Simon, 1760~1837), 프랑스의 철학자이자 개혁가인 동시에 공상적 사회주의자다.
248 張一兵, 『馬克思歷史辨證法的主體向度』, 第1章 참조.

를 할 수 없었던 원인이 바로 그 사이에 마르크스에게 직접 영향을 미친 미시 이론의 부수적 배경이라는 점이다. 이는 매우 중요한 문제인 동시에 오랫동안 우리가 줄곧 무시해온 문제이기도 하다. 여기서 내가 지적하고 싶은 것은 청년헤겔학파의 다른 사상가들이 청년 마르크스에게 미친 영향, 특히 이미 그에 앞서 경제학 연구에 진입해 있던 헤스와 청년 엥겔스의 공산주의 사상이 이 시기 마르크스에게 미친 핵심적 영향이다.

우리는 청년 마르크스가 헤겔 철학의 해체 과정에서 형성된 청년헤겔학파의 일원으로서, 그의 철학사상이 사람들이 이미 숙지하고 있는 거시적 배경의 관념론적 헤겔 및 나중에 파생되어 나온 유물론의 포이어바흐를 담고 있다는 사실 외에도, 그 직접적인 이론 모체가 당시 수많은 청년헤겔학파 철학자들의 복잡한 교류와 사상활동으로 구성되어 있다는 사실을 분명히 해야 할 것이다. 내가 이 점을 지적하는 것은 전통 철학 해체의 틀이 그저 '헤겔 + 포이어바흐' = 변증법 + 유물론이라는 공식을 피하기 위해서다. 나는 이것이 아주 복잡한 사상의 상호운동 과정으로서, 청년헤겔학파 사상의 발단은 헤겔의 자기의식의 절취를 논리의 주축으로 삼는 명백한 관념론이고, 나중에 포이어바흐의 영향 아래 그 가운데 상당수의 사람들이 이미 일반적인 유물론의 입장으로 전환했기 때문이라고 생각한다. 심지어 어떤 사람은 관념론과 유물론 사이를 끊임없이 왔다 갔다 하면서 파동을 반복하기도 했다. 하지만 어찌 되었든 간에 그들의 사상활동은 많든 적든 직간접적으로 청년 마르크스에게 영향을 미쳤다. 우리는 먼저 그 가운데 마르크스에게 비교적 적게 영향을 미친 학자들의 일부 관점을 예증으로 들어보도록 하자.

첫째는 치에스코프스키의 행동철학에 나오는 '실천'의 관점이다. 아우구스트 폰 치에스코프스키[249]는 『역사철학 서론』[250]에서 비교적 일찍 헤겔이 과거

의 관념변증법을 지향하는 데 불만을 품고 주체의지의 행동, 즉 실천을 강조했다. 물론 이는 헤겔 철학에서 이탈해 나온 또 다른 규정이다. 그는 행동하는 철학은 더 이상 인간을 절대정신의 비자각적인 도구가 되게 해선 안 되고, 인간이 자주적으로 자기 운명을 결정할 수 있게 해야 한다고 생각했다. 그는 직접 '당위'로 현실적 존재(필연성의 '존재')에 대항해야 한다고 제시했다. 그의 견해로 이는 일종의 "실천 활동의 철학, '실천'의 철학으로서 생활과 사회관계에 직접적 영향을 미치는 동시에 구체적인 활동 범위 내에서 미래를 발전시키는 철학이었다".[251] 물론 여기서 실천이 규정하는 내포는 대단히 혼합적이다. 심지어 관념론적으로 일종의 의지의 비판으로 이해되기도 했다. 이런 사상이 마르크스에게 직접적으로 어떤 영향을 미쳤는지는 단언하기 어렵지만 나중에 마르크스에게 직접적인 영향을 미친 헤스의 행동철학의 선구가 되었다. 여기서의 핵심은 비유물론적 실천철학이 마르크스주의의 특허가 아니고, 심지어 청년 마르크스의 특허도 아니라는 점이다! 여기서 실천철학은 실제로 나중에 그람시와 스스로 유물론의 남은 흔적을 지울 수 있다고 호언한 실천일원론과 실천적 인간주의자들의 '친생 조부'라고 할 수 있다.

둘째는 브루노 바우어[252]의 인간학적 자기소외 사상이다. 바우어는 헤겔 절대관념의 자기소외를 자기의식으로 전이하면서 한 걸음 더 나아가 이를 종교비판에 운용했다. 확실히 그의 관점은 여전히 관념론이었지만 실제로는 포

---

251 切什考夫斯基, 『歷史哲學引論』(柏林, 1383), 129쪽.
252 브루노 바우어(Bruno Bauer, 1809~1882), 독일 철학자이자 신학자. 1834년에 베를린대학에서 신학을 강의했다. 1839년에는 정통파에 반대하는 소책자를 발표했다가 쫓겨나 본대학으로 옮겨 강의했다. 1840~1842년에는 『요한복음사 비판』, 『복음과 요한복음사에 관한 비판』 등을 계속 발표하고 슈트라우스와의 논쟁 형식으로 좀 더 날카롭게 종교신학을 비판했다. 청년헤겔학파 운동에서 적극적인 역할을 하면서 이 학파의 우두머리가 되었다. 1841년 8월, 종교를 비판했다는 이유로 본대학에서도 쫓겨났다. 1843년 이후 그는 갈수록 실제생활에서 멀어져 순수한 이론비판에 몰두했다. 1843년 12월부터 1844년 10월 사이에는 《문학총회보》에 글을 발표해 이전에 고수하던 부르주아 급진주의의 입장을 공개적으로 포기하고 주관 관념론과 영웅사관을 대대적으로 선양했다. 마르크스와 엥겔스는 『신성가족』에서 그에 대해 날카로운 비판을 전개했다. 주요 저서로 『복음의 비판과 복음기원사』(1840), 『필로, 슈트라우스, 르낭과 원시기독교』(1842) 등이 있다.

이어바흐보다 이론논리에 있어 더 깊이 있는 사상을 도출해냈다. 1842년에 바우어는『자유의 공적과 나 자신의 일』이라는 책에서 종교가 포이어바흐가 말하는 것처럼 인간 본질의 투영에 그치는 것이 아니라 인간 자신이 창조한 대상(하느님)을 자신에게로 회수하는 것이라고 주장했다. 인간 자기의식의 자기소외는 이처럼 간단한 전환보다 훨씬 더 복잡하다는 것이다. 소외의 발생은 인간의 본질, 즉 자기의식의 파괴에 기인한다. 따라서 자기의식이 추상적 실체로 외화된 하느님도 자연히 파괴되었으므로, 왜곡된 하느님을 인간 자신에게로 거둬들이는 것은 소외를 근본적으로 해소시킬 수 없다. 오직 인간의 본질 자신에게 진정한 변혁이 발생해야만 가능하다. 이는 막스 슈티르너[253]의 '유'적 철학 비판과 나중에 니체[254]가 외친 "신은 죽었다"라는 구호의 선례라고 할 수 있다. 포이어바흐에 대한 바우어의 비판은 매우 중요하다. 이는 마르크스를 관념론 사상에서 일반적 유물론 사상으로 단순하게 '전도'시키는 사상 경로를 외부에서 이론적으로 투시한 것이다. 포이어바흐에 대한 성찰과 개조는 청년 마르크스가 독립적으로 완성한 것이 아니며, 포이어바흐와 다르고 포이어바흐를 비판한다고 해서 마르크스주의 철학이 출현하는 것도 아니다. 이 점은 나중에 슈티르너에 관한 토론에서 좀 더 분명하게 이해할 수 있을 것이다.

셋째는 아르놀트 루게[255]가 헤겔에게서 이끌어낸 인간주의화된 노동비판

---

253 막스 슈티르너(Max Stirner, 1806~1856), 19세기 독일의 철학자. 1806년 10월에 독일 바바리아에서 태어나 1826~1829년에 베를린과 에를랑겐 등지에서 철학과 신학을 공부했다. 1835년에 베를린대학 철학과를 졸업했다. 졸업논문인「교육법을 논함」은 통과되지 않았다. 1839년부터 베를린의 한 여자 중학교에서 교편을 잡았다. 1842년에는 청년 마르크스가 편집하는 ≪라인신문≫에 글을 투고하기도 했다. 1856년 6월에 베를린에서 세상을 떠났다. 주요 저서로『유일자와 그 소유』(1844),『반동의 역사』(1852) 등이 있다.

254 프리드리히 빌헬름 니체(Friedrich Wilhelm Nietzsche, 1844~1900), 독일의 유명 철학자. 주요 저서로『비극의 탄생: 음악에 기원하는 영혼』(1872),『그리스 비극시대의 철학』(1873~1876),『차라투스트라는 이렇게 말했다』(1883~1891),『도덕의 계보』(1887) 등이 있다.

255 아르놀트 루게(Arnold Ruge, 1802~1880), 독일 철학자이자 정론가다. 젊었을 때 1815년에 창립된 '자유독일' 운동에 참여하다가 체포되었으나 1830년 7월 혁명으로 석방되었다. 1832~1841년에 할리대학에서 철학 강사로 근무했다. 이 기간 동안 청년헤겔학파의 기관지인 ≪할리 연감≫(1838~1841)을 창

관점이다. 루게는 마르크스보다 먼저 포이어바흐의 사상을 받아들였지만 한 걸음 더 나아가 "노동이 세계를 창조했다고 분명하게 말했다. 헤겔은 여기서 처음으로 인간이 생겨났다고 말했는데, 그의 말이 맞았다. 인간의 진정한 본질은 인간이 자신의 산물이라는 점에 있다"라고 주장했다.[256] "인간의 활동과 실현은 그의 노동에 의해 결정된다. 인간 자신의 목적을 위해 다른 인간을 착취하는 것이 아니라 결과적으로 노예제가 발생했다."[257] 루게의 이러한 노동 소외와 노예제에 관한 사상은 마르크스 이전에 형성되었다. 1842년 이후의 일정한 시간 동안 루게의 사상은 마르크스에게 영향을 미쳤다. 우리가 지적하고 넘어가야 할 것은 루게와 마르크스의 이러한 밀접한 관계가 1843년 후반까지 지속되었다는 사실이다. 노동소외 이론과 사유제산제를 소멸시키는 공산주의가 있었기 때문에 마르크스주의 철학이 탄생했다고 생각한다면, 루게는 이러한 '마르크스주의 철학'의 창시자라고 할 수 있다. 내친 김에 루게가 1842년에 발표한 논문 「헤겔 법철학과 근대 정치」에서 헤겔 법철학이 역사의 구체적인 발전에서 이탈해 단순히 사변적 관점에서 국가와 법을 고찰하고 있으며 이로 인해 국가와 법이라는 역사의 결과물이 영원히 절대적인 것이 되어버렸다고 지적했던 것을 거론해본다. 당시의 이러한 사유모델도 깊이 있는 사상의 결정체였다.

이어서 구체적으로 지적해야 할 보다 중요한 사유 대상은 청년 마르크스와 함께 앞으로 나아갔던 두 명의 중요한 인물인 헤스와 청년 엥겔스다. 그들은 청년 마르크스와 함께 일반 유물론의 기본 틀로 들어선 뒤로 마르크스에게 매우 중요한 이론적 영향을 미친 핵심인물이다. 특히 지적해야 할 점은 1844년(마르크스가 경제학 연구에 진입하기 전)에는 그들의 사상이 같은 시기 마르크

간행으며 그 후 이름을 바꿔 ≪독일 연감≫(1841~1843)의 편집자로 있으면서 청년헤겔학파의 중심인물로 활약했다. ≪독일 연감≫이 폐간된 뒤 1844년에 마르크스와 함께 『독일 ─ 프랑스 연감』을 창간했으나 자유주의와 민주주의에 잔류했다.

256 盧格, 『巴黎兩年』(萊比錫, 1846), 373쪽.
257 같은 책, 373쪽.

스보다 훨씬 더 깊이가 있었다는 것이다! 전통 마르크스주의 철학사 연구에서
는 청년 엥겔스를 무척 중시하고 있다. 하지만 관성적 사유의 견제로 인해 학
자들은 항상 마르크스가 줄곧 엥겔스에게 깊은 영향을 미쳤다고 믿고 싶어
한다. 하지만 한편으로 학자들은 엥겔스의 『국민경제학 비판 대강』이 특정
시기에 마르크스에게 대단히 핵심적인 영향을 미쳤다는 사실을 무시하고, 그
결과 특히 1843년에 마르크스가 프롤레타리아 계급의 입장에서 경제학을 연
구하게 되었다는 중요한 사실도 소홀히 한다. 이 밖에 소홀히 다루어진 인물
로는 마르크스주의 철학의 사전 시기 전통연구에서 다른 청년헤겔학파 학자
들과 함께 항상 '서론'에서 거론되어 배경으로 희석되어버린 헤스를 들 수 있
다. 청년 엥겔스에 비해 그는 의도적으로 또는 아무 생각 없이 묻히는 편이
다. 이러한 연구 국면이 조성된 데는 두 가지 원인이 있다. 첫째는 엥겔스가
나중에 『루드비히 포이어바흐와 독일 고전철학의 종말』에서 마르크스주의
철학 발생의 역사적 배경을 언급하면서 주로 논술한 인물이 헤겔과 포이어바
흐이기 때문이고, 둘째는 마르크스와 엥겔스의 초기 논저들을 읽지 않은 레
닌이 제시한 사상사의 공식[258](『카를 마르크스』와 『마르크스주의의 세 가지 원천
과 세 가지 구성 부분』 참조) 때문이다. 이것이 직접적인 원인이라 할 수 있다.
역사문헌 출판 분야에서는 헤스의 대량의 사료를 정리해서 출판하는 일이 심
각하게 지체되었다. 특히 소련과 다른 사회주의 국가들에서는 헤스 사상의
완전한 역사문헌을 찾아보기 어렵다.[259]

---

[258] 마르크스 사상의 발전 과정을 이해하는 레닌의 관점은 분명 '1차 전환론'이었다. 레닌은 청년 마르크스
가 1841년 에피쿠로스의 자연철학에 관해 쓴 박사논문에 대해 "마르크스가 유지한 것은 완전히 헤겔
관념론의 관점이었다"라고 했는데, 이는 사실을 정확히 간파한 것이었다. 하지만 레닌은, 청년 마르크
스가 1842년 《라인신문》에서 일하던 시기에 발표한 글에서 이미 그가 "관념론에서 유물론으로, 혁명
적 민주주의에서 공산주의로 전향하기 시작했으며" 마르크스와 루게가 함께 『독일 - 프랑스 연감』을
편집할 시기에는 "상술한 전향이 여기서 철저히 완성되었다"라고 생각했다. 列寧, 「卡爾·馬克思」, 『列
寧全集』, 第26卷(人民出版社, 1988), 83쪽. 상세한 토론은 張一兵, 『回到列寧, 6章 참조.
[259] 히로마쓰 와타루의 고증에 따르면 헤스의 문헌 출판은 심각하게 지체되었다. 1921년에 베를린에서 츨
로치스티가 펴낸 『헤스 사회주의 논문집』(1841~1847)이 출판되었으나 여기에는 마르크스와의 관계
에 관한 중요한 자료들이 누락되어 있었다. 30여 년이 지나 뉴욕에서는 실버너가 펴낸 『헤스의 주석

사실 역사의 진실한 상황은 헤스가 청년 마르크스나 엥겔스와 함께 앞을 향해 나아간 동반자였다는 것이다. 심지어 그들 사이의 이런 협력은 『독일 이데올로기』의 저작으로까지 계속 이어졌다. 헤스는 그 가운데 두 개의 장을 썼다. 제1권에서 루게를 비판한 장과 제2권에서 쿠르만을 비판한 장이다. 전자는 1847년 8월 5일과 8일 ≪독일 - 브뤼셀 신문≫ 제62~63호에 게재되었다. 당시의 제목은 「그라치안 박사의 논문을 평함」이었다. 1848년 2월에 이르러서야 헤스 자신의 내재적 사상논리에 감춰져 있던 인간학 이데올로기 담론과 마르크스주의 과학세계관의 내재논리가 충돌을 일으켰다. 이로 인해 그는 결국 마르크스, 엥겔스와 결별해 다른 길을 걷게 되었다. 따라서 헤스를 마르크스주의 철학사의 '별책'에만 기록하는 것은 분명히 적절하지 못한 일이다. 나는 특별히 헤스의 경제학에 기초한 부르주아 사회비판이라는 사회주의 사상이 그 시기 청년 마르크스와 엥겔스에게 준 영향을 정확히 실증하는 것이야말로 우리가 마르크스와 엥겔스의 1845년 철학혁명을 진정으로 이해하는 데 대단히 중요한 일이라고 생각한다. 먼저 헤스를 독해하기로 하자.

헤스는 청년 마르크스가 독일 최초의 공산주의자라고 불렀던 인물이다.[260] 치에스코프스키의 『역사철학 서론』이 출판되자 그는 즉각 찬동의 뜻을 표하면서 '행동의 철학'이 헤겔 철학에서 사라진 인류주체성을 회복했다고 주장

적 전기』(1958)가 출판되었다. 그 뒤로 실버너와 블룸버그가 펴낸 『서신집』(1959), 코르뉘와 멍크의 『헤스 사회주의와 철학 문집』(1961), 그리고 멍크의 『헤스 연구의 신기원』(1964)이 출판되었다. 2010년에는 난징대학출판사에서 『헤스 정취(精粹)』 중국어판을 출판했다.

260 모제스 헤스(Moses Hess, 1812~1875), 독일 사회주의 이론가. 주요 저서로 『성스러운 인류 역사』(1837)를 비롯해 『유럽 3동맹』(1841), 『행동의 철학』(1843), 「화폐의 본질에 대하여」(1844) 등이 있다. 20세기 초부터 헤스와 마르크스의 연계는 줄곧 서양 학계가 주목하는 주제가 되었다. 그 기본 논점은 헤스 초기 사상이 청년 마르크스에게 미친 주요 영향이다. 심지어 마르크스와 엥겔스가 모두 초기에는 헤스식의 '진정한 사회주의자'였다는 견해도 제시되었지만 소련과 동유럽 학자들은 이러한 관점을 부정했다. 중국의 일부 학자도 이 문제에 주목하기 시작했다. 이와 관련해서는 다음과 같은 문헌들을 참조할 수 있다. 哈馬赫, 「論眞正的社會主義的意義」, 『社會主義和工人運動歷史文庫』(萊比錫, 1911; 濟爾伯奈, 『赫斯傳』(萊登, 1966); 拉德馬赫, 『赫斯在他的時代』(波恩, 1977); 米特, 『眞正的社會主義』(莫斯科, 1959); 費爾德爾, 『馬克思恩格斯在革命前夕』(柏林, 1960); 侯才, 『靑年黑格爾派与馬克思早期思想的發展』(中國社會科學出版社, 1994).

했고 이를 공산주의(Kommunismus)와 결합시켰다. 그가 1837년에 쓴『성스러운 인류 역사』[261]라는 제목의 글에서 우리는 '부르주아 사회'(헤스는 이를 '금전귀족제'라고 불렀다)에 대한 최초의 비판을 발견할 수 있다. 헤스는 이 글에서 치에스코프스키의『역사철학 서론』에 나오는 Historiosophie와 달리 Geschichte라는 단어를 사용했다. 매클렐런은 헤스의 이 책이 독일 최초의 공산주의 문헌이라고 생각했다.[262] 헤스의 저서에서 금전귀족제가 발생시킨 우상숭배(Gotzendienst)[263]는 모든 사람이 자신을 위하는 이기주의의 '동물세계'다. 동시에 그는 "자유무역이 이루어지고 자유무역과 공업이 지배적 지위를 장악한 뒤로 금전(Geld)이 이 사회의 유일한 지팡이가 되었고 무역과 공업이 갈수록 발전하면서 금전이 갈수록 더 강대해졌다"고 날카롭게 지적했다. 게다가 무역과 공업이 발전할수록 금전은 갈수록 더 강대해진다.[264] 1841년에 익명으로 발표한『유럽 3동맹』[265]이라는 책에서 헤스는 '철학과 현실생활의 관계' 문제를 명확하게 제시하는 동시에 자신의 이른바 행동철학 (Geistesthat, 실제로는 정신의 행동이다)이 프랑스인들의 혁명실천('타워 브리지')이 독일인들로 하여금 '하늘에서 지상으로 돌아오다'[266]라는 사변을 하게 만든 특징을 갖추고 있다고 주장했다. 심지어 그는 이런 이론을 직접 '역사철학(Geschichtsphilosophie)'[267]으로 인식하기도 했다. Geschichtsphilosophie는 헤스가 사용한 개념으로, 마르크스와 엥겔스가 나중에『독일 이데올로기』에서 사용한 '역사철학'은 여전히 전통 철학의 맥락에 머물러 있던 헤스의 개

---

261 Hess, *Die heilige Geschichte der Menschheit*(Stuttgart, 1837).『성스러운 인류 역사』는 헤스가 1837년에 익명으로 발표한 처녀작이다.

262 麥克萊倫,『馬克思傳』, 王珍譯(中國人民大學出版社, 2006), 59쪽.

263 Gotzendienst라는 단어는 Gotze(신상)라는 단어에서 파생된 것이다.

264 赫斯,『哲學和社會主義文集』(1837~1850)(柏林, 1980), 62쪽.

265 Hess, *Die europäische Triarchie*(Leipzig: Otto Wigand, 1841).『유럽 3동맹』은『유럽삼두정치』로 번역되기도 하는데, 헤스가 1837년 가을에 완성한 처녀작『성스러운 인류 역사』에 이어 1839년부터 1840년 여름 사이에 완성한 두 번째 저서다.

266 赫斯,「歐洲三頭政治」,『赫斯精粹』(南京大學出版社, 2010), 9쪽.

267 같은 책, 54쪽.

념과 구별된다. 하지만 헤스는 이미 혁명의 창끝을 당시의 '부자는 갈수록 부유해지고 가난한 사람들은 피와 땀을 팔아도 생활을 유지하기 어려운' 노역사회로 향하고 있었다. 그는 이런 사회를 '군중의 보편적 빈곤(Pauperismus)과 금전귀족제(Geldaristokratie)가 대립하는 사회'로 규정했다. 헤겔의 영향을 받지 않았기 때문에 당시 그는 bürgerliche Gesellschaft라는 단어는 사용하지 않았다. 하지만 이 Geldaristokratie라는 단어는 화폐 비판을 핵심으로 하는 헤스의 사상 구상에 매우 근접해 있다. 자세히 따져보면 화폐야말로 신분을 평등하게 하는 것이고, 화폐와 귀족의 결합은 '나무로 만든 쇠' 같은 것이라고 할 수 있다. 게다가 헤스는 이러한 금전귀족제 사회에 가득 찬 모종의 "맹목적 충동의 무의식 상태, 즉 '자연성(Naturwüchsigkeit)'을 발견했다".[268] 이 자연성은 헤겔의 '제2자연' 관점에 근접해 있다. 나중에 마르크스도 다중 맥락에서 자본주의 경제 과정의 유사 자연성을 비유적으로 지적한 바 있다.[269]

1842년에 영국에서 발생한 사회재난을 언급하면서 헤스는 분명하게 지적했다.

이는 애당초 정치상의 원인이 아니다. 공업이 인민의 손에서 자본가의 기계로 넘어갔다. 상업은 통상적으로 소자본 경영이고 수많은 보통 사람들이 경영하는 것이었는데, 지금은 소수 대기업 자본가나 모험가(이른바 투기자) 등의 손으로 넘어가버렸고, 계승법을 통해 소수 귀족들의 수중에 모여 갈수록 증대되는 토지재산, 그리고 전체적으로 말해 개별 가족에게서 번성하고 자생하는 대자본으로 넘어가고 있다.[270]

---

268 같은 책, 39쪽 참조.
269 『馬克思歷史辨證法的主體向度』(武漢大學出版社, 2010), 3版, 第3章 참조.
270 赫斯, 「談談英國面臨的災難」, ≪萊茵報≫(1842年6月26日), 第177號. 赫斯, 「歐洲三頭政治」, 『赫斯精粹』, 61~62쪽 참조.

헤스가 보기에 이 모든 것이 사회적 재난의 원인이었다. 역시 이 글에서 헤스는 '사회관계'의 개념을 제시했다.

원래 우리가 비교적 분명하게 알고 있는 것은 청년 마르크스가 포이어바흐에게서 수용한 일반적 유물론이었다. 하지만 청년 마르크스와 전체 청년헤겔학파 가운데 선봉자들은 모두 헤스에게서 사회주의와 공산주의를 받아들였다는 사실에는 주목하지 않았다. 이론과 사회주의 운동의 연결에서 헤스는 처음부터 비판적으로 바뵈프[271]와 푸리에, 생시몽, 프루동 등의 사회주의를 분석하고, 1841년 하반기부터 포이어바흐의 철학 입장으로 전환하기 시작해, 이를 기초로 견고한 공산주의자가 되었다. 헤스는 바이틀링[272]의 관점을 긍정하고 포이어바흐 철학과 프루동의 사회주의를 연결해 이른바 '과학적 공산주의'를 창건하려 했다. 이는 '과학이 지배하는(Herrschaft der Wissenschaft)' 새로운 '공동체 상태(Zustand der Gemeinschaft)'[273]였다. 처음에 헤스는 포이어바흐를 이용해 사회주의를 위한 철학적 논증을 제공하려 했으나 나중에는 이러한 논증으로 점차 경제학의 영역으로 진입했다. 하지만 헤스의 이러한 철학적 공산주의는 처음부터 마르크스를 움직이지 못했다. 오히려 마르크스로 하여금 이에 대해 깊은 회의를 갖게 했다. 이런 상황은 심지어 1834년 ≪라인신문≫ 초기의 헤스와 마르크스가 협력할 때까지 이어졌다. 이들 두 사람의 맥락은 명확한 차별성을 드러낸다. 마르크스가 『헤겔 법철학 비판』에서 종교적 소외와 사변철학의 주어-술어 전도로부터 현실 정치적 소외(법인과 시민사회의 이원 분열) 비판으로 나아간 반면, 헤스는 궁극적으로 정치적이 아니라 사회적인 죄악에 대한 모든 정치 개혁은 단지 대증요법일 뿐이라고 명확하게 지

---

271 그라쿠스 바뵈프(Gracchus Babeuf, 1760~1797), 본명은 프랑수와 노엘(Francois Nöel)이다. 프랑스 대혁명 시기의 혁명가이자 공상적 사회주의자다.

272 빌헬름 바이틀링(Wilhelm Weitling, 1808~1871), 독일과 국제사회 노동운동의 초기 활동가이자 공상적 사회주의자다. 주요 저서로 『현실적 인류와 이상적 인류』(1838), 『조화와 자유의 보증』(1842) 등이 있다.

273 赫斯, 「歐洲三頭政治」, 『赫斯精粹』, 79쪽 참조. 여기서 Gemeinschaf와 Gemeinwesen(공동 본질과 공동체)은 이 시기 헤스가 즐겨 사용했던 개념이다.

적했다.

 사상사의 발전 과정에서 볼 때, 진정으로 청년 마르크스를 움직여 사상적
이론 텍스트를 발생시킨 것은 헤스가 1843년 ≪스위스에서 온 전지 21장≫[274]
에 발표한 몇 편의 글이다. 이 가운데 가장 중요한 것이 헤스의 「행동의 철학」
(1843)이다. 이 논문에서 헤스는 처음으로 체계적으로 부르주아 민주주의를
초월하는 혁명적 사회역사 철학을 규정했다. 코르뉘의 말을 빌면 헤스는 "행
동철학에서 처음으로 헤겔 철학과 프랑스 사회주의를 결합시킨 인물이다".[275]
텍스트에서 우리는 헤스가 기능적인 행위(피히테의 '자아' 창조력)로 데카르트
식의 기존 존재를 대체했다는 것을 알 수 있다. "모든 것이 존재(Sein)에 있는
것이 아니라 **행동**(That)에 있다"는 것이다.[276] 나는 행동한다, 고로 존재한다.
이는 실제로 헤겔 철학 중의 생성의 규정을 사회역사의 차원에서 일종의 논리
적 기반으로 본체화한 것이다. 이 점은 자연히 포이어바흐 감성생활의 매개
를 통해 생성된 것이다. 그의 견해로는 인간의 삶은 곧 행동이고, 행동은 곧
타자화되지(sich anders werden) 않은 '진정한 개체, 자기의식의 정신, 자유로
운 인간, 진정한 보편'인 것이다.[277] 헤스가 여기서 설명하는 행동의 내포는 치
에스코프스키의 이른바 실천철학 같은 자기의식의 정신활동에서 취한 것이
다. 하지만 중요한 것은 우리가 보기에 아주 익숙한 이 자유로운 개인이 이미
계몽정신이 확증한 일반 부르주아 이데올로기가 아니라는 점이다. 왜 그럴
까? 헤스는 봉건전제에 반대한 '금전귀족'의 혁명은 어떻게 해서 일어난 것인

---

274 잡지 ≪스위스에서 온 전지 21장≫은 게오르크 헤어벡이 편집했다. 이 잡지가 출판된 것은 당시 청년
    헤겔학파의 기관지 ≪독일 연감≫이 발행 금지에 처해진 데 따른 것이었다. 원래는 월간 ≪스위스에
    서 온 독일 메신저≫로 출간할 예정이었으나 프로이센 정부의 서적 및 간행물 검사제도 때문에 위험
    하다고 판단해 월간의 표지를 그대로 놔둔 채 논문과 원고를 수록했다. 아울러 잡지 이름을 ≪전지 21
    장≫으로 변경해 출판했다. ≪전지 21장≫이라는 명칭은 당시 프로이센은 20장 이상의 저작물에 대해
    서는 검사를 면제해주었는데 이러한 서적 및 간행물 검사제도에 대응한다는 의미를 갖고 있다. ≪전
    지 21장≫에는 헤스 외에 헤어벡, 엥겔스, 포이어바흐 등의 시와 논문도 수록되었다.
275 科爾紐, 『馬克思恩格斯傳』, 第1卷, 王以鑄·劉丕坤·楊靜遠譯(三聯書店, 1965), 262쪽.
276 赫斯, 「行動的哲學」, 『赫斯精粹』, 83쪽.
277 赫斯, 『羅馬與耶魯撒冷』(萊比錫, 1899), 184쪽.

지 질문한다.

혁명은 도대체 무엇을 한 것인가? 혁명의 자유평등, 추상적 인권(abstrakte Menschenrechte)은 그저 노역의 한 가지 형식(andere Form)에 지나지 않는다. 반대의 다른 한편에서 추상적 개인이 최고지위를 대신해 득의양양하는 사이에 지배와 노역의 대립된 지위는 해소되거나 극복되지 않았다. 정의로운 비인격적 지배(unpersönliche Herrschaft), 변하지 않는 정신의 자제력은 어떤 사람들이 또 다른 사람들을 향유할 수 있는 권력을 배제시키지 못했다.[278]

여기서 unpersönliche Herrschaft(비인격적 지배)는 대단히 깊이 있는 개념이다. 이는 눈에 보이는 패권의 노역에서 금전세계에서의 보이지 않는 노역으로 전환된 것이다. 헤스는 "폭군은 이미 교체되었는데, 폭정은 여전히 존재한다"라는 프루동의 말을 인용했다. 헤스가 보기에 금전귀족제 사회에서 "사람들은 상업과 직업, 사상과 양심의 자유 등 가능한 모든 자유를 요구한다. 이는 어떤 목적을 달성하기 위한 것일까? 진리와 정의의 '자유경쟁'을 통해 사리와 사념을 도모하려는 것이다. 이러한 민주정치가 '주체의' 자유 또는 '개인의' 자유라는 이름으로 개인의 전횡과 다른 지배를 진행할 수 있을까? 이것이 독재자의 지배와 어떤 구별이 있는 것일까?"[279] 그는 이러한 사회생활에서 사람들은 노동, 즉 자아 형성이나 발전을 위한 노동(das Ausarbeiten oder Hinausarbeiten senier selbst)을 자신의 자유행동, 자신의 생명으로 이해하지 않고 모종의 물질적인 타자로 이해한다.[280] 이러한 물질적 타자가 바로 노예적 노동이다. 그 뒤로 헤스는 이를 좀 더 정확하게 임금노동으로 인식했다. 아울러 우리는 이 시기 노동에 대한 헤스의 자리매김이 비대상적이었고 노동

---

278 赫斯, 『行動的哲學』, 94쪽.
279 같은 책, 94쪽.
280 같은 책, 94쪽.

에서 물질생산으로 가는 경로가 없었다는 것을 알 수 있다. 그리고 이것이 바로 나중에 마르크스가 가게 되는 길이다. 이것이 바로 우리가 헤스가 부르주아 민주주의를 초월했다고 말하는 이유다.

헤스는 금전귀족 사회의 새로운 노역에 반대하는 공산주의 '자유행동(freie That)'을 주장했다. 이 자유행동은 피히테의 철학사상과 관련이 있다. 하지만 이 자유행동은 실질적으로 철학본체론에서의 일종의 이상화된 가치설정이다. 헤스는 독일이 사회주의를 실현한다면 그 사회역사 영역에는 반드시 칸트가 있을 것이라고 생각했다. 하지만 여기서 칸트의 사명은 무정부주의의 지도자들을 이끄는 공산주의와 유물론으로 돌아가는 것이 아니다. 그는 프루동의 정치 입장에 동의하지 않은 것이 분명하다. 그의 의도는 진정으로 스피노자식과 유사한 새로운 윤리학을 수립하는 것이었다. 따라서 그의 견해로는 '자유는 도덕이고', 인간의 자유행동은 "과거의 어떤 창조물에서 일어났던 것처럼 자연적 필연성이나 자연의 우연성을 통해 이루어지는 것이 아니라 자기 결정을 통해 이루어진다".[281] 나중에 포이어바흐의 맥락에서 헤스는 진정으로 인간의 유적 본질을 실현하는 자유행동과 노역노동을 전문적으로 구별하기 시작했다. '비결정상태(Unbestimmtsein)'에서의 자유로운 활동은 내면의 구동에 의해 진행되는 모든 활동이고, 반대로 압박에 의한 **노역노동**은 외력의 구동에 의해 진행되는 모든 활동이다. 서로 다른 점은 "이것이 바로 자유행동이 노역노동과 구별되는 점이라는 것이다. 노역노동에서는 생산이 생산자 본인을 속박하지만 자유 상태에서는 정신이 그 가운데 소외의 어떤 제한도 **자연적 속박**(Naturbestimmtheit)이 되지 못하게 하고, 이를 극복해 자기결정(Selbstbstimmung)이 되게 한다".[282] 이것은 포이어바흐 인간주의 논리의 '당위'와 '존재'의 대립이 사회현실 비판에서 확장되는 것으로서, 청년 마르크스

---

281 같은 책, 96쪽.
282 같은 책, 96쪽.

가 나중에 『1844년 수고』에서 제기한 인간으로서의 유적 본질의 자유노동 활동과 소외노동의 대립관계 논리의 전신이기도 하다.

헤스는 ≪스위스에서 온 편지 21장≫에 동시에 발표한 또 다른 글 「사회주의와 공산주의」에서 푸리에나 생시몽 이후에 틀림없이 '과학적 공산주의'[283]가 나타날 것이라고 분명하게 제시했다. 그는 위대한 푸리에의 이념을 견지해야 하고 모든 노동조직이 개성적이고 가장 전면적으로 자유로운 운동이라는 기초[284] 위에 세워져야 한다고 주장했다. 이는 마르크스가 나중에 제시한 인간 개성의 전면적인 자유발전 관점의 기원이기도 하다. 이러한 기초 위에서 헤스는 특별히 절대적 자유, 즉 '일반적인 모든 사람의 개성과 활동의 자유'를 강조할 수 있었다. 따라서 심지어 공산주의의 특징 가운데 하나가 노동과 향수의 대립이 해소된 공동체적 상태(Zustand der Gemeinschaft)라고 생각했다. 헤스는 오늘날 사회의 사유제(Privateigenthum)적 현실에서는 "한편으로는 자유 활동을 부정하여 이를 노예노동의 지위로 폄하시키면서, 다른 한편으로는 동물적 향락을 이러한 동물노동의 당연한 목적으로 삼아 인류를 가장 행복한 지위로 올려놓고 있다"라고 생각했다. 한 가지 중요한 것은 헤스가 시민사회(bürgerliche Gesellschaft)라는 개념으로 자신이 직면한 부르주아 현실을 인식하려 했다는 점이다. 그래서 그는 "과거의 역사(bisherige Geschichte)는 추상적 보편자로서의 각 개인으로 구성된 이기주의적 시민사회 사이에서 전개되어온 맹목적이면서도 자연발생적인 투쟁의 역사다. 인격적 소유제의 원리가 순수하게 지배하는 것은 시민사회뿐이다. 하지만 소유권은 추상적인 개인자유의 원리와 함께 그 반대물로 전환된다. 다시 말해 인격적 소유제는 무엇보다도 노예제(Sklaverei)를 유발하는 것이다"[285]라고 말했다. 확실히 여기서 bisherige Geschichte는 폄하의 의미가 명확한 어휘다. 이는 원자화된 개인

---

283 赫斯, 「社會主義與共産主義」, 『赫斯精粹』, 111쪽.
284 赫斯, 『行動的哲學』, 113쪽.
285 같은 책, 122쪽.

들이 구성하는 이기주의 사유제를 말한다. 이런 사회의 본질은 노역이다.

헤스는 이기주의 사유제에서의 인간생활이 인류활동의 전도라 생각했다.

> 일반적으로 말하자면 외부에서 노동과 사회를 조직해선 안 되고 누구도 일
> 을 대충 하지 않고, 하지 않으면 안 되기 때문에 하는 상태에서 자신들을 통해
> 조직해야 한다. 단일한 활동을 좋아하는 사람은 아무도 없고 누구나 다양한 활
> 동을 좋아한다. 게다가 자유로운 인류의 성격과 활동의 다양성 때문에 자유로
> 운 인류사회의 활동의 죽은 기성 조직이 아니라 생기발랄하고 영원히 젊은 조
> 직이 발생한다. 이처럼 자유로운 사람들이 일할 때 '노동'은 중지되며 차라리 노
> 동은 '향수'와 완전히 동일한 것으로 변한다.[286]

헤스에게 있어 자유의 핵심은 도덕이며, 가장 선한 상태의 도덕이 결국 '노역의 울타리'를 부수게 된다. 사실 헤스의 사회비판은 실제로 윤리가치 비판이었다. 나의 관점에서 보자면, 여기서 우리는 실제로 이미 청년 마르크스가 『1844년 수고』에서 밝힌 철학적 공산주의와 선험적 노동의 유적 본질, 그리고 소외론의 원산지를 보고 있는 것이다. 핵심은 헤스가 시종 이러한 인간주의 가치비판에 머물러 있었다는 사실이다. 이는 1845년 마르크스주의 과학 세계관이 정립된 이후 헤스가 겉으로는 찬동했지만 결국에는 마르크스·엥겔스와 갈라서 다른 길을 걷게 된 원인 가운데 하나이기도 하다. 따라서 나중에 『독일 이데올로기』에서 나오는, 공산주의는 '현실과 이에 적응한 이상이 아니'라는 구절은 바로 헤스를 비판한 것이다.

『독일-프랑스 연감』 시기에 이르러서야 헤스와 마르크스는 진정으로 친밀한 관계를 형성하기 시작했다. 이는 헤스가 경제학 연구 이후에 발생한 경제소외 사상을 통해 청년 마르크스에게 직접 영향을 미치기 시작한 핵심적

---

286 같은 책, 121~122쪽.

시기이기도 하다.[287] 실질을 따져보면 헤스의 이른바 경제소외 사상이 엄격한 의미에서 직접 경제학을 연구한 결과인 것은 아니다. 고작해야 프랑스 사회주의사상을 헤겔 – 포이어바흐식으로 철학적으로 개조한 것일 뿐이다. 나는 이론 틀을 놓고 볼 때, 헤스의 사상은 주로 프루동에게서 영향을 받은 것이라 생각한다. 물론 헤스의 경제학 연구가 도달한 수준도 마르크스의『1844년 수고』에 비하면 훨씬 낮은 편이다.

어쨌든 간에 우리는 헤스의 대단히 유명한 글「화폐의 본질에 대하여」(「금전의 본질을 논함」으로 번역되기도 함)를 언급하지 않을 수 없다. 이 논문은 헤스가 1843년 말부터 1844년 초까지『독일 – 프랑스 연감』을 위해 써서 이미 편집부에 발표하도록 송고한 글이었다. 하지만 나중에 잡지가 정간되면서 제때에 발표되지 못했고 1년여가 지나 다른 잡지에 발표되었다.[288] 분명한 사실은『독일 – 프랑스 연감』의 편집자였던 청년 마르크스가 1844년 초에 이 중요한 글을 읽었다는 것이다. 따라서 우리는 헤스의 이 글이 마르크스에게 커다란 영향을 미쳤고, 마르크스 사상에 큰 변화를 일으켰다고 말할 수 있는 이유가 충분하다. 이는 마르크스 자신도 분명하게 인식한 바다.[289] 중국 학자 자오중잉은 마르크스와 헤스의 관계에 관해 논하면서 "이는 일종의 사상의 교류였다"라고 밝혔으며, 마르크스의 사상에 대한 헤스의 영향과 관련된 영국 학자 매클렐런의 관점은 오류라고 지적했다.[290] 나는 실제로 마르크스는 경제학을 연구하지 않은 상태였기 때문에 그가 독립적으로 경제적 소외의 관점을 확립하기는 어려웠을 것이라고 생각한다. 헤스의 경제적 소외 사상이 마르크스에게 영향을 미쳤다는 것은 논쟁의 여지가 없는 사실이다. 나는 우리

---

287 현존하는 문헌 가운데 헤스가 경제학에 대해 체계적이고 깊이 있는 과학적 연구를 진행했음을 확실히 밝혀주는 자료는 없다. 여기서 우리가 말하는 경제학 연구는 실제로는 경제학에 대한 철학적 관심이나 공산주의 이론을 투시하는 정도에 불과하다.

288 『萊茵社會改革年鑒』, 第1卷(1845), 1~84쪽.

289 馬克思,『1844年手稿』, 引言 참조.

290 趙仲英,『馬克思早期思想探源』(雲南人民出版社, 1994), 9쪽; 麥克萊倫,『靑年黑格爾派與馬克思』, 夏威儀譯(商務印書館, 1982), 163~164쪽 참조.

가 마르크스가 헤스의 영향을 받았다는 사실을 인정한다 해도 마르크스의 가치가 폄하되지는 않을 것이라고 믿는다. 코르뉘는 헤스의 사상, 특히 화폐의 본질과 기능에 관한 관점이 "당시 마르크스의 철학정치에 견실한 사회 경제적 기초를 마련해주었다"[291]라고 지적했다. 나는 기본적으로 코르뉘의 이런 지적에 동의한다. 따라서 우리는 먼저 헤스의 이 텍스트에 담긴 중요한 내용들을 살펴볼 필요가 있다.

우리는 경제학의 지평으로 들어선 뒤로 헤스가 원래 가지고 있던 공산주의 사상의 철학논리가 깊이를 더했음을 알 수 있다. "생명은 생산적인 생명활동(produktive Lebensthätigkeit)의 교환이다!"[292] 이는 「화폐의 본질에 대하여」의 첫 구절이다. 이론논리의 분석에서 이는 헤스가 인간의 자유 활동에서 사회체(gesellschaftlicher Körper)로, 개체 본질에서 유적 본질로 가는 과도 단계를 시작했음을 위미한다. 좀 더 깊이 들여다보면 이는 포이어바흐의 논리이기도 하다는 것을 알 수 있다. 헤스는 부르주아 사회 경제현상에서 포이어바흐의 인간주의적 비판을 구체화해서 실현하려고 시도했던 것이다.

첫째, 헤스가 보기에 인간이라는 존재물은 원래 생산적 활동의 교환에서 나왔고, '양도할 수 없는 생활수단'은 이러한 교환의 매개자다. 이전에 헤스가 인간의 본질을 '외부의 강제에 대해 자유롭고 독립적인 활동'인 비노역적 노동으로 규정했던 것과 비교하면 헤스는 여기서 한 걸음 더 나아가 사회관계의 각도에서 인류 본질의 사회적 실현, 즉 교통(Verkehr)관계를 논증하고 있다는 것을 알 수 있다. Verkehr는 헤스의 글에 대단히 빈번하게 사용되는 단어로, 총 40회나 등장한다. 헤스는 인류사회의 가장 중요한 요소가 이러한 사람들의 사회생활(gesellschaftliches Leben)이고 "그들의 현실생활은 그들의 생산적 생명활동의 교환에만 있을 뿐이고, 공동 활동(Zusammenwirken)에만 있을

---

291   科爾紐, 『馬克思恩格斯傳』, 第1卷, 621쪽.
292   赫斯, 「論貨幣的本質」, 『赫斯精粹』, 137쪽.

뿐이며, 전체 사회체(gesellschaftlicher Körper)와의 관련(Zusammenhang)에만 있을 뿐"[293]이라는 것을 인식했다. 여기서 gesellschaftliches Leben, Verkehr, Zusammenwirken,[294] Zusammenhang[295] 사이에는 내재적 연관이 있다. 이 것들의 공통적인 특성은 직관할 수 없고 비실체적인 객관 활동 및 관계라는 것 이다. 이는 이후 마르크스의 사회생활 본질에 대한 사유에 중요한 영향을 미 쳤다. 이 gesellschaftliches Leben은 나중에 역사유물론에서 가장 중요한 기 본개념이 되었다. 게다가 "개별적인 인간은 그의 사회생활의 교환영역에 대 해서는 의식을 갖고 의식적으로 행동하는 개체이지만", 물론 '그 사회생활의 교환영역의 관계'를 벗어날 수 없다. 이는 육체적인 인간이 공기를 벗어날 수 없는 것과 마찬가지다. 확실히 여기서의 헤스의 관점은 포이어바흐의 유사한 관점을 개조한 것이다. 포이어바흐는 인간의 유적 본질을 '사람과 사람의 통 일'[296]이라고 간주했다. 그러나 포이어바흐의 유적 존재는 사람들 사이의 자 연적 관계에 지나지 않았지만 헤스는 이를 사회관계에서의 교통으로 밀어놓 았다. 헤스는 인간의 교통은 눈으로 볼 수 있는 물질이 아니라 일종의 장(場) 존재로서 "지구의 공기가 지구의 활동장인 것과 마찬가지로, 인간의 교통은 인 간의 행동장(Werkstatt)이 되는 것이다. 여기서 개별적인 인간은 그 생명 또는 능력(Vermögen)을 실현하고 표현한다"라고 주장했다.[297] 보다 중요한 것은 이러한 교환과 교통의 공동 활동이 '개인의 현실적 본질(wirkliches Wesen)'이 고, 그들의 현실적 능력(wirkliches Vermögen)'이라는 점이다.[298] 이는 나중에

---

293 같은 글, 137쪽.
294 Zusammenwirken은 헤스가 이 글에서 비교적 높은 빈도로 사용한 단어로 전문에 11회 등장한다.
295 Zusammenhang에서 zusammen의 원뜻은 '공동', '함께'로, Zusammenhang은 Kontext와 유사한 의미 다. 텍스트학에서 이 단어는 통상 '상하문' 또는 '맥락'으로 번역된다. 나중에 딜타이는 historischer Zusammenhang이라는 단어를 사용해 역사생활과 사회적 존재에 객관적으로 발생하는 특정한 연관 상황을 나타내기도 했다. 따라서 Zusammenhang은 '관련 맥락'으로 번역하는 더 적합하다. 헤스는 본 문에서 이 단어를 한 번 사용했다.
296 費爾巴哈, 「未來哲學原理」, 『費爾巴哈哲學著作選集』, 上卷, 榮震華等譯(商務印書館, 1984), 185쪽.
297 赫斯, 「論貨幣的本質」, 138~139쪽.
298 같은 글, 138쪽.

마르크스가 「포이어바흐에 관한 테제」에서 인간 본질에 관해 제시했던 '현실적' 규정의 발원지라고 할 수 있다. 인간 현실의 유적 본질은 일종의 물질적 교통관계로서, 이는 헤스가 경제학 연구에서 포이어바흐의 자연적 유물론철학을 초월하기 시작한 중요한 발전이기도 하다. 중국 학자 허우차이(侯才)는 헤스의 보다 깊은 차원에서의 경제학 배경을 인식하지 못하고 여전히 여기서의 헤스의 논설을 포이어바흐 철학 맥락에 국한시키고 있는데, 이는 잘못된 인식임이 분명하다.[299]

둘째, 헤스는 직접 사람과 사람 사이의 이러한 공동 협력과 교통을 인간의 사회본질로 간주했다. 교통은 개인의 실현이고 자기 역량의 발휘이며 **생산력** 실현의 형식이라는 것이다. 헤스는 이렇게 지적했다.

사람과 사람의 교통이 발달할수록 그들의 생산력(Produktionskraft)도 갈수록 증가한다. 이런 교통이 아직 협소한 단계에서는 생산력도 저하된다. …… 사람과 사람의 교통은 인간의 본질에서 발생하는 것이 아니다. 이러한 교통은 인간의 현실적 본질이다. 게다가 인간의 이론적 본질이자 현실적 생명의식이며 실천적 본질이자 현실적 생명활동이기도 하다.[300]

여기서 헤스는 인간의 유적 본질로서의 이중 규정을 구분했다. 하나는 정신적 교통의 '이론적 유적 본질'이고 하나는 물질적 교통의 '실천적 유적 본질'이다. 헤스는 치에스코프스키의 실천철학의 영향을 받은 것이 분명하다. 그는 이 글에서 praktisch라는 단어를 17회나 사용했지만 Praxis라는 단어는 단한 번도 사용하지 않았다. 이른바 **실천적**(praktisch) 유적 본질이란 사람들의

---

299 侯才, 『靑年黑格爾派與馬克思早期思想的發展』(中國社會科學出版社, 1994), 130~132쪽.
300 赫斯, 「論貨幣的本質」, 138쪽. Hess, *Über das Geldwesen, Rheinische Jahrbücher zur gesell-schaftlichen Reform*, Hrsg. Von H. Puttmann, Band 1(Darmstadt, 1845), S.3 참조. 헤스는 이 텍스트에서 Productionskraft라는 단어를 총 8회 사용했다. 아울러 이와 가까운 단어인 Produktionsvermögen(생산능력)을 2회 사용했다.

'생산력과 필요한 상품소비를 계속 생산해내기 위한 교통'을 말한다. 이러한 교통은 현실 생명의 '유적 활동(Gattungsakt)'으로서 "서로 다른 각종 개성의 공동 활동이다. 이러한 공동 활동이 있어야만 생산력(Produktionskraft)을 실현할 수 있고, 이에 따라 모든 개인이 현실적 존재가 될 수 있다".[301] 주의해야 할 점은 헤스가 심지어 인간의 사유와 행동이 이러한 교통에서만 발생할 수 있고 이러한 교통의 공동 활동이 바로 생산력이라고까지 주장했다는 것이다. 물론 헤스가 제시한 사람들의 공동 활동이 바로 생산력이라는 관점은 『국부론』에서 노동의 분업협력이 생산력을 높여준다는 관점에서 나왔다. 이는 대단히 깊이 있는 철학적 추상이지만 헤스의 오류는 교통과 생산력을 동질화한 데 있다. 그는 인간과 인간의 사회적 교통이 일정한 역사조건하에서만 생산양식의 결정적 차원이 된다는 것을 이해하지 못했다. 재미있는 것은 1845~1846년에 마르크스·엥겔스 철학의 새로운 전망을 확립시켜준 『독일 이데올로기』 제1장 수고의 첫 부분에서 우리는 헤스의 이런 논점이 역사유물론의 기초 위에서 개조된 뒤 나타난 비슷한 관점을 발견할 수 있다는 사실이다.[302] 그 책에서 마르크스는 교통 자체를 삭제하고 정확하게 물질생산에서의 '협동의 방식이 바로 생산력'이라는 표현을 사용했다. 심지어 그는 "근대 산업이 …… 인류사회로 하여금 보다 조직화된 재료와 내용을 얻게 해준다. …… 다른 것들은 형식상의 장애만 제거하면 된다. …… 이리하여 이미 새로운 내용[생산력]과 서로 적응될 수 없고 낡아서 곧 전도될 운명인 구형식[생산관계]에서 새로운 내용을 생산해내고 더 나아가 자신과 서로 잘 어울리는 형식을 창조해냈다"라고 주장했다.[303] 이는 나중에 생산력이 생산관계를 결정한다는 마르크스 관점의 기원이 되었다.

---

301 赫斯, 「論貨幣的本質」, 139쪽.

302 馬克思恩格斯, 『費爾巴哈』, 中共中央馬克思恩格斯列寧斯大林著作編譯局譯(人民出版社, 1988), 24쪽.

303 Moses Hess, *Philosophische und sozialistische Schriften, herausg, von A. Corun u. W. Monke*, S.347. 廣松涉, 『唯物史觀的歷史原像』, 鄧習議譯(南京大學出版社, 2009), 31~31쪽에서 재인용. 인용문 괄호 안의 '생산력'과 '생산관계'는 히로마쓰가 추가한 것이다.

셋째, 인류의 교통 본질에는 자연사에서 유기공동체로 가는 '발전 또는 발생의 역사(Entwicklungs-oder Entstehungsgeschichte)' 과정이 존재한다. 헤스는 인간의 자연사는 지구의 자연사가 완성되었을 때, 즉 마지막으로 가장 높은 단계의 인체조직을 생산해냈을 때부터 시작되었으며 이때 신체를 가진 모든 것이 생산되었다고 생각했다.[304] 나중에 마르크스·엥겔스는 『독일 이데올로기』 제1권 제1장을 시작하면서 '자연사'와 '인류사', 그리고 인간의 '신체적 조직' 등의 문제를 거론했다. 하지만 이러한 관점들은 수정 과정에서 삭제되었다.[305] 인류사는 인간 본질의 확립, 즉 헤스가 말한 인간의 본질[생산(Produktion) 및 진일보한 계속 생산(fernere Produktion)을 위한 생산품 소비의 교통 = Communication]의 형성에서 시작된다.[306] 주의해야 할 것은 헤스가 교통의 개념을 이끌어내기 위한 것이긴 했지만 여기서 직접 인간 본질에 관한 생산과 계속(재)생산을 제시하긴 했다는 점이다. 하지만 유감스러운 것은 "인간 본질 또는 인류의 생산사는 이러한 본질의 자기괴멸로 표현되었다는 것이다". 과거에 인간은 천국의 우상(하느님)을 위해, 지금은 세속의 우상(금전)을 위해 완전히 자신의 유적 활동(교통)을 희생한다. 이것이 포이어바흐와 경제학비판 성공의 연결고리다. 포이어바흐에게는 하느님은 인간의 유적 본질(관계)의 소외이고, 우리는 신을 위해 자기를 비운 셈이었다. 헤스는 여기서 한 걸음 더 나아가 오늘날의 금전 세계에서는 화폐가 우리 사이의 교통 본질이 우상화된 신이라고 비유적으로 말했다. 우리가 금전의 추구 속에서 자기를 잃고 있다는 것이다.

인간은 처음부터 단독적인 개체로 행동한다. 인간은 동일한 유기적 총체(organisches Ganzes)의 성원이 될 수 없기 때문에 인류의 성원으로서 일치된

---

304 赫斯, 「論貨幣的本質」, 139쪽.
305 馬克思恩格斯, 『費爾巴哈』, 10쪽.
306 赫斯, 「論貨幣的本質」, 142쪽.

공동 활동에 협조한다. 처음부터 조직적인 상품교환과 유기적 활동, 인간의 모든 공동 활동을 진행할 수 있었다면, 물론 인간은 단일한 개체로서 폭력과 정교한 사기계획을 통해 정신이 필요로 하는 욕구와 물질적 욕구를 탈취하거나 얻지 않았을 것이다. 인간은 자기 밖에서 정신과 물질의 부를 얻을 필요가 없었을 것이고, 자신의 힘으로 자신을 훈련시킬 수 있었을 것이다. 다시 말해 공동으로 능력을 발휘할 수 있었을 것이다.[307]

인간의 협조적인 협동에 의한 교통은 반드시 존재해야 하는 것임에 틀림이 없다. 인간은 '같은 유기적 총체의 성원이어야 하고', '조화하고 협동해', '조직적으로' 상품교환을 진행해야 한다. 인간의 이상화된 유적 본질인 교통은 인간주의 논리 틀에서 수행한 가치설정임에 틀림이 없다. 이는 반드시 존재해야 하는 것이지만 현실에서는 사라지고 없다. 헤스는 특별히 지적해야 할 사항이라며 다음과 같이 말했다. "현재 자연력이 더 이상 타자적이고 적대적인 역량으로 인해 인간과 대립하지 못한다. 인간은 자연력을 인식해 이것들을 인간의 목적을 위해 사용하고 있다. 인간 자체가 매일매일 서로 가까워지고 있다. 공간과 시간, 종교, 국적의 제한, 개인으로서 인간의 한계가 단번에 무너져버렸다"라고 말했다.[308] 하지만 현실에서는 인간의 본질이 전도되어 '잔혹하고 동물과 다를 바 없는' 투쟁 속의 교환으로 표현된다. 이는 "인류 상품교환의 최초 형식, 교통의 최초 형식이 약탈일 수밖에 없었고 인간 활동의 최초 형식이 노예노동일 수밖에 없었기 때문이다".

오늘날까지의 역사는 약탈행위와 노예제를 위해 법칙을 제정하고 근거를 제공해 이를 철저하게 시행되게 함으로써 보편화시킨 역사와 다름없다. 최종적으로

---

307 같은 책. Hess, *Über das Geldwesen, Rheinische Jahrbücher zur gesellschaftlichen Reform*, S. 5 참조. 헤스는 이 텍스트에서 Production이라는 단어를 5회 사용했다.

308 같은 책, 142쪽.

나타난 것처럼 우리는 모두 전혀 예외 없이 매순간 이익을 취하기 위해 우리의 활동과 우리의 생산력, 우리의 능력과 우리 자신을 사고판다. 인류의 역사로 이렇게 시작된 서로 잡아먹는 행위(Kannibalismus)와 상호약탈과 노예제가 법칙으로 승화되었다.[309]

헤스가 저술한 이 문장의 첫 마디는 『공산당 선언』에 인용되면서 "지금까지의 모든 역사는 계급투쟁의 역사였다"라는 말로 바뀌었다. 헤스는 현재 인류가 이미 성년이 되었다고 간주하면서 과거 인류사회에 발생했던 착취와 노역이 '생산력 부족'에 의한 것이었다면, 지금은 정반대로 금전사회가 '생산력 과잉'을 유발하고 있다고 말했다. 심지어 그는 "영국이 지구의 가장 멀고 편벽한 곳까지 뚫고 들어가 소비자를 찾으려 한다. 하지만 영국의 생산으로 말하자면 지구 전체가 이미 그 시장이 되었거나 장차 작은 시장이 될 것이다"라고 주장했다.[310] 이는 헤스가 그 글에서 진실한 역사 사건을 언급한 부분이다. 헤스가 보기에는 이처럼 경제교환을 통해 전 세계가 금전세계가 되면서 보다 보편적인 착취와 노예제가 형성되었던 것이다. 그는 우리가 현재 사유해야 할 문제가 "유기적 공동체(organische Gemeinschaft)가 어떻게 이러한 보편적 착취와 보편적 노예제에서 만들어질 수 있느냐 하는 것"이라고 생각했다.[311]

이것이 헤스가 이 텍스트의 서두 1~4절에서 밝힌 관점이다. 우리는 이를 일종의 이론논리의 설정이라고 볼 수 있다. 이 점에 관해 우리는 먼저 간단한 평가를 해도 될 것 같다. 여기서 헤스의 철학관점은 주로 고전경제학 서술에 대한 근대 부르주아 관계의 이론 제시와 개괄로서, 포이어바흐와 비교할 때 확실히 중요한 발전이 있다는 것을 알 수 있다. 하지만 두 가지 치명적인 오류도 있다. 첫째는 그가 교통(실제로는 상품경제의 근대적 교환)을 생산보다 우선

---

309 같은 책, 142쪽.
310 같은 책, 142쪽.
311 같은 책, 143쪽.

적인 위치에 두었지만 이러한 '교통'이 생산의 역사적 결과라는 점은 의식하지 못했다. 이 교통결정론은 고전경제학 유물론의 둘째 차원에서 퇴보한 것이라고 할 수 있다. 나는 청년 마르크스가 나중에 『밀 노트』에서 헤스의 이런 교통결정론으로부터 영향을 받은 흔적을 직접 남기고 있다고 생각한다. 둘째, 그는 이러한 교통이 단지 물질생산의 일정한 역사조건하에서의 산물, 즉 부르주아 사회 상품생산의 특정한 역사결과라는 점은 더더욱 의식하지 못했다. 포이어바흐의 유적 철학으로 경제학을 승격시키다 보면 필연적으로 똑같이 교통(교환)을 추상하는 데서 출발하게 된다. 여기서 그는 스미스나 리카도가 아닌 중상주의에 더 가깝다. 물론 여기서 헤스가 지닌 관점의 핵심(그가 제기한 생산과 생산력, 교통의 공동 활동 등의 규정을 포함해)은 드러나지 않는 논리상 비과학적이다. 하지만 한 가지 더 지적하고 싶은 것은 헤스에 비해 이 시기의 마르크스 사상은 이 수준에 크게 미치지 못하고 있었다는 점이다.

텍스트의 또 다른 부분(제5절부터)은 현실 부르주아 사회생활에 대한 비판이다. 이는 인간의 유적 존재 – 사회교통관계의 금전세계에서의 소외다. 우리는 여기서 헤스가 확실히 자각적으로 포이어바흐와 프루동을 결합시키고 있음을 확인할 수 있다. 나는 포이어바흐를 '독일의 프루동'이라고 생각한다. 하지만 포이어바흐는 프루동의 사회주의 실천결론이 지닌 사상적 깊이에 훨씬 미치지 못했다. 이 때문에 "포이어바흐의 인간주의를 반드시 사회생활에 운용해야 했다".[312] 청년 마르크스에 비해 헤스는 비교적 일찍 포이어바흐의 종교소외사관을 사회현실에 운용한 인물로서 프루동처럼 공산주의를 거부하는 입장으로부터 크게 진전한 인물이라고 할 수 있다. 그의 견해로는 포이어바흐가 종교 영역에서 발견한 이러한 인간소외도 거대한 사회적 의미를 지니고 있었다. 현실사회 사유제의 기초 위에서 경쟁과 이윤에 대한 추구는 사람들을 서로 분리 및 대립시켰는데, 이것이 이기주의(Egoismus)적 생존에서의 인

---

312   赫斯, 『哲學和社會主義文集』(1837~1850), 292쪽.

간 유적 본질의 소외다. 나는 교통 소외는 헤스가 포이어바흐의 인간주의 소외사관을 기초로 중요한 이론의 진전을 이룬 것으로서, 이러한 관념이 나중에 처음 경제학을 연구하는 마르크스에게, 특히 그의 『밀 노트』에 나타난 맨 처음 경제적 소외관의 형성에 영향을 미쳤다고 생각한다.

헤스가 보기에 자연과정에서 유적 생활(das Gattungleben)은 동물 생존의 중심이고 개체는 그저 생활의 수단에 지나지 않았다. 하지만 인류사회의 발전 과정에서는 오늘날의 근대사회에 이르러 사유제 사회가 비정상적인 그림을 보여주고 있다. 여기서는 개체와 유의 관계가 전도되기 때문이다. "개체가 목적(Zweck)으로 승격되고 유는 수단(Mittel)으로 폄하되는 것이다. 이는 인간 생활과 자연생활의 근본적인 전도(Umkehrung)다."[313] 현실적 금전사회의 세계관은 일종의 개인이기주의의 '소상인 사회(Kramerwelt)' 또는 '교역세계(Schacherwelt)'다. 독일어에서 Schacher라는 단어는 편의적 단어로서, 통상적으로 더러운 거래를 의미한다. 주의해야 할 점은 여기서 부르주아 사회에 대한 헤스의 인식이 유통영역인 '금전'에 머물러 있다는 점이다. '매매' − 교역체제의 구조와 소상인 − 는 사회의 주체로서 전부 유통과정의 표상이다. 이 점을 기억하는 것은 매우 중요하다. 이것이 나중에 마르크스가 객관적 자본관계가 지배적 지위를 갖는 자본주의 사회라는 관점을 제출하면서, 헤스와 프루동이 말하는 주체적인 사회라는 관점을 뛰어넘은 것과 관계되기 때문이다. 여기서 신학이라는 전도된 세계관, 즉 개체의 목적인 유(하느님)가 수단으로 폄하된 기독교의 관점이 유행되었다. 헤스는 "기독교는 이기주의의 이론이고 이기주의의 논리다. 이기주의 실천의 전형적인 기지가 근대 기독교의 소상인이다"라고 판단했다. '중세의 시민사회(bürgerliche Gesellschaft des Mittelalters)'에서는 인간이 자신에게 속한 유적 생활의 모든 것을 포기하거나 버렸고 천국에서는 이론상 이런 것들을 전부 하느님에게 귀속시켰다면, 오

---

313   赫斯, 「論貨幣的本質」, 143쪽.

늘날의 금전 왕국의 속세에서는 이러한 것을 '화폐에 귀속시켰다'고 할 수 있다.[314] 여기서 헤스는 'bürgerliche Gesellschaft'라는 정확하지 않은 단어를 사용해 중세를 나타냈다. 이는 이 단어의 내포가 헤스에게는 그다지 정확하지 않았다는 것을 의미한다. 헤스가 보기에 전도된 세계관이 출현한 것은 '이러한 상태 자체가 전도된 세계의 상태'이기 때문이었다.[315] 헤스의 이런 비판은 우리에게 헤겔의 전도된 세계관을 떠올리게 만든다. 다른 점이 있다면, 헤스는 관념의 전도라는 매개를 거치지 않았고, 고전경제학의 내재적 본질도 진정으로 이해하지 못했다는 것이다. 그가 스미스의 이기주의 경제인의 시각에서 출발해 현실 부르주아 사회의 경제관계와 자유경쟁의 객관적인 작용을 분석했다면, 이러한 비판은 처음부터 상당히 깊이 있게 핵심을 찌르는 효과를 거뒀을 것이다. 하지만 헤스는 포이어바흐의 기독교 비판에서 직접 경제비판으로 넘어갔고, 이것은 필연적으로 그의 비판의 비역사성을 초래했다. 심지어 그는 헤겔이 이미 간파했던 부르주아 사회 경제방식의 역사적 진보성도 보지 못했다. 1845~1846년에 이르러 마르크스는 진정으로 중요한 한 걸음을 넘게 되었다.

헤스는 현실의 금전세계에서는 이기주의적 소상인이 서로 격절되어 있고 사람과 사람 사이에 직접적인 교통관계가 없다는 것을 깨달았다. 그들은 그저 시장교환을 통해서만 서로 연결될 뿐이었다. 이리하여 시민사회는 현실의 사람들을 죽음의 유해 – 개인으로 만들었다.

> 사람들은 인간을 독립적 개체(einzelne Individuen)로 확인함으로써, 추상적이고 적나라한 인격을 진정한 인간으로 선포함으로써, 인권과 독립적인 개인의 권리를 선고함으로써, 인간과 인간의 상호 독립과 분리, 개별화를 생활과 자유의

---

314 같은 책, 151쪽 참조.
315 같은 책, 144쪽.

본질로 선포하고, 독립된 인격이 자유롭고 진실하며 자연적인 인간임을 증명하고, 실천의 이기주의를 확인했다.[316]

헤스는 이것이 실제로는 '모든 사람을 더욱 고립시키고 살해하는 과정'이라고 판단했다. 인간은 여기서 자신의 유적 존재를 상실하고 사람들은 서로 진실하게 교통할 수 없게 된다. 시장교역에서 우리는 우리의 유적 생활, 즉 사람과 사람 사이의 진실한 교통관계를 외화시켜야 하고, "계속 우리의 본질과 우리의 생명, 우리 자신의 자유로운 생활을 내다 팔아야만 빈곤 속에서 입에 풀칠을 하면서 하루하루 살아갈 수 있다. 우리의 자유를 상실함에 따라 우리는 계속 우리의 개체적 생존을 매입할 수 있다".[317] 그는 이러한 인간의 현실 속에서 소외된 '유적 생활이 바로 화폐'라고 날카롭게 지적해냈다.[318] 금전세계에서 고립된 인간과 인간의 교통은 인간이 아닌 화폐를 통해서만 실현될 수 있다. 화폐가 바로 전도되어 우리로부터 멀어져가는 유적 생활인 것이다. 이는 하느님이 인간의 유적 본질의 소외이고 화폐는 우리가 소외시킨 **교통의 유적 본질**이라는 포이어바흐의 관점에 가깝다. "인간의 구상(具象)적인 대기가 천국에서는 하느님과 인류를 초월하는 선(Gut)이고, 지상에서는 인간 외부의, 인간이 아닌, 손으로 만질 수 있는 부(Gut)와 사물(Sache)이라면, 재산은 생산자에서 이탈해서 곧 창조자의 생산품이 되고, 교통의 추상적 본질(das abstrakte Wesen)인 **화폐가 된다**"[319]라고 할 수 있다. 화폐는 물(物)이 아니라 사상(事象)(Sache, 또는 사물)이다. 이 사상의 본질은 교통의 추상이다. 이러한 구별은 마르크스에게도 영향을 미쳤다. 이 텍스트에서 헤스는 Sache라는 단어를 2회 사용했고 Ding이라는 단어도 2회 사용했다. 심지어 그는 기독교가

---

316 같은 책, 154쪽.
317 같은 책, 145쪽.
318 같은 책, 154쪽.
319 같은 책, 153쪽.

'상품화의 원칙'을 발명했다고 생각했다. 이 때문에 "하느님이 이론 생활에 일으키는 작용은 화폐가 전도된 세계의 실천 생활에 일으키는 작용과 같아서 인간의 외화된 능력(das entäußerte Vermögen)과 인간의 팔려간 생명활동(verschacherte Lebenstätgkeit)이 된다".[320] entäußerte는 헤겔의 중요한 철학개념으로서, 관념이 자신을 객관적으로 실현하는 과정을 의미한다. 이는 헤스가 본문에서 처음으로 entäußerte라는 단어를 사용한 사례다. 그는 이 텍스트에서 이 단어를 총 7회 사용했다. 여기서 금전은 인간의 유적 본질과 진정한 가치를 수량화하기 때문에, 사회노역제 실행을 인류 주체에 각인시키는 역할을 한다. 화폐의 본질은 고통 받는 인민의 피와 땀의 결정체이자 '고용된 임금 소지자(Lohnträger)'[321]이며 노동자들의 양도해서는 안 되는 재산이다. 노동자는 "자기 특유의 능력, 자신의 생명활동 자체를 시장에 내다 팔고 그 대가로서 똑같이 고통 받는 사람들의 죽은 생명(caput mortuum), 즉 이른바 자본(capital)을 얻는 것이다".[322] 여기서 '자본'의 개념은 국민경제 관점에서 중복 서술한 것일 뿐이라서 크게 중시될 이유가 없다. 헤스는 이 글에서 '자본(Capital)'이라는 단어를 6회 사용했는데 그 가운데 한 번은 Kapital을 사용했다. 이런 노동자들의 살아있는 생명활동과 죽은 생명활동, 즉 자본의 대립은 나중에 마르크스에게서 살아있는 노동과 축적된 죽은 노동의 대립으로 다시 인식된다. 아울러 헤스가 사용한 Lohnträger라는 단어에서 Lohn은 '임금' 또는 '보수'를 의미하며, Lohnträger는 Lohnarbait(임금노동)의 전신이다. 헤스는 "근대 상업세계의 본질인 화폐는 기독교가 실현한 본질이다!"라고 지적했다. 독자들은 나중에 청년 마르크스가 『파리 노트』에서 밀의 책에 나온 '화폐' 매개론에서 제시한 평론을 주목할 필요가 있다. 헤스가 제시한 관점의 깊이는

---

320 같은 책, 145쪽.
321 Lohntrager에서 Lohn은 노동이고 Träger는 소지자라는 의미다. 1844년에 발표된 『공산주의 신조문답』이라는 글에서 헤스는 명확하게 '임금노동(Lohnarbeit)'이라는 단어를 사용했다.
322 赫斯,「論貨幣的本質」, 146쪽.

그가 화폐의 교환수단과 매개표상(Vorstellungen)을 투시해 금전이 일종의 사회관계의 환영이라는 것을 간파했다는 데 있다. "금전은 비조직화되고 이로 인해 우리 자신의 이성 의지를 벗어나 있으며 또 이로 인해 우리를 지배하는, 인류사회의 근대적 생산양식의 환영과 다름없다."[323] 이러한 근대적 생산양식 관점은 대단히 중요하다.

한 가지 지적하고 넘어가야 할 것은 여기서 화폐에 대한 헤스의 비판은 고전경제학에 내재되어 있는 학문적 논리를 기초로 하고 있지 않다는 점이다. 그는 애당초 노동가치론의 의미를 의식하지 않았고, 화폐와 자본의 관계도 설정하지 않았기 때문이다. 이 점에 있어 그는 또 프루동이 도달했던 수준에서 퇴보했을 뿐만 아니라 리카도파 사회주의 경제학자들(버지니아 톰슨이나 토머스 호지스킨 등)의 관점과도 상치된다. 이처럼 잘못된 이론적 지향 때문에 나중에 헤스의 영향을 받아 갓 경제학 연구에 진입한 청년 마르크스와 청년 엥겔스는 둘 다 노동가치론을 부정하는 인간주의라는 잘못된 길로 인도되었다.

이 부분을 논급하면서 우리가 주목해야 할 사실은 헤스가 인간주의 논리척도에서 어떻게 비판의 창을 직접 부르주아 경제학으로 돌렸느냐 하는 것이다. 그는 "실제로 경제학은 신학과 마찬가지로 근본적으로 인간에 대해 관심이 있는 것이 아니다. 국민경제학(die Nationalökonomie)은 신학이 천국에서 돈을 벌고 부자가 되기 위한 과학인 것처럼 속세에서 돈을 벌어 부자가 되기 위한 과학이다"[324]라고 단호하게 말했다. 이는 우리가 앞에서 본 시스몽디의 담론에 완전히 근접해 있다! 하지만 이는 이미 포이어바흐 인간주의의 매개를 받은 비판담론이다. 동시에 이는 나중에 청년 엥겔스(『국민경제학 비판 대강』)와 청년 마르크스(『파리 노트』 전기)가 직접 인용한 중요한 말이기도 하다. 헤스는, 정치경제학 원리에 따르면 "화폐(Geld)는 일반적인 교환수단

---

323 「盧格在巴黎」, ≪社會≫, 第8卷(1931), 第2期 참조.
324 赫斯, 「論貨幣的本質」, 145쪽.

(Tauschmittel)이어야 하고, 따라서 생활의 매개물(Lebensmedium)이자 인간의 능력이며 현실적 생산력이어야 한다"[325]라고 주장했다. 두 가지 지적하고 넘어가야 할 중요한 사항은 첫째, 이 Lebensmedium이 바로 마르크스에게『밀 노트』에서 중요한 사유를 전개하게 한 요소이고, 둘째, 생산력에 대한 헤스의 이해가 시종 교환활동과 한데 얽혀 있었다는 점이다. 실제로 "화폐는 서로 소외된 인간의 산물(das Product der gegenseitig entfremdeten Menschen), 외화된 인간의(das entäußerte Mensch) 산물이다". 주의할 점은 이는 헤스가 텍스트에서 처음 entfremdet(소외된)라는 단어를 사용한 사례라는 점이다. 텍스트 전체에서 그는 이 단어를 세 번 사용했는데, 앞 두 번은 제15절에서 둘 다 명사로 사용되었다. 따라서 정치경제학은 '인간의 돈주머니 무게에 따라 인간을 평가하는 것'이다. 헤스는『공산주의 신조 문답』에서 이렇게 썼다.

> 국민경제학의 정의에 따르면 자본(Capital)은 축적되고 누적된 노동(aufgehäufte, vorrathige Arbeit)이다. 그리고 생산은 상품의 교환에서 오기 때문에 화폐는 교환가치(Tauschwerth)가 된다. 교환할 수 없거나 내다 팔 수 없는 모든 것은 가치가 없는 것이다. 인간도 내다 팔 수 없다면 그는 아무런 가치도 없는 것이다. 하지만 인간 스스로 자신을 판다면, 또는 남에게 고용된다면(verdingen) 이는 가치 있는 일이다.[326]

여기서 헤스의 가치 = 교환가치 = 화폐에 관한 관점은 경제학에서 오류로 평가되고 있다.

헤스는 화폐가 '근대 상업 세계의 본질(Wesen der modernen Schacherwelt)'이라고 말했다. 하지만 이러한 화폐는 오히려 '죽은 자모(字母)의 응결, 죽임

---

325 같은 책, 146쪽.
326 같은 책, 146~147쪽.

당한 생명의 교통수단'[327]이 되고 만다. 여기서 헤스는 애써 인간을 적대시하고 비인간적인 화폐의 죄상을 일일이 지적한다.

첫째, 화폐는 사회의 피다. 하지만 매매되고 추출되는 피는 우리 생명의 교환가치다. 이렇게 팔리는 피는 인간과 그 생활의 **비직접성**을 초래한다. 생활은 무엇인가? 생활은 직접적인 사랑이다. 인간의 본질은 무엇인가? 인간의 본질은 인간과 인간의 직접적인 상호 교통[類]이다. 하지만 오늘날 인간은 "유(類) 속에서 생활하지 못하고 사랑 속에서 생활하지 못하며, 반대로 이간과 적대 속에서 생활한다".[328] 금전세계는 "모든 직접적 교통과 모든 직접적 생활을 소멸시켜버린다". 인간의 모든 현재는 금전이라는 매개를 거쳐야 하기 때문이다. 가장 자연스러운 사랑에서 시작해 양성 간의 교통, 지식계 전체의 사상교류에 이르기까지 금전 없이는 한 치도 움직이지 못한다. 이는 이미 매순간을 살아가기 위한 심박동이 먼저 매매가 되어야 한다는 것을 의미한다. "팔리거나 경매되는 경우를 제외하면 실제로 사람이 존재할 곳이 없다."[329] 둘째, 화폐의 비인간성은 시퍼렇게 살아있는 사람의 생존을 **수량화**한다는 데 있다. 인간은 더 이상 인류사회의 주체이자 유기적인 유적 생활, 사회적 교통이 아니라 '죽어버린 양으로서 하나의 수량이나 수치가'[330] 되는 것이다.

> 금전은 수량으로 표시된 인간 활동의 가치이자 우리들 생명의 매매가격 또는 교환가치다. …… 인간의 활동도 인간 자체와 마찬가지로 대가를 지불할 수 있는 대상이 못된다. 인간의 활동은 인간의 생명이고, 인간의 생명은 어떤 수량이나 금전으로도 보상할 수 없는 것이기 때문이다. 인간의 활동은 계산할 방법

---

327 같은 책, 162쪽 참조.
328 같은 책, 180쪽. 나는 독자들에게 이런 매개성에 반대하고 직접성을 환원하려는 포이어바흐식 논리구조에 주목할 것을 부탁한다. 뒤에서 이어질 마르크스의 철학에 대한 독해에서 이는 인식상의 중요한 마디를 포기하는 꼴이 되기 때문이다.
329 같은 책, 152쪽 참조.
330 같은 책, 157쪽 참조.

이 없는 것이다.[331]

헤스는 분노한 목소리로 묻는다. "살아있는 존재물인 인간과 가장 고귀한 생활, 그리고 활동의 가치, 사회생활의 가치가 어떻게 수량이나 수치로 표현될 수 있단 말인가?"[332] 앞에서 서술한 것처럼 경제학에서의 화폐의 실질, 즉 화폐와 노동가치론의 관계를 보지 못했고 화폐가 그저 시장교환에서 필연적으로 상품가치를 나타내는 대상화 형식이자 수단이라는 것을 몰랐기 때문에 헤스의 이런 비판은 항상 비역사적이고 비과학적인 윤리가치의 공격에 떠 있어야 했다. 이는 마치 허무하게 떠 있는 구름과 같아서 필연적으로 주변화되어 밀려날 수밖에 없었다.

헤스는 고대 노예제의 강제하에서는 사람들이 어쩔 수 없이 팔려가야 했고 이러한 고통의 발생을 자연적이고 인성에 부합하는 것으로 여겼지만 지금의 화폐세계에서는 사람들이 자발적으로 자신을 팔려고 하면서 이를 자연스럽고 인성에 부합하는 것이라 여기고 있다고 비판했다. 여기서 "인간은 먼저 생명을 천시하는 법을 배워야 하고 스스로를 내다 팔아야 한다. 사람들은 먼저 현실의 생명, 현실의 자유는 가치를 매길 수 없는 재산이라 여기던 과거의 인식을 잊고 이러한 생명과 자유를 내다 팔아야 하는 것이다"라고 비판했다.[333] 따라서 헤스는 부르주아 사회 경제왕국을 사회적 동물세계라고 칭했다. 이 사회적 동물세계에는 '의식적, 정신적 또는 사회적 정재(gesellschaftliches Dasein)의 생성사'만 존재한다.[334] 이는 헤스가 처음으로 사회적 존재라는 단어를 사용한 사례다. 정확히 말하자면 사회의 일정한 존재 또는 사회 정재라고 해야 할 것이다. 이 개념은 과거에는 역사유물론의 기초적 개념이었지만

---

331 같은 책, 171쪽.
332 같은 책, 157쪽 참조.
333 같은 책, 160쪽.
334 같은 책, 166쪽.

마르크스는 거의 사용하지 않았다. 헤스는 이렇게 말한다.

> 우리는 지금 사회적 동물세계(sociale Thierwelt)의 정점에 처해 있다. 따라서 지금 우리는 사회적 맹수(sociale Raubthiere), 완전한 의식적 이기주의자들이다. 우리는 자유경쟁이 모든 사람이 모든 사람을 반대하는 전쟁[335]이라는 것을 확인하고 있고, 이른바 인권(Menschenrecht)은 고립된 개인, 사인(私人), '절대적 개성'의 권리라는 것을 확인하고 있으며, 직업의 자유는 바로 상호착취, 화폐욕(Gelddurst)이라는 것을 확인하고 있다. 이런 화폐욕이 바로 피를 좋아하는 사회적 맹수들의 욕구다.[336]

헤스가 보기에 현실의 금전세계는 '실제적 가상과 거짓말의 세계'다. 모든 사람이 불가침의 재산을 누리고 있다는 가상하에 실제로는 그들의 재산 전부를 착취하고 있고 보편적인 자유(Freiheit)의 가상하에 가장 보편적인 노역(Knechtschaft)이 존재하기 때문이다. 따라서 그는 "금전의 존재 자체가 인류 노예제도의 표시"라고 생각했다. 헤스는 "일단 상품화(Verkäuflichkeit)의 원칙이 확립되면 보편적인 노예제가 되어 우리의 소상인들을 위한 일반적이고 상호적이며 자발적인 인신매매의 길을 열어준다"라고 판단했다.[337] 헤스는 인간이 중세에서 해방되었을 때 가장 중요한 것이 자유였는데 지금은 이 자유가 자신을 팔기 위한 조건이 되었다고 말했다.

> 우리는 반드시 남들의 자연적 자유를 이용하여 자신을 위해 생활의 자원을 얻

---

335 이 말은 헤겔에게서 나온 것이다. 『법철학 원리』에서 헤겔은 "시민사회는 개인의 사리를 위한 전장이자 모든 사람이 모든 사람을 반대하는 전장이다"라고 말했다. 黑格爾, 『法哲學原理』, 309쪽. 마르크스의 『헤겔 법철학 비판』에서도 이 말을 인용하고 있다. 『馬克思恩格斯全集』, 第1卷(人民出版社, 1956), 295쪽.
336 赫斯, 「論貨幣的本質」, 160쪽 참조.
337 같은 책, 160~161쪽 참조.

어야 한다. 남들은 자신의 자연적 자유를 양도함으로써 이러한 자원을 얻는다. 하지만 이는 자발적인 양도다. 본인이 죽어도 그러기를 원하지 않는 한, 누구도 자신의 자연적 자유를 양도하도록, 자신을 팔거나 임대하거나 고용되도록 강요되지 않는다.[338]

이상한 것은 "우리의 남녀 노동자들과 우리의 임시공, 노복과 하녀들은 고용주를 찾으면 몹시 기뻐한다. 근대의 개념으로 볼 때, 그들은 자유로운 노동자들이고 고용주는 정당하게 수많은 인력을 고용한다. 그리고 그는 시민사회(bürgerliche Gesellschaft)에서 존경을 받는(통상적으로 대단히 자유사상적인) 유용한 성원이 된다".[339]

하지만 어떻게 해야 이러한 비인간적 노예제를 없앨 수 있을까? 헤스는 "우리의 힘과 능력이 발전한 뒤에도 공산주의를 향해 넘어가지 않는다면 우리는 서로를 무너뜨릴 것"[340]이라고 지적했다. 이것이 그의 정치적 결론이었다. 오늘날의 노역사회가 '생산력의 과잉'과 역량의 낭비를 특징으로 하는 자기파멸의 황당한 현상으로 나타나고 있기 때문이다. 이러한 문제가 근본적으로 해결될 수 있는 방법은 사람들이 진정으로 '연합하여' '힘의 연합과 공동 활동을 통해' 새로운 생활을 창조하는 것뿐이다. 이것이 바로 공산주의다. 이에 따라 헤스는 "화폐기계(Geldmaschine)가 이미 운전을 멈추었고", "사회의 형성사(Entstehungsgeschichte)는 완결되었으며", "사회적 동물세계의 조종이 곧 울리려 하고 있다"[341]라고 말했다. 마르크스는 나중에 『자본론』과 그 수고에서 자본주의 사회를 '경제적 동물의 세계'로 표현하고 자본주의 사회의 멸망도 인류 '사전 사회'의 종언이라고 표현했다. 헤스는 인간의 본질과 능력의 현실적

---

338 같은 책, 155쪽.
339 같은 책, 155쪽.
340 같은 책, 166쪽.
341 같은 책, 167쪽 참조.

발전에 따라, 물질생산과 교통의 발전 또는 미래사회 조직의 물질내용 획득에 따라 "비인간적이고 외재적이며 죽은 교통의 수단은 필연적으로 폐지될 것"이라고 생각했다. 인류사회의 이러한 유적 소외존재 단계는 필연적으로 '유적 생활의 전면적인 전개단계', 즉 '유기적으로 구성되는' 공산주의 단계로 넘어갈 것이고, 이처럼 새로운 '유기적 공동체(die organische Gemeinschaft)'[342]에서 관리된 사회조직이 출현함에 따라 임금노동은 필연적으로 해체될 것이며, 인간의 가치가 제고됨에 따라 화폐는 가치를 상실할 것이다. 여기에 이어질 상황은 다음과 같다.

> 스스로 멸망하지 않은 인류사회는 다양하면서도 조화롭고 하나로 일치단결하여 협동하는 생산 활동(zusammenwirkende Produkion)을 실현할 것이고, 사람들의 갖가지 서로 다른 생활목표와 다양한 활동이 서로 적응할 수 있는 조직인 활동범위 안에서 이성에 부합하고 유기적인 인간사회가 이루어질 것이다. 이런 사회에서는 훈련을 받은 모든 사람들이 직업과 기호에 따라 사회에서 자유롭게 그 능력과 재주를 펼칠 수 있을 것이다.[343]

그런 사회에서 "모든 사람은 인간 본성의 발전을 실현할 것이고, 모든 사람이 또 자기의 능력(Fähigkeiten) 전부를 발휘할 수 있을 것이다".[344] 헤스의 이러한 사상은 나중에 마르크스의 세 번째 사회형식에서의 인간의 전면 해방 학설에서 보다 과학적으로 표현되었다.

이처럼 포이어바흐의 종교소외 비판사상(바우어의 개조를 거친)을 사회 경제 영역으로 밀고 간 헤스의 인간학 소외론은 1843~1844년에 청년 마르크스

342　Gemeinschaft라는 단어는 독일어에서 '공동체' 또는 '연합'을 의미한다. 헤스는 이 글에서 이 단어를 8 회나 사용하면서 미래 사회조직의 성격을 설명했다. 이 글에서 헤스는 유사한 단어인 Gemeinwesen (공동체, 사회)을 4회 사용했다.
343　赫斯, 「論貨幣的本質」, 142쪽.
344　같은 책, 170쪽.

에게 직접적인 영향을 미쳤다. 하지만 마르크스의 『독일 - 프랑스 연감』 시기 논문 몇 편으로 볼 때 마르크스는 경제학을 연구하지 않았기 때문에 헤스가 이미 일부 사회역사철학 관점을 제시했다는 것을 이해하지 못했다. 하지만 마르크스는 헤스와 헤스로부터 직접적인 영향을 받은 엥겔스 관점의 심오함이 경제학 연구에 도움이 된다는 사실에는 주목하고 있었다. 이 역시 마르크스가 이 영역을 섭렵하기로 결심하게 된 중요한 원인 가운데 하나다.

1844년에 헤스는 또 다른 중요한 논문 「공산주의 신조 문답」[345]을 썼다. 이 논문에서는 헤스의 사상이 **노동**에 집중되기 시작했다. 아울러 그는 중요한 **임금노동**(Lohnarbeit) 개념을 제시했다. 이는 그가 이전에 사용했던 임금담지자(Lohnträger)라는 개념을 좀 더 심화한 것이었다. 이는 확실히 일종의 변화였다. 헤스는 다음과 같이 의식하기 시작했다. 원래 그가 초점을 맞췄던 일반인들 사이의 교통의 유적 관계 및 그 소외에서 사유 주체는 노동자일 수가 없었다. 만약 철학적 공산주의가 프롤레타리아 혁명에 복무한다면 관심을 교통관계로부터 노동으로 전환시켜야 한다. 이는 청년 마르크스가 『밀 노트』의 교통소외관에서 『1844년 수고』의 노동소외관으로 전환한 것과 같은 방향의 사상운동이라고 할 수 있다.

그렇다면 노동이란 무엇인가? 이 시기의 헤스에게는 "인류의 생존을 위해 물질에 대해 어떤 변화를 진행하는 것이 노동이었고 이는 작업이나 창조(schaffen), 출산, 제조(erzeugen), 생산(produzieren), 행동, 활동 등으로 불리기도 했다. 어쨌든 노동은 생활이었다. 사실상 생명의 모든 곳이 노동인 셈이다".[346] 헤스는 여기서 노동을 생산이나 제조 같은 활동과 혼용하고 있음을 알 수 있다. 그에게는 노동이 노동자의 주체 활동을 가리키는 것이 아니라 아주

---

345 헤스의 이 논문은 1844년에 익명의 소책자 형태로 발표되었고 1844년 12월에는 파리의 독일어 신문인 ≪전진보≫ 제2호에 다시 발표되었다. 1846년에 헤스는 이 글을 수정해 페터만이 주간을 맡고 있던 『라인 사회개혁 연감』(1846), 제2권, 155~169쪽에 발표했다.
346 赫斯, 「共産主義信條問答」, 『赫斯精粹』, 168쪽.

넓은 의미의 노동을 의미했다. 이는 마르크스가 1845년에 사용하기 시작한 실천이라는 개념과 유사하다. 나는 헤스가 vergegenständlich(대상화)라는 단어를 거의 사용하지 않았다는 사실을 발견했다. 이것이 바로 나중에 마르크스와 헤스가 소외논리에서 보인 중대한 차이다. 헤스에게는 노동이 조직을 갖춘(organisiert) 노동과 조직을 갖추지 않은(unorganiesirt) 노동 두 가지로 구분되었다. 전자는 자유로운 활동(freie Tätigkeit)이라고 불리기도 한다. 동시에 이런 자유 활동으로서의 노동은 생활의 향수(Genuß)이기도 하다. 후자는 압박에 의한 노동(gezwungene Arbeit)으로, 이는 인류에게 고통이자 압박이다. 여기서 말하는 향수(Genuß) 역시 나중에 마르크스의 『밀 노트』에서 중요한 개념이 된다.

> 자유로운 활동은 내면적 충동(innere Antriebe)으로 진행되는 모든 활동을 말한다. 반대로 압박에 의한 노동은 외면적 충동(äußere Antriebe)에 의한 노동이나 가난으로 인해 진행되는 모든 활동을 말한다. 노동이 내면적 충동에 의해 진행된다면, 이는 생활의 향수를 증가시키는 즐거움이 될 것이고 보상을 자기 자신 안에 간직하는 선행이 될 것이다. 반대로 노동이 외면적 충동하에 진행된다면, 인간의 본성을 폄하하고 억압하는 무거운 부담이 될 것이고, 비겁한 죄악의 보수를 위해 악행을 저지르는 꼴이 될 것이며, 일종의 임금노동이자 노예노동(Lohn-und Sklavenarbeit)이 되고 말 것이다. 만일 사람이 그 노동의 본질 외에 그 노동에 대한 보상을 찾는다면 이 개인은 타인의 목적을 위해 활동하는 노예가 될 것이고, 생명이 없는 기계(leblose maschine)로 몰릴 것이다.[347]

주의해야 할 문제는 뜻밖에도 헤스가 여기에서 얼마 전까지 큰 관심을 보이던 **교통의 소외**를 제기하지 않았다는 것이다. 게다가 그는 철학적 인간주의

---

347 같은 책, 169쪽.

의 논리로 부르주아 사회의 노동 상태를 묘사하지도 않았다. 단지 임금노동과 노예노동이라는 비교적 정확하고 실증적인 개념을 사용했을 뿐이다.

도대체 어떤 일이 일어난 것일까? 노동 자체에 대한 관심 말고도 1844년에 헤스에게 더 중요한 사상적 변화가 일어났던 것일까? 우리는 헤스의 이 텍스트를 좀 더 구체적으로 분석해볼 필요가 있다. 헤스가 보기에 임금노동의 형성은 주로 '사회관계(gesellschaftliches Verhältnis)의 강제 억압'에 연유한다. 이러한 억압적인 사회관계가 바로 과거의 교통소외다. 이는 사람들의 모든 능력발휘를 제한해 "사람을 그저 일면적인 본능의 동물로 만들어버린다". 이 가운데 가장 근본적인 원인은 "금전을 위해 우리가 자신들의 인간적 힘을 파는 것이다. 이리하여 우리는 상대방을 노예로 만든다". 이제 헤스는 '금전은 수량으로 표시된 인간 활동의 가치이자 우리 생명의 판매가격(Kaufpreis) 또는 교환가치(Tauschwerth)'[348]라고 생각한다. 이는 헤스가 텍스트에서 '교환가치' 라는 개념을 사용한 두 번째 사례다. 처음 이 개념을 사용한 것은 「화폐의 본질에 대하여」에서였다. 또한 우리가 앞에서 말한 헤스의 「화폐의 본질에 대하여」에서 금전에 대한 인간주의 철학을 비교분석해보면 우리는 유적 본질의 소외의 논리가 겉으로는 사라졌음을 알 수 있을 것이다. 우리는 헤스의 사상에 왜 갑자기 이런 변화가 나타났는지 알 수 없다. 슈티르너의 공격 때문이었을까? 청년 마르크스와 엥겔스의 『신성가족』의 영향 때문이었을까? 우리는 아무래도 알 수가 없다. 한 가지 가능성은 있다. 이 글이 민중을 향해 통속적으로 선포된 공산주의 사상이기 때문에 헤스가 여기서 특별히 추상적이고 이해하기 힘든 철학개념을 사용하지 않았을 것이라는 점이다. 내 생각은 후자의 추측으로 기울고 있다.

여기서 헤스의 토론은 비시적(非詩的)인 톤으로 변한다. "인간의 활동도 인간 자신과 마찬가지로 대가를 지불하고 살 수 없다. 활동이 바로 인간의 생명

---

348 같은 책, 171쪽.

이고, 생명은 어떤 수량의 금전(keine Summe Geldes)으로도 보상할 수 있는 것이 아니기 때문이다. 인간의 활동은 계산이 불가능한 것이다."[349] 헤스는 '유적 생활'이나 '상호 소외' 같은 철학적 술어를 피하려 했던 것이 분명하다. 인간의 활동과 가격을 금전(수량)으로 표시할 수 있다는 것은 인류가 노역과 약탈의 상태에 처해 있다는 것을 의미한다. "금전의 존재 자체가 인류 노역제 도의 표시이기" 때문이다. 이것만이 외부로 나타나는 표시다.

헤스는 '인간의 생활자원이자 활동자원인 대자연의 열매(Früchte der Natur) 와 노동생산물(Erzeugnisse der Arbeit)'이 우리가 말하는 재산(Vermögen)이라 고 분석했다. 이 두 가지 모두 자연계와 인류사회의 창조물로서, 원래는 사회 의 소유물(Eigenthum der Gesellschaft)이어야 하지만 오늘날의 금전세계에서 는 개인의 소유물이 되었다. 일부 사람들이 "사회의 손에서 사회의 것을 탈취 하고, 사회가 전체 성원의 이익을 위해 알아서 처리해야 하는 것들을 탈취해 버렸다. 그들은 살인범이나 다름없다. 그 동포들이 생계와 활동을 의존하는 것들을 빼앗아갔고, 이로 인해 그들의 생명과 자유를 빼앗아갔기 때문이다". 이들이 바로 '부자, 물주, 소유주, 점유자(reicher Herr, vermögender Mann, Eigenthümer oder Besitzer)'다.[350] 여기서 헤스는 안 좋은 이름들을 늘어놓았 다. 이들은 노예 같은 고된 일이나 임금노동을 통해, 그리고 상속과 고리대, 도박, 주식매매, 폭리, 합법적 사기 등을 통해 타인과 사회의 부를 점유한다. 소유(재산, Eigenthum)는 절도이고 점유(Besitz)는 약탈이다. 이는 프루동의 관점이 급진화한 것이라 할 수 있다.

헤스는 이러한 인간교역과 상호착취, 그리고 이른바 개인 영리를 폐지하기 위해서는 공산주의 사회(kommunistische Gesellschaft)를 건설하는 것 말고는 다른 어떤 방법도 가능하지 않다고 주장했다. 공산주의 사회가 모든 사람에

---

349 같은 책, 171쪽.
350 같은 책, 173쪽 참조.

게 인간의 지혜와 능력을 발전시키고 운용할 수 있는 각종 수단을 제공하리라는 것이 그의 확고한 생각이었다.[351]

> 그때가 되면 계산이 불가능한 진정한 인간의 가치(der wahre, unschätzbare menchliche Werth)가 수량으로 계산 가능한 인간의 가치를 대체할 것이고, 인간 능력의 충분한 발휘와 생명의 향수의 고도 만족이 고리대의 이자 폭발을 대신할 것이며, 조화로운 협동(harmonisches Zusammenwirken)과 고상한 경쟁이 비겁하게 무기를 사용해 진행되는 경쟁을 대신할 것이며, 자유롭고 활동능력 있는 사람들의 두뇌와 심장, 두 팔이 구구단을 대신할 것이다.[352]

물론 헤스가 보기에 공산주의의 실현은 폭력을 통한 것이 아니라 현재의 소유제 관계가 '점차적으로 개조되어 공산주의 관계가 되는 것'이다. 그 구체적인 경로는 '지금의 사회를 일깨워 그 곤궁함을 의식하게 하고, 현실 개선의 임무를 담당할 것을 의식하게 하며, 이를 기초로 대다수의 사람들로 하여금 인간적 상황(menschliche Zustände)에 대한 기대를 갖게 하여 현재의 노역에서 벗어나고자 하는 바람을 갖게 하는 것'이다. 우선 "인간의 가치가 제고됨에 따라 화폐 가치가 하락한다. 그리고 관리를 위한 사회조직이 확대되어 임금노동을 무너뜨린다". 그다음에는 "젊은 세대가 사회적 양성과 훈련을 통해 성장해서 모든 사회적 노동을 담당하게 되면 인간의 가치는 필연적으로 계산이 불가능한 수준으로 높아지고, 화폐의 무가치는 필연적으로 한 푼의 가치도 없는 수준으로 떨어진다".[353] 확실히 헤스의 공산주의 노선은 공상에서 벗어나지 못하고 있다.

1845년에 헤스는 『마지막 철학자』라는 제목의 글을 썼다.[354] 그가 이 글을

---

351 같은 책, 172쪽.
352 같은 책, 172쪽.
353 같은 책, 176쪽 참조.

쓴 계기는 슈티르너의 『유일자와 그 소유』(1845)의 출판이었다. 슈티르너의 이 책은 처음으로 포이어바흐, 심지어 계몽사상 이래의 고전인간주의 논리를 전면적으로 비판했다. 일정한 의미에서 슈티르너는 근대 서양사상사의 근대성 맥락에서 처음으로 자각적으로 형이상학을 해소한 인물이기도 하다. 슈티르너의 '모든 것을 타도하는' 태도가 헤스에게 깊은 고통을 안겨준 것이 분명하다.

슈티르너의 주장에 반박하기 위해 헤스는 이 글에서 다시 철학을 손에 쥘 것을 주장했다. 헤스는 오늘날 독일 철학자들은 그저 이론상으로만 비판하는 것은 실패할 것이 자명하다는 점을 인식하지 못하고 있다고 말했다. 그는 이론이 현실생활로 돌아가되 실천에서는 포기될 것을 요구했다.

> 사람들이 빠진 분리 상태는 실천에서는 사회주의(Socialismus)를 통해서만, 즉 인간들이 단결하고 공동체(Gemeinschaft) 안에서 생활하고 노동하고 또 개인의 사적 소득을 지양하는 것을 통해서만 지양될 수 있다. 사람들이 현실, 즉 사회생활에서 분리 상태에 놓여 있고, 개인과 인류의 구별이 이론, 즉 '의식'단계에 머물러 있으면, 현실생활에서 여전히 서로 분리되어 있을 뿐만 아니라 의식 중에서도 여전히 서로 분리된다.[355]

헤스는 이미 독일 철학자들을 초월하는 높은 인식 수준에 이른 것 같다. 그는 이미 이론비판과 사회주의 실천의 관계를 정확하게 인식하고 있었기 때문이다. 시민사회(bürgerliche Gesellschft)에서 발생하는 모든 것이 더 이상 철학적 비판을 통해서만 변하는 것이 아니라 사회생활에서의 실천을 통해 변화한

---

354 Moses Hess, *Die Letzten Philosophen, in Philosophische und Sozialistische Schriften, 1837~1850*, Herausgegeben und eingeleitet von Auguste Cornu und W. Monke, Berl(1961). 원문은 1845년 5월에 처음 발표되었고, 얼마 지나지 않아 마르크스와 엥겔스는 『독일 이데올로기』를 쓰기 시작했다.

355 赫斯, 「最后的哲學家」, 『赫斯精粹』, 184쪽.

다. 그는 심지어 "나는 철학의 부정에 관한 철학 책(philosophische Bücher)은 쓰고 싶지 않다"라고 말하기도 했다.[356] 이는 마르크스·엥겔스의 『신성가족』 과 「포이어바흐에 관한 테제」에서의 전환 방향과 기본적으로 일치한다.

헤스는 "우리의 과거 역사 전체가 사회적 동물계(sociale Thierwelt)의 역사 였고" 근대의 소상인 세계는 이러한 사회적 동물계의 종착점이라고 말했다.

> 소상인 세계는 사회체의 외화된 생명(entäußertes Leben des socialen Körpers), 즉 화폐에서 자신의 외화된 생명을 향수한다. 이른바 소상인 세계에 존재하는 화폐갈망(Gelddurst)이 바로 고기를 먹는 맹수들이 갖고 있는 피의 갈 망이다. 고기를 먹는 맹수들이 약탈(식육)을 좋아하는 것처럼 소상인 세계도 탐욕 적이다. 화폐를 갈망하는 소유동물은 자기 이론의 본질이 자신의 신을 다 먹어 치우는 데만 있는 것이 아니라 자신의 외화된 본질인 화폐를 다 먹어치우는 데 도 있다.[357]

이는 우리가 이미 잘 아는 내용이다. 하지만 핵심은 헤스가 뜻밖에도 독일 철학자들의 흥미진진한 이론적 소외와는 다른 실천적 소외(praktische Entfremdung)[358]를 명확하게 제시했다는 데 있다. 여기서 실천적 소외는 현실 적 소외와 소외되지 않은 실천을 가리킨다. 게다가 헤스는 이미 "현실의, 시퍼 렇게 살아있는 사람('wirklicher', 'lebendiger' Mensch)"은, 특별히 "여러 개인의 특성(Eigenschaft)이고, 우리 인간의 보편적인 소유처럼 개인의 소유는 개인이 실현하는 각종 특성(verwiklichten Eigenschaften)의 총화(Gesamtheit)"라는 사 실을 인식했다. 마르크스는 「포이어바흐에 관한 테제」에서 헤스가 여기서 말 한 특성을 사회관계로 바꾸었다.

---

356 같은 책, 187쪽.
357 같은 책, 193쪽.
358 같은 책, 184쪽.

우리는 헤스가 마르크스·엥겔스와 같은 길을 간 인물이라고 말하지만 우리는 헤스의 사상역정이 마르크스·엥겔스 사상 발전 초기의 외재적 표지였다는 것을 알 수 있다. 하지만 마르크스·엥겔스가 1845년에 실현한 위대한 사상혁명은 그들보다 잠시 앞서 갔던 이 선각자를 역사의 뒤안길로 밀어놓았다.

4) 청년 엥겔스의 초기 경제학철학 비판

실제로 1843년을 전후해 헤스 사상의 영향을 가장 깊이 받은 사람은 청년 마르크스가 아니라 청년 엥겔스였다. 1842년 9월, 엥겔스는 병역을 마치고 나서 독일에서 영국 맨체스터(부친이 운영하는 공장이 있는 곳)로 가는 도중에 쾰른에 들렀다. ≪라인신문≫을 찾아간 그는 처음으로 마르크스를 만났지만 베를린 자유투고자의 대표로 오인되어 냉대를 받았다. 하지만 엥겔스와 헤스는 긴 시간 동안 대담을 나누었다. 나중에 헤스가 영국에 있었을 때 엥겔스와 헤스의 관계는 대단히 친밀했다. 그러다 보니 헤스의 사상은 먼저 청년 엥겔스에게 아주 큰 영향을 미쳤다. 이 때문에 엥겔스는 마르크스에 비해 좀 더 일찍 철학적 공산주의로 전향할 수 있었고(1843년 10월 엥겔스의 『대륙에서의 사회개혁운동의 진전』), 좀 더 일찍 경제학을 접할 수 있었다. 관련 자료에 의하면 엥겔스는 영국을 여행하는 동안 경제학을 접하기 시작해 스미스와 리카도, 세, 매컬럭, 밀 등의 저작을 두루 섭렵했다. 당시 청년 엥겔스는 특별히 헤스의 영향으로 노동자 계급의 노동과 생활을 경험했기 때문에 그의 사회정치 사상은 자연스럽게 같은 시기의 마르크스보다 훨씬 더 깊이가 있었다. 실제로 헤스와 청년 엥겔스의 사상이 마르크스에게 영향을 미쳐 그를 경제학 연구로 전향하게 했던 것이다. 이에 따라 엥겔스는 1844년에 철학논리로 경제학을 이해하는 과정에서 유명한 노동소외 이론을 수립했다. 그리고 이를 발전시켜 1845~1846년에 마침내 위대한 사상혁명을 실현했던 것이다.

우리는 청년 엥겔스가 1843년 말부터 1844년 초까지 쓴『국민경제학 비판 대강』359이 마르크스로부터 충분한 긍정을 얻었다는 사실을 알고 있다. 이 중요한 문헌에서 우리는 어렵지 않게 헤스 사상의 그림자를 발견할 수 있다. 맨 서두에서 엥겔스는 헤스와 마찬가지로 부르주아 경제학을 관방이 허용한 사기 방법 또는 완전한 '치부와 축재의 과학(Bereicherungswissenschft)'360이라고 칭했다. 우리는 엥겔스가 헤스와 다른 점은 처음부터 일종의 역사적 관점을 갖고 있었다는 것임을 알고 있다. 그는 부르주아 정치경제학이 '상업 확장의 결과'이고, 중상주의는 스미스와 리카도의 자유경제학설로 발전했다고 분명하게 천명했다. 중상주의에서는 사람들이 유통 영역의 귀금속에 착안해 무역 차액에 의해 부의 증식을 기대했다면, 18세기에는 노동생산에 주목하는 정치경제학 혁명이 일어났다. 청년 엥겔스는 경제학 연구를 시작하자마자 헤스의 형이상학적 가벼움에서 벗어났다는 것을 쉽게 알 수 있다. 동시에 우리는 엥겔스가 자신의 이런 주장에서 신속하고 날카롭게 18세기 부르주아 사상혁명의 이런 일면성을 인식했다는 사실도 쉽게 알 수 있다. 이는 정치적인 면에서만 체현된 것이 아니라 철학 기초와 방법에서도 체현되었다. 당시 엥겔스가 이해한 이러한 일면성은 단순한 형이상학의 '대립성'이었다. '추상적 유물론과 추상적 유령론(有靈論)의 상호대립, 공화국과 군주제국가의 대립, 사회계약과 신권의 대립'이었다.361 나는 부르주아 정치경제학의 전제로서의 추상적 유물론이 "기독교가 인간을 경시하고 인류를 모욕하는 현상에 간여하지 않았으며, 이는 단지 자연을 절대적인 존재로 설정해 기독교의 하느님을 대신하는 동시에 이를 인간과 대립시킨 것"362이라고 생각한다. 소련 학자 로젠버그는 이 시기의 엥겔스가 변증법이라는 무기를 운용해 부르주아 정치경제학을

---

359 『馬克思恩格斯全集』중국어판 제1판 제1권에서는 엥겔스의 이 책 제목을 '정치경제학 비판 대강(政治經濟學批判大綱)'으로 오역했다.『馬克思恩格斯全集』, 第1卷, 596쪽 참조.
360 같은 책, 596쪽.
361 같은 책, 597쪽.
362 같은 책, 597쪽.

비판했다고 판단했다. 이러한 판단은 상당히 일리가 있다.[363] 사실 엥겔스는 이미 부르주아 경제학의 이런 비판적 방법론의 전제를 발견한 터였다. 그는 경제학이 부르주아 경제현실에서 출발해야 한다고 생각하면서도 이런 부르주아 사회 경제를 기존의 사실로 받아들여 (과학적 분석이긴 했지만) 긍정했다. 따라서 이러한 학설의 배후에서 부르주아 인도주의와 유물론은 신권에 단호하게 저항했고, 심지어 중상주의의 '구교'까지 반대했다. 하지만 여전히 사유제를 자연적인 것으로 받아들였고, 이로 인해 이는 '절반의 진보'만 있는 '신교'에 불과했다. 엥겔스는 정치경제학이 사유제의 합리성 문제를 제기할 생각이 없었다고 분명히 지적했다. 사유제는 새로운 부르주아 사회의 공장제와 근대적 노예제를 옹호하기 때문이다.[364] 이처럼 이런 '과학'을 '사적 경제학'[365]이라고 칭할 수 있었다. 여기서 엥겔스는 시스몽디의 비판을 대대적으로 발전시켰다.

엥겔스는 『국민경제학 비판 대강』에서 부르주아 사회의 경제현상 전체와 부르주아 경제학의 범주 및 법칙 전체를 개인소유제로 귀결시켰다. 여기에는 프루동의 영향도 있었다. 그는 사유제의 비인간성을 폭로함으로써 사유제 소멸의 필연성 문제를 증명하려 했다. 확실히 엥겔스는 정치경제학 자체의 직접 비판에서 출발했기 때문에 헤스 같은 순수 철학적 논리의 연역이 비교적 적다. 이는 또한 청년 엥겔스가 함께 정치경제학 연구에 진입한 마르크스와는 다른 점이기도 하다.

엥겔스는 중상주의의 '구교'가 상업의 부도덕한 본질(싸게 사서 비싸게 팖)을 가리지 않았다면, 현재 경제학의 '신교'는 허위의 이데올로기가 되었을 것이라고 분석했다. 스미스 - 리카도가 부르주아의 비인도적 노역관계 위에 인도적인 평등한 교환원칙과 일련의 경제법칙의 과학적 분석이라는 면사포를 씌

---

363 盧森貝, 『十九世紀四十年代馬克思恩格斯經濟學說發展槪論』, 方鋼等譯(三聯書店, 1958), 36쪽 참조.
364 『馬克思恩格斯全集』, 第1卷, 597쪽 참조.
365 같은 책, 600쪽.

웠기 때문이다. 이는 보다 심층적인 사기다! 이런 사기는 과학적일수록 더 반동적이다. 따라서 "리카도의 죄과는 스미스보다 크고, 매컬럭와 밀의 죄악은 리카도보다 크다".[366] 당시만 해도 엥겔스는 고전경제학과 속류경제학을 구분하지 못했던 것이 분명하다. 엥겔스는 직접 시스몽디식 입장에 서서 비판적으로 이런 '추상적 유물론의 순경험주의와 순객관주의 연구방법'을 포기하게 만듦으로써 경제학 또한 사유제 경제생활의 결과에 대해 직접적으로 책임을 지게 해야 한다고 주장했다. 여기서 물론 엥겔스는 정치경제학에 암암리에 내포되어 있는 정확한 사회유물론 전제와 이러한 논리의 필연적인 결과로서의 부르주아 이데올로기 물신숭배를 구별해내지는 못했다.

엥겔스는 애덤 스미스가 부르주아 '정치경제학에서의 루터(ökonomischer Luther)'[367]라고 생각했다. 주의해야 할 것은 청년 마르크스가 『1844년 수고』의 인용에서 이와 유사한 인정을 했다는 점이다. 모두 아는 바와 같이 종교개혁에서의 루터의 의미는 중세의 그 인간에서 외화된 신(하느님)을 인간의 내면으로 용해시켜 교조적인 신학의 교리를 개인 존재의 내면 성찰의 깨달음으로 변화시키고 피안세계와 차안세계를 하나로 융화시켰다는 데 있다. 여기서 엥겔스가 이 같은 비유를 든 것은 스미스가 중상주의의 공개적인 부도덕 매매("상업은 일종의 합법적인 사기다")를 약간 인도적인 자유평등의 호혜무역으로 변화시켰다는 것을 설명하기 위해서다. 나는 엥겔스의 이러한 지적이 실제로는 철학적이라고 생각한다. 그가 정말로 스미스가 일종의 '루터 혁명'이었다고 인식했다면 이는 이러한 '혁명'이 실제로 경제학에서 사유재산의 본질을 부의 객관 형식에서 인간의 주체 활동인 노동으로 전이시킨 것이기 때문이다. 게다가 중농주의가 먼저 부를 유통에서 농업생산물 영역의 노동으로 전환시켰고, 그다음에 스미스가 모든 생산에서의 노동을 부로 인식했다. 이것

---

366 같은 책, 599쪽.
367 같은 책, 601쪽. 마르틴 루터(Martin Luther, 1483~1546), 본명은 Martin Luder다. 개신교 종교개혁의 발기인이다. 개신교 종교개혁은 유럽에서 중세 천주교 교회가 누리던 독존적인 지위에 종언을 고했다.

청년 엥겔스

이 바로 노동가치론이다. 하지만 당시 엥겔스는 고전경제학이라는 중요한 이론이 사회주의 혁명에 깊은 의미를 갖는다는 사실을 인식하지 못했다. 뒤에서 우리는 엥겔스의 이러한 관점이 처음으로 경제학 연구에 진입한 청년 마르크스에게 영향을 미쳤다는 것을 확인할 것이다.

내가 앞에서 지적한 바 있듯이, 엥겔스의 연구는 철학사회 비판에만 머물러 있던 헤스와 달랐다. 그의 사상 경작은 확실히 경제학 이론의 구체적인 비판에까지 깊이 들어가 있었다. 하지만 한 가지 지적하고 넘어가야 할 사실은 이 시기 엥겔스의 경제학 비판도 아직 정확하지 못했다는 것이다. 그 주요 원인은 그가 처음부터 경제학에서의 가치문제를 정확하게 이해하지 못했다는 데 있다. 이 시기 엥겔스의 손에는 '현실 전체의 통일성을 논리 척도로 삼는 변증법적 구체'라는 날카로운 검이 들려 있었기 때문에 그의 눈에는 부르주아 경제학자들이 전부 '운용상의 대립성'이라는 색안경을 낀 허위 추상자들로 보였다. 리카도와 매컬럭은 일면적으로 추상적 가치가 생산비용에서 결정된다고 생각했고, 세는 단순히 효용에만 집착하고 있었다. 가치에 대한 그들의 견해는 전부 경쟁이라는 부르주아 사회의 경제현실에서 '중요한 요소'의 추상적 결과에서 벗어나 있었다. 엥겔스가 보기에 '가치는 효용에 대한 생산비용의 관계'[368]였다. 동시에 가치는 사실 현실의 경쟁에서 추상해낼 수 없는 것이었다. "기본적인 요소로서 가격의 원천이기도 한 가치는 오히려 자신의 산물인 가격에 속한다."[369] 이런 의미에서 엥겔스는 부르주아 정치경제학에는 관념론적 추상이 이론 심층에 숨어 있기 때문에 부르주아 정치경제학은 '본말이 전도된 것'이라고 말했다. "이러한 흑백의 전도가 추상적 본질을 구성한다. 이 점에 관해서는 포이어바흐의 저작을 많이 살펴보기 바란다."[370]

여기서 나는 몇 가지 생각을 제기하고자 한다. 첫째는 엥겔스가 근본적으로 포이어바흐식 감성유물론 철학에서 입론했다는 것이다. 그는 부르주아 경제학자들을 반대하면서 객관 현실의 '추상' 유물론에서 출발한 것이 아니었다. 이 점은 나중에 청년 마르크스에게 영향을 미쳤고, 마르크스는 결국 자신의 경제학 분석에서 다시 한 번 과학적 추상으로 돌아왔다. 둘째는 그가 이미 천재적으로 부르주아 경제학 이론의 전도를 지적했지만 이러한 전도가 부르주아 사회에서의 경제관계 전도를 진실하게 반영한 것이라는 점은 의식하지 못했다는 것이다. 셋째는 그가 가치의 존재를 인정하긴 했지만 가치에 대한 견해가 편파적이라는 것이다. 그는 리카도의 노동가치론과 세의 속류 효용론의 근본적인 차이점을 구분하지 못했기 때문이다. 따라서 엥겔스는 부르주아

---

368   같은 책, 605쪽.
369   같은 책, 606쪽.
370   같은 책, 606쪽.

경제학을 과학적으로 비판할 수 없었고 설사 자본은 축적된 노동이라는 유명한 명제를 이미 알았다 해도 노동가치론은 그와 어깨를 스치고 지나갔을 뿐이었다.

경제학자들이 제시한 생산비용 3요소(지대, 이윤, 임금)론에 직면해 엥겔스는 생산에서의 대상(물적 객관 분야)과 노동(인적 주관 분야)에서 벗어나 있었다. 이는 철학에서의 자연과 인간에 해당한다. 그의 견해로는 자연과 인간은 원래 통일된 것이어야 하지만 사유제의 조건하에서는 가장 먼저 자연(토지)과 인간이 분리되고 이어서 인간과 인간의 활동인 노동이 자체분열을 한다. 이러한 분리와 분열이 변증법적 통일의 외재적 대립을 조성한다. 엥겔스가 이 두 가지 대립, 즉 노동활동 자체와 자기분열을 중시한 것은 분명해 보인다. 우선 "노동은 생산의 주요 요소로서 '부의 원천(Quelle des Reichthums)'인 동시에 인간의 자유 활동(die freie menschliche Thätikeit)이기도 하다".[371] 이런 자유로운 인간 활동에 관한 견해는 헤스의 영향을 받은 것이 분명하다. 하지만 부르주아 사회의 생산과정에서 인간의 활동은 또 노동과 자본으로 분리된다. '자본과 노동이 원래 하나였다면' 경제 과정에서의 대단히 혼란한 현상이 일정한 의미에서 아주 명징해졌을 것이다.[372] 자본은 과거에 행한 노동의 결과이지만, 맨 처음에는 노동의 결과로서의 자본이었다가 나중에 전도되어 노동의 기초이자 노동의 재료로 표현된다. 엥겔스는 "사유제(Privateigenthum)가 조성하는 자본과 노동의 분열(Spaltung zwischen Kapital und Arbeit)은 이러한 분열에 적응하면서 이 분열이 생산해낸 노동 자체로부터 분열한다"[373]라고 정확하게 분석했다. 엥겔스의 이러한 분석은 부르주아 사회가 존재하는 근본적인 기초인 노동에 직접 드러난다. 둘째, 과거의 노동 자체로서의 자본은 또 원시

---

371 같은 책, 611쪽. Engels, *Umrisse zu einer Kritik der Nationalökonomie*, MEGA2, I/3(Berlin: Dietz Verlag, 1985), S.482 참조.
372 같은 책, 610~611쪽 참조.
373 같은 책, 610쪽.

자본과 이윤으로 분리되고, 이윤은 다시 이윤과 이자로 구분된다. 이처럼 이상한 분열 속에서 "노동의 산물은 임금의 형식과 노동으로 대립되고, 노동과 분리되면서 통상적으로 자유경쟁에 의해 결정된다".[374] 이는 철학에서 경제학으로 가는 노력의 중간단계다. 하지만 이는 부정확한 인식임에 틀림이 없다. 마지막으로 엥겔스는 "이 모든 미묘한 분열현상은 최초에 자본과 노동이 분리되었기 때문이며 이와 동시에 이 분리를 완성한 인류가 자본가(der Kapitalist)와 노동자로 분열되기 때문이다"[375]라고 설명했다. 이는 주체 자신의 분열이다. 본문에서 엥겔스는 Kapitalist라는 단어를 다섯 번 사용했다.

지적하고 넘어가야 할 것은 일단 엥겔스가 자본이라는 중요한 경제학 규정을 파악한 이상 이것이 필연적으로 그의 비판의 가장 중요한 전선이 될 수밖에 없었다는 점이다. 자본과 노동의 대립에서 출발하는 것은 실제로는 생산에서 출발하는 것과 마찬가지다. 이러한 논점의 이론적 의의는 분배 영역에서의 노동과 부, 노동과 화폐관계에 대한 비판적 의의보다 훨씬 중요하다. 이러한 본질적 분열에 직면해 엥겔스는 여전히 변증법적인 총체성의 입장을 견지한다. 결론은 단 하나다. 다시금 이 총체에 도달하는 길은 사유제를 소멸시키는 것뿐이라는 것이다. 엥겔스는 사유제를 소멸시켜야 이 "모든 이상한 분열현상이 존재할 수 없게 된다"[376]라고 분명하게 지적한다. 자본에 있어 사유제가 사라지면 이자와 이윤의 구별도 사라지며, 이윤도 자본에서 분리되지 않고 자본의 고유 부분이 된다. 이는 자본이 다시 노동과의 통일체로 환원되는 것과 같다. 노동에 있어서는 "우리가 사유제를 소멸시키기만 하면 이처럼 이상한 분열상태가 사라지고, 노동이 자기 스스로 보수(報酬)가 될 것이고" 분리되어 나온 임금도 그 진정한 의미를 나타낼 것이다.[377] 원래 경제

---

374 같은 책, 610쪽.
375 같은 책, 610쪽.
376 같은 책, 611쪽.
377 같은 책, 610쪽.

246 마르크스로 돌아가다

학 관점에서 비롯된 부르주아 사회 생산양식에 대한 이러한 비판은 얼마 후 마르크스에 의해 인간주의 노동소외 이론의 철학적 투사를 통해 보다 완전하게 표현되었다.

우리는 맨 처음 고전경제학을 대했을 때도 인간학의 이러한 논리 유도와 공산주의 비판의 지향으로 인해 엥겔스가 이러한 경제이론의 중요한 기초인 노동가치론을 정확히 파악하지 못했다는 것을 확인한 바 있다. 이 시기 엥겔스는 부르주아 경제학의 반대편에 서 있었고 부정적인 입장으로 사유제를 옹호하는 모든 이론논리를 관찰했다. 그는 애당초 자신이 부정하는 경제학 이론 중에 부르주아 사회가 자신의 기초를 소멸시키는 부분도 포함되어 있다는 것을 의식하지 못했다. 엥겔스는 리카도의 가치학설을 인정하지 않았다. 이처럼 생산비용으로 가치를 결정하는 관점은 효용이 가치를 결정한다는 세의 관점과 마찬가지로 현실 경제운용의 추상에서 벗어난 것처럼 보인다. 당시 그는 고전경제학에서의 과학추상의 필요성을 인식하지 못했고 마찬가지로 자신의 노동 규정이 또 다른 의미에서의 인간학 추상이라는 것도 인식하지 못했다.

보다 중요한 것은 엥겔스가 마르크스보다 먼저 경제학에서의 부르주아 사회 경제 법칙의 불합리성, 즉 사유제의 전제하에서 자유경쟁을 핵심으로 하는 시장경제의 가치법칙의 불합리성을 인지해냈다는 것이다. 엥겔스는 "사유제가 하루만 존재해도 모든 것이 결국 경쟁으로 귀결된다"[378]라고 지적했다. 앞에서 언급한 것처럼 사유제는 생산의 객체와 주체 사이의 분열과 대립, 주체 활동과 자신의 분열과 대립, 그리고 인간과 인간 사이의 분열과 대립을 유발하고, 이러한 이상한 '적대 상태'가 "현재 인류 상황의 부도덕성을 최고의 경지로 끌어올리고 경쟁을 정점으로 몰고 간다".[379] 주의할 것은 이 시기 엥겔스의

---

378 같은 책, 611쪽.
379 같은 책, 612쪽 참조.

이론 지평에서는 경쟁이 부르주아 사회 경제운용에서의 가장 크고 중요한 객관현실이라는 점이다. 그는 바로 이런 구체적인 감성현실을 통해 부르주아 경제학자들의 '추상'에 반대했던 것이다. 이 시기에 그는 부르주아 사회의 생산관계가 반드시 과학적 추상을 통해서만 드러난다는 것을 깨닫지 못했다. 이 난제를 마르크스는 나중에 『정치경제학 비판 요강』에서 '자본 일반'과 '자본 현실'의 구별을 통해 해결했다. 엥겔스는 이 글에서 soziale Verhältnisse라는 단어를 사용했다. 하지만 우리는 이 글에서 엥겔스의 경쟁에 대한 분석이 가장 깊이 있는 내용 가운데 하나라는 것을 알 수 있다.

엥겔스의 견해로는 첫째, 경쟁은 부르주아 사회의 경제운용에 있어 독점적인 대립면이다. 사유제와 마찬가지로 경쟁 자체가 자가당착적이다. 경쟁에서는 "개인의 이익이 모든 것을 점유하고, 사회의 이익은 모든 사람이 점유한 것을 등등하게 하기 때문이다. 따라서 공공이익과 개인의 이익이 직접 대립하게 된다".[380] 둘째, 경쟁의 법칙은 "공급과 수요가 시종 서로 적응하려고 노력하지만 바로 이런 이유 때문에 서로 적응하지 못한다. 쌍방은 다시 서로에게서 이탈해 첨예한 대립상태가 된다".[381] 이는 부르주아 사회 생산과정의 본질은 경제법칙에 대한 비자각성과 불건전성이고, 경쟁의 법칙은 영원히 자발적이고 통제가 불가능한 비주체적 조절이기 때문이다. 하지만 부르주아 경제학은 이러한 유사 자연계운동에서 맹목적으로 작용하는 법칙을 진정한 자연법칙으로 간주한다. 이것이 바로 부르주아 경제학이 '진정한 인간의 목적'을 위한 것이 아니라는 반동성을 나타내준다. 따라서 부르주아 경제학자들이 자연법칙이라고 칭한 곳에서 엥겔스는 깊이 있게 그 비인간적 성질을 지적해내 "이 법칙은 정신의 법칙이 아니라 순전히 자연의 법칙이다"라고 말했던 것이다. 주의해야 할 것은 여기서 엥겔스가 말하는 '자연법칙'은 이미 일종의 풍자

---

380 같은 책, 613쪽.
381 같은 책, 613쪽.

적 의미를 갖고 있다는 점이다. 이는 앞에서 말한 법칙이 "인간답게 의식적으로 생산을 진행하는 것이 아니라 당사자들의 맹목적인 활동을 기초로 한 자연법칙이기 때문이다".[382] 이것이 내가 나중에 마르크스주의 역사변증법 주체방향에서의 '유사 자연성' 관점이라고 표현한 것의 진정한 전신이다![383] 엥겔스는 한편으로는 이 법칙이 '오늘날 사람들이 놓인 상호 노역의 상황'을 조성했다고 생각하면서 다른 한편으로는 자유경쟁이 가져오는 사회 경제생활의 '무질서성'에 대해 언급했다. 특히 이런 무질서성은 필연적으로 주기적인 '파동'과 '상업위기'를 초래한다고 강조했다.[384] 동시에 그는 이처럼 무의식적으로 아무런 사유 없이 순전히 우연성에만 의존해 생산을 진행한다면 상업위기는 계속될 것이고, 갈수록 더 보편화될 것이며, 이로 인해 갈수록 더 심각해지다가 결국에는 부르주아 사회 자체의 철저한 파멸을 가져올 것이고, 이는 필연적으로 사회혁명을 유발할 것이라고 지적했다.[385] 이 때문에 엥겔스는 부르주아 사회의 경제법칙이 '혁명을 잉태한 법칙'[386]이라고 생각했다.

로젠버그는 이 시기 엥겔스의 연구가 영국 공상적 사회주의[387]의 영향을 받았기 때문에 엥겔스가 이 책에서 자주 "도덕 정의의 영원한 법칙의 시각으로 자본주의를 비판하면서 종종 도덕적 질책으로 일부 경제현상에 대한 깊이 있는 이론적 분석을 마무리했다"[388]라고 지적했다. 내가 한 가지 지적하고 싶은 것은 이 시기 청년 엥겔스의 연구방법을 진지하게 고찰해볼 필요가 있다

---

382 같은 책, 614쪽.
383 같은 책, 614쪽. 아울러 張一兵, 『馬克思歷史辨證法的主體向度』, 第3章 第2節 참조.
384 같은 책, 614쪽 참조.
385 같은 책, 614쪽 참조.
386 같은 책, 614쪽 참조.
387 공상적 사회주의(utopian socialism)는 유토피아 사회주의를 의미한다. 자본주의 생산 상황과 계급 상황이 아직 성숙하지 않은 시기에 나온 일종의 사회주의 학설이다. 근대 사회주의 사상의 연원 가운데 하나이기도 하다. 공상적 사회주의자들은 오래지 않아 이상적인 이데올로기 사회를 건설할 수 있다고 믿으면서 이를 위해 분투했다. 이러한 학설은 16세기 토머스 만의 『유토피아』에서 처음 나타나 19세기 초기 서유럽에서 유행했다.
388 盧森貝, 『十九世紀四十年代馬克思恩格斯經濟學說發展槪論』, 49쪽.

는 것이다. 그의 비판방법에서는 경제학의 현실사회생활에서 출발한 객관적 논리가 실제로 이미 주도적 지위를 점하고 있고, 인간학의 논리 틀은 그저 일정한 작용만 하고 있을 뿐이다. 따라서 청년 엥겔스가 보인 이후의 사상 전환은 마르크스처럼 그렇게 어렵지 않았던 것이다.

나중에는 『국민경제학 비판 대강』에 대한 엥겔스와 마르크스의 인식이 일치했다. 엥겔스 자신은 1871년 4월 13일 카를 리프크네히트(Karl Liebknecht)에게 보낸 편지에서 이 글을 다시 게재하는 데 반대했다. "이미 완전히 시기가 지났을 뿐 아니라 정확하지 않은 부분도 많은 글이기 때문에 독자들에게 혼란만 줄 뿐이라는 생각에서였다. 게다가 이 글은 완전히 헤겔의 풍격으로 쓰인 것이라 당시에는 적용하기 어려웠다. 이 글은 그저 역사문건으로서의 의미만 지닐 뿐이었다."[389] 마르크스도 그 얼마 전에 리프크네히트에게 보낸 편지에서 엥겔스의 이런 견해를 인정한 바 있다.[390]

---

389 『馬克思恩格斯全集』, 第33卷(人民出版社, 1956), 209쪽.
390 같은 책, 208쪽 참조.

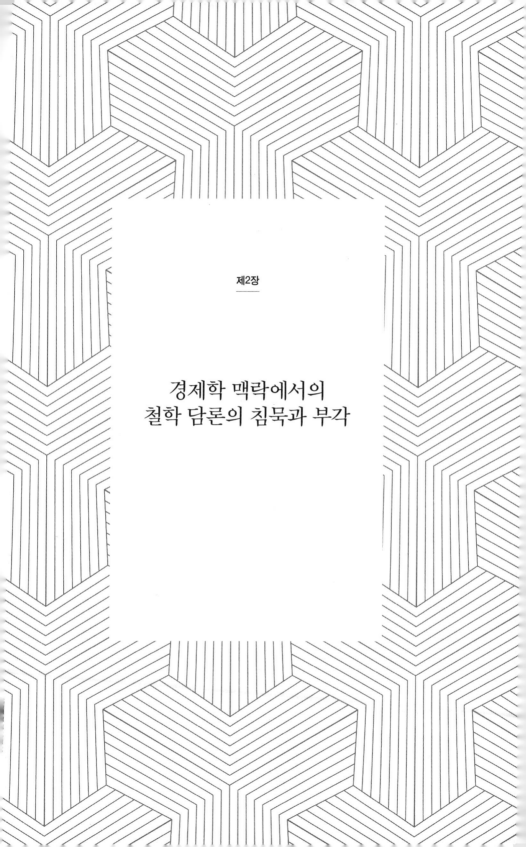

제2장

경제학 맥락에서의
철학 담론의 침묵과 부각

제1장에서 우리는 1844년 제1차 경제학 연구를 시작할 때 마르크스가 직접 조우한 경제학 맥락에 이미 존재하던 실제적인 철학 논리의 전도에 대해 개괄했다. 우리는 객관적 차원에서는 고전경제학이 파헤친 사회유물론에서 시작해 이러한 현실적 대상화 논리에 대한 헤겔의 관념론 전도와 비판까지, 주체적 차원에서는 시스몽디가 처음 시작한 경제학윤리 비판에서 시작해 프루동과 헤스, 청년 엥겔스를 거치며 경제학 맥락에서의 주체적 가치에 충격을 준 기본적인 논리의 흐름을 확인했다. 나는 우리가 목적론자들처럼 어떤 시기에 출현한 청년 마르크스에 대해 마르크스주의자나 역사유물론자가 되어가고 있다고 단정해선 안 된다고 생각한다. 마르크스는 마르크스다. 1844년 처음 경제학 맥락에 진입했을 때, 그는 막 역사연구에서 포이어바흐의 자연유물론을 승인했을 뿐이며, 인간주의 주체철학의 영향하에 정치경제학에서의 사회유물론과 헤겔의 역사변증법과는 동떨어진 입장에 서 있었다. 경제학 맥락에서 수행된 인간주의적 주체에 의한 비판이라는 사유경로가 그가 자각적으로 구축한 철학 담론과 상응하고 있었다. 따라서 철학적 공산주의의 가치는 필연적으로 부르주아 사회의 역사현실과 직접적인 모순을 일으킬 수밖에 없었다.

1. 『크로이츠나흐 노트』에서 『헤겔 법철학 비판』까지

모두 아는 바와 같이 청년 마르크스의 이론적 출발점은 법철학이었다. 맨 처음에는 칸트와 피히테의 '당위(Sollen)'와 '존재(Sein)'의 모순과 장력 안에서의 주체적인 능동성에서 출발했으나 나중에는 청년헤겔파의 개성을 부각하는 자기의식(「데모크리토스와 에피쿠로스 자연철학의 차이」)으로 바뀌었다. 1841년, 사회에 막 진입했을 때의 젊은 철학박사 마르크스는 정통 관념론 철학자였다. 당시 그의 머릿속을 점령하고 있던 것은 부르주아 민주주의 정치를 반영하는 이성 관념론이었는데, 이러한 관념론은 그가 현실사회의 문제 (≪라인신문≫ 시기의 경제이익 관계에 대한 비판)를 접하고서 단절이 나타나기 시작했다.[1] 마르크스가 사회의 역사를 진실하게 직면해야 한다고 인식했을 때, 프랑스대혁명을 중심적인 독서의 흐름으로 삼는 역사연구 발췌록인『크로이츠나흐 노트』(1843년 7~8월, 전 5권)[2]가 등장했다. 역사 현실을 연구하는 과정에서 마르크스는 자신의 사상 가운데 첫 번째 위대한 전환(『헤겔 법철학 비판』)을 완성했고, 이처럼 새로운 사상적 기초가 바로 그가 한 걸음 더 나아가 경제학을 연구하는 데 있어 중요한 이론적 전제가 되었다.

1) 청년 마르크스와『크로이츠나흐 노트』

네덜란드 암스테르담 국제사회역사연구소가 보존하고 있는 기존 문헌에 따르면, 마르크스는 우리에게 총 225권의 노트를 남겼다. 마르크스 자신이 부친에게 보낸 편지에서 우리는 그가 대략 1836~1837년에 독서노트를 쓰기 시작했다는 사실을 알 수 있다. 그는 "저는 이미 제가 읽은 모든 책에 대해 발췌 필기를 하는 습관을 길렀습니다"라고 말했다. MEGA2에 이미 출판된 초기 노트들 가운데는 1840년 이전에 마르크스가 박사논문으로 준비하고 쓴『에피쿠로스 철학에 관한 노트』(1839년, 전 7권)[3]가 있다. 1840년 이후에는『베를

---

1   張一兵,『馬克思歷史辨證法的主體向度』, 第1章 참조.
2   Kreuznacher Hefte, MEGA2, IV/2, 5~278쪽.
3   Hefte zur epikureischen Philosophie, MEGA2, IV/1, 5~146쪽;『馬克思恩格斯全集』, 第40卷(人民出

청년 마르크스

린 노트』(1840~1841년, 전 8권)와 『본 노트』(1842년, 전 5권)도 있다.[4] 『베를린 노트』의 주요 내용은 아리스토텔레스[5]와 스피노자,[6] 라이프니츠,[7] 흄과 칸트

版社, 1982).

4 *Berlin Notes*, MEGA2, IV/1, 155~319쪽(아직 중역본은 없다). *Bonn Notes*, MEGA2, IV/1, 320~367 쪽(아직 중역본은 없다).

5 아리스토텔레스(Aristotle, B.C.384~322), 고대 그리스의 저명한 철학자.

6 스피노자(Benedictus Spinoza, 1632~1677), 네덜란드의 저명한 철학자. 대표 저서로 『신, 인간, 그리고 인간의 행복에 관한 소고』(1659), 『지성 정화론』(1611~1662), 『신학 정치론』(1670), 『윤리학』(1675) 등이 있다.

7 고트프리트 빌헬름 라이프니츠(Gottfried Wilhelm Leibniz, 1646~1716), 독일의 철학자이자 수학자. 대표 저작으로 『형이상학 서설』(1686), 『인간지성신론』(1704), 『단자론』(1714) 등이 있다.

등의 저작에 관한 철학 필기다. 이는 마르크스가 대학 강의 자격논문을 쓰려고 준비한 자료들이다. 『본 노트』의 내용은 종교사와 예술사를 발췌한 것으로, 이는 마르크스가 참여하기 시작한 《라인신문》의 정치 평론 작업과 관련된 독서 활동의 기록이다. 이러한 노트들은 전부 마르크스가 제1차 사상 전환을 하기 이전의 글이기 때문에 이 책의 텍스트 연구대상에는 들어가지 않았다.

1843년 이전에 청년헤겔학파의 일원이던 마르크스는 바우어가 잔뜩 '튀겨놓은' 자기의식의 능동성(「데모크리토스와 에피쿠로스 자연철학의 차이」)에 관심을 갖긴 했지만 헤겔의 역사변증법을 깊이 있게 이해한 것은 결코 아니었고, 역사발전의 객관적이고 총체적인 각도에서 현실의 인류사회를 직시하지도 않았다. 우리가 이미 알고 있는 바와 같이 1843년 『독일 - 프랑스 연감』 시기에 청년 마르크스의 철학사상에는 첫 번째 중요한 이론적 전환이 발생한다. 청년헤겔학파의 자기의식의 관념론에서 포이어바흐식의 자연유물론으로 돌아섰고, 민주주의에서 추상적인 공산주의로 입장을 바꾼 것이다. 과거에 우리는 이미 마르크스 사상의 이러한 전환이 상당 정도 그가 《라인신문》에서 일했을 당시에 현실 문제에 대해 의견을 발표했다가 좌절에 부딪친 데서 유래한다고 알고 있었다. 그의 사상 깊은 곳에는 실제로 황급히 현실생활을 이해하려는 충동이 숨겨져 있었던 것이다. 이러한 영혼의 흔들림은 역사, 특히 프랑스대혁명에 대한 그의 관심을 구체적으로 나타내기 시작했고, 나중에는 한 걸음 더 나아가 헤스와 청년 엥겔스의 영향으로 정치경제학과 현실생활에 대한 관심으로 실현되었다. 또한 마르크스의 이러한 사상 전환의 이론적 원인으로 이전에는 주로 포이어바흐의 외재적 영향이 거론되었다. 마르크스가 포이어바흐의 논저를 읽고 순식간에 '포이어바흐파'가 되었다는 것이다. 하지만 실제 상황은 그렇게 간단하지 않았다.

이러한 첫 번째 사상 전환 과정을 분명하게 드러내주는 직접적인 텍스트군으로는 주로 마르크스가 1843년 7~8월에 쓴 『크로이츠나흐 노트』를 비롯

하여 거의 같은 시기에 완성된『헤겔 법철학 비판』수고를 들 수 있다.[8] 나는
『크로이츠나흐 노트』의 주요 내용이 마르크스가 프랑스대혁명을 주요 골자
로 하여 쓴 역사학 발췌자료라는 것을 발견했다. 이는 그가 스스로 독립적으
로 사회역사 본체를 향해 다가간 대단히 중요한 분야다. 동시에 바로 이 연구
를 통해 마르크스는 현실생활의 실질적 차원에서 포이어바흐의 유물론 철학
(역사유물론이 아닌)의 혁명적 의의를 확인했으며, 이는 헤겔 철학에서 주어 -
술어 전도에 대한 포이어바흐의 긍정을 집중적으로 표현했다. 유감스러운 것
은, 이 중요한 이론연구와 사상 발전의 과정이 시종 적당한 관심을 받지 못했
다는 사실이다. 이는『크로이츠나흐 노트』텍스트 연구의 이상적이지 못한
상황과 직접적인 관련이 있다. 소련 학자 모로조프는 비교적 일찍 이 노트를
연구하기 시작했지만, 그의 생각은 완전한 오류였다. 그는『크로이츠나흐 노
트』를 통해 마르크스가 역사유물론의 변혁을 실현했다고 말하면서 마르크스
의 혁명적 전환이 "그가 착실하게 정치경제학을 연구하기 이전에 발생했다"
라고 분명하게 주장했다. 이 책에서는 바로 이 관점이 틀렸다는 것을 증명하
고자 한다.[9]

2)『크로이츠나흐 노트』의 텍스트 독해: 마르크스의 첫 번째 사상 전환을 재평가하는 이유

『크로이츠나흐 노트』에서 직접 확정할 수 있는 내용은 다섯 권의 노트
다.[10] 이 노트들은 총 255쪽으로 구성되어 있다. 마르크스의 글씨체는 비교적

---

8   MEGA2의 제1부 제2권의 문헌에 근거하면 마르크스가 이 두 권의 텍스트를 쓴 시간은 서로 뒤섞이고
    중복됨을 알 수 있다.『헤겔 법철학 비판』을 쓸 당시가 1843년 3~9월이었고,『크로이츠나흐 노트』에
    는 '1843년 7~8월'에 주석을 달아놓았다. 1843년 5월에 라인의 작은 도시 크로이츠나흐에 도착한 마르
    크스는 그곳에서 예니와 만나 6월 19일에 결혼했다.
9   莫洛索夫,「1843-1844年馬克思對世界史的硏究是歷史唯物主義形成來源之一」,『馬列著作編譯資料』,
    第15集(人民出版社, 1981), 77쪽.
10 내가 이해한 바에 따르면, 이 노트에 다른 미완성의 노트 두 권도 포함시켜야 하지만, 훗날 마르크스

조밀해서 거의 24권의 논저와 다른 문장을 요약한 내용을 수록하고 있다. 여기에는 고전 정치학자와 사학자의 명저뿐만 아니라 당시로서는 그다지 유명하지 않았던 정치학과 사학 저작들까지 포함되어 있다. 그 시간의 폭은 장장 2500년(기원전 600년부터 1830년대까지)에 이른다. 이 다섯 권의 노트에는 마르크스 자신이 붙인 번호(1~5)가 쓰여 있다. 제1권과 제2권에는 '역사-정치 노트'라는 문구가 적혀 있다. 노트 제2권에는 '프랑스사 필기'라는 표지(標識)가 붙어 있고 제4권과 제5권에는 표지가 붙어 있지 않다. 하지만 그 내용은 앞에 있는 제3권과 완전히 똑같다. 제5권을 제외한 제1권과 제3권에는 '크로이츠나흐, 1843년 7월'이라고 표시되어 있고 제2권과 제4권에는 '크로이츠나흐, 1843년 7월, 8월'이라고 표시되어 있다. 이는 이 노트를 쓸 때 한 권을 완성한 뒤 그다음 권을 쓰기 시작한 것이 아니라 노트 몇 권을 동시에 기록했음을 설명해준다. 이는 마르크스 독서노트의 특징이기도 하다. 이 외에 마르크스는 내용을 압축한 '주제 색인'을 쓰기도 했다. 이는 의심할 바 없이 마르크스가 이미 전문적으로 노트에 대한 사유와 정리를 진행했음을 증명해준다. 이들 노트에는 마르크스 자신의 독립적인 의견이나 평론은 적다. 표제와 색인을 제외하고는 제4권에만 아주 간단하고 짧은 평론이 있을 뿐이다.

마르크스가 『크로이츠나흐 노트』를 쓸 때 운용한 이론방법에 관해 소련 학자인 라빈은 "마르크스는 이미 자각적으로 유물론을 운용하기 시작했고 이를 역사발전 과정 연구의 방법으로 삼았다"[11]라고 설명했다. 나는 이러한 관점이 근거가 없다고 생각한다. 청년 마르크스가 역사학 영역에 진입할 당시 그는 이제 막 ≪라인신문≫에서 현실을 공격하는 철학을 받아들였다. 관념론은 아직 완전히 붕괴되지 않았다. 하지만 관념론은 새로운 역사적 사실 앞에서 시작과 함께 텍스트의 개요와 평론 바깥으로 위축되었다. 나는 이러한 상

는 파리에서 경제학 분야의 자료를 발췌해 다시 사용했으므로 현재는 일반적으로 이를 『파리 노트』로 분류한다. 이에 관해서는 다음 절에서 상세하게 분석하기로 한다.

11   拉賓, 『馬克思的靑年時代』, 南京大學外文系俄羅斯語文學敎硏室飜譯組譯(三聯書店, 1982), 第171쪽.

황을 마르크스가 새로운 역사 연구의 영역에 들어설 때 본래 가지고 있었던 철학이론 담론의 실어증 상태라고 부른다. 청년 마르크스가 기존에 가지고 있던 이론적 작풍에서 이것은 매우 보기 드문 상황이다(우리는『에피쿠로스 철학에 관한 노트』와 같은 초록 성격의 노트에서 마르크스가 철학 텍스트를 대면했던 자유주의적 담론의 통섭적 상황을 볼 수 있었다. 그는 초록의 거의 매 구절에 철저한 독해와 비판을 수행했다).[12] 이러한 심각한 실어상태는 노트의 마지막 단계에 이르러서야 비로소 근본적인 변화를 보인다. 이것이 바로 관념결정론의 철저한 해체를 기초로 하는 게슈탈트 전환이다. 이 밖에 더 중요한 것은 만일 ≪라인신문≫ 시기에는 그의 이론논리를 지원한 배경이 부르주아의 자유 이성과 프랑스대혁명이 수립한 새로운 유형의 부르주아 현실왕국(이로 인해 마르크스의 당시 투쟁의 예봉은 직접적으로 봉건 전제를 가리키고 있었다)이었다면, 당시에는 그의 이론 목표가 오히려 끊임없이 사방으로 유리되었을 것이다. 그는 부르주아 혁명 이후에 제3계급에서 지배계급으로 승격한 부르주아 계급이 여전히 사유재산을 옹호한다는 것을 깨달았기 때문이다. 하지만 마르크스의 이러한 정치 입장의 최종 변화 역시 노트의 후기에 이르러서야 점차적으로 발생한다. 독자들은 마르크스의 첫 번째 사상 변화의 이중적인 지점 전환이 모두 그의 독립적인 역사학 연구에서 자생적으로 발생했음을 알게 될 것이다.

『크로이츠나흐 노트』전체를 놓고 볼 때, 마르크스의 모든 노트에 담겨 있는 초점의식[13]은 유럽 국가들의 봉건사회 역사임이 분명하다. 그 가운데는 프랑스와 영국, 스웨덴, 폴란드, 베네치아의 봉건 정치사가 포함되어 있는데, 이러한 내용이 노트의 상당 부분을 차지하고 있다. 원래 마르크스는 역사에서의 정치의 역할을 분명히 밝히려고 노력했지만 실제로 재산을 둘러싼 소유

---

12 「關于伊壁鳩魯哲學的筆記」,『馬克思恩格斯全集』, 第40卷(人民出版社, 1982), 25~175쪽 참조.
13 초점의식(Focal awareness), 집중 감지로 번역할 수 있다. 이는 마이클 폴라니의 암묵적 인지이론에 나오는 또 다른 주요 개념으로, 인식 주체가 명확히 가리키는 목표와 의도를 지정한다. 張一兵,「波蘭尼意會認知理論的哲學邏輯构析」, ≪江海學刊≫(1991), 4期 참조.

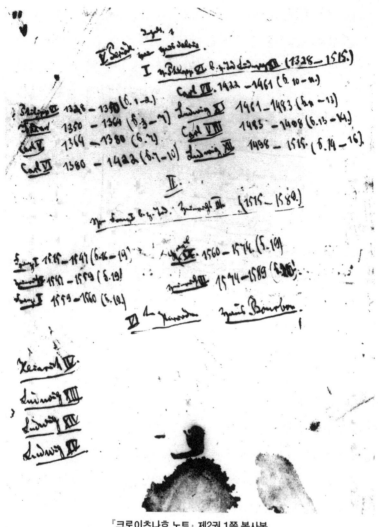

『크로이츠나흐 노트』 제2권 1쪽 복사본

제야말로 사회역사 구조의 진정한 기초라는 것을 무의식적으로 부단히 체감하게 되었다. 이는 오래지 않아 그가 프루동과 진행한 사상 교류에서 중요한 공통 인식이 된다.

『크로이츠나흐 노트』제1권의 서두에서 마르크스는 하인리히가『프랑스
사』에서 관심을 가졌던 프랑스 16세기 말 이전의 사회 정치 구조에서의 의회
의 형성에 관해 사유했다. 그 가운데 군사제도와 재산제도의 관계를 발췌하
긴 했지만, 마르크스는 "유럽에서 봉건주의의 쇠락이 항해업과 무역, 공업 발
달의 촉진"과 시민계층의 흥기에 의해 조성되었다는 중요한 법칙을 간파했
다.[14] 이는 근대 부르주아 계급이 발생한 경제 및 사회 발전 과정을 알 수 있는
실마리이지만, 여기서는 마르크스의 사유를 깊이 있게 자극한 사유의 흔적을
찾아볼 수 없다. 제2권에서 진행하기 시작한 루드비히의『최근 50년의 역사』
에 관한 발췌에서, 마르크스는 뜻밖에도 프랑스대혁명 전후에 제3계급이 조
성한 국민의회가 여전히 사유재산을 유지하고 있다는 사실을 발견했다. 그들
은 교회의 재산을 몰수하고도 개인의 사유재산은 보호하려 했다. 마르크스는
"여기에는 대단한 모순이 있다. 한편으로는 사유재산을 침범해선 안 된다고
선포하면서 다른 한편으로는 사유재산을 희생하고 있다"라고 말했다.[15] 이는
당연히 마르크스가 애초에 가지고 있던 민주주의 이상을 동요시켰다. 마르크
스가 전제에 반대한 것은 결코 새로운 사유제를 확립하기 위해서가 아니었기
때문이다. 그는 제3계급의 '자유주의적 공론'을 의식하기 시작한 것이다. 이
것이 그가 ≪라인신문≫ 시절에 퍼뜨렸던 민주주의 자유이성의 가치에 대한
반성이 아닐까? 제2권에서 벨러가 쓴『스탈 부인 유작 고증』의 요점을 발췌
하던 중에 마르크스는 봉건제도가 기초가 견고한 신분제라는 사실에 주목한
다. "여기서는 재산이 사람을 지배하지만 근대사회에서는 사람이 재산을 통
제한다."[16] 마르크스의 이러한 개괄은 정확하진 않았지만, 그는 이미 신구 두
사회의 사람들이 시종일관 재산 관계에 둘러싸여 있다는 사실에 주목하고 있

---

14   Karl Marx, *Historisch-politische Notizen*, MEGA2, IV/2(Berlin: Dietz Verlag, 1981), S.39.
15   같은 책, S.85.
16   같은 책, S.103. 중역본은『馬克思1843年克羅茨納赫摘錄筆記』, 曾憲森·熊子雲譯, 馬克思恩格斯研究
      資料滙編(書目文獻出版社, 1985), 9쪽 참조.

었다. 그로부터 얼마 전인 ≪라인신문≫ 시절에는 마르크스가 무력감에 젖어 "물질이익이 항상 우세를 점한다"는 사실을 발견했다면, 이 시기에는 역사발전에서 재산이 전체 역사(사유제 사회)의 기초였다는 사실을 직시하기 시작했다고 할 수 있다. 이는 마르크스의 머릿속에서 이미 동요하기 시작한 관념론적 이성 원칙에 대해 한 걸음 더 나아간 부정이자 해체라고 할 수 있다.

제2권 말미에 나오는 마르크스 노트의 '주제 색인'에서 우리는 그의 두 가지 주요 사유의 흐름을 확인할 수 있다. 첫째는 봉건사회와 부르주아 사회의 정치적 구조이고, 둘째는 소유제와 자산 관계다. 비록 이 시기에는 전자의 흐름이 여전히 마르크스의 주요 관심사였지만, 결국 그는 '소유제와 그 결과'와 '재산'이라는 두 가지 색인에서 유산자와 사회, 소유자와 재산, 점유와 재산, 평등과 재산, 정치와 경제 사이의 중요한 관계에 주목했다. 특히 중요한 점은 마르크스가 새로운 부르주아 사회에서 '재산이 선거권과 피선거권의 조건'이 된다는 것의 의미를 인식하기 시작했다는 점이다. 이때부터 제3권에서 마르크스는 루소의 근대 영국사를 한층 더 이해하게 되었다. 18세기 말 영국에서는 84개의 크고 작은 도시의 소유자가 157명의 대표를 회의에 들여보냈다. 부르주아 계급의 "의회 성원들은 인민의 대표가 아니라 대부분 자기 이익의 대변인이었다".[17] 동시에 인민과 정부의 의견이 일치하지 않을 때 '하원'은 항상 인민 쪽이 아니라 정부 쪽으로 '더 많이' 기울었다! 이는 "대의제가 두 가지 환상, 즉 통일된 공민 권리라는 환상과 대표대회가 전민 대표라는 환상에 기초한다는 것을 증명한다. 특히 등급선거법은 인민주권에 대한 사기로 나타났다".[18] 마르크스는 이러한 이른바 민주적 정체가 인민주권의 표현이 아니라 부르주아 경제이익과 정치이익의 표현일 뿐이라는 사실을 발견했다. 게다가 이러한 새로운 "근대 사유제의 체계는 장기간 이루어진 발전의 산물이

---

17   같은 책, S.128~129.
18   같은 책, S.160. 중역본은 『馬克思1843年克羅茨納赫摘錄筆記』, 9쪽 참조.

었다".[19] 이때 마르크스가 원래 기대했던 민주주의 정치역량의 진실한 모습이 점차 분명하게 드러나기 시작했다. 이는 마르크스의 정치적 입장에서 부르주아 민주주의가 조종을 울렸다는 것을 의미한다.

하지만 마르크스의 철학이론에서 가장 중요한 변화가 발생한 것은 노트 제4권의 후반부다. 마르크스는 랑케가 주간을 맡고 있는 『역사정치 잡지』 제1권에 발표한(랑케 자신이 쓴 것이기도 한) 「프랑스 왕정복고 시기를 논함」의 요점을 발췌하면서(그 책 41쪽 28~32행) 『크로이츠나흐 노트』 전체를 통틀어 가장 많은 분량의 특별한 논평을 썼다. 여기서 우리는 마르크스 철학 담론의 중요한 변화를 확인할 수 있다. 여기서 나타나는 것이 청년 헤겔식의 자기의식의 이성 원칙이 아니라 사회현실에서의 이러한 관념론 원칙에 대한 부정이기 때문이다. 여기서 혁명이 부각되기 시작한다. 부르봉 왕조의 역사에 대한 랑케의 분석을 사유하면서 마르크스가 주목한 것은 신구 프랑스의 교체 중에 나타난 복잡한 정치변화의 메커니즘이다. 구 프랑스의 기초는 왕권과 귀족이었고 신 프랑스의 현실 기점은 이미 혁명 후에 확립된 새로운 소유권이었다. 이는 일반적인 역사현실은 국가와 법의 기초가 전부 재산관계임을 보여주는 것이다. 따라서 이 부분에 관해 해석하면서 마르크스는 이렇게 말한다.

루이 18세 시대에는 헌법이 국왕의 하사품(흠사 헌법)이었다. 루이 필리프 시대에는 국왕이 헌법의 하사품(흠사 왕권)이었다. 일반적으로 우리는 주어(Subjekt)가 술어(Prädikat)가 되고 술어가 주어가 되며, 피결정자(Bestimmtes)가 결정자(Bestimmendes)를 대체하는 것을 본다. 이러한 변화는 새로운 혁명을 촉진했다. 혁명은 혁명가들의 움직임에만 의존하는 것이 아니다.[20]

---

19   같은 책, S.135.
20   같은 책, S.181. 중역본은 『馬克思恩格斯全集』, 第40卷, 368~369쪽 참조.

제2장 _ 경제학 맥락에서의 철학 담론의 침묵과 부각   263

이 글은 원래 역사변혁에서의 구체적인 관계를 설명하기 위한 시도이지만 마르크스는 무의식적으로 주어 – 술어 관계라는 헤겔 철학의 용어를 사용하기 시작했다. 그래서인지 그는 뒤이어 "국왕이 법률을 제정하고(구 군주제) 법률은 국왕(신 군주제)을 세웠다"라고 말했다. 그런데 이것이 갑자기 그의 사상에 격류를 일으켰다. 중요한 철학적 기본 문제를 깨달은 것이다.

> 따라서 헤겔이 국가관념(Staatsidee)의 요소를 주어(Subjekt)로 바꾸고 국가존재(Staatsexistenz)의 구형식을 술어로 바꿀 때 – 하지만 실제 역사현실에서는 정반대다. 국가 관념이 항상 국가존재 형식의 술어가 된다 – 그는 실제로 시대의 공통 정신, 시대의 정치신학을 말한 것에 지나지 않았다.[21]

갑자기 나타난 이 새로운 의식에는 포이어바흐의 유물론 혁명 요소가 포함된 것이 분명하다.[22] 이는 중요한 인정이었다! 마르크스 사상은 역사의 신구시대 변화에 대한 연구에서 철학의 기본 문제의 인식으로 일시에 약진했다. 실제로 그는 사회역사 발전에서 처음부터 끝까지 존재하는 한 가지 현상을 확인했다. 소유제가 정치와 법을 결정하고 현실이 관념을 결정한다는 것이다. 이리하여 헤겔의 오류는 분명해졌다. "여기서 결정적 요인이 되는 것은 종교 쪽에서는 이성이고, 국가 쪽에서는 국가 관념이다. 이러한 형이상학은 반동세력의 형이상학의 반영으로서, 반동세력에게는 구세계가 바로 신세계관의 진리(die alte Welt als Wahrheit der neuen Weltanschauung)다."[23]

이 텍스트에 관한 연구에서 볼 때, 전통적으로 이해하듯이 마르크스는 단순히 외재적으로 포이어바흐의 영향을 받았던 것은 아니며, 현실의 사회역사

---

21 같은 책, S.181. 중역본은 『馬克思恩格斯全集』, 第40卷, 368~369쪽 참조. 중국어 번역자는 Wirklichkeit (현실)라는 단어를 누락했다.

22 費爾巴哈, 『關于哲學改造的臨時綱要』, 洪謙譯(三聯書店, 1958), 2쪽 참조.

23 Karl Marx, *Historisch-politische Notizen,* S.181. 중역본은 『馬克思恩格斯全集』, 第40卷, 368~369쪽 참조.

의 연구를 통해서 자각적으로 유물론 일반의 전제를 확인했다. 설명하고 넘어가야 할 것은 유물론 입장으로 전향한 뒤로 마르크스는 포이어바흐 같은 자연유물론, 즉 직접적인 물(자연)과 의식의 주객전도에 그치는 것이 아니라 인간의 사회현실 존재(소유제)가 관념을 결정한다는 사회유물론을 인식했다는 것이다. 물론 이러한 사회적 현실 존재는 실제로 정치경제학에서 말하는 것처럼 경제현실에서 출발한 사회유물론이 아니라 프랑스 유물론이 이미 제시한 것과 같은 사회생활에서 '느끼는 것'과 유사하다. 이는 『헤겔 법철학 비판』의 유물론 비판논리의 진실한 발원지이기도 하다. 매클렐런은 일찍이 "『신성가족』이전까지 마르크스의 어떤 저작도 유물론이라고 할 수 없다"[24]라고 독단적으로 말한 바 있다. 하지만 이는 무책임한 비판임이 분명하다. 또 한편으로 이 텍스트에서 우리는 마르크스가 현실의 역사발전에서 점차 부르주아 정치의 모습을 분명하게 인식했고, 이를 토대로 당시 그가 독일 - 프랑스 사회주의자들의 영향하에 한 걸음 더 나아간 프롤레타리아 정치 입장(「헤겔 법철학 비판 서설」)에 중요한 사상적 기초를 놓았음을 알 수 있다. 이 점을 확인하는 것은 청년 마르크스의 첫 번째 사상적 전환을 정확히 이해하는 데, 특히 철학적 전제 차원에서 이루어진 전환의 본질을 이해하는 데 대단히 중요하다.

이어지는 발췌에서 마르크스의 이 중요한 관점 변혁은 지속적으로 역사사실의 지지를 받는다. 같은 노트에 쓴 랑케의 『1775년의 의회』에 관한 기록에서 마르크스는 프랑스에서는 "농업지역 승려들의 영향력이 그들의 토지재산에 의해 결정되었다"는 데 주목한다. 푸베스트의 『독일사』에서는 상고사에서 "토지소유제가 항상 독일의 기초였다"는 사실을 발견한다. G. 주노프의 『계승권의 원칙과 프랑스와 영국의 귀족』에서는 "영국의 대의제가 토지재산의 기초 위에 세워져 있으며, 토지재산을 공고히 하는 것이 입헌군주제의 기초"[25]라는 사실을 발견한다. 이것이 마르크스가 그로부터 얼마 전 획득

---

24   趙仲英, 『馬克思早期思想探源』, 101쪽.

한 사회유물론 관념을 대대적으로 강화시켜주었다. 노트 제5권의 기록에 따르면 마르크스는 모젤의 『애국주의의 환상』에서 상고시대의 제도에 인신의 자유를 보장하는 내용이 있는 것을 발견한다. 다시 말해 "자유는 인간 자체와 관련이 있는 것이고, 나중에 국가가 물질의 자유에 유리하게 하기 위해 인신의 자유를 제한하는 것이다. 그리고 물질의 자유는 토지와 관련되어 있다"는 사실을 발견했다. 여기서 마르크스는 다음과 같은 관점을 도출한다. "자유는 상대적인 개념이다!" 왜 그럴까? 진실한 역사의 서로 다른 제도하에서는 자유 관념도 완전히 달라진다. 이는 이미 매우 깊이 있는 관점이다. 우리는 마르크스 자신이 가지고 있던 민주주의와 자유주의에 대한 정치 입장이 매우 안정적이었던 것이 아니라 그 입장에 근본적인 동요가 시작되었다는 것에 주목할 필요가 있다.

우리는 또 당시 마르크스가 직면한 역사학 텍스트에 이미 상당히 많은 경제학 내용이 등장하는 것을 확인할 수 있다. 예컨대 루드비히의 『최근 50년의 역사』에 나오는 지폐의 태환 문제나, 제2권 주제 색인 가운데 제1조와 제7조, 제16조 등에 여러 번 언급되는 조세와 재산 같은 중요한 경제학 주제를 들 수 있다. 심지어 제4권에서는 슈미트의 『프랑스사』에서 토지와 재산 문제에 관한 부분을 발췌하면서 사유제의 다양한 형식을 개괄하고 있다. "사유재산의 형식에는 자유로운 것과 은덕으로 하사된 것, 이자 지불의 의무를 가진 산업 등이 있다."[26] 랑케의 『종교개혁 시기의 독일사』에서 마르크스는 물가의 상승에 뒤따르는 사회 문제를 보았다. 더 재미있는 것은 근대 영국 역사에 관한 루소의 저서에서 '노동이 유일한 부'라는 스미스의 말을 발췌, 기록했다는 점이다. 해밀턴의 『아메리카 합중국의 사람들과 풍속습관』에서는 뉴욕 부르주아 사회의 두 부분, 즉 노동자와 비노동자에 관한 부분을 발췌했다. 하지만

---

25   Karl Marx, *Historisch-politische Notizen*, S.264.
26   같은 책, S.147.

이 모든 것이 여전히 거대한 빙산의 일각이며 마르크스로부터 특별한 관심을 끌지는 못했다. 이 시기에 그가 관심을 갖고 있던 부분은 정치와 법이었고, 역사는 그저 조연으로서 정치사 독해로 읽혔을 뿐이기 때문이다. 경제학적인 내용도 정치투쟁의 부산물로 발췌되었을 뿐이다.

『크로이츠나흐 노트』의 역사학을 근거로 하여 마르크스는 헤겔 철학(얼마 전까지 청년헤겔학파의 자기의식 관념이 마르크스의 사상을 지배하고 있었다)의 관념론을 진정으로 청산했다. 이는 마르크스가 거의 같은 시기에 쓰기 시작한 『헤겔 법철학 비판』의 주요 내용이다. 마르크스는 단순히 포이어바흐의 영향을 받아 즉시 사상의 변화를 일으킨 것이 아니다. 이러한 전환에는 두 가지 연원이 있다. 하나는 핍박한 현실 문제 때문이고, 둘째는 마르크스가 역사학 연구에서 이론을 확증한 이후 초월적으로 포이어바흐의 유물론 입장을 긍정하게 되었기 때문이다. 하지만 이는 또 사회역사 현실이라는 각도에서 이해된 것이다. 내가 보기에 마르크스의 이 텍스트에 대해서는 지나치게 높게 평가해선 안 되고 그가 여기서 이미 **마르크스주의** 발전을 위한 사상 역정을 가기 시작했다고 판단해서도 안 될 것 같다. 같은 시기 청년헤겔학파 중에 유물론으로 전향한 다른 선봉적 철학자들과 비교할 때, 이 시기 마르크스가 가장 깊이 있었던 것은 아니기 때문이다. 마르크스의 첫 번째 사상 변혁에서 정치 입장 차원이 전환한 것도 마찬가지다. 나중에 『헤겔 법철학 비판』의 서문에 이르러서야 마르크스는 민주주의 입장에서 철저하게 프롤레타리아 입장으로 전환했다.

3) 『헤겔 법철학 비판』과 『유대인 문제에 대하여』

나는 『마르크스 역사변증법의 주체 국면』이라는 책에서, 마르크스의 『헤겔 법철학 비판』을 보면 마르크스가 사회역사의 구조에 관한 분석에서는 이미 사회역사 연구에서의 일반 유물론적 전제, 즉 시민사회가 국가와 법을 결정한다는 생각을 확립했지만 부르주아 현실사회에 대해 진행한 과정적 비판에서는 여전히 포이어바흐식 인간주의 소외사관을 유지하고 있다고 지적한 바 있다.[27] 우리는 포이어바흐의 철학에 두 가지 사유의 방향이 존재한다는 것을 알고 있다. 하나는 자연결정론의 유물론적 직관서술 논리이고, 다른 하나는 인간의 유적 본질소외의 인간학적 가치비판 논리다. 상대적으로 말하자면 후자가 마르크스에게 미친 영향이 더 크다. 이 점에 대해서는 매클렐런도 주목한 바 있다.[28] 포이어바흐는 헤겔을 비판하면서 헤겔의 절대이념 변증법은 신학의 또 다른 정교한 이론적 확인이라고 지적했다. 즉, 『정신현상학』은 그 탄생의 장이며, 『논리학』은 조물주(체)의 창세의 원점이고, 진실한 자연과 사회역사는 오히려 소외된 주체의 현세에서의 시련의 과정(필연의 왕국)으로 되고, 최종적으로 사변적인 '절대정신'이 각성하는 가운데 소외가 지양되고 다시 절대관념의 '하느님의 성채(자유왕국)'로 돌아오게 된다고 지적했다. 반드시 지적하고 넘어가야 할 것은 확실히 포이어바흐는 정확하게 헤겔을 다시 전도시켰다는 것이다. 그는 직접적인 자연물질이 기초이고 감성적인 인간은 주체가 된다고 지적했다. 하지만 헤겔 철학의 틀 배후에 있는 가장 중요한 현실 역사의 기초를 간파하지는 못했다. 이는 바로 유럽 부르주아 혁명과 부르주아 사회의 경제현실이다. 이는 앞에서 우리가 이미 분석한 내용이기도 하다. 헤겔 철학에서 대단히 중요하지만 오랫동안 우리가 무시해온 이론적 배경이 바로 부르주아 고전경제학이다. 나는 이미 헤겔 철학의 본질이 주로 관념론적으로 인류의 전체 인지구조와 그 역사변증 과정을 추상한 것이라고 지적한 바 있다. 하지만 풍부한 사상사의 흐름들 외에 헤겔 철학에는 두 가지 중요한 현실 역사 주제가 있다. 첫째는 프랑스대혁명이고 둘째는 영국의 산업혁명이다. 나폴레옹이 '말 위의 절대정신'이라면, 스미스의 '보이지 않는 손'

---

27   張一兵, 『馬克思歷史辨證法的主體向度』, 第1章 참조.
28   趙仲英, 『馬克思早期思想探源』, 99쪽 참조.

은 현실에 내화된 절대관념의 보이지 않는 지배, 즉 현실 역사발전의 배후에 존재하는 '이성의 간계'라고 할 수 있다. 헤겔의 절대관념은 결국 부르주아 사회의 현실경제에서 보편적인 세계 역사로 나아갔다. 포이어바흐는 헤겔의 관념론적 '추상에서 구체로'라는 방법에 반대하고, 그것이 매개를 거친 사변적 추상에서 구체적 감성의 직접성으로 회귀했다고 비판했는데, 이는 정확하지만 불충분하다. 왜냐하면 바로 이러한 자연유물론의 간단한 직관성으로 인해 그는 헤겔의 보다 심층적인 사회적 역사변증법을 진정으로 투시하지 못했기 때문이다.

청년 마르크스는 일반 유물론의 '감성적 구체'로 나아가는 과정에서 마찬가지로 헤겔의 추상적 사변논리에 반대했다. 마르크스는 오랜 시간이 지나서야 이 점을 성찰하고 새로운 과학기초 위에 다시 한 번 '추상에서 구체로'의 전환, 직접성에서 매개를 거친 비판현상학으로의 전환을 제시했다. 따라서 헤겔의 관념론에 대한 마르크스의 첫 번째 비판은 확실히 그의 철학사상에서 첫 번째 중대한 전환이었다. 하지만 이 시기의 마르크스는 아직 체계적으로 경제학을 연구하지 않았기 때문에 『법철학 원리』[29]에서의 헤겔의 고전경제학 비판을 제대로 이해하지 못했다. 이리하여 아주 깊이 있는 문제가 자연스럽게 마르크스 인식의 초점이 되지 못했다. 이 문제는 바로 헤겔이 관념론의 전제에서 벗어나 왜 국가와 법을 이용해서 객관적 시민사회를 부정적으로 규정하고 초월하려 했는가 하는 것이다. 실제로 앞에서 우리가 헤겔의 전체 논리에 대한 분석에서 인지한 바와 같이 헤겔이 보기에 스미스나 리카도 같은 사람들이 제시한 개인의 고립을 기초로 한 상품경제 시장의 '자연 질서'는 절대관념(주체, Subjekt)이 역사적 사회 경제에서 물화되고 소외된 상태에 있는 것에 불과했다. 이는 맹목적이고 자발적인 '보이지 않는 손'이 시장을 조종하는

---

29   헤겔, 『법철학 원리』의 전체 명칭은 『법철학 원리 또는 자연법과 국가학설 강요』다. *Grundlinien der Philosophie des Rechts oder Naturrecht und Staatswissenschaft im Umrisse*, Werk, Vollstandige Ausgabe, 8, Bdm hrsg. von Dr, Eduard Gans(Berlin, 1833).

것과 다름없다. 헤겔은 보다 높은 단계에서는 절대관념이 국가와 법을 자각적으로 조절함으로써 '보이지 않는 손'이 직접 드러나게 할 것이라고 생각했다. 이는 물화된 필연의 왕국의 마지막 단계에서 관념의 자유왕국으로의 비약이라고 할 수 있다. 1843년에 마르크스가 『헤겔 법철학 비판』에서 이 관계식을 유물론적으로 전도시킨 것은 정확한 시도였다. 하지만 어떤 의미에서 보자면 깊이가 충분하지 못했다. 물론 이러한 '인식 부족'은 1845년 이후 마르크스주의 철학혁명의 높이에서 볼 때 드러나는 것이다. 슈미트[30]는 마르쿠제의 학설을 추종하면서 이 시기의 마르크스는 잠시 헤겔의 변증법에서 떠났지만 「포이어바흐에 관한 테제」와 『독일 이데올로기』, 그리고 모든 후기 저작에서는 헤겔에 대한 포이어바흐의 비판을 매개로 삼아 다시 '헤겔의 관점으로 돌아왔다'고 지적했다.[31] 이런 표현은 그다지 정확하지 못하다. '자기의식'의 주도하에 있던 청년 마르크스는 처음에는 헤겔의 역사변증법을 깊이 있게 이해하지 못했기 때문이다. 따라서 이 시기 마르크스가 헤겔의 관념론을 부정한 것을 두고 '떠났다'고 말할 수는 없을 것이다. 헤겔 변증법에 대한 마르크스의 이해 자체가 끊임없이 심화되는 역사 과정이었던 것이다. 실제로 포이어바흐의 철학사상을 수용한 시기에도 마르크스는 인간주의의 능동적 소외사관을 매개로 역사의 변증법 발전이라는 헤겔의 관점을 표현하려고 최선을 다했다.

이상이 우리가 청년 마르크스 철학의 첫 번째 중요한 전환에서 발생한 철

---

30 알프레드 슈미트(Alfred Schmidt, 1931~2012), 독일 철학자이자 서양 마르크스주의 프랑크푸르트학파 제3대의 대표적인 좌파 인물이다. 1931년에 베를린에서 출생해서 프랑크푸르트대학에서 철학, 사회학, 역사를 공부했다. 1960년에 『마르크스의 자연개념』으로 철학박사 학위를 받았다. 나중에 프랑크푸르트대학과 프랑크푸르트 노동학원에서 강의했다. 1972년에 프랑크푸르트학파 사회연구소 소장이 되었다. 대표 저서로 『마르크스의 자연개념』(1960), 『니체 인식론에서의 변증법문제』(1966), 『공업사회의 이데올로기』(1967), 『경제학비판의 인식론개념』(1968), 『비판이론의 사상을 논함』(1974), 『유물론이란 무엇인가』(1975), 『역사철학으로서의 비판이론』(1976), 『이념과 세계 의지』(1988) 등이 있다.

31 施密特, 『馬克思的自然槪念』, 歐力同·吳仲譯(商務印書館, 1988), 9쪽 참조.

학유물론 생성에 대해 경제학 연구의 의미에서 진행한 중요한 인식이다.

사실 우리는 1843년 상반기에 마르크스가 루게와 『독일 - 프랑스 연감』의 창간을 상의할 당시 주고받은 서신을 보면 청년 마르크스가 상당히 급진적인 민주주의 사상가였다는 것을 알 수 있다. 심지어 그는 바이틀링의 공산주의에 대해서도 회의적인 태도를 보였다.[32] 하지만 얼마 후 그의 입장에 중대한 변화가 발생한다. 내 추측에 의하면 이는 주로 1843년에 출판된 ≪스위스에서 온 전지 21장≫에 등재된 글 때문이다. 그 가운데서도 특히 마르크스 사상에 가장 큰 영향을 미친 것은 우리가 앞에서 이미 상세히 토론한 바 있는 헤스의 공산주의 사상이다. 이는 청년 마르크스의 제1차 사상 전환에서 공산주의 정치 입장이 확립된 계기이기도 하다.

실제로 청년 마르크스는 『헤겔 법철학 비판』에 이어 1843년 가을에 『유대인 문제에 대하여』를 완성했다. 이 글에서 우리는 청년 마르크스의 사상에 새로운 변화가 나타난 것을 알 수 있다. 겉으로 보기에는 마르크스가 바우어를 비판하는 것 같지만 사실은 마르크스의 사상 관념이 헤스의 경제소외 사상으로 어느 정도 접근하고 있는 것을 알 수 있다.

『유대인 문제에 대하여』에서 청년 마르크스는 '정치적 해방의 인간 해방에 대한 관계(Verhältnis der politischen Emanzipation zur menschlichen Emanzipation)'를 분명하게 설명하고 있다.[33] 부르주아 혁명이 완성한 정치 해방은 여전히 사유재산(Privateigentum)을 전제로 하기 때문에 정치 해방은 인간의 현실적 이중생활을 조장한다.

> 천국의 생활과 속세의 생활. 전자는 정치공동체(politisches Gemeinwesen)에서의 생활로, 이 공동체 안에서 사람들은 자신을 **공동체**로 간주한다. 후자는

32　『馬克思恩格斯全集』, 第1卷, 416쪽 참조.
33　같은 책, 424쪽.

시민사회(bürgerliche Gesellschaft)에서의 생활로, 남들을 도구로 간주하고 자신도 도구로 폄하해 자신과 다른 힘(fremde Macht)의 장난감이 되게 한다.[34]

이는 시민사회에서 발생한 법적 권리의 생활에 대응하는 사물에의 노예화 현상이다. 마르크스는 이 글에서 bürgerliche Gesellschaft라는 단어를 54회 사용했다. 이는 그가 자신의 텍스트에서 이 단어를 비교적 집중적으로 사용한 대목이다. 이 외에 프랑스어에서 온 Bourgeois라는 단어를 5회 사용했다. 여기서 인간은 '우리 사회 조직 전체에 의해 파괴된 사람, 자신을 잃어버린 사람, 외화된 사람, 비인간적인 관계와 세력(unmenschliche Verhältnisse und Elemente)에 의해 통제되는 사람, 한마디로 말해 현실의 유적 본질(wirkliches Gattungswesen)[35]이 아닌 사람'이 된다. 이 파괴적 '사회조직'과 '비인간적 관계'가 인간을 통제한다는 관점은 매우 깊이가 있다. 이를 통해 이 시기의 마르크스의 사유가 이미 『헤겔 법철학 비판』에서의 연구 성과를 초월하고 있음을 알 수 있다.

재미있는 것은, 이 글의 마지막 부분에서 마르크스가 갑자기 새로운 견해를 제시하고 있다는 점이다. 즉, 경제학의 비판적 관점에 기초하고 있는 것이다. 이는 중요한 이론적 도약이라 할 수 있다. 그는 유대인들의 세속적 기초가 바로 장사(Schacher)라고 인식했다. '그들의 세속의 신'은 화폐(Geld)인 것이다.[36] 화폐는 현실 교역세계(Schacherwelt)에서 사람들의 신이다. 이는 완전히 헤스의 관점이다.

화폐는 이스라엘 사람들의 질투의 신이다. 그 앞에서는 모든 것이 뒤로 물러난다. 화폐는 인간이 숭배하는 모든 신을 폄하하고 모든 신을 상품(Ware)으로

---

34   같은 책, 428쪽.
35   같은 책, 434쪽.
36   같은 책, 446쪽.

만든다. 화폐는 모든 물(物, alle Dinge)의 보편적이고 독립적이며 자유로운 가치(Wert)다. 따라서 화폐는 모든 세계 — 인간세계와 자연계 — 의 고유의 가치를 약탈한다. 화폐는 인간의 노동과 인간의 정재(定在)가 인간으로부터 소외된 것이다. 이 소외된 것이 인간을 지배하고 인간은 이를 향해 절을 올린다.[37]

이는 이미 단순한 사물에의 노예화 현상이 아니라 화폐에 의한 소외론이다. 이는 마르크스가 경제학 맥락에서 처음으로 entfremdet라는 단어를 사용한 사례다. 당시 마르크스는 헤스가 이제 막 완성한 「화폐의 본질에 대하여」를 읽지 못했기 때문에 화폐가 왜 세속 유대인들의 신이 되는지 이해하지 못했다. 세속의 우상 신을 전도시키는 핵심적 성격을 구성하는 헤스가 말한 교통의 유적 본질을 마르크스는 아직 알지 못했기 때문이다. 따라서 이 시기 마르크스의 화폐 소외에 관한 토론은 추상적일 수밖에 없었다. 첫째, 화폐는 모든 물(Sache가 아니라 Ding이다)의 가치이지만 마르크스는 경제학적 의미에서 가치가 무엇인지 알지 못했고, 이 때문에 좀 더 깊이 있게 관계성의 소외라는 맥락 속에서 화폐를 파악하지 못했다. 둘째, 여기서 말하는 마르크스의 화폐에 의한 소외는 근대적 교통(교환)이 아니라 '인간의 노동'과 '정재'에 기원한다. 마르크스는 아직 이 화폐에 의한 소외와 앞에서 비판했던 '비인간적 관계'를 연결시키지 못하고 있었다. 물론 이는 대단히 중요한 서술이다. 왜냐하면 우리는 마르크스의 사상 가운데 처음으로 갑자기 나타난 경제적 소외 사상을 보았기 때문이다. 하지만 이 시기의 마르크스는 자신의 경제학 연구를 시작하지 않은 상태였다. 내 추측에 의하면 이 시기의 마르크스는 직접적으로 헤스의 영향을 받은 것이 분명하다. 헤스 자신의 소외에 관한 논문 「화폐의 본질에 대하여」가 아직 발표되지 않았지만 그는 이미 적지 않은 자리에서 자신의 관점을 선전한 바 있다. 마르크스가 이러한 공개적 소식을 몰랐을 리가 없다.

---

37   같은 책, 448쪽.

그는 이미 헤스가 경제학 연구에서 획득한 이러한 관점에 동의하고 있었다. 마르크스는 시민사회가 '인간의 모든 유적 유대(Gattungsband)'를 파괴한다고 말했다. 이는 헤겔의 『법철학』에 나오는 내용임에 틀림이 없다. 하지만 '외화된(entäußert) 인간과 외화된 자연계는 양도할 수 있는(veräußerlich) 대상, 팔수 있는 대상, 자신의 욕구에 굴종하는 대상, 임의로 매매할 수 있는 대상'[38]이 된다. 이는 이미 헤스의 경제소외론에서 제기된 관점이다.

> 양도는 외화의 실천(Praxis der Entäußerung)이다. 종교의 속박을 받는 사람처럼 자신의 본질을 자기가 아닌 환상의 존재가 되도록 해야만 이러한 본질을 대상화(vergegenständlichen)할 수 있고, 마찬가지로 이기적인 욕구의 지배하에서 인간은 자신의 생산물과 자신의 활동을 타자(fremdes Wesen)의 지배하에 놓이게 하고 그것에 외부의 존재 — 화폐 — 의 의미를 부여함으로써 실천적으로 활동하고 실천적으로 상품을 만들어낼 수 있다.[39]

지적하고 넘어가야 할 점은 마르크스가 여기서 헤스가 한 번도 사용하지 않았던 vergegenstandlichen(대상화)이라는 단어를 사용하고 있다는 것이다. 이는 그가 포이어바흐에게서 차용한 핵심적 개념이다. 다음에 우리는 마르크스의 경제소외 이론이 이 점에서 헤스와 다르다는 것을 발견하게 될 것이다. 마르크스는 여기에서 돌연 화폐를 사유 지점으로 삼는 헤스의 경제적 소외 관점에 찬동했다. 하지만 그 자신은 진정으로 경제학을 연구한 적이 없었다. 게다가 이 시기의 경제소외론은 아직 인간의 활동과 상품(物, Ding)에 머물러 있었고, 사회생활에서 가장 중요한 교통관계는 아직 그의 사유영역에 들어오지 않은 상태였다. 곧이어 마르크스는 전심전력으로 자신의 첫 번째 경제학

---

38 같은 책, 450~451쪽. 중역본에는 수정사항이 있다.
39 같은 책, 451쪽. 중역본에는 수정사항이 있다.

연구에 몰두하기 시작했다. 독서 과정의 진실한 기록으로서 마르크스는 우리에게 대단히 가치 있는 『파리 노트』와 『1844년 수고』를 남겼다.

2. 『파리 노트』의 텍스트 구조와 집필의 맥락

마르크스 경제학 연구 맥락에서의 철학 담론 전환은 여기서 우리가 토론해야 할 주요 단서다. 마르크스 최초의 경제학 연구 텍스트는 1844년을 전후해서 파리에서 쓴 『파리 노트』와 그 가운데 가장 중요한 『1844년 수고』[40]다. 이 두 가지 모두 같은 창작과정에 속한다. 내 연구결과에 따르면 『파리 노트』의 경제학 연구는 후자 철학 담론의 중요한 이론 발원지가 되고 있다. 하지만 현재 마르크스의 철학 텍스트 연구에 있어 『파리 노트』의 진정한 맥락은 아직 거대한 이론적 공백으로 남아 있다. 이러한 상황은 필연적으로 『1844년 수고』에 대한 중대한 오독을 유발하기도 한다. 따라서 마르크스의 첫째 노트 성격을 지닌 경제학 텍스트인 『파리 노트』는 당연히 우리가 극복해야 할 이론적 난제가 되고 있다.

1) 『파리 노트』의 텍스트 구조

『파리 노트』[41]는 마르크스의 제1차 경제학 연구의 실제 기록이다. 이 노트의 기록 시기는 대략 1843년 10월에서 1845년 1월까지다. 넓은 의미에서 말하자면 『파리 노트』에는 열 권의 노트가 포함되는데, 이 가운데 중요한 경제학 발췌문이 일곱 권을 차지한다. 나머지 세 권은 마르크스가 초보적인 깨달

---

40 1843년 8월, 『독일-프랑스 연감』 출판을 준비하기 위해 루게와 헤스는 연이어 프랑스 파리에 도착했다. 같은 해 10월 말에 마르크스와 예니도 파리에 도착했다.

41 Karl Marx and Friedrich Engels, *Exzerpte und Notizen*, MEGA2, IV/2, 283~589쪽.

음을 집중적으로 기록한 수고다. 이 완성되지 않은 수고를 기록한 기간은 다른 일곱 권의 노트를 기록한 시기와 서로 교차한다. 열 권의 노트가 모두 동일한 시기에 완성된 셈이다. 엄격히 말해 이 열 권의 노트는 서로를 휘황찬란하게 밝혀주고 있어 분할이 불가능하다. 하지만 이 시기 청년 마르크스의 집필 맥락에서 볼 때, 우리는 청년 마르크스의 초보적 정치경제학을 다룬 일곱 권의 발췌노트를 협의의『파리 노트』라 칭하고, 이 기간에 점차적으로 형성된 부르주아 정치경제학에 대한 철학적 비판을 다룬 세 권의 노트를『1844년 수고』라고 부른다. 구체적으로 말하자면 이 수고는 그 해 8월 여섯 권의 노트가 쓰이기 전에 완성되었다. 네덜란드 암스테르담 국제사회역사연구소의 마르크스 수고 전문가들과 소련 및 동유럽 학자들의 1980년대 초 연구 성과에 근거하면, 청년 마르크스의 실제 집필 상황의 견지에서 보면 이른바 **독립된**『1844년 수고』는 애당초 존재하지 않는다는 것을 알 수 있다.[42] 따라서『파리 노트』를 떠나 독립적으로『1844년 수고』를 대하는 것은 적절하지 못한 인식방법이다. 여기서 우리는 먼저 청년 마르크스의『파리 노트』에 대해 초보적인 텍스트 연구를 진행해보도록 하자.

청년 마르크스는 1년 남짓한 기간 동안 대량의 경제학 논저들을 섭렵하면서 장장 일곱 권에 달하는 노트를 기록했다. 약 30장 분량의 이 노트들은 소련 마르크스·엥겔스·레닌·스탈린연구소가 1932년에 출판한『마르크스·엥겔스 전집』역사고증 제1판(이하 MEGA1) 제3권에 처음 발표되었다. 제목은 '경제연구(발췌)'였다. 맨 처음에는 노트를 총 아홉 권으로 확정했으나 1981년에 출판된 MEGA2 제4부 제2권에서는 다시 일곱 권으로 확정했다. 이는 그 가운데 두 권에 '1845년 브뤼셀'이라는 문구가 붙어 있어 이를 마르크스의『브뤼셀 노트』로 귀속시켰기 때문이다.

이 필기의 텍스트 주체가 글을 쓴 시간과 장소를 명기하지 않은 데다 전후

---

42   ≪馬列主義硏究資料≫(1984), 2期.

순서를 나타내는 번호도 없었기 때문에 노트의 창작 순서를 정확히 인증하기
가 어려웠다. 이 점에서 MEGA1과 MEGA2는 서로 다르게 구성되어 있는데,
그 구체적인 상황은 다음과 같다.

MEGA1

- 제1권: 2절본. 마르크스가 총 12장 24쪽을 썼고 표지는 없다. 좌우 양쪽
으로 나누어 썼다. 그 가운데 5~24쪽 오른쪽은 빈칸이다. 제1부는 세의 『정
치경제학 개론』 발췌로(2권, 파리, 1817) 총 21쪽이다. 제2부는 스칼베크의
『사회적 부의 이론』 발췌로(2권, 파리, 1829) 총 2쪽과 1/4쪽이다. 마지막은
또 세의 『정치경제학 교과서』 발췌로(브뤼셀, 1837) 겨우 1/4쪽이다.

- 제2권: 8절본. 마르크스는 총 12장 24쪽을 썼다. 마지막 한 쪽은 수학 연
산이고 표지는 없다. 첫 쪽에 마르크스는 '애덤 스미스, 『국부론』, 가르니
에 옮김, 1802년'이라는 설명을 달아놓았다. 관련 내용은 전부 스미스 『국
부론』을 발췌한 것이다(1권, 파리, 1802).

- 제3권: 2절본. 마르크스는 총 9장 17쪽을 썼다. 이 가운데 여섯 쪽은 여섯
줄밖에 쓰지 않았고 18쪽에는 제목만 있다. 표지는 없고 두 칸으로 나뉘어
쓰여 있다. 첫 부분은 르바쇠르(Levasseur)의 『전국민의회 의원 '회고록'』으
로(4권, 파리, 1828~1831) 총 5쪽이고, 그다음 부분은 스미스 『국부론』의 결
말 부분으로, 총 11쪽이다.

- 제4권: 2절본. 마르크스는 총 18장 35쪽을 썼다. 표지는 없고 일부가 두
칸으로 나뉘어 기록되었다. 어떤 부분은 세 칸으로 나누어 쓰기도 했다. 첫
째 부분은 크세노파네스[43]의 『아테네 크세노파네스 저작선』 등 네 권의 저
작에 대한 발췌로, 분량은 1과 1/2쪽이다. 둘째 부분은 데이비드 리카도의

---

[43] 크세노파네스(Xenophanes, 약 B.C.570~470), 고대 그리스 철학자이자 시인이다. 동시에 역사가이며
사회 및 종교 평론가이기도 했다.

『정치경제학 및 조세 원리』로(2권, 파리, 1835) 총 17쪽이다. 마지막 부분은 제임스 밀의『정치경제학 원리』로(파리, 1832) 총 17쪽이다.

• 제5권: 4절본. 마르크스는 총 10장 18쪽을 썼다. 표지가 있고, 표지에는 '기번스, 1844년. 1. 맥클로, 2. 프레보가 밀을 논함, 3. 트라시, 4. 밀. 시스몽디: 설명 등(이 부분은 삭제되었음), 5. 벤담[44]의『징벌과 상의 이론』제2권, 에드몽 엮음, 파리, 1826년'이라는 제목이 붙어 있다. 이 제목은 마르크스가 나중에 붙인 것이 분명하다. 실제로 발췌 내용과 목록을 보면 일정한 차이가 있다. 첫째 부분은 매컬럭의『정치경제학의 기원과 발전, 고유의 대상 및 중요성을 논함』(제네바 - 파리, 1825, 역자인 프레보가 붙인「리카도 시스템을 평함」이라는 글이 부록으로 붙어 있다) 총 9쪽이다. 둘째 부분은 트라시의『이데올로기 원리』발췌로(4~5권, 파리, 1826) 총 3쪽이다. 그리고 제임스 밀의『정치경제학 원리』결말 부분 총 6쪽이 있다. 이 밖에 엥겔스의『국민경제학 비판 대강』발췌(삽입 쪽)도 있다.

• 제6권: 제임스 로더데일(James Lauderdale)의『공공의 부의 성질과 기원을 논함』. 이 노트는 나중에『브뤼셀 노트』로 확인되었다.

• 제7권: 2절본. 마르크스는 총 12장 23쪽을 썼다. 두 칸으로 나뉘어 기록되어 있다. 이 노트의 내용은 다음과 같다: 슈츠(Schutz)의『정치경제학 원리』(튀빙겐, 1843), 한 쪽밖에 없음. 리스트의『정치경제학의 국민적 체계 제1권: 국제무역, 무역정책, 독일관세동맹』(슈투트가르트와 튀빙겐, 1841), 총 17쪽. 오시안더(Osiander)의『상업과 공업, 농업 이익에 대한 군중의 실망, 또는 리카도 박사의 공업철학 해석』(튀빙겐, 1842)이 3쪽을 차지함. 오시안더의『각국의 무역을 논함』(1~2권, 슈투트가르트, 1840)은 한 쪽밖에 없음. 마지막으로 리카도의『정치경제학 및 조세 원리』의 결말 부분이 한 쪽을 차지함.

---

44   제러미 벤담(Jeremy Bentham, 1748~1832), 영국의 법리학자이자 공리주의 철학자이며 경제학자다.

- 제8권: 부아기유베르의 『프랑스 사정』 등 책 세 권과 존 로(John Law)의 『화폐와 무역을 논함』을 발췌했다. 이 노트는 나중에 『브뤼셀 노트』로 확인되었다.
- 제9권: 8절본. 마르크스는 총 12장 24쪽을 썼다. 첫 쪽에는 '유진 뷔레[45]의 『영국과 프랑스 노동계급의 빈곤』'이라는 제목이 붙어 있다(1~2권, 파리, 1840). 발췌록의 일부는 『브뤼셀 노트』에 귀속되었다.

신판 MEGA2에서는 원래의 제6권과 제8권이 『브뤼셀 노트』로 이관되고 나머지 여섯 권의 순서가 다시 바뀌었다. 원래의 제3권이 MEGA2에서는 제1권이 되었고 그 뒷부분은 원래 순서에 따라 제2~7권으로 배열했다. 동시에 MEGA2에서는 큰 종이에 쓴 헤겔의 『정신현상학』 발췌를 확인했다.

과거 텍스트 연구의 기본 근거는 두 가지였다. 첫째는 마르크스 기록의 필적과 잉크, 종이의 상황이고, 둘째는 연구자가 추측하고 가정하는 당시 마르크스의 경제학 연구의 사유경로였다. 하지만 사람들은 이 시기 청년 마르크스의 가장 심층적인 실제 이론 주축(지배적 담론)은 철학이었다는 점을 소홀히 한다. 나의 새로운 추론에 의하면 마르크스가 쓴 이 일곱 권 노트의 기록 순서는 이렇다. MEGA1의 번호로는 제1권, 제2권, 제3권, 제5권, 제7권, 제4권, 제9권의 순이고 그다음에 헤겔의 『정신현상학』 발췌가 이어진다. 이러한 추정의 근거는 무엇일까? 이에 관해 간단히 분석해보도록 하자.

나는 여기서 『파리 노트』에 수록되어 있는 르바쇠르 노트와 크세노파네스 노트는 경제학 내용에 속하는 것이 아니라 정치와 법학, 역사 연구에 속하는 것이라고 생각한다. 나는 이러한 추정이 비교적 가능성이 크다고 생각한다. 즉, 이 두 권의 노트는 『크로이츠나흐 노트』에 해당하는 내용으로서 마르크스가 이 노트의 공백을 이용해서 적은 것이다. 첫째 노트는 원래 5쪽밖에 사

---

45   유진 뷔레(Eugene Buret, 1810~1842), 프랑스 사회주의자다.

용하지 않았고, 나중에 또 한 권은 1과 1/2쪽밖에 사용하지 않았다. 마르크스는 실제로 노트의 미완성 부분을 다른 노트의 여백에 적곤 했다. 이는 신구 MEGA의 편자들이 주목해야 할 부분이다. 『브뤼셀 노트』에도 이와 유사한 상황이 나타난다. 그 가운데 한 권은 뷔레 노트 후반부터 시작된다.

내 추측에 의하면 마르크스는 먼저 세 노트를 쓴 다음에 스미스 노트를 썼다. 스미스 노트의 후반부는 또 『크로이츠나흐 노트』에 속해 있던 르바쇠르 노트 후반 부분에 기록되어 있다. 그리고 그 뒤를 매컬럭 노트와 트라시 노트가 잇고 있다. 이어서 마르크스는 또 슈츠 노트와 리스트 노트, 오시안더 노트를 쓴다. 마르크스 경제학 노트의 마지막 부분은 리카도와 밀의 노트로서, 이는 이 시기 마르크스 경제학 연구에서 가장 중요한 내용이다. 마르크스는 이 노트를 원래 『크로이츠나흐 노트』에 속해 있던 크세노파네스 노트 뒤에 적었다. 이 가운데 『밀 노트』는 경제학 노트 전체의 정점이라 할 수 있다. 이 두 권의 노트 결말 부분은 각각 트라시 노트와 오시안더 노트 뒤에 기록되어 있다. 마지막에 마르크스는 부르주아 정치경제학을 일단 떠나서 청년 엥겔스의 『국민경제학 비판 대강』을 발췌한 다음 사회주의자 유진 뷔레의 노트와 헤겔의 『정신현상학』에 대한 발췌를 진행했다.

2) 마르크스의 첫 번째 경제학 연구의 배경을 이루는 일반적 인식

나는 앞서 『파리 노트』를 청년 마르크스가 1843~1845년에 처음으로 정치경제학을 연구하면서 남긴 학습의 궤적이라고 지적한 바 있다. 우선 설명해야 할 것이 두 가지 있다. 첫째, 당시 마르크스는 경제학 문제에 대한 충분한 이해가 없어서 전문적인 발언권이 거의 없었다. 그래서 노트의 거의 대부분은 마르크스의 발췌일 뿐, 평론이랄 것은 거의 없다. 이는 철학자인 마르크스가 또 하나의 새로운 이론 맥락에서는 실어상태였다는 의미다. 이런 상태는 마지막의 『밀 노트』에 와서야 바뀔 수 있었다. 둘째, 마르크스가 경제학에 대해 기초적인 연구와 분석을 하긴 했지만, 완전한 역사적 인식을 형성하지는 못했다. 그는 스미스 이전의 '중상주의에서 중농주의까지'에 대한 이해도 없었고, 고전경제학과 속류경제학의 이론적 이질성도 구분할 수 없었다. 사실상 1844년 전후로 청년 마르크스는 경제학적 지식을 쌓지 못한 상태였고, 엥겔스가 나중에 한 말처럼 '아는 것이 하나도 없었다'. 1892년, 역사유물론은 독일의 역사학파가 처음 발견한 것이라는 주장이 제기되었다. 예컨대 이 학파의 대표 인물이 1838년에 발표한 논문에 쓰여 있듯, 경제 형태는 사회조직과 국가조직 전체의 기초이며 "생산, 생산물 분배, 문화, 문화 전파, 국가 입법과 국가형식 등이 모두 경제 형태로부터 그것들의 내용을 얻어내고 발전한다"는 것이었다.[46] 메링은 엥겔스에게 편지를 써서 그와 마르크스가 당시에 역사학파의 관점을 잘 알고 있는지를 물었다. 엥겔스는 답장에 이렇게 썼다. "마르크스는 당시 청년헤겔파였고, …… 정치경제학에 대해서 그는 여전히 아무것도 몰랐다. 그러니 '경제형태'라는 말은 그에게 전혀 아무런 의미가 없었다. 따라서 상술한 부분에 대해 그가 설사 들은 바가 있다 하더라도, 분명한 귀로 듣고 한 귀로 흘려버렸지, 기억 속에 어떤 명확한 흔적이 남아 있었을 리는 없다."[47]

아마 이러한 원인에서 기인한 것 같은데, 소련에서든 동유럽에서든, 그것도 아니면 중국에서든, 마르크스주의 정치경제학설사를 연구하는 학자들 대다수가 이 노트의 구체적인 경제학 내용을 회피하거나 『파리 노트』의 이론적 가치에 대해 모종의 공통된 의미로 침묵한다는 것을 발견했다. 비교적 일찍 마르크스의 『파리 노트』를 연구한 학자는 소련 경제학자 로젠버그다. 그는 MEGA1이 발표한 자료를 근거로 이 노트에 대해 일반적인 서술을 했다.[48] 그 밖에 소련 철학자 라빈도 이 노트에 대해 꽤 깊이 있는 철학적 사고를 했다.[49]

---

46   梅林, 『論歷史唯物論』, 李康譯(三聯書店, 1958), 6쪽에서 인용.
47   『馬克思恩格斯全集』, 第38卷(人民出版社, 1972), 480쪽 참조.
48   盧森貝, 『十九世紀四十年代馬克思恩格斯經濟學說發展槪論』 참조.

이 노트에 대한 연구가 많지 않은 주된 이유는 많은 사람들이 이 단계에서의 청년 마르크스의 경제학에 대한 연구가 지극히 미성숙했다는 판단을 인정할 수 없었기 때문이다. 내가 보기에 마르크스는 당시 고전경제학의 과학적 가치 — 주로 고전경제학의 역사적 본질, 특히 고전경제학의 중요한 노동가치론 — 를 대체로 이해하지 못했다. 이러한 상황이 초래된 주요 원인은 마르크스가 당시 과학적인 인식 방법을 갖추지 못했으며, 그로 인해 그는 과학적인 경제학 관점을 형성할 수 없었다는 데 있다. 첫째 측면의 어려움은 1845년 봄 이후 해결되었고, 둘째 측면의 어려움은 1857~1858년에 와서야 비로소 제대로 돌파할 수 있었다. 이것이 바로 훗날 마르크스가 이룬 두 가지 위대한 발견이다.

당시 마르크스가 정립한 일반 이론의 배경에는 매우 중요한 문제가 잠복해 있었다. 즉, 당시 마르크스가 어떤 문헌은 이미 읽고도 노트를 남기지 않은 이유가 대체 무엇인가 하는 문제다. 여기에는 몇 가지 가능성이 있다. 첫째, 마르크스 자신이 이 논저들을 가지고 있었기 때문에 당장 기록을 남기지 않았을 가능성이다. 마르크스의 「1844~1847년 노트」 장서목록을 참조하자. 「1844~1847년 노트」는 최근 발견된 마르크스의 가장 초기의 메모장으로, 마르크스가 1844~1847년 사이에 소장하고 있던 도서 목록이 주로 기록되어 있다. 그 가운데는 일부 노트 집필계획, 주의사항 등도 있다. 하지만 전체적으로 보면 마르크스가 독서노트 용도로 이것을 별도로 만든 것은 아니다.[50] 둘째, 마르크스가 그 논저들에 관해 기록을 남겼지만 그 기록이 유실되었을 가능성이다. 셋째, 마르크스가 이들 학자와 논저를 비교적 잘 알고 있던 터라 굳이 기록을 할 필요가 없었을 가능성이다. 좀 더 구체적으로, 셋째 가능성을 최소한 세 가지 유형으로 다시 나눠볼 수 있다. 첫째는 마르크스가 비교적 잘 알고 있던 청년헤겔파의 철학 문헌들, 예컨대 포이어바흐, 루게, 헤스 등의

---

49   拉賓, 『馬克思的靑年時代』 참조.

50   MEGA1, I/5(Frankfurt am Main, 1932), 547~550쪽 참조.

논저들일 가능성이다. 둘째는 당시 영국 - 프랑스 사회주의의 문헌일 가능성이다. 1842~1843년에 마르크스는 이미 푸리에, 생시몽, 르루,[51] 콩시데랑,[52] 프루동, 앙팡탱(Enfantin), 바이틀링, 카베, 데자미(Dézamy) 등의 논저를 이해하고 있었다. 셋째는 마르크스가 당시 진지하게 관심을 가지고 있었으나『파리 노트』에는 등장하지 않은 경제학 문헌들일 가능성이다.[53]

셋째 유형의 문헌들은 우리가 여기서 진행하는 연구에 있어 매우 중요하다. 우선 시스몽디의『정치경제학의 새로운 원리들』이다. 마르크스 자신이 쓴「1844~1847년 노트」를 보면, 윗부분에 시스몽디에 대한 노트가 있었지만 이 노트는 나중에 유실되었다. 이 외에도 마르크스가『1844년 수고』에서 직접 인용한 콘스탄틴 페케르(Constantin Pecquer)의『사회·정치경제학 신이론. 또는 사회조직에 관한 탐구』(1842년 파리판), 샤를 루동(Charles Loudon)의『인구와 생계문제의 해결 방법』(1842년 파리판), 슐츠[54]의『생산운동. 국가와 사회를 위해 새로운 과학 기초를 다진 역사와 통계 분야의 연구』(1843년 취리히와 빈터투어판, 이하『생산운동』) 등의 책이 있다. 특히 꼭 언급해야 할 것은 슐츠의 중요한 논저다. 슐츠의 사상에 대한 관심은 코르뉘가 먼저『마르크스 - 엥겔스 전』에서 언급했었다. 코르뉘의 말에 따르면, 자신의 관점은 루이스 밍크(Louis Mink)의『역사유물론 전사(前史) 연구』수고의 영향을 받아 깨달은 것이기도 하다. 마르크스가『1844년 수고』제1노트의 제1부에서 이 논저를 세 번이나 대거 인용했기 때문이다.[55]

---

51 피에르 르루(Pierre Leroux, 1797~1871), 19세기 프랑스 철학자, 프티부르주아 공상적 사회주의자.

52 빅토르 콩시데랑(Victor Considerant, 1808~1893), 프랑스 공상적 사회주의자. 저서로『사회의 운명』이 있다.

53 巴加圖利亞,「關于費爾巴哈的提綱'和'德意志意識形態」,《馬列主義研究資料》(1984), 1期 참조.

54 빌헬름 슐츠(Wilhelm Schulz, 1797~1860), 독일의 작가이자 급진적 민주주의자. 1832년『국가가 대표해온 독일 통일』(1835)을 저술했으며 스위스로 망명해 취리히대학에서 교수를 역임했다. 1843년에『생산운동』을 발표해 큰 반향을 일으켰다. 유명한『생산운동』외에 1840년에『노동 구조의 변화 및 사회 상황에 대한 영향. 물질생산노동의 구조』를 발표했으며,《독일 계간》(1840) 2기에 실렸다. 1848년 3월 혁명 이후 그는 독일로 돌아왔고, 고향인 다름슈타트에서 프랑크푸르트 국민의회 의원으로 선출되어 좌파로 활발히 활동했다.

우리는 여기서 슐츠가 1843년에 출간한 『생산운동』의 주요 관점을 예로 들어 필요한 이론적 탐구를 진행하겠다. 슐츠의 연구는 생산의 역사로 사회의 발전을 설명하는 데 집중되어 있다. 동시에 그는, 서로 다른 역사적 시기는 인간의 욕구의 발전과 그 욕구를 만족시키는 제도를 근거로 구분되며, 이러한 서로 다른 욕구의 발전은 필연적으로 경제관계와 사회관계의 부단한 변혁을 초래한다는 관점을 제기했다. 이러한 원칙에 의거해 슐츠는 사회역사를 네 개의 시기로 나누었다. 첫째 단계는 단순한 욕구를 주체로 하여 토지의 수공 노동에 의존하는 소생산 시기다. 이는 무계급의 시기이자, 국가정권이 없는 시기다. 루이스 모건 이전에는 이것이 매우 의미 있는 추측이었다. 둘째 단계는 농업생산 시기다. 이때 인간은 이미 간단하게 자연력을 이용하거나 자연계로부터 직접 물질조건을 취하는 데 국한되지 않고 자연으로 하여금 인간을 위해 복무하도록 만들기 시작했다. 이 시기의 욕구가 부단히 발전하면서 분업이 생겨났고, 이로써 산업과 상업이 점차 농업으로부터 분리되어 나왔으며, 인간도 분화되기 시작했다. 셋째 단계는 공장수공업 시기다. 생산의 진일보한 발전이 자본의 축적을 초래했고, 나아가 계급의 대립이 출현했으며, 동시에 육체노동과 정신노동의 분리도 나타났다. 넷째 단계는 공장제 생산의 시기로, 이는 분업이 초래한 기계 시스템이 형성된 시기다. 이 새로운 생산발전의 단계에서 농업, 산업, 상업에서의 생산력은 한층 전면적인 발전을 이루었으며, 자본의 축적도 더욱 가속화되었다. 그러나 다른 측면에서 이는 또한 부르주아 계급과 프롤레타리아 계급 간에 빈부의 분화와 대립을 초래했다. 슐츠는 이러한 계급 대립이 부르주아 사회의 주요한 특징이라고 보았다.

이 중요한 논저에서 우리는 슐츠가 일종의 관리(管理)의 논리로써 부르주아 사회 경제제도를 비판하고 있음을 알 수 있다. 그는 부르주아 사회 경제제

---

55 『馬克思恩格斯全集』, 第42卷(人民出版社, 1979), 57~59, 70~71, 73~74쪽 참조.

도하에서의 임금노동자의 빈곤 상황, 즉 임금노동자에게 '신체를 손상시키고 사람의 정신과 지적 능력에 상처와 모욕을 주는 긴박한 작업'을 하도록 압박해서 임금 인하를 실현하는 상황을 서술했다. 이러한 빈곤의 격차 확대는 필연적으로 프롤레타리아 계급과 부르주아 계급의 대립을 날로 격화시킬 수밖에 없고, 종국에는 사회혁명을 초래하게 된다. 슐츠는 국가의 임무는 노동을 새롭게 조직하고 소유관계를 개조하여 당대 사회의 결함을 제거하고, 이로써 현재의 사회가 더욱 개선된 사회로 나아가게 하는 데 있다고 지적했다. 만일 지배계급이 이러한 평화적 해결방식을 방해한다면 사회는 혁명을 택할 수밖에 없다. 주목해야 할 것은, 슐츠가 여기서 또한 부르주아 정치경제학과 청년헤겔파, 그리고 당시의 거칠고 볼품없는 사회주의와 공산주의를 동시에 직접적으로 비판하고 있다는 점이다. 그는 부르주아 정치경제학자들이 물(物)의 세계만을 연구하고, 인간 본성 자체의 생산본질은 연구하지 않으며, 인간을 연구의 출발점이자 목적으로 두지 않는다고 보았다. 또 청년헤겔학파는 추상적 개념논쟁에만 머물러 있기 때문에 "헛되고 실속 없는 보편적 영역에서 생활 속으로 들어가는 길을 찾을 수 없다"고 보았다.[56] 또한 '거칠고 볼품없는' 사회주의와 공산주의는 생산과 소비의 물질적 측면만 볼 뿐, 인간의 정신활동과 그 사회적 조건은 소홀히 한다고 보았다.[57]

슐츠의 이러한 사고는 매우 중요하다. 그는 실제로 마르크스에 앞서 자각적으로 '생산'에서 출발하여 사회 경제발전을 '원시시대'라는 인류 사회역사의 모체로부터 시작되었다고 보았다. 그는 심지어 국가란 사회생산이 비교적 발달된 단계까지 발전했을 때에야 비로소 생겨나는 것이라고 지적했다. 이 점은 분명 고전경제학 사회유물론에 대한 중요한 이론적 도약이다. 나는 헤스가 「화폐의 본질에 대하여」에서 유일하게 인용한 경제학자가 바로 슐츠이

---

56   科爾紐, 『馬克思恩格斯傳』, 第2卷, 140~143쪽 참조.
57   같은 책, 143쪽 참조.

며, 슐츠의 『생산운동』도 인용했다는 데 주목했다.[58] 슐츠가 헤스의 경제철학이론의 발원지인 것일까? 마르크스는 헤스를 통해 슐츠를 알게 된 것일까? 우리로서는 알 방법이 없다. 우리가 알 수 있는 것은 마르크스가 『1844년 수고』 제1노트에서 슐츠의 논저를 대거 발췌했다는 사실이다. 재미있는 것은 마르크스가 하필 이 텍스트에 나오는 사회유물론 사상에는 주목하지 않았다는 점이다. 그런데 20여 년이 지난 후 마르크스는 『자본론』에서 다시 한 번 슐츠를 인정했다.[59]

3) 『파리 노트』의 구체적인 독서 맥락과 내재적 연구의 실마리

우리는 1843년 말에서 1844년 초까지는 청년 마르크스가 여전히 얼마 전 겪은 그의 첫 사상적 변혁, 그러니까 청년 헤겔학파의 자기의식 철학으로부터 일반 유물론으로의 전환, 또 민주주의에서 일반 공산주의로의 전환에 처해 있었음을 안다. 따라서 그는 여전히 『독일 – 프랑스 연감』의 출판과 『헤겔 법철학 비판』 초고의 수정으로 바빴다. 원래 「헤겔 법철학 비판 서설」을 발표한 후에는 『독일 – 프랑스 연감』 몇 기에 『헤겔 법철학 비판』의 본문을 마땅히 실었어야 했다. 하지만 1844년 2~5월 사이에 마르크스는 다시 전년도 7~8월에 크로이츠나흐에서 착수하기 시작한 프랑스 혁명사에 관한 연구에 몰두했다. 특히 1792년 이후 공화국 탄생 시기의 프랑스 혁명사를 중점적으로 고찰했다. 같은 해 5~6월이 되어서야 마르크스는 프랑스 혁명사에 관한 저작을 중단하고 부르주아 정치경제학 연구로 넘어갔다.

청년 마르크스는 ≪라인신문≫ 시기의 민주주의 입장에서 역사연구(『크로이츠나흐 노트』)로 나아갔고, 또한 일반 유물론이라는 새로운 지평에서 사회

---

58   赫斯, 「論貨幣的本質」, 163쪽 참조.
59   馬克思, 『資本論』, 第1卷, 395쪽, 주88 참조. 마르크스는 이 주석에서 슐츠의 『생산운동』을 언급했다.

정치와 법권에 대해서 연구를 진행했다. 따라서 마르크스가『헤겔 법철학 비판』과『국민공회사』를 집필한 것은 자연스럽고도 필연적이었다. 하지만 그가 왜 갑자기 이 연구를 중단하고 경제학으로 전향했는지, 그 원인은 탐구해 볼 만하다.

청년 마르크스의 경제학 연구에 대한 이론적 충동은 어디서 싹튼 것일까? 내가 보기에 가장 우선적인 원인은, 사회현실에서 받은 충격 때문이었던 것 같다. 이는 또한 당면한 사회현실과 역사학 연구에서의 수많은 역사적 사실, 이 두 가지 분야로 나눌 수 있을 것이다. 전자는 마르크스가 ≪라인신문≫ 시기 이후 직접 겪은 경제적 이해관계의 모순인 반면, 후자는 이미 경제관계와 경제역량이 사회생활에서 중요한 지위를 점하게 되었다는 사실에서 비롯되었다. 그다음으로는, 헤겔의 저서인『법철학 원리』에서 제기된 힌트 때문이었다. 상술한 바와 같이『법철학 원리』제3편 제2장 '시민사회'에서 헤겔은 정치경제학의 문제를 직접 언급했다. "정치경제학은 상술한 욕구와 노동의 관점에서 출발한 다음 여러 집단의 관계와 운동을 그들의 질적·양적 규정성 및 그것들의 복잡성에 따라 설명하는 과학이다."[60] 동시에 헤겔은 이러한 사상이 스미스, 세, 리카도 등에서 기원했음을 명확히 했고, 그들의 주요 논저도 직접 열거했다. 마지막으로는, 프루동의 사회주의와 헤스와 청년 엥겔스가 경제학 연구로부터 획득한 사상의 영향을 들 수 있다.

나는 마르크스가 헤스, 청년 엥겔스, 프루동과 깊게 교류한 것이 그가 경제학을 연구하게 된 가장 직접적인 원인이라고 본다. 이는 주로 우리가 앞에서 별도로 분석한 청년 엥겔스, 헤스, 프루동 사회주의 관념이 미친 중요한 영향을 가리킨다. 당시의 상황으로 볼 때, 헤스와 청년 엥겔스의 사상은 대체로 모두 그다지 깊이는 없는 경제학 연구와 토론 위에서 진행되는 **철학적 정치 비판**으로 표현된다. 하지만 둘 사이에는 또 분명한 차이가 있다. 헤스에게서는 인

---

60   黑格爾,『法哲學原理』, 204쪽 참조.

간주의적 철학 논리가 주도적 지위를 점한 반면, 청년 엥겔스의 사유맥락은 경제학의 현실논리에서 출발한 것이다. 정치적 입장에서 그들은 모두 '철학적 공산주의', 즉 프랑스의 사회주의에 독일의 고전철학(주로 헤겔의 총체성 관점[61])을 더했다고 할 수 있었다. 그리고 바로 이 때문에 청년 엥겔스는 당시 공산주의가 독일 철학의 필연적 결과라고 단언했던 것이다.[62] 상술한 것처럼, 프루동은 이미 노동가치론을 인정하는 기초 위에서 부르주아 사회에 대해 비판했다(『소유란 무엇인가』). 그러나 비교해보면 프루동의 법권 사회주의는 노동가치론을 인정하기 때문에 어느 정도 깊이가 있다. 사실 프루동의 노동이 부를 창조한다는 관점은 청년 마르크스의 시민사회(자본주의)에 대한 견해에 중대한 변화가 발생하게 만들었다. 마르크스는 프루동의 정치적 관점에는 동의하지 않았지만, 프루동의 노동자가 경제 분배 속에서 겪는 불평등이 자신의 공민과 시민의 분열이라는 정치소외 논리(『헤겔 법철학 비판』)보다는 분명 훨씬 심오하다는 것을 이미 인식하고 있었다. 우리는 이미 청년 엥겔스의 사상이 푸리에와 유사한 노동을 기초로 한 '사회철학' 관념의 영향 아래 사회주의 입장으로 옮겨간 것을 보았다. 마르크스는 1843년 7월 이후 프루동과 빈번하고 직접적으로 교류했다. 1843년 10월 마르크스가 파리에 도착한 이후 그들 두 사람은 더욱 자주 만나 밤을 꼬박 새워가며 논쟁을 벌였다. 이때 마르크스의 사상이 헤스와 청년 엥겔스에 더욱 가까워졌고, 그래서 이러한 논쟁은 늘 철학적 공산주의와 경제학(법권) 사회주의 사이의 변론으로 표현되곤 했다.

여기서 우리는 이 독서 맥락에서의 마르크스의 인지구조를 초점(焦點)의식과 지원(支援)의식으로 구분한다. 초점의식이란, 마르크스가 직접 의도해서 전면에 내세운 이론적 목적으로서, 여기서는 주로 부르주아 경제학자가 인정하는 것을 부정한다. 마르크스가 『파리 노트』의 독서 과정을 통해 이루고자

---

61 반세기가 더 지난 이후 이는 청년 루카치의 논리의 기점이 되기도 했다. 盧卡奇, 『歷史與階級意識』, 杜章智·任立·燕宏遠譯(商務印書館, 1992) 참조.
62 『馬克思恩格斯全集』, 第1卷, 575쪽 참조.

한 직접적인 목적은 부르주아 정치경제학자가 합리적 사실이라고 지적한 바를 전복하는 것이었는데, 이는 분명 단순한 전도적 독서법이 틀림없다. 지원의식이란, 의도의 배후에서 마르크스의 인지과정의 완성을 지지하는 무의식적 배경을 가리키며, 거기에는 주로 두 가지 측면이 있다. 첫째 측면은 직접적인 참고 배경으로, 이는 헤스, 청년 엥겔스, 프루동 등의 국민경제학에 대한 비판 및 그 사회주의를 말한다. 청년 엥겔스와 헤스는 공산주의이지만, 프루동은 시스몽디식의 프티부르주아 사회주의다. 노트의 전반부 발췌 내용으로 보면, 마르크스는 주로 엥겔스의 영향을 받았다. 로젠버그는 엥겔스의 『국민경제학 비판 대강』이 마르크스에게 미친 영향을 정확하게 지적했다. 그는 이렇게 썼다. "발췌에 대한 마르크스의 견해 대부분은 엥겔스의 견해를 따르고 있으며, 때로는 심지어 한 글자 한 글자가 모두 엥겔스를 따르고 있다."[63] 둘째 측면은 더 심층의 의식에 있는 포이어바흐와 헤겔의 철학 논리로, 주된 것은 포이어바흐의 철학적 인간주의(자연유물론뿐만 아니라)다.[64] 나는 이미 여기서의 마르크스의 철학사상에서 중심인 담론은 포이어바흐의 인간 소외사관 논리임을 지적한 바 있다.[65] 매클렐런의 말을 빌리면, "마르크스의 『파리 노트』전체에서 포이어바흐의 인간주의가 완전히 핵심적인 지위를 점하고 있다".[66] 그러나 『파리 노트』라는 이 독서 과정의 주요 노정에서 마르크스의 철학 담론은 대체로 침묵상태에 있었다.

나는 또한 마르크스가 여기서 경제학 관점을 발췌하고 논평할 때 전체적으로 유지한 시각은 정치적 입장의 비판이지, 경제학적 이론 내용 자체가 아니라는 점에도 주목했다. 이는 마르크스로 하여금 이렇게 선택적으로 독서하려는

63　盧森貝, 『十九世紀四十年代馬克思恩格斯經濟學說發展槪論』, 54쪽.
64　MEGA2, II/1의 자료에 따르면, 마르크스의 건의하에 1844년 3월 14일에서 10월 30일까지 ≪전진보 (前進報)≫에 「포이어바흐의 저서 '루터가 말한 신앙의 본질'(1844년 라이프치히) 개요」를 게재했다. 이는 당시 마르크스의 포이어바흐에 대한 이론적 입장을 말해주고 있다.
65　張一兵, 『馬克思歷史辨證法的主體向度』, 第1章 第3節 참조.
66　麥克萊倫, 『馬克思傳』, 111쪽 참조.

의도 속에서 알게 모르게 중요한 것들을 소홀히 하도록 만들었다. 우선적으로 소홀하게 된 것은 고전 정치경제학의 방법론 속에 숨겨진 사회유물론의 전제다. 나는 이 고전경제학의 방법론 전제가 주로 베이컨-로크식의 경험론적 유물론을 사회생활에 적용하는 것을 뜻하며 이러한 경험론적 유물론 방법이 이미 모종의 이론적 변화를 야기했음을 당시 마르크스가 인식하지 못했다는 것을 발견했다. 그것은 계몽사상에서부터 포이어바흐에 이르는 자연유물론과는 완전히 동질적인 것은 아니다. 고전경제학에서 발생해서 발전한 현실 이론의 운용에 있어 경제학자는 늘 자연물질 위에 서 있는 사회생활 속 경험현실에서부터 출발하고자 노력한다. 더구나 일부 우수한 경제학자들은 이미 비실체적 '노동활동'과 '가치', '교환관계' 등 사회적 물질존재를 추상해냈다(케네, 스미스, 리카도). 이는 바로 우리가 앞서 이미 지적한 바대로 사회적 경제생활에서 사회적 물질존재로부터 출발한 관점인 사회유물론의 제1, 제2단계다. 한 걸음 더 나아가, 이는 부르주아 고전경제학이 맥락을 조작하는 가장 심층적 측면, 즉 현실사회의 경제구조와 법칙에 대한 스미스의 연구 및 대공업의 물질생산에 대한 리카도의 분석 가운데 객관적 경제현실에서 출발한 사회유물론의 제3단계다. 더구나 마르크스는 산업문명에 대한 시스몽디의 비판, 그리고 리스트와 로서가 영국-프랑스의 전형적인 부르주아 사회 경제의 침입을 거절하기 위해 진행한 독일 경제의 독자성 분석이라는 훨씬 구체적인 현실적 역사 분석 등에 대해서도 마찬가지로 관심을 기울이지 않았다. 물론 부르주아 이데올로기의 본질 때문에 그들은 진정으로 과학적 역사유물론과 역사변증법을 발견할 수는 없었다. 반대로 당시 청년 마르크스의 사유맥락은 확고한 프롤레타리아 입장을 이미 내포하고 있지만, 그 심층적 맥락은 오히려 여전히 추상적 인간주의 가치윤리의 상정과 비판이다. 이처럼 우리가 앞서 설명한 경제학적 사회유물론 방법론과 객관논리는 바로 마르크스의 무의식에 의해 배척된 것이기도 하다. 이는 의심할 여지없이 매우 의미심장하고 복잡한 맥락이다.

마르크스의 경제학 학습에서 간과된 또 다른 중요한 분야는 바로 과학적 사회주의 이론의 기초를 직접 발생시킬 가능성이 가장 높은 노동가치론이다. 분명 마르크스가 이때 지닌 심층의 철학적 틀은 포이어바흐의 자연유물론에 입각한 '감성'의 구체적 직접성으로서, 마르크스는 이것을 가지고 헤겔식 관념론의 '추상'(비직접성)을 반대했다. 그래서 그는 경제학 연구에서의 비현실적 '추상'도 마찬가지로 반대했다. 그는 부르주아 경제학의 본질이 바로 '생활의 모든 의미를 부정하는' 데 있으며, 이는 인간을 멸시하는 '후안무치'한 추상의 정점이라고 보았다. 그는 스미스 등의 가치론이 경쟁과 시장의 현실적 요인들을 고려하지 않으며, 그렇기 때문에 필연적으로 추상적일 수밖에 없다고 비판한다. 분명 당시의 마르크스는 사회생활의 본질에 관한 추상의 이러한 과학성과 필연성을 이해할 도리가 없었다. 이 점에 대한 깊이 있는 이해는 그가 『정치경제학 비판 요강』에서 '노동 일반'과 '자본 일반' 개념을 구분지어 규정한 데서 비로소 실현되었다. 여기서 마르크스는 청년 엥겔스(헤스)의 노동가치론 부정에 찬동했다. 철학 인식논리의 관점에서 보면, 이는 자연유물론의 현상론을 이용하여 비교적 심오한 사회유물론의 본질론을 부정하는 것이다. 반면 경제학의 시각에서 보면, 마르크스는 노동가치론의 전복에 의해 부르주아 사회를 현실적으로 부정하는 과학적 방향을 보지 못했고, 이 때문에 또 고전경제학과 속류경제학을 과학적으로 구분할 가능성의 전제와 이론적 근거도 보지 못했다.

당시 마르크스의 주도적인 사유맥락은 인간주의적 철학적 반성이었기 때문에, 그가 처음 경제학의 '과학적 연구'(마르크스는 이후 리카도의 연구에 대해 이렇게 칭했다)와 마주했을 때, 마르크스는 단지 그것을 단순하게 전도된 경제학으로 이해했다. 다시 말해 인간 본성의 척도로 사유제도를 결연히 반대하고 부정했을 뿐이다. 쑨보쿠이의 말을 빌리자면, 이는 마르크스 경제학에서 '전 과학적(前科學的) 비판 시기'의 시작이기도 했다.[67] 그러나 여기서의 마르크스의 이러한 비판도 체계적이지는 않았고, 프루동과 헤스를 초월하는 노동소외 논리도 아직 형성되기 전이었다. 이러한 새로운 철학이론의 수립은 마르크스의 이 독서 과정의 마지막 지점『밀 노트』에 와서야 실현되었다. 그렇게 해서『파리 노트』에서의 가장 중요한 사건이 자연스럽게 발생했다. 마르크스가 이전의 실어상태에서 갑자기 벗어나 경제학 텍스트에 대한 비판적 지배권을 새롭게 획득한 것이다. 이것은 마르크스가 더는 스미스와 리카도의 뒤를 쫓아 피동적으로 끌려 다니지 않고 진정으로 논리의 입구를 찾아냈음을 의미한다. 표면적으로 보면, 이는 마치 엥겔스의 사유맥락에서 헤스의 사유맥락으로 전환되는 것처럼, 즉 인간학적 소외론에 의한 비판이 객관적 경제대립과 분열이라는 인식을 대체하는 것처럼 보인다. 하지만 실제로는 마르크스가 이로써 부르주아 경제학을 비판하는 총체적 틀을 처음 획득한 것이며, 이는 바로 헤스가 개조한 인간주의 철학을 거친 경제적 소외 비판논리다. 우리는 여기서의 마르크스의 이론적 논평이『파리 노트』전반부의 논의와는 매우 커다란 이질성을 갖고 있음을 알 수 있다. 갑자기 마르크스가 자유로워지고 자신감을 얻기 시작한 것이다.

이상이 우리가 마르크스의『파리 노트』에 대해 내리는 총체적 평가다. 다음에서 우리는 텍스트 해석 자체를 통해 이러한 관점을 확증하겠다.

3.『파리 노트』의 발췌를 중심으로 한 텍스트 연구

『파리 노트』에서 독서의 기본적인 실마리는 엥겔스의『국민경제학 비판 대강』과 프루동의『소유란 무엇인가』에서 다룬 주요 경제학자 및 그 저작으로부터 얻었다.『파리 노트』의 연구대상은 주로 마르크스가 파리에서 수집할 수 있었던 프랑스 어판 경제학 논저들로, 약 18명의 학자의 20부(편) 가까

---

67   孫伯鍨·姚順良,『馬克思主義哲學史』, 第2卷, 262쪽 참조.

이 되는 논저였다(그중에는 엥겔스의『국민경제학 비판 대강』도 포함된다). 이는 당시 마르크스의 프랑스어 실력이 비교적 좋은 편이었던 반면, 영어는 그리 숙련되지 않았기 때문에 영국의 고전경제학 저서를 원문으로 읽을 수 없었고, 이러한 논저의 프랑스어 번역본을 골라 읽을 수밖에 없었기 때문이다. 그중에는 리스트, 슐츠, 오시안더 같은 독일 경제학자의 독일어판 논저도 소수 포함되어 있었다. 이 절에서 우리는 마르크스의 이 발췌성 텍스트에 대해 기초적인 연구와 탐구를 진행할 것이다.

1) 시작에서의 침묵: 세에서 스미스까지

『파리 노트』의 독서 편력은 세에서부터 시작된다. 마르크스는 왜 세를 시작점으로 골랐을까? 엥겔스의『국민경제학 비판 대강』에는 세에 대한 평가가 매우 드물다. 하지만 이것이 직접적인 원인이 될 수는 없었을 것이다. 오히려 프루동은 자신의 저서『소유란 무엇인가』에서 상당한 지면을 할애해 세를 논쟁의 대상으로 다루었다. 이 밖에 세가 스미스 학설을 체계화한 대표주자라는 사실 때문일 가능성도 비교적 크다. 더구나 그는 당시 프랑스에서 제법 시류에 맞는 경제학자이기도 했다.

마르크스는 세의 저서『정치경제학 개론』을 읽는 과정에서 1권부터 2권이 끝날 때까지 총 200여 단락을 발췌했는데, 그러면서도 그 어떤 주해나 소감도 남기지 않았다. 이는 경제학 초보자인 마르크스의 사상적 상황을 비교적 있는 그대로 반영하고 있다. 3쪽에서 마르크스는 세가 물(物)의 유용성과 인간에 대한 가치의 효용에 관해 내린 규정을 발췌했다. 여기서 마르크스는 세의 효용가치론이 스미스를 속류화한 이해라는 것을 전혀 알지 못했다. 78쪽에서는 마르크스가 상품(판매용)과 물품(소비용)의 차이를 발췌했다. 이 두 곳의 발췌 옆에 마르크스는 세로선을 긋고 주를 달았다. 90~91쪽의 발췌에서는 자본이 물(物)로 구성된 것이 아니라 가치로 구성된 것이라는 관점에 주목했고,

『파리 노트』복사본: 세 발췌 부분

여기에는 겹줄을 그었다. 아마도 깊이 연구하는 가운데 사고가 풀리지 않는 지점이었을 가능성이 높다. 하지만 이후의 대량의 발췌에서도 마르크스는 여전히 정식 주해를 달지 않았고, 딱 두 곳에 간단하게 몇 구절을 덧붙였을 뿐이다. 이 외에 제2권에서 발췌의 가장자리에 선을 그은 곳은 자본의 가치와 지대 문제 부분이었다.

이처럼 언설이 공백인 상황이 지속되었으나 책 전 권을 끝낸 이후 개요에 와서야 변화가 생겼다. 마르크스는 갑자기 세 개요의 첫째 부분(부의 성격과 유통 원리)에 나오는 소유권과 부에 관한 두 단락을 발췌한 후 그 오른쪽에『파리 노트』의 첫째 단락의 중요한 주해를 적었다. 우리는 마르크스로 하여금 이 주석을 쓰도록 자극한 요인이 결코 경제학 이론에서 생겨난 것이 아니라, 앞에서 설명했듯이 헤스와 엥겔스의 비판적 관점의 영향이었음을 발견했다.

첫째, "사유제도는 국민경제학이 논증하지 않은 하나의 사실(factum)이다. 그러나 이 사실은 오히려 국민경제학의 기초를 형성했다". 동시에 "사유제도가 없으면 부도 없다. 국민경제학은 실질적으로 보면 치부(致富)의 과학이다".[68] 이는 시스몽디에서 시작된 주체적 비판의 사유맥락이다. 둘째, 마르크스는 부르주아 경제학 연구에서 부를 규정하는 특수성에 주목했다. 즉, 부가 인간이 교환에 사용하는 물의 가치비율에 의해 결정된다는 것이다. "'교환'은 처음부터 부의 근본 요인이다."[69] 이 관점은 마르크스에게 헤스의 교류(교환)관계의 소외론을 받아들이는 데 길을 닦는 것과 마찬가지였다. 부를 교환으로 규정한 세의 이러한 오류에 대해(스미스와 리카도의 오류에 대해서와 비교하면) 마르크스는 오히려 아무런 비판을 가하지 않았다. 이어 마르크스는 또 세의 교환가치와 효용, 생산비용 및 생산요소와 소비에 관한 몇 단락의 글을 발췌했다. 분명 당시 마르크스는 부르주아 정치경제학사에서의 세의 위상에 대해,

---

68 馬克思,『薩伊「政治經濟學槪論」一書摘要』, Karl Marx, *Historisch-politische Notizen*, S.316. 중역본은『巴黎筆記選譯』,『馬克思恩格斯硏究資料滙編』, 王福民譯(書目文獻出版社, 1982), 30쪽 참조.

69 Karl Marx, *Historisch-politische Notizen*, S.319.

특히 세가 연 속류경제학의 이론지향에 대해 잘 알지 못했다.

더 나아가 지적하고 싶은 것은, 세의 저작에 존재하는 중요한 사회유물론 논점이 마르크스의 주의를 끌지 못했다는 점이다. 예컨대 앞 장에서 우리가 논평한 『정치경제학 개론』의 서론에서, 세는 플라톤과 아리스토텔레스를 다음과 같은 관점에서 언급했다. "생산의 각종 양식과 그것들이 만들어내는 결과 사이에는 일정한 필연적 연계가 존재한다."[70] 또 정치경제학이라는 학문의 성질을 논평하면서 세는 "이 과학은 가설 위에 수립되는 것이 아니라 관찰 결과와 경험 위에 수립되는 것이다"[71]라고 말했다. 제1권에서는 제3장부터 제4장까지에 걸쳐 생산력에 관해 상당한 분량의 논술이 있다. 제5장은 노동, 자본, 자연력이 상호 협동하는 생산양식을 다루었고, 제8장은 분업을 다루었다. 그 장 마지막에서 세는 분업이 임금노동자의 능력의 퇴화를 일정 정도 초래하여 노동자를 단편적 생산의 부속품으로 만든다는 점을 명확히 지적했다.[72] 제19장은 식민지 문제에 관한 탐구다. 이러한 사고들 모두가 세가 스미스로부터 계승해온 경험론의 실증 과학적 방법론 및 일정 한도 내에서의 첫 번째 단계의 사회유물론 관점에 스며들었다. 그런데 당시 이러한 사상적 자원은 모두 마르크스가 주목하는 지평의 바깥을 떠돌았고, 당시 마르크스의 인지의 틀은 정합할 수 있는 시선을 벗어나 떠돌았다. 엥겔스의 말처럼, 당시 마르크스로서는 경제가 사회발전을 결정한다는 관점을 '한 귀로 듣고 한 귀로 흘릴' 수밖에 없었다.

마르크스는 세의 저서 『정치경제학 개론』을 읽으면서 이미 헤스와 엥겔스의 판단을 확증했다. 세 읽기를 마친 그는 세가 스미스에서 벗어나고 있다는 것을 알았다. 따라서 스미스가 마르크스의 두 번째 독서 대상이 된 것은 너무나도 자연스러운 일이었다. 마르크스 앞에 놓인 『국부론』은 프랑스어로 번

---

70   薩伊, 『政治經濟學概論』, 28쪽.
71   같은 책, 49쪽.
72   같은 책, 101~102쪽 참조.

역된 다섯 권본이었는데, 그는 네 권의 본문 가운데 앞의 세 권에 대해서만 발췌를 진행했다. 이 발췌는 약 170여 단락의 분량이다. 더구나 이 발췌의 후반부는 원서의 순서를 엄격히 따르지 않는다. 제1권 서두에서 마르크스는 분업 문제를 발췌했다. 하지만 그는 스미스가 분업이 노동생산력을 촉진시킨다고 한 관점에는 관심을 두지 않았으며, 유독 제2장에 서술한 분업과 교환의 관계에 관한 '순환논증'만 비판했다.[73] 『국부론』에서 가장 중요한 제3장에서 제6장까지 가운데 마르크스는 사용가치와 교환가치, 자연가격과 시장가격에 관한 스미스의 논술을 발췌했고, 심지어 재산이 타인의 노동 또는 모든 노동생산물의 지배권이라고 한 스미스의 논술을 기록하기도 했다. 하지만 '노동이 모든 상품의 교환가치를 가늠하는 척도'라고 한 핵심적 서술만은 유독 무시했다. 당시의 마르크스는 엥겔스와 마찬가지로 스미스의 노동가치론의 요지, 특히 이 결론이 자신이 부르주아 사회제도의 사회주의를 무너뜨리려는 데 있어 어떤 의미를 가질지 통찰할 수 없었음은 매우 분명하다. 그러다 보니 자연히 그는 이러한 이론적 배경 속에서도 스미스 학설의 내재적 모순의 암호를 깰 수 없었다. 우리는 마찬가지로 이후의 제2권부터 제3권까지의 발췌에서, 마르크스가 이 경제학 거장의 권위 있는 저작을 마주하면서 시작부터 끝까지 '실어'상태에 처해 더 많은 논의와 논평을 내놓지 못했다는 사실을 발견했다. 마찬가지로, 스미스가 창시한 고전경제학의 경험적 과학방법과 사회유물론의 둘째 단계인 수많은 중요한 철학역사관의 사상도 청년 마르크스에게 진정으로 영향을 미치지는 못했다.

2) 정치경제학 이론에 대한 초기 인식

마르크스가 이어서 발췌한 것은 매컬럭의 저서 『정치경제학의 기원, 발전,

---

[73] 馬克思, 『斯密「國富論」一書摘要』, Karl Marx, *Historisch-politische Notizen*, S.336.

특수대상과 중요성을 논함』이었다.[74] 그중에는 프레보가 영문으로 번역한 이 책의 본문과 부록으로서 프레보 자신이 리카도를 논평한 글 한 편이 포함되어 있다. 마르크스는 당시 분명히 이 교과서식의 논저를 통해 정치경제학의 기본 개황을 이해하고 싶었을 것이다. 이 노트에서 마르크스는 대략 40단락을 발췌했다. 하지만 이 책 본문에 대해서는 거의 발췌하지 않았다. 1쪽에서 마르크스는 매컬럭이 정의한 경제학의 목적, 즉 부를 중심으로 한 생산, 분배, 소비에 주목했다. 그리고 57~132쪽에서는 케네, 스미스, 맬서스,[75] 리카도에 대한 매컬럭의 논평과 특히 그들에 대한 마르크스의 비판적 견해를 각각 기록했다. 이 책 본문 마지막 단락의 발췌에서, 마르크스는 매컬럭이 정치경제학을 과학이라고 칭한 데 대해 크게 분노했다. 매컬럭이 베이컨의 과학연구에 관한 비유를 인용한 것은 '후안무치'한 행위라고 본 것이다. 이는 역시 당시 마르크스의 지원의식 맥락을 이루는 중요한 부분인 '부르주아 계급이 과학적일 수 있다고?!'라는 반응이었다. 다음에서 우리는 마르크스가 1844년 7월 말 발표한 「프로이센 국왕과 사회개혁에 대한 비판적 논평, 어느 프로이센인에 대하여」에서 '후안무치'한 매컬럭을 직접적으로 비판한 것을 볼 수 있다. 그리고 이 힐문은 그가 『맨체스터 노트』에 이르러 리카도과 사회주의 경제학자에 대해 연구하면서 비로소 정확한 대답을 얻을 수 있었다.[76]

실제로 당시 마르크스의 태도는 우리가 진지하게 퇴고해볼 만하다. 여기서 나타나는 일종의 대비적 인지는 특히 깊이 숙고해볼 만하다. 우리는 제1장 사회유물론 첫 단계에 관한 설명에서, 매컬럭이 정치경제학을 과학이라고 칭한 것은 그것이 '사실과 실험 위에 수립된' 것이기 때문이며, 또한 이는 '생산과 부의 축적 및 문화의 진보 등이 근거로 삼는 원리들이 모두 법률로 제정되는

---

74   Karl Marx and Friedrich Engels, *Exzerpte und Notizen*, 473~479쪽.
75   토머스 맬서스(Thomas Robert Malthus, 1766~1834), 영국의 인구학자이자 정치경제학자. 저서로는 『인구론』(1798)이 있다.
76   이 책 제5장 제2절 제2항의 토론 참조.

것이 아니라' 이러한 '원리' 및 그것들의 작용이 '기계적 원리와 마찬가지로 관찰과 분석에 힘입어 탐구할 수 있는' 것이기 때문이라고 했다.[77] 매컬럭이 스미스와 리카도를 해설할 때는 이미 경제학에 대한 속류적 해석을 보이고 있었지만, 매컬럭이 인식한 '과학'은 사회유물론의 초급 단계 위에 성립한 것이었다. 마르크스가 여기서 독해한 텍스트는 우리가 제1장에서 비교적 많이 인용했던, 중역본이 있는 매컬럭의 주요 학술 논저 『정치경제학 원리』가 아니다. 하지만 이 소책자는 기본적 방법에서나 관점상에서나 모두 전자와 거의 같다. 게다가 일부 역사적 서술, 기본 방법 설명 및 정치경제학의 수많은 정의에서, 특히 첫째 단계의 사회유물론에 대한 원칙 서술 부분에서 『정치경제학 원리』의 논술이 오히려 훨씬 더 분명하다. 나 스스로는 이것 역시 초기의 정치경제학사 논술 부분에서 비교적 객관적이고 투철하게 쓴 텍스트라고 생각한다. 하지만 마르크스는 이때 이 모든 것을 읽었음에도 불구하고 어떠한 사상적 불꽃도 일지 않았고, 어떠한 논평도 남기지 않았다! 그것은 또 왜일까? 이것도 마찬가지로 우리가 깊이 생각해볼 만한 대목이다.

내가 보기에 마르크스는 당시 사회생활의 기본 철학적 전제에 직면해서 이미 시민사회가 국가와 법을 결정한다는 관점을 명확히 제시했다. 이는 그가 역사를 연구하면서 사회생활 속에서 드러나는 포이어바흐의 일반 유물론의 의의에 대해 정확히 인정한 것이다. 그러나 이러한 유물론적 사회관점은 보다 심층적 차원의 경제학에서는 아직 확립되지 못했다. 더구나 고전경제학의 사회유물론이 지닌 세 가지 이론 단계를 전면적으로 초월한 이후 완전히 새로운 역사유물론 과학적 관점을 수립하지 못했음은 더 말할 것도 없었다. 소련과 동유럽의 철학과 경제학 전문가들(MEGA2의 편집자들 포함)은 이 점을 인식하지 못했다. 마찬가지로 서양 마르크스주의와 서양 마르크스학의 철학자들도 이 점을 완전히 소홀히 했다.

---

77   麥克庫洛赫, 『政治經濟學原理』, 10쪽 참조.

이어 우리는 노트에서 한 가지 이상한 현상을 보았다. 마르크스가 프레보가 밀을 근거로 삼아 리카도의 부록 문장을 해석한 것에 대해 강한 흥미를 느낀 것이다. 바로 여기서 우리는『파리 노트』에서 일어난 마르크스의 첫 번째 강력한 사상 충돌을 엿보았다. 이런 상황이 왜 출현한 것일까? 내 추측으로는, 마르크스는 그 전에는 구체적인 경제학 서술에서의 깊이 있는 탐구를 상당히 어려워했지만, 이 경제학 사상의 일반 이론 개요를 접하고 나서부터는 상당한 수준의 이론적 사고를 할 수 있게 된 것이 아닌가 한다. 마르크스는 표제를 쓰고 나서 오래 지나지 않아 곧바로 프레보(밀)의 관점이 '스미스와 리카도를 구분하는 학설'에 착안한 것임을 알아차렸다. 제1부에서 마르크스는 일곱 가지 논점을 발췌했다. 그중 둘째 관점, 즉 프레보가 리카도학파에 대해 심오한 경제학자들이라 칭찬하면서 "과학적인 것을 단순한 것으로 귀결시켜 평균치를 기초로 삼음으로써 그것들의 일반화를 방해할 수 있는 모든 우연적 상황을 제거할 수 있었다"[78]라고 본 관점을 발췌하면서 매우 분개하여 이렇게 질의했다.

이러한 평균치들이 말하는 것이 무엇인가? 그것이 증명하는 바는, 인간이 점점 더 추상화되어버리고 현실생활도 갈수록 내팽개쳐져서 결국 물질적이고 비인간적인 재산의 추상 운동을 고찰한다는 것이다. 이러한 평균치는 각개 현실속의 개인에 대해서는 진정한 모욕이고 비방이다.[79]

마르크스는 분명 더는 화를 참을 수 없었을 것이다. 그는 노동자의 생사를 무시하는 부르주아 경제학의 이러한 '가치중립성'(베버의 말)을 더는 용인할 수 없어서 결국 인간주의 철학 담론과 사회주의적 정치 입장을 통해 경제학에 대

---

78   馬克思,『麥克庫洛赫「論政治經濟學的起源, 發展, 特殊對象和重要性」一書摘要』, S.480.
79   같은 책, S.48. 중역본은『巴黎筆記選譯』, 42쪽 참조.

항할 수밖에 없었다. 이렇게 해서 그는 결국 그동안의 이론적 침묵을 깼다. 마르크스는 "리카도학파는 단지 **평균** 계산만으로, 즉 현실을 추상해"버림으로써 경제학적 논증을 실현하고 있다고 보았다. 물론 마르크스가 여기서 말한 '현실'은 부르주아 사회제도에서 이루어지는 자본가들의 임금노동자에 대한 불평등과 비인도적인 현실관계를 말한다. 물론 의심할 여지없이 이는 결코 잘못된 것이 아니다. 하지만 마르크스는 이때 리카도가 서술한 '비인간적 재산의 운동'과 '평균화'가 바로 부르주아 사회의 객관적 경제현실의 본질이며, 이러한 추상 자체가 곧 부르주아 사회의 객관적 산물이라는 것을 알아차리지 못했다! 쑨보쿠이가 지적한 대로, "바로 정치경제학 연구에서 진정한 진보와 과학적 성취를 이끌어낼 수 있는 것은 이러한 추상적 방법이지만 마르크스와 엥겔스는 이를 취하지 않았다".[80] 마르크스는 1847년 이후에 와서야 진정으로 이 점의 의미를 이해했다. 독자들이 여기서 알아차릴 수 있는 것은, 내가 앞서 논술한 바와 같이 마르크스가 당시 추상에 반대한 것은 그가 포이어바흐의 영향, 특히 헤겔의 추상적 사변철학에 대한 포이어바흐의 반대로부터 영향을 받은 것과 밀접한 관련이 있다는 점이다. 또한 독자들은 내가 왜 마르크스가 초기 경제학 연구에서 고전경제학의 '추상'을 반대한 것이 '경박했다'고 의외의 판단을 내렸는지 그 의미도 이해할 수 있을 것이다.

마르크스는 이어 여섯째 논점을 발췌하면서 이렇게 썼다.

> 내가 보기에 리카도학파가 **축적된 노동**(travail accumulé)으로 자본을 대체한다고 — 이러한 주장은 스미스에서 이미 등장했다 — 극력 주장하는 바가 갖는 의미는 이것밖에 없다. 즉, 국민경제학은 갈수록 노동이 부의 유일한 원리라는 것을 인정하게 되고, 임금노동자(Arbeiter)는 점점 가치가 절하되고 빈곤해지며, 노동 자체는 점점 상품이 된다는 것이다. 이는 국민경제학이라는 이 과학에

---

80   孫伯鍨·姚順良,『馬克思主義哲學史』, 第2卷, 265쪽.

서의 필연적인 이론 원리(theoretisches Axiom)이며, 바로 현재 무리와 잘 어울리는 생활(geselliges Leben)의 실천적 진리(Wahrheit)이기도 하다.[81]

분명 이러한 사고는 철학적 인간주의와 사회주의 입장에서 비롯된 윤리적 비판이다. 바로 이어지는 단락의 평론 역시 주목할 만하다. "'축적된 노동'이라는 표현은 자본의 기원을 표시하는 것 외에 다음과 같은 의미도 있다. 노동이 점점 사물(Sache)이 되어가고 상품이 되어가니, 인간의 활동(menschliche Thätigkeit)이라고 이해하는 것보다는 자본의 형태(Gestalt eines Capitals)라고 이해하는 편이 낫다."[82] 마르크스는 여기서 인간과 관련 있는 Sache를 사용하기 시작했지만, Ding은 사용하지 않았다. 이 단락의 함의는 오히려 마르크스의 훗날 경제학 연구의 논술과 훨씬 가깝다. 왜냐하면 마르크스는 나중에 가서는 분업과 교환 속에서 보통의 사회적 노동이 사물화되고 추상화됨으로써 가치의 실체가 비로소 화폐로 독립되고, 화폐(대상화된 노동)가 부르주아 사회 생산과정에서 다시 살아있는 노동을 흡수하는 수단의 역할을 할 때 자본관계가 비로소 실제로 발생한다는 것을 이해했기 때문이다. 자본이라는 사물화된 형식을 통해 전도된 인간과 인간의 사회관계가 바로 객관적 현실이 된다. 이것이 '부르주아 사회'의 본질 관계, 즉 자본주의다. 하지만 마르크스는 당시 이 중요한 사유맥락을 따라 더 깊이 들어가지 않았다. 이러한 단순한 전도식 정치 부정의 해석 틀은 마르크스를 노동가치론과 멀어지게 했다.

일곱째 발췌에서 마르크스는 『파리 노트』 첫 단락에 비교적 긴 논평을 썼다. 마르크스는 리카도가 이른바 '일반 법칙'만을 연구했을 뿐, 이러한 부르주아 사회의 일반 법칙을 '어떻게 실현할지, 수백수천의 사람들이 이로 인해 파

81   Karl Marx and Friedrich Engels, *Exzerpte und Notizen*, S.481. 중역본은 『巴黎筆記選譯』, 44쪽 참조. Arbeiter라는 단어는 독일어로 '노동자'라는 의미다. 하지만 대다수 마르크스 문헌의 중역본에서는 모두 이를 '임금노동자'로 의역하고 있다. 원래 중역본에서는 gesellig을 '사회적'으로 번역했지만 나는 '무리와 잘 어울리는'으로 바꿔 번역했다.

82   같은 책, S.481. 중역본은 『巴黎筆記選譯』, 44쪽 참조.

산할지 여부'는 그들의 시야 바깥에 있었다고 비판했다. 이는 분명 우리가 앞글에서 이미 분석한 시스몽디식 문제제기다. 마르크스는 국민경제학 원리의 핵심은 한 사람의 이익과 다른 사람의 이익, 사회의 이익과 개별 인간의 이익이 서로 일치할 때에만, 일반적으로 말해 개별 인간의 이익이나 생산이 사회화될 때에만 비로소 실제 의미가 있고 비로소 감성적이고 실존적인 진리라는 것을 발견했다. 여기서 출발해 ─ 경제학의 내재 논리로 보면 ─ 실제로 고전경제학의 부르주아 사회 노동 쪽으로 갈 수도 있고, 또는 사회적 필요노동 등의 문제로 갈 수도 있다. 그러나 마르크스는 당시 오히려 이러한 관점을 사유제도 조건하에서 적대적 이익이 '인간을 추상화해버린다는 의미'라고 보았으며, '평형이란 자본가와 인간을 내팽개친 추상적 자본과 노동의 평형에 불과하며, 마치 사회가 모종의 평균치일 뿐인 것과 같다'고 보았다. 이로써 알 수 있는 것은 "근대제도에서 이성의 법칙은 현존하는 관계(jetzige Verhältnisse)의 특수한 성질(spezifische Natur)을 추상해버림으로써만 유지할 수 있다. 다시 말해, 법칙은 추상의 형식으로 지배(in einer abstrakten Form herrschen)하는 것일 뿐이다"라고 마르크스는 판단했다.[83] 당시 마르크스는 몹시 격분했다. 이것은 정말 후안무치한 궤변이다! 그러나 나중에 그가 세 번째 경제학 연구를 진행하면서 다시 한 번 이 문제와 마주했을 때 그의 태도에는 커다란 변화가 있었다. 왜냐하면 그가 자본주의 생산양식에서 '추상이 지배가 되는' 비밀과 이러한 추상의 헤겔의 사변철학 간의 내재적 관련성을 발견했기 때문이다.[84]

제2부의 발췌에서, 마르크스는 두 단락의 발췌에 대해 아무런 구체적인 논평을 내놓지 않았다. 이어 트라시의 『이데올로기 원리』 제4권부터 제5권(경제학 내용)까지 거의 30단락 가까이 발췌하면서도 마르크스는 아무런 평론도 발표하지 않았다.

---

83   같은 책, S.483.
84   이 책 제9장 제1절 제5항의 토론 참조.

다음의 노트에서 마르크스는 독일 경제학자들의 논저를 발췌하기 시작했다. 그중에는 슐츠, 리스트, 오시안더의 책 네 권이 포함되었다. 슐츠와 오시안더의 발췌에서도 마르크스는 마찬가지로 아무런 비평을 내놓지 않았다. 리스트 저서의 발췌에서 마르크스는 딱 한 곳에서만 평론을 했는데, 이렇게 썼다. "리스트의 모든 근거는 사유제도에 부합하는 것이고, 그는 한 국가의 범위 내에서 현행 부르주아 이론을 받아들이고 있다. 그는 다만 대외무역 부분에서만 이러한 이론과 구별된다." 게다가 마르크스는 리스트가 분업과 생산력의 모든 세부적인 것을 중요시하면서 "임금노동자와 고용주는 따로 구별하지 않고, 고용주들 간만 구별했다"라고 비판했다.[85] 사실 객관적으로 보면, 리스트의 경제학은 그래도 그만의 독특한 지점이 있다. 바로 리스트가 독일 부르주아 입장에 서서 자국 사적 소유자의 이익을 보호하는 일종의 '국가경제학'으로써 고전경제학의 이른바 '세계주의 경제학'에 대항한 것이다. 리스트는 케네가 시작하고 스미스와 세가 견지한 보편적 자유무역 관점의 허구성을 비판했다. 또한 그는 경제발전의 특수성, 즉 국가들의 생산력 발전 수준이 달라서 국가와 국가 간에 진정으로 '방임적'인 자유무역과 교환이 발생할 수는 없다는 점을 포착했다. 왜냐하면 낙후한 독일과 발달한 영국 사이에 경제교류를 진행하면 이익을 얻는 쪽은 영국(자산자)일 수밖에 없기 때문이다. 그렇기에 경제연구의 본질은 구체적인 국가일 수밖에 없다. 따라서 마땅히 "어떤 국가가 세계의 당면한 형세 및 그 자신 특유의 국제관계에 처해 어떻게 그 경제 상황을 유지하고 개선시킬지에 관심을 가져야 한다".[86] 반면 자유무역식 세계주의는 다수의 국가들이 산업, 문화 등 각 분야에서 모두 비슷한 수준에 도달했을 때에야 비로소 진정으로 실현된다.

결국 리스트의 경제학에는 실제로 몇 가지 중요한 역사관의 요점이 내포되

---

85 馬克思, 『李斯特 「政治經濟學的國民體系」 一書摘要』, Karl Marx, *Historisch-politische Notizen, Pariser,* MEGA2, VI/2, S. 529.

86 李斯特, 『政治經濟學的國民體系』, 109쪽.

어 있지만, 마르크스가 처음 이 텍스트를 접했을 때는 아무런 해석도 내놓지 않아서 이런 중요한 텍스트가 그의 지평에서는 존재하는 부재가 되어버렸다. 몇몇 중요한 이론적 질점이 여기서 필연적으로 묻히고 가려질 수밖에 없었다. 그런데 1845년 3월 『리스트를 평함』에서 마르크스가 '돌연 방향을 틀어' 이 독일 경제학자와 다시 마주했을 때는 의외로 마르크스 철학 논리에서 두 번째 중대한 전환이라는 비상한 격변을 일으켰다. 리스트와 그의 경제학 관점에 관한 철학적 평론에 대해 우리는 특별히 이 책의 뒤쪽에서 중요한 분석 맥락에 놓고 해석했다.[87]

3) 담론 전환 이전의 사상 활성화에 기여한 리카도

내 이해의 사유맥락으로는, 마르크스는 『파리 노트』 집필 중 마지막에 가서야 리카도와 밀을 읽었으리라고 본다. 리카도를 읽었을 때, 마르크스의 사상에 분명한 변화가 생겼고, 그의 평론과 주해도 늘어나기 시작했으며, 자주적인 사상도 조금씩 쌓여 점차 풍성해졌다. 리카도의 저서 『정치경제학 및 조세의 원리』를 읽으면서 마르크스는 대략 80단락의 글을 발췌했다.[88]

제1권의 발췌는 각 장의 요점을 개괄한 것이다. 제1장의 시작부터 마르크스는 리카도와 세(세가 바로 이 책의 프랑스어판 주석자다)의 가치문제에서의 차이를 발견했고, 경제학의 문제들에 대해서도 상당히 '전문적'인 견해를 발표할 수 있게 되었다. 우리는 마르크스가 스미스와 세에 비해 리카도의 경제학 관점이 훨씬 더 철저하고 훨씬 더 '노골적'이라는 사실을 이미 알아차렸다는 것을 느낄 수 있다. 마르크스는 15쪽과 16쪽을 발췌할 때 '탁월한'과 '뛰어난' 같은 과분한 찬사를 사용했다. 마르크스가 17쪽에서 '자본도 노동이다'라는

---

87   이 책 제4장 제2절의 토론 참조.
88   MEGA2, IV/2, 392~427쪽 참조.

익숙한 구절을 보았을 때, 그는 사상의 무대에 직접 나서서 프루동의 사유제도에 대한 비판을 인용했다. 우리는 이어지는 거의 모든 발췌에서 마르크스가 이미 경제학의 구체적인 이론에 대해 비평과 주해를 할 능력을 갖추기 시작했으며, 심지어는 매우 뛰어난 사상을 발휘하는 일도 적잖이 나타나는 것을 볼 수 있다. 마르크스는 이처럼 짧은 시일 내에 완전히 새로운 전문적인 학문 영역으로 진입했다. 이러한 질풍과도 같은 급속한 변화는 실로 매우 드문 일이다. 물론 당시 마르크스의 수중에는 아직 과학적 방법이 없었다는 것을 말해두어야겠다. 그렇다면 마르크스는 무엇을 통해 리카도와 대화했을까?

제2장의 지대문제에 관한 발췌에서, 마르크스는 세의 부록의 한 주석(원서 84쪽)을 겨냥해 경제학 문제에 관한 견해를 발표했다. 마르크스는 스미스가 자연가격은 임금, 지대, 이윤 등으로 구성되어 있다고 본 것을 지적하며, "모든 물품 가격은 너무 비싸다"라고 주장했다(프루동이 꼭 정확한 것은 아니다). 이를 근거로 "임금, 지대, 이윤의 자연율은 완전히 습관이나 독점 등에 달려 있고 결국은 경쟁에 달려 있는 것이지, 토지나 자본, 노동의 성질에서 발전해 온 것이 아니다. 따라서 생산비용 자체는 생산이 아닌 경쟁으로 결정된다"[89] 라고 한 프루동의 견해에 찬성했다. 매우 유감스럽지만 마르크스가 틀렸다. 마르크스는 당시 스미스의 노동가치론을 이해하지 못했기 때문에 여기서의 경제학 문제를 진정으로 이해할 수 없었다. 나중에 1847년의 『철학의 빈곤』에서 마르크스는 비로소 고전경제학의 입장에 서서 프루동의 경제학 이론이 지닌 혼란스러움과 비과학성을 비판했다. 왜냐하면 부르주아 사회의 경쟁은 단지 상품가치를 실현하는 수단일 뿐이기 때문이다. 제4장 논평에서 마르크스는 이와 비슷한 문제를 만났다. 여기서 그는 스미스와 리카도가 사용한 '자연가격' 개념을 동시에 비판했다. 왜냐하면 국민경제학이 다룬 것은 단지 시

---

89   馬克思, 『李斯特「政治經濟學及賦稅原理」一書摘要』, Karl Marx, *Historisch-politische Notizen, Pariser*, S.401. 중역본은 『巴黎筆記選譯』, 34쪽 참조.

장가격일 뿐이었기 때문이다. 그래서 마르크스는 더 이상 이러한 물품들을 생산비용과 연계해서 고찰하지 않았고, 생산비용을 인간과 연계해서 고찰하지도 않았으며, 생산 전체를 매매와 연계해서 고찰했다.[90] 이렇게 부르주아 사회의 경제 과정에서는 경쟁이 결국 모든 것을 결정하게 되었다. 이러한 경쟁 결정론적 관점은 분명 아직은 정확하지 않다. 우리는 마르크스의 여기서의 이러한 관점이 엥겔스의 『국민경제학 비판 대강』에서의 서술과 아주 비슷하다는 것을 금방 알 수 있다.

우리는 마르크스가 이러한 경제학 관점을 발췌하고 평론할 때, 그 취사선택의 기준이 주로 이러한 관점의 정치적 입장이며, 경제학적 이론 내용 자체는 아니라는 것을 지적한 바 있다. 그래서 제5장의 임금 문제와 관련한 연구에서는 마르크스가 여전히 외재적 측면에서 국민경제학의 부르주아 입장을 공격하고 있다는 것을 어렵지 않게 발견할 수 있다.

> 정신적 자유는 목적이다. 따라서 대다수의 인간은 어리석은 노역의 상태에 처해 있다. 육체적 욕구는 유일한 목적이 아니다. 따라서 그것은 대다수 인간의 유일한 목적이다. 또는 반대로, 혼인은 목적이고, 따라서 대다수 인간은 매음을 한다. 재산은 목적이고, 따라서 대다수 인간은 재산이 없다.[91]

이러한 화려한 대구적 표현은 철학의 초월적 반성이다. 동시에 바로 이러한 집필 방식은 이후의 『밀 노트』를 거쳐 『1844년 수고』에서 가해지는 인간주의 비판의 주된 문체가 되기도 했다.

매우 분명한 것은, 제2권의 발췌에 들어간 후 마르크스가 이미 정치경제학의 일련의 기본 원리들을 이해했으며, 심지어 평론의 세부사항으로 깊이 들

---

90 같은 책, S. 402. 중역본은 『巴黎筆記選譯』, 34~35쪽 참조.
91 같은 책, S. 407. 중역본은 『巴黎筆記選譯』, 35쪽 참조.

어가는 일도 자주 있었다는 사실이다. 제13장에서 마르크스는 다시 한 번 가치문제에 주목했다. 그는 세를 인정하며 '자연적 부'와 '사회적 부'의 차이의 합리성을 인용했고, 또 '후자는 사유제도를 전제로 하는 부'라고 지적했다. 이는 마르크스가 나중에 사용가치와 교환가치를 구분한 관점과 가깝다. 제14장에서는 첫 단락의 논평이 매우 중요하다. 그는 리카도와 스미스가 분석한 경쟁 속에서의 자본의 다중적 모순을 각각 논평한 후 이렇게 지적했다. "국민경제학은 생산과잉과 과도한 빈곤이라는 기이한 일과 맞닥뜨렸을 뿐만 아니라, 한편으로는 자본과 그 사용방식의 확대 및 이러한 확대로 인한 생산기회의 결핍이라는 기이한 일과도 맞닥뜨렸다."[92] 독자들은 이것이 부르주아 사회 생산양식의 객관적 모순을 진실하게 마주하는 사유맥락이며, 이렇게 사유한 것은 마르크스가 여기서 이미 경제학적 시각을 통해 현실의 생산과정에서의 적대성을 보았기 때문이라는 점을 주목하기 바란다. 이러한 사유맥락을 따라가면서 부단히 따져 묻다 보면, 필연적으로 경제발전의 객관적 법칙과 만난다. 하지만 이 사유맥락은 마르크스가 진실하고 냉정하게 경제학적 사실에 접근할 때만 활성화될 수 있으며, 마르크스의 자각된 의식 속에서 그의 주도적 논리사고와 이 논리의 사유맥락은 결코 포개어지지 않는다. 이 사유맥락은 훗날 『1844년 수고』의 두 번째 항목, 즉 현실에서 출발한 잠재적 논리의 사유맥락의 기초이기도 하다. 로젠버그는 여기서 마르크스와 엥겔스가 모두 리카도파의 사회주의와 프루동의 가치 이론에 관한 관점, 즉 노동가치론의 기초 위에서 '노동화폐'의 발행에 따라 부르주아 사회의 교환체계를 개혁하고 이로써 노동가치를 실현한 관점에 의식적으로 반대했다고 보았다.[93] 이것은 일종의 오독이다. 왜냐하면 마르크스(엥겔스 포함)가 당시는 아직 이 점을 전혀 알아차릴 수 없었기 때문이다. 구체적으로 말하면, 마르크스는 1845년의

---

92   같은 책, S.416.
93   盧森貝, 『十九世紀四十年代馬克思恩格斯經濟學說發展槪論』, 60쪽 참조.

『맨체스터 노트』에 와서야 경제학 연구 자체에서 부르주아 사회를 부정한다는 사유경로를 발견했다. 즉, 그가 나중에 언급한, '독특한 방식'을 통해 리카도의 경제학으로부터 사회주의의 현실성을 인증한다는 결론을 발견했던 것이다. 당시 마르크스의 주도적 사유맥락(즉, 지배적 담론)은 인간주의적 가치철학이었으므로, 경제학의 '과학적 연구'(마르크스는 이후 리카도의 연구를 이렇게 칭함)에 대해서는 단지 이것을 전복시켜 이해함으로써 인성의 주체 척도로 사유제도를 결연히 반대하고 부정했을 뿐이었다.

제18장에서 마르크스는 리카도의 총수입에 대한 관점을 분석한 후 매우 긴 논평을 썼다. 그는 부르주아 경제학의 본질이 바로 '생활의 모든 의미를 부정하는' 데 있으며, 이는 '후안무치'한 추상의 정점이라고 보았다. 생활의 의미란 무엇일까? 여기서 생활의 의미란 인간이다. 그러나 마르크스는 여기서의 '인간'이 훨씬 심층적인 역사관에서도 마찬가지로 추상적이라는 것을 인식하지 못했다. 이 점은 1845년 봄 이후의 철학혁명을 통해 비로소 정확하게 인식되었다. 그래서 당시 마르크스는 다음과 같은 인간주의적 철학으로 사고했던 것이다. 첫째, 부르주아 경제학의 목적은 부[물(物)]이며, '인간에 있지 않다'. 둘째, '인간의 생활 자체는 아무런 가치가 없다(Leben eines Menschen an sich ist nichts werth)'. 셋째, 임금노동자 계급(Arbeiterklasse)은 단지 이러한 부를 창출하는 '노동기계'일 뿐이다.[94] 그러나 마르크스는 여기서 부르주아 경제학의 입장에서 볼 때 '리카도의 명제가 진실하고 일관된 것이라면', 시스몽디와 세가 리카도의 비인간적인 결론과 투쟁을 벌이기 위해서는 부득이하게 국민경제학으로부터 뛰쳐나가지 않을 수 없었음을 처음으로 발견했다. 그러나 마르크스가 보기에 이것이야말로 부르주아 경제학이 인간에게는 전혀 관심이 없으며 '인간 본성은 국민경제학 바깥에 있고 비인간성은 국민경제

---

94   馬克思, 『李斯特「政治經濟學及賦稅原理」一書摘要』 참조. Karl Marx, *Historisch-politische Notizen, Pariser*, S.421.

학 안에 있음(die Menschlichkeit liegt ausser der Nationalökonomie und die Unmenschlichkeit in ihr)'을 증명하는 것이었다.[95] 마르크스는 프티부르주아 사회주의자인 시스몽디와 속류경제학자 세가 스미스와 리카도를 반대한 것의 이질성을 구분하지 못했고, 심지어는 정치적 입장에서도 매우 선명하게 시스몽디 쪽에 섰다.

사실 1844년 7월 말에 쓴 글 「프로이센 국왕과 사회개혁에 대한 비판적 논평, 어느 프로이센인에 대하여」에서 청년 마르크스는 자신이 독서할 때의 이러한 정서를 공개적으로 드러냈다. 이 평론 글에서 마르크스는 영국의 정치경제학은 '영국 국민경제 조건(nationalökonomischen Zustände)이 과학에 반영된 것'이라고 말했다. 맞는 말이다. 그러나 마르크스는 이러한 과학이 오히려 사람을 죽이는 과학임을 명확히 지적했다. 그는 매컬럭을 '후안무치한 리카도의 학생'이라고 말했다. 그것은 매컬럭이 놀랍게도 정치경제학을 '신선한 공기'를 호흡할 수 있고 '아름다운 풍경'을 볼 수 있는 '과학 연구의 길'이라고 칭했기 때문이다. 마르크스는 상술한 발췌노트에서 이미 평론과 주해를 통해 매컬럭의 이 비유를 통렬히 비판했다. 마르크스는 몹시 격분해서 이렇게 말했다.

> 아무리 좋고 신선한 공기라도 그것은 영국 지하실 거처의 역병 균으로 가득한 공기다! 아무리 장관인 대자연의 경치라도 그것은 영국 빈민들이 입은 남루하기 그지없는 옷차림이다. 노동과 빈곤으로 고통 받는 부녀자들의 초췌한 얼굴이고 말라비틀어진 피부이고, 쓰레기더미 속을 굴러다니는 아이들이며, 공장 안 단조로운 기계의 과도한 노동이 초래한 기형적 인간이다! 아무리 사람들을 즐겁게 하는 실천의 가장 작은 부분이라도 그것은 매음이고 모살이며 교수대다![96]

---

95   같은 책 참조. Karl Marx, *Historisch-politische Notizen, Pariser*, S.421.

더 끔찍한 것은 정치경제학이 이렇게 비참한 '사회적 고통'을 '인류의 어떠한 역량으로도 소멸시킬 수 없는 자연법칙'이라고 포장하는 것이다. 이는 부르주아 이데올로기가 부추긴 자연법과 자연 질서론을 비판하는 것이다.

> 확실히 이러한 시민생활(bürgerliches Leben)과 이러한 사유제도, 이러한 상업, 이러한 산업(Industire), 각각의 시민집단 간에 상호 약탈하는 비사회적 본성이 야기한 후과에 직면하여 행정관리기구의 무능은 하나의 자연법칙(Naturgesetz)이 되어버렸다. 시민사회의 이러한 분열상태, 이러한 비천한 행위, 이러한 노예제(bürgerliche Gesellschaft des Sklaventums)는 근대국가가 그 존재를 의존하는 자연의 기초(Naturfundament)다.[97]

여기서의 '자연법칙(Naturgesetz)'은 마르크스가 분명 반어적 맥락 속에서 사용한 것이다. 즉, 내가 지적했던 비판적인 '유사 자연성'의 관점이다.[98] 더구나 그는 근대의 시민사회, 즉 부르주아 사회가 더 나쁜 노예제라고 명확하게 인식하고 있었다. 나는 마르크스도 당시 자신의 동포이자 공산주의자 바이틀링을 인정하기 시작하고 그의 저작을 '천재적 저작'이라고 칭하면서 현재 바이틀링이 논술의 기교 면에서는 여전히 프루동에 못 미치지만 이 '독일의 신데렐라'는 향후에 분명 헤라클레스로 성장'할 것이라고 한 데 주목했다. 당시의 마르크스가 보기에 오늘의 혁명은 장차 '총체적 관점'일 것이고, 그것은 '비인간적인 생활에 대한 저항'일 것이었다. 왜냐하면 "그것이 단일한 현실의 개인의 관점에서 출발한 것이기 때문이다. 그리고 개인을 벗어나면 개인의 반항을 야기하는 공동체는 인간의 진정한 공동체(wahres Gemeinwesen)이고 인간의 본질(menschliches Wesen)이기 때문이다".[99] 인간의 본질은 인간

96   『馬克思恩格斯全集』, 第1卷, 473쪽.
97   같은 책, 479쪽.
98   張一兵, 『馬克思歷史辨證法的主體向度』, 第3章 第2節 참조.

의 진정한 공동체다. "공동체인 **노동자 자신의 노동**(eigene Arbeit)으로 하여금 노동자를 떠나게 하는 그 공동체는 **생활** 자체이고, 물질생활과 정신생활(das physische und geistige Leben)이며, 인간의 도덕이고, 인간의 활동(Tätigkeit)이며, 인간적 향수이자 인간의 본질이다. 인간의 본질은 인간의 진정한 공동체다".[100]

분명 마르크스는 이 비판 논리에서 자신이 비교적 익숙한 철학적 인간주의의 소외 비판 방법을 직접적으로 사용하지 않았다. 내가 보기에 마르크스의 경제학적 현실사회에 대한 접근은 그로 하여금 무의식적으로 철학에서 벗어나게끔 하는 것 같다. 그러나 이는 결코 그의 이론에서 두드러진 항목이 아니다. 상술한 그의 관점이 바이틀링이나 프루동에 비해 진정으로 우월한 것은 아니다. 마르크스의 이러한 난감한 처지는 중요한 이론적 사건이 출현할 필연성을 결정했다. 즉, 마르크스가 반드시 프롤레타리아 정치적 입장에서 서서 인간주의 철학을 통해 부르주아의 정치경제학을 전면적으로 비판해야 한다는 필연성이다. 이는 새로운 담론이 부각됨을 의미한다. 내 관점에서 이것은 청년 마르크스가 처음으로 독창적으로 자주적인 이론논리를 갖기 시작했음을 의미하는 것이기도 하다. 상징적 의미가 있는 이 사건은 그가 이후 바로 쓴 『밀 노트』에서 발생했다. 그리고 이 사건의 직접적인 원인은 헤스의 저서 「화폐의 본질에 대하여」에 대한 마르크스의 보다 심층적인 사고에 있다.

4. 『밀 노트』: 경제학 비판에서 인간학 담론의 출현

제임스 밀[101]은 19세기 영국의 저명한 경제학자다. 1820년대의 리카도 학

99　『馬克思恩格斯全集』, 第1卷, 488쪽.

100　같은 책, 487쪽.

101　앞서 밀에 대해 간단히 소개했으나 여기서 좀 더 보충하겠다. 밀은 잉글랜드에서 태어났으며, 부친은

설을 둘러싼 논쟁에서 그는 리카도 학설의 수호자였다. 마르크스는 나중에 밀을 리카도 학설의 통속화를 보여주는 대표자라고 지적했다. 마르크스는 1860년대에 나온 『잉여가치론』 제3책에서 밀을 재평가하며 이렇게 말했다. "밀은 처음으로 리카도 이론을 체계적으로 명확히 논술한 사람이다. 비록 그의 논술은 상당히 추상적인 윤곽에 그쳤을 뿐이지만 말이다. 그가 이루려고 노력했던 것은 형식상의 논리적 일관성이었다."[102] 청년 마르크스는 『파리 노트』의 마지막에 자신에게 명성을 안겨준 작품, 즉 1821년 출판된 『정치경제학 원리』(마르크스가 읽은 판본은 1828년 파리에서 출간된 프랑스어판)를 읽고 『밀 노트』를 썼다. 나는 청년 마르크스의 최초의 경제학 연구 가운데 『밀 노트』가 지극히 중요한 텍스트라고 생각한다. 왜냐하면 그 노트는 청년 마르크스가 철학자의 신분으로 고전경제학에 맞섰을 때의 모종의 논리적 격변, 즉 철학적 인간주의의 틀에서 부르주아 경제학 비판을 시도했음을 그대로 드러내 보여주고 있기 때문이다. 이 노트 역시 우리가 『1844년 수고』의 심층적 의미에 대해 진일보한 질문을 던지는 데 있어 새로운 통로이기도 하다.

1) 『밀 노트』의 해석 맥락

나는 마르크스 소외 이론의 사상적 모체가 결국 헤겔의 관념적 주체의 소외 이론이라고 이미 말한 바 있다. 마르크스가 처음 소외관념을 받아들이기 시작했을 때는 단지 청년헤겔파의 뚜렷한 자기의식의 단편적 규정에서 주체의 외화와 복귀라는 선험적 논리(「데모크리토스와 에피쿠로스 자연철학의 차이」)를

구두 장인이었다. 그는 젊은 시절 에든버러대학에서 신학을 연구해 목사자격을 취득했다. 1815년부터 『브리태니커 백과사전』 제5판의 부록을 위한 논문을 썼다. 1806년부터는 10년에 걸쳐 영국령 인도 역사를 썼다. 이 책을 출판한 이후 명성을 얻었다. 그의 대표적인 정치경제학 저서로는 1821년 출판한 『정치경제학 원리』가 있다. 밀의 이 책은 훗날 서양 경제학자들에 의해 '영문으로 쓰인 첫 경제학 교과서'라고 불렸다.

102 『馬克思恩格斯全集』, 第26卷(III), 87쪽.

견지했을 뿐이다. 1843년 포이어바흐의 인간주의 입장으로 전환했을 때에야 그는 비교적 완전한 인간학 소외사관을 갖추었다. 물론 마르크스는 포이어바흐의 자연적 인간주의를 극복한 이후, 특히 프롤레타리아 계급을 위해 혁명의 근거를 찾고자 하는 내재적 충동에 이끌려 비판을 취지로 하는 사회적 정치소외 관념을 제기(『헤겔 법철학 비판』과 『독일 – 프랑스 연감』 시기)했다.[103] 그러나 나는 그럼에도 불구하고 마르크스가 철학논리에 기초해서 자신의 소외 이론의 논리 틀을 독립적으로 형성할 수는 없음을 발견했다고 생각한다. 마르크스 자신의 독특한 경제(노동)소외 이론은 바로 그가 부르주아 사회생활의 경제 연구로 전향했을 때에야 비로소 점차 구축되기 시작했다. 이는 그의 신세계관이 형성되는 과정에서 매우 중요한 과도기적 부분이다.

경제소외의 사상에 관해, 마르크스는 시작부터 헤스의 영향을 받았음이 분명하다. 앞서 얘기한 바와 같이 마르크스가 1843년에 쓴 『유대인 문제에 대하여』 등의 글에서 이러한 새로운 소외 이론의 사상이 이미 단서를 드러내기 시작했다. 마르크스는, 경제생활에서 돈은 일종의 인류 주체 이외의 사물이지만 또한 인류 주체의 본질적 외화의 표현이기도 하다고 썼다. 돈은 명명백백한 인간의 창조물이다. 하지만 현재 그것은 '모든 사물의 보편적 가치'라는 신분으로 주체 자신과 온 세계의 가치를 앗아갔으며, 더욱 중요한 것은 소외된 주체는 어쩔 수 없이 이 인공물 앞에 엎드려 굴복할 수밖에 없다는 점이다.[104] 여기서 마르크스는 더 이상 ≪라인신문≫에서 일할 때처럼 인간의 이러한 물질적 이익 추구 현상('속류의 유물론')을 비난하고 배척하지만은 않았으며, 이론상 그 현상을 부르주아 사회 경제생활['시민사회(bürgerliche Gesellschaft)']의 하나의 중요한 분야로 보고 주목했다. 마르크스는 이 글에서 bürgerliche Gesellschaft라는 말을 딱 한 번 사용했으며, 그 외에는 발췌에서 civilisierte

---

103 張一兵, 『馬克思歷史辨證法的主體向度』, 第1章 第2節 참조.
104 『馬克思恩格斯全集』, 第1卷, 448쪽 참조.

Gesellschaft라는 말을 썼다.[105] 사실 당시 마르크스에게는 무의식적으로 어떤 사고가 일어났다. 다름 아니라 경제생활에서의 소외는 인간의 사회정치적 사유가 소외의 기초라는 것이다. 이러한 사고는『파리 노트』의 경제학 연구 가운데 보다 심층적인 면에서 확인되었다. 즉, 사유는 그의 서적 탐독 행보의 종착역인『밀 노트』에서 실현되었던 것이다. 내 견해로는『파리 노트』에서 한 차례 중대한 인식의 비약을 이룬 것이 바로『밀 노트』이며, 그 실체는 바로 정치경제학 연구에서의 인간주의 철학 담론의 확립이다. 마르크스는 여기서 일종의 담론 전환을 이루었다. 즉, 경제학을 학습하면서 따라 읽는 맥락에서 철학 담론의 통섭적 운용으로 전환한 것이다. 실제로 이는 바로 그가『1844년 수고』로 나아가는 진짜 논리적 매개다. 따라서『밀 노트』는 우리가 마르크스를 연구할 때 결코 임의로 지나칠 수 없는 것이다. 유감스러운 것은『마르크스·엥겔스 전집』(중국어 초판) 제42권에서 1979년 이 노트를 발표한 이후 지금까지 이 텍스트를 체계적으로 연구한 논문이 중국 학계에 한 편도 없다는 점이다.

MEGA2 편역자의 고증에 따르면,『밀 노트』는『파리 노트』의 일곱 권의 노트 가운데 넷째 노트의 18쪽에서 34쪽까지 총 17쪽에 걸쳐 작성되었다. 이외에도 결말 부분(6쪽)의 보충 기록이 또 다른 노트(다섯째 노트)에 기록되었고, 중국어판『마르크스·엥겔스 전집』제42권에 발표된 주요 내용은 앞쪽의 한 부분이다. 이것은 노트에서 가장 중요한 부분이기도 하다. 우리가 이 해석에서 주로 다룬 것 역시 이 주요 부분이다. 나는『마르크스 역사변증법의 주체 국면』이라는 책에서 이미 이 노트에 대한 기초적 연구를 진행한 바 있다. 하지만 당시 연구는 여전히 단순한 철학 관념을 통해 마르크스의 이론적 핵심을 직접 취하는 해석방법에 머물러 있었고, 그렇기 때문에 나도 이 노트가 마르크스 경제소외 논리의 진정한 발원지이며 청년 마르크스 최초의 경제소

---

[105] 馬克思,『詹姆斯·穆勒「政治經濟學原理」一書摘要』참조. *Karl Marx, Historisch-politische Notizen, Pariser*, S. 432.

외의 틀을 처음 보여준 것이라고 정확하게 판단했음에도 마르크스의 당시 경제학 연구에 내포된 수많은 중요한 내용을 놓치고 말았다는 것을 설명해야만 하겠다. 여기서 우리는 필요한 재해석과 보충 설명을 할 것이다. 현재 우리의 사유맥락으로는, 청년 마르크스가 첫 번째로 구축한 인간주의의 경제소외 논리 틀은 『밀 노트』에서 순차적으로 전개한 세 차례의 중요한 이론적 도약, 즉 경제학 이론에 대한 철학적 비판, 인간의 진정한 사회관계의 전도에 대한 경제학적·철학적 성찰, 노동소외 이론에 대한 철학적 구축으로 실현되었다.

2) 이론 구축 A: 정치경제학에 대한 철학적 비판

첫 번째 이론 구축은 매우 핵심적이다. 이는 마르크스가 『파리 노트』에서 처음으로 온전히 전반적 관점에서 경제학을 다루었다는 것을 상징하기 때문이다. 나는 이러한 이론 통섭을 철학적 논리가 투사된 것이라고 본다. 이는 실제로 『파리 노트』 전체를 통해 이루어진 중대한 이론적 도약이다. 나는 이런 이론적 도약을 마르크스가 실어상태에서 포착한 새로운 담론의 아우라라고 말한다. 뒤에서 우리는 텍스트를 통해 이러한 과정을 자세히 고찰할 것이다.

우리는 마르크스가 당시 독서를 해나가면서 실제로 밀 원작의 기본 구조를 따라갔음을 알 수 있다. 즉, 생산, 분배, 교환, 소비의 네 부분에서 밀 원작의 발췌를 진행한 것이다. 독서의 시작부터 밀 원작의 137쪽[제3부 '교환(Des échanges)' 제8절]까지 마르크스는 시종 자신의 평가와 해석을 기록하지 않았다. 마르크스의 이론적 사고의 첫 번째 논리가 활성화되는 지점은 이 부분 제6절에서 출현한다. 제6절에서 눈길을 끄는 것이 무엇인가? 화폐(Geld)다. 마르크스는 이 절에서 밀이 '매개'라는 단어를 사용한 데 주목하고, 독일어로 그 것(Vermittler \ intermédiate)을 번역해 세간의 관심을 끌려 했다.[106] 이는 부수

---

106 같은 책, S.422.

적 배경 가운데 헤스의 틀이 잠재적인 지배 역할을 한 것이다. 밀이 생산비용이 화폐와 금속의 가치 관계를 결정한다고 본 대목을 읽을 때, 마르크스는 돌연 발췌를 중단하고 자신의 독자적인 긴 논설을 썼다. 마르크스의 『파리 노트』 전체 텍스트에서 거의 볼 수 없는 '개인적 논평이 상당 부분을 차지하는' 상황이 출현한 것이다.[107] 추측컨대, 마르크스는 당시 분명 헤스의 「화폐의 본질에 대하여」를 다시 한 번 꼼꼼하게 읽었을 것이다.[108] 헤스의 **교통소외관**이 갑자기 마르크스 사고의 구심점이 되었기 때문이다.

논의를 시작하는 부분에서 마르크스는 우선 밀과 부르주아 고전경제학이 범한 동일한 오류, 즉 모종의 경제법칙을 고착화한 비역사적 태도를 비판했다. "밀은 ― 완전히 리카도학파와 마찬가지로 ― 이러한 오류를 범했다. 즉, **추상적 법칙**(das abstrakte Gesetz)을 서술할 때 이러한 법칙의 변화 또는 부단한 폐기를 소홀히 했는데, 추상법칙은 바로 이러한 변화와 부단한 폐기를 통해 비로소 실현되는 것이다."[109] 마르크스는 부르주아 사회 생산과정에서의 생산비용과 가치 사이의 결정관계, 수요와 공급 간 상시적인 파동 속에 처한 현실운동 등이 실제로 매우 복잡다단하고 모순적인 운동과정이며, 부르주아 사회 경제학자들은 추상적인 공식을 사용해 이러한 현실을 묘사할 때마다 현실운동의 우연성과 단편성이라는 함정에 빠진다고 설명했다. 오히려 이로 인해 마르크스는 하나의 결론을 도출했다. "국민경제학에서 법칙은 그것의 반대물인 무법칙성에 의해 규정된다. 국민경제학의 진정한 법칙은 우연성(Zufälligkeit)이다."[110] 분명한 것은 이러한 해석이 여전히 우리가 앞서 보았던 청년 엥겔스의 그러한 사유맥락의 연장이라는 점이다. 마르크스가 여기서

---

107   『馬克思恩格斯全集』, 第42卷, 485쪽 주3 참조.
108   「화폐의 본질에 대하여」라는 글은 헤스가 1843년 말에서 1844년 초까지 『독일 – 프랑스 연감』을 위해 쓴 글로, 이미 편집부에 넘겨 발표를 앞두고 있었다. 나중에 잡지가 정간되면서 제때 발표되지 못했고, 일 년여의 시간이 흐른 뒤에야 다른 잡지에 게재되었다. 그래서 이 글의 초고가 쭉 『독일 – 프랑스 연감』의 편집자였던 마르크스의 수중에 있었다고 할 수 있다.
109   『馬克思恩格斯全集』, 第42卷, 18쪽.
110   같은 책, 18쪽.

했던 논평이 정확한 것은 사실이지만, 그다지 심오하지는 않다는 점을 지적해야겠다. 왜냐하면 마르크스는 포이어바흐의 감성적 구체를 통해 고전경제학에 반영되어 있는 사회 현실(공업) 속에서 '추상'에 반대하려 했기 때문이다.

나는 이 부분의 논의가 제8절에 나오는 밀의 구체적 관점을 겨냥한 것이며, 더구나 이 관점은 확실히 경제학 범주에 속한다는 점에 주목했다. 마르크스는 이 논평 뒤에 가로줄을 그었다. 그런 다음 그의 사유맥락에 갑자기 아주 커다란 변화가 생겼다. 마르크스는 단번에 제8절 내용에서 훌쩍 뛰쳐나와 제6절에서 그의 관심을 끌었던 논점, 즉 밀이 화폐를 '교환의 매개(Vermittler)'라고 본 관점으로 돌아갔다. 그는 단호하게 말했다. "이는 매우 성공적으로 하나의 개념을 사용해 사물의 본질(Wesen der Sache)을 표현한 것이다." 우리는 마르크스가 여기서 갑자기 밀의 관점에 찬동했음을 알 수 있다. 우리는 그가 단순히 밀에게 찬성한 것이 아니라 밀을 통해 헤스의 화폐소외론을 훨씬 더 깊게 이해하게 되었다는 것을 쉽게 알 수 있다. 화폐의 본질은 교류(교환)관계의 소외이지, 그가 과거에 오인했던 '물(Ding)'에 의한 소외가 아니다.

마르크스는 화폐에 대해 다음과 같이 인식하고 있다. 화폐는 하나의 매개(관계)로서 인간과 인간 사이의 교환의 일환이 된 것처럼 보이지만 사람들로 하여금 오히려 이러한 매개 속에서 자신의 주체성을 상실하게 만들었고, 인간의 어떤 특질을 구현한 것처럼 보이지만 실은 인간의 본질을 타자화시켰으며, 인간에게 복무하는 것처럼 보이지만 오히려 인간(주체)에 대한 지배 '권력'을 획득했고, 인간의 발아래 납작 엎드린 것처럼 보이지만 오히려 인간의 '현실적인 신(wirklicher Gott)'이 되어버렸다![111] 우리는 이것이 마르크스가 『유대인 문제에 대하여』라는 글에서 인용했던 헤스의 관점이라는 것을 기억한

---

111 같은 책, 18쪽 참조. 중역본에서는 wirklich를 '진정한'으로 번역했으나 나는 이를 '현실적인'으로 바꿔 번역했다.

다. 그러나 그때 마르크스는 헤스의 '돈의 신'이 어떻게 해서 교통관계의 전도로부터 구축되고 만들어졌는지 알지 못했다. 마르크스는 여기서 그리스도가 인간과 하느님 사이의 매개라는 비유를 들어, 화폐의 본질이 인간의 유적 본질의 소외이자 전도라는 것을 설명한다. 사실 이는 하나의 해석으로, 그것은 마르크스 자신의 사상 판단에 녹아들었다. 또한 이것은 하나의 연결로, 화폐(금전)가 인간 교류의 유적 본질의 소외라는 헤스의 사고논리(『유대인 문제에 대하여』를 거친)의 연장이다. 그러나 이는 단순한 연결이 아니라, 마르크스 이론의 심화이자 승화다! 마르크스는 사실 금전 - 화폐의 본질은 우선 재산이 그것(화폐)을 통해 양도된다는 데 있는 것이 아니라, 인간의 생산물이 상호보충에 의존하는 매개활동(vermittelnde Thätigkeit) 또는 매개운동이며, '인간적·사회적 행동이 소외되어(entfremdet) 인간 외의 물질적(인) 물(materielles Ding)의 속성이 되어버린다'는 데 있다고 했다.[112] 이는 마르크스가 처음으로 Entfremden이라는 단어를 사용한 것으로, 글 전체에서 총 25회 사용했다. materielles Ding은 인간 이외의 물(物)을 가리키며, 물(Ding)은 인간과 관련한 사물(Sache)과는 다르다. 마르크스의 당시의 사고는 아직 이러한 개념을 정확하게 구분하지 못했던 것이 분명하다. 마르크스는 이렇게 논술했다.

이러한 매개활동 자체를 외화(Entäußerung)하는 것에 의해 인간은 단지 자신을 상실한 인간이자 인간 본성을 상실한 인간으로서 활동할 수밖에 없다. 사물의 상호관계 자체(die Beziehung selbst der Sachen)와 사물을 조작하는 인간의 작용은 인간 바깥에 또 인간 위에 존재하는 어떤 실재의 작용으로 변한다. 이러한 소원한 중재자(fremder Mittler) ─ 인간 자체가 인간의 중재자로 되는 것은 결코 아닌 ─ 를 통해서 인간은 자신의 바람과 활동, 그리고 타인과의 관계

---

112 같은 책, 18쪽. 중역본에 수정사항이 있다. 馬克思, 『詹姆斯·穆勒「政治經濟學原理」一書摘要』 참조. *Karl Marx, Historisch-politische Notizen, Pariser*, S.447.

(Verhältnis)가 자신으로부터도 타인으로부터도 독립한 힘으로 되어 있다는 것을 안다. 그렇게 해서 그의 노예 지위는 극단에 도달한다.[113]

『유대인 문제에 대하여』에서 화폐가 인간의 노동과 인간의 정재의 소외라고 한 것과 달리, 현재 마르크스는 헤스의 화폐소외의 기초라는 매개성의 교류관계가 상품의 교환 속에서 기형적으로 변형된 것임을 알았다. 게다가 인간과 인간 간 연계의 소외와 외화는 사물(Sache)의 관계이지, 인간과 무관한 물(Ding)의 연계가 아니다. 이것은 정확하다. 마르크스는 이 글에서 entäußern이라는 단어를 27회 사용했다. 마르크스는 이러한 '매개'에 대한 숭배가 '자기목적'이 된다는 것을 발견했는데, 이러한 인식의 중요성은 더 말할 나위도 없다. 그는 또한 이 매개가 자신을 상실한 사유재산의 소외된 본질(entfremdetes Wesen)이고, 자신 이외의, 외화된 사유-재산(entäußertes Privateigenthum)이며, 인간의 생산(menschliche Production)과 인간의 생산 사이에서 외화된 매개역할을 하며, 인간의 외화된 유적 활동(entäußerte Gattungstätigkeit)이라는 점에 주목했다.[114] 우리는 마르크스가 여기서 경제학 문헌의 장에 깊숙이 빠졌다는 것을 알 수 있다. 이 글에는 Production이라는 단어는 무려 78회, Tausch(무역)는 94회, Waare(상품)는 40회[115]나 등장하며, Austausch(교환)는 61회 사용되었고, Werth(가치)는 85회, Geld(화폐)는 107회, Capital(자본)은 137회, Capitalist(자본가)는 15회(밀의 글 발췌도 포함)나 사용되었다. 더욱이 이런 경제학적 용어들은 보통 밀 문헌 발췌 부분과 근접한 곳에 집중되어 있다. 마르크스는 여기서 포이어바흐와 헤스 사상의 진정한 확장을 이루어냈다. 포이어바흐는 종교신학을 인간의 유적 본질의 외화와 소외로 보았고, 헤스는 부

---

113 같은 책, 19쪽. 馬克思, 『詹姆斯·穆勒「政治經濟學原理」一書摘要』 참조. *Karl Marx, Historisch-politische Notizen, Pariser*, S.447~448.
114 같은 책, 19쪽.
115 당시 마르크스가 사용한 Waare라는 단어는 현재 통상적으로 Ware로 쓴다.

르주아 사회 경제 과정에서의 인간의 자유 활동과 교통관계(사회적 유적 본질)의 외화 및 소외가 돈이라는 것을 이미 알고 있었다. 하지만 마르크스는 한 발 더 나아가 이러한 경제관계 소외의 본질을 설명했다.

마르크스는 분석을 계속해나갔다. 왜 사유재산은 필연적으로 화폐로 발전 하는가? "그것은 인간이 교통을 좋아하는 존재(Wesen)로서 필연적으로 교환 (Austausch)으로 발전할 수밖에 없기 때문이고, 교환 ─ 사유재산이 존재한다는 전제하에 ─ 은 필연적으로 가치(Werth)로 발전할 수밖에 없기 때문이다."[116] 분명 여기서 제시된 '인간이 교통을 좋아하는 존재'라는 말은 바로 헤스의 것 이다. 더불어 마르크스는 가치의 본질이 교환관계이며, 그래서 비물(非物)적 가치라는 것을 처음으로 명확히 했다. 마르크스는 여기서 Verkehr(교통)라는 단어를 사용하지 않고 gesellig라는 단어를 사용했다. Verkehr는 글 전체에서 단 2회 나온다. 소련 학자 로젠버그는 마르크스가 당시 이미 자연경제 사유제 도와 상품화폐 사유제도를 구별했고, 그로써 진정한 과학적 경제학설사의 기 초를 다졌으며, 변증법적 유물론의 원리도 이 지식 부문까지 확장시켰다고 보았다.[117] 나는 이러한 평가가 지나치게 고평가된 것이고, 충분한 근거도 없 다고 본다. 이 당시는 아직 변증법적 유물론이라고 할 것까지도 없었으며, 심 지어 마르크스도 아직 역사적으로 경제학설을 연구하지 않았었다. 이 연구는 실제로 1년 이후의 『맨체스터 수고』에서부터 시작되었다. 여기서 마르크스 는 "교환활동을 하는 인간의 매개운동은 사회적(gesellschaftlich)·인간적 운동 이 아니고, 인간의 관계(menschliches Verhältnis)가 아니다. 그것은 사유재산의 사유재산에 대한 **추상적 관계**(abstraktes Verhältnis des Privateigenthums zum Privateigenthum)이고, 이러한 **추상적 관계**는 가치다. 화폐야말로 가치로서의 현실적 존재(wirkliche Existenz)다"라고 밝혔다.[118] 마르크스는 이 글에서

116　『馬克思恩格斯全集』, 第42卷, 19쪽.
117　盧森貝, 『十九世紀四十年代馬克思恩格斯經濟學說發展槪論』, 75쪽.
118　『馬克思恩格斯全集』, 第42卷, 19~20쪽.

Verhältnis(관계)라는 단어를 9회 사용했고, 그 밖에 Beziehung(관계)도 13회나 사용했다. 분명한 것은, 이것이 헤스 - 포이어바흐식 인간주의 논리를 통과하며 굴절된 언어라는 점이다. 포이어바흐의 종교 신학에 대한 비판에서 인간의 유적 본질은 인류 공통의 감성적 활동이고 인간과 인간의 진실하고 직접적인 교통관계이지만, 종교에서 그것은 소외되고 전도된 추상(매개, Vermittler)형식을 취하며, 인간의 위에 있는 하느님으로 전도되어 표현된다. 그리하여 "그리스도는 외화된 하느님과 외화된 인간"의 매개다. 소외의 주체는 관계이지, 어떤 추상적 실체가 아니다. 이는 포이어바흐 소외사관에서 매우 심오한 지점이다. 마르크스는 포이어바흐의 '자연인'과 '인간과 인간'의 자연관계를 한층 더 나아가 '사회적 인간'과 '인간과 인간'의 사회관계로 확정했고, 교통관계라는 유적 본질이 전도된 금전관계로 된다는 헤스의 소외관점을 인간의 유적 본질(관계)의 사회 경제 운동에서의 소외에 관한 이론으로 체계화했다. 인간과 인간의 유적 관계가 소외와 추상에 의해 가치가 되고, 이 가치는 곧 사유제도하의 경제관계에서의 하느님이며, 화폐는 가치의 가치를 대표하는, 즉 예수그리스도라는 이러한 매개식이 또 한 번 소외된 무개성의 추상적 사유재산이다. 이는 포이어바흐와 헤스 이론의 전형적인 혼합물이다.

마르크스는 이 문제에서 화폐주의(중상주의)와 국민경제학(부르주아 고전 정치경제학)의 차이라면 후자가 '정밀하고 섬세한 맹목적 신앙으로 투박하고 거친 신앙을 대체'했을 뿐이고 그럼에도 이러한 경제소외의 실질을 변화시키지 못한 점이라고 지적했다. 그가 보기에 국민경제학이 인정한 부르주아 사회에서의 신용제도는 여전히 사기이고 속임수였다. 표면상으로는 신용제도에서 '소원하고 물질적인 지배가 무너지고, 자기소외의 관계가 지양되고, 인간은 다시 인간과 인간의 관계 속에 자리하게' 된 것처럼 보이지만, 실제로 이는 허상일 뿐이고, 심지어 훨씬 더 '비열하고 극단적인 자기소외, 즉 비인간화'다! 왜냐하면 여기서 다루는 것이 심지어 '더는 상품, 금속, 종이가 아니라, 도덕적 정재, 군체적 정재(das gesellige Dasein), 인간 자신의 내재생명'이며, 더

최악인 것은 인간에 대한 인간의 신뢰라는 허상 아래 극단적인 불신임과 완전한 소외가 숨겨져 있기 때문이다.[119] 「화폐의 본질에 대하여」에서 헤스는 gesellschaftliches Dasein이라는 단어를 사용했는데, 여기서의 das gesellige Dasein은 나중에 마르크스가 사용한 gesellschaftliches Dasein의 전신이다. 마르크스는 부르주아의 신용은 단지 부자에게만 허용된 신용으로, 화폐 보유자에 대한 도덕적 인정을 나타낼 뿐이라고 정곡을 찌르듯이 지적했다. "신용대출에서는 인간 자체가 금속 또는 종이를 대체해서 교환의 매개가 된다. 그러나 여기서 인간은 인간으로서가 아니라 모종의 자본이자 이자의 정재 (Dasein eines Capitals und der Zinsen)다." 이렇게 표면상으로는 교환에 사용되는 매개가 마치 사물의 형태에서 인간의 교류관계의 형태로 돌아온 것 같지만, 실제로 이러한 인간은 인격화된 자본에 불과하다. 마르크스는 이렇게 말했다. "신용대출 관계에서는 화폐가 인간에 의해 폐지되는 것이 아니라, 인간 자체가 화폐로 변하거나, 또는 화폐와 인간이 하나가 된다. 인간의 개성 자체, 인간의 도덕 자체는 이미 매매하는 물품이 되어버렸고, 그 안에 화폐가 존재하는 물질(Material)이 되었다." 여기서 이 Material은 바로 금속이나 종이와 같은 화폐의 물질 매개체이지, 관계성을 가진 사물(Sache)이 아니다. 그러므로 허위제도 내의 모든 진보와 비일관성은 최대의 도태이자 시종일관된 비천함이다.[120] 이것이 결코 신용대출 문제에 관한 경제학적 분석이 아니라 부르주아 신용대출 현상에 대한 철학적 도덕적 고발이자 규탄이라는 것은 쉽게 알 수 있다. 더욱이 여기서의 마르크스의 사고의 깊이와 경제학적 '전문성 수준'은 모두 이미 헤스를 크게 뛰어넘었다.

당시 마르크스의 견해에 의하면, 부르주아 사회에서의 신용제도는 인간의

---

119 같은 책, 21~22쪽. 중역본에서는 gesellig를 '사회적'으로 번역했는데, 이 단어는 독일어에서 '사회'라는 뜻이 없으며 '교통', '무리와 잘 어울리는' 등의 뜻을 가지고 있다. 따라서 나는 '무리와 잘 어울리는'으로 바꿔 번역했다. 馬克思, 『詹姆斯·穆勒「政治經濟學原理」一書摘要』 참조. Karl Marx, Historisch-politische Notizen, Pariser, S. 450.
120 같은 책, 23쪽.

자기소외를 극단적으로 표현한 것이다. 하지만 이러한 인간의 전도는 오히려 부르주아 국민경제학의 인정을 받으며, 게다가 '인간에 대해 고도의 인정을 부여하는 허상'하에서 실증을 획득한다. 첫째, 신용이라는 이러한 인격의 신임과 인정은 이미 부유한 자본가에게만 제공된다. 그래서 가난한 사람인 임금노동자는 이러한 인격의 대립 면으로 부정당할 수밖에 없다. 둘째, 임금노동자는 인간으로서 경제상에서의 신용과 축적의 실제 기회를 얻을 수 없을 뿐만 아니라, '도덕적으로도 신임을 얻을 자격이 없고 인정받을 자격이 없다고 판결받는다. 따라서 사회적 천민, 나쁜 사람이다'. 셋째, 화폐는 신용업에서 관념적 존재일 뿐이다. 그러므로 소외는 실재하지 않는 인격에서 발생하기 시작한다. "인간은 부득이하게 자신을 위조화폐로 만들고 간계와 거짓말 등을 수단으로 삼아 신용을 편취할 수밖에 없다." 넷째, 은행산업에서의 신용업의 완성은 화폐의 완성이기도 하다. 그것은 부르주아 국가의 본질이 '상인의 놀잇감'이라는 것을 설명한 것에 불과하다. 우리가 여기서 깨달아야 할 것은, 당시 청년 마르크스가 이미 경제학 분야에 매우 깊숙이 개입하기 시작했지만 경제학 이론규범을 가지고 자신이 직접 총구를 겨누고 있는 이 부르주아 세계에 진정으로 맞설 생각은 없었다는 점이다. 이 총이 바로 철학적 인간주의다! 결론적으로, 첫 번째 이론 구축에서 마르크스는 철학의 관점에서 경제학을 논평했다.

3) 이론 구축 B: 경제관계의 전도된 형태에 대한 경제학적·철학적 성찰

두 번째 이론 구축은, 마르크스가 첫째 층위의 사고 기초에서 진행한 또 다른 탐구로, 나는 그것을 철학과 경제학 내용의 이론적 접합이라고 칭한다. 여기서 마르크스의 인간주의 철학은 강력한 지배적 담론과 논리가 추진하는 이론적 중추가 되었다. 이 인간주의 담론은 뒤에서 다룰『1844년 수고』의 논리에 진정한 받침대가 되었다. 여기서 마르크스는 경제학(화폐-교환)에서 철학 비판(유적 본질-소외노동)으로 나아갔고, 경제학적 현실비판에서 형이상학적 철학사고로 바뀌었다. 그런데 십여 년 뒤에 『정치경제학 비판 요강』을 쓸 때 마르크스는 다시 동일한 접점에서 철학 비판으로부터 경제학으로 나아갔다.[121]

마르크스는 부르주아 사회의 경제적 교통 과정에서는 다음과 같은 특징이 출현했다고 지적했다.

> 생산 자체에서 인간의 활동의 교환이든 인간의 생산물의 교환이든 간에 그 의미는 모두 유적 활동과 유적 향수(Gattungsgenuβ)[122] — 그것들의 현실적이고 의식 있고 진정한 정재(wirkliches, bewuβtes und wahres Dasein)가 사회적 활동과 사회적 향수 — 다. 왜냐하면 인간의 본질은 인간의 진정한 공동 본질이므로 인간은 적극적으로 자신의 본질을 실현하는 과정에서 인간의 공동 본질과 사회 본질(gesellschaftliches Wesen)을 창조하고 생산한다. 그리고 사회 본질은 한 개인과 대립하는 추상적 일반적 역량이 아니라 모든 개인의 본질이고, 그 자신의 활동이자 그 자신의 생활이며 그 자신의 향유이고 그 자신의 부다.[123]

독자들은 이 인용문 첫 문장에서 마르크스가 강조한 구절이 '교환'이 '유적 활동'에 해당한다는 두 곳과 이어 나오는 '사회적'이라는 관형어 두 곳이라는

---

121 이 책 제9장 제1절 참조.
122 원문에서의 'Genuβ(향수)'라는 단어는 MEGA1에서 'Geist(정신)'로 오판되었고, 나중에 MEGA2에서 'Genuβ'로 모두 교정되었다. 그러나 중역본 『마르크스·엥겔스 전집』은 이를 고치지 않았다. 이 'Genuβ(향수)' 역시 헤스가 사용한 용어다.
123 『馬克思恩格斯全集』, 第42卷, 24쪽. Gemeinwesen이라는 단어는 마르크스가 이 글에서 비교적 많이 사용한 개념으로, 총 7회 등장한다. 중역본에서는 마르크스가 여기서 사용한 Gemeinwesen이라는 단어를 '사회연계'로 번역했으나 나는 부정확하다고 생각한다. Gemeinwesen이라는 단어의 직접적인 의미는 '집체', '국가'이지만, 여기서는 문맥으로 볼 때 그 구조와 문맥에 맞는 의미는 '공동 본질'이다. 馬克思, 『詹姆斯·穆勒「政治經濟學原理」一書摘要』 S.452 참조. 추측컨대 이는 아마도 소련 학자들이 Gemeinwesen을 '사회연계'로 번역했고, 러시아어로 번역된 것을 다시 중역한 데서 발생한 문제일 것이다. 나의 이러한 추측은 마르크스 『정치경제학 비판 요강』의 중역본에서 얻은 진일보한 실증이다. 『馬克思恩格斯全集』, 第46卷 上卷, 172쪽 주1 참조.

점을 주목하기 바란다. 마르크스는 의식적으로 이렇게 경제학과 철학을 연결했다. '교환'은 실제로 본래 마땅히 존재해야 하는 인간과 인간 간의 교통이라는 유적 활동과 유적 향수다! 교환은 경제학이고, 교통이라는 유적 활동과 유적 향수는 철학이다. 전자는 국민경제학이고, 후자는 포이어바흐 – 헤스식 인간주의 담론이다. 그리고 제3의 맥락은 마르크스 자신의 독특한 이론적 규정, 즉 인간 본연의 존재에서의 사회적 활동과 향수다. 당시의 마르크스가 보기에 인간의 본질은 오히려 포이어바흐가 말한 인간의 자연스러운 존재와 관계가 아니라, 인간의 진정한 사회적 본질과 공동성이다. 나아가 이는 개인과 상호 대립하는 추상의 것이 아니라 모든 개개인의 실제 존재의 본질이다. 이러한 인간의 본질은 헤겔 관념론의 사변적 반성 규정(Reflexionsbestimmung)이 만들어낸 것이 아니라, 개인의 욕구와 이기주의가 발현될 때, 즉 개인이 자신의 존재를 적극적으로 실현할 때 생기는 것이다. 그러나 부르주아 사회생활에서 이러한 인간의 사회적 본질관계는 오히려 외재적 사물의 교환관계로 표현된다. 이것이 바로 부르주아 경제현실에서 발생하는 인간의 유적 본질 관계의 소외다.

반드시 지적해야 할 것은, 마르크스가 여기서 말한 인간의 본질(관계)에 비록 '사회적(gesellschaftlich)'이라는 관형어가 덧붙었지만, 그것은 오히려 진짜 **추상적 규정성**이다. 마르크스는 이 글에서 Gesellschaft와 그 형용사를 31회 사용했다. 마르크스가 얼마 지나지 않아 쓴 『1844년 수고』에서의 노동 본질과 비교하면, 거기서의 노동 본질 또한 마찬가지로 추상적 인간주의의 것이라고 할 수 있다. 왜냐하면 이러한 '진정한 공동 본질'(실제로는 헤스가 제시한, 소외되지 않은 이상화된 유적 교류)은 결코 현실 존재의 것이 아니라, 이론화된 가치 상정이기 때문이다. 이는 나중에 마르크스가 1846년에 지적한, 물질적 생산조건을 기초로 한 현실적 해방 가능성과는 근본적으로 다르다.[124] 따라서

---

124 『馬克思恩格斯全集』, 第16卷(人民出版社, 1964), 32쪽 참조.

당시 마르크스는 부르주아 사회 경제현실에서 이렇게 복잡한 객관사물화와 전도된 사회관계의 핵심을 분명하게 인식할 수 없었다. 그래서 경제현실에서 객관적으로 전도된 사회관계가 이론적으로 소외라고 지적한 것이다. "이러한 공동 본질이 있느냐 없느냐는 인간에 의해 좌우되는 것이 아니다. 그러나 인간이 자신이 인간임을 인정하지 않는다면, 그로 인해 인간의 모습에 따라 세상을 조직하지 않는다면 이러한 공동 본질은 소외의 형식(Form der Entfremdung)으로 출현한다."[125] 마르크스가 보기에 사회연계의 주체는 인간이고, 이러한 인간은 추상적 개념이 아니라 '현실적이고 생생히 살아있는, 특수한 개인'이다. 그러나 부르주아 사회에서 인간은 '스스로 소외된 존재물'이다. 그리고 '그들의 존재 방식(Wie)이 그대로 본질(Wesen) 그 자체의 존재 방식이기' 때문에[126] 소외된 인간은 필연적으로 사회관계의 소외를 초래한다. 인간의 존재가 사회관계를 결정하는 것이지, 사회관계가 개인을 결정하는 것이 아니다. 『독일 이데올로기』에서의 이론 척도와 비교해보면, 여기서 전개하는 것은 정확히 반대되는 논리다. 마르크스는 『정치경제학 비판 요강』을 쓸 때에야 비로소 이 자본주의 사회 생산관계의 전도 문제를 진정으로 분석하고 해결하는 소임을 완수할 수 있었다.

분명한 것은, 마르크스가 처음에 경제 연구에서의 구체적인 하나의 문제에 대한 철학적 논설에서 출발해 총체적 이론논리상의 비약을 실현하기 시작했고, 화폐에 의한 소외현상에 대한 관심을 교환이라는 부르주아 경제관계 전체의 소외에 대한 연구로 승화시켰다는 점이다. 이처럼 당시 마르크스의 이론연구는 참신한 의미를 가지고 있다. 이는 마르크스가 의식적으로 자신의 경제소외 이론의 완전한 논리 틀을 구축하기 시작했기 때문이다. 잠재적 담론과 의식적 이론원칙이 여기서 포개졌다! 우리는 마르크스가 여기서 자신이

---

125 『馬克思恩格斯全集』, 第42卷, 24쪽. 중역본에 수정사항이 있다. 馬克思, 『詹姆斯 · 穆勒「政治經濟學原理」一書摘要』 참조. Karl Marx, *Historisch-politische Notizen, Pariser*, S.452.
126 같은 책, 25쪽.

얼마 전에 깨달았던 중요한 문제, 즉 근대사회의 발전 속에서 인간이 자연의 노예에서 자신의 창조물의 노예로 변해버린 문제를 제대로 파고든 점에 주목했다. 이는 초기 인간이 자연의 지배를 받던 현상과 공통되는 특징, 즉 인간이 외물(外物)에 의해 노역하고, 인류 주체가 여전히 (마땅히 그래야 하는) 자신의 운명의 주인이 아니라는 특징을 지니고 있다. 우리는 마르크스의 당시 인간주의 역사관 틀 속에서 이러한 사상이 강력한 윤리주의와 낭만주의 색채를 띤다는 것을 쉽게 알 수 있다.

동시에 여기서 우리는 또 포이어바흐의 인간주의 철학논리의 배후지원을 느낄 수 있다. 포이어바흐의 종교에 대한 비판에 따르면 하느님은 인간 본질의 전도이고, 인간은 무소불위의 신을 창조했으면서, 정작 인류 주체 자신은 아무것도 아닌 것으로 변했고, 이러한 무능하고 속 빈 인간은 자신이 창조해 낸 만능의 창조물 발아래 무릎을 꿇을 수밖에 없었다. 그런데 당시 마르크스의 철학논리는 포이어바흐의 철학논리보다 한층 높은 경지에 서서 이미 자연적 인성과 본질의 이론 확증에서 인간의 사회적 본질의 이론 확증으로 나아갔다. 이 철학논리는 나아가 그의 앞선 이론논리의 사유맥락에 비해 훨씬 분명한 것이기도 했다. 이는 마르크스가 처음으로 인간의 본질에 대해 규정한 것으로, 인류 주체가 소외되지 않았을 때 마땅히 가져야 할 선험적 본연의 상태, 즉 진정한 인간의 사회관계다. 이것은 우리가 앞에서 언급한 마르크스의 정치소외 관점과 비교할 때 분명 훨씬 구체적인 논리 지향이다.

마르크스는 이러한 한 개인이 마땅히 갖춰야 할 본연의 척도를 사용해 당면한 부르주아 사회 경제생활을 가늠했는데, 여기서 그는 인류 주체(노동자)의 본질이 바로 포이어바흐의 그러한 종교소외 과정과 마찬가지로 자신의 경제생활에서 철저하게 소외된다(또한 나쁜 의미의 '그러한')는 것을 발견했다.

인간 자신이 소외된, 그리고 이러한 소외된 인간의 사회는 그의 현실적 공동 본질(wirkliches Gemeinwesen)과 진정한 유적 생활의 희화다. 인간의 활동은 이로써 고난으로 그려지고, 그 개인의 창조물은 소원한 힘(fremde Mächte)으로 표현되며, 그의 부는 그의 빈곤함으로 표현되고, 그를 다른 사람과 결합하는 본질의 연결(Wesensband)은 비본질의 연결(unwesentliches Band)로 표현된다. 반대로, 그와 다른 사람의 분리는 그의 진정한 정재(wahres Dasein)로 표현되고,[127] 그의 생명은 그의 생명의 희생으로 표현되며, 그의 본질의 현실화(Verwirklichung)는 그의 생명의 현실성 상실로 표현되고, 그의 생산은 그의 비존재의 생산(Production seines Nichts)으로 표현되며, 그의 물에 대한 지배력은 그에 대한 물(物)의 지배력으로 표현된다. 반면 그 자체, 즉 그의 창조물의 주인은 정작 이 창조물의 노예로 표현된다.[128]

마르크스의 견해로는, 부르주아 국민경제학은 교환과 상업의 형식으로 사람들의 공동 본질 또는 그들이 적극적으로 실현하고 있는 인간의 본질을 탐구하고, 그들의 유적 생활에서의, 또 진정한 인간의 생활에서의 상호 보충을 탐구한다. 즉, "무리와 잘 어울리는 교통(geselliger Verkehr)의 소외된 형태를 본질적이고 최초의 형식으로, 또 인간의 본성과 상호 부응하는 형식으로 확정했다".[129] 이 관점은 근본적으로 헤스의 교통 개념에서 유래한 것이다. 마르크스는 이렇게 말했다.

교환(der Tausch) 또는 교환거래(Tauschhandel)는 사회적·유적 행위이고, 공동 본질이며, 사회적 교통과 사적 소유 범위 내에서의 인간의 연합이다. 따

---

127 중역본에서는 Dasein을 '존재'로 번역했으나, 나는 '정재(定在)'로 번역하는 것이 보다 정확하다고 본다.
128 『馬克思恩格斯全集』, 제42권, 25쪽. 중역본에 수정사항이 있다. 중국어 번역자는 마르크스가 여기서 사용한 Band라는 단어를 '연계'로 번역했으나, 이 단어는 독일어에서 통상 '띠', '묶다' 등의 의미로 쓰인다. 그러므로 '연결'로 번역하는 것이 보다 정확하다. 馬克思, 『詹姆斯·穆勒「政治經濟學原理」一書摘要』 참조. Karl Marx, *Historisch-politische Notizen, Pariser*, S.452~453. 마르크스는 이 글에서 Band라는 단어를 4회 사용했다.
129 같은 책, 25쪽 참조. 중역본에서는 gesellig를 '사회적'으로 번역했으나 나는 이를 '무리와 잘 어울리는'으로 바꿔 번역했다.

라서 외부적이고 외화된, 유적 행위다. 바로 이렇기 때문에 그것은 비로소 교환거래로 표현된다. 따라서 교환거래는 동시에 사회적 관계(gesellschaftliches Verhältnis)의 대립물이다.[130]

이상의 분석으로 마르크스의 이러한 이론 전개의 맥락이 매우 분명하다는 것 - 그것이 사회정치의 분립(소외)에 대한 관심에서 사회 경제 영역의 소외현상에 대한 관심으로 옮겨가고, 다시 금전에 의한 소외에 대한 구체적 비판에서 경제관계 소외에 대한 총체적 논리의 철학 비판 과정으로 옮겨갔다는 것 - 을 알 수 있다. 그런 다음 마르크스는 교환영역에서 노동생산으로 나아갔고, 이를 통해 노동소외의 사상이 생성되기 시작했다. 이 행진의 방향은 고전경제학이 교환에서 생산으로 옮겨가는 논리와 일치하는 것이기도 하다. 이는 아마 헤스가 뛰어넘지 못했던 중요한 한 걸음이기도 할 것이다.

4) 이론 구축 C: 노동소외 논리의 제1차적 규정

세 번째 중요한 이론적 진보는 노동소외 이론이 처음 형성된 것이다. 여기서 청년 마르크스는 사회관계의 소외로부터 인간의 본질적 소외의 근원이 노동활동의 기형적 변화라는 관점을 직접 도출했다. 이러한 관점은 청년 마르크스 자신의 자주적 인간주의 소외사관이 최초로 수립되었음을 의미한다. 마르크스가 당시 한 말을 빌리면, "교환관계가 전제되면, 노동은 직접적으로 생계 도모의 노동(unmittelbare Erwerbsarbeit)이 된다".[131] 여기서 Erwerb라는 단어는 '얻다', '벌어들인 수입'의 뜻으로, 헤스가 가장 자주 사용한 개념이다.

---

130 같은 책, 27쪽 참조. 중역본에서는 Tauschhandel을 '물물교환'으로 번역했으나 이 단어에는 이런 의미가 없다. Handel은 '교역'이라는 뜻이므로 나는 이를 '교환거래'로 바꿔 번역함으로써 중국어에서의 오해를 피하고자 했다.
131 같은 책, 28쪽 참조.

「화폐의 본질에 대하여」에서 헤스는 이 단어를 잇달아 13회나 사용했다. 당시 마르크스는 헤스가 이미 사용했던 **임금노동**(Lohnarbeit)이라는 단어도 아직 사용하지 않고 있었다. 마르크스가 여기서 탐구한 것은 노동소외의 경제학적 본질이다.

당시의 마르크스가 보기에 노동은 인간의 생활의 원천이며, 그것의 목적은 본래 노동자의 '개인 존재의 적극적 실현'이어야 하고, 그 개인의 '자기 향수'여야 하며, 노동자 본인의 '타고난 천성과 정신 목적의 실현'이어야 한다.[132] 이는 노동자 본인의 생명의 총체적 욕구다. 하지만 오늘날 이러한 생명의 욕구는 교환관계 속에서 왜곡되어 기형화되고 말았다. 첫째, 여기서의 노동 자체와 노동생산물은 모두 '노동자의 욕구나 그의 **노동 사명**과는 아무런 **직접적** 관계가 없고', 오히려 외재적 객관의 '사회적 조합'이다. 둘째, 생산물을 구매하는 사람 자신은 노동생산에 종사하지 않고, 다른 사람이 생산한 것을 바꿔 가지기만 한다.[133] 노동생산물이 '가치이고, 교환가치이고, 등가물로 생산한 것'이고, '더 이상 그것과 생산자의 직접적인 개체관계를 위해 생산한 것이 아니기' 때문에 노동자는 여러 분야에서 사회적 욕구를 갖지만 노동 자체는 점점 '일면적'으로 변한다. 노동은 "생계 도모의 노동(Erwerbsarbeit) 범주로 빠져버리고, 종국에는 노동의 의미가 고작 생계 도모의 노동으로 귀착될 뿐이며, 완전히 우연적이고 비본질적인 것이 될 뿐이다".[134]

분명 마르크스는 당시 주체적 욕구(Bedürfnis)라는 규정에서 출발해 노동의 본연의 의미를 위치 지웠다. 이는 이후 『1844년 수고』 제1권에서 대상화 생산으로부터 노동을 위치 지운 것과는 아주 중요한 이질성을 갖고 있다. 마르크스는 여기서 생계 도모 노동으로부터 노동의 소외를 도출했는데, 그것은 구체적으로 네 가지 층위의 소외관계를 포함한다. 첫째, '노동 주체(arbeitendes

---

132   같은 책, 28쪽 참조.
133   같은 책, 28쪽.
134   같은 책, 28쪽.

Subject)에 대한 노동의 소외와 우연성', 둘째, 노동대상에 대한 노동(Arbeit vom Gegenstand)의 소외와 우연성, 셋째, 외재적 사회적 욕구(gesellschftliche Bedürfnisse)가 노동자의 타자성을 강제하게 되는 것, 넷째, 노동자의 생명활동이 생계도모 활동의 수단으로 되는 것이다.[135] 이 네 가지 측면 모두 대상화 노동 및 관계에 대한 외적인 소외 부분으로, 『1844년 수고』 제1권에 나오는 노동소외의 4중 논리 측면과 비교하면 이러한 분석은 매우 투박하고 거칠고 부정확하긴 하지만, 더 심오한 논리 구축이 곧 전개될 조짐이 반짝반짝 빛나고 있었다.

마르크스의 당시 인식에 따르면, 노동소외는 사적 소유 조건하에서의 분업으로 인해 초래된 것이었다. 그는 이렇게 보았다.

> 인간 활동의 생산물의 상호교환은 교환거래(Tauschhandel)로 표현되고, 매매하는 것(Schacher)[136]으로 표현되는 것과 마찬가지로 표현되며, 활동 자체의 상호 보충과 상호 교환은 분업(Theilung der Arbeit)으로 표현된다. 이러한 분업은 인간을 고도의 추상적 존재물(abstraktes Wesen)로 만들고, 연사 기계 등으로 만들며, 결국 정신적·육체적으로 기형적인 인간에 이르게 한다.[137]

상품교환의 기초는 노동 분업이고, 분업은 소외의 원인이다. 이 점에서 마르크스는 이미 헤스의 소외 원인에 대한 분석을 뛰어넘었다. 마르크스는 이 글에서 Theilung der Arbeit라는 말을 단 4번밖에 사용하지 않았다.[138] 이 관점은 『독일 이데올로기』에 와서 '분업은 노역의 원인'이라고 개조되었다. 당

---

135 같은 책, 28~29쪽 참조.
136 Schacher라는 단어는 헤스가 「화폐의 본질에 대하여」에서 자주 사용한 단어로, 통상 '매매'와 '교역'으로 번역되었다. 헤스는 또 Schacherwelt(교역세계)와 verschachern(매매, 장사하다) 등의 단어도 사용했다. 소련 편역자의 견해에 따르면, 이 단어를 사용한 것은 푸리에 사회주의 전통에서 조직적인 교환거래(Handel)와 비교해 자발적인 매매를 폄하하는 의미가 있다.
137 『馬克思恩格斯全集』, 第42卷, 29쪽.
138 마르크스가 당시 사용한 Theilung der Arbeit라는 말을 현재는 통상 Teilung der Arbeit로 쓴다.

시의 마르크스는 분업의 전제하에서 생산물과 사유제도하에서의 부가 등가물의 의미를 획득했고, 인간이 교환한 것은 이미 자신의 노동의 잉여는 아니며, 그에게는 '본래 완전히 무관심한 것', 즉 생계 도모 노동으로서의 직접 결과인 교환매개, 즉 화폐라고 판단했다. 그런데 바로 이 화폐 속에서, "질료의 성질, 즉 사유재산의 특수 자연물(spezifische Natur)에 대해서든, 사적 소유자의 개성에 대해서든 완전히 무관심한 화폐 속에서, 소외된 사물(entfremdete Sache)의 인간에 대한 전면적 지배가 나타난다".[139] 여기서 사회적 본질은 단지 그것 자신의 대립물의 형식, 소외된 형식으로만 존재하게 된다.

마르크스는 인간주의 경제소외 이론의 총체적인 논리 구축에 대해, 자신이 첫 단락에서 제시한 '논평'에서 이미 매우 중요한 실현을 이루어냈다. 이어 마르크스는 먼저 밀은 『정치경제학 원리』 제3부 후반부 한 단락에서 제4부('소비론')의 제3절까지를 대거 발췌했다. 이처럼 마르크스의 인간주의 사상이 이미 두드러지게 나타나는 상황에서 경제학적인 부분은 늘 가려졌다. 사실 밀의 이 책의 제4부에서 이미 생산적 노동과 비생산적 노동을 언급했고, 스미스가 사용한 '생산력(productive Kräfte)'[140] 개념을 여러 차례 언급했으며, 소비가 생산의 확장을 따라 확대된다는 특성을 분석했다. 이러한 관점들은 모두 스미스 이론을 재차 논술한 것이지만, 마르크스는 당시 이러한 경제학 명제와 중요한 개념들을 이해할 수 없었다. 그래서 마르크스는 다시 한 번 교환을 기본 관점으로 하는 경제소외 이론의 철학 주제로 돌아와 부르주아 사회 사유제도와 경제소외의 내재적 관련성을 직접 논술했고, 더 나아가 그의 경제소외 이론의 완전한 철학논리 틀을 확증했다.

마르크스는 현실의 사유제도 기초에서 인간의 생산목적은 늘 자신을 위한

---

139 『馬克思恩格斯全集』, 第42卷, 29쪽. 중역본에서는 Natur를 '물질'로 번역했으나 나는 '자연물'로 바꿔 번역했다. 또한 중역본에서는 Sache를 '물(物)'로 번역했는데, 마르크스가 여기서 사용한 의미는 일반 물과 구별되는, 인간과 관련 있는 사물, 물품을 가리킨다. 나는 이것을 '사물'이라고 번역하는 것이 훨씬 정확하다고 본다.

140 같은 책, 32쪽.

대상화된 방식으로의 점유가 된다고 지적했다. 여기서 출현한 생산 개념은 결코 이후 역사유물론적 의미에서의 물질생산이 아니라, 국민경제학에서 비롯된 교환에 상대되는 경제학 용어임이 분명하다. "생산의 목적은 바로 보유 (Haben)다. 생산은 이러한 실리적 목적뿐만 아니라 사리사욕의 이기적인 목적도 가진다. 인간이 생산을 하는 것은 단지 자신이 보유하기 위함이다. 인간이 생산한 대상(Gegenstand)은 자신의 직접적이고 사리사욕적인 욕구의 대상화 (Vergegenständlichung)다."[141] 이는 마르크스가 이 글에서 처음으로 생산과 관련 지워 Vergegenständlichung이라는 단어를 사용한 것으로, 이 단어를 총 3회 사용했다. 포이어바흐로부터 비롯된 Vergegenständlichung이 마르크스와 헤스의 노동에 대한 견해를 확실히 구분해준다.[142] 교환이 출현하기 전에는 인간이 생산한 생산물의 수량이 그 자신의 직접 수요보다 그리 많지 않았기 때문에 그의 수요의 한계가 곧 그의 생산의 한계이기도 했다. 수요가 생산을 한정했던 것이다! 그런데 일단 교환이 생기고 나니 점유의 직접적 한계를 초월한 잉여 생산물이 생겼다. 수요가 생산을 한정한다는 것과 교환이 생산물을 결정한다는 것, 이 두 관점은 모두 정확한 명제가 아니다. 마르크스가 이때 본 것은 생산과 교환에서는 인간과 인간의 교환관계(본래는 인간과 인간이 교통하는 유적 본질인)가 더 이상 인간의 진실한 관계가 아니며, 인간의 노동생산물 역시 더 이상 '우리가 서로 상대방을 위해 생산을 진행하는 유대'가 아니라는 점이었다.

---

141 같은 책, 33쪽. 원래 중역본에서는 Haben을 '점유'로 번역했으나 독일어에는 Besitzen(점유)이라는 단어도 있기 때문에 '보유'라고 번역하는 것이 바람직하다고 생각한다. 중역본에서는 Gegenstand를 '물품'으로, Vergegenständlichung을 '물화(物化)'로 번역했지만 나는 이를 각각 '대상'과 '대상화'로 바꿔 번역했다.

142 전통적 연구에서 사람들은 통상 마르크스의 대상화 개념에 대해 헤겔 철학으로부터 영향을 받은 것이라고 여긴다. 하지만 실제로 헤겔은 Vergegenständlichung이라는 단어를 사용한 적이 없다. 그는 일반적으로 gegenständlich(대상성)의 개념을 사용했다. 반면 포이어바흐는 종교적 인간주의 비판에서 Vergegenständlichung을 집중적으로 사용했다. 1841년에 낸 책 『기독교의 본질』에서 포이어바흐는 이 단어를 총 45회나 사용했다.

다시 말해 우리의 생산은 결코 인간이 인간으로서의 인간을 위해 종사하는 생산, 즉 사회적 생산이 아니라는 것이다. …… 나와 당신의 사회관계 (gesellschaftliche Beziehung)와 내가 당신의 욕구를 위해 행하는 노동은 단지 허상(Schein)에 불과하며, 우리의 상호 보완 역시 상호약탈을 기초로 하는 허상일 뿐이다.[143]

여기서 마르크스는 현상학 비판의 틀을 작동시키기 시작했다. 앞서 서술했듯이, 여기서 마르크스가 표시한 '사회'라는 이 규정성은 모두 포이어바흐식의 소외되지 않은 인간과 인간의 진정한 유적 관계다. 우리는 『1844년 수고』 제3권에서 또 다시 변한 이 '사회'라는 범주를 만난다.

교환의 조건하에서 인간과 인간의 '사회적' 관계, 즉 우리를 연결하는 그 교통의 유적 본질은 이미 전도되어 인간의 의지로는 변화시킬 수 없는 이기적이고 사물화된 것, '당신에 대한 지배력'으로 되었다. 그래서 현실의 부르주아 사회 경제생활에서 "우리와 인간 본질의 상호 소외가 이미 이 지경까지 이름으로써, 우리가 보기에 본질적인 직접 언어가 인류 존엄에 대한 모욕이 되었다. 반대로 사물의 가치(sachlicher Werth)라는 소외 언어는 오히려 완전히 당연한, 자신 있는, 자기가 인정하는 인류 존엄에 부합하는 것이 되었다".[144] 이는 두 가지 분야에서 두드러지게 표현된다. 첫째, 부르주아 사회 경제 과정 속에서 생활하는 모든 인간은 실제로 자신을 타인의 목적물로 변화시키며, 인간이 그의 물품을 점유하려 할 때 실제로는 자신을 수단, 도구, 어떤 물품의 생산자로 변화시킨다. 둘째, 한 사람의 물품이 다른 사람에게는 단지 "대상 (Gegenstand)의 감성적 껍데기로, 잠재된 형식으로 표현될 뿐이다. 왜냐하면 당신의 생산이 나의 대상을 도모하려는 의도가 있음을 의미하고 있고 또 밝히고

---

143 『馬克思恩格斯全集』, 第42卷, 35쪽.
144 같은 책, 36쪽.

있기 때문이다. 이렇게 당신은 당신 자신에 대해서도 사실상 당신의 대상물의 수단과 도구가 되며, 당신의 욕구는 당신의 대상물의 노예다".[145]

이렇게 인간의 유적 본질의 소외 상태와 인류 주체가 사물로 전도되는 현상에 직면해 마르크스는 자연히 이를 부정했다. 그가 이해한 바로는, 이러한 소외된 주체가 바로 부르주아 계급의 지배하에 놓여 있는 프롤레타리아 계급이다. 상술한 바와 같이, 당시 이미 프롤레타리아 계급의 입장에 서 있었던 마르크스는 억압받는 계급이 일어나 혁명을 일으킬 근거를 찾고 있었고, 그는 '무기의 비판'으로써 이러한 불합리한 사회역사현상을 폐기하고 인류 주체로 하여금 본래 마땅히 처해야 하는 정상적인 상태로 돌아올 것을 요구했다. 하지만 인간의 혁명은 당시만 해도 '철학자의 머리에서 시작'된 것이었고, 소외의 제거와 인류 주체의 해방은 여전히 인간주의 가치철학의 논리적 추론의 결과일 뿐이었다. 이는 마르크스의 완전한 경제소외 이론의 마지막 논리 구성요소이기도 하다. 즉, 소외를 지양하는 것이자 인류 주체가 소외상태에서 자신의 본질로 복귀하는 것이다.

여기 텍스트의 맥락에서 마르크스는 이러한 주체의 회복이 바로 공산주의라는 설명을 명확하게 하지 않았다. 그는 단지 '인간'이 마땅히 갖춰야 할 유적 본질로부터 주체의 회복에 대해 이렇게 이상화된 서술을 했다.

우리가 인간으로서 생산을 한다고 가정해보자. 이러한 상황에서 우리 각자는 모두 자신의 생산과정 속에서 자신과 다른 사람을 이중으로 긍정한다. (1) 나는 나의 생산 속에서 나의 개성과 나의 특징을 대상화했다. 따라서 나는 생산에서 활동할 때 개인의 **생명 표현**(Lebensäusserung)을 향유하면서, 또 생산물에 대한 직관에서 나의 개성이 대상적이고 직관적으로(gegenständlich, sinnlich)

---

145 같은 책, 37쪽. 중역본에서는 Gegenstand라는 단어를 '물품'으로 번역했으나, 나는 이를 '대상'으로 바꿔 번역했다.

감지할 수 있어서 의심할 여지없는 권력임을 인식했기 때문에 개인적 즐거움을 느낀다. (2) 당신이 나의 생산물을 향유하거나 사용할 때 내가 직접 향유할 수 있는 것은, 나의 노동이 인간의 욕구를 만족시켰고 이로써 인간의 본질을 대상화(vergegenständlichen)했음을 깨닫는 동시에, 또한 다른 **사람의 본질적 욕구**와 상호 부합하는 대상(Gegenstand)을 창조했다는 점이다. (3) 당신에게 있어 나는 당신과 유(類) 사이의 매개인이다. 당신 자신은 내가 당신 자신의 본질의 보충이고 당신 자신이 분리해낼 수 없는 부분임을 인식하고 느낀다. 그리하여 나는 나 자신이 당신의 사상과 당신의 사랑에 의해 실증된다는 것을 인식한다. (4) 나 개인의 생명 표현 속에서 나는 당신의 생명 표현을 직접 창조했다. 따라서 나의 개인적 활동 속에서 나는 나의 진정한 본질(wahres Wesen), 즉 나의 인간적 본질과 나의 공동 본질을 직접 실증하고 실현했다.[146]

여기서 생산노동이 나의 욕구의 대상화라는 데 관한 마르크스의 견해는 헤겔의 노동 외화 관점에서 온 것이다. 그러나 마르크스는 헤겔의 외화론을 포이어바흐식의 대상화론으로 개조했다. 바로 이 점이 마르크스를 헤스의 노동 개념과 구분해준다. 물론 마르크스의 여기서의 토론은 여전히 이상화된 본연의 인간이 생존하는 구역이다. 바로 이어서 마르크스는 또 인류 주체의 소외와 비소외의 두 가지 서로 다른 상태에서의 비교논리 분석을 진행했다. 첫째, 소외되지 않은 주체 상태에서 "나의 노동은 **자유로운 생명** 표현이고, 따라서 **생활의 즐거움**이다. 사유제도의 전제하에서 이것은 **생명의 외화**다. 왜냐하면 내가 노동하는 것은 **생존**을 위해서이고 생활의 **자료**를 얻기 위해서이기 때문이다. 나의 노동은 나의 생명이 아니다".[147] 둘째, 주체 상태에서 "나는 노동에서 자신의 개인 생명을 긍정하고, 이로써 내 개성의 **독자성**도 긍정한다. 노동

---

146 같은 책, 37쪽. 중역본에는 수정사항이 있다. 馬克思, 『詹姆斯·穆勒「政治經濟學原理」一書摘要』참조. Karl Marx, *Historisch-politische Notizen, Pariser*, S.452~453.
147 같은 책, 38쪽.

은 나의 진정한, 활동적인 소유다".[148] 사유제도의 전제하에서 노동은 '강요된 활동'으로 변하고, 인간에게는 고통이 된다. 주체 자신의 활동에서 인간의 개성은 오히려 인간과 멀어진다. 이는 곧 다음의 관점과 비슷하다. 노동은 인류 주체의 본질이므로, 노동의 소외를 지양함으로써 인간의 진실한 본질로 복귀하는 것이 곧 인류 해방의 근본이다. 물론 여기서 마르크스는 이 새로운 이론 관점에 관해 진일보한 구체적인 설명을 하지 않았다. 그 이론 관점을 전개하는 것은 『1844년 수고』에서 중요한 사고의 주제다.

5) 총체적 비판으로: 사회주의적 결론

『파리 노트』의 마지막에서 마르크스는 이미 이러한 경향을 드러냈다. 즉, 부르주아 정치경제학의 논리를 떠나 철학과 공산주의의 연결에서 자신의 자주적 비판을 전면적으로 전개하기로 결심한 것이다. 내 견해로는 부르주아 정치경제학을 비판하는 이 행동에 있어 마르크스는 결코 의지할 데 없는 외로운 고독자가 아니었다. 사실 그의 뒤에는 시스몽디, 프루동, 헤스, 청년 엥겔스, 이 네 명의 이론가가 버티고 있었다. 마르크스는 경제학 비판에서는 시스몽디의 부정적 전제에 경도되었다. 정치경제학에 대한 정치 비판에서는 프루동과 엥겔스의 경제학을 기초로 한 경제학 비판을 대부분 긍정했다. 하지만 경제학에 대한 철학의 비판 — 그가 가장 발언권 있는 부분이라고 자인한 — 에서는 헤스의 견해에 동의했다. 더구나 그는 『밀 노트』의 시작에서부터 가볍게 헤스를 초월했다. 재미있는 것은 마르크스가 『파리 노트』의 마지막에서 앞서 언급한 이 세 명의 이론가에 대해서는 아무것도 발췌하지 않았지만, 유독 그가 이미 본 엥겔스의 『국민경제학 비판 대강』에 대해서만큼은 다시 노트했다는 점이다. 도대체 어찌 된 일일까? 앞서 내린 내 분석에 따르면 시스

---

148 같은 책, 38쪽.

엥겔스의 『국민경제학 비판 대강』에서 마르크스가 발췌한 노트 1쪽

몽디, 프루동, 헤스는 모두 마르크스가 당시 비교적 쉽게 이해한 사상가였지만, 엥겔스의 『국민경제학 비판 대강』은 그가 충분히 이해할 수 있는 범주를 넘어섰다. 앞서 서술한 바와 같이 시스몽디는 인간학적 윤리학에 대해 비판하고, 프루동은 정치 법권에 대해 비판하며, 헤스는 철학에 대해 비판한 데 비해, 청년 엥겔스는 정치경제학 자체로 정치경제학을 비판했다. 마르크스는 엥겔스의 방법을 특별히 따로 다시 고려할 필요가 있다고 생각했다.

엥겔스의 『국민경제학 비판 대강』에 대한 마르크스의 발췌는 독립적으로 삽입된 쪽으로, 『밀 노트』의 마지막에 삽입되었다.[149] 마르크스는 1843년 11월에 엥겔스의 이 텍스트를 읽었지만, 당시 마르크스는 엥겔스가 비판한 경제학자들과 그 논저에 대해 아직 이해하지 못하고 있었기 때문에 즉시 발췌를 하지는 못했다. 상술한 바대로 엥겔스의 프롤레타리아 입장은 이미 마르크스에게 심대한 영향을 끼쳤다. 그리고 여기서 마르크스는 또 경제학에 대한 기본적 견해를 형성했다. 그는 엥겔스의 『국민경제학 비판 대강』을 반드

---

149 같은 책, 485~486쪽.

시 다시 한 번 더 읽고 발췌해야 한다고 생각했다. 동시에 나는 마르크스가 당시 엥겔스의 사유맥락에 따라 정치경제학을 비판할 수 없다는 사실을 깨달았다고 생각한다. 이것이 바로 마르크스가 『1844년 수고』 제1권 첫 번째 논리틀에서 지적한 '국민경제학 입장에서'의 의미다.

마르크스는 『파리 노트』의 마지막에 시스몽디식 사회주의자 유진 뷔레의 책 『영국과 프랑스 노동계급의 빈곤』을 발췌했다. 마르크스가 여기서 흥미를 가진 것은 부르주아 사회제도에 대한 저자의 비판, 특히 프롤레타리아 계급의 빈곤한 생활과 관련한 대량의 구체적인 자료였다. 뷔레의 이 책에는 영국 임금노동자 계급의 상황뿐만 아니라 산업혁명을 완성한 유럽의 다른 부르주아 국가 노동자들의 비참한 생활에 관한 생동감 있는 자료도 포함되어 있다. 뷔레는 책에서 많은 연구자들의 조사를 인용했다. 예컨대 영국 학자 아치볼드 엘리슨(Archibald Alison), 프레더릭 모턴 이든(Frederic Morton Eden), 프랑스 학자 빌뇌브 바그몽(Villeneuve-Bargemont), 빌로트(Villot), 빌레르메(M. Villermé) 등의 연구 성과들이다. 이 외에 영국 의회 보고서와 프랑스 사회구제 보고서 등 수많은 정부 통계자료들도 실려 있다.

마르크스의 이 발췌는 두 부분으로 나뉜다. 첫째, 노동자의 빈곤 상황 실례다. 마르크스의 발췌에서 그의 주도적인 의향은 구체적인 실증을 획득했다. 즉, 대다수 노동자의 빈곤은 소수 사유자의 수중에 있는 부의 축적과 관련이 있다는 것이다. "빈곤과 그 결과는 부의 대가다." 그는 심지어 뷔레의 논저 마지막 장의 절대적 빈곤화와 상대적 빈곤화에 관한 연구에도 주목했다. 둘째, 부르주아 지배자의 노동자 빈곤에 대한 정책, 즉 첫 빈곤구제법에서부터 1840년대의 상응한 조치들까지를 평가했다. 마르크스는 부르주아 사회의 빈곤 퇴치 조치가 속수무책으로 무력했음을 비판한 뷔레의 평론을 발췌했다. 왜냐하면 이 조치들은 기껏해야 '극도의 빈곤'을 조금 경감시킨 데 그쳤을 뿐, 빈곤을 근본적으로 제거하지는 못했기 때문이다. 오히려 도시와 시골을 막론하고 빈곤이 심화되었다. 일본 학자 하토리 후미오는 마르크스

가 나중에『1844년 수고』에서 뷔레의 저작을 인용했지만 뷔레의 이름을 밝
히지는 않았다고 지적했다. 앞에서 우리가 언급한「프로이센 국왕과 사회개
혁에 대한 비판적 논평, 어느 프로이센인에 대하여」에서 마르크스는 뷔레의
저작을 인용했다.[150] "아일랜드 사람은 한 가지 욕구, 즉 먹는 욕구밖에 모른
다. 더구나 감자밖에 먹을 줄 모르는데, 그것도 쓰레기 같은 감자, 최악의 감
자뿐이다."[151]

  마지막은 마르크스가 헤겔의『정신현상학』에서 발췌한 것이다. 이는 마르
크스의 철학방법론상에서의 재준비다! 이렇게 해서『1844년 수고』저작 전
체의 사유맥락이 이미 형성되었다. 마르크스는 자신의 새로운 이론논리를 전
면적으로 발표할 기회가 반드시 한 번은 필요하다는 것을 이미 똑똑히 인식
하고 있었다. 이는 어쩌면 그가 이후 저작한『1844년 수고』라는 책을 위해 내
재적 이론 충동의 사상적 씨앗을 뿌린 것인지도 모른다.

---

150   『馬克思恩格斯全集』, 第1卷, 473, 476~478쪽 참조.
151   『馬克思恩格斯全集』, 第42卷, 134쪽 참조.

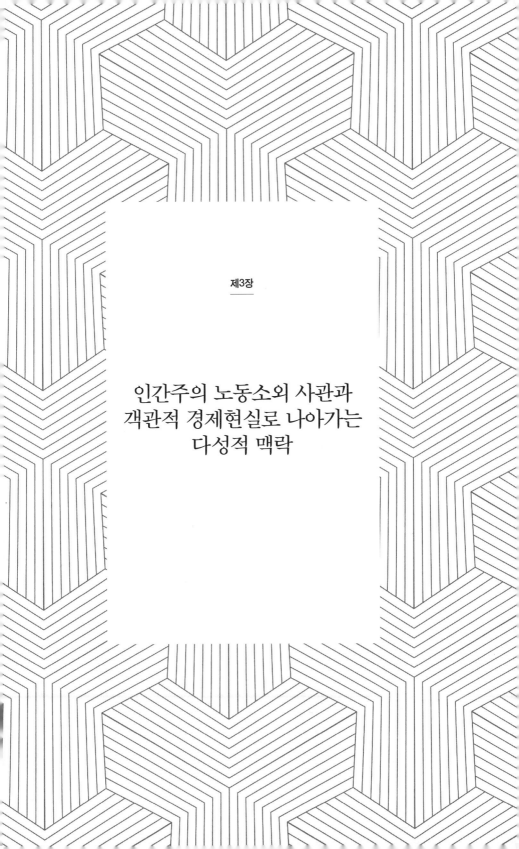

제3장

인간주의 노동소외 사관과 객관적 경제현실로 나아가는 다성적 맥락

청년 마르크스의 『1844년 수고』가 1927년 처음 세상에 알려진 뒤로 오랜 세월이 지났다. 시간은 덧없이 흘렀고 반세기가 넘는 이 시간 동안 이 수고는 전기적 색채를 띤 수많은 사건들을 겪으면서 매우 중대한 역사적 역할을 담당했다. 하지만 오늘날까지도 『1844년 수고』는 마르크스 문헌 가운데 가장 해독하기 어려우면서도 가장 빈번하게 인용되는 글로 평가되고 있다. 우리의 시계바늘을 당대 마르크스 연구의 이해라는 지평에 맞춰보면, 최근 두 번의 중대한 해석이 있었던 것을 알 수 있다. 즉, 소련 공산당의 '인간주의적 사회주의'와 중국 이론계의 '종 철학' 및 '실천 인간주의'다. 양자의 차이점은, 소련의 정치적 해석은 현실 속에서 이미 파탄한 반면, 중국 철학계의 인간주의 해석은 이제 막 싹트기 시작했다는 점이다. 이 텍스트의 중요한 토론적 의미의 영역을 다시 부각할 필요가 여기에 있다.

1. 『1844년 수고』의 기본 상황

이 책 서론에서의 토론을 통해 우리는 『1844년 수고』(1844)를 이해하는 것이 사실은 마르크스의 모든 해석 방식의 핵심적 이질성의 분수령을 이해하는 것임을 알 수 있었다. 이 텍스트에 대한 철학적 연구는 확실히 국내외에서 이미 현저한 성과를 얻었다. 그 주요 결론을 두 가지 관점으로 정리할 수 있다. 첫째, 『1844년 수고』는 이미 마르크스주의 철학의 논저이기 때문에 인간주의를 당연한 이론적 기치(서양의 인간주의적 마르크스주의파, 서양 마르크스학, 중국의 실천 인간주의와 각양각색의 마르크스 인간주의 포함)로 보는 관점이다. 둘째, 『1844년 수고』의 이론적 가치를 단호히 부정하고 인간주의의 노동소외 이론이 여전히 부르주아 '이데올로기'라고 판정한(예컨대 서양 마르크스주의의 알튀세르) 관점이다. 이 두 가지 이해는 사실상 일종의 단선적 사고의 양면이다. 그리고 그 중간에는 여전히 소련과 동유럽 학자의 불철저하고 경계가 모호한 이론적 인지논리가 가로놓여 있다. 내가 이미 설명했듯이, 쑨보쿠이는 『1844년 수고』에 두 가지 논리가 존재한다는 것을 처음으로 지적했다. 즉, 그는 주도적 지위에 있는 인간주의의 소외노동 논리 외에, 지금 발생하고 있는 현실 묘사로부터 출발한 객관 유물론의 단서도 확인했다. 하지만 후자의 논리적 기원에 관해 쑨보쿠이는 헤겔의 노동 외화의 사상과 연계되어 있을지도 모른다는 지적 외에는 직접적인 대답을 명확하게 내놓지 않았다. 이전 연구의 배경을 분석해보면, 사람들은 『1844년 수고』에 나오는 유물론의 관점을 단지 포이어바흐에게만 연결시키려는 경향이 있는 것 같다는 인상을 받는다. 하지만 내가 보기에 이러한 관점에는 근거가 없다. 문제는 그렇게 간단하지가 않다. 문제의 핵심은 우리가 마르크스의 당시 경제학 연구의 구체적인 내용을 떠나 단순히 철학적 해독에만 그치고 있다는 데 있다! 따라서 우리는 『1844년 수고』에 대한 전통적 연구방식의 정당성에 대해 의구심을 갖지 않을 수 없다.

1) 『1844년 수고』의 텍스트 구성

20세기 초, 소련 전문가인 다비드 리야자노프(David Riazanov)는 마르크스의 『파리 노트』 수고의 사진판 텍스트에서 열 개의 노트 중 세 개의 노트가 상대적으로 독립된 이론적 텍스트임을 발견했다. 그 세 개의 노트는 다른 발췌식 노트와 달리 마르크스가 독립적으로 부르주아 정치경제학을 비판한 저술이었는데, 이것이 바로『1844년 수고』다.

맨 처음 이 텍스트는 그저 1927년에 출판된 러시아어판『마르크스·엥겔스 문고』제3권에 선택적으로 일부만 발표되었고, 주요 내용으로는 뒤에서 언급될 제3노트의 내용 대부분을 포함하고 있었다. 이후 1929년 러시아어판『마르크스·엥겔스 전집』제3권에 전재되었다. 당시의 표제는 하나같이「'신성가족' 준비자료」였다. 당시 출판사는 이것이 마르크스의 미완성이지만 아주 중요한 논저라는 것을 인식하지 못했다. 이 텍스트의 발표도 거의 사람들의 관심을 끌지 못했다.

1931년 1월, 취리히에서 간행되는 독일 사회민주당 월간지 ≪적색평론≫에는 마이어가 쓴「마르크스의 미발표 저작에 관하여」라는 제목의 짤막한 글이 실렸다. 내용은 마르크스의 초기 저작 한 편이 새롭게 발견되었다는 것이었다. 사실 이는 소련에서 이미 부분적으로 출판되었던『1844년 수고』였다. 1932년에 이 수고는 정리를 거쳐 독일어로 크뢰나 에디션『카를 마르크스. 역사유물론. 초기 저작』제1권에 발표되었다. 당시의 표제는「국민경제학과 철학. 국민경제학과 국가, 법, 도덕, 시민활동의 관계를 논함(1844)」이었다. 이 판본은 러시아어판에 발표되지 않은 몇 가지 내용을 추가로 보충한 것이었지만, 여전히 전부를 담고 있지는 않았다. 1932년 이후 한동안 이 텍스트는 아도라츠키[1]가 편집을 맡은 독일어판 MEGA1의 제1부 제3권에『1844년 경제학철학 수고. 국민경제학 비판 부록. 헤겔 철학에 관한 1장』이라는 제목으로 전문이 발표되었다. 당시 이 텍스트는 총 4부로 구성되었다. 그중 제1부부터 제3부까지는 '국민경제학 비판'을 주제로 다루면서 텍스트의 골간을 이룬

---

[1] 블라디미르 빅토로비치 아도라츠키(Vladimir Viktorovich Adoratsky, 1878~1945), 소련의 저명한 마르크스주의 문헌학자. 1878년 러시아 카잔에서 태어나 1945년 사망했다. 1897년 카잔대학에 입학해 법률을 공부했으며 레닌과 같은 전공으로 수학한 동학이다. 1900년 혁명운동에 참가하기 시작해 1904년에 볼셰비키당에 가입, 1905년의 총파업에 참여했고, 이로 인해 국외로 추방되었다. 1905년 스위스에서 레닌을 만난다. 이후 레닌으로부터 마르크스주의 문헌학 연구라는 중요한 임무를 부여받았다. 러시아 소비에트 연방 사회주의공화국 국가기록관 관장과 중앙기록국 부국장을 역임했다.

다. 제4부는 부록으로 발표한 것으로서 헤겔『정신현상학』을 발췌한 내용이다. 한 가지 설명하고 넘어가야 할 것은, 이 책은 1930년대에 발표되었을 당시 소련과 동유럽 학계에서는 이렇다 할 중대한 반향을 일으키지 못했지만 서양 학계에서는 20세기 상반기의 가장 중요한 '마르크스 열풍'을 만들어냈다는 점이다.[2]

『1844년 수고』는 1956년『마르크스·엥겔스 초기 저작선』에 최초로 러시아어 전문이 발표되었다. 곧이어 1957년에는 이 텍스트의 중국어 초판 단행본이 출판되었다. 당시 이 텍스트는 세상에 널리 퍼지면서 구 동유럽 이론계에서 토론의 초점이 되었다. 특히 서양 마르크스주의 사상의 확장된 외연인 '신마르크스주의'의 이론적 기치로서도 주목을 받았다. 한순간에 마르크스주의와 사회주의, 그리고 인간주의의 관계가 새로운 논리의 지향을 형성했다. 인간주의적 사회주의는 일부 동유럽 공산당(예컨대 유고슬라비아 공산주의자동맹 등)의 당 강령에 그대로 삽입되기도 했다. 하지만 이러한 이론적 동향은 소련 이데올로기 당국으로부터 비판과 억압을 받았고, 이러한 상황은 고르바초프가 정권을 잡을 때까지 계속되었다. 그의 '페레스트로이카'는 바로 인간주의의 유(類)의 철학을 토대로 하는, 즉 '인류의 이익이 계급의 이익에 우선한다'는 가치였다. 그러니 인간주의적 사회주의가 소련 공산당 '제27차 당대회'의 구호가 된 것도 그리 놀랄 일은 아니었다. 1979년에는 『1844년 수고』의 중국어 재판[3]이 1979년에 재번역[류피쿤(劉丕坤) 옮김]되어 출판되었다. 곧이어 출판된『마르크스·엥겔스 전집』중국어 초판 제42권에 수록된 글도 대체로 류피쿤의 번역본과 다르지 않았다. 이때 중국 내 학계에서 처음으로 마르크스의 노동소외와 인간주의에 관한 토론 '열풍'이 불기 시작했고, 마르크스의 이 텍스트는 '인간주의적 마르크스주의'의 중요한 근거가 되었다. 그야

---

2   張一兵,『折斷的理性翅膀』, 第4章 참조.
3   馬剋思,『1844年經濟學哲學手稿』, 劉丕坤譯(人民出版社, 1979).

말로 파죽지세였고 당연하고도 자연스러운 일이었다.

1980년 MEGA2 제1부 제2권에서는 최초로 마르크스의『1844년 수고』를 동시에 두 가지 방식으로 발표했다. 하나는 마르크스가 쓴 원본의 순서대로 편집한 텍스트 전체였고 다른 하나는 마르크스의 구상을 근거로 이론의 논리와 원고의 구성에 따라 편집한 수고였다. 전자를 오리지널 텍스트판, 후자는 논리편집판이라고 칭한다.[4] 여기서 우리의 연구토론 대상은 바로 첫 번째 형식으로 편성된『1844년 수고』오리지널 텍스트판의 구성이다.

현재 우리가 다루고 있는『1844년 수고』는 사실상 세 개의 노트로 구성되어 있다. 제1노트는 현재 총 36쪽이 남아 있고『파리 노트』안의『밀 노트』와 같이 쪽마다 마르크스 자신이 로마자로 쪽수를 표시해놓았다(I~XXXVI). 그 가운데 마르크스가 쓴 글자가 있는 것은 모두 27쪽(I~XXVII)이다. 제XXVII쪽(글자는 두 줄뿐이다) 중간 하단부분 뒤로는 아홉 쪽 반에 달하는 공백(XXVII~XXXVI)이 있다. 전체 원고는 모두 세로로 접힌 형태로 세 칸으로 나누어진다. 첫째 부분은 '임금, 자본의 이윤, 지대'의 세 가지 내용에 따라 칸을 나누고 세로로 나란히 써내려갔다. 그중에는 두 칸으로 나누거나 한 칸에 적은 것도 있다. 제XXII쪽부터는 전부 전면에 썼는데, 바로 '소외노동'에 관한 제2부의 내용이다. 중국어판『1844년 수고』는 이 제1노트 제1부의 세 칸에 동시에 쓴 내용을 순서대로 편집해 조판·인쇄했다. 다만 각 쪽마다 원문에 있는 쪽수를 달아주었다. 아주 자세하게 탐독하지 않는 독자라면 이것이 마르크스가 인쇄 텍스트 쪽수의 앞뒤 순서에 따라 저작한 세 부분의 내용이라고 오인할 수 있다.

제2노트는 네 쪽만 존재한다. 즉, 마지막 XL쪽부터 XLIII쪽까지다. 제2노트는 사실상 마르크스의 이 중요한 텍스트에서 가장 주요한 비판내용이다.

---

4   설명해둘 점은, 우리가 가장 쉽게 가장 자주 접하는 두 중국어판이 각각『馬克思恩格斯全集』중국어 초판 제42권과 재판 제2권이라는 점이다. 전자는『馬克思恩格斯全集』러시아어 재판의 편집을 근거로 했고, 후자는 새로운 논리편집판이다.

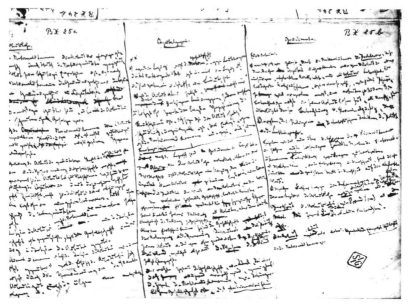

『1844년 수고』 제1노트 제1쪽 복사본

『1844년 수고』 제1노트 오리지널 텍스트의 구성

쪽수	첫째 칸	둘째 칸	셋째 칸
I~VI	임금	이윤	지대
VII	임금		
VIII~XII	임금	이윤	지대
XIII~XV	임금	이윤	
XVI		이윤	지대
XVII~XXI			지대
XXII~XXVII	소외노동		
XXVIII~XXXVI	(공백)		

제2노트는 원래 총 43쪽이었는데, 그중 39쪽이 대거 유실되었다. 너무도 애석한 일이 아닐 수 없다. 제3노트는 68쪽(I~LXVIII)이 현존하는데, 마찬가지로 마르크스 자신이 로마자로 표시한 쪽수가 있다. 마르크스의 제3노트는 43쪽

쪽수	항목	내용
I~III	국민경제학에 반영된 사유재산의 주체적 본질	쪽 맨 앞에 마르크스가 'XXXVI쪽 보충'이라고 씀
III~VI	(1)	이 쪽 셋째 단락 앞에 마르크스가 로마자 'I'을 써넣고, 'XXXIX쪽 보충'이라고 표시함. 같은 쪽 넷째 단락은 '동일 쪽 보충'이라고 표시함. 공산주의에 관한 내용
IV~VI	(25-3)	공산주의와 역사의 수수께끼에 관한 내용
VI~X	(4)	사유제와 인간의 전면성에 관한 내용
X~XI	(5)	공산주의와 사회주의에 관한 내용
XI~XIII	(6A)	포이어바흐의 업적과 헤겔 철학에 대한 비판에 관한 내용
XIII~XXI	(7A)	국민경제학 비판에 관한 내용. 그중 XVII쪽에서 XVIII쪽까지 두 칸으로 나누어 (6)과 병렬로 세로쓰기함
XVII~XVIII	(6B)	- 쪽 맨 앞에 '앞 XIII쪽에 연결'이라고 씀. 헤겔의 『정신현상학』 비판에 관한 내용 - XVIII쪽 끝에 '뒤 XXII에 연결'이라고 씀
XXII	(원래 노트 공백)	
XXIII~XXXIV	(6C)	쪽 맨 앞에 '앞 XVIII쪽에 연결'이라고 씀
XXXIV~XXXVIII	(7B)	분업과 교환 연구에 관한 내용
XXXIX~XLI	서언	
XLI~XLIII	(7C)	주로 화폐 연구에 관한 내용

(I~XLIII쪽)까지이지만, 글자가 있는 것은 41쪽까지뿐이고, 그중 제22쪽(XXII 쪽)은 초고가 비어 있으며, 제44쪽 이후부터는 모두 빈 쪽이다. 논리편집판(중국어판은 이와 같다)에서는 편집자가 초고 XXXIX쪽에 있던 '서문'을 책 전체의 맨 앞부분으로 옮겨놓았으며, 헤겔 철학에 관한 비판적 내용 세 부분(XI~XIII쪽, XVII~XVIII쪽, XXIII~XXXIV쪽, 중간에 있는 국민경제학에 대한 비판 두 단락)을 하나로 합쳐 글의 맨 뒷부분으로 보냈다. 물론 이것은 마르크스 저작의 구상이다. 하지만 필요한 특정 설명을 하지 않았기 때문에 세심하지 않은 독자들은 이를 마르크스가 글을 쓴 순서라고 오인할 수 있다.

마지막은 단독 삽입된 두 쪽이다. 편집자는 「게오르크 빌헬름 프리드리히 헤겔 '정신현상학'의 '절대지식' 장의 요약」이라고 제목을 붙였다. 고증에 따르면, 이 텍스트 발췌는 1844년 4월에서 8월까지 작성되었고, 마르크스가 쓴 제3노트 가운데 헤겔 비판과 관련한 준비자료일 가능성이 매우 높다. 내용을 보면 헤겔『정신현상학』의 '절대지식' 장 원문의 3분의 1 가까이를 발췌한 것으로, 마르크스의 논평은 거의 찾아볼 수 없다. 이 텍스트는『1844년 수고』의 로마자와 달리 아라비아숫자로 쪽수를 표기했기 때문에 편집자는 이를 단독의 부록 발표라고 보았다. 과거에도 이 텍스트를 '제4노트'나 '제4수고'라고 부른 이론가가 있었다. 하지만 역대 중국어판『1844년 수고』에는 이 글이 수록된 적이 없다.

현재의 중국어 초판『마르크스·엥겔스 전집』제42권은 소련『마르크스·엥겔스 전집』러시아어 재판을 번역한 것이다. 이는 우리가 앞에서 얘기한 논리편집판(MEGA2 신판의 논리편집과 차이가 크지 않다)이지, 마르크스의 원래 저작 순서에 따른 원본판이 아니다. 이는 우리가 연구에 임하면서 반드시 염두에 두어야 할 사항이다.

추가로 설명해야 할 점은 소련 학자가 일으킨 논쟁, 즉『1844년 수고』에서 마르크스는 부르주아 정치경제학을 연구하는 과정에 있었고, 연구를 하면서 이 수고의 텍스트를 써내려갔다는 주장에서 비롯된 논쟁이다. 다시 말해『파리 노트』가『1844년 수고』를 쓰는 과정에 중간 중간 끼어들기로 작성된 것이라는 견해다. 그들의 구체적인 가설은 이렇다. 마르크스는 먼저 세와 스미스의 노트를 적었고, 그다음 수고 제1노트를 쓰기 시작했으며, 이후 다시 독서를 진행해 매컬럭과 프레보, 엥겔스의『국민경제학 비판 대강』의 노트를 작성한 후 최종적으로 수고의 제2노트와 제3노트까지 완성했다는 것이다. 심지어 리카도와『밀 노트』는 수고 전체가 완성된 이후에야 다시 독서를 진행하면서 썼다는 견해를 내놓았다. 이러한 가설은 문헌고증, 마르크스의 직접적 지식, 그리고 이 텍스트에 내재된 논리 등 세 가지 측면에서 모두 신뢰할 만한 근거가 없다. 이러한 추정의 유일한 근거는 제1노트에는 세와 스미스를 인용해서 언급했을 뿐 수고 전체에 리카도와 밀로부터의 발췌는 거의 없다는 것이다.[5] 이러한 가설은 마르크스를 이론연구에 있어 책임감이 없는 학자로, 경제학 논저 단 두 권만 읽고 경제학에 대해 이러쿵저러쿵 떠들며 책 몇 쪽만 슬쩍 보고 논거를 펼치는 무책임학 학자로 묘사하고 있다. 하지만 학문을 다루는 마르크스의 태도가 이러했던 적은 한 번도 없었다. 사실 그 이전의 청년 마르크스의 저작역사가 그의 연구방식, 특히 익숙지 않은 중요한 학술영역을 대하는 그의 연구방식을 이미 선명하게 보여주고 있었다. 우리는 『에피쿠로스 철학에 관한 노트』와 「데모크리토스와 에피쿠로스 자연철학의 차이」의 관계, 『크로이츠나흐 노트』와 '국민공회 역사'와 『헤겔 법철학 비판』의 관계를 비교해볼 수 있다. 특히 이 이후 마르크스가 쓴 『브뤼셀 노트』, 『맨체스터 노트』와 『독일 이데올로기』, 『철학의 빈곤』의 관계는 더 말할 것도 없다. 가장 전형적인 의의가 있는 것은 『런던 노트』와 『정치경제학 비판 요강』의 관계라고 할 수 있다. 마르크스는 이론연구를 하면서 언제나 한 가지 주제 또는 분야의 자료에 대해 전면적이고 체계적으로 파악했고 이에 대해 심도 있고 반복적인 사상 실험을 거쳤다. 그렇지 않고서 펜을 들어 저작에 착수한 경우는 단 한 번도 없었다.

나는 소련 학자의 이러한 '이론혁신'이 실로 지나치게 기발한 주장을 하기 위한 불필요한 행위라고 본다. 더 중요한 것은, 마르크스의 내재적 이론논리의 발전 과정으로 볼 때 이러한 편성은 우리의 연구를 심화시키지 못할 뿐만 아니라 오히려 문헌 해독에 있어 수많은 불필요한 혼란을 초래한다는 점이다. 물론 나는 『파리 노트』와 『1844년 수고』가 동일한 시기에 완성된 동일한 문헌임을 인정하지만, 앞에서 언급한 소련과 동유럽 학자들의 문헌을 파편화하는 그런 방법에 대해서는 절대로 찬성하지 않는다. 따라서 나는 이 책에서 그런 관점을 적용하지 않고, 여전히 『1844년 수고』를 독립적인 문헌으로 다

---

5   拉賓, 『馬克思的青年時代』 참조.

룰 것이다. 유감스러운 것은 MEGA2의 편집자도 아무런 비판의식 없이 소련 학자들의 이러한 가설에 전적으로 동의했다는 점이다.[6]

2) 『1844년 수고』에 대한 일반적 논평

중국에는 마르크스주의에 대한 '두 가지 범시(凡是)'라는 일반화된 잠재적 해석 틀이 있다. 여기서 '범시'라는 말은 마르크스, 엥겔스, 레닌의 말이면 모두 옳다는 뜻이다. 따라서 『1844년 수고』가 세상에 알려진 이후 이 책이 곧바로 서양 인간주의적 마르크스주의와 고르바초프식의 '인간 철학'과 '실천 인간주의'의 '신약성서'가 된 것도 자연스러운 일이었다. 사실 마르크스주의의 과학적 입장에서 볼 때 청년 마르크스가 『1844년 수고』에서 했던 논술의 상당 부분은 비과학적이다. 내가 이해한 바로는 『1844년 수고』는 청년 마르크스가 계획해서 쓴 결과물이 아니라, 그가 처음으로 부르주아 경제학을 비판한 사상 실험의 한 과정이었을 뿐이다. 마르크스의 이 텍스트는 매우 복잡한 다성(多聲)적 논리 구조로 이루어진 모순을 포함한 사상의 결과물이다.

우선 우리는 청년 마르크스의 사상 발전의 전체 구성에 대해 다시 한 번 정리할 필요가 있다. 마르크스 이론의 시작은 주체적 능동성(칸트, 피히테를 기점으로 하는 법철학)이었다. 이후 마르크스는 청년헤겔파의 영향을 받아 헤겔의 자기의식을 민주주의의 이론적 전제로 삼았다. 마르크스의 이러한 관념론적 철학의 틀은 《라인신문》 시기에 현실문제와 접하면서 동요가 생겼다. 이것이 내가 『마르크스 역사변증법의 주체 국면』이라는 책에서 이미 서술한 초기 사상의 단서다. 앞 장에서 우리는 마르크스가 외재적으로 포이어바흐의 영향을 받은 것이 아니라 『크로이츠나흐 노트』의 역사연구 과정에서 스스로 포이어바흐의 유물론을 확인하고 부르주아 계급의 진면모를 똑똑히 인식했

---

6   MEGA2, I/2.

다는 것을 확인했다. 이로 인해 마르크스는 첫 번째 중대한 사상적 변화를 겪으면서 헤겔의 관념론과 부르주아 민주주의 입장을 철저히 부정한다. 마르크스는 이때부터 비로소 포이어바흐의 두 가지 사유경로를 수용한다. 하나는 자연이 결정한다는 논리이고, 다른 하나는 인간의 유적 본질의 소외와 회복이라는 비판 논리다. 특히 후자는 당시 청년 마르크스의 사상을 좌우했던 잠재적 지배적 담론이 되었다.[7] 앞에서 서술한 바와 같이 마르크스는 청년 엥겔스와 헤스, 프루동의 영향으로 경제학을 연구하기 시작했다. 『파리 노트』에서는 당시 마르크스가 해석한 맥락으로는 부르주아 정치경제학에 포함되어 있는 과학적 요소를 제대로 이해할 수 없었다. 그래서 마르크스의 이러한 국민경제학에 대한 비판적 독서는 인간주의 철학의 부각(『밀 노트』)이라는 이론적 결과를 낳았다. 『1844년 수고』가 바로 이러한 사유와 연구, 비판의 종합적 성과다.

결론적으로 말하자면 여기서 청년 마르크스의 주도적이고 지배적인 논리는 고전경제학의 기존 정치적 전제를 전도하고 프롤레타리아 계급의 입장을 인정하는 것이었다. 또한 그는 헤겔의 관념론적 변증법(정신현상학)을 전도하고 포이어바흐의 인간주의 소외론(인간주의 현상학)을 확장했다. 특히 프루동-청년 엥겔스의 실증 비판적 사유를 부정하는 한편 헤스의 경제소외논리는 한층 승화시키고 체계화했다. 따라서 포이어바흐의 인간주의 소외론에서 인간주의는 신학의 비밀이고 인간의 본질은 하느님의 비밀이며 인간의 관계는 삼위일체의 비밀이라면, 또한 헤스의 화폐소외론에서 인간은 국민경제학의 본질이고 인간의 진짜 유적 본질인 교통관계는 화폐의 본질이라면, 마르크스의 노동소외론에서 인간주의는 국민경제학의 비밀이고, 노동은 자본의 비밀(소외노동은 사유재산의 비밀)이며, 사회적 인간은 화폐의 비밀이라고 할 수 있다!

---

[7] 1844년 8월 11일, 마르크스는 자신이 쓴 「헤겔 법철학 비판 서설」을 포이어바흐에게 부쳐 경의를 표했다.

이 글의 집필 과정(주로 제3노트)에서 경제현실에 대해 더 깊이 개입하면서 마르크스의 사고에도 경제 현실에서 출발한 객관적 실마리가 싹텄다. 비록 이 실마리가 『1844년 수고』에서는 시종일관 무의식적이고 잠재적인 상태로 남았지만 소련 학자들의 인식과 달리, 나는 이것이 '마르크스주의의 관점'이 아니라 단지 마르크스가 경제학을 접하면서 생겨난 일종의 이론적 무의식에 불과하다고 생각한다. 라빈은 『1844년 수고』의 과도적 성질은 인정하면서도 이 수고에 '마르크스주의의 관점'과 '인간주의 유물론의 요소'가 동시에 존재하고 있다고 보았다.[8] 완전히 이질적인 두 가지 이론논리와 담론이 마르크스의 동일 텍스트에 병존하고 뒤섞여 불가사의한 다성적 맥락을 보이고 있는 것이다. 물론 인간주의 논리가 이 텍스트에서 시종일관 주도적 지위를 차지하고 통섭적인 지배적 담론이 되었음을 잊지 말아야 한다.

둘째, 나는 청년 마르크스의 『1844년 수고』에서 주도적 지위를 점하고 있는 인간주의 노동소외 이론은 마르크스주의의 과학적 세계관이 아니라는 점을 다시 한 번 분명하게 지적하고자 한다. 본질적으로 보자면, 노동소외 이론은 여전히 심층에 잠재적인 관념론적 역사관이다. 왜냐하면 소외 이론이 전통적 역사인간주의 목적론과 추상적 윤리가치 비판의 정형을 벗어나지 못했기 때문이다. 서양 마르크스학을 대표하는 뤼벨은 "마르크스는 인간이 인간을 착취하는 것을 토대로 하는 경제에 대해 과학적 분석을 진행하기에 앞서 노동자 사업에 참가했다. 이 행동에 참가하는 데 토대가 된 것은 소외된 사회제도에 대한 인간주의적 저항이었지, '가치법칙'이 아니었다"[9]리고 말한 바 있다. 이런 설명은 『1844년 수고』의 실제 상황에 부합하기는 하지만, 뤼벨은 이것으로 마르크스주의 전체의 이론적 토대를 개괄했다. 이는 상당히 반동적인 태도였다. 그 점에서 나는 일본 마르크스주의 철학자 히로마쓰 와타루의 분

---

8   納爾斯基 等, 『19世紀馬克思主義哲學』, 上卷, 152쪽 참조.
9   呂貝爾, ≪馬克思學硏究≫(1966), 第10期, 4쪽.

석에 동의한다. 히로마쓰 와타루의 연구 성과에 따르면, 1844년 노동소외 이론에서 마르크스는 헤겔주의의 '주체 – 객체' 동일 논리의 틀 안에서의 절대 관념을 '인간'(인간주의와 자연주의를 통일하는 인간의 유적 본질)으로 대체하려고 시도했지만, 이 역시 비과학적인 것이었다. 소외 이론은 선험적으로 미리 (A) = 소외되지 않은 인간의 원래의 진실한 존재, (B) = 소외된 진실하지 않은 인간 존재, (C) = 소외의 지양을 통해 회복된 인간 본래의 진실한 모습 등의 가설을 세우기 때문이다. 역사가 A → B → C의 소외와 회복의 과정을 형성하는 것이 여전히 헤겔신학의 드러나지 않는 틀이다. 인간의 주요 유적 본질로서의 노동은 실질적으로는 일종의 선험적인 주관적 가치의 실체다.[10] 마르크스가 당시 역사가 진실의 토대가 된다고 본 것은 포이어바흐의 생리활동 – 윤리 활동의 관계나 자연 – 감정관계의 인식과는 다르지만, 그럼에도 불구하고 그는 여전히 '당위(Sollen)' 존재로서의 인간의 본모습인 '자유의지의 자발적 활동'과 '진정한 사회관계'(또는 '사회적 존재')를 논리비판의 척도로 사용했고, 현실에서 존재하는 소외노동이라는 비인간적 상황에 대해 철학적·윤리학적 비판을 가했다. 이러한 비판은 실질적으로는 비과학적일 수밖에 없다. 비판의 방법뿐 아니라 심지어 비판의 대상까지도 모두 비역사적이기 때문이다. 여기서 마르크스는 "현실적 사유제도라는 사실에서 출발한 것도 아니었고, 상품과 화폐의 관계 또는 자본과 노동의 관계 등 객관적 경제관계에서 출발한 것도 아니었다. 마르크스가 보기에는 이 모든 것이 사유제도에서 진일보한 규정일 뿐이었고, 소외노동의 결과이자 발현이었다".[11] 부르주아 경제학자가 부르주아 사회의 현실에서 발생하는 사회활동과 경제관계를 자연적이고 항구적인 인간 본성의 발현이라고 주장한다면, 마르크스는 현실의 객관적 존재 일체가 소외된 것이고 따라서 존재할 수 없지만 마땅히 존재해야 하는

---

10   廣松涉, 『物象化論的構圖』(巖波書店, 1983), 13~14쪽, 中譯本可參見彭義譯(南京大學出版社, 2002), 54~59쪽 참조.
11   孫伯鍨·姚順良, 『馬克思主義哲學史』, 第2卷, 264쪽 참조.

본연의 인간의 주요 활동과 관계야말로 진실한 인간의 유적 본질이라고 보았다. 사실상『1844년 수고』에서 마르크스는 헤스의 경제소외의 사유경로를 여전히 유지하는 착오를 범하며 사유제도의 본질과 그 기원을 '소외노동'으로 귀결시켰고, 인류 해방을 소외노동의 노역으로부터 탈피하는 것으로 보았다.

셋째, 마르크스가『1844년 수고』에서 했던 **부르주아 경제학에 대한 비판** 역시 과학적이라고는 말할 수 없다. 우선 그가 노동가치론을 부정하고, 나아가 고전경제학의 과학성까지 간단히 부정해버렸기 때문이다. 이 점에서 마르크스는 엥겔스의 이론적 사유경로에는 동의하지 않았지만, 경제학의 학문적 원리상 여전히 청년 엥겔스의『국민경제학 비판 대강』으로부터 깊은 영향을 받았다. 예컨대 당시의 마르크스가 보기에 부르주아 사회의 현실은 사유제도와의 경쟁에 의해 생겨난 것인데, 사유제도는 국민경제학이 전폭적으로 인정하고 있는 사실이지만, 소외노동으로 형성되는 현실관계는 사실상 또 경쟁이 초래한 우연한 가상이었다. 바로 그렇기 때문에 마르크스는 부르주아 경제학의 이러한 역사형성과 발전에 대해서 전혀 과학적인 평가를 내릴 수 없었다. 그래서 그는 청년 엥겔스와 마찬가지로 고전경제학과 속류경제학, 고전경제학 내의 과학적 요소와 속류적 내용 전체를 아무 구별 없이 깡그리 '인간을 적대시하는' 것이라고 비난했다. 부르주아 경제학은 발전하면 할수록 소외의 길 위에서 점점 더 멀어졌다. 따라서 애덤 스미스를 '국민경제학에서의 루터(ökonomische Luther)'라고 한다면 리카도는 그에 대한 '냉소주의'의 대표라고 할 수 있다. 스미스에 대해 '국민경제학에서의 루터'라고 한 표현은 엥겔스가 자신의『국민경제학 비판 대강』에서 한 말이다. 이러한 평가는 1850년대 이후 마르크스의 고전경제학에 대한 과학적 인식과는 엄청난 이질성이 있다.

마지막으로『1844년 수고』의 내재적 논리구조를 분석해보자. 텍스트를 작성하는 과정에서 보면, 마르크스는 맨 먼저 청년 엥겔스의『국민경제학 비판 대강』의 사유경로에 따라 제1노트의 전반부(이하 1-1로 약칭)를 썼다. 이 부분은 국민경제학이 인정한 '사실'에 대한 직접적인 비판이었고, 이러한 비판의 사유경로는 실제로도 프루동의 사회주의와 매우 가까웠다. 소련 학자 라빈은 이러한 저작의 사유경로를 꿰뚫어보지 못하고 그것을 단순하게 마르크스가 '부르주아 경제학자에 대해 주로 자신의 범위 내에서만 비판한 것'이라고 인정했다. 하지만 이렇게 모호하고 불분명한 규정으로는 뒤이은 마르크스의 담론 전환을 확실하게 설명할 수 없었다.[12] 이후 마르크스는 이 사유노선을 더욱 더 부정하고, 오히려 제1노트의 둘째 부분(이하 1-2로 약칭), 즉 소외노동의 네 가지 측면을 썼다. 이 부분은 청년 마르크스 자신이 새롭게 확립한 것으로, 국민경제학의 기본 틀을 뒤집는 철학적 인간주의의 비판 개요(인간주의적 사회현상학)다. 그 뒤로는 이러한 비판에 대한 이론적 검증, 즉 제2노트에서 제3노트까지 경제철학 분석을 구체적으로 진행한 내용이 이어진다. 이상이 『1844년 수고』를 구성하는 주요 부분이다.

따라서 나는 마르크스의 제1노트 집필 시에 두 가지 사유경로가 존재했다고 본다. 첫째는 국민경제학의 전도로, 이는 엥겔스의 『국민경제학 비판 대강』의 사유경로다. 둘째는 철학적 인간주의의 논리다. 이렇게 1-1에서 1-2 사이에는 논리의 사유경로 전환이 존재한다. 나는 이러한 논리의 사유경로 전환이 실제로는 청년 엥겔스의 사유경로에 대한 마르크스의 비판과 초월이라고 생각한다. 마르크스가 직접 동일시한 것은 포이어바흐의 철학적 입장, 헤겔의 변증법 틀, 그리고 사회주의의 관점으로 국민경제학에 맞선다는 현상학적 비판이었는데, 이는 사실상 헤스의 인간주의적 비판의 사유경로를 인정한 것이었다. 이 두 가지 사유경로 가운데 마르크스는 자발적으로 인간주의적 비판논리 쪽으로 기울었다.

나는 제2노트에서 제3노트까지가 사실상 사유경로를 새로 조정하는 것이고, 이는 확실히 비자각적 다성악(나중에 미하일 바흐친이 말한 자각적 텍스트 창작에서의 다성악 변주와는 다른)이라는 것을 발견했다. 이러한 복잡한 맥락은

---

12   納爾斯基等, 『19世紀馬克思主義哲學』, 上卷, 112쪽 참조.

마르크스 경제철학 비판에서 준(準)의도적으로 발생한 것이기 때문이다. 우리는 마르크스 자신의 이론 서술에서 정치경제학이라는 사회유물론의 잠재성이 수시로 부상하는 것을 볼 수 있다. 마르크스의 수많은 사고는 매우 깊이가 있다. 과학적 토대 하나만 바꿔도 즉각 두각을 드러낼 수 있다. 그 가운데 제3노트에서 헤겔 철학 비판에 관한 하나의 절은 마르크스가 자신의 당시 연구방법론에 대해 지적한 것이다. 그리고 그 본질은 헤겔 - 포이어바흐 철학의 비판 방법을 개조한다는 것이고, '비판적 비판'과 독일 - 프랑스 사회주의의 인지 구조를 겨냥한 것이다. 나는 그것을 간단히 요약해서 정신현상학에서 인간주의 현상학으로의 이행이라고 개괄했다. 특히 지적할 것은, 이러한 방법론적 지적은 마르크스가 국민경제학에 대해 발언하는 중에 완성한 것이지, 결코 전통적 연구에서 주장하듯이 헤겔 변증법을 유물론적으로 개조한 결과는 아니라는 점이다.

2. 사회 본질을 지향하는 인간주의 현상학 비판

『1844년 수고』 제1노트의 맥락은 매우 복잡하다. 내가 보기에 여기에는 사실상 세 가지 서로 다른 담론이 등장한다. 첫째는 피고석에 앉은 부르주아 사회제도 및 국민경제학(직접적으로 반박된 대상)의 담론이고, 둘째는 프루동 - 청년 엥겔스의 심판과 비판적 지적의 담론이며, 셋째는 국민경제학 범위 내에서 부르주아 사회를 고발하는 이 같은 사고를 초월한다는, 마르크스 자신의 철학적 인간주의에 의한 비판(내부에 자연유물론 전제도 내포)이다. 이것은 아주 심오하고도 복잡한 이론 대화임에 틀림없다. 그렇기 때문에 우리는 일단 마르크스가 당시 수행한 경제학 연구의 구체적인 맥락에서 벗어나면 마르크스의 정확한 심층적 비판논리를 전혀 이해할 수 없게 된다.

1) 제1노트의 텍스트 구조와 전반적 논리의 틀

앞서 서술한 바와 같이 『파리 노트』에서 마르크스의 연구논리가 막 펼쳐지기 시작했을 때는 외재적인 경제학 책들을 수동적으로 발췌하는 양상을 띠었으며, 『밀 노트』에 이르러서야 인간주의적 비판논리가 확연히 두드러졌다. 동시에 우리가 이미 지적했듯이, 마르크스는 이때 더 이상 청년 엥겔스의 사유경로를 따라서는 정치경제학을 비판할 수 없음을 알게 되었다. 그러한 사유경로가 여전히 『1844년 수고』 1-1이 확인한 '국민경제학의 입장'에서 벗어나지 못했다는 것을 인식했기 때문이다. 그래서 1-1에서 마르크스는 먼저 전략적으로 엥겔스의 『국민경제학 비판 대강』을 원칙으로 삼았고, 그런 다음 국민경제학의 사유경로에 따라 부르주아 사회 분배관계의 3대 부분을 비판적으로 정리했다. 분명 이러한 사유경로(둘째 담론)가 국민경제학(첫째 담론)의 단순한 전도에 불과하다는 것은 청년 엥겔스의 『국민경제학 비판 대강』(주도적 논리는 경제학이라는 객관적 강성 논리인 반면, 인간주의 논리는 바로 그 약한 논리의 사유경로다)과 프루동의 『소유란 무엇인가』라는 두 서적의 공통 전제다. 이 사유경로의 근원적 토대는 리카도파의 사회주의, 즉 기존 경제학의 관점에 서서 부르주아 노동가치론을 뒤집는 것이며, 부르주아 사회의 사유제도를 철저히 부정하는 것이다. 여기서 그 토대는 실제로 프루동의 『소유란 무엇인가』라는 프리즘을 투과해, 그리고 엥겔스의 『국민경제학 비판 대강』의 비판적 사유경로에 의해 온전한 모습을 드러냈다. 마르크스는 물론 1-1에서 먼저 전략적으로 이런 방법을 채택했지만, 이 사유경로는 신속히 부정했다. 이것이 '국민경제학의 관점에 서서 국민경제학을 반대'하는 것이라고 생각했기 때문이다. 이는 그가 『밀 노트』에서 이미 발견한 문제이기도 했다. 그래서 1-1의 전반적 사유경로는 사회주의적 관점으로 국민경제학의 이론적 범위 내에서 경제현상을 비판한 논리의 전개과정일 뿐, 내 견해로는 이는 다음의 보다 심층적인 인간주의적 본질적 비판을 위한 대상 설정에 불과하다.

1-2의 구체적인 내용은 우리가 전통적 연구에서 보편적으로 주목하는 소외노동 이론이다. 마르크스의 1-2의 사유경로는 철학적 인간주의 소외사관을 원칙으로 하며, 부르주아 경제학에 대한 기존의 모든 비판을 초월한다. 나는 이것이 마르크스 자신이 확인한 새로운 비판적 사유경로(셋째 담론)이며, 사유경로의 전환에서 출현한 새로운 인간주의 논리라고 본다. 바로 이 새로운 논리 구축의 과정에서 마르크스는 처음으로 부르주아 경제현상 비판을 관통하는 인간주의적 사회현상학(gesellschaftliche Phänomenologie)을 서술했다. 노먼 러바인(Norman Levine)은 자신의 책 『변증법 내부의 대화』 서문에서 아주 뛰어난 식견으로 마르크스주의가 일종의 '사회현상학'임을 지적했다. 그러나 러바인의 논증은 지극히 혼란스럽다. 각 단계마다 보이는 마르크스의 사고 특성을 구분하지 못하기 때문이다. 예컨대 청년 마르크스가 인간주의의 입장에서 사회현실의 현상학 분석을 비역사적으로 설명하고 있는 것과 이후 역사 유물론의 입장에서 확립한 과학적 역사현상학의 이질적 관련성을 구분하지 못하는 것이다.[13] 나는 로익 바캉(Loic Wacquant)이 부르디외[14]를 평가한 논술에서 후기 사르트르의 인간주의적 변증법적 분석을 '사회현상학'이라 칭하며 부정했다는 데에도 주목했다. 바캉의 이론적 입장은 오히려 사회현상학에 대한 내 논설 맥락과 가깝다.[15] 이러한 입장도 마르크스의 『파리 노트』에서의 초기 객관적 서술과 비판에서부터 『밀 노트』의 인간주의적 비판의 비약에 이르기까지 그대로 반영되었다. 동시에 마르크스의 이러한 사유경로 전환은 사실상 1-1에서의 청년 엥겔스-프루동의 사유경로에 대한 비평이자 초월이다. 이는 실제로 헤스를 인정하면서도 헤스를 초월하는 것이다. 마르크스가 보기에 헤스의 논술은 너무 미흡했다. 헤스에게는 진정한 철학적 토대, 특히

---

13 萊文, 『辨證法內部對話』, 張翼星·黃振定·鄭濤譯(雲南人民出版社, 1997) 참조.

14 피에르 부르디외(Pierre Bourdieu, 1930~2002), 프랑스의 저명한 사회학자이자 인류학자, 철학자다. 주요 저서로는 『실천이론 개요』(1972), 『구별 짓기, 취향에 대한 사회적 비판』(1979), 『실천이성, 행동의 이론에 대하여』(1994) 등이 있다.

15 皮埃爾·佈爾迪厄·華康德, 『實踐與反思』, 李猛·李康譯(中央編譯出版社, 1998), 8쪽 참조.

포이어바흐와 헤겔에 대한 깊은 이해가 없었기 때문이다. 더욱 주요한 원인은 헤스의 교통 - 교환(금전) 소외론이 이미 마르크스의 노동생산(대상화)의 소외에서 출발한 한층 더 심화된 완전한 경제소외 이론에 의해 대체되었다는 점이었다. 하지만 나는 꼭 정확하다고만은 할 수 없는 관점을 하나 가지고 있다. 고전경제학의 현실적이고 객관적인 사유경로에 비해, 마르크스의 이러한 인간주의 논리, 즉 이상화되고 공상적인 노동의 유적 본질이 바로 잠재적 관념사관이라는 것이다. 마르크스는 혁명이라는 결론을 위해 부득이하게 윤리적으로 현실을 비판했다. 물론 고전경제학의 사회유물론 배후에는 한층 더 심오한 관념사관, 즉 부르주아 사회 생산양식의 비역사성과 항구성에 대한 부르주아 경제학자의 인증이 여전히 숨겨져 있다. 이는 절대로 뿌리 뽑을 수 없는 부르주아 이데올로기의 본질이다. 마르크스는 진정으로 역사유물론과 역사변증법을 창시한 이후에야 이러한 난제를 해결했다. 다음에서는 제1노트의 원문을 근거로 이 관점을 직접 확인할 것이다.

2) 제1노트 제1부의 두 가지 담론

제1부를 쓰면서 마르크스는 맨 처음에는 한 쪽을 세 칸으로 나누어 각각 '부르주아 사회(bürgerliche Gesellschaft)' 분배관계의 3대 구성부분, 즉 노동자 임금(Arbeitslohn), 자본(Capital), 지대(Grundrente)를 나열할 생각이었다.[16] 마르크스는 이 문장에서 bürgerliche Gesellschaft라는 말을 3번 사용했고, 이 3번은 모두 제3노트에 있다. 하지만 그는 프랑스어에서 온 Bourgois라는 말을 25번이나 사용했는데, 이는 『밀 노트』에서는 나타나지 않은 상황이다. 더구나 그는 그 뒤 곧바로 쓴 『신성가족』에서도 Bourgeois라는 말을 28번이나 사

---

16 Karl Marx, *Ökonomisch-philosophische Manuskripte*, MEGA2, I/2(Berlin: Dietz Verlag, 1982), S.189 참조.

용했다. 이 핵심 단어의 사용 빈도 변화는『1844년 수고』가『밀 노트』이후에 완성된 것으로서『신성가족』에 직접 결부되는 중요한 문헌 증거임을 설명해 주고 있다. 여기서 우리는 수고 전체(유실된 부분을 제외한)에서 독자적으로 존재하는 세 개의 큰 표제를 보았다. 이 세 칸 가운데 비교적 깊이 있는 분석은 첫째 칸이지만, 둘째 칸의 표제가 세 칸 중 유독 온전한 소제목을 달고 있으며 또 그것이 수고 전체에서 유일한 소제목이기도 하다는 것을 알 수 있다. 둘째, 셋째 칸에서는 자료발췌가 주요 부분을 차지하고 있다. 제1부는 전체가 다 미완성 형식이고, 제2부에서는 갑자기 단을 나누는 방식을 깨고 완전히 새로운 사고 논리와 저작 방식이 부각되었다. 이처럼 참신한 사유의 맥락이 이후 제2, 제3노트에서 그러한 다채롭지만 표제가 없으며 명료하지 않은 저작 강목(綱目)의 주제 내용을 구성했다.

마르크스가 첫째 칸에서 가장 먼저 제시한 어느 정도 의미 있는 관점은, 자본, 토지(등 부동산), 노동의 삼자의 분리가 노동자 임금에 대해 부정적 결과를 초래한다는 것이다. 이러한 분리가 '노동자에 대해서만 필연적이고 본질적이며 유해한 분리'이기 때문이었다.[17] 바로 이러한 분리 때문에 수입의 기복이 일정치 않은 시장에서 노동자가 영구적인 피해자가 되는 상황이 초래되었다. 이때 마르크스는 여전히 이 암호 — 이런 분리(정확히 말해 노동자와 생산 수단의 분리)가 바로 부르주아 사회 생산의 역사적 전제라는 — 를 해독하지 못했다.

그다음으로 마르크스는 여기서 수많은 경제학 연구에서의 범주와 기본 관점을 그대로 사용했다. 예컨대 시장가격과 자연가격, 경쟁과 가격변동, 분업과 노동자의 파편화 등이다. 마르크스가 여기서 자신의 인간주의 철학 담론을 사용하기 시작한 것이 아님은 분명하다. 노동을 예로 들어보자. 마르크스는 노동자의 몰락과 빈곤화는 그의 노동의 산물이자 그가 생산한 부의 산물이라는 데 주목했다. 다시 말해, 빈곤은 현대의 노동 자체의 본질 속에서 생겨

---

17   『馬克思恩格斯全集』, 第42卷, 49쪽.

났다는 것이다.[18] 그는 분업의 확대가 '지극히 파편적이고, 기계적인 노동 (maschinenartige Arbeit)'을 초래했다고 보았다. 마르크스가 '국민경제학의 수준을 넘어섰다'고 언명했을 때, 그는 여전히 '추상적 노동(abstrakte Arbeit)'과 '생계활동(Erwerbstätigkeit)'으로서의 노동개념, 그리고 '추상적으로 간주되는 사물(abstrakt als eine Sache)'의 노동개념을 부정적으로 사용했다.[19] 이 세 가지 개념은 이미 앞선 『파리 노트』에 각각 등장했다. 어쨌든 Arbeit(노동)가 이 글의 절대적 핵심 단어임에는 틀림없다. 전제 텍스트에서 마르크스는 Arbeit 및 그와 관련된 어휘를 총 900여 회나 사용하고 있다. 또 다른 예로, 이후 마르크스의 역사유물론에서는 주요 개념의 역할을 감당하는 **생산력**(produktive Kraft)이라는 단어가 경제학 인용문에 여러 번 등장하는데도 마르크스는 이를 전혀 중시하지 않았다.[20]

첫째 칸에서 가장 가치 있는 이론 요점은, 마르크스가 경제학의 객관적 논리상('국민경제학의 입장') 제기한 이론이 현실과 상호 충돌하여 발생한 객관적 모순들이다.

1. 국민경제학의 이론적 관점에 의하면, 노동생산물은 '본래 노동자의 것'이다. 하지만 현실에서 노동자는 '노동자를 증식'하는 데 꼭 필요한 부분만 얻는다.

2. 이론적으로 모든 것은 노동을 통해 살 수 있다. 하지만 현실에서 노동자는 아무것도 살 수 없으며, 나아가 자신을 팔아야만 한다.

3. 이론적으로 '노동은 사람이 자연 산물의 가치를 증대시키는 데 사용하는 유일한 것'이다. 하지만 현실에서는 노동자에 비해 자본가와 지주가 곳곳에서 우위를 점하고 있다.

---

18   같은 책, 55쪽.
19   같은 책, 60쪽 참조.
20   같은 책, 55쪽, 세의 인용문 66쪽, 애덤 스미스의 인용문 69, 73, 78, 79쪽 참조. 뒷부분의 토론에서 마르크스도 생산력 개념을 언급했지만, 이 역시 경제학을 평론하는 내용(109쪽)에서였다.

4. 이론적으로 노동은 불변의 물가다. 하지만 현실에서는 노동가격의 변동이 가장 크다.

5. 이론적으로 노동자의 이익은 사회와 대립하지 않는다. 하지만 현실에서는 부를 증대시키는 것으로서의 노동은 오히려 '해로운 것'이다.

6. "이론에 따르면 지대와 자본이윤은 임금을 제한 나머지여야 한다. 그러나 현실에서는 임금이 오히려 토지와 자본이 노동자에게 양도하는 일종의 공제금이다."[21]

여기서 흥미로운 대비를 볼 수 있다. 즉, 경제학적 맥락에서의 사회 객관적 모순과 앞선 『밀 노트』에서의 철학 담론 가운데 소외관계의 유려한 문학적 묘사와의 엄청난 차이다. 현실적 경험사실에서 출발한 이러한 경제학적 맥락은 바로 청년 엥겔스의 『국민경제학 비판 대강』의 사유경로와 맞닿아 있다. 이는 그의 전략적 논리방법을 '차용'한 것일 뿐이다. 마르크스가 여기서 묘사한 바로는, 국민경제학의 이론과 현실은 그야말로 모순적이다. 이는 국민경제학의 입장으로 부르주아 사회의 현실을 분석하는 것이 옳지 않다는 것을 말해준다. 하지만 당시 청년 마르크스는 자신이 부정한 이러한 부르주아 사회의 객관적 경제모순에 대한 분석이야말로 그가 나중에 수립한 과학적 사회주의의 유일한 토대라는 것을 알지 못했다.

나는 제1노트 제1부의 세 칸 중에서 임금에 대해 분석한 이 부분의 내용이 사실상 가장 잘 쓴 부분이라고 생각한다. 제7쪽 이후에는 노트에 발췌가 대대적으로 등장한다.

제7쪽 마지막 부분에서 마르크스는 두 가지 문제를 제기한다.

(1) 인류의 가장 큰 부분을 추상적 노동으로 귀결시키는 것이 인류 발전에서 어떤 의미를 가지는가? (2) 세부사항에서의 개량주의는 임금 인상을 희망하는

---

21   같은 책, 54~55쪽 참조.

것도, 나아가 이로써 노동자계급의 상황을 개선하는 것을 희망하는 것도 아니다. 바로 (프루동처럼) 임금의 **평등**을 사회혁명의 목표로 삼는 것이다. 그들은 대체 어떤 오류를 범하고 있는가?[22]

마르크스가 제기한 문제는 실로 장님의 눈과 귀머거리의 귀가 번쩍 뜨일 만한 것이었다. 당시 그의 관점에 따르면, 노동자의 노동은 무개성의 추상적 노동이 되었고, 그 자체가 인간 본성에 반하는 것으로서, 이것이 바로 부르주아 사회 생산의 반동성을 증명한다. 하지만 당시의 마르크스는 아직 추상적 노동이 역사에 출현한 객관적 필연성을 인식하지 못했다. 당시 그는 바로 이처럼 객관적이고 추상적인 사회노동이 당대 부르주아 사회 생산관계의 본질을 구성한다는 것도 생각하지 못했다. 이 점에서 출발해야만 진정으로 부르주아 사회 생산의 비밀을 캐낼 수 있는데 말이다! 물론 결과론적인 이야기이기는 하다. 둘째, 임금을 올리는 것만이 프롤레타리아 혁명의 목표는 아니었다. 그는 당연히 부르주아 사회의 사유제도를 반드시 전복시켜야 한다고, 그래야만 인류의 궁극적 해방을 실현할 수 있다고 인식하고 있었다. 실제로 둘째 관점은 오히려 부르주아 경제학 및 프루동주의에 대해 정곡을 찌르는 마르크스의 비판의 무기가 되었다. 분배보다도 훨씬 기본적인 문제가 있다는 것이다!

첫째 칸은 단숨에 써내려가는 방식의 집필이지만 제7쪽 이후 마르크스는 사유적인 연구에서 발췌로 전환한다.

둘째 칸은 마르크스가 처음부터 진지하게 분석하려 했던 부분으로서, 그가 수고에서 유일하게 소제목을 달았다는 점이 그 증거다. 하지만 있는 그대로 얘기하자면, 마르크스의 글에서 이 부분이 오히려 가장 성공적이지 못하다. 여기에는 경제학 문헌의 발췌가 대량 넘쳐나고 이론분석은 극히 적다.

---

22   같은 책, 56쪽.

그나마 이론분석도 대부분 경제학자의 관점을 개괄한 것이다. 예컨대 '자본 (Capitals)',[23] '자본의 이윤(Profit)', '자본의 노동에 대한 통치(Herrschaft)와 자본가(Capitalist)의 동기', 그리고 '자본의 축적(Vermehrung)과 자본가 사이의 경쟁(Konkurrenz)', 이 네 가지 소제목은 그런대로 괜찮은데도 그는 연구와 분석을 깊이 있게 진행하지 않았다. 왜냐하면 마르크스는 자본이 일종의 역사적 성격의 사회 생산관계라는 것을 인식하지 못한 상황에서 도저히 부르주아 경제학의 이데올로기 지평을 뛰어넘을 수 없었기 때문이다. 이런 상황은 오히려 정치경제학의 범주 내에서 정치경제학을 비판하는 것이 얼마나 곤란한 일인가 하는 마르크스의 관점을 확실히 증명해주었다. 뒤에서의 그의 개괄을 적용하면, 이 부분의 분석은 주로 경쟁 속에서 자본은 부단히 소수의 사람에게 집중된다는 것을 설명해준다.

셋째 칸은 지대다. 이는 아마도 둘째 칸의 저작 방식으로부터 영향을 받은 것 같다. 셋째 칸은 시작부터 발췌다. 이러한 발췌는 제6쪽 이후로 한 쪽 중단된다. 그리고 제7쪽부터 마르크스는 첫째 칸에서 나왔던 유력한 이론비판의 저작 방식을 또 다시 사용한다. 마르크스가 제2부에서 시작한 개괄적인 표현에 따르면, 이 토론은 하나로 귀결될 수 있다. 즉, 당대 부르주아 사회가 프롤레타리아 계급과 부르주아 계급이라는 대립하는 양대 계급을 형성하고 있다는 점이다.

나는 제1수고의 제1부에서 마르크스가 설명하려 했던 것이 바로 정치경제학의 관점을 이용하는 것으로는 부르주아 사회 사유제도의 본질을 진정으로 파악할 수 없다는 점이었음을 지적하지 않을 수 없다. 여기서 나는, 마르크스가 청년 엥겔스의 『국민경제학 비판 대강』과 프루동의 『소유란 무엇인가』를 동시에 비판한 것은 그들의 이러한 비판이 시종 사회현상에 대한 간단한 부정에만 머물러 있었기 때문이었다고 본다. 마르크스는 한 걸음 더 나아가 부르주아

---

23   당시 마르크스의 글에서는 Capital과 Capitalist가 종종 Kapital과 Kapitalist로 쓰였다.

사회의 본질을 비판하고 싶었다. 어떻게 비판할 것인가? 마르크스가 보기에 길은 하나였다. 철학이었다. 더구나 인간주의적 철학에 의한 본질적 비판이었다. 이는 헤스가 이미 했던 바이기도 하지만 그는 그다지 이상적으로 해내지 못했다.

제1수고 제2부의 구체적인 분석을 앞두고 나는 평가를 다시 내릴 필요가 있었다. 즉, 제1부가 '국민경제학 입장에서'라는 관점에 서 있으며 연구방법으로 보면 사회유물론이라는 것이다. 나는 심지어 이 부분의 분석이 마침 이후의 『자본론』과 매우 가깝다는 생각도 했다. 틀림없이 이는 매우 흥미로우면서도 음미할 만한 발상이다.

3) 인간주의적 사회현상학: 청년 마르크스의 노동소외 사관

제1노트의 제2부는 마르크스는 자신의 독특한 철학 비판 구조의 전체적인 틀을 구축했다. 마르크스는 자신이 프루동이나 엥겔스와는 다르며 심지어 헤스의 독특한 사상도 뛰어넘는다는 것을 보여주었다. 또한 이것은 『1844년 수고』의 전통적 해석의 중심에 있는 소외노동 이론이기도 하다. 나의 현재 해석으로는, 그것이 실제로는 매우 심오한 비판적 성격의 인간주의적 사회현상학이다. 어떻게 알았을까? 이 역사적 텍스트들에 뒤덮인 먼지들을 털어내고 구체적인 텍스트 분석을 통해 설명해보자.

이 부분의 저작은 제1노트의 제22쪽부터 시작된다. 여기서 마르크스는 돌연 한 면에서 단을 나누던 방식을 깨버렸다. 이러한 전면(全面) 집필이 등장한 것은 그 자체로 이론논리 돌파의 중대한 외재적 표지라고 볼 수 있다. 매클렐런도 이 점을 주목했다. 하지만 그는 당시 마르크스 사상논리의 전환을 인식하지는 못했다.[24] 이렇게 해서 마르크스는 사고의 큰 줄기를 바꾸었다. 다시

---

24   麥克萊倫, 『馬克思傳』, 113쪽 참조.

말해 일종의 담론을 전환한 것이다. 나는 그것이 마르크스 사상 발전사에서 최초로 진짜 자신의 이름을 새겨 넣은 이론적 정점이라고 본다.

제2부 시작부터 마르크스는 앞부분의 경제학적 맥락에서 토론했던 중요한 세 가지를 우선 정리했다. 첫째는 사유제도의 조건에서 분업과 경쟁과 교환가치라는 전제하에 출현한 각종 분리와 대립이고, 둘째는 경쟁이 소수의 사람들 수중에 자본이 집중적으로 축적되는 상황을 초래한다는 것이며, 셋째는 양대 계급의 형성이다. 이는 제1부에서 이미 언급했던 것이다. 하지만 마르크스는 "국민경제학은 사유재산이라는 사실에서 출발했지만, 우리에게 그러한 사실(Faktum)을 설명해주지 않았다"라고 보았다.[25] 왜일까? 마르크스는 이렇게 해석했다.

> 그것은 사유재산이 현실에서 겪는 물질과정(materieller Prozeβ)을 일반적이고 추상적인 공식에 집어넣고 다시 그 공식들을 법칙(Gesetz)으로 간주했다. 그것은 이러한 법칙을 이해하지 않았다. 다시 말해, 그것은 이러한 법칙들이 어떻게 사유재산의 본질(Wesen des Privateigentums)로부터 생겨나는지 이해하지 못했다.[26]

우리는 마르크스가 이 단락에서 중요 표시를 해둔 세 곳에 주목해야 한다. 첫째는 '물질과정'이다. 그가 '물질'에 중요 표시를 한 것은 본질과는 서로 이질적인 현실의 객관적 존재도 사회현상이라는 것을 나타낸다. 둘째는 '법칙'이다. 그는 국민경제학이 경쟁과 복잡한 경제활동을 고려하지 않으며 그것이 추상해낸, 일반적인 비인격적 노동(자연가치)과 우연성을 기반으로 하는 무엇(가치법칙)이 실제로 허구의 본질이라고 인식한다. 셋째는 '이해하지 않음'이

---

25   같은 책, 89쪽 참조.
26   같은 책, 89쪽 참조.

다. 국민경제학이 사유제도를 전제로 하고 있기 때문에 현존하는 모든 현실에 대해 제도의 합리성 문제를 더 심층적으로 제기하지도 않고 제기할 수도 없다. 그러므로 국민경제학은 어떻게 돈을 벌 것인지 분명히 아는 데 전력을 기울이는 '부자 되기 학문'의 기술에 불과하다. 바꿔 말하면, 그들은 '마땅히 논증해야 하는 것을 이미 전제로 삼는' 것이다. 한층 더 깊이 들여다보면 프루동(과 청년 엥겔스)이 국민경제학을 비판하고는 있지만, 여전히 이미 왜곡되어 버린 기성의 경제현상에 머물러 있다. 따라서 문제의 실체를 진정으로 이해하는 것이 불가능하다. 나아가 부르주아 사회 사유제도의 본질적 법칙도 이해할 수 없다. 여기서 마르크스는 복잡한 경제현상을 관통해 진정으로 프롤레타리아 계급의 입장에 서서, 현상의 '본질 연계'에서 출발해 보다 심층적으로 부르주아 사회 경제의 본질을 파헤치려는 시도를 한다. 이것이 마르크스의 새로운 비판 담론의 기점인 인간주의 현상학이다. 이는 포이어바흐의 인간주의 현상학과는 전혀 다른, 마르크스 자신의 인간주의적 사회현상학이다.

모두 알다시피 고전적 의미에서의 철학적 현상학 문제는 칸트에서 발단이 되었는데, 이것은 흄의 경험론적 회의론을 계승했다. 칸트 쪽에서 보면 외부 세계는 둘로 나뉜다. 하나는 감성적 경험의 현상세계이고, 다른 하나는 물자체(物自體, Ding an sich)다. 앞서 말한 바와 같이 헤겔 관점에서는 비판적·변증법적 철학현상학이 분열된 세계를 봉합한다. 이때 실재하는 물질존재는 거꾸로 현상이라고 인식되고, 절대관념은 오히려 본질이 된다. 헤겔은 우리에게 관념론적으로 '현상을 관통해 본질을 보'라고 한다! 포이어바흐의 인간주의 현상학에 이르러 헤겔이 전도시킨 세계는 또 다시 전도되며, 종교 신학과 헤겔의 사변관념론의 허상이 벗겨진 이후 감성적 물질세계와 인간의 생활이 비로소 모습을 드러낸다. 성령으로 소외된 인간과 인간의 진정한 관계가 허상을 탈각하고 비로소 모습을 드러낸다. 반면 헤스의 경제소외론을 통해 마르크스는 여전히 우리가 보는 부르주아 경제세계가 허구적이고 거꾸로 뒤집힌, 소외된 것임을 설명하고자 했다. 그는 현상을 꿰뚫어 사회의 본질을 새롭게 발굴하고 드러내려 했다. 이것이 새로운 비판적 현상학의 기본 사유경로다. 어떤 의미에서 마르크스는 헤스에 좀 더 가깝다. 하지만 마르크스의 이 철학적 비판이론이 훨씬 체계적이고 심오하다. 뒤에서 우리는 헤겔 현상학에 대한 비판에서 마르크스가 자신의 인간주의 현상학을 직접 확인한 것을 볼 것이다(본 장 제4절).

마르크스는 담론을 치환한 이후 이렇게 말했다. "우리가 눈앞에 직면한 경제 사실(ökonomisches Faktum)에서 출발하자." 이는 현상학적 의미에서의 본질을 꿰뚫어본 것이다! 또한 인간주의 담론과 소외논리 전개의 시작을 의미하는 것이기도 했다!

마르크스가 주목한 '경제 사실'은 노동자 입장에 서서 관찰하고 발견한 또 다른 광경이었다. 노동생산물(상품, 당시 마르크스는 생산물이 일정한 역사조건에서만 상품이 될 수 있다는 것을 인식하지 못했다), 즉 노동대상화 실현 속에서 출현한 소외와 외화다. 여기서는 노동자가 창출한 부가 많을수록 그들은 점점 빈곤해진다. 마르크스는 '인간에 대해 전혀 관심을 갖지 않는' 국민경제학이 주목한 물질세계의 바깥에는 인간의 세계도 있으며, 더욱이 '사물의 세계(Sachenwelt)의 가치 상승은 인간의 세계의 가치 하락과 정비례한다'는 것을 발견했다.[27] 마르크스는 Dingwelt라고 말하지 않고 Sachenwelt라고 말했는데, 이는 인공적 사물의 세계다. 따라서 직면한 경제 사실은 결코 간단한 물질의 발전 과정이 아니다! 물(物)의 세계에서의 노동생산물은 바로 어느 대상, 즉 사물성(sachlich) 대상 속에 고정되어 있는 인간의 노동이고, 국민경제학이 직면한 그 사물성의 세계는 이러한 '노동의 대상화'에 지나지 않는다. 여기서의 sachlich는 마르크스가 나중에 사용한 Versachlichung(사물화)와는 다르다. 마르크스는 이 글에서 sachlich를 5회 사용하고 dinglich(물성)는 사용하지 않았다. 인간의 노동의 실현이 바로 대상화(사물화)인 것이다. 국민경제학은 자

---

27 같은 책, 90쪽 참조.

연물질과는 다른 사회적 부를 보았지만, 그들은 노동의 사물화(대상화) 현상만을 보았을 뿐, 노동과 노동자 주체의 본질 관계, 특히 이러한 물질 발전 과정과 동시에 발생하는 인간의 사회적 존재에서의 소외는 깊이 파고들어 분석하지 못했다. "노동의 생산물은 노동에 대해 하나의 소원한 본질(fremdes Wesen)이자 생산자로부터 독립한 하나의 힘으로서, 노동과 서로 대립한다."[28] 부르주아 사회 제도에서 노동의 실현은 인간이 점점 현실의 주체성을 잃어가는 것으로 나타나고, "대상화는 대상의 상실과 대상에 대한 예속으로 나타나며, 획득은 소외와 외화로 나타난다". 그래서 "노동자가 노동에서 소모하는 힘이 크면 클수록 그가 직접 창조해낸 자신에 반대되는 소원한 대상적 세계(die fremde, gegenständliche Welt)의 힘은 점점 더 강대해지고 자신과 그의 내부 세계는 점점 가난해져 그의 소유(Eigentum)인 것이 점점 적어진다".[29] 마르크스는 이 글에서 이 두 개념을 매우 집중적으로 사용했다. 그중 Entfremdung을 77회 사용했고, Entäußerung을 63회 사용했다. 단어 사용 빈도가 이렇게 극도로 높은 것은 당시 마르크스가 지녔던 인간주의 소외사관의 지배적 담론으로서의 위상을 설명해준다.

여기서 우리는 하던 바를 잠시 멈추고 우선 마르크스가 자신의 이론 구축을 실현하는 데 사용했던 첫 번째 중요한 논리 구성요소인 노동의 대상화와 소외 문제를 토론해보지 않을 수 없다. 이 얘기는 당연히 헤겔과 포이어바흐에서부터 시작해야 한다.

이 책의 제1장에서 우리는 이미 헤겔의 주체의 외화와 소외가 두 가지 측면의 의미를 내포하고 있다고 서술했다. 하나는 자연이 실현하는 자발적 외화이고, 다른 하나는 인류 주체라는 관념적 본질의 대상성 실현인 동시에 외화이자 소외이기도 하다. 외화는 허구적 현실이고 소외관계가 오히려 진실이

---

28 같은 책, 91쪽 참조. 중역본에서는 Wesen을 '존재물'로 번역했으나 나는 이를 '본질'로 바꿔 번역했다. Karl Marx, *Ökonomisch-philosophische Manuskripte*, S. 364~365.

29 같은 책, 91쪽 참조.

다. 앞서 말한 바와 같이, 헤겔의 담론에서 노동은 단지 관념적 주체가 그 실현 과정에서 개체의식과 사회역사 운행에서의 필연적인 통로와 수단을 차용하는 것일 뿐이다. 시작부터 관념적 본질은 대상성을 통해 물질적 존재를 위해 실현될 수 있었다. 비록 정신은 자연물질에 침전됨에도 불구하고 정신이 자신으로부터 소외되어 나가는 것은 또한 과도적으로 자신을 긍정하는 것이기 때문에 소외는 외화와 같다. 절대관념의 운동을 표상하는 제3단계에서 인간의 현실 '열정'은 조물주의 도구가 된다. 따라서 소외의 후속 과정은 객관정신이 사회활동의 결과로 외화되고 인간의 정신이 자기 노동의 생산물로 외화되는 것이다.

헤겔 비판에서 포이어바흐는 헤겔의 총체적 외화와 소외를 직접적으로 부정했다. 그것이 자연과 관념, 주어와 술어의 관념론적 전도이기 때문이었다. 따라서 물질존재는 1차적인 것으로서 관념론적 도구가 아니다. 포이어바흐는 더 나아가 헤겔의 제2단계에서 인간의 감성적 대상적 활동의 의의를 포착했다. 그가 보기에 외화는 소외가 아니라 진실의 대상화된 현실생활이었다. 반대로 관념론과 종교 신학이 오히려 인간 본성의 소외가 되었다. 상황이 반전된 것이다. 헤겔 철학 자체가 일종의 관념론적 소외가 되었다. 포이어바흐가 보기에 실제로는 인간의 감성적 물질생활이 관념을 낳으며, 인간들의 유적 관계로부터 추상한 관념('하나'라는 것)은 조금씩 절대주체가 되어간다. 최종적으로 인간들은 자신의 유적 본질의 소외물인 하느님을 창조해냈다. 하느님이 오히려 인간의 주인이 되었다. 인간이 하느님에게 점점 더 많은 것을 봉헌할수록 자신에게 남기는 것은 점점 적어졌다. 포이어바흐는 대상화(외화)는 긍정했지만 소외는 반대했다! 이것이 당시 마르크스의 논리적 준거 틀이었다.

이제 '마르크스는 왜 대상화부터 시작했는가' 하는 문제에 대답해보자. 마르크스가 사용한 이 Vergegenständlichung을 만일 '물화(物化)'로 번역했다면, 우리는 이 중요한 논리적 실마리를 완전히 잃어버렸을 것이다. 마르크스는 이 글에서 Vergegenständlichung을 14회나 사용했다. 그보다 조금 앞서 쓴 『밀 노트』에서 마르크스는 화폐 소외에서부터 출발했었다. 이는 분명 헤스의 영향이었을 것이다. 그 텍스트의 맨 마지막에 가서야 마르크스는 교환에서 형성된 인간과 인간의 유적 관계의 소외는 **생산을 토대로 한다**는 것을 깨달았다. 인간들의 교통은 단지 사상을 교환하는 것뿐만이 아니다. 먼저 생산물을 교환해야 한다. 이것이 바로 노동의 대상화 결과다. 화폐(교환) 소외의 분석에서 노동 대상화(생산) 소외의 분석에까지 확장한 것, 이것이 바로 마르크스가 헤스를 초월한 지점이다. 이는 소련 학자들이 『밀 노트』(교통관계 – 화폐소외론)를 『1844년 수고』 이후에 쓴 것이라고 우겼던 황당한 견해가 전혀 설득력이 없음을 말해주는 지점이기도 하다.

이런 논설의 지평이 있었기에 우리는 한 걸음 더 나아가 대상화에 대한 마르크스의 분석을 관찰할 수 있다. 마르크스는 확실하게 말했다. "자연계(Natur)가 없으면, 그리고 **감성적 외부세계**(sinnliche Außenwelt)가 없으면 노동자는 아무것도 창조해내지 못할 것이다."[30] 자연계는 노동자가 자신의 노동을 실현하고 그 속에서 그리고 그것으로써 자신의 생산물을 생산해내는 질료다. 이러한 전제적 인증은 분명 일반 자연유물론의 원리를 인증하는 것이다. 이 자연계는 노동자가 노동하는 대상이 되기도 하고 노동자 생활 자료의 원천이 되기도 한다. 하지만 부르주아 사회의 생산과정에서 노동자의 노동대상화의 결과는 오히려 노동자가 이상의 두 방면에서 모두 대상을 상실하는 것으로 나타난다. 여기서의 노동대상화는 헤겔 관점에서 '제2의 자연(Die zweite Natur)'으로 구현된다. 본래 '제2의 자연'은 인류의 주체정신의 외화 이후 자연에 대한 승격이다. 인류 정신이 마땅히 자연의 주인이 되어야 한다는 의미다. 하지만 지금은 한층 더 심화된 소외가 나타났다. 분명 당시 마르크스의 내재적 사유경로는 헤겔에서 출발한 것이었으며, 이전의 사람들이 주장하듯이 표층적 포이어바흐가 아니었다.

---

30 같은 책, 92쪽 참조.

노동자를 노동 대상화한 결과 그와 그가 창조해낸 노동생산물의 소외가 유발되었다. 마르크스의 당시 철학논리에 따르면 노동생산물은 노동자 노동 주체의 대상화이며, 주체는 마땅히 노동생산물 속에서 자신을 실현하고 당연하게 노동생산물을 점유해야 한다. 그러나 부르주아 사회생산에서 노동자는 노동생산물을 소유할 수 없을 뿐만 아니라 오히려 생산물에서 자신을 상실하여 부단히 '자기 대상의 노예가 된다'. 마르크스는 이렇게 분석했다.

> 노동자는 자기생산물 속에 자기를 외화(Entäußerung)하는데, 이는 그의 노동이 하나의 대상, 하나의 외적 존재(äußere Existenz)가 되었음을 의미한다. 더구나 그의 노동이 타자의 것으로서 그에게 의존하지 않고 그의 외부(außer ihm)에 존재하며 그와 대립하는 독립적인 힘이 된다는 것을 의미하기도 한다. 또한 그가 대상에게 부여한 생명이 적대적인 타자의 것으로서 자신과 서로 대항한다는 것을 의미한다.[31]

이처럼 "노동자가 생산을 점점 더 많이 할수록 그가 소비할 수 있는 것은 점점 적어진다. 그가 더 많은 가치를 창조해낼수록 그 자신은 점점 가치가 없어지고 점점 비천해진다. 노동자의 생산물이 완벽할수록 노동자 자신은 점점 기형적이 되어간다. 노동자가 창조한 대상이 문명적일수록 노동자 자신은 더욱 야만적이 된다. 노동이 점점 힘을 얻을수록 노동자는 점점 무력해진다. 노동이 더 지능적으로 될수록 노동자는 더욱 우둔해지고 점점 자연계의 노예가 되어간다".[32] 우리는 마르크스가 여기서 대상성(외화)과 소외를 혼동시키는 헤겔의 방법을 부정하고 노동자가 자신의 창조물(대상화된 노동생산물)에 의해 노예화되는 비정상적 현상을 정확하게 포착해 이에 대해 깊이 있게 고찰

---

31   같은 책, 91~92쪽 참조.
32   같은 책, 92~93쪽 참조.

했다는 것을 알 수 있다.

당시 마르크스는 노동생산물 소외에 대해 "국민경제학이 노동자(즉, 노동)와 생산물의 직접관계(unmittelbares Verhältnis)를 고찰하지 않음으로써 노동 본질의 소외(Entfremdung in dem Wesen der Arbeit)를 감추고 있다"라는 현상학적 분석을 내놓았다. 마르크스는 초고에서 '노동자'와 '직접'이라는 두 단어 아래에 밑줄을 두 줄 그어 특별히 중요하다는 표시를 했다. 『밀 노트』에서 형성된 인간의 사회생활 관련성에 관한 마르크스의 사고는 이 글에서 훨씬 더 복잡해졌다. 원래 이미 등장했던 Verhältnis(관계, 35회 등장), Beziehung(연계, 11회 등장), Band(연결, 15회 등장)를 사용했을 뿐만 아니라, 『밀 노트』에서 등장하지 않았던 사람들 사이의 공통된 관련성을 나타내는 Zusammenhang(연관, 7회 등장)도 새롭게 사용했다. 직접 관계란 무엇인가? 그것은 노동자의 노동대상화를 말한다. 다시 말해 물질생산 자체야말로 생산물의 직접 창조과정이라는 것이다. "노동과 그 생산물의 직접 관계는 노동자와 그가 생산한 대상과의 관계다. 유산자와 생산대상 및 생산 자체의 관계는 이전 관계의 결과이자 실증일 뿐이다."[33] 이 말은 마르크스가 노동소외에 대한 분석을 대상화부터 시작한 원인을 명백히 밝히고 있다. 이 점은 중농주의 이후 고전경제학의 '사회적 부 이론'과 일치한다. 특히 뒤의 문장은 자본가와 생산 및 생산물의 관계(교환과 분배)가 노동자와 자신이 생산한 결과의 직접 관계의 산물이라는 것을 정밀하게 분석해냈는데, 이러한 사상이 지극히 심오하다. 이 사상이 프루동의 분배 개량론과 헤스의 교통 - 교환 소외론의 두 가지 관점을 동시에 초월했기 때문이다. 생산에서 출발해서 대상화를 고찰하는 것은 객관적 확인이다. 다시 말해 물질실체로서의 노동생산물과 노동자의 객관적 소외와 대립이다. 여기서 대상화는 마르크스 노동소외 이론의 입구라고 할 수 있다. 물론 대상화도 '사물의 소외(Entfremdung der Sache)'다! 이는 사회현상학 비판의 첫 번째 물상(物

---

33   같은 책, 93쪽 참조.

相)의 차원이기도 하다.

이어서 시각을 바꿔 객체의 시각에서 착안하면, 즉 주체 내부의 활동으로 보면, 마르크스는 한 걸음 더 나아가 "소외는 결과에서만 드러나는 것이 아니라, 생산행위(Akt der Produktion)에서도 생산 활동 자체에서도 표현된다"[34]는 사실을 제시한다. 『밀 노트』에 비해 경제학적 맥락에서 온 경제학 용어인 '생산'의 사용률이 다소 높아져, Produktion이라는 단어는 18회 등장했으며, 마르크스는 매우 전문적인 용어인 Überproduktion이라는 단어도 5회나 사용했다. 생산물로부터의 소외는 생산자의 주체적 행위 자체가 소외된 결과일 뿐이고, 노동 자체의 소외는 앞에서 언급한 '사물의 소외'에 상대되는 주체 활동의 자기소외다! 소외노동(entfremdete Arbeit)은 한층 더 심화된 소외다. 마르크스는 이 글에서 entfremdete Arbeit를 6회 사용했다. "노동대상의 소외 가운데 노동활동 자체의 소외와 외화가 개괄되어 있다."[35] 노동자가 자신의 생산물에 의해 지배되는 주요 원인은 노동자의 주체로서의 창조활동 자체가 이미 소외되었기 때문이다. 본래 마땅히 인간 주체의 본질이어야 할 노동이 이제는 노동자의 본질에 속하지 않는 것이 되어버렸다. "그는 자신의 노동에서 자신을 긍정하지 않고 자신을 부정한다. 행복을 느끼지 않고 불행을 느낀다. 자유롭게 자신의 신체능력과 지적 능력을 발휘하는 게 아니라 자신의 육체가 고통당하게 하고 정신이 학대당하게 한다."[36] 이러한 상황에서 "외부에 존재하는 노동, 인간이 그 속에서 자신을 외화시키는 노동은 일종의 자기희생이자 자기학대의 노동이다".[37] 마르크스가 보기에 노동은 마땅히 주체의 생명 본질을 구현해야 하며 주체가 주도적으로 대상을 창조해서 자신의 자유와 자주와 능동성을 실현하는 활동이어야 한다. 하지만 현실은 달랐다.

---

34   같은 책, 93쪽 참조.
35   같은 책, 93쪽 참조.
36   같은 책, 93쪽 참조.
37   같은 책, 94쪽 참조.

여기서는 활동이 곧 수동(Leiden)이다. 힘은 곧 무력함이고 생식은 곧 거세이며, 노동자 자신의 신체능력과 지적능력, 그 개인의 생명(생명이 활동이 아니라면 무엇이란 말인가?)은 곧 그에게 의존하지도 않고, 그에게 속하지도 않으며, 오히려 그 자신을 반대하는 활동이 된다. 이것이 바로 자기소외(die Selbstentfremdung)다.[38]

이는 현상학 비판의 한층 심화된 둘째 차원, 즉 주체 활동 측면의 소외에 속한다.

마르크스는 앞에서 언급한 두 가지 규정으로부터 '도출'한 세 번째 소외노동의 규정이 바로 인간과 자신의 유적 본질의 소외라고 말했다. 마르크스의 당시의 관점에 따르면, 인간은 동물 및 기타 생명체와는 다른 유적 존재물이다. 마르크스는 한편으로는 포이어바흐가 말한 인간이 동물과 마찬가지로 자연생명의 유(類)라는 것을 인정하면서도 다른 한편으로는 인간이 동물 종족과 다른 점을 중점적으로 분석했다. 그 다른 점이란 바로 '의식 있는 생명활동'이다. 즉, 자유롭고 자발적인 활동은 인간의 생명활동의 뚜렷한 특성이다. 이는 인간의 독특한 유적 본질이기도 하다. 이 논점 또한 헤스의 영향을 받은 것이 분명하다. 인간은 동물과 다르다. 동물과 그 동물의 생명활동은 직접적으로 동일하지만, 인간은 자신의 생명활동 자체를 자신의 의지와 의지의 대상으로 바꾼다. "인간과 동물의 생명활동을 직접적으로 구분해주는 것은 의식 있는 생명활동이다. 바로 이 점 때문에 인간이 유적 존재물인 것이다."[39]

동물은 자기 자신 또는 자기 새끼가 직접 필요로 하는 것만 생산한다. 동물의 생산은 단편적이지만 인간의 생산은 전면적(Mensch produziert universell)이

---

38   같은 책, 95쪽 참조.
39   같은 책, 96쪽 참조.

다. 동물은 직접적인 육체적 욕구의 지배하에서 생산하지만, 인간은 심지어 육체적 욕구의 지배를 받지 않고도 생산을 하며, 나아가 이러한 욕구의 지배를 받지 않을 때만 진정한 생산을 한다. 동물은 자신을 생산할 뿐이지만 인간은 자연계 전체를 재생산(reproduziert)한다. 동물의 생산물은 그 육체와 서로 직접 연계되어 있지만 인간은 자신의 생산물을 자유롭게 대한다. 동물은 단지 그 동물이 속한 종의 척도와 욕구에 따라 만들어내지만 인간은 모든 종의 척도에 따라 생산할 줄 알며 나아가 곳곳에 내재된 모든 척도를 어떻게 대상에 운용해야 할지를 안다. 따라서 인간은 미(美)적 법칙에 따라 건축하기도 한다.[40]

마찬가지로 인간의 노동생산물, 그가 창조한 대상세계는 인간의 대상화된 유적 본질, 즉 인간화된 자연계다. 바로 대상세계를 개조하는 과정에서 인간은 비로소 자신이 유적 존재물임을 진정으로 증명한다. 이러한 생산은 인간의 능동적인 유적 생활이다. 이 점에서 마르크스는 이미 헤스의 교통이라는 유적 본질과는 질적으로 다르다. 이러한 생산을 통해 자연계는 비로소 그의 작품과 그의 현실로 표현된다. 따라서 노동의 대상화는 곧 인간의 유적 생활의 대상화이기도 하다. 인간은 의식 속에서처럼 그렇게 이지적으로 자신을 복제할 뿐만 아니라 나아가 능동적이고 현실적으로 자신을 실현하고, 이로써 자신이 창조한 세계에서 자신을 직시한다. '소외노동은 이러한 관계를 다시 전도시키는 것'으로, 인간의 이러한 생명의 표현을 '단지 자신의 생존을 유지하는 수단에 불과한 것'으로 기이하게 변형시킨다. 동시에 소외노동 역시 인간에게서 그가 생산한 대상을 빼앗는 것이자 인간에게서 그의 유적 생활을 빼앗는 것이다. 그리하여 인간이 동물에 대해 갖는 우월한 점은 단점으로 바뀌고, 이 두 가지와 인간의 상호 소외는 인간의 유적 본질이 된다.[41] 이 '유(類)'

---

40 같은 책, 96~97쪽 참조.
41 같은 책, 96~97쪽 참조.

는 인간 각 개체와 서로 대립한다. 나는 마르크스가 여기서 앞서 『밀 노트』에서 언급했던 그 '유'와 화폐의 직접 관계를 다시 언급하지 않았음에 주목했다. 아마 여기서는 진정한 철학적 추상일 것이다. 앞의 글에서 논술한 바는 현상학 비판의 셋째 차원, 즉 유적 본질의 차원이다.

마지막으로 인간과 자신의 생산물, 자신의 생명활동, 자신의 유적 본질과 서로 소외된 결과는 필연적으로 '인간과 인간의 상호 소외'가 될 수밖에 없다. 노동자가 자신의 생산물, 자신의 활동과 서로 대립할 때, 이러한 것들은 필연적으로 타인에 속할 수밖에 없고, 이는 곧 한 인간과 타인의 대립과 소외로 나타날 수밖에 없다. 이에 관해 마르크스는 이렇게 말했다.

> 소외노동(entfremdete Arbeit)을 통해 인간은 자신과 타자의 적대적 역량으로서의 생산대상(Gegenstand der Produktion) 및 생산행위의 관계(Verhältnis)를 생산해낼 뿐만 아니라, 나아가 타인과 그의 생산 및 그의 생산물의 관계, 그리고 그와 이러한 인간들의 관계도 생산해낸다. 마치 그가 그 자신의 생산을 자기 스스로 현실성을 잃게 하고 스스로 징벌을 받게 하는 것으로 변화시키는 것처럼, 그리고 그가 자신의 생산물을 상실해버리고 그것을 자신의 생산물에 속하지 않는 것으로 변화시켜버리는 것처럼, 그는 생산하지 않는 인간의 생산과 생산물에 대한 지배를 생산해내기도 한다.[42]

이 '생산하지 않는 인간'이 바로 자본가(Capitalist)다. 이 글에서 마르크스는 Capitalist를 106회 사용했고, Kapitalist도 조금(4회) 사용했다. 자본가가 소외노동 과정에서는 생산과 생산물을 지배하는 측면에서 등장하지만, 마르크스의 눈에는 자본가가 꼭 '인간'(주체)이 아니라 사물 — 자본(죽은 노동) — 의 인격화로 보였다. 자본가도 소외되었으며 일종의 직접 외화된 허구적 주체였던

---

42   같은 책, 99~100쪽 참조.

것이다. 따라서 마르크스는 소외노동에서 이렇게 말했다. "한 인간은 타인과 상호 소외되고, 그들 개개인 모두가 인간의 본질로부터 소외된다." 이것이 현상학 비판의 마지막 차원이다. 나는 그것이 인간의 총체적 소외 차원이기도 하다고 본다.

결론적으로 인간 주체는 노동을 통해서 하나의 새로운 현실의 물질세계[차안(此岸)의 '이' 현상세계]를 창조했지만, 그 자신도 이 세계에서 자신이 본래 마땅히 가져야 할[피안(彼岸)의] 모든 주체 본성을 상실했다. 인간 주체가 마땅히 가져야 할 권리는 자본(사물)의 지배 권리로 전도되어 나타나고, 인간이 자신을 상실한 것은 오히려 자신의 창조물인 자본으로 하여금 생명을 얻게 한다. 그러므로 바로 이 소외노동이 자신을 적대시하는 대상인 사유재산(Privateigentum)을 창조한 것이다!

주목해야 할 것은 소외노동의 4중 관계를 분석한 이후 마르크스가 중요한 결론을 얻었다는 점이다. 즉, 사유재산은 소외노동의 결과물이며 그 반대는 아니라는 결론이다. 다만 나중에는 사유재산이 자신의 진짜 기원을 감추고 소외노동과 객관적 대립을 이루는 상대방이 되며, 그리하여 이러한 관계가 상호작용의 관계로 변한다고 생각했다.[43] 이 '상호작용'은 국민경제학이 묘사한, 현상적으로 대등한 3대 요소 및 그것들 간의 교환과 분배(1-1의 묘사)를 가리킨다.

사실 우리는 마르크스가 프루동과 논쟁하고 있다는 것을 알 수 있다. 『소유란 무엇인가』에서 프루동은 사유제도를 생산 불평등의 근원으로 보았다. 마르크스는 실제로 프루동(과 청년 엥겔스)이 여전히 국민경제학의 논리에서 빠져나오지 않고 있다고 보았다. 마르크스는 새로운 사유 맥락에서 출발해야만 문제를 제대로 해결할 수 있다고 생각했다. 그래서 마르크스는 이렇게 말했다. "이러한 논술로 지금까지 해결하지 못한 각종 모순들이 곧 명백히 밝혀

---

43 같은 책, 100쪽 참조.

질 것이다."[44] 마르크스가 제1수고 마지막 부분에서 제기한 두 가지 문제는 모두 프루동을 겨냥한 비판이었다.

첫째 문제는, 1-1에서 피고석에 자리한 "국민경제학이 노동이야말로 생산의 진정한 영혼이라고 한 그 지점에서 출발했음에도 불구하고 노동에는 그 어떤 것도 제공하지 않은 반면, 사유재산에는 모든 것을 제공했다"는 것이다.[45] 프루동은 국민경제학을 비판한 사람이다. '그가 이러한 모순으로부터 노동에는 유리하고 사유재산에는 불리한 결론을 얻었기' 때문이다. 그러나 마르크스는 프루동이 마찬가지로 국민경제학의 전제를 자신의 전제로 삼았다는 점을 지적한다. 왜냐하면 여기에서 출발점으로 삼은 모순은 비판적으로 파악된 것이 아니며, 표면적 가상으로서의 모순에 지나지 않기 때문이다. 반면 마르크스의 새로운 시각에서 출발한 "이 표면적 모순은 소외노동 (entfremdete Arbeit)과 자신의 모순이며, 국민경제학은 소외노동의 법칙을 서술할 뿐이다".[46] 프루동이 표면적 모순 위에서 글을 쓴 것은 필연적으로 국민경제학의 틀 안에서의 반대일 수밖에 없다. 예컨대 임금이 노동소외의 직접적 결과라는 문제에 직면하여 프루동은 소외노동을 제거하는 것이 아닌 '강제로 임금을 인상했다'. 이는 '노예(Knecht)에게 보다 많은 보수를 지급하는 것과 다름없으며', '임금평등'의 결과는 기껏해야 '추상적 자본가(abstrakter Kapitalist)로 이해되는 사회'의 출현을 유도할 뿐이다.

둘째 문제는 노동의 소외야말로 사유재산의 직접적인 원인이라는 것이다. 이는 프루동이 깨닫지 못한 본질관계다. 마르크스는 이것을 자신이 발견한 새로운 관점이라고 여겼다. 그뿐 아니라 이 관점은 엥겔스와 헤스의 관점을 한층 더 발전시킨 것이었다. 그래서 그는 즉시 중요한 결론 하나를 확인했다.

---

44   같은 책, 100쪽 참조.
45   같은 책, 100쪽 참조.
46   같은 책, 101쪽 참조.

사회의 사유재산 등으로부터의 해방 및 노예 상태로부터의 해방은, 노동자 해방이라는 정치형식으로 표출된 것이다. 더구나 이는 노동자의 해방에만 관련된 것이 아니다. 왜냐하면 노동자의 해방이 전 인류의 해방을 내포하기 때문이다. 또한 인간적 노예 상태는 모두 노동자와 생산의 관계(Verhältnis des Arbeiters zur Produktion) 속에 내포되어 있어 모든 노예적 관계(Knechtschaftsverhältnis)는 단지 이러한 관계의 변형이자 결과일 뿐이기 때문이다.[47]

이에 대해 마르크스는 실제로 현실에 대한 그의 비판을 소외노동과 사유재산이라는 두 가지 요인으로 귀결시킨다. 전자는 그가 가지고 있던 독립적인 이론논리이고, 후자는 그가 조건부로 프루동 등의 이론적 관점을 받아들인 것이다. 그는 "이 두 요인에 힘입어 국민경제학의 범주 일체를 명백히 밝힐 수 있고, 나아가 그 속에 포함된 모든 각각의 범주, 예컨대 상업, 경쟁, 자본, 화폐 등도 이 두 기본요인을 특정하게 전개한 표현에 불과하다는 것을 우리가 알게 될 것"이라고 보았다.[48] 여기서 중요하게 대비되는 맥락은, 마르크스가 나중에 『자본론』에서 제기한 상품 – 노동의 이중성이 자본주의 전체 생산관계의 근원적인 모순의 실마리라는 것이다.

마르크스의 사상적 맥락은 뚜렷하게 여기까지 확장되었다. 노동소외는 전도된 본질이고, 사유재산은 노동소외의 결과이며, 경제 범주는 이 결과의 또 다른 표현이다. 나아가 마르크스는 이어서 이러한 범주의 형성을 설명하고자 시도했는데, 이것이야말로 이 책의 주된 소임이라고 해야 할 것이다. 그것이 제2수고의 주요 부분을 구성했다.

하지만 마르크스는 여기에 더해서 두 가지의 '임무'를 먼저 완성할 준비도 했다. 첫째는 '사유재산(Privateigentum)과 진정한 인간적·사회적 소유(soziales

---

47 같은 책, 101쪽 참조.
48 같은 책, 101쪽 참조.

Eigentum)의 관계를 가지고 노동소외(entfremdete Arbeit)의 결과인 사유재산의 보편적 본질을 설명'한 것이다. 둘째는 "인간이 어떻게 그의 노동을 외화하고 소외시키는가? 이러한 소외는 또 어떻게 인류 발전의 본질을 근거로 삼는가?" 하는 문제다.[49] 이 두 명제는 지극히 심오해 프루동 같은 사람이 직면할 수 없었던 문제였다. 사유재산의 보편적 본질과 진정한 인간적(사회적) 재산의 관계를 해결하려면, 먼저 소외되었지만 보편적인 것이 될 수 있었던 사유재산을 통해 사회적 재산이 어떻게 실현되는지를 설명해야만 한다. 그것은 둘째 문제와도 관련이 있다. 인간이 어떻게 소외되는가, 그리고 왜 그런가가 바로 인류 발전의 본질을 근거로 삼고 있으며, 이는 포이어바흐 종교비판의 문제제기에 매우 근접한 것 같다. 다만 비판의 영역이 종교에서 경제로 치환된 것일 뿐이다. 마르크스는 첫째 문제에 대해 노동을 통해 자연을 점유하는 데서의 노동자와 비노동자(자본가)가 맺는 삼중관계까지 논술한 이후 돌연이 수고의 저작을 중단했다.

제2수고의 주요 부분이 유실되었기 때문에 현존하는 수고의 내용만으로 볼 때 이 두 임무는 모두 완성되지 못한 것 같다.

이것이 청년 마르크스가 정립했던 당시 이론의 일반적인 내용이다.

3. 지배적 담론과 복잡한 잠재논리의 역설

내 견해로는 마르크스가 제1노트의 저작을 갑자기 중단한 것은 사실 그가 1-2(제1노트 제2부)와 같은 철학 인증만으로는 진정으로 부르주아 국민경제학에 대한 이론적 비판을 더 심화시킬 수 없다는 것을 깨달았기 때문이다. 따라서 1-2가 마르크스 자신이 표시하고 주해한 철학의 논리적 전제라고 한다

---

49   같은 책, 102쪽 참조.

면, 이어서 더욱 중요한 것은 정치경제학 이론논리에 정면으로 맞서는 구체적인 경제학 비판이어야 할 것이다. 다시 말해 1-1(제1노트 제1부)에서 나타난 것이 마르크스가 결코 찬성하지 않는 경제학 사회주의 담론이라면, 1-2(제1노트 제2부)가 펼쳐 보이는 것은 바로 철학적 인간주의 담론이며, 반면 『1844년 수고』에서 마르크스 저작의 주요 부분(즉, 제2노트와 제3노트)으로 다룬 것은 (오히려) 경제철학 담론에 속한다고 할 수 있다. 물론 이러한 담론은 경제학에서의 철학이 아니라, 철학적 인간주의 논리에서 출발하여 펼치는 경제학에 대한 가치비판이다. 하지만 마르크스는 경제학비판 연구 가운데 꽤 여러 곳에서 무의식적으로 철학적 인간주의의 틀을 약화시켰다(예컨대 제2노트가 남긴 네 쪽짜리 내용에서 소외개념을 사용한 것은 딱 한 곳뿐이다). 제1노트의 세 가지 논리담론과 비교할 때, 이는 이미 완전히 새로운 혼합형 저작담론인 인간주의적 경제철학 담론이다! 다시금 분명히 지적하고 넘어가야 할 부분은, 소련과 동구권 학자들(MEGA2의 편역자 포함)이 이러한 변화된 성질을 단순히 경제학 텍스트 독서량의 증가 정도("책을 몇 권 더 읽었군" 정도)로만 여기고 당시의 마르크스가 제기했던 담론의 다성성과 담론 변화의 심오한 이질성을 전혀 감지하지 못했다는 점이다.

1) 경제철학: 제2노트가 연 새로운 지평

윗글의 분석에서 우리는 제2노트가 마지막 XL쪽에서 XLIII쪽까지 네 쪽밖에 남아 있지 않다는 것을 이미 확인했다. 제2노트는 사실상 마르크스의 이 중요한 텍스트에서 가장 주요한 비판 내용이다. 나는 제2노트라는 이 텍스트 저작의 주요 부분이 소외노동과 사유재산이라는 두 가지 범주를 이론의 중심축으로 삼고, 사유재산의 표현형식으로서의 '상업과 경쟁, 자본, 화폐'를 체계적으로 분석하고 있음에 주목했다.[50] 마르크스가 이 노트의 맨 마지막에 쓴 요약에 따르면, 이 수고는 주로 노동, 자본, 그리고 양자의 관계인 사유재산의 관계를 구체적으로 설명하고 있는데, 이는 통일과 대립에서부터 양자 각자의 자신과의 상호대립에 이르는 운동이다.[51] 또 제3노트 제18쪽(XVIII)에서 마르크스가 종합적으로 내린 결론에 따르면, 이 수고의 제1부(노동과 자본의 통일)는 일찍이 국민경제학이 제기한 일곱 가지 문제를 토론했다. (1) 자본은 축적된 노동이다, (2) 생산에서의 자본의 사명, (3) 노동자는 자본이다, (4) 임금은 자본의 비용에 속한다, (5) 노동자에게 노동은 그의 생명자본의 재생산이다, (6) 자본가에게 노동은 그의 자본의 능동적 요소다, (7) 국민경제학자는 노동과 자본의 통일을 자본가와 노동자의 통일이라고 가정하는데, '이는 천국과도 같은 원시상태다'.[52]

제3노트의 처음 시작 부분 앞 세 단락의 '보충'에 대한 분석을 통해 우리는 마르크스가 제2노트 제36쪽에서 이미 노동과 대립하는 자본의 본질에 대해 서술했다는 것을 어렵지 않게 알 수 있었다. 그렇다면 제39쪽은 분명 노동과 자본의 대립 지양 문제에 대한 토론일 것이다. 그런데 그다음 '보충'은 이미 훨씬 더한 또 다른 의미에서 이론적인 '정채'를 뿜어내고 있다.

이어서 제2노트의 남은 조각들에 대한 텍스트 해독을 시작해보자.

제2노트의 잔존 부분의 시작 대목에서 마르크스는 자본으로서 존재하는, 이미 자본가의 소유인 노동자의 살아있는 노동을 분석했다. 그는 이것을 '살아있는 것, 그렇기에 빈곤한 자본'이며, 이러한 특수자본의 '이자'(임금)라고 보았다.[53] 당시의 마르크스 눈에는 부르주아 사회운동이 인간을 비정상적으로 '노동자'로 변화시킨다고 보았다. 즉, 상업적 경쟁에서 인간을 자본과 함께 있는 소외된 상품인간으로 기형적으로 변화시킨다는 것이다. "자본으로서의 노동자의 가치는 수요와 공급에 따라 증가하고, 게다가 육체적으로 보면 그의

50 　같은 책, 110~111쪽 참조.
51 　같은 책, 110~111쪽 참조.
52 　같은 책, 138쪽 참조.
53 　같은 책, 104쪽 참조.

현존재(Dasein), 그의 생명 역시 다른 모든 상품(Ware)들과 마찬가지로 과거든 현재든 모두 상품의 공급이라고 간주되었다."[54] 마르크스는 노동하는 사람이 농민에서부터 노동자로 전환되는 것이 일종의 역사적 진보이며 더구나 부르주아 사회 경제의 교환관계에서 자본과 교환하는 것은 단지 노동력상품 뿐이고 임금은 노동력의 가치일 뿐이기 때문에 노동자는 결코 상품이 아니라는 것을 당시는 아직 정확하게 인식하지 못했다. 당시 마르크스는 여전히 국민경제학은 비인간의 학문이라는 시스몽디와 헤스의 결론을 견지했다. 왜냐하면 국민경제학이 '고용되지 않은(unbeschäftigt) 노동인간'에는 주목하지 않았고, '생산은 인간을 단지 인간상품(Menschenware), 즉 상품의 규정을 갖춘 인간이라는 하나의 상품(ware)으로서 생산할 뿐만 아니라, 이 규정에 따라 정신적으로나 육체적으로 비인간화된 존재물(entmenschtes Wesen)로서도 생산한다'는 것에도 주목하지 않았기 때문이다.[55] 마찬가지로 이러한 비판적 의미에서 마르크스는 또 즉각 반어적 어조로 이렇게 말했다. "리카도와 밀 같은 사람들은 스미스와 세에 비해서 아주 크게 진보했다. 그들은 인간의 정재(Dasein des Menschen) ― 인간이 이러한 상품을 생산하는 높거나 낮은 생산성을 중요하지 않은 것이거나 심지어는 유해한 것이라고 말한다."[56] 여기서의 소위 '진보'란 인간 이외의 사물의 진보에 불과하다. 즉, 생산의 진보와 부의 축적의 진보를 말한다. 인간주의 담론의 통섭 아래 있던 마르크스는 긍정적인 의미로 이 점을 지적한 것이 아니다. 하지만 우리는 이러한 객관적 진보를 인정한 것이 바로 이후 역사유물론 과학논리의 출발점이 되었다는 사실을 반드시 지적해야 한다.

마찬가지로 이러한 사유경로를 계속 확장해나가면서 마르크스는 이어 영국 국민경제학의 '양대 업적'을 논평하기에 이른다. 첫째는 '노동을 국민경제

---

54 같은 책, 104쪽, Karl Marx, *Okonomisch-philosophische Manuskripte*, S.376.
55 같은 책, 104쪽 참조.
56 같은 책, 105쪽 참조.

학의 유일한 원칙으로 제고'한 것이다.[57] 이 이론은 임금과 자본 이자의 반비례관계를 설명하는 것이 핵심이며, 마르크스는 바로 이 점이 노동과 자본의 근본적인 대립을 그대로 드러낸다고 보았다. 여기서 '노동'이라는 개념이 대거 등장하기 시작한다. '근대적 노동', '추상적 노동', 그리고 '축적된 노동' 등이다. 그러나 당시의 마르크스 눈에는 이 모두가 **국민경제학**의 내용일 뿐이었다. 마르크스는 이른바 '노동'이라는 것을 경제학의 '유일한 원칙'(노동가치론)으로 승격된 보다 깊은 의미로 인식하지는 못했다. 그 의미는 첫째, 노동이 보편적인 '하나'(즉, 나중에 마르크스가 『정치경제학 비판 요강』에서 발견한 사회화된 추상적 노동)가 된 것은 근대 대공업의 객관적 산물이라는 것, 둘째, 이러한 이론적 척도야말로 거꾸로 경제현실에서 직접 부르주아 사회를 부정할 수 있다는 점이다. 사실 당시 리카도파의 사회주의('프롤레타리아 계급의 반대파')는 이미 이렇게 하고 있었다.[58]

게다가 마르크스의 두 번째 토론에서는 자신이 그다지 신경 쓰지 않았던 설명 부분에서 매우 의미 있는 내용이 등장한다. 그는 영국 국민경제학의 두 번째 업적으로, '지대란 작황이 가장 나쁜 땅의 이자와 가장 좋은 땅의 이자 사이의 차액'이며, 이러한 지대로 인해 '토지 소유자는 지극히 보통의 평범한 자본가로 변모하고, 나아가 대립은 단순하고 첨예해져 이러한 대립의 소멸이 가속화한다'는 점을 밝힌 것이라고 보았다.[59] 이 객관적 발전 과정은 사실상 봉건주의에 대한 부르주아 사회의 승리이며 농업과 토지와 부동산에 대한 공업과 생산운동과 동산의 승리다. 이는 1-1(제1노트 제1부)의 셋째 사항인 지대에 대한 논평보다 훨씬 더 깊이가 있다. 더욱 중요한 것은 마르크스가 공업과 농업, 동산과 부동산의 '역사적 차이'에 주목했다는 점이다. 이는 주로 다음의 몇 가지 이론적 포인트로 구현된다. 첫째, 공업에서의 노동은 자기 내용에는

---

57   같은 책, 105쪽 참조.
58   이 책 제5장 제2절 참조.
59   같은 책, 106쪽 참조.

'전혀 무관심'한, '다른 모든 존재로부터 추상해낸' 완전히 독립된 존재라는 점이다. 특정 부동산(토지)과 상호 의존하는 그런 특수한 형식의 구체적인 노동과 달리, 새로운 노동 자신이 자유를 획득해 공업생산에서 일종의 '추상'적 형식이 되는 것이다. 마르크스는 당시도 여전히 앞서 자신이 부정했던 스미스와 리카도 같은 사람들의 국민경제학 이론의 '추상'이, 실제로 이 객관적 역사 '추상'을 현실에서 논리적으로 반영한 것임을 의식하지 못하고 있었다. 이 점에 관해서는 마르크스도 나중에 쓴 『정치경제학 비판 요강』에서야 이해했다. 둘째, '행동의 자유를 획득해 자체로 단독 형성한 산업과 행동의 자유를 획득한 자본은 노동의 필연적 발전'임을 설명하는 것이다. 왜냐하면 자유로운 노동발전과 객관적 '축적'으로 형성된 산업자본은 과거의 '부동의 토지(das immobile Grundeigentum)'와는 근본적으로 이질적이며, 이것이 바로 부단히 변화하고 유동하는 부, 즉 동산(Mobiliareigentum)이다. 다음에서 우리는 이 의미심장한 '동산'에 대해 집중적인 토론을 진행할 것이다. 셋째, '공업의 그 대립 면에 대한 지배는 곧 진정한 산업 활동이 된 농업의 출현으로 나타난다는 것이다'.[60]

그렇기에 우리는 마르크스가 여기서 고전경제학이 내린 스스로에 대한 긍정적 확증을 재차 논술하고 있는 것이지, 역사적·현실적 경제상황에 대해 연구한 끝에 과학적 결론을 도출한 것이 아님을 알 수 있다. 그래서 당시 그는 여전히 이 객관적 발전 과정의 구체적인 기제와 법칙을 이해할 수 없었다.

하지만 우리는 마르크스가 이미 역사적 안목으로 산업자본가와 토지소유자의 관계를 자세히 살펴보고 있음을 알 수 있다. 마르크스는 노예에서 임금노동자로의 전환, 지주에서 자본가로의 전환, 구봉건제도에서 부르주아 사회제도로의 전환 등 여러 가지 핵분열을 객관적으로 바라보았다. 이러한 관점이 바로 앞서 그가 노동자를 인간이 아닌(비인간인) 상품이라고 비판했던 이

---

60   같은 책, 107쪽 참조.

론적 척도와는 확연히 다른 것이다. 당시 마르크스는 역사적인 비판적 입장에 서서 자본가와 토지소유자의 대립을 주시했다. 어떤 의미에서는 그가 부르주아 사회를 봉건주의에서 객관적으로 진보한 것으로 인정했다고 할 수 있다. 마르크스는 이렇게 말했다.

> 현실의 발전 과정에서(여기에 한 문장 삽입) 토지소유자(Grundeigentümer)에 대한 자본가(Kapitalist)의 승리, 즉 발달되지 않은, 불완전한 사유재산에 대한 발달한 사유재산의 승리가 필연적으로 생겨난다. 마치 움직이는 것이 움직이지 않는 것을 필연적으로 이기고, 공개적이고 자각적인 비열한 행위가 은폐되고 무의식적인 비열한 행위를 필연적으로 이기며, 재물에 대한 탐욕이 향락욕구를 필연적으로 이기고, 노골적으로 무절제하고 노련하고 진보적인 이기주의가 지방의 처세에 능한, 멍청하고 나태한, 공상적인, 미신적 이기주의를 필연적으로 이기며, 화폐(Geld)가 다른 형식의 사유재산을 필연적으로 이기는 것과 마찬가지다.[61]

이 말에는 우리가 진지하게 분석해야 할 수많은 중요한 내용이 담겨 있다. 그중 가장 핵심적인 이론적 질점은 역시 앞에서 우리가 이미 지적했던 부르주아 사회 생산 본질의 특징으로서의 산업생산운동이자 자유행동인 노동(자)과 자본(동산)이다.

내가 이해한 바로는, 이는 마르크스에게 있어 현실에서 출발해 사회역사를 직면한 최초의 객관 논리다. 이는 『1844년 수고』에서 무의식적으로 대치된 이중논리가 처음 형성된 맥락이기도 하다. 나는 마르크스가 정치경제학의 이론논리에 깊이 파고들수록 이 객관논리의 실마리가 점점 더 분명해진다는 것을 알게 되었다. 나와 쑨보쿠이의 다른 점은, 쑨보쿠이는 노동대상화로부터 마

---

61   같은 책, 110쪽 참조.

르크스의 이 객관논리를 이끌어냈다는 데 있다. 당시 마르크스의 주도적 이론논리는 여전히 인간주의적 비판 담론이었지만, 무의식적으로 생겨난 이 객관논리의 실마리는 분명 새로운 총체적 부정성이다. 이 텍스트에서 나타난 마르크스의 심층적 사고로 볼 때, 이러한 부정은 역시 필연적으로 자기부정일 수밖에 없다! 물론 제3노트의 상황과 달리 여기서의 객관적인 논리의 발생은 주로 고전경제학의 사회유물론의 역사성을 반복서술하는 것으로 나타난다.

이어 마르크스는 스미스 같은 사람들의 '동산'에 대한 관점을 집중적으로 인용하기 시작했다. 동산의 개념은 마르크스가 경제학으로부터 깨달은 지극히 중요한 역사적 개념이다. 왜냐하면 이는 윌리엄 페티 이래로 지적한, 자연적 부(예컨대 부동산인 토지와 자연자원 같은)와는 다른, 산업노동이 창출한 사회적 부이기 때문이다. 여기서 마르크스는 '동산'이 자본주의 사회에 초래한 거대한 변화를 보았다. 마르크스는, 국민경제학에서 볼 때 부르주아 사회의 본질인 자본, 즉 '동산은 또한 산업과 운동의 기적을 보여주는 것으로, 그것은 현대의 아들, 현대의 적자(嫡子)'라고 말했다. 왜 그런 것일까?

> 자본과 달리, 토지소유(Grundeigentum)는 지방적·정치적 편견을 지닌 사유재산이자 자본이며, 아직 주위 세계의 얽매임으로부터 완전히 벗어나 자신에게 돌아오지 못한 자본, 즉 아직 자본으로 되지 않은 자본이다. 자본은 필연적으로 그것의 세계 발전 과정에서 자신의 추상적 표현, 즉 순수한 표현에 도달해야 한다.[62]

'아직 자본으로 되지 않은 자본'과 같은 형이상학적 표현을 빼고 보면, 이는 사실상 토지에 기초한 농업생산의 편협한 지역성 및 이러한 생산 자체의 자연계에 대한 의존성('주위 세계에 얽매임')을 설명한 것이다. 이와 다르게 부

---

62   같은 책, 110쪽 참조.

르주아 사회 생산은 세계성과 추상성을 갖는다. 세계성은 움직이는 자본이 지역성을 초월한 이후의 확장을 말하며, 추상성은 생산의 비자연성, 즉 인류노동의 주체적 능동성을 말한다. 나는 마르크스가 여기서 이미 이러한 관점의 과학적 함의를 깊이 깨닫고 있었다고 생각하지는 않는다. 이 점에 관해서 마르크스는 1845년 이후의 『독일 이데올로기』, 특히 나중에 발표한 『공산당 선언』에서 비로소 제대로 확증했다.

나는 마르크스가 부르주아 사회의 경제발전이 사회진보를 가져왔다는 사실을 유보적으로 인정하기 시작했다는 것을 발견했다. 이 때문에 마르크스는 이 점에 관해 두 곳에서 언급했다. 첫째, "동산(Mobiliareigentum)이 이미 인민으로 하여금 정치적 자유를 얻어 시민사회(bürgerliche Gesellschaft)의 질곡에서 벗어나게 해주었고, 세계를 하나로 묶어 박애의 상업, 순수한 도덕, 세련되고 우아한 교양을 창조했으며, 그것이 인민의 누추하고 거친 욕구를 문명적 욕구로 대체해주었고, 욕구를 만족시킬 수단을 제공해주었다".[63] 둘째, "자본의 문명적 승리는 바로 자본이 인간의 노동으로 하여금 죽은 물질을 대체해 부의 원천이 되도록 발견하고 촉진하는 데 있다".[64] 『헤겔 법철학 비판』과 그 '서설'의 논술과 비교해볼 때, 마르크스는 부르주아 사회의 역사적 진보('정치해방')에 대해 일종의 새로운 인식기반을 갖고 있었음을 알 수 있다. 다시 말해 객관적인 사회 경제발전이야말로 인간의 해방을 결정한다는 것이다. 이것이 바로 우리가 이미 앞에서 설명한, 고전경제학에 존재하는 사회유물론 사상이다. 나중에 마르크스는 과거에 개개의 부르주아 계급에는 역사가 있었지만 부르주아 사회 총체에는 역사가 없었다는 것을 절실하게 깨달았다. 유감스럽게도 마르크스는 철학적 의미에서는 이러한 논리적 방향을 인정하지 않았다. 오히려 이러한 이론적 특징은 마르크스 자신도 모르게 고전경제학 속

---

63   같은 책, 109쪽 참조.
64   같은 책, 110쪽 참조.

에 존재했다. 내가 이미 지적한 바와 같이 이는 이후 역사유물론의 진정한 발원점이다. 이는 우리가 다음 글에서 곧 볼 마르크스의 제3노트의 내용으로, 본의 아니게 그의 사상 전개에서 인간주의 논리와 질적으로 달라진 두 번째 객관적 이론논리의 중요한 기반으로 작용하기도 하다.

하지만 여기서는 마르크스도 이를 그냥 스치듯 지나치고 만다.

2) 제3노트: 총체적 평가

『1844년 수고』의 세 권의 노트 가운데 주제가 되는 부분은 단 하나다. 다름 아닌 제2노트다. 제1노트는 제2노트의 구체적 비판에 내재된 일종의 **방법론 전제**와 비판척도를 사전 확인한 것에 불과하며, 제3노트는 제2노트를 보충·정리하고 수정한 것이다. 그러나 제2노트의 내용은 거의 대부분 유실되었다. 이때문에 이 텍스트에 대한 우리의 해석도 영원히 불완전할 수밖에 없다.

텍스트의 성격으로 볼 때 제3노트는 체계적인 이론 텍스트가 아니라 일종의 사상 실험 기록에 더 가깝다. 따라서 제3노트가 당시 마르크스의 진정한 생각에 더욱 가까울 것 같다. 마르크스 제3노트의 주제는 제2노트에 대한 보충과 다중적 사유의 기록으로 구성되어 있다. 이는 세 가지 '보충 삽입' 형식으로 전개된다. 이 세 가지 '보충 삽입'은 주로 철학적 논술이다. 여기에는 수요와 분업, 화폐 등 경제철학 토론에 관해 삽입된 부분이 있다. 첫째 '보충 삽입'은 마르크스가 제2노트를 마칠 때의 이론적 사유와 그 확장이라고 할 수 있다. 둘째 '보충 삽입'은 간단한 보완요소이고, 셋째 '보충 삽입'은 제3노트의 텍스트의 주제다. 그 내용은 마르크스의 공산주의에 대한 기본 견해다. 마르크스는 아라비아숫자(1~7)를 이용해 작은 마디로 나눈 다음 이 문제를 상세히 설명하고 있다. 나중에 여섯째 마디에서 마르크스는 갑자기 헤겔에 대한 전면적인 비판을 전개한다. 여섯째 마디에서 두 번 끼어들었던 일곱째 마디는 다시 분업과 수요 등의 문제에 관한 논술로 돌아왔다. 제3노트의 38쪽에서 마르크스는 전체 문장의 서문 쓰기에 착수할 수 있겠다고 생각했다. 그리고 마지막으로 이 수고는 화폐문제를 토론하다가 중단되었다.

제3노트의 내용을 구체적으로 토론하기에 앞서 우리가 주목해야 할 문제를 추려야 한다. 주로 앞에서 우리가 이미 제기했던 마르크스 경제철학 토론에서의 이중논리 사유경로의 문제다. 『마르크스 역사변증법의 주체 국면』에서 내가 이미 제기한 바와 같이, 마르크스는 『1844년 수고』의 논리 전개에서 전체적으로 시종일관 자신의 인간주의 논리로 부르주아 사회 경제 과정에서의 노동소외 현상과 인류 주체(노동자)에 대한 모든 압박을 비판했고, 부르주아 사회에 존재하는 각종 불합리한 것들을 폭로했다. 그러나 경제현상의 과정에 깊숙이 개입하면서 그는 점점 경제 실제에 접근해갔고, 자신도 모르게 점점 모종의 논리 편향, 즉 선험논리 설정에서 출발한 인간주의 사유경로를 떠나 부단히 현실에서 출발하고 사회역사 발전의 진정한 기초에서 출발하는 경향을 보였다. 철이 자석을 만나듯이 마르크스는 수많은 이론적 접점에서 훗날 자신에게 느닷없이 찾아올 철학혁명과 최초의 위대한 발견, 즉 역사유물론에 무의식적으로 다가갔다. 일반적인 의미에서 보면 이러한 인증은 정확한 것이다. 그러나 실제 텍스트의 근거는 이러한 복잡한 사상적 모순의 발전 과정이 주로 제2노트에서 제3노트까지의 텍스트에서 나타나고 있음을 보여주고 있다. 우리가 앞서 제2노트의 잔여본에서 이미 새로운 가능성의 출현을 보았다고 한다면, 제3노트의 첫째 '보충 삽입'에서 마르크스는 실제로 다시 한 번 현실역사가 정치경제학적 사유경로에서 농업문명으로부터 산업사회로 진보한 사실을 비판적으로 천명했다고 할 수 있다. 그는 동시에 이러한 정치경제학에서 객관적 진보를 직접적으로 구현한 사실을 똑똑히 확인했다.[65] 이는 새로운 역사적 관점, 즉 현실의 사회발전 법칙에서 출발한 객관논리를 촉발시켰다. 하지만 우리가 앞에서 이미 밝힌 것처럼, 이는 마르크스 자신이 깨달은 자

---

65   같은 책, 112~116쪽 참조.

주적 사유논리가 아니라 제1노트에서 마르크스가 비판했던 '국민경제학'에 내포된 사회유물론이다.

앞에서 말한 바와 같이 제1노트 제1부에서(『파리 노트』의 주제 부분 포함) 경제학 연구와 동체(同體)인, 객관현실에서 출발한 방법과 관점은 마르크스가 정치적 비판을 우선하면서 무시되었다. 반면에 제2노트와 제3노트의 경제철학 토론에서 원래 부정되었던 것들은 오히려 부지불식간에 경제 사실에 깊이 개입되면서 다시 새롭게 텍스트에서 부각되고 있으며, 나아가 거의 인간주의 소외사관과 병행하는 논리 사유경로가 되었다. 확실히 구분해두어야 할 것은, 제1노트에서는 사회유물론이 단지 부정된 국민경제학과 엥겔스 – 프루동의 사회주의 비판 속에 은밀히 내포되어 있을 뿐이라고 한다면, 제2, 제3노트에서는 마르크스가 역사현실에서 출발한 이러한 중요한 관점을 또 다른 새로운 의미에서 다시 인정했다는 점이다. 우리는 초기 경제학 연구에서 마르크스가 고전경제학의 사회유물론 방법과 객관적 사유노선을 탐색하는 과정에서 매우 커다란 '지그재그'를 보였다는 것을 쉽게 알 수 있다. 마르크스의 당시 이론 전개에서 주도적인 지위를 점하는 인간주의 소외사관에 비해, 이 새로운 논리적 사고야말로 진정으로 이후 역사유물론으로 나아가는 과학적 발단이 되었다. 마르크스의 이론의 이처럼 중요한 생장점은 전통적 연구에서 이해하는 바와 같이, 포이어바흐에 기초한 자연유물론이 아니라 고전경제학에서의 사회유물론인 것이다. 그리고 이는 마르크스 역사유물론 이론의 기원이 포이어바흐 철학이 아니라 고전경제학이라는 것을 재차 증명해주고 있다! 이는 대단히 중요한 이론 교정이다.

3) 경제학에서의 현실 역사

첫째 '보충 삽입'으로 마르크스가 표시한 것은 '36쪽에 보충 삽입', 즉 제2노트의 제36쪽에 보충된 것이다. 이론적으로 문헌의 논리적 편성 순서를 엄격하게 따랐을 때 이 부분의 내용은 마땅히 앞에서 우리가 이미 해석했던 제2노트 잔여본의 앞쪽에 위치해 있어야 한다. 하지만 우리는 마르크스의 여기서의 저작에서 새로운 사유가 출현할 가능성을 배제할 수 없다. 내가 보기에 마르크스 제3노트의 첫째 '보충 삽입'은 그가 제2노트를 마쳤을 때의 이론적 사유와 그 확장이다.

첫째 '보충 삽입'의 시작부분에서 마르크스는 부르주아 사회 사유재산의 새로운 주요 본질, 즉 인간의 노동 본질을 지적했다. "사유재산의 주체 본질 (das subjektive Wesen), 즉 대자적으로 존재하는 활동으로서의, 주체로서의, 인격으로서의 사유재산은 바로 노동이다."[66] 마르크스는 '노동을 자신의 원칙으로 보면서' 사유재산을 더 이상 '인간 외의 상태'로 보지 않는 스미스의 국민경제학이 현대공업(moderne Industrie)의 산물이라고 정확하게 지적했다.[67] 그는 부의 대상적 본질을 주장한 화폐주의와 중상주의의 '물신숭배 (Fetischismus) 성질'과 부의 주체적 본질을 인정한 스미스나 리카도 같은 사람들의 '계몽적 성격' 사이의 차이를 매우 분명하게 구분해냈다. 마르크스는 이 글에서 Fetischismus라는 단어를 2회 사용했다. 일본학자 사키사카 이츠로는 마르크스가 ≪라인신문≫ 시절에 이미 드 브로스(de Brosses)의 『페티시 신들의 숭배』(파리, 1760)의 독일어판에 따라 '물신숭배'라는 단어를 알고 있었다고 지적했다.[68] 마르크스가 여기에서 사용한 '계몽적 국민경제학'이 바로 훗날 그가 인정한 고전경제학이며, 이런 의미에서 이는 그가 엥겔스의 『국민경제학 비판 대강』에서의 구체적 관점, 즉 스미스는 '국민경제학에서의 루터'라는 관점을 확실히 인정한 것이기도 하다. 앞에서 말한 바와 같이 루터 종교개혁의 내재논리는 신앙 자체와 종교관념, 선교사를 외부에 있는 것으로부터 인간이라는 주체에 내부화하는 것이었고, 스미스 등이 국민경

---

66 같은 책, 112쪽.
67 같은 책, 113쪽 참조.
68 向坂逸郎, 『馬克思經濟學的基本問題』(巖波書店, 1962), 66쪽.

제학에서 말하는 진보의 의미 역시 부의 본질을 외재적 대상(화폐)으로부터 주체적 인간(노동)으로 이동시키는 것이다. 그러나 마르크스는 스미스가 부의 주체적 본질이라고 말한 노동을 소외되고 외화된 활동으로 보았기 때문에 노동은 실질적으로 인간을 적대시할 수밖에 없다고 생각했다. 마르크스는 이렇게 분석했다.

> 노동을 원칙으로 하는(deren Prinzip die Arbeit) 국민경제학은 인간을 인정한다는 가상 아래에서 오히려 인간에 대한 부정을 철저히 실현하는 것에 불과하다. 왜냐하면 인간 자체가 이미 더 이상 사유재산이라는 외적 존재에 대한 외적 긴장관계에 놓여 있지 않고, 인간 자체가 사유재산이라는 긴장의 본질이 되어버렸기 때문이다. 이전에는 인간이 자기 외적 존재, 실제상의 외화(reale Entäußerung des Menschen)였던 것이 단지 외화한 행위, 양도로 변했다.[69]

마르크스는 부르주아 계급이 '인간과 인간의 독립성, 자기활동을 인정하는' 이념에 의해 발전하기 시작했다는 견해에 주목하면서도 이것이 위선적 가상이라고 보았다. 부르주아 사회가 오로지 부(인간의 주체적 본질로서의 사유재산)의 성장을 촉진해 토지지상주의의 봉건적 지방성과 민족적 한계를 타파함으로써 '세계주의적이고 보편적인, 일체의 한계와 속박을 파괴하는 힘을 발전시키는 데'만 주목하고 있기 때문이었다.[70] 그러나 이러한 발전의 결과는 인간 자신의 소외와 빈곤이다. 그렇기 때문에 마르크스는 부르주아 국민경제학이 실제로는 '인간을 적대시한다'[71]고 보았다! 더구나 이후 발전해나가면서 이러한 사물의 집적만 중시하고 인간의 생존을 논하지 않는 '냉소주의'가 갈

---

69 『馬克思恩格斯全集』, 第42卷, 113쪽. 중역본에서는 reale를 '존재'라고 번역했지만 나는 '실재'로 바꿔 번역했다. Karl Marx, *Ökonomisch-philosophische Manuskripte*, S.384.
70 같은 책, 113쪽.
71 같은 책, 113쪽.

수록 심화될 것이라고 보았다. 마르크스는 이렇게 지적했다.

> 스미스에서 세를 지나 리카도와 밀 등에 이르기까지, 국민경제학의 냉소주의
> 는 상대적으로 성장했을 뿐만 아니라(산업이 초래한 결과가 나중에 이런 사람
> 들 앞에 더욱 발달되고 모순 가득한 형식으로 표출되기 때문에) 더 나아가 인간
> 의 소외 방면에서 늘 적극적이고 자발적으로 그들의 선구자들보다 훨씬 더 멀
> 리 나아갔다. 하지만 이는 단지 그들의 학문이 훨씬 철저하고 실제적으로 발전
> 했기 때문이다.[72]

이는 엥겔스의 『국민경제학 비판 대강』의 '죄 증대설'에 대한 무의식적 동
의이기도 한 것이 분명하다.

나는 마르크스가 여기서 내린 분석에 몇 가지 문제가 존재한다고 본다. 그
가 대공업의 물질생산력 발전(바로 리카도 경제학의 본질)과는 상반된 논리로
부르주아 사회의 현실을 관찰하고 있기 때문이다. 그는 봉건소유제에 비해
부르주아 사회가 진정한 인간의 역사해방을 의미하며 이러한 해방이 곧 대공
업 물질생산력의 거대한 발전 위에 수립된다는 것을 정확히 이해할 수 없었
다. 마르크스는 당시 부정확하게도 '공업'을 부르주아 사회와 동일시했고, 그
로 인해 '지리멸렬한 산업의 현실은 그들 자신의 지리멸렬한 원리를 반박하기
는커녕 실증하는' 상황이 나타났다.[73] 1845년 이후에야 마르크스는 생산력과
생산관계를 구분했고, 나아가 공업이 생산력 발전의 역사단계의 하나일 뿐임
을 이해했으며, 이로써 부르주아 사회 생산관계의 과학적 비판을 형성했다.
1850년대 이후에야 마르크스는 진정으로 리카도가 확증한 자본주의 대공업
문명('인체') 입장으로 옮겨왔다.

---

72 같은 책, 113쪽.
73 같은 책, 114쪽.

제3장 _ 인간주의 노동소외 사관과 객관적 경제현실로 나아가는 다성적 맥락 399

다음은 정치경제학 학설에 대한 마르크스의 역사 분석이다. 이는 부르주아 정치경제학 학설사에 대한 마르크스의 첫 번째 구체적인 분석이기도 하다. 당시는 마르크스가 고전경제학과 속류경제학을 정확하게 구분하지 못하고 있었지만, 그의 이해는 이미 상당한 깊이에 도달해 있었다. 여기서 마르크스는 스미스와 매컬럭의 경제학설사 분석의 영향을 받아 먼저 중농주의의 역사적 지위에 주목했다. 케네의 이론은 '중상주의에서 애덤 스미스로 가는 과도 단계'로 간주된다. 그 이전의 중상주의는 귀금속이야말로 부의 실체라고 보았지만 이는 여전히 '직접 대상성의 부'다. 그러나 케네 쪽에서는 "부의 본질은 이미 노동으로 이동했다"(이는 앞서 여러 번 언급했던 부의 주체적 본질이 처음 드러난 것이다)라면서 "토지는 노동과 경작을 통해서만 인간에 대해 존재한다"라고 주장했다. 그러나 농업은 동시에 '유일한 생산적 노동'이라고 선포되었다. 여기서의 '노동은 여전히 그것의 보편성과 추상성으로 이해되는 것이 아니라' 단지 '특정한, 자연이 규정한 존재형식'일 뿐이다. 스미스 부류의 경제학이 한 걸음 더 나아가 '부의 보편적 본질을 인식하고 이로써 완전히 절대성을 갖춘, 즉 추상성의 노동을 원칙으로 제고한 것은 필연적인 진보'였다.[74] "농업은 다른 모든 생산부문과 아무런 차이가 없고, 따라서 부의 본질은 어떤 특정한 노동(bestimmte Arbeit)이 아니며, 어떤 특수한 요소와 결합한 것이나 어떤 특정한 노동의 표현도 아니며 그저 일반노동이기 때문이다."[75] 여기서의 일반적인 노동이란 마르크스가 나중에 『정치경제학 비판 요강』에서 논술한 노동 일반과는 다르지만, 여기서 마르크스는 실제로 그 자신이 제1노트 제1부에서 제기한 문제, 즉 "인류의 가장 큰 부분을 추상적 노동으로 귀결시키는 것이 인류 발전에서 어떤 의미를 가지는가?"[76]에 대답했다. 이제 그는 알게 되었다.

---

74   같은 책, 115쪽.
75   같은 책, 115쪽.
76   같은 책, 56쪽.

모든 부는 산업의 부가 되었고, 노동의 부가 되었다. 산업은 완성된 노동이다. 마치 공장제도(Wesen des Industrie)가 산업, 즉 노동의 발달된 본질이며, 산업자본(industrielle Kapitalien)은 사유재산의 완성된 객관형식인 것과 마찬가지다. …… 이때만이 사유재산은 인간에 대한 통치(Herrschaft über den Menschen)를 완성할 수 있으며, 가장 보편적인 형식으로 세계 역사(weltgeschitlichen)의 역량이 될 수 있다.[77]

이러한 관점이 제2노트에서의 관점과 완전히 일치하는 것은 아니다. 이는 마르크스의 경제학 연구에서의 진정한 사상적 진보를 보여준다. 마르크스는 텍스트 전체에서 Geschichte라는 단어를 총 38회나 사용했지만, Geschichte의 의미를 진정으로 이해하지는 못했다.

둘째 '보충 삽입'은 마르크스가 '39쪽에 보충 삽입'이라고 표시한 부분이다. 이 부분은 수고의 목표 설정 부분이다. 이 부분은 이미 경제철학이 아니라 그냥 철학이다! 하지만 우리는 그 속에서 경제학이 마르크스 철학에 미친 영향을 볼 수 있다. 자신의 입장을 표현하기 위해 마르크스는 먼저 기존의 부르주아 사회에 대한 비판인 각종 공산주의와 이론을 평론해야 했다. 그리고 이를 준거의 틀로 삼아 소외 지양와 인류 해방에 대한 당시 자신의 기본적인 견해를 밝혔다.

이 쪽 시작 부분 첫 단락은 실제로 제1수고로, 즉 국민경제학의 '사실'로 다시 돌아온 것이었다. 이는 단지 분배의 각도에서 이 세계의 유산자와 무산자의 추상적 대립, 즉 사유재산 자체의 분배 불공정 문제를 관찰한 것이다. 마르크스는 이러한 관점이 "유산자와 무산자의 추상적 대립을 노동과 자본의 대립으로만 이해하지 않는다면, 그 관점은 여전히 그다지 중요하지 않은 대립이다. 그 대립은 자신의 능동적 관계(inners Verhältnis)와 내재적 관계에서 이해하

---

77 같은 책, 115~116쪽.

지 않는 대립이고 모순으로 이해하지 않는 대립이다"[78]라고 말했다. 이는 매우 중요한 말이다. 이 말은 당시 청년 마르크스가 지녔던 독특한 사상논리의 실제 모습을 보여주고 있으며, 이러한 사상논리가 다른 모든 공산주의와 사회주의 주장과 질적으로 다르다는 것을 보여준다. 후자의 부르주아 사회에 대한 비판 대부분은 실제로 부르주아 사회 경제현실의 전제하에 머무른 채 반대의견을 제기할 뿐이었다.

4) 철학적 공산주의

셋째 '보충 삽입'은 주로 철학적 공산주의의 논술이다. 그 가운데는 헤겔 철학의 방법론에 대한 비판과 수요, 분업, 화폐에 대한 경제철학 토론 등이 포함된다.

'동일 쪽에 보충 삽입'이라는 표시 아래, 마르크스는 다른 공산주의와 사회주의에 대한 자신의 견해를 구체적으로 지적하며 자신의 혁명입장을 대략 설명했다. 전자에 대해서는 마르크스의 말로 요약하면, 이러한 "자기소외의 지양은 자기소외와 가는 길이 같다".[79] 다시 말해, 이러한 급진적 사조는 실제로는 사유재산 자신의 반대쪽 측면일 뿐이라는 것이다. 마르크스는 '공산주의(Kommunismus)는 사유재산의 **보편성**으로 사유재산관계를 바라보는 것'이라고 보고, 통속적인 의미로는 모두가 마땅히 자본가가 되어야 한다고 했다.[80] 마르크스는 먼저 프루동(자본의 소멸 – 사유재산의 객체 방면), 푸리에(이상화한 농업노동), 생시몽(이상화한 공업노동)과 공산주의의 네 가지 상황을 포함해 그러한 개량적 색채를 띤 사회주의 관념을 간단히 열거하고 마지막으로 부르주아 사회에 대한 비판을 중점적으로 설명했다.

---

78   같은 책, 117쪽.
79   같은 책, 117쪽 참조.
80   같은 책, 117쪽 참조.

이어 마르크스는 아라비아숫자를 써서 작은 마디로 나누어 이 문제를 상세히 설명했다.

첫째 마디에서는 공산주의의 최초 형식을 설명했다. 마르크스는 이러한 공산주의가 "사유재산관계의 보편화와 완성에 지나지 않는다"라고 평가했다.[81] 여기에는 두 가지 형식이 있다. 하나는 거칠고 조잡한 원시적 공산주의다. 마르크스는 1843년 루게에게 보낸 편지에서, 이러한 공산주의를 '인간주의 원칙의 특수한 표현에 불과한', '그 반대쪽 측면, 즉 사유제도의 존재의 영향에서 아직 벗어나지 못한' 것이라고 말했다.[82] 좀 더 구체적으로 말하자면 원시적 공산주의에는 네 가지 특징이 있다. 첫째, '물질의 직접 점유는 생활과 존재의 유일한 목적이다'. 둘째, 소외노동이 보편적 존재형식이 된다. '노동자라는 범주는 결코 지양되지 않고 모든 인간에게 확대되기 때문이다.' 셋째, 그것은 진정으로 사유재산을 소멸시키고 싶어 하지 않는다. 다만 사유재산을 균등하게 배분하려는 것뿐이다. 따라서 '사유재산관계는 여전히 사회 전체와 사물세계의 관계다'. 마지막은 공처제(共妻制)로, 이것도 마찬가지로 여성을 사유재산에서 공유재산의 형식으로 전환하는 것이다.[83]

둘째 마디에서는 공산주의의 두 번째 형식을 지적하고 있다. 즉, 국가의 힘으로 공산주의를 건설하는 것, 또는 국가를 소멸시킴으로써 공산주의를 실현하는 것이다. 이런 부류의 공산주의에 대해 마르크스는 상세한 평론을 내놓지 않았다. 마르크스는 두 가지 공산주의 모두에서 이미 인간의 자기소외를 지양함으로써 인간 자신으로 복귀하는 것이라고 이해하고 있으나, 둘 다 사유재산에 대해 소극적인 이해에서 벗어나지 못하고 있으며 사유재산의 본질을 진정으로 이해할 수도 없다고 보았다.

셋째 마디에서 마르크스는 갑자기 자신의 공산주의 관점에 대한 정의를 내

---

81 같은 책, 117쪽 참조.
82 『馬克思恩格斯全集』, 第1卷, 416쪽 참조.
83 『馬克思恩格斯全集』, 第42卷, 118쪽 참조.

렸다.

공산주의는 사유재산, 즉 인간의 자기소외의 적극적 지양(positive Aufhebung)
이다. 그러므로 인간에 의한, 나아가 인간을 위한, 인간의 본질에 대한 진정한
점거(wirkliche Aneignung)다. 따라서 그것은 자신을 향한, 사회를 향한
(gesellschaftlichen) 인간의 복귀(Rückkehr des Menschen)이며, 이러한 복귀
는 완전하고 자발적이며 나아가 앞서 발전시킨 모든 부를 보존한다. 이러한 공
산주의는 완성된 자연주의로서 인간주의와 동일하며, 완성된 인간주의로서 자
연주의와 동일하다(Naturalismus = Humanismus). 그것은 인간과 자연계 사
이, 인간과 인간 사이에서 발생하는 모순의 진정한 해결(wahre Auflösung)이
며, 실존(Existenz)과 본질, 대상화와 자기확증, 자유와 필연(Freiheit und
Notwendigkeit), 개체와 유(類) 사이의 투쟁의 진정한 해결이다. 그것은 역사
의 수수께끼(Rätsel der Geschichte)에 대한 해답이며, 자신이 바로 해답임을
아는 것이다.[84]

이는 아주 유명한 평론이다. 상술한 각종 공산주의 사조와 달리, 마르크스
는 인간의 자기소외, 즉 사유재산을 적극적으로 부정하고 지양해야 한다고
보았다. 다시 말해 소외를 한층 더 심화시키거나 인간이 모두 평균적으로 소
외의 결과를 얻는(모두가 자본가가 되는) 소극적 형식을 취하는 것이 아니라,
기존의 모든 부를 보존하면서도 진정한 자신으로의 복귀 — 인간이 자기소외
상태에서 '사회적 인간'으로 돌아오는 — 를 이루어야 한다는 것이다. 앞서 『밀
노트』에서 이미 토론한 바와 같이 마르크스의 '사회' 개념의 등장은 늘 인간

---

84 같은 책, 120쪽 참조. 중역본에는 수정사항이 있다. Aneignung이라는 단어는 독일어에서 '점유'라는
   뜻이 있긴 하지만, Besitzen(점유)과는 구분되며, Eigentum(소유) 및 haben(보유)과도 다르다. 중역
   본에서는 이 단어를 '점유(占有)'로 동일하게 번역했지만, 나는 '점거'로 번역할 수 있다고 보았다. 일
   본 학자는 Aneignung를 '영유(領有)'로 번역했는데, 나는 좀 이상하다고 생각한다. Karl Marx, Öko-
   nomisch-philosophische Manuskripte, S.389.

의 유적 관계 문제와 연결되어 있다. 나는 '사회'라는 범주가 마르크스 사상에서 재차 등장한 핵심 규정이라는 데 주목했다. 그것은 제1노트 제1부에서 지칭한 개인 이익에 대립되는 객관화되고 외화된 사회 이익[85]과 달리 제1노트 제2부에서 논술한 인간의 소외되지 않은 진정한 '유(類)'와 같거나 매우 가깝다.[86] 이 점에 관해서 마르크스는 제1노트의 마지막 두 문제에서 제기했었다. 즉, 사유재산과 근본적으로 다른 '진정한 인간의 재산 또는 사회적 재산(soziales Eigentum)'의 그 'sozial'이다. 반면『밀 노트』에서 이 '사회적' 규정성은 역시 포이어바흐의 맥락으로 나타났었다. 당시 마르크스는 이미 일종의 참신한 인식을 포착했다. 현재 이 사회적(gesellschaftlich) 규정이 뜻밖에도 6대 모순이라는 역사적 수수께끼를 해결하는 높은 수준의 인식으로까지 제고된 것을 보면, 이 규정의 중요성을 알 만하다.

마르크스의 '사회' 규정을 분석하기 전에 그의 사상에서 나타난 또 다른 중요한 변화를 지적해야 한다. 이러한 변화는 바로 우리가 마르크스 사회규정의 전제와 발원지를 이해하는 것이다. 나는 실제로 제2노트의 정치경제학에 대한 철학적 비판을 통해 마르크스의 사상이 부지불식간에 변화를 겪고 있음을 발견했다. 다시 말해 단순히 추상적인 응당 존재해야 하는 본질(가치 상정)로써 역사현실에 맞서는 것이 아니라, 진정으로 혁명의 기초를 현실의 역사 발전에 두기 시작했다는 것이다. 마르크스는 공산주의야말로 역사의 결과라고 말했다. "따라서 역사(Geschichte)의 모든 운동은 이런 공산주의의 현실적 산출 활동, 즉 역사의 경험적 정재(empirisches Dasein)이자 탄생 활동인 동시에, 사유 가능한 역사의 의식에 대해서는 이해되고 인식되는 생성운동이기도 하다."[87] 이 관점과 헤겔의 절대관념이 역사 속에서 실현한 목적론 사이의 관계에 주목하기 바란다. 다음은 지극히 핵심적인 문장으로, 마르크스의 이후

---

85 같은 책, 54쪽 참조.
86 같은 책, 95~98쪽 참조.
87 같은 책, 120쪽.

새로운 세계관과 과학사회주의의 진정한 기점을 예시하고 있다. "혁명운동 전체가 필연적으로 사유재산의 운동 속에서, 다시 말해 경제의 운동 속에서 자신의 경험적 토대뿐만 아니라 이론적 토대도 획득한다는 것을 쉽게 알 수 있다."[88] 이 관점은 제1노트 제2부의 인간주의 논리와는 분명 이질적이다. 나는 일단 마르크스가 이 논리적 모순을 깨달았다면 이 수고의 저작을 반드시 포기하거나 중단했을 거라고 생각한다.

상술한 바와 같이 『1844년 수고』의 논리전개에서 마르크스는 전체적으로 시종일관 자신의 인간주의 논리로 부르주아 사회 경제 과정에서의 노동소외 현상을 규탄했지만, 경제의 실체에 가까이 다가갈수록 점점 자기도 모르게 현실과 사회역사 발전의 진정한 토대에서 출발했다. 방금 우리가 본 서술이 곧 이러한 상황의 표징이다. 이어지는 매우 구체적인 분석들에서 마르크스는 무의식적으로 다음의 관점을 제기했다. 물질자료의 생산은 인간의 가장 기본적인 생산이며('인간의 실현 또는 현실'), "종교와 가정, 국가, 법, 도덕, 과학, 예술 등도 모두 생산의 특수한 방식(besondere Weisen der Produktion)에 불과하며, 더 나아가 생산의 보편적 법칙(allgemeines Gesetz)의 지배를 받는다".[89] 여기서의 '생산의 보편적 법칙'은 분명 무슨 '인간의 유적 본질'을 가리키는 것이 아니라 경제학이 이미 확인한 사회발전의 객관적 법칙을 지칭한다. 그것은 매우 중요한 새로운 이론의 생장점이며 새로운 이론의 사유논리다. 물론 당시는 이러한 사유경로가 총체적으로 여전히 인간주의 소외사관의 통제를 받고 있었지만 마르크스의 경제학에 대한 탐구가 깊어짐에 따라 이러한 사유경로도 이미 점점 명철하고 생생해졌다.

---

88   같은 책, 120~121쪽 참조.
89   같은 책, 121쪽 참조.

5) 청년 마르크스의 '사회' 개념

이제 마르크스가 여기서 말한 '사회' 개념을 토론해보자. 나는 제3노트의 가장 중요한 개념이 사회(Gesellschaft)와 사회적 인간이라고 본다. 마르크스는 이 텍스트에서 Gesellschaft나 gesellschaftlich를 총 185회나 사용했다. 이는 앞선 연구에서 완전히 간과되었던 부분이다. 마르크스는 이 규정을 종종 '인간의'(외화되거나 소외된 '노동자적'이 아닌) 사회적 존재와 그대로 동일시했다.

역사적 맥락에서 보면, 마르크스가 '사회'를 이렇게 규정한 것은 우선 헤겔 철학과 관련이 있다. 마르크스가 규정한 사회는 헤겔이 시민사회의 국가와 법의 소외되지 않은 진정한 유적 존재를 반대한 것에 매우 근접하기 때문이다. 그다음으로, 이 '사회' 규정은 사실 포이어바흐가 말한 인간의 진정한 사회관계 및 유적 본질과도 관련이 있다. 게다가 더욱 중요한 것은, 그것이 개인 본위의 부르주아 사회와 대립되는 독일 – 프랑스식 사회주의 원칙에서의 이상적 '사회', 즉 인간의 진정한 사회적 존재 및 사회조직과 관련이 있다는 점이다. 이론적 맥락에서 보면, 당시 인간의 유적 본질에 대한 마르크스의 이해가 명백한 이중성을 띠기 시작한다는 것을 알 수 있다. 그 이중성 중 하나는 개인 주체 본연의 자유 활동이고, 다른 하나는 인간과 인간 사이에 존재하는 본연의 소외되지 않은 사회관계다. 전자는 마르크스가 제1노트 제2부의 노동소외 이론에서 강조한 것으로, 여기서 마르크스가 소외의 지양을 언급한 것은 '진정한 사회적 존재'라는 명제에서 벗어나지 못했다. 이 자체가 일종의 중요한 이론적 지향의 전환을 의미한다. 헤스는 「화폐의 본질에 대하여」에서 경제소외 이론을 제시했는데 나는 이 경제소외 이론에서 인간의 교류라는 유적 본질의 소외가 『행동의 철학』에서의 자유롭고 자주적인 활동의 소외를 대체한 것에 주목했다. 『밀 노트』에서 마르크스도 이런 시각에서 '사회' 개념에 관한 토론에 개입했다. 마르크스가 1-2에서 강조한 것은 후자였다. 여기서 다시 전자를 강조하고 있는 것일까? 자세히 분석한 결과 결론은 '아니다'였다. 마르크스가 여기서 말한 본모습의 사회적 존재 또는 '사회적 인간'에는 사실 또 다른 의미가 있다.

우리는 마르크스가 내놓은 '역사적 수수께끼'에 대한 해답에서 그 사회적 인간의 함의가 무엇인지 정확히 알아야 한다. 소외의 지양이 왜 사회적 인간인가? 왜 인간과 자연의 통일(Einheit des Menschen mit der Natur)인가? 이 자연의 함의는 또 무엇인가? 내가 이해한 바로는, 여기서의 자연은 본모습이라는 의미이며 단순히 자연물질세계를 지칭하는 것이 아니다. 마르크스는 "사유재산의 적극적 지양이야말로 인간의 생명에 대한 점유로서 모든 소외의 적극적인 지양이며, 이로써 인간이 종교, 가정, 국가 등으로부터 자신의 인간적, 즉 사회적 존재(gesellschaftliches Dasein)로 복귀(Rückkehr)하는 것"이라고 보았다.[90] 사유재산은 인간의 유적 본질의 소외다. 현 단계의 종교, 국가 관념이 바로 이러한 소외의 반영이다. 유적 소외를 제거하는 것, 즉 인간과 인간 사이에 공동으로 구축한 유적 관계로의 복귀, 이것이 인류의 진정한 사회적 존재다. 이 gesellschaftliches Dasein 역시 당시의 마르크스 자신이 거의 인정했던 공산주의 혁명에 대한 주요 확증이다. 앞서 언급한 바와 같이, 이 '사회적 존재 (gesellschaftliches Dasein)'의 개념은 더 정확하게는 '사회적으로 정재'라고 번역되어야 마땅하다. 이 단어는 헤스의 글에서 먼저 등장했다. 마르크스는 이 글에서 gesellschaftliches Dasein을 딱 한 번 사용했다.

마르크스가 보기에는 공산주의는 사유재산에 대한 적극적 지양, 다시 말해 소외노동의 지양이었지만 대상화된 노동을 부정하지는 않았다. 대상세계는 인간의 본질의 대상화이며, 대상세계를 다시 점유하는 것은 인간이 한때 상실했던 본질을 회복하는 것이기 때문이다. 물론 이러한 점유는 더 이상 개인의 단편적인 점유가 아니라, 사회(주의)적 방식으로, 또 '전면적인 방식'으로 인간 자신의 전면적 본질을 진정으로 점유(사유조건에서의 이기주의적 점유와

---

90   같은 책, 121쪽 참조. Karl Marx, *Ökonomisch-philosophische Manuskripte*, S.69.

지배가 아닌)하는 것이다. 동시에 공산주의는 자연계가 인간을 향해 생성된 것이기도 하다. 자연계는 인류의 생산 활동을 통해 온전히 인간에 속한 자연계로 변화하며, 인간은 사회적 인간으로서만 진정으로 자연을 점유할 수 있다. 마르크스는 이렇게 썼다.

> 따라서 사회(적) 성격은 운동 전체의 일반 성격이다. 마치 사회 자체가 인간으로서의 인간을 생산하는 것과 마찬가지로, 인간도 사회(Gesellschaft)를 생산한다. 활동과 향유는, 그 내용에 관해서든 또는 그 생존방식(Existenzweise)에 관해서든 모두 사회적(gesellschaftlich)이며, 사회적 활동이고 사회적 향유다. 자연계의 인간의 본질은 사회적 인간에게만 비로소 존재한다. 왜냐하면 사회에서만 자연계는 인간에게 인간과 인간의 연계된 유대(Band mit dem Menschen)일 수 있고, 타인을 위한 그의 존재이고 그를 위한 타인의 존재일 수 있으며, 인간의 현실적 생활요소일 수 있는 것이다. 사회에서만 자연계는 비로소 인간 자신의 인간적 정재(Menschlichen Daseins)의 토대(Grundlage)일 수 있다. 사회에서만 인간의 자연적 정재(Natürliches Dasein)가 그에게는 자신의 인간적 정재일 수 있고, 자연계는 그에게 비로소 인간이 될 수 있다. 따라서 사회는 인간과 자연계의 완성된 본질의 통일(Gesellschaft ist die vollendete Wesenseinheit des Menschen mit der Natur)이며, 자연계의 진정한 부활이고, 인간의 실현된 자연주의이자 자연계의 실현된 인간주의다.[91]

나는 이것이 마르크스가 처음으로 철학 논리적으로 사회주의와 공산주의의 역사적 필연성을 인증하려 한 시도였으며 또한 오늘날까지 사회주의와 공산주의에 대한 가장 깊이 있는 철학논리의 논증이라고 본다.

---

91   같은 책, 121쪽. 중역본에는 수정사항이 있다. 중역본에서는 Dasein을 '존재'라고 번역했으나 나는 이를 '정재'로 바꿔 번역했다.

마르크스는 여기서 한 가지 예를 들어 환유적으로 설명했다.

내가 학문 계통의 활동을 할 때, 다시 말해 내가 아주 드문 상황에서만 다른 사람과 직접 교류할 수 있는 활동을 할 때에도, 나는 역시 사회적이다. 왜냐하면 내가 인간으로서 활동하기 때문이다. 나의 활동이 필요로 하는 질료뿐만 아니라, 심지어 사상가가 활동하는 데 사용하는 언어 자체도 모두 사회적 생산물(gesellschaftliches Produkt)로서 나에게 주어지는 것이며, 나아가 나 자체의 존재가 바로 사회적 활동이다. 따라서 내가 자신으로부터 만들어낸 것은 내가 자신으로부터 사회를 위해 만들어낸 것이며, 나아가 나 자신이 사회적 존재(gesellschaftliches Wesen)임을 인식하는 것이다.[92]

이는 여기서의 나의 의식이 곧 인간의 '보편의식'이자 '현실공동체와 사회적 존재를 생동적 형식으로 하는 그 무언가의 이론 형식'이기 때문이다. 그리고 노동소외의 상태에서는 이러한 "보편의식이 현실생활의 추상이고, 더구나 이러한 추상으로서는 현실생활과 서로 적대적이기 때문이다. 따라서 나의 보편의식의 활동 자체도 사회적 존재로서의 나의 이론적 정재(theoretisches Dasein)다".[93] 마르크스가 보기에 사회성의 존재는 이미 현대 인류의 가장 중요한 존재형식이지만, 부르주아사유제도는 이러한 사회적 존재를 개인생활의 대립 면, 즉 개인에게 강요되는 완전한 추상인 것으로 전도시켰다. 이는 사회 전반에서의 반인간적 소외다.

따라서 "우선 '사회'를 다시 추상인 것으로 간주해 개인과 대립시키는 것은 마땅히 피해야 한다. 개인은 사회적 존재다. 따라서 개인의 생명 표현은 공동의, 즉 다른 사람과 함께 생명 표현을 완성하는 이러한 직접적인 형식을 취하

---

92 같은 책, 122쪽 참조.
93 같은 책, 122쪽 참조.

지 않더라도 역시 사회생활의 표현이며 확증이다".[94] 사회, 즉 소외되지 않은 인간의 유적 본질관계, 이는 마르크스의 인간과 인간 사이의 관계에 대한 이상화된 설정이다. 그는 당시 자유롭고 자주적인 노동은 인간의 본질이고 사회는 인간의 유적 관계인 '공동 존재'라고 보았다. 이런 의미에서 그는 필연적으로 부르주아 사회를 반대하고 인간의 자발적이고 자각적인 사회적 존재를 주장할 수밖에 없었다.

> 유적 의식으로서, 인간은 자신의 실제의 사회생활(reelles Gesellschaftsleben)을 확증하고 나아가 사유 속에서 자신을 재현하는 현실적 정재(wirkliches Dasein)일 뿐이다. 그와 반대로 유적 존재는 유적 의식 속에서 자신을 확증하며, 나아가 자신의 보편성 속에서 사유하는 존재자로서 대자적으로 존재한다. …… 인간은 특수한 한 개인이며, 바로 그의 특수성이 그를 한 개인, 하나의 현실적인 개인적 공동존재(individuelles Gemeinwesen)가 되게 만든다. 마찬가지로 그는 총체이자 관념적 총체(ideale Totalität)이기도 하며, 사고되고 감지된 사회의 주체적인 자각적 정재(subjektives Dasein)다.[95]

넷째 마디에서 마르크스는 또 다시 사유재산의 제약하에 유지되는 인류의 생존상태에 대한 비판으로 돌아왔다. 더불어 이로써 자신이 했던 사회주의 논단을 되돌아보았다. 사유제도의 조건에서 "인간은 자신에게는 대상적으로 변했고 동시에 자신에게 낯설고 비인간적(entmenscht)인 대상으로 변했다". 그의 생명 표현은 곧 그의 생명의 외화이고, 그의 현실화(Verwirklichung)는 곧 그의 현실성의 상실, 낯선 현실이다.[96] 여기서 마르크스가 초점을 둔 문제

---

94 같은 책, 122~123쪽.
95 같은 책, 123쪽. 중역본에서는 reelles를 '현실의'로 번역했지만 나는 '실제의'로 바꿔 번역했다. Karl Marx, *Okonomisch-philosophische Manuskripte*, S.391~392.

는 사유재산 조건에서의 인간의 단편성 문제였다. "사유제가 우리를 이토록 어리석고 일면적으로 만들어버림으로써 하나의 대상이 우리에 의해 소유될 때에만 비로소 우리의 것이 되게 했다. 다시 말해 그 대상이 우리에게 자본으로 존재하거나 또는 우리에 의해 직접 점유되고 우리에 의해 먹고 마시고 입고 거주하는 등등의 대상이 될 때에만, 요컨대 우리에 의해 사용될 때에만 비로소 우리의 것이다." 이로써 "일체의 육체적이고 정신적인 감각이 모두 감각의 단순한 소외, 즉 소유의 감각으로 대체되었다. 인간적 존재는 이러한 절대적 빈곤으로 환원되어 자신의 내면의 부를 자기 바깥으로 내보내지 않을 수 없었다".[97] 그래서 마르크스는 반드시 사유제도를 적극적으로 지양해야 한다고 보고 이렇게 분석했다.

> 인간을 위해, 그리고 인간에 의해, 인간의 본질과 인간의 생명, 대상적 인간과 인간의 생산물을 감성적으로 점유(Sinne des Besitzens)하는 것은, 단순히 직접적이고 단편적인 향유로만 이해되어서는 안 되고, 단지 점유나 보유(Habens)로만 이해되어서도 안 된다. 인간은 전면적인 방식(allseitiges Wesen)으로, 다시 말해 총체적 인간(ein totaler Mensch)으로서 자신의 전면적 본질(allseitiges Wesen)을 자신의 것으로 한다.[98]

마르크스가 보기에 이는 향후 '인간의 모든 감각과 특성의 철저한 해방'이 될 것이었다. 왜냐하면 이러한 감각과 특성들이 '주체에서든 객체에서든 모두 인간적으로 변하기' 때문이었다. 더구나 "대상이 인간에게 인간적 대상이 되거나 또는 대상적 인간이 될 때에만 인간은 비로소 자신의 대상 안에서 자신을 상실하는 일을 초래하지 않을 수 있다. 대상이 인간에게 사회적 대상이

---

96 같은 책, 123쪽.
97 같은 책, 124쪽.
98 같은 책, 123쪽.

되고 인간 자신이 자신에게 사회적 존재가 될 때, 그래서 사회가 이 대상 속에서 인간을 위한 존재가 될 때에야 이런 상황이 비로소 가능하다".[99] 이는 다시 말해, 인간의 주체와 대상 객체 두 방면 모두 반드시 인간의 사회적 존재가 되어야지, 단지 단편적인 주체나 '순수한 유용성'의 자연대상이어서는 안된다는 것이다. 이를 위해 마르크스는 또 하나의 예를 들었다. "주체 방면에서는 음악이 비로소 인간의 음악적 감각을 일깨울 수 있다. 음악적 감성이 없는 귀에는 가장 아름다운 음악도 아무런 의미가 없다." 하지만 "인간의 감각도, 감각적 인간 본성도 모두 그것의 대상의 현존을 통해서, 인간화된 자연을 통해서 비로소 생겨날 수 있는 것이다. 인간의 오감의 형성은 이전의 모든 세계 역사의 산물이다".[100]

우리는 마르크스가 바로 자신이 비판했던 이 사유재산의 운동이 "이미 발생한 사회로서 인간 본질의 이러한 모든 풍부함을 갖춘 인간을 창조하고 있으며, 풍부하고 전면적이고도 심오한 감각을 갖춘 인간을 이 사회의 항구적 현실[101]로서 창조하고 있다"는 것을 인정하기 시작한 것에 주목했다. 독자들은 여기서의 '사회'가 마르크스의 윗글에 나오는 이상적인 본질 존재(당위)가 아니라, 객관적 현실(당위) 속에 이미 존재하는 부르주아 사회라는 점을 주목하기 바란다. 바로 이 점을 기반으로 마르크스는 "공업의 역사(Geschichte der Industrie)와 이미 생성된 공업의 대상성의 정재(das gegenständliche Dasein)는 인간의 본질적 역량(menschlichen Wesenskräfte)이 펼쳐진 한 권의 책이라는 것을 발견했다".[102] 이 글에서 Industrie 및 그와 관련한 단어는 총 121회 등장한다. 만약 공업의 역사가 인간 본질의 '책'이라면 인간의 본질은 바로 역사에 의해 펼쳐진 특정 존재(Dasein)다. 그러므로 이 논리를 따라가 보면, "자연과학은

---

99   같은 책, 125쪽.
100   같은 책, 125~126쪽 참조.
101   같은 책, 126~127쪽.
102   같은 책, 127쪽.

공업을 통해 나날이 실천 속에(praktischer) 인간의 생활로 들어가 인간의 생활을 개조하고 또 인간의 해방을 위해 준비"하며 동시에 "산업은 자연계와 인간의 사이에 있고 그러므로 자연과학과 인간 사이의 현실의 역사관계(das wirkliche geschichtliche Verhältnis)이기도 하다"는 사실을 필연적으로 발견하게 된다.[103] 여기서 뒷부분의 '산업'이라는 단어는 이미 일반적인 의미를 가진다. 그래서 그는 필연적으로 이러한 관점을 얻을 수밖에 없었다.

만일 공업을 인간의 본질적 역량을 공개적으로 실현하는 것이라고 본다면, 자연계의 인간적 본질 또는 인간의 자연적 본질도 금방 이해할 수 있다. 따라서 자연과학은 자신의 추상적 물질적 성향 또는 오히려 관념론적인 경향을 상실하고 인간의 과학적 토대(Basis der menschlichen Wissenschaft)가 될 것이다. 마치 그것이 현재 이미 — 비록 소외된 형태라 해도 — 진정한 인간 생활의 토대가 되어 있는 것과 마찬가지다. 생활이 일종의 토대를 가지고 과학은 또 다른 토대를 가진다는 말은 완전히 거짓말이다.[104]

여기서의 '과학'은 일반적인 자연과학이 아니다. 바로 세가 말한 '자연과학'으로서의 부르주아 정치경제학이다! 의심할 여지없이 이것은 훨씬 더 심오한 이론 비판이다.

마르크스의 당시의 언설이 표면적으로는 마치 인간주의를 말하고 있는 듯하지만 실제로는 그가 사고하여 내세운 이론이 바로 수고 전체에서 주도적인 인간주의 소외논리가 아닌 다른 곳에서 도출되었다는 것이 매우 명백하다. 그는 새로운 철학 전망의 문턱까지 거의 도달했다. "이론적 대립 자체의 해결은 실천 방식(Praktische Art)을 통해서만, 인간의 실천적 에너지(Praktische

---

103 같은 책, 128쪽 참조.
104 같은 책, 128쪽 참조.

Energie)를 빌려서만 비로소 가능한 것이다. 따라서 이러한 대립의 해결은 결코 인식만의 임무가 아니라, 현실생활의 과제(wirkliches Lebensaufgabe)이기도 하다."[105] 이러한 인식은 폐쇄된 사상적 공간을 이미 열어젖히고 이제 곧 다가올 새로운 세상을 전망하는 것으로, 어떻게 객관적인 노동소외와 사유제도를 소멸시킬지를 사고하는 현실적인 길의 문제. '공업'이 고전경제학에서의 부르주아 사회 생산현실이라는 이러한 객관논리는 마르크스의 철학사고가 경제학 연구과정에서 자발적으로 형성한 것이다. 동시에 구체적인 공업에서 일반적인 '공업'으로 나아가고 다시 인류의 객관적 물질 활동의 실천까지 한 걸음 더 도약해나가는 것, 이는 반드시 훨씬 더 간고하고도 막중한 혁명적 임무일 것이다. 마르크스는 이 글에서 praktisch라는 단어를 이미 28회나 사용했다. 이후 얼마 지나지 않아 마르크스가 1845년 두 번째 단계의 경제학 연구를 전개하면서, 특히 『브뤼셀 노트』와 『리스트를 평함』 등 저작을 진행하면서, 마르크스의 새로운 세계관의 천재적 테제, 즉 「포이어바흐에 관한 테제」는 전면적으로 새로운 게슈탈트 전환을 실현했다. 당시 철학적 실천유물론의 논리 지평이 결국 역사적 표면 위로 모습을 드러냈다.

우리가 상술한 이러한 관점을 제기한 이유는 앞서 이미 지적한 텍스트의 심층에 잠재해 있는 사실을 증명하려는 것뿐이다. 즉, 마르크스의 『1844년 수고』는 두 가지 이론적 구상이 있다는 사실이다. 하나는 선험 주체에서 출발한 인간주의 소외사관의('당위') 인간주의 현상학(담론) 논리이고, 다른 하나는 현실 물질생산(실천과 공업)에서 출발해 역사적 사회('현실')를 관찰한다는 객관논리다. 두 논리가 서로 교차되어 얽힘이 여기서 극명하게 드러난다. 게다가 현실 역사의 실마리가 수많은 분석에서 우위를 점하기 시작했다. 물론 이것이 전체적으로 인간주의 논리의 지배적 담론으로서의 지위를 바꾸지는 않았다. 나는 전자가 마르크스의 당시 주도적 이론논리의 틀이며, 후자는 새

---

105 같은 책, 127쪽.

로운 이론 실마리의 미약한 요소일 뿐이라는 것을 이미 여러 차례 지적한 바 있다. 특히 이 둘 사이에는 매우 심오한 상호모순이 존재하는 것 같아서, 마르크스가 당시는 후자에서의 객관적 필연성의 '현실(Sein)'과 앞의 실마리에서 부정적 의미로 등장하는 나쁜 의미의 '현실(Sein)'을 통일시킬 수 없었다. 그래서 우리는 프랑스 철학자 알튀세르의 관점, 즉 마르크스의 사상적 발전 과정, 특히 나중에 출현한 철학변혁을 간단히 '인식론적 단절'이라고 말하는 것에 동의할 수 없다. 실제로 마르크스의 과학세계관이 형성된 과정은 하나의 역사적 과정을 겪었다. 『1844년 수고』에서 우리는 이러한 과학적 사유경로의 초기의 구상을 똑똑히 볼 수 있다.

다섯째 마디의 마지막에서 마르크스는 일반 공산주의와 구별되는 사회주의 목표를 지적했다. 그는 "사회주의적 인간에게는 이른바 전체 세계 역사(Weltgeschichte)란 단지 인간이 인간의 노동(menschliche Arbeit)을 통해서 탄생한 과정으로, 인간을 위한 자연의 생성과정일 뿐"이라고 말했다.[106] 공산주의는 부정의 부정으로서의 긍정이다. 따라서 그것은 인간의 해방과 복원의 현실적 고리이자, 다가오는 역사발전에 필연적인 고리다. 공산주의는 임박한 미래의 필연적인 형식이자 유효한 원칙이다. 그러나 이러한 공산주의는 결코 인류 발전의 목표가 아니며 인류사회의 형태(Gestalt der menschlichen Gesellschaaft)도 아니다.[107]

6) 마르크스의 경제철학 탐구

여섯째 마디는 마르크스의 헤겔 변증법에 대한 비판으로, 이는 우리의 다음 토론의 주제다. 여기서 우리는 먼저 제3노트 마지막에 등장하는 마르크스

---

106 같은 책, 131쪽.
107 같은 책, 131쪽. 중역본에서는 Gestalt를 '형식'으로 번역했지만 나는 '형태'로 바꿔 번역했다.

사고의 다른 문제들을 볼 것이다. 헤겔의 변증법에 대한 비판 과정에서, 그리고 이 토론 이후에 마르크스는 또 다시 여러 차례 자신의 비판적 경제철학 탐구로 돌아왔다. 물론 이번에는 부르주아 경제현실 속에서 전면적인 경제소외를 설명했다. 마르크스는 주로 세 가지 방면에 대해 얘기했다. 헤겔 비판 시작 부분에 삽입된 일곱째 마디에서 욕구 문제를 분석했고, 헤겔 비판 이후에는 다시 부르주아 사회 조건에서의 분업의 소외를 분석했으며, '서문' 이후에 그는 또 화폐가 인간의 유적 관계의 소외문제라는 것을 특별히 보충해 넣었다. 이런 것들은 모두 소외노동이 경제 과정에서 구체적으로 표현된 것이다.

우선 경제학에서의 **욕구** 문제다. 마르크스는 이 글에서 Bedürfnis라는 단어를 45회나 사용했다. 마르크스는 사회주의 전제하에서는 인간의 진정한 욕구의 풍부함과 반대로, 사유제도 조건에서는 "모든 사람이 온갖 방법을 동원해 다른 사람에게서 모종의 **새로운 욕구**(neues Bedürfnis)를 불러일으키려고 애쓴다". 하지만 이러한 욕구는 인간의 필요를 만족시키기 위한 것이 아니라, 인간으로 하여금 "새로운 희생을 하게 하고 그를 새로운 의존적 지위에 처하게 하며 그로 하여금 새로운 향유 방식을 추구하도록 유혹하고 그럼으로써 경제적 파산에 빠지게 하려는 것이다".[108] 시장에서의 욕구는 다른 사람의 주머니에 든 돈을 편취하기 위함이다. 부르주아 생산에서는 "새 생산물 하나하나가 모두 상호 기만과 상호 약탈을 일으키는 새로운 **잠재역량**"이며, "모든 생산물은 사람들이 타인을 편취하려는 본질이자 그의 화폐를 유혹하는 미끼이다. 모든 현실의 또는 가능한 욕구는 파리를 끈끈이 막대로 유혹하는 약점이다". 마르크스의 이러한 허구적 소비와 욕구 소외의 관점은 나중에 프랑크푸르트학파의 사회비판이론에서 더욱 빛을 발했다. 따라서 이러한 생산은 인간의 실제 욕구를 위한 것이 아니라, "일종의 타인을 지배하는, 소원한 본질 역량을 창조해냄으로써 그 안에서 그 자신의 이기적 욕구의 만족을 찾으려는

---

108 같은 책, 132쪽 참조.

것이다". 이 소원한 역량이 바로 교환을 목적으로 하는 생산에서의 화폐왕국이며 이는 '인간을 억압하는 소원한 본질(fremdes Wesen)의 왕국'이다. 마르크스는 실제로 이러한 생산과정에서 인간의 진정한 욕구와 관련 있는 성질은 이미 소실되고 비인간적인 생산물 수량만 존재하며, 더구나 "인간으로서의 인간은 점점 빈곤해지고 그는 적대적 존재를 점유하기 위해 점점 더 화폐를 필요로 한다"라고 보았다. 왜냐하면 여기서 화폐를 추구하는 것은 부르주아 국민경제학이 만들어낸 욕구이기 때문에 "화폐의 수량은 점점 더 그것의 유일하고 강력한 속성이 된다. 마치 화폐가 어떠한 본질도 모두 화폐의 추상으로 귀결시켜버리는 것과 마찬가지로, 화폐도 그것 자체의 운동 속에서 자신을 수량적 존재로 환원시켜버린다". 그리하여 "무제한과 무절제가 화폐의 진정한 척도가 된다". 이는 부르주아 사회에서의 욕구의 소외에 대한 일종의 인간주의 논리 분석이다.

그러나 이와 거의 동시에 마르크스는 또한 부르주아 사회에서 발생하는 욕구에 대한 서술을 했다. 이는 노동자와 자본가의 욕구의 구체적인 차이점을 분석한 것이다. 마르크스는 당시 19세기 공장의 노동자들은 숙박 조건이 극도로 열악하고 집세도 못 내며 엉망인 음식물('최악의 감자')만 먹는 형편으로 "인간이 인간적 욕구를 상실했을 뿐만 아니라 심지어 **동물적 욕구마저 상실했다**"는 점을 지적했다.[109] "국민경제학자는 노동자를 감각이 없고 욕구도 없는 존재물로 변화시켰다. 마치 그가 노동자의 활동을 일체의 활동을 제거해버린 순수한 추상으로 변화시킨 것과 같다." 노동자의 이러한 보잘것없는 초라한 욕구가 바로 부자들의 욕구의 원천이다. 이 문제를 설명하기 위해 그는 당시 런던의 노동자들이 거주하던 음습한 지하실과 호화롭고 사치스러운 대형 호텔을 직접 언급했다. 이는 객관적 현실에 대한 경험 분석이다. 또한 마르크스가 처음으로 **생산양식**(Produktionsweise) 개념을 사용한 것도 여기 토

---

109 같은 책, 134쪽 참조.

론에서였다.[110] 이 단락의 글 시작 부분에서 마르크스는 또 '새로운 생산양식 (neue Weise der Produktion)'[111]이라는 말을 사용했다.

둘째는 분업에 관한 마르크스의 설명이다. 마르크스는 부르주아 사회는 "어떤 인간도 모두 각종 욕구의 총체이며, 더욱이 인간과 인간이 서로 수단이 된다는 점에서 개인은 다른 인간을 위해 존재하고 다른 인간도 그를 위해 존재한다"라고 말했다. 그러나 여기서의 '사회'는 마르크스가 앞서 얘기한 그런 진정한 인간의 유적 존재의 사회가 아니라 인간 소외가 외화된 표현이다. 분업은 이러한 '사회'의 본질이다. 마르크스는 당시 이렇게 인식했다.

> 분업(Theilung der Arbeit)은 소외 범위 내(innerhalb der Entfremdung)의 노동사회성(Gesellschaftlichkeit der Arbeit)에 관한 국민경제학 용어다. 바꿔 말하면, 노동이 인간 활동의 외화 범위 내에서의 표현에 불과하고 생명 외화로서의 생명 표현에 불과하기 때문에, 분업도 단지 실재적 유적 활동(realen Gattungstätigkeit)으로서의 인간적 활동이, 혹은 유적 본질인 인간의 활동으로서의 인간적 활동이 소외되고 외화된 설정에 지나지 않는다.[112]

분업은 인간의 유적 활동으로, 인간 활동의 소외와 외화의 형식이라는 말은 인간주의의 비과학적 서술이다. 마르크스는 이 글에서 Theilung der Arbeit라는 단어를 48회 사용했다. 그런데 나중에 새롭게 편성한 독일어판에서는 Theilung der Arbeit가 Teilung der Arbeit로 고쳐서 쓰였다. 그러나 MEGA2판은 마르크스의 원래 표기를 유지했다. 이후의 『독일 이데올로기』에서 바로 이 소외논리와 같은 구조의 분업 개념이 마르크스의 현실비판논리의 기초적 구성요소가 되었다. 마르크스는 여러 경제학자(스미스, 세, 밀, 그리

---

110 같은 책, 134쪽 참조. Karl Marx, *Okonomisch-philosophische Manuskripte*, S.420 참조.
111 같은 책, 132쪽 참조. Karl Marx, *Okonomisch-philosophische Manuskripte*, S.384.
112 같은 책, 144쪽 참조.

고 스카르베크(Skarbek)]들의 관점을 인용해 서술한 뒤, 다시 이 문제로 돌아와 이번에는 경제학자의 관점, 즉 분업과 교환은 연결되어 있다는 것을 받아들였다. 그는 이렇게 말했다. "분업과 교환(Austausch)은 인간의 활동과 본질역량 ─ 유적 활동과 본질역량으로서 ─ 의 뚜렷한 외화의 표현이다."[113] 마르크스는 경제학자들이 분업과 교환의 '과학적 사회성'을 인정하는 데 반대했다. 그것이 '비사회적 특수이익에 의존해 사회를 논증'하는 것이기 때문이었다. 마르크스는 경제학 바깥에 서서 토론했다. 따라서 당시 그는 분업이 초래하는 교환 및 분업의 다양한 유형(사회 분업과 노동 분업), 특히 분업이 생산력 발전에서 갖는 객관적 의미를 이해할 수 없었다. 이러한 문제들은 모두 『독일 이데올로기』 이후에야 서서히 해결되었다.

셋째 문제는 마지막으로 쓴 화폐에 관한 토론이다. 이는 마르크스가 '서문' 작성을 마친 이후 추가로 쓴 보충으로, 마치 앞선 『밀 노트』에 대한 호응과도 같다. 이번 토론은 철학적 인간주의의 승화였으므로, 경제학을 거의 완전히 떠났다. 이 단편은 시종일관 이상화된 인간의 진실한 존재 상태를 묘사하고 있으며, 그 중간에 화폐라는 매개된 소외관계로 반증한다. 맨 먼저 마르크스가 말한 것은 인간의 소위 '열정본체론(ontologische)'이다. 그는 열정본체론의 주요 내용으로 다섯 가지를 들었다. 첫째, 진정한 인간의 긍정방식은 생명의 특수성이다. 둘째, 감성적 긍정은 독립대상에 대한 긍정이다. 셋째, 인간이 인간의 감각을 지녔다면 타인에 의한 대상의 긍정도 자신의 향유일 수 있다. 이렇게 앞의 세 가지는 상호 연계된 것이다. 그러나 넷째로 마르크스는 다음과 같은 말을 했다. "발달한 공업을 통해서만, 다시 말해 사유재산의 개입이 있어야만 인간의 열정본체론 본질(das ontologische Wesen der menschlichen Leidenschaft)이 총체적으로 인간 본성에 합치되게 실현될 수 있다. 따라서 인간에 관한 과학 자체는 인간이 실천에서 이루는 자기실현의 산물이다."[114] 마

---

113 같은 책, 148쪽.

르크스는 이 단락에서 '본체론적(ontologische)'이라는 단어를 2회 사용했다. 또 다른 한 번은 이 단락 본문의 시작 부분에서다. 마르크스의 이 말은 너무나 놀랍다. 왜냐하면 이는 마르크스가 '산업' ─ 사유제의 필연성 ─ 을 논증하는 것처럼 보이기 때문이다! 바로 뒤이어 다섯째에서는 또 이렇게 말했다. "사유재산의 소외를 차치하면 사유재산의 의미는 바로 **본질적 대상** ─ 향유의 대상이면서 활동의 대상이기도 한─ 의 인간에 대한 존재에 있다."

여기까지 논하면서 마르크스의 화제는 한 번 바뀌었다가 다시 현실의 부르주아 경제생활로 돌아왔다. 마르크스는 이번에는 화폐의 철학적 본질을 반어적으로 해설했다. 이는 마치『밀 노트』에서 마르크스가 처음 시작할 때 인간주의 담론이 갑자기 부각되었던 그 부분에 관한 해설 전개 같기도 하다. "화폐는 욕구와 대상의 사이, 인간의 생활과 생활수단 사이의 거간꾼이다." 이는 인간과 인간의 생활, 자신을 위한 타인의 존재 사이의 매개가 되었다. 마르크스는 괴테의『파우스트』와 셰익스피어의『아테네의 타이먼』에 나오는 화폐와 황금에 대한 두 단락을 인용하고 나서 더 나아가 그 속에서 해독해 낼 수 있는 심오한 함의를 다음과 같이 설명했다. 화폐는 "인류의 외화된 능력이다".[115] 마르크스가 시적 담론으로 금전을 묘사한 것은 헤스의「화폐의 본질에 대하여」의 시작 부분에 실러의 시를 인용했던 데서 영향을 받은 것이 분명하다. "화폐는 외재적이고, 인간으로서의 인간과 사회로서의 인류사회가 낳은 것이 아닌, 관념을 현실로 바꿀 수 있고 현실을 단순한 관념으로 바꿀 수 있는 보편적 수단과 능력이다. 그것은 현실적이고 인간적이며 자연적인 본질 역량을 순수추상의 관념으로 바꾼다." 사실 바로 앞선 논의에서도 마르크스는 매우 감성적인 묘사를 한 바 있다.

---

114 같은 책, 150쪽.
115 같은 책, 152쪽.

국민경제학은 당신에게서 앗아간 그 모든 생명과 인간 본성을 화폐와 부로 당신에게 보상한다. 당신이 할 수 없는 모든 것을 당신의 화폐는 모두 해낼 수 있다. 화폐는 먹을 수도 있고, 마실 수도 있고, 무도회로 달려갈 수도, 극장에 갈 수도 있으며, 예술과 학식과 역사의 진품과 정치권력을 얻을 수도 있고, 여행을 할 수도 있다. 화폐는 당신이 모든 것을 점유하게 할 수 있고, 이 모든 것을 살 수도 있다. 화폐는 진정한 능력이다.[116]

당시의 마르크스가 보기에 화폐는 일종의 '흑과 백을 전도시키는 힘의 출현'이었으며, 전도된 세계를 초래했다.[117]

4. 청년 마르크스의 헤겔에 대한 두 번째 비판

제3노트의 여섯째 마디는 헤겔 철학에 대한 비판이다. 마르크스는 『1844년 수고』의 마지막에 가서 왜 갑자기 헤겔을 비판하기 시작했을까? 이것이 수고 전체의 논리적 구조를 이해하는 데 있어 피할 수 없는 문제이자 매우 중요한 이론적 어려움인 것은 의심할 여지가 없다. 과거의 연구에서는 대다수 연구자들이 이러한 현상의 출현을 무비판적으로 마르크스에 의한 '헤겔 변증법의 유물론적 개조'에서 기인한 것이라고 설명했고, 더구나 마르크스의 헤겔 이론에 대한 지적에도 전적으로 동의했다. 나의 견해로는, 마르크스가 공산주의 문제를 연구한 이후 돌연 헤겔로 전향한 것은 외재적 철학 연구를 위해서가 아니라, 자신의 당시(『1844년 수고』 전부를 쓴)의 이론적 논리방법을 명확히 지적하고 이로써 당시 독일의 청년헤겔파의 연구 맥락과 모든 독일과

---

116 같은 책, 135쪽.
117 같은 책, 155쪽 참조.

프랑스의 사회주의 사상가들의 연구 맥락 — 헤겔의 관념론 정신현상학을 부정한 위에 수립한 포이어바흐식 인간주의 현상학 — 과 구별하기 위해서였다. 마르크스는 이러한 연구의 사유경로가 이론적 오류를 벗어나는 유일한 현실비판 모델이라고 보았다.

1) 청년헤겔파의 논리적 오류와 포이어바흐의 비판방법

'서문'에서 마르크스는 여섯째 마디를 이 책의 '마지막 장'이라고 지칭했다. 이 마지막 장에서 마르크스는 당시 독일 사상계가 '아직 완성하지 못했던' 작업을 해결하고자 시도했다.[118] 어떤 작업일까? 여섯째 마디의 원문을 시작하는 부분에서, 마르크스는 이 부분을 쓰는 것이 '헤겔 변증법, 특히『정신현상학』과『논리학』에서의 관련 논술에 대해', 그리고 '최근의 비판운동과 헤겔의 관계에 대해 설명하고자 함'이라고 서두부터 바로 밝혔다.[119] 나중에 완성한 원문의 저작으로 볼 때, 여기서 마르크스는 실제로 세 가지 문제를 설명하려 했다. 첫째, 청년헤겔파의 헤겔변증법을 다루는 데서의 오류, 둘째, 포이어바흐 철학의 비판적 성과, 셋째, 헤겔의 변증법을 어떻게 비판적으로 이해할 것인가였다. 나는 당시 마르크스가 중점적으로 해결하고자 했던 것이 셋째 문제라는 것을 발견했다. 그는 이렇게 말했다. "표면상으로는 형식적인 문제로 보이지만 실제로는 본질적인 문제다." 우선 앞의 두 문제를 살펴보자.

마르크스는 슈트라우스[120]와 바우어 같은 청년헤겔파 철학자들도 '구세계의 내용'을 비판하고는 있지만, 실제로는 '비판하는 소재에 너무 얽매여' 비판

---

118 같은 책, 46쪽 참조.
119 같은 책, 156쪽 참조.
120 다비드 슈트라우스(David Friedrich Strauss, 1808~1874), 독일의 철학자로 청년헤겔파 구성원이다. 독일의 튀빙겐대학을 졸업했으며, 일찍이 헤겔과 신학자 슐라이어마허의 영향을 깊이 받았다. 1840년에 취리히대학 교수로 임명되었지만 사정상 직무를 맡지 못했다. 이후 20년 동안 해온 신학 연구를 포기하고 문학평론과 전기 저작에 몰두했으며, 말년에 다시 신학 연구로 돌아왔다. 1866년 이후 민족자유당원이 되었다. 대표 저작으로는『예수전』(1835) 등이 있다.

의 방법에 대해 전적으로 무비판적인 태도를 취하기에 이르렀다고 보았다.[121] 청년헤겔파가 비판하는 '구세계'란 주로 종교 신학 및 이 성스러운 정경 배후의 봉건독재적 전제였다. 그러나 청년헤겔파는 자신이 비판하는 전도된 세계 속에 함몰되어 있었다. 특히 그들은 헤겔 철학에서 '자기의식' 부분을 골라(이는 독일 부르주아 계급이 외친 추상적 개인 주체를 암시한다) 이론적 출발점으로 삼고 있지만, 방법상으로는 한 번도 헤겔을 초월한 적이 없다. 마르크스는 바우어 등이 그들의 '비판' 논저에서 기껏해야 방식만 바꾸어 '글자마다 문구마다 헤겔의 관점을 재차 서술'한 것일 뿐이라고 보았다.[122] 슬프게도 "이러한 관념론은 자신의 모태인 헤겔변증법과 비판적으로 선을 그어야 할 때가 이미 도래했음을 한번도 표명하지 않았다".[123] 나는 마르크스가 여기서 청년헤겔파의 '비판'에 대해 내놓은 논평이 단지 좁은 의미에서의 오류의 지적에 머무른다고 보지 않는다. 사실 그는 혁명적 방법론 문제, 즉 바우어 등이 하나의 대상을 비판할 때 동시에 무의식적으로 그 대상이 설정한 논리의 함정에 빠진다는 것을 설명하고 싶던 것이다. 이는 그들이 채택한 비판 방법이 대상 자체로부터 온 것이므로, 분명 헤겔을 부정하고 비판하고는 있지만 실질적으로는 헤겔의 사변철학이 근거로 하는 '구세계'를 전제로 하고 있다는 말이다. 만일 윗글의 제1노트의 세 번째 담론에 관한 연구와 관련짓는다면 우리는 즉시 여기서 마르크스의 비판적 방법론의 혁명적 의의가 바로 모종의 특수한 **방법론과 논리에서의 초월**, 즉 근본적으로 비판대상의 지평을 벗어나는 데 있음을 관찰하게 될 것이며, 이는 바로 마르크스 자신이 동시대의 이론가들에 비해 한 수 위라는 점을 스스로 인정하는 셈이다. 이 책의 비판논리에서 바로 이 '국민경제학'(특히 방법 면에서)이라는 깊은 우물을 벗어나야만, 그리하여 우물 안 개구리와 같은 제한된 시야에서 벗어나야만 비로

---

121 같은 책, 156쪽 참조.
122 같은 책, 156쪽.
123 같은 책, 157쪽.

소 부르주아 경제학자의 경제학 '사실'의 허구성을 발견하게 되고 진정으로 외재적 현상을 벗겨내고 그 본질을 비판할 수 있게 된다. 마르크스는 이처럼 은유적 의미가 깊은 정의를 통해 여기서 자신이 인정하고자 하는 철학 비판 방법을 명확히 설명했다.

이어서 마르크스는 한 걸음 더 나아가 자신이 비판방법 논리에서 과도적 단계에 있음을 지적하며, 그 과도적 단계가 포이어바흐라고 했다. 마르크스가 프루동이나 헤스, 청년 엥겔스를 전혀 언급하지 않은 주요한 이유는 철학 비판논리의 척도상 그들은 어떠한 **독창성**도 가지고 있지 않다고 보았기 때문이다. 당시 마르크스는 "포이어바흐만이 유일하게 헤겔 변증법에 대해 엄격하고도 비판적인 태도를 취한 사람이며, 그만이 이 영역 안에서 진정한 발견을 해냈고 결국 낡은 철학을 진정으로 극복해냈다"라고 보았다.[124] 마르크스가 분명히 지적한 바에 따르면, 포이어바흐는 자신이 "『아넥도타(Anekdota)』에 수록된 '테제'에서, 그리고 더욱 상세하게는 『미래 철학의 근본 원리』에서도 옛 변증법과 철학을 근본적으로 뒤집었다".[125] 앞에서의 우리의 사유경로에 따르면, 포이어바흐는 바로 헤겔 논리(방법)의 틀을 완전히 벗어나 헤겔의 사유방식을 극복하고자 했고, 이를 통해 유물론으로 관념론을 무너뜨릴 수 있었고, 감성적 인간의 현실생활로 추상적 신(절대관념)을 대체할 수 있었으며, 비로소 완전히 새로운 현실세계와 이론적 지평을 얻을 수 있었다!

마르크스는 포이어바흐의 위대한 업적이 다음에 있다고 보았다.

"(1) 철학은 사유로 옮겨지고 사유에 의해 논술된 종교에 불과하며 인간 본성의 소외의 또 다른 형식이자 존재방식에 불과하다는 것, 그리하여 철학도 마찬가지로 마땅히 비난을 받아야 한다는 것을 증명했다."[126] 여기서의 철학은 헤겔의 철학을 가리킨다. 앞에서 언급했듯이 헤겔 철학에서의 절대관념은

---

124 같은 책, 157~158쪽.
125 같은 책, 157쪽.
126 같은 책, 158쪽.

실제로는 기독신학에서의 무소불위의 하느님이다. 그러므로 이러한 관념론은 훨씬 정교한 또 다른 종교에 지나지 않는다. 포이어바흐의 소외 담론으로 표현하자면, 그것은 곧 인간 본질의 소외 상태인 신의 철학이론에서의 또 다른 존재방식이다.

"(2) 진정한 유물론(wahre Materialismus)과 실재적 학문을 정립했다. 포이어바흐가 '인간과 인간 사이의' 사회적 관계(das gesellschaftliche Verhältniβ)를 이론의 기본원칙이 되도록 했기 때문이다."[127] 마르크스는 이 글에서 딱 한 번 das gesellschaftliche Verhältniβ라는 단어를 사용했는데 바로 여기에서다. 포이어바흐는 헤겔의 관념론 유사 신학을 무너뜨리고 필연적으로 유물론과 인간으로 나아갈 수밖에 없었다. 이러한 유물론의 두 가지 논리적 거점인 자연유물론과 인간주의를 비교해보면, 마르크스는 후자의 비판의 힘을 훨씬 더 중요하게 보았다. 그래서 그가 주목한 것은 포이어바흐의 소외 지양 이후 인간과 인간의 진정한 사회관계를 확인하는 것이었다. 앞의 토론에서 우리는 이미 마르크스가 여기서 말한 '사회'가 비자연적 '유(類)'와 같은 것으로서, 인간을 자연존재를 토대로 상호 연결된 존재라고 본 포이어바흐의 '소리 없는 유'와는 구별된다는 것을 확인했다. 마르크스가 여기서 강조한 것은 실제로는 자연적 유의 위에 있는 인간과 인간이 연결된 사회적 '유'다. 그러나 당시 그는 이러한 '유' 자체가 여전히 추상적이라는 것을 인식하지 못했다.

"(3) 그는 자신에 기초할 뿐만 아니라 적극적으로 자신을 기초로 하는 긍정적인 것을 자칭 절대적 긍정이라고 주장하는 그 부정의 부정(Negation der Negation)과 대립시켰다."[128] 포이어바흐의 '세 번째 업적'은 다소 이해하기 어렵다. 왜냐하면 헤겔이 절대적이고 불변의 추상 본질에서 출발(이 역시 과거 기독신학의 절대본질 이론이 변형된 것이다)했으며, 더욱이 절대관념(실체)의 소

---

127 같은 책, 158쪽. Karl Marx, *Okonomisch-philosophische Manuskripte*, S.400 참조.
128 같은 책, 158쪽.

외와 지양(부정의 부정)을 통해 긍정에 도달했기 때문이다. 반면 포이어바흐는 헤겔을 전도해, 직접 감성적인 것(긍정)에서 출발해 "무한한 것을 지양했으며, 현실적이고 감성적이고 실재하는, 유한하고 특수한 것을 세웠다(철학, 종교, 신학의 지양)."[129] 마찬가지로 덧붙여 설명할 것은, 마르크스가 당시 긍정한 포이어바흐의 그러한 직접적이고 현실적이고 감성적인 것이 실제로는 모두 결함을 지니고 있다는 점이다. 왜냐하면 마르크스가 당시 직면한 부르주아 사회 경제현실(관계)은 감성적인 것을 통해 직접 파악할 수 없었고 더구나 그것은 전도된 형식으로 표현되었기 때문이다. 우리가 제1장에서 토론했듯이 이 점에서는, 헤겔의 전도된 절대추상이 시민사회의 전도된 현실추상에 대응된다. 이에 대해서는 마르크스도 인식할 수 없었다.

내가 보기에, 물론 마르크스는 당시 이미 포이어바흐에 대해 '비판적 태도'를 취하기는 했지만, 포이어바흐 철학의 정확한 유물론 입장의 배후에 있는 인간주의 논리에 내재된 비역사성의 근본적인 오류를 인식하지 못했고 그 때문에 헤겔 관념론 오류의 배후에 있는 역사변증법의 중요성도 알아차리지 못했다. 훗날 『독일 이데올로기』에서 마르크스는 헤겔에 대해 이렇게 논평했다. "사람들이 헤겔처럼 그렇게 한 번에 모든 역사와 현대세계를 위해 전면적인 구조를 창조해내고자 한다면, 이것은 해박한 실증적 지식 없이는, 경험적 역사에 대한 탐구(단편적인 일련의 탐구들이라도) 없이는, 엄청난 정력과 원대한 통찰력 없이는 불가능한 일이다."[130] 더욱 중요한 것은, 마르크스가 여기서 포이어바흐의 일반 유물론과 정치경제학에서의 사회유물론 논리를 명확히 구분하면서 동시에 연결시키지 못했다는 점이다. 당시의 청년헤겔파에 대한 비판과 1845년 이후 『독일 이데올로기』에서 마르크스가 쓴 동일 주제에 대한 논설을 비교해보면, 그것들 사이에 중대한 이질성이 존재한다는 것을 발

---

129 같은 책, 158쪽.
130 같은 책, 190쪽.

견할 수 있다. 전자의 비판 초점은 일반적 철학 관념론으로서 그 근거는 포이어바흐이며, 사고의 중심은 유물론 철학자들과 헤겔의 이론의 경계를 구분하자는 요구다. 반면 후자의 비판 초점은 역사 관념론으로서 포이어바흐를 주로 비판했고, 그 중심은 모든 철학자와 객관적 경제생활의 현실 관계를 설명하는 데 있다.

2) 두 가지 현상학: 헤겔 변증법의 베일 벗기기와 가리기

마르크스는 청년헤겔파의 헤겔에 대한 잘못된 부정을 비판한 이후 자신이 직접 헤겔에 맞서기 시작했다. 이는 그가 『헤겔 법철학 비판』에 이어 두 번째로 헤겔에 대해 총체적으로 비판한 것이다. 표면상으로 보면, 마르크스가 주목한 주요 실마리는 헤겔의 변증법이다. 그러나 실제로는 헤겔의 비판방법, 즉 경험상식에 반하는 이념현상학이라는, '헤겔에게서는 여전히 무비판적인 이 운동이 갖춘 비판형식'을 어떻게 개조할 것인가를 설명하는 것이다.[131] 사실 우리가 이미 앞서서 분석하고 규정한 바와 같이, 현상학 자체가 바로 지극히 심오한 소외 비판의 논리다. 나는 마르크스가 여기서 포이어바흐의 유물론적 인간주의 현상학을 이용해 헤겔의 정신현상학을 한층 심화시키고 있다는 것을 발견했다.

마르크스는 이미 포이어바흐의 비판철학과 헤겔의 비판철학의 본질적 차이를 똑똑히 이해했음이 분명하다. 포이어바흐는 종교 신학의 피안세계(부정의 부정)에서 현실의 차안세계(직접적 긍정)로 돌아오려 시도했고, 이는 추상적인 것에서 구체적인 감성적 실체(직관 속의 자연과 실체적 인간)로 돌아오는 과정이기도 했다. 포이어바흐의 논리 전개는 감성 직관의 현실 세계에서 출발한 것이고, 그의 비판 논리는 인간의 전도된 허구 본질(하느님)에서 인간의

---

131 같은 책, 159쪽.

진실한 본질(유적 관계)로 돌아오는 것이다. 이는 헤겔이 전도한 관념현상학 논리를 다시 전도시켜 되돌려놓은 인간주의 현상학이다. 헤겔의 비판은 현존 세계가 허구적이라고 말하고 감성적 확정에 의한 직접 긍정은 허위적 현상이라고 부정적으로 인식한다. 그렇게 그는 관념본질에서 출발해서 다시 현실의 추상적 구체성으로 돌아오는 부정의 부정이 오히려 진실로 '유일하게 긍정적인 것'이 되었다고 여겼다. 마르크스는 헤겔이 이러한 관념본질의 초월성 자체를 다음과 같이 보았다고 인식했다.

> (헤겔은 관념본질의 초월성을) 모든 존재(alles Seins)의 유일하고 진정한 활동과 자기실현의 활동(Selbstbetätigungsakt)으로 간주한다. 그래서 그는 그러한 역사적 운동을 위해 추상적·논리적·사변적 표현을 찾을 뿐이다. 이러한 역사는 기성의 주체적 인간의 현실적 역사(wirkliche Geschichte)가 아니라 인간의 **출현**과 **활동**의 역사이고, 인간의 **발생**의 역사(Enstehungsgeschichte des Menschen)일 뿐이다.[132]

분명 마르크스는 포이어바흐의 실체적 인간 생활은 긍정하는 반면, 헤겔이 주장한 그러한 현실에서 유리된 인간의 전도된 추상 역사 활동은 부정하고자 했다. 이는 두 가지 비판현상학에 대해 마르크스가 선택한 입장이다.

우리가 단지 전통 철학 해석 틀이라는 연구 지평에서만 관찰하고 평가한다면, 유물론자 포이어바흐와 관념론자 헤겔 사이의 대치를 아주 자연스럽게 여길 것이다. 하지만 마르크스가 당시 맞닥뜨린 부르주아 사회의 경제현실로 들어감에 따라 상황에 중대한 역전이 발생한다. 왜냐하면 포이어바흐의 인간주의 현상학 비판에 의한 자연(직관)유물론 지평은 실제로 부르주아 사회생활에 내포된 특유의 경제관계가 지닌 전도성인 사물화의 본질을 꿰뚫어 볼

---

132 같은 책, 159쪽.

수 없기 때문이다. 인간의 감성적 현실과 물질실체에 머물러 있는 사고는 최종적으로 부르주아 경제의 물신숭배 이데올로기의 굴레에서 벗어날 수 없다. 그러므로 현실에서는 포이어바흐의 철학혁명이 바로 **무비판적인** 것이다. 반면 헤겔의 전도된 정신현상학 논리는 물론 관념론적이지만 이는 부르주아 사회의 전도된 현실관계의 본질을 비추는 것이다. 포이어바흐에 비하면 헤겔은 오히려 진정으로 부르주아 사회 경제현실을 비판한(물론 관념론적으로 잘못 비판한) 사람이다. 마르크스는 이러한 사실을 십여 년 이후 출간한 『정치경제학 비판 요강』의 협의의 역사유물론에서 비로소 알게 되었다. 이는 지극히 복잡한 이론 문제로, 그 사이에 이론의 논리적 모순과 전환이 복잡하게 얽히고 꼬여서 우리가 전통 철학 연구 틀에서 상상한 것처럼 그렇게 간단하지가 않다.

이어 마르크스는 헤겔의 변증법에 대해 전면적인 정리에 착수했다. 이러한 비판은 결코 마르크스주의적 '유물변증법'으로의 개조가 아니며, 포이어바흐의 일반 유물론, 특히 인간주의 논리로부터 투사된 이론적 비판이다. 마르크스가 『법철학 원리』에서 처음으로 헤겔 비판에 착수했던 것과 달리, 이번에는 '헤겔 철학의 진정한 탄생지와 비밀의 시작'점 ─ 『정신현상학』─ 을 둘러싸고 전개한 것이다. 또한 처음에는 헤겔의 관념론 철학 기초를 비판했던 것과 달리, 이번 성찰의 초점은 헤겔의 비판방법이었다. 마르크스는 먼저 『정신현상학』의 대강과 세목을 간단하게 요약했다. 감성적 확신의 부정에서부터 자기의식의 확인과 그 비자립성의 인증을 거쳐 이성의 확신의 최후 단계인 절대지식에 이르렀고, 그런 다음 모든 현상의 현실 규정성을 제거하는 이 '순수한 사변의 사상'이 헤겔의 『철학강요』의 첫 부분인 『논리학』의 기점을 구성하고 있음을 명확하게 밝혔다. 마르크스는 헤겔의 체계 중 논리학에 대해 매우 또렷하게 인식하고 있었고, 아주 치밀하고 예리하게 분석했다.

논리학은 정신의 화폐(Geld des Geistes)이고, 인간과 자연계의 사변적 사상의 가치 ─ 인간과 자연계의, 모든 현실의 규정성(wirkliche Bestimmtheit)과는 아무 상관도 없는, 그래서 비현실적 본질인 ─ 이며, 외화됨으로 인해 자연계와 현실의 인간을 사상한 사유, 즉 추상적 사유다.[133]

　이러한 추상적 본질의 외화와 소외가 바로 현실 자연계와 인류사회다. 마지막으로, 인간의 사유를 통한 본질 추상(자신의 인류학, 현상학, 심리학, 윤리학, 예술과 종교는 아닌)이라는 이 관념적 '화폐'는 감성적 현실의 모든 물질존재를 관통해서 '자신의 탄생지' ─ 절대정신 ─ 로 돌아온다. "정신의 현실 존재가 바로 추상이다."[134] 우리가 제1장에서 스미스, 리카도가 말한 부르주아 사회 경제관계 본질의 추상에 대한 헤겔의 동의를 결합해서 생각한다면, 마르크스가 여기서 재차 얘기한 헤겔의 관점은 당연히 매우 심오하다.

　그러나 당시 마르크스는 즉시 헤겔이 이중 오류를 범했다고 말했다.

　첫째는 헤겔 본인의 사상이 바로 소외된 인간의 추상형상인데도 그가 자신의 관념을 이 소외된 세계의 척도로 삼았다는 것이다. 그래서 그가 정확하게 부와 국가권력 등을 '인간의 본질과 상호 소외된 본질'로 간주한 것은 단지 그 본래의 사상형식, 즉 정신본질을 다시 긍정한 것일 뿐이다. 이는 현실에서의 소외가 이런 현실 소외가 반영된 관념의 소외일 뿐만 아니라, 사실상 인간의 본질의 소외임을 헤겔이 발견하지 못했다는 것을 의미하고 있다. '따라서 외화된 역사 전부와 외화의 모든 회복은 추상적이고 절대적인 사유의 생산역사(Produktionsgeschichte), 즉 논리적 사변적 사유의 생산역사'에 불과하다. 헤겔은 현실의 소외를 단지 관념소외의 외관이자 공개된 형식으로만 보았다.[135] 이는 마르크스로서는 허용할 수 없는 관념론이다.

　둘째는 헤겔이 자신이 말하는 관념적 소외로부터의 회복의 진짜 본질이 '대상적 세계를 인간에게 돌려줄 것을 요구하는 것'임을 인식하지 못했다는

133　같은 책, 160쪽.
134　같은 책, 161쪽.
135　같은 책, 161쪽 참조.

점이다.[136] 이러한 마르크스의 비판은 포이어바흐 인간주의적 윤리논리 담론이지, 과학적 역사유물론이 아니라는 것은 너무도 명백하다! 마르크스의 당시 견해로는, 헤겔이 부정한 감성(확신성) 의식은 모종의 인간 밖의 추상 관념의 감성의식이 아니라 인간의 감성의식일 수밖에 없다. 예컨대 '자연계의 인간 본성과 역사가 창조한 자연계 — 인간의 생산물 — 의 인간 본성'은 결코 추상정신의 산물이 아니며, 종교나 재산 같은 것도 관념의 소외의 결과가 아니라 '인간의 대상이 소외된 현실이자 객체화된 인간의 본질적 역량이 소외된 현실'일 수밖에 없다. 그러므로 '종교, 부 등등은 진정한 인간적 현실로 통하는 길'이지, 절대관념으로 향하는 것에 의해 소실되어버리고 마는 지양의 한 고리는 아니다.[137] 물론 마르크스는 동시에 정곡을 찌르듯, 헤겔 현상학이 실제로는 이미 혁명성의 비판요소를 내포하고 있다고 지적했다.

> 『현상학(Phänomenologie)』은 일종의 은폐된, 자신도 여전히 모호한, 신비화된 비판이다. 다만 『정신현상학』이 인간의 소외를 제대로 파악하고 있어서 — 인간이 단지 정신의 형식으로 출현하는 것이라도 — 그 속에는 여전히 비판의 모든 요소를 감추고 있으며, 더욱이 이러한 요소들은 왕왕 헤겔의 관점을 이미 한참이나 추월한 방식으로 준비되고 다듬어져 있다. '불행한 의식', '성실한 의식', '고상한 의식과 비천한 의식'의 투쟁 등등의 장과 절에 관해 종교, 국가, 시민생활 등 모든 영역의 비판적 요소를 내포하고 있다. 그러나 이는 여전히 소외의 형식(entfremdeten Form)을 통해서다.[138]

마르크스는 바로 이러한 포이어바흐의 인간주의 논리를 거쳐 개조한 헤겔의 변증법을 비판무기로 삼아 당시 부르주아 경제학에 확실하게 맞섰다. 이

---

136 같은 책, 162쪽 참조.
137 같은 책, 162쪽 참조.
138 같은 책, 162쪽 참조.

역시 당시 그가 헤겔의 '변증법'을 초월하는 높은 경지에 도달할 수 있었던 이유이기도 하다.

그래서 마르크스는 다음과 같이 동의했다. "헤겔의 『정신현상학』 및 그 마지막 성과 ― 원칙을 추동하는 부정의 변증법(Dialektik der Negativität) ― 의 위대함은, 우선 헤겔이 인간의 자아생성을 하나의 과정으로 보았고, 대상화를 대상의 상실로 보았으며, 대상화를 외화와 이러한 외화의 지양으로 보았다는 데 있다. 그리하여 그가 노동의 본질(Wesen der Arbeit)을 파악하고, 대상성의 인간, 현실적이므로 진정한 인간을 그 자신의 노동의 결과로 이해했다는 데 있다."[139] 여기서 마르크스는 직접 인간주의 담론을 사용해 헤겔의 역사변증법의 베일을 벗기기 시작했다. 하지만 이것은 변증법의 소위 '관계'와 '발전'이라는 일반적 특징에 주목한 것이 아니라, 바로 변증법의 혁명성과 비판성, 즉 부정의 변증법을 강조한 것이다! 마르크스의 해석 결과는 다음과 같다. 인간과 자신의 유적 존재물이 발생시킨 현실의 능동적 관계는 인류 자신의 모든 활동을 통해서만, 나아가 역사의 결과를 통해서만 이러한 '유적 역량'을 실현할 수 있다. 그러나 그것은 또한 대상으로 취급될 수밖에 없고, '소외의 형식을 통해서만 실현이 가능'해진다. 구체적으로 말해서, 마르크스는 헤겔이 이미 인간의 본질이 노동이라는 현실의 능동적 활동 관계에 있으며, 현실적 인간은 노동을 통해 자연의 대상성(소외)을 지향해야만 진정으로 자신을 실현할 수 있다는 것을 알았다고 보았다. 나는 마르크스의 헤겔 철학 비판 과정에서 발생한 중요한 텍스트 사건도 지적해야겠다. 즉, 마르크스가 (제3노트 셋째 '보충 삽입'의 여섯째 마디) 제13쪽을 쓸 때 갑자기 국민경제학으로 선회해서 자신이 일곱째 마디의 경제철학 비판이라고 제목을 붙인 대목으로 들어가기 시작한 일이다. 그 내용은 부르주아 사회 경제조건에서의 욕구의 소외에 대한 연구다. 나는 이것이 헤겔 철학의 사회역사적 의의에 대한 마르크스의 의식

---

139 같은 책, 163쪽.

적 확인의 초보적 표현이라고 본다.

따라서 마르크스는 더 나아가 이렇게 지적했다. "헤겔은 현대 국민경제학자의 입장에 서 있다. 그는 **노동**을 인간의 본질이라고 보았고 인간의 자기확증의 본질이라고 보았다. 그는 노동의 긍정적인 측면만 보았고 그 부정적인 측면은 보지 않았다."[140] 이러한 지적에 대해 과거 대다수의 전통적 연구는 직접적으로 찬성했다. 즉, 헤겔은 노동의 외화(긍정적 측면)와 소외(부정적 측면)를 동시에 인정했지만, 마르크스는 노동의 대상화를 인정하고 노동소외는 부정했다는 평가다. 나는 이 부분도 심도 있게 분석할 필요가 있다고 본다. 마르크스는 헤겔이 인간의 본질을 확증한 것이 실제로는 부르주아 국민경제학을 토대로 한 것이라고 이해했는데, 의심할 여지없이 이 점은 지극히 중요하다. 하지만 마르크스는 노동가치론의 역사적 의의를 인식하지 못했기 때문에 헤겔이 왜 외화와 소외를 동시에 인정했는지 이해할 수 없었다. 왜냐하면 교환을 토대로 하는 부르주아 사회 경제 존재에서, 생산 자체의 객관적 발생은 필연적으로 '소외'의 형식으로 실현되며, 소위 말하는 '소외'는 과학적 담론으로 묘사하면, 바로 교환이 초래하는 인간과 인간의 관계가 사물과 사물의 관계로 전도되는 것이다. 부르주아 사회의 역사적 발생으로부터 이 '소외'를 고찰하는 것, 그것은 늘 생산 총체와 동시에 발생하며, 따라서 부르주아 사회의 생산양식만 인정하고 '소외'는 부정하는 것은 절대적으로 불가능하다. 이 점에 대한 이해로는, 포이어바흐식의 인간주의 윤리비판의 현상학이 물론 정확하기는 하지만 그다지 중요한 것이라고는 할 수 없다. 마르크스는 1846년 이후에야 다시 헤겔 현상학의 이러한 소외의 필연성에 대한 긍정을 인정했다. 그렇게 볼 때, 이 점에 대한 전통적 연구의 이해에는 폐단이 있다.

---

140 같은 책, 163쪽.

3) 객관적인 소외의 지양: 헤겔의 의식대상 극복론 비판

마르크스의 헤겔 변증법(현상학)에 대한 비판은 나중에 『정신현상학』마지막 장 '절대지식'에서의 관점, 즉 의식대상의 극복에 주로 집중된다. 마르크스는 이 부분에서 실제로 자신의 인간주의 논리를 부각시키고 싶어 했다. 이는 분명 헤겔이 이해한 주체와 객체 사이의 능동적 변증법적 관계에 대한 일종의 인간주의적 각색이다.

마르크스는 헤겔 『정신현상학』의 이 장이 주로 의식은 대상의 본질이라는 것, 다시 말해 '의식의 대상은 다름 아닌 자기의식이고', 외화는 의식의 소외이며, 그렇기 때문에 반드시 소외를 지양하고 자기 자신으로 복귀해야 한다는 것을 설명하고자 한다고 말했다. 그런데 마르크스의 당시 인간주의 맥락에서 헤겔의 자기의식은 사실 인간 혹은 인간의 본질이다. 이는 포이어바흐에 의해 드러난 독일 청년헤겔파의 자기의식 철학논리의 역사적 본질이다. 그렇다 보니 마르크스는 자연히 일반 유물론의 인간주의 관점에서 전도라는 방식으로 헤겔을 읽고 이해했을 것이다. 예컨대 그는 이렇게 말했다.

> 인간 본질의 일체의 소외는 모두 자기의식의 소외일 뿐이다. 자기의식의 소외는 인간 본질의 현실적 소외(wirkliche Entfremdung)의 표현, 즉 지식과 사유에서 반영되어 나온 이러한 소외의 표현으로 간주되지 않았다. 반대로 현실적인, 즉 실제로 나타난 소외는, 내부 깊숙이 숨겨진 — 더욱이 철학만이 베일을 벗길 수 있는 — 그 본질에 있어 진정한 인간의 본질, 즉 자기의식의 소외의 현상일 뿐이다. 따라서 이 점을 파악한 학문을 현상학이라고 한다.[141]

마르크스의 여기서의 관점에 따르면, 헤겔의 『정신현상학』은 응당 '인간

---

141 같은 책, 165쪽.

본질의 소외의 현상학'이라고 이름을 고쳐야 할 것이다. 나는 마르크스 자신이 수고에서도 바로 이러한 비판적이고 혁명적인 인간주의현상학으로 부르주아 국민경제학과 부르주아 사회 현실소외에 맞섰으며, 이로써 그가 비로소 청년 엥겔스와 프루동이 부정한 그 현상(소위 '경제적 사실')의 배후에 있는 것 — 노동이라는 본질의 소외 — 을 볼 수 있었다고 생각한다. 바로 이런 의미에서 나는 인간주의적 사회현상학이야말로 마르크스『1844년 수고』의 주도적 사유경로라고 명명했던 것이다. 이 현상학이란 인간주의 논리에서의 특수한 비판현상학이며 역사인식론이다.

마르크스는 헤겔이 '절대지식' 첫째 단락에서 서술한 '의식의 대상 극복'[142]을 여덟 가지 요점으로 정리하고 이를 하나하나 비판했다.

마르크스는 첫째와 둘째를 함께 놓고 토론했다. 첫째는 '의식에 대해 대상 자체는 소실되어가는 것으로 드러난다'는 것이고, 둘째는 '자기의식의 외화라는 물성을 규정(Dingheit)하는 것'이다. 마르크스가 당시 이해한 바로는, 첫째의 의미가 '대상의 자기로의 회귀'[143]다. 둘째에 바로 마르크스 토론의 핵심이 있다. 여기서 마르크스는 물성을 규정하는 자기의식의 외화에 대해 매우 긴 비평을 내놓았다.

나는 마르크스의 이러한 중요한 사고에 들어가기 전에 우리가 헤겔이 원문에서 서술한 다음 내용을 먼저 이해해야 한다고 생각한다. 『정신현상학』에서 헤겔은 이 논점에 대해 이렇게 해석했다.

사물은 곧 나다. 이 무한 판단 속에서 사물은 사실상 지양된 것이다. 사물은 자유로운 것이 아니다. 사물은 관계 안에서만, 나를 통해서만, 그리고 그것과 나의 관계를 통해서만 의미가 있다. 이 부분은 순수한 식견과 계몽사상에서 이미 의

---

142   黑格爾,『精神現象學』, 下卷, 賀麟·王玖興譯(商務印書館, 1979), 258~259쪽.
143   『馬克思恩格斯全集』, 第42卷, 166쪽.

식 이전에 출현했다. 사물은 순전히 유용하며, 나아가 오로지 그것들의 유용성으로부터만 그것들을 고찰할 수 있다.[144]

우리는 헤겔의 현상학이 실제로는 전도된 칸트의 이성비판이며, 이것이 피히테의 자기의식철학의 개입을 거친 이후 논리전제로 지양된 이념비판의 결과라는 것을 안다. 헤겔은 여기서 대상은 '나'(자기의식)의 외화에 의해 생겨난 효용관계에서 구축된 것이고, 비독립적 존재이며, 자기의식과의 유용한 관계 안에서만 존재할 수 있다는 것을 설명하려 했다. 이는 의식이 외화하여 물성을 규정한다는 의미다. 하지만 헤겔 관점에서는, 자기의식의 본질은 또한 관념이고, '나' 역시 역사이성의 간계의 도구에 불과하며, 자기의식은 반드시 대상의 물성을 관통해 대상의 관념본질을 확인해내고 최종적으로 절대이념으로 복귀해야 하는 것이다. 그래서 헤겔이 보기에 절대정신은 주체이며, "현실적 인간과 현실적 자연계는 이 은밀하고도 비현실적인 인간과 이 비현실적인 자연계의 술어이자 상징이 될 뿐이다. 따라서 주어와 목적어 사이의 관계는 완전하게 상호 전도된다".

분명 마르크스는 헤겔이 자기의식을 다룬 부분 이후에 나오는 관념본질론을 자세하게 분석할 생각이 없었을 것이다. 그는 다만 청년헤겔파의 자기의식에서 출발해 먼저 포이어바흐의 유물론으로 헤겔이 말한 자기의식과 대상의 사변적 주술관계를 전도했고, 그런 다음 인간주의를 이용해 자기의식을 인간으로 환원시켰으며, 마지막에야 비로소 부르주아 사회 현실로 다시 내려 왔을 뿐이다. 이는 당시 마르크스가 다중 개입을 거친 후의 논설의 맥락이다. 그래서 우리는 마르크스가 유물론적으로 대상존재의 객관성을 확증함으로써 인간 자신도 자연대상임을 밝히려 했다는 것을 알았다. 이는 인간이 객관화로 대상을 창조할 수 있는 토대다. 마르크스의 이 부분의 토론은 매우 중요하

144　黑格爾, 『精神現象學』, 下卷, 260쪽.

다. 그는 이렇게 말했다.

　　견고하게 잘 다져진 대지에 서서 모든 자연력을 호흡하는 현실적이고 육체
　　적인 인간이 자신의 외화를 통해서 자신의 현실적인, 대상성의 **본질역량**
　　(Wesenkräfte)을 낯선 대상으로 설정할 때, 이러한 설정은 주체가 아니다. 설
　　정은 대상성의 본질역량의 주체성이다. 그러므로 이러한 본질역량의 활동도
　　반드시 대상성의 활동(gegenständliche)일 수밖에 없다.[145]

　　인간이 대상을 설정하는 것은 주체(의 주관성) 때문이 아니라 주체 자체가
우선 자연존재물이기 때문에 비로소 인간은 대상성의 활동을 대상으로 규정
할 수 있는 것이다. 다음은 마르크스의 저명한 논술이다. "철저한 자연주의
또는 인간주의는 관념론과 다를 뿐만 아니라 유물론과도 다르며, 동시에 이
양자를 결합시키는 진리이기도 하다. 동시에 우리는 자연주의만이 세계 역
사의 행동을 이해할 수 있다는 것도 알았다."[146] 관념론은 헤겔관념의 능동적
활동을 가리키며 유물론은 영국 - 프랑스 유물론의 경험원리를 가리킨다. 마
르크스가 여기서 인정하는 것은 포이어바흐의 대상적 객관적 활동이고 나아
가 인간의 객관적 활동(노동)이다. 반드시 주의해야 할 것은, 이 객관적 활동
에서 한 걸음 더 나아간 것이 바로 실천이라는 점이다. 그러나 여기서는 아직
아니다! 양자의 거리는 지척이면서도 또 아득히 멀기도 하다. 왜냐하면 여기
서의 인간의 객관적 활동은 여전히 인간주의의 비역사적 논리규정이기 때문
이다.

　　마르크스가 우선 확정한 것은 인간의 감성의 수동성이다. "인간은 자연적·
육체적·감성적·대상적인 존재물로서, 동식물과 마찬가지로 **수동적**이고 제

145　黑格爾, 『精神現象學』, 下卷, 260쪽.
146　『馬克思恩格斯全集』, 第42卷, 176쪽.

약을 받으며 제한을 받는 존재물이다."¹⁴⁷ 마르크스는 헤겔의 주객관계 공식을 유물론적으로 다시 전도했다. 헤겔은 대상이 '나'와의 효용관계 속에 존재한다고 본 반면, 마르크스는 '나'의 객관존재가 바로 자연대상의 객관존재에서 비롯된다고 보았다. "하나의 존재물이 자신 이외에 대상을 가지고 있지 않다면 그것은 대상적 존재물이 아니다."¹⁴⁸ 마르크스는 헤겔이 말한 물 자체도 대상이 아니며 외재적 대상물이 존재하지 않는 '유일한 존재물'은 허구적인 것일 수밖에 없다고 보았다.

둘째, 인간은 또한 자연존재물일 뿐만이 아니라 "나아가 인간적 자연물(Naturwesen)이다. 다시 말해서 자신을 위해 존재하는 본질이고, 그러므로 유적 본질이다. 그는 자신의 존재(seinem Sein) 속에서도, 자신의 지식 속에서도 반드시 자신을 확증하고 표현해야 한다".¹⁴⁹ 이는 인간이 대상존재로서 일반 자연존재와 다른 점이다. 인간은 자신에 의한 생성 능력을 갖는데, 이것이야말로 인간의 역사다. 인간의 역사는 "일종의 의식적으로 자신을 지양하는 생산 활동'이다. 그래서 '역사(Geschichte)는 인간의 진정한 자연사(wahre Naturgeschichte)다".¹⁵⁰

이는 마르크스가 당시 헤겔이 해명했던 것을 '포이어바흐식'으로 전도시킨 것이다. 이 논리에서 헤겔의 변증법 틀은 오히려 이해할 수 없는 허구로 변했다. 그러나 실제로는 헤겔의 자기의식이 간단하게 자연적 인간으로 전도되는 것이 아니라 일정한 역사조건하에서의 물질적 실천 활동으로 전도되는 것이라면, 사회역사의 실천 주체, 인간의 실천과 관련 있는 물성의 새로운 '설정'과 '소실'은 완전하게 이해할 수 있다. 물론 이는 마르크스가 1845년 봄 이후에야 사고한 문제다.

---

147   같은 책, 167쪽.
148   같은 책, 167쪽.
149   같은 책, 169쪽 참조.
150   같은 책, 169쪽 참조.

마지막 한 단락은 마르크스가 헤겔의 소외(외화)의 지양 문제와 관련해 진행한 연구다. 그것은 셋째에서 여섯째까지의 주요 내용이다(일곱째와 여덟째는 수고에서 다시 단독으로 논술하지 않았다). 이 부분의 토론도 매우 중요하다. 그것은 마르크스의 소외 지양에 대한 견해의 근본적인 특징을 다룬다. 그것을 한마디로 집약하면, 바로 소외는 일종의 관념적 소외가 아니며 관념적 소외는 현실 소외의 반영에 불과하다는 것이다. 그러므로 소외의 지양은 관념적 인식상에만 머무를 수 없으며 반드시 현실에 대한 객관적 지양이어야 한다. 이것이 바로 현실 사회혁명이다!

구체적으로 말하면, 헤겔에게는 대상이 곧 의식(주체)의 외화이고 소외다. 본질로 보면, 대상은 필연적으로 허무적 외관과 현상 — '눈을 가리는 구름과 연기' — 으로 드러날 수밖에 없고, 소외 지양은 외화 지양, 즉 의식 주체의 회복이다. 헤겔은 "추상의 범위 내에서 노동을 인간의 자기생산의 행동으로 이해하고, 인간의 자신에 대한 관계를 낯선 본질에 대한 관계로 이해하며, 낯선 존재물로 삼아 자신을 표현하는 그 활동을 유적 의식과 유적 생활의 생성으로 이해한다".[151] 헤겔의 여기서의 관념론은 자연히 마르크스의 엄격한 비판을 받았다. 마르크스는 한마디로 정곡을 찔렀다. 즉, 헤겔의 오류는 관념적인 것으로 실제로 존재하는 대상 세계에 대항하려 했다는 데 있으며, 그리하여 관념 주체가 외화된 낯선 존재는 실제로는 '자신에게 있는 것으로 표현되고', 소외 지양은 곧 대상 속에서 다시 관념의 본질을 찾는 것으로 표현된다는 것이었다. 그러므로 마르크스는 이렇게 비판했다. "헤겔에게는, 부정의 부정은 가상 본질을 부정함으로써 진정한 본질을 확증하는 것이 아니라, 가상본질을 부정함으로써 가상본질을 확증하거나 또는 자신의 소외의 본질을 확증하는 것이다."[152] 헤겔의 관점으로는, 자신이 법과 정치 등의 한계 안에서 외화된 생활

---

151   같은 책, 175쪽.
152   같은 책, 172쪽.

을 하는 인간임을 인식하는 것은 곧 이러한 외화된 생활 속에서 자신의 진정한, 인간적인 생활을 하는 것이다. 하지만 마르크스는 이것이 장차 소외의 지양을 허구의 지양으로 만들 것이라고 보았다. "헤겔과 거짓 실증주의, 즉 그의 겉만 번지르르한 비판주의의 근원이 바로 여기에 있다."[153]

물론 헤겔의 지양설은 여전히 긍정적인 요소를 내포하고 있다. 헤겔은 "지양은 외화를 자신으로 복귀(zurück)하게 하는 것이며, 대상적(gegenständliche) 운동이다"라고 했다.[154] 이를 마르크스의 당시 인간주의 담론으로 바꿔 말하면, "인간이 대상적 세계의 소외의 규정을 소멸시키고 대상적 세계의 소외존재 속에서 대상세계를 지양함으로써 자신의 대상적 본질(das gegenständliche Wesen)을 현실적으로 점유하는 것이다". 따라서 포이어바흐의 관점과 마찬가지로 "신의 지양으로서의 무신론은 이론적 인도주의의 형성이고, 사유재산의 지양으로서의 공산주의는 진정한 인간의 착취할 수 없는 재산에 대한 욕구이자 실천적 인도주의(praktischer Humanismus)의 형성이다."[155] 실천적 인도주의는 곧 현실 속에서 진정으로 지양된 공산주의다!

이는 곧 마르크스 자신이 당시에 부르주아 정치경제학을 비판하는 데 사용한 논리방법에 대한 직접적인 확증이다.

---

153 같은 책, 171쪽.
154 같은 책, 174쪽.
155 같은 책, 174쪽.

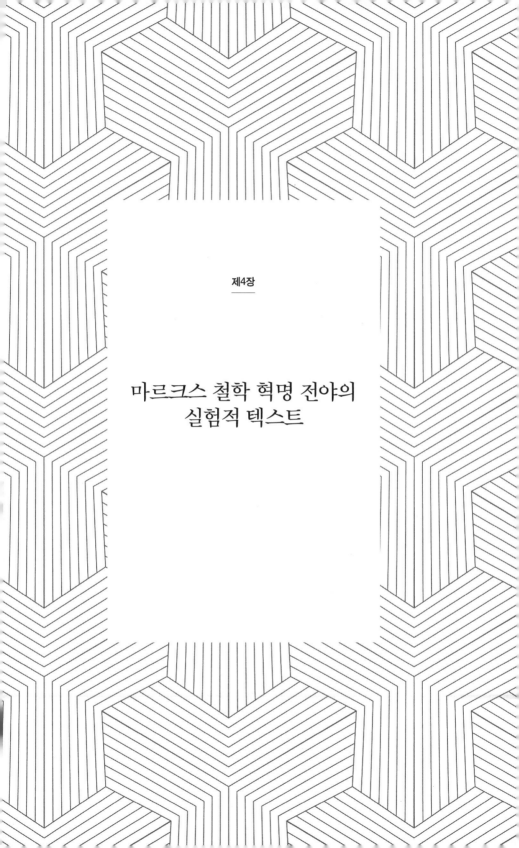

제4장
———

마르크스 철학 혁명 전야의
실험적 텍스트

청년 마르크스가 예전에 부르주아 사회를 비판할 때 사회주의는 항상 정치경제학과 대치 상태에 있었다. 이것은 1840년대 독일 사회주의 운동의 두드러진 특징이기도 하다. 청년 마르크스의 경제학 연구가 깊어짐에 따라 『1844년 수고』의 후기에서는 이미 경제현실에 기초한 객관적 논리가 왕성하게 성장해 인간주의 철학 담론과 서로 맞물려 빛을 내면서 청년 마르크스 사상에서 매우 독특한 다성적 맥락을 만들어냈다. 이때부터 마르크스는 실천적으로 사회혁명 현실을 향해 나아가고, 이론적으로는 더욱 깊이 경제학으로 들어갔다. 그리고 그의 경제학적인 객관적 지평은 더욱 확대되었다. 이로써 마르크스는 두 번째 중대한 사상적 변화를 맞이했고, 마르크스주의 과학 방법론이 만들어졌다. 이 이론적 실천은 마르크스가 마르크스주의 철학 혁명을 실현하기 전 일군의 실험적 텍스트들을 낳았다.

1. 사회주의와 유물론의 이론적 동맹

『신성가족』(1844)은 우리가 여기서 다룰, 마르크스와 엥겔스가 합작해서 공개적으로 발표한 첫 번째 이론서다. 『마르크스 역사변증법의 주체 국면』이라는 책에서 나는 『신성가족』이 청년 마르크스 사상의 내재적 모순이 가장 분명하게 드러나는 텍스트라고 지적한 바 있다. 사실 『1844년 수고』와 비교해서 이 책은 이론논리적인 면에서 중대한 실질적 돌파는 없다. 그렇지만 과거의 잠재적인 이론적 모순이 공개적으로 드러났다. 구 유고슬라비아 철학가 프레드라그 브라니츠키(Predrag Vranicki)는『신성가족』이 '마르크스가 역사 유물론을 완벽하게 형성'했음을 보여준다고 했다.[1] 학술계가 과거 이 책을 연구할 때 그 속의 철학적 유물론과 사회주의 문제에 많은 관심을 기울였던 것을 감안해, 우리는 여기에서 경제학적 시각에서 마르크스 사상의 이론적 진행과정을 중점적으로 토론하려 한다. 그 후에 각도를 바꾸어 이 텍스트에 나타나는 사회주의와 철학적 유물론 동맹이라는 사태의 진정한 의미를 새롭게 평가하고자 한다.

1) 정치경제학 전제와 방법의 재평가

『신성가족』을 쓴 원래 의도는 마르크스와 엥겔스가 바우어 등을 비판하기 위해서였다. 그래서 철학적 증명이 이 책의 주요한 내용을 구성하고 있다. 우리가 여기서 관심을 기울이는 경제학 내용은 마르크스·엥겔스가 토론한 전제로서만 존재한다. 이 부분의 텍스트를 세심하게 읽는다면 마르크스가 자신의 첫째 단계의 경제학 연구를 총결한 성과를 알 수 있다.『신성가족』에서의 많은 논술이 이론적으로 큰 발전을 이루지는 않았지만, 경제학과 관련된 사고와 이론적 관점은『1844년 수고』보다 더욱 정확해지고 성숙해졌다.

『신성가족』제4장 제4절에서 마르크스가 기술한 내용을 보면 우선 마르크스가 프루동에 대해 긍정적 평가를 내렸음을 알 수 있다.『1844년 수고』에서는 이것이 논의 중에 언뜻언뜻 보이는 부수적 관심 가운데 하나에 불과했다. 하지만 우리가 주의를 기울일 만한 것은 마르크스가 프루동의『소유란 무엇인가』라는 책의 이론적 틀이 여전히 '정치경제학적 관점에서 정치경제학에 대해 행한 비판'[2]임을 분명하게 지적했다는 점이다. 마르크스의 이 주

---

1   弗蘭尼茨基,『馬克思主義史』, 第1卷, 李嘉恩等譯(人民出版社, 1986), 119쪽.

석은 상당히 중요하다! 왜냐하면 이 주석이 보여주는 사고는 『파리 노트』속 『밀 노트』를 쓰기 이전의 생각을 무의식적으로 '뒤따르던' 생각이며, 『1844 년 수고』 제1초고의 첫째 부분에서 의식적으로 드러낸 전략적 사고이기도 하기 때문이다. 사실상 이런 사고는 엥겔스의 『국민경제학 비판 대강』에도 들어 있다. 앞에서 논술한 것처럼 마르크스는 당시 이미 '정치경제학의 관점' 외부에서만, 즉 진정하고도 인간주의적인 철학적 관점에서 출발해야만 비로소 정치경제학을 철저하게 비판할 수 있다고 분명하게 밝혔다. 마치 『1844 년 수고』(1-2)에서 논리적 도약을 실현했던 것처럼, 마르크스는 심지어 엥겔스가 『국민경제학 비판 대강』에서 정치경제학적 관점으로 정치경제학을 비판하기는 했지만, 이미 임금, 상업, 가치, 가격, 화폐 등을 사유제의 '한 걸음 나아간 다양한 형식'으로 본 반면, 프루동은 "이러한 정치경제학의 전제로 경제학을 반박"[3]했을 뿐이라고 지적했다. 이것은 중요한 구분이다. 이어지는 다섯 개의 '비판적 평론과 주석'에서('특징적인 해석'도 네 개 있다) 우리는 한 걸음 더 발전된 마르크스의 설명을 볼 수 있다.

'비판적 평론과 주석1'에서 마르크스는 『파리 노트』와 『1844년 수고』에서와 마찬가지로 과거 부르주아 "정치경제학의 모든 논의는 사유제를 전제로 한다. 이 기본 전제는 정치경제학에 의해 더 이상의 검토를 요하지 않는 논박될 수 없는 사실"[4]이라고 다시 한 번 말했다.

> 프루동은 정치경제학의 기초, 즉 사유제에 대해 비판적 고찰을 했다. 그리고 이것은 결정적이고 준엄하면서도 과학적인 첫 번째 고찰이다. 이것은 프루동이 이룩한 거대한 과학적 진보다. 이 발전은 정치경제학을 혁명적으로 만들었고, 처음으로 정치경제학이 진정한 과학이 될 수 있도록 했다.[5]

---

2   『馬克思恩格斯全集』, 第2卷, 38쪽.
3   같은 책, 39쪽 참조.
4   같은 책, 38쪽.

이것이 매우 가치 있는 칭찬임은 의심할 나위 없다. 레닌 역시 이후에 이 긍정적 발언에 관심을 보였다. 물론 여기서 말하는 '과학'은 혁명성과 같은 의미다.

당시까지만 해도 정치경제학에 대한 마르크스의 구체적인 시각은 아직 크게 변하지 않았음이 분명하다. 왜냐하면 그는 여전히 부르주아 정치경제학의 이론적 외피인 소위 '인성에 부합하는 합리적인 관계(Verhältnis)'와 그 전제로서의 사유제 사이의 내적 모순에 초점을 맞추고 있었기 때문이다. 그래서 동독의 학자 발트 투슈세러는 마르크스가 당시 고전경제학의 노동가치론과 사회주의에서 이 이론이 지니는 중요한 기초적 의미를 아직 정확하게 이해할 수 없었을 것이라고 여겼다.[6] 이것은 정확한 지적이다. 물론 마르크스도 때로는 정치경제학 자체의 이론적 '모순'을 파악하고 있었다. 예를 들어 가치는 매우 합리적이고 "생산물의 생산비용과 생산물의 사회적 효용이 결정한 것처럼 보인다. 하지만 이후에 가치는 완전히 우연히 결정된 것으로, 생산비용이나 사회적 효용과는 아무런 관계가 없음을 알게 된다".[7] 앞의 분석은 스미스와 세의 정의이고, 뒤의 분석은 경쟁 속에서 표현된 가격이다. 분명 당시 마르크스는 아직 가치와 사용가치, 가치와 가격을 정확하게 구분할 수 없었다. 그는 여기서 부르주아 사회의 '모든 경제관계'가 자기 모순적이기 때문에, 부르주아 정치경제학자들은 자신도 모르게 다만 이러한 모순의 개별 형식을 비판하기는 하지만, '인성에 부합하는 듯이 보이는 경제관계의 외관'을 보호하고 있음을 증명하려고 했다. 이것은 청년 엥겔스가 『국민경제학 비판 대강』에서 했던 비슷한 서술을 떠올리게 한다. 마르크스는 당시 정치경제학자들이 단지 '인간적인 것과 완전히 분명하게 구별해 엄격한' 경제적 의미에서만 이들 관계를 파악하고 있었다.[8] 마르크스가 여기서 말한 인간적인 것은 아직은 그 자

---

5   같은 책, 39쪽.
6   圖赫舍雷爾,『馬克思經濟理論的形成和發展』, 馬經靑譯(人民出版社, 1981), 179쪽.
7   『馬克思恩格斯全集』, 第2卷, 39쪽.

신이 철저한 인류 해방으로부터 출발해 설정한 진정한 인류의 본질이다! 그 것은 여전히 현실과 대립된 이상화된 가치 구상이다. 그렇기 때문에 독자들은 마르크스가 여기서 부르주아 경제학을 비판한 출발점이 경제관계와 이론논 리(인간적인 것)의 가치적 대립이며, 동시에 그가 이 대립을 공산주의의 전제 로 보았다는 사실에 주의를 기울여야 한다. 그러나 1845년 이후 마르크스가 역사유물론 속에서 발견한 것은 '부르주아 사회' 생산관계와 생산력 발전 자 체의 객관적인 모순이다. 이 양자 사이에는 중대한 이질적인 차이가 존재하고 있다.

이어서 마르크스는 다시 한 번 프루동의 공적을 충분히 긍정했다. 왜냐하 면 정치경제학에서 "프루동만이 이런 무의식적 상태를 영원히 끝냈기 때문이 다. 그는 인성에 부합하는 경제관계의 외적 모습을 진지하게 다루었고, 그것 과 인성을 위반하는 경제관계의 현실을 예리하게 대립시켰다".[9] 우리는 마르 크스가 상술했던 이론과 현실이 대립한 근원을 단번에 이해했다. 당시의 마 르크스는 다른 경제학자들과는 달리, 프루동이 사유제의 개별형식을 비판한 것이 아니라(예를 들어 시스몽디는 부르주아 사회는 비판하지만 도리어 프티부르 주아지의 이익은 옹호하고 있다), "매우 분명하게 사유제 전체를 경제관계의 사 기꾼으로 묘사했다. 정치경제학 관점에서 출발해 정치경제학에 대해 비판할 때 할 수 있는 모든 것을 그는 다 했다"[10]라고 여겼다.

그러나 물론 마르크스는 프루동이 깊이 있게 현실을 비판했다고는 여기지 않았을 것이다. 왜냐하면 그가 **철학적인 측면에서 더욱 핵심적으로** '부르주아 사회(bürgerliche Gesellschaft)' 경제관계의 본질, 즉 인류 주체가 전면적으로 소외된 본질적 도치관계를 폭로하지 않았기 때문이다. 책 전체에서 마르크스 와 엥겔스는 모두 bürgerliche Gesellschaft라는 용어를 9회 사용했다. 그중

---

8   같은 책, 40쪽.
9   같은 책, 40쪽.
10   같은 책, 40쪽.

한 번은 moderne bürgerliche Gesellschaft(현대 부르주아 사회)라는 용어를 사용했다. 또한 그는 또 프랑스어 bourgeois(부르주아)를 28회 사용했다. 그래서 마르크스는 다음과 같이 지적했다.

부르주아 계급과 프롤레타리아 계급은 똑같이 자기소외되었다. 그러나 부르주아 계급은 이러한 자기소외 속에서 안락함과 힘을 느낀다. 이들은 이러한 소외를 자신의 강대함을 증명하는 것으로 본다. 그리고 이러한 소외 속에서 인간 생존의 외관을 획득한다. 그러나 프롤레타리아는 이러한 소외 속에서 자신이 소멸되었다고 느끼고, 그 속에서 자신의 무력함과 비인간적인 생존의 현실 (Wirklichkeit einer unmenschlichen Existenz)을 발견한다.[11]

besitzende Klasse는 독일어에서 본래 '점유자' 혹은 '소유자 계급'을 가리키는데, 마르크스는 여기서 부르주아와 비슷한 개념으로 사용하고 있다. 이것 역시 마르크스가 자신의 주요 텍스트 속에서 유일하게 한 번 사용한 단어다. 우리는 인간주의의 소외 논리가 여기서 여전히 주도적인 틀임을 알 수 있다. 또한 그것은 모든 부르주아 정치경제학, 심지어 프루동을 넘어서는 이론적 정점이라고 여겨지고 있다. 쑨보쿠이는 『신성가족』에서 "마르크스는 이미 인간주의의 소외사관을 벗어나 물질생산, 즉 생산력을 인류사회가 진보하는 기초이자 원동력으로 보았다"[12]라고 말했다. 이러한 판단은 토론의 여지가 있다. 나는 뒤에 나오는 『철학의 빈곤』 맥락과 진지하게 비교해야만 프루동 사상에 존재하는 문제에 대한 마르크스의 논평을 분명하게 알 수 있다고 생각한다.

'비판적 평론과 주석2'에서 마르크스는 노동시간과 생산비용의 관계에서

---

11 같은 책, 44쪽.
12 孫伯鍨·姚順良, 『馬克思主義哲學史』(黃楠森等主編, 八卷本), 第2卷(北京出版社, 1991), 267쪽.

출발해 새로운 분석을 내놓았다. 그는 먼저, 부르주아 경제학자들이 노동시간 외에 "토지소유자의 지대와 자본가의 이자와 이윤 역시 생산비용으로 계산한다"라고 지적했다. 그러나 프루동은 사유재산을 부정하기 때문에 지대, 이자, 이윤이 모두 사라지고 노동시간과 투하비용만 남게 된다고 했다. 그래서 "프루동은 노동시간, 즉 인류활동의 직접적 실재를 임금과 생산 가치를 규정하는 척도로 삼았고, 그럼으로써 인간을 결정적인 요소로 만들었다"라고 마르크스는 지적했다. 이것은 바로 결정적 요소를 자본과 부동산이라는 객체사물로 보는 부르주아 정치경제학을 반대하는 것이다. 마르크스는 프루동이 이렇게 정치경제학의 내부모순을 이용해 "인간의 권리를 회복시켰다"[13]고 여겼다. 마르크스가 여전히 인간주의 철학으로 경제학을, 특히 프루동의 사회주의를 이해했음을 분명하게 알 수 있다. 마르크스는 스미스 역시 『국부론』의 앞 몇 쪽에서 "사유제가 확립되기 이전에, 즉 사유재산이 존재하지 않는 조건하에서 **노동시간**은 임금 및 임금과 차이가 없는 **노동생산물 가치의 척도**"임을 분명히 했다고 지적했다. 마르크스는 또 "어떤 생산물을 생산하는 데 사용하는 노동시간은 이 생산물의 **생산비용**에 포함된다. 어떤 생산물이 지닌 생산비용의 가치에 따라 그 가격에 팔릴 수 있다"라고 말했다.[14] 이것은 스미스의 노동가치론을 긍정하는 것처럼 보인다. 이후에 레닌은 이 단락을 읽으면서, 이것은 "마르크스가 노동가치론의 이론에 가까워졌음"[15]을 나타내는 것이라고 지적했다. 이것은 옳다. 하지만 이러한 가까워짐은 인간주의 주체성 철학 논리로부터 출발해 노동가치론에 가까워진 것이다. 하지만 어떻든지 간에 이러한 접근은 모두 의미가 있다. 이것이 바로 나중에 마르크스가 역사유물론의 객관적 시각 속에서 노동가치론을 긍정하게 되는 선구적인 요소다. 하지만 당시 마르크스의 긍정은 늘 매우 유보적이었다. 왜냐하면 그가 보기에 정

---

13   『馬克思恩格斯全集』, 第2卷, 61쪽.

14   같은 책, 61쪽.

15   『列宁全集』, 第55卷, 中共中央馬克思恩格斯列宁斯大林著作編譯局譯(人民出版社, 1990), 13쪽.

치경제학의 관점에서 정치경제학에 대해 진행한 비판은 인류 활동의 모든 본질적인 규정을 승인하는 것이지만, 소외되고 외화된 형식 속에서만 긍정하는 것이기 때문이다. 예를 들어, 여기서 그는 인간의 **노동**에 대한 시간의 의미를 임금과 고용 노동에 대한 시간의 의미로 바꾸었다.

그러나 정치경제학의 입장에서 정치경제학을 비판하지 않는다면, 또 부르주아 관점의 범위 내에서 발을 딛고 부르주아 사회를 비판하지 않는다면, 그렇다면 어디에서 출발해야 하는 것일까? 마르크스의 당시 상황에서 보자면 당연히 철학에서, 즉 사회주의를 지향하면서 인간에게 관심을 갖는 유물론 철학에서 출발할 수밖에 없었다. 이렇게 헤겔의 비인간적인 사변관념론 비판은 이론논리 구축에서 중요한 중간 단계가 되었다.

2) 청년 마르크스의 세 번째 헤겔 비판

『신성가족』에서 마르크스는 연달아 헤겔 사변철학의 비밀을 여러 차례 집중적으로 그리고 비판적으로 분석했다. 우선 그는 제5장 제2절에서 헤르 셸리가의 거짓 사유방법을 비판하면서 헤겔 방법의 특징, 즉 사변구조의 총체적 특징을 드러냈다.

가장 먼저 마르크스는 인식론의 각도에서 출발해 현실에 존재하는 사과, 배, 딸기, 아몬드와 '과일'이라는 일반 개념의 진실한 관계에 대해 새롭게 정의를 내렸다. 그리고 이것을 통해 헤겔의 실체적 인식론의 관념론 본질을 유물론적으로 부정했다. 앞에서 말한 것처럼 『정신현상학』에서 헤겔은 인간이 일상생활 속에서 직면하는 감성적 의식이라는 출발점이 허구임을 비판적으로 지적했다. 왜냐하면 감성적 존재는 실제로는 자기의식이 이념을 사용해 만든 것이기 때문이다. 다시 말해, 생활 속에서 우리가 자주 보는 것은 현실의 사과, 배, 딸기, 아몬드 사이의 구체적인 차이다. 하지만 헤겔은 이러한 구체적인 존재 대상들 사이의 '공통적인 것', 즉 그것들은 모두 과일이라는 사실이 더 중요하다고 우리들에게 말한다. 왜냐하면 과일은 비본질적인 구체적 감성의 차이를 제거한 후에 얻게 되는 구체적 과일의 본질이기 때문이다. 헤겔의 총체성 논리 속에서 본질은 직관적인 감성적 존재 아니라, 이성적이고 추상적인 관념이다. "추상적 관념은 내 몸 밖에 존재하는 본질이며, 배, 사과 등의 진정한 본질이다." 그래서 과일이 바로 사과, 배, 그리고 아몬드 등의 '실체'다.[16] 그러므로 관념이 감성적 존재의 진정한 실체적 기초다. 헤겔은 이러한 추상적 본질이 바로 참된 출발점이라고 여긴다. 즉, 각각 나뉘어 존재하는 감성적 구체물로부터 추상으로 회귀하는 것이다. 한걸음 더 나아가 말하자면, "'일반적 과일'은 결코 죽거나 차이가 없거나 정지된 본질인 것이 아니다. 그것은 살아있고 자기구별되고 운동하는 본질"[17]이기 때문에, 사과, 배, 딸기, 아몬드는 '과일'의 자기구별일 뿐이다.

> 이러한 자기구별은 각종 특별한 과일을 다양한 생활 속의 '일반 과일'로 만든다. 이렇게 '과일'은 더 이상 내용 없고 구별 없는 하나가 아니다. 그것은 총화로서의 통일체이고, 각종 과일의 '총체'로서의 통일체다. 이러한 과일들은 '유기적으로 분화되어 각각의 구성물이 된 연속물'을 구성한다.[18]

그래서 실제적 존재인 사과, 배, 딸기, 아몬드는, 추상적인 '과일'이 생산해내고 자신을 실현시키는 구체적인 '정재(定在)'가 되었다. 이러한 연역은 추상에서 구체로의 연역이기도 하다. 분명 이것은 비판해야 할 헤겔의 철학적 관념론이 만들어낸 전도된 논리다.

마르크스는 우리는 분명 현실의 구체적인 사과, 배, 딸기, 아몬드로부터 '과일'이라는 추상적인 개념을 얻어냈다고 말했다. 그러나 헤겔에게 "본질로

---

16   『馬克思恩格斯全集』, 第2卷, 71~72쪽 참조.
17   같은 책, 73쪽.
18   같은 책, 73쪽.

서 존재하는 과일은 결코 느껴볼 수 있는 실제적인 존재(Dasein)가 아니다. 그 것은 내가 그것들로부터 추상화시켜내서 다시 그들에게 억지로 집어넣은 본 질이다".[19] 사과 등 실제로 존재하는 과일은 '과일'의 '단순한 존재 형식, 그것 의 양태'가 된다. "그것들은 물질적인 땅 속에서가 아니라 우리들 머리의 에테 르 속에서 자라났다. 그것들은 '일반적인 과일'의 화신이며 절대주체의 화신 이다."[20] 마르크스가 말하길, 헤겔은 "사과라는 관념에서 배라는 관념으로 이 동하는 이러한 그 본인의 활동을 '일반 과일'이라는 절대주체의 자기활동으로 말한다". 다시 말해 헤겔은 관념론적으로 "감성 직관과 표상을 이용해 하나의 실물에서 또 다른 실물로 변화할 때 겪는 과정을, 상상된 이성적 본질 자체, 즉 절대주체 자신이 완성한 과정으로 말한다".[21]헤겔의 말을 그대로 빌리자 면, 그것은 "실체를 주체로 이해한 것이고, 내적 과정으로 이해한 것이며, 절대 적 인격으로 이해한 것이다". 마르크스는 "이러한 이해 방법이 헤겔 방법의 기 본적인 특징이다"[22]라고 했다.

여기서 마르크스가 헤겔을 비판한 것에 대해 과거의 연구는 대다수가 완전 히 긍정적으로 수용했다. 하지만 나는 조금 다른 견해를 지니고 있다. 첫째, 마르크스의 이 비판은 정확하지만 일반 유물론을 전제로 함으로써 그 비판이 포이어바흐의 수준을 넘어서지 못했다. 둘째, 마르크스는 비판대상(셸리가) 을 따라 단지 직관유물론이 정확하게 해결한 자연대상과 관념의 일반적인 관 계만을 설명했기 때문에 그가 직면한 사회생활과는 사실상 비교할 수 없었다. 왜 냐하면 사람들은 객관적으로 존재하는 자연물질 대상을 마주할 때, 각종 구 체적 대상의 차이를 인식하고 구별함으로써만, 특히 사물 사이의 통일성을 통해서만 비로소 사물의 종류를 분명하게 구분할 수 있기 때문이다. 이런 본

---

19   같은 책, 72쪽.
20   같은 책, 74쪽.
21   같은 책, 75~76쪽.
22   같은 책, 75쪽.

질적 범주는 무엇보다 사물 사이에 객관적으로 존재하는 공통성이다. 전통 실체론의 각도에서 보자면, 사물의 범주와 구체적으로 구분되는 객관존재가 없다면 자연대상에 대한 인간의 의식은 나타날 수 없다. 인식론적인 의미에서 보자면, 만일 우리에게 사물의 구체적인 종류의 차이에 대한 경험 직관적 인식이 없다면, 경험 배후에 있는 이성적 관념(사물 범주의 반영) 역시 선험적으로 얻을 수 없다. 헤겔은 이러한 정상적인 현실 관계와 인지관계를 도치시켰다. 그는 인간의 인식과정을 세계의 객관 과정으로 틀리게 실체화시켰으며, 인류의 주관적 인식구조를 세계의 본질과 법칙(논리)으로 틀리게 강요했다. 이 점에 대해 포이어바흐와 마르크스의 비판은 모두 정확하다. 하지만 헤겔의 철학적 '반동(反動)'에서 두 가지 이론은 무시되었다. 첫째는 주체의 능동적 자기활동이고, 둘째는 구체적 '정재'가 본질의 진실한 실현이라는 것이다. 전자는 논리 틀 속에서 주체의 능동활동이 행하는 작용이고, 후자는 일반적인 추상 본질과 법칙의 진실한 실현은 일정한 구체적 존재에서만 가능함을 이야기한다. 이것은 감성적 구체에서 추상(본질)으로, 추상에서 다시 구체(차이가 있는 통일된 구체적 본질)가 되는 논리적 발전 과정을 증명하고 있다. 물질은 어떻게 그리고 어느 정도로 인식되는가? 이것은 직관적인 낡은 유물론 이론에 의해 은폐되었던 것이지만, 나중에 마르크스의 과학적 세계관에서는 오히려 매우 중요하게 이야기된다. 이러한 이론적 은폐는 일반 유물론이 자연대상을 직면할 때는 중요하지 않은 듯이 보인다. 하지만 일단 사회역사로 들어가면 상황은 아주 복잡하게 변한다.

더 중요한 것은 헤겔 역사관에 대한 마르크스의 비판이다. 『신성가족』제6장 제3절 D항목에서, 마르크스는 헤겔 철학 체계 속에 담긴 세 가지 요소를 분석했다. 하나는 스피노자의 실체로, 이것은 사실 '인간으로부터 분리되어 형이상학적으로 개작된 자연'(슈트라우스가 파악해냄)이다. 둘째는 피히테의 자기인식으로, 이것 역시 '자연으로부터 분리되어 형이상학적으로 개작된 정신'(바우어에 의해 설명됨)이다. 셋째는 개작된 이 양자의 통일로, "현실적 인간의 현실적 인류"[23]다. 체코 학자 젤레니는 헤겔 철학을 스피노자와 피히테의 통일로 보는 마르크스의 관점은 지나치게 단순화되었는데 이것은 마르크스가 청년 헤겔(예나 시기)과 셸링의 차이를 이해하지 못했기 때문이라고 했다.[24] 청년헤겔파(당연히 1842년 이전의 마르크스도 포함)는 앞의 어느 부분을 붙잡고 있든지 간에, 헤겔 철학의 성벽을 뚫지 못하고 계속 성벽 안에서 끊임없이 뱅글뱅글 돌기만 한다. 마르크스는 유물론자 포이어바흐만 "헤겔의 관점에서 출발해 헤겔의 철학을 종결하고 비판했으며, 포이어바흐가 형이상학적 절대정신을 '자연을 기초로 하는 현실의 인간'으로 귀결시킴"으로써 헤겔 관념론의 거짓을 진정으로 증명했다고 보았다.[25] 나는 마르크스의 이러한 분석에 깊은 의미가 있다고 본다. 그것은 사실상 헤겔이 현실역사 속의 인류 주체와 인간의 이성에서부터 절대일반(형이상학)으로 올려놓았던 것을 다시 사회역사로 돌려놓았다는 깊은 의미를 지니고 있다. 포이어바흐가 과도하게 자연대상에 눈길을 준 것과 상대적으로, 마르크스는 유물론적으로 전도된 사회와 인간에 관심을 기울이는 철학적 역사관에 더욱 주의를 기울였다. 비록 총체적 논리틀에서는 그가 여전히 인간주의적 소외사관의 지배를 받고 있었지만 말이다.

이처럼 마르크스가 보기에는 헤겔 철학 역사관의 전제는 당연히 관념론적이다. 왜냐하면 헤겔에게 역사의 주체는 '추상적이거나 절대적인 정신'이기 때문이다. 그러나 상술한 자연대상과 비교하면, 추상적 관념본질의 구체적 존재가 다를 뿐이다. 헤겔은 『정신현상학』에서 '자기의식은 유일하고 포함되지 않은 것이 없는 실재다', '인간과 그 인류세계의 어떠한 감성, 현실성, 개성은 모두 보편적 자기의식의 유한적인 존재형식일 뿐이다'와 같은 증명을 시도하기도 했다.[26] 그래서 "인류의 역사는 추상적인 것의 역사(Geschichte des abstrakten)로

---

23 같은 책, 177쪽 참조.
24 澤勒尼, 『馬克思的邏輯』(牛津, 1980), 182~183쪽 참조.
25 『馬克思恩格斯全集』, 第2卷, 177쪽 참조.

변했고, 이로 인해 현실의 인간 역시 인류의 피안정신(彼岸精神)의 역사로 변했다".[27] 인류는 절대정신이 그 자신의 목적을 실현하는 도구에 불과하다. 사회역사는 절대관념의 자기실현 과정에 불과하다. 이렇게 "헤겔의 역사철학에서는, 그의 자연철학에서와 마찬가지로 아들이 어머니를 낳고, 정신이 자연계를 낳는다. 기독교는 비기독교를 낳고, 결과가 기원을 낳는다".[28] 이런 마르크스의 분석은 핵심을 건드린 것이다.

그러나 이러한 역사관의 전도는 어떻게 발생한 것일까? 마르크스는 "헤겔이 '현상학' 속에서 자기의식을 사용해 인간을 대체했으며, 이로 인해 매우 복잡한 인간적 현실이 여기에서 단지 자기의식의 특정한 형식이 되었다"[29]라고 분석했다. 나아가 "헤겔은 인간을 자기의식의 인간으로 바꾸었지만, 자기의식을 인간의 자기의식으로 바꾸지 않고 현실의 인간, 즉 현실의 대상적 세계(wirkliche, gegenständlichen Welt) 속에서 생활하면서 세계의 제약을 받는 인간의 자기의식으로 바꾸었다. 헤겔은 세계를 도치시켰기 때문에 두뇌 속에서 모든 제한을 없앨 수 있었다".[30] 이러한 제한은 당연히 현실 사회역사 속에서 객관적으로 존재하는 각종 감성적 물질조건을 가리키는 것이다. 마르크스는 헤겔이 두뇌 속에서 이러한 제한을 없앴을 때 "현실적 인간에게는, 당연히 이러한 경계가 조금도 방해받지 않고 여전히 존재한다"[31]라고 말했다. 또한 헤겔은 인류의 의식의 소외가 본래 '지니고 있던 물질적·감각적·객관적 기초는 아랑곳하지 않고', 소외의 지양은 다만 의식 내부에서 이루어지는 정신적 행위가 되고 말았다고 말했다. 마르크스는 따끔하게 다음과 같이 지적했다.

---

26 같은 책, 245쪽 참조.
27 같은 책, 108쪽.
28 같은 책, 214쪽.
29 같은 책, 244쪽.
30 같은 책, 245쪽.
31 같은 책, 245쪽.

다만 내가 이 세계의 상상적 존재, 즉 범주 혹은 관점으로서의 정재(Dasein)를 지양할 때, 또 내가 나 자신의 주관의식은 바꾸고 진정한 대상적 방식(gegenständliche Weise)을 사용해 대상적 현실을 바꾸지 않을 때, 즉 나 자신의 대상적 현실(gegenständliche Wirklichkeit)과 다른 사람들의 대상적 현실을 바꾸지 않을 때, 이 세계는 분명 예전처럼 계속 존재할 것이다.[32]

헤겔의 관념사관에 대한 마르크스의 이 중요한 비판은, 우리가 분석하고 음미할 만한 가치가 있다. 우선, 이 비판의 대전제는 포이어바흐식의 유물론적 전도라는 점이다. 그러므로 마르크스는 현실의 사람, 사회생활 속의 감성과 대상물은 의식이 전이된 것이 아닌 객관적 존재임을 애써 설명하고 있다. 이것은 정확하다. 둘째는, 포이어바흐 철학의 한계성이 여기서 매우 분명하게 드러난다는 점이다. 즉, 사회적 존재를 일반 감성과 대상적 존재 위에 위치 지운다. 이것은 바로 이후 「포이어바흐에 관한 테제」 제1테제의 비판대상이 되었다. 셋째는, 마르크스가 포이어바흐를 초월하기 시작했다는 점이다. 이것은 그가 '대상적 방식으로 대상의 현실을 바꾸려는' 시도에서 잘 드러난다. 이러한 초월은 분명 포이어바흐의 유물론이 수용할 수 있는 것은 아니다. 좀 더 깊이 들어가서 보면, 현실을 객관적으로 바꾸는 것은 단지 물질생산과 일정한 경제 변혁에 기초한 사회정치혁명으로만 가능하다. 의심할 나위 없이 이것은 매우 중요하고 귀중한 시작이다. 난 이러한 사상적 진보는 포이어바흐에서 시작된 것이 아니라, 바로 마르크스와 엥겔스가 철학토론에서는 논하지 않았던 정치경제학에서 시작되었다고 생각한다. 하지만 당시 마르크스가 자각적으로 이 점을 의식했다고는 할 수 없다.

---

32 같은 책, 245쪽. 중역본에서는 gegenständliche Wirklichkeit를 '객관적 현실'이라고 번역했지만 나는 '대상적 현실'로 바꿔 번역했다.

3) 사회주의와 철학적 유물론 결합에 대한 재조명

물론『신성가족』에서 마르크스는 자신이 관념론을 반대하고 비판하는 방식이 단지 포이어바흐처럼 소외된 의식(종교와 사변)으로부터 똑같이 소외된 실물 현실로 돌아가기 위한 것은 아님을 자각적으로 의식하고 있었다. 좀 더 깊이 들어가보면, 당시 마르크스는 단지 프러시아 봉건적 토지소유제를 바꾸기 위해 영국식 부르주아 사회의 민주주의의 혁명 목표를 세운 것은 아니다. 마르크스와 엥겔스는 이미 자각적이고 분명하게 유물론이라는 사상혁명과 사회주의라는 현실 혁명을 결합시키고 있었다. 우리의 과거 연구 역시 당연히 이 점을 인식하고 있었다. 하지만 마르크스는 도대체 어떤 유물론과 사회주의를 결합한 것일까? 이러한 결합을 어떻게 과학적으로 평가해야 할까? 이것은 우리가 좀 더 파고들어야 하는 문제다.

직접적으로 말해 비판 대상의 유도로 인해 마르크스 이론 지평에 등장한 사고의 시작점은 프랑스대혁명과 프랑스 유물론철학(계몽운동)의 관계다. 그가 보기에 프랑스 유물론의 이론적 발전('비판적 역사')과 프랑스 부르주아 혁명('세속적 군중의 역사')은 결합되어 있었다. 마르크스는 다음과 같이 여겼다.

> 18세기의 프랑스 계몽운동, 특히 프랑스 유물론은 현존하는 정치 제도를 반대하는 투쟁일 뿐만 아니라, 동시에 현존하는 종교와 신학에 반대하는 투쟁이기도 하다. 또한 17세기의 형이상학뿐만 아니라 모든 형이상학을 반대하고 있다. 특히 데카르트, 말브랑슈, 스피노자, 그리고 라이프니츠의 형이상학을 반대하는 공공연하고 선명한 투쟁이다.[33]

마르크스는 여기서 '형이상학'이라는 단어를 사용했는데, 그것은 분명 전

---

33   같은 책, 159쪽.

통적인 아리스토텔레스적 의미에서의 '물리학 이후'의 철학이 아니다. 또한 헤겔이 의미하는 비변증법적 방법도 아니다. 그것은 마르크스 당시에 긍정하지 않았던 이성주의 철학의 전통을 가리킨다. 그래서 이 '형이상학'은 데카르트[34]에서부터 헤겔('사변적 형이상학')까지 연장시킬 수 있다. 프랑스에서는 프랑스 유물론이 형이상학을 반대했고, 독일에서는 포이어바흐가 반대했다. "포이어바흐가 이론 방면에서 인간주의와 서로 부합하는 유물론을 구현해냈다면, 프랑스와 영국의 사회주의와 공산주의는 실천 방면에서 이러한 유물론을 구현해냈다."[35] 마르크스의 시도는 이론적 이행을 분명하게 완성했다. 즉, 프랑스 유물론철학과 부르주아 혁명의 관계에서 유물론철학과 사회주의와 공산주의의 관계로 이행되었다. 이것이 바로 그의 이론이 지향하는 목적이었다.

이렇게 보면, 어떤 성질의 유물론과 사회주의가 진정으로 연결되는지를 분명하게 밝히는 것은 탐색해야 할 또 다른 문제가 된다. 마르크스는 당시 프랑스 유물론에는 두 개의 파가 있는데 하나는 데카르트에서 기원하고 다른 하나는 존 로크에서 기원한다고 보았다. "데카르트의 유물론은 진정한 자연과학의 자산이 되었다. 그리고 프랑스 유물론의 또 다른 하나의 파는 직접적으로 사회주의와 공산주의의 자산이 되었다."[36] 이것은 매우 의미 있는 구분이다. 마르크스는 데카르트(또한 '형이상학')에서 기원한 프랑스 유물론을 '기계론적 유물론'이라고 불렀으며 이 유파를 주로 프랑스 자연과학의 '자산'이라고 여겼다. 그 대표적인 인물에는 라 메트리[37]와 피에르 장 조르주 카바니(Pierre Jean Georges Cabanis)가 있다. 마르크스가 여기서 '기계적 유물론'이라고 한 판단은 분명 정확하지는 않다. 프랑스 유물론의 또 다른 하나의 파에 대해 마

34　르네 데카르트(Rene Descartes, 1596~1650), 프랑스 저명한 철학자이자 과학자이며 수학자다. 대표적인 저작으로는 『방법서설』(1637), 『형이상학의 사유』(1641), 『철학원리』(1644) 등이 있다.
35　『馬克思恩格斯全集』, 第2卷, 160쪽.
36　같은 책, 166쪽.
37　라 메트리(Julien Offray de La Mettrie, 1709~1751), 프랑스의 계몽사상가, 철학자.

르크스는 명명하지 않았다. 하지만 이 유파는 영국의 경험론적 유물론을 프랑스로 전달한 사람들이라고 여겨진다. 마르크스는 영국의 유물론이 현대 경험과학과 동시적으로 발생되었다고 보고 있다. 창시자인 베이컨에게 있어 "과학은 실험의 과학이다. 과학의 목적은 **합리적 방법**으로 감각에 의해 주어진 것을 정리하는 데 있다. 귀납, 분석, 비교, 관찰, 그리고 실험은 합리적 방법의 주요한 조건이다". 여기서 이러한 유물론은 "소박한 형식하에서 전면적으로 발전할 수 있는 맹아를 지니고 있다. 시적 정취를 지닌 물질의 감성적 빛은 인간의 온몸과 마음에 미소를 보내고 있다".[38] 그러나 이후에 홉스에게서 유물론은 '단편적으로 변했다'. 유물론이 체계화되었음에도 "감성은 그 선명한 색채를 잃고 기하학자의 추상적 감성으로 변했다. 물리 운동은 기계적 운동 혹은 수학적 운동의 희생물이 되었고, 기하학은 주요한 과학으로 선포되었다. 이로써 유물론은 인간을 적대시하게 되었다."[39] 여기서 우리는 마르크스가 당시 철학사를 평가하는 척도가 여전히 인간주의, 즉 이후에 그가 스스로 말한 '포이어바흐에 대한 미신'[40]이었음을 알 수 있다.

로크는 두 번째 프랑스 유물론(지금까지 우리는 어떤 유물론인지 모른다!)의 직접적 기초가 되었다. 에티엔 보노 드 콩디야크(Étienne Bonnot de Condillac)는 로크의 학생이다. 그의 주장은 **사회생활** 속의 유물론으로 구현되었는데, 마르크스의 표현에 따르면 "인간의 모든 발전은 **교육**과 **외부환경**에 의해 결정된다"[41]는 것이다. 동시에 또 다른 프랑스 유물론 철학가 '엘베티우스 역시 즉시 콩디야크의 유물론 운동을 사회생활 방면에 적용시켰다.' 유물론을 사회생활 방면에 **적용시킨** 것이 마르크스의 독창성이 아니었음에 주의하길 바란다. 확실하게 말해, 마르크스·엥겔스가 변증법적 유물론을 사회역사 영역으

---

38   『馬克思恩格斯全集』, 第2卷, 163쪽.
39   같은 책, 164쪽.
40   『馬克思恩格斯全集』, 第31卷(1972), 293쪽.
41   『馬克思恩格斯全集』, 第2卷, 165쪽.

로 확대시켜 유물론 역사관을 만들었다는 말은 근본적으로 성립되지 않는다. 마르크스의 역사유물론은 일부 철학에 등장하는 협의의 유물론적 역사관과 다르다. 그에게 있어 "감성적 인상과 이기적 욕망, 향락, 그리고 정확히 이해된 개인의 이익은 모든 도덕의 기초다. 인류 지력의 천성적 평등, 이성의 진보, 공업 진보의 일치, 인간의 천성적 선량함과 교육 만능"이 그의 주요한 주장이다.[42] 나는 마르크스가 여기서 말한 프랑스의 두 번째 유물론이 사실은 두 가지 요소로 구성되었음을 발견했다. 하나는 자연과학과는 다른 유물론으로, 주로 사회생활과 관련된 유물론이다. 다른 하나는 인간에서 출발한 '피가 있고 살이 있는' 유물론이다. 마르크스는 바로 프랑스의 이런 특수한 인간학적 유물론에 대해 다음과 같이 생각했다.

> 인성이 본래 선하고 인간의 지력이 평등하다는 것에 대한, 경험과 습관, 교육의 전능에 대한, 외부 환경(äuβere Umgebung)이 인간에게 미치는 영향에 대한, 공업(Industrie)의 중대한 의미에 대한, 향락의 합리성 등등에 대한 유물론학설은 공산주의나 사회주의와 필연적인 관련(notwendiger Zusammenhang)이 있다.[43]

인간학적 유물론과 사회주의의 연맹, 이것이 바로 마르크스 이론의 진정한 목적이다.

이어서 마르크스는 다섯 개의 '~라면'을 사용해 유물론과 사회주의, 공산주의 사이의 구체적인 관계를 언급했다. 첫째, 인간이 감성세계와 그 경험에서 모든 지식을 얻는다면, 그렇다면 인간은 인성에 부합하는 척도로 '주위의 세계를 다루어야' 한다. 그럼으로써 인간이 '자신이 인간임을 인식할 수 있도록'

---

42   같은 책, 165~166쪽 참조.
43   같은 책, 166쪽.

해야 한다. 따라서 부르주아 사회가 만일 인간을 반대한다면 마땅히 타도해야 한다. 둘째, 정확하게 이해한 이익이 도덕 전체의 기초라면, 그렇다면 개인의 이익은 인류 전체의 이익에 부합해야 한다. 그래서 사유제는 정당하지 않다. 셋째, 유물론적 의미로 본다면 인간은 자유롭지 않다. 그래서 모든 사람이 필요한 사회적 활동장을 만들어 그의 중요한 생명력을 드러낼 수 있도록 해야 한다. 단지 자본이 주재하는 활동장소만 있어서는 안 된다. 넷째, "인간의 성격이 환경에 의해 만들어진 것이라면, 그렇다면 환경을 인성에 맞는 환경으로 만들어야 한다". 반드시 인성에 부합하지 않는 모든 환경을 바꾸어야만 한다! 다섯째, 인간이 태생적으로 사회적 동물이라면, 그렇다면 인간은 사회 속에서만 자신의 진정한 천성을 발전시킬 수 있다. 그렇게 되면 사회 전체의 역량이 비로소 인간의 천성을 평가하는 줄자가 된다.[44] 한마디로 말해서, 이러한 유물론으로부터 출발하려면 인성을 출발점으로 삼아야 한다. 그리고 현실 부르주아 사회는 인성을 위반한 것이기 때문에 사회주의와 공산주의는 인성을 잣대로 삼아 이 비인간적인 현실을 바꾸어야 한다. 진지하게 말해서, 마르크스가 여기에서 한 논증은 일종의 **논리적 추론**이다. 물론 유물론을 현실 개조의 요구로 이해하는 것, 이것은 마르크스의 독창적인 것이지 프랑스 유물론에 본래부터 있었던 사상은 아니다. 그 속에서 인간주의 논리를 제거할 수 있다면 새로운 실천적 유물론이 생겨날 수 있을 것이다. 물론 이것은 나중의 이야기다.

동시에 바로 이것 때문에 마르크스는 프랑스 사회주의자 푸리에가 프랑스 유물론에서 직접 출발했고 바뵈프 역시 여기서 출발했다고 여겼다. 영국의 벤담은 엘베티우스의 도덕학에 근거해 자신의 '정확히 이해된 이익의 체계'를 세웠고, 오언은 벤담에서 출발해 영국의 공산주의를 인정했다.[45] 당시의 마르

---

44 같은 책, 167쪽.
45 같은 책, 167쪽 참조.

제4장 _ 마르크스 철학 혁명 전야의 실험적 텍스트 463

크스가 보기에 "비교적 과학적 근거가 있는 프랑스 공산주의자는 데자미와 게이(Gay) 등의 사람들이다. 이들은 오언과 마찬가지로 유물론 학설을 현실의 인간주의 학설과 공산주의 논리의 기초로 삼아 발전시켰다".[46]

여기까지 논했으니 잠시 멈추고, 마르크스의 이론 논증을 먼저 진지하게 분석해보자. 라빈은 철학사에 대한 마르크스의 분석이 "아직 완전하지 않고 단편적이다"라고 말했는데, 그는 정확했다.[47] 나는 마르크스가 여기서 서로 다른 유물론을 과학적으로 구분할 수 있는 방법이 아직은 없었다고 생각한다. 인간주의 논리 척도로 구분한 그의 이러한 유물론 유파는 사실 문제가 있다. 내가 보기에 마르크스의 당시 이론 운용에서는, 실제로 서로 다른 층위와 서로 다른 의식에서 두 종류의 유물론이 존재한다. 첫째 종류는 우리가 앞에서 여러 번 특별히 확인했던 정치경제학 속에 존재하는 사회유물론이다. 물론 그것은 철학적 토론 중에 나타난 것이 아니다. 심지어 마르크스는 디드로를 언급할 때 중농학파에 대해 언급하기는 했지만, 홉스와 로크에 대해 논할 때는 영국 유물론과 정치경제학의 관계를 의식하지 못했다. 우리는 마르크스 초기의 경제학 토론에 이러한 유물론적 경향이 잠재되어 있음을 보았다. 아래에서 우리는 마르크스가 철학적 문제를 논하지 않을 때 드러냈던 새로운 유물론적 경향에 대해 설명할 것이다. 둘째 종류는 자연유물론으로, 그것은 또 베이컨의 경험론에서 시작된 유물론과 데카르트에 단초를 둔 합리적 유물론으로 구분된다. 나는 여기에서 마르크스의 분석이 완전히 도치되었음에 주의를 기울였다. 왜냐하면 사실 인간주의적 유물론은 경험론적 유물론의 기초 위에서 형성된 것이 아니기 때문이다. 인간주의적 경향을 띤 프랑스의 유물론과 포이어바흐의 인간주의는 모두 경험의 기초 위에 세워진 것이 아니다. 완전히 반대로 그들의 사상은 모두 천부인권의 인류이성주의에 도달하

46 같은 책, 167~168쪽.
47 納爾斯基 等, 『十九世紀的馬克思主義哲學』, 上冊, 金順福·賈澤林 等譯(中國社會科學出版社, 1984), 177쪽.

기 위한 논리적 연역이다. 왜냐하면 경험론은 현실사회 존재 속에서 부르주아 사회의 감성 현실만을 마주할 수 있었기 때문이다. 당시에 이미 등장한 이론적으로 관련된 핵심은 영국의 경험론적 유물론, 즉 부르주아 고전경제학 중에서 영국 경제학의 사회주의였다. 그러나 이 중요한 이론적 단서는 이후의『브뤼셀 노트』와『맨체스터 노트』에 대한 집필에서 비로소 마르크스의 전망에 포착되었다.

당연히 보충해야 하는 점은, 심층적인 이론의 본질로 볼 때 이 두 유물론은 하나의 예외도 없이 모두 관념사관이라는 것이다. 그러나 이러한 심층적 이론의 본질은 마르크스가 1845년 과학적 역사유물론을 정립한 이후에야 비로소 진정으로 드러날 수 있었다.

4) 마르크스 사상에서 점차 강화되는 새로운 유물론 경향

우리는 이미 마르크스가 철학 담론에서 정말로 자각적으로 프랑스 '인간학'적 유물론과 사회생활 현실을 결합하고 포이어바흐의 인간주의적 유물론과 사회주의 혁명을 결합해야 한다고 주장했음을 이해했다. 나는 이러한 노력 속에서 마르크스가 이미 유물론철학을 앞으로 밀고 나갔으며, 이러한 발전은 철학에서 기원한 것이 아니라 경제학 속에서 동력을 얻은 것임을 발견했다. 이러한 점에서 "마르크스가 역사유물론에 가까울수록 정치경제학에 대한 연구가 갈수록 깊어진다"[48]라고 한 투슈세러의 관점은 일리가 있다. 그러나 이 말은 뒤집어도 말이 된다. 즉, 마르크스가 정치경제학을 깊이 연구할수록 역사유물론에도 가까워졌다.

정치경제학 문제를 논한 '비판적 평론과 주석2'에서, 마르크스는 이미 "사유제는 그 경제적 운동(nationalökonomische Bewegung) 속에서 스스로를 해

---

48   圖赫舍雷爾,『馬克思經濟理論的形成和發展』, 192쪽.

고하고 있다. 하지만 그것은 사유제와는 독립되고 무의식적이며, 자신의 의지와 위배된, 그리고 사물의 본성(Natur der Sache)이 제약하는 발전을 통해서만 그렇게 될 수 있다"[49]는 사실에 주의를 기울였다. 이것은 경제현실의 객관적 논리다. 더욱 중요한 것은 마르크스가 핵심을 지적한 것처럼, 프롤레타리아의 해방은 단지 부르주아 사회 현실에 대한 이론 비판과 윤리적 반항만으로는 표현될 수 없다. "만일 그 자신의 생활조건을 없애지 않는다면 프롤레타리아는 자신을 해방시킬 수 없다. 만일 그 자신이 처한 환경 속에서 집중적으로 표현되었고 모든 인성을 위반하는 현대사회의 생활조건을 소멸시키지 않는다면, 그것은 그 자신의 생활조건을 소멸시킬 수 없다."[50] 약간 뒤에 나오는 '비판적 평론과 주석5'에서 마르크스는 또 "자산, 자본, 돈, 임금노동, 그리고 이와 같은 여러 가지 것은 결코 상상 속의 환영이 아니다. 그것은 노동자 자기 소외(Selbstentfremdung)의 매우 실제적이고 매우 구체적인 산물이다. 그래서 반드시 실천적이고 대상적인 방식(praktische, gegenständliche Weise)으로 그것들을 소멸시켜야 한다"[51]라고 했다. 마르크스는 본문 속에서 임금노동이라는 개념을 4회 사용했다. 『1844년 수고』에서 마르크스는 슐츠의 『생산운동』 텍스트에 이미 있던 이 개념을 인용해서 서술했다.[52] 마르크스는 이 글에서 entfremden(소외)이라는 단어를 20회 사용했지만, entfremdete Arbeit(소외노동)라는 단어는 사용하지 않았으며, entäusserte(외화, 外化)라는 단어도 더 이상 사용하지 않았다. 초기 마르크스가 정치경제학에 내재된 이론과 현실의 대립 및 인간이라는 유적 본질의 자기소외를 분석했던 논리적 연역과 달리, 여기에서 마르크스가 강조한 것은 객관적 경제운동의 현실적 발전에서 사유제

---

49 『馬克思恩格斯全集』, 第2卷, 44쪽 참조. 중역본에서는 Natur der Sache를 '객관사물의 본성'으로 번역했지만 나는 '사물의 본성'으로 바꿔 번역했다.

50 같은 책, 45쪽.

51 같은 책, 66쪽. 중역본에서는 praktische, gegenständliche Weise를 '실제적'과 '구체적'으로 번역했지만 나는 '실천적'과 '대상적'으로 바꿔 번역했다.

52 『馬克思恩格斯全集』, 第42卷, 71쪽.

가 멸망하는 필연성이다. 그리고 이러한 필연성의 실현은 객관적으로 사회의 생활조건을 변혁하는 것을 통해서만 가능하다! 이러한 중요한 사상은 어떠한 낡은 유물론철학이 포용할 수 있는 것이 아니다. 나는 그 사상이 바로 마르크스 사상에서 생장하고 있으며, 선명하고 또렷하게 변화하는 새로운 유물론 사유라고 생각한다! 그 사상의 이론적 기초는 바로 경제학이다. 『1844년 수고』에서 인간주의 비판 논리와 어깨를 나란히 하는 것이 현실에서 출발한 객관적 분석 사유뿐이라면, 이곳의 사유는 현실사회의 물질 변혁으로 눈을 돌린 새로운 형태의 유물론 논리를 직접적으로 드러냈다. 비록 인간주의 철학의 총체적 논리에서 아직 완전하게 빠져나오지는 못했지만 말이다.

이어서 마르크스는 다시 매우 중요한 말을 한마디 썼다. 그는 프롤레타리아는 "냉혹하지만 인간을 강철로 단련시키는 **노동**이라는 교육을 헛되이 받은 것이 아니다"라고 했다. 여기서 마르크스는 '노동'이라는 말을 강조 표시해 사용하고 '소외노동'이라는 개념은 사용하지 않았다. 이후 또 몇 달 이후의 『리스트를 평함』이라는 글에서, 마르크스는 '**노동**'이라는 단어를 사용할 때 강조 표시를 하고 또 따옴표를 붙였다. 이것은 인간주의 철학 논리가 와해되고 있음을 앞서 보여준 것이다. 그 속의 담론 전환은 매우 중요한 일이다.

'비판적 평론과 주석3'에서, 마르크스는 프루동의 논저가 '프랑스 프롤레타리아 계급의 과학적 선언'이라고 칭찬했다. 왜냐하면 프루동이 "자신의 대상적 본질에 대한 인간의 실제적 소외관계를 소멸시키고자 했으며, 인간의 자기소외의 **정치경제적** 표현을 소멸시키고 싶어 했기" 때문이다. 하지만 "정치경제학에 대한 그의 비판은 정치경제학 전제의 지배를 받고 있기 때문에 프루동은 여전히 정치경제학의 **점유** 형식으로 대상적 세계의 재전유를 표현하고자 했다".[53] 『1844년 수고』 제3노트 제3'보충'에서 독일과 프랑스 사회주의에 대한 마르크스의 비판을 원용한다면, 그것은 '모든 사람을 자본가로 만드는'

---

53   『馬克思恩格斯全集』, 第2卷, 52쪽 참조.

것이다. 마르크스는 당시 프루동의 프티부르주아적 입장과 그의 세계관과 방법론 전체의 잘못된 본질을 아직 의식하지 못했다. 마르크스는 역사유물론과 역사변증법을 만든 이후에, 비로소 정치적 입장과 과학적 방법론에서 프루동에 대한 과학적 비판을 완성했다(『철학의 빈곤』). 그리고 마르크스주의 정치경제학을 정립한 이후 비로소 프루동의 경제학적 오류를 진정으로 극복할 수 있었다(『정치경제학 비판 요강』). 비록 이렇기는 하지만, 마르크스는 여전히 사람들을 흥분시키는 다음과 같은 말을 쓰기도 했다. 프루동의 '평등한 점유'는 정치경제학의 관념(본질 비판의 철학적 개념이 아니다)이기 때문에, 그것은 여전히 일종의 사실적 소외의 표현이다.

> 대상은 인간을 위한 존재(Gegenstand als Sein für den Menschen)이고, 인간의 대상적 존재(gegenständliches Sein)이며, 동시에 타인을 위한 인간의 존재(Dasein des Menschen für den andern Menschen)이기도 하다. 또 그의 타인에 대한 인간적 연계(Menschliche Beziehung zum andern Menschen)이고, 인간에 대한 인간의 사회적 행위(gesellschaftliches Verhalten)다. 프루동은 정치경제의 소외 범위 내에서 정치경제학의 소외를 극복했다.[54]

레닌은 이 단락을 마르크스가 자신의 체계로 나아가는, 즉 '생산적 사회관계라는 사상'에 가까워진 표현[55]으로 받아들였다. 우리는 이미 청년 마르크스가 『밀 노트』에서 인간의 진정한 사회적 관계를 제기했음을 알고 있다. 그러나 『1844년 수고』 제3노트에서, 마르크스는 또 참된 사회적 존재에 대해 특별히 정의를 내렸다. 이러한 것들은 모두 레닌이 살아있을 때 보지 못한 수고

---

54   같은 책, 52쪽. 중역본에 비교적 변동이 많다. 번역본에서는 Gegenstand, gegenständliches를 '실물'로 번역했지만 나는 '대상'과 '대상성'으로 바꿔 번역했다. '관계'로 번역된 Beziehung은 '연계'가 되어야 하며, 마찬가지로 '관계'로 번역된 Verhalten은 '행위'가 되어야 한다.

55   『列宁全集』, 第55卷(1990), 13쪽.

본이다. 그렇다면 이러한 새로운 텍스트의 출현이 레닌의 판단에 영향을 주었을까? 결론은 부정적이다. 왜 그럴까? 이에 대한 분석을 해보자. 첫째, 마르크스가 여기서 말한 대상은 자연물질이 아니라 인류가 노동으로 생산한 결과물이다. 이것은 '인간을 위한 존재'(칸트의 '물자체'와 헤겔의 '제2자연'을 개조한 개념)라는 의미다. 둘째, 이러한 인간됨의 존재는 또 대상의 형식을 통해 실현된다. 구체적으로 말하면, 인간 밖의 상품(화폐)이고, 그 자체가 바로 인간의 소외된 존재다. 셋째, 상품(화폐) 생산은 무엇보다 자신을 위해 필요한 것이 아니라 교환을 목적으로 한다. 그래서 '타인을 위한 인간의 정재'이기도 하다. 넷째 역시 매우 중요한데, 마르크스는 실제로 이러한 타인을 위한 대상적 존재의 본질이 바로 관계라는 사실을 인식하고 있었다. "타인에 대한 그의 인간적 연계, 그것은 인간에 대한 인간의 사회적 관계다." 나는 마르크스가 여기에서 말한 사회적 관계가 이미 더 이상 『밀 노트』와 『1844년 수고』에서 등장한 그러한 참된 유적 본질은 아니라고 생각한다. 그것은 현실의 인간과 인간 사이의 객관적 경제관계다. 비록 당시 마르크스가 여전히 부정적인 의미에서 이러한 '소외된 것'을 거명하고 이를 객관적인 사회관계로 표현하고 있지만, 이러한 사회적 관계는 과학적 생산관계 범주가 싹트고 성장하는 토양이 되었다. 따라서 이것에 대한 레닌의 판단은 여전히 정확하다.

『신성가족』 전체에 걸쳐 등장하는 '비판'에 대한 구체적인 비판과 분석에서, 우리는 종종 상술한 새로운 유물론의 그림자를 볼 수 있다. 제6장에서 마르크스는 "이념은 '이해'와 다르게 되기만 하면 자신을 추하게 만든다"[56]라고 말했다. 여기에서 이념을 결정하는 '이해'는 일반적 추상 사물 혹은 감성사물의 실체가 아니라 인류의 사회적 생활조건이다. 마르크스는 1789년 혁명을 예로 들면서, 부르주아가 어떻게 자신의 이익과 '전 인류의 이익을 뒤섞었는지', 그리고 어떻게 모든 것을 압도하는 승리를 쟁취했는지를 설명했다. "이

---

56   『馬克思恩格斯全集』, 第2卷, 103쪽.

런 이익은 너무나 강하고 힘이 있어 마라의 펜, 자코뱅당의 단두대, 나폴레옹의 칼, 그리고 교회의 십자가와 부르봉왕조의 순수 혈통을 순조롭게 정복했다." 프롤레타리아 계급은 한참 후에야 이러한 전 인류의 '사상'이 사실 부르주아 계급의 이익에 불과함을 발견했다. 왜냐하면 "그들이 해방된 현실 조건과 부르주아 계급이 이를 빌려 자신과 사회를 해방시킨 조건들이 근본적으로 다르기"[57] 때문이다. 솔직히 말하자면, 이런 조건에서 가장 중요한 것은 경제적 이익이고, 그다음이 정치적 권리였다! 그래서 프롤레타리아 계급은 반드시 자신의 '사상'으로 무장해야 한다. 마르크스는 프롤레타리아 계급이 "우뚝서기 위해서는 다만 사상 속에서 서는 것만으로는 충분하지 않으며 어떠한 관념적인 것을 사용해서는 벗어날 수 없는 현실적이고 감성적인 족쇄가 여전히 현실적이고 감성적인 머리 위에 쓰여 있어서는 안 된다"[58]라고 지적했다. 중요한 것은 단순하게 사상에 반대하고 사상을 바꾸는 것이 아니라, 이러한 사상의 현실사회적 조건을 바꾸고 만들어야 한다는 점이다. 여기서 이론적 관계식은 이미 더 이상 자연 물질이 의식을 결정한다는 것이 아니라, 인간의 사회적 생존 조건이 사상을 제약한다는 것이다. 이러한 관계식의 성질은 사실 사회적 존재가 의식을 결정한다는 사회유물론적 관념이다.

바우어는 헤겔이 보편적인 국가 질서로써 사회 속의 '개별적 이기주의 원자(Atom)'를 연합시킨다고 단편적으로 인식했다. 이러한 바우어의 논점을 겨냥해서 마르크스는 시민사회 속의 개인은 공중에 떠 있는 원자가 아니라 현실 관계 속에 위치한 인류 개체적 존재라고 반박했다. 시민사회 속에서,

개인의 본질적 활동과 특징의 모든 것, 개인의 삶의 각 본능의 모든 것은 모두 욕구가 되고 필요가 된다. 개인의 사적 욕망을 그 자신 외부의 다른 사물과

---

57 같은 책, 105쪽 참조.
58 같은 책, 105쪽 참조.

사람들에 대한 욕망이 되게 한다. 왜냐하면 한 사람의 욕구는 이러한 욕구를 만족시키는 수단을 지닌 이기주의자에게는 아무런 분명한 의미가 없기 때문이다. 다시 말해 이러한 욕구의 만족과 결코 직접적인 관련이 없다. 그래서 한 사람 한 사람 모두 이러한 관련(diesen Zusammenhang)을 만들어야 한다. 이렇게 되면 서로가 타인의 욕구와 이러한 욕구의 대상 사이의 매개자가 된다.[59]

요구에 대한 이 단락의 논의는 아주 쉽게 『1844년 수고』에서 보여준 마르크스의 관념을 떠올리게 한다. 마르크스는 한걸음 더 나아가 지적하기를, "그들 사이의 **진실한 연결**(reales Band)은 **정치적 생활**이[60] 아니라 **시민적 생활**이다"라고 했다. 시민적 생활은 여기서 아주 명백하게 경제생활을 가리킨다. 따라서 "바로 **자연적 필요성**(Naturnotwendigkeit)과 **인간의 특성**(그들이 어떻게 소외된 형식으로 표현되든지 간에), 그리고 **이익**은 시민사회의 성원 서로를 연결(zusammenhalten)시킨다".[61] 사실상 마르크스는 이미 인간과 인간 사이의 경제(이익)적 관계에 대해 설명했다. 그래서 마르크스는 다시 한 번 정치와 국가가 시민사회를 결정하는 것이 아니라, 바로 "시민사회가 국가를 견고하게 한다"[62]라고 지적했다. 그리고 이러한 이론적 기초 위에 우리는 마르크스의 완전히 새로운 또 다른 '사회' 개념을 만나볼 수 있다. 마르크스는 현실을 직시하면서, '현대 부르주아 사회(moderne bürgerliche Gesellschafa)'를 분명하게 규정했다. "즉, 공업적이고, 보편적인 경쟁(allgemeine Konkurrenz)으로 뒤덮여 있고, 자유롭게 사적 이익을 추구하는 것을 목적으로 하고, 무정부적이고, 자기소외로 가득한, 자연적이면서 정신적인 개성적 사회"[63]다. 독자들은 이것이 더 이상 『1844년 수고』 속의 추상적이고 본질적인 유적 존재가 아님을,

---

59   같은 책, 154쪽.
60   중역본에서는 reales Band를 '현실적 연계'로 번역했지만 나는 '진실한 연결'로 바꿔 번역했다.
61   『馬克思恩格斯全集』, 第2卷, 154쪽.
62   같은 책, 154쪽.
63   같은 책, 156쪽.

그리고 더 이상 본질적이고 비이기주의적인 사회적 규정도 아님을 기억하기
바란다. 그것은 객관적 존재의 현실사회다! 이 이론의 주요 논점은 마르크스
사상의 논리에서 중요하게 발전한 부분이다. 또한 바로 이 논점에 근거해, 레
닌은 마르크스가 자신의 세계관 전체의 기본 원칙을 예리하면서도 명확하게
밝히고 강조했다고 여겼다.

　더욱 중요한 것은 마르크스의 사상이 이미 모든 낡은 유물론의 '낡은 틀'에
서 뛰쳐나왔다는 점이다. 그는 직접 객관적 실천(Praxis)을 언급하기 시작했
다. 마르크스와 엥겔스는 이 책에서 Praxis 및 이와 관련된 단어를 모두 20회
사용했다. 마르크스는 "근본적으로 사상이 어떠한 것을 실현시킬 수는 없다. 사
상을 실현하기 위해서는, 실천적 힘을 사용하는 사람이 있어야 한다"[64]라고
제기했다. 그가 보기에 사회주의적 비판은,

> 인류의 밖에 있으며, 추상적이며, 피안적인 인격이 아니다. 그것은 사회의
> 적극적인 성원으로서의 개인이 진행하는 현실적인 인간의 활동(wirkliche
> menschliche Tätigkeit)이다. 이 인간들도 인간이다. 똑같이 아파하고 감정이
> 있고 생각이 있으며 행동을 한다. 그래서 그들의 비판은 동시에 실천을 관철하
> 고 있다. 그들의 공산주의는 이러한 사회주의다. 여기에서 그들은 분명한 실질
> 적 시책을 제안했다. 여기서 그들의 사유가 드러날 뿐만 아니라 더욱 중요한 것
> 은 그들의 실천 활동(praktische)이 드러났다는 것이다.[65]

　마르크스가 여기에서 주관적 사유와 서로 대치되는 객관적 실천 활동 — 현
실적 사회혁명 — 에 대해 규정했음을 분명하게 알 수 있다. 마르크스와 엥겔
스는 책 전체에서 praktisch와 그 관련 단어를 모두 49회 사용했다.

64　같은 책, 152쪽.
65　같은 책, 195쪽. 중역본에서는 wirkliche를 '진정한'으로 번역했지만 나는 '현실적'으로 바꿔 번역했다.

유대인 정신의 역사적 발전에 대해 논할 때, 마르크스는 단지 '상공업의 실천'에서만 이러한 발전을 볼 수 있다고 다시 한 번 분명하게 설명했다. 그것의 존재는 단지 현실 유대인 '시민사회의 실제적 기초를 사용해서만 해석'할 수 있다. 동시에 이러한 정신을 철저하게 없애는 것이 실천적 임무라고 했다. 즉, "현대 생활 실천 속의 비인간성을 없애는 임무이며, 이러한 비인간성이 가장 잘 표현된 것은 화폐제도다".[66] 바우어 등이 주장한 이론적 원칙에서 출발한 허위의 역사 관념을 비판할 때, 마르크스는 다음과 같은 질문을 던졌다.

> 도대체 비판적 비판은, 역사운동에서 자연계에 대한 인간의 이론적 행위와 실천적 행위(das theoretische und praktische Verhalten)를 배제해버릴 때만, 자연과학과 공업(Naturwissenschaft und die Industrie)을 배제해버릴 때만 막 시작된 역사에 대한 현실 인식에라도 도달할 수 있다고 여기는 것인가? 도대체 비판적 비판은 (예를 들어) 어떤 역사적 시기의 공업과 생활 자체의 직접적인 생산양식(Produktionsweise)을 인식하지 않고도 그 역사적 시기를 진정으로 인식할 수 있다고 여기는 것인가?[67]

마르크스는 심지어 역사의 발원지는 '물질생산(grobmaterielle Produktion)'[68]이라고 분명하게 밝혔다. 마르크스는 이 글에서 materielle Produktion이라는 단어를 유일하게 한 번 사용했다. 공업으로 실천을 규정하고, 물질생산을 통해 역사를 분석하고, 일정한 **생산양식**으로 역사적 시기를 인식하는 것, 이것은 분명 새로운 철학 담론이다. 이전의 『1844년 수고』에서 마르크스는 부주의하게 '생산양식'이라는 단어를 사용했다.[69] 그런데 여기서 생산양식은 이미

---

66 같은 책, 141쪽.
67 같은 책, 191쪽. 중역본에서 '관계'로 해석된 Verhalten은 '행위'가 되어야 한다.
68 같은 책, 191쪽.
69 같은 책, 132, 134쪽.

중요한 서술개념이 되어 있다. 여기서의 '공업', '물질생산', 그리고 '생산양식'은 모두 전통적인 철학 범주가 아니라 하나의 예외도 없이 모두 경제학 범주다. 이러한 중요한 사상은 마르크스가 같은 책에서 드러낸 인간주의적 유물론과는 근본적으로 질적인 차이를 지니고 있다. 이것은 같은 텍스트에 존재하는 공개적인 논리의 대립이고 충돌이다! 이것은 낡은 이론 틀을 없애는 과학적 사상혁명의 나팔 소리가 곧 울릴 것임을 예고해주고 있다.

2. 무책략: 인간주의적 논리의 절반쯤 의도적인 전복

최근에 발견된 마르크스의 『리스트를 평함』은 매우 중요한 이론 텍스트다. 나는 마르크스가 바로 리스트 경제학에 대해 정면적이고 의도적으로 정치적 공격을 가하면서, 무의식적이지만 중요한 철학적 논리 해체의 싹을 틔우고 형성했다고 본다. 이것은 1843년 하반기 『독일 – 프랑스 연감』에서 시작되었고, 『밀 노트』와 『1844년 수고』 속에서 가설을 세웠으며, 심지어 『신성가족』에서 여전히 통섭적인 지위를 차지하고 있는 인간주의 노동소외 역사관 논리 구조의 진실한 붕괴로 이어졌다. 물론 당시 마르크스 텍스트의 맥락으로 볼 때, 이러한 해체는 두드러지게 드러난 의도로 행해진 이론논리 책략이 아니다. 그것은 객관적 경제 사실의 영향 아래서 무의식적으로 이루어진 결과였다. 그래서 『리스트를 평함』에 관한 해석은 사실상 『신성가족』에서부터 「포이어바흐의 테제」에 이르는, 즉 논리 전개에 있어 마르크스 사상의 두 번째 변화가 지닌 중대한 이론적 결함을 보충한 것이다.

1) 『브뤼셀 노트』 A의 초기 발췌와 연구

1845년 1월 25일, 마르크스는 파리 당국에 의해 쫓겨났다. 2월 1일, 마르크스는 파리에서 벨기에의 브뤼셀로 옮기고, 바로 그날, 즉 마르크스가 파리를 떠나는 날 동시에 출판사와 계약했다. 이 계약을 하면서 마르크스는 다름슈타트의 출판업자 카를 빌헬름 레스케에게 두 권짜리『정치와 정치경제학 비판』원고를 건넸다. 매 권은 전지 20장 이상으로 되어 있었다. 그래서 마르크스는 브뤼셀에 도착한 이후 다시 한 번 온몸과 마음을 정치경제학 연구에 쏟아 부었다. 이렇게 1845~1849년에 이르는 두 번째 경제학 체계 연구를 시작했다. 이 경제학 이론의 깊이 있는 탐색은 동시에 마르크스 전체 사상의 두 번째 중대한 전환, 즉 과학적 세계관과 과학적 사회주의의 정립을 가져왔다.

브뤼셀에서, 마르크스는 2월에 먼저 모두 세 권 분량의 발췌노트를 기록했다. 문헌 해석의 편리를 위해 우리는 이 문헌들을『브뤼셀 노트』A라고 정한다. 이는 전기 발췌노트라고 부르기도 한다. 5~7월에, 마르크스는 총 4권 분량의 두 번째 발췌노트, 즉『브뤼셀 노트』B를 기록했다. 역시 후기 발췌노트라고 할 수 있다. 사실상 우리가 여기서 말하는『브뤼셀 노트』는 마르크스가『독일 이데올로기』를 쓰기 이전만을 가리킨다. 정확히 말하자면, 1845년 7월 이전 브뤼셀에서 쓴 경제학 노트를 말한다. 왜냐하면 마르크스가 1845년 9월에서 1949년 사이에 브뤼셀에서 또 다른 경제학 노트를 기록한 적이 있기 때문이다.[70] 이 점에서 탕자이신(湯在新)이『브뤼셀 노트』는 두 권만 있다고 말한 것은 분명 틀렸다.[71] 마르크스의 이 노트에는 번호가 없기 때문에 연구에 큰 어려움이 있다. MEGA1은 제6권에서 이 부분의 노트 내용을 간단하게 소개했는데,[72]「마르크스의 브뤼셀 - 맨체스터 - 브뤼셀 노트 요약」이라는 제목으로 마르크스의 노트 12권을 간단하게 소개했다. 그 12권은 바로『브뤼셀 노트』앞에 쓰인 5권(『파리 노트』로 잘못 알려진 2권을 더해 모두 7권),『맨체스터 노트』3권(이 3권에는 마르크스 본인이 직접 단 주석이 있기 때문이다), 또

---

70   MEGA2, IV/6 참조.

71   湯在新,『馬克思經濟學手稿硏究』(武漢大學出版社, 1993), 3~4쪽.

72   MEGA1, I/6, 597~618쪽.

제4장 _ 마르크스 철학 혁명 전야의 실험적 텍스트   475

1845년 9월 이후의 브뤼셀 노트로 지목된 4권이다. MEGA2에서 이 4권과 새로 발견된 2권은 모두 9권본의 『맨체스터 노트』로 확인되었다.[73] MEGA2 제4부에서는 아직 소수의 마르크스 초기 경제학 노트를 편집 중이다. 여기서는 이 장의 연구를 위해 먼저 『브뤼셀 노트』 A의 내용을 연구하고자 한다. 『브뤼셀 노트』 B는 뒤쪽에 나오는 『맨체스터 노트』에 대한 토론에서 함께 분석할 것이다.

이 부분의 노트가 아직 발견되지 않았기 때문에[74] 우리는 네덜란드 암스테르담 국제사회역사연구소가 현재 소장하고 있는 『브뤼셀 노트』 텍스트 목록을 통해 『브뤼셀 노트』 A의 문헌 상황을 아래와 같이 소개할 수밖에 없다.

- 제1권: 8절판 모두 64쪽이며, 7쪽은 공백이다. 표지에는 내용 요약이 1쪽 있다. 이 노트의 앞부분은 『파리 노트』 마지막 부분에 있는 『뷔레 노트』의 후속 내용에 속하고, 모두 13쪽이다(이런 의미에서 『파리 노트』는 정확하게 말하면 7권 반이다). 마르크스는 그 이후 먼저 시니어의 『정치경제학 기본원리(강의)』(파리, 1838)를 발췌했다. 모두 15쪽이다. 이후 시스몽디의 『정치경제학 연구』 제2권을 발췌했는데 모두 28쪽이다.
- 제2권: 8절판, 모두 44쪽이다. 마르크스는 20쪽을 사용했고 나머지는 공백이다. 표지에는 이 노트의 내용 요약이 있다. 제1부는 세의 『민족과 개인의 부와 빈곤의 주요한 근원』(파리, 1818) 발췌로 모두 4쪽이다. 제2부는 시스몽디의 『정치경제학 연구』 제1권(브뤼셀, 1838)의 발췌로 모두 13쪽이다. 제3부는 드 샹보랑의 『빈곤을 논함, 고대와 현재의 상황』(파리, 1842)의 발췌로 1쪽에 불과하다. 제4부는 빌르뇌브-바르쥬몽의 『기독교의 정치경제학, 프랑스와 유럽 빈곤의 성격과 원인에 대한 고찰 및 완화와 방역의

---

73 MEGA2, IV/4. 제5권은 아직 편집 중이다.
74 MEGA2, IV/3. 러시아현대사문헌보존센터의 게오르기 바가투리아가 가까운 시일 내에 출판할 것이다.

대책』(파리, 1842)의 발췌로 역시 1쪽에 불과하다.

• 제3권: 2절판, 모두 36쪽이며, 2쪽은 공백이다. 그 하나는 페키오의 『이탈리아 정치경제학사』(파리, 1830)의 발췌로 모두 7쪽이다. 둘째는 『파리 노트』에 등장한 적 있는 매컬럭의 『정치경제학의 기원, 발전, 특수대상과 중요성을 논함』 전체에 대한 발췌로 모두 3쪽이다. 셋째는 가르니에의 『정치경제학의 각종 체계 비교 연구』(2권, 파리, 1842)의 발췌로 모두 6쪽이다. 넷째는 블랑키[75]의 『고대부터 현대까지 유럽 정치경제학의 발전』(브뤼셀, 1843)의 발췌로 1쪽만 있다. 이어서 네케르, 브리소, 와츠의 세 권 책에 대한 4쪽의 발췌가 있다.

이 3권의 순서는 내가 편성했다. 그 이유는 내가 보기에 마르크스는 2월에 브뤼셀에서 새롭게 정치경제학 연구를 시작하면서 먼저 『파리 노트』의 『뷔레 노트』(부르주아 사회에서 영국과 프랑스 노동자 계급의 빈곤을 폭로하는 것을 주요 내용으로 하고 있다)에 이어 시니어가 쓴 글의 발췌를 기록했기 때문이다. 하지만 시스몽디 『정치경제학 연구』 제2권을 발췌할 때는 다시 인민의 빈곤을 중심으로 하는 연구 주제로 돌아갔다. 따라서 그는 제2권에서는 주로 정치경제학 중에서 빈곤 문제에 대한 논저(세, 시스몽디, 샹보랑, 바르쥬몽)를 발췌했다. 그러나 마르크스는 뒤 두 권의 논저를 발췌할 때 매우 중요한 이론적 전환점이 될 수 있는 내용 두 가지를 밝혔다. 첫째는 구체적인 각 사회 시기에 빈곤이 지닌 이질성을 밝혔다. 예로부터 지금까지 빈곤의 내용과 본질은 매우 달랐다. 기독교의 경제학이 마주한 것은 중세기의 빈곤이지만, 오늘날 사람들이 마주한 것은 부르주아 사회의 빈곤이다. 다시 말해, 한 시대에는 그 시대의 사회 규정성이 있다. 둘째 역시 더욱 중요한 것으로, 빈곤을 대하는 서로 다른

---

75   루이 블랑키(Louis Auguste Blanqui, 1805~1881), 독일 초기 노동자 운동의 활동가이자 혁명가이며, 공상적 사회주의자다. 파리코뮌의 전기적 인물로, 파리코뮌 의회의 주석을 맡았다.

태도를 밝혔다. 즉, 서로 다른 이론적 입장에서 출발하면 같은 사회문제에 대해 완전히 다른 판단을 할 수 있음을 밝힌 것이다. 예를 들어 세는 부르주아입장에서 출발했고, 시스몽디는 소생산자의 입장에 서 있었지만, 뷔레는 프롤레타리아의 입장에 서 있었다. 그들의 위치가 현저한 차이가 있기 때문에 그들의 이론적 태도는 근본적으로 달랐다. 이러한 현상은 즉시 마르크스가 새로운 연구 목적, 즉 정치경제학의 역사와 서로 다른 정치경제학 체계를 완전하게 이해할 수 있는 싹을 틔우도록 했다. 이것이 제3권 노트의 내용이다.

나는 경제학에 관한 마르크스의 이 시기 연구가 그의 철학사상에 매우 큰 추진력을 지니게 했다고 본다. 이러한 추진력은 무엇보다 그가 3월에 쓴 『리스트를 평함』이라는 글에서 직접적으로 드러난다.

2) 리스트와 경제발전 과정에서 나타난 '독일적 특색'

청년 마르크스의 철학 사상 변화에 관해 알튀세르는 1960년대에 매우 유명한 말을 남겼다. "여명 전 암흑의 저작은 곧 떠오를 태양으로부터 가장 멀리 떨어진 저작이다." 이 말에서 '태양'은 1845년 「포이어바흐에 관한 테제」를 가리키고 있으며, '여명 전의 암흑'은 당시 서양 마르크스주의와 동유럽 신마르크스 휴머니스트들 사이에서 매우 인기 있었던 『1844년 수고』를 가리킨다. 알튀세르의 연구는, 구조주의 방법의 강제성만 제거한다면 사실 당시 마르크스 문헌 연구 중에서 가장 정교하고 가장 해석학적 의미가 있는 최고봉이라고 할 수 있다. 1960년대 말에야 소련 학자 바가투리아와 동독 학자 투슈세러가 알튀세르의 이러한 연구 수준에 도달했다. 그리고 1970년대에야 연방 독일학자 슈미트와 일본학자 히로마쓰 와타루가 그 수준을 넘어섰다. 그러나 뜻밖에도 1971년 마르크스 장녀 에니 롱게의 손자가 오랜 시간 보관해온 마르크스의 유고 중에서 정말로 '태양이 떠오르는' 것에 가장 가까운 문헌을 발견했다. 바로 마르크스가 1845년 3월에 쓴 『리스트를 평함』이라는 친필 원고다. 이로 인해 '과학적'인 알튀세르의 이론 해석 논리에 큰 결함이 드러났다. 이상한 것은, 이 텍스트가 세상에 모습을 보인 이후 국내외 학계의 진지한 관심을 얻지 못했다는 점이다. 소련과 중국의 일부 권위 있는 마르크스주의 철학 논저에서 이 경제학 텍스트가 마르크스의 '생산력' 규정을 형성한 준비였다고 깊이 없이 밝혔을 뿐이다. 나는 이미 이것이 잘못된 오해라고 밝혔다.[76]

독일 경제학자 리스트와, 우리가 제1장에서 토론한 초기 부르주아 정치경제학 사이에는 이론적 차이가 매우 크다. 그래서 정식으로 마르크스의 『리스트를 평함』을 해석하기 전에 우리는 반드시 먼저 마르크스의 이 텍스트에서 비판적 맥락의 중심에 놓인 리스트와 그 경제학 사상의 기본적 이론논리를 살펴보아야만 한다.

프리드리히 리스트[77]는 근대 독일의 저명한 경제학자이자 독일 경제학에서 소위 역사학파의 대표적 인물 중 하나다. 리스트가 당시에 직면한 독일은 이미 비교적 발달했던 영국과 프랑스의 부르주아 사회와 비교하면 아직 경제적으로 낙후한 봉건농노제 국가였다. 국가의 정권은 여전히 융커들의 손에 장악되어 있었고, 38개 연방 사이에, 심지어는 연방 내의 성 사이에도 각자의 관세장벽과 지방세율이 있었다. 이것은 상품 유통과 시장의 형성에 심각한 지장을 주었다. 좀 더 자세히 말하면, 이것은 독일 신흥 부르주아 사회 발전에 비교적 큰 불리한 요인이었다. 당시 리스트는 독일 공업 자본가의 이론적 대표라는 신분으로 역사의 무대에 섰다. 그리고 두 개의 서로 다른 방면에서 작전을 진행시켰다. 하나는, 독일 각 나라 사이의 관세 철폐를 요구함으로써 국내 부르주아 사회 상품 경제가 발전하는 데 필요한 조건을 만들었다. 이를 위

---

76 張一兵, 『馬克思歷史辯證法的主體向度』, 第2章 第1節 第2項 참조.

77 프리드리히 리스트(Friedrich List, 1789~1846), 독일 경제학자. 1789년 독일 로이틀링겐의 비교적 부유한 제혁업자 가정에서 태어났다. 1817년 튀빙겐대학 경제학과 정치학 교수가 되었다. 주요 저서로는 『미국 정치경제학 대강』(1827), 『정치경제학의 자연적 시스템』(1837), 『정치경제학의 국민적 시스템』(1841) 등이 있다.

해 그는 1819년 프랑크프루트에서 독일 상공업협회 성립을 제창했다. 1820년에 국회대표로 선출된 후에는 나아가 사법, 행정, 그리고 세수입 방면에서 개혁의 요구를 제기했다. 이 때문에 그는 독일 융커귀족들의 박해를 받았고 어쩔 수 없이 1825~1832년 미국에서 망명 생활을 해야 했다. 다른 하나는, 리스트는 이와 동시에 영국과 프랑스의 경제학자들이 주장한 허위적인 세계적 자유무역에 반대했다. 이것은 발달한 영국과 프랑스 부르주아 사회를 상대할 때 독일이 자연히 자유경쟁 속에서 열세를 차지하기 때문이다. 그래서 그는 대외적으로 국가 관세 보호주의의 실행과 독일 전체의 관세 동맹 건립을 주장했다. 이 때문에 그는 **보호무역주의 학설** 이론의 시조가 되었다.

미국에 있던 시기에 리스트는 1828년에 발생한 미국 자유무역파와 보호무역주의자들 사이의 논쟁에 적극적으로 참여했다. 그리고 이를 위해『미국 정치경제학 대강』[리스트가 찰스 재러드 잉거솔(Charles Jared Ingersoll)에게 쓴 12통의 편지로 구성되었음]과『미국 정치경제학 대강 부록』이라는 두 권의 작은 책자를 썼다. 1837년 리스트는 프랑스로 옮긴 이후 또『정치경제학의 자연적 시스템』을 썼다. 이 책은 그가 '프랑스 정치와 도덕 과학원'에 응모해 쓴 것이지만 상을 받지 못하자 발표하지 않았다. 이후 1927년이 되어서야 처음으로 세상에 공개되었다. 1841년 리스트는 자신의 주요 논저『정치경제학의 국민적 체계 제1권: 국제무역, 무역정책, 독일관세동맹』(이것 역시 마르크스의 비판 대상이던 텍스트다)을 발표했다. 이 책은 즉시 독일에서 커다란 반향을 일으켰다. 왜냐하면 독일 젊은 부르주아의 근본적인 이익을 대변하는 것 같았기 때문이다. 즉, 이 책은 국내의 봉건경제 관계를 부정하고 또 외부의 오래된 부르주아 사회 세력의 침입에 저항했다. 당시에 이 책은 심지어 독일 부르주아 사회가 생존 발전하는 길을 알려준다고 여겨졌다. 그래서 이 논저는 자연스럽게 경제 영역에서 독일 부르주아 계급의 '선언서'로 여겨졌다.

과거 중국 경제학사학계의 이와 관련된 평가와 달리, 나는 리스트의 경제학에 분명 긍정할 만한 독특한 점이 있음을 발견했다. 리스트는 발달하지 않은 민족부르주아 계급의 입장에 서서, 본국 사유재산을 지닌 사람들의 이익을 보호하는 '국가경제학'의 기반하에 고전경제학의 소위 '세계주의 경제학'과 서로 대항하면서 일련의 이론적 관점을 제기했다. 리스트는 아마도 부르주아 경제학자 중에서 비교적 일찍 고전경제학을 긍정하는 기초 위에서 경제발전의 민족적 개성 문제를 제기한 경제학자일 것이다. 스미스나 리카도 같은 고전경제학자들의 소위 세계주의와 달리, 그는 정치경제학을 각 민족 경제발전의 특수한 길을 연구하는 과학으로 보았다. 정치경제학 연구의 가장 중요한 점은 서로 다른 국가와 지역 발전의 서로 다른 단계에 관심을 두는 것이라고 여겼다. 이것은 같은 시기 로서를 대표로 하는 독일 경제학사학파의 중요한 원칙이기도 했다. 로서 등은 국민경제학 발전의 구체적인 길을 분석하면서 소위 '합리성에서 불합리성으로'라는 역사 관점을 제기했다. 내가 생각하기에 이것은 아마도 사회역사 발전 이론에 대한 분석 중에서 비교적 일찍 출현한 '특색론'일 것이다. 리스트의 이 관점이 단순하게 부정될 수는 없다. 아래에서 우리는 리스트의 이론적 논거를 한번 분석할 것이다.

리스트의 관점은 주로 『정치경제학의 자연적 시스템』과 『정치경제학의 국민적 시스템』, 두 권의 책에 잘 나타나 있다. 리스트는 자신의 이론 분석에서 고전경제학의 이론 기초를 부 자체를 중시하는 '가치 이론'으로 보았다. 그래서 그는 부를 만들어내는 힘에 관심을 기울이는 국가 '생산력 이론'을 제기했다. 리스트는 프랑스 경제학자 샤를 팡디가 『프랑스의 생산력과 상업』이라는 책에서 처음으로 생산력의 중요성을 충분히 인식했다고 말했다.[78] 리스트는 고전파의 스승이 '소비자'라면 역사학파의 스승은 '생산자'로, 전자는 부의 결과를 중시했고 후자는 생산의 능력을 중시했다고 비유했다.[79] 상대적으로 말해, 전자는 "물질 상품의 생산을 가능하게 하는 창조력보다 물질 상품을

---

78   査·潘迪, 『法國的生產力和商業』, 兩卷本(巴黎, 1827).
79   李斯特, 『政治經濟學的自然体系』, 楊春學譯(商務印書館, 1997), 32쪽 참조.

훨씬 더 많이 중시한다".[80] 그리고 리스트는 생산의 "힘이 확실히 부보다 더욱 중요"하며, 한 국가의 생산력(Produktivkraft)은 동력으로 "새로운 생산자원이 이로부터 개발될 수 있다", "생산력은 부라는 과실을 생산하는 나무의 뿌리이기 때문이다. 또 열매를 맺는 나무는 과실 자체의 가치보다 더 크기 때문"[81]이라고 여겼다. 그는 심지어 "국가 상황은 주로 생산력의 총화로 결정된다"[82]라고 지적하기도 했다. 나는 리스트의 이러한 관점이 사회역사이론에서 매우 중요하고 가치 있다고 여긴다. 왜냐하면 사회 기초를 이해하는 데 있어 생산력의 관점이 사실 처음으로 물질적인 시각에서 벗어나 사회적 기초의 기능적 규정을 확정했기 때문이다. 결과 형태적인 면에서의 부에서부터 발생학적 의미에서의 생산능력에 이르기까지, 생산력 관점은 거대한 역사관의 진보다. 마르크스의 역사유물론의 물질생산력 개념은 분명하게 리스트의 이러한 관점으로부터 영향을 받았다. 동시에 리스트는 여기에서 심지어 정치적 힘, 생산력 그리고 부 사이의 작용과 반작용을 살폈으며, 물질의 힘과 정신적 힘 사이에서 서로 작용하는 관계에 주의를 기울였다.[83] 물론 리스트가 여기에서 말한 생산력은 물질과 문화적 동력의 총화로, 아직은 매우 모호한 판단이다. 왜 이럴까? 우리는 그에 대해 분석해보아야 한다.

리스트가 보기에는 공업생산력이 가장 중요하다. "공업은 과학, 문학, 예술, 계몽(Aufklärung), 자유, 유익한 제도, 그리고 국력과 독립의 어머니다."[84] "한 국가의 독립과 강대함은 공업의 독립과 생산력의 발전에 의해서 결정된다."[85] 이것은 정확한 판단이다. 하지만 농업생산력과 달리, 공업 자체의 발전은 근본적으로 과학기술의 발전에 의해 결정된다. 이것에 근거해 리스트는

80　같은 책, 183쪽.
81　같은 책, 46~47쪽 참조.
82　같은 책, 119쪽.
83　같은 책, 49~50쪽 참조.
84　같은 책, 66쪽.
85　같은 책, 222쪽.

스미스의 노동가치론을 직접적으로 반대한다. 왜냐하면 그는 '사람의 손발'이 만들어낸 체력 노동은 모든 부의 유일한 원천이 아니라고 여겼기 때문이다. 더욱 중요한 것은 '이런 노동을 추동시킬 수 있는 힘의 원천'인 과학과 기능이며 무엇보다도 지적 능력이 중요하다.[86] 그래서 리스트는 스미스가 "순수 유물론의 각도에서 생산력을 해석했다"[87]라고 비판했다. 그리고 생산력이 주로 개인의 지력과 사회조건에 있기 때문에 영국의 사회생산력 발전은 "상당 부분 과학과 기술에서의 승리에 기인한다"[88]라고 주장했다. 객관적으로 말해 리스트는 이미 과학기술이 생산력이라는 관념을 제기한 것과 마찬가지다.[89] 동시에 그는 일부 경제학자들이 물질적 부의 생산을 개인의 생산으로만 돌리는 것에 동의하지 않았다. 왜냐하면 "모든 개인의 생산력은 상당 부분 국가의 사회적 환경과 정치적 환경에 의해 결정되기 때문이다".[90] 여기서 리스트는 사회와 개인의 힘, 사회적 조건 사이의 상호작용에 주의를 기울였다. 이것은 사실 생산력에 대한 사회적 자리매김이다. 리스트는 또 스미스 등이 분업이 가져오는 좋은 점을 과도하게 본 것과 달리, 생산발전이 "단지 '나눔' 때문이 아니라 주로 '연합' 때문"이라고 직접 겨냥해서 말했다. 즉, 생산과정에서 인간이 행하는 '공동 노동과 협업(die Kooperation)'을 말한 것이다.[91] 이러한 연합은 그 자체가 생산력이다. 이것은 헤스와 마르크스가 지닌 유사한 논점의 이론적 근원점 가운데 하나이기도 하다.

이로써 생산력의 발전 수준에서 출발해, 리스트는 케네로부터 시작되고 스미스와 세가 견지한 보편 자유무역 관점의 허위성을 비판했다. 왜냐하면 각 국가의 생산력 발전 수준은 서로 다르며, 또 국가와 국가 사이에서 '방임적'인

---

86   같은 책, 185~187쪽 참조.
87   같은 책, 193쪽.
88   같은 책, 49쪽.
89   같은 책, 174쪽 참조.
90   같은 책, 75쪽.
91   같은 책, 132~133쪽 참조.

제4장 _ 마르크스 철학 혁명 전야의 실험적 텍스트   483

자유무역과 교역은 발생할 수 없기 때문이다. 서로 다른 생산력 발전 수준은 반드시 '여러 국가 사이에 거대한 차이가 존재하도록' 한다. 어떤 나라는 농업 국가이고, 어떤 나라는 공업 국가다. 어떤 나라는 자원이 풍부하지만, 어떤 나라는 자원이 빈약하다. 그렇다면 "일치를 강요하는 정책을 서로 다른 모든 국가들에게 요구할 수 있을까?"[92] 예를 들어, 낙후한 독일과 발달한 영국 사이에 경제적 활동을 진행한다면 정말로 이익을 얻을 수 있는 나라는 영국(자산가)뿐일 것이다. 리스트는 "영국의 소위 자유무역은 영국이 전 세계에서 자신들의 완제품과 그 식민지의 생산물을 자유롭게 팔 권리를 갖는 것이다"라고 지적했다. 사실 그 결과는 분명 영국인이 "약소국가의 무역과 공업을 통제할 수 있게 하고 그들을 노예적 지위에 처하게 하는 것이다".[93] 자유무역이 어떤 특정 국가의 상황을 무시한다면, 그것은 허위적인 것이다. 그래서 그는 경제 연구는 반드시 특정 국가와 지역의 경제발전 **특수성**에 눈을 돌려야 한다고 여겼다. 그 본질은 특정 국가에 맞춘 연구에서만 가능하다. 마땅히 "어떤 **국가**가 작금의 세계 형세와 그 자신의 특수한 국제 관계하에서 어떻게 자국의 경제 상황을 유지하고 개진하는가?"[94]에 관심을 두어야만 한다. 이러한 기점에서 출발해 "각 국가는 모두 자신의 국가 상황에 근거해 생산력을 발전시켜야 하고",[95] "각 국가는 생산력을 발전시키는 과정에서 반드시 자신의 국가 상황에 근거해 각자의 서로 다른 길을 가야만 한다".[96] 이것은 우리가 볼 수 있는 가장 이른 **민족국가 특색의 발전 방향** 관점이라고 할 수 있다. 고전경제학에서 주장하는 자유무역식의 세계주의는 다수 국가가 공업문화 등의 각 방면에서 비슷한 정도에 도달했을 때라야 비로소 실현될 수 있다.

　마지막은 국가가 경제에 간섭하는 것에 대한 리스트의 관점이다. 이것은

92　같은 책, 40쪽.
93　같은 책, 22쪽 참조.
94　같은 책, 109쪽.
95　같은 책, 229쪽.
96　같은 책, 233쪽.

주로 앞의 논점에 기초해서 구체적으로 실행되었다. 서로 다른 국가는 서로 다른 경제발전 수준에 처해 있기 때문이다. 리스트는 한 국가의 경제발전을 다섯 단계로 구분한다. 원시적 미개화(未開化)시기, 목축시기, 농업시기, 농공업시기, 그리고 농공상업시기다. 따라서 이러한 국가들은 근본적으로 대등한 힘으로 자유경쟁을 실행할 수 없으며, 경제가 낙후한 국가들은 국가의 행정적인 간섭을 통해야만 한다. 구체적으로 말하면 바로 **보호무역** 정책이다. 예를 들어 독일은 당시 '관세동맹'(리스트는 '민족정신'의 상징이라고 불렀다)을 통해 다른 강국과 불평등한 경제교역이 일어나는 것을 피했다. 그리고 본국의 경제가 발전한 이후에 자유무역을 진행했다. 리스트는 이러한 보호정책은 독립과 강한 지위를 얻으려는 국가의 자연적 노력에서 기원한다고 여겼다.[97] 이것이 바로 이후의 유명한 보호무역주의의 첫 이론적 기초다.

지적해야 할 것은, 상술한 리스트의 경제학 관점은 과학역사이론의 형성에 매우 큰 자극을 주었다. 그러나 당시 리스트의 이러한 관점은 프롤레타리아 혁명의 입장에 서 있던 마르크스와 엥겔스에게 오히려 또 다른 이론적 경관을 펼쳐주었다.

3) 『리스트를 평함』의 텍스트 구조와 마르크스의 경제학 비판

『정치경제학의 국민적 시스템』이 발표되고 3년 후, 즉 1844년 가을, 철학에서 경제학으로 눈을 돌린 마르크스와 엥겔스는 바우어 형제의 철학적 관념론을 청산하는 『신성가족』을 막 완성했다. 그리고 약속이나 한 듯이 현실과 더욱 가까워진 독일 경제학자 리스트를 비판하고자 했다.

마르크스는 먼저 엥겔스를 통해 리스트가 쓴 이 책을 찾았다. 마르크스의 『1844년~1847년 비망록 노트』 제20쪽에는 '+8, 리스트(엥겔스)'라고 쓰여 있

---

97   같은 책, 154~157쪽 참조.

다. 이것은 엥겔스가 파리에서 8프랑을 내고 이 책을 샀음을 의미한다. 1844년 11월 19일, 엥겔스는 마르크스에게 보낸 편지에서 '특별히, 리스트를 반대하는 팸플릿'을 쓰겠다고 했다. 이 편지의 내용으로 볼 때, 엥겔스는 독일 부르주아 계급이 "영국 부르주아 계급과 마찬가지로 나쁘다. 다만 가혹하게 착취하는 면에서 덜 용기 있고, 덜 철저하며, 덜 교활할 뿐이다"[98]라는 사실을 밝히는 데 목적을 두고 있었다. 1845년 1월 20일, 엥겔스는 또 다른 편지에서 "손을 꺼내 현재에 더욱 유용하고 독일 부르주아 계급에 더욱 타격을 줄 수 있는 것을 쓰고자 한다"[99] 라고 말했다. 사실 엥겔스는 2월 15일 열린 엘버펠트 집회에서 연설하면서 독일 경제발전의 실제 상황과 전망이라는 입장에서 리스트의 보호관세 관점을 비판했다.[100] 3월 17일 엥겔스는 또 퍼트먼으로부터 마르크스 역시 약속이나 한 듯 리스트에 대한 비판에 착수했다는 사실을 들었다고 마르크스에게 말했다. 엥겔스는 "실제적 방법에서 리스트에게 맞서고, 그 시스템의 실제적 결론을 드러낼 것"이라고 예상했다. 하지만 마르크스는 "리스트의 결론을 비판하는 것보다 그의 이론적 전제를 비판하는 데 더 중점을 두었다".[101] 엥겔스의 글은 1846년 10월까지도 완성되지 않았다.[102]

엥겔스의 이론적 입장에 따르면, 마르크스가 리스트의 '이론적 전제'를 비판한 이 중요한 논문은 당연히 경제학 텍스트다. 이것은 마르크스의 경제학 연구 두 번째 단계에서 노트식이 아닌 첫 텍스트다. 또한 우리가 읽은 「포이어바흐에 관한 테제」 사상 변화와는 두 번째로 먼 텍스트다. 이 친필 원고는 인쇄되지 않았다. 친필 원고의 상황으로 볼 때 아마 완성되지 않은 논문인 듯하다. 현존하는 친필 원고는 모두 전지 24장으로, 그중 전지 제1장, 제10~21장과 제23장이 누락되어 있다. 하지만 그 속에서 우리는 당시 마르크스의 기

---

98   『馬克思恩格斯全集』, 第27卷(人民出版社, 1972), 11쪽.

99   같은 책, 18쪽.

100   『馬克思恩格斯全集』, 第2卷, 619~623쪽 참조.

101   『馬克思恩格斯全集』, 第27卷, 30쪽 참조.

102   같은 책, 67쪽 참조.

본적 논지와 주요한 이론적 관점을 분명하게 볼 수 있다. 마르크스의 이 논문은 모두 4장으로 되어 있다. 제1장은 상대적으로 말해 비교적 완전한 것으로, 리스트경제학에 대한 일반적 논평으로 되어 있다. 전지 제1장은 유실되었는데, 소련의 편역자는 친필 원고 전지 제2장 시작 부분에 '1. 리스트의 일반적 논평'이라는 제목을 덧붙였다. 여기에는 모두 네 개의 절이 있는데, 제1절과 제2절의 시작 부분이 유실되었다. 마르크스가 원래 붙인 제2장의 제목은 '생산력 이론과 교환가치 이론'이다. 하지만 현재 남아 있는 친필 원고로 볼 때 이 장은 완성되지 않은 듯하다. 제1절은 리스트의 생산력 이론에 관한 상세한 비판을 담고 있다. 마르크스는 제목을 달지 않았지만 다섯 개의 아래 목록은 완전하다. 이어지는 한 절의 제목은 '힘, 생산력, 원인'이다. 하지만 전지 제9장의 4쪽 이후 12개 장(전지 제10~21장)이 유실되었는데, 그중에는 제2장의 후반 부분과 제3장의 대부분이 포함되어 있다. 또 전지 제23장도 사라졌다. 그래서 제3장은 단편만 남아 있다. 제4장의 제목은 '리스트와 페리에'로, 그중 3절의 내용은 완전해 보이지만 실제로 읽어보면 요점만 적어놓고 완성하지 않은 것 같다.

이처럼 중요한 부수적 이론 배경을 이해해야 마르크스의 『리스트를 평함』이라는 텍스트를 해석할 수 있다. 내가 여기서 해석하려는 목적에 따르면, 제1, 3, 4장의 내용은 기본적으로 순수 경제학 연구 범위에 속한다. 하지만 제2장과 나머지 장과 절은 제1, 3, 4장과 비교하면 약간의 특수성을 분명하게 드러내고 있다. 제2장에서 내가 해석한 결론은 큰 흥분을 가져다준다. 나의 이해에 따르면, 이 경제학 텍스트에서 가장 중요한 것은 경제학적인 이론 내용이 아니라 마르크스가 경제학을 비판하면서 **무의식적으로 드러낸 철학 담론의 변화**다.

물론 우리가 먼저 설명해야 하는 것은, 전체적으로 볼 때 마르크스의 이 텍스트에서 드러나는 경제학 연구의 총체적 수준이 경제학 문헌으로서는 아직 『신성가족』을 넘어서지 못하고 있다는 점이다. 왜냐하면 당시에 고전경제학에 대한 마르크스의 태도가 근본적으로 바뀌지 않았기 때문이다. 텍스트를 통해 우리는 마르크스가 고전경제학에 대해 여전히 부정적인 태도를 견지하고 있음을 볼 수 있다. 하지만 초보적으로 미세한 변화는 생겼다. 마르크스는 "영국과 프랑스의 부르주아 계급은 최초의(최소한 그들의 통치 초기에) 국민경제학의 학술대변인을 통해 부를 신성시했고, 학술적으로도 무자비하게 모든 것을 부에 바쳤다"라고 여겼다. 그는 여전히 이러한 이론을 '솔직한 고전적 견유주의'[103]라고 했다. 왜냐하면 이러한 학설은 "부의 비밀을 뻔뻔하게 누설하고", "경쟁과 자유무역의 현대 부르주아 사회를 전제 조건으로 하기"[104] 때문이다. 마르크스는 현대경제학이 경쟁의 사회 제도에서 출발했다고 여긴다. 자유노동은 간접적으로 스스로를 판매하는 노예제가 그 원칙이다. 자유노동의 첫째 원리는 분업과 기계인데, 분업과 기계는 공장에서만 스스로를 가장 잘 발전시킬 수 있다. 그래서 "현대 국민경제학은 창조적인 원칙으로서의 공장에서부터 출발했다".[105] 아래에서 우리는 마르크스가 당시 부르주아 사회 생산관계를 공업(공장)과 같다고 본 것이 정확하지 않음을 구체적으로 분석할 것이다. 그것은 또한 그가 생산관계와 생산력의 관점을 구분하지 못한 것과도 완전히 똑같다. 그러나 우리는 당시 마르크스가 이미 역사적으로 "리카도의 지대학설이 공업 자산가가 지주에 반대하기 위해 진행한, 생사를 건 투쟁의 경제학적인 표현과 다름없고"[106] 또한 "날로 증가하는 생산은 국가 전체의 특히, 각 계급들의 수입들과 조화를 이루지 않음"을 알고 있었음을, 그리고 이러한 상황으로 인해 시스몽디의 경제학 비판이 야기되었음을 알 수 있다.[107] 한층 더 깊은 경제학 이론연구 각도에서 보자면, 마르크스는 이미 "교환가치는 완전히 '물질적 부'의 특수성 때문에 질적으로 바뀌는 것이 아니"라

---

103 『馬克思恩格斯全集』, 第42卷, 240쪽 참조.
104 같은 책, 241쪽 참조.
105 같은 책, 260쪽 참조.
106 같은 책, 247쪽.
107 같은 책, 246쪽 참조.

는 사실을 분명하게 인식하고 있었다. 그것은 물질적 부의 질량으로 인해 바뀌는 것이 아니며, 또한 물질적 부의 수량으로 인해 바뀌는 것도 아니다. 더욱 중요한 것은 마르크스는 이미 "물질적 부를 교환가치로 바꾸는 것은 현존하는 사회제도의 결과이고, 발달한 사유제 사회의 결과물이다. 교환가치를 지양하는 것은 바로 사유제와 사유재산을 지양하는 것이다"[108]라는 점을 분명하게 인식하고 있었다. 상술한 이러한 관점은 『1844년 수고』 및 『신성가족』과 비교해보면 모두 앞으로 한 걸음 나아간 것이다. 흥미롭게도 마르크스는 여기서 리스트의 경제관점이 "구경제학의 경제적 편견에 사로잡혀 있다"라고 제기했지만, 신경제학이 무엇인지는 정의 내리지 못했다.[109]

나는 여기서 마르크스가 독일의 관념론적 '정신적 민족'이 "갑자기 포목, 면사, 대량의 공장노예, 기계의 유물론(Materialismus der Maschinerie)" 속에서 지지를 받으려 한다고 풍자적으로 지적한 것에 주의를 기울인다. 마르크스는 이미 리스트가 "관념적 공문구로 경제학의 산업적 유물론(industrieller Materialismus)을 숨기고 있음을 발견했다".[110] 이것은 경제학 속의 사회유물론에 대해 마르크스가 처음으로 분명하게 지적한 것이다. 물론 리스트가 이러한 유물론을 이용한 것은 부르주아 계급의 현재적 상황을 보호하기 위함이었다. 이것에 대해 마르크스는 마찬가지로 부정적인 태도를 유지했다.

논문의 제1장에서, 마르크스는 먼저 리스트의 경제학 관점에 대해 일반적인 규정을 하는 식으로 논평했는데, 주로 영국과 프랑스의 부르주아 사회와 독일 부르주아 사회의 차이에 대해 역사적으로 설명했다. 마르크스는 영국과 프랑스의 부르주아 사회와 독일 부르주아 사회의 다른 점을 구별했다. 그는 부르주아 사회가 영국과 프랑스에서는 이미 제거된 '낡고 부패한 제도'이지만, 독일에서는 오히려 아름답고 미래적인, 갓 떠오르는 아침노을로 여겨져

---

108 같은 책, 254쪽.
109 같은 책, 253쪽.
110 같은 책, 241쪽.

환영받고 있다고 생각했다.[111] 그래서 독일 자산가(deutsche Bürger)는 늘 용어를 바꾸어 신분을 확인함으로써 독일 부르주아 사회가 영국과 프랑스의 오래된 부르주아 사회와 다르다는 것을 표현하려고 한다. 마르크스·엥겔스는 이것에 대해 줄곧 비판적인 태도를 견지했다. 그러나 리스트의 경제학은 거의 독일 부르주아 이익과 이데올로기를 현실적으로 체현하고 또 '체계화'시킨 것이다. 그래서 마르크스는 이 논문에서 리스트가 민족경제발전이라는 깃발을 들고 있지만, 사실은 부르주아 사회를 발전시키고 '곳곳에서 사물이 현상을 유지하도록 하는' 반동적인 본질임을 중점적으로 비판했다.[112] 그는 리스트가 독일 부르주아 계급이 '더욱 걱정하는 일'에 대해 말했다고 지적했다. "산업의 통치(Industrieherrschaft)가 대다수 사람들을 노예로 만든다는 사실을 이미 모두가 아는"(영국과 프랑스의 경제학자와 사회주의가 알게 모르게 이 사실을 드러냈기 때문에) 상황하에서, 독일 자본가는 독일에서 부르주아 사회를 건립하기 위해 애를 쓰기 때문이다.[113] 그래서 리스트는 어쩔 수 없이 '부를 추구하면서도 또 부를 부정하고' 새로운 '국민경제학'을 만듦으로써 리스트 자신도 부를 쌓으려는 것이 '이치에 맞음'을 자신과 세계를 향해 증명하려고 했다.[114] 그래서 마르크스는 반드시 '염치없이 부의 비밀을 노출한' 영국과 프랑스 경제학에 반대해야만 했다. 그는 경쟁과 자유무역을 반대했고, 본래 '교환가치'의 기초 위에 건립되었던 소위 '세계주의'라는 국민경제학을 반대했다. 또한 영국과 프랑스의 오래된 부르주아 사회가 힘으로 독일 부르주아의 밥그릇을 빼앗을까 걱정했으며, 국가가 "'보호관세'를 이용해 시민사회가 부를 얻을 수 있게" 관여하고 소위 중립적인 '생산력' 위에 세워진 '정치경제학'을 만들어야 한다고 주장했다. 그것은 영국인이 자신의 '동포에게 착취를 하지' 못하게 하

---

111 『馬克思恩格斯全集』, 第1卷, 457쪽 참조.
112 『馬克思恩格斯全集』, 第42卷, 240쪽 참조.
113 같은 책, 239쪽 참조.
114 같은 책, 240쪽 참조.

고 독일 부르주아들이 자신의 동포에게 '더욱 가혹한' 착취를 실현하게 하기 위해서였다.[115] 마르크스는 이것이 '이리와 그의 이리 친구'의 농간이라고 핵심을 찔러 말했다. 마르크스는, 부르주아 '경제학자가 이 사회제도에 그에 상응하는 이론적 표현을 주었을 뿐'임을 리스트가 인식하지 못했기 때문에, 리스트가 국외에서는 승인했던 경제적 규율을 국내에서는 승인하기를 원치 않은 것이라고 정곡을 찔렀다. 이것은 당연히 말도 안 되는 관념론이다.

리스트에 대한 마르크스의 비판은 정확하면서도 힘이 있다. 그러나 마르크스는 경제학과 정치적 입장을 떠나서 본다면 리스트의 이론에서 특정한 역사적 조건하의 사회발전 특수성을 강조하는 부분이 바로 마르크스 자신의 후기 역사유물론의 근본적 요지임을 깨닫지 못했다. 이것은 당연히 철학적으로 봤을 때 이론의 진보다. 리스트는 이 점을 이용해 독일 부르주아 계급의 이익을 위해 봉사했기 때문에 마르크스·엥겔스로부터 비판을 받을 수밖에 없었다. 마르크스가 이 이론적 요점을 뒤집어 깊은 역사 속으로 들어갔다면 상황은 매우 달랐을 것이다. 1845~1847년 사이에 마르크스가 역사유물론을 정립하고 심화시키면서 이 점을 인식했는지에 대해서는 알 길이 없다.

나는 전지 둘째 장의 마지막에서 『신성가족』의 총체적 비판방법과는 다른 이론이 단편적으로 쓰였음을 발견했다. 마르크스는 리스트의 문제는 '현실의 역사'를 연구하지 않고 또 '경제학과 같은 이러한 과학적 발전이 사회의 현실적 운동과 연결되어 있는 것'임을 이해하지 못한 데 있다고 했다.[116] 아울러 부르주아 경제학의 '실제적 출발점'은 '부르주아 사회(bürgerliche Gesellschaft)'이기 때문에 "이 사회의 각 발전단계(verschiedne Entwicklungsphasen)에 대해 경제학에서 정확하게 토론할 수 있다"[117]라고 여겼다. 마르크스는 이 글에서 bürgerliche Gesellschaft라는 단어를 6회 사용했다. 그는 Bürgertum이라는

---

115 같은 책, 250쪽 참조.
116 같은 책, 242쪽 참조.
117 같은 책, 249쪽 참조.

단어를 비교적 많이 사용해 모두 8회 사용했고, deutsche Bourgeois(31회)와 deutsche Bürger(11회)라는 단어로 독일 자산가를 가리켰다. 여기서 마르크스는 처음으로 bürgerliche Gesellschaft를 헤겔이 의미하는 시민사회라는 의미에서 정치적인 **부르주아** 사회로 명확하게 바꾸었다. 리스트는 창끝을 현실의 독일 부르주아 사회로 돌릴 생각을 하지 못했다. 이것은 리스트 자신이 부르주아 입장에 서 있었기 때문에 이상한 일이 아니다. 가장 중요한 것은 마르크스가 여기에서 역사적, 현실적, 그리고 구체적인 '각 단계'도 사용했다는 점이다! 이것은 분명 역사 법칙의 시각에서 본 특수성이다. 내 생각에, 그것은 분명 마르크스가 『브뤼셀 노트』 A에서 행한 경제학 연구의 직접적인 성과다! 만일 비교의 성격을 지닌 경제학에 대한 연구가 없었다면, 마르크스는 이 정치경제학과 부르주아 현실사회의 구체적 관계 및 경제발전 각각의 구체적 단계에 대한 연구의 필요성을 제기하지 못했을 것이다. 이것은 당연히 중요한 이론적 발전이다. 마르크스 글의 맥락을 통해 보면, 마르크스는 주로 리스트가 부르주아 사회('시민사회')의 서로 다른 단계에 주의를 기울였어야 했다고 지적한다. 하지만 궁지에 몰린 영국과 프랑스의 부르주아 사회가 그 실패를 충분히 드러냈던 시기에도 리스트는 여전히 이 사회제도 발생의 필요를 논증하고 있었다. 이것이 마르크스가 보기에 상당히 황당한 일이었다. 나는 마르크스가 무의식중에 매우 탁월한 문제를 하나 제기했다고 본다. 즉, 관념에서 현실로 돌아가는 것이 분명 중요하기는 하지만, 사회역사연구 자체에 대한 구체적인 분석이 더욱 관건이었다. 그러나 난 이것이 마르크스의 자각적인 비판사고였다고는 생각하지 않는다. 왜냐하면 이 관점을 좀 더 앞으로 밀고 나가면 부르주아 사회와 전(前) 부르주아 사회의 구체적인 차이점을 보았을 것이기 때문이다. 그리고 이러한 객관적인 비교는 마르크스가 더 이상 부르주아 사회를 단순하게 부정하지 못하고 먼저 부르주아 사회의 역사적 합리성을 인정하도록 했을 것이다. 마치 그가 『철학의 빈곤』 이후에 특히 『공산당 선언』과 『자본론』에서 '부르주아 사회'의 역사적 현실에 대해 구체적이고 과학적인 분석을 한 것과 같았을 것이다. 그랬다면 마르크스는 새로운 사상적 눈금을 지녔을 것이고 여전히 인간주의 논리('시민사회'의 이데올로기)의 후광 아래 사로잡혀 있는 헤스, 엥겔스, 그리고 당시의 자신을 진정으로 넘어서서 과학으로 들어갈 수 있었을 것이다. 하지만 유감스럽게도 당시의 마르크스는 아직 그렇게 하지 못했다.

4) 정치경제학 비판에서 철학적 논리의 해체

제2장에서, 마르크스의 본래 목적은 상술한 두 부르주아 경제이론의 비교를 시도하는 것이었다. 그리고 그 중점은 리스트의 생산력이론이 지닌 허위적 성질을 폭로하는 것이었다. 그러나 우리는 바로 여기서 어떤 논리방법에서의 기이한 이질성을 다시 한 번 보게 된다. 마르크스는 부르주아 사회 조건 아래 있는 인류주체(노동자)가 외부적 대상(자본)에 의해 노예(인간의 활동이 자신의 인간적 삶과 자유표현이 아닌 존재)가 되는 것을 논하면서, 그 역시 사유재산을 타도할 것을 요구했다. 하지만 그는 바로 전의 『1844년 수고』(그리고 『신성가족』)에서 사용한 소외 노동이라는 논리적 도구를 활용하지 않았다! 객관적인 각도에서 보자면, 마르크스는 "물질재산(materielle Güter)이 교환가치로 전화하는 것은 현재 사회 제도의 결과이고, 발달한 사유제 사회의 결과다. 교환가치를 지양하는 것은 사유제와 사유재산을 지양하는 것이다"[118]라고 지적했다! 주체적 각도에서 보자면, 그는 '사유재산은 대상화된 노동'이라고만 했다. 그리고 노동자가 자본의 노예가 되는 이러한 상태("'노동'은 사유재산의 살아있는 기초다"라는 것이 바로 그전의 소외노동이었다)를 표현할 때, 마르크스는 조심스럽게 큰 따옴표를 친 "노동"("Arbeit")을 사용했다.[119] 글 전체에서 마르크

---

118 같은 책, 254쪽 참조.
119 같은 책, 254쪽 참조.

스는 entfremden을 단 한 번만 사용했다. 그는 왜 사람들에게 익숙한 소외노동이라는 말을 사용하지 않았을까? 그 원인은 무엇일까?

나의 의견으로, 외재적이고 직접적인 원인은 두 가지다. 하나는 포이어바흐의 추상적 인류 본질과 소외사관을 비판한 슈티르너의 논저 『유일자와 그 소유』가 발표되었기 때문이다. 그 이전 해 12월에 마르크스는 이미 이 책을 꼼꼼히 읽었다. 우리는 다음 장의 시작 부분에서 그 배경에 대해 상세하게 다룰 것이다. 다른 하나는 헤스가 1월 20일 마르크스에게 편지를 써서 포이어바흐에 대한 그의 새로운 관점을 알려주었기 때문이다. 이것 역시 포이어바흐의 인간주의적 소외 이론에 대한 비판이었다. 내재적인 요인은, 마르크스 자신의 사상이 경제학적 사실과 실증적 방법의 영향을 받았기 때문이다. 게다가 프롤레타리아 실천의 현실적 길과 인간주의적 논리가 완전히 다름을 받아들였다. 이러한 것들이 마르크스로 하여금 자신을 포이어바흐와 본질에 있어 근본적으로 구별시키는 시도를 시작하게 했다. 포이어바흐가 과도하게 자연에 주의를 기울였기 때문이기도 하지만, 나는 정치적 영역의 차이에도 주의를 기울인다. 이러한 변화는 무엇보다 그가 '유(類)적', '소외노동', 그리고 '주체' 등의 관념을 더 이상 사용하지 않는 것으로 표현된다. 그러나 그는 결코 이렇게 몇몇 용어를 사용하지 않는 것이 그가 근본적으로 인간주의적 논리 틀에서 벗어났음을 보여줄 수는 없다는 사실을 알지 못했다. 후에 그가 자각적으로 인간주의적 틀을 해체했지만, 여전히 과학적으로는 이러한 단어를 사용한 것 역시 같은 이유에서였다. 이 문제는 4월에 거의 연속적으로 발생한 마르크스의 두 번에 걸친 사상적 실험 속에서 근본적으로 해결되었다. 구체적인 상황은 다음 절의 분석을 참조할 수 있다. 물론 마르크스의 당시 이론의 현실적 방향(프롤레타리아 혁명의 요구)은 그래도 매우 분명했다. 그는 여전히 현대 부르주아 사회의 '자유노동'은 사실상 '간접적으로 자신을 판매하는 노예제'라고 여기고 있었다. 마르크스는 임금이라는 것을 통해 다음과 같은 것을 알 수 있다고 했다.

노동자는 자본의 노예(der Sklave des Kapitals)로, 일종의 '상품'이며 교환가치다. …… 노동자의 활동은 그의 인간적 생명의 자유로운 표현이 아니다. 그 활동은 그의 힘을 자본에 팔고 단편적으로 발전한 그의 능력을 자본에 양도(판매)한 것이다. 한마디로 그의 활동은 '노동'('Arbeit')이다.[120]

만일 『1844년 수고』와 심지어 『신성가족』에서였다면 마르크스는 '이것은 소외된 노동이다'라고 말했을 것이다. 그러나 그는 굳이 그렇게 말하지 않았다. 우리가 보기에, 마르크스는 텍스트 원고에서 매우 특수하게 '노동'이라는 단어를 중요한 의미를 나타내는 이탤릭체로 썼다. "'노동'은 사유재산의 살아 있는 기초(Die '*Arbeit*' ist die lebendige Grundlage des Privateigentums)"이고, 사유재산은 '대상화된 노동(vergegenständlichte Arbeit)'일 뿐이다. 이러한 "'노동'은 그 본질로 말하자면, 자유롭지 않고, 인간적이지 않으며, 반사회적이고 (unfreie, unmenschliche, ungesellschaftliche), 사유재산에 의해 결정되면서 사유재산을 창조하는 활동이다".[121] 마르크스가 이 마지막 단락에서 원래의 인간주의적 논리 구조를 여전히 숨기고 있음에 주의를 기울이기 바란다. 왜냐하면 현실 속의 노동이 자유롭지 않고 인간적이지 않으며 반사회적이라면, 반드시 **마땅히** 존재해야 하지만 실제적으로 존재하지 않는, 그러한 자유롭고 인간적이며 사회적인 노동이라는 인문학적 가치가 설정되어야 하기 때문이다. 그러나 마르크스는 억지로 '소외', '유적 본질'이라는 단어의 외피를 벗겨버렸다. 이것은 매우 착종되고 복잡한 텍스트의 맥락이다.

나는 마르크스가 여기서 이해하기 어려운 말을 했음을 발견했다. "자유롭고 인간적이고 사회적인 노동(freie, menschliche, gesellschaftliche Arbeit)을 이

---

120 같은 책, 254쪽. 마르크스는 노동자가 상품이 아니고 노동 역시 상품이 아니라는 사실, 그리고 자본가가 노동자에게 지불하는 임금은 다만 노동력의 가격이라는 사실을 이후에 비로소 발견한다.

121 같은 책, 254~255쪽 참조. 중역본에서는 vergegenständlichte를 '물화'라고 번역했지만 이는 정확한 표현이 아니다. 마땅히 '대상화'라고 해야 한다.

야기하는 것, 사유재산이 없는 노동을 이야기하는 것은 매우 큰 오해다."[122]
얼핏 보기에 이것은 마르크스가 인간주의 논리를 반대하는 것처럼 보인다.
그러나 위아래 문맥을 통해 해석하면, 그는 분명 리스트가 구체적인 부르주
아 사회의 사유제를 떠나 추상적인 생산력 이론을 이야기했다고 비판하고 있
다. 우리는 뒤에서 마르크스의 이러한 비판이 더욱 깊은 의미로 뻗어나갈 수
있음을 볼 것이다. 나의 시각으로는, 여기서 마르크스의 의식적인 언어 회피
는 인간주의 논리의 진정한 전복을 만들어내지 못했다. 하지만 의미 있는 점
은, 그가 경제적 현실에 접근해 수행한 분석에서 새로운 방법이 무의식적으
로 드러났다는 것이다.

마르크스의 이 논술에서, 부르주아 사회의 생산 목적은 인간 혹은 인간의
발전이 아니라 '교환가치'와 '화폐'다. 이것은 '외재적 목적'론을 만들어냈다.
마르크스는 부르주아 사회 제도 전체는 바로 야비하고 '인간이 물질을 위해
희생하는' 반인간적 제도[123]라고 여겼다. 이것은 여전히 『파리 노트』에서부
터 시작된 인간주의적 논리다. 부르주아 사회 경제에서는 객관적 '공업이 우
리를 통제하는 힘'이 되었고, "인간은 부를 창조하는 '힘'으로 폄하되었다". 부
르주아 계급은 프롤레타리아 계급(Proletarier)을 '인간'으로 보지 않고 '물질'
로 변화시켰다! 아울러 바로 부르주아 사회의 "사회적 조건이 인간을 '물질'로
변화"시켰기 때문에 노동력은 물질의 생산력일 뿐이었다! 그래서 마르크스는
부르주아 계급의 사적 욕망을 포용하는 리스트의 생산이론을 비판했던 것이
다. 여기서 나는 중요한 문제를 지적하고자 한다. 즉, 마르크스가 여기서 말
한 생산력은 결코 전통적인 연구에서 이해하는 것과 같지 않다는 것이다. 그
는 여기서 유물주의 역사관의 생산력 개념을 발전시키려고 시도하지는 않은
듯하다. 사실 그는 단지 부정적 의미에서 리스트의 관점을 분명히 확인한 것

---

122 같은 책, 254쪽.
123 같은 책, 261쪽 참조.

뿐이다. 우리는 마르크스가 이 글에서 리스트가 사용한 Produktivkraft라는 단어를 11회 직접 인용했음을 볼 수 있다. 또한 동시에 Produktionskraft(생산력, 1회), Produktionsfähigkeit(생산능력, 1회), Produktive Kräfte(1회), 그리고 Produktive Macht(생산의 힘, 2회)를 사용하기도 했다. 하지만 그는 줄곧 생산력 개념의 중요성을 적극적으로 긍정하지는 않았다.

나는 마르크스가 여기서 여전히 부르주아 초기 정치경제학에 존재하는 유물론의 다성적 맥락을 구분하지 않고 있음에 주의를 기울인다. 유물론의 다성적 맥락이란 물질생산이 사회적 존재와 발전의 일반적 전제임을 긍정하는 사회유물론, 그리고 부르주아 사회생산양식을 영구적인 것으로 만드는 물질 노예적 '유물론'이다. 후자는 후기 마르크스가 말한 물신숭배이기도 하다. 마르크스는 후자의 맥락을 겨냥해, 부르주아 경제학의 '무정신(無精神) 유물론',[124] '경제학적 공업유물론', '기계적 유물론', '역겨운 유물론',[125] '더러운 유물론'[126]을 완전히 부정했다. 이것은 "대다수 사람들을 '상품'으로 변화시키고, '교환가치'로 변화시키고, 그들을 모든 교환가치의 물질적 조건에 굴복시키는 학설"이다.[127] 바로 이러한 의미에서 마르크스는 "'생산력'('Produktivkraft')을 미화시키는 정신적 아우라를 없애"려 했다. 왜냐하면 부르주아 경제학에서 인력(Menschenkraft)이 수력, 증기력, 마력(Wasserkraft, Dampfkraft, Pferdekraft)과 함께 열거되기 때문이다. 마르크스는 분노에 차 물었다. "사람, 말, 증기, 물이 모두 '힘'을 쓰는 역할을 한다는 것, 이것이 설마 인간에 대한 고도의 찬양이란 말인가?"[128] 그러나 바로 이 때문에 우리는 마르크스가 부르주아 사회의 이런 반(反)인간적 사회 제도[나쁜 '존재(sein)']를 진지하게 부정하는 시도를 했음을 발견했다. 그런데 그는 얼마 전에 운용했던 중요한 논리적 요소, 즉

---

124 같은 책, 240쪽.
125 같은 책, 251쪽.
126 같은 책, 255쪽.
127 같은 책, 255쪽.
128 같은 책, 261쪽.

'당위(sollen)'를 다시 사용하지도 않았다. 그는 인간이 마땅히 무엇이어야 하는지를 다시 선험적으로 정의하지 않았다. 위아래 문맥으로 볼 때, 이것은 결코 마르크스가 철학적인 면에서 자각했음을 의미하지 않는다. 그리고 인간주의 논리가 경제현실 분석에서 부차적으로 의도되어 스스로 약화된 모습을 드러냈다. 또한 마르크스는 인류 주체와 자기 창조물 간의 전복된 관계를 줄곧 부정했다. 하지만 이것이 '소외의 지양'인 것은 아니다. 마르크스는 사유재산 폐지는 "'노동' 폐지"로만 이해되고 또한 "이러한 폐지는 노동 자체를 통해서만 가능하다. 즉, 사회의 물질적 활동을 통해서만 가능하다. 결코 그것을 하나의 범주로 다른 범주를 대체하는 것으로 이해해서는 안 된다"[129]라고 지적했다. 우리는 이를 통해 마르크스가 새로운 총체적 역사관, 즉 본래 『1844년 수고』의 이중 논리 구조에서는 맹아적 상태에 있던 사회현실에서 출발하는 객관적 논리에 무의식적으로 접근했음을 분명하게 알 수 있다.

우리는 마르크스가 제1장에서 이미 '이전의 사회적 기초에서 충분히 발전한 공업'의 실천에 주의를 기울였음을 볼 수 있다.[130] 원래의 논리적 구조에서 마르크스가 주로 관심을 기울인 것이 인간학적인 '당위'였다면, 여기서 그는 역사적이고 필연적으로 발생한 '존재'가 나쁜 '존재'를 없애고 있고, '당위'(차용한 의미에서)가 현실적 길을 통해 실현될 수 있음에 관심을 기울이고 있다. 그래서 마르크스는 말머리를 돌려 "부르주아 사회의 이러한 '더러운 매매 이익의 관점'을 따르지 않고 공업을 다룰 수는 없을까?" 하는 또 다른 가설을 제기했다. 사실 인간의 생존이라는 의미에서 보면 공업은 '거대한 작업장'으로 볼 수도 있다. "이곳 사람들은 처음으로 그 자신과 자연의 힘을 점유해 스스로를 대상화하고 스스로를 위해 인간의 생활조건을 창조한다."[131] 당시 마르크스가 생산력과 생산관계를 구분하지 않았고, 그래서 현실의 '공업'이 부르주아 사회

---

129 같은 책, 255쪽.
130 같은 책, 249쪽 참조.
131 같은 책, 257쪽.

의 대체명사(공업 = 부르주아 사회)로 변했음에 주의를 기울이기 바란다. 그래서 마르크스는 종종 "공업의 통치가 대다수 사람들을 노예로 만들었음은 이미 많이 알고 있는 사실이다"[132]라고 직접적으로 이야기했다. 이 공업은 "포목, 면사, 대량의 공장노예, 기계적 유물론, 공장주의 가득한 전대"[133]다. 그는 부르주아 사회를 '공장제도'라고 칭했고, 여기서 "공업주의는 사회의 조정자가 된다"(시스몽디의 말). "공장은 사회의 조직자이고, 공장이 만들어내는 경쟁제도는 가장 좋은 사회적 연합이다. 공장제도가 창조한 사회조직은 진정한 사회조직이다."[134] 그러나 실질적으로 "현실의 사회조직은 정신이 결여된 유물론, 개인적 심령론, 개인주의다." 왜냐하면 여기서 "공장은 여신으로, 공업력의 여신으로 변했기 때문이다. 공장주는 바로 이러한 힘의 제사장이다".[135] 이러한 점에서 마르크스는 또 생시몽의 사회주의를 비판하기도 한다. 마르크스는 "생시몽학파는 공업의 생산력(die produktive Macht der Industrie)을 광적으로 찬양한다. 그들은 공업이 불러일으킨 힘을 공업 자체, 즉 공업이 이러한 힘에 제공한 현재적 생존조건을 뒤섞어 함께 이야기했다"[136]라고 말했다. 그래서 생시몽학파의 공업생산력에 대한 찬양은 부르주아 계급에 대한 찬미가 되었다. 마르크스는 "공업이 자신의 의지를 위반하고 무의식적으로 창조한 생산력을 현대 공업의 공로로 돌려서는 안 된다. 그리고 공업과, 공업이 무의식적으로 자신의 의지를 위반해 만들었으며 공업을 폐기하기만 하면 인류의 힘이 될 수 있는, 인간의 위력으로 조성된 그러한 힘, 이 두 가지를 뒤섞으면 안 된다"[137]라고 여겼다.

마르크스는 공업과 부르주아 사회제도를 분명히 구별하지 않았다. 이것은

---

132 같은 책, 239쪽.
133 같은 책, 240쪽.
134 같은 책, 251쪽.
135 같은 책, 252쪽.
136 같은 책, 259쪽.
137 같은 책, 258쪽.

그가 아직 일정한 생산력 발전 위에서 이루어지는 특정한 생산관계를 자각적으로 끌어내지 않았음을 보여준다. 그래서 그는 리스트가 논한 생산력의 합리적 방면과 잘못된 방면을 구분할 수 없었다. 또한 생시몽 사회주의의 객관주의적 시각을 정확하게 평가할 수도 없었다. 마르크스는 생산력에 대한 리스트의 "부 자체와 비교해서 부를 창조하는 힘은 비할 데 없이 중요하다"[138]라는 논평을 인용했다. 이후 마르크스는 생산력을 '교환가치보다 무한히 높은 본질'로 추상화시켰지만, 물질의 교환가치는 유한한 현상이라고 여겼다. 사실 리스트가 생산력을 사회역사가 규정하는 일반적 추상이라고 본 것은 정확하다. 하지만 그것이 완전히 물질생산력과 정신역량의 혼합이라고 말한 것은 부정확하다. 생산력은 의심할 나위 없이 일정한 사회적 부를 생산하는 기초다. 하지만 생산력과 교환가치(일정한 사회적 관계의 물화)의 대립은 도리어 허위적이다. 여기서 생산력에 대한 마르크스의 이해는 분명 과학적이지 않다. 왜냐하면 마르크스가 한편으로는 '공업'(생산력)이 분명 인간과 자연의 관계라고 인정하고 다른 한편으로는 부르주아 사회의 상이한 발전 관계에서 생산력이 지닌 소유제(생산관계)를 구분했다면 사회와 인간이 과학적으로 설명되었을 것이기 때문이다. 마르크스는 이러한 관점 — '노동'을 생산하는 원인이 물질생산 자체의 역사적 발전의 필연성(Notwendigkeit)에서 나온다는 관점 — 에서 조금밖에 떨어져 있지 않았다. 다시 말해, 마르크스는 더 이상 부르주아 사회의 불합리한 '노동' 현상이라는 결과만을 보지 않고 이러한 결과를 생산하는 부르주아 사회 생산양식의 내부적 원인을 발견하기 시작했다. 우리는 얼마 안 있어 마르크스 철학의 새로운 세계관과 과학적 사회주의가 출항하는 돛대를 보게 될 것이다!

이러한 논리를 연장해 앞으로 밀고 나갔기 때문에 마르크스는 틀림없이 아래와 같은 결론을 도출할 수 있었을 것이다.

---

138 같은 책, 261쪽.

만일 공업(Industrie)을 이렇게 본다면, 그러한 관점은 현재 공업이 활동하고 있는 환경과 공업이 공업으로서 처한 환경을 제쳐두는 것이다. 그러한 관점은 공업시대의 안에 처한 것이 아니라 그 위에 처한 것이다. 또 『1844년 수고』의 그러한 관점은 공업이 인간에게 무엇인가라는 측면에서 고찰한 것이 아니라, 현재의 인간이 인류 역사(Menschengeschichte)에 있어 무엇인가라는 측면에서 고찰한 것이다. 즉, 역사적(geschichtlich)으로 상인, 공장주, 국가 등이 공업을 어떻게 보았는가를 말한다. 이들이 인식한 것은 공업 자체가 아니고, 현재적 존재(Existenz)가 아니다. 오히려 공업에 의해 의식되지 못하고 또 공업의 의지에 반해서 공업 가운데 존재하는 힘이라고 할 수 있다. 이러한 힘은 공업을 파괴하고 인간적인 존재의 기초(Grundlage für eine menschliche Existenz)를 만든다.[139]

동시에 마르크스는 이러한 '공업'이 개척한 '세계적이고 역사적인 의미'를 직접적으로 긍정했다. 어떻든지 간에 우리는 현실공업에서 출발한 새로운 이론적 사고가 당시 마르크스의 이론적 전개에서 이미 우위를 차지했음을 분명하게 느낄 수 있다.

인류가 어쩔 수 없이 노예(Sklave)로서 자신의 능력을 발전시켜야 했던 물질적 조건과 사회적 조건(materielle und gesellschaftliche Bedingungen)에서 벗어날 순간이 이미 도래했다. 왜냐하면 인간은 더 이상 공업을 장사 이익으로 보지 않고 인간의 발전으로 보게 되었고, 매매이익이 아닌 인간을 원칙으로 삼을 것이기 때문이다. 그리고 공업 자체와 모순이 되어야만 발전할 수 있는 공업 내부의 조건에, 발전해야 하는 조건과 상응하는 기초를 제공할 것이기 때문이다.[140]

---

139 같은 책, 257쪽.
140 같은 책, 258쪽.

우리는 프롤레타리아 계급이 혁명을 일으킨 근거를 탐구하기 위해, 마르크스가 부르주아 현대사회가 가져온 '공업적 굴레'를 깨부수려 했음을 알고 있다. 그러나 이번에 그는 매우 분명하게 그것을 다음과 같이 정의했다. "바로 산업의 힘이 현재 움직이고 있는 조건과 돈의 사슬을 끊고 이러한 힘 자체를 고찰하는 것이다. 이것은 인간을 향해 내지르는 첫 번째 호소로, 그들의 공업을 매매에서 해방시켜 현재의 공업을 과도적인 시기로 이해한 것이다."[141] 여기서 "현재의 공업을 과도적인 시기로 이해"한다는 말이 매우 중요하다. 마르크스는 당시 그가 제거하고자 하는 것이 공업(객관적으로 필연적인 '존재')이 아니라 공업의 부르주아 사회형식임을 분명하게 알고 있었다. 하지만 공업(물질생산력의 발전) 자체는 부르주아 사회를 부정하는 '과도적인 시기'다. 바로 마르크스의 혁명 이론이 여전히 사람들의 구호를 빌려 사용하고 있지만, 여기에서 혁명의 길로 가는 실제적인 논리 운용은 이미 항상 인간주의의 노동소외 이론의 추론이 아니라('당위'), 종종 객관적으로 발전하는 공업이다('존재'). 나는 마르크스의 당시 사상에 이미 인간학적인 주체 변증법에서부터 객관적인 역사 변증법으로 향하는 무의식적 이행이 나타났음을 지적한 바 있다. 이것은 인간주의 소외 역사관이 아무런 책략도 없이 해체된 것이다.

따라서 공산주의(프롤레타리아혁명)는 더 이상 이론논리적 요구가 아니라 현실 역사의 필연적인 추세다. 마르크스는 이렇게 말했다.

공업이 주술로써 끌어낸(불러낸) 자연적 힘과 사회적 힘(Naturmächte und sozialen Mächte)이 공업과 맺는 관계는, 프롤레타리아가 공업과 맺는 관계(Verhältnis)와 완전히 같다. 오늘날 이러한 힘은 여전히 부르주아 계급(Träger)의 노예(Sklave)다. 부르주아 계급은 이러한 힘을 자신들의 사적인(더러운) 이윤욕을 실현시키는 공구(Werkzeuge, 담당자)로 보고 있다. 내일, 이러한 힘은

141　같은 책, 259쪽.

자신의 쇠사슬을 부수고 자신이 바로 더러운 껍데기(부르주아 계급은 이 껍데기를 공업의 본질로 보고 있다)만 있는 공업과 함께 부르주아 계급을 폭파시켜 버릴 인간적 발전을 위한 담당자라고 표명할 것이다. 이때 인간적 핵심 역시 충분한 힘을 받아서 이 껍데기를 폭파시키고 자신들의 형식으로 표현될 것이다. 내일, 이러한 힘은 부르주아 계급(der Bourgeois)이 이러한 힘을 인간과 분리시키고, 그래서 이러한 힘을 현실의 사회적 유대에서 사회적 속박으로 변화시킨(왜곡시킨) 바로 그 쇠사슬을 폭파시킬 것이다.[142]

바로 이것이 사회역사 발전의 진실한 과정에서 공산주의로 향하는 정확한 현실적 길이다. 과학적 역사인식에서 사회의 객관적 법칙이 막 밝혀지려는 순간이다.

만일 우리가 토론의 맥락을 당시 마르크스의 총체적 사상 논리로 환원시킨다면, 그의 본래 사상에 내재된 이중적 논리의 모순이 교차하면서 싸우는 과정이 여전히 지속되고 있음을 발견할 것이다. 이론구조 속에서 성질이 다른 두 논리적 사유에 이미 변화가 생기기는 했지만, 그러나 그가 직면한 주요한 난제는 근본적으로 해결되지 않았다. '공업'의 현실적 역사발전은 이미 마르크스 사상 논리에서 주요한 작동 과정이 되었다. 그리고 인간과 인간의 본질 사이의 소외논리는 피와 살이 없는 텅 빈 뼈대만을 남겨놓았다. 이 논리 틀이 자각적으로 부수어지고 무의식적인 파괴가 의도적인 전복으로 전환되기만 하면 새로운 사상의 경지가 탄생할 것이다. 4월, 즉 얼마 지나지 않아서 마르크스는 자신의 비망록에 제목이 없는 「비망록 속의 독서 기록」을 기록했다. 그는 자신이 장차 나아갈 방향을 의식했고, 이어서 같은 면의 아래쪽에 유명한 「포이어바흐에 관한 테제」를 썼다. 게슈탈트식 사상 변혁의 방주는 마침내 돛을 올리고 출항을 했다. 그리고 마르크스주의의 과학적 여정이 진정으

---

142   같은 책, 258~259쪽. 중역본을 약간 바꾸었다.

로 시작되었다.

3. 철학 혁명으로 향하는 마르크스의 특별한 사상적 실험

2절에서 우리는 『리스트를 평함』이라는 글에 대해 해석하고, 『신성가족』에서부터 「포이어바흐에 관한 테제」에 이르는 중요한 이론적 공백을 보충했다. 나는 마르크스가 「포이어바흐에 관한 테제」를 쓰기 전의 특수한 사고의 맥락을 미시적으로 연구함으로써 인간주의적 논리를 해체하고자 한 세 개의 특별한 사상적 실험이 구성한 특수한 문건 사이의 관련성을 밝히고 이로써 마르크스 철학의 새로운 전망이 발생하고 솟구치는 원초적 모습을 재현해냈다.

1) 마르크스의 「헤겔 현상학의 구조」 해석

내가 이해한 바로는, 마르크스주의 탄생의 진정한 표지인 「포이어바흐에 관한 테제」의 출현은 매우 특수한 이론논리적 배경을 지니고 있다. 단정할 수 있는 사실은, 마르크스가 1844년 말에 두 번째 사상 변혁의 패러다임 위기 시기를 걷기 시작했다는 것이다. 여기에서 '패러다임 위기 시기'라는 말은 미국 과학철학가 토머스 쿤의 패러다임 이론을 참조했다. 그것은 낡은 '패러다임'(당시 마르크스의 인간주의 노동소외 논리 틀)에서 새로운 '패러다임'(마르크스주의의 과학관)으로 전환하는 혁명적인 질적 변화 과정을 가리킨다. 본문에서 사용하는 '패러다임 위기' 역시 모두 이러한 의미다. 미시적 맥락으로 볼 때, 경제학 텍스트를 접할 때 무의식적으로 변화했던 『리스트를 평함』을 제외하고, 나는 『신성가족』 완성(1844년 11월) 이후의 중요한 사상 실험적 문건 세 편이 통일된 논리적 사고를 지니고 있다고 본다. 바로 「1844~1847년 노트」에 실린 세 편의 글로서, 1845년 1월에 쓴 「헤겔 현상학의 구조」(노트의 23쪽),

4월에 쓴 제목이 없는 「비망록 속의 독서 기록」(노트의 53쪽), 그리고 얼마 뒤에 쓴 「포이어바흐에 관한 테제」(노트의 55쪽 하단에서 57쪽까지)다. 「헤겔 현상학의 구조」라는 글의 본래 날짜는 1845년 1월인데, 이후 소련 학자 바가투리아가 이 글의 관점이 전년도 11월에 완성한 『신성가족』에서 전개되었다고 여겨 시간을 1844년 11월로 바꾸었다. 이것은 논의해볼 만하다. 나는 이 세 편의 문건을 사상 실험적 문건이라고 부른다. 왜냐하면 이 문건들은 마르크스가 발표를 위해서 분명하게 표현된 언어를 사용해 의식적으로 구성한 논저가 아니기 때문이다. 그것은 단지 실제 사상 활동을 문자로 기록하고 전개한 것일 뿐이다. 나는 이 세 편의 글을 마르크스 철학의 새로운 시각에 질적 변화가 생기는 임계점에 처한 3회의 특별한 사상 실험이라고 부른다. 물론 이 글들은 어느 정도 순차적인 관계가 존재하고, 특정한 방향성을 지니고 있으며, 논리적 관련이 존재하는 세 개의 사고 테제이기도 하다. 반드시 지적해야 하는 것은, 이러한 사고 맥락의 층위가 우리들의 이전 연구에서 마찬가지로 존재했던 거대한 논리적 맹점이기도 하다는 것이다. 여기에서 우리는 먼저 첫째 문건과 둘째 문건을 논하기로 하자.

특별한 첫째 실험문건은 마르크스가 1845년 1월에 쓴 「헤겔 현상학의 구조」에 대한 감상이다.[143] 이것은 마르크스가 비교적 짧은 시간에 세 번째로 헤겔 현상학의 구조를 논한 것이다(앞의 두 번은 『1844년 수고』와 『신성가족』에서였다). 나의 견해로는 이 문건은 대단히 중요하다. 왜냐하면 마르크스가 포이어바흐에게서 뛰쳐나와 재구축한 헤겔 역사변증법으로 진정으로 들어가는 첫 번째 사상적 실험이기 때문이다.

앞에서 말한 것처럼, 『1844년 수고』의 셋째 노트에서 청년 마르크스는 헤겔 관념론을 비판한 포이어바흐를 긍정하는 바탕 위에서 한편으로는 일반 유물론의 전제를 정확하게 다져 주어와 술어의 관계를 다시 뒤바꾸었다. 그리

---

143   1932년 MEGA1, I/5에 처음으로 발표되었다. 같은 책, 237쪽 참조.

고 다른 한편으로는 포이어바흐의 인간주의적 소외역사관(인간학적 현상학)으로 헤겔(정신현상학)을 새롭게 설명했다. 물론 이것은 프롤레타리아가 혁명을 일으키는 근거가 된 소외된 노동의 유적 본질을 탐구하면서 나왔다. 비록 더욱 깊은 논리적 층위에서는 마르크스가 이때 파악한 소외 이론이 공교롭게도 헤겔의 역사변증법인 부정의 부정 규칙에 대한 또 다른 기형적 인간주의 역사 논리가 발현된 것이기는 하지만, 마르크스는 여기서 이 사실을 결코 자각하지 못했다.[144] 마르크스는 포이어바흐와 헤스의 뒤를 이어, 헤겔의 자기의식과 관념적 신을 '인간'으로 교체했다. 본래 헤겔에게서는 관념이 세계를 구축한다. 이념의 논리가 타락해 자연이 된 이후 새로 등장한 인간은 관념의 신이 더욱 높은 사회역사의 진행 속에서 노동을 빌려 외화된 도구에 불과하다. 하지만 최종적으로 '인간'은 이념의 고급 외피로 밝혀졌고, 소외와 외화를 모두 지양하는 것은 절대관념에서 완성되었다. 그래서 헤겔은 "주어와 술어 사이의 관계가 완전히 뒤바뀌었다. 이것은 신비한 주체 – 객체, 혹은 객체 위에 뒤덮인 주체성이다"[145]라고 지적했다. 마르크스의 견해에 따르면, "이러한 역사는 아직 기존의 주체로서의 인간의 현실적 역사가 아니다".[146] 따라서 헤겔에게는 '두 가지 큰 죄'가 있다. 하나는 인간의 본질은 분명히 소외되었는데 여기서 인간의 본질을 객관정신의 소외로 바꾼 것이다. 다른 하나는 인간 소외의 지양은 마땅히 '대상 세계를 인간에게 돌려주기를 요구'해야 하는데, 여기서는 도리어 관념으로 되돌아갔다는 것이다. 그렇지만 헤겔의 논리에서 노동 인간주의와 다소 가까운 관점은 마르크스의 찬양을 받았다. 예를 들어 헤겔은 "인간의 자아정신을 과정으로 보았다", "그는 노동의 본질을 파악하고 대상적인 인간과 현실적인, 그래서 진정한 인간을 자기 노동의 결과로 이해했다".[147] 그러나 헤겔은 국민경제학자의 입장에서 "노동을 인간의 본질

---

144 張一兵, 『馬克思歷史辨證法的主體向度』, 第1章 참조.
145 『馬克思恩格斯全集』, 第42卷, 176쪽.
146 같은 책, 159쪽.

로 보았고, 인간의 자기 확증의 본질로 보았다. 그는 노동의 긍정적인 면만 보았고, 노동의 부정적인 면은 보지 못했다".[148] 이상은 마르크스가 1843년 일반 유물론(마르크스 사상의 첫 번째 변화)의 입장으로 바뀐 이후 헤겔의 변증법(현상학)에 대해 했던 첫 번째 비판이다. 마르크스는 이전의 『헤겔 법철학 비판』에서는 그 관념론적 전제만 비판했다. 레닌은 후에 『철학 노트』의 전반부에서 헤겔 관념론에 대해 비판적 논리를 전개할 때 마르크스의 당시 사유에 매우 근접했다. 나의 연구에 따르면, 『철학 노트』가 반영하는 완전한 연구과정을 통해 볼 때, 헤겔에 대한 레닌의 비판과 개조는 중대하고도 도약적인 인식의 변화를 한 번 겪었다. 그 전후 시기의 헤겔에 대한 레닌의 시각은 매우 크게 차이가 난다.[149]

앞에서 논한 것처럼 『신성가족』에서 마르크스와 엥겔스는 바우어 형제의 '신성가족'을 비판할 때 다시 한 번 헤겔을 비판했다. 거기에는 내가 논한 적 있던, 비교적 분명한 부정적인 맥락이 두 군데 있다. 첫째는 이 책의 제5장 제2절에서, 마르크스가 바우어 이론의 논리적 배후인 헤겔에게서 온 '사변 구조의 비밀'을 밝힌 부분이다. 분명히 우리는 관련된 구체적 존재물(사과, 배 등) 속에서 보편성(본질로서의 '과일')을 추상화시킬 수 있다. 하지만 우리는 도리어 이러한 관념을 존재물의 '진정한 본질'이라고 선포해버렸다. 동시에 분명히 이 관념에서 저 관념으로 이동하는 우리들 '자신의 활동'이 본질이라는 '절대주체의 자기활동'이라고 완전히 확증되어버렸다. 이로써 본질이라는 것은 죽고 정지된 것이 아니라, 살아있고 그 안에서 구별되고 능동적인 것임이 증명되었다.[150] 여기서 마르크스는 여전히 포이어바흐를 긍정함으로써 헤겔을 반대하고 있다. 둘째는 제5장 제3절 D항목에서 마르크스가 헤겔 체계의 세

---

147 같은 책, 163쪽 참조.
148 같은 책, 163쪽 참조.
149 張一兵, 「論列宁深化唯物辯証法過程中的認識飛躍」, ≪哲學硏究≫(1993), 第5期 참조. 張一兵, 『回到列宁: 關于'哲學筆記'的一种后文本學解讀』(江蘇人民出版社, 2008) 참조.
150 『馬克思恩格斯全集』, 第2卷, 71~75쪽 참조.

가지 요소를 해석한 부분이다. 하나는 스피노자의 실체이고, 그다음은 피히테의 자기의식이며, 마지막은 상술한 것처럼 재구성한 양자의 통일이다. 즉, '현실적 인간으로서의 현실적 인류'다. 앞의 두 가지는 모두 헤겔 철학의 고리에 빠져 정신없이 돌고 있다. 단지 포이어바흐만이 정신 차리고 이 점을 간파했기 때문에 그는 '인간'으로 돌아갔고 마지막에는 '헤겔 철학을 끝맺음하고 비판했다'.[151]

상술한 것처럼 두 개의 도움이 되는 중요한 배경을 밝혔으니 「헤겔 현상학의 구조」를 읽어보도록 할 것이다. 「헤겔 현상학의 구조」는 핵심적인 요점을 네 가지로 정리하고 있다. 직관적으로 보면, 이 책은 분명 마르크스가 일 년도 안 되어 세 번째로 헤겔 현상학의 본질을 고민한 내용을 담고 있다. 이것은 마르크스가 당시 이미 헤겔 철학이 포이어바흐가 이해한 것처럼 그렇게 단순하지 않을 수 있음을 의식했다는 사실을 말해주고 있기도 하다. 더욱 중요한 것은 마르크스가 '헤겔 현상학의 구조'라는 제목으로 쓴 이 글은, 그 사고 과정에서 드러나는 구상이 이미 헤겔 현상학이라는 이 지정된 대상을 크게 뛰어넘었다는 사실이다.

첫째 요점에는 몇 글자 없다. "자기의식이 인간을 대신한다. 주체 – 객체." 이것은 헤겔이 현상학에서, 인류 개체의 (유적) 인지 발전 과정 속의 "'의식에서 객체화된' '이것'"에서부터 '자기의식의 확립'까지의 과정을 독단적으로 뒤집었음을 분명하게 가리키고 있다. 또한 그것을 객체화된 자기의식의 자기비하 과정이 되도록 했다고 지적했다. 이렇게 인간의 진실한 인지가 거꾸로 '현상'이 되었고, 주체와 객체의 관계는 관념론적으로 전도되었다. 앞에서 두 번 수행한 비판적 사고와 비교해서 이 점은 무슨 새로운 의미가 없는 것 같기도 하다.

둘째 요점은 다음과 같다. "사물의 차이는 결코 중요하지 않다. 왜냐하면

---

151 『馬克思恩格斯全集』, 第2卷, 176~177쪽 참조.

실체가 자기구별이라고 간주되거나, 혹은 자기구별, 구별, 오성(悟性)의 활동이 본질적인 것으로 간주되기 때문이다. 그래서 헤겔은 사변적 범위 내에서 진정으로 사물(Sache)의 실질을 파악해 구별할 수 있도록 했다."[152] 얼핏 보기에 이러한 감상은 확실히 상술한 『신성가족』 제5장 제2절에서 했던 헤겔에 대한 첫 번째 비판 맥락과 일치하는 것 같다. 소련 학자 바가투리아는 바로 이 점에 의거해 마르크스의 이 문건을 『신성가족』이 헤겔 철학을 비판한 개요라고 우겼다. 그리고 인위적으로 이 문건의 시간을 『신성가족』과 같은 1844년 11월로 바꾸었다. 하지만 자세한 해석을 통해 우리는 마르크스가 여기서 했던 사고 논리는 『신성가족』과 차이가 있음을 발견했다. 왜냐하면 그것은 헤겔을 긍정하고 있기 때문이다. 맥락 속에서 중심은 '자기' '활동'이다. 앞에서 말한 것처럼, 『신성가족』의 첫 번째 맥락 역시 활동에 대한 헤겔의 태도를 논했다. 하지만 해석의 중심은 그가 '인간 자신'의 활동을 절대주체의 자기활동으로 그릇되게 전도시켰다고 비판하는 것이다. 『신성가족』에서는 마르크스가 '인간 자신'이라는 네 글자에 강조 표시를 했지만, 여기서의 유일한 강조 표시는 '사물의 차이'에 있었음에 주의를 기울이기 바란다. 이것에 대한 나의 구체적인 해석은 다음과 같다. 당시의 마르크스는 사실상 헤겔 현상학의 구조에 중요한 인식적 도식이 있음을 새롭게 발견했다. 객체의 차이가 존재하지만, 우리의 인식 경관에 나타난 '차이'는 도리어 주체의 활동과 관련이 있으며, 이것은 심지어 더 '본질'적인 차이다. 하지만 직관적인 포이어바흐는 이러한 것들을 근본적으로 이해할 수 없었다. 이러한 점에서 마르크스가 본래 지니고 있던 사상과 구별되는 '노동'은 포이어바흐를 넘어선 것이다. 당시 마르크스는 아마도 경제학적 의미에서 이러한 점을 확실히 인식했을 것이다. 왜냐하면 진정으로 객체의 차이를 만드는 것은 이상화된 유적 본질로서의 자유로

---

152 『馬克思恩格斯全集』, 第42卷, 237쪽. Karl Marx, *Manchester-Hefte*, MEGA2, IV/3(Berlin: Dietz Verlag, 1998), S.11 참조.

운 노동이 아니라 현실의 '공업'으로만 가능하기 때문이다. 그러나 마르크스가 『1844년 수고』와 『신성가족』에서 헤겔에 대한 비판을 진행할 때, 그 자신은 이러한 점을 인식했을까? 나는 이 점에 대해서는 의문을 지니고 있다.

셋째 요점은 "소외를 지양하는 것은 대상화(Gegenständlichkeit, 포이어바흐가 특별히 발전시킨 부분)를 지양하는 것과 같다"다. 헤겔이 인간의 인식구조를 독단적으로 절대적 실체로 객체화시킨 이후, 진정한 객관적 존재(물질과 인간)는 주체로부터 소외된 도구적 대상이 되고 말았다. 따라서 소외를 지양하는 것은 대상화를 지양하는 것이기도 하며, 그럼으로써 진정으로 정신 주체로 돌아갈 수 있다. 정확하게 말하자면, 소외를 지양하는 것이 대상화를 지양하는 것과 같다는 명제는 헤겔의 원칙이다. 하지만 마르크스는 왜 그것이 포이어바흐가 특히 발전시킨 부분이라고 했을까? 헤겔의 이성적 관념론을 겨냥해, 포이어바흐는 실체를 자연과 인간으로 확정시켰다. 신은 인간의 본질이 소외되고 외화된 것이다. 하느님을 타도하는 것이 소외를 지양하는 것인데, 이는 바로 진정으로 대상화(감성)된 인류 주체의 생존으로 돌아가는 것이다. 한편 절대이념은 자연과 인간의 총체적 정신이 소외되고 외화된 것이다. 절대관념을 부정하면 마찬가지로 감성적 자연과 대상화된 존재로서의 현실적 인간으로 돌아가게 된다. 포이어바흐의 자연유물론과 인간주의는 직관 속의 대상성을 새롭게 확립하는 데 눈을 돌렸다. 그리고 감성의 대상화를 부정하는 헤겔에 반대했다. 이것은 아마도 마르크스가 '특별히 발전시킨'이라는 말의 협의적인 부정일 것이다. 또 다른 면으로, 마르크스의 이 사고의 요점적 맥락을 그가 이미 진입한 경제학 연구과정에서 본다면 둘째 의미의 한 단면이 드러날 것이다. 즉, 마르크스는 새로운 의미에서 포이어바흐가 아닌 헤겔을 긍정한 것이다! 포이어바흐 철학의 이론적 기초는 직관적 자연대상성이다. 그런데 마르크스의 이때 경제학 연구 수준으로 보면, 그는 이미 사회역사의 물질적 진행('공업')에서 자연과 인간의 현실적 존재형태(노동자의 '소외'와 자연대상의 제품화)를 깊이 이해하고 있었다. 따라서 소외와 외화를 지양한다고 해서, 인간과 자연을 포이어바흐가 말한 추상적 직관 대상성으로 돌려보낼 수는 없다. 하지만 더 높은 의미에서 대상성의 물화를 제거한 인간을 위한 존재로 다시 돌아가게 하려는 것이다. 총체적으로 말해, 『1844년 수고』와 달리 마르크스는 이미 대상성을 지양하는 데 주의를 기울이기 시작했다. 하지만 셋째 요점을 쓸 때는 마르크스가 이렇게까지 분명하게 자기반성을 하지 않았을 가능성도 있다. 그렇지만 마르크스가 다음 넷째 요점에서 보여주는 맥락은 앞의 세 가지 요점과 비교해 크게 구별된다.

나는 넷째 요점이 가장 중요하다고 생각한다. "당신이 상상 속의 대상을 지양하고 의식대상으로서의 대상을 지양하는 것은 현실적 대상성의 지양과 같고, 사유와는 차이가 있는 감성적 행동, 실천, 그리고 진정한 활동과 같다(이를 더 발전시켜야 한다)."[153] 이 요점에 대해서는 한 조목씩 분석하고 사고를 분명하게 해야 할 필요가 있다. 마르크스가 이 이론의 감상을 쓴 진정한 맥락은 도대체 무엇일까? 맥락의 중심이 겨냥한 것은 누구일까? 젤레니는 마르크스가 여기서 실천적 활동이라는 용어를 사용해 바우어의 사상적 활동과 구별했다고 무심코 지적했다.[154] 나의 견해에 따르면, 넷째 요점은 청년 마르크스가 자신과 헤스를 비판적으로 읽은 것이다. 이 구절이 헤겔을 해석한 것이 아님은 분명하다. 헤겔 현상학의 종점(『논리학』의 기점이기도 하다)은 당연히 실천과 감성의 활동이 아니다. 포이어바흐에 대해서는 어땠을까? 본 구절의 앞 단락은 포이어바흐를 논평한 듯하다. 신은 '상상 속의 대상'일 수 있다. 하지만 후반부에 나오는 두 번의 '같다'는 포이어바흐를 가리킬 수 없다. 이때 헤겔을 파괴하고 또 포이어바흐의 '인간'의 실체로부터 '감성적 행동, 실천, 그리고 진정한 활동'으로 갈 수 있는 사람이 누가 있을까? 답은 단 한 사람, 바로 당시 마르크스와 엥겔스의 동반자였던 헤스다. 마르크스가 『신성가족』에서는 이전

153   같은 책, 237쪽. 중역본에는 수정사항이 있다. Karl Marx, *Manchester-Hefte*, S. 11 참조.
154   澤勒尼, 『馬克思的邏輯』, 58쪽 참조.

에 『1844년 수고』의 논리 무대 뒤에 숨었던 프루동을 직접 지목했다면, 여기서는 자각적으로 헤스를 비판하기 시작한 것으로 보인다. 사실상 헤스 비판은 마르크스 자신을 넘어서는 것이기도 하다!

다시 간단하게 돌이켜보자. 실제 문헌 자료로 볼 때, 헤스는 치에스코프스키의 영향을 받았기 때문에, 헤겔의 사변에서부터 실천으로 걸어 나와야 한다고 비교적 일찍(1840년) 주장했다. 우리가 제1장에서 토론한 것처럼, 헤스의 눈에 모든 청년헤겔파는 바로 '오늘의 실천철학'[155]이었다. 포이어바흐의 영향을 받아, 1842년 이후 헤스는 인간의 유적 본질을 '각종 외재적인 강제에서 자유롭고 독립적인' 인간의 활동이라고 규정했다. 심지어 인간의 실천 본질이 바로 교환, 교통, 그리고 협동과 같은 '현실의 생활 활동', 그리고 인간의 물질적 교통관계라고 제기했다.[156] 주의를 기울일 만한 중요한 새로운 상황은, 1844년 상반기 이후 헤스가 마르크스보다 더 일찍 포이어바흐에 대한 비판을 진행했다는 점이다. 그는 인간의 본질에 대한 포이어바흐의 이해가 여전히 생각 속에서만 정체되어 인간주의적 실천 결론, 즉 사회주의에까지 도달하지 못했다고 여겼다. 헤스는 자신의 철학을 '실천적 인간주의(praktischen Humanismus)'라고 불러 포이어바흐의 '이론적 인간주의'와 구별했다. 재미있는 것은, 한 세기 반이 지난 이후 몇몇 중국 학자들이 실천적 인간주의를 마르크스주의의 '새로운 형태'라고 다시 한 번 쉽게 지적했다는 점이다. 1845년 1월 17일, 헤스는 마르크스에게 편지를 써서 자신이 『최후의 철학자들』에서 포이어바흐에 대해 했던 비판을 소개했다. 아울러 포이어바흐 철학에 대한 자신의 비판이 "종교와 철학 과정의 종결을 선언했다"라고 말했다. 나는 마르크스가 헤스의 이 편지를 받은 후에 특정한 목적성을 지닌 「헤겔 현상학의 구조」를 썼다고 생각하고 있다. 헤스의 사상 변화는 마르크스가 최종적으로 포

---

155 赫斯, 「歐洲三同盟」, 『哲學与社會主義論文集』(1837~1850)(柏林, 1980), 170쪽.
156 「德國和法國与中央集權問題」, ≪萊茵報≫(1842년 5월호) 참조.

이어바흐의 인간주의적 논리를 해석하는 데 매우 큰 작용과 영향을 일으켰다. 이 외에 중요한 작용과 영향을 준 것은 슈티르너가 1844년 10월에 발표한 『유일자와 그 소유』로, 슈티르너는 여기에서 포이어바흐의 인간주의에 대해 치명적인 공격을 가해 마르크스에게 자극을 주었다. 물론 더 중요한 '조산부'는 당시 마르크스 자신이 경제학과 정치혁명사에 관해 연구해 새로운 경지에 오른 것이다.

포이어바흐처럼 사회실천으로부터 유리된 인간주의 비판을 통해 감성적인 활동과 실천, 그리고 현실적인 활동으로 사회주의를 계승하고자 한 사람은 분명 헤스다. 헤스의 이러한 '실천 인간주의'에 대해서 우리는 마르크스의 『1844년 수고』와 『신성가족』에서 이미 살펴본 바 있다. 당시 마르크스와 엥겔스는 실천 인간주의에 대해 기본적으로 긍정적인 태도를 취했다. 그런데 여기서도 마르크스가 간단하게 긍정했을까? 난 아니라고 생각한다. 마르크스의 넷째 요점의 사상은 후반부에 나오는 두 번의 '같다'에 집중되어 있다. 위아래 문장의 맥락을 통해 우리는 마르크스가 자신에게 질문을 던지고 있음을 알 수 있다. 상상 속의 대상을 지양하는 것(헤겔의 관념소외, 포이어바흐의 인간의 본질소외, 그리고 헤스와 마르크스 자신의 노동소외)이 진정한 대상의 지양과 같을 수 있을까? 현실의 실천과 같을 수 있을까? '더 발전시켜야 한다'라는 말 자체는 마르크스가 사실상 이미 상술한 논리 등식에 의문을 품기 시작했음을 의미한다. 더욱 중요한 것은, 만일 실천이 추상적이고 비역사적인 논리 결과라면 이것이 진정한 과학일 수 있을까라는 것이다. 분명 이것은 마르크스가 막 시작하고 아직 완성하지 못한 사상적 실험이다!

2) 난해한 「비망록 속의 독서 기록」

앞의 논의를 통해 우리는 1971년에 마르크스가 1845년 3월에 쓴 『리스트를 평함』이라는 원고가 발견되었고 이 새로운 문헌에서 마르크스 사상의 중대한 변화를 직접 볼 수 있음을 알게 되었다. 내가 마르크스 철학이 보여준 새로운 전망의 두 번째 사상적 실험이라고 부르는 것은, 바로 마르크스가 『리스트를 평함』을 완성한 후 1845년 4월에 쓴 「비망록 속의 독서 기록」의 수고다.[157] 「비망록 속의 독서 기록」은 「헤겔 현상학의 구조」와 같은 비망록에서 53쪽 상단에 쓰여 있다. 그것의 아래 부분에는 유명한 「포이어바흐에 관한 테제」가 이어져 있다. 중국의 마르크스 사상사 논저들을 쭉 살펴보면 중국 학계에서는 이 중요한 세절(細節)을 완전히 무시하고 있다.

이 문건은 매우 간단하다. 서로 병렬되어 있는 것도 같고 또 아무런 직접적 관계도 없는 것처럼 보이는 네 개의 요점만 있을 뿐이다.

> 신령한 이기주의(göttliche Egoist)는 이기주의와 서로 대립한다.
> 고대 국가에 관한 혁명 시기의 오해.
> '개념'과 '실체'(Substanz).
> 혁명 — 현대 국가 기원의 역사(Entstehungsgeschichte).[158]

「비망록 속의 독서 기록」을 해석하는 데 종종 어려움이 있음을 부인할 수 없다. 철저하게 무시되는가 하면(중국 학계), 단순하게 다른 사상 흐름의 중복으로 치부되기도 한다(바가투리아, 타우베르트[159]). 진지한 사고와 연구를 통해, 그리고 문헌 간의 맥락에 대한 분석을 통해 나는 「비망록 속의 독서 기록」 역시 매우 중요하다는 것을 발견했다. 왜냐하면 이 글은 마르크스가 당시의 특별한 사상적 실험에서 분출한 중요한 사상적 불꽃을 기록한 것이기 때문이다. 이렇게 점점이 박힌 불꽃들은 바로 그가 구체적인 경제와 역사 연구에서

---

157 1932년 처음으로 MEGA1, I/5에 발표되었다. 『馬克思恩格斯全集』, 第42卷, 273쪽 참조.
158 같은 책, 273쪽. Karl Marx, *Manchester-Hefte*, S. 19 참조.
159 잉게 타우베르트(Inge Taubert, 1928~2009), 동독의 마르크스 문헌학자. 그는 본래 MEGA2 I/2와 I/5의 편찬 작업을 책임졌다.

갑작스럽게 발견한 중요한 철학적 규정들이다. 그것은 역사성, 현실성, 그리고 구체성이다.

이 글을 접하면서 우리는 그 속의 첫째 요점, 둘째 요점, 그리고 넷째 요점이 모두 역사적, 현실적, 그리고 구체적인 관념 해석임을 직접적으로 느낄 수 있다. 가장 먼저 '신령한 이기주의와 이기주의'다. 과거의 연구(예를 들어 타우베르트)에서는 이 요점을 『신성가족』과 관련된 서술로만 보았다. 사실 마르크스가 이미 읽은 슈티르너의 『유일자와 그 소유』라는 책에서 보면 이기주의는 슈티르너가 뽑아낸 역사 분기의 셋째 단계(성인)의 가치취향이며 슈티르너 자신의 이론적 기치이기도 하다. 마르크스는 슈티르너가 내건 이기주의가 현실에서 결코 추상적이거나 비역사적인 것이 아님을 설명하고자 했다. 중세기에도 특수한 '신령한 이기주의'가 있었다. 하지만 그것은 오늘날 슈티르너의 부르주아 이기주의가 가리키는 내함(內涵)과 완전히 다르다. 마찬가지로 현대 부르주아 국가의 기원은 고대 국가에 대한 오해와 똑같다. 즉, 모두 부르주아 계급의 현실적 '혁명' 실천에서 출발한 것으로, 일정한 '혁명'과 비판적 실천 활동은 반드시 특수한 이론적 담론을 형성한다. 이러한 점은 사실상 이후의 「포이어바흐에 관한 테제」의 제1테제와 제3테제의 결론과 직접 관련된다. 사실 동일한 초고의 22~23쪽(대략 2월에 완성)에서, 마르크스는 '현대국가에 관한 저작의 계획 초고'에서 이미 "정치 제도의 자아 찬양 — 고대 국가와 함께 논하기. 시민사회에 대한 혁명파의 태도"[160]라고 적었다. 마르크스의 목적은 부르주아 계급, 소위 현대국가의 본질이 바로 부르주아 사회의 경제생활 – 시민사회로 결정됨을 비판하는 것이었다. 그러나 부르주아 계급은 부르주아 혁명에서 생겨난 이 역사적이고 현실적이며 구체적인 규정성을 발견할 수 없다. 그들은 그것을 고대 국가와 혼동하거나, 아니면 현대국가를 영원한 '자유', '평등', 그리고 '인민주권'으로 신비롭게 변화시켰다. 그러나 마르크스

---

160 『馬克思恩格斯全集』, 第42卷, 238쪽.

는 소위 말하는 부르주아 '혁명'을 뛰어넘어 프롤레타리아의 '국가와 시민사회의 소멸(Aufhebung)을 위해 투쟁하는' 새로운 혁명을 창조했다.[161] 이것이 마르크스가 '계획'한 마지막 구절이다.

이상한 것은 「비망록 속의 독서 기록」 셋째 요점이다. 세 가지 구체적인 사실에 대한 해독에서 그는 왜 '개념'과 '실체'를 떠올렸을까? 이것에 대한 해석에는 다음과 같은 사고가 담겨 있을 것이다. 즉, '개념'은 헤겔(그리고 바우어, 슈트라우스 등의 모든 관념론)을 가리킬 것이고, '실체'는 아마도 포이어바흐의 '인간'(이전의 마르크스와 엥겔스, 그리고 헤스의 '노동'과 '행동'을 포함할 수도 있다), 즉 이미 일반 유물론으로 바뀌었지만 여전히 물상(物相)의 본질에 관해서는 실체적 이해에 빠져 있는 철학자들을 가리킬 것이다. 그래서 이어서 자연스럽게 '개념'을 객관현실로 돌리는 생각을 하도록 하고, '인간'과 '자연'에 대한 실질적인 이해를 그만두게 했던 것이다. 그러면 당연하게 이 쪽 하반부의 「포이어바흐에 관한 테제」 제1테제의 실천으로 넘어가게 된다. 이러한 독해가 이치에 맞는 것 같다. 그러나 다시 숙고한 후 나는 마르크스의 진실한 맥락은 이와 같지 않다고 생각했다. 왜냐하면 실천 역시 추상적일 것이기 때문이다. 앞에서 논술한 것처럼, 마르크스는 헤스가 이때 지녔던 관점이 바로 추상적인 행동이고 활동임을 매우 분명하게 알고 있었다. 인류 물질생산과 교통에 관한 헤스의 이해와 연결시켜본다면, 헤스의 입론은 바로 사회실천이다. 여기서 마르크스의 맥락은 단순히 헤겔을 넘어서는 것이 아니며, 또한 단순히 포이어바흐를 넘어서는 것도 아니다. 그것은 헤스와 당시의 자신을 넘어서는 것이다! 여기의 위아래 문장(첫째 문장에서 셋째 문장까지)과 관련된 맥락은 바로 내가 윗글에서 해석해낸 인류 생활 상황의 역사성, 현실성, '구체성'

---

161 같은 책, 238쪽 참조. 1845년 2월 6일 ≪트리어일보≫에 "마르크스 박사가 내일 파리를 떠나 네덜란드로 옮겨 그곳에서 국민공회사(國民公會史) 저작을 완성할 예정이다"라는 기사가 보도되었다. 이를 통해 마르크스가 당시 『국민공회사』 집필을 준비했음을 알 수 있다(『국민공회사』는 프랑스 혁명에 대한 연구인데, 이후 마르크스는 집필을 포기했다. _옮긴이).

이라는 '행간'의 맥락이다. 이곳의 텍스트 분석에서 나는 알튀세르의 소위 징후적 독해법을 차용했다. '행간을 읽어내는 것'은 분명 구조주의적 맥락 분석법이다.[162] 이러한 맥락이 형성된 유일한 기초는 철학이 아니라 객관적인 경제와 정치 현실일 수밖에 없다!

동시에 여기에 도움이 되는 배경 가운데 우리가 주의를 기울일 만한 또 다른 텍스트는, 엥겔스가 그로부터 얼마 전(1844년 11월 19일)에 마르크스에게 써 준 한 통의 편지다. 이 편지는 현재 남아 있는 텍스트 중에서 마르크스와 엥겔스가 처음으로 슈티르너의 저서 『유일자와 그 소유』(1844년 10월 말 라이프치히에서 출판)를 언급한 것이다. 이 편지에서 엥겔스는 슈티르너가 개인(이기주의의 '나')으로 포이어바흐의 인간(인류)을 대체한 것은 옳다고 했다. 그리고 '중요한 것'은 '그것을 뒤바꾼 이후에 그것 위에 계속 건설을 진행'해야 한다고 제기한 것이다. 그렇다면 어떻게 뒤바꿀 것인가? 엥겔스가 이때 제공한 사고는 "만일 우리들의 사상을, 특히 우리들의 '인간'을 진실한 어떤 것으로 되게 하고 싶다면, 우리는 반드시 경험론과 유물론에서부터 출발해야 한다. 우리는 반드시 개별 속에서 보편을 이끌어내야 한다"[163]라는 것이다. 나는 엥겔스의 이 생각에 대해 마르크스가 기본적으로는 찬성하지만, 어느 정도는 보류했을 것이라고 생각한다. 포이어바흐의 인간주의 논리에 대한 슈티르너의 근본적인 비판은 당연히 마르크스에게 아주 큰 충격을 주었다. 이것은 그가 완전히 인간주의를 등진 원인의 하나였다. 동시에 슈티르너의 이기주의적인 '나'는 분명 마르크스·엥겔스가 이후에 '현실적 개인'을 형성하는 비판적 출발점이기도 하다. 허우차이는 『청년헤겔파와 초기 마르크스 사상의 발전』이라는 책에서 이미 이 문제에 주의를 기울였다. 마르크스와 슈티르너에 관한 이 책의 논술을 참고하기 바란다.[164] 우리는 다음 장에서 집중적으로 이 점을 논

---

162   張一兵, 『問題式, 症候閱讀与意識形態: 關于阿爾都塞的一种文本學解讀』(中央編譯出版社, 2003), 第2章 참조.
163   『馬克思恩格斯全集』, 第27卷, 13쪽.

할 것이지만, 그렇게 하더라도 여전히 충분하지는 않다. 내가 보기에 마르크스는 이 편지의 후반부에 더 큰 흥미를 느꼈다. 편지에서 엥겔스는 마르크스에게 슈티르너의 문제가 '관념론의 추상적 개념에서 유물론의 추상적 개념으로 뛰어간 것'에 있다고 했다. 그리고 헤스는 아마도 '관념론에 대한 본래의 충심에서 나와', '경험론을 통렬히 비판하고', "그가 이론을 논할 때 늘 모든 것을 범주로 귀결시켰으며, 이로 인해 그 역시 통속적으로 말할 수 없어 과도하게 추상적으로 되었을 것이다"[165]라고 지적했다. 이에 대해 엥겔스는 만일 우리가 "진실하고 살아있는 사물을 연구하고 역사의 발전과 결말을 연구한다면, 그렇다면 상황은 완전히 다를 것이다"[166]라고 했다. 난 엥겔스의 마지막 단락이 마르크스가 바라던 '딱 들어맞는' 말이었다고 생각한다. 이것은 아마도 마르크스가 이후에 엥겔스가 다른 길을 통해 '독립적'으로 새로운 세계관을 발견했다고 말한 이유이기도 할 것이다. 나는 좀 더 이어서 다음과 같은 가설을 세웠다. 마르크스는 엥겔스의 이 편지를 받은 후, 특히 슈티르너의 『유일자와 그 소유』를 읽은 후 엥겔스에게 편지를 보내 자신의 견해를 이야기했다. 그래서 엥겔스가 마르크스의 관점에 찬성하는 1845년 1월 20일의 편지가 탄생하게 되었다.[167] 동시에 마르크스는 프랑스 혁명과 국가 문제를 연구하고(『국민공회사』) 『리스트를 평함』을 쓰는 과정에서 새로운 생각을 형성하게 되었다. 그래서 먼저 「비망록 속의 독서 기록」을 쓰고 얼마 되지 않아 또 다시 저명한 「포이어바흐에 관한 테제」를 썼다. 이것이 바로 그의 세 번째이자 가장 중요한 혁명적인 사상 실험이다.

---

164 侯才, 『青年黑格爾派與馬克思早期思想的發展』 참조.
165 『馬克思恩格斯全集』, 第27卷, 13쪽 참조.
166 같은 책, 14쪽.
167 같은 책, 16~22쪽 참조.

4. 「포이어바흐에 관한 테제」에서의 게슈탈트식 변혁

앞에서 말한 것처럼, 마르크스는 1845년 4월에 「비망록 속의 독서 기록」을 쓴 후 바로 이어서 저명한 「포이어바흐에 관한 테제」를 썼다. 비록 「포이어바흐에 관한 테제」가 비망록의 같은 쪽 아래 부분에 쓰여 있기는 하지만, 필적과 잉크로 감정해보면 그것은 분명 다른 시기에 쓰인 것이다. 나는 마르크스의 「포이어바흐에 관한 테제」를 마르크스가 역사유물론을 정립하기 이전에 이루어진 세 번째 사상 실험이자 가장 성공적이고 특별하면서도 혁명적인 사상 실험이라고 본다. 사실상 이 글은 마르크스가 처음으로 자각적이고 책략적으로 낡은 인간주의 소외 역사관 논리를 깼음을 보여준다. 또한 깊은 경제학 연구의 바탕 위에서 과학적 인식이 혁명적으로 비약해 막 싹을 틔웠음을 드러낸다. 무엇보다 마르크스 사상의 두 번째 중대한 전환이었으며 마르크스주의 철학의 새로운 시각이 처음으로 지평선을 뚫고 드러날 수 있도록 이끌어주었다. 이 점에 대한 알튀세르의 관점은 중요한 합리적 요소를 지니고 있다. 하지만 여기서 발생한 것은 단순한 인식의 '단절'이 아니라 특별한 양적 변화를 기반으로 하는 인식의 도약이다. 마르크스는 본래의 사상 특성과 자신이 관심을 지녔던 중대한 이론과 현실의 문제를 완전히 버리지도 않았고 버릴 수도 없었다. 그의 새로운 사상은 완전히 새로운 이론적 틀 속에서 과학적으로 다시 재구성된 것일 뿐이다.

1) 마르크스 철학의 새로운 지평에서 실천은 무엇을 의미하는가

모두가 주지하듯이, 1845년 4월 사이에 마르크스는 자신의 비망록 노트 53~57쪽에 유명한 「포이어바흐에 관한 테제」[168]를 썼다. 같은 해 11월에 마

---

168 Karl Marx, *Manchester-Hefte*, S. 19~21 참조. 비망록 원고에는 마르크스의 'ad Feuerbach'라는 말만 있

르크스와 엥겔스는 이 테제에서 출발해 철학의 새로운 세계를 세우기 시작했다(『독일 이데올로기』). 1880년대 중기에 엥겔스는 마르크스의 이 테제를 공개적으로 발표하면서 "새로운 세계관의 천재적 맹아를 보인 첫 번째 글"이라고 칭했다. 1895년 엥겔스는 사망하기 전에 다시 한 번 역사유물론 철학이라는 새로운 시각의 탄생지를 분명하게 지적했다. 엥겔스는 「포이어바흐에 관한 테제」 "이것이 그 기원이다"[169]라고 말했다. 본래 「포이어바흐에 관한 테제」는 마르크스주의 철학의 새로운 시각을 보여주는 텍스트로, 그 이론논리가 차지하고 있는 자리는 분명하다. 왜냐하면 마르크스주의 창시자가 직접 지목했기 때문이다. 하지만 1930년대 이후, 구체적으로 말하자면 마르크스의 일부 초기 논저(『헤겔 법철학 비판』, 『1844년 수고』 등을 포함해서)가 세상에 등장한 이후 서방의 '마르크스학'과 서양 인간주의적 마르크스주의 학자의 특정한 이론적 의도가 발단이 되어 「포이어바흐에 관한 테제」의 지위에 미묘한 변화가 발생했다. 즉, 마르크스주의 철학의 발생이 1843년의 『헤겔 법철학 비판』으로 앞당겨진 것이다. 이렇게 되자 1845년 4월 이전에 쓰인 많은 마르크스 초기 텍스트들이 모두 마르크스주의(예를 들어 『1844년 수고』 때의 인간주의 노동소외 이론)로 인정되었고, 「포이어바흐에 관한 테제」는 더 이상 진정한 '기원'이 아닌 단지 '완성'을 상징하는 지표가 되었다. 그리고 주의를 기울일 만한 것은 인간주의적 사상 경향을 지닌 상당한 논자들이 「포이어바흐에 관한 테제」를 마주할 때 그중의 한 구절('주체로부터 출발')에서부터 거꾸로 방향을 틀어 『1844년 수고』로 돌아간 것이다. 이들은 『독일 이데올로기』, 『철학의 빈곤』, 그리고 『자본론』으로 밀고 나가지 않았다. 앞에서 내가 이미 지적한 것처럼, 마르크스가 인체 해부가 원숭이 해부의 열쇠라고 비유했다

다. 하지만 엥겔스가 출판할 때 'Marx über Feuerbach'로 수정했다. 엥겔스의 『포이어바흐와 독일 고전 철학의 종결』(1888) 표지에는 'Karl Marx über Feuerbach vom Jahre 1845'라는 글귀가 있다. 「포이어바흐에 관한 테제(Karl Marx über Feuerbach vom Jahre)」라는 제목은 마르크스레닌주의연구소가 나중에 이 엥겔스 저작의 서문에 근거해 덧붙인 것이다.

169 『馬克思恩格斯全集』, 第39卷(1974), 24쪽.

「포이어바흐에 관한 테제」 제1테제 복사본

면, 이제 곳곳에서 원숭이(초기 마르크스의 비과학적 텍스트)를 직접 인체(마르크스주의)라고 인정해야 할 것이다. 이것은 엄숙한 원칙 문제가 되었다고 말하지 않을 수 없다. 이것은 「포이어바흐에 관한 테제」의 지위를 인정하는 것이 다시 새롭게 중대한 이론적 문제가 되었음을 의미한다.

엥겔스의 말에 따르면, 「포이어바흐에 관한 테제」는 새로운 세계관의 맹아를 틔운 천재의 테제다. 나는 엥겔스의 이 이론 확인에서 '맹아'라는 단어가 관건적이라고 생각한다. 그것은 「포이어바흐에 관한 테제」가 마르크스 전체 과학적 세계관의 진정한 '기원'이지만 '완성'은 아니라는 사실을 분명하게 규정한다. 『독일 이데올로기』야말로 그 새로운 철학방법, 즉 광의의 역사유물론이 구축되는 구체적인 시행과정이다. 이것에 대해 알튀세르는 "「포이어바흐에 관한 테제」가 선포한 새로운 철학적 입장은 단지 선언일 뿐이지, 결코 모든 것을 다 드러내지 않았다"라고 했다. 이 판단은 기본적으로 정확하다.[170] 그렇지만 나는 그것이 선언이 아니라고 여긴다. 왜냐하면 「포이어바흐에 관한 테제」는 근본적으로 공개적으로 '선언'을 하려는 것이 아니라, 마르크스 자신의 혁명적 사상 실험을 기록한 것일 뿐이기 때문이다. 그래서 나는 「포이어바흐에 관한 테제」의 지위를 약화시켜서도 안 되고 또 단순하게 높이기만 해서도 안 된다고 생각한다. 동시에 내가 여기서 재현한 마르크스 텍스트 사이에 구성된 특수한 맥락으로 볼 때, 전통적인 연구에서 「포이어바흐에 관한 테제」의 제1테제를 과도하게 편애하는 의도적 해석은 토론해볼 가치가 있다.

제1테제에 대한 해석은 매우 많은데, 그 이해의 중점은 마르크스가 모든 낡은 유물론이 "대상, 현실, 감성(der Gegenstand, die Wirklichkeit, Sinnlichkeit)에 대해 객체의 혹은 관조의 형식(Form des Objekts oder der Anschauung)을 통해서만 이해하지, 그것을 감성적이고 인간적인 활동, 실천(menschliche sinnliche Tatigkeit, Praxis)으로 삼지 않고 주체적(subjektiv)으로 이해하지 않는다"[171]라고 비판했다는 것이다. 실천과 주체성이라는 기본적인 방향은 보편적인 인정을 받은 것 같다. 그러나 나는 이 해석이 상당히 의심스럽다. 왜냐하면 마르크스의 「포이어바흐에 관한 테제」에서 추상적으로 이해되고 문맥에서 갈라져 나온 제1테제는 결코 마르크스 철학의 새로운 전망이 핵심적으로 담겨 있지 않기 때문이다. 그리고 앞에서 논한 것처럼, 처음으로 감성적 활동이라는

---

170 阿爾都塞, 『保衛馬克思』, 顧良譯(商務印書館, 1984), 267쪽 참조.
171 馬克思恩格斯, 『費爾巴哈』, 85쪽. 제1테제에 대한 엥겔스의 수정과 마르크스의 본래 표현에는 질적인 차이가 없다. Karl Marx, *Manchester-Hefte*, S. 19 참조.

말을 사용해 헤겔과 포이어바흐의 한계적 인간을 제거한 것은 결코 마르크스가 아니라 헤스이기 때문이다. 만일 제1테제 중의 주체성의 실천만으로 마르크스주의 철학의 새로운 전망을 확신한다면, 마르크스주의 철학이 정말로 헤스주의('실천적 인간주의')로 바뀌었을 것이다. 또한 구 유고슬라비아의 '실천파'와 중국의 일부 '실천휴머니스트'들이 이미 이행하고 조작했던 것과 같이 이렇게 추상적으로 이해된 실천은 『1844년 수고』 중의 추상적 노동으로 완전히 대체될 수 있을 것이다. 슈미트[172]는 마르크스, 엥겔스가 사망한 이후 라브리올라[173]가 가장 먼저 치에스코프스키에게서 '실천철학'을 '받아들였고' 그럼으로써 그람시에게 영향을 주었다[174]고 정확하게 지적했다. 이후에 이 사상이 서방 마르크스주의를 통해 동유럽의 '신마르크스주의'에 전해졌고, 1970년대에 일본을 거쳐 중국으로 '수입'되었다. 추상적이고 비역사적인 실천철학과 실천적 유물론은 결코 마르크스주의 철학이 아니다! 문제가 그렇게 단순하지 않음을 알 수 있다.

몇 달 후에 마르크스와 엥겔스가 쓴 『독일 이데올로기』에는 카를 그륀(Karl Grün)이 '헤스의 분명한 오류'를 답습했다고 비판하는 매우 중요한 말이 쓰어 있다. 헤스에게 어떤 과오가 있을까? 헤스는 "포이어바흐를 실천과 연결시켜 포이어바흐 자신의 학설을 사회생활에 운용하기만 하면, 현재 사회에 전면적인 비판을 가할 수 있다"[175]라고 했다. 마르크스와 엥겔스는 당시 헤스

---

172 알프레트 슈미트(Alfred Schmidt, 1931~), 프랑크푸르트학파의 제2대 좌익 대표로, 1931년 5월 19일 독일의 수도 베를린에서 태어났다. 1957~1961년 프랑크푸르트대학에서 철학, 사회학, 역사를 공부했으며, 아도르노의 지도를 받아 「마르크스의 자연 개념」이라는 제목의 박사 논문을 완성했다. 이후 프랑크푸르트대학과 프랑크푸르트 노동대학에서 교편을 잡았다. 1972년부터 프랑크푸르트학파 사회연구소 소장을 맡았다. 슈미트의 대표적인 논저로는 『마르크스의 자연개념』(1960), 『니체 인식론 중의 변증법 문제』(1963), 『칸트와 헤겔』(1964), 『르페브르와 마르크스에 대한 현대적 해석』(1966), 『공업사회의 이데올로기』(1967), 『경제학 비판의 인식론적 개념』(1968) 『역사와 구조』(1971), 『비판이론의 사상을 논함』(1974), 『유물론이란 무엇인가』(1975), 『역사철학으로서의 비판이론』(1976), 『관념과 세계의지』(1988) 등이 있다.

173 안토니오 라브리올라(Antonio Labriola, 1843~1904), 이탈리아 철학가, 정치가. 이탈리아의 최초 마르크스주의 선전가 중 하나다.

174 施密特, 『歷史和結构』, 張偉譯(重慶出版社, 1993), 83쪽 주2 참조.

의 주장이 "매우 모호하고 신비주의적 성질을 지니고 있다"라고 직접적으로 밝혔다. 매우 흥미 있는 것은 당시 헤스는 마침 마르크스·엥겔스와 함께 『독일 이데올로기』(제2권 제5장)를 쓰고 있었다는 사실이다! 이 외에 또 중요한 텍스트 증거는, 1845년 1월 20일, 엥겔스가 마르크스에게 보낸 편지에서 한 말이다.

> 슈티르너의 책에 대해, 나는 자네의 의견에 완전히 동의하네. 내가 이전에 자네에게 편지를 쓸 때는 그래도 이 책에 대해 받은 인상이 매우 컸었네. 그러나 내가 그것을 한쪽으로 밀어놓고 많은 사고를 한 이후에 나도 자네가 발견한 문제를 발견했네. 헤스(그는 아직 여기에 있고, 2주 전에 본에서 그와 이야기를 나눈 적이 있네)는 한 번 동요를 겪고는 역시 자네의 결론에 동의를 했다네.[176]

엥겔스는 어떤 문제를 발견했을까? 헤스는 왜 동요했을까? 나의 해석에 따르면, 이것이 바로 마르크스가 내가 앞에서 이야기한 '두 번째 사고의 실험' 속에서 해결하려던 문제다. 슈티르너가 포이어바흐의 '유적' 본질을 비판한 것은 맞다. 하지만 슈티르너의 근본적인 잘못은 그가 이기주의적 개인을 이야기한 데만 있지는 않다. 마르크스와 엥겔스의 새로운 세계관의 기초는 당연히 엥겔스가 1844년 11월 19일 마르크스에게 보낸 편지에서 말한 것처럼, '경험론과 유물론에서부터 출발'하기만 하면, '개별에서 보편을 도출'하기만 하면 되는 것이 아니라, 이후에 마르크스와 엥겔스가 말한 '비역사주의적 추상'에서 진정으로 벗어나 객관적으로 역사적이고 현실적이며 구체적인 사회적 상황으로 들어가야 하는 것이다. 마르크스 사상 중의 3대 난제는 결코 일반적으로 실천 규정을 이룬 이후 마지막에 해결할 수 있는 것이 아니라, 실천

---

175 『馬克思恩格斯全集』, 第3卷, 580쪽.
176 『馬克思恩格斯全集』, 第27卷, 16쪽.

을 통해 그리고 역사적이고 현실적이며 구체적인 사회적 상황으로 들어감을 통해 해결할 수 있다는 것이다! 내가 「마르크스 철학 전환의 3대 난제와 심층적 해결(馬克思哲學轉變中的三大難題及其深層解決)」이라는 글에서 이 맥락에 대해 분석했으나 이는 아직 완성되지 못했다.[177] 내친 김에 한마디 하면 젤레니는 영향력이 비교적 큰『마르크스의 논리』라는 자신의 저서 제14장에서 마르크스와 헤스의 사상적 관계를 논하면서 의미심장한 제목을 사용했다. 그것은 '포이어바흐를 실천적으로 만드는 것만으로는 부족하다'다. 여기서 그가 우리들의 '실천 인간주의'학자들보다 더 깊이가 있었음을 알 수 있다.[178] 젤레니의 이 말은 마르크스와 엥겔스가『독일 이데올로기』제2권에서 그륀을 비판한 관련 서술에서 기원한다. 즉, 그륀은 "포이어바흐와 실천을 연결시켜 포이어바흐의 학설을 사회생활에 운용하기만 하면 현재 사회에 전면적인 비판을 가할 수 있다"[179]라고 여겼다.

더욱 중요한 또 다른 측면이 있다. 과거에 「포이어바흐에 관한 테제」에 대한 우리들의 토론은 기본적으로 모두 철학적 시각에서 진행되었는데, 마르크스의 사상혁명이 무엇보다 순수한 철학적 변혁인 듯하고, 이러한 변혁은 종종 두 종류의 철학 담론을 마르크스가 개조하고 접목시켰다고 협의적으로 해석되기도 했다. 즉, 관념론을 제거한 헤겔의 변증법에 기계적인 성격을 소거한 포이어바흐의 유물론을 더하면 바로 변증법적 유물론과 같다는 것이다. 이것은 중국의 전통적 연구의 관점이 되었을 뿐만 아니라 광범위한 일반적

---

177 張一兵,『馬克思歷史辨證法的主體向度』, 第2章 第1節 第1項 참조.
178 澤勒尼,『馬克思的邏輯』, 182쪽(이 책의 역자는 이 항목을 '마르크스와 헤스'로 의역해 본질을 다시 현상으로 변화시키는 작은 오류를 범했다. 이 책의 中共中央黨教科硏處 편역본 참조). 마르크스 철학의 새로운 시각이 지닌 근본적인 의미는 바로 모든 추상적 형이상학 실체론을 반대한 데 있다. 하이데거는 1960년대 중반 사르트르가 마르크스와 대화할 자격이 없다고 비판했다. 사르트르의 철학적 논리에서 여전히 추상적 인간주의가 도드라진다는 것이 이유였다. 그리고 하이데거의 철학적 '혁명'은 마르크스가 불변의 '일(一)'을 동사 'ing'를 지닌 구체적 존재로 변화시킨 것으로부터 도움을 받았다. 히로마쓰 와타루는 다시 여기서 마르크스의 관계 실체론을 깨달았다. 물론 이것은 이후의 이야기다.
179 『馬克思恩格斯全集』, 第3卷, 580쪽.

인식으로 되어 있다. 훅[180]의 관점에 의하면, 첫째 구절의 의미는 "관념론자가 의식에 대한 분석에서 거두어들인 천재적인 발견에 유물론적 기초를 제공한 데" 있다.[181] 또는 러바인의 말을 인용하면, "마르크스는 활동을 강조하는 독일의 관념론을 사회 환경을 강조한 로크－벤담과 하나로 뒤섞었고, 이렇게 마르크스식의 활동 개념이 탄생했다".[182] 사실 우리가 앞에서 이미 진행한 토론을 통해 볼 때, 이러한 판단은 기본적으로 정확하지 않다. 마르크스의 두 번째 중대한 사상적 전환(역사유물론적 과학방법론의 확립)은 단순히 철학 논리의 단방향적인 발전 결과가 아니라, 복잡한 이론구조의 산물이다. 총체적인 연구 지평으로 보면, 가장 중요한 것은 마르크스 자신의 경제학 발전이다. 만일 이러한 새로운 시각으로 마르크스 철학의 질적 변화를 살펴보면, 주도적인 이론 기초는 『브뤼셀 노트』 A의 경제학적 맥락이다. 마르크스가 한 이 연구의 중심을 보면 주로 정치경제학 학설의 역사를 연구한 것이다. 그중에서 가장 중요한 텍스트는 바로 우리가 이미 해석한 『브뤼셀 노트』 A의 초기 성과인 『리스트를 평함』이라는 글이다.

나의 시각에 의하면, 「포이어바흐에 관한 테제」의 마르크스 실천 규정은 철학적 맥락에서 위로는 칸트, 피히테, 그리고 헤겔까지를, 아래로는 치에스코프스키의 실천과 헤스의 행동철학에 이르기까지를 결코 단순히 확인한 것이 아니다. 그것은 경제학 연구에서 마르크스 자신이 사회 물질 활동에 대해 인정한 것이다. 구체적으로 말해 바로 협의의 경제학 의미에서 특정 단계의 '공업'(『리스트를 평함』에서 특별히 설정된, 현대의 세계 역사 과정을 창조하는 부르주아 사회의 물질생산양식)이 일반적 '사회의 물질 활동'을 향해 총체(실천)적으로 이행하는 것이다. 철학적 논리를 더욱 발전시켜서, 마르크스가 『리스트를 평함』이라는 글에서 말한 공업, 즉 인류주체가 물질창조 활동을 통해 '그 자

---

180 시드니 훅(Sidney Hook, 1902~1989), 듀이 이후 미국의 가장 저명한 실용주의 철학자.
181 胡克, 『對卡爾·馬克思的理解』, 徐崇溫譯(重慶出版社, 1989), 266쪽.
182 萊文, 『辯証法內部對話』, 張翼星·黃振定·鄒溱譯(云南人民出版社, 1997), 84쪽.

신과 자연의 힘을 점유하고, 스스로를 대상화시키고, 자신을 위해 인간 삶의 조건을 창조한 공업'이 농업생산에서 인간과 자연이 직접적으로 일치되는 것을 파괴한 후에, 공업(기계)이 중개한 인간과 자연의 새로운 통일 과정이 일반적인 철학의 총체적 규정으로 승화되는 것, 이것이 바로 사회적 물질적 실천이다. 나는 구체적이고 역사적이고 그리고 현실적인 사회물질 발전 기초를 지닌 현대적 실천이 비로소 마르크스의 새로운 세계관의 진정한 논리적 기점이라고 생각한다. 마르크스의 새로운 유물론의 실천적 규정은 단순하고, 추상적이고, 철학적 연역에서 형성되는 것이 아니다. 그것은 사회·경제·역사가 축적된 결과다. 이것은 오랜 시간 사람들에게 홀시되었던 중요한 측면이며, 또한 서방 마르크스주의 인간학적 입장의 연구자와 실천 인간주의자들이 마르크스를 오독했던 근본적인 원인 중의 하나다.

여기서 「포이어바흐에 관한 테제」의 더욱 중요한 방면이, 바로 실천 자체에 대한 규정성, 즉 역사적이고 현실적이며 구체적인 사회적 상황이라는 것을 알 수 있다. 만일 실천 자체에 대한 마르크스의 이러한 규정성에 대해 주의를 기울이지 않는다면, 스타인이 실천을 실용주의 규정으로 본 것이 옳다.[183] 사실 마르크스의 사회역사 실천 자체의 또 다른 중요한 자기규정은, 그것의 객관적인 제약성 문제다. 마르크스는 인간에 대한 환경의 작용을 통해 추상적인 활동 개념에 반대하는데, 그것이 여기에 표현되어 있다(제3테제도 그렇다). 마르크스가 진정으로 우리에게 제공해준 것은 주체성만이 아니고 또 활동만도 아니다. 그것은 역사적이고 현실적이며 구체적인 인류사회에서 주체와 활동이다. 그래서 슈미트가 '사회실천의 구체성'이 마르크스 철학이 지닌 새로운 전망의 진정한 대상이며 출발점이라고 지적한 것은 의심할 나위 없이 정확하다.[184] 슈미트가 한 걸음 더 나아가 마르크스 철학 혁명의 의의는

183   斯泰恩, 「馬克思主義与歷史相對主義」, ≪國際哲學評論≫(1958), 第XII卷, 第45~46期 참조.
184   施密特, 『馬克思的自然槪念』, 歐力同·吳仲譯(商務印書館, 1988), 31쪽 참조.

모든 추상적 실체론을 제거한 것이라고 한 것은 분명 핵심을 찌른 것이다. 한마디로 말해, 마르크스는 관념론적 실체론을 부정했을 뿐 아니라 포이어바흐의 추상적 물질과 인간의 실체론도 부정했다. 그리고 최후에는 헤스와 그 자신의 본래적인 추상적 실천과 노동 실체론도 부정했다! 마르크스는 여기서 모든 논리적 실체론을 부정했다. 그래서 나는 이러한 의미에서 마르크스주의 철학이 반체계적이라고 지적했던 것이다. [185]

　제1테제에는 우리가 깊이 생각할 만한 내용이 매우 많다. 우리가 이미 꼼꼼하게 읽었던 모든 낡은 유물론에 반대하고 또 모든 관념론에 반대했던, '주체적인 면에서 이해'한 대상적 감성 실천 활동 외에, 독자들은 제1테제 마지막 구절에 등장하는 "'혁명적', '실천 비판적'('revolutionär', 'praktischkritisch')"이라는 수식어에도 주의를 기울여주기 바란다. 앞에서 말한 것처럼, 우리는 첫 번째 사상 실험의 맥락을 통해 이미 포이어바흐를 사고의 기점으로 하여 대상성까지 밀고 나간 감성 활동 자체는 결코 마르크스의 발견이 아니라 헤스의 이론임을 알고 있다. 제1테제의 주요한 내용은 무엇보다 헤스의 사고를 긍정하는 것이다! 물론 실천의 중요성을 인식하는 것은 새로운 철학적 지평으로 통하는 입구이고 주춧돌이다. 혹은 과도기적인 논리의 기점이다. [186] 이러한 관점은 옳다. 하지만 실천은 절대 헤스의 그런 '비역사주의적 추상'이 될 수 없다. 그래서 마르크스는 포이어바흐는 사실 사회적 실천의 혁명성과 비판성을 이해할 수 없다고 특별히 강조했던 것이다. 여기서 '혁명'은 변혁의 의

185　『德意志意識形態』제1장 수고에 대한 필자의 견해 참조. 「馬克思主義哲學新視界的初始地平」, ≪南京大學學報≫(1995), 第1期.

186　우샤오밍(吳曉明) 박사 역시 이 점에 주의를 기울였다. 하지만 그는 이것을『독일 이데올로기』의 '실천적 유물론'으로 오인하고 있다. 마르크스·엥겔스에게 헤스 철학의 추상적인 논리적 규정으로서의 실천 개념은 과도기적 특성을 지니고 있다. 그 실천 개념은 마르크스 철학의 새로운 시각의 입구이지, 근본적으로 낡은 철학적 의미에서의 논리적 본체는 아니다. 여기에서 마르크스의 실천 개념은 마르크스주의 철학의 기능적 성질을 보여준다. 즉, 그가 관심을 기울인 지점은 구체적인 사회역사 실천 변혁이라는 의미에서의 '실천적 유물론'(='공산주의적 유물론')이다. 이러한 의미에서 실천은 과도기적이라고 말할 수 없다. 吳曉明,『歷史唯物主義的主體槪念』(上海人民出版社, 1993), 146쪽 참조.

미로 해석할 수 있다. 하지만 같은 쪽 위쪽의 두 번째 사상 실험의 맥락으로 볼 때 혁명성은 단순히 불변의 감성 활동 기초만을 가리키는 것이 아니라 특정한 사회역사적 조건 아래에서의 실천 구상을 가리킨다.[187] 이 외에 마르크스는 이미 경제학 연구를 통해 현실의 부르주아 사회를 부정하는 데 중요한 것은 '하나는 범주가 또 다른 범주를 대체'하는 윤리 가치에 근거한 공격이 아니라 '사회의 물질적 활동을 통해서만 가능하다'[188]는 사실이라는 것을 알게 되었다. 그래서 실천적 유물론(praktischer Materialismus)으로 마르크스주의 철학을 말하면 마르크스주의 철학은 역사적이고 현실적이며 구체적인 실천적 유물론이자 일종의 혁명적이고 비판적인 실천적 유물론일 수밖에 없다.

2) 마르크스 인식구조의 질적 변화

전통적인 해석에서는 「포이어바흐에 관한 테제」 제2테제의 내용이 인식론이라고 생각한다. "인간의 사유가 대상적 진리성(gegenständliche Wahrheit)을 지니고 있는지 아닌지는 이론적으로 물을 것(Frage der Theorie)이 아니라 실천적으로 물을 것(praktische Frage)이다."[189] 여기서 마르크스의 사고가 단지 인식론에 머물러 있었을까? 나는 그 맥락이 그렇게 단순하지 않을 것이라고 생각한다. 인식론이더라도 전통적으로 이해하는 것처럼 단순히 진리의 표준으로서의 실천 척도 정도로 단순하지는 않을 것이다. 이것은 앞에서 우리가 토론한 적 있는 마르크스 제1사상 실험에서의 둘째 요점과 연관이 있다. 또한 이것은 실천적 기초 위에서 헤겔 현상학 인식 변증법에 대한 새로운

---

187 張一兵, 「歷史唯物主義与歷史构境」, ≪歷史研究≫(2008), 第1期 참조.
188 『馬克思恩格斯全集』, 第42卷, 255쪽 참조.
189 馬克思恩格斯, 『費爾巴哈』, 85쪽. 중역본에서는 gegenständlich를 '객관적'이라고 번역했지만 나는 '대상적'이라고 바꿔 번역했다. 이 점에서 귀모뤄(郭沫若)의 번역이 정확하다. 원문의 Frage는 일반적인 '문제(problem)'가 아니라 '추궁', '질문', '의문'의 의미다. 귀모뤄의 번역본은 『梁贊諾夫版'德意志意識形態·費爾巴哈'』, 夏凡編譯(京大學出版社, 2008), 112쪽 참조. Karl Marx, *Manchester-Hefte*, S.20 참조.

긍정을 포함한다. 당시 마르크스는 사유의 객관적 진리성이 결코 포이어바흐처럼 그렇게 간단하게 주어와 술어의 논리적 관계를 뒤집어 해결할 수 있는 것이 아님을 발견했다. 왜냐하면 그 속에는 실천적 역사 구조의 문제가 숨겨져 있기 때문이다. 「포이어바흐에 관한 테제」 제1테제의 논리에 근거하면, 본래 '그 자신'의 주관인식 활동은 사실상 실천의 감성 활동을 기초로 한다. 헤겔의 잘못은 무엇보다 인간의 물질적 실천을 인간의 인지적 활동으로 변화시켰다는 것이다. 게다가 이러한 인지활동과 구조를 논리적 본질로 바꿈으로써 실천의 차안성이 개념의 피안성과 같아졌다. 이 때문에 칸트가 속았던 것이다! 포이어바흐는 헤겔을 뒤집으면서 모든 것을 다 살피지는 못했다. 실천은 마찬가지로 버려졌고, 사유는 감성 직관의 물상(추상적인 인간과 자연)의 위에 놓이게 되었으며, 개념의 피안성은 객관 현실과 함께 타도되었다. 이렇게 칸트는 건너뛰어졌다. 마르크스는 사유의 차안성과 현실성은 실천의 문제인데 포이어바흐의 물상(객체와 직관적 대상)이 바로 실천이 형성해낸 차안성이라고 말했다. 역사적이고 현실적이며 구체적인 사회실천은 또 피안으로 향하는 다리다.

더욱 중요한 방면은, 마르크스의 이 새로운 인식론의 기초를, 마찬가지로 반드시 그의 당시 경제학 연구를 통해 되돌아봐야 한다는 점이다. 만일 실천을 인간의 일반적 감정 활동으로만 보고 이것을 인식의 기초로 삼는다면, 그것은 여전히 철학 논리에서 완성된 설명이다. 이것은 인간으로 하여금 개인의 행위를 실천으로 인정하도록 할 것이며, 나아가 현존하는 일반적 사회 물질 활동과 정치 투쟁 역시 실천이라고 인정하고, 이를 통해 인식의 진위성을 확정하도록 할 것이다. 사실 이것은 실천에 대한 마르크스의 가장 깊이 있는 과학적 정의가 아니다. 왜냐하면 마르크스는 당시의 『브뤼셀 노트』A의 전기 연구에서 고대 경제발전과 현대 부르주아 사회 경제발전을 대비적으로 관찰하면서, 이미 사회 경제 발전 과정에서 진정으로 세계를 변혁하는 현대 공업 생산을 고찰하는 데로 눈을 돌렸기 때문이다. 만일 농업 사회의 자연 경제에서 물질생산의 본질이 자연 운동의 과정에서 가공을 거쳐 최선의 것을 선택한 후의 자연 생산물에만 의지하고 인류 주체가 여전히 자연 과정 속의 피동적 수용체라고 한다면, 현대 부르주아 사회의 상품 경제에서 경제 세계는 이미 인간의 공업 생산이 직접 창조한 결과가 되었다. 그리고 공업 실천 활동과 그 실천 결과는 이미 우리들 주변 세계의 객체 구조를 이루는 중요한 구성 부분이 되었다. 또한 자연 물질 대상은 처음으로 인류 주체가 전면적으로 지배하는 객체가 되었고, 부는 처음으로 진정 자연의 원초적 특성을 떨쳐버리고 사회실천의 재건 속에서 '사회적 부'가 되었다. 우리는 더 이상 자연 경제 속에서 단순하고도 직관적으로 자연대상을 대면할 수 없다. 공업적 실천과 교환 시장의 산물을 적극적으로 대면해야 한다. 물상은 처음으로 직접 인류의 실천적 세계의 경관이 되고, 사람들은 적극적인 공업(과학기술)의 실천을 통해 더욱 깊이 있게 감성적 직관을 초월해 점점 더 풍부해지는 주변 물질세계의 본질과 규율을 장악할 수 있다. 이것이 바로 마르크스의 실천 기준이 지니고 있는 진실한 사회역사적 내용이다. 또한 여기서 칸트의 현상학적 인식론과 헤겔의 관념론적 인식론을 비로소 철저하게 극복해, 그들의 인식론에서 가장 중요한 합리적 핵심을 과학적으로 비판·계승할 수 있게 되었다. 마르크스의 이론에서 실천 기준 자체가 깊은 역사적 목적을 지니고 있음을 알 수 있다.

마르크스의 「포이어바흐에 관한 테제」 제2테제는 일반 인식론적 의미 말고도, 철학적 논리의 전체 방향이 근본적으로 바뀐 중요한 명제를 포함하고 있다. 실천에 발을 딛고 피안세계와 차안세계의 분열을 비로소 진정으로 넘어섰기 때문에 과거 마르크스의 이상화된 주체적 노동(유적 본질)에서 출발한 가치가 상정한 피안성('당위')이 처음으로 철저하게 사라졌다. 실천에서 출발한, 즉 '차안성'의 '존재'에서 출발한 현실에 대한 비판은 더 이상 피안에서 나온 주체의 가치 상정이 아니라 진실한 실천 자체의 혁명 변증법이다. 이러한 사고는 매우 통찰력이 있고 또 매우 중요하다. 만일 경제학의 맥락에서 이해하고 파악하지 않는다면 우리는 결국 피상적으로만 스쳐지나갈 것이다. 그리고 진정으로 이 이론적 차원에 도달할 수 없을 것이다.

이 점에 대한 마르크스의 인식과 서로 비교해볼 때 헤스의 인식은 분명 조금 부족했기에 그는 마르크스 철학의 새로운 지평에 도달할 수 없었다.

이제 우리는 다시 텍스트로 돌아가 고찰을 하고자 한다. 「포이어바흐에 관한 테제」 가운데 제3테제, 제5테제, 그리고 제8테제는 일목요연하다. 앞에서 우리가 살펴본 마르크스의 완전히 새로운 경제학 연구 전망을 통해서 볼때, 마르크스는 당연히 그가 『신성가족』에서 긍정했던 프랑스 유물론자들을 비판했을 것이다. 마르크스는 이로써 본질적으로 자연유물론을 극복하기 시작했다. 그는 공업 발전에서 비로소 깊이 있게 '환경은 인간이 바꾼 것(die Umstände von den Menschen verändert)'임을 인식했다. 인간이 환경을 바꾼다는 명제는 철학의 본질적인 관점에서 보자면 농업생산 시기에 인류 주체가 외부 대상을 제한적으로 개조했던 것에는 적용되지 않는다. 즉, '사람이 자연을 극복한다'고 호언장담하지만 이러한 변혁 역시 총체적인 변혁은 아닐 것이다. 인간이 진정 총체적으로 환경을 바꿀 수 있고 그럼으로써 우리 주변의 세계가 인간의 실천에 의한 산물이 되는 이러한 특성은 대공업시대 이후의 사회실천에서만 비로소 도달할 수 있다. "환경 변화와 인간 활동 혹은 자기 변화의 일치는 **혁명적 실천**(revolutionäre praxis)으로서만 파악될 수 있고 또 합리적으로 이해될 수 있다."[190] 사회적 실천은 인간과 대상의 일반적인 적극적 관계를 광범위하게 가리키지 않는다. 그것은 현대공업으로 인해 인류 주체가 전체 객체 세계에서 주도적 지위에 있게 되었음을 진실하게 확인하는 것이다. 이러한 역사적인 위치는 마르크스가 여기서 말한 인간과 환경의 실천적 관계에서 매우 중요하다.

그래서 마르크스는 "포이어바흐는 추상적 사유(abstraktes Denken)에 만족하

---

190 馬克思恩格斯, 『費爾巴哈』, 84쪽. 엥겔스는 마르크스 원문의 revolutionäre(혁명적)를 umwälzenge (변혁적)로 바꾸었지만, 마르크스의 본래 의미는 바뀌지 않았다. Karl Marx, *Manchester-Hefte*, S.20 참조.

지 않고 직관(Anschauung)을 좋아했다. 하지만 그는 감성을 실천적이면서 인간적인 감성의 활동으로 보지 않았다"[191]라고 직접적으로 비판할 수 있었다. 자연유물론자들에게 직관적인 감성은 관념론적 사유논리를 반대하는 무기가 되었다. 한걸음 물러서서 사람들이 자연대상을 대할 때 직관감성이 여전히 어느 정도 설득력을 지니고 있다면(근본적으로 말해 이것은 틀린 말이다. 왜냐하면 자연대상 역시 사회적 실천이 인간의 주관 세계에 역사적으로 드러난 것이기 때문이다), 사회역사와 인류의 삶 앞에서 자연유물주의는 여지없이 패할 것이다. 또는 단순한 관념사관으로 변하거나, 아니면 사회생활에서의 실체적 물상에 대한 직관적 확인으로 탈바꿈할 것이다. 왜냐하면 그들은 '사회 전체 생활이 본질적으로 실천적(Das gesellschaftliche Leben ist wesentlich Praktisch)임'[192]을 이해할 수 없기 때문이다. 나는 이때에 이르러서야 비로소 마르크스가 정치경제학 중의 사회유물론을 이해했다고 생각한다. 더욱 중요한 것은, 그가 철학적 의미에서 사회유물론 속에 숨겨져 있던 합리적 요소를 처음으로 진정 끌어올렸다는 점이다. 이것은 단순한 인식론의 문제가 아니라 이미 역사유물론 철학논리의 전제가 되었다.

3) 최초의 역사적이고 현실적이며 구체적인 과학적 방법론 구축

『마르크스 역사변증법의 주체 국면』이라는 책에서 나는 이미 「포이어바흐에 관한 테제」 중의 제3테제, 제4테제, 그리고 제5테제를 이해했다. 본래의 해석은 나의 새로운 이론 구도에서 그 의미를 찾을 수 있지만, 관건이 되는 문제는 내가 본래 진지하게 다루지 않은 제6테제와 제7테제에 있다. 나의 현재 시각에 의하면, 이 두 테제에 마르크스 철학에 담긴 새로운 시각의 가장 중요

---

191 같은 책, 85쪽.
192 같은 책, 85쪽.

한 내용이 담겨져 있다. 이 새로운 시각은 역사적이고 현실적이며 구체적인 분석 방법이다. 바로 이러한 측면에서 우리는 마르크스주의 철학이 본질적으로 과학적이고 기능적인 방법이라고 말한다. 즉, 마오쩌둥(毛澤東)이 말했던 '살아 있는 입장, 관점, 그리고 방법'이다. 마르크스주의 철학이 유일하게 우리들에게 말해주는 것은, 인간과 대상, 인간과 인간 사이의 역사적이고 능동적인 관계를 어떻게 객관적이고 역사적으로 관찰하는가 하는 점이다.

그렇다면 마르크스는 이 두 테제 속에서 도대체 어떤 문제를 분명하게 하고 싶었던 것일까? 나의 견해로는, 마르크스가 여기서 비록 포이어바흐에 대해 쓰기는 했지만, 마음속으로 정말 넘어서고 싶었던 것은 헤스와 자신이 지녔던 이전의 논리 틀, 즉 인간주의적이고 비역사적이며 추상적인 방법이다. 설사 이러한 방법이 이미 프롤레타리아 혁명을 위해 근거를 찾고 있고 포이어바흐로부터 노동(그리고 『신성가족』과 『리스트를 평함』에서의 공업과 실천)으로 나아갔지만 말이다. 하지만 당시의 헤스는 여전히 한동안 마르크스와 엥겔스를 앞서간 동반자였기 때문에 마르크스가 창끝을 직접 헤스에게로 돌리기는 쉽지 않았다. 우리가 이미 지적한 것처럼, 일 년 이후 헤스와 마르크스가 공동으로 『독일 이데올로기』를 편찬할 때 헤스는 저자이지만 동시에 비판받는 대상이 되는 미묘한 상황이 나타났다. 하지만 마르크스는 이미 헤스의 실천적 인간주의가 근본적으로 포이어바흐를 넘어서지 못한다는 것을 의식하고 있었다! 그 중요한 원인은 헤스의 실천철학(심지어 설사 유물론이라는 접미사를 붙였음에도)과 '진정한' 사회주의는 여전히 추상적인 '인간'을 토대로 하고 있기 때문이다. 이러한 추상적이고 어떠한 시대와 사회적 실천에도 속하지 않는 인간은, 본질적으로 여전히 독일 '시민사회(bürgerliche Gesellschaft)'의 이데올로기다![193] 마르크스가 『1844년 수고』 전후로 지니고 있던 '인간'과

---

[193] 미국 학자 매킨타이어(MacIntyre)는 「미래의 길」이라는 글을 발표했는데, 그 글에서 「포이어바흐에 관한 테제」의 마르크스 사상 변혁은 주로 '시민사회의 입장을 초월한 것'이라고 했다. 이러한 관점은 매우 타당하다. 매킨타이어는 이 글에서 현실 사회주의 실천의 중대한 좌절 속에서 새롭게 마르크스

'노동' 관념의 성격이 이와 같지 않은 적이 있었던가? 이론논리에서 눈에 띄는 표층은 포이어바흐에서 실천과 생산으로 들어갔지만, 심층의 선험적 인간주의 논리 방법은 오히려 경제 현실에 대한 철학적 투사를 음성적인 관념론 역사관 속에 다시 빠뜨렸다. 이러한 이유 때문에 제6테제와 제7테제의 심층적 사고 맥락이 간신히 조금씩만 드러날 수 있었다.

표면적으로 보자면, 내가 설명했던 것처럼, 이것은 포이어바흐 철학을 비판한 셋째 요소인 '인간'이다(첫째 요소는 추상적인 자연으로, 이것은 제1테제에서 해결되었다. 둘째 요소는 추상적인 직관으로, 이것은 제2테제와 제5테제에서 해결되었다). 이러한 해석의 커다란 논리적 사고는 틀리지 않았다. 하지만 내가 방금 밝힌 맥락을 통해 생각해보면, 문제는 꽤 복잡하다. 여기의 첫째 구절은 "포이어바흐가 종교의 본질을 인간의 본질로 귀결시켰다"라는 것이다. 이전에 마르크스는 이에 대해 직접적으로 긍정했다. 하지만 여기서의 논리는 비교적 큰 차이를 보인다. 본래의 자리로 돌아간 인간의 주체적 유적 본질에 대한 포이어바흐의 생각에 마르크스는 의문을 가졌다!(물론 『1844년 수고』에 나오는 인간의 노동으로서의 유적 본질도 겨냥한 것이다) "그러나 인간의 본질은 결코 개별 인간의 고유한 추상물이 아니다. 현실적으로 그것은 모든 사회적 관계의 총화(In seiner Wirklichkeit ist es das Ensemble der gesellschaftlichen Verhältnisse)다."[194] 내가 보기에 마르크스는 모든 선험적이고 비역사적이고 비현실적이며 비구체적인 주체의 유적 본질에 대해 의도적인 전복과 해체를 진행했다. 여기서 **전통 철학에서의 형이상학적 논리 실체론은 부당하다고 처음으로 선언되었다.** 그것이 어떤 새로운 개념으로 나타나든지 간에(노동, 생산, 실천 모두 예외 없다. 왜냐하면 그 개념들은 마르크스가 사용하기 전에 헤스가 모두 사용

를 해석하는 시도를 했는데, 우리가 검토할 만한 견해가 많다. 이 글의 중역본은 ≪國外社會科學≫ (1995), 第6期에서 볼 수 있다. 이 외에 궈모뤄는 bürgerliche Gesellschaft를 '유산자 사회'라고 번역했다. 궈모뤄의 번역본은 『梁贊諾夫版'德意志意識形態·費爾巴哈'』, 115쪽 참조.

194   馬克思恩格斯, 『費爾巴哈』, 85쪽. Karl Marx, *Manchester-Hefte*, S. 20~21 참조.

했었기 때문이다), '역사의 진행을 무시하는' 추상적 주체의 본질을 만들기만 한다면 모두 비과학적인 것이다. 나는 마르크스의 이 비판이 고전 인간주의에 대한 근본적인 부정이라고 생각한다. '내재적인 무언(innere, stumme)'의 유적 본질은 문예 부흥 이후 모든 부르주아 계몽사상의 근본적인 논리 중심이었고, 천부인권과 천부이성은 바로 '많은 개인을 자연스럽게 연결시킨 공통 특성'이었다. 이것 역시 부르주아 사회('시민사회')의 현실적 본질이다. 포이어바흐의 문제는 바로 여기서 나온다. 그는 무의식적으로 현실의 부르주아 사회관계(추상적인 '사랑')를 반영했지만, 그것을 영원한 인류 주체의 본질로 만들어버렸다. 하지만 포이어바흐는 설사 자신이 공산주의를 소리 높여 외치고 옹호할지라도(예를 들어 1845년 그의 정치적 입장의 변화) 여전히 자신의 철학적 배후에 숨어 있는 부르주아 이데올로기의 성질은 바꿀 수 없다는 사실을 몰랐다. 헤스 역시 이와 같지 않았던 적이 언제 있었던가? 그들은 진정으로 부르주아 사회의 현실적 본질(아직은 용어가 아니다)에 대해 비판을 진행할 수 없었기 때문에 그들의 입장은 알게 모르게 부르주아 사회에서 원자화된 개인의 직관과 윤리적 분노(제10테제)일 수밖에 없었다.[195] 상황이 이러한데 어떻게 실행 가능한 혁명의 길을 통해 이 세계를 '바꾸는' 것에 대해 이야기할 수 있었을까(제11테제)?

일정한 '사회역사적 과정'에서 출발하는 것이 결코 전통적 철학 사유에서 계승할 수 있는 규정성은 아님을 쉽게 발견할 수 있다. 그래서 나는 또 이것이 마르크스 경제학 연구의 철학적 깨달음임을 지적하지 않을 수 없다.『브뤼셀 노트』A의 전기 연구를 통해 마르크스가 얻은 가장 큰 수확은 서방 경제발전사 전체와 경제발전의 구체적인 매 시기에 상응하는 정치경제학적 이론을 본 것이다. 왜냐하면 이 이론은 마르크스가『브뤼셀 노트』A에서 매컬럭의『정치경제학의 진보, 기원, 그리고 대상』, 페치오의『이탈리아 정치경

---

195 같은 책, 86쪽 참조.

제학사』, 가르니에의 『정치경제학의 각종 체계 비교 연구』, 블랑키의 『고대부터 현대까지 유럽 정치경제학의 발전』 등을 발췌했던 주요한 사유의 실마리이기 때문이다. 이로써 『리스트를 평함』에서 마르크스는 비로소 부르주아 경제학이 단지 부르주아 사회의 경제현실만을 반영했음을 인식할 수 있었다. 부르주아 경제학은 "단지 이 사회제도에 그에 상응하는 이론적 표현을 제공할 뿐이다".[196] 또한 비로소 부르주아 정치경제학의 현실적 출발점이 현실의 시민사회일 수밖에 없고, "이 사회의 각기 다른 발전 단계에 대해서는 경제학에서 정확하게 탐구할 수 있음"[197]을 분명하게 주시할 수 있었으며, 비로소 '현재의 공업을 과도적 시기'로 이해할 수 있었다. 사실상 마르크스는 당시의 경제학과 철학에서 토론하던 '인간'이 실제적으로는 모두 시민사회 속 경제관계의 구체적인 인간일 뿐임을 갑작스럽게 깨달았다. 여기서 개인은 바로 특정한 현실의 경제관계 역사가 만든 것이다. 그리고 서로 다른 경제관계는 반드시 서로 다른 사회관계를 만들고, 서로 다른 사회관계는 특정한 구체적 개인이 생존하는 규정성을 만든다. 철학적 시각으로 이 점을 살펴보면, 마르크스는 현실의 사회역사적 삶에 대한 진실한 이해에서 출발해, 모든 사회 현상과 인류의 삶이 '특정한 사회형식(bestimmte Geselldchaftsform)에 역사적으로 속한다'[198]는 사실을 철학 논리 속에서 처음으로 발견했다. 따라서 개인은 특정한 사회의 역사적 조건하에 있는 현실적 개인일 수밖에 없으며, 인간의 본질은 특정한 사회의 역사적 조건하에서 형성된 모든 사회적 관계의 총화일 수밖에 없다. 또 실천은 특정한 사회의 역사적 조건하에 있는 역사적 실천일 수밖에 없으며, 관념은 특정한 사회의 역사적 조건하에 있는 현실생활의 역사적 사회 관념일 수밖에 없다.

나는 마르크스가 인간의 본질은 현실적인 면에서 '모든 사회적 관계의 총

---

196 『馬克思恩格斯全集』, 第42卷, 252쪽 참조.
197 같은 책, 249쪽 참조.
198 馬克思恩格斯, 『費爾巴哈』, 85쪽. Karl Marx, *Manchester-Hefte*, S.21 참조.

화(das Ensemble)'임을 낭랑하게 선포할 때, 사실상 또한 새로운 철학의 시대가 왔음을 선포한 것이라고 생각한다. 마르크스 철학에 담긴 새로운 시각의 최초 지평은 이때 출현했고, 여기서 격식이 만들어졌으며, 여기서 천천히 우리를 향해 나아왔다. 이것은 바로 인류 주체, 인류사회 실천, 그리고 그 관념에 대한 역사적이고 현실적이며 구체적인 진실한 규정이다. 동시에 바로 여기서, 그는 비로소 진정으로 헤겔의 역사변증법을 바꾸었다. 실질적으로 구체적인 자아가 운동을 발생시키는 헤겔의 관념적 논리는, 이제 특정한 사회형식(bestimmt Gesellschaftsform)에 속하는 개인과 활동이 되었고 구체적인 사회 산물이 되었다. 또한 일시적이고 특정한 현실성을 지닌 인간은 자연에 대한, 그리고 인간과 인간 사이의 사회적 관계에 대한 총화가 되었다. '특정한' 인류사회의 실천을 핵심으로 하는 역사유물론 방법은 바로 마르크스 철학에 담긴 새로운 시각의 진정한 비밀이다. 이 점을 진정으로 이해해야만 비로소 마르크스 사상혁명의 의미를 진정으로 이해할 수 있으며, 비로소 『독일 이데올로기』 제1장 수고에서 마르크스가 이러한 '특정한'으로 역사적 실체를 구성한 의미를 진정으로 이해할 수 있다. 또한 마르크스가 왜 『마르크스가 안넨코프에게』에서 '특정한'을 8개 연달아 사용했는지 이해할 수 있으며, 마르크스가 왜 『철학의 빈곤』에서 프루동을 비판할 때 '역사적'과 '일시적'을 반복해서 말했는지 이해할 수 있다. 또한 『공산당 선언』에서 헤스의 '진정한 사회주의'에 담긴 추상적 본질을 마르크스가 왜 비판했는지도 깨달을 수 있다!

나는 마르크스주의철학이 역사적 유물론이 아니라 역사유물론이라고 한 레닌의 말이 매우 정확하다고 생각한다. 이후 하이데거는 마르크스가 모든 형이상학 실체론을 진정으로 끝냈다고 말했는데, 이 역시 마르크스를 심층에서 이해한 것이다.[199] 그러나 지금까지도 여전히 비역사적인 실천철학과 실

199　海德格爾, 『哲學的終結與思想的任務』, 『海德格爾選集』, 下卷, 孫周興選編(三聯書店, 1996), 1244쪽 참조.

천적 인간주의를 부르짖는 중국 학계의 사람들은 마르크스의 과학적 텍스트를 정말로 이해한 것일까? 옛말에 이르기를, 사람이 생각을 하기만 하면 하느님이 웃음을 터뜨린다고 했다. 만일 마르크스가 이런 '실천철학자', '실천적 인간주의자'를 대한다면 쓴 웃음만 지을 수밖에 없을 것이다. 150년이나 지났는데도 말이다!

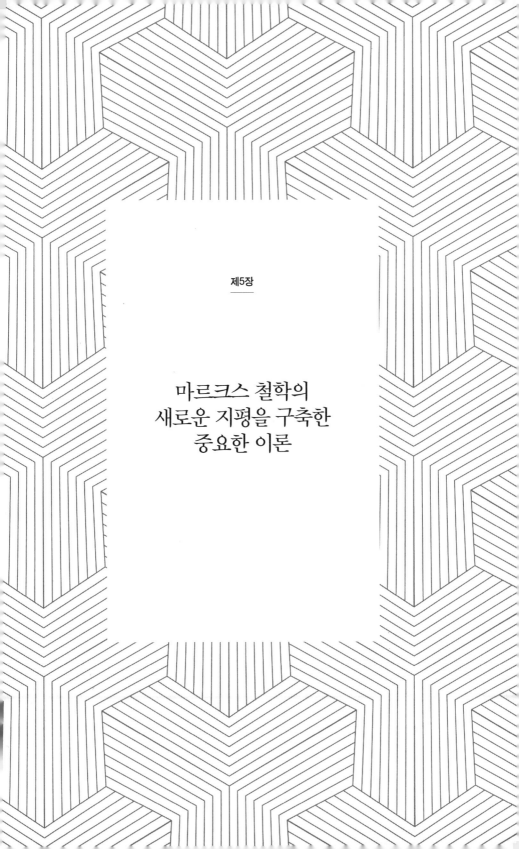

제5장
———

마르크스 철학의
새로운 지평을 구축한
중요한 이론

마르크스의 「포이어바흐에 관한 테제」는 그의 철학 담론에서 게슈탈트식의 근본적 전환이 일어난 중요한 표지다. 앞에서 서술했듯이, 마르크스 철학의 새로운 지평의 기초가 드러난 시기는 마르크스가 두 번째 경제학 연구에 아주 깊이 들어갔던 이때다. 그는 새로운 과학과 프롤레타리아 혁명을 여는 길은 현실의 경제관계 변혁으로부터만 시작할 수 있다고 생각했다. 이는 완전히 새로운 과학적 경제학, 과학적 사회주의 이론을 창조하는 것이었고, 이 위대한 과학적 과정을 완수하려면 반드시 철학방법론을 체계적으로 구축해야했다. 이것이 그와 엥겔스가 함께 쓴 『독일 이데올로기』의 주요 임무였다. 이 장의 연구는 『독일 이데올로기』 창작에서 중요한 이론적 논리 배경을 처음으로 미시적으로 드러내는 것이다. 그 논리 배경이란 마르크스의 최신 경제학 연구 성과, 리카도 사회주의 경제학의 이론논리와 슈티르너 철학 비판 등을 말한다. 그런 후에야 우리는 마르크스 철학 혁신의 초기 지평을 역사적으로 마주할 수 있을 것이다.

1. 마르크스 두 번째 경제학 연구의 새로운 진전

앞에서 서술했듯이, 1845년 2월 3일에 마르크스는 브뤼셀에서 정치경제학 연구를 다시 시작했다. 그는 2월에 『브뤼셀 노트』 A를 우선 쓰고 난 후, 같은 기간에 『리스트를 평함』과 「포이어바흐에 관한 테제」도 써서 그 철학사상의 혁명적인 돌파구를 마련했고, 새로운 과학적 마르크스주의의 전면적 구축을 향해 스스로 걸어갔다. 그리고 5월에서 7월까지 마르크스는 브뤼셀에서 정치경제학 연구를 지속하며 『브뤼셀 노트』 B를 써 내려갔다. 7월에서 8월까지 마르크스와 엥겔스는 함께 처음으로 부르주아 산업왕국인 영국을 방문했다. 이 기간에 마르크스는 맨체스터에서 경제학 발췌노트인 『맨체스터 노트』를 썼다. 우리는 먼저 이 두 노트의 텍스트와 일반적 내용을 분석할 것이다.

1) 『브뤼셀 노트』 B와 『맨체스터 노트』의 텍스트 연구

우선 마르크스가 브뤼셀에서 두 번째 단계로 진행한 정치경제학의 연구 성과는 『브뤼셀 노트』 B다. 이 노트는 명확한 순서가 없어서 그 텍스트의 구조를 분석하기가 어렵다. 나의 연구경험으로 보았을 때, 이 텍스트에 대한 소개는 내용의 중요성을 통해서만 규정할 수 있다.

첫째 노트는 『브뤼셀 노트』 B에서 가장 중요한 발췌문으로, 나는 그것을 '물질생산과 생산력연구'라고 부른다. 이 노트는 두 번 접은 형태로[1] 총 32쪽인데, 마르크스는 29쪽을 썼다. 노트는 네 부분으로 나눌 수 있다. 첫째 부분은 에밀 드 지라르댕(Emile de Girardin)의 『과학총서』 제1권(「기계」)의 발췌문이고, 1쪽이다. 둘째 부분은 찰스 배비지[2]의 『기계와 생산자의 경제학』(런던, 1833)의 발췌문이고, 총 8쪽이다. 셋째 부분은 앤드류 유어[3]의 『생산의 철학, 면화, 양모, 마, 실크 제조업의 경제학 연구, 부록 영국 제조업에서 사용하

---

1   필자는 암스테르담에서 마르크스가 사용한 이 노트를 직접 본 적이 있다. 이 노트는 2절지를 반으로 접은 형태였다.
2   찰스 배비지(Charles Babbage, 1792~1871), 영국의 수학자이자 초기 기계공학자. 1814년에 영국 케임브리지대학을 졸업했고, 1828~1839년 케임브리지대학 교수를 역임했다. 주요 저서로는 『기계와 생산자의 경제학』(1833)이 있다. 이 외에 수학 관련 저서가 있다.
3   앤드류 유어(Andrew Ure, 1778~1857), 영국의 과학자. 영국 글래스고에서 태어났으며, 에든버러대학과 글래스고대학에서 공부했다. 1804년 글래스고대학의 교수로 임용되어 화학과 자연철학을 가르치며 학자로서의 삶을 시작했다.

는 다른 기계들의 묘사』(두 권, 브뤼셀, 1936)의 발췌문이고, 총 5쪽이다. 넷째 부분은 로시(Rossy)의 『정치경제학 강의』(브뤼셀, 1843)의 발췌문이고, 총 14쪽이다.

둘째 노트도 두 번 접은 형태로 되어 있으며, 총 54쪽이다. 마르크스는 그중에서 53쪽을 사용했다. 발췌문은 다음과 같다. 페리에(Ferrier)의 『상업 보고에서 사람들이 주목하는 경영관리를 논함』(파리, 1805)의 발췌문이 총 8쪽, 알렉상드르 드 라보르데(Alexsandre de Laborde)의 『공동체이익에서 협조정신을 논함』(파리, 1818)의 발췌문이 총 9쪽, 『이코노미스트 저널』(1842) 제2~3권 가운데 레이몬 드 라 사그라(Ramon de la Sagra)의 「카탈루니아의 면직공업 및 노동자」의 발췌문이 총 2쪽, 테오도르 픽스(Theodore Fix)의 「정치경제학에서의 진보와 보수 정신을 논함」에 관한 발췌문이 반 쪽, 루나의 「4세기부터 20세기까지 로마의 도시생활과 국내경제 통계」에 관한 발췌문이 반 쪽, 하인리히 슈토르히(Heinrich Storch)의 『정치경제학 강좌, 국가변성을 결정하는 원리에 대한 논고』(파리, 1823)에 관한 발췌문이 총 31쪽, 테리 오언의 「공채를 남발하는 투기바람에 대해 논함」(브뤼셀, 1844)에 관한 발췌문이 총 4분의 1쪽이다.

셋째 노트는 『파리 노트』로 잘못 알려졌는데, 원래는 로더데일의 『공공의 부의 성질과 기원을 논함』(파리, 1808)의 발췌문이다. 이것은 두 번 접은 노트로 마르크스는 16쪽을 썼고 마지막 한 쪽은 숫자를 계산한 것이다.

넷째 노트도 『파리 노트』로 잘못 알려졌는데, 원래는 데르(Daire)가 편집하고 주석을 단 『18세기의 재정경제학자』(파리, 1843)의 발췌문이다. 두 번 접은 노트이고 마르크스는 26쪽을 썼다. 발췌문의 구체적 내용은 다음과 같다. 첫째는 부아기유베르의 『프랑스 사정』의 발췌문으로 4쪽 반, 둘째는 부아기유베르의 「재산과 화폐, 그리고 부과세의 성질을 논함」에 대한 발췌문으로 총 10쪽, 셋째는 부아기유베르의 「곡물의 성질, 경작, 무역과 이익을 논함」에 대한 발췌문으로 총 4쪽, 마지막으로 존 로의 『화폐와 무역을 논함』의 발췌문으로 1쪽이다.

다음은 마르크스가 런던에서 쓰기 시작한 『맨체스터 노트』로 총 아홉 권이다. MEGA1에서는 그중 마르크스가 직접 주석을 단 세 권만 확인했다(MEGA1 제6권). MEGA2에서는 다시 아홉 권으로 확인했는데, 그중 앞의 다섯 권은 이미 제4권 제4부에 수록되어 출판했고,[4] 뒤의 네 권은 제5권에 수록되었는데 이것은 아직 편집 중이다.[5] 그래서 우리는 여기서 주로 앞의 다섯 권을 중심으로 소개할 것이고, 뒤의 네 권에 대해서는 일반적인 내용만 제시할 것이다.

첫째 노트는 두 번 접은 형태이고, 총 48쪽이다. 마르크스는 37쪽을 썼다. 윌리엄 페티의 『인구증가에 대한 연구』(런던, 1698)에 관한 발췌문이 총 6쪽, 찰스 드버넌트(Charles Dvenant)의 『공적 수입과 영국무역』등 4부작에 관한 발췌문이 총 13쪽, 제임스 앤더슨(James Anderson)의 『현재 영국의 식량기근에 관한 사고』(런던, 1801)에 관한 발췌문이 1쪽 반, 브라우닝(Browning)의 『대영제국의 국내 상황과 재정상황』에 관한 발췌문이 총 2쪽 반, 에드워드 미셀던(Edward Misselden)의 『자유무역 또는 무역 번영의 길』등 2부작에 관한 발췌문이 총 3쪽이다.

둘째 노트는 두 번 접은 형태이고, 총 44쪽이며, 마르크스가 전부 썼다. 쿠퍼(Cooper)의 『정치경제학 원리 강의』(런던, 1831)에 관한 발췌문이 총 13쪽 반, 토머스 새들러(Thomas Sadler)의 『인구의 법칙』(런던, 1830)에 관한 발췌문이 총 8쪽 반, 토머스 투크(Thomas Tooke)의 『1793~1837년의 가격과 유통 상황의 역사』(런던, 1838)에 관한 발췌문이 총 8쪽, 제임스 길바르트(James Gilbart)의 『은행업의 역사와 원리』(런던, 1839)에 관한 발췌문이 총 11쪽, 토머스 에드먼드(Thomas Edmond)의 『실천도덕과 정치경제학』(런던, 1828)에

4   MEGA2, IV/4.
5   러시아현대사문헌보존센터의 바가투리아가 편집 중이다.

『브뤼셀 노트』의 한 쪽 복사본

관한 발췌문이 총 2쪽이다.

셋째 노트는 매컬럭의 『정치경제학 원리』에 관한 발췌문이다.

넷째 노트는 8절지판으로 총 36쪽이다. 마르크스는 27쪽을 썼다. 윌리엄 코빗(William Cobbett)의 『지폐가 황금을 대체하다』(런던, 1828)에 관한 발췌문이 총 17쪽, 『도시 백과전서』 중에서 「시니어의 정치경제학」에 대한 발췌문이 총 1쪽 반, 윌리엄 톰슨(William Thompson)의 『재산분배의 원리』(런던,

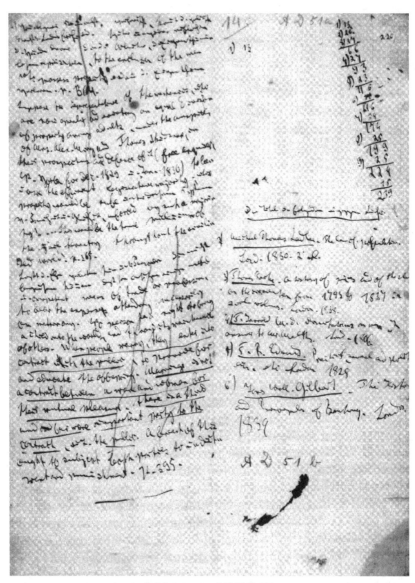

『맨체스터 노트』의 한 쪽 복사본

1824)에 관한 발췌문이 총 9쪽이다.

다섯째 노트는 두 번 접은 형태로 총 50쪽이다. 마르크스의 발췌문은 모두 46쪽이다. 윌리엄 앳킨슨(William Atkinson)의『정치경제학 원리』(런던, 1840)에 관한 발췌문이 총 6쪽, 토머스 칼라일(Thomas Carlyle)의『차티스트 운동』(런던, 1840)에 관한 발췌문이 총 1쪽 반, 매컬럭의『정치경제학의 기원, 발전, 특수대상과 중요성을 논함』(런던, 1830)에 관한 발췌문이 총 10쪽 반, 웨이드(Wade)의『중산층과 노동자계층의 역사』(런던, 1835)에 관한 발췌문이 총 9쪽, 제임스 밀의『정치경제학의 문제에 약론』(런던, 1844)에 관한 발췌문이 총 11쪽 반이다.

뒤 네 권의 노트 중에서 가장 중요한 내용은 로버트 오언(Robert Owen)의 『새로운 사회에 대한 전망』(런던, 1840~1844)에 관한 발췌문으로, 총 22쪽 반이다. 오언의「인류성격에 형성을 논함」등 논문 세 편의 발췌문은 총 28쪽이고, 브레이(Bray)의『노동에 대한 박해 및 그 구제방안』(런던, 1839)에 관한 발췌문은 총 24쪽이다. 이 외에 케네, 그레그 및 호프가 쓴 농업과 곡물법에 대한 저서를 발췌한 발췌문이 있다.

2) 마르크스 두 번째 경제학 연구의 특정한 맥락

우선『브뤼셀 노트』B다. 내 생각에 마르크스의 이 노트 발췌문에서 가장 이론적 의의가 있는 내용은 물질생산과 생산력에 관한 논의다. 실제로 마르크스는 리스트의 '공업력'에서 현실의 사회실천 개념을 확인했다. 이것은 이미 중요한 과학적 추상개념이다. 더 나아가 경제학 연구에서 마르크스는 이론의 관심방향을 실천 활동에서 가장 토대가 되는 부분, 즉 물질생산으로 돌렸다. 이것 역시 추상에서 실제로의 전환이다. 물질생산은 사회발전의 기초로, 이것은 모든 고전경제학의 전제다. 첫째 노트의 많지 않은 부분에서 우리는 마르크스가 발췌한 내용이 거의 전부 생산, 특히 현대 부르주아 사회생산의 주도적 측면인 기계의 역사와 관련 있다는 것을 볼 수 있다. 여기서 우리는 29쪽 발췌문 중에서 이론적 의의가 부각된 배비지의 발췌문을 예로 설명하겠다.

찰스 배비지는 19세기 영국의 저명한 수학자이자 전산공학자로, 1820년대에 계산기의 연구제작에 힘쓴 과학자다. 그는 1827년 말부터 1828년 말까지 유럽대륙을 여행하며 네덜란드, 이탈리아, 독일과 프랑스 등 각 나라의 공장을 참관했고, 저명한 『기계와 생산자의 경제학』을 썼다. 이 책은 사실 생산과정을 통속적으로 설명하고 있는데, 현대 기계생산의 원리와 결과, 특히 도구와 기계가 인력을 대체한다는 것과 기술의 객관적 효과와 경제 이익을 설명하고 있다. 이것은 사실상 일부 현대 생산력이 좁은 의미의 기술적 측면에서 사회 진보를 어떻게 이끌었는가에 대한 이론적인 분석사라고 할 수 있다. 이 책은 두 편으로 나뉘는데, 하나는 '기계 부분에 관한 분석'이고 다른 하나는 '공장 내부 경제와 정치경제에 관한 것'이다. 첫째 편은 기본적으로 도구에서 기계로 발전하는 기술에 대한 분석으로, 이는 물화된 생산력에 대한 직접적인 확인이다. 둘째 편은 생산과정에서 기계가 운용한 결과에 대한 분석인데, 배비지는 이를 통해 생산력의 상승이 '상품원가의 인하'를 촉진하는 발전 방향(제13장)임을 명확하게 제시하고 있다. 제19장에서 배비지는 직접 애덤 스미스의 분업 이론을 심화하면서 소위 '배비지 이론'을 제시했다. 스미스가 분업에 따른 노동의 단순화가 기계의 발명을 일으켰다고 생각했다면, 배비지의 관점은 이와 전혀 달랐다. 그는 기계의 출현은 우선 노동의 단순화에서 비롯된 것으로 이것은 노동 기술 자체를 도구에 물화시켰고, 도구 자체의 단순화는 도구가 다시 동력으로 인해 움직이는 시스템으로 한데 묶이게 되었다고 생각했다. 이는 사실상 부르주아 사회 생산과정의 기본구조와 방식에 대한 미시적 연구다. 마르크스는 1847년에 쓴 『철학의 빈곤』에서 이 중요한 문헌을 일찍이 인용했었다.[6]

이 노트에서 언급한 또 다른 중요한 논저는 1836년 출판한 앤드류 유어의

『공장 생산의 철학』이다. 배비지 책의 영향을 깊게 받은 이 책은 마찬가지로 산업혁명에 대한 구체적 분석으로, 일정 정도의 경제이론적 사고도 포함하고 있다. 마르크스는 5쪽을 발췌했다. 우리는 유어 이론의 핵심이 생산과 분업이라는 것에 주목했다. 그러나 분업 문제에서 유어와 배비지는 달랐다. 그는 스미스의 분업을 직접 비판하며 부정적인 태도를 견지했다. 뒤의 논의에서 바로 생산과 분업이『독일 이데올로기』에서 두 가지 맥락의 사고의 토대가 되었다는 것을 발견하기는 어렵지 않다. 생산과 생산양식은 마르크스 역사유물론의 중요한 규정이 되었다. 분업이라는 사고의 맥락에서 프롤레타리아 입장에 근거한 마르크스는 분업으로부터 과학적 실증비판이라는 사고의 맥락을 이끌어냈다. 마르크스는 1847년에 쓴『철학의 빈곤』에서 이 중요한 문헌을 인용했다.[7] 게다가 앞에서 말한 이 두 책과 포페[8]의『기술의 역사』,『기술학 편람』, 요한 베크만[9]의『발명의 역사』등은 마르크스가『1861~1863년 경제학 수고』에서 상대적 잉여가치 형성을 분석할 때 똑같이 중요한 참고문헌이 되었다.

『맨체스터 노트』를 쓸 당시 마르크스는 프랑스어 독해 능력이 뛰어났기 때문에 이 노트에서 발췌한 발췌문의 저서는 주로 프랑스 문헌이었다. 나는 마르크스의 이 연구가 여전히 그가 부르주아 정치경제학을 전면적으로 이해하는 하나의 구성 부분이며 특히『파리 노트』와『브뤼셀 노트』에 대한 보충이라고 생각한다. 이 노트들은 경제학에 대한 깊이 있고 과학적인 연구라고 할 수 없으며, 이 노트의 내용이 마르크스가 쓰려고 했던『정치와 국민경제학 비판』의 연구대상과 같다고도 할 수 없다. 왜냐하면 정치경제학에 대한 마르

---

6   『馬克思恩格斯全集』, 第4卷(人民出版社, 1958), 168쪽 참조.

7   같은 책, 169~172쪽 참조.

8   요한 하인리히 모리츠 폰 포페(Johann Heinrich Moritz von Poppe, 1776~1854), 독일의 수학자이자 물리학자다. 주요 저서로『기술학 편람』(1806),『기술의 역사』(1807),『일반기술학 강좌』(1821) 등이 있다.

9   요한 베크만(Johann Beckmann, 1739~1811), 독일 과학자. 기술, 기술학이라는 말의 창시자로, 기술학이란 '여러 산업에 관한 과학'이라는 뜻이다. 주요 저서로는『발명의 역사』(1780) 등이 있다.

크스의 과학적 연구는 1850년대 이후에야 정말로 시작되었기 때문이다. 그러나 이 노트의 연구는 그의 철학을 혁신하는 데 중대한 영향을 미쳤고 아주 중요한 의의가 있다고 생각한다.

앞에서 거론한 텍스트 내용으로 보았을 때 마르크스의 노트 아홉 권의 내용은 아주 풍부하다. 요약하자면, 이 발췌문들은 기본적 주제로 보았을 때 세 부분으로 나눌 수 있다.

첫째는 영국 부르주아 정치경제학의 초기 단계, 즉 애덤 스미스 이전의 경제학 저서들이다. 그들은 에드워드 미셀던, 에드먼드 페티, 찰스 드버넌트 등이다. 페티 외에는 거의 모두 중상주의 관련 저서이고, 페티의 책도 중상주의 색채를 띠고 있다. 이 저서들은 그 시대 부르주아 사회 발전의 현실 수준, 즉 자연경제의 쇠퇴, 공장수공업의 흥기, 국내 시장의 형성 및 대외무역의 확장 등을 반영했다. 이 연구는 마르크스의 부르주아 사회 인식에 대한 **총체성과 역사성**을 크게 확장했다.

영국 중상주의가 주목하는 이론적 초점은 사회의 부와 그 원천에 관한 문제다. 그들은 화폐연구에 집중했고 특히 '보편적 부'인 귀금속을 연구했다.[10] 이 저서들을 연구하면서 마르크스에게 한 가지 문제가 점점 분명해졌는데, 그것은 경제학에서 이론에 대한 관점의 변화는 사실상 현실의 사회 경제의 변화로부터 온 것이라는 점이다. 당시 산업은 발달하지 않았고 국내 시장은 협소해 대외 무역이 부를 증가시키는 주요 경로였다. 이런 현실 상황은 초기 중상주의자 저서의 특징을 결정했다. 미셀던의 『자유무역 또는 무역 번영의 길』에는 초기 중상주의 특유의 관점이 잘 설명되어 있다. 즉, 화폐가 세계에서 유일한 진정한 부이며 인류를 통치하는 만능의 힘을 가지고 있다는 것이다. 부르주아 사회의 물질생산 발전과 산업성장 및 중금주의가 무역 차액주의로 대체됨에 따라 중상주의의 화폐에 대한 편애는 극복되었다. 마르크스는

---

10 Karl Marx, *Manchester-Hefte*, S.20 참조.

드버넌트와 페티의 책에서 이런 이론의 변화를 직접 읽었다.[11] 마르크스는 그중에서 페티가 정립한 통계학을 이해했지만 부르주아 계급의 통계학에서 통계 수치상에 문제가 존재하며, 그 문제가 본질적으로 이데올로기적 '변호'라는 것을 단번에 간파했다.[12]

둘째는 리카도 이후의 영국 경제학자들이 쓴 문헌이다. 논저의 저자들은 대부분 스미스와 리카도를 해석하고 있다. 그중에는 긍정적인 자도 있고 부정적인 자도 있다. 마르크스는 영국계 미국인 경제학자 토머스 쿠퍼의 『정치경제학 원리 강의』에서 시작해 존 스튜어트 밀의 『경제학의 미결문제』까지 이르러서야 발췌를 마쳤고, 그중에는 투크, 길바르트, 코빗, 새들러, 시니어, 앳킨슨, 매컬럭 등의 논저도 포함되었다. 이 발췌문들은 세 가지 논의로 나눌 수 있다. 첫째는 경제학의 일반 이론 원리로, 예를 들면 경제학의 대상과 방법, 경제학의 중요 범위의 규정 및 그 상호작용이다. 둘째는 화폐 유통의 신용 및 위기 문제이고, 셋째는 인구문제다. 이런 연구를 통해 마르크스는 부르주아 정치경제학에 대한 인식, 즉 부르주아 사회는 물질생산 자체의 객관적 발전을 벗어날 수 없다는 것을 깨달았다. 그는 스미스와 리카도가 경제 현실과 법칙에 대해 객관적이고 선입견 없는 견해를 얻을 수 있었던 이유를 초기 부르주아 사회의 생산양식 가운데 물질생산력이 낙후한 농업생산력을 타파한 데서 찾았다.

마르크스의 이 연구는 리카도의 비평가들로부터 시작된 것으로, 그중에서 쿠퍼와 앳킨슨, 시니어의 논저를 주요 비판대상으로 했다. 그들은 다른 측면에서 리카도의 노동가치론을 비판했다. 왜냐하면 이 이론은 토지소유자와 자본가가 노동자를 착취한다는 결론을 필연적으로 추론하기 때문이다. 부르주아 계급의 변호인들은 부르주아의 이익을 보호하기 위한 목적을 지니고 있기

---

11 같은 책, S.51 참조.
12 같은 책, S.13 참조.

때문에, 리카도가 노동가치론을 상품가격과 연결해 여러 가지 가치결정에 관한 추론을 제시하는 것을 비판했다. 예를 들면, 가치는 수요공급의 관계에 의해 결정된다거나(쿠퍼, 앳킨슨) 또는 효용에 의해 결정된다는 내용이다(시니어). 마르크스는 여기에서 리카도의 노동가치론에 대해 부정적인 논평을 하지 않았다. 이런 태도는 이미 『1844년 수고』의 내용과는 분명하게 다르다.

이 '전'과 '후'의 연구는 마르크스로 하여금 경제학의 본질에 대해 새로운 생각을 갖게 했다. 더 중요한 것은 마르크스가 부르주아 사회의 생산양식에 대해 역사적이고 현실적이며 구체적인 연구를 해야 한다는 것을 발견한 것이다. 작은 것 하나만 봐도 전체를 알 수 있듯이, 어떤 사회의 역사와 삶을 마주하려면 마찬가지로 그 사회의 발생과 존재, 발전의 구체적인 상황을 반드시 주의 깊게 봐야 한다. 즉, 일정한 역사 조건 아래에서 한 사회의 역사적 상황에 대해 연구를 해야만 과학적인 것이 될 수 있는 것이다.

셋째 발췌문은 영국 공상적 사회주의자, 특히 오언 같은 경제학자의 저서로 주로 윌리엄 톰슨, 브레이, 그리고 에드먼드 등의 저작이다. 여기에서는 톰슨의 정치경제학에서 출발한 사회주의 이론 논증이 마르크스가 주목하는 초점이 되었다. 마르크스는 톰슨이 사실상 리카도의 노동가치론을 긍정하는 데서 출발했다는 것을 발견했다. "부에 대한 관념에 있어 교환가치는 불필요한 것이다. ······ 노동은 부의 유일한 아버지다."[13] 톰슨의 분석에서 중요한 논리적 추론은 노동이 사회적 부의 유일한 원천이라면 왜 생산노동자들은 자신의 등가물 전체를 획득할 수 없는가라는 것이다. 톰슨은 "어느 곳에서든 모든 사람에게 노동은 모두 가치 있는 생산품이다. 어느 곳에서든 노동의 가격을 지불하는 것은 생존과 음식을 구매하기 위한 것이다. 그것은 유일한 보편적 상품이다. ······ 노동은 물질에 대한 갈구를 더한다. 노동만이 유일하게 자신의 물질적 부를 형성한다"[14]라고 분석했다. 따라서 "원료, 건축물, 기계, 임금

---

13   같은 책, S.237.

은 자기의 가치에게 어떠한 것도 더해줄 수 없다. 더해주는 것은 노동 그 자체에서만 올 수 있다. …… 일반적인 상황에서 생산적 노동자는 적어도 가치의 절반은 자본가에 의해 빼앗긴다".[15] 분명한 것은 "사물의 이런 추세를 지속하는 조직이 계속 존재하는 한, 또 한 무리의 사람들만 이런 생산력을 계속 지배하는 한"[16] 사회의 불공정은 제거될 수 없다는 것이다. 마르크스는 리카도의 경제학(노동가치론)이 '독특한 방식'으로 직접 부르주아 사회제도를 부정하는 사회주의로 이끌 수 있다는 것을 발견했다. 이런 사회주의는 더 이상 가치판단이 아니라 산업사회에서 자라난 현실에서 유래한 것이다.

나는 리카도파 사회주의 경제학자의 이론논리 자체가 이 시기 마르크스가 역사유물론 철학을 형성하는 데 중요한 역할을 했다고 생각한다.

2. 고전경제학과 사회주의의 결합

지금 우리는 드디어 중요한 이론 문제, 즉 영국 리카도파 사회주의 경제학자의 사상을 진지하게 논의할 수 있게 되었다. 물론 이 사상 유파의 이론도 1820~1830년대에 나온 것이지만 1845년의 『맨체스터 노트』 이후에야 마르크스의 철학사상에 진정한 영향을 미쳤다. 이런 영향은 마르크스의 철학 연구에 대해서든 정치경제학과 사회주의 연구에 대해서든 모두 아주 중요했다. 『맨체스터 노트』에서 마르크스는 이 유파 가운데 톰슨과 브레이의 저서만 발췌했지만 여기에서 우리는 톰슨, 호지스킨, 브레이와 그레이의 사회주의 경제학을 하나의 이론 전체로 보고 토론할 것이다.[17]

---

14   같은 책, S.238. 마르크스는 필기할 때 영어를 사용했다.
15   같은 책, S.240.
16   같은 책, S.240.
17   1847년 마르크스는 『철학의 빈곤』에서 프루동에게 이 이론가들의 형상을 특별히 집중적으로 드러냈다. "호지스킨의 『정치경제학』(1827), 윌리엄 톰슨의 『인간의 행복에 가장 도움이 되는 부의 분배에

1) 물질생산, 특히 노동은 사회의 모든 부와 지식을 창조한다

윌리엄 톰슨[18]은 마르크스가 『맨체스터 노트』에서 프롤레타리아 계급 입장에 선 사회주의 경제학자로 처음 언급한 사람이다. 그의 『인간의 행복에 가장 도움이 되는 부의 분배에 관한 연구』(이하『부의 분배에 관한 연구』)도 영국 사회주의 경제학자의 텍스트 중에서 가장 일찍 발표된 책이다. 톰슨이 보기에 물질생산은 인류 "사회가 건립한 유일한 토대"[19]이고 "생산이야말로 한 사회를 지속시키는 유일한 부의 원천"[20]이다. 그래서 어떤 조건에서든 인간은 반드시 생산을 해야 하며 그렇지 않으면 죽어야 한다.[21] 이것은 영원한 필연성과도 같다. 그러나 더 나아가 규정해야 하는 것은 물질생산 중에서, 즉 자연물질이 인류사회의 부로 전환되는 과정에서 "대자연은 이 전환과정에 대해 무엇을 했는가? 아무것도 한 게 없다. 인간, 인간의 노동은 무엇을 했는가? 모든 것을 다 했다"[22]라는 것이다. 톰슨은 인류의 주체적 노동을 생산에서 가장 중요한 핵심 요소로 자리매김했다. 이는 마르크스주의 철학과 정치경제학과 과학사회주의 모두에 대해 아주 중요한 의미를 지닌다. 나는 마르크스가 『독일 이데올로기』의 넓은 의미의 역사유물론에서 물질생산 토대이론을 우선 확정했다는 것과 『정치경제학 비판 요강』의 좁은 의미의 역사유물론에서 노

관한 연구』(1824), 투 레이 에드먼드의 『실천적이고 정신적이며 그리고 정치적인 경제학』(1828) 등등 이런 종류의 저작은 네 쪽도 쓸 수 있다. 지금 우리는 영국 공산주의자인 브레이가 어떻게 말했는지를 들어봐야 한다. 여기에 브레이의 탁월한 저서 『노동에 대한 박해 및 그 구제방안』(1839년 속판 5)을 인용했다." 『馬克思恩格斯全集』, 第4卷, 110쪽 참조. 마르크스는 프루동의 경제학의 '오류'를 비판할 때 위의 저작들을 모두 자신의 견해를 뒷받침하는 문헌으로 인용했다.

18 윌리엄 톰슨(William Thompson, 1775~1833), 영국의 사회주의 경제학자. 주요 저서는 『인간의 행복에 가장 도움이 되는 부의 분배에 관한 연구』(1824), 『인류의 반(여성)이 자신을 정치적으로, 따라서 사회적으로, 그리고 가정에서 굴욕적인 노예의 지위에 묶여두는 인류의 나머지 반(남성)에게 반대하기 위해 외치는 호소』(1825), 『임금 노동』(1827) 등이 있다.

19 湯普遜, 『最能促進人類幸福的財富分配原理的硏究』, 何慕李譯(商務印書館, 1986), 208쪽.

20 같은 책, 187쪽.

21 같은 책, 48쪽 참조.

22 같은 책, 34쪽.

동가치 이론을 기초로 했다는 것에 주목했다. 그래서 톰슨은 "만약에 어떤 사회의 노동이 1년 동안 멈춘다면 얼마나 사람들이 자연자원 또는 자연의 역량을 보존해나갈 수 있을까"라고 질문하면서, "삶을 즐기는 것뿐만 아니라 모든 민족의 생존도 영구적인 노동에 의존해야 한다. 인간들은 소비하는 동시에 성실히 일하는 두 손이 끊임없이 재생산해야 한다"[23]라고 지적했다. 마르크스는 『독일 이데올로기』 제1장에서 포이어바흐의 직관적인 자연유물론을 비판하면서 이 단락의 기본 의미를 직접 인용했다. 재미있는 것은 톰슨은 이런 관점이 노동력과 노동생산품의 다름을 구분하려는 시도라는 것을 일부러 드러냈다는 것이다. 노동력은 생산해내야 하는 것이고, 노동생산품은 이미 생산해낸 것이다.[24] 이렇듯, 톰슨이 말한 노동생산의 핵심은 인류 주체의 '양손'에서 시작된 살아있는 노동이라는 것이다. 이 점은 마르크스 이후의 경제학 형성에도 아주 중요한 영향을 미쳤다.

마찬가지로 재미있는 것은 톰슨도 이런 관점, 즉 교환이 현대 생산에 필요하다는 관점을 인정했다는 것이다. 교환의 의의를 인정했다는 것은 사실상 분업의 의의도 인정했다는 것이다. 이런 관점은 애덤 스미스를 답습한 것이다. 분업은 생산기술을 전문화한 것이자 시공간에서의 생산노동의 총체성과 협력을 한 걸음 더 발전시킨 조건이기도 하다. "그래서 교환과 노동은 마찬가지로 유익하고 확장된 생산에 대해 필요한 것이다."[25] 그러므로 "교환이 없다면 생산도 있을 수 없고 지속적인 부의 생산도 있을 수 없다. 교환 없는 노동과 노동 없는 교환은 거의 똑같이 아무 쓸모가 없다".[26] 톰슨은 바로 이런 확대되는 생산에서 "교환이 사람을 자신의 협소한 생활범위"[27]로 이끌어내는 것을 중요하게 여겼다. 광범위한 분업과 교환은 인간을 봉건적인 토지에서의

---

23   같은 책, 31쪽.
24   같은 책, 89쪽 참조.
25   같은 책, 61쪽.
26   같은 책, 58쪽.
27   같은 책, 86쪽.

좁고 폐쇄적인 생존으로부터 현실적으로 해방시켰다. 이 관점은 아주 가치 있지만 마르크스는 『1844년 수고』에서는 이 점을 전혀 의식하지 못했다. 그러나 나중에 『정치경제학 비판 요강』에서 마르크스는 더욱 과학적인 토대 위에서 이 사상을 직접 지목했다.

톰슨은 노동과 교환을 "생산의 원천일 뿐만 아니라 도덕과 행복의 원천"[28]이라고도 생각했다. 그는 노동과 교환이 사실 같은 층위의 것이 아님을 의식하지 못했다. 다른 리카도파의 사회주의 경제학자인 브레이[29]의 말을 빌리자면, 인간의 품격은 "그의 환경에서 비롯된 생존의 토대 위에서 만들어진다는 것이다".[30] 이 서술에는 합리적인 지점이 있다. 생산으로부터 인간의 품격과 도덕이 나타나다니! 이것은 물질과 의식이 대립하는 자연유물론이 아니라 사회유물론의 관점이다. 브레이는 더 정확하고 예리하게 다음과 같이 말했다. "부의 생산과 적절한 분배는 바로 삶을 누리는 선결조건이다. 왜냐하면 이 토대 위에서만 인류의 진정한 행복의 상부구조를 지을 수 있기 때문이다."[31] 이 점에서 브레이는 톰슨보다 예리하고 정확했다. 이에 대해 톰슨은 노동자의 도덕에 관한 예시를 들었다. "가난으로 고통 받는 헐벗고 굶주린 사람들이 명예와 명성으로 으쓱거리며 즐거워한다고 생각하는가?" 비참한 생활환경에서 가난한 사람들은 무엇이 '도덕'인지 절대로 알 수 없을 것이다. 그들에게 사상과 설교는 아무 쓸모없다.

동기는 사물로부터 나오는 것이고 주위의 환경으로부터 나오는 것이지, 공허하고 무의미한 말에서 나오는 것이 아니다. 말이 유용한 까닭은 그것이 사람에게

---

28   같은 책, 67쪽.
29   존 프랜시스 브레이(J. F. Bray, 1809~1895), 영국의 사회주의 경제학자. 주요 저서로는 『노동에 대한 박해 및 그 구제방안』(1839) 등이 있다. 마르크스는 1845년 『맨체스터 노트』에 이 저명한 책을 발췌했다. 그리고 1847년 『철학의 빈곤』에서 이 책의 많은 부분을 인용했다. 『馬克思恩格斯全集』, 第4卷, 110~117쪽 참조.
30   勃雷, 『對勞動的迫害及其救治方案』, 袁賢能譯(商務印書館, 1959), 120쪽.
31   같은 책, 66쪽.

이런 사물과 환경에 관한 지식을 전달할 수 있기 때문이다. 만약에 이런 것들이 근본적으로 존재하지 않는다면 말은 일종의 사기에 불과할 뿐이다.[32]

마르크스는 『독일 이데올로기』에서 의식은 내가 환경에 대응하는 관계에서 나오는 것이라고 비슷하게 서술한 적이 있다.

만약에 사람이 헐벗고 굶주린다면 무엇이 도덕인지 아닌지 논할 수 없다는 것이다. 19세기 부르주아 사회를 반대하는 것으로 보이는 사상가이자 영국 사회주의 경제학자 호지스킨[33]의 말을 빌리자면, "수백만 명의 사람들이 여전히 굶주린다면 그들의 도덕과 정신을 개선하려는 시도는 모두 가망이 없고 헛수고가 될 것이다".[34] 이것과 톰슨이 앞에서 확립한 이론의 전제는 일치한다. 사람은 우선 생산을 해야 하고 그런 후에야 다른 일을 할 수 있다. 이것이 바로 마르크스 역사유물론의 직접적인 토대다. 더 중요한 것은 톰슨은 이런 역사변증법에 부합하는 관점을 제시했다는 것이다. 영원히 변하지 않는 제도는 없으며 영원히 변하지 않는 관념도 없다. 따라서 영원히 변하지 않는 것을 추구한다는 것은 흔히 범하는 오류다. 톰슨은 다음과 같이 생각했다.

특수한 도덕 또는 부도덕한 습관이 습관을 낳고, 부의 생산과 분배를 야기하는, 무한히 변화하고 불안정한 제도는 지구상에 있는 국가마다 다를 뿐 아니라 같은 국가 안에서도 끊임없이 변화하고 있다. 그러므로 이런 한쪽의 믿을 수 없는 토대 위에서 어떠한 영구적이거나 보편적인 진리를 세우는 것은 불가능하다.[35]

---

32 湯普遜, 『最能促進人類幸福的財富分配原理的研究』, 204~205쪽.
33 토머스 호지스킨(Thomas Hodgskin, 1787~1869), 영국의 사회주의 경제학자. 주요 저서로 『노동을 보호하고 자본을 반대하는 요구』(1825), 『통속정치경제학』(1827), 『부의 자연성과 인위성의 비교』(1832) 등이 있다.
34 霍吉斯金, 『通俗政治經濟學』, 王鐵生譯(商務印書館, 1996), 255~256쪽.
35 湯普遜, 『最能促進人類幸福的財富分配原理的研究』, 437쪽.

이 관점이 목표가 없는 것은 아니다. 당연히 부르주아 계급의 호위무사들이 고취하는 영구불변하는 시장경제와 자연법을 겨냥한 것이다. 이런 관점은 마르크스가 부르주아 이데올로기의 비역사적 본질을 분명히 인식하는 데 일정한 영향을 미쳤다.

물론 노동생산은 관념을 일으키고 관념도 노동생산과 인간생활에 영향을 미친다. 이것은 구체적으로 두 가지 측면에서 나타난다. 우선은 지식형태의 과학기술은 생산과 내재적으로 관련이 있다. 그러나 이런 관련도 역사과정을 거쳤다. 사회발전의 초기에는 노동과 지식은 통일된 것이었지만 사회가 문명의 발전을 이루는 과정에서 분리되는 것을 피할 수 없었으며 이는 아주 자연스러운 현상이었다. 이 때문에 노동과정의 변화는 점점 다양하고 풍부해졌으며 점점 정교해지고 복잡해졌다. 즉, 정교한 기술을 요구할수록 지식의 발전이 포함하는 대상도 점점 광범위해졌고 더 많은 시간을 요구할수록 전심전력을 다해 이러한 지식을 확보하려고 했다. 현대사회의 생산 과정에서 "과학과 기술은 자연의 물질과 역량이 인간을 위해 복무하도록 하기 위해 자연을 정복했다".[36] 그러나 부르주아 사회의 조건 아래에서 지식이 있는 사람은 노동생산자와는 아주 멀리 분리되었다. 그래서

지식은 노동자의 손 안에 장악된 노동도구가 아니고 노동자의 생산력을 높일 수 없을 뿐 아니라, 노동이 사람들에게 주는 최대의 효능을 발휘하도록 노동력을 어떻게 사용해야 하는지 가르쳐주지 않는다. 오히려 지식은 거의 모든 곳에서 노동에 적대하며 자신의 비밀을 노동생산자로부터 은폐할 뿐만 아니라 노동자가 완전히 기계적이고 순종적인 육체노동자가 되도록 계획적으로 잘못된 길로 이끌고 있었다.[37]

---

36 같은 책, 234쪽.
37 같은 책, 213쪽.

'부르주아 사회' 체제에서 과학기술은 자본이 노동자를 반대하는 힘이 되었다는 관점에 대해 마르크스는 나중에 1860년대의『자본론』수고에서 한 발 더 나아가 설명했다. 톰슨은 사회의 발전이 소위 '완벽한 상태'에 도달할 때 노동은 지식과 새롭게 결합할 것이며 영원히 분리되지 않을 것이라고 생각했다. 왜냐하면 그때는 지식에 대한 요구가 모든 사람의 요구일 것이며 게다가 "사회 기술의 진보와 발전이 이런 가능성을 제공할 것"[38]이기 때문이다.

다음으로 톰슨은 지식은 인간의 사회생활 전반에도 중요한 역할을 한다고 말했다. 톰슨은 인간이 갈수록 노동생산이 만들어낸 '사람들을 둘러싼 환경' 가운데서 생활하고 있다는 것을 발견했다.[39] 마르크스가 후에『독일 이데올로기』에서 외부대상 세계를('우리를 둘러싼 세계') 우리를 둘러싼 세계라고 말한 것은 여기에서의 톰슨의 용어와 비슷하다. 그것은 인간들이 "스스로를 그 속에서 서로 관련 있고 지식에 영향을 받을 뿐 아니라 생산에도 영향을 받는 그런 상태와 환경에 배치시키는 것이다".[40] 특히 현대 부르주아 사회에서 지식은 이미 "교화적이고 정치적으로 또는 기타 사회제도를 이용"해 사람을 통치하는 수단이 되었다. 즉, 후에 마르크스가『독일 이데올로기』제1장 두 번째 수고에서 말한 통치계급의 의지로서의 이데올로기 기능을 발휘하고 있다. 톰슨은 과거의 인류는 "사회제도가 형성한 일종의 성찰 없는 습관으로 지배하고 있었고" 이런 지배는 언제나 폭력을 수반했다고 분석했다. 그러나 인쇄기술을 발명한 이후 "인류에게 영향을 미친 완전히 예측할 수 없는 새로운 힘이 소리 소문 없이 끼어들어왔다". 이것은 바로 나날이 증가하는 지식의 힘이 '보편 이익'의 문제와 결합한 후에 형성된 일종의 도덕과 대중여론의 힘이다. "그것이 일단 실제로 표명된다면, 자율적인 합리적 사회의 명확하고 합법적인 의지가 된다."[41] 그러나 사회통치권을 장악하고 있으면서 보편이익으로

---

38   같은 책, 214쪽.
39   같은 책, 222쪽 참조.
40   같은 책, 230쪽.

사회를 관리하려고 하지 않는 사람들 쪽에서는 "지식의 우월성이라는 가정과 여러 가지 다양한 기만을 이용해 그들의 권력을 반드시 유지하려 한다". 예를 들자면 인간과 신을 연결하거나 하늘의 도를 대신한다는 것으로 민중을 속이는 것이다. 허구적인 '보편 이익'을 이용해 계급의 이익을 은폐하고, 허상의 관계로 존재의 진실한 사회관계를 대신하는 것, 이것이 바로 이데올로기의 본질이다. 나는 이런 지식이데올로기에 대한 비판사상을 20세기 프랑크푸르트학파가 계승했다고 생각한다. 톰슨은 지식의 발전이 이 새로운 무형의 강권통치가 지닌 모든 규범을 철저하게 타파할 것이라고 생각했다.[42]

이 때문에 과학지식의 생산에 대한 역할을 중시하고 정확하게 인식해야 한다. 이것은 리카도파 사회주의 경제학자의 공통된 인식인 것 같다. 호지스킨 쪽에서는 과거의 "정치경제학자는 지배적인 지식이 발전하는 자연법칙을 탐색하지 않았다"[43]라고 생각했다. 그가 보기에 과거 정치경제학자의 논저는 일반적으로 지식(그는 이를 정신노동이라고 규정했다)의 역할을 소홀히 했다. 애덤 스미스는 이 점을 주시했지만 지식의 중요성을 스스로 인식하지는 못했다. 호지스킨은 애덤 스미스가 처한 수공업 시대의 역사적 특징을 이해하지 못한 것이 분명하다. 그는 세가 과학지식을 생산발전의 우연한 요소로 본 관점을 특히 비판했다. 그래서 그는 『통속정치경제학』 제2장에서 특별히 과학지식과 관찰(자연과학과 기술)이 생산력에 미치는 영향을 논술했고 이에 대해 두드러지게 강조했다. 예를 들면 식물학, 지질학이 농업생산력에 미치는 영향과 화학, 기계학이 공업생산력에 미치는 영향을 설명했다. 이런 견해는 아주 대단한 것으로, 매우 정확하고 투철한 인식이라 할 만하다. 앞에서 서술했듯이, 마르크스는 1845년 이전에는 이 책을 읽지 않았고, 1851년에 쓴 『런던노트』 제9권에서야 이 책을 접했다. 호지스킨의 적지 않은 관점은 마르크스

---

41 같은 책, 233~234쪽 참조.
42 같은 책, 233~234쪽 참조.
43 霍吉斯金, 『通俗政治經濟學』, 73쪽.

의 『정치경제학 비판 요강』과 1860년대의 경제학 수고에서 발굴되고 발전되었다. 호지스킨은 "인류는 각기 다른 복잡한 기계(솜틀기, 소면기, 방직기와 편직기)가 처음으로 돌아가도록 하는 구동능력을 응용하고 통제할 수 있기 전에 오랜 경험을 통해 얻은 여러 가지 지식을 갖추어야 했다"[44]라고 썼다. 즉, 여러 가지 기술이론의 기초가 되는 자연과학을 장악해야 한다는 것이다. 그는 사실상 19세기에 과학과 사회생산력의 관계에 대한 문제를 직접 제기한 것이다. 물론 그의 이 문제제기에 대한 전제 또한 폐단이 있었다. 왜냐하면 총체적으로 볼 때 생산의 실천은 생산과 과학 발전을 촉진하는 기초이고 과학은 물질생산이 일정한 단계까지 발전해야만 생산의 새로운 주도적 역량이 될 수 있기 때문이다.

또 다른 측면에서 호지스킨은 애덤 스미스가 분업을 기술발전의 원인으로 본 것을 반대했다. 그는 지식과 기술이 서로 촉진하고 새로운 방법을 도입해 분업의 확대를 일으키지만 분업은 사람들을 미시적으로 특화해 대상에 깊이 들어가게 한다고 생각했다. 그러나 그는 관찰과 기술발명이 분업에 우선한다는 생각을 견지했다.[45] "발명은 언제나 노동의 분업에 우선하고 신기술의 도입과 비교적 낮은 생산비로 상품제조를 거쳐 노동의 분업을 확대한다."[46] 객관적으로 말해 스미스는 이 점에서 의심할 바 없이 정확했다.

나는 호지스킨의 생각도 여전히 중요하다고 생각한다. 그는 "개개인의 의지 또는 욕망이 보기에는 변화무쌍하더라도 절대 다수인 사람의 의지와 행위는 영구적인 자연법칙의 지배를 받는다. 게다가 관찰된 사람의 수가 많을수록 이 사실은 명백하고 의심할 바 없다"[47]라고 했다. 호지스킨은 농업에서 공업까지, 그리고 다시 상업까지 발전한 객관적 진행과정이 사회발전의 법칙이

44 같은 책, 69쪽.
45 같은 책, 75쪽 참조.
46 같은 책, 76쪽.
47 같은 책, 79쪽.

라는 것을 이미 인식했다.

우리가 더 나아가 문명의 발전을 거의 모든 국가에서 발견할 수 있다는 것을 고찰하면, 각 국가의 정치형태가 어떠하든 각 국가의 상황이 어떠하든 간에 제조업(물론 제조업에 필요한 여러 가지 지식도 있다)은 항상 농업에 이어 나타난다는 것을 알 수 있다. 그리고 사람들이 일단 바다 연안에 살면(바다는 인류가 거주하는 데 적합한 지구 전체를 침식하고 있다) 상업 및 항해와 선박제조기술은 언제나 제조업에 이어 나타난다.[48]

호지스킨은 어떤 개인이 얼마나 똑똑하든지 그의 사상은 언제나 그가 사는 시대 및 그가 일원인 그 사회가 "빚은 대로 형성"[49]되기 때문에 "개개인의 지력에 대한 사회의 영향은 다른 모든 영향보다 더 중요하다"[50]라고 생각했다. 마르크스가 나중에 서술한 것을 빌려 말하자면 모든 관념은 모두 일정한 시대에 종속된다. 호지스킨은 제임스 와트를 예로 들며 "지난 세기에 학자와 엔지니어로서 제임스 와트를 뛰어넘는 사람은 아마도 없을 것이다. 하지만 그가 18세기 영국에서 태어날 수 있었기 때문에 과학과 기계에 대한 지식 대부분을 가질 수 있게 된 것이다"[51]라고 말했다. 와트가 발달하지 않은 남미의 고아로 태어났다고 가정한다면 그는 영원히 증기기관을 발명해낼 수 없었을 것이다. 동시에 "연료가 풍부하고 이미 제조업이 구축되고 인구가 조밀한 국가가 아니라면 증기기관이 소용없었을 것이다".[52] 사람들의 발명과 사상은 모두 앞선 사회의 발전에 기초한다. "그들의 성취와 그들의 계획, 그리고 그들의 사상은 그들의 선대 및 그들 주위에 있는 모든 사람의 성취와 계획, 그리고

---

48   같은 책, 79~80쪽.
49   같은 책, 82쪽.
50   같은 책, 82쪽.
51   같은 책, 82쪽.
52   같은 책, 82쪽.

사상과 분리될 수 없고 긴밀하게 연결되어 있다. 그들의 발명과 발견은 이전에 이루어진 발명과 발견의 필연적 결과다."[53] 과학의 출현은 일정한 사회적 조건(시간과 장소)에 의해 결정된다는 것을 알 수 있다. 더 중요한 것은 산업노동자들의 존재도 그 필요조건이라는 것이다. 만약에 산업노동자가 없었다면 제임스 와트의 발명도 공중누각이고 실현 불가능했을 것이다. 호지스킨의 이상대로 "관찰과 실천, 정신노동과 육체노동이 손을 맞잡고 나란히 나아가야 한다".[54] 나는 호지스킨의 이런 관점이 핵심을 찌르는 것이며 아주 가치가 있다고 생각한다.

나중에 마르크스는 호지스킨을 평가할 때 이렇게 말했다.

> 총체적 객관세계, 즉 '부의 물질세계'는 여기에서 사회 생산에 종사하는 사람의 요소에 지나지 않고, 사라졌다가 다시 끊임없이 생산하는, 생산에 종사하는 사람의 실천활동이 되어, 부차적 지위로 물러나게 된다. 이런 '이상주의'를 '믿을 수 없는 구두수선공' 매컬럭의 저작에서 리카도의 이론이 조야한 유물론의 물신숭배로 변질된 것과 비교해보라. 그의 저작에서는 인간과 동물의 구분을 볼 수 없을 뿐 아니라 생명과 사물 간의 구분조차도 찾아볼 수 없다. 숭고한 부르주아 정치경제학의 강신론 앞에서 프롤레타리아 반대파들이 고무하는 것은 비속한 욕구의 만족을 목적으로 하는 조야한 유물론일 뿐이다.[55]

이로써 마르크스가 역사유물론을 정립하고 경제학 혁명을 실현한 후에도 부르주아 사회를 비판하는 프롤레타리아 '동지'에 대해 감탄하고 있었음을 알 수 있다.

---

53   같은 책, 84쪽. 마르크스의 『철학의 빈곤』에서 관련된 서술을 참조할 수 있다.
54   같은 책, 85쪽.
55   馬克思, 『剩余价值理論』, 第3冊(人民出版社, 1975), 294쪽.

2) 부르주아 사회를 비판하면서도 정치경제학이 과학임을 인정하다

만약에 우리가 앞에서 이런 문제, 즉 사회주의 경제학자들이 자신들의 경제학 연구에서 고전경제학의 잠재적 방법론의 전제로서의 사회유물론을 비교적 잘 계승했음을 집중적으로 논의했다면, 우리는 프롤레타리아 계급 최초의 이론가들이 오히려 부르주아 이데올로기가 현실을 완전히 긍정하는 물신숭배를 시종일관 거부했다는 것을 분명하게 볼 수 있다. 이때 청년 마르크스가 정치경제학을 부정하는 맥락에 대해, 우리는 하나의 중요한 문제, 즉 사회주의 경제학자의 이론 비판이 부르주아 사회를 비판하면서도 정치경제학이 과학이라는 것을 인정한다는 것을 드러내고 있음을 설명해야 한다. 이 점을 설명하기 위해 우리는 사고의 발걸음을 마르크스가 『맨체스터 노트』에서 톰슨을 읽었던 그 사상의 정거장에서 다시 멈추어야 한다.

그 책의 서문에서 톰슨은 우선 정치경제학 연구에서 말하는 정신학파의 관점을 비판했다. 톰슨은 그들이 자연계의 물질법칙을 주목하지 않고 "인간은 자신의 정신력에 의지하기만 하면 물질의 종속작용에 거의 의지할 필요 없이 행복을 얻을 수 있다"[56]라고 비판했다. 이것은 관념론자의 정의론이다. 왜냐하면 그들에게 '사상은 모든 것'이고 물질 활동(노동)은 기계적이고 비천한 일로 간주되었기 때문이다. 하지만 사실 "사상이란 무엇인가? 사람들의 뇌 속에서 일어나는 활동이자 감각된 활동에 불과할 뿐이다. 노동은 또 무엇인가? 노동은 자연계에 영원히 활동하고 있는 힘을 전달해 이 힘과 협력하는 활동이다".[57] 우리는 마르크스가 나중에 쓴 『자본론』에서 이와 유사한 서술을 본 적이 있다. 이 두 가지 중에 어느 것이 더 인류의 행복을 현실적으로 촉진할 수 있을까? 분명 후자다. 이는 시스몽디와 인간주의 경제학자 같은 낭만주의 색

---

56   湯普遜, 『最能促進人類幸福的財富分配原理的研究』, 11쪽.
57   같은 책, 12쪽.

채를 가지고 있는 윤리주의를 비판하는 것이다. 여기에는 철학의 측면에서 주목할 만한 두 가지 관점이 있다. 하나는 톰슨은 사회역사관 중의 관념론을 명확하게 반대했다는 것이고, 다른 하나는 그가 직접 사상의 토대를 인류 주체의 객관 활동에 두었다는 것이다. 이것은 대단한 관점이다. 앞에서 서술했듯이 이것은 고전경제학의 사회유물론을 직접적으로 확인한 것이다.

다음으로 톰슨은 소위 기계론적 관점도 비판했다. 이 정치경제학자들에게 인간은 사물과 동등하고 인간의 활동과 기계의 작동은 똑같이 가치 있다. 이 학파가 관심 있는 것은 단지 어떻게 가장 많은 생산량에 다다르고 최대의 소비 또는 유효한 수요를 보장하는가 하는 것이다. "이 생산품들이 어떤 방법을 이용하는지 또는 누가 생산하는지에 관해 말하자면, 낙타나 말이 생산하든, 사람 또는 노예나 비노예가 생산하든 상관없다. 이 모든 것은 중요한 것이 아니다. 부는 어떤 사람이 소비하는지, 소수의 사람인지 다수의 사람인지 또한 중시할 필요가 없다."[58] 이는 물론 부르주아 주류경제학자 및 물신숭배의 본질이다. 톰슨은 인간은 기계가 아니고 순수한 사상으로만 이루어진 것도 아니며 복잡한 생명체라고 생각했다. 또한 인간이 행복하려면 '물질 수단'에서 벗어날 수 없으며 부가 없다면 행복은 공허한 말에 불과할 뿐이라고 생각했다. 그러나 부를 만들었다면 부를 어떻게 공정하게 사용하고 분배할 것인가의 문제 또한 따라올 것이다. 이렇듯 톰슨이 말하는 사회주의는 더 이상 추상적 정의가 아니고 물질의 전제를 요구하는 것이다. 이는 톰슨의 이론적 논리가 시스몽디 이래 낭만주의 색채를 가지고 있던 프랑스와 독일의 대다수 공상사회주의와 근본적으로 구별되며 이 시기의 마르크스와도 다르다는 것을 말해준다. 왜냐하면 마르크스는 이 시기에 정치경제학이 과학이라는 것과 사회주의의 가능성의 이론 전제와 토대라는 것을 인정하지 않았기 때문이다.

이로써 톰슨은 공명정대함은 "자연과학과 정치경제학의 진리를 이해하지

---

58   같은 책, 13쪽.

못하는" 윤리학자의 수중에서는 실현 불가능하다고 단언했다. 왜냐하면 아름다운 것은 그들에게는 영원히 꿈이고, 진정한 공정은 '부의 생산과 축적'에만 주목하는 정치경제학자의 자연법칙에서는 자연발생적으로 나타날 수 없으며, 그들이 경제학에서 "고립된 그 원리들을 사회과학으로 응용하려는 계획"이 근본적으로 없기 때문이다. 이는 두 가지 어려움에 처한 것과 같다. 톰슨은 윤리적 요구와 과학의 객관법칙 이 두 가지를 결합해나가야 한다고 생각했다. 그의 견해로 베이컨은 이미 하나의 출로를 열었다. "정치경제학에서 확정한 원리를 사회과학에서 사용한다면, 이 원리와 기타 부문의 학문은 인류의 행복을 증진하기 위한 부의 공평한 분배를 위해 복무할 것이다."[59] 프롤레타리아 계급의 정치적 입장에서 사회 정의를 연구하는 것은 과학의 전제를 필요로 한다. 이는 아주 중요한 이론적 발전이다. 각도를 바꿔서 말하자면, 사회주의는 정치경제학의 과학적 기초 위에 완전하게 건립할 수 있다. 이 관점이 과거 마르크스의 정치경제학에 관한 태도에 대단히 큰 충격을 가져왔다는 것은 미루어 짐작할 수 있다. 그 관점은 필연적으로 마르크스 철학 논리와 경제학적 사고, 그리고 사회주의 사상의 토대를 형성하는 데 중대한 변화를 일으킨 기점이 되었다.

호지스킨에게 정치경제학은 똑같이 '자연과학'으로 규정되었다. 이 점에서 그와 세는 일치한다. 그가 보기에 "정치경제학의 출현은 인류가 변화시킨 상황에서 비롯된 것이다".[60] 그는 직접 이 정치경제학의 대상이 '사회생산 현상'[61]임을 명확하게 했다. 우리는 스미스가 먼저 발견한 이 과학에서 "사회는 자연법칙에 따라 세워진 것이며 사회는 구체적이고 세부적인 사항마다, 그리고 그 존재의 단계마다 자연법칙의 조절을 받는다"[62]는 것을 보았다. 애덤 스

---

59 같은 책, 17쪽.
60 霍吉斯金, 『通俗政治經濟學』, 6쪽.
61 같은 책, 4쪽.
62 같은 책, 5쪽.

미스는 사회 경제 생활에서의 자연법칙은 생산과 사회생활 중의 자유방임과 객관적인 조절(보이지 않는 손)로 나타난다고 보았다. 그러나 스미스는 사회 생활의 주인공이 자연물질이 아니라 인간이라는 것을 더 깊이 있게 이해하지 못했다. 물론 우리는 의식 있는 주체이지만 오히려 현대사회에서 "무의식상 태"의 생존본능이 오늘날 다채롭고 모든 것을 두루 망라하는 사회생산 시스 템을 양산했다는 것에 스미스는 주의를 기울이지 않았다. 이 사회 시스템의 관계는 점점 복잡하게 변해서 사람들은 이 시스템을 파악할 수 없게 되었다. 객관적인 자연이 만드는 이런 제도에서 사실상 공정한 '자연'과학과 서로 저 촉되는 불공정한 사회 현실이 출현했다. 호지스킨은 사회의 발전은 단순하게 생존 상태를 긍정하는 데 있지 않고 "끊임없이 자신을 속박하는 팽팽한 끈을 넘어서는" 데 있다고 말했다. 그래서 부르주아 계급이 옹호하는 '자연 질서'가 바로 호지스킨이 비판하는 대상이 되었다. 더 중요한 것은 호지스킨은 자신 의 비판적 연구가 도의적인 윤리로부터의 공격이 아니라 "다만 생산을 조절 하는 모든 자연법칙을 분명히 밝히는 것으로 엄격히 제한하는 것"[63]이라고 명 확하게 지적했다. 만약 그의 정치적 관점이 사회주의라면 이는 객관법칙 위에 건립한 사회주의다. 이 점을 이해하는 것은 1845년 마르크스의 사상혁명을 이해하는 데 아주 중요하다.

톰슨과 아주 유사한 점을 호지스킨의 분석에서도 알 수 있는데, 과거 정치 경제학에 대한 연구에는 두 가지 관점이 존재한다는 것이다. 하나는 자연과 학에 근거해 정치경제학을 부를 획득하는 기술로 묘사하는 것처럼 우리는 기 존의 경제발전을 지배하는 객관법칙을 찾기만 하면 된다는 것이다. 다른 하 나는 근본적으로 정치경제학의 정당성을 인정하지 않는다는 것이다. 왜냐하 면 이 과학은 '사람을 고려하지 않고', 특히 노동자를 기계로 간주하고 '그 뼈 와 근육의 가격을 계산'함으로써 근본적으로 노동자의 "재능과 지혜, 정신과

---

63   같은 책, 10쪽.

언어능력"을 부정했기 때문이다. 전자는 정통의 국민경제학자이고 후자는 호지스킨이 말하는 감정주의 비평가다.[64] 후자에는 부르주아 사회 제도에 대한 모든 비판가, 예를 들면 신학자와 주관적인 윤리 비판에서 출발한 모든 사회주의자도 포함해야 한다. 우리는 1845년 이전의 마르크스도 이런 비평가에 속한다는 것을 발견할 수 있다. 호지스킨은 이 두 가지 정치적 관점에 대해 모두 비평적 태도를 견지했다. 나는 그가 이렇게 하나의 길을 찾아가는 중에 객관법칙을 인정하면서도 사회 경제 과정에 대한 조절을 견지하려고 했다고 생각한다. 호지스킨은 인간 생존의 공정성을 주목했을 뿐 아니라 동시에 사회제도(분배) 자체의 이런 공정한 운행이 반드시 생산력의 발전에 유익해야 한다고 주장했다. 다시 말하면, 사회주의는 반드시 생산력 발전과 서로 일치해야 하는 것이다. 이 점은 나중에 마르크스 후기의 과학사회주의 구축에 대해서도 마찬가지로 아주 중요하다.

3) 노동가치론의 긍정과 논리 전환

이런 이론적 논리로 정치경제학을 마주함에 따라 프롤레타리아 정치경제학자들이 부르주아 사회의 태도를 분석하는 데에도 필연적으로 중대한 변화가 일어났다. 톰슨은 결국 어떤 문제에 관심이 있었는가? 그는 결코 일반적 빈곤을 논의한 것이 아니다. 그가 캐묻고 있는 것은 생산이 발달하고 부가 풍족한 사회에서 부를 생산하는 대다수 생산자들은 왜 대부분 가난하고, 극소수의 노동하지 않는 자들만 아주 부유하고 '행복'한가 하는 것이다. 생산자들이 노동을 통해 만들어낸 성과가 "나쁜 짓을 한 것도 아니고 자연재해가 발생한 것도 아닌 상황에서 왜 이상하게 다 빼앗기는가?"[65] 톰슨의 결론은 "부의 분

---

64   같은 책, 13~14쪽 참조.
65   湯普遜, 『最能促進人類幸福的財富分配原理的研究』, 19쪽.

배가 타당하지 않다!"는 것이다.[66] 이것은 분명 전통적인 공상 사회주의의 비판 논리다. 하지만 톰슨은 주관적인 윤리를 요구할 필요가 없고 정치경제학을 통해 새로운 공정한 분배의 자연법칙, 즉 인위적인 도움이 필요 없는 객관법칙을 제시해야 한다고 분명하게 지적했다.[67] 톰슨은 부르주아 정치경제학의 노동가치론은 긍정될 수 있으며 확실히 노동만이 부의 원천이고 부의 가치를 재는 유일한 기준이라고 보았다.[68] 일반적인 상황에서 하나의 상품의 가치는 그 상품을 생산하는 데 필요한 최소의 노동량과 비슷하다. 이는 부정확한 노동가치론이다. 왜냐하면 톰슨에게는 아직 필요노동이라는 규정이 없기 때문이다. 일반적으로 인간이 노동을 통해 부를 생산하는 것은 행복을 증가시키기 위해서이고 노동생산을 이용해 자연이 줄 수 없는 부를 획득하는 것도 인류의 행복을 증가시키기 위해서라고 말한다. 그러나 과거 "정치경제학의 최종 목적은 언제나 사회에서 축적하는 부의 절대량을 증가시키는 것이었고, 매년 생산물과 여러 해 축적해놓은 부를 어떻게 분배할 것인가는 도덕가와 정치가의 손에 맡겼다".[69] 부를 생산하고 축적하는 데에서 막힘없이 잘 통하던 노동가치론이 분배에서는 그 효용이 완전히 사라졌다. 이는 정치경제학의 비극이라고 말하지 않을 수 없다.

우리는 정치경제학에 대한 호지스킨의 구체적인 학술연구 시각이 아주 독창적이라는 것을 어렵지 않게 볼 수 있다. 그는 마찬가지로 경제학 밖이 아니라 바로 경제학 안에서 경제학을 비평한 것이다. 그는 스미스와 매컬럭 등의 문제가 분배에서 나타난다고 생각했다. 왜냐하면 스미스 등이 노동이 부를 생산하는 원천이라고 동의했을 때 그가 파악한 이 기준은 정확했다. 그러나 일단 이 영역을 넘어 교환으로 바뀌자 기준에 변화가 발생했다. 이에 대해 호

---

66 같은 책, 20쪽.
67 같은 책, 26쪽 참조.
68 같은 책, 37쪽 참조.
69 같은 책, 52쪽.

지스킨은 노동 기준의 일관성을 견지할 것을 요구했다. "노동은 모든 부의 원천일 뿐 아니라 공평하게 분배하는 것이 기준이기도 하다."[70] 이 때문에 그는 우선 노동이 부를 창조한다는 카나드의 유명한 논술, 즉 손목시계에 투하된 노동 전부를 제거하면 필연적으로 하나의 광석으로 환원될 것이라는 문장을 인용했다. 빵에서 노동을 제거하면 화본과의 풀로 변할 것이라는 것이다. 그런 후에 그는 건축물에서 목수와 미장이의 노동을 빼가도 원래의 자연물질이 될 것이라고 말했다.[71] 그레이[72]는 『인간 행복론』에서 어떤 사회에서도 "생활에 필요한 모든 것, 생활을 즐겁고 편하게 하는 모든 것은 인간의 노동이 창조해낸 것이고",[73] 그래서 "노동은 부의 유일한 기초이고 어떠한 부도 모두 축적한 노동에 불과하다"[74]라고 말했다. 노동이 투입되기 전의 토지는 어떠한 가치도 없으며 모든 생산품도 모두 노동의 결과다. 노동자는 부를 창조했지만 그들은 부를 점유할 수 없었다. 이는 불공정하다. 물론 호지스킨 등도 윤리도덕 비판을 통해 공정한 결과를 받아내겠다는 것은 아니다. 단지 과학에 호소할 수 있음을 제기할 뿐이다.

호지스킨이 말하는 과학은 "부의 생산에 영향을 미치고 조절하는 자연법칙과 조건 전체를 드러내 밝히는 것이다".[75] 이는 "내용과 그 항구성 및 모든 시간과 모든 장소의 물질세계가 우리와 유사한 감정을 일으키는 그 법칙의 항구성의 토대 위에 세워야 하는"[76] 것이기도 하다. 그가 인식하려는 자연법칙은 무엇인가? 인간노동의 필요성이다. 노동이 모든 부의 원천이라면 노동하지 않는 자는 먹을 수도, 입을 수도, 쓸 수도 없으며, 생존의 권리도 없다.

70   霍吉斯金, 『通俗政治經濟學』, 28쪽.
71   같은 책, 28~29쪽 참조.
72   존 그레이(John Gray, 1799~1883), 영국의 사회주의 경제학자. 주요 저서로는 『인간 행복론』(1825), 『사회제도』(1831), 『인민의 불행을 방지하는 믿을 만한 수단』(1842), 『화폐의 본질과 그 용도를 논함』(1848) 등이 있다.
73   格雷, 『人類幸福論』, 張草紉譯(商務印書館, 1963), 11쪽.
74   같은 책, 33쪽.
75   霍吉斯金, 『通俗政治經濟學』, 45쪽.
76   같은 책, 32쪽.

호지스킨은 "그것과 만유인력은 과학법칙처럼 보편 법칙이다. 그것은 영구적으로 전 인류의 행위에 시종일관 영향을 미치고 조절한다"[77]라고 말했다. 사회 경제 생활에서 "부를 생산하고 분배하는 모든 세부적인 부문은 노동의 필요성의 조건에서 기원한 조절과 지배를 모두 받는다. 마치 물질세계의 각 부분이 자연법칙의 조절과 지배를 받는 것과 마찬가지다".[78] 사회법규도 자연법칙을 기준으로 확정해야 한다. 이런 자연법칙과 부르주아 정치경제학자의 자연법칙('자연 질서')은 정반대다. 여기에서의 자연법칙은 객관법칙으로 읽어야 한다.

앞에서 우리는 노동이 부의 유일한 원천이라고 이미 설명했다. 그렇다면 "(금과 은을 포함한) 모든 부는 모두 노동의 생산품이다. 노동하지 않는 자들은 어떠한 것도 상인에게 지불할 수 없다. 그들은 노동생산물 이외의 것으로 지불할 수 없다".[79] 노동이 많을수록 부도 많아진다. 그런데 왜 노동자는 점점 더 가난해지는가? 호지스킨도 이런 노예적 노동이 생기는 원인을 찾으려고 했다. 첫째, 호지스킨은 노예적 노동의 원인이 사람들이 비판하는 노동 분업 때문은 아니라고 생각했다. 그는 분업을 서로 다른 개인들 간의 취향과 성격으로 일어나는 분업 1과, 지역 특성으로 일어나는 분업 2로 구분했다. 둘째, 노예적 노동의 원인은 분업으로 인해 만들어진 노동의 사회성과 교환 때문도 아니라고 생각했다. 그는 분업의 사회 노동에서는 "각 노동자가 (그가 무슨 일을 하든지 관계없이) 모두 문명사회의 이 위대한 일을 생산하는 일부분을 완수하고 있을 뿐"[80]이며 타인의 노동과 분리되면 노동자는 부를 창조하는 독립적인 능력을 갖지 못한다는 것을 분명하게 본 것 같았다.[81] "우리가 현재 사용하거나 누리는 모든 것은 함께 연합해 노동한 결과다."[82] 노동의 교환, 즉 분업 1

---

77   같은 책, 34쪽.
78   같은 책, 35쪽.
79   같은 책, 105~106쪽.
80   같은 책, 122쪽 참조.
81   같은 책, 122쪽 참조.

로 인한 국내교환과 분업 2로 인한 국제교환, 즉 국내무역과 국제무역의 출현은 이렇듯 필연적이다. 그가 보기에 분업과 교환은 모두 문명을 진보시키는 '위대한 수단'이며, 이 수단 자체는 불평등과 노예적 노동을 일으키는 원인은 아니다. 그레이도 '교환은 사회의 아버지'라고 생각했다. "만약에 노동이 인간을 위해 가치 있는 모든 생산품을 창조하는 것이라면 교환은 어떤 사람들이 자신의 노동으로는 영원히 얻을 수 없는 것을 교환을 통해 이용할 수 있게 하는 것이다." 그래서 우리는 교환을 "사회의 연결과 기초"라고 부를 수 있다.[83] 셋째, 교환은 일반 노동을 대표하는 화폐를 반드시 만들어낼 것이라고 생각했다. 호지스킨은 "대자연과 교환할 때 노동은 이미 최초의 화폐였다. 노동은 현재와 미래에서 여전히 유일하게 구매하는 화폐일 것이다"[84]라고 말했다. 따라서 화폐는 직접적인 의미에서도 죄가 없다고 결론 내렸다.

그렇다면 문제는 도대체 어디에 있는 것인가? 호지스킨은 자연법칙은 무죄이며 "빈곤은 사회제도가 만들어낸 것이다"라고 직접 제기했다.[85] 그레이도 현대사회에서 "기계 자체는 좋은 것이고 필수불가결한 것이다"라고 생각했다. 현재 노동인민의 빈곤은 기계가 노동을 대체했기 때문이 아니라 이런 제도 때문인 것이다.[86] 진정한 근본 원인은 바로 자본과 부르주아 계급이다. 왜냐하면 호지스킨이 보기에 자본의 본질에는 "노동은 노동자가 생계유지 외에 반드시 부르주아 계급에게 이윤을 가져다 줄 수 있어야 한다"는 비밀이 숨겨져 있기 때문이다.[87] 게다가 "지주와 부르주아 계급은 아무것도 생산하지 않는다. 자본은 노동의 산물이지만 이윤은 그 산물의 일부분에 불과하며, 이 산물은 무상으로 빼앗긴다. 단지 노동자는 자신이 생산한 것의 일부분을 소

82   같은 책, 122쪽.
83   格雷, 『格雷文集』, 陳太先·睦竹松譯(商務印書館, 1986), 39쪽 참조.
84   霍吉斯金, 『通俗政治經濟學』, 188쪽.
85   같은 책, 201쪽.
86   勃雷, 『對勞動的迫害及其救治方案』, 88쪽 참조.
87   霍吉斯金, 『通俗政治經濟學』, 202~203쪽.

비하는 것만 허락된다".[88] 그래서 부르주아 사회의 경제운용에서

> 자본가는 사회 모든 부의 소유자가 되었다. 이 부를 생산할 때 자본가는 이 원칙에 따라 행사한 것이다. 일반적으로 말해, 자본가들은 노동자의 노동이 자신의 생계를 유지하는 데 필요한 것을 초과해 자본가 자신에게 이윤을 가져다 줄 것이라고 확실하게 예상하지 않는 한, 노동자가 생산수단을 얻는 것을 영원히 허락하지 않을 것이다.[89]

이것은 "노예를 부리는 원칙"이다! 이것은 앞에서 서술한 노동 필요성의 자연법칙을 심각하게 위반했다. 그래서 호지스킨은 부르주아 사회제도를 당연히 자연법칙으로 꼽는 것을 단호하게 반대했다. 톰슨은 이에 대해 "자본의 가장 정확한 개념은 도대체 무엇인가? 그것은 영리 수단이 된 노동생산물의 일부라는 것이다"[90]라고 말했다.

호지스킨이 보기에 자본가는 노동자가 아니다. 자본가는 어떠한 의미에서도 생산에 도움을 주지 않는다. 자본은 기계와 도구가 되어도 독자적으로 생산할 수 없으며, "생산능력의 원인을 노동에 의해 만들어지고 사용되는 설비에 두는 것은 다 허튼소리다". 모든 자본은 사람이 만든 것이다![91] 예를 들면, "증기기관이 하는 어떠한 일도 광부, 제련공, 철공, 엔지니어, 보일러공과 무수한 다른 노동자들이 연합하고 노동해서 완수한 것이다. 그것은 생명 없는 기계가 완수한 것이 아니다".[92] 노동자가 없다면 어떤 기계와 설비도 조금의 가치도 없다. 그뿐만 아니라 만약에 노동을 자주 사용하지 않는다면 기계도 아주 빨리 망가질 것이다.[93] 마찬가지로 모든 자본의 이익도 노동의 산물이

---

88 霍吉斯金, 『德國北方的旅行』, 第2卷(愛丁堡, 1820), 9쪽.
89 霍吉斯金, 『通俗政治經濟學』, 53쪽
90 湯普遜, 『最能促進人類幸福的財富分配原理的研究』, 193쪽.
91 霍吉斯金, 『通俗政治經濟學』, 209쪽 참조.
92 같은 책, 212쪽.

다.[94] 자본과 노동의 교환은 사실 자본가가 과거 노동자의 노동성과를 이용해 지금 노동자의 살아있는 노동과 교환하는 것이다. 또한 교환이 매번 일어날 때마다 자본가는 노동자의 노동을 더 많이 점유하게 되었다.

이런 불평등 교환의 관념은 대다수 사회주의 경제학자의 공통된 인식인 것 같다. 브레이의 견해에 의하면, 이런 교환의 본질은 "한 쪽은 모든 것을 내주기만 하고 한 쪽은 모든 것을 가져오기만 한다. 모든 불평등의 실제와 정신도 이와 같다".[95] 브레이는 모든 생물은 "반드시 노동해야 한다"(성경)는 법칙을 따르지만 "오직 인간만이 이 법칙을 피할 수 있다. 그리고 이 법칙의 성격에 따르면 다른 사람의 희생을 대가로 해야만 피할 수 있다"[96]라고 생각했다. 정치경제학의 관점에 의하면, 상품교환은 생산비로 결정하는 것이다. 그렇다면 교환은 항상 '등가와 등가의 교환'이어야 한다. 만약에 교환이 평등하다면 "각 측이 내주는 노동량은 서로 같다". 그러나 현실 부르주아 사회제도에서는 노동자들이 일 년 동안의 노동을 자본가에게 주고는 반년치에 불과한 노동의 가치와 교환하고 있다.[97]

이런 교환이 계속 발생한 결과 다만 "무로써 유를 교환할 수 있게 된다". "축적한 이윤과 이자 전부 또는 당신이 어떻게 부르든 현재의 제도 아래에서는 모두 자본가의 소유가 되는 전체 이익은 전체 생산자로부터 나온 것이다."[98] "노동자는 같은 물건을 생산하지만 그것은 노동자에게 속하지 않고 자본가에게 속한다. 왜냐하면 그것은 이미 시력이 미칠 수 없는 마술인 불평등한 교환을 통해 이 사람의 손에서 다른 사람의 손으로 옮겨갔기 때문이다."[99] 브레이가 보기에 부르주아 사회의 은행제도는 화폐의 매개를 통해 이익을

---

93 霍吉斯金, 『保護勞動反對資本的要求』(倫敦, 1922), 59~60쪽 참조.
94 霍吉斯金, 『通俗政治濟學』, 217쪽 참조.
95 勃雷, 『對勞動的迫害及其救治方案』, 23쪽.
96 같은 책, 45쪽.
97 같은 책, 51쪽 참조.
98 같은 책, 61쪽.
99 같은 책, 64쪽.

획득하는 것이다. 이는 가장 분명한 불로소득이다! 브레이가 앞에서 말한 관점은 마르크스가 『철학의 빈곤』에서도 거의 다 인용했었다.[100] 또 다른 사회주의 경제학자 그레이는 프롤레타리아 계급이 노동을 통해 자신을 부양했고 일하지 않는 모든 사람도 부양했다고 생각했다.[101] 이는 현대의 교환제도가 "문명세계를 통치하는 악마의 은신처이며, 성실한 노동에 굶주림으로 보답하고 노동자들의 노력에 실망으로 보답했다"는 것을 보여주고 있다.[102] 이에 대해 그레이는 『인간 행복론』에서 영국 통계학자 혼의 저작을 인용했는데, 1812년 영국의 '생산계급'은 4억 2623만 372파운드의 부를 생산했다는 것이다. 이에 따르면 노동자는 평균 54파운드를 생산했지만 그들의 일 년 수입은 평균 11파운드로 자신들이 생산한 부의 5분의 1이었으며, 나머지는 모두 다른 사람이 점유했다.[103] 이것은 아주 설득력 있는 통계 증거임이 분명하다.

4) 생산력은 발전할 수 있는가: 부르주아 사회를 반대하는 객관적 근거

우리는 톰슨이 인류의 생산양식을 분석할 때 특정한 역사적 맥락, 즉 그가 직접 확인한 부르주아 사회의 생산양식의 역사 합리성을 나타내려고 했다는 것을 확인했다. 일종의 비교연구 관점에서 톰슨은 인류의 생산양식에는 다음 세 가지 종류가 있다고 말했다. "첫째는 직접 또는 간접적인 강제 노동이고, 둘째는 제한 없는 개인의 경쟁상황에서 이루어지는 노동이며, 셋째는 서로 도우며 협력하는 노동이다."[104] 첫째는 전근대 부르주아 사회에서의 노예제 또는 봉건제 노동이고, 둘째는 부르주아 사회 조건에서의 노동이며, 마지막은 긍정적인 미래에서의 새로운 형태의 노동방식이다. 톰슨이 직접 부르주아

---

100 『馬克思恩格斯全集』, 第4卷, 110~117쪽 참조.
101 格雷, 『人類幸福論』, 67쪽 참조.
102 格雷, 『格雷文集』, 39~40쪽.
103 格雷, 『人類幸福論』, 12~20쪽 통계표와 논평 참조.
104 湯普遜, 『最能促進人類幸福的財富分配原理的硏究』, 22쪽.

사회 자체의 진보를 인정한 것은 분명하다. 왜냐하면 부르주아 사회는 "넓은 의미에서 **봉건적 속박을 제거했기**" 때문이다. 그러나 부르주아 사회가 "새롭게 만든 제도가 사람들에게 가한 제한과 공정의 원칙은 보장과 평등의 원칙과 비교했을 때 여전히 아주 유해한 것이며 중지해야 하는 것이었다. 그러나 봉건시대의 특징인 철저한 생존의 무보장과 폭력적인 쟁취와 비교하면, 봉건시대는 생산물의 수확이 극도로 적었고 이에 비해 근대사회는 농촌이 철저하게 황폐해진 것이다".[105] 원시공동체와 현대 문명사회의 차이는 생산력 수준의 차이다. 톰슨은 "축적된 부의 중요성과 그 부가 인류 행복에 미친 영향에 대해 말하자면, 실제 축적된 부의 양은 어떤 문명상황에서든 동일한 사회의 생산력과 비교할 경우" 모두 미미해서 언급할 가치도 없다고 말했다. 그래서 사람들은 생산력과 그 장래의 자유 발전을 더욱 중시해야 한다.[106] 호지스킨도 "농업노동자의 노예상태를 그 토지점유와 서로 연결해 정치적으로 보면 유럽의 농업노동자 전체를 제조업과 상업에 종사하는 노동자와 비교하면 더 열악한 상태에 계속 놓여 있었다"[107]라고 역사적으로 보았다. 이는 아주 중요한 역사적 태도다. 브레이의 말을 빌리면, "한 국가의 역사에서 어떤 사회형태와 정부형태는 어느 시기에만 존재하는 것이며 당시의 필요에 부합한 것이다. 하지만 다음 시기에 도달하면 그것은 더 이상 존재할 수 없게 된다".[108]

우리는 적지 않은 사회주의 경제학자들이 우선 부르주아 사회가 생산력 발전에서의 역할을 역사적으로 긍정했다는 것에 주목했고, 동시에 그들이 부르주아 사회의 생산양식을 부정한 원인도 생산력에 기초한 발전에 있음에 주목했다. 톰슨은 결국 부르주아 사회의 생산양식이 생산력의 발전에 불리하며 사회생산의 총량이 자본가 개인이 수행하는 좁은 시야의 실리적 활동이 증가

---

105 같은 책, 122쪽 참조.
106 같은 책, 454쪽 참조.
107 霍吉斯金, 『通俗政治經濟學』, 120~121쪽.
108 勃雷, 『對勞動的迫害及其救治方案』, 9쪽.

함에 따라 감소한다는 것을 직접 제시했다.[109] 이런 의미에서 대다수 사회주의 경제학자들은 부르주아 사회의 경제법칙을 소위 항구적인 자연법칙으로 보는 것에 반대했다. 그들은 바로 부르주아 사회의 생산양식이 사회생산력에 장애가 되고 있는 상태를 제거하기 위한 목적으로 "사회의 미래 생산력을 해방하는 것"[110]에 착안했다. 이는 아주 중요한 관점이다.

동시에 이 점에서 사회주의 경제학자들도 이구동성으로 부르주아 사회의 경제운용에 존재하는 무정부상태를 반대했다. 왜냐하면 생산의 무정부상태는 생산력의 발전을 심각하게 파괴할 것이기 때문이다. 예를 들면, 그레이는 부르주아 정치경제학적 관점, 즉 "우리의 사회제도에는 자동 조절 요소가 있고 상업의 흐름은 강물처럼 적당한 수면을 이루며 안정적이고 순조롭게 흐를 것이므로 자연에 맡기기만 하면 된다는 생각",[111] 즉 "사회 질서의 전체 기초는 어떤 견고한 기초 위에 세워지고 영원불변의 자연법칙 위에 세워진다"라는 생각에 분명하게 반대했다.[112] 그레이는 이는 치명적인 착오라고 생각했다. 왜냐하면 이런 관점은 사람을 '사물 질서의 자발적 노예'로 변하게 하기 때문이다. 그는 감독을 받지 않는 상업제도는 결국 많은 사람들을 극심한 가난과 불행의 심연으로 빠져들게 한다고 생각했다. 그레이는 매컬럭이 지지하는 자유방임의 경제관점을 바로 반박하며 이런 논리의 황당무계함을 비교 논증했다.

만약 한 군대의 병사들이 서로를 잔인하게 죽인다면 그들은 공동의 적과 싸워 이길 수 있다. 또는 만약 한 음악대의 모든 단원이 다른 단원의 곡조와 박자에 상관하지 않고 모두 훌륭하게 연주했다면 연주된 음악은 모두 사람의 마음

---

109 湯普遜, 『最能促進人類幸福的財富分配原理的研究』, 200쪽 참조.
110 같은 책, 446쪽.
111 格雷, 『格雷文集』, 3쪽.
112 格雷, 『人類幸福論』, 8쪽.

을 황홀하게 할 것이다. 또는 만약 자본을 운용하는 경쟁 상대들이 서로 상대의 이익을 침해한다면 공공복지를 촉진할 수 있을 것이다.[113]

그레이는 부르주아 화폐제도를 언급하면서 이렇게 말했다. "이런 제도는 우리의 생산력을 속박하고 무역기구 전체를 아주 혼란스럽게 할 것이다. 그뿐만 아니라 정신병원의 광인조차 부끄러움을 느끼는 비정상적인 현상, 즉 부유함 속에서 빈곤과 기아가 나라 전체에 발생할 것이다."[114] 그는 부르주아 사회에는 일종의 "감독하고 지도하는 역량과, 이런 역량을 이용해 상업 시스템의 각 부분이 서로 협력함으로써 조화로운 전체를 만들어 앞선 조화롭지 못한 것을 대체하는 것"[115]이 부족하다고 생각했다. 국가와 법을 통해 맹목적인 시장 운용을 교정하자던 헤겔의 주장과 비교하면 이 사회주의 경제학자들은 현실사회의 자각적인 조정 능력을 부각시켰다. 이는 대단한 발전이다.

브레이가 보기에 부르주아 사회가 말하는 자연법칙, 즉 시장이 자동으로 운용된다는 것은 사실상 원인간이 원활하게 돌아가는 경제운용을 파괴시키는 근본적 원인이다. "경쟁은 인간의 감각과 행위에 불과할 뿐이다. 이 감각과 행위들은 방자한 이기주의가 일으키는 것으로, 종종 충돌과 질투, 증오와 잔혹한 행위를 만들어내기도 한다."[116] 이런 상태는 "부의 불평등과 권력의 불평등을 자발적으로 만들어내"[117] 모든 것을 "하늘에 맡기는, 무정부가 지배하는 지경에 이르게 했다".[118] 브레이는 현재의 부르주아 사회는 인간의 본능에 의거한 것이지 인간의 이성에 의해 돌아가는 것은 아니라고 분명하게 말했다. 그러므로 이런 상황이 가축에는 적합할지 몰라도 인간 생활의 법칙

113　같은 책, 142쪽.
114　같은 책, 229쪽.
115　같은 책, 9~10쪽.
116　勃雷,『對勞動的迫害及其救治方案』, 126쪽.
117　같은 책, 115쪽.
118　같은 책, 41쪽.

은 아니다. "인간 행위와 자연의 동력은 인력으로 조절과 지도를 받아야 하고, 사회를 파괴하지 않고 위대한 사회를 구성하도록 해야 한다."[119] 그의 이 관점은 앞서 서술한 그레이와 완전히 일치한다.

이 때문에 브레이는 이런 불평등한 제도에 대해 근본적인 변혁을 요구했다. 그는 과거의 여러 시대에도 나타났던 사회변혁을 말했다. "그러나 과거의 변혁과 개혁이 사회제도 자체를 건드린 적은 없었다. 그것들은 제도 자체가 일으킨 부차적인 폐해만 조금 줄이거나 수정했을 뿐이다."[120] 그러므로 불공정과 죄악을 없애려면 "지금의 사회제도, 즉 부르주아 사회의 사유제를 철저하게 타파해야 한다".[121] 그는 부를 공유하는 새로운 사회의 건립을 요구했다. 그곳에서만 과거 부르주아 사회 제도 아래서 생산력 발전을 파괴한 요인이 새로운 적극적인 요인으로 변화될 수 있을 것이며, 자유무역과 기계의 시대는 더 이상 재난의 요인이 아니라 사회발전의 '친구와 조력자'[122]가 될 것이라고 브레이는 생각했다. "지금 재난의 근원은 현재의 사회구조 안에 있는데 이 구조를 전혀 바꾸지 않고 단지 지식의 힘만으로 그 재난들을 제거하려는 것은 아무런 도움이 되지 못할 것이다"라는 아주 중요한 관점을 가지고 있었다.[123] 그는 한마디로 진실을 밝혔는데, 바로 핵심은 현실의 물질적 변혁에 있다는 것이다!

바로 이런 비평에 기초해 프롤레타리아 경제학자들은 사회주의에 관한 여러 가지 구상을 제시하고 미래에 대한 아름다운 청사진을 그렸다. 톰슨은 일종의 "평등한 개인 간의 경쟁"과 "상호 협동을 기반으로 한 생산양식"[124]을 구상했다. 이는 자유롭게 연합한 협동조합으로, 그곳에서는 부르주아 사회에

---

119 같은 책, 126~127쪽.
120 같은 책, 14쪽.
121 같은 책, 17쪽 참조.
122 같은 책, 199~200쪽 참조.
123 같은 책, 229쪽.
124 湯普遜, 『最能促進人類幸福的財富分配原理的硏究』, 282쪽 참조.

서 나타난 여러 가지 파괴적인 요인이 모두 제거될 것이고, "비생산적인 소비를 줄이고, 생산력을 남용하는 낭비를 방지하고, 도매상과 소매상의 이윤의 낭비를 방지하여" "다수의 생산력이 공동의 이익을 도모하는 데 집중할 수 있을 것이다".[125] 인간사회의 발전에서 "옛날의 생산양식이 더 이상 이점이 없다면 사람들은 새롭고 더 우월한 생산양식을 채용할 것이다. 이것이 바로 사회주의다! 이런 생산양식은 생산과잉을 가져오지 않을 것이다. 왜냐하면 그들의 모든 기본적인 수요는 그들 스스로에 의해 공급될 것이기 때문이다".[126] 사회주의는 아름다운 이상이 아니라 생산력 발전의 요구에 부합하는 새로운 생산양식이다. 이는 진실로 정확하고 투철한 인식이며 새로운 사유의 방향이다!

나는 앞에서 서술한 과학적 비판사상이 마르크스에게 더 깊은 자극을 주었다고 생각한다. '인간', '인간본질'의 가치설정에서 출발하는 것이 아니라 물질생산력의 객관적 발전에서 출발하는 것은 완전히 새로운 사상의 경지를 열어젖힌 것이다. 이것이 바로 영국 사회주의 경제학자들이 세계인들에게 남긴 가장 중요한 이론적 재산이다.

3. 막스 슈티르너의『유일자와 그 소유』

1844년 독일 사상계에 아주 중요한 학술적 사건이 일어났는데 바로 막스 슈티르너가『유일자와 그 소유』를 발표한 것이다. 나는 앞에서「포이어바흐에 관한 테제」를 논의하면서 이 책에 관한 엥겔스와 마르크스의 논의를 이미 제시한 바 있다. 그러나 이 책은 도대체 무슨 내용을 담고 있는가? 마르크스 철학사상의 발전에 어떤 영향을 미쳤는가? 이런 문제들은 우리가 과거에 했

---

125 같은 책, 308~309쪽 참조.
126 같은 책, 450쪽.

던 연구에서 명확하게 해답을 얻은 적이 없다. 지금 나의 연구 결과에 의하면, 슈티르너의 이 책은 현재 유럽사상 발전 과정에서 사실상 아주 중대한 영향을 미치고 있다는 것을 알 수 있다. 이 책이 처음으로 포이어바흐의 논리, 심지어 계몽사상 이후 고전 인간주의의 논리를 전면적으로 비판했기 때문이다. 일정한 의미에서 슈티르너 또한 근대 서유럽사상사의 현대적 맥락에서 스스로 형이상학을 제거한 첫 번째 인물이다. 물론 이 책은 아주 많은 오류와 망상으로 뒤섞여 있어 특히 내 이론의 논리를 세우는 데서 취할 수 있는 것은 거의 아무것도 없었다. 그러나 이 책은 당대 사상사 논리를 비판하는 기준에서 여전히 일정한 학술적 가치를 가지고 있다. 내가 보기에 이 책은 마르크스가 철저하게 인간주의를 벗어나 역사유물론의 과학혁명으로 나아가는 데 직접적인 영향력을 미쳤다. 마르크스와 엥겔스가 『독일 이데올로기』의 10분의 7을 할애해 이 책을 반박한 것으로 보아 이 책이 차지한 이면의 비중[127]을 미루어 짐작할 수 있었다. 이에 대해 나는 성실하게 대응하지 않을 수 없다.

1) 막스 슈티르너와 『유일자와 그 소유』의 일반 이론논리

슈티르너의 본명은 카스파 슈미트이며, 슈티르너는 그의 필명이다. 『유일자와 그 소유』는 1843~1844년에 썼고 1844년 10월 말 라이프치히에서 출판했다. 당시 출판날짜는 1845년으로 표기되었다.[128] 이 책 때문에 슈티르너는

---

127 예니의 표현은 더 간단하고 직접적이다. 1845년 "여름 엥겔스는 카를과 함께 독일철학에 대한 비평을 썼는데, 이들이 이것을 쓰게 된 외부적 동력은 『유일자와 그 소유』의 출현이었다. 결과적으로 박학다식한 책 한 권을 썼고 원래 베스트팔렌에서 출판하려고 했다". 『回憶馬克思恩格斯』, 胡饒之等譯(人民出版社, 1957), 251쪽 참조.

128 엥겔스는 이 책이 출판되기 전에 이 책의 교정쇄를 얻었다. 1844년 11월 19일 엥겔스는 마르크스에게 보낸 편지에서 슈티르너를 '자유인' 중에서 가장 재능 있고 가장 독립적인 견해를 가지고 있으며 가장 성실한 사람이라고 불렀다. 그리고 슈티르너의 이 책에 대한 견해를 직접 언급했다. 11월 마르크스는 『유일자와 그 소유』를 읽었지만 발췌나 필기를 하지는 않았다. 12월 2일 베른스타인에게 편지를 보내 슈티르너를 비판하는 글 한 편을 신문 ≪전진≫에 제공할 것이라고 말했다. 나중에 마르크스는 이 원고를 완성하지 못했다. 하지만 엥겔스에게 보낸 편지를 보면 슈티르너에 대한 엥겔스의 평가(이 편지

후대 사람들에게 항상 무정부주의 사상가로 여겨졌다. 소련 및 동유럽과 중국의 전통적 마르크스주의 철학사 연구에서 슈티르너는 단지 하찮은 인물로 평가되거나 사상이 얕은 이론가로 간단히 저평가되었으며, 이로 인해 우리는 슈티르너의 사상이 마르크스 사상 변혁에 끼친 이론적 의미를 더 깊이 이해할 수 없었다. 나는 이런 평가가 반드시 바뀌어야 한다고 생각한다.

『유일자와 그 소유』는 "나는 무(無, Nichts)를 내 삶의 기초로 삼는다"라는 문장으로 시작된다. 포이어바흐와 헤스, 그리고 청년 마르크스가 제기한 "인간은 인간에 대해 최고 본질이다(Der Mensch ist dem Menschen das höchste Wesen)"라는 인간주의의 슬로건에 대해 그는 현실 존재로서의 개인인 "나는 모든 것보다 숭고하다(Mir geht nichts über Mich!)"[129]라는 말로 상대에게 문제를 제기했다. 이는 사실상 마르크스가 『독일 이데올로기』에서 쓴 '현실의 개인'이라는 논리의 기원이다. 슈티르너의 주체적 칭호의 키워드는 '나', '이기주의', '유일자'다. 이 세 가지 칭호는 동질적이지만 이 '유일자'의 사명은 '무(無)'다. 솔직히 말해, 이 '나'는 어떤 대상이 어떤 총체적 관계로부터 의지하지 않는 현실의 개인이다. 내 생각에 슈티르너의 '유일자'는 훗날 니체의 '초인'에 가깝고 새로운 인간주의의 입장에서 고전 인간주의의 본질을 반대하는 개인으로 생각된다. 심지어 이 '무'를 본질로 하는 '유일자'는 오늘날 포스트모더니즘 속의 '개인', '주체'와 '작가'의 사망 후에 실존적 자유의 상황의 선구자라고도 말할 수 있다. 그의 '무'는 정치적인 무정부일 뿐 아니라 실체론적 의미에서의 철저한 소멸과 자유이며 전통적 형이상학에 대한 첫 번째 근본적 전복이다. 이렇듯 슈티르너 사상의 의미는 오로지 역사적일 뿐만 아니라 당대성도 가지고 있다고 본다. 이런 독해를 통해 마르크스가 슈티르너를 비판한 이후 이루어진 철학 혁명의 더 심오한 맥락도 드러났다.

는 나중에 유실되었다)에는 동의하지 않았다. 1845년 1월 21일 엥겔스는 다시 마르크스에게 편지를 써서 마르크스의 관점에 동의한다고 말했다.

129 施蒂納, 『唯一者及其所有物』, 金海民譯(商務印書館, 1989), 5쪽.

나는 이 책에서 슈티르너가 주로 반대한 것이 모든 현실의 개인 이외의 여러 가지 '유(類)'(존재)와 '총체'(체제)의 압박이라는 점에 주목했다. 우리는 그가 당시 유럽에 존재하던 거의 모든 사상과 논쟁을 벌였다는 것을 어렵지 않게 발견할 수 있다. 여기에는 기독교신학, 계몽정신, 경제학의 시민의식, 급진적인 인간주의와 공산주의가 포함된다. 따라서 단순하게 그를 무정부주의자라고 말하는 것은 너무 편협하다. 슈티르너의 저작을 읽고 우선 생각나는 것은 거의 같은 시기의 키르케고르[130]다. 우리는 슈티르너가 키르케고르의 책을 읽었는지는 알 수 없다. 하지만 한 가지 슈티르너가 키르케고르의 새로운 인간주의 논리에 의탁한 신학을 반대하고 있었다는 것은 인정할 수 있다. 슈티르너는 비교적 일찍 **전통** 철학의 종언을 의식했던 인물로, 철학의 원리라는 측면에서 보았을 때 그는 정말 니체철학의 시작을 연 인물이라고 할 수 있다. 젤레니는 일찍이 "헤스 이외에 슈티르너도 청년헤겔파 중에서 처음으로 사변철학을 종결짓고 **실천철학**을 제시한 인물이다"라고 말했다.[131]

『유일자와 그 소유』는 크게 두 부분으로 나뉜다. 첫째 부분은 '인간'이고, 둘째 부분은 '자아'다. 전자는 슈티르너가 '인간'(유적 존재)이라는 목표하에 유사 이래 서유럽의 여러 가지 사회사상에 대해 역사 분석과 이론적 비판을 한 것이고, 후자는 자신을 확증하는 사상 같지만 여전히 타인에 대해 공격하는 것이 주된 내용이다. 나는 첫째 부분의 거짓임을 증명하는 논평이 더 가치 있다고 생각한다.

『유일자와 그 소유』의 도입부인 첫째 부분의 제1장에서 슈티르너는 인류 개체['인생'(Menschenleben)]의 발전을 시기별로 나누었다. 그는 인간의 성장을 세 단계로 구분했다. 첫째 단계는 유년 시기로, 인간이 사물 대상과 관계

---

130 키르케고르(S. Kierkegaard, 1813~1855), 덴마크의 저명한 현대 신학자이자 철학자이며, 새로운 인간주의 존재철학의 창시자다. 주요 저서로는 『이것이냐 저것이냐』(1842), 『재현』(1843), 『두려움과 떨림』(1843), 『철학 단편』(1844), 『불안의 개념』(1844) 등이 있다.
131 澤勒尼, 『馬克思的邏輯』, 68쪽.

를 맺는 현실주의 시기다. 사물에 대한 현실적 관심을 갖는 과정은 바로 "우리가 사물의 내막을 통찰하거나 '사물의 배후'가 무엇인지 탐구하려는 과정이다".[132] 둘째 단계는 청년 시기로, 첫째 단계의 사물에 대한 관계와 다르게 "청년은 일종의 정신적 입장"을 취한다. 즉, "'현세의' 사물은 모두 비루한 먼 곳으로 밀려난다". 왜냐하면 그는 자신의 본질이 정신이라는 것을 발견했기 때문인데, 이것이 인간의 '첫 번째 발견'이다. 이는 이상주의의 '천상의 관점'[133]이다. 셋째 단계는 성인 시기로, 이때 인간은 "세계의 본래 모습에 따라 세계를 파악"하기 시작하고, 더 이상 청년 시기처럼 "도처에서 그에 대해 터무니없는 생각을 하고 그것을 개선하려고 하지 않는다". 성인의 입장은 "사람은 반드시 그들의 이익에 따르며 그들의 이상에 따라 세계에 대응하지 않는다는 것이다".[134] 이것이 바로 슈티르너가 긍정하는 자기중심으로 사람을 대하는 '제2의 자기 발견'이며 사물에 얽히지 않고 객관적 실재에서 출발한 현실적 입장이기도 하다. 이렇게 "아이는 정신적이지 않은, 즉 무사상, 무관념의 의욕만 있고, 청년은 정신적인 의욕만 있으며, 성인만이 형체적이고 개인적이며 이기주의적인 의욕을 가지고 있다".[135] 이는 사실 일종의 은유다. 슈티르너는 아주 요란스럽게 그 이전의 모든 사상('고대인'과 '근대인')을 매섭게 비난했다. 고대인의 관념은 물상론이고, 중세 이후 모든 근대 관념은 성숙하지 못한 청년의 추상적이고 보편적인 정신결정론이라고 여겼다. 슈티르너 자신의 관념만이 진정한 성인의 성숙한 사상을 대표했다.

나는 고대사상사 발전에 관한 슈티르너의 분석은 다소 긍정할 만하다고 생각한다. 슈티르너의 분석은 고대 그리스철학의 추상이성에서 중세의 일원론적 기독교신학의 관념본질까지의 역사과정을 다루고 있다. "고대인이 보기

---

132 施蒂納, 『唯一者及其所有物』, 10쪽 참조.
133 같은 책, 10쪽 참조.
134 같은 책, 12쪽 참조.
135 같은 책, 13쪽.

에 세계는 진리다"라는 포이어바흐의 말에 대해 슈티르너는 고대인은 감성적인 사물이 물욕과 관계하는 속세에서 생활했지만 고대가 종결된 것은 '사물의 세계(Welt der Dinge)'와의 관계가 소멸되었기 때문이라고 보충 설명했다. 하이데거의 도구존재성의 "세계 - 내 - 존재".[136] 슈티르너는 철학이성의 발생이 사실상 구체적 사물에 대한 특별한 인식으로부터 사물의 본질[類]적 관념에 대한 일반적 파악과 비감성적 '순화'로 심화되었음을 깨달은 것이다. 이는 서유럽 고대사상사 중 엘레아학파의 '하나'와 플라톤의 이데아론에서부터 데카르트의 '나는 생각한다, 고로 존재한다'의 내적 논리로까지 이어진다. 이런 이념의 왕국 앞에서 "모든 현세의 사물은 반드시 그 앞에서 소멸당할 것이다".[137] 정신은 사물과 만나지 않고 "사물의 배후와 위에 존재하는 본질과만 만나고 사상과만 만난다".[138] 이는 관념론의 승리이자 중세 기독교의 전제이며 정신적 세계의 시작이다. 신은 바로 정신이다.[139] 따라서 하느님의 도시는 살아있는 현실의 개인이 반드시 속세를 떠나기를 요구했고 신학은 물질적 현실을 반드시 부정했다. 나는 헤겔이 철학적 사고를 이용해서 덮으려고 한 서유럽 문화의 역사적 논리를 슈티르너가 직접 확인했다고 생각한다. 헤겔 철학을 전복한 포이어바흐는 진실로 이 배경의 심층을 인식하지 못했다. 아마도 이것이 바로 슈티르너가 포이어바흐의 인간주의를 비판한 고차원의 논리적 기점일 것이다.

---

136 세계 - 내 - 존재(世界內存在, Inder-Welt-sein)라는 개념은 『존재와 시간』에서 하이데거가 제시한 사유개념으로, 하이데거는 인간을 현존재(現存在, Dasein) 또는 실재(實在)로 보았다. 하이데거에 따르면 자각적인 존재라는 의미의 현존재는 세계에 관심을 가지고 그 세계와 교섭한다. 현존재의 이러한 관심과 교섭의 방법에 기초해 현존재에 대응하는 것이 주위의 세계다. 세계 - 내 - 존재라는 것은 이러한 현존재와 세계의 관계를 가리키는 것이다. 철학사전편찬위원회, 『철학사전』(중원문화, 2009) 참조. _옮긴이

137 施蒂納, 『唯一者及其所有物』, 18쪽 참조.

138 같은 책, 20쪽.

139 같은 책, 32쪽 참조.

2) 포이어바흐의 고전인간주의 논리의 거짓증명

이 책에서 슈티르너의 주요 논쟁 대상은 포이어바흐다. 왜냐하면 당시 독일에서는 많은 급진적인 청년 사상가들이 정말로 "단번에 모두 포이어바흐파가 되었"기 때문이다(엥겔스의 말). 슈티르너는 포이어바흐의 철학에서 가장 주목받은 두 개의 이론, 즉 기독교 신학과 헤겔 관념론에 대한 이중 부정과 전복을 비판하고 부정했다. 사실 우리는 이것이 포이어바흐 철학사상사에서 가장 중요한 두 가지 이론적 공헌이라는 것도 알고 있다. 포이어바흐는 우리가 종교를 뒤집어야만 인간을 얻을 수 있고, 헤겔의 사변철학을 뒤집어야만 감성의 우위성이라는 유물론적의 진리를 얻을 수 있다고 말했다. 이 점이 바로 당시 청년 마르크스와 엥겔스를 포함한 대부분의 청년 좌파학자가 충분히 긍정한 자연유물론과 인간주의다. 슈티르너는 포이어바흐의 비판이 주어와 서술어를 뒤바꾸었을 뿐 문제를 진정으로 해결하지 않았다고 말했다. 왜냐하면 이런 전도는 단지 개념의 교체일 뿐이기 때문이다. '인간'을 사용하는 개념이 신의 개념을 대체한 것이고, '감성'을 사용하는 개념이 '정신'의 개념을 대체한 것이다. 본질적으로 이것은 가짜 혁명에 불과하다. 만약에 단지 이와 같다면, 신과 절대관념은 여전히 존재할 것이고 게다가 "더욱 곤혹스럽게 고정"될 것이기 때문이다. 왜냐하면 "신이 인간의 마음으로부터 추방되었을 뿐이며 아울러 내재적인 무엇인가가 소거되지 않는다면, 이것은 신이었던 것이 진정한 인간으로 되기 때문이며" 인간이 바로 새로운 신이라는 것을 의미하기 때문이다.[140] 다시 말하면, 슈티르너가 보기에 기독교와 헤겔에 대한 포이어바흐의 비판은 종교와 사변철학의 논리를 더 은밀하게 변형한 데 불과할 뿐이며 이 때문에 철저하지 못했다. 나는 슈티르너의 성찰적인 비판이 핵심을 찌르고 있고 아주 깊이가 있다고 생각한다.

---

140 같은 책, 51쪽 참조.

슈티르너가 보기에,

> 포이어바흐가 절망의 힘으로 기독교의 내용 전부를 움켜쥔 것은 그것을 내버
> 리기 위함이 아니라 그것을 자신 쪽으로 끌어오기 위함이다. …… 우리는 다만
> 우리 자신의 본질을 잘못 인식했다. 그러므로 우리가 피안에서 이런 본질을 찾
> 으려는 것은 신만이 우리 인간의 본질이라는 것을 보았기 때문이다. 우리는 그
> 것을 다시 우리의 것으로 만들어 피안에서 차안으로 옮겨와야 한다.[141]

하지만 이 본질로서의 "인간이라는 것은 개개의 인간을 초월하는 것이며,
인간의 본질이면서, 실제로는 개개인의 본질 그 자체가 아니라 하나의 보편
적이고 더 고차원적인 본질이다.[142] 이렇게 구체적으로 살아있는 나는 당신
에 대해, 당신은 나에 대해 모두 가장 숭고한 본질이 아니다. 우리가 잠시 맡
겨둔 육체(훗날 하이데거의 표현에 따르면 '죽을 존재') 속에 영원한 본질이 거주
하고 있는 것이다. 이것이 바로 유적이고 추상적 존재로서의 '인간'이다. 사실
이 유적 본질의 '인간'이 바로 과거의 신이고 관념화된 정령이다. 신은 이미
인간으로 변했지만 지금 그 자신이 바로 정령이며 "인간이 바로 정신이다".[143]
이는 "주인을 바꾸는 과정"에 불과하다. 인간은 이로써 "절대적 최고봉에 올
랐고 우리와 그의 관계는 가장 숭고한 본질과의 관계처럼 종교적 관계다". 다
만 이번에는 '신성'으로 명명된 것이 아니라 '인성'으로 명명된 것에 불과할 뿐
이다.[144] 신학에서의 나와 하느님의 수직관계가 현재는 인간과 대문자 인류
의 관계로 대체되었다. 그래서 "'인간의 본질'에 관한 문제, '인간'에 관한 문제
는 막 구종교의 뱀 껍질을 벗긴 후에 다시 종교의 껍질을 한 층 걸치는 것과도

---

141 같은 책, 33~34쪽.
142 같은 책, 40쪽.
143 같은 책, 44쪽 참조.
144 같은 책, 66쪽 참조.

같다".[145] 슈티르너는 핵심을 찌르는 한마디를 했는데, 바로 "새로운 시대의 입구에 '인신(人神, Gottmensch)'이 서 있으며", "인간이 신을 죽인 것은 천상의 유일한 신이 되었기 때문이다!"라고 한 것이다.[146] 이는 부르주아 계몽주의가 완성한 쾌거다. "신은 반드시 그 자리를 내줘야 하는데, 이는 물론 우리를 위한 것이 아니라 인간을 위한 것이다."[147] 슈티르너의 이 분석의 맥락은 후대 니체의 『도덕의 계보』에서의 신학 – 인간주의의 부정적 비판과 방법은 다르지만 같은 효과를 지닌다. 그것들은 본질상 완전히 일치한다.

　슈티르너는 포이어바흐의 신학을 반대하는 인간주의 혁명 속에 '규칙, 원칙, 입장' 같은 고정관념이 여전히 존재한다고 생각했다. 헤겔 관점에서 과거 관념과 사상, 그리고 본질적인 것으로 불리던 것이 지금은 인간과 유적 존재, 그리고 인간성으로 불리고 있다. 여기에서 출발하여 "속세의 활동은 감시되고 멸시된다".[148] 슈티르너는 "포이어바흐가 『미래 철학의 근본 원리』에서 항상 존재에 호소했다. 포이어바흐는 헤겔과 절대철학을 반대했지만 이곳에서 여전히 추상에 멈춰 있었다. 왜냐하면 '존재'는 '자아'와 같이 일종의 '추상'이기 때문이다"라고 말했다.[149] 슈티르너는 포이어바흐의 감성사물이 똑같이 추상적이라고 생각했다. 왜냐하면 "포이어바흐는 관념론과 '절대철학'의 전통 자산을 이용해서 자신의 '새로운 철학'의 유물론을 포장하려 하기 때문이다".[150] 한층 더 깊이 들여다보면 유물론자 포이어바흐는 여전히 추상적 관념에서 출발하고 있다. 다시 말하면, 포이어바흐는 여전히 잠재된 관념론자인 것이다! 이 단언은 아주 의미가 있다. 이런 확인은 마르크스에게 큰 충격을 주었을 것이라고 생각한다. 『1844년 수고』에서의 유적 존재와 이상화된 노동도 논리적 관

145　같은 책, 51쪽.
146　같은 책, 165쪽.
147　같은 책, 165쪽.
148　같은 책, 67쪽.
149　같은 책, 377쪽
150　같은 책, 378쪽.

넘과 가치설정이 아닌가? 이는 마르크스가 진지하게 성찰해야 할 문제였다.

슈티르너는 포이어바흐가 '진정한 인간'에서 출발해 일종의 이상세계를 세우고 있다고 생각했다. 만약에 인간 본질의 소외가 극복되고 인간 본질의 복귀가 실현된다면 자유로운 왕국에 도달할 것이다. "거기서는 외래의 것이 더이상 인간을 규정하거나 통치하지 않고 현세의 영향이 인간 자신을 소외시키지도 않을 것이다."[151] 슈티르너에 따르면, 현실의 개인이 하나의 관념을 위해생활하고 창조하도록 요구하는 것이 바로 인간의 천직인 것이고 천직을 완수하는 충실성에 따라 그의 인간의 가치가 평가된다. 이와 함께 "무수한 '개인'의세속적 이익의 세계"는 불법적인 것으로 선포될 것이다.[152] 이것이 현실과 관념왕국의 전도가 아닌가? 관념(추상)의 통치가 아닌가? 슈티르너의 이런 문제제기는 귀중하며 상당히 무게감이 있어 깊이 생각하게 한다는 것을 인정하지않을 수 없다. 슈티르너는 신학에서 헤겔까지, 헤겔에서 다시 포이어바흐까지의 변화가 "시간의 추이에 따라 신성한 정신이 '절대관념'으로 변한 것에 불과하다고 보았다. 이 절대관념은 또 여러 가지로 변해 인류애와 합리성, 시민도덕 등등 여러 가지 관념을 낳았다".[153] 근본적으로 이것은 여전히 동일한 논리인데, 왜냐하면 포이어바흐는 사람들이 '인간의 본질'을 현실의 인간으로부터 분리해 후자를 전자에 의거해 판단하는 것과 마찬가지로, 인간의 행위를 인간으로부터 분리하고 이것을 '인간의 가치'에 따라 평가하기 때문이다.[154] 슈티르너는 이것이 사실상 "개념은 곳곳에서 결정을 하는 데 영향을 미쳐야 할 뿐만 아니라 생활을 규정하고 **통치해야**"[155]함을 의미한다고 날카롭게문제제기한 것이다. 하지만 여기서의 개념은 더 이상 헤겔식의 객관 이성이아니고 대문자 인간(유, die Gattung)이다. 이런 전제하에 우리는 더 이상 신을

---

151 같은 책, 73쪽.
152 같은 책, 82쪽 참조.
153 같은 책, 102쪽.
154 같은 책, 103쪽.
155 같은 책, 103쪽.

위해 고난을 감수하지 않지만 이 대문자 인간(유)은 '인류의 발전'을 위해 인민과 개인이 노력하는 과정에서 고통 받도록 할 것이다.[156]

사실 슈티르너는 포이어바흐의 이런 인간주의가 바로 현재 모든 사회사상의 이론적 기초임을 암시했던 것이다. 그러므로 이어서 그는 현실에 존재하는 여러 가지 사회사상의 본질을 더 깊이 밝히려 했다.

3) 슈티르너는 왜 부르주아 사회와 사회주의를 동시에 비판했는가

단칼에 목을 치는 식으로 포이어바흐를 근본적으로 부정한 이후 슈티르너는 이론의 칼을 다시 한 번 휘둘렀다. 그래서 근대 이후 이미 나왔거나 나오고 있는 거의 모든 사회사조도 괴멸의 위기에 놓였다. 이 때문에 동일한 기준의 심사와 고문 아래에서 중세 노예사회로부터 탈출한 이른바 다음 세 가지 '자유주의'도 모두 예외 없이 '유일자'의 심판을 받았다.

우선은 정치적 자유주의다. 이것은 슈티르너가 부르주아 시민의식을 직접 비판한 것이다. 슈티르너는 "부르주아 시대를 뒤이어 자유주의 시대가 시작되었다"고 보았다. 그러나 그는 부르주아 자유주의가 중세 시기의 신의 통치와는 다른 통치, '이성의 통치'를 추구하고 있다는 것을 발견했다. "자유주의자가 광신자인 까닭은 신앙 때문도 신 때문도 아니며 바로 이성 때문이다." "일단 이성이 통치의 지위를 차지하면 개성은 승복해야 한다."[157] 이로부터 슈티르너는 부르주아 자유주의가 추상적 이성을 현실의 개인의 주인이 되도록 했고 이런 사상은 개념의 노예를 벗어날 수 없게 한다고 생각했다. 이런 사상은 오늘날 포스트모더니즘 사조와도 서로 통한다. 슈티르너가 보기에 중세 시대와 비교했을 때 "자유주의는 단지 또 다른 개념을 화제로 제시한 것이다.

---

156 같은 책, 4쪽.
157 같은 책, 113쪽 참조.

즉, 신을 대체한 것이 인간의 개념이고 교회를 대체한 것이 국가의 개념이며 신앙을 대체한 것이 '과학적' 개념이다".[158] 따라서 그는 부르주아 자유주의에서 소위 '모든 사람의 보편적 이익'이라는 국가를 강조하고 현실의 개인의 '특수 이익'을 부정하는 것에 매우 큰 반감을 가지고 있었다. 이런 상황에서 "사람들은 자아를 희생하고 국가를 위해서만 살아야 한다. 인간은 사심 없이 행동해야 하고 자신에게 유익한 것이 아니라 국가에 유익해야 한다"[159]라고 슈티르너는 생각했다. 그는 국가가 노동의 고역의 기초 위에 건립되었고 노동이 자유로워지면 국가는 소멸할 것이라고 생각했다.[160] 여기까지의 분석을 통해 우리는 슈티르너의 패기가 하늘을 찌르지만 그 시야가 아주 협소하다는 것을 발견할 수 있다. 그가 말하는 부르주아 자유주의는 주로 독일 특유의 시민의식이다. 왜냐하면 국가가 주인이 되는 것은 리스트, 로트베르투스 등의 국민경제학으로 대표되는 독일 민족 부르주아만 가지고 있는 특징이기 때문이다.

하지만 슈티르너의 분석에는 반드시 받아들일 만한 점이 두 가지 있다. 하나는 부르주아 계급이 지닌 출판자유의 본질이 사실은 부르주아 계급의 자유임을 폭로한 것이다. 그는 부르주아 계급은 출판 및 신문 검열관의 억압이 개인 마음대로 전횡되었을 때는 그에 대해 저항했지만, 부르주아가 만든 "'출판법'을 통해 검열된 데 대해서는 오히려 수용하고 동의했다는 것을 발견했다. 다시 말하면, 시민계급의 자유주의자는 오로지 그 자신만을 위한 집필의 자유를 원했다. 왜냐하면 그들은 법을 준수하기 때문이다. …… 자유주의적인 것, 즉 합법적인 것만 출판사에 넘길 수 있었다".[161] 권위를 대체한 것은 법률이고 사람들은 곧 모든 법률 형식의 노역을 받아들였다. 그는 부르주아 계급은 사실상 '비개인적 통치자'를 요구한다고 심각하게 지적했다. 이런 비판의 단서

---

158 같은 책, 103쪽.
159 같은 책, 107쪽 참조.
160 같은 책, 124쪽 참조.
161 같은 책, 116쪽.

는 20세기 프랑크푸르트학파의 이데올로기 비판으로 계승되었다. 다른 하나는 부르주아 계급의 자유경쟁에 대한 슈티르너의 비판이다. 그는 자유경쟁에서 "개인으로서 한 개인은 타인을 구속할 수 없다. 그는 사물을 통해서만 이런 것을 할 수 있다(예를 들면 부자는 돈이라는 물적 존재를 통해 프롤레타리아를 제한하는 것이다)"라고 말했다.[162]

슈티르너는 말했다.

> '돈이 세계를 통치하는 것'은 시민사회 시대의 주안점이다. 재산이 없는 귀족과 재산이 없는 노동자는 굶주리는 자로서 정치에 영향을 미치지 못한다. 출생과 노동은 이와 무관하지만 돈은 만능이다.[163]
>
> 경쟁은 시민적 원칙의 연계를 가장 확실하게 드러냈다.[164]

그는 "현실에서 경쟁하고 있는 것은 개인들인가? 아니다. 여전히 물적 존재일 뿐이다! 도덕은 돈과 같은 종류다"라고 자문자답했다. 경쟁은 "개인들이 모든 개인적 지배로부터 자유롭게 되었다는 것", 그것으로부터 생겨났다.[165] 왜냐하면 모든 사람은 경쟁의 수단을 장악하고 있지 않았기 때문인데, 이 수단이 바로 재산이다. 슈티르너는 부르주아 혁명은 기껏해야 개량주의적이며 "새로운 주인이 옛 주인을 대체한" 것에 불과할 뿐이라고 말했다. 경제학을 모르는 것은 슈티르너의 근본적인 약점이다. 이는 총체적인 측면에서 부르주아 사회에 대한 그의 비판이 필연적으로 비과학적일 수밖에 없게 했다. 이는 또한 후에 마르크스가 『독일 이데올로기』에서 경제학에 기대어 그를 매섭게 공격한 중요한 돌파구이기도 했다.

---

162 같은 책, 117쪽.
163 같은 책, 122쪽.
164 같은 책, 284쪽.
165 같은 책, 286쪽.

다음으로 슈티르너는 분명하게 사회주의를 반대했다. 그는 사회주의를 '사회자유주의'라고 불렀다. 그도 사회주의가 부르주아 사회의 사적 소유제를 반대한다는 것을 알고 있었다. 그러나 슈티르너가 보기에 사회주의는 개인이 재산을 점유하지 못하게 하고 '모두'가 재산을 점유해야 한다고 주장하는 것이다. 여기에서 이 '모두'는 사회와 같다. "어떤 사람이 어떤 것을 가지는 것을 허용하지 않고" "사회만이 재산을 가지는 것이다."[166] 마찬가지로 이 '진정한 사회'도 유형의 물적 존재가 아니라 진정한 '우리'다. 이 또한 슈티르너가 마귀처럼 혐오하는 그 '유(類)'다. 이 "최고 권력을 가진 통치자, 유일한 통수권자 앞에서 모든 사람이 평등해지고 평등한 개인이 된다는 것은 곧 제로가 된다는 것이다".[167] 이로써 슈티르너는 공산주의자를 직접 비판했다. 왜냐하면 공산주의자들에게 있어 좋은 노동은 인간의 본질이고 "우리들의 유일한 가치이기 때문이다. 우리가 노동자라는 것이 바로 우리의 가장 좋은 것이고, 우리가 세계에서 의미를 가지는 지점이며", 노동을 중심으로 "모든 개인은 인간으로 발전해야 한다는 것이다". 그러나 현실의 부르주아 사회에서 인간은 기계 같은 노동에 속박되어 있고, 이에 따라 나온 것이 노예제도다. 왜냐하면 개인이 피곤해서 죽을 지경으로 열 몇 시간을 일하는 것은 몸과 마음을 모두 극도로 지치게 하는 것이고 이는 인간의 발달과정을 박탈하는 것이기 때문이다.[168] 공산주의의 전망에서 "노동, 즉 우리에게 가치 있는 노동, 서로 돕는 노동, 모두에게 이익이 되는 노동이 가치를 결정한다".[169] 슈티르너는 "공산주의자는 자유로운 활동이 인간의 본질이라고 가장 먼저 선포했다"[170]라고 말했다. 이는 분명 헤스의 철학인 인간주의와 공산주의를 겨냥한 것이다. 슈티르너가 마르크스가 쓰고 있던 『1844년 수고』를 몰랐다는 것은 분명하다. 그러나 당

---

166   같은 책, 125쪽 참조.
167   같은 책, 126쪽.
168   같은 책, 128~129쪽 참조.
169   같은 책, 128~129쪽 참조.
170   같은 책, 131쪽.

시 마침 마르크스 철학의 인간주의와 공산주의도 슈티르너의 포화에 들어가 있었다.

이 외에 아주 흥미로운 분석이 또 하나 있다. 슈티르너는 부르주아 사회에 존재하는 사회관계를 정확하게 이해할 수 없었다. 하지만 그는 부르주아 사회와 사회주의가 사회역사의 주체와 객체관계를 대응하는 측면에서 다른 점을 진지하게 구분했다. 슈티르너는 부르주아 사회에서 인간은 인간의 전제에서 해방되어 나왔지만 여러 가지 관계의 발전 방향에서 만들어진 우연적인 전횡이 황당하게도 정상적인 것으로 여겨졌다고 지적했다. 이는 애덤 스미스가 말한 경제생활에서의 '보이지 않는 손'과 부르주아의 정치게임에서의 공공생활을 지적하는 것이다. 이 사회에서 작용하는 것은 운이다.

> 일하는 것은 몸과 마음을 모두 극도로 지치게 하고 이는 인간의 발달과정을 박탈하기 때문이다. 시민적이거나 정치적인 생활에서 경쟁한다는 것은 완전히 운에 따르는 도박을 하는 것이다. 증권거래소에서 거래하는 것부터 관직을 모색하고, 고객을 서로 빼앗고, 일을 구하고, 권세에 빌붙어 승진하고, 훈장을 받고, 계속 폭리를 취하는 것까지 말이다. …… 사회주의자는 이런 우연의 작용을 제지하고자 새로운 사회를 건립했다. 이 사회에서 인간들은 더 이상 요행에 구속되지 않고 그로부터 해방된다.[171]

여기에서 '우연성을 종결짓는 새로운 질서'가 출현할 수 있다. 이는 분명 계획경제를 왜곡해서 이해한 것이다. 그는 곧 사회주의에서 "우리가 그로부터 모든 것을 가질 수 있는 사회는 새로운 주인이자 새로운 유령이며, 우리에게 '복무'와 '의무'를 부과하는 새로운 '최고 존재'"라고 독하게 공격했다.[172]

---

171 같은 책, 130쪽.
172 같은 책, 133쪽.

마지막으로 슈티르너가 비난한 것은 인간주의적 자유주의로, 주로 바우어 등의 사상이다. 솔직하게 말하자면 이것은 비판할 가치도 없다.

4) '모든 것을 타도하자'는 슈티르너는 도대체 무엇을 하려는 것인가

슈티르너의 이 책 두 번째 이론 확중 부분에서 우리가 가장 먼저 읽은 것은 여전히 다른 사람에 대한 공격이다. 그리고 나서야 '나'와 '유일자', 그리고 '이 기주의자'에 관한 그의 진실한 설명을 어렵게 만난다. 동시에 바로 여기에서 우리는 이 이론이 무분별하게 천하를 쓸어버리며 모든 사람을 공격한 후에 세상에 보여준 것이 더 우습고 더 비판당해야 하는 것임을 알게 되었다.

슈티르너는 앞의 분석에서 우리가 이미 "무엇이 인간인지, 그리고 인간적인 것인지"를 보았다고 생각했다. 이 점에서 자유주의의 각각의 단계는 다소 다르다. 정치적 인간, 사회적 인간, 인도적 인간이 모두 서로 지지 않고 '인간'에 대한 요구를 높였다.[173] 서로 다른 인간은 서로 다른 유적 존재를 가지고 있다. 사실상 이 '인간'과 '유적 존재'도 모두 추상적이며, 이런 인간주의는 본질적으로 봉건주의 전제를 여전히 벗어나지 못했다. "'인간'은 오늘날의 신이다." "과거에는 신이 주인이었으나 오늘날은 인간이 주인이다. 과거에는 신이 중개자였으나 오늘날에는 인간이 중개자다. 과거에는 신이 정신이었으나 오늘날에는 인간이 정신이다." 이 삼중의 관계에서 봉건시대의 통치관계는 형태상의 변화만 거쳤을 뿐이다.[174] 바로 이 점에서 그는 마르크스를 직접적으로 비판했는데, 그것은 "인간은 '진정한 유적 존재'가 되어야 한다고 요구한 점"이다.[175] 이를 위해 슈티르너는 주석에서 마르크스의 『유대인 문제에 대하여』의 한 문장을 지적했다. 그는 마르크스의 이런 관점이 사실상 인간을 현

---

173 같은 책, 269쪽.
174 같은 책, 199쪽 참조.
175 같은 책, 188쪽 및 주1.

실 존재의 개인과 서로 대립하는 비현실적인 것으로 변하게 했다고 생각했다. 왜냐하면 이러한 이론 설정에 따르면 인간의 개념에 부합하지 않는 인간은 비인간이기 때문이다. 그렇다면 "현실의 인간은 오로지 비인간일 뿐이다!" 그는 과거 수세기 이래 인간의 개념과 부합하는 인간은 근본적으로 존재하지 않았음을 심각하게 지적했다. 기독교에서는 단 한 사람, 즉 인간을 초월한 인간 그리스도만 인정한다.[176] 자유주의가 발전하는 형태마다 현실의 인간은 어떤 종류의 인간의 개념과 비교 대조되면서 비인간이 되었다. 현실의 인간은 인간이 아니라 비인간이다. 이는 신학에서만 나타날 수 있는 허구적인 논리모순이다. 인간주의는 인간의 종교이고 이런 인간 종교는 기독교 종교의 최후의 변형일 뿐이다.[177] 우리는 청년 마르크스의 인간주의에 대한 슈티르너의 비판이 급소를 찔렀다고 인정하지 않을 수 없다. 나는 이것이 아마 마르크스가 인간주의 철학과 최종적으로 결별하는 직접적인 원인이었다고 생각한다.

바로 이런 모든 인간주의 철학에 대한 비판에 기초해 슈티르너는 새로운 역사관을 제시했다. "내가 바로 인간이다! 인간은 기독교의 결과이자 성과이며, 자아로서의 인간은 새로운 역사의 시작이자 이용할 재료다." 이 새로운 역사는 "결코 인간의 또는 인류의 역사가 아니라 나의 역사다".[178] 이것은 "인간은 단지 하나의 이상이고 유(類)는 단지 하나의 사상이기 때문이다. 한 인간이 된다는 것은 인간의 이상을 실현하는 것이 아니라 자기 자신을, 개인을 드러내는 것이다".[179] 추상적인 유를 부정하고 현실 존재의 개인을 긍정하는 것은 후에 새로운 인간주의 논리의 기점이 되었다. 우리는 사실 후에 개인을 중심으로 하는 새로운 인간주의의 역사적 논리가 바로 슈티르너에서 시작된 것이지, 일반적으로 말하는 키르케고르에서 시작된 것이 아님을 어렵지 않게

---

176   같은 책, 190쪽 참조.
177   같은 책, 189쪽 참조.
178   같은 책, 194쪽 참조.
179   같은 책, 196쪽.

발견할 수 있다. 슈티르너는 진실로 존재하는 나(현실의 개인)는 "신도 아니고 인간 일반도 아니다"[180]라고 말했다. 이는 "나는 추상적으로 인간의 일을 처리한 적이 없으며 항상 **특별한** 일을 처리했기 때문이다. 다시 말하면, 나의 인간적 행위는 어떠한 다른 사람의 행위와 다르며 바로 이 차이로 인해 현실적이고 나에 속하는 행위인 것"이다.[181] 나라는 존재는 유적 인간의 실현할 수 없는 추상적 존재가 아니며 살아있는 특별한 존재다.

슈티르너는 자유를 '무엇으로부터 벗어나는 것'으로 이해하는 것에 반대한다고 분명하게 말했다. 예를 들면 부르주아 자유주의는 전제에서 벗어나온 것이고, 사회주의의 자유는 자본의 통치에서 해방되어 나온 것이라고 하지만, 슈티르너가 보기에 이런 자유는 거짓이다. 왜냐하면 "나는 자신을 위해 자유를 쟁취하는 정도에 따라 새로운 제한과 임무를 만들기도 하기 때문이다".[182] 그는 모든 필연성과 제한을 벗어난 자유의 왕국이 존재할 것이라고 믿지 않기 때문이다. 그래서 '무(無)'로 자유를 대신했다. 그는 모든 신성한 것을 반대했다. 왜냐하면 "모든 신성한 것은 일종의 속박과 질곡이기 때문이다".[183] 그래서 그는 필연적으로 문명을 반대했다. 문명의 전체 상황은 봉건제도이며, 모든 것은 내 것이 아니고 인류의 것이라고 슈티르너는 생각했다. "거대한 봉건국가는 마지막에 건립된다. 개인은 모든 것을 빼앗기고 모든 것을 '인간'에게 주었다." 개인은 이 '인류'의 '표본'일 뿐이다.[184] "개인이자 개별 인간은 쓸모없는 인간으로 취급당하고 오히려 일반적인 인간이 '인간'으로 존중받는다."[185] 슈티르너의 유일자는 현실에 존재하는 개인이다. 나는 슈티르너의 이 관점이 마르크스에게 비판적으로 수용되었다고 생각한다. 이 점과 관련해 우

---

180 같은 책, 35쪽.
181 같은 책, 193쪽.
182 같은 책, 167쪽 참조.
183 같은 책, 234쪽.
184 같은 책, 319쪽 참조.
185 같은 책, 220~221쪽.

리는 뒤에서 『독일 이데올로기』를 논의할 때 구체적으로 분석할 것이다.

슈티르너의 '나'는 일종의 독자성을 요구한다. 이는 국가와 사회가 부여할 수 있는 것이 아니다. 이 '유일자'는 독자적인 자유인의 '연합'과 공동체를 요구한다. 이 연합은 "나 자신의 창조, 나의 창조물"이다. 이런 측면에서 보면, 공산주의 사회가 이와 가장 근접하다.[186] "모든 종교는 사회적 숭배이며 사회적(문명적) 인간은 이 원칙으로 통치된다." 공산주의에서 이 원칙은 최고봉의 상태에 도달했다. 사회는 바로 모든 것의 모든 것이다.[187] 이런 사회 숭배와 반대로 연합은 개인을 위한 것이다.

> 연합은 당신을 위해 복무하고 당신으로 인해 존재하는 것이다. 사회는 반대로 사회를 위해 당신에게 요구하며 당신 없이도 존재하는 것이다. 간단히 말하면, 사회는 신성한 것이지만 연합은 당신 자신이다. 사회는 당신을 사용하지만 연합은 당신에게 사용된다.[188]

이것이 연합과 기존 사회와의 차이다.

슈티르너는 "나와 세계의 관계에 대해, 내가 세계를 위해 충실하게 복무하는 것은 '신을 위한 것'이거나 '인간을 위한 것'이 아니며, 내가 하는 모든 것은 오직 '나 자신을 위한 것'"[189]이라고 생각했다. 이기주의자는 사명과 목적이 없다. 진정으로 인간이 갈망하는 대상은 미래에 존재하지 않는다. 그는 현실에 생생하게 지금 존재한다. 나는 자신을 목표로 삼지 않고 '출발점'으로 삼는다. 그러면 "나는 나 자신으로부터 멀리 떨어지게 되어 스스로 둘로 나뉠 것이다. 그중 한 부분은 아직 도달하지 못한, 보충할 필요가 있는 부분인 진실한

---

186 같은 책, 340쪽 참조.
187 같은 책, 342쪽 참조.
188 같은 책, 345~346쪽.
189 같은 책, 352쪽.

부분이고, 진실하지 않은 또 다른 부분은 희생해야 할 부분이고 비정신적인 부분이다".[190]

슈티르너의 자아는 피히테의 일반적인 자아와 다르다. 슈티르너의 자아는 유일무이한 나다. 이것이 바로 유일자다.[191] 슈티르너는 말했다.

> 만약에 존재와 사명 사이의 긴장관계, 즉 실재상의 나와 그렇게 되어야 하는 나 사이의 긴장관계가 사라진다면 기독교의 마법은 해독될 것이다. …… 이기주의자에 대해 말하자면 단지 자신의 역사만이 가치를 갖는다. 왜냐하면 그는 자신을 발전시키려는 것이지, 인류의 관념, 신의 계획, 하늘의 뜻, 자유 등을 발전시키려는 것이 아니기 때문이다. 그는 자신을 인류 발전의 도구나 신의 그릇으로 여기지 않는다. 그는 어떠한 사명도 인정하지 않는다.[192]

이것이 바로 개인 생존에 대한 슈티르너의 생각이다. 그러나 실제로는 물질생산의 역사조건으로부터 유리된, 사람과 사람 사이의 특정한 관계를 떠난 '나'(유일자)야말로 가장 추상적인 상상물이다. 그가 모든 사람을 저주한 후에 꺼내어 자랑한 법보는 뜻밖에도 사람을 울지도 웃지도 못하게 하는 물건이었다.

슈티르너는 오만하게 이렇게 선언했다. "나는 나의 사명을 유일자인 나 자신에게 놓았다. 나의 삶은 일시적이며 사멸하는 창조자에 두며, 나는 무(無)를 나의 삶의 기초로 삼는다."[193] 이기주의자에게는 무가 가장 고귀한 것이다. 새로운 인간주의의 논리 설정은 다음과 같이 드러났다. 인신(人神)을 반대한다. 모든 본질주의를 반대한다. 현존재와 죽음의 불가피성을 강조한다. 나는 슈티르

---

190 같은 책, 363쪽 참조.
191 같은 책, 402쪽 참조.
192 같은 책, 406~407쪽.
193 같은 책, 408쪽 참조.

너의 적지 않은 사유가 나중의 니체와 하이데거의 사유와 판에 박은 듯 똑같고 심지어 거의 포스트모던 진영에 속한다고 생각한다. 마르크스가 이런 관점에 동의하지 않을 것임은 의심의 여지가 없다. 그러나 포이어바흐에 대한 슈티르너의 비판은 아무런 의심 없이 철학에서 이론적 혁명의 직접적인 도화선이 되었다. 인간주의 철학을 부정하고 총체적 논리에서의 가치설정을 버리고 현실 사회 경제 사실에 착안한 것은 필연적으로 마르크스 사상에서 중대 변혁을 일으켰다. 외재적 측면에서 보면, 1845년의 『리스트를 평함』에서 소외된 노동의 논리 구조가 갑자기 없어진 것이 이미 변혁의 신호였다. 그리고 「포이어바흐에 관한 테제」와 『독일 이데올로기』에서 마르크스는 포이어바흐의 인간주의를 최종 비판하고 초월해 역사유물론이라는 과학을 정립했다. 마찬가지로 『독일 이데올로기』에 이르러서야 마르크스는 자신이 총체적으로 구축한 새로운 철학의 지평에서 슈티르너를 정면으로 반격할 수 있었다.

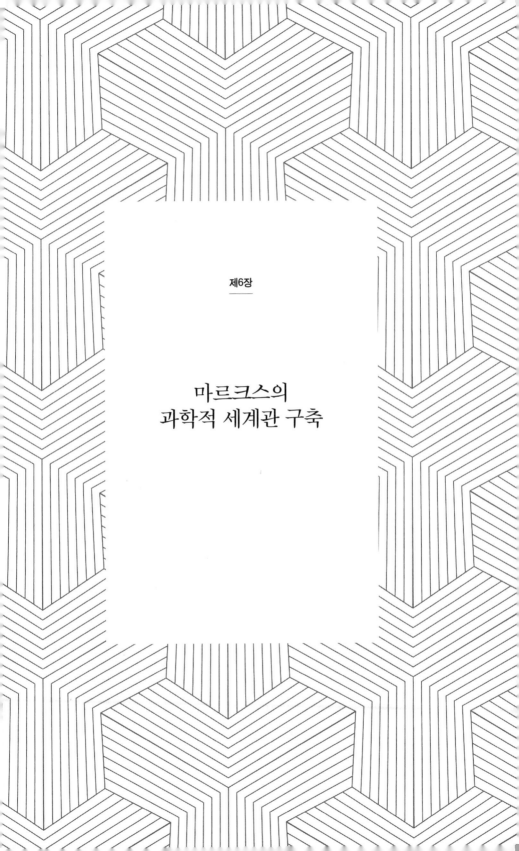

제6장

마르크스의
과학적 세계관 구축

앞 장의 토론에서 우리는 마르크스 자신의 경제학 연구와 당시 특수한 이론 배경으로부터 마르크스 사상 변혁의 복잡한 맥락을 초보적으로 드러냈다. 이는 우리가 마르크스 철학의 새로운 지평을 한층 정확하게 이해하는 데 중요한 사상사적 자리매김을 해주었다. 마르크스의 당시 이론 건설 과정을 돌이켜보건대, 「포이어바흐에 관한 테제」가 마르크스 철학의 새로운 전망을 보여주는 '천재적 테제'(엥겔스의 말)라면, 『독일 이데올로기』는 이 새로운 세계관을 처음으로 체계적이고 구체적으로 설명한 것이다. 마르크스주의 철학의 기본 이론의 초보적 형태는 바로 『독일 이데올로기』에, 그중에서도 제1권 제1장에 완정하게 서술되어 있다. 그러므로 『독일 이데올로기』는 마르크스주의 철학과 전체 사상 발전 과정에서 대단히 중요한 지위를 차지하고 있다.

1. 『독일 이데올로기』의 텍스트와 담론구조

마르크스가 4월 요점을 정리한 형태로 「포이어바흐에 관한 테제」를 쓸 때부터 『독일 이데올로기』에서 새로운 이론 체계를 구축할 때까지의 이론적 노정은 매우 중요하므로 이를 탐색해야 한다. 이 시기 마르크스의 사고 중심은 일반적인 철학 쟁론에 놓여 있지 않았다. 그는 이미 모든 이론논리적 노력이 사회 현실에 대한 연구에 기초해야 한다는 것을 인식하고 있었다. 그 시기 가장 중요한 현실은 경제학이었다. 현실에 직면한 바로 이런 경제학적 과학 연구가 마르크스와 엥겔스를 전체 '독일 철학 사상 체계' – '독일 이데올로기' – 와 선을 긋게 만들었고, 이로써 완전히 새로운 과학적 세계관 – 역사적 과학 유물론 – 이 비로소 구축되었다. 마르크스가 위대한 사상 전환을 실현하고 있을 당시 독일 사상계에서는 기이한 사상 투쟁이 일어나고 있었는데, 다름 아닌 '독일 이데올로기'의 자승자박이었다. 이 또한 『독일 이데올로기』 텍스트가 창작된 미시적인 배경이다.

1) 『독일 이데올로기』의 특정 대상적 맥락

1844년 말 슈티르너의 『유일자와 그 소유』가 발표된 후 마르크스와 엥겔스는 『신성가족』에서 이를 시의적절하게 반박하지 못했다. 그러나 우리는 이미 다음과 같은 사실을 알고 있다. 1845년 2월 마르크스는 브뤼셀에 도착한 후 정치경제학 연구에 전력투구했고 바로 이런 상황에서 1845년 3월 『리스트를 평함』을 썼다. 대략 4월쯤 마르크스는 「포이어바흐에 관한 테제」를 쓰고는 이후 계속 경제학을 깊이 연구했다. 7~8월 마르크스와 엥겔스는 함께 맨체스터에 가서 사회활동을 하는 틈틈이 경제학 연구를 진행해 『맨체스터 노트』를 썼다. 또한 이 시기, 즉 1845년 6~10월 독일학계에서 일련의 논저와 글을 발표했다.

1845년 6월, 헤스는 자신이 1월 17일 마르크스에게 예고했던 『최근의 철학자들』을 발표했는데, 이 책에서 주로 바우어와 슈티르너, 그리고 포이어바흐에 대해 논평했다. 헤스는 여기에서 자신이 얼마 전 발표했던 「독일의 사회주의 운동을 논함」의 관점을 한층 깊게 설명했다. 이 글에서 헤스는 경제적 현실에서의 인간의 본질적 소외의 표현, 특히 금융관계와 화폐관계에서의 소외 문제를 포이어바흐가 홀시했다고 비평했다. 『최근의 철학자들』에서 헤스는 또한 바우어와 슈티르너, 그리고 포이어바흐가 모두 관념 속의 유(類)와 개인 사이의 모순과 충돌에만 관심을 가졌다고 비판적으로 지적했다. 하지만 이런 비판은 주관의식 층위에서의 부정과 지양일 뿐, 시민사회의 현실적 개인의 고립상태를 개변할 수 없었다. 따라서 그는 사회주의 실천을 향해 나아갈 것을 분명하게 제기했던 것이다.

같은 해 6월 25~28일, ≪계간 비간트≫ 1845년 제2권이 라이프치히에서 출간되었는데 그 가운데 포이어바흐의 글 「'유일자와 그 소유'로 '기독교의 본질'을 말함」이 있었다. 이 글에서 포이어바흐는 슈티르너의 비판에 답하면서, 자신의 철학은 결코 개인을 부정하지 않는다는 것과 자신의 '감성' 또한 개성의 진실한 내용임을 강조했다. 또한 이 글의 마지막에서 포이어바흐는 처음으로 자신이 '공산주의자'임을 공언했다. 주의할 점은 ≪계간 비간트≫ 1845년 제2권에는 또한 율리우스(Julius)의 「가시적 종파와 불가시적 종파의 싸움 혹은 비판적 비판의 비판의 비판」이 게재되었다. 이 글에서 율리우스는 마르크스의 『유대인 문제에 대하여』와 『신성가족』을 관통하는 주된 논지는 포이어바흐의 인간주의와 유물론의 결합이라고 지적했다. 율리우스는 마르크스가 현실(시민사회의 개인)을 유적 본질과 대립시키는 포이어바흐의 '이원론'을 계승했다고 비판하면서, '유적 존재물' 또한 새로운 종교이자 교파임을 직접적으로 제기했다. 이런 관점은 슈티르너의 비평과는 방법이 다르지만 그 효과는 같다.

같은 해 10월 16~18일, ≪계간 비간트≫ 1845년 제3권이 출판되었는데, 거기에 바우어의 글 「L. 포이어바흐의 특징」이 실렸다. 이 글에서 바우어는 포이어바흐가 결코 스스로를 헤겔과 진정으로 구별하지 않았다고 직접 비판했다. 포이어바흐의 '유'와 인간의 본질은 모두 실제로 경험을 초월한 신성한 것이기 때문에 그의 유적 본질은 여전히 헤겔의 절대(정신), 칸트의 물 자체(Ding an sich), 기독교의 하느님이었다. 그것은 명칭을 바꾼 종교에 지나지 않았다. 특히 주의할 것은 바우어가 『신성가족』에서 마르크스와 엥겔스의 '현실적 인간주의'가 여전히 포이어바흐의 유물론 철학이 발전한 것이고 헤스는 마르크스·엥겔스 관점의 완성자라고 제기한 점이다. 그는 마르크스·엥겔스

와 헤스가 유(類)로 개성(자기의식)을 압박했다고 질책했다. 동시에 슈티르너도
≪계간 비간트≫ 1845년 제3권에서 「슈티르너의 평론가들」을 발표했다. 이
는 『유일자와 그 소유』 비판에 대한 그의 답변이었다. 그는 포이어바흐와 바
우어, 그리고 헤스 등의 관점을 하나하나 분석하고 이 관점들을 변별했다. 그
중 헤스와 마르크스·엥겔스는 '현실적 사회주의'와 '신성한 사회주의'의 주요
대표로 간주되었다.

이것이 바로 1845년 4월 이후 독일 사상계의 이론 동향이다. 마르크스·엥
겔스는 농담으로 이를 '라이프치히 종교회의'라고 표현했다. 실제로 이때 마
르크스는 사상적 기초를 이미 철학·윤리적 논리가 아니라 사회역사, 특히 경
제발전이라는 현실생활 자체에 두고 있었다. 『브뤼셀 노트』 A의 기초 위에 마
르크스는 이미 「포이어바흐에 관한 테제」의 철학 혁명을 겪었고 다시 『브뤼
셀 노트』 B를 통해 물질생산을 기점으로 삼는 완전히 새로운 역사과학 원칙을 확
립했다. 그리고 『맨체스터 노트』에 대한 사고에서 마르크스는 더 광범한 정
치경제학 연구, 특히 영국 사회주의 경제학자의 논리적 사유경로를 통해 전
체 이론의 총체적 전환을 실현했다. 그것은 다름 아닌 역사유물론의 과학적
세계관 정립과 과학적 정치경제학 전제의 확립, 그리고 과학적 사회주의의
현실 노선 및 방향 확립이다. 마르크스는 당시 독일 철학의 논리에 대해 직접
성찰하지 않은 것이 아니었다. 슈티르너의 『유일자와 그 소유』는 당연히 마
르크스에게 깊은 영향을 주었다. 그로 인해 마르크스는 포이어바흐의 유적
본질의 논리적 질곡으로부터 해방되었다. 하지만 마르크스는 결코 단순히 철
학 논리상의 유에서 개인으로 회귀한 것이 아니라, 전면적인 역사 지평에서
총체적 철학사상사의 논리를 새롭게 반성했던 것이다. 마르크스는 더 이상
낡은 철학의 논리적 틀에서 운동하지 않고 이런 형이상학 체계를 근본적으로
전복시켰다. 마르크스가 정립한 새로운 세계관은 형이상학이 아니라 완전히
새로운 역사과학이었다.

비록 마르크스의 당시 주요한 이론적 추동력은 이미 정치경제학에 놓여 있

었지만 소란스러운 독일 이론계에 직면해 그와 엥겔스는 낡은 철학에 다시 직면하지 않을 수 없었다. 그들은 한편으로는 자아성찰과 비판을 통해 시비를 구분하고 문제를 명확히 하여 '이전의 철학 신앙'을 청산했으며, 다른 한편으로는 새로운 세계관의 이론적 논리를 전면 구축하고 그에 따라 스스로 '독일 이데올로기'와 철저하게 선을 긋고자 했다. 그러므로 마르크스와 엥겔스는 이 목적을 실현하기 위해 『독일 이데올로기』를 저술했던 것이다.[1] 이전 연구에서는 『독일 이데올로기』를 저작하기 시작한 시기를 1845년 9월이라고 확정하지만, 최신 자료를 통해 수고를 쓰기 시작한 시기가 1845년 11월임이 드러났다. 엥겔스가 이 책 제2권에 관해 보충한 글(「진정한 사회주의자」)은 1847년 초에 완성되었다.

2) 『독일 이데올로기』 집필 및 텍스트의 일반 개요

『독일 이데올로기』는 전체 두 권 8장으로 약 전지 50장 분량이었다. 제1권은 서문과 3장으로 구성되었는데, 주로 포이어바흐와 바우어, 그리고 슈티르너 등의 철학 관점을 비판했으며, 동시에 자신의 새로운 세계관의 기본 원칙을 적극 설명했다. 제2권은 다섯 편으로 구성되었으며, 이른바 '진정사회주의' 사조를 주로 비판했다. 현재의 『마르크스·엥겔스 전집』(중국어판 제1판) 제3권에는 제1장, 제4장, 제5장만 실려 있다. 현재의 자료로 볼 때 마르크스·엥겔스가 『독일 이데올로기』라는 논저를 저작할 당시 유럽, 특히 독일의 철학 및 사회 사조를 전면적으로 비판하려 했음을 알 수 있다. 제1권에서는 주로 청년헤겔학파를 비판했지만 그 중점은 포이어바흐에 대한 것이었다. 왜냐

---

[1] 1980년 전후 MEGA2 제3부 제2권 마르크스·엥겔스, 『왕래 서신: 1846년 5월~1848년 12월』(1979)의 편찬 작업에 참여했던 갈리나 골로위나(Galina Golowina)는 다음과 같은 추측을 제기했다. "마르크스와 엥겔스가 쓴 『독일 이데올로기』는 원래 두 권으로 된 저작이 아니라 당초 마르크스와 엥겔스, 그리고 헤스 3인이 발행하려 한 계간지를 위해 쓴 원고다." 나는 이런 추측이 어떤 실질적인 의미가 있다고 생각하지 않는다.

하면 마르크스가 수립한 새로운 세계관 테제에 따르면 새로운 사상 혁명은 바로 포이어바흐의 철학 사상적 논리를 직접적으로 부정함으로써 만들어졌기 때문이다. 그러나 그들이 제1권을 쓰기 시작했을 당시만 해도 독자적인 장을 통해 자신들의 새로운 세계관을 적극적으로 서술할 생각이 없었다. 그러므로 현재 제1권의 구조는 자연히 저작과정에서 이론적 논리의 발전에 따라 점차 형성된 것이다. 『독일 이데올로기』의 집필 자체는 이 사상 혁명의 일부분이기도 하다. 마르크스·엥겔스에 의해 제1장으로 설정된 내용은 오늘날 대단히 중요하다. 왜냐하면 그들은 포이어바흐만 '진지하게 대접'할 만하다고 생각했고 철학의 새로운 전망 확립도 주로 포이어바흐 철학을 이론적으로 정의하는 것에서 비롯되었기 때문이다. 이는 새로운 세계관이 바로 '포이어바흐를 초월'(레닌의 말)하는 가운데 정립되었음을 의미한다.

마르크스·엥겔스의 『독일 이데올로기』 집필은 대략 1845년 11월(≪계간 비간트≫ 1845년 제3권이 발표된 후)에 시작되었고 그 주된 부분은 1846년 4월에 기본적으로 종결되었다. 1847년 1~4월 엥겔스는 제2권의 마지막 장「진정사회주의자」를 보충했다. 텍스트와 최신 연구 자료로 보면 마르크스·엥겔스는 시작부터 많은 분량의 논저를 쓰려고 한 것이 아니었고, 단지 ≪계간 비간트≫를 통해 드러난 독일 철학계의 혼전에 대해 자신의 견해를 제기하려는 것뿐이었다. 그 주요 목적은 자신들의 새로운 세계관을 자신들이 극복한 '독일 이데올로기'와 근본적으로 구분하는 것이었다. 그러므로 첫 번째 부분의 수고는 처음에 장절을 나누지 않았으며, 그 수고에는 포이어바흐와 바우어, 그리고 슈티르너를 비판하는 내용이 함께 존재했다. 그런데 저작이 진전됨에 따라 마르크스·엥겔스는 포이어바흐를 집중적으로 비판하는 장을 따로 개설하기로 결정했다. 그리하여 원래의 수고에서 포이어바흐와 역사에 관한 부분을 발췌하고 슈티르너를 비판한 부분에서 새로운 세계관에 관해 자신들이 적극적으로 서술한 내용을 발췌해 새로운 장 'I. 포이어바흐'를 새롭게 구성했다. 이후 마르크스는 제1권 전체의 서문을 기초했고 또한 이 단계에서 마르크스·엥겔스는 제1권 제1장의 서두 부분을 두 차례나 새로 썼다. 이는 훗날 제1장 수고 가운데 제4, 제5부분을 구성했다. 여기에서 우리는『독일 이데올로기』가운데 제1권 제1장의 수고를 주로 독해할 것이다.

『독일 이데올로기』는 마르크스·엥겔스 생전에는 공개되지 않았으며, 엥겔스가 타계(1895)한 지 37년 후인 1932년 소련에서 처음 출판되었다.[2] 이 책 제1권 제1장에서는 마르크스·엥겔스의 새로운 세계관의 긍정적 관점을 집중 서술했다. 다시 말해『독일 이데올로기』의 제1권 제1장은 마르크스주의를 정립한 후 그들이 자신들 철학의 새로운 전망에 대해 밝힌 최초이자 유일한, 적극적인 체계적 서술이다.[3] 그러므로 이는 우리가 진실하게 인지해야 하는 마르크스주의 철학의 가장 중요한 경전 텍스트 가운데 하나다. 그러나 일부 노트는 미완성 수고인 데다가 긴 세월을 거치면서 훼손되었고 그중 몇 장은 심각하게 파손되어 제1장은 12쪽, 제2장은 20쪽이 유실되었다. 1932년『독일 이데올로기』전서의 초판에서는 일부 미완성의 수고를 온전한 논저로 만들기 위해 소련 학자 아도라츠키가 제1장을 이론적으로 새롭게 편성했다. 이것이 바로 우리가 오늘날 보는『마르크스·엥겔스 전집』(중국어판 제1판) 제3권에 수록되어 있는 제1장이다.

훗날 연구에서 사람들은 아도라츠키가 1932년 편성한 제1권 제1장 수고 판본에 여러 가지 누락이 있어 그다지 만족스럽지 않다는 사실을 점차 알게 되었다. 첫째, 1962년 지그프리드 바네(Siegfride Bahne)는 암스테르담 국제사

---

2   1899~1921년『독일 이데올로기』의 일부 편과 장이 발표되었다. 1924년 소련 마르크스·엥겔스연구소에서 편역한『마르크스·엥겔스 문고』제1권은 이 책의 제1권 제1장, 즉 리야자노프판을 최초로 러시아어로 출판했다. 리야자노프판은 리야자노프의 편집 방침에 근거한 것으로, 에른스트 조벨이 복원했다. 1926년『마르크스·엥겔스 문고』가 독일어판으로 또 출판되었다. 1932년 소련 마르크스·엥겔스·레닌연구소가 MEGA1 제1부 제5권에 처음으로 독일에서『독일 이데올로기』전체 원고, 즉 아도라츠키판을 발표했다. 이 판은 아도라츠키의 편집 방침을 근거로 삼았고 웰러가 구체적으로 편집했다. 다음해 아도라츠키판의 러시아어판이 출판되었다. 리야자노프판과 MEGA1판은 모두 권(Band) - 편(Abschnitt) - 장(Kapitel)의 구조에 따라 수고를 정리했다.

3   이 서술은 주로 마르크스와 엥겔스의 '종전의 철학 신앙'의 '청산', 즉 "헤겔 이후의 철학을 비판하는 형식을 통해 실현되었다".『馬克思恩格斯全集』, 第13卷, 10쪽.

회역사연구소에서 자료를 정리하던 중 '제국의회의원 베른스타인(Bernstein)의 인쇄물'이라고 쓰인 봉투에서 세 쪽의 종이를 발견했는데, 거기에는 "≪사회주의 문건≫ 3·4권에 이미 인쇄 발표된 '성 막스(Max)'"라고 쓰여 있었다. 이것이 바로 『독일 이데올로기』 제1권 제1장의 유실된 12쪽 가운데 3쪽이었다. 같은 해 ≪사회역사 국제평론≫ 제7권 제1분책에 원문으로 이 세 쪽의 수고를 발표했다.

둘째, 많은 연구자들이 마르크스·엥겔스 원고에서 시초 논리의 실마리를 복원하는 문제의 중요성을 인식하기 시작했다. 1960년대 중반 일본 마르크스주의 청년학자인 히로마쓰 와타루는 아도라츠키가 출판한 『독일 이데올로기』 제1권 제1장 수고의 편집 구조에 대해 엄중하게 비판했다.[4] 이에 1965년 소련 공산당의 중앙위원회 산하 마르크스레닌주의연구소는 1965년 ≪철학문제≫ 10월호와 11월호에 『독일 이데올로기』의 신수정판 및 바가투리아가 「K. 마르크스와 F. 엥겔스의 '독일 이데올로기' 제1장 수고의 구조와 내용」이라고 제목을 붙인 논문을 발표했다. 이듬해 이 문헌의 단행본이 다시 출판되었다. 이 판본은 소련의 저명한 마르크스주의 문헌학 전문가인 바가투리아가 방안을 제정했고 브루슬린스키(Bruslinski)가 편집했다. 바가투리아는 두 권(Band)으로 구성된 『독일 이데올로기』를 다시금 장(Kapitel)과 절(Abschitt)로 나누었다. 제1권 제1장의 이 문헌 편성은 기본적으로 마르크스·엥겔스 원고의 편집 순서를 회복했고 문헌 내용에 근거해 원래 5부의 수고를 총 4부 27절로 나누었다. 아울러 수고 내용에 대한 엮은이의 이해에 근거해 25개의 작은 표제를 추정했다. 27개 절 가운데 제1절은 원래의 표제, 제26절은 편집자의 주이며, 25개 절은 추정해서 달았다. 1966년에는 동독의 ≪독일 철학잡지≫ 제4기에 원문으로 수고를 새롭게 발표했는데, 그 편성은 기본적으로 상술한 러시아 역본을 참조했으며 바가투리아 등이 첨가한 26번째 절의 표제[5]만 삭

---

4 广松涉, 「『德意志意識形態』的編輯上存在的問題」, ≪唯物論研究≫, 第21号(1965) 참조.

제했다. 1988년 중국 인민출판사에서는 『독일 이데올로기』 제1장 수고의 신편역본 ─『포이어바흐』[6] ─ 을 출판했다. 이 신편역본을 편역한 이들은 동독에서 발행된 1966년판의 수고를 참조했고 러시아어판의 27개 소표제를 뒷부분에 첨부했다. 이것이 바로 우리가 지금 연구하려는 『독일 이데올로기』 제1장 수고를 새로 출판한 신판 중국어판 단행본 ─『포이어바흐』[7] ─ 이다.

　중국어판 『마르크스·엥겔스 전집』 제3권과 비교해 신판 중국어판 단행본은 구조와 내용면에서 중요한 변화가 있다. 우리는 『독일 이데올로기』(특히 제1권 제1장의 수고)에 대한 연구가 그다지 진지하고 체계적이고 전면적이지 않다고 생각한다. 이 점에서 소련 철학가 바가투리아는 기초적인 시도[8]를 했으며, 중국 학자 웨즈창(樂志强)도 일정한 노력[9]을 한 바 있다. 텍스트의 일반 구조에 대한 이들 연구의 분석은 일정 정도 성과가 있었지만, 텍스트의 구체적인 내용에 들어가면 이 논자들은 여전히 예외 없이 전통적 해석 틀에 입각해 역으로 '원리'로 텍스트를 주석하고 있기 때문에 그 연구 결과의 맥락은 미

5　훗날 동독 학자 타우버는 MEGA2 제1부 제5권의 시험적 편집판으로 자신이 편집한 『독일 이데올로기』 제1권 제1장의 시험본을 출판했는데, 그 편집은 기본적으로 1965년에 출간된 러시아어판과 같다. 다만 수고를 7개 부분으로 나누고 마르크스와 엥겔스의 주와 코멘트를 남겨두었다. MEGA2, Probeband (1972), S.33~119, 399~507 참조. 1974년 일본학자 히로마쓰 와타루가 『독일 이데올로기』, 제1권 제1장 수고의 일어판을 출판했는데, 이 판본은 수고를 '그대로' 인쇄한 것이다. 广松渉, 『文獻學語境中的'德意志意識形態』(南京大學出版社, 2005) 참조. 1979년 중국어판 『마르크스·엥겔스 전집』 제42권에는 새로 발견된 제1장 3쪽의 수고를 넣었다. 『馬克思恩格斯全集』, 第42卷, 368~372쪽 참조. 타우버와 한스 펠거 교수는 『마르크스·엥겔스 연보』(2003)에 다시금 MEGA2 제1부 제5권 『독일 이데올로기』 제1권 앞 2장의 잠정판을 발표했다. Marx-Engels-Jahrbuch(2003) 참조.

6　『독일 이데올로기』의 신편 제1권 제1장 수고 『포이어바흐』는 1988년 인민출판사에서 처음 출판되었다. 이 판본은 바가투리아판의 일부 문헌학적 표시를 남겨둔 반면, 중앙편역국에서 재판한 이 원고는 비록 이 판의 텍스트 구조는 유지했지만 문헌학적 표시를 전부 삭제했다. 2008년 8월 바가투리아 교수가 난징대학을 방문했을 때 이 판본의 편집 정리 상황에 대해 문의한 바 있다.

7　수고 원본에는 본래 'I. 포이어바흐'만 있었다. 엥겔스가 1833년 마르크스의 수고를 새로 읽으면서 미주와 '유물론 관점과 관념론 관점의 대립'이라는 문구를 추가했다.

8　巴加圖利亞, "馬克思恩格斯'德意志意識形態第一卷第一章手稿'的結構和内容", 《哲學問題》(1965), 第10~11期; 『馬克思的一个偉大發現』(中國人民大學出版社, 1981). 그리고 바가투리아의 미출판 부(副)박사논문 『馬克思恩格斯'德意志意識形態'在馬克思主義歷史中的地位』(俄羅斯國家館, 1971)가 있다. 2008년 10월 바가투리아 교수가 난징대학을 방문했을 때 이 책을 난징대학 마르크스주의 사회이론연구센터에 기증했다.

9　樂志强, 『'德意志意識形態'簡明教程』(中山大學出版社, 1988).

루어 알 수 있다.

현재 이 판본에서 원래 5부였던 마르크스·엥겔스의 수고는 4부로 나뉘어 있다. 제1장의 다섯 개의 각각 독립적인 수고는 시간 순서에 따르면 다음과 같다. 최초에 쓴, 새로운 철학 전망을 구체적으로 설명한 제1수고의 29쪽은 현재 제2부로 편집되었다. 그다음은 기존 원고의 제3장 가운데 두 군데에서 발췌한 제2·제3수고로 모두 43쪽 분량이며, 이는 현재 제3부, 제4부로 편집되어 있다. 마지막으로 마르크스·엥겔스가 대부분의 수고를 완성한 후 두 차례 초안을 잡은 제1장의 서론과 새로운 세계관의 총체적 개괄인 제4·제5수고는 현재 제1부로 통합 편집되어 있다.

3) 『독일 이데올로기』 제1권 제1장 수고의 텍스트 구조

나는 마르크스·엥겔스가 마지막으로 확정한 제1장에는 두 가지 주요한 저술 목적이 있었다고 생각한다. 첫째, 포이어바흐의 낡은 유물론의 배후에 은닉되어 있는 관념론 역사관을 비판하는 동시에 자신의 원래 이론의 논리 틀 (주로 1843~1844년 마르크스가 첫 번째 사상 전환을 한 이후의 인간주의 철학 논리)을 '청산'하고 아울러 새로운 철학 전망을 정립하는 것이었다. 둘째, 이 기초 위에서 마르크스주의 철학의 새로운 세계관을 이론적·체계적으로 서술하는 것이었다. 이는 새로운 철학 전망의 이론 핵심이자 가장 어려운 논리 구축 과정이다. 현재의 수고 텍스트로 볼 때 이 두 가지 목표는 형식상 완전히 실현되지는 않았다.[10] '완전히 실현'되지는 않았다는 것은 마르크스·엥겔스가 이 두 가지 문제를 해결하지 않았다는 말이 아니라 완벽한 이론 구축을 완성하지

---

10   1888년 쓴 『루드비히 포이어바흐와 독일 고전철학의 종말』에서 엥겔스는 『독일 이데올로기』 제1권 제1장에 대해 다음과 같이 언급했다. "포이어바흐에 관한 장은 완성하지 못했다. 이미 쓴 부분은 유물론 역사관을 해석했다." "옛 원고에서 포이어바흐의 학설 자체에 대해서는 비판하지 않았다." 『馬克思恩格斯全集』, 第21卷, 412쪽 참조.

않았다는 것이다.

구체적인 분석을 진행하기 전 나는 두 가지를 특별히 설명하려 한다. 첫째, 마르크스는 1845년 봄 브뤼셀에서 「포이어바흐에 관한 테제」를 썼는데, 이는 마르크스가 사상적으로 중대한 인식 전환을 겪은 후 심층 연구한 요점을 집성한 것임을 우리는 알고 있다. 이 테제는 마르크스가 1845년 봄(4월) 브뤼셀에서 썼고 「1844~1847년 노트」의 51~55쪽에 삽입되어 있었으며 원 표제는 「I. 포이어바흐에 관해」였다. 「포이어바흐에 관한 테제」는 바로 (포이어바흐) 문제를 해결하려는 시각에서 출발한 것이다. 이 혁명적 사상의 비약에는 두 가지 이론 층위가 있다. 첫째, 최종적으로 포이어바흐 철학과(또한 의당 모든 낡은 유물론과) 경계를 그었으며, 둘째, 자신의 새로운 세계관의 기본적 논리를 확정했다. 이 중대한 철학 변혁을 마르크스가 독립적으로 실현했음을 증명하는 자료가 충분하다. 마르크스의 「1844~1847년 노트」에 관한 연구에 따르면 「포이어바흐에 관한 테제」는 엥겔스가 맨체스터에 도착한 후 쓴 것이 분명하다. 시간은 대략 1845년 4월 5일 이후부터 4월 말 이전까지다. 엥겔스는 1845년 4월 5일 브뤼셀에 도착해 마르크스와 이론적으로 공감한 후 『독일 이데올로기』를 공동 저술하기로 결정했다. 「포이어바흐에 관한 테제」의 기본 사유경로와 『독일 이데올로기』의 전체 논리 구조로 볼 때 분명 이 테제의 전체 요점은 『독일 이데올로기』에서 전개되었다. 하지만 나는 「포이어바흐에 관한 테제」가 결코 『독일 이데올로기』의 집필 테제가 아니며 전자는 기껏해야 후자의 사상 테제로 간주될 수 있다고 생각한다. 바가투리아는 『독일 이데올로기』가 이론논리면에서 「포이어바흐에 관한 테제」보다 성숙하다는 견해를 밝혔지만, 나는 이 견해가 정확하지 않다고 생각한다. 왜냐하면 양자 사이에는 논리적 시각의 차별이 존재하기 때문이다.

둘째, 현재 『독일 이데올로기』 제1장의 수고를 보면, 수고의 본문은 대부분 엥겔스의 필적이다.[11] 그중 일부 수고는 바이데마이어[12]의 필적이다. 그러나 이 부분의 수고의 사상 내용과 사상 특징으로 볼 때 마르크스가 그 수고를 썼음은 의심의 여지가 없다. 이 부분의 수고를 원래 마르크스가 쓰고 엥겔스가 정서했다고 가정해볼 수도 있지 않을까? 이렇게 추론하는 이유는 다음과 같다. 첫째, 엥겔스는 브뤼셀에 도착하기 전『독일 이데올로기』의 비판 대상들과 여전히 '치열하게 싸우다가'[13] 마르크스를 만나 토론을 거친 후에야 비로소 마르크스의 관점을 수용했기 때문이다. 그렇지 않았다면 그는 짧은 시간에 이처럼 명석하고 완전히 새로운 논리적 사유경로를 가지지 못했을 것이다. 둘째, 바로 이 부분의 가장 중요한 내용이 1846년 하반기까지 줄곧 진행되었고, 1846년 8월 15일 엥겔스가 파리로 간 후가 바로 마르크스가 계속 집필한 시기였기 때문이다.[14] 셋째, 수고의 본문은 엥겔스가 비교적 정교한 필체로 전지에 왼쪽에 썼고 오른쪽은 마르크스와 엥겔스의 수정 내용이었기 때문이다. 이 부분이 책 전체에서 가장 중요한 부분이었으므로 마르크스와 엥겔스가 초고를 출판 상인에게 넘겼을 리 없다. 따라서 이는 훗날 엥겔스가 펜으로 옮겨 적은 수정 원고일 가능성이 높다. 물론 이는 추측일 뿐이다. 나는 쑨보쿠이 교수에게 이 문제에 대한 전문적으로 가르침을 청한 적이 있는데, 그가 바로 이와 같은 추론의 주요 논점을 제출했고, 나는 이 가설에 찬동한다.

마르크스와 엥겔스는 이 책을 집필하기 시작했을 당시 동시에 포이어바흐,

---

11   馬克思恩格斯, 『費爾巴哈』(1965), 러시아어판 미주1. 2008년 8월 나와 동료는 네덜란드 왕립과학원의 저명한 국제사회역사연구소를 방문했다. 거기에서 우리는 친절한 대접을 받았다. 연구소 책임자는 우리가 직접 문헌 서고에 들어갈 수 있도록 해주었고, 우리는 운 좋게 마르크스·엥겔스와 제2인터내셔널 사상가들의 진품 수고를 볼 수 있었다. 뜻밖에도 연구소는『독일 이데올로기』제1권 제1장의 귀중한 수고 원본의 전체 복사본을 우리에게 기증했다. 이 밖에 마르크스가 쓴『1844년 수고』전체 원본의 복사본도 기증받았다.

12   요제프 바이데마이어(Joseph Weydemeyer, 1818~1866), 독일과 미국의 초기 노동자운동 활동가이자 제1인터내셔널 미국지부 조직가다. 1818년 2월 2일 프로이센에서 출생했다. 1839년 베를린 육군대학을 졸업했으며, 1845년 초 군대를 사직하고 언론에 종사했다. 1845년 12월 마르크스가 만든 브뤼셀 공산주의 통신위원회 활동에 참가했다. 1846년 전후『독일 이데올로기』집필에 참여했으며, 1847년 공산주의자 동맹에 가입하고 쾰른 지역에 동맹 조직을 만들었다. 1851년 7월 스위스로 망명했으며 11월에는 미국 뉴욕으로 이주했다. 바이데마이어가 미국에 도착한 후 1852년 5월 미국의 마르크스조직 프롤레타리아 동맹을 발기·건립했다. 같은 해 미국 최초의 마르크스주의 간행물 《혁명》을 창간했다.

13   엥겔스가 1844년 11월부터 1845년 3월 사이에 마르크스에게 보낸 편지 참조.『馬克思恩格斯全集』, 第27卷, 9~32쪽.

14   1846년 8월 19일 엥겔스가 마르크스에게 보낸 편지 참조.『馬克思恩格斯全集』, 第27卷, 38쪽.

바우어, 슈티르너를 비판하려 했다. 어떤 논자는 마르크스와 엥겔스의 최초 집필 계획은 바우어와 슈티르너를 비판하는 동시에 '포이어바흐의 유물론을 수호'하려 했다고 생각했는데, 이런 견해는 정확하지 않다.[15] 훗날 집필 과정에서 그들은 원래 가설을 바꿔 제1장에서 주로 포이어바흐를 비판하고 아울러 자신의 새로운 관점을 체계적으로 설명했다. 그러므로 제1장의 수고(모두 29쪽)는 두 부분으로 구성된다. 첫째 부분은 포이어바흐 철학 유물론에 대한 비판으로, 이는 자신의 이전 철학 신앙에 대한 '청산'(1~10쪽)이기도 하다. 둘째 부분은 마르크스의 새로운 철학 전망(11~29쪽)을 정면으로 논술한 것이다. 우리는 다음과 같은 사실을 알 수 있다. 제1장 수고 첫 부분의 내용은 실제로 「포이어바흐에 관한 테제」 사고점의 직접적인 전개이자 심화이고, 또한 마르크스의 새로운 철학 전망의 전제다. 그리고 둘째 부분의 내용 가운데 하나는 마르크스·엥겔스가 마르크스주의 철학의 기본 원칙(광의의 유물론의 역사 '실체'의 규정)을 제정한 것으로, 이는 철학적 맥락의 사유경로 1이다. 다른 하나는 분업에서 출발해 부르주아 사회 생산양식에 대해 현실적·역사적으로 비판한 것으로, 이는 경제학적 맥락의 사유경로 2다. 이런 텍스트의 원래 틀은 또한 제1장 수고 가운데 주요한 이론적 실마리다.[16] 나는 이것이 마르크스주의 철학 가운데 광의의 역사유물론의 기본 원칙에 대한 가장 가치 있는 이론 텍스트라고 생각한다.

문헌학 자료는 다음과 같은 사실을 드러내고 있다. 마르크스는 원래 슈티르너 비판에 속하는 수고의 제3장 가운데 두 가지 중요한 이론적 삽입 부분을 떼어내, 두 부분을 신설한 제1장으로 옮긴 후 그것을 30~35쪽(제2수고)과 36~72쪽(제3수고)으로 편입시켰다. 제2수고는 지배계급 의식에 관한 논술이다. 그러나 제3수고는 역사적 설명으로, 그 주제는 새로운 이론 실마리, 즉 사

---

15 『馬恩列斯硏究資料滙編』(1980)(書目文獻出版社, 1982), 96쪽.
16 편집된 번역본에서 이 두 사람의 수고는 인위적으로 전도되었고 마르크스·엥겔스의 원래 사유경로가 교란되었다. 현재 신편역본에서는 수고의 원 모습이 회복되었다.

회역사 발전 가운데 인류 주체의 역사 지위 문제를 언급하고 있다.

제1권 수고의 주요 부분을 완성한 후 마르크스·엥겔스는 고개를 돌려 제1장 서론의 초고를 쓰고 아울러 자신들의 새로운 철학 전망을 반영할 수 있는 총체적 요약, 즉 제1장의 첫 부분을 쓰려고 했다. 따라서 우리는 두 가지 다른 시도를 보게 된다. 하나는 포이어바흐와 슈티르너 등을 겨냥한 '인간'으로, 현실적 개인으로부터 생산까지, 다시 생산양식까지, 사회현상으로부터 본질로 들어가는 사유경로를 뜻하는데(제4수고), 이것이야말로 **사유경로 1**에 대한 새로 쓰기다. 다른 하나는 이전 부르주아 사회 소유제 현실이 발전한 결과로부터 역사유물론의 기본 원칙과 결론(제5수고)을 얻었는데, 이는 **사유경로 2**에 대한 보완이다.

현재 『독일 이데올로기』 제1장 편역 수고의 첫째 부분을 이해하는 것은 대단히 중요하다. 이는 또한 기존의 연구에서 논쟁이 가장 많이 벌어지는 부분이기도 하다. 신편 판본에서 제1부 수고는 제4·제5수고를 특수하게 접합한 결과다. 나는 개인적으로 다음과 같이 생각한다. 제4·제5수고는 실제로 마르크스·엥겔스가 새로운 철학 전망을 제정한 후 총체적인 논리 각도에서 자신의 새로운 관점을 주장하는 두 가지 다른 각도의 노력을 다시금 개괄하고자 했다. 제4·제5수고의 내재적 논리 구조의 중요성 및 이에 대한 정확한 이해는 장기간 줄곧 홀시되었다. 신편역본이 출간된 후에도 부정확한 판정은 여전히 만연했다. 신편 수고의 설계자 바가투리아가 볼 때 제4·제5수고는 마르크스·엥겔스의 두 가지 미완성 수고이고 제5수고는 제4수고의 수정일 뿐이었다. 유감스러운 것은 모든 신역 판본이 이런 견해를 수용하고 있다는 점이다. 나는 이런 가설을 수용할 수 없다. 왜냐하면 나는 이런 이해가 제4·제5수고가 지닌 의미를 심각하게 과소평가한다고 생각하기 때문이다.

나는 제4수고와 제5수고는 마르크스·엥겔스가 제1장 수고를 베껴 쓴 것이라고 단순하게 판단할 수 없다고 생각한다(서론의 내용 또는 글씨체에만 근거해 이렇게 판단하는 것은 근거가 불충분하다). 그들은 새로운 철학의 기본 틀을 정리한 후 우선 제1권을 위해 '첫 부분'(서론)을 고쳐 씀으로써 자신들이 제1권에서 진행한 철학 비판의 핵심을 설명하려 했다. 다음으로 제1장(사실은 책 전체이기도 하다)에서 그들이 설명하는 긍정적인 관점을 위해 다시 '첫 부분'(요약)을 추가했다. 서언 부분의 내용은 매우 분명하고 확정적이다. 왜냐하면 제4·제5수고는 이 부분에서 일치하기 때문이다. 그러나 두 수고는 유사한 서언 뒤에 두 가지 다른 사유경로에서 출발한 각기 다른 '첫 부분'을 갖고 있다. 여기에 이 문제를 이해하는 난점이 있다. 유감스러운 것은 이 부분이 완성되지 않았다는 점이다. 그러나 두 수고를 통일해 정합적으로 이해한다면 이미 새로운 철학 전망을 총체적으로 서술하는 데 선택한 이론이 완벽하게 드러난다.

편집번호가 매겨져 있지 않은 마르크스·엥겔스의 5쪽(제4수고)은 여기에서 중단되었다. 이것이 중단된 데에는 몇 가지 가능성이 있다. 첫째는 이 사유경로에서 출발한 요약이 이미 기본적으로 완성되어 이로부터 제1수고 가운데 포이어바흐 비판을 출발점으로 하는 체계적 서술로 직접 넘어갔을 가능성이다. 둘째는 제4수고의 요약에 여전히 보완이 필요하다고 느꼈을 가능성이다. 셋째는 이 사유경로에서 출발해 개괄한 것이 뒷부분의 체계적 서술과 논리적으로 완전히 일치하지 않아서 새롭게 '서두'를 써야 한다고 느꼈을 가능성이다. 수고를 구체적으로 연구하면서 나는 셋째 가능성에 마음이 기울어졌다. 그러면 다시 수고의 미궁으로 들어가 우선 수고의 윤곽을 그려본 후 진정한 출구를 구체적으로 고찰 분석해보자.

제5수고는 모두 16쪽이다. 서언 부분은 모두 4쪽 반이다. 앞 2쪽은 제4수고와 기본적으로 같다. 그러나 제2장(대략 3쪽)을 시작하면서 마르크스와 엥겔스는 서언에 해당하는 3쪽 남짓의 내용을 추가했으며 작은 표제를 'A. 일반 이데올로기, 특히 독일 이데올로기'로 바꾸었다. 이어서 '독일 이데올로기'에 관해 많은 지면을 할애해 구체적으로 설명했다. 주의할 것은, 여기에서는 포이어바흐만 겨눈 것이 아니라 전체 '독일 이데올로기'를 겨누었다는 점이다.

『독일 이데올로기』 서언 1쪽 복사본

서언에서 새로 보완한 문자의 마지막은 다음과 같은 이론적 전환점을 보이고 있다. "이 철학자들 가운데 독일 철학과 독일 현실 사이의 관련 문제를 제출하려고 생각하는 사람은 하나도 없다." 이 부분은 서언의 완성도를 높이고 있다. 그러나 수고는 여기(5쪽)에서 중단되었다. 5쪽의 하반부는 공백이고 6쪽은 다른 종이에서 새로 시작된다.

다음 쪽에서 새로 시작하는 일단의 문장(제5수고의 3~4쪽)은 독립적인 이론 서술이다. 이 서술은 역사 과정의 구체적 발전으로부터 새로운 세계관을 설명했는데, 이는 제4수고의 서언에 이어진 논술과는 다른 시각에서 출발했다. 제5수고는 사회의 구조성(공시성) 시각에서 들어가, 현상에서 출발해 점차 본질로 깊이 들어가는 논리 분석 사유경로를 준수했지만, 제4수고는 사회역사의 과정성(통시성) 시각에서 출발해 원시부족 소유제와 고대 소유제, 그리고 봉건 소유제의 세 가지 사회형태에 대한 구체적 발전 과정으로부터 경제학 이론을 설명했다. 이 단락은 논쟁을 유발하기 쉽다. 중국 신편역본에서 편자는 마르크스·엥겔스가 제5수고 서언 뒤에 원래 제4수고에서 삭제하지 않은 그 서술을 추가하고 구조적 논술 뒤에 다시 과정에서 시작해 역사적 분석을 수행하고 마지막에 제5수고의 소결로 마무리해야 한다는 가설을 제시했다.

그러나 이 문단을 구체적으로 분석해보면 이런 가설은 합리화되기 어렵다. 왜냐하면 마르크스·엥겔스는 이 서술에서 이론적으로 개괄한 것이 아니라 사회형태를 구체적으로 분석하는 데 중점을 두고 있기 때문이다. 제1장 전체의 내용으로 보면, 이 서술에 이어지는 것은 제3장에서 가져온 제3수고의 서두여야 한다. 현재 제3수고에는 편집번호 36~39쪽의 수고가 빠져 있는데, 엥겔스가 이 서술을 옮겨 쓰면서 그것을 앞에 놓으려 했을 가능성은 없을까? 엥겔스[17]는 제5수고에 1~5의 편집번호를 붙였고 이를 제1수고와 직접 연결시켰으며, 제1수고 29쪽에 6~11의 편집번호를 붙였다. 그러나 마르크스는 엥겔스의 편집번호를 다시 지우고 제1수고를 1~29쪽으로 재편했고, 이로 말미암아 제2수고를 거쳐 줄곧 제3수고의 마지막 72쪽으로 편집되었다. 나는 일본학자 히로마쓰 와타루가 1974년 편역한 『포이어바흐』일문판에서 이 문단을 직접 제3수고의 서두 부분으로 옮긴 것을 발견했는데, 이는 아마도 상술한

---

17   타우베는 엥겔스가 편주(編注)했다고 여겨진 번호는 사실 베른스타인이 덧붙인 것이라고 인식했다.

가설에 근거했을 가능성이 크다.[18]

현재 수고 텍스트로 보면 마르크스와 엥겔스는 제1장 수고를 여러 차례 반복해서 심층적으로 수정했다. 수고상의 수정 의견과 각종 기호를 근거로 나는 먼저 마르크스가 초고를 기초한 후 엥겔스가 (현존 주요 수고를) 옮겨 쓰고, 이어서 엥겔스가 수정(편집번호 기재)하고 마지막에 마르크스가 수정(쪽수 기재)했다고 가정한다. 이상이 아마도 수고의 텍스트를 작성하던 기본 상황이었을 것이다.

4) 『독일 이데올로기』의 복잡한 담론 재편성

『독일 이데올로기』 제1장 수고의 텍스트 구조를 분석하고 나면 이어서 『독일 이데올로기』의 심층 담론구조는 도대체 무엇인가라는 또 하나의 중요한 문제에 직면한다. 이는 나 자신이 사고해야 하는 새로운 문제이기도 하다. 나는 『마르크스 역사변증법의 주체 국면』에서 『독일 이데올로기』의 총체적 철학 논리에 대해 확인했는데, 이는 주로 역사를 직면하는 기본 시각에 구현되어 있다. 거기에서 나는 광의와 협의의 역사유물론 지평 및 역사변증법의 객체 국면과 주체 국면(지배적인 측면과 잠재적인 측면)이라는 개념을 제출했다.[19] 그러나 경제학 연구를 배경으로 하는 보다 광범한 마르크스의 맥락으로 전환한 후 이 상황은 복잡하게 변했다. 나는 철학 이념에 입각해서만 『독일 이데올로기』를 이해하는 것은 문제가 있음을 발견했다. 마르크스가 여기서 실현한 사상 변혁은 단일한 선형적 철학 지평의 전환과는 거리가 멀다. 그러므로 경제학 토대와 사회주의적 가치라는 취지를 떠나서는 마르크스의 새로운 세계관을 진실로 드러낼 수 없다. 우리는 논리적으로 가려진 것을 거시적 지평에

---

18   广松涉編, 『文獻學語境中的'德意志意識形態'』(南京大學出版社, 2005) 참조.
19   張一兵, 『馬克思歷史辨證法的主體向度』, 第2章 참조.

서 벗겨냄으로써 인식의 한계를 돌파해야 한다. 마르크스의 인식상의 돌파는 아래 두 가지로 표현되었다.

첫째, 마르크스는 철학적으로 슈티르너로부터 직접 충격을 받아 포이어바흐식의 '유적 철학'의 인간주의를 비판의 주요 대상으로 삼았다. 당시 마르크스는 발표하지 않은 『1844년 수고』의 인간주의적 오류를 은닉했다. 이는 마르크스 원래 사상 가운데 뿌리 깊은 낭만주의와 인간주의 관념이 겪은 첫 번째 중대한 실패다. 여기에는 물론 시스몽디식의 경제낭만주의가 철저하게 붕괴된 것도 포함된다. 그러나 마르크스의 이런 사상 변화를 단순하게 낡은 철학 논리 중의 유에서 개인으로라는 이론적 흔들림으로 볼 수는 없다. 예를 들어 「데모크리토스와 에피쿠로스 자연철학의 차이」의 개인적 자기의식으로부터 『1844년 수고』의 노동이라는 유적 본질까지의 이행도 있다. 이를 통해 볼 때 실제로 마르크스는 근본적으로 모든 낡은 철학을 초월했다. 이런 전환은 마르크스 경제학 지평 가운데 보다 기초적인 중대한 전향에 기초한다. 그것은 다름 아닌 주체 방면에서 프롤레타리아 정치 입장에 입각한 전향이자 부르주아 정치경제학에 대한 직접적인 부정에서 부르주아 정치경제학에 대한 기본적인 긍정으로의 전향이다. 『브뤼셀 노트』와 『맨체스터 노트』를 통해 마르크스는 리카도가 낭만 색채가 없는 유일한 사람이며 리카도의 눈에는 객관적 현실성만 있음을 발견했다. 그러므로 리카도파의 사회주의 경제학자 사상이 마르크스에 끼친 중요한 영향은 다음과 같은 논리를 직접 확정했다는 점이다. 즉, 부르주아 정치경제학의 객관적 논리에 기초해야만 부르주아 사회를 타도할 현실적 경로를 진정 현실적으로 찾아낼 수 있다. 이리하여 정치경제학은 마르크스의 당시 전체 사상과 이론 논술의 기초가 되었다(윌리엄 페티의 의미에서의 '실증과학'). 그러나 이는 개조를 거친 현실 비판 논리다. 왜냐하면 부르주아 경제학자에게는 부르주아 사회 생산양식이 지배하고 구축한 경제 현실은 비판되어야 할 것이 아니고 전체 정치경제학의 과학도 마찬가지로 무비판적이기 때문이다. 다시 말해 마르크스의 이 관점은 고전경제학의 정치 입장을 초월해 정립되었기 때문이다. 이는 중요한 도움이 되는 새로운 배경이다.

나는 『독일 이데올로기』, 특히 제1권 제3장에서 슈티르너를 반대할 때 마르크스가 경제학을 10번 정도 직접 인용[20]했음에 주의했다. 마르크스는 경제학에 근거해 슈티르너를 초월했는데, 이는 중요한 논리적 식별점이다. 예를 들어 마르크스의 중요한 논증은 모두 경제학 비판을 전제로 한다. 그는 "자유경쟁과 세계 무역은 세계주의와 인간의 개념을 만들었다"[21]라고 썼다. 인간주의 철학 논리의 진정한 현실 기초는 부르주아 경제 왕국이다. 그는 또 다음과 같이 확인해서 말했다. "화폐는 특정한 생산과 교환관계의 필연적 산물이고 아울러 이들 관계가 존재할 때에만 화폐는 항상 '진리'다."[22] "지대와 이윤 등 이들 사유재산의 현실적 존재 형식은 생산의 특정한 단계와 호응하는 사회관계다."[23] 이는 모두 부르주아 경제 구조 자체의 역사성을 확정하려는 것이다. 실제로 우리는 정치경제학 담론이 여기에서부터 세계를 대면하는 마르크스의 실체적 담론이 되었음을 어렵지 않게 발견할 수 있다. 비록 당시 이런 담론은 완성되지 않았고 심지어 두드러진 오류를 내포하고 있었음에도 말이다. 예를 들어 마르크스는 다음과 같이 말했다. "경쟁 영역에서 빵의 가격은 생산 비용에 의해 결정되지, 제빵업자가 임의로 결정하는 것이 아니다."[24] "화폐 위기는 우선적으로 모든 자산(Vermögen)이 교환수단과 비교해 갑자기 가치가 떨어져 화폐보다 뛰어난 능력(Vermögen)을 상실할 때 발생한다."[25] 다른 한편 마르크스는 부르주아 정치경제학을 새롭게 비판하기 시작했지만, 이런 비판은 여전히 논리적 부정일 뿐이다. 왜냐하면 이는 아직 과학 연구에 기초한 미시적 논리 구축에 의해 지탱되지 못했기 때문이다. 이런 상황은 『철학의 빈

---

20 『馬克思恩格斯全集』, 第3卷, 127, 223, 254, 255, 461, 462, 465~466, 483쪽 참조.
21 같은 책, 169~170쪽 참조.
22 같은 책, 221쪽.
23 같은 책, 225쪽.
24 같은 책, 430쪽.
25 같은 책, 462쪽.

곤』까지 지속되었고, 거기에서도 마르크스는 여전히 리카도를 직접 추수하고 의거했다. 『정치경제학 비판 요강』과 나중의 『자본론』에서 마르크스는 비로소 과학적 비판을 진정으로 완성했다.

둘째, 마르크스가 경제학 담론 위에 세운 새로운 철학 담론은 이왕의 모든 형이상학과 '철저하게 결별'한 후 이루어진 것이다. 이런 담론은 완전히 새로운 현실적 역사 담론이다. 나는 『독일 이데올로기』의 철학 논리에는 「포이어바흐에 관한 테제」의 사유 기점과 일정한 차이가 존재한다고 생각한다. 철학의 총체적 논리의 입구로서 「포이어바흐에 관한 테제」는 현대성의 사회실천이라는 개념으로 근본적인 이론적 역설을 해결하려고 새로운 세계관의 논리적 지향, 즉 역사성의 맥락을 초보적으로 드러냈다. 그에 반해 『독일 이데올로기』는 이미 이런 새로운 역사적 논리를 온전한 '역사과학'으로 초보적으로 드러냈다. 사실 『독일 이데올로기』는 이미 전통 철학 과정의 일반적인 철학의 기본 문제를 더 이상 해결하지 않았다. 왜 이렇게 생각하는가? 나는 『독일 이데올로기』의 전제가 '철학'에서 벗어나는 것임을 발견했다.

마르크스가 루게를 비평하면서 철학자들이 "굼뜨게 손짓 발짓 하며 가소로운 학구적 가면을 쓰고 잘난 체하는 것"[26]을 명확하게 반대했다. 마르크스는 이렇게 지적했다. "반드시 '철학을 한쪽에 치우고'(《계간 비간트》 187쪽, 헤스의 『최근의 철학자들』 8쪽 참조) 철학의 범주에서 뛰쳐나와 보통 사람으로서 현실을 연구해야 한다."[27] 철학 사변에서 나와 현실 속의 보통 사람으로서 역사를 관찰하는 것이 중요한 전제적 확인이다. 헤스의 계발을 받아 마르크스는 이미 슈티르너의 이기주의적 광상에서 다음과 같은 근본 문제를 의식했다. 즉, 신으로부터 인간으로, 논리학으로부터 인간의 유적 본질로, 자기의식으로부터 노동의 자주적 활동으로, 민주주의적 자유와 정의로부터 공산주

---

26 같은 책, 262쪽.
27 같은 책, 262쪽.

로 등등이 슈티르너의 개인과 '무(無)'를 포함해 그저 형이상학적인 논리적 명제라면 그것들은 모두 철학자의 직업적 대상일 뿐이다. 이런 전제는 설령 유행을 좇는 회전목마처럼 때맞춰 새로 치장할지라도, 개념과 범주를 일만 번 바꾸더라도, 그리고 실천과 생산, 그리고 '과학적 사회주의'(헤스)의 글자로 현실을 대면하더라도, 모두 관념과 논리에서 출발한 것에 불과하다. 당시 마르크스는 다음과 같이 의식했다.

현존 관계를 개조하는 것은 단지 인간들의 선량한 의지에 달려 있을 뿐이라거나 현존하는 관계는 바로 관념들이라고 말하는 것은 진부한 환상이다. 철학자들이 그처럼 직업으로 삼고 업무로 삼아 종사하는, 현존 관계와 분리된 의식의 변혁은 그 자체로 현존 관계의 산물이고 현존 관계 그 자체의 일부다. 관념적으로 세계를 초월해 분기하는 이런 상황은 세계를 대면하는 철학자들의 무능력한 이데올로기적 표현이다. 그들의 이데올로기적 허풍은 매일 실천에 의해 폭로되고 있다.[28]

마르크스(와 엥겔스)는 더 이상 자신을 전통적인 낡은 철학자로 간주하지 않았다. 그들의 새로운 철학 세계관은 하나의 보통 사람이 되어 진실한 사회생활과 역사 상황을 대면하는 것으로부터 시작한다. 이런 결단으로 인해 마르크스는 엘레아학파에서 시작된 사물의 배후로 나아가는 '피안 이념론'의 질곡에서 진정으로 벗어나 진실한 생활세계 자체로 돌아올 수 있었다. 물론 이는 또한 포이어바흐식의 개인의 감성 생활일 뿐만 아니라 현실적이고 역사적인 구체적 사회생활 과정이다. 당시 토대적 단초는 주로 '시민사회'의 경제생활, 즉 물질생산과 경제교통, 그리고 분업이었다. 마르크스가 세계를 대면하는 철학적 사고의 기점은 처음으로 고전 정치경제학의 전제와 역사적으로 포개어

---

28 같은 책, 440쪽.

합쳐졌다.

이런 전환으로 인해 마르크스는 전문적 철학 귀족들과 진정으로 선을 그었다. 철학자들은 "분업에 대해서나 물질생산과 물질교환에 대해 많이 이야기하길 원치 않지만, 특정 관계와 특정 활동 방식에 대한 개인의 의존은 물질생산과 물질교환에 의해 결정된 것이다. 그들이 하려는 모든 일은 바로 새로운 어구를 조작해 현존하는 세계를 해석하는 것이다".[29] 그 철학자들 또한 역사를 이야기하지만 그들의 철학 역사관을 보면 "사변적 관념과 추상적 관점이 역사의 동력(Kraft der Geschichte)으로 되고 이에 따라 역사도 단순한 철학사로 된다".[30] 이것은 거대한 사상 논리의 단절이다. 나는 경제학과 현실 역사에 기초한 마르크스의 새로운 역사과학은 바로 역사유물론(Geschichtlicher Materialismus)과 역사변증법(Geschichtliche Dialektik)이라고 생각한다. 마르크스는 이 두 단어를 직접 사용한 적이 없다. 이는 과거 특정한 낡은 철학의 조합(낡은 유물론 + 낡은 변증법)이 아니라, 사회역사 상황 자체를 과학적 철학으로 승화시킨 것이다. 이런 확인은 「포이어바흐에 관한 테제」의 실천이 근본적으로 구식 철학 범주가 아니므로 인간주의 및 낡은 유물론과 상호 결합할 수 없음을 표명하고 있다. 마르크스의 새로운 맥락에서의 실천은 바로 현실의 사회적 물질과정이라는 한 가지 함의만 가지고 있다. 실천에서 출발하는 것은 곧 인간의 사회적 물질 활동에서 출발하는 것이다. 여기에서의 직접적인 이론 기초는 '형이상학'적 철학이 아니라 근대적 공업과 부르주아 사회 현실에 기초한 정치경제학이다. 중요한 것은 마르크스의 역사 담론이 부르주아 정치경제학의 사회유물론에 대한 비판적 초월이라는 점이다. 역사유물론과 역사변증법에서의 '역사(Geschchte)'는 역사에서의 장소적 확인이 아니라 '본체적' 확인이다. 이 점은 우리가 다음 절의 서두에서 확증해야 할 중점이다.

---

29   같은 책, 460~461쪽.
30   같은 책, 131쪽.

셋째, 마르크스의 역사과학 담론은 대단히 복잡하게 얽혀 있다. 나는『마르크스 역사변증법의 주체 국면』에서 이미 역사유물론은 광의의 역사유물론과 협의의 역사유물론으로 구분된다고 지적했다.[31] 광의의 역사유물론은『독일 이데올로기』에서 처음 확립되었고, 협의의 역사유물론은 마르크스가『정치경제학 비판 요강』에서 최종적으로 구축했다.『독일 이데올로기』에서 협의의 역사유물론의 비판적 논리의 실마리는 음성적으로 존재할 뿐이다. 광의의 역사유물론은 새로운 세계관의 지평에서 사회역사적 상황의 원초적 관계(철학 일반)를 설명하는데, 내 견해로 이는 마르크스가 경제학의 음성적 전제를 철학적으로 개조한 것이다. 분명 여기에는 직접적 비판이 없다. 그러나 마르크스가 경제학의 사회유물론을 초월하는 행진의 발걸음에서 내디딘 가장 중요한 걸음은 과학적 역사변증법을 구축한 것이다. 다시 말해, 어떤 인류의 생활도 모두 특정한 역사조건 아래에서의 구체적인 현실적 생존이고 모든 외부 대상도 특정한 역사 맥락에서만 역사적으로 드러난다는 점이다. 그러므로 역사변증법에 대해 말하자면 어떤 구체적인 사회적 존재도 영원한 것은 없다는 것이 핵심이다. 이는 마르크스의 새로운 세계관의 가장 철저한 혁명성과 비판성이 드러나는 지점이다. 이런 의미에서 광의의 역사유물론의 본질 또한 비판적이다. 협의의 역사유물론(마르크스는 자신의 텍스트에서 직접 이 점을 정의하지 않았다)은 근대 자본주의 경제발전사와 동시적인, 보다 현실 경제생활에 접근한 철학 담론이다. 광의와 협의의 역사유물론을 구분하지 않았기 때문에 청년 루카치는『역사와 계급의식』에서 전체 역사유물론 학설을 '자본주의 사회의 자기의식'으로 그릇되게 간주했던 것이다.[32] 당시에는 역사 지식 자체가 제한되었기 때문에 마르크스의 당시 이론 묘사는 실제 유럽의 경제사회 형태를 일반적으로 설명한 것일 뿐, 정확하다고 하기에는 불충분하다. 협의

---

31 張一兵,『馬克思歷史辨證法的主體向度』, 引言 참조.
32 盧卡奇,『歷史与階級意識』, 杜章智·任立·燕宏遠譯(商務印書館, 1992), 312쪽.

의 역사유물론의 이론논리는 시작부터 **직접 비판성**을 가지고 있었는데, 이는 분업으로부터 전체 부르주아 사회 생산양식에 이르기까지의 현실 비판이었다. 이로부터 마르크스는 현실의 생산력과 생산관계의 객관적 모순과 대항을 이끌어내려 했는데, 이것이 바로 우리가 뒤에 나오는 제3절에서 토론하려는 주제다.

2. 마르크스 철학의 새로운 지평에서의 역사적 존재와 본질

역사유물론은 이미 150년이라는 장시간의 연구와 토론을 거친 중요한 사유 영역이다. 그러나 우리는 종래의 마르크스의 역사유물론에서 이 '역사(Geschichte)'[33]의 궁극적 함의가 무엇인지에 대해 진지하게 추궁하지 않았다. 사람들은 마르크스 역사유물론의 역사 규정이 단지 상식으로 알고 있는 사회역사 영역이라고 잘못 생각한다. 이리하여 증명할 필요도 없는 이 '상식'은 고민 없이 오랫동안 와전되었다. 『독일 이데올로기』 텍스트의 내재적 맥락, 즉 마르크스와 엥겔스가 새로운 철학 세계관을 구축한 원초적 맥락을 진지하게 대면해보면, 마르크스가 철학에서 총체적으로 확정한 이 '역사'는 협의의 사회역사 영역뿐만 아니라 동시에 더욱 중요한 철학 본체성도 가지고 있다. 이는 또한 역사유물론이 총체적 철학 지평이자 새로운 역사 담론, 즉 마르크스·엥겔스 자신이 명확하게 확인한 역사과학임을, 그리고 정치경제학은 이 과학 생산의 중요한 기지임을 의미하고 있다.

---

[33] 마르크스는 텍스트에서 Geschichte와 Historie를 동시에 사용했다. Geschichte는 '역사적'이라는 뜻으로 원래 '발생'과 '생성'이라는 의미를 지니고 있다. Historie는 독일어에서 '역사', '역사학'이라는 의미를 지니고 있다. 이 텍스트에서 마르크스는 Geschichte를 331회 사용했고 Historie 및 그 조합어는 112회 사용했다. 훗날 하이데거와 루카치는 모두 Geschichte를 사용해 철학적 의미의 '역사성'을 표상했다.

1) 마르크스의 '역사과학' 담론과 역사 규정

『독일 이데올로기』제1권 제4수고에 다음과 같은 말이 있다. "우리는 유일한 과학, 즉 역사과학(die Wissenschaft der Geschichte)만을 알 뿐이다. 역사는 두 방면에서 고찰할 수 있는데, 그것을 자연사와 인류사로 나눌 수 있다. 그러나 이 두 방면은 밀접하게 연관되어 있다. 인류가 존재하는 한 자연사와 인류사는 상호 제약할 것이다."[34] 여기에서 마르크스의 경계선은 대단히 분명하다. "유일한 과학은 역사과학"이라는 것이다. 제1장 수고에서 마르크스는 '역사유물론'이라는 단어를 직접 사용하지 않았지만 여러 곳에서 이것이 관념론과 대립하는 '역사관(Geschchtsauffassung)'임을 확인했다. 이 Auffassung은 독일어에서 '견해', '관점', '이해능력'이라는 의미를 가지고 있다. 관건은 이역사과학의 의미가 도대체 무엇을 가리키는가 하는 것이다. 이에 대해 우리는 우선 추상적으로 이론 가설을 진행하지 않고 텍스트의 맥락에서 분석에 착수하려 한다.

마르크스가『독일 이데올로기』에서 가장 먼저 썼던 제1장 제1수고의 1쪽의 첫 번째 자연적인 단락에서 마르크스는 역사에 대해 다음과 같이 확인했다. 인간의 '해방'에 관한 '독일 이데올로기' 철학자들의 사상(바우어, 포이어바흐의 신학 비판에서의 인간 해방, 슈티르너의 '유적 철학' 비판 중의 '개인 해방' 등)을 겨냥해, 마르크스는 철학의 해방과 진정한 해방, 즉 현실적 해방(1쪽의 두 번째 옆주)을 구분했다. 마르크스는 철학의 해방이 아무리 철저하다 해도 "'인간'의 '해방'은 한 걸음도 전진할 수 없으며 현실적 세계에서 현실적 수단을 사용해야만 진정한 해방을 실현할 수 있다"[35]라고 지적했다. 이 의미 규정에 근거해 우리는 마르크스의 현실 해방이 바로 인간의 감성적 물질 활동이 구성한 사

---

34   馬克思恩格斯,『費爾巴哈』, 9~10쪽.
35   같은 책, 18쪽.

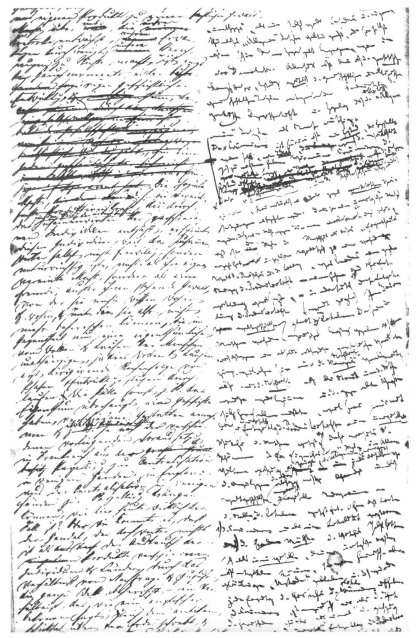

『독일 이데올로기』제1권 제1장 1쪽 복사본

회실천임을 알 수 있다. 그러므로 마르크스는 한 걸음 더 나아가 예를 들어 논증했다.

중기기관과 제니의 방적기가 없었다면 노예제를 소멸시킬 수 없었을 것이다. 개량된 농업이 없었다면 농노제를 소멸시킬 수 없었을 것이다. 자신의 의식주에서 질적·양적 방면의 충분한 보장을 받을 수 없다면 인간은 근본적으로 해방을 얻을 수 없다. '해방(Befreiung)'은 역사 활동(geschichtliche Tat)이지 사상 활동이 아니다. '해방'은 역사적 관계(geschichtliche Verhältnisse)에 의해, 그리고 공업 상황과 상업 상황, 농업 상황과 교환 상황에 의해 촉진된다.[36]

그리하여 다음과 같은 '역사'가 마르크스의 새로운 지평에서 처음으로 출현했다. 첫째, 그것은 사상 활동과 상호 대립하는 사회역사 활동이다. 또한 그것은 단순한 실체적 물질 현실의 지속성이 아니라 인류의 실천이 생성되고 있는 현실 사회생활과 발전 과정이다. 그러므로 서양 마르크스주의자 후크(Hook)가 마르크스의 새로운 철학 지평에서의 '역사는 결코 발생했던 모든 일이 아니다'라고 확인했을 때, 그의 견해는 기본적으로 정확했다.[37] 루카치와 슈미트는 마르크스의 역사유물론의 역사는 결코 서술될 수 있는 대상이 아니라, '구성된 개념'으로서 깊이가 있다고 했다.[38] 모두 알다시피, 역사적 관점은 마르크스가 발명한 것이 아니다. 독일의 헤르더와 칸트에서부터 헤겔까지, 역사발전에 관한 사상은 중요한 흐름을 갖고 있었다. 그러나 마르크스는 독일인들이 습관적으로 '역사'와 '역사적'이라는 말을 구축하고 가정하지만 이것이 '현실과는 관련이 없다'는 사실을 발견했다.[39] 마르크스가 말한 역사

---

36 같은 책, 18쪽.
37 胡克, 『對卡爾·馬克思的理解』, 徐崇溫譯(重慶出版社, 1989), 98쪽 참조.
38 施密特, 『歷史和結构』, 31쪽.
39 馬克思恩格斯, 『費爾巴哈』, 22쪽.

는 시작부터 현실의 인류가 행한 사회실천의 역사를 가리켰다. 여기에서 마르크스의 사유는 그로부터 얼마 전 집필한 「포이어바흐에 관한 테제」를 직접 계승했다.

둘째, 역사의 사회적 관계의 존재다. 이는 사람들의 일반적인 존재 상황 및 그 연계(Beziehung)가 아니라 주로 '공업', '농업', '상업', '교환' 상황이 구성하는 매개적 관계(Verhältnis)이고, 실제로 이것은 생산과 '경제' 관계, 특히 근대적 실천, 즉 공업이 창조한 사회관계다. 「포이어바흐에 관한 테제」의 맥락에 따르면 여기에서의 마르크스의 역사는 주로 공업 생산의 기초에서 인류 주체가 주도하는 역사 상황이다. 바꿔 말하면 마르크스의 역사는 인간의 물질생산 활동이 창조한 새로운 **사회적 존재**이고,[40] "개인 '의지(Willen)'에 의존하지 않는 개인의 물질생활(das materielle Leben)이며, 그것들이 상호 제약하는 생산양식과 교통·형식(Produktionsweise und die Verkehrsform)이다".[41] 이는 분명 공업 이전의 자연경제에서 형성된 인간과 자연의 관계가 아니다. 거기에서 인간은 단지 주위 자연과정에 속해 있는 하나의 **수동적** 요소로서 생존했을 뿐이고, 토지에서 최적의 자연적 물질생산을 선택해 그에 협조했을 뿐이다. 바꿔 말하면, 마르크스의 이 '역사'가 규정하는 경제학 토대는 농업사회와 중상주의사회가 아니라, 고전경제학이 인정하는 **공업과 공업의 기초 위에 진행되는 근대적 경제 과정**이다. 대공업 생산은 인간의 주도적 지위를 차지하는 새로운 인간과 자연의 관계와 사회적 존재를 **최초로** 창조했던 것이다. 부의 주체는 더 이상 외부 자연의 결과('자연적 부')가 아니라 인간 활동의 직접적인 결과('사회적 부')다. 그러므로 이때 마르크스의 실천은 주로 공업적 물질생산

---

40 gesellschaftliches Dasein은 '사회 정재(定在)'로 번역해야 하는데, 이는 마르크스의 '특정한 사회역사 조건'과 일치한다. 헤스가 최초로 사용했으며, 마르크스는 『1844년 수고』, 『정치경제학 비판 요강』, 『정치경제학 비판』에서 각각 1회 사용했다. 『독일 이데올로기』에서는 이 단어를 사용하지 않았다. 마르크스가 1859년 쓴 『정치경제학 비판』 서문에서 단 한 번 gesellschaftliches Sein(사회 존재)을 사용했다.

41 『馬克思恩格斯全集』, 第3卷, 376쪽.

활동이다. 『리스트를 평함』이라는 글에서 마르크스는 공업력이 추상시키고 승화시킨 실천에 근거했다. 공업생산의 실천 또한 새로운 물질존재이고 인류 자신의 진정한 사회역사적 현존재다. 나는, 이 '역사'는 마르크스의 새로운 가정을 거친 '본체적' 규정이고 또한 마르크스는 이 맥락에서 비로소 당시 독일이 '가련한 수준의 역사발전'만 있거나 '역사발전이 부족한' 국가라고 말했다고 생각한다.[42] 독일은 농업생산의 유구한 역사적 존재를 가지고 있지만 근대적 공업과 상업, 그리고 교환이라는 근대적 역사의 생존은 결여되어 있었던 것이다!

공업 실천을 기초로 한 이 역사는 분명 기존의 어떤 철학(헤겔, 포이어바흐, 슈티르너, 헤스)도 포용할 수 없었다. 나는 당시 마르크스의 '역사' 맥락이 당시 자신의 정치경제학 연구 성과의 지지를 받았다고 말하지 않을 수 없다. 이는 바로 고전경제학 배후의 사회유물론이라는 전제다. 이런 의미에서 청년 루카치가 "역사유물론의 실질적 진리와 고전국민경제학의 진리는 동일한 유형에 속한다"라고 한 말은 정확했다.[43]

제1수고의 텍스트는 5쪽 남짓 유실되었다. 8쪽 서두에서 마르크스는 비판의 창끝을 직접 포이어바흐에게 겨누었다. 8쪽부터 10쪽 끝까지 마르크스는 포이어바흐의 철학 유물론을 비판했다. 10쪽 마지막 소결에서 우리는 마르크스의 중점이 포이어바흐의 "유물론이 역사와 완전히 분리되어 있음"[44]을 비판하는 데 있다는 것을 알 수 있다. 소결에는 다음과 같은 유명한 글귀가 있다. "포이어바흐가 유물론자(Materialist)였을 때 역사(Geschichte)는 그의 시야 밖에 있었다. 그러나 그가 역사를 탐구했을 때 그는 유물론자가 아니었다."[45] 확실히 역사와 유물론의 관계는 대단히 중요하다.

---

42 馬克思恩格斯, 『費爾巴哈』, 19쪽 참조.
43 盧卡奇, 『歷史與階級意識』, 311쪽 참조.
44 馬克思恩格斯, 『費爾巴哈』, 22쪽
45 같은 책, 22쪽

이전 독해에서는 마르크스의 이 정의가 '포이어바흐는 자연관에서는 유물론이지만 역사관에서는 관념론'인 것으로 해석되었다. 따라서 엥겔스는 포이어바흐를 '절반'의 유물론이라 말했다. 나는 이런 이해가 마르크스의 진실한 맥락을 드러내지 않는다고 생각한다. 관건은 여전히 역사란 무엇인가에 대한 이해에 놓여 있다. 상술한 나의 독해에 근거하면, 마르크스의 역사 규정은 협의의 사회역사 영역일 뿐 아니라 철학 본체의 맥락에서 인류의 현실적 사회실천 과정의 구축을 확인하는 역사적 진행과정이기도 하다. 그러므로 마르크스가 포이어바흐의 유물론을 비판하는 첫째 측면은 포이어바흐가 물질세계를 대면할 때 다음과 같은 사실을 근본적으로 의식하지 못했다는 것이다. 즉, 인간이 자연 물질을 대면하기만 하면 인간은 영원히 "이들 자연 기초 및 역사과정에서 인간의 활동에 의한 이런 기초의 변형에서 출발"[46]할 수밖에 없다. 이런 자연은 일정한 사회실천의 매개를 거친 자연존재다. 포이어바흐는 비록 자연 물질의 제1차성을 승인했지만 이 자연 물질은 직접 도달할 수 있고 변하지 않는 것으로 설정되었다. 마르크스는 당연히 "외부 자연계의 선재성(先在性)"[47]을 승인했지만 그는 또한 우리에게 인류 시야 중의 자연계는 항상 역사적이라고 말했다. 청년 루카치는 이 점을 '자연은 사회 범주'라고 과장하고는 모종의 본체론의 한계를 초월하려 했고 '자연변증법'이 그 논리적 필연임을 단순하게 부정했다. 하지만 마르크스의 원뜻은 그런 것이 아니었다. 마르크스는 다만 인류가 탄생한 이래 실천 영역에 들어간 객체적 자연대상은 인간의 역사 정경을 따라 점차 드러날 수 있음을 설명하려 했을 뿐이다. 앞에서 서술한 대로 이는 칸트의 명제를 마르크스가 과학적으로 해결한 것이다.[48] 이로 말미암아 포이어바흐의 자연유물론 자체는 더 깊은 차원에서 여전히 역사 관념론이다. 왜냐하면 모든 낡은 유물론 자연관에서의 직관적 물질은 모두 비

---

46   같은 책, 10쪽.

47   같은 책, 21쪽. Marx/Engels, *Die deutsche Ideologie*, S.44 참조.

48   盧卡奇, 『歷史與階級意識』, 318쪽.

역사적 주관적 과정이기 때문이다.[49]

이리하여 마르크스는 비로소 포이어바흐를 비판하게 되었다. 포이어바흐는 "자신 주위의 감성세계가 결코 천지개벽 이래 존재한 시종여일한 것이 아니라 공업과 사회상황의 산물이고 역사의 산물이며 대대로 활동한 결과물임을 알지 못했다".[50] 마르크스는 여기에서 우리가 생활하고 존재하는 주변 세계가 결코 인간 외부의 사물이 아니라 인간 활동의 산물 또는 사물이라는 사실을 특별히 강조했다. 여기에서 역사적으로 생성된 인간의 '주위의 감성세계'는 포이어바흐의 부정확하고 단순한 직관에 내포된 일반 감성 자연을 대체했다. 분명 마르크스는 역사성으로 이 자연유물론의 전제를 새롭게 규정했다. 왜냐하면 오늘날 우리 주변의 자연 존재에서 이런 "가장 단순한 '감성적 확실성'의 대상은 또한 사회 발전과 공업 및 상업 교환에 의해서만 인간에게 제공되기 때문이다."[51] 보다 광범하게 말해서 인류 역사 환경의 어떤 자연대상의 표상도 모두 역사적이다. 이것은 칸트의 명제를 진일보하게 해결한 것이다.

마르크스는 또한 다음과 같이 확인했다. "공업과 상업이 없으면 자연과학이 있을 수 있겠는가?" 부르주아 사회와 한 몸으로 생성되고 발전해온 자연과학은 "인간의 감성 활동에 의해서만 자신의 목적을 달성하고 자신의 재료를 획득할 수 있을 뿐이다".[52] 더 심층적으로 보면 마르크스의 자연관에서의 자연 경관은 칸트가 가리킨 인식의 현상계가 아니고 헤겔이 허구화시킨 소외의 물상도 아니다. 이는 인류사회 실천이 매개한 특정한 역사적 존재 중의 자연이다! 물론 이는 자연 물질이 완전히 실천에 '융합'[53]됨을 말하는 것이 아니라,

---

49 그러므로 전통 철학에서는 마르크스 역사유물론에서의 사회적 존재를 추상적이고 비역사적인 대상성의 지리환경과 인구로 해석했다. 역사 관념론도 마찬가지다.
50 馬克思恩格斯, 『費爾巴哈』, 20쪽.
51 같은 책, 20쪽.
52 같은 책, 21쪽.
53 슈미트는 이 점을 정확하게 지적했다. 아울러 실천이 자연대상에 부여한 객관 형식이 필요로 하는 조건이 소실된 후 '인공 물질'이 자연 물질로 '후퇴'할 것이라고 지적했다. 施密特, 『馬克思的自然概念』, 歐力同·吳仲譯(商務印書館, 1988), 72쪽 참조.

인류 역사 상황에서 출현한 어떤 대상도 모두 "특정한 사회의 특정한 시기의 이런 활동에 의해서만" 우리에게 감지될 수 있음을 말하는 것이다. 여기에서 대단히 중요한 과학적 정의가 출현했다. 즉, 마르크스의 역사유물론에는 당연히 역사적 자연관이 포함된다. 마르크스는 **구체적 역사 상황을 벗어난 추상적 자연관**(전통 철학의 해석 틀 속에 나타나는 비역사적 추상 물질관)을 승인하지 않았다. 이는 또한 마르크스의 역사유물론의 역사는 **총체적 철학 규정**임을 나타내고 있다.

포이어바흐의 유물론을 비판하는 둘째 측면은, 포이어바흐가 역사(주로 인간의 존재를 가리킴)를 검토할 때 관념론적이라고 마르크스가 말한 것이다. 사실상 이는 포이어바흐가 사회역사 영역으로 들어가면 관념결정론자가 된다는 의미가 결코 아니다. 왜냐하면 포이어바흐는 헤겔이 인간을 관념의 도구적 실현으로 보는 것에 반대하고, 유물론적 입장에서 인간을 '감성적' 객관 존재로 이해했기 때문이다. 그러나 마르크스가 보기에, 인간을 단지 객관적 실재의 '감성 대상'(인구)으로만 보는 것은 충분치 않다. 인간 존재의 보다 중요한 것은 감성 **활동**(이는 「포이어바흐에 관한 테제」의 보충으로, 거기에서 대상은 감성 활동으로 이해되어야 함을 설명했을 뿐이다), 즉 실천적 사회역사적 물질 활동 존재 및 이런 역사 활동에 의해 조성된 특정한 생활조건과 사회관계이고, 이런 특정한 사회관계가 현실적 인간의 역사 본질을 구축하고 있다. 바로 이런 의미에서 쑨보쿠이 교수는 역사유물론에서의 '물'은 실체 존재가 아니라 객관적 사회 활동과 사회관계임을 깊이 있게 지적했다. 마르크스의 역사유물론에서 사회적 존재의 주체는 전통 철학 해석 틀의 '지리 환경'과 '인구' 같은 물질적 실체 대상이 아니라 실천적 역사 활동이다. 이리하여 실천적 역사 활동은 동시에 인류 주변의 자연계와 인간 자체의 존재적 기초가 된다. 이에 대해 엥겔스는 다음과 같이 전문적으로 지적했다.

이런 활동, 이런 끊이지 않는 연속적인 감성 노동과 창조, 이런 생산은 바로 현존하는 총체적 감성세계의 기초다. 설사 1년 중단된다 하더라도 포이어바흐는 자연계에 거대한 변화가 발생할 뿐만 아니라 총체적 인류 세계 및 그 자신의 직관 능력, 심지어 그 자신의 생존(Existenz)이 곧 사라질 것임을 알게 될 것이다.[54]

『독일 이데올로기』제2권의 진정사회주의에 대한 비판에서 마르크스가 "어떤 시대에도 사회는 자연계의 정확한 반영이 아니다"[55]라고 지적한 것은 핵심을 찌른 것이다. 이는 이른바 "'인류의 자연 연계'는 매일 인간들에 의해 개조되는 역사적 산물이고 이런 산물은 모두 십분 자연적이기 때문이다. 비록 그것은 '사람'이 보기에 그리고 어떤 혁명 후대가 보기에도 비인간적이고 자연에 위배됨에도 불구하고 말이다".[56] 아울러 슈티르너에 대한 비판에서, 마르크스는 포이어바흐의 오류가 유물론적으로 자연과 인간의 '실재'를 본 데 있는 것이 아니라, "포이어바흐가 관념론적 방식으로 실재를 독립시켜 그것을 역사발전의 특정한, 일시적인 단계의 산물로 간주하지 않은 데 있다"라고 지적했다.[57] 분명 노동에서 출발하고 생산에서 출발하고 공업과 상업에서 출발하여 우리 신변의 주위 세계를 해석하는 이런 논리는 과거의 어떤 철학유물론에서도 끌어올 수 없었으며, 마르크스가 고전경제학 중의 사회유물론 관념을 승인한 직접적 결과였다.

동시에 나는 다음과 같은 사실도 지적하려 한다. 1845년 7~8월 마르크스가 『맨체스터 노트』를 쓴 후 리카도파의 사회주의 경제학자의 관점, 특히 현실 경제 변혁에 기초한 부르주아 사회에 대한 그들의 비판적 사유경로는 당시의 마르크스에게 커다란 영향을 주었다. 이로 말미암아 마르크스는 자신

---

54 馬克思恩格斯, 『費爾巴哈』, 21쪽. 수고 원문을 보면 이 단락은 엥겔스가 보충한 것이다. 廣松涉, 『文獻學語境中的'德意志意識形態』』, 19쪽 참조.

55 『馬克思恩格斯全集』, 第3卷, 562쪽 참조.

56 같은 책, 567쪽.

57 같은 책, 580쪽 참조.

의 새로운 세계관이 동시에 역사 변혁에 기초한 실천적 유물론임을 직접 제출했다. 그에 따르면, "실천적 유물론자, 즉 공산주의자에게 있어 모든 문제는 현존하는 세계를 변혁하는 것이며, 기성의 사태를 공격하고 변화시키는 것이다".[58] 이는 또한 역사유물론의 또 다른 근본적 요점이 인류의 사회실천이 조성한 역사의 객관적 변혁이고, 이는 또한 철저한 유물론적 역사변증법의 진실한 기초임을 의미한다. 그러므로 마르크스는 포이어바흐 류의 유물론 철학자를 비판했다. "공산주의적 유물론자가 공업과 사회구조를 개조할 필요성과 조건을 보는 지점에서 포이어바흐는 다시금 관념론에 빠지고 만다."[59] 다시 말해 사회생활에서 객관적 존재가 우선이라는 사실을 파악하는 것만으로는 아직 역사유물론이 아니라는 것이다. 역사유물론의 논리 자체의 목적은 현존 역사를 객관적으로 부단히 개변시키는 것이다.

그러나 이렇게 되면 독자는 질문하지 않을 수 없다. 만약 마르크스의 수많은 관점이 서로 다른 정도로 고전경제학 중의 사회유물론으로부터 왔다면 마르크스의 역사유물론은 도대체 무엇인가? 확실히 이는 문제의 관건이다. 이 책 제1장의 배경 토론에서 우리는 초기 정치경제학의 잠재적인 철학 틀인 사회유물론을 분석하고 그것을 물질생산으로부터 사회 경제관계에 대한 과학적 추상에 이르는 3층으로 나누고, 관념이나 기타 사회생활에 대한 사회역사 영역에서 비직관적인 사회 물질조건의 기초작용을 확인했다(리카도파의 사회주의 경제학자의 철학 관점은 사회유물론을 넘어서지 못했다). 앞에서 우리는 『독일 이데올로기』에서 마르크스가 내린 다음과 같은 정의를 인용한 바 있다. "정치경제학은 이미 하나의 사상을 제출했다. 주요한 착취 관계는 개인 의지와 독립해 생산 일반에 의해 결정된다. 단독적 개인은 모두 이들 관계에 직면하고 있다."[60] 헤겔 철학은 전도된 객관관념론 방식으로 이 논리를 다시

58   馬克思恩格斯, 『費爾巴哈』, 19쪽.
59   같은 책, 22쪽.
60   『馬克思恩格斯全集』, 第3卷, 483쪽.

서술했다. 이런 중요한 사상은 마르크스의 새로운 유물론의 전제다.

그러나 나는 다음과 같이 생각한다. 첫째, 부르주아 정치경제학의 가장 중요한 전제는 바로 '자연' 규정이다. 이 '자연'은 계몽사상 이래 전체 이데올로기의 본질로, 그것이 봉건 전제의 '인위'적 강제에서 벗어난 이후 인류사회가 진입한 생존 상황은 인간의 천성적 존재 형식에 가장 부합한다. 그들은 이런 '자연'이 부르주아 사회 시장경제 운동의 자발적 표현임을 의식하지 못했다. '자연'은 영원성을 표상하는데, 이는 비역사적이며 특정한 이데올로기의 산물이다. 헤겔은 '제2자연'의 규정을 통해 바로 이 점을 부정했다.

둘째, 바로 이 때문에 부르주아 경제학자의 사회유물론은 필연적으로 특정한 부르주아 사회 경제관계가 조성한 경제 역량이 주도적으로 결정하는 상황과 인간과 인간의 관계가 사물과 사물의 교환관계로 전도되는 것을 자연의 일반적 사회 운용과 영원한 인류사회 발전 법칙으로 가상적으로 간주하고, 그에 따라 물신숭배를 핵심으로 하는 부르주아 이데올로기를 구성한다. 다시 말해, 보다 심층적인 이론 층위에서 사회유물론은 여전히 역사 관념론이다! 그러므로 마르크스는 부르주아 경제학자에게 이전에는 역사가 있었지만 일단 부르주아 사회로 진입하면 역사는 종결된다고 훗날 지적했다. 부르주아 경제학자는 인류사회 존재의 근본적 기초가 영원히 쉬지 않고 자기를 부정하며 미래를 지향하는 실천과정임을 알지 못했고 알 수도 없었다. 이는 바로 인류사회생활의 역사적 존재의 근본적인 내용이다. 오랫동안 은폐된 이 역사의 진상은 마르크스에 이르러서야 비로소 진정으로 발견될 수 있었고 진정으로 조명될 수 있었다. 바로 이 점에 기초해 마르크스는 비로소 사회유물론과 이질적인 역사유물론과 역사변증법을 창조했다. 특별히 설명해야 할 것은 리카도파의 사회주의 경제학자는 분명 부르주아 사회역사를 초월할 필요성을 제출했지만 이런 부정은 현존 경제 생산양식을 승인하는 전제 아래 일부 경제관계(주로 분배관계)를 개변하려는 요구에서 발생했다. 이리하여 그들의 이론은 마찬가지로 불철저했으며 부르주아 이데올로기와 진정으로 선을 그을 수 없었다.

요컨대 『독일 이데올로기』에 제시된 새로운 유물론은 분명 자연유물론이 아니고(기계론을 제거한 포이어바흐의 철학유물론도 아니고) 사회역사 영역에서 물질조건의 제1차성을 승인하는 사회유물론도 아니다. 그것은 마르크스 자신이 새롭게 규정한 인간의 역사적 존재에 기초한 유물론이다. 이것이 바로 마르크스의 새로운 철학의 기본 규정 ― 역사유물론인 것이다! 이는 새로운 논리 체계의 철학이 아니라 새로운 과학적 사고 방법이자 역사적 담론이다.[61] 그러나 지금까지 이것은 마르크스가 논리적으로 확인한 것일 뿐, 그의 새로운 세계관과 기존의 모든 낡은 철학, 특히 사회유물론을 근본적으로 구별하려면 새로운 역사 담론의 구체적 논리가 출현하기를 기다려야 했다. 역사란 무엇인가? 이에 대해 마르크스는 정면에서 규정했던 것이다.

2) 인류 역사적 존재의 4중적 본원적 관계

역사유물론에 대한 내용을 담은 『독일 이데올로기』 제1권 제1장은 제1수고 11쪽에서 시작한다. 내 독해에 따르면 이는 광의의 역사유물론 논리를 서술한 것이다. 여기에서 마르크스는 인류사회의 총체적 존재의 4중적 본원적 관계에서부터 역사를 규정했다.

역사의 첫째 원초 관계는 마르크스가 "모든 인류 생존의 첫째 전제", "역사의 첫째 전제", "첫째 역사 활동"이라고 일컬었던 규정으로, 이는 바로 인간과 자연의 현실적 역사 관계다. 구체적으로 말해 역사적 존재의 첫째 본원적 관계인 물질적 생활 수단의 생산이다. 마르크스는 여기에 최초의 옆주를 다음과 같이 기록했다. "역사", "인간은 '역사를 창조'하기 위해 생활할 수 있어야 한다. 그러나 생활을 하기 위해서는 우선 의식주 및 기타 물건들을 필요로 한다." 여기에서 마르크스는 두 번째 옆주를 기록한다. "헤겔. 지질과 물의 변화

---

61   슈미트는 이런 전환을 '체계'에서 '역사'로의 전환이라 일컬었다. 施密特, 『歷史和結構』, 45쪽.

등의 조건. 인체. 욕구, 노동." 내 견해로는 이는 마르크스가 뒷날 보충한 것이다. 왜냐하면 헤겔은 『역사철학』 서론에서 이미 세계 역사의 지질 조건을 토론했기 때문이다. 이 보충은 제4수고에 직접 반영되어 있다. 마르크스는 다음과 같이 말했다.

> 그러므로 제1의 역사적 행위는 이들 욕구를 만족시키는 수단, 즉 물질적 생활 자체를 생산하는 것인데, 이는 모든 역사의 기본 조건과 같은 활동이다. 인간이 오로지 생활할 수 있으려면 매일 매시간 그 활동을 완성해야 하는 것이다. 지금도 그리고 수천 년 전에도 똑같았다.[62]

역사 활동으로 등장하는 생산규정은 「포이어바흐에 관한 테제」 중의 실천이라는 총체적 규정과 비교하면 기본 논리의 구축 차원에서 더 심화되었고 더 구체적이다. 사회적 존재가 구축되고 사회 역사가 발생하는 현실 기점은 물질생활 수단의 생산이다. 중국 학자 쉬이랑(徐亦讓)은 『독일 이데올로기』에서 마르크스의 철학적 사유경로가 실천에서 생산으로 넘어가는 특징에 주의했지만 쉬이랑이 이를 가지고 '실천적 유물론'을 비판한 것은 너무 단순하게 판단한 것이다.[63] 이 점은 어떤 낡은 철학에도 기초할 수 없고 고전경제학(구체적으로는 윌리엄 페티와 중농학파 이후)에서의 사회유물론의 근대적 성찰의 제1층위에서만 확인할 수 있을 뿐이다. 그러나 마르크스는 이 중요한 인류의 물질 생존 현실을 철학의 총체적 보편성의 높이로 최초로 자각적으로 승화시켰다. 물론 이는 결코 근대적 생산이 역사의 기초임을 의미하는 것이 아니라, 마르크스가 모든 사회적 존재의 기초가 이런 인간과 자연의 능동관계임을 발견했음을 의미한다. 고전경제학에는 이런 과학적 논리상의 자각성

---

62   馬克思恩格斯, 『費爾巴哈』, 23쪽.
63   徐亦讓, 『從人道主義到歷史唯物主義』(天津人民出版社, 1995), 184쪽.

이 없다. 그러므로 마르크스는 "어떤 역사 관점에서 가장 중요한 것은 상술한 기본 사실을 전체 의미와 전체 범위에 주의해 중시하는 것이다"[64]라고 말했다. 분명 새로운 세계관이 지닌 새로운 역사담론의 시원적 규정은 철학자의 사변에서 시작하는 것이 아니라 아이들도 다 아는 상식에서 시작한다. 인류 역사의 현실적 출발점은 물질적 생활 수단의 생산이다. 이는 다시 말해 인류는 역사를 창조하기 위해 생활할 수 있어야 하며, 생활에서 첫째로 필요한 것은 의식주라는 물질조건이라는 것이다. 이런 물질조건을 획득하려면 인간은 동물과 다른 활동 방식으로 완전히 새로운 생활조건을 창조해야 하는데, 이것이 바로 물질생산이다. 이 책에서 생산은 빈도수가 높은 단어이고 관련 단어까지 더하면 모두 208회 출현한다. 이것은 역사 존재의 영원한 자연필연성이다. 역사에 대한 마르크스의 본원적 규정은 우선적으로 인간의 객관능동성이다. 이것은 인류 생존의 본체이자 제1차성이다. 이는 데카르트-헤겔의 '나는 생각한다, 고로 존재한다'가 아닐 뿐 아니라 포이어바흐의 '나는 느낀다, 고로 존재한다'도 아니다. '우리는 생산한다, 고로 역사가 존재한다!'다. 여기에는 당연히 본체와 제1차성의 의미가 포함되어 있다. 동시에 이는 또한 마르크스 역사 담론의 유물론적 기초다. 인류의 시원적 역사 존재는 정치와 법률, 도덕과 관념이 아니라 객관적 물질생산에 기원한다. 훗날 만년의 마오쩌둥과 소련의 '체벤구르'[65]식의 공산주의자들은 이 점을 망각했다. 이런 인간과 사물의 실천적 생존 관계는 훗날 하이데거에 의해 '현존재'가 '도구존재성(ready to hand, Zuhandenheit)' 상태로부터 주위 세계의 '세계-내-존재'를 둘러싸고 있는 원초적 관계로 간주되었다.

여기까지 생각이 미치자 마르크스는 즉시 신변의 현실을 열거해 논증했다.

64   馬克思恩格斯, 『費爾巴哈』, 23쪽.
65   '체벤구르'는 소련 작가 플라토노프가 창작한 동명 소설이다. 소설의 주인공들은 부르주아 계급을 총살하고 밭의 작물들이 자라는 것을 보며 사는 공산주의자다. 普拉東諾夫, 『切文古爾鎭』(漓江出版社, 1997) 참조.

독일인은 지금껏 역사를 위해 '세속적 기초'를 제공하지 않았으므로 독일에는 "지금까지 역사학자가 없었다". 마르크스가 여기에서 언급한 '역사학자'는 분명 일반적 의미에서의 사학자가 아니라 사회 경제생산 현실을 진실하게 직면할 수 있는 역사학자다. 반대로 마르크스는 영국인과 프랑스인이 "이 사실과 이른바 역사 사이의 관련에 대해 매우 일면적으로 이해(특히 그들이 정치사상의 속박을 받았기 때문에)했지만 뜻밖에도 역사편찬학에 유물론적 기초를 제공하는 초보적 시도를 했고 처음으로 시민사회사와 상업사, 그리고 공업사를 써냈"[66]음을 직접 지적했다. 이는 마르크스가 처음으로 '시민사회'라는 단어를 사용한 것이다. 마르크스는 책 전체에서 이 단어를 13회 사용했다. 그중 한번은 '근대 시민사회'라고 했다. 아울러 마르크스는 제1권 제1장에서는 이 단어를 거의 사용하지 않았다. 마르크스는 또한 부르주아 사회라는 단어를 2회 사용했다. 다른 점은 후자가 프랑스어에서 유래한다는 것이다.[67] 그 밖에 마르크스는 『독일 이데올로기』에서 부르주아 및 그 관련 단어를 모두 259회 사용했다. 나는 마르크스가 여기에서 역사유물론의 진정한 기초를 직접 확인했다고 생각한다. 그것은 바로 영국과 프랑스의 부르주아 정치경제학이다! 이 단락이 의미하는 바는 부르주아 정치경제학이 이데올로기 지배 아래('정치적 사상의 속박 아래') 부르주아 사회 경제 현실의 역사적 지위를 명확하게 파악하지 못했지만 그들은 여전히 부르주아 사회의 경제발전사('시민사회사와 상업사, 그리고 공업사')를 써냈다는 것이다. 그러나 이런 '일면적' 역사 서술은 우리가 진실하게 역사를 직면해 '유물론적 기초를 제공하려는 시도'다. 그러므로 부르주아 정치경제학에서 비롯된 경제(생산) 우선의 사회유물론은 역사유물론을 생성한 부정적 기초다.

역사의 둘째 본원적 관계는 물질생활 수단의 재생산이다. 이는 마르크스가

66　馬克思恩格斯, 『費爾巴哈』, 23쪽.
67　Marx/Engels, *Die deutsche Ideologie*, S.154, S.233 참조.

인간과 사물의 본원적 관계에 대해 동태적 과정성을 부여한 매개변수다. 여기에서 마르크스는 '제1의 역사적 행위'를 다시 언급했지만 여기에서 역사 '본체성'의 동태 과정의 의미를 가지고 있다. "둘째 사실은 이미 만족을 얻은 첫 번째 욕구 자체와 욕구를 만족시키는 활동, 그리고 이미 획득한, 욕구를 만족시키기 위해 사용한 도구가 새로운 욕구를 불러일으킨다. 이런 새로운 욕구의 발생이 제1의 역사적 행위다."[68] 이 두 가지 역사 활동(erste geschichtliche Tat)은 다르다. 전자는 '실체' - 존재론의 의미에서 사회생활의 본질이 제1의 역사적 행위라고 말하고 있지만, 후자는 시간적 의미에서의 제1의 역사적 행위를 의미한다. 새로운 욕구는 생산의 역사적 결과이지만 생산의 순리적 진행을 촉진하는 내재적 요구이기도 하다. 이런 새로운 욕구의 실현은 재생산 과정을 구성하며, 당연히 여기에서의 재생산은 일반적인 단순재생산일 뿐만 아니라 공업이 창조하는 새로운 욕구에 의해 구성되는 생산의 질적 발전이다. 이는 또한 인류 역사적 존재에 내재적 시간이 포함됨을 의미한다. 이런 시간은 추상적 지속성이 아니라 인류의 구체적인 현재 생산력의 변혁에 의해 구성된다. 이 점에 대해 베냐민[69]은 역사유물론의 "역사는 구조적 주체로, 그 발생 지점은 동질적이고 공허한 시간이 아니라 현재의 존재가 채우는 시간이다"라고 논술했다. 이런 시간은 추상적 연속성을 타파하는 것에 의해 획득된다.[70] 그러므로 여기에서의 마르크스의 역사 존재와 시간은 동일한 실체 논리의 평

68　馬克思恩格斯,『費爾巴哈』, 23쪽.
69　발터 베냐민(Walter Benjamin, 1892~1940), 현대 독일에 탁월한 영향을 끼친 사상가이자 철학가, 마르크스주의 문학비평가다. 베를린 유대인 가정 출신으로 1919년 문장을 발표하고 시를 쓰기 시작했다. 1914년 베를린 자유대학에 들어갔다가 1917년 뮌헨대학으로 전학했고, 1920년 「독일 낭만파의 예술 비평」으로 박사학위를 획득했다. 주요 저작으로 『독일 낭만파의 예술 비평의 개념』(1920), 『괴테의 친화력』(1923), 『독일 비극의 기원』(1923), 널리 알려진 명작 『아케이드 프로젝트』(1927), 『일방통행로』(1928) 등이 있다.
70　本雅明,『歷史哲學文集』 참조. 劉北城,『本雅明思想肖像』(上海人民出版社, 1997), 210쪽에서 재인용. 루카치는 훗날 '무시간성'은 부르주아 이데올로기의 방법적 특징이자 현실 중의 자본주의 합리화 생산에 기초한 대상화로서, 역사의 생명적 사건을 무기질의 물적 '공간'으로 압축하고 응고시킨다고 말했다. 이 논술은 매우 깊이 있다. 盧卡奇,『歷史與階級意識』, 57, 151쪽.

면 위에 놓여 있다. 마르크스는 훗날 제4수고에서 다시 한 번 이 시간과 이 역사 시간에서 유한한 능동 존재인 개인에 대해 구체적으로 설명했다. 하이데 거의 『존재와 시간』은 바로 이 심층적 실체 논리 위에 세워진 것이다. 나는 새로운 욕구의 재생산을 기초로 하는 이런 도구의 역사과정성은 마찬가지로 과거의 어떤 낡은 철학과도 연결될 수 없음을 발견했다. 이 재생산의 역사과 정성은 여전히 하나의 출처, 즉 정치경제학만을 가질 수 있다. 구체적으로 말 해, 1845년 5~7월 마르크스가 쓴 『브뤼셀 노트』의 제2부에서 지라댕의 『기 계』, 배비지의 「기계와 공장의 경제 성격을 논함」, 유어의 『공장 철학』 등의 논저에 대한 연구를 통해, 마르크스는 이미 정치경제학적으로 수공업과 공업 의 도구의 체계적 개량이라는 기초 위에 건립된 생산의 진보만이 역사시간성 의 근본이라는 사실을 심층적으로 의식했다. 이런 **생산적인 시간은 인류사회 의 물질생산과 경제 과정의 근본을 구축한다.** 이는 관념적 시간, 정치적 시간, 문 학적 시간에 비해 보다 진실한 역사적 시간이다.

여기까지 쓰고는 마르크스는 자기 주변의 독일 이데올로기를 자세히 살펴 보지 않을 수 없었다. 역사과정성은 독일 근대 문화사상의 내재적 전통이지 만 마르크스는 역사과정성의 가장 현실적인 기초는 거대하게 앞으로 나아가 는 물질생산 과정이므로 독일인의 '위대한 역사 지혜'의 본질은 허위라고 지 적했다. 그들의 이른바 역사성은 모종의 신학과 정치, 그리고 문학의 관념적 가설에 불과하다. 마르크스가 보기에 독일인의 '역사 사변'은 결코 '진정한 역 사'로 넘어가는 현실적 길을 찾지 못했다.

마르크스가 확인한 역사의 셋째 본원적 관계는 인간 자신의 생산이다. 물 질생산은 비록 인류 역사의 현실 기점이지만 그것은 결코 인류사회 존재의 직접적 목적이 아니다. 생산은 '인간의 생존'을 유지시키고 인간을 '생활할 수 있도록' 한다. 그러므로 마찬가지로 역사적 존재의 제1차성의 관계에 속하는 것은 인류 주체 자신의 생산과 재생산이다. 이는 생산 자체를 구성하는 셋째 측 면('관계')이기도 한다. 마르크스는 인간의 생산이 "매일 자기 생명을 새롭게 생산하는 인간들이 또 다른 인간들을 생산하기 시작하는데, 이를 번식이라 한다"라고 말했다. 여기에서 인간의 생산은 이중적 요소를 포함한다. 하나는 인류 주체 자신의 자연생산 과정이고, 다른 하나는 주체 사이의 모종의 자연관계('주체 간' 관련)다. 이는 훗날 하이데거의 '공(共)존재'의 출발점이 된다. 앞에서 토론한 물질생산은 인간과 자연의 관계이지만 여기에서 인간의 생산 가운데 출현한 것은 인간과 인간의 관계다. 마르크스가 보기에 인간과 인간의 관계는 시작부터 사회관계이고 이는 인간이 동물계를 초월하는 역사적 존재의 본질이기도 하다. 인간의 자연 생산은 생육을 통하지만 인간의 주체관계는 시작부터 인간의 자연(혈연관계)에서 시작한다.

> 이것은 부부 간의 관계이고 부모와 자식 간의 관계이고 또한 가족이다. 이런 가족은 처음에는 유일한 사회관계였지만 훗날 욕구의 증가가 새로운 사회관계를 발생시키고 인구의 증가가 또 새로운 욕구를 발생시키자 이 가족은 종속적 관계가 되었다.[71]

한편으로 가족은 가장 이른 생산단위이기도 하다. 인류 역사의 원시 단계에서 인간의 생산은 주도적 요소였고, 물질생산은 종속적 측면에 불과했지만 생산 자체의 발전에 따라 이런 상태는 곧 타파되었다. 이 두 가지 생산관계에 대한 과학적 설명은 마르크스와 엥겔스가 몇 년 후 보다 정밀하게 분석했다. 다른 한편 마르크스는 이미 가족관계에서 새로운 사회관계로의 역사적 전환에 주의를 기울였다. 마르크스는 여기에서 인간의 본원적 관계에 대한 서술에서 sozial이라는 단어를 사용했고 gesellschaftlich를 사용하지 않았는데, 이는 주의할 만한 구별이다.

여기까지 쓴 후 마르크스는 이것이 사회역사 활동의 세 단계가 아니라 세

---

71   馬克思恩格斯, 『費爾巴哈』, 24쪽.

가지 측면이라고 전문적으로 개괄했다. "역사의 최초 시기부터, 그리고 인간이 처음 출현했을 때부터 이 세 가지 측면은 동시에 존재하고 있었고 지금까지도 역사에서 작용을 하고 있다."[72] 마르크스의 규정에 따르면, 역사의 발생은 바로 이 두 가지 생산의 세 가지 측면에 의해서 공동으로 구성되는 것이고, 이 총체적 역사 규정은 마르크스가 인간의 '생명의 생산'이라 일컬었던 것이다.

텍스트로부터 우리는 마르크스가 역사의 세 가지 본원적 관계에 관한 이론가정을 완성한 후 즉시 대단히 중요한 일, 즉 역사적 생산 규정에 대한 더 심층적인 과학적 추상에 착수했음을 알 수 있다. 두 가지 생산의 본질은 바로 두가지 중요한 관계로 지적되었다. 노동에 의한 자기 생명의 생산이든 생육을 통한 타인 생명의 생산이든 모두 "즉시 이중관계로 표현되었다. 한편으로는 자연관계이고 다른 한편으로는 사회관계다".[73] 두 가지 생산은 동시에 두 가지 관계로 표현된다. 이때 마르크스는 진정 과학적으로 생산관계 개념을 확인하지 못했다. 그는 제1권 제1장에서 생산관계라는 단어를 한 번 사용했을 뿐이며 뒤의 제2권의 토론에서는 여섯 번 사용했다.[74] 물질생산은 한편으로는 인간과 사물의 역사적 자연관계이고, 다른 한편으로는 인간의 공동 활동에 의한 결합인데, 이는 역사적인 인간과 인간의 사회관계이기도 한다. 인간의 자기생산은 한편으로는 인간과 인간의 역사적 자연혈연관계이고 다른 한편으로는 인간과 인간 사이에서 역사적으로 구성된 사회관계다. 마르크스는 사회적 존재의 주체를 생산을 핵심으로 하는 비실체적 역사 활동으로 간주하고 사회적 존재의 본질을 관계로 간주했다. 이것은 헤겔과 포이어바흐를 새롭게 사회 경제 현실로 돌려놓은 결과다. 동시에 우리는 또한 사회적 존재 연구가, 직관적일 수 없지만 객관적으로 존재하는 사회관계와 사회운동의 법칙

---

72   같은 책, 24쪽.
73   같은 책, 24쪽 참조.
74   Marx/Engels, *Die deutsche Ideologie*, S.172, S.179, S.195, S.347.

을 심층적으로 관찰한다는 것, 그리고 이는 정치경제학의 과학 추상의 공헌이라는 것을 알고 있다. 그러나 여기에서 마르크스의 창조성은 새로운 현실 경제('여럿') 가운데 다시금 본질('하나')을 심층적으로 추상해낸 데 있다. 그러나 이 철학혁명은 엘레아학파의 이성 추상으로부터 플라톤과 헤겔식의 형이상학으로 나아간 것이 아니라, 역사 현실의 깊은 곳으로 나아갔다. 하이데거의 '현존재'(이미 사물 속에 존재하는 것)와 '공존재'는 여기에서 시작했다. '현존재'의 발생은 인간과 자연의 관계, 즉 노동을 통해 발동하고 실현된 생산이다. 세계에 존재하는 현존재는 동시에 공존재, 즉 인간과 인간의 관계다. 이 특정한 세계 - 내 - 존재는 형이상학을 전복하는 기초다.

마르크스의 역사유물론의 가장 중요한 규정성은 그가 근본적으로 정치경제학의 사회유물론의 핵심을 파악했다는 사실과 더불어 역사유물론이 근대사회관계 자체에 대한 마르크스의 과학적 이론 추상이라는 점이다. 마르크스가 보는 근대사회관계는 무엇인가? 이것은 더 이상 부르주아 정치경제학이 사물화된 경제관계를 신화화시킨 물신숭배가 아니라, 역사의 본질적 규정으로서의 사회관계라는 것이다. 여기에서는 주로 근대 생산과정에서 일어나는 '수많은 개인의 공동 활동'을 가리킨다. 마르크스는 여기에서 '이로부터 ~임을 알 수 있다'라는 말을 세 번 함으로써 자신의 중요한 규정을 설명했다. 첫째, "이로부터 특정한 생산양식 또는 특정한 공업단계는 시종 특정한 공동 활동의 방식 또는 특정한 사회단계와 관련되어 있고 이런 공동 활동 방식 자체는 바로 '생산력'임을 알 수 있다".[75] 이는 분명 이와 유사한 헤스와 리스트의 관점을 수정한 것이다. 마르크스는 『독일 이데올로기』에서 리스트가 사용한 Produktvkraft를 74회 사용했고 헤스가 사용한 Produktionskräfte를 11회 사용했다. 생산력은 물질생산 중의 공동 활동 방식이고 생산양식은 항상

---

75 馬克思恩格斯, 『費爾巴哈』, 24쪽. 수고 원고에서는 '특정한 생산양식' 앞에 '특정한 생산관계하의 [각 개인]'이라는 말이 삭제되었다.

역사적이다. 둘째, "이로부터 인간이 도달한 생산력의 총체는 사회 상태를 결정하고 따라서 시종 필연적으로 '인류 역사'를 공업 및 교환의 역사와 연관시켜 연구하고 검토해야 함을 알 수 있다".[76] 이는 사회 생산력의 수준이 사회적 존재의 기본 성격을 결정한다는 것이다. 셋째, "이로부터 시작부터 인간 사이에 물질적 연관이 있다고 표명했음을 알 수 있다. 이런 관련은 수요와 생산양식에 의해 결정되고, 그 역사는 인간 자신의 역사와 마찬가지로 장구하다. 이런 관련은 새로운 형식을 부단히 취하기 때문에 '역사'로 표현된다".[77] 훗날 토론에서 마르크스는 "특정한 공업관계와 교환관계가 어떻게 특정한 사회형식과 상호 관련되는지, 그리고 그에 따라 특정한 국가형식 및 특정한 종교 이데올로기와 필연적으로 상호 관련되는지를 알 수 있다"[78]라고 논술했다. 이른바 역사는 특정한 생산양식에 의해 결정되는 인간의 사회관계의 구조적 변화 과정이다. 마르크스는 책 전체에서 Producktionsweise를 17회 사용했고 Weise der Produkion을 2회 사용했다. 훗날 아도르노는 이에 대해 다음과 같이 해석했다. "역사는 전통 중에 건립된 행위 방식이고 이른바 전통적 행위방식의 중요한 특징은 바로 새로운 질(質)이 그 속에서 출현하는 것이다. 그것은 단순한 동일한 것 가운데서나 기성 사물의 단순재생산 가운데 발생하는 운동이 아니라, 반대로 새로운 사물이 부단히 분출하는 가운데 발생하는 운동이고, 그 가운데 출현하는 새로운 사물을 통해 자신의 진실한 특징을 획득하는 운동이다."[79]

험난한 탐색과정을 거쳐 마르크스의 역사 규정의 심층적 맥락이 마침내 여기에서 직접 드러났다. 그는 「포이어바흐에 관한 테제」 이후 제1수고에서 '특정한'이라는 단어를 집중해서 사용했다. 책 전체에서 마르크스와 엥겔스

76   같은 책, 24쪽.
77   같은 책, 24~25쪽.
78   『馬克思恩格斯全集』, 第3卷, 162쪽.
79   Theodor W. Adorno, *Die Idee der Naturgeschichte*, Gesammelte Schriften, Band 1(Frankfurt am Main: Suhrkamp Verlag, 1970), S.346.

는 '특정한'이라는 단어를 모두 227회 사용했다. 앞에서 우리는 이 '특정한'이라는 단어가 또한 「포이어바흐에 관한 테제」의 핵심적 역사 맥락을 구성하고 있음을 보았다. 이 견해는 포이어바흐의 관점과 형태적으로는 비슷하지만 내용적인 면에서는 이미 근본적인 변화가 일어났다. 일찍이 1839년 포이어바흐는 「헤겔 철학 비판」이라는 글에서 이 '특정'의 유한성을 명확하게 지적했고[80] 마르크스는 이런 추상적 논리를 특정한 사회역사 환경으로 '특정하게' 현실화시켰다. 나는 바로 이 '특정한'에 시공간이 한정된 현실적 역사 맥락이 있고, '특정한'이라는 단어가 마르크스의 역사유물론을 과거의 모든 형이상학과 구별 짓게 해주며, 그의 새로운 지평이 정치경제학의 사회유물론을 진정으로 초월하게 만들었다고 생각한다. 여기에서 헤겔의 역사구체성과 '정재(Dasein)'설[바로 이 Dasein이 훗날 하이데거의 체계에서 전체 존재의 출발점이 되었는데, 이때 '정재'는 '현존재' 또는 '친재(親在)'로 번역되었다]은 마르크스에 의해 역사유물론의 가장 중요한 본질적 특징이자 유일한 출발점으로 설정되었다. 나는 그것을 역사적이고 현실적이며 구체적인 사회적 존재라고 개괄한다. 자연현상과 인류 주체의 모든 사회생활과 전체 정신활동은 모두 이 점에서 새롭게 확인된다. 그러므로 여전히 서양 마르크스주의 맥락에 놓여 있는 후크가 마르크스의 새로운 철학 지평에서 "역사는 결코 온전한 옷감으로 만들어진 것이 아니라 확정적이고 한정적인 조건 아래 창조된 것"이라 말했을 때 그의 판단은 기본적으로 정확했다.[81] 그리고 이 역사적 특수 맥락은 추상적이고 공허한 것이 아니라, 마르크스의 규정에 따르면 바로 특정한 개인이 특정한 방식으로 구성한 생산 활동을 기초로 삼는다. 뒤편의 제4수고에서 마르크스는 현실적 개인의 시각으로 전환해 이 점을 확증했다. 앞의 세 가지 본원적 관계에서 밝힌 것이 모두 물질생산 활동이라면 여기에서는 생산 활동으로부터 추상

---

80   費爾巴哈, 「黑格爾哲學批判」, 『費爾巴哈著作選』, 上冊, 榮震華等譯(商務印書館, 1984), 50쪽 참조.
81   胡克, 『對卡爾·馬克思的理解』, 25쪽 옆주.

해낸, 특정한 생산 활동을 구성하는 결정적 요소, 즉 특정한 생산양식이다. 마르크스는 이렇게 기록했다. "인간이 역사를 가지는 이유는 그들을 위해 자신의 생활을 생산해야 하고 특정한 방식으로 생산을 진행해야 하기 때문이다."[82] 이는 또한 다음과 같은 사실을 의미한다. 인간은 어떻게 특정한 생산 활동의 방식(구조)을 공동으로 구성하는가? 그리고 이 특정한 질서 있는 구조가 '특정한' 정도에서는 이 역사 맥락의 근본을 구성하는데, 마르크스는 이 "공동 활동의 방식 자체가 바로 '생산력'!"이라고 직접 지적했다.

이는 또한 우리가 마르크스의 새로운 역사 담론에서 처음으로 생산력을 만나는 중요한 규정이다. 마르크스가 생산력이라는 단어에 인용부호를 친 것은 두 가지 층위의 우언적 의미를 가지고 있다. 하나는 헤스가 이와 유사한 표현을 한 적이 있는데 헤스에게는 생산력이 추상적 교통 중의 공동 활동에 불과했지만 마르크스는 그것을 구체적으로 생산 활동으로 돌려놓았음을 의미한다. 또 하나는 리스트가 경제학 맥락에서 사용한 현대 경제활동 중의 생산력 개념을 마르크스가 처음으로 긍정했음을 의미한다. 사실 우리는 마르크스가 직면한 대량의 경제학 텍스트에서 스미스 등이 현대적 공업생산 과정에서 특정한 생산 기능 수준의 의미를 표상하는 생산력 개념을 이미 보편적으로 사용했음을 알고 있다. 그러나 마르크스가 여기에서 사용한 생산력이라는 단어의 의미는 완전히 새롭다. 우선 마르크스는 여기에서 공동 활동이 생산력이라고 말했는데, 이는 분명 헤스가 일반적인 '유적' 교통(교환)의 의미에서 사용한 어의가 아니라, 물질생산 과정에 형성된 특정한 공동 생산 노동의 객관적 구조를 가리킨다. 둘째, 마르크스가 말한 생산력은 또한 리스트가 광범하게 지적한 사회 창조 능력이 아니라, 물질생산의 구조적 기능 요소, 즉 자연관계에 대한 인간의 특정한 역사 실천 기능도에 명확하게 자리매김되었다. 이는

---

82   이와 관련된 저자 글 참조. 「實踐功能度」, ≪天府新論≫(1989), 第2期; 「實踐格局」, ≪社會科學硏究≫(1991), 第3期; 「實踐構序」, ≪福建論增≫(1992), 第1期.

또한 마르크스가 역사유물론에서 규정한 생산력이 특정한 생산양식 수준의 표현임을 보여주는 것이다. 생산력은 기능적 규정, 즉 특정한 생산양식 또는 구조가 실제 운행에서 발휘되는 정도, 능력, 수준이다. 이는 또한 전통 철학의 해설 틀에서 마르크스가 노동과정을 설명하는 세 가지 실체적 측면(노동자, 도구, 대상)을 통해 생산력을 실체적으로 확인했다고 파악하는 것이 완전히 오독임을 표명한다.

실제로 마르크스는 자신의 새로운 이론논리를 통해 현실생활의 가장 심층에 있는 인간의 역사적 존재를 진일보 규정했다. 그는 바로 이어서, 인류 사회 역사가 도달한 생산력의 총화가 사회 상황을 결정한다고 지적했다. 이 사회 상황은 마르크스가 지적한 역사의 본원적 관계 가운데 넷째 요소, 즉 역사 총체다. 마르크스는 앞의 세 가지 관계에서 생산양식과 생산력을 추상해냈고 아울러 이것이 사회의 총체적 본질 특성을 결정하는 본체라고 확인했다. 그러므로 '인류 역사'를 공업 및 교환의 역사와 관련시켜 연구하고 검토해야 한다. 동시에 역사에서 발생한 인간과 인간 사이의 관계는 물질관계이고 이런 관계는 인간의 '유적 본질'이 아니다. 왜냐하면 인간의 교환은 바로 '욕구와 생산양식'에 의해, 즉 보다 기초적인 생산력에 의해 결정되기 때문이다. 인간 관계의 역사와 인간 자체의 역사는 마찬가지로 장구하지만 이런 관련은 또한 부단히 새로운 형식을 취한다. 따라서 이는 인간이 볼 수 있는 '역사'로 표현된다.

마르크스는 독일인이 이런 '역사'를 쓸 수 없다는 사실을 잊지 않았다. 당시 독일은 대공업과 상업이 구축해낸 역사(현대 생산력)가 없었으므로 라인강 너머에는 이런 역사가 발생하지 않았고, 역사의 '감성 확정성'과 경험도 있을 수 없었으며, '독일 이데올로기'의 사상의 투사들이 역사에 대해 '이해 능력과 이해 재료가 결핍'[83]되어 있는 상황을 필연적으로 초래했다.

---

83   馬克思恩格斯,『費爾巴哈』, 58쪽.

마르크스는 역사의 원초 관계의 네 가지 측면을 확증한 후 "우리는 인간이 또한 '의식'을 가지고 있음을 발견했다"라고 말했다. 나는 이미 마르크스의 역사유물론 중의 의식이론에 대해 전문적으로 토론했으므로 이에 대해서는 더 이상 구체적으로 분석하지 않겠다.[84] 의식에 관한 마르크스의 가장 중요한 규정은 다음과 같다. 나의 환경에 대한 관계가 나의 의식이다. 마르크스는 뒤의 논의에서 그 의미를 상세하게 해설했다.

> 우리는 인간의 관념과 사상은 자신에 관한, 인간의 각종 관계에 관한 관념과 사상이고, 자신에 관한 인간의 의식이며, 일반 인간에 관한 의식임을 말하지 않아도 알 수 있다(왜냐하면 이는 단지 개인의 의식이 아니라 총체적 사회와 관련되어 있는 개인의 의식이기 때문이다). 그리고 그것은 인간이 생활하고 있는 총체적 사회에 관한 의식이다. 인간은 그들과는 독립적인 조건들의 틀 내에서 그들의 생활을 생산하며, 이들 조건과 상호 관련된 필연적 교류형식 및 이 모든 것에 의해 결정되는 개인의 관계와 사회적 관계가 사상으로 표현되어 나올 때, 관념 조건과 필연적 관계의 형식을 취하지 않을 수 없다. 바꿔 말하면, 그것들(교환형식, 개인관계, 사회적 관계)은 의식 중에서 인간이라는 것의 개념으로부터, 인간의 본질로부터, 인간의 본성으로부터, 인간 자신으로부터 생산된 규정으로 표현된다. 인간은 무엇인가, 인간의 관계는 무엇인가, 이런 상황이 의식에 반영되는 것이 인간 자신에 관한, 인간에 관한 정재 방식 또는 인간이라는 것에 가장 가까운 개념 규정에 관한 관념이다.[85]

가장 관건적인 점을 근본적으로 지적한다면, 마르크스는 의식에는 "역사가 없고 발전이 없다"[86]라고 인식했다. 이른바 역사 없음과 발전 없음은 결코

---

84 我對我環境的關系是我的意識」, ≪天府新論≫(1992), 第5期.
85 『馬克思恩格斯全集』, 第3卷, 199~200쪽. Marx/Engels, *Die deutsche Ideologie*, S.167 참조.
86 馬克思恩格斯, 『費爾巴哈』, 16쪽.

654 마르크스로 돌아가다

의식에 정말 자신의 발전 과정이 없다는 것을 의미하는 것이 아니라 의식에 '본체가 없음'을 의미하고 있다. 역사 없음은 기준점 없음과 같다. 이는 또한 철학의 기본 문제를 마르크스가 과학적으로 해결한 것이라 할 수 있다.

3) 현실적 개인과 역사적 생존

제1수고에서 마르크스가 객관적 사회 총체로부터 인류('인간')의 역사적 생존을 확정했다면, 마르크스는 새로 쓴 제4수고에서는 각도를 바꾸어 인류 개인('현실적 개인')의 시각에서 다시금 역사에 대해 일반적 논리를 구축했다. 내 견해로는 역사변증법의 객체 국면에서 주체적 국면으로의 이 같은 전환은 당연히 '유적 철학'에 대한 슈티르너의 비판의 합리성을 고려했다.

제1수고에서 독일인이 공업과 상업을 핵심으로 하는 총체적 역사 현실을 경시했다고 마르크스가 강조한 것과 달리, 마르크스가 제4수고에서 독일인의 망각을 설명하는 전제는 다음과 같다. "이것(전제)은 현실의 개인들이고, 그들(현실의 개인들)의 활동과 그들의 물질생활조건으로, 그들이 획득한 기존의 물질생활조건과 그들 자신의 활동에 의해 창조한 물질생활조건을 포함한다."[87] 그리고 마르크스는 이 전제들은 순수경험의 방법으로 확인할 수 있다고 전문적으로 설명했다. 나는 이 이론적 맥락에 세 가지 층위의 함의가 있다고 생각한다. 첫째는 현실적 개인으로, 이는 제1수고 중 공업을 본질로 삼는 역사적 생존에 대한 진일보한 정의다. 왜냐하면 공업과 상업은 인간을 떠난 신성한 것이 아니며, 역사적 생존도 추상적 인류의 생존이 아니라 살아있는 현실적 개인만이 역사의 진실한 주체를 구성하기 때문이다. 둘째, 현실의 개인은 그들의 육체적 존재를 가리키는 것이 아니라 주로 개인의 물질생활 활동을 가리키는데, 특히 인간의 물질생산 활동은 개인 생존의 기초를 구성한다.

---

87   같은 책, 10쪽.

셋째는 이러한 활동에 의해 계승된 기존의 제약적 물질 생존 조건과 이런 조건에서 개인이 창조해낸 새로운 생존이다.

그 가운데 셋째 층위는 마르크스가 개인의 생존 상황에서 정의내린 역사적 존재의 본질, 즉 그 '특정한' 역사 규정을 의미한다. 현실적 개인은 특정한 물질적 생존조건에 부닥치기 마련이다. 그러므로

> 여기에서 말하는 개인은 그들 자신 또는 다른 사람들의 상상 속의 개인이 아니라 현실 속의 개인이다. 다시 말해 이 개인들은 활동에 종사하고 물질생산을 진행하며, 그들이 뜻대로 되지 않는 특정한 물질적인 제한, 전제, 조건 아래 활동하고 있다.[88]

마르크스가 여기에서 강조하는 특정한 역사적 조건에서 활동하는 개인은 분명 슈티르너의 무조건적인 절대 자유의 개인과 달리, 현실 역사 환경 속의 개인이다. 또한 이 개인은 포이어바흐의 자연물질에서 비롯된 개인의 감성 수동성과 달리, 역사적 물질 활동 조건에서 비롯된 수동성과 제약성을 가진다. 구체적으로 말해 매 개인의 존재는 영원히 회피할 수 없는 특정한 역사 조건하의 "생산력과 자본, 그리고 사회 교통형식의 총화(Summe von Produktionskräften, Kapitalien und sozianlen Verkehrsformen)다."[89] 그것은 각 역사시대에서 개인의 '인간 본질'을 규정하는 현실적 기초이자 영원히 인간의 전체 생존을 위한 특정한 역사성의 본질이다! 더 중요한 것은 마르크스가 여기에서 중점적으로 설명하는 역사적 생존의 또 다른 관건적 차원은 매 시대의 개인이 또한 특정한 역사조건 아래 자신의 역사를 창조한다는 점이다. 이 점에 대해 마르크스는 제1수고의 역사규정성에서는 분명하게 확인하지 않았다. 그러나 역

---

88 같은 책, 15쪽.
89 같은 책, 37쪽.

사적 생존의 내재적 규정으로서 생산 자체는 창조다. 그러므로 마르크스가 도구와 생산양식의 변혁으로 역사의 진보를 설명할 때 그는 마찬가지로 인류의 역사적 생존의 창조적 본질을 설명하려 했다. 여기에서 마르크스는 역사적 생존에서의 개인의 특정한 역사적 창조성을 직접 정의하려 한 듯하다. 마르크스가 훗날 한 말을 빌면, 어떤 개인도 "역사의 각 단계에서 특정한 물질적 결과와 특정한 수량의 생산력 총화를 만난다. 인간과 자연, 그리고 인간과 인간 사이의 역사적 형성 관계는 모두 앞 세대가 뒤 세대에게 전해주는 대량의 생산력과 자금, 환경을 만난다. 비록 이 생산력과 자금, 그리고 환경이 새로운 세대에 의해 변화됨에도 불구하고 그것들(생산력과 자금, 환경)은 또한 새로운 세대의 생활조건을 미리 규정함으로써 그것(생활조건)으로 하여금 특정한 발전을 획득하고 특수한 성격을 구비하게 만든다".[90] 그러므로

> 역사는 각 시대의 순차적 교체와 다름없다. 매 세대는 모두 이전 세대가 남긴 재료와 자금, 그리고 생산력을 사용한다. 이런 연유로 인해 매 세대는 한편으로는 완전히 개조된 환경에서 계승한 활동에 계속 종사하고, 다른 한편으로는 완전히 개조된 활동을 통해 낡은 환경을 개조한다.[91]

마르크스가 말한 역사적 생존은 결코 단순한 일방향적인 지속적 시간이 아니라, 과거를 자신의 내부에서 지양하고 동시에 현재를 창조하고 미래로 나아가는 역사시간임을 쉽게 알 수 있다. 나는 훗날 하이데거의 시간 개념은 바로 이 의미에서 발전한 것이고, 사르트르의 『변증법적 이성 비판』은 이 특정한 역사 조건하의 개인의 창조적 생존 문제를 토론한 것인 듯하다는 사실에 주목한다.

---

90   같은 책, 37쪽.
91   같은 책, 32쪽.

또한 지적해야 할 것은, 현실적 개인과 역사적 생존에 관한 마르크스의 토론은 정치경제학 중 경제발전사의 영향으로부터 명확하게 도움을 받았다는 점이다. 그렇지 않다면 '대량의 생산력과 자금'이라는 전제(경제학 중 재생산 지평에서의 축적과 '자본 투하')는 마르크스의 역사 담론 지평에 포함될 수 없었을 것이다. 하물며 '순수 경험의 방법으로 확인'이라는 말 자체는 페티, 매컬럭 등이 정치경제학의 이른바 '과학' 방법을 지적할 때 사용했던 용어에서 가져온 것이다. 물론 우리는 인류의 역사적 생존에 대한 구체적인 규정에서 마르크스의 역사유물론이 일찌감치 고전경제학의 사회유물론을 훨씬 초월하는 것을 알 수 있다.

이어서 제4수고는 현실적 개인을 척도로 삼는 역사적 생존에 대해 구체적인 논리로 확증하고 있다. 마르크스는 "전체 인류 역사의 첫째 전제가 생명 있는 개인의 존재임에는 의심의 여지가 없다"라고 말했다. 여기에는 분명 제1수고에서의 설명과는 다른 점이 있다. 마르크스는 제1수고의 첫째 원초 관계의 토론에서 옆주를 달아, 개인의 육체적 존재와 자연조건이 첫째 전제(이는 모든 낡은 유물론의 전제)를 이룬다고 했다. 물론 마르크스는 즉시 선을 그었다. 그가 말한 인류의 역사적 생존은 결코 인간의 자연 존재와 인간과 자연의 일반관계를 가리킨 것이 아니다. 그는 "어떤 역사 기술(Geschichtschreibung)도 이들 자연 기초 및 그것들이 역사 진행과정에서 인간의 활동으로 말미암아 발생하는 변경으로부터 출발해야 한다"[92]라고 말했다. 분명 이는 마르크스가 제1수고에서 비판한, 포이어바흐의 감성대상으로서의 자연존재와 자연인에 대한 긍정적인 정의다. 자연적인 육체적 존재라는 의미에서의 인구와 자연조건으로서의 지리환경은 모두 인류의 역사적 의미에서의 사회적 존재가 아니다. 물론 이것은 인구와 지리환경이 인류사회 생존의 물질적 기초가 아니라는 의미가 아니라, 생산 결과의 위치에 놓인 '역사 과정에서 인간의 활

---

92   같은 책, 10쪽.

동으로 말미암아 발생한 변경된' 인간과 자연조건이야말로 사회적 존재의 직접적인 물질 기초라는 의미다.

그러면 현실적 개인의 생존에서 출발해 어떻게 역사성의 내재 규정을 다룰 것인가? 마르크스는 우선 '독일 이데올로기'의 현상을 겨냥해 우리는 "의식과 종교 혹은 임의의 무엇에 근거해 인간과 동물을 구별할 수 있다"라고 말했다. 왜냐하면 포이어바흐, 바우어 등은 인간의 정서관계와 소외된 종교를 기본점으로 삼아 인간과 동물을 구별했고, 슈티르너는 관념상 모든 이성의 총체성에서 벗어난 이기주의로 개인을 규정했기 때문이다. 이들은 모두 과거의 모든 낡은 철학이 관념의 환영 차원에서 관념론적으로 인간에 대해 해석하는 전통에서 벗어나지 못했다. 마르크스의 역사 담론에서는 "인간이 자신의 생활수단을 생산하기 시작할 때만(이 한 걸음은 그들의 육체 조직에 의해 결정된다) 인간 자신이 자신을 동물과 구별하기 시작한다"라고 했다. 주의할 것은, 여기에서 개인 생존과 직접 관련된 '생활수단'의 생산은 실제로 경제학의 정확한 술어라는 점이다. 인간의 최초 생산은 생활수단을 생산한 것이지 생산수단을 생산한 것이 아니다. 이런 과학적 판단은 경제학에 정통한, 특히 사회 경제발전사에 통달한 전문가만이 정확하게 정의내릴 수 있다.

마르크스의 이 역사적 생존에 관한 규정은 이미 더 이상 인간이 의당 갖춰야 할 모종의 추상적 유적 본질[포이어바흐의 자연 유적 본질, 헤스의 선험 설정된 '교통'과 마르크스의 『1844년 수고』 중의 자유자주의 노동]이 아니라, 인간의 동물적 생존('육체 조직'으로 구성된 생물의 내구력의 결과)으로부터 역사적으로 내딛은 '생산의 시작'이다. 인류사회의 역사적 존재는 장기적 물질 발전의 특정한 단계에서 현실적 생산을 통해 역사적으로 갑자기 출현한 것이다. 우리는, 현실의 개인생존이라는 척도로 전환되면 이 역사적 존재는 또한 인간의 물질 생활 수단의 생산으로부터 시작되고, 분명 이 역사는 일반적인 물질발전사가 아니라 특별히 설정된 인류의 사회역사적 존재라는 사실을 다시금 알게 된다. 이는 인간의 역사적 사회적 존재의 본뜻이다. 마르크스는 제1수고의 집필과 달리 제4수고에서는 '공업'과 '상업'이라는 현대적 규정으로 생산을 직접 가리키지 않았고, 그에 따라 광의의 역사유물론의 생산 일반을 제대로 추상화시켰다.

『마르크스 역사변증법의 주체 국면』에서 나는 이미 다음과 같은 사실을 설명했다. 생산으로부터 역사를 규정하는 것은 인간이 더 이상 동물처럼 직접 자유롭게 자연이라는 어머니(직접적인 자연 의존성)에서 취하는 것이 아니라 생산(실천)의 중개를 통해 '그들이 필요로 하는 생활수단'을 획득하는 것임을 확증했다. 여기에는 자연 기초의 "역사 과정에서 인간의 활동으로 인해 발생하는 변경"(자연 또한 이로 인해 자신의 자유성을 상실하고 인간이 생존하는 데 필요한 새로운 물질조건이 된다)이 포함된다. 동시에 더 중요한 것은, 인간 "자신의 활동이 창조해낸 물질생활조건"은 부단히 확대되고 점차 주도적 지위를 점거한다는 것이다. 인간은 더 이상 자유로운 자연과정 총체에 종속되지 않으며 생산 활동 자체를 통해 "간접적으로 자신의 물질생활 자체를 생산하고 있다".[93] 설명해야 할 것은, 인류 발생 초기에 사회역사는 결코 의식적으로 직접 구축된 것이 아니라 자연발생적이었다는 점이다. 그러므로 마르크스와 엥겔스가 indirekt라는 단어를 사용한 것은 상당히 정확하다. 이 단어는 역사적 생존의 원생 상태(primitive state)를 의미심장하게 지적했다. 마르크스와 엥겔스의 분석에 따르면 역사적으로 발생한 생산만이 인간을 최종적으로 동물(자연계)로부터 벗어나게 했다. 또한 생산으로 인해서만 인류의 사회역사적 생존의 천지개벽적인 새로운 국면이 초래되었다. 바로 역사적인 생산이 있고 나서야 동물에게는 없는 감성을 초월하는 사회적 교환도구 ─ 추상적 의식과 언어(헤겔) ─ 를 갖게 되었고, 인류사회생활에 속하는 종교(바우어)와 인류만 가지는 다른 모든 '유적 본질'(포이어바흐)을 갖게 되었다. 이때 마르크스는 풍자적으로 슈티르너를 언급했는데, 슈티르너가 매일 세계 역사를 '먹고' 있지

---

93   같은 책, 10쪽.

만, "세계 역사도 매일 그를 생산하고 그의 산물로서의 유일자를 생산하고 있었다. 왜냐하면 그는 먹고 마시고 입어야 하기 때문이다".[94] 이는 물질생산이 없으면 슈티르너는 존재할 수 없으며 자신의 광상된 이론을 남발할 수도 없다는 것을 의미한다. 이리하여 마르크스는 '독일 이데올로기'에 대한 역사적 비판을 근본적으로 진행했다. 물론 이것은 단지 비판논리상의 기점일 뿐이었고, 전체 『독일 이데올로기』의 주요 부분은 모두 이 비판을 구체적으로 실현하는 과정이었다.

이런 역사 규정을 통해 마르크스는 인간은 구체적인 현실에 속한 개인이지만 인간의 총체적 규정성은 개인적 특성이 아니라 물질생산에 의해 역사적으로 형성된 새로운 집단생활이라는 점을 우리에게 표명하려 시도했다. 인간은 개인이지만 사회생활과 결합한 인간만이 역사적인 현실의 구체적인 인간이다. 역사 주체로서의 인간의 확립은 바로 그 자신이 구성한 사회적 생산 활동에서 비롯된다. 이것은 바로 마르크스가 '인간'이라는 단어를 전용해 생산을 설명하는 이유다.

마르크스는 생산으로 개인을 정의하고 생산으로 인류의 역사적 생존을 설명했는데, 분명 이런 정의는 여전히 사회적 존재의 초급 차원의 일반 규정성에 속한다. 이 규정은 표면적으로는 아직 사회유물론의 생산기초론을 벗어나지 못한 듯하지만, 실제로 마르크스는 혼돈의 무질서에 놓여 있는 생산의 총체에만 머물러 생산과 상대한 것은 아니다. 왜냐하면 어떤 생산 실천도 모두 구체적이고 질서가 있으며, 특정한 생산의 **내재적 구조 조직**과 **동태적 틀**의 기능 실현에 불과하기 때문이다. 이것은 바로 특정한 역사 생존 본질로서의 **생산양식**, 즉 마르크스가 말한 사회적 생산 활동에 존재하고 있는 "인간이 자신의 생활수단을 생산하는 방식"이다. 이 생산양식은 "우선 그들이 획득한 기존의, 재생산해야 하는 생활수단 자체의 특성에 의해 결정된다". 동시에 "개인

---

94   같은 책, 33쪽 주2.

의 육체 존재의 재생산"과도 유관하며, 더 중요한 것은 이 생산양식은 "커다란 정도로 이들 개인의 특정한 활동 방식이고 그들이 자신의 생활을 표현하는 특정한 방식이며 그들의 특정한 **생활방식**"이라는 것이다.[95] 우리는 이를 통해 다음과 같은 사실을 알 수 있다. 한편으로는 생산의 질서 구조는 물질적 생활수단과 인간 자신의 생산의 역사적 특성에 의해 결정되는데, 이것은 앞에서 말한 두 가지 생산의 역사적 전제다. 그러나 다른 한편으로는 생산양식은 인간이 사회역사를 창조하는 주체 활동의 새로운 질서성을 더욱 빛내준다. 이런 질서성은 인류 생존의 역사창조성이기도 하다. 그러므로 마르크스는 다음과 같이 총결했다. 인간은 생산과 상호 일치하는 존재이고 이런 일치성은 외재적 부합이 아니라 내재적인 생산 질서성이다. 그것은 사실 마르크스가 제1수고에서 말한 생산력이다! 이는 또한 이른바 '무엇을 생산하는가'와 '어떻게 생산하는가'의 생산능력과 수준이다. 층층의 안개를 걷어내면 여기에서 우리는 다시 한 번 마르크스가 제1수고에서 설명한 그 대단히 중요한 '특정한' 생산 활동이라는 역사적 생존 규정의 본뜻을 보게 된다.

바로 인간 활동에서 형성된 이런 생산양식은 인간을 역사적으로 제약하고 있으며 인간의 생산 활동 이외의 전체 생활과 (사상 관계를 포함한) 사회의 각종 교통관계를 제약하고 있다. 특정한 생산양식에 의해 제약되는 전체 특정한 사회관계의 총화는 또한 인간의 구체적이고 현실적인 역사적 본질을 구성했다. 나는 이것이야말로 마르크스가 자기 철학의 새로운 지평에서 역사 담론의 가장 중요한 논리적 본질을 확인한 것이고 인류의 사회역사적 존재에 대해 최초로 일반적 서술을 한 것이며, 아울러 이것으로 이전에 가졌던 인간주의 소외사관의 당연한 전제를 대체했다고 생각한다. 그러나 이 점의 중요한 의미는 오히려 전통적인 역사유물론 연구에 의해 크게 은폐되었다.

모두 알다시피 공산주의자이자 실천적 유물론자로서 마르크스가 이때 더

---

95   같은 책, 10~11쪽.

욱 관심을 가진 것은 결코 일반적으로 역사를 서술하는 것이 아니라 현실 부르주아 사회 비판을 이론 지침으로 삼는 것이었다. 그러나 또 지적해야 할 것은, 일반 이론논리에서 광의의 역사유물론에 대한 마르크스의 이론적 확인에 직접적 비판성이 없었다는 점이다. 그러므로 그는 또 다른 새로운 비판 논리, 즉 '실증과학' 위에 건립된 분업 비판의 이론을 추구해야 했다.

3. 분업과 현실의 세계 역사: 경제학의 현실비판 담론

앞 절의 토론에서 우리는 주로 마르크스의 새로운 역사 담론의 기본 원칙의 내용을 드러냈다. 이 담론은 또한 광의의 역사유물론의 일반 논리이기도 하다. 사실 『독일 이데올로기』 제1장의 텍스트를 진지하게 읽으면 우리는 상술한 일반 철학의 서술과 상이한 이론적 사유경로를 발견하기 어렵지 않다. 즉, 마르크스는 직접 분업에서 출발해 부르주아 사회 소유제에 대한 유럽 경제발전사의 현실적 비판에 기초하고 있다. 이것은 마르크스가 경제학 연구를 초보적으로 긍정한 과학적 비판 담론에 직접 연원을 두는 것으로서, 협의의 역사유물론이 구축하기 시작한 직접적인 이론 기초이기도 하다. 나는 기존의 마르크스 철학 연구에서 이 이론 차원이 소홀히 취급되었음에 주목하고 있다.

1) 마르크스의 과학적 비판 담론에서의 분업의 지위

앞에서 말한 것처럼, 마르크스가 자신의 역사유물론의 새로운 지평을 구축하는 과정에서 제1수고와 제4수고의 서두는 모두 일반적인 논리 설정으로 자신의 새로운 철학 지평과 낡은 철학의 이질성을 표명했는데, 이는 역사적 사회적 존재 상황의 '본체성'의 확증이다. 그러나 나는 마르크스의 이런 일반 철학적 이론 설정이 두 개의 다른 수고의 집필에서 모두 돌연한 단절로 명확하게 연기되었고 새롭게 출현한 이론 서술이 모두 현실 역사에 대한 직접적 서술이라는 사실을 발견했다. 그리고 첫 번째 무비판적인 이론 서술과 달리, 마르크스의 이 역사적 논술은 새로운 과학적 실증 비판으로 직접 전환되었다. 논술의 편의를 위해 우리는 앞의 이론 논술을 '사유경로 1'로 설정하고 뒤의 비판적 사유경로를 '사유경로 2'로 설정한다. 실제로 이는 야오순량(姚順良)이 말한 "철학 비판과 과학 비판은 많건 적건 상호 분리에 놓여 있다"라는 상황을 구체적으로 확인한 것이기도 하다.[96] 바로 사유경로 2에서 마르크스는 중요하고도 새로운 문제 방식으로 새로운 이론적 시각을 끌어냈다. 이 새로운 문제는 바로 분업이다. 분업은 원래 인간주의 담론에서 소외 규정을 대체했다. 소외는 철학 논리 규정이지만 분업은 경제학의 실증 개념이다. 소련 학자 라빈은 여기에서 "마르크스는 완전히 철학의 외투를 벗어버리고 노동의 분업 문제 및 그 사회적 결과에 대해 각 방면에서 세밀하게 연구했다"라고 지적했다. 그러나 라빈은 이것이 제1장 집필의 이른바 '제2단계'라고 그릇되게 지적하고 제1수고와 제4수고가 논리적으로 단절되는 가운데 마르크스에게서 출현한 두 번째 사유경로에 주의하지 못했다.[97] 이것은 중요한 미시적 전환임을 알 수 있다. 물론 우리는 뒤에서 분업에서 출발한 마르크스의 사유경로에 여전히 어느 정도 부족함이 있음을 지적할 것이다.

분업(Teilung der Arbeit)이라는 개념은 과거 어떤 철학에서도 찾을 수 없다. 왜냐하면 그 개념은 우선적으로 근대 정치경제학의 범주이기 때문이다. 구체적으로 말하자면, 그 개념은 스미스 경제학 연구의 입구다. 스미스 등에게 분업은 수공업공장 내부의 노동 분업으로, 생산성 및 교환과 관련되어 있다. 총체적으로 부르주아 초기 정치경제학은 분업에 대해 긍정적인 태도를 가지고

---

96 『馬克思主義哲學史』, 第2卷, 123쪽 참조.
97 拉賓, 『馬克思的靑年時代』(三聯書店, 1982), 336쪽.

있었다. 스미스 등도 분명 노동 분업에 의해 야기되는 노동자의 일면성에 주의를 기울였지만 분업 자체는 근본적인 비판 장력을 직접 이끌어내지는 못했고, 특히 총체적 현실 사회역사에 대한 비판이 결여되어 있었다. 마르크스는 인간주의 논리에서 벗어난 후 언제나 실증과학에서 출발해 사고를 진행시키는 것에 경도되어 있었다. 그러므로 역사유물론을 일반철학으로 인증한 이후 그는 줄곧 새로운 철학의 본질이 "세계를 해석하는 것이 아니라 세계를 개조"하기를 희망했는데, 비판성은 여전히 그의 주요한 이론적 귀결점이었다. 그러나 인간주의적 가치 비판이라는 논리의 본질 도치론(노동소외사관)에서 벗어난 후 그는 경제학 맥락에서 자신이『1844년 수고』의 제1노트에서 부정한 사유경로 — 경제학 논리 자체에서 출발한 엥겔스의 객관 서술(『1844년 수고』제1노트의 담론 2) — 로 새롭게 돌아갔다. 그리하여 그는 더 이상 철학 각도에서 인간의 모종의 유적 본질의 상실과 회복, 인간성과 비인간성의 논리적 모순에 착안하지 않고, 현실적 사회 경제생활, 특히 구체적 물질생산이 발생시킨 객관적 대립과 모순 속으로 돌아갔다. 이 완전히 새로운 과학적 현실 비판의 실마리는 그의 원래의 인간주의적 추상가치 비판과 출발점 및 총체적 논리에서 근본적으로 달랐다. 이런 의미에서 푸코는 다음과 같이 정밀하게 분석했다. "마르크스는 자본주의 생산 조건에 근거하고 그 근본법칙에 근거하면 그것은 필연적으로 불행을 생산할 것이라고 강조해서 말했다. 자본주의가 존재하는 목적이 노동자가 굶어죽게 하기 위함은 아니지만 노동자가 굶어죽지 않으면 자본주의는 발전할 수 없다. 마르크스는 생산에 대한 분석을 통해 약탈에 대한 대안을 제시했다."[98] 생산에 대한 객관적인 분석을 하는 가운데 구현되어 나온 현실 비판은 가치관의 측면에서 약탈에 대해 도덕적 대책을 내놓는 것과는 완전히 다르다. 마르크스는 당시 가지고 있는 경제학적 인지 수준에서 사회 경제생활에서 발생하는 각종 모순이 모두 분업으로 인해 조성된 것임을

---

98   福科,『權力的眼睛』(上海人民出版社, 1997), 37~38쪽.

직관적으로 지적했다. 이는 분명 정확하지 않다. 『맨체스터 노트』에서 마르크스는 영국 사회주의자 오언 등이 주장한 '분업 소멸'의 관점을 인지했다. 그들과 다른 점은 마르크스는 직접 경제학에서 출발했다는 것이다. 그리하여 분업은 두 번째 비판적 사유경로의 기점이 되었다. 구체적으로 말해 분업이라는 개념은 제1수고의 일반적 서술 이후 제5수고의 이론적 해석이 시작되기 이전에 갑자기 출현했다. 분업이라는 핵심어를 통해 마르크스는 역사적 현실 사회 비판, 즉 부르주아 사회를 포함하는 네 가지 소유제 형식으로 나아가는 역사적 비판을 이끌어냈다. 마르크스와 엥겔스는 책 전체에서 분업(Teilung der Arbeit)이라는 단어를 모두 116회 사용했다.

다시 보충 설명해야 할 것은, 당시 경제학 분업 문제에 대한 마르크스의 이해는 스미스의 수공업 노동 분업의 수준에 머물러 있었다는 점이다. 따라서 그의 대부분의 분석에는 장단점이 있지만 여전히 깊이와 정확성이 충분치 않았다. 예를 들어, 마르크스는 아직도 사회적 분업과 노동 분업의 역사적 생성을 정확하게 구분하지 못했는데, 여기에서의 분업 개념은 순철학적 범주가 많았다. 『철학의 빈곤』에서야 비로소 그것들 사이의 차이를 명확하게 변별했다. 분업 문제에 대한 마르크스의 과학적 해결은 1857년 이후 경제학 연구에서 비로소 진정으로 완성되었다. 거기에서 그는 사회적 분업과 기업 내부의 노동 분업을 한층 분명하게 구분했다.[99] 아울러 공유제와 자연공동체에서 분업이 결코 '소외'를 만들어내는 것이 아니라 상품(시장)경제의 특수한 사회 분업이 사회관계의 전도와 '소외'를 야기한다는 사실을 과학적으로 지적했다. 이 점에 유의하는 것은 우리 연구에 매우 중요하다.

---

[99] 『1861~1863년 경제학 수고』에서 마르크스는 다음과 같이 인식했다. "분업은 특수한, 전문적으로 구분된, 진일보 발전의 협동 형식으로 노동생산력을 향상시키고 비교적 짧은 노동시간 내에 같은 작업을 완성시킨다. 따라서 재생산 노동 능력에 필수적인 노동시간을 단축시키고 잉여노동시간을 연장시키는 유력한 수단이다." 『馬克思恩格斯全集』(1979), 第47卷, 301쪽. 아울러 분업에는 두 가지가 있다. 하나는 노동을 다른 노동 부분으로 나누는 사회 분업이고 다른 하나는 동일한 공장 내부의 노동 분업이다(같은 책, 305쪽).

우리는 이어서 분업 문제가 어떻게 유도되어 나왔는지를 분석할 것이다. 제1수고의 텍스트로 돌아가면, 마르크스가 역사의 세 번째 요소이자 비'본체성'의 요소인 의식의 발생과 발전을 설명한 후, 예상치 못하게 분업이 돌연 출현했다. 텍스트에서 분업의 갑작스러운 출현은 마르크스의 사유경로를 앞쪽의 일반 철학이론 해석(사유경로 1)에서 진실한 역사를 직접 대면하는 실증 비판(사유경로 2)으로 전환시켰다. 비록 마르크스가 당시 지닌 역사 지식과 경제학 연구 수준의 제한으로 말미암아 이런 직접 대면은 다소간 특정한 가설적 성격을 가지고 있었음에도 불구하고 말이다. 마르크스의 사유경로 2는 의식 자체의 역사발전과 한 몸으로 발생했다. '내 환경에 대한 나의 관계가 나의 의식이다'라는 명제는 처음에는 초기 사회역사에서 인간과 사물, 인간과 인간의 '협애한 관련'에 대한 의식을 가리킬 뿐이었는데, 훗날 생산의 발전에 따라 인간의 이런 협애한 "부족 의식은 진일보 발전하고 향상되었다".[100] 의식에 대한 마르크스의 서술은 인간의 역사적 존재 상황에 대한 앞의 일반 정의와는 달라졌고, 진실한 역사발전의 변수, 즉 생산 기초 위의 의식 자신의 구체적 변화를 끌어들였다. 여기까지 말하고는 마르크스는 갑자기 논조를 바꿔 "이와 동시에 분업도 발전하기 시작했다"고 말했다. '이와 동시'가 시작한 것은 바로 현실 역사에 대한 객관적 서술이다. 마르크스가 이해한 바로 "분업은 처음에는 성행위 방면에서의 분업이었지만, 훗날에는 천부(예를 들어 체력), 욕구, 우연성 등으로 말미암아 자발적으로 또는 '자연적으로 형성된' 분업이었다. 분업은 단지 물질노동으로부터 정신노동이 분리되었을 때라야 비로소 진정한 분업이 되었다".[101] 전자는 자연 분업이고 후자는 사회 분업의 하나의 주요 방면이다. 분업은 새로운 가능성을 조성했다. "분업은 정신활동과 물질 활동, 향수와 노동, 생산과 소비를 서로 다른 개인이 분담하는 것을 가능하게 해주었

100   馬克思恩格斯, 『費爾巴哈』, 26쪽.
101   같은 책, 26쪽.

을 뿐만 아니라 현실이 되게 해주었다."[102] 마르크스는 바로 분업으로 말미암아 생산력, 사회상황, 의식의 세 가지 요소 사이에 객관 모순이 조성되었다고 지적했다. 바꿔 말해 "이 세 가지 요소 상호 간에 모순이 발생하지 않게 하려면 분업을 없애기만 하면 된다!"[103] 분명 여기에서의 마르크스의 분석이 충분히 정확한 것은 아니다. 왜냐하면 생산력의 기술 차원으로서의 분업의 작동 방식, 즉 노동 분업 자체는 소멸될 수 없기 때문이다. 확실하게 말해, 마르크스가 실제로 소멸하려는 것은 인간을 속박하는 노예적 노동인 사회적 분업, 즉 노동자의 분업이었다. 이것은 경제학 범주를 초보적으로 사용하고 있는 마르크스의 모종의 불확정성을 나타내고 있다. 이 문제들에 대해 마르크스는 훗날 경제학 연구에서 점차 명석하게 사고했다. 이때 마르크스는 분업이 다음과 같은 특성을 지니고 있다고 인식했다.

첫째, 분업은 노동 및 생산물의 불평등 분배를 야기하고 그에 따라 소유제도 발생시켰다. 마르크스는 "가족에서 자연적으로 형성된 분업과 사회가 개별적이고 상호대립적인 가족으로 분열되는 것"을 기초로 삼는 분업 자체가 모순을 포함하고 있다고 인식했다. 왜냐하면 가족의 이런 분업은 실제로 부인과 자식들에 대한 남편의 노예화이고 이런 '가내노예제'는 "소유제란 타인 노동력에 대한 지배"[104]라는 근대 경제학의 소유제(사유제) 정의에 완전히 부합된다. 이리하여 마르크스의 마음속에는 하나의 등식이 출현했다. "분업과 사유제가 나타내는 바는 동일한 것이다. 하나는 활동에 대한 것이고 다른 하나는 활동의 산물에 대한 것이다."[105] 이것은 분업과 첫 번째 '나쁜 것'(사유제)의 결탁이다.

둘째, 분업의 발전은 또한 개별인(또는 개별 가정)의 이익과 상호 교류하는

---

102 같은 책, 27쪽.
103 같은 책, 27쪽.
104 같은 책, 28쪽.
105 같은 책, 27쪽.

개인의 모든 공동 이익 사이의 모순을 발생시킨다. 이런 공동 이익, 즉 '보편적인 것'은 우선 '분업하는 개인 사이의 상호 의존 관계'로서 현실 속에 객관적으로 존재한다. '공공 이익'을 대표하는 독립적 형식으로서의 국가는 사회생활에서 '환상적 공동체'(그 배후에서 실제로 발생하는 것은 계급 사이의 투쟁이다)를 표상한다. 국가와 법에서 지배계급은 항상 "자신의 이익을 보편적인 이익이라 말한다".[106] 현실적 개인의 생존에서 이런 보편적인 것은 종종 '소원'하고, 개인으로부터 '독립적'이며, 개인과 상호 대치한다. 이것이 두 번째 '나쁜 것'이다.

셋째, 분업이라는 '이 사회 활동의 고정화'는 필연적으로 사회적 존재에서 사물에의 노예화를 조성하기 마련이다. 이것이 세 번째이자 마지막 나쁜 것이다. 마르크스는 인간이 자연적으로 형성된 사회에 놓여 있기만 하면, 개인 이익과 공공 이익의 사이에 여전히 분열이 존재하기만 하면, 그리고 분업이 아직도 자원(自願, 오언의 『뉴 라나크 보고』의 관점)에서 나온 것이 아니라 역사적으로 자발적으로 생성된 것이기만 하면, "인간 자체의 활동은 인간에 대해 자신과 다른, 자신과 대립적인 역량이 된다. 인간이 이런 역량을 부리는 것이 아니라, 이런 역량이 인간을 압박한다"라고 말했다.[107] 이는 다음과 같은 이유에서다.

> (분업이 출현한 후) 각 인간은 자신의 특정하고 특수한 활동 범위를 가지는데, 이 범위는 그에게 강제로 부가된 것으로 그는 이 범위를 뛰어넘을 수 없다. 그는 사냥꾼이고 어부 또는 목동이고 또는 비판적 비판자다. 그가 생활수단을 잃지 않으려면 그는 시종 이런 사람이어야만 한다.[108]

---

106 같은 책, 27쪽.
107 같은 책, 27쪽 참조.
108 같은 책, 29쪽.

이런 사회 발전 중 분업이 야기한 "사회 활동의 이런 고정화(Sichfestsetzen der sozialen Tätigkeit), 다시 말해서 우리 자신의 생산이 우리를 지배하고 우리 자신의 통제를 받지 않고 우리의 바람과 배치되며 우리의 계획을 말살하는 사물적인 강제력(sachlichen Gewalt)으로 응고된다". 마르크스는 여기에서 특별히 부가 설명했다. "이는 과거 역사발전의 주요 요소 가운데 하나다."[109] 『독일 이데올로기』의 제3장에서 마르크스는 이런 외부적 힘을 더욱 정확하게 "모든 실제적 소유관계의 진실한 기초"인 생산관계로 자리매김했다. 그러나 "분업의 내부에서 이들 관계는 개인들에 대해 독립적인 존재를 취득하기 마련이다".[110] 또는 바꿔 말해 "특정한, 당연히 의지에 의존하지 않는 생산양식 내에서, 분산된 개인들로부터뿐만 아니라 그들 전체로부터도 독립한, 낯선 실제적 힘으로서 인간을 지배하고 있다".[111] 이런 조건에서 "개인 행위가 자신의 대립면, 즉 순수한 사물적 행위로 전환하는 것, 개성과 우연성에 대한 개인 자신의 구분 등은 우리가 지적한 것처럼 하나의 역사과정이다. 그것은 발전의 다른 단계에서 서로 다르고, 나날이 첨예해지고 보편적인 형식을 가진다. 현대에 개인에 대한 사물적인 관계의 지배, 개성에 대한 우연성의 억압은 이미 가장 첨예하고 가장 보편적인 형식을 가지고 있다".[112] 마르크스는 여기에서 인간과 관련된 '사물적(sachlich)'이라는 단어를 매우 정확하게 사용했으며 물질관계(materielle Verhältnisse)라는 말을 사용하지 않았다.

왜 그랬을까? 마르크스는 아래와 같이 해명했다.

분업의 제약을 받는 서로 다른 개인의 협업은 사회적 힘, 즉 확대된 생산력을 낳는다. 이 협동 자체가 자발적이 아니라 자연적으로 형성되었기 때문에 이런

---

109 같은 책, 29쪽.
110 『馬克思恩格斯全集』, 第3卷, 421쪽.
111 같은 책, 274쪽.
112 같은 책, 515쪽. Marx/Engels, *Die deutsche Ideologie*, S.424 참조.

사회적 힘은 이 개인들이 보기에 그들 자신의 결합한 힘이 아니라 모종의 소원한, 그들 바깥에 있는 강제력이다. 이런 힘의 기원과 발전 방향에 관해 그들은 전혀 이해하지 못한다. 따라서 그들은 이런 힘을 더 이상 제어할 수 없으며, 반대로 이런 힘은 현재 일련의 독특한, 인간의 의지와 행위에 의지하지 않고 거꾸로 인간의 의지와 행위를 지배하는 발전 단계를 경과하고 있다.[113]

바로 이어서 마르크스는 대단히 중요한 논리적 확인을 도출했다. 이것은 바로 과거에 그가 소외로 지적했던 것이다! "철학자들이 쉽게 이해하는 말로 하면" 바로 "소외"[114]다! 이때 소외 개념은 더 이상 마르크스 사상 맥락에서 중요한 논리 규정이 아니었다. 비록 마르크스는 책 전체에서 여전히 '소외'를 11회 언급했지만 이번 한 번을 제외하고 대부분 뒷부분에서 비판 대상에 대한 인용에서 사용했다. 이는 아마도 마르크스가 분업을 부정적으로 사용했기 때문일 것이다. 이는 훗날 먼저 분업의 진보적 의미를 긍정한 후에 다시 사유제 조건 아래에서 분업이 야기하는 노예적 관계의 원인을 역사적으로 설명했던 것과는 다르다. 당시 마르크스의 눈에 분업의 이론적 역할은 경제학 과학에서만 확인할 수 있었던 악의 근원이었다. 마르크스의 논리 전환은 이때 명확하게 드러났다. 그는 과학적 경제학 규정으로 철학적 가치규정을 대체하려 했다. '소외'는 가치 평판(의당 존재해서는 안 될 Sein)이고 분업은 사회 현실 구조(존재하고 있는 것으로서의 Sein)다. 이 때문에 마르크스는 뒤의 제3장에서 비판의 창끝을 슈티르너에게 직접 겨누었다. 왜냐하면 슈티르너는 진실로 발생하는 역사의 진상을 근본적으로 이해하지 못했기 때문이다.

개인 이익이 계급 이익으로 변하고 독립 존재를 획득하는 이 과정에서 개인

---

113 馬克思恩格斯, 『費爾巴哈』, 29~30쪽.
114 Marx/Engels, *Die deutsche Ideologie*, S.35 참조.

의 행위는 불가피하게 사물화되고 소외되며 동시에 개인에게 의존하지 않고 교류를 통해 형성되는 힘으로 표현된다. 그에 따라 개인의 행위는 사회관계로 전화되고 어떤 힘들로 전화되어 개인을 결정하고 통제한다. 이로 인해 이 힘들은 관념에서 '신성한' 힘이 된다.[115]

이는 『독일 이데올로기』에서 최초로 '사물화(versachlichen)'라는 단어가 출현한 것이다. 사물화 개념은 마르크스가 이후 벌였던 협의의 역사유물론 토론에서 관건적 개념이 되었다. 훗날 토론에서 마르크스는 슈티르너를 비판할 때 '경쟁 중의 사물화(Versachlichung)'[116]를 언급했다. 마르크스가 보기에 슈티르너는 "모든 현실적 관계와 현실적 개인을 소외되었다고 미리 선포(이 철학 용어를 잠시 차용한다면)했고 이들 관계와 개인을 모두 소외에 관한 완전히 추상적인 어구로 바꾸었을 뿐이다. 바꿔 말해, 그의 임무는 현실적 개인의 현실 소외와 이런 소외의 경험 조건으로부터 현실적 개인을 묘사하는 것이 아니었다. 그의 방법은 소외, 이물(異物), 성물(聖物)에 관한 공허한 사상으로 순경험관계의 모든 발전을 대체하는 것이다".[117] '순경험관계'의 발전이라는 표현은 매우 중요하다. 이는 당시 마르크스가 자신의 실증적 비판논리를 확인한 것으로, 슈티르너가 여전히 인간주의적인 '소외, 이물, 성물에 관한 공허한 사상'에 머물러 있는 것과 대조해보면 마르크스의 사고는 근본적인 이질성을 드러내었다. 나는 소련 학자 바실리 다비도프(Vasily Davydov)가 『독일 이데올로기』 중의 분업과 소외의 관계에 대한 견해를 제출한 것에 주목하지만 그의 토론에는 여전히 명확한 정의와 구체적인 텍스트 분석이 결여되어 있다.[118]

---

115 『馬克思恩格斯全集』, 第3卷, 273쪽. Marx/Engels, *Die deutsche Ideologie*, S.228 참조.
116 같은 책, 433쪽. Marx/Engels, *Die deutsche Ideologie*, S.357 참조.
117 같은 책, 316-317쪽.
118 達維多夫, 『新馬克思主義与文化社會學問題』(莫斯科, 1980), 第3章 第5節 참조.

나는 상술한 이런 분석 사유경로가 마르크스가 진실한 역사로 나아가는 완전히 새로운 방향을 의미한다고 생각한다. 분명 이런 노력은 여전히 충분히 성숙하지 않았지만 이미 새로운 희망을 예시하고 있었다. 마르크스는 이어서 새로운 결론, 즉 소외와 분업을 소멸시키는 필요조건을 논술했다. 이 결론과 인간주의 논리 결과의 이질성을 구체적으로 드러내기 위해 우리는 잠시 텍스트 분석을 중단하고 먼저 마르크스 사유경로 2의 구체적 역사 논리의 전개, 즉 분업에서 출발해 사회역사의 다른 소유제를 관찰한 객관적 서술을 살펴본 후 이 연구과정의 끝 부분에서 이 지점으로 다시 돌아올 것이다.

2) 분업과 역사에서 발생한 네 가지 사회 소유제 형식

먼저 고찰할 것은 제5수고에서 마르크스가 진행한 역사적 분석이다. 그것은 주로 이전의 세 가지 소유제 형식을 설명했다. 이에 대해 두 가지를 설명해야 한다. 첫째, 당시 마르크스는 계급과 소유제가 없는 원시공동체가 존재하는 것을 알지 못했다. 둘째, 마르크스가 제5수고에서 서술한 것은 서유럽 경제사회발전사의 실마리일 뿐이다. 이때 그는 아직 비서양중심론의 파노라마식 역사발전 경관에 주의를 기울이지 않았다. 마르크스는 텍스트의 집필 순서에서 먼저 부르주아 사회소유제의 역사 분석(제1권 제3장의 논술, 훗날 텍스트를 수정하면서 이 논술을 제1장 제3수고에 발췌했다)을 완성한 후에 비로소 제5수고에 이 부분의 서술을 보충했다. 논술의 필요를 위해 우리는 여기에서 원래의 집필 순서를 전도시켰다.

우리는 제5수고의 서언과 제4수고의 서언은 같지만, 제5수고의 3쪽은 제4수고의 3쪽의 사유경로와는 달리(이는 제1수고에서 갑자기 단절되어 나왔다) 마르크스가 제5수고의 3쪽에서 또 한 번 분업으로부터 사유경로 2를 구축하기 시작했음을 알고 있다. 제5수고 제2부가 시작되면서 마르크스는 "한 민족(nation)의 생산력 발전의 수준은 그 민족 분업의 발전 정도에 가장 명확하게

표현되어 있다"라고 말했다. 이어서

> 어떤 민족 내부의 분업은 우선 상공업 노동과 농업 노동의 분리를 야기하고 그에 따라 도농의 분리와 도농 이익의 대립도 야기한다. 분업의 진일보한 발전은 상업 노동과 공업 노동의 분리를 초래한다. 동시에 이들 서로 다른 부문 내부의 분업으로 말미암아 어떤 노동에 공동으로 종사하는 개인 사이의 분업도 점점 세밀해진다.[119]

마르크스가 여기에서 말하는 것은 사회의 노동 분업으로, 사회의 노동 분업은 이미 단순한 '소외'의 의미가 아니라 광의의 분업 개념으로 전환했고, 그것은 통상 생산력 수준과 상호 근접해 있다. 분명 이런 이해는 분업에 대한 앞의 분석에 비해 더욱 정확하고 전면적이며 경제학(역사 현실)에 접근해 있다. 여기에서 나는 한 가지 중요한 문제를 제기하려 한다. 1970년대 일본『독일 이데올로기』토론에서 모치즈키 세이지는 분업에 관한 이 분석이 엥겔스의 이론논리임을 지적했다. 그에 따르면 마르크스는 일반적 분업에 대해 긍정적인 태도를 취해 '현실적 개인'으로부터 이른바 '분업 발전사론'으로 진입했지만, 엥겔스는 일반적 분업에 대해 부정적 태도를 지녔고 '먹고 마시지 않을 수 없는 인간'이 분업, 즉 '소유제 형태사론'을 이끌어냈다. 그는 마르크스와 엥겔스가 인간에 대해 지닌 두 가지 다른 차원의 관점이 분업을 전제로 삼는 역사 이론과 분업을 결과로 삼는 역사 이론을 가능하게 했다고 주장했다.[120] 나는 직접적 근거 없이 결과를 조작하는 이 기괴한 추론에 찬성하지 않는다. 마르크스는 "분업의 단계는 당시 생산력의 발전 수준에 의존한다"[121]라고 하면

---

119 馬克思恩格斯,『費爾巴哈』, 11쪽.
120 望月淸司,『馬克思歷史理論的硏究』(岩波書店, 1973), 155~260쪽 참조. 모치즈키 세이지의 이 논저는 1970년대 일본 신마르크스주의 연구 텍스트 가운데 중요한 저서다. 이 책은 북경사범대학출판사에서 2009년 번역 출간되었다.
121 馬克思恩格斯,『費爾巴哈』, 82쪽.

서 "분업 발전의 각종 다른 단계는 동시에 소유제의 다른 형식이기도 하다"[122]라고 설명했다. 이는 또한 분업의 각기 다른 단계가 "개인과 노동 재료, 노동도구와 노동생산물의 유관한 상호 관계"[123]를 결정한다는 것을 의미한다. 그리하여 "분업은 처음부터 노동 조건 — 노동 도구와 노동 수단 — 의 분배를 포함하고 있고 각 사유자 사이에서 축적된 자본의 분할도 포함하고 있으며, 그에 따라 자본과 노동 사이의 분열 및 소유제 자체의 각종 다른 형식도 포함하고 있다".[124]

이리하여 마르크스는 당시의 제한된 경제학과 역사지식을 기반으로 전(前)부르주아 사회에서 나타난 세 가지 소유제 형식을 제출했다. 첫째, '부족소유제(Stammeigentum)'다. 이는 생산이 발달하지 않은 단계에 상응하는 최초의 자연 분업적 소유제로, 마르크스가 앞에서 제기한 가족 내 성별 분업이 사회적으로 확대되는 것, 즉 가내노예제가 노예제 사회로 나아가는 것에 대한 대항적 소유제다. 둘째, '고대 공동체소유제와 국가소유제(antike Gemeinde-und Staatseigentum)'다. 이 소유제는 몇 개 부족이 한 도시로 연합해 만들어졌기 때문에 이 소유제에는 여전히 노예제가 존재한다. "동산사유제와 훗날 부동산사유제가 이미 발전하기 시작했다." 이때 "분업은 이미 비교적 발달했다. 도농 간의 대립이 이미 발생했고 국가 간의 대립도 이어서 출현했다".[125] 셋째, '봉건적 또는 신분적 소유제(feudales oder ständisches Eigentum)'다. 마르크스는 "중세기의 기점은 농촌"이라고 했는데, 여기에서 출현한 것이 토지 점유를 기초로 하는 봉건신분제다. 도시에서는 '동업조합소유제', 즉 '길드(guild)'가 출현했다.[126] 이런 수공업 봉건조직은 농촌신분제와 비슷한 형태다. 그 밖에 봉건소유제의 주요 형식은 "한편으로는 토지재산과 토지에 속박

---

122 같은 책, 11쪽.
123 같은 책, 11~12쪽 참조.
124 같은 책, 74쪽.
125 같은 책, 12쪽 참조.
126 같은 책, 13~14쪽 참조.

된 농노 노동이고 다른 한편으로는 소량의 자본을 가지고 조수(助手) 노동을 지배하는 자신의 노동이다". 이 두 가지 소유제의 구조는 모두 "협애한 생산 관계 - 소규모의 조방적 경작과 수공업식의 공업 - 에 의해 결정된다".[127]

넷째 소유제인 부르주아 현대 사유제, 즉 현대 **부르주아** 사회는 제3수고에서 서술되었다. 앞에서 말한 대로, 이는 제1권 제3장에서 옮겨온 것으로, 그 것은 원래 '신약' 부분의 '부르주아 사회로서의 사회'와 '반란' 두 항목 사이에 놓여 있었다.[128] 이 부분의 내용은 실제로 부르주아 사회 경제발전사의 개작일 뿐 아니라 근대 생산발전이 교환관계의 변혁을 초래한 역사이기도 하다. 동시에 그것은 또한 비판적 역사철학의 새로운 개작이다. 여기의 담론 양식은 마르크스가 『1844년 수고』에서 의도적으로 회피한 고전경제학 양식에 속하므로 그것은 또한 마르크스의 이 책의 사유경로 2의 가장 중요한 전개이기도 하다. 마르크스의 서술을 분석해보자. 분업은 이 사유경로 2 서술의 이론의 중심선이고 교환과 생산력은 역사 모순의 내부 추진력이지만 이론의 목표 지향은 부르주아 사회가 형성되고 발전하는 세 시기에서 자본의 세계시장이 최종적으로 구축하는 이른바 세계 역사(Weltgeschichte)다. 이 '세계 역사'는 헤겔의 표현이지만, 이번에 등장한 것은 더 이상 절대 관념의 세계 역사가 아니라 자본의 세계 역사를 의미한다. 마르크스는 책 전체에서 세계 역사를 모두 11회 사용했다.

첫 번째 시기에 대한 마르크스의 설명은 도시와 농촌의 대립으로부터 전개되기 시작한다. 마르크스는 이 대립을 "물질노동과 정신노동의 최대의 한 차례 분업"[129]이라고 일컬었다. 인류 사회역사의 진행과정에서 그것은 또한 "야만으로부터 문명으로의 이행, 부족제도로부터 국가로의 이행, 국지성으로부터 민족으로의 이행과 동시에 시작되었다. 그 대립에는 문명의 전체 역사가

---

127 같은 책, 14쪽 참조.
128 『馬克思恩格斯全集』, 第3卷, 403~437쪽 참조.
129 馬克思恩格斯, 『費爾巴哈』, 50쪽.

관철되어 있으며 지금까지도 지속되어왔다".[130] 마르크스는 또한 "도농 간의 대립은 개인이 분업에 굴종하고 개인이 핍박받아 종사하는 어떤 활동에 굴종하는 선명한 반영"[131]이라고 지적했다. 이런 노예적 굴종은 상호 대립적인 '도시 동물'과 '농촌 동물'을 초래했다. 마르크스는 이런 "개인을 지배하는 힘이 존재하는 한 사유제도 필연적으로 존재할 것"이라고 인식했다. 마지막으로 마르크스는 "도시와 농촌의 분리는 자본과 토지재산의 분리로 볼 수 있고, 자본이 토지재산에 의존하지 않고서도 존재하고 발전하는 시작으로 볼 수 있으며, 노동과 교환만을 기초로 하는 소유제의 시작이기도 하다"[132]라고 말했다. 이것이 이미 경제학 범주에 속하는 역사적인 실증적 서술임에는 의심의 여지가 없다.

첫 번째 시기에 관한 논설에서 마르크스는 유럽 중세 후기 도시에서의 경제발전 과정이 사실은 서양 부르주아 사회의 가장 이른 발전임을 설명하려했다. 이런 경제발전 과정의 기점은 길드의 통제 아래에 있던 수공업 노동자와 '자연 형성된 신분제 자본', 나아가 분업이 '생산과 교환의 분리'로 진일보확대된 것인데, 그 표지는 상인 계층이 형성된 것이다. 바로 '교환'이 한 특수계층에 의해 전적으로 관리됨으로 인해 상업의 교환은 충분하게 발전할 수 있었고 그에 따라 이 계층이 도시의 생산과 분업의 발전을 직접 촉진했으며또한 도시 간의 상호 교류도 촉진했다. 이런 교환에서 "최초의 지역 한계성이점차 소실되기 시작했다".[133] 여기에서 마르크스의 토론은 여전히 경제학이서술하는 역사적 긍정의 기초 위에 진행되었다.

마르크스의 분석에 근거하면 도시 간 분업의 직접적인 결과는 공장수공업의 형성으로, 이는 부르주아 생산양식의 시작이기도 하다. 이때 활약한 것은

---

130 같은 책, 50쪽.
131 같은 책, 50쪽 참조.
132 같은 책, 51쪽.
133 같은 책, 53쪽 참조.

우선 낡은 생산 형식(길드 속박)에서 벗어난 노동 및 자연적으로 형성된 신분제적 자본으로부터 발전한 상인 자본이다. 마르크스는 상인자본이 근대적 의미의 자본이라고 제기했다. 그는 또한 상업자본이 "시작부터 활동적"[134]임을 발견했다. 상업적 활동자본은 동산이라고도 불렸다. 그리고 『1844년 수고』에서는 마르크스는 이에 대해 회의적 태도를 가지고 있었다. 이때 원래 길드에서 조수와 스승 간에 존재하던 '가부장적 관계'는 공장수공업에서의 노동자와 자본가 사이의 '금전관계'에 의해 대체되었다.[135] 마르크스는 책 전체에서 자본가를 모두 22회 사용했다.

두 번째 시기는 17세기 중엽에 시작해 18세기 말까지 지속되었다. 이는 공장수공업이 진일보 발전한 단계다. 이와 함께 식민주의 상업 교환에 의해 개척된 '세계시장(Weltmarkt)'과 상업 및 해운도 발전했다. 당시 공장수공업은 여전히 취약했고 상업의 확대 또는 축소에 의존했다. 마르크스는 비록 자본의 운동이 가속되고 있지만 세계시장은 아직 수많은 부분으로 분할되어 있으며 국가 간의 장벽, 원활하지 않은 생산, 아직 발달하지 않은 화폐제도 이 모든 것이 자본의 유통에 심각하게 영향을 주고 있다고 판단했다. 그러므로 당시의 수공업 생산자와 상인은 "훗날의 상인 및 산업가와 비교해보면 여전히 낡은 소시민이었다".[136] 그러나 어찌 되었건 자본은 이 과정에서 원래 가지고 있던 자연적 성격을 크게 상실했다.

나는 바로 여기(제3수고 50쪽)에서 마르크스가 다시 한 번 자신의 텍스트에서 정치경제학을 실증적으로 집중 인용(제1수고 18쪽에서 스미스의 '보이지 않는 손'을 처음 인용)했음을 발견했다. 『1844년 수고』 시기와 달리 이번에 정치경제학은 더 이상 비판의 대상이 아니라 역사 현실을 대면하는 근거가 되었다. 이런 현상은 같은 쪽에서 연달아 3회 출현했다. 첫째는 18세기 상업 도시와 공

---

134 같은 책, 55쪽.
135 같은 책, 56쪽 참조.
136 같은 책, 59쪽.

장 도시의 차별 문제에서 아이킨(Aikin)을 인용할 때이고, 둘째는 '18세기는 상업의 세기'라는 논단에서 핀토(Pinto)를 인용할 때이며, 셋째는 자본운동과 공장수공업 시기 상인과 공장수공업주의 특성에서 스미스를 인용할 때다. 이는 논리 사유경로 2의 직접적인 이론 기초가 텍스트에 드러난 것이다. 나는 이미 『독일 이데올로기』 전체에서 이런 상황이 대략 10회 출현했음을 지적한 바 있다.

세 번째 시기는 마르크스가 '대공업'이라 일컬었던 발전 단계, 즉 "자연력을 이용해 공업을 위해 복무하고 기계생산을 채용하고 가장 광범한 분업을 실행"[137]한 시기다. 단지 이 새로운 단계에서 부르주아 사회 "대공업은 교통 도구와 현대적 세계시장을 창조하고 상업을 통제하고 모든 자본을 산업자본으로 바꾸었으며 그에 따라 유통을 가속시키고(화폐제도의 발전) 자본을 집중시켰다".[138] 바로 이 대공업이 처음으로 세계 역사를 창조했다. 왜냐하면 대공업은 각 문명국가 및 이들 국가에서 각 개인의 욕구의 만족을 전체 세계에 의존했기 때문이고 대공업이 각국에서 이전에 자연적으로 형성된 폐쇄적 상태를 소멸시켰기 때문이다. 세계 역사는 대공업이 창조했다. 이는 '독일 이데올로기'라는 관념적 세계사관에 대한 가장 둔중한 타격이었다. "그것은 자연과학을 자본에 종속시켰고 분업으로 하여금 자신의 자연적 성격의 최후의 흔적을 상실하게 만들었다. 그것은 자연적으로 형성된 관계를 일괄적으로 소멸시켰고(노동 범위 내에서만 이것을 할 수 있다) 아울러 자연적으로 형성된 모든 관계를 화폐적 관계로 바꾸었다."[139] 이를 통해 우리는 마르크스가 부르주아 사회 대생산이 구축한 새로운 세계 역사를 긍정하고 있음을 명확하게 이해할 수 있다. 그러나 이는 결코 그의 진정한 목적이 아니다. 마르크스는 여전히 부르주아 사회 비판에 집착하고 있었지만 이번에는 더 이상 인간의 노동 본

---

137 같은 책, 59쪽.
138 같은 책, 60쪽.
139 같은 책, 60쪽 참조.

질의 소외로부터 그런 가치 부정을 끌어내지 않고 경제 운동 자체의 객관적 추세로부터 다음과 같은 부르주아 사회 멸망의 근거를 확인했다. 첫째, 부르주아 사회 대공업은 자동화 체계로 '대량의 생산력'을 창조해 "사유제가 그들 발전의 질곡이 되게"[140] 만들었다. 둘째, 부르주아 사회 대공업은 각 민족의 특수성을 소멸시키고 특히 "진정으로 전체 낡은 세계에서 벗어나 그와 대립하는 계급"을 창조했는데, 그것은 바로 프롤레타리아 계급이다. 더 중요한 것은 "대공업은 노동자와 자본가의 관계뿐만 아니라 노동 자체를 노동자가 참을 수 없는 것으로 만들어"[141] 생산력의 객관적 발전이 부르주아 사회의 생산관계를 직접 부정하고 있다. 이 관점은 바로 마르크스가 제1수고의 사유경로 2에서 분업과 소외의 관계를 논술할 때 등장한 두 가지 객관 조건에 대한 구체적인 역사적 해석이다. 그런데 부르주아 사회가 공산주의로 나아가는 것은 결코 더 이상 노동소외의 지양과 인간의 유적 본질로의 복귀를 통하는 것이 아니라 진실한 역사(경제) 발전의 결과이며, 이는 또한 부르주아 사회 대공업 자신이 창조한 세계사적 생존 가운데 존재하는 인류 해방의 현실 가능성이기도 하다. 이처럼 중요한 정의를 완성했으니 제1수고의 텍스트를 중단한 곳으로 돌아가 사고를 진행하고자 한다.

마르크스는 제1장 제2절의 텍스트 중단 부분에서 제1수고의 사유경로 2에서 분업에서 필연적으로 출현하는, 인간이 창조한 사물이 거꾸로 인간을 노예화시키는 '소외' 현상을 명확하게 지적했다. 이어서 마르크스는 이런 '소외'가 다음과 같은 두 가지 '실제 전제'를 구비한 후에야 비로소 소멸될 수 있음을 지적했다. 그것은 바로 우리가 방금 본, 부르주아 사회 대공업의 발전 과정에서 형성된 프롤레타리아 계급과 이런 '소외'가 참을 수 없는 혁명의 대상이 된 것이다.[142] 마르크스는 다음과 같이 인식했다. "개인 역량(관계)이 분업으로

---

140 같은 책, 60쪽 참조.
141 같은 책, 61쪽.
142 같은 책, 30쪽 참조.

인해 물적 역량으로 전화되는 이 현상은 인간이 두뇌에서 이 현상에 관한 일반 관념을 버리는 방법으로는 소멸될 수 없으며, 인간이 이들 물적 역량을 새롭게 조절하는 방법으로, 그리고 분업을 소멸시키는 방법으로만 소멸할 수 있다."[143] 이런 견해는 실제로 공산주의를 실현하는 객관적 전제가 '생산력의 거대한 증가와 고도의 발전'이 구축한 세계의 역사적 존재일 뿐이라는 사실을 새롭게 확인하고 있다. 현실 부르주아 사회 대공업이 구축한 세계의 역사적 생존은 사유경로 1 가운데 인류 사회역사 존재의 구체적인 현대적 확증이다. 구체적으로 살펴보면 다음과 같다.

첫째, "생산력의 이런 발전(이런 발전에 따라 인간의 지역적인 존재가 아니라 세계사적 존재는 이미 경험적 존재가 되었다)이 절대적으로 필수적인 실제 조건이 된 이유"는 이런 물질생산의 발전이 없다면 "빈궁과 극단적인 빈곤의 보편화만 있었을 것이기 때문이다".[144] 이리하여 생활필수품을 쟁탈하는 투쟁에서 모든 낡은 것은 다시 새롭게 출현할 것이고 공산주의는 여전히 공론이 될 것이다.

둘째, 생산력의 이런 보편적 발전이 있어야만 "인간 사이의 보편적 교통이 비로소 건립될 수 있다". 이로 인해 세계사적인 인간과 인간의 풍부한 교통관계가 출현할 수 있다.[145] 이는 다음과 같은 이유 때문이다.

상호 영향을 주는 각 활동 범위가 이 발전 과정에서 더욱 확대될수록, 각 민족의 원시적 폐쇄 상태가 나날이 완전해지는 생산양식과 교통, 그리고 교통으로 인해 자연스레 형성된 다른 민족 간의 분업으로 말미암아 더욱 철저하게 소멸될수록 역사도 더욱 세계 역사가 되어간다.[146]

---

143 같은 책, 65쪽.
144 같은 책, 30쪽 참조.
145 같은 책, 30쪽 참조.
146 같은 책, 33쪽.

이 세계 역사의 실현은 실제적 객관 과정임을 알 수 있다. 마르크스는 이 텍스트에서 세계 역사를 11회 사용했다.

셋째, 바로 이런 생산력의 거대한 발전으로 말미암아 인류 자신의 개인 주체의 생존에서 "지역적인 개인은 세계사적인, 경험상 보편적인 개인에 의해 대체된다".[147] "개인은 자신의 활동이 세계사적인 활동으로 확대됨에 따라 점점 더 그들에 대해 소원한 힘(fremde Mächte)의 지배(그들은 이런 압박을 이른바 우주정신 등등의 올가미로 상상한다)를 받게 되고, 나날이 확대되고 결국은 세계시장으로 표현되는 힘의 지배를 받게 된다."[148] 그러므로 "각 개인의 해방 정도는 역사가 완전히 세계 역사로 전환하는 정도와 일치한다". 이리하여 개인은 비로소 "각종 민족의 한계와 지역의 한계를 벗어나 전체 세계의 생산(또한 정신의 생산)과 실제적 관련이 발생할 수 있고, 비로소 지구적이고 전면적인 생산(인간이 창조하는 모든 것)의 능력을 획득할 수 있다".[149] 또한 이때에만

> 각 개인의 전면적 의존성, 자연스레 형성된 그들의 세계사적 협동의 최초 형식은 공산주의 혁명에 의해 이러한 힘, 즉 원래 인간의 상호 작용에 의해 발생했지만, 줄곧 그들에 대한 소원한 힘으로서 그들을 위협하고 지배해왔던 힘을 제어하고 의식적으로 지배하게 된다.[150]

이는 공산주의의 전제다. 분명 마르크스가 공산주의로 나아가는 노정은 이미 현실적인 역사발전의 도로로 변했다. "프롤레타리아 계급은 세계 역사적 의미에서만 존재할 수 있는데, 이는 그들의 사업, 즉 공산주의가 '세계 역사적' 존재로서만 실현될 수 있는 것과 같다. 그리고 각 개인의 세계 역사적

---

147 같은 책, 30쪽.
148 같은 책, 33~34쪽.
149 같은 책, 34쪽 참조.
150 같은 책, 34쪽.

존재는 또한 세계 역사와 직접 관련된 각 개인의 존재이기도 하다."[151]

3)『독일 이데올로기』에 대한 간단한 이론 평가

앞에서 말한 바와 같이 고전경제학의 이론 추상은 사회경험에 기초한 귀납으로, 스미스와 리카도는 부르주아 생산양식 중 각종 비직관적인 사회관계와 경제 법칙을 추상해냈는데, 그것들은 이 사회의 본질적 추상(일반)이다. 나는 고전경제학에서 본질인식론이 이미 출현했다고 생각한다. 페티는 '정치 가격' 배후에서 '자연가격'을 찾았고, 부아기유베르는 '시장 가치' 배후에서 '진정한 가치'를 찾았으며, 중농주의가 발견한 잠재적 자연 질서는 실제로 이상화된 부르주아 사회 질서였다. 한편 스미스의 '보이지 않는 손'은 봉건 외피를 벗어던진 자연 질서로, 그것은 최초로 인류 사회역사에 인간의 의지와 독립적인 객관법칙이 존재하고 있음을 명확하게 지적했다. 그러나 문제는 부르주아 경제학자가 오히려 부르주아 사회 생산양식이라는 이 역사적 일반(부르주아 사회의 특수한 일반)을 비역사적 일반으로 추상했다는 것이다. 즉, 부르주아 사회 생산양식을 인간의 천성이자 사회역사의 자연 본질, 그리고 영원한 자연법칙으로 오인했다. 철학적 인간주의로부터 역사유물론으로 전환하는 과정에서 마르크스의 이론논리의 기초는 낡은 전통 철학이 아니라 경제학이었지만 마르크스는 부르주아 정치경제학의 한계성을 과학적으로 초월했다. 왜냐하면 역사유물론은 탄생 순간부터 역사적인 과학 추상이었으며 역사유물론 철학의 출발점은 역사적인 사회 본질(일반)이었기 때문이다. 물론『독일 이데올로기』의 구체적 표현에서 사유경로 1은 순수한 역사 추상적 결과이지만 사유경로 2는 이런 추상이 경제 현실로 환원된 실증 비판이다. 그러나 마르크스가 이미 역사유물론의 입장으로 전향하고 가장 기본적인 과학적 철학

---

151 같은 책, 31쪽.

개괄을 진행했지만, 아직 경제학을 진정으로 이해하지 못했기 때문에, 특히 자신의 독립적인 경제과학의 관찰 지평을 가지지 못했기 때문에 진실한 역사 지평을 가질 수는 없었다. 특히 나는『독일 이데올로기』사유경로 2에서 마르크스가 1844년 이전 자신이 항상 운영하던 현상학적 비판의 사유경로를 방기했음을 발견했다. 이런 방기는 논리적 자각에서 비롯된 것이 아니었다. 그는 이때 아직 경제학 사실로부터 부르주아 사회 경제생활의 본질과 현상의 관계, 구체적으로 말해 발생학적 의미에서의 자본관계의 역사 형성을 명확하게 이해하지 못했다.[152]

이는 부르주아 사회 경제 현실 자체의 '가상화'가 관념의 전도가 아니라 역사적으로 발생 중인 경제 현실 자체의 점차적 변이와 가상화이기 때문이다. 코지크는 훗날 이를 '허위적 구체 세계'[153]라고 일컬었다. 이처럼 역사발생학이 변화하는 가운데 부르주아 사회의 본질(자본의 생산관계)은 은폐되었고 교환관계가 주도적인 것처럼 인식되었으며 인간과 인간의 연계는 사물과 사물의 연계로 역사적으로 전도되어 사실 자체가 되었고 부단히 신격화되었다. 이는 필연적으로 부르주아 계급의 물신숭배 이데올로기를 출현시켰다. 인간들은 부르주아 사회 경제 현실에서 더 이상 진상을 볼 수 없고 외재적 물상에만 사로잡힐 수밖에 없었다. 이런 오류는 필연적으로 모든 부르주아 경제학자의 탐색의 발걸음을 멈추게 만들었다. 그러나 그들이 멈춘 곳이 바로 마르크스가 안개를 걷고 앞으로 탐색하는 출발점이기도 하다. 그러나 나는 마르크스가『독일 이데올로기』를 쓰던 시기에 경제학 연구과정 자체의 제한으로 인해 보다 높은 이론 수준에 완전히 도달할 수 없었음을 지적하지 않을 수 없다. 그러므로 우리가 이미 살펴본 제1장의 수고에서 사유경로 1은 일반 사회

---

152 마르크스는 1857~1858년의 경제학을 과학적으로 구축하는 과정에서 비로소 이 점에 대한 인식을 진실하게 형성했다. 이로 말미암아 역사유물론의 보다 심층적이고 구체적이며 역사적으로 형성된 추상을 완성했으며 과학적 역사현상학의 내재비판을 다시금 구축했다.

153 科西克,『具体的辯証法』, 傅小平譯(社會科學文獻出版社, 1989), 6~9쪽.

적 존재와 본질에 대한 마르크스의 추상적 표현이지만, 사유경로 2는 과학적 인식론 척도로 현실 경제 운행에 대해 진행한 그의 역사비판이다. 그러나 이런 비판인식론은 부르주아 사회 경제를 인식하는 데 필수적인 현상학 논리가 결여되어 있어 지나치게 단순하다. 예를 들어, 생산력 발전 과정에서 분업은 경제와 사회의 객관적 모순 대립을 이끌어낼 것이며 생산력의 발전은 더 높은 차원에서 분업과 대립을 소멸시킬 것이다.

마르크스는 훗날 인체는 원숭이 몸을 해부하는 열쇠라고 지적했다. 이 비유에서 인체는 가장 복잡한 경제관계와 운행 기제(대공업이라는 최고 관측점에서 보면, 오늘날의 '인체'는 정보사회의 디지털 존재다)를 가리키는데, 구체적으로 말해 이 '인체'는 또한 리카도가 경제학적 의미에서 말한 대공업 경제관계에 대한 추상이고, 원숭이 몸은 전(前) 부르주아 사회의 사회관계와 운동, 즉 고대 → 중상주의 → 중농주의 → 스미스의 경제 추상이다. 메링은 역사유물론은 "인류 역사의 일정한 높이에서만 그 비밀을 드러낼 수 있다"[154]라고 지적했다. 그의 이 평가는 요점을 틀어쥔 것으로 매우 정확하다. 마르크스의 경제학 연구 수준이 리카도의 경제학 연구가 도달한 역사의 최고 수준과 어깨를 나란히 할 때만 그는 비로소 최초로 대공업('인체')으로부터 전체 사전 사회('원숭이 몸')의 역사발전의 본질과 법칙을 진실하게 해부할 수 있을 것이다. 이때라야 비로소 과학적 정치경제학 이론과 역사유물론 자체의 역사 확증이 진정으로 완성될 수 있을 것이다. 마르크스는 1857~1858년 경제학 연구가 실현한 새로운 사상 혁명에 이르러서야 비로소 이 요새를 함락시켰다.

이는 또한 중요한 문제, 즉 마르크스『독일 이데올로기』의 경제학 기초 문제를 이끌어냈다. 실제로 바가투리아는 마르크스가 고전경제학을 파악했던 수준이 역사유물론의 형성에 영향을 주었음을 적확하게 지적했다. 동시에 그는 마르크스의 사상이 전환하는 과정에서 '스미스 위주에서 리카도 위주로의

---

154 梅林, 『論歷史唯物主義』, 李康譯(三聯書店, 1958), 1쪽.

전환'이 동시에 추진되었음을 심층적으로 관찰했다. 그러나 바가투리아는 노동 분업에 관한 스미스의 관점이 마르크스에게 미친 영향은『1844년 수고』에만 체현되어 있을 뿐이고『독일 이데올로기』시기에는 마르크스가 이미 리카도의 생산력 입장으로 전향했다고 인식했다.[155] 이러한 분석에 대해 나는 야오순량과 탕정둥(唐正東)의 관점, 즉『독일 이데올로기』시기에는 마르크스의 경제학 기초가 여전히 스미스였으며 마르크스는 여전히 스미스의 경제학 지평을 통해 자신의 철학 전망을 규정했다는 관점에 찬성한다. 분업에서 출발해 생산을 관찰하고 인간과 인간의 직접적인 사회관계에서 출발해 사회생활을 관찰하지만 그들이 참조한 것은 단지 수공업 시기 부르주아 사회의 생산특징일 뿐이다. 이들 특징은 모두 부르주아 사회 '초급단계'에서 나타나는 특수한 경제 속성일 뿐이다. 물론 마르크스는 이때에도 공업대생산을 언급했고 사회관계의 '화폐관계'로의 전환에 대해서도 언급했다. 그러나 마르크스는 아직 이론 운영의 심층에서 기계대생산의 기술 합작이 창조하는 생산력을 인식할 수 없었고, 교환관계가 보편적 지배형식이 되는 사물화 사회구조의 철학적 의의를 투시할 수 없었다. 이런 분석은 부르주아 사회 대생산 시대의 경제학자 리카도의 경제학 지평에 속할 뿐이다. 그리고 이 지평은 마르크스가 1847년『철학의 빈곤』에서야 비로소 점차 도달하는 이론 수준이다. 리카도 경제학에 대한 마르크스의 비판 기점은 바로『정치경제학 비판 요강』에서 비로소 구축된다.[156] 이는 심층적인 이론논리 관계이고 또한 우리가 뒤에서 진지하게 토론할 문제이기도 하다.

이에 근거해 나는『독일 이데올로기』를 이해할 때 다음 몇 가지 문제에 주의해야 한다고 생각한다.

---

155 巴加圖利亞,『馬克思的經濟學遺産』, 馬健行譯(貴州人民出版社, 1981), 181쪽; 沈眞編,『馬克思恩格斯早期哲學思想研究』(中國社會科學出版社, 1982), 189쪽.

156 孫伯鍨·姚順良,『馬克思主義哲學史』, 第2卷, 第118頁; 唐正東,「物質生産, 新唯物主義哲學的經濟學基礎變換」, 《南京社會科學》(1999), 第2期.

첫째, 마르크스가 『독일 이데올로기』에서 확립한 광의의 역사유물론은 주로 물질생산이 인류 생존의 기초이고 이런 물질생산은 영원한 자연필연성을 가지고 있음을 제시했다. 그러나 현대 경제생활(교환을 목적으로 하는 경제 활동과 관계의 총체)은 결코 영원하지 않으며 생산물이 상품 형식으로 사회 교환 과정에서 실현되는 경제적 총체는 특정한 역사조건하에서만 출현하게 되고, 이로 인해 시장경제의 객관적 힘은 결정적으로 주도적 관계가 되는데, 이 과정 또한 역사적이다. 예를 들어 가치법칙은 상품경제 운행에서만 출현할 수 있다. 그러므로 경제결정론의 오류는 바로 여기에 있다. 즉, 경제결정론에서는 부르주아 사회에서 특정한 시기에 출현하는 현상과 법칙을 추상적 일반법칙으로 기형적으로 변화시키는 것이다. 이 또한 마르크스의 협의의 역사유물론을 오인한 것이다! 왜냐하면 협의의 역사유물론은 경제역량이 인간과 사회라는 특정한 역사 환경을 전도시켜 결정한다는 것을 지적한 것일 뿐이기 때문이다. 『독일 이데올로기』에서 마르크스는 분업을 실마리로 삼는 경제와 사회 모순에 기탁해 부르주아 사회를 비판했지만, 그는 고전경제학, 특히 교통관계를 통해 생산관계에 이르는 리카도의 과학적 추상에 도달할 수 없었다. 즉, 사물의 외피를 벗기고 본질을 파악하고 유통영역의 사고로부터 생산영역의 사고로 전향하는 과학적 추상에 도달할 수 없었다. 『독일 이데올로기』에서 마르크스는 헤스의 교통관계 이론을 자주 사용했다. 헤스의 교통(Verkehr) 개념은 또한 마르크스가 사회관계 문제를 사고할 때 사용하는 주요한 도구로, 책 전체에서 교통 및 관련 단어를 172회 사용했다. 그 가운데 교통관계를 9회, 교통형식을 27회 사용했으며, 세계교통을 11회 사용했다. 그러나 실은 교통(Verkehr)은 교환(Tausch)과 동일한 개념이 아니며, 생산관계는 항상 교환관계를 결정하는데, 부르주아 사회 생산양식에서만 교환관계가 지배적 관계가 된다. 교환관계는 표상이고 생산관계가 비로소 본질이다. 1850년대 이후의 경제학 연구에 이르러서야 마르크스는 점차 이 문제들을 해결하고 이를 철학적 지평으로 승화시켰다.

둘째, 『독일 이데올로기』에서 광의의 유물론에 대한 마르크스의 일반적인 서술(주로 사유경로 1)은 사실 추상해낸 사회역사 본질의 논리다. 특정한 의미에서 그것은 '무현상'적이어서 생활에서 직접 확인할 수 없다. 생산, 재생산, 생산력과 사회관계는 모두 볼 수 있는 실체적 존재가 아니다. 특히 사회의 본질적인 생산양식으로서의 생산과 재생산, 생산력과 사회관계는 감성 경험으로는 직접 실증할 수 없다. 역사의 발생과 발전 과정에서 이런 역사 존재 및 그 본질은 모두 역사적으로 구축되었다. 그러나 마르크스가 당시 직면한 현실 부르주아 사회에서 사회의 모든 본질 관계는 은폐되었다. 우리는 단순히 상식으로만 광의의 역사유물론의 일반 원칙을 확인할 수는 없다. 그렇지 않으면 오독이 생겨날 것이다. 즉, 직관 현상과 실체화된 감성 묘사로 역사유물론의 본질적 설명을 대체할 것이다. 동시에 광의의 역사유물론은 마르크스가 훗날 『정치경제학 비판 요강』에서 정립한, 본질과 현상을 통일시키고 협의의 역사유물론과 역사인식론 위에 건립한 역사현상학(geschichtliche Phänomenologie)과 완전히 같지는 않다.

제7장

마르크스주의 철학 혁명의
최후의 전망

『독일 이데올로기』제1장 제5수고에 대한 수정작업에서 우리는 마르크스의 새로운 철학적 관점의 구축이 실상 미완성이라는 것을 확인할 수 있었다. 마르크스는 한편으로는 여전히 철학적 논리의 방향에서 새로운 역사적 담론을 구축했고, 다른 한편으로는 경제학과 현실 경제발전사의 형성에 직접적으로 근거해 부르주아 사회에 대한 실증적인 비판을 수행했다. 그는 자신의 철학적 관점을 사고할 때 이미 매우 중요한 문제를 인식하고 있었는데, 그것은 바로 만약 정치경제학을 명확하게 인식하지 못한다면 진정으로 사회주의로 통하는 현실적인 경로를 찾아낼 수 없으며 또한 진정으로 새로운 철학적 관점을 구축하는 것 역시 불가능하다는 것이었다. 마르크스의 이와 같은 사유방식은『독일 이데올로기』를 저술한 후 얼마 지나지 않아 안넨코프에게 보낸 편지에 잘 나타나 있다. 이 편지에서 우리는 마침내 마르크스의 철학 혁명이 가 닿은 가장 중요한 이론적 관점과 만나게 된다. 그리고 이후 공개적으로 발표된『철학의 빈곤』에서 마르크스는 처음으로 새로운 철학적 관점과 자신의 정치경제학 이론에 관한 과학적 토론을 직접적이고도 자각적으로 연결시키고 있다.

1. 과학적 비판이론의 새로운 기점

1846년 12월 28일 마르크스는 러시아의 자유주의 작가 안넨코프에게 매우 정중하게 편지를 보냈다. 이 편지는 지난 11월 1일 안넨코프[1]가 마르크스에게 보낸 편지에 대한 답장이자 프루동의 경제와 철학에 관한 관점에 대한 의견을 담고 있었다. 주지하듯 당시는 마르크스와 엥겔스가 철학적 변혁을 이제 막 실현했던 때이자 공동으로『독일 이데올로기』제2권과 제1권의 내용을 대부분 완성한 이후였으며, 또한 마르크스가『독일 이데올로기』의 핵심 부분이라고 할 수 있는 제1장을 어렵게 저술하고 교정하고 있던 매우 중요한 시기였다. 동시에 마르크스는 정치경제학에 대한 혁명적 탐색에 자신의 온 힘을 기울이고 있었다. 좀 더 정확하게 표현하면, 당시는 마르크스와 엥겔스가 '최초의 위대한 대발견(역사유물론의 정립)'을 실현하기 위한 첫걸음을 떼던 시기였으며, 동시에 두 번째의 위대한 과학혁명(잉여가치 이론의 구축)을 향해 나아가던 과도기적 시기이기도 했다. 내가 보기에 마르크스는『독일 이데올로기』제1수고의 수정을 마무리하던 즈음 이미 한 가지 문제를 인식하고 있었다. 그 문제는 바로 새로운 철학적 관점이 과학적 사회주의의 비판과 구축의 가능성을 예감할 수 있게 해주는 것은 사실이지만, 현실적인 과학적 비판과 프롤레타리아 혁명의 실현 가능한 경로는 오직 경제학과 역사학의 실증적인 연구를 통해서만 가능하다는 것이었다. 이러한 관점에 기반을 두고 나는 앞서 언급한 마르크스의 편지에서 마르크스가 1845년 헤스의 추상적인 유물론적 실천을 초월해 또 다른 매우 중요한 이론적 도약을 보여주고 있음을 입증하려 한다. 그것은 바로 프루동의 철학에 내재되어 있는 이중적인 관념론적 사관에 대한 비판과 특히 프루동의 경제 관념론 — 표면적으로는 사회생활에서 경제 역량이 결정적인 작용을 한다는 것을 인정하면서도 그 실질에서는 추상적인 관념

---

1   파벨 안넨코프(Pavel Wasilyevich Annenkov, 1813~1887), 당시 브뤼셀 공산주의 통신위원회의 파리 주재 통신원이었다. 그는 파리에서 프루동의 저서『경제 모순의 체계, 빈곤의 철학』을 읽은 후 1946년 11월 1일 마르크스에게 편지를 써 이 책에 대한 자신의 관점을 언급하고 마르크스의 의견을 구했다. 서적상의 사정으로 12월 말이 되어서야 마르크스는 비로소 프루동의 저서를 읽을 수 있었고, 그는 이틀에 걸쳐 이 책을 읽은 후 프랑스어로 안넨코프에게 답장을 보냈다.『馬克思恩格思全集』, 第27卷 (人民出版社, 1972), 476~488쪽 참조. 또한 MEGA2, III/2, S.70~80 참조.

이 주도적인 역할을 하고 있는 ― 에 대한 초월을 통해, 프루동의 방법론에 숨겨져 있는 관념론적 역사관을 최종적으로 전복시킨 것이다. 만약 「포이어바흐에 관한 테제」에서 『독일 이데올로기』에 이르는 과정 동안 마르크스가 방법론적 측면에서 역사유물론을 확립시켜놓았다면, 이 편지에서 그가 더욱 관심을 기울인 것은 새로운 현실 비판의 장력을 어떻게 과학적으로 이끌어낼 것인가에 관한 문제다. 따라서 마르크스가 안넨코프에게 보낸 편지에서 가장 중요한 이론적 문제는 바로 '해방된 물적 조건으로부터 도출해낸 비판적 인식'이다. 이것은 또한 마르크스가 최종적으로 이룩한 철학 비판에서 비판적인 경제학 및 역사현상학 연구로의 전환이라는 진정한 이론적 발전을 체현하는 것이기도 하다. 나는 이 텍스트가 마르크스가 수행한 1845년에서 1846년 사이의 철학 혁명을 이론적으로 개괄한 것이라고 생각한다. 아쉬운 점은 오랜 시간 동안 우리가 이 핵심적인 텍스트에 대한 심도 깊은 이론적 연구를 생략하거나 무시해왔다는 것이다.

1) 마르크스가 안넨코프에게 편지를 보낸 정황

앞에서 텍스트를 분석하면서 우리는 이미 『독일 이데올로기』제1권 제1장의 제1수고에 다른 두 가지의 논리적 사유 방식이 포함되어 있다는 것에 대해 설명했다. 특히 제4수고와 제5수고가 가지고 있는 기본 함의는 소련의 학자 바가투리아가 주장했던 바와 같이 이 두 수고가 단순히 베껴 쓴 두 편의 수고가 아니라, 마르크스와 엥겔스가 마지막으로 다시 초안의 서문을 쓰려고 할 때 도출된 두 가지 논리적 사유 방식, 즉 철학적으로 증명한 이론적 설명(사유경로 1)과 경제발전을 기반으로 한 역사적 묘사(사유경로 2)의 연속이라는 것이다. 하지만 이 두 가지 논리는 모두 완성되지 못했다. 나의 추론에 따르면, 어떤 의미에서 마르크스는 오직 철학적인 시각으로만 세계를 바라보는 그 어떠한 이론적 논리적 구축물 또는 오직 경제적인 현실로써만 부르주아 사회를 비판하는 실증적 연구 방식을 최종적으로 포기해버렸다. 이것은 우선, 철학을 역사에 직접 투사하려는 시도나, 철학으로 정치, 경제, 문화를 직접 해석하려는 시도 모두 타당하지 않기 때문이다. 철학의 정당한 위치는 경제연구, 정치연구, 그리고 문화연구의 **방법론적 방향성**을 제공해주는 것일 뿐, 그러한 권한을 넘어 직접적인 가치 비판을 수행하는 것일 수는 없다. 이러한 권한을 넘어선 것으로 판단되는 것이 바로 『1844년 수고』 시점의 철학적 논리다. 다음으로, 객관적으로 말해, 당시의 마르크스와 엥겔스의 역사적 경제적 지식에 따르면 그들의 역사적 묘사와 경제학적 관점은 추측의 성질을 가진 것이었지 (예컨대 소유제를 주축으로 삼는 역사적 분기 방식과 분업 문제에 대한 철학적 탐구와 같은) 엄격한 의미에서의 과학 연구는 아니었다. 게다가 마르크스는 현실 경제학의 과학적 변혁을 아직 실현시키지 못한 상태였다! 이 때문에 경제학에 기반을 두고 형성된 현실 비판의 이론적 힘은 극도로 약한 상태였다. 가장 중요한 것은 두 가지 사유 방식의 분리가 이론의 구축이라는 측면에서 성공적이지 못했다는 것이다. 『독일 이데올로기』 제1장의 제5수고 마지막 부분에서 마르크스는 갑자기 자신의 저술을 중단한다. 이는 혹 마르크스가 이러한 문제에 대한 모종의 자기인식을 가지고 있었음을 예시하는 것이 아닐까? 매우 의심스럽긴 하지만 확실한 결론을 낼 수는 없다. 하지만 한 가지 사실은 분명하다고 할 수 있는데, 그것은 1846년 말까지 마르크스와 엥겔스가 더 이상 『독일 이데올로기』, 특히 제1장을 출판하기 위해 애쓰지 않았다는 것이다. 왜 그럴까? 구체적인 텍스트 분석을 통해 이 문제를 탐색해볼 수 있다.

1846년 5월 14일 마르크스는 바이데마이어에게 보낸 편지에서 『독일 이데올로기』의 제2권이 거의 완성되었으며 제1권이 도착하기만 하면 바로 인쇄를 시작할 수 있을 것이라고 말한 바 있다.[2] 8월 1일 마르크스는 출판업자 율리우스 레스케에게 편지를 써서 정치경제학에 관한 '적극적 서술'을 시작하기

---

2   『馬克思恩格斯全集』, 第27卷, 467쪽 참조.

에 앞서 "우선 현재까지의 독일철학과 독일 사회주의에 관한 비판을 담은 논쟁적인 저작을 발표하는 것이 매우 중요하다"라고 말했으며, 동시에 11월 말 이전까지 수정을 마치고 인쇄할 수 있을 것이라고 말했다.[3] 또한 마르크스는 "철학에 관한 부분을 먼저 출판해야 하며 그 이후에 다시 나머지 부분을 출판하면 된다"[4]라고 언급했다. 또한 같은 해 11월 2일 엥겔스가 마르크스에게 보낸 편지에서 우리는 그 철학에 관한 부분(제1권 제1장)이 그때까지 여전히 마르크스의 수중에 있었음을 분명하게 확인할 수 있다.[5] 주목해야 할 것은 이 시기에 매우 중요한 사건이 발생했는데, 그 사건은 바로 프루동의 『경제 모순의 체계, 빈곤의 철학』[6](이하 『빈곤의 철학』)이 발표되었다는 것이다. 내가 보기에 이 책은 마르크스의 철학적 변혁에 충격적으로 작용한 마지막 촉매제가 되었다고 할 수 있다.

『빈곤의 철학』 제1장에서 분석한 것처럼 프루동은 1842년에서 1844년 전후에 이르는 시기 동안 마르크스와 매우 밀접한 관계를 맺었던 극소수의 사상가들 중 한 명이다. 비록 마르크스와 엥겔스는 곧바로 프티부르주아 계급의 입장에 서 있는 프루동의 여러 기본적인 이론적 오류에 대해 비판을 가했지만, 프루동이 고전경제학과 생시몽처럼 경제적 역량이 사회발전의 중요한 기초가 된다는 주장을 계승한다는 점과 특히 경제학의 관점에서 사유제를 비판하는 관점을 제시했다는 점에서 프루동의 의미를 충분히 인정하고 있었다. 이러한 점은 1844년 10월에 이르러 발표한 『신성가족』을 통해 비로소 명백하게 드러났다. 하지만 마르크스와 엥겔스는 이미 과학적 방법론을 기반으로 하는 역사유물론을 정립한 이후였고, 오히려 프루동은 그들이 이제 막 진입하고 있었던 경제학 영역에서 헤겔 철학의 틀에 근간한 정치경제학 체계

---

3   같은 책, 473~475쪽 참조.
4   같은 책, 67쪽.
5   같은 책, 77쪽 참조.
6   이 책은 1846년 6월에 출판되었으며, 마르크스는 12월에 이 책을 읽었다. 이 책의 중국어판은 蒲魯東, 『貧困的哲學』, 第1卷, 徐公肅·任起萃譯(商務引書館, 1961) 참조.

를 제시하고 있었다. 더욱 중요한 것은 이러한 종류의 경제학 이론이 사회주의와 비슷한 모습을 한 채 부르주아 사회의 생산양식을 비판하고 있었다는 점이다. 이러한 이유로 프루동의 이론은 제시되자마자 엄청난 흡인력을 갖추었다. 안넨코프가 1846년 11월 1일 마르크스에게 보낸 편지에서 썼던 것처럼, 신, 운명, 그리고 실제로 존재하지 않는 물질과 정신 사이의 대립에 관한 프루동의 사상은 극도로 혼란스러웠지만, "경제 부분은 매우 잘 쓴 것으로 보이며, 다음과 같은 사실을 이 책만큼 분명하게 언급해준 책은 없었다. 그것은 바로 문명이 분업, 기계, 경쟁 등에 의존해 모든 것을 획득한다는 사실을 부정할 수 없다는 것이다. 이 모든 것은 인류가 영원히 쟁취해야 하는 것이다".[7] 프루동의 책이 사람들을 현혹했던 부분은 바로 이 "매우 잘 쓴" 경제 부분이었다. 이에 대해 마르크스는 "사회 생산에 관한 진정한 역사적 발전을 설명하기 위해 노력하는 비판적이고도 유물론적인 사회주의를 준비하기 위해서는 관념론적 정치경제학과 결연히 단절해야 한다. 이 관념론적 정치경제학의 마지막 체현자는 바로 자신이 관념론적 정치경제학자임을 스스로도 인식하지 못하고 있는 프루동이다"[8]라고 언급했다. 실제로 프루동은 『빈곤의 철학』이 출판된 지 얼마 지나지 않아 마르크스에게 편지를 써서 "당신의 엄격한 비판을 기다리고 있습니다"라고 했다. 이에 대한 마르크스의 정식 답변이 바로 1847년에 출판된 『철학의 빈곤』이다. 이에 대해 엥겔스는 이후 다음과 같이 쓰고 있다.

파리에서 종종 밤을 새워가며 경제 문제를 토론한 이후 그들은 갈수록 소원해졌다. 프루동의 저작은 두 사람 사이에 이미 건널 수 없는 간극이 존재하고 있음을 증명해주었다. 당시 그러한 간극을 무시하는 것은 불가능했다. 이 때문

7   『馬克思恩格斯全集』, 第19卷(1963), 248쪽.
8   같은 책.

에 마르크스는 이 답장에서 이 메울 수 없는 간극을 확인했던 것이다.[9]

프루동의 경제학에 대한 비판을 진행하기로 결심하기 이전, 마르크스는 공교롭게도 안넨코프의 편지를 받게 되었고, 그 결과 오늘날 우리 손에 그 저명한 편지가 놓이게 된 것이다. 유고슬라비아의 네오 마르크스주의 철학자 브라니츠키는 일찍이 이 편지를 『철학의 빈곤』의 서문이라고 칭한 바 있는데, 이는 일리가 있다.[10] 하지만 그는 마르크스의 『철학의 빈곤』을 본격적으로 연구한 적이 없기 때문에 그의 언급은 공허한 말에 그치고 말았다.

나는 마르크스의 이 편지가 매우 중요하다고 생각한다. 그 중요성을 이토록 강조하는 이유는, 첫째, 이 편지는 마르크스가 『독일 이데올로기』 제1장의 수고를 저술하고 수정하던 최후의 순간에 이 미완성의 수고 창작에 남겨놓은 진정한 사상적 맥락과 새로운 사유를 명확하게 드러내주고 있기 때문이다. 둘째, 그 속에서 마르크스의 이론적 구축이 상대하는 최후의 대상, 즉 프루동의 경제학 연구에 존재하는 관념론을 발견할 수 있기 때문이다. 이것은 헤스의 추상적인 실천적 유물론 철학의 방법론적 관념론에 대해 마르크스가 비판한 이후, 또 다시 모든 부르주아 정치경제학 연구에 잠재되어 있는 관념사관의 논리로부터 벗어난 것이다. 이와 같은 새로운 탐색은 마르크스 철학의 새로운 지평을 다시 한 번 최종적으로 확립했다. 마지막으로, 얼마 지나지 않아 정식으로 출판된 『철학의 빈곤』과 달리 이 텍스트는 개인적인 서신이기 때문에 어떠한 외부적 제재나 속박도 받지 않았다. 따라서 이 편지야말로 마르크스가 본래 가지고 있던 사상의 맥락을 진실하게 드러낼 가능성이 가장 크다. 마르크스는 프랑스어로 편지를 써서 안넨코프에게 보냈고, 1880년 안넨코프는 이 편지를 러시아어로 번역해 같은 해에 처음으로 공개적으로 발표했다.

9　『馬克思恩格斯全集』, 第21卷, 205쪽.

10　弗蘭尼茨基, 『馬克思主義史』, 第2卷, 李嘉恩等譯(人民出版社, 1986), 150쪽.

내가 이해한 바에 따르면 『독일 이데올로기』의 주제는 (광의의) 역사유물론의 가장 중요한 원칙을 확립하는 것이었다. 비록 마르크스 역시 이와 같은 기초 위에서 인간주의적 소외의 논리와는 다른 현실 경제 역사에 대한 비판의 사유를 구축했지만, 어떻게 과학적 논리에 기초해 현실 비판에 관한 결합점을 도출해낼 것인가에 대해서는 여전히 속수무책이었다. 다시 말해 사유경로 1의 철학적 논리와 사유경로 2의 경제학 역사학적 논리를 이론적으로 접합 및 결합시키는 데 실패했던 것이다. 바로 이 편지에서 마르크스는 프루동의 철학과 경제학을 비판함으로써 비로소 과학적 비판이론에 관한 완전히 새로운 기초를 확립했던 것이다. 동시에 이 편지에서 비로소 역사유물론과 역사변증법이 통일을 이루었고 이로써 마르크스 철학의 새로운 관점이 비로소 최종적으로 완성되었다. 이렇게 철학에 대한 과학적 위치 지움이 가능했기 때문에 마르크스는 비로소 제2의 위대한 발견, 즉 경제 과학의 잉여가치 이론으로 나아갈 수 있었다. 이 외에 이러한 잉여가치 이론의 확립은 또한 실증적인 연구를 넘어 과학적 비판 담론의 기초가 만들어지고 있었음을 의미한다. 마지막으로 경제학에 대한 과학 혁명에서 마르크스는 자신의 역사현상학 이론을 창조해냈다.

내가 마르크스의 과학적 비판이론을 담론이라고 말한 이유는 마르크스가 1847년 이후 다시는 **직접적으로** 철학적인 논리의 방식을 차용해 현실 비판을 하지 않기 때문이다. 설사 그 철학적 논리가 과학에 근거한 철학적 세계관이라고 할지라도 말이다! 마르크스 철학의 새로운 지평은 다만 방법론적 차원의 역사유물론이자 역사변증법이며, 그것이 존재할 수 있는 것은 오직 역사연구, 경제학, 정치 연구의 방법론적 가이드라인으로서뿐이다. 그리고 마르크스 철학의 숨겨진 기능 구조는 실증적 연구 안에서 발생한다. 그러므로 마르크스의 과학적 비판이론은 다만 **방법론에 관한 담론**에 불과하다. 마르크스와 엥겔스가 이후 여러 차례에 걸쳐 '철학의 종결'을 언급했던 것은 바로 이와 같은 의미에서다. 이러한 방법론에 관한 담론이 겨냥하고 있던 것은 헤스와 프루동의 잠재된 관념론 사관이다. 하지만 프루동이 헤스와 달랐던 점은 그가 이중적인 관념론 사관을 가지고 있었다는 것이다. 즉, 프루동은 겉으로 드러난 관념론적 결정론과 잠재되어 있는 방법론적 관념론적 역사관을 동시에 가지고 있었다. 이것은 헤스의 기본적인 이론논리의 분석틀 안에서 사회의 역사적 생활을 대면할 때 프루동이 이미 일반적인 사회유물론적 입장에서 있기 때문이다. 하지만 헤스의 이와 같은 유물론은 오히려 여전히 추상적인 원칙이다. 그 안에서 생산과 인간들 사이의 물질적 교통 및 경제활동의 운동은 모두 이론적인 논리적 설정이며 역사 전체를 관통하는 모종의 불변하는 공식이라 할 수 있다. 이것은 전통 철학의 해석적 틀을 떠오르게 한다. 하지만 마르크스는 이처럼 겉으로는 역사유물론처럼 보이고 또한 사회주의적 입장에 입각점을 두고 있는 것처럼 보이는 관점이 실질적으로는 여전히 방법론적으로 잠재적인 관념론이라는 것을 발견했다. 왜냐하면 이러한 사유방식이 관념적인 논리를 사용해 역사적 현실을 재구성하고 있기 때문이다! 물론 이러한 관념적 내용이 정확할 수도 있다. 하지만 프루동은 헤스에 비해 더욱 틀렸다고 할 수 있는데, 왜냐하면 일반적인 이론적 차원에서 여전히 관념론적 결정론에 사로잡혀 있기 때문이다. 프루동이 보기에 사회역사의 발전은 이른바 '비인격적 이성'의 실현인데, 이것은 그가 자신의 경제학에 '고상한' 사변 철학의 외피를 씌웠음을 의미한다. 또한 프루동은 심지어 헤겔 관념론의 오류를 인식하지도 못하고 있었다. 마르크스는 이후 『철학의 빈곤』 서문에서 프루동의 이중적 오류에 대해 다음과 같이 말했다. "프루동은 프랑스에서 졸렬한 경제학자이지만 탁월한 독일 철학자로 불리고 있다. 독일에서 그는 졸렬한 철학자이지만 탁월한 프랑스 경제학자로 불리고 있다. 실상 프루동은 이 두 가지 측면에서 모두 비과학적이다." 이후 『철학의 빈곤』에서 마르크스는 주로 프루동의 경제학을 비판했다. 그리고 이 편지에서 마르크스는 주로 프루동의 이중적인 관념론적 역사관을 비판하고 있다. 나는 마르크스의 비판이 주로 프루동과 같은 헤겔식의 관념론적 결정론을 겨냥하고 있는 것이 아니라, 프루동의 경제학적 방법론에 숨겨져 있는 심층적인 관념론에 맞춰져 있다는 것을 발견했다. 이것은 실상 추상적인 논리가 선행하고 있는 셈이다.

나는 마르크스가 프루동과 같은 추상적인 유물론을 반성하던 과정에서 최종적으로 철학을 통해 역사와 경제 현실을 직접 대면하는 방법을 포기했다고 생각한다. 이 때문에 철학의 새로운 시각에 대한 최후의 중요한 경계, 즉 철학적 방법론의 정당한 지위에 관한 문제의식을 갖추게 된 것이다. 삼라만상을 포함하고 일체의 존재 영역을 가리키는 초월적 관념론 체계('형이상학'), 또는 통속적으로 말하자면 이른바 '일반 법칙'은 이미 마르크스가 관심을 두고 있던 문제가 아니었다. 철학은 자신만의 위치, 임무, 경계를 가지므로 지존무상의 위치에서 월권을 행할 수 있는 것이 아니다. 철학은 하나의 방법이자 사고의 전제일 뿐이므로, 경제철학, 역사철학, 그리고 정치철학과 같이 직접적으로 현실을 대체할 수 없다. 마르크스는 헤겔이 아니었으며, 또한 헤겔의 오류를 반복하지도 않았다. 그는 프루동과 고별해야 했고, 서로 간에 이론적 경계선을 깊게 그어야 했다. 이것이 바로 마르크스가 안넨코프에게 쓴 편지에서 해명하고자 했던 주요 문제다. 이어질 내용을 통해 마르크스의 중요한 이론적 텍스트라고 할 수 있는 안넨코프에게 보낸 편지를 논의해보도록 하자.

2) 특정한 역사의 잠정적인 역사적 맥락

앞의 분석에 의하면 우리가 우선적으로 주목해야 할 문제는 당시 마르크스가 보기에 프루동의 경제학 연구에서는 관념론이 어떻게 표현되었는가 하는 점이다. 안넨코프에게 보낸 편지에서 마르크스가 토론의 대상으로 삼았던 프루동의『빈곤의 철학』을 읽어보면, 우리는 표면에 드러나 있는 두 가지의 기본적인 이론적 질문을 매우 쉽게 발견할 수 있다. 첫째는 프루동이 시종일관 부르주아 사회 소유제가 가진 약탈적 본질을 비판하고 있다는 것이며, 둘째는 그가 일관되게 사회역사의 경제생활과 경제발전의 법칙성에 주목하고 있다는 것이다. 동시에 우리는 프루동이 매우 선명하게 구식이 되어버린 헤겔식의 외재적인 관념론적 결정론에 경도되어 있었다는 것을 확인할 수 있다. 우리가 헤겔의 외재적인 관념론적 결정론이 구식이 되어버렸다고 말한 것은 당시 독일의 진보적인 사상계에서는 포이어바흐의 영향 때문에 청년헤겔파에서 분화되어 나온 거의 모든 좌익 사상가가 이미 관념론에서 유물론으로 전향했기 때문이다. 사람들은 다시는 가소롭거나 무비판적으로 헤겔의 신학적 관념론적 논리를 자신의 이론적 구축에 사용하려고 하지 않았다. 하지만 경제학을 논하는 프루동의 책에서 우리는 '보편이성', '신의 가설', 그리고 '영원불변의 본질' 등에 대한 수많은 참조를 확인할 수 있으며, 그것들은 종종 헤겔의 외재적인 사변형식을 통해 직접적으로 표출되고 있다. 실제로 이와 같이 선명한 관념론은 당시 독일의 일반적인 진보적 사상가들 사이에서 쉽게 찾아볼 수 있었다. 프루동의 이와 같은 진부한 용어들을 대면하면서 마르크스는 울 수도 웃을 수도 없었는데, 왜냐하면 마르크스가 보기에 프루동은 진정으로 헤겔의 변증법을 이해하지 못했으면서도 우습게도 그의 책 안에서 이를 마구 남용하고 있었기 때문이다. 대략 1844년을 전후로 마르크스는 심지어 스스로를 반성하면서 "오랜 시간 동안 자주 밤을 새워가며 토론하면서 내가 그로 하여금 헤겔주의에 전염되게 만들었다. 이것은 그에게 매우 해로운 것이었다. 그는 독일어를 몰랐기 때문에 헤겔주의를 제대로 연구할 수 없었다"[11]라고 말한 바 있다. 마르크스의 이와 같은 언급은 매우 재미있는데, 한편으로는 자신이 프루동을 헤겔주의에 전염되게 했다고 말하면서 다른 한편으로는 프루동이 제대로 헤겔주의를 연구할 수 없었다고 말하고 있기 때문이다. 이것은 얼핏 보면 모순적이지만 사실 깊은 의미를 지니고 있는 말이다. 첫째로 언급되는 '헤겔주의'는 헤겔의 관념론적 결정론이라는 관념론적 사변

---

11   『馬克思恩格斯全集』, 第16卷, 31쪽.

의 외관을 가리키는 것으로, 이것은 바로 프루동이 『빈곤의 철학』에서 홍미
진진하게 언급한 것이다. 둘째로 언급되는 '헤겔주의'는 헤겔 철학에서 진정
으로 가치를 지니고 있는 역사변증법으로, 이것 또한 프루동이 완전히 습득
하지 못한 것이다. 이에 대해 마르크스는 "프루동은 태생적으로 변증법적 성
향을 지니고 있다. 하지만 그는 진정한 과학적 변증법을 결코 이해하지 못했
다"[12]라고 말했다. 여기서 언급된 '과학적 변증법'은 마르크스가 1845년을 전
후로 헤겔로 다시 '되돌아가' 얻은 새로운 철학적 관점을 가리키는 것으로, 이
것은 방법론으로서의 역사유물론의 핵심이라고 할 수 있는 역사변증법을 의
미하는 것이기도 하다.

　나는 프루동이 보여준 헤겔식의 외재적 관념론의 오류가 마르크스가 안넨
코프에게 보낸 편지에서 주목하고자 했던 이론적 초점이 아니었다는 것을 발
견했다. 마르크스는 프루동의 이중적 관념론의 다른 측면에 더욱 주목하고자
했다. 프루동은 헤겔의 변증법으로부터 발전된 과학적 변증법의 본질을 이해
할 수 없었기 때문에 좀 더 심층적인 방법론적 차원에서 관념론적 오류를 범
했다. 다시 말해 프루동은 경제학 연구를 대면함에 있어, 한편으로는 격한 분
노를 품고 부르주아 사회를 비판하면서도, 다른 한편으로는 오히려 부르주아
사회의 생산양식에서 역사적으로 출현한 사회관계의 반영인 경제적 범주를 영구
적인 것으로 만들었다. 실상 이것은 또한 부르주아 정치경제학이 지닌 비역사
적 이데올로기의 본질이기도 하다. 프루동은 이러한 비역사적 이데올로기를
입으로는 버렸다고 했으면서도 오히려 더욱 깊게 품어버렸던 것이다. 그렇다
면 왜 이와 같은 이상한 논리적 오류가 출현하게 된 것일까? 그것은 마르크스
의 텍스트로 돌아가 답을 찾아야 할 문제다.

　안넨코프에게 보낸 편지에서 마르크스는 우선 프루동의 책이 '나쁜 책'인
이유는 그의 경제학 연구가 가소로운 철학에 의존했기 때문이 아니라 "그가

12　같은 책, 36쪽.

실제적인 사회 상태(l'état social actuel)를 그 결합(engrènement)을 통해" 이해하지 않고 있기 때문이라고 말했다.[13] 나는 마르크스가 여기서 사용하고 있는 '결합'이라는 단어가 매우 독창적이라고 생각한다. 결합은 사회관계 또는 구조를 대략적으로 가리키는 것이 아니라, 일정한 역사적 조건에 놓인 진정으로 존재하고 있는 사회의 특정한 맥락의 구성을 가리키는 것이다. 앞서 언급했던 것처럼, 이것은 헤겔의 '정재(定在)'라는 개념을 역사유물론 안에서 새롭게 구축한 것이며, 이후 하이데거의 '공동 존재'라는 개념 역시 이로부터 상당한 영향을 받았다고 할 수 있다. 이것은 아마도 마르크스가 『독일 이데올로기』를 저술하던 최후의 순간에 체득한 개념일 수도 있다. 왜 그렇게 생각하는가? 마르크스 자신의 해명을 보도록 하자.

우선 마르크스는 모든 사회역사를 해부한 사상가들에게 일반적으로 가장 빈번하게 사용되는 개념인 '사회'에서 시작하고 있다. 그가 보기에 사회는 프루동이 언급한 '인류의 비인격적 이성'이 아니다. 그렇다면 "'사회(la société)'란 ─ 그 형식이 어떠하든 간에 ─ 도대체 무엇이란 말인가? 그것은 바로 인간 상호작용의 산물이다(Le Produit de l'action réciproque des hommes)."[14] 마르크스의 이 '상호작용의 산물'이라는 말은 사회를 선험적 주체로 보는 프루동의 관점을 부정하는 것이다. 마르크스는 사회라는 것이 특정한 시기에 특정한 인간의 특정한 방식에 의해 구축된 특정한 성질, 활동, 상호작용의 총체에 불과하다고 보았다. 이러한 이론 규정은 곧바로 「포이어바흐에 관한 테제」제6테제 중 인간의 본질에 대한 설명, 즉 인간의 본질은 그 실질에 있어 인간의 모든 사회관계의 총화일 수밖에 없다는 설명을 떠올리게 한다. 동시에 『독일 이데올로기』제1장에 나오는 논리적 사유경로 1의 인간의 '실체적인' 역사적 생존의 범주에 관한 설명을 떠올리게 한다. 「포이어바흐에 관한 테제」와 『독

---

13 『馬克思恩格斯全集』, 第27卷, 476쪽. 이 편지와 『철학의 빈곤』 모두 마르크스가 프랑스어로 쓴 것이다. MEGA2, III/2, S.70 참조.
14 같은 책, 477쪽. MEGA2, III/2, S.71 참조.

일 이데올로기』 사이에는 일맥상통하는 점이 존재한다. 이전까지의 마르크스의 설명이 원칙적인 것이었다면, 여기에서는 매우 자세한 증명이 이루어지고 있다는 것이다. 마르크스는 다음과 같이 말한다.

> 인간 생산력 발전의 특정한 상황하에서 일정한 교환(commerce)과 소비의 형식이 존재한다. 생산, 교환, 그리고 소비 발전의 특정한 단계에서 곧 특정한 사회제도, 특정한 가족, 계급, 또는 계급조직이 존재하며, 특정한 시민사회(telle société civile)가 존재한다. 특정한 시민사회에서 시민사회의 공적 표현에 불과한 특정한 정치국가가 존재한다.[15]

우선적으로 규명해야 할 것은 분명 마르크스가 일반적인 역사 법칙을 묘사하고 있지 않다는 것이다. 그는 현대의 역사 진행에 관한 이론을 설명함에 있어, 신분, 계급, 시민사회, 그리고 정치국가 모두가 사회역사 전체를 관통하는 것이 아니라고 말하고 있기 때문이다. 당시 마르크스는 루이스 모건의 『고대사회』라는 저서가 이미 상술한 문명사회 속 인류의 특정한 사회적 존재, 즉 원시 부족 생활이 근본적으로 존재하지 않았다고 주장했다는 사실을 모르고 있었다. 우리가 확인할 수 있는 바와 같이 마르크스가 여기서 여덟 차례에 걸쳐 '특정한'이라는 용어를 사용한 점이 눈에 띈다. 이 '특정한'이라는 규정은 실제로 마르크스의 역사유물론과 역사변증법의 서술에서 가장 중요한 범주가 되었고, '특정한'이라는 용어의 담론적 함의는 곧 역사적 현실에 관한 구체적 분석의 원칙과 본질적 규정에 관한 것이다. 의심의 여지없이 마르크스는 역사유물론의 객관성 원칙과 생산력 발전의 역사 결정론적 측면을 강

---

15 같은 책, 477쪽. 마르크스는 여기서 특별히 la société bourgeoise(부르주아 사회)와 구분해 la société civile을 사용하고 있다. 마르크스는 이 편지에서 5회에 걸쳐 이 단어를 사용하고 있다. 여기서 la société civile가 정치성을 띤 부르주아 사회를 가리키는 것이 아님은 분명하다. 이 단어는 헤겔적 의미에서의 시민사회의 관계 구조를 가리키는 것이다. 이와 같은 구분은 독일어에서는 표현되지 않는다. MEGA2, III/2, S.71 참조.

조하고 있다. 하지만 우리가 앞서 확인했던 프루동의 이중적인 관념론적 역사관에 대한 마르크스의 비판과 비교해보면, 여기서 마르크스는 프루동과 같은 헤겔식의 관념론적 결정론을 일반적으로 비판하는 것이 아니라(이것은 『신성가족』에서 이미 기본적으로 완성된 것이기도 하다), 역사유물론과 역사변증법이 특정한 사회 현실의 상황에 근거해 구체적인 연구방법론의 담론을 실행하는 것임을 강조해서 설명하고 있음을 알 수 있다. 그리고 이로써 프루동의 방법론에 스며들어 있는 관념론적 역사관, 즉 사회적 역사, 특히 사회적 경제와 정치의 발전을 추상적으로 대면하는 것을 비판한다. 그리고 이와 같은 '특정한' 방법론적 규정은 바로 마르크스가 『독일 이데올로기』 제1장에서 확인한 역사적 생존의 본체적 규정, 즉 특정한 시간과 공간의 결합에 놓여 있는 인류의 역사적 존재를 가리킨다. 이것은 또한 앞에서 마르크스가 언급했던 구체적인 '결합'이 구성되는 배경이기도 하다.

앞서 우리는 마르크스의 이와 같은 중요한 관점이 포이어바흐의 관점을 개조한 것임을 확인했다. 1839년 포이어바흐는 헤겔 철학을 비판하는 과정에서 헤겔의 논리적 추상 일반과 무한성을 겨냥해, 유물론자의 입장에서 헤겔의 철학이 '실제로는 특정한, 특수한 철학'이라고 주장했다.

> 헤겔의 철학은 일정한 시대 속에서 만들어진 것이다. 이 시대 속에서 인류는 여타의 시대와 마찬가지로 특정한 사유의 단계에 놓여 있다. 그리고 이 시대 속에서 인류는 특정한 철학적 존재다. 헤겔 철학은 이러한 철학과 관련되어 있으며 심지어 결합되어 있기도 하다. 이 때문에 그것 자체는 응당 특정한 성질을 가지고 있으며 또한 그러한 특정한 성질로부터 연유한 유한한 성질을 가지고 있다. 그러므로 모든 철학은 특정한 시간의 현상으로서 존재한다는 전제에서부터 출발하는 것이다.[16]

---

16   費爾巴哈, 「黑格爾哲學批判」, 『費爾巴哈哲學著作選集』 榮震華等譯(商務印書館, 1984), 50쪽.

포이어바흐가 말하고자 하는 바는 모든 철학자가 자신의 철학을 전제가 없는 것이라고 착각하고 있지만 실상 모든 철학은 특정한 시대에서 출발할 수밖에 없다는 것이다. 분명 이것은 매우 심오한 관점이다. 중요한 것은 포이어바흐가 철학 사상을 결정짓는 그러한 특정한 시대적 본질 자체가 어떻게 형성되는지를 사유하지 않았다는 것이다. 특정한 시대의 본질을 결정하는 것은 바로 특정한 사회적 역사 조건에서 작동하는 물질의 생산과 재생산의 상태와 수준이다. 오늘날 우리는 마르크스가 여기서 그 어떠한 사물과 현상을 마주하더라도 물질의 우선성에 주목했을 뿐만 아니라, 현실적인 사회적 역사의 특정한 결합 속에서 특정한 결합의 가장 기초적인 성질을 파악하는 것에 주목했음을 분명하게 확인할 수 있다. 역사유물론의 전제는 사회적 존재가 의식을 결정할 뿐만 아니라, 바로 특정한 시공간적 결합 속에 놓여 있는 사회적 생활이 특정한 의식을 결정한다는 것이다! 이것은 또한 마르크스 역사유물론 속 역사 개념의 진정한 본질이기도 하다! 그리고 이것은 비로소 마르크스가 일체의 구식 유물론을 초월하는 지점이다. 동시에 마르크스가 안넨코프에게 보낸 편지의 진정한 함의이자 근본적인 맥락이기도 하다. 이러한 의미에서 마르크스는 프루동의 역사 개념이 "상상의 구름 속에서 발생한 것이며 시간과 공간을 완전히 초월하고 있다"[17]라고 비판했던 것이다.

다음으로는 그렇다면 왜 이러한 '특정한'이라는 개념에서 출발해야 하는가를 물어야 할 것이다. 마르크스는 편지 속 둘째 논리의 차원에서 이에 대한 구체적인 분석을 보여주고 있다. 인간은 모종의 사회형식을 스스로 선택할 수 없다. 다시 말해 어떤 사회 제도가 '좋지 않'은지('소외', '노예 노동', 그리고 악랄한 분업), 어떤 사회 제도가 합리적이고 바람직한지(사회주의와 공산주의)를 선택할 수 없는 것이다! 왜 그런가? 그것은 결국 인간은 자신의 **생산력**(leurs forces productives)을 자유롭게 선택할 수 없기 때문이다. 이것은 더욱 근본적

---

17   『馬克思恩格斯全集』, 第27卷, 479쪽. MEGA2, III/2, S.72 참조.

인 관점이다.

> 그 어떠한 생산력도 이미 획득한 역량이며 이전 활동의 산물이다. 그러므로 생산력은 인간 실천 능력의 결과(le résultat de l'énergie pratique)다. 하지만 그러한 능력 자체는 인간이 처해 있는 조건에 의해 결정되고, 이전에 이미 획득한 생산력에 의해 결정되며, 그리고 그들이 창조한 것이 아닌, 그들 이전의 존재인 이전 세대가 창조한 사회형식(la forme sociale)에 의해 결정된다.[18]

마르크스는 물질적 생산력이 전체 인류사회의 사회적 역사의 기초라고 주장했다. 그는 여기서 '~에 의해 결정된다'라는 표현을 세 번에 걸쳐 연속으로 사용함으로써 논리적 맥락과 그것의 진전이 갖는 더욱 근본적인 역할을 강조하고 있다. 그는 역사는 분명 인류 주체의 실천 능력이 만들어낸 창조물이며, 역사의 기초로서의 생산력이 인류 주체의 실천 능력이 만들어낸 결과임을 강조하고자 한 것이다. 하지만 인류 주체의 이러한 실천 능력은 아무렇게나 임의로 설정된 것이 아니다. 그것은 인간이 처해 있는 특정한 역사적 조건에 의해 결정되는 것이고, 이 '조건'은 또한 앞서 이미 획득된 특정한 생산력에 의해 결정되는 것이며, '그들 이전에 이미 존재한' 특정한 사회형식에 의해 결정되는 것이다. 여기서 세 차례에 걸쳐 사용되고 있는 '~에 의해 결정된다'라는 말의 핵심은 생산력 발전 수준이 내포하고 있는 특정한 역사성이다. 인류 주체는 실천을 통해 역사를 창조한다. 그리고 이러한 창조 자체는 또한 역사발전 상황의 제약을 받는다. 이와 같이 중요한 역사변증법의 관점은 '실천적 인간주의'에 열광하는 논자들이 주목할 만한 것이다. 왜냐하면 역사변증법의 관점이 변증법적 유물론의 현실적·역사적·구체적 관계들을 보여주고 있기 때문이다. 마르크스의 과학적 역사관 안에서 논리적 기점으로서의 실천은 역사의

---

18   같은 책, 477~478쪽. MEGA2, III/2, S.71 참조.

'본체'가 아니다. 그것 자체는 바로 역사적으로 부여된 생산력 조건의 제약과 새로운 현실 창조 모두에 의해 함께 구축된 것이다! 이후 마르크스의 서술에 의하면, 특정한 물질생산과 재생산이 실현해내는 특정한 생산력 수준이야말로 비로소 객관적인 사회생활 속의 첫째(우선적인 것일 뿐만 아니라)이자 본래적인 일반 기초다. 그리고 이러한 기초 위에 비로소 특정한 역사적 조건 속에서의 제2, 제3의 사회적 차원과 구조를 형성할 수 있는 것이다.[19] 이 때문에 마르크스는 특정한 역사적 단면 위에서 인간이 새로운 생산을 위해 이미 존재하고 있는 생산력을 이용한다고 생각한 것이며, 이것이 모종의 '역사적 관련성(connexité)'과 '인류의 역사(l'histoire de l'humanité)'를 형성하는 것이다.[20] 이 connexité는 독일어의 Zusammenhang에 해당된다. 이를 통해 우리는 특정한 현실 생산력의 발전 상황이 바로 마르크스가 인류의 역사 생활과 관념을 대면하는 유일한 출발점이었음을 알 수 있다. 마르크스는 다음과 같이 생각했다.

> 인간은 자신이 이미 획득한 것을 영원히 버릴 수 없다. 하지만 이것이 이미 획득한 특정한 생산력에 의한 사회형식을 영원히 버릴 수 없다는 것을 의미하는 것은 아니다. 오히려 그 반대다. 이미 획득한 성과를 상실하지 않기 위해서, 문명의 과실을 잃어버리지 않기 위해서 인간은 자신들의 교역(le commerce)의 방법이나 양식이 이미 획득된 생산력에 더 이상 적합하지 않게 되면 자신들이 이어받은 일체의 사회형식을 바꾸지 않을 수 없다.[21]

마르크스의 이와 같은 심층적 분석은 프루동의 명시적인 관념론적 역사관을 겨냥하고 있는 것이 아니다. 마르크스의 심층적 분석은 프루동의 명시적

19   『馬克思恩格斯全集』, 第46卷, 47쪽 참조.
20   『馬克思恩格斯全集』, 第27卷, 478쪽 참조. MEGA2, III/2, S.72 참조.
21   같은 책, 478쪽. MEGA2, III/2, S.72 참조.

인 관념론이 지닌 가짜 사변의 보루에 대한 돌파이고, 그 방법론 안에 숨겨진 관념론 — 사회역사의 경제 문제를 대면할 때의 추상적인 방법론 — 에 대한 돌파이자 전복이다. 프루동은 경제 현실을 추상적으로 대면하는 자신의 이와 같은 논리가 고전경제학을 무비판적으로 계승하고 있다는 사실을 인식하지 못했다. 또한 사회생활을 비역사적으로 대하는 방법론이 부르주아(시민사회) 이데올로기의 본질이며, 그 방법론의 요체가 부르주아 사회생활의 방식이 영원할 것이라고 생각하는 가상이라는 점을 인식하지 못했다. 그 방법론적 차원에서 프루동을 구속하고 있는 이와 같은 잠재적 제약은 그가 표면적으로 드러내고 있는 더할 나위 없이 격동적이고 격정적이며 유려한 비판적 논설보다 더욱 근본적이고 결정적이다. 이 때문에 프루동은 겉으로 보기에는 부르주아 사회를 비판하고 있는 것으로 보이지만 본질적으로는 오히려 더욱 깊이 있는 이론적 차원에서 부르주아 사회의 영원성을 증명해주고 있다. 이러한 역설이야말로 프루동이 이해할 수도 도달할 수도 없었던 변증법이었던 것이다.

이 편지의 셋째 이론적 측면 역시 가장 중요한 이론적 쟁점이라고 할 수 있는데, 마르크스는 사회역사의 동태적 발전이라는 각도에서 한 발 더 나아가 역사적 진보의 필연성을 설명하고 과학적 비판이론의 진정한 출발점을 이끌어내고 있다.

편지의 가장 마지막 부분에서 마르크스는 프루동이 항상 소위 '영원한 법칙'을 언급하고 있으며, 이것이 프루동으로 하여금 부르주아 사회의 생산양식을 대면할 때 부르주아 사회 속에 역사적으로 구성된 수많은 경제적 범주를 영원하고도 자연적인 것으로 여기는 오류를 저지르게 했다고 비판하고 있다. 당연히

프루동은 부르주아 계급의 생활(la vie bourgeoise)이 자신에게 있어 영원한 진리라는 것을 직접적으로 인정하지 않고 있다. 그는 간접적으로 이 점을 말하

고 있을 뿐인데, 이것은 그가 관념적 형식으로 표현된 부르주아 계급관계(les rapports bourgeois)의 범주를 신격화하고 있기 때문이다. 그가 부르주아 사회(la société bourgeoise)의 산물을 범주 형식과 관념 형식으로 상상하고 있는 이상, 프루동은 그러한 산물을 자생적이고 그 자체로 생명을 가진 영원한 것으로 보고 있는 것이다. 이를 통해 우리는 그가 부르주아 계급의 관점을 벗어나지 못했다는 것을 알 수 있다.[22]

다시 말해 프루동은 겉으로는 부르주아 사회를 비판하고 있지만, 그 잠재적인 전제에서는 오히려 부르주아 사회의 초역사성을 증명하고 있으며, "마치 그 특정한 생산양식(ce mode de production déterminé)의 산물이 세계의 종말에 이르기까지 영원할 것이라고 생각하는 것과 같다"[23]는 것이다. 이 때문에 "그는 부르주아 경제학자의 오류에 빠져들었다. 이들 경제학자는 그러한 경제적 범주를 역사성의 원칙으로 본 것이 아니라 영원한 원칙으로 보았다. 하지만 이러한 경제적 범주는 특정한 역사발전의 단계, 특정한 생산력 발전의 단계에만 적합한 원칙이다".[24] 이후 마르크스는 프루동을 다음과 같이 비판했다.

> 그는 경제적 범주를 역사적이면서도 물질생산의 일정한 발전 정도에 상응하는 생산관계의 이론적 표현으로 본 것이 아니라, 어처구니없게도 유사 이래 계속 존재해온 영구적인 개념으로 보았다. 이것은 그가 과학적 변증법의 비밀을 매우 천박하게 이해하고 있음을 나타내는 것이며, 다른 한편으로는 또한 그가 사변 철학의 환상에 찬성하고 있음을 보여주는 것이다. 그는 어찌되었든 간에 결국 부르주아 경제학의 입장으로 되돌아오고 있는 것이다.[25]

---

22 같은 책, 485쪽. MEGA2, III/2, S.77 참조.
23 같은 책, 480쪽. MEGA2, III/2, S.72 참조.
24 같은 책, 482쪽. MEGA2, III/2, S.75 참조.

하지만 마르크스의 견해에서 보았을 때 "인간이 생산, 소비, 그리고 교환을 통해 행하는 경제 형식은 잠정적이고도 역사적인(transitoire et historique) 형식이다. 새로운 생산력을 획득하면서 인간은 자신의 생산양식(leur mode de production)을 변화시키고, 생산양식이 변화하면서 인간은 그 특정한 생산양식이 내포하고 있는 필연적인 관계를 기반으로 한 경제관계도 변화시킨다".[26] 마르크스는 편지에서 네 차례에 걸쳐 mode de production이라는 표현을 썼는데, 그중 한 번은 mode actual de production이라는 표현을 썼다. 부정할 수 없는 것은 마르크스가 여기서도 프루동이 자신의 경제 연구에서 범한 '사상과 사물을 혼동하는' 오류를 비판하고 있다는 것이다. 왜냐하면 프루동의 역사적 '진화'와 경제적 범주는 여전히 '그의 머릿속에서 배열되고 있기 때문이다'. 그리고 여기에는 헤겔식의 영원한 이성('자기 전개하는 데 사용되는 도구'인)의 영향이 자리 잡고 있다. 하지만 마르크스 비판의 주된 초점은 프루동이 분업, 기계, 그리고 소유제 등 다른 문제를 추상적인 경제적 범주로 보았다는 것에 맞춰져 있으며, 마르크스는 그러한 비판을 통해 그 오류의 본질이 "부르주아 생산(la production bourgeoise)의 모든 각종 형식을 연결하고 있는 관련을 이해하지 못하고, 특정한 시대 속에서 생산된 각종 형식의 역사적·잠정적 성격(le caractère historique et transitoire)을 파악하지 못했다는 것"[27]임을 지적하고 있다.

프루동은 주로 역사적 지식이 부족하기 때문에 다음과 같은 사실, 즉 인간은 그 생산력(leurs facultés productives)을 발전시킬 때, 즉 생활에 있어, 또한 일정한 상호 관계(rapports)를 발전시킨다는 사실을 보지 못하고 있다. 이 관계의 성질은 필연적으로 그 생산력의 변화와 발전에 따라 변화한다. 하지만 그

---

25   『馬克思恩格斯全集』, 第16卷, 31~32쪽.
26   『馬克思恩格斯全集』, 第27卷, 478~479쪽. MEGA2, III/2, S.72 참조.
27   같은 책, 482쪽. MEGA2, III/2, S.74 참조.

는 경제 범주(les catégories économiques)가 다만 그러한 현실적 관계들(ces rapports réels)의 추상에 불과하며 그러한 관계 속에 존재할 때만 진실이라는 것을 보지 못하고 있다.[28]

마르크스가 보기에 역사의 진보(사회주의를 포함해)는 인간 관념(윤리학적 가치론)의 좋고 나쁨에 의해 결정되는 것이 아니다. 마르크스는 심지어 노예제의 좋고 나쁨을 예로 들어 특정한 생산관계의 역사적 합리성과 필연성을 설명하고 있다. 이는 부르주아 사회의 생산양식이 불합리한 것('나쁨')이더라도 한편으로는 특정한 생산력 발전의 수준이 필연적으로 만들어낸 것이기도 하다는 것을 의미한다! 이러한 역사적 필연성은 동시에 역사적이고 잠정적인 것으로, 오직 생산력의 진일보한 발전(사회주의의 객관적 전제가 되는)만이 그 필연성을 사멸시킬 수 있다. 부르주아 사회는 결코 관념 속에서 바꿀 수 없다. 그러므로 "자신의 물질적 생산 수준(leur productivité matérielle)에 적합한 사회관계를 만들어내는 사람은 또한 각종 관념과 범주, 즉 그러한 사회관계의 추상적 관념적 표현 역시 만들어내는 것이다. 따라서 범주 역시 그 범주가 표상하는 관계와 마찬가지로 영원한 것이 아니다. 그것은 역사적이고 잠정적인 산물이다(des produits historiques et transitoires)".[29] 모든 사회적 존재는 역사적으로 상대적이며 잠정적이다. 이것이야말로 헤겔 변증법의 혁명적 측면인 것이다. 젤레니가 정확하게 지적했던 것처럼, 이러한 역사성, 상대성, 그리고 잠정성이 곧 "헤겔적 관점에 대한 마르크스의 유물론적 비판적 지양을 통해 마르크스 과학 개념의 기본 요소가 되었던 것이다".[30]

---

28 같은 책, 482쪽. MEGA2, III/2, S.75 참조.
29 같은 책, 484쪽. MEGA2, III/2, S.77 참조.
30 澤勒尼, 『馬克思的邏輯』, 29쪽.

3) 가능성: 논리와 현실의 과학적 연관 관계

우리는 마르크스가 편지의 후반부에서 다섯 차례에 걸쳐 '역사적', '잠정적'이라는 수식어를 쓰고 있다는 점에 주목할 필요가 있다. 분명 이 중요한 맥락 속에서 그는 새로운 현실 과학의 비판적 논리를 그려내기 위해 노력하고 있었던 것이다. 그리고 이는 곧 역사적으로 규정되어야 하는 이론적 논점이기도 하다.

이전의 사회 비판에서, 특히 부르주아 계몽사상의 대가들은 부지불식간에 인간주의적 논리 범주를 사용했다. 다시 말해 '당위'와 '사실' 사이에 존재하는 모순으로부터 비판의 힘을 이끌어냈던 것이다. '당위'는 종종 인류 생활이 이상화된 본질적 존재의 상태로 규정되며, 그것은 본질적 가치의 상정이자 초월적인 가이드라인으로서 존재한다. 기독교의 신학적 틀 속에서 이러한 가치 설정은 본원적이고 피안에 놓인 천상의 낙원, 즉 '하느님의 도시'로 확정된다. 본질적 가치는 인간의 출발점이자 회귀점이다. 이후 부르주아 계몽사상 속에서 본질적 가치는 인간의 자연본성으로 설정되었고 그것이 곧 '당위'가 되었다. 하지만 '사실'은 현실생활과 인간의 세속적 존재를 가리킨다. 인간의 이상적 상태에 비해 이러한 '현존'은 종종 타락한 것으로 여겨지며, 또한 신학에서 이야기하는 차안의 현실적 고통 또는 계몽 정신에서 비판하는 중세 전제하의 비인간적 상태와 같은 것으로 여겨진다. 기독교는 인간으로 하여금 물욕과 죄악을 인정케 함으로써 현 세계를 초탈해 피안에 있는 하느님의 도시로 인도한다. 이와 반대로 모든 계몽 사상가는 천부인권에 근거해 신학의 강제하에 놓여 있는 현실생활의 자기부정성을 목도하게 하며 이를 통해 더욱 세속적으로 인간의 자연적 본성을 드러낼 것을 주장한다. 그리고 이러한 인간 세상의 천당은 부르주아 사회를 실현하는 것이다. 포이어바흐는 여기에서 한 발 더 나아가, 신학에서 말하는 하느님의 도시는 인간 본질의 소외에 불과하며 기독교에서 말하는 '당위'는 인간이 살고 있는 대지로 돌아와야만 비로소 진정으로 실현될 수 있음을 증명했다. 이를 통해 '당위'와 '사실'의 논리적 모순이 강렬한 비판적 힘을 만들어냄을 알 수 있다. 마찬가지로 청년 마르크스 역시 1844년 노동소외에 관한 이론에서 이미 부르주아 사회에 대한 비판을 시작했다. 하지만 그 심층적인 논리는 앞서 언급한 구식의 인간주의적 사유에 근간한 것이었다. 마르크스는 노동이야말로 인간이 갖추어야 할 본질이며, 부르주아 계급이 세속적인 천당의 실현이라고 주장하는 부르주아 사회의 사유제는 여전히 인간과 그 자신의 본질에 대한 소외를 초래하고 있다고 여겼다. 따라서 부르주아 사회는 마땅히 타도되어야 하며 공산주의야말로 진정한 인간주의의 실현이라고 주장했다. 요컨대 마르크스가 제시한 '역사의 수수께끼'로서의 6대 모순은 그 본질에 있어 '당위'와 '사실' 사이의 모순이며, 그 논리적 사유경로는 가치 설정에 의한 현실로부터의 초월로부터 그 내적 동력을 얻고 있다. 본질적으로 말해, 이와 같은 선험적 본질로부터 출발하는 방법은 잠재적인 관념론적 역사관인 것이다!

물론 부르주아 계몽 사상가와 구별되는 점은 마르크스가 당시 이미 프롤레타리아 계급의 정치적 입장에 서 있었던 것과 동시에 유물론의 기본적인 관점을 수용하고 있었다는 것이다. 하지만 그의 철학적 논리는 여전히 비과학적이었다. 1845년 「포이어바흐에 관한 테제」에 나타난 철학적 전환의 본질은 이와 같은 방법론상에서의 관념론을 최종적으로 초월하는 것이며, 그것은 또한 방법론상에서의 역사유물론의 진정한 확립을 표지하는 것이기도 했다. 하지만 당시 또 하나의 난제가 마르크스 앞에 놓여 있었다. 그것은 바로 역사유물론이 현실에서 출발한다는 원칙을 확인한 이후 모든 추상적 가치의 설정을 부정한다면 현실적으로 존재하는 부르주아 사회에 대한 비판의 힘을 어디에서 얻을 수 있느냐는 문제였다. 당시 마르크스는 철학적 논리 안에서 방법론상의 유물론적 원칙을 확립하는 데 주목하고 있었기 때문에 어떻게 현실 속에서 다시 과학적 비판의 힘을 도출해낼 것인가에 대해서는 상세하게 설명하지 않고 있었다. 비록 그가 『독일 이데올로기』 제1권 제1장의 제1수고 첫 페이지에서 "'해방'은 역사적 활동"이라고 언급했지만, 제1수고에서 '분업'이라는 단어로 '소외'를 대체했고, 제3수고에서는 '자유 활동'이라는 단어로 '소외되지 않은 진정한 생존'을 대체했다. 이러한 담론의 전환은 곧 그가 인간주의적 논리와는 다른, 현실에 대한 비판적 사유를 구축하려 하고 있음을 예고하는 것이기도 했다.[31]

현재의 관점에서 보았을 때, 이렇게 새로운 비판적 사유를 확립할 수 있는 시기에는 아직 도달하지 않은 것으로 보인다. 하지만 마르크스는 이 시기에 이미 새로운 관점을 획득했던 것이다. 철저한 유물론은 혁명적 역사변증법이어야 한다! 특정한 시간적 제약을 갖는 구체적 현실에서 출발해, 모든 인류사회의 구체적 존재의 역사성, 생성성(生成性), 그리고 잠정성을 통과해 객관적 현실에 관한 과학적이고도 비판적인 인식에 도달해야 하는 것이다. 여기에는 그 어떠한 철학적 논리의 상정도 필요 없다.[32] 혁명적인 역사변증법은 또한 철저한 역사유물론일 수밖에 없는 것이다! 마르크스는 객관적인 역사변증법의 운동에서 가장 심각하고도 철저한 비판성을 이끌어낼 수밖에 없었고, 그러한 인식은 또한『독일 이데올로기』제1권 제1장 제1수고의 "실천적 유물론자, 즉 공산주의자에게 있어 모든 문제는 현존하는 세계를 변혁하는 것이며, 기성의 사태를 공격하고 변화시키는 것이다"라는 말이 진정으로 의미하는 것이기도 하다. 취옹[醉翁, 구양수(歐陽修)를 말함 _옮긴이]의 뜻이 술에 있는 것이 아니라 산수지간에 있는 것과 마찬가지로, 당시의 마르크스가 이상화된 '당위'를 떠나 현실적인 '사실'로 되돌아간 것은 단순하게 유물론적으로 현실을 반영하기 위해서가 아니라 '사실'을 진정으로 바꾸기 위해서였다. 동시에 그러한 변화는 철학적 또는 윤리적 '당위'에서 도출된 것이 아니라 현실적인 '사실'로부터 도출된 과학적 '당위'여야 했다. 요컨대 마르크스의 이론적 사유 속에서 새로운 비판적

---

31   張一兵,『馬克思歷史辨證法的主體向度』, 第3章 第2節 第4項 참조.
32   슈미트가 마르크스의 부정적 비판이 "시한적인 것과 관련 있다"라고 말한 것은 깊이가 있다. 施密特,『歷史和結构』, 30쪽.

힘의 기반은 새로운 이론적 쟁점, 즉 '가능성(能有)'으로 개괄된다고 할 수 있다. 이러한 '가능성'은 또한 현실 속에서 생성되어 나오는 진보의 가능성이기도 하다. '가능성'이라는 관점은 나의 선배인 야오순량 교수가 1995년 10월 '마르크스주의의 실천론과 중국 특색의 사회주의'라는 토론회에서 했던 발언에서 직접적으로 영감을 얻은 것이다.

나의 연구 결과에 의하면 마르크스가 1845년 철학적 변혁에서 실현시킨 가장 중요한 질적 변화의 핵심은 그가 추상적인 실천 규정에 근간한 일반적인 철학적 유물론에 머무르지 않고 헤겔의 역사변증법에 대한 심도 깊은 이해를 통해 포이어바흐의 근본적 유물론과 헤스의 추상적인 실천적 유물론을 비판하고 과학적 방법론으로서의 역사유물론에 도달했다는 것이다. 이제 마르크스는 "헤겔에 비해 포이어바흐의 사유가 더욱 빈곤하다"[33]라는 것을 깨닫게 되었던 것이다. 이러한 태도는 『1844년 수고』와는 완전히 다른 것으로, 그는 이미 구식 유물론에 존재하는 근본적 유물론의 원칙이 그 방법론에 있어 잠재적 관념론일 수 있다는 것을 발견한 상태였다. 포이어바흐와 헤스가 '자연'과 '물질'을 추상화시키고 '실천'과 '생산'을 비역사적으로 영구불변의 기초로 삼아 이로부터 현실에 대한 비판을 이끌어냈을 때 이러한 탐색의 경로는 여전히 무의식적으로 관념 우선론적이었으며, 사회적인 측면에서도 여전히 부르주아 사회의 이데올로기적 입장을 벗어나지 못했다. 마르크스가 이들과 다른 점은, 당시 그는 헤겔 철학 논리의 혁명적 본질을 이해하는 것을 통해 역사유물론의 기초 위에서 역사변증법을 새롭게 도출해내고 있었다는 점이다. 당시의 마르크스는 이미 헤겔 철학의 역사적 변증법의 본질이 모든 관념은 역사적 필연성(절대이념)의 특정한 표현이며 역사의 운동 과정에서 고정불변의 것은 존재하지 않는다는 것임을 명확하게 인식하고 있었다. 마르크스가 헤겔의 관념론적 역사변증법을 다시 전도시키고 그것을 역사유물론 위에 놓

---

33   『馬克思恩格斯全集』, 第16卷, 29쪽.

앝을 때, 그는 비로소 유물론이 역사변증법을 통해 자신을 그 내부에서부터 구축시켜야 함을 진정으로 발견했던 것이다! 역사유물론은 역사 속에 모종의 불변적인 물질적 기초가 존재함을 추상적으로 가리키는 것이 아니라, 역사변증법을 이용해 인류의 사회적 역사 생활 속에서 구축된 구체적이고도 유한한 객관적 상황을 진실하게 대면함으로써 특정하고도 역사적이며 잠정적인 인류의 물질생활과 그 물질생활의 특정하고도 역사적이며 잠정적인 관념적 반영을 발견하는 것이다. 이 점에 있어 방법론으로서의 역사유물론과 역사변증법은 완전히 일치한다. 역사유물론과 역사변증법은 별개의 것이 아닌 것이다! 나는 이때의 마르크스의 사상이 『독일 이데올로기』 제1장의 철학적 확증보다 더욱 깊은 의미를 지닌다고 생각한다. 이후 마르크스는 역사변증법의 본질이 혁명적이라고 말했다. 다시 말해 인류사회생활의 역사적 유한성을 유물론적으로 인정하기 때문에 변증법은 특정한 역사적 구조(생산양식)를 영구화하려는 모든 시도에 대해 반대한다고 말했다. 즉, 역사변증법은 영원히 비판적이라는 것이다. 더욱 중요한 것은 역사변증법은 다시는 관념적인 초월적 가치에 입각하지 않고 '해방의 물질적 조건'에 입각한다는 것이다. 이로써 본래 인간주의에 포함되어 있던 '당위'와 '사실' 사이의 모순은 역사적이고도 현실적인 가능성 안에서 통합된다. 그 어떠한 비판도 다시는 외재적으로 현실에 맞서지 않고 오직 현실적 해방의 가능성으로부터 도출되어 나온다. 당시 마르크스의 구체적인 사유로 되돌아가 보면, 부르주아 사회에 대한 비판이 그 어떠한 낙관적 기대로부터 도출되는 것이 아니라 오직 대공업 생산이 만들어낸 새로운 해방적인 물질적 조건으로부터 도출되어 나오는 것임을 알 수 있다. 이것이야말로 마르크스와 헤스, 프루동 등의 사이에 놓여 있는 좀 더 근본적인 차이점이다. 이에 대해 마르크스는 다음과 같이 말한 바 있다.

(프루동은) 유토피아주의자들과 마찬가지로 '사회 문제를 해결하는' 공식을 선험적으로 구상하는, 이른바 '과학'을 추구한다. 이것은 역사적 운동에 대한 비

판적 인식으로부터 나온 것이 아니다. 다시 말해 이것은 그 자체로 해방의 물질
적 조건을 만들어내는 운동에 대한 비판적 인식으로부터 도출된 과학이 아닌 것
이다.[34](강조는 인용자)

　나는 여기서 마르크스가 언급한 "해방의 물질적 조건을 만들어내는 운동
에 대한 비판적 인식으로부터 도출한 과학"이라는 말이 가장 중요한 부분이
라고 생각한다. 왜냐하면 마르크스는 여기서 최종적으로 '당위'와 '사실' 사이
를 봉합시키는 교량을 구축해냈기 때문이다. 다시 말해 실증적인 현실에 관한
과학 연구로부터 비로소 새로운 현실에 대한 비판의 힘을 도출해낼 수 있는 것이
다! 나는 이것이 마르크스의 과학적 비판 담론의 진정한 정립이라고 본다. 바
로 이와 같이 중요한 이론적 관점 위에서 과학적 사회주의는 비로소 현실적
인 역사적 발전 과정에 존재하는 객관적 실현 가능성을 부여받게 된다. 그리
고 이러한 가능성은 성숙한 물질적 조건을 기초로 하는 객관적 가능성이다.
이에 대해 마르크스는 얼마 지나지 않아 「도덕적 비판과 비판적 도덕」이라는
글을 통해 다음과 같이 더욱 명확하게 언급한 바 있다.

　　부르주아적 생산양식(bürgerliche Produktionsweise)을 필연적으로 소멸하
게 하고 또한 그들의 정치적 지배를 타도할 수 있는 물질적 조건(materielle
Bedingungen)이 역사적 과정 속에서 그리고 역사적 '운동' 속에서 아직 형성되
지 않았다면, 설사 프롤레타리아 계급이 부르주아 계급의 정치적 지배를 타도
한다고 할지라도 그 승리는 일시적인 것일 수밖에 없으며 부르주아 혁명의 보
충재가 될 수 있을 뿐이다(1794년과 마찬가지로).[35]

34　같은 책, 32쪽.
35　『馬克思恩格斯全集』, 第4卷, 331~332쪽.

마르크스는 "부르주아 계급이 지배를 실행하는 경제적 조건(ökonomishe Bedingungen)이 성숙하지 않았다면 전제 군주를 타도한다고 할지라도 일시적일 수밖에 없을 것"이며 사람들은 "자신의 발전 과정 속에서 우선적으로 새로운 사회(neue Gesellschaft)의 **물질적 조건(materielle Bedingungen)**을 만들어 내야 한다"[36]라고 말한 바 있다. 이와 같은 마르크스의 중요한 관점은 이후의 역사적 과정에서 부단히 증명되었던 바다. 이것은 또한 마르크스가 안넨코프에게 보낸 편지에 담겨 있는 가장 의미 있는 이론적 요체이기도 하다.

물론 이 중요한 인식 문제에 대한 비약적 관점은 마르크스가 얼마 지나지 않아 저술하고 출판한 『철학의 빈곤』이라는 책을 통해 최초로 공개적으로 발표되었다. 마르크스 자신의 말을 빌려 말한다면 "우리 견해 가운데 결정적인 의미를 담고 있는 관점은 내가 프루동에 반대하기 위해 쓰고 1847년에 출판한 저작『철학의 빈곤』에서 ─ 다소 논쟁적인 성격인 저술이기도 하지만 ─ 최초로 과학적으로 기술되었다".[37] 다음 절에서는 이 문제를 본격적으로 연구해 보고자 한다.

2. 역사유물론과 정치경제학의 최초 결합

1847년 마르크스는『철학의 빈곤』을 저술해서 출판했다. 이 중요한 저작은 마르크스주의가 정립된 이후의 경전적 문헌 중 가장 먼저 공개적으로 발표된 텍스트다. 마르크스의 견해에 따르면 마르크스주의의 새로운 세계관과 마르크스주의 경제 과학의 '결정적 요소'가 모두 이 텍스트를 통해 최초로 공개되었다. 아쉬운 점은 우리가 오랜 기간 동안 이 저작에 대해 이론적 관심을

---

36   같은 책, 332쪽 참조.
37   『馬克思恩格斯全集』, 第13卷, 10쪽.

충분히 기울이지 못했고 또 세밀히 해석하지 못했다는 것이다.

1) 프루동과『빈곤의 철학』

앞 절에서 우리는 마르크스가 안넨코프에게 보낸 편지를 살펴봄으로써 프루동의『빈곤의 철학』이 발표될 즈음의 마르크스의 기본적인 생각을 이해할 수 있었다. 분명 마르크스의 사유는 여전히 프루동의 책을 대강 훑어본 직관적인 인식에 불과했다. 얼마 지나지 않아 마르크스는『빈곤의 철학』을 직접적으로 비판한 책『철학의 빈곤』(1847)을 프랑스어로 출판했다. 이 책의 이론적 위치를 어떻게 결정할 것인가는 결코 쉬운 일이 아니다. 나는 1990년 즈음 엥겔스가 1847년 3월 9일 마르크스에게 쓴 편지를 읽었는데, 그 편지에서 엥겔스는 만약『독일 이데올로기』의 출판이『철학의 빈곤』출판에 방해가 된다면『철학의 빈곤』이 "훨씬 중요하기" 때문에『독일 이데올로기』의 출판을 "포기하자"라고 언급했다.[38] 당시 새로 번역된『독일 이데올로기』제1권 제1장의 수고를 읽으면서 나는 여전히『독일 이데올로기』가 가장 중요한 이론적 텍스트라고 생각했기 때문에, 엥겔스가 왜 자신과 마르크스가 자신들의 철학에 관한 새로운 관점을 직접적으로 표현한 유일한 텍스트인『독일 이데올로기』를 포기하자고 했는지 이해하지 못하고 있었다. 하지만 지금은 마르크스가 안넨코프에게 보낸 편지를 통해 다시 한 번『철학의 빈곤』이라는 텍스트를 읽으면서 비로소 이 문헌의 이론적 의미에 관한 비밀을 풀 수 있게 되었다. 또한 엥겔스의 언급 역시 자연히 이해하게 되었다. 이제 나는 엥겔스가『철학의 빈곤』을 당시 당의 '강령'이라고 칭한 것을 조금도 이상하게 생각하지 않게 되었다.[39]

---

38   『馬克思恩格斯全集』, 第27卷, 92쪽 참조.
39   같은 책, 109쪽 참조.

내 현재 견해로는 마르크스의『빈곤의 철학』은 매우 중요한 새로운 관점에 대한 은유를 담고 있다. 그것은 바로 추상적인 철학적 논리체계를 구축하여 철학을 현실에 투사하려는 일체의 시도는 실패할 수밖에 없다는 것이다. 마르크스는 자신만의 새로운 철학을 가지고 있었는데, 광의적 차원에서 그것은 우선 과학적 **방법론**이라고 할 수 있었다. 이 과학적 방법론은 더 이상 전통적인 의미의 형이상학이 아니다. 역사적 현실에 관한 구체적인 과학적 연구와 동떨어진 철학은 마르크스주의의 과학적 관점에서 볼 때 더 이상 과학적인 의미의 정당성을 갖추고 있지 못했다. 당시 이와 같은 현실에 대한 연구방법은 주로 마르크스의 부르주아 사회의 생산양식에 대한 경제학적 실증적 비판과 인류사회 총체의 역사적 단계에 대한 역사적이고 실제적이고 구체적인 반성을 통해 표현되었다. 철학은 우선 그러한 과학적 연구방법의 지침이었고, 그러한 과학적 연구방법의 지침은 광의의 차원에서 역사유물론과 역사변증법이었다. 다음으로 철학은 한 발 더 나아가 일정한 역사적 조건하에서의 인류 생존 환경에 대한 이론적 파악으로 표현되었다. 이것은 협의의 역사유물론으로서 비판적 역사현상학이다. 그리고 후자는 1857년에서 1858년에 걸친 경제학과 철학 연구에서 비로소 완성되었다.『철학의 빈곤』에서 마르크스는 자신의 경제학 연구의 성과 안에서 새롭게 정립한 역사유물론을 최초로 정치경제학 자체의 과학적 구축에 응용하기 시작했다. 물론 이것은 여전히 **초보적**이며 미완성된 이론적 접합이었다.

마르크스의 중요한 저작인『철학의 빈곤』을 평가하기에 앞서 우리는 프루동의『빈곤의 철학』에 대해 간단히 살펴볼 필요가 있다. 과거의 연구들은 아마도 이 문제들을 고의로 회피했을 가능성이 있다.

우리는 이 책의 제1장에서 프루동의 사상에 대해 그리고 그와 마르크스의 관계에 관해 초보적인 분석을 행한 바 있다. 강조해두어야 할 것은 1846년 프루동이 스스로 철학적 관점을 통해 경제학에 내재적인 이론적 구조를 제공했다고 여겼을 무렵, 마르크스는 이미 정치경제학에 관한 제2단계의 연구에 돌입해 있었다는 사실이다. 역사유물론을 정립할 때 그는 완전히 새로운 각도에서 부르주아 정치경제학을 대면하기 시작하고 있었고, 마르크스주의 정치경제학 이론과 과학적 사회주의 이론을 구축하는 과정에 진입해 있었다. 이것은 이론에 관한 매우 중요한 과도기적 단계라고 할 수 있다. 마르크스는 한편으로는 철저하게 인간주의 철학의 틀에서 벗어나 역사유물론이라는 현실적 방법론을 통해 역사를 과학적으로 대면했고, 다른 한편으로는 이미 정치경제학을 연구하는 과학적 전제를 정확하게 이해하면서 자신의 고전경제학에 대한 기본적 인식과 태도를 근본적으로 전환시켰다. 하지만 자신만의 독립적인 정치경제학 이론연구에는 직접적으로 착수하지 못하고 있었다. "일체의 사물은 그 변화 과정에서 항상 몇몇의 중간물을 갖는다"(루쉰의 말). 사상 변화의 상황에 처해 있던 마르크스 역시 이 시기의 논저에서 자연히 과도적인 색채를 띠었다. 다시 말해 과학적 방법 및 연구 전제와 아직 해결되지 못한 경제학의 구체적 이론 문제 사이의 모순 말이다. 이 때문에 이 단계의 마르크스가 구체적인 경제학과 역사적 문제에 대해 가지고 있던 관점에 대해 우리는 오직 역사적으로 그 의미를 확인할 수 있을 뿐, 그 이론적 논리의 맥락이 갖는 의미를 결코 과장해서는 안 된다. 이것은 우리가 유의해야 할 문제다.

마르크스와 엥겔스는 1846년 5월 5일 프루동에게 편지를 써서 공산주의 통신위원회(Communist Correspondence Committee)에 참여할 것을 요청했고, 그가 이 조직의 파리 통신원을 맡아줄 것을 부탁했다.[40] 하지만 프루동은 당월 마르크스에게 보낸 답장에서 사회주의자가 혁명적인 수단을 통해 새로운 사회 제도를 구축하는 것에 대해 반대의사를 분명히 피력하면서 새로운 사회 제도를 구축하는 것은 "경제 조합을 통해 또 다른 경제 조합이 사회로부터 훔쳐간 사회적 재부를 사회에 환원하는 것이다. 바꿔 말해 정치경제학의 사유재산에 관한 이론으로써 사유재산에 반대하는 것이다"[41]라고 주장했다. 당연

---

40   같은 책, 464~465쪽 참조.

히 프루동은 현실사회의 전제 조건을 승인한다는 전제하에 부르주아 사회를 온화한 개량의 방식을 통해 치유하고자 했던 것이다. 이와 동시에 프루동은 마르크스와 토론할 의사가 있음을 분명히 했고 다른 관점을 교류하고자 했다. 프루동은 마르크스에게 보내는 편지에서 자신의 신작 『빈곤의 철학』이 곧 출판될 것임을 알렸다. 바로 『빈곤의 철학』에서 프루동은 자신이 철학을 통해 정치경제학을 구원할 수 있다고, 즉 정치경제학의 '보수주의'를 비판하고 또 사회주의의 '급진주의'를 비판할 수 있다고 생각했던 것이다. 어찌 보면 그는 진정으로 신성함의 이름으로 세계를 구하려 했던 셈이다.

앞서 언급했던 것처럼, 우리는 프루동의 『소유란 무엇인가』를 읽을 때 저자의 용감함에 감동을 받곤 한다. 하지만 프루동의 이 새로운 저서에서는 그의 다른 측면이 드러난다. 본래의 질박한 프롤레타리아 계급의 처절한 혁명 투사의 모습은 보이지 않고, 신의 가면을 쓴 채 부르주아 계급과의 '화해'를 주장하는 우스꽝스러운 '사유의 대가'를 만나게 되는 것이다. 프루동이 제시한 이와 같은 허망한 이미지는 그를 사회주의 진영에 가입시키고자 했던 마르크스에게 상당한 충격으로 다가왔을 것이며, 웃을 수도 울 수도 없는 복잡한 감정을 불러 일으켰을 것이다. 이것이 바로 마르크스로 하여금 자신의 오랜 친구를 정리하도록 결심하게 만든 이유였다.

『빈곤의 철학』에서 프루동의 이론적 출발점은 더 이상 인간에서 출발하는 공정이 아니라, 신과 동등한 성질을 갖는 '보편이성', 즉 사회적 법칙에 대한 인식이다.[42] 내가 볼 때 이후 프루동은 카를 그륀을 통해 헤겔 철학을 어느 정도 이해한 것으로 보인다. 하지만 이 지각생이 사고한 방향은 마르크스, 심지어 독일 청년헤겔파의 선진적 방향과도 달랐다. 프루동은 헤겔의 절대 이념 배후에 놓여 있는 신학적 이론으로부터 인간으로 회귀한 것이 아니라 현실에

---

41   蒲魯東, 『貧困的哲學』, 第1卷, 徐公肅·任起莘譯(商務印書館, 1961), 10쪽.
42   같은 책, 5쪽 참조.

서 신학으로 나아갔다. 두 사람의 대전제는 완전히 배치될 수밖에 없었던 것이다. 이 때문에 저서의 시작에서부터 프루동은 "사회와 역사는 하느님의 관념을 장기적으로 '확정'한 것과 다름없으며 인류 운명의 점진적 계시와 다르지 않다"라고 언급한 것이다. 하지만 고대의 인식과 다르게 프루동은 '과학이성'을 통해 그 신성함을 확인했고, 이러한 신학적 가설을 자신의 경제학 연구의 전제로 삼았다. 만약 인간의 노동이 하느님이 세상을 창조한 것을 계승한 것이라면, 프루동의 이론은 곧 현실 속에서 '하늘을 대신해 도를 행하는 것'에 해당되는 셈이다. 분명 프루동의 이와 같은 이론적 전제는 곧 유럽 철학에 대한 그의 인식이 매우 천박했음을 보여주는 것이며, 특히 기독교 문화에 대해서는 거의 아는 바가 없었음을 말해주는 것이다.

만약 『소유란 무엇인가』라는 저서에서 프루동의 이론적 기초가 법철학과 중개를 거친 정치경제학적 관점(주로 부정확한 노동가치론)이라면, 『빈곤의 철학』은 프루동의 경제학 이론을 처음으로 대대적으로 선보인 것이다. 프루동의 경제학 이론에 대한 위치 지움은 무척 흥미롭다. 그는 경제학은 새로운 철학이라고 명확하게 주장하고 있다. 얼핏 보기에 그의 말투는 시스몽디와 비슷해 보이지만 실은 전혀 다르다. 프루동은 "내가 보기에 경제학은 형이상학의 객관적 형식과 현실이다"라고 언급한 바 있다. 그에 따르면 노동과 교환 법칙을 연구하는 사람은 누구나 진실하고 전문적인 형이상학자다. 경제학은 "풍부한 논리적 성격을 갖춘 과학 또는 상당한 구체적 성질을 띤 형이상학으로, 과거 철학의 기초를 근본적으로 바꿔놓았다."[43] 마르크스에 비해 프루동은 고전경제학을 직접적으로 철학으로 규정짓고 있지만, 마르크스는 오히려 고전경제학에서 이전 철학을 해체시키는 비밀을 캐내고 있다. 프루동의 언급은 분명 허술하고 불분명하다. 왜냐하면 헤겔 철학의 사유에서는 시민사회 속 경제 현실의 본질과 운동의 법칙이 실상 절대 이념의 역사적 실현의 근대

---

43 같은 책, 37쪽 참조.

적 정점을 형성하고 있기 때문이다. 하지만 프루동은 이것을 명확하게 이해하지 못한 채 "사회와 경제의 모든 역사는 철학자의 저작에 쓰어 있다"[44]라고 언급하고 있다. 그러므로

경제학자가 보기에 사실이 곧 진리인 이유는 그것들이 곧 사실, 유형적 사실이기 때문이다. 우리가 보기에 사정은 오히려 반대다. 사실은 결코 유형(有形)의 사물이 아니다. 왜냐하면 우리는 이 유형의 사물이라는 몇 글자의 낱말이 무엇을 의미하는지 모르기 때문이다. 우리는 사실이 무형적 관념의 유형적 표현이라는 것을 안다.[45]

포이어바흐 이후에 출현한 이와 같이 극도로 단순하고 조잡한 관념론적 언급들은 우리를 아연실색하게 한다. 하지만 이러한 관점은 오히려 프루동이 철학의 이름으로 '빈곤'의 경제학자들을 설교하는 보검이 되었다. 안타까운 것은 그가 헤겔 철학의 내재적 변증법의 진정한 의미를 깨닫지 못하고 그 겉모습, 즉 정반합(긍정, 부정, 부정의 부정)이 만들어내는 모순의 조합 식만 배웠다는 사실이다. 이것은 진실로 본말이 전도된 것이다.

『소유란 무엇인가』 제1장에서 프루동은 동시에 정치경제학과 사회주의에 반대하고 있다. 그는 현실 부르주아 사회에서는 노동과 교환이 이미 자발적이고도 보편적으로 조직화되었고, 정치경제학은 그러한 조직에 관한 기본적인 원리를 제공하며 인권을 통해 그러한 사회의 운용을 보호한다고 생각했다. 그리고 사회주의는 반대로 그러한 조직이 죄악과 억압, 그리고 빈곤을 만들어내는 근원이며 따라서 그러한 조직은 '과도적인 성질의 것'일 수밖에 없다고 생각한다고 주장했다. 프루동에 따르면 이 두 종류의 사조는 각기 기존

---

44   같은 책, 178쪽.
45   같은 책, 142쪽.

의 사회에 대해 완전히 긍정적이거나 완전히 부정적인 태도를 취하고 있다. 프루동은 이에 대해 절충적인 태도를 취한다. 그의 입장은 정치경제학은 사회적 사실 위에 구축된 '사회과학'임을 설명하고자 하는 것이다. 왜냐하면 정치경제학은 사회의 현상과 현상 사이의 관계, 즉 규칙을 설명하기 때문이다. 이것은 응당 연구의 전제가 되어야 하는데, 왜냐하면 "만약 정치경제학의 심도 깊은 비판과 부단한 발전이 없다면 사회주의는 아무것도 아닌 것이 되어버리기 때문이다".[46] 프루동의 이러한 언설에는 분명 합리적인 요소가 존재하고 있다. 그는 심지어 "사회주의에 존재하고 있는 것은 모두 정치경제학에 존재하고 있다"[47]라고 말하기도 했다. 예컨대 정치경제학은 노동이 가치의 유일한 원천임을 밝혀냈고, 경제학자들은 모든 가치가 노동에 의해 생산되는 것임을 인정하면서도 오히려 이러한 사실에 근거해 현재의 사회적 현실을 긍정했다. 사회주의의 의미는 이러한 정치경제학의 무비판성을 간파해냈다는 데 있는 것으로, 그것은 노동가치로부터 현실사회를 부정해야 한다는 요구를 이끌어냈다. 이 때문에 사회주의는 필연적으로 정치경제학에 반대할 수밖에 없는 것이다. 이 양자는 경제학에서 자본생산력과 노동생산력의 이원 대립적 관계로 표현된다. 프루동이 보기에 정치경제학과 사회주의는 모두 극단적이고 편향적이다. 총명한 프루동은 제3의 원칙을 도출했는데, 그것은 바로 부정의 부정으로서 출현한 협조의 원칙이다.[48] 이것은 정치경제학적 사실을 인정해야 하면서도 그것의 오류를 수정해 "사실과 권리를 조화시키고" 그로써 "질서"를 얻어내는 것이다.[49]

『소유란 무엇인가』 제2장에서 프루동은 철학으로써 경제학을 '구원'하는 문제를 논하고 있다. 이 부분에서 우리는 그의 논의가 정치경제학에 있어 가

---

46 같은 책, 48쪽.
47 같은 책, 259쪽.
48 같은 책, 50쪽 참조.
49 같은 책, 61쪽 참조.

장 중요한 가치 이론을 둘러싸고 전개됨을 알 수 있다. 프루동은 "가치는 주로 사회관계를 나타낸다. 심지어 오직 사회적 교환을 통해서만, 그리고 사회적 교환의 자연적 상태와 관련되어서만 사회적 교환의 효용성이라는 관념을 얻을 수 있다"[50]라고 직접적으로 언급하고 있다. 이것은 기본적으로 옳은 말이다. 가치는 다시 사용가치와 교환가치로 분화되며, 사용은 교환의 필요조건이다. 사용을 제거해버리면 교환은 곧 아무것도 아닌 것이 되어버린다. 프루동은 이것이 객관적 모순임을 발견했다. 따라서 "이율배반은 정치경제학의 중요한 성질이다".[51] 프루동은 과거의 모든 경제학자가 이론적으로 취약했기 때문에 경제학의 명제 또는 반명제만 직관적으로 포착했을 뿐이며, 이것은 경제학자들이 철학을 모르기 때문에 "가치의 본질이 절대 조화임"을 이해하지 못했다고 주장했다.[52] 이러한 사유 방식 역시 헤겔의 모순의 조합, 즉 정 – 반 – 합에 관한 도식으로부터 도출된 것이다. 프루동은 자신이야말로 정치경제학의 정점, 즉 구성가치(constituted value)를 발견한 최초의 인물이라고 생각했다. 프루동은 자신의 구성가치가 사용가치와 교환가치의 모순적 본질을 실현하고 조화시켰다고 생각했으며, 수요와 공급이 사용가치와 교환가치의 직접적 접촉과 조화를 가능케 하며 양자가 상업적 구조 속에서 실현될 수 있다고 생각했다. 교환 과정에서 형성된 비례 관계를 통해 구성되고 현실화된 요소로 진입하는 것이 곧 가치이며, 조화가 된 이후 나머지 부분은 비가치에 해당된다.

가치는 생산자와 생산자 사이에서 분업과 교환의 두 가지 방식을 통해 자연스럽게 형성된 사회 속에 존재한다. 또한 가치는 부를 구성하는 각종 상품의 비례 관계이기도 하다. 사람들은 가치를 특별히 상품 가치라 부르는데, 상품 가치는

---

50   같은 책, 63쪽.
51   같은 책, 70쪽.
52   같은 책, 73쪽 참조.

공식으로서, 화폐라는 기호로써 해당 상품이 부의 총량 안에서 차지하는 비례를 가리키는 것이다.[53]

　구성가치는 일종의 '합' 명제(Synthese)로서, 효용과 교환이 밀접하게 관련된 것이며, 종합가치 또는 사회가치, 즉 진정한 가치가 되는 것이다. 가치를 통해 수요와 공급 사이의 부단한 진동을 통해 절대적인 경제적 법칙이 달성된다. 이렇게 프루동은 스스로 자신이 유사 이래 정치경제학 영역에서 최대의 혁명을 진행했다고 생각했다. 내가 보기에 이때의 마르크스는 분명 프루동을 비웃고 있었을 것이다.

　제3장에서 시작해 제7장에 이르기까지 프루동은 경제의 진화에 관한 다섯 개의 시기를 묘사하고 있다. 분업은 경제적 진화의 첫째 단계로, 분업 자체는 경제학의 이율배반이다. 둘째 단계는 기계로서, 기계는 분업의 대립물이다. 셋째 단계는 경쟁이다. 경쟁은 경제의 조절기제로서 가치의 구성에 필수적이다. 여기에서 프루동은 공산주의가 경쟁을 취소했다고 비판하고 있는데, 그는 경쟁을 없애는 것이 문제가 아니라 경쟁으로 하여금 균형을 유지하게 하고 그 균형을 감독하는 것이 문제라고 주장했다. 넷째 단계는 독점이다. 독점 때문에 인류는 지구를 점유했다. 다섯째 단계는 경찰 또는 과세다. 제8장에서 프루동은 놀랄 만한 표제를 사용하고 있는데, 바로 "모순 법칙하에서의 인간과 신의 책임 또는 신의 섭리의 문제에 대한 해답"이다. 프루동은 큰 소리로 "사회적 책임은 사회의 이율배반을 부단히 해결하는 것"[54]이라고 외치고 있다. 예컨대 인간의 이성과 무한한 신성 사이의 모순, 그리고 노동과 자본의 모순(사회 발전 속의 이율배반) 같은 것들이 그러한 이율배반이라고 할 수 있다.

53　같은 책, 85쪽.
54　같은 책, 327쪽.

노동은 작업 방법과 기계를 발명해냈고 이로 인해 그 힘을 무한대로 증가시킬 수 있었다. 이후 경쟁에 의해 공업의 천재를 장려하고 자본의 이윤과 기업의 특권에 의해 그 획득을 보장했다. 이로써 계급 사회의 성립은 더욱 근본적이고 불가피한 것이 되어버렸다.[55]

프루동은 "이 모든 것에 대해 사람을 탓해서는 안 된다"라고 주장한다. 또한 그는 일체의 단순한 긍정에 반대한다. 왜냐하면 사회와 경제의 모든 것은 일시적인 것이기 때문이다. 또한 그는 일체의 급진적인 부정에도 반대한다(그는 시스몽디의 저항에도 반대한다). 그는 "사회가 지식과 경제의 진보에 근거해 점진적인 개선을 이루어나갈 것을 희망한다"[56]라고 말했다. 프루동 자신이 바로 이러한 모순의 부단한 조화의 근간이라고 할 수 있다. 그러므로 그는 자기 스스로를 프랑스의 헤겔이라고 여겼던 것이다.

재미있는 것은 마르크스의 『철학의 빈곤』이 발표된 이후 프루동이 공개적인 답변을 하지 않았다는 사실이다. 하지만 그는 자신의 수고 옆에 "사실 마르크스는 자신의 관점이 나의 관점과 매우 유사한데, 내가 자신보다 그러한 관점을 먼저 제출했다는 것에 대해 아주 속상해하고 있다. …… 마르크스는 질투하고 있는 것이다"[57]라고 쓰고 있다. 그의 이러한 자부심은 정말 놀라울 정도다. 이어서 우리는 마르크스가 정말로 프루동과 '매우 유사'한지를 살펴보도록 하자.

2) 프루동의 관점에 대한 마르크스의 비판

마르크스의 『철학의 빈곤』은 프랑스어로 쓰였다. 따라서 프랑스의 노동자

---

55 같은 책, 334쪽.
56 같은 책, 377쪽.
57 杰克遜, 「馬克思同蒲魯東的會見」, ≪馬克思主義硏究參考資料≫(1985), 第3期에서 재인용.

들에게 직접적인 영향력을 발휘했고 그들로 하여금 프루동의 그릇된 영향으로부터 벗어나게 했다. 전통적인 학계에서는 일반적으로『철학의 빈곤』을 마르크스의 첫 번째 경제학 저작으로 본다. 하지만 실상 경제학을 연구대상으로 한다는 관점에서 보았을 때, 이 책은 결코 첫 번째 저작이 아니다(그 이전에『1844년 수고』와『정치와 정치경제학 비판』이 있었다). 하지만『철학의 빈곤』은 공개적으로 발표한 **마르크스주의**의 첫 번째 저작이자 경제학적 저작이라고 할 수 있다. 정확히 말해 그 책은 철학적 경제학 논저이며 마르크스가 광의의 역사유물론적 방법을 통해 경제학을 연구한 결과라고 할 수 있다.

앞서 서술한 것처럼, 역사유물론의 진일보한 확립과 영국의 '리카도의 학설을 근거로 한 프롤레타리아 반대파', 즉 호지스킨, 톰슨, 브레이, 그레이 등을 직접 연구함으로써(『맨체스터 노트』) 마르크스는 마침내 프루동의 영향을 일소하고 경제학 관념에 관한 최초의 전환을 시작하게 되었다. 그리고『철학의 빈곤』에서 마르크스는 다시 프루동에 대한 철저한 청산을 진행했다. 그는 경제학과 철학 두 방면을 통해 프루동의 부르주아 계급 비판이 지닌 비과학성과 프티부르주아적인 반동적 특징을 폭로했다.『철학의 빈곤』에서 마르크스는 프루동의 가치론에 대한 경제학적 비판과 프루동의 역사관 및 방법론에 대한 비판을 별개로 진행한다. 그리고 리카도의 가치 이론을 긍정함과 동시에 부르주아 자연주의 역사관과 형이상학적 방법론을 비판한다.

『철학의 빈곤』은 두 개의 장으로 나뉘어 있는데 모두 8개의 절로 이루어져 있다. 첫째 장은 마르크스가 당시 저술하면서 수정하고 있던『정치와 정치경제학 비판』이라는 저서의 경제학 연구를 기반으로 하고 있고, 둘째 장은『독일 이데올로기』, 특히 마르크스가 안넨코프에게 보낸 편지에서 언급한 광의의 역사유물론과 역사변증법을 근거로 하고 있다.

제1장 '과학적 발견'의 3절은 주로 프루동의 가치 이론을 비판하고 있는데, 이것은 또한『철학의 빈곤』의 경제학 자체에 대한 탐색이기도 하다. 총체적으로 말해 이 토론의 기본적인 관점과 방법론은 정확하다고 할 수 있다. 하지

만 당시 마르크스는 정치경제학의 심층적인 문제를 진정으로 해결하지 못했기 때문에 정치경제학에 대한 마르크스주의의 총체적인 논리를 아직 완성하지 못하고 있었다. 그래서 그의 대부분의 관점은 고전경제학, 특히 리카도의 경제학 이론에 의탁하고 있었다. 마르크스 자신의 경제학의 진정한 정립은 10년 이후 『정치경제학 비판 요강』에서 완성되었다. 앞의 논의에서 우리는 프루동의 경제학 범주가 종종 신학과 같은 유사 헤겔 철학과 혼재되어 있음을 보았다. 마르크스의 말을 빌린다면 "프루동의 경제학에서 분업과 교환은 하늘에서 떨어진 것이었다".[58] 이 때문에 프루동은 인류사회생활의 존재가 갖는 역사적 특징을 근본적으로 알 수 없었고 이해할 수도 없었다. 예컨대 "교환(échange)은 자신의 역사(histoire)를 갖는다. 그것은 다른 단계를 거치는 것이다".[59] 중세 시대에 교환되었던 것은 잉여생산물뿐이었다. 하지만 이후 "모든 상품 그리고 모든 공업 활동은 상업의 범위 안에 있게 되었고, 당시 일체의 생산은 완전히 교환에 의해 결정되었다".[60] 그리고 마지막으로 비로소 "사람들이 자신으로부터 떨구어낼 수 없는 모든 것이 교환과 매매의 대상이 된"[61] 시기가 도래한 것이다. 교환은 결국 특정한 역사시기에 존재하는 특정한 생산양식 안에서의 교환인 것이다.

생산물의 교환방식은 생산력의 교환방식(mode d'échange des forces productives)에 의해 결정된다.[62] 총체적으로 말해 생산물의 교환형식은 생산의 형식과 상응하는 것이다. 생산 형식이 변화되면 교환형식 또한 그것에 따라 변화된다. 이 때문에 사회의 역사(histoire de la société) 속에서 우리는 생산물

---

58 『馬克思恩格斯全集』, 第4卷, 78쪽.
59 같은 책, 79쪽.
60 같은 책, 79쪽.
61 같은 책, 79쪽.
62 마르크스가 안넨코프에게 보낸 편지에서는 facultades productivas(생산력)라는 단어를 사용했는데, 여기서는 이와 달리 forces productives를 사용하고 있다.

의 교환방식이 종종 생산물 교환방식의 생산양식(mode de production)에 의해 조절되는 것을 볼 수 있다. 개인 간의 교환 역시 특정한 생산양식에 조응하고 그러한 생산양식은 또한 계급들의 적대관계와 조응한다.[63]

마르크스는 이 텍스트에서 아홉 차례에 걸쳐 mode de production이라는 용어를 사용하고 있다. 동시에 마르크스는 인간은 "자신이 원하는 만큼의 분량을 생산하는 것조차 자유롭게 할 수 없고, 생산력 발전(développement des forces productives)의 현 단계는 생산자에 대해 어떤 특정한 규모로 생산하는 것을 강제한다"[64]고 프루동에게 말해주고 있다. 우리는 이러한 관점이 마르크스가 이제 막 정립한 역사유물론이라는 맥락에서 유래한다는 것을 알 수 있다. 비록 프루동 역시 경제 문제를 논의할 때 경제의 우선성을 인정하기는 했지만, 그의 비역사적인 추상적 방법론은 필연적으로 더욱 깊이 있는 차원에서의 관념론적 역사관을 초래할 수밖에 없었다. 마르크스가 보기에 이것은 실상 부르주아 경제학자가 범한 치명적인 오류였다. 이에 대해 쑨보쿠이는 정확하게 지적했던바, 마르크스는 "역사유물론의 발전 법칙을 정치경제학에 응용했고, 동시에 경제생활 전체와 전체 사회를 내재적인 연관 관계를 갖는 시스템의 총체로 보았던 것이다. 이것은 마르크스의 방법론으로 하여금 관념론적인 프루동을 초월하게 했을 뿐만 아니라, 정치경제학 전체를 초월하게 했다".[65]

프루동이 스스로 철학적 변증법을 가지고 있다고 한 데 대해 마르크스는 다음과 같이 반문한다.

프루동의 변증법이란 무엇인가? 그것은 추상적이고 모순적인 개념, 예컨대

---

63   『馬克思恩格斯全集』, 第4卷, 117쪽.
64   같은 책, 87쪽.
65   孫伯鍨·姚順良, 『馬克思主義哲學史』, 第2卷, 272쪽.

희소와 풍부함, 효용과 음미, 한 명의 생산자와 한 명의 소비자(이 둘은 모두 자유의지를 갖춘 기사다)로 사용가치와 교환가치, 수요와 공급을 대체한 것이다.[66]

이 말은 곧 사용가치와 교환가치 사이의 모순에 대한 프루동의 지적은 분명 정확했지만, 그가 임의로 잘못된 추론을 통해 사용가치 = 풍부함, 교환가치 = 희소, 사용가치 = 공급, 교환가치 = 수요라는 결론을 도출했음을 의미한다. 그리고 이러한 모순은 노동시간이 결정하는 가치 속에서 해결된다(구성과 실현). 마르크스가 보기에 프루동이 만들어낸 이른바 '구성가치'를 중심으로 하는 정치경제학과 사회주의 초월론은 리카도의 가치 이론에 대한 유토피아식의 왜곡된 설명에 불과했다. 그리고 이렇게 리카도를 거꾸로 적용해 사회를 개조하는 방법은 이미 리카도파의 영국 사회주의에 의해 이용되었던 것이기도 했다.

특별히 지적해두어야 할 것은 당시 마르크스는 이미 노동가치론을 일반적으로 인정하지 않고 있었고 고전경제학의 과학성 역시 인정하지 않고 있었다는 것이다. 그는 경제학의 관점 대부분을 이미 리카도의 입장으로 전환한 상태였다. 우리는 『브뤼셀 노트』와 『맨체스터 노트』 시기의 두 번째 단계의 경제학 연구를 통해 마르크스가 이미 부르주아 경제학의 각 유파를 고찰했음을 알고 있다. 마르크스는 『브뤼셀 노트』에서 자신이 읽었던 배비지와 유어의 저작을 직접 인용하고 있다. 또한 시스몽디, 로더데일, 부아기유베르, 스미스, 리카도, 슈토르히, 앳킨슨, 에드먼드, 브레이, 시니어, 밀, 쿠퍼, 새들러, 르몽테 등과 같은 경제학자의 논저들도 인용하고 있다. 더욱 중요한 것은 마르크스가 이미 리카도를 "당대의 역사학자"[67]로 직접적으로 긍정하고 있다는 사실이다. 마르크스는 심지어 리카도가 "근대사회, 즉 부르주아 사회(société

---

66   『馬克思恩格斯全集』, 第4卷, 87~88쪽.
67   『馬克思恩格斯全集』, 第4卷, 156쪽.

bourgeoise)에 관한 이론을 과학적으로 해명했다"[68]라고 생각했다. 마르크스는 이 텍스트에서 société bourgeoise라는 용어를 8회 사용했다. 이러한 구분은 마르크스의 이 시기 경제학의 수준이 분명 『독일 이데올로기』 시기보다 높았음을 설명해주고 있는 것이다. 그는 이미 고전경제학 안에서 스미스와 리카도의 차이점을 분별해냈고, 직접적으로 리카도를 고전경제학 이론의 정점으로 보고 있었다. 실상 이 정점이라는 것은 역사유물론과 마르크스주의 정치경제학 비판이론의 출발점이기도 하다.

마르크스는 바로 다음과 같은 의미에서 리카도와 프루동을 직접적으로 대비해 연구한 것이다. 첫째, "리카도는 부르주아적 생산(production bourgeoise)의 실제적인 운동(mouvement réel)을 보여주었다". 하지만 프루동은 오히려 현실에서 유리되어 머릿속에서 새로운 공식을 발명했다. 실상 이른바 이 새로운 공식이라는 것은 "리카도가 이미 명확하게 설명한 현실 운동의 이론적 표현일 뿐이다".[69] 둘째, "리카도는 현실사회를 출발점으로 하여 이 사회가 어떻게 가치를 구성하는지 보여주었다. 하지만 프루동은 오히려 구성가치를 출발점으로 하여 구성가치로써 새로운 사회 세계를 만들어냈다".[70] 셋째, "리카도가 볼 때 노동시간이 가치를 확정하는 것은 교환가치의 법칙이다. 하지만 프루동이 볼 때 이것은 사용가치와 교환가치의 종합이다".[71] 그러므로 실제에 있어 "리카도의 가치론(théorie des valeurs)은 현대 경제생활에 대한 과학적 해석(interprétation scientifique)이다. 하지만 프루동의 가치론은 리카도의 이론에 대한 유토피아식 해석이다".[72] 이것은 무엇 때문인가? 리카도는 현실적인 경제관계로부터 자신의 이론 공식을 귀납적으로 도출해내고 있는데, 이 공식이 바로 경제생활에 대한 본질적 추상이기 때문이다. 리카도는 이 본질을 축으로

---

68 같은 책, 89쪽.
69 같은 책, 92~93쪽 참조.
70 같은 책, 93쪽.
71 같은 책, 93쪽.
72 같은 책, 93쪽.

삼아 예컨대 "지대, 자본의 축적, 그리고 임금과 이윤 관계 등과 같이 겉보기에는 이 공식과 모순적으로 보이는"[73] 부르주아 사회의 경제 현상을 꿰뚫고 있었던 것이다. 하지만 프루동은 완전히 임의적인 방식으로 공허한 가설에 기대고 있는데, 그 가설들은 일련의 고립된 경제적 사실들을 왜곡해 예증으로 삼았다. 이 때문에 나는 평론을 하나 덧붙이고자 한다. 잠재적인 철학적 전제에서 리카도는 사회유물론의 최고 수준에 다다랐지만, 프루동은 철두철미한 관념론자였다는 것이다.

리카도에 대한 프루동의 비판에 대해, 특히 프루동이 리카도가 모자의 생산비용과 생활비를 혼동했다고 여긴 것에 대해 마르크스는 리카도의 관점은 분명 "사람을 모자로 만든 것"이지만 이것이 리카도의 관점이 '냉혹'하기 때문이 아니라 사실 그 자체가 냉혹하기 때문이라고 말했다. 여기서 마르크스는 프랑스 인간주의 문학가들이 리카도의 정치경제학을 공격한 데 대해 직접적으로 반대하고 있다.[74] 물론 마르크스가 결코 리카도가 긍정한 부르주아 정치경제학적 관점을 긍정한 것은 아니다. 마르크스가 설명하고자 한 것은 프루동이 리카도 경제학의 과학적 표현을 왜곡했을 뿐만 아니라, 부르주아 사회의 현실을 자신이 만들어낸 공평함의 기초로 삼았다는 것이다. 왜냐하면 리카도의 정확한 '공식'은 다만 "노동자가 현대판 노예제가 되어버리는 공식"이기 때문이다. 그 생산에 필요한 노동시간으로 가치를 확정하는 법칙은 특정한 역사적 조건 속에서 형성된 부르주아 사회의 특정한 역사적 규칙이다. 우스운 것은 리카도는 스미스가 노동가치론에서 범한 오류를 정확하게 수정했지만, 이것이 프루동에 의해 다시 왜곡되었다는 것이다. 동시에 프루동은 또한 그러한 혼란스러운 오류를 자신이 **평등주의적으로** 사회를 개조하는 기초로 삼았다. 마르크스는 이에 대해 이렇게 평등주의적으로 리카도의

---

73 같은 책, 93쪽.
74 같은 책, 94쪽 참조.

이론을 응용하는 것 역시 프루동이 발명해낸 것이 아니라고 지적했다. 왜냐하면 그 이전에 영국의 사회주의 경제학자인 톰슨, 호지스킨, 에드먼드, 브레이 등이 이에 대해 모두 중요한 논설을 남겼기 때문이다. 마르크스는 이 문제를 다루면서 브레이의『노동에 대한 박해 및 그 구제방안』이라는 저서를 대거 인용하고 있다.[75] 바로 여기에서 마르크스는 처음으로 경제학적인 각도에서 브레이를 비판했다. 왜냐하면 브레이 역시 부르주아 계급의 환상을 자신이 실현하고자 하는 이상으로 변화시켜놓은 것에 불과하기 때문이다. 하지만 "이와 같은 사회적으로 미화된 그림자의 기초 위에서 사회를 개조하는 것은 절대적으로 불가능한 것이다".[76] 결국 프루동의 '창조'는 기껏해야 '리카도를 근거로 삼는 프롤레타리아 반대파', 즉 '브레이 프로젝트'의 희화화에 불과했던 것이다.

나는 마르크스가『철학의 빈곤』제1장에서 프루동의 경제학을 비판했던 것은 정확했지만 이론의 좀 더 깊이 있는 차원에서 보면 몇 가지 문제도 존재하고 있다고 생각한다. 동독 경제학자인 투슈세러가 언급했던 것처럼, "경제이론 문제에 있어 마르크스는 리카도에 상당히 의존적이다. 그러므로 여러 개별적인 문제에서 리카도의 정확한 이론 관점과 그릇된 이론 관점이 함께 존재하고 있다".[77] 제1장의 진짜 주제는 교환가치로, 마르크스는 여기에서 양적 규정에 관한 토론에 주목했지만 가치에 대한 질적 분석은 아직 시작되지 않고 있다. 마르크스는 스스로『정치경제학 비판』에 이르러서야 비로소 프루동주의를 완전히 붕괴시킬 수 있었다고 말한 바 있다.『정치경제학 비판』에 이르러서야 비로소 가치의 질적 분석, 즉 노동이 어떻게 가치를 형성하고 또 어떠한 노동이 가치를 형성하는지, 그리고 가치가 어떻게 필연적으로 화폐가 되는지의 문제를 해결할 수 있었던 것이다. 당시 마르크스는 가치와 교

---

75   같은 책, 110~115쪽 참조.
76   같은 책, 117쪽 참조.
77   圖赫舍雷爾,『馬克思經濟理論的形成和發展』, 211쪽.

환가치, 교환가치와 가격, 가치와 시장가격을 엄격하게 구별하지 않고 있었고, 이로 인해 부르주아 사회의 구체적인 생산 형태를 더욱 깊이 있게 분석해 과학적인 경제학적 결론을 내놓을 수 없었다. 동시에 그는 노동시간이 결정하는 가치와 그 가치가 변형된 표현, 즉 부르주아 사회의 생산 가격 간의 차이를 명확하게 이해할 수 없었다. 이 때문에 그는 무비판적으로 리카도의 관점을 받아들였던 것이다. 여기서 마르크스의 사유는 정확한 내용을 포함하고 있지만 동시에 오류도 있다. 이러한 오류는 마르크스가 가치가 생산비용 또는 노동시간의 최저액에 의해 결정된다고 여겼던 데서 비롯된다. 다시 말해 마르크스가 받아들인 '노동가치' 또는 '노동의 자연가격'이라는 두 가지 개념과 여러 가지 개별적인 문제(리카도의 화폐수량론, 지대이론, 일반 이윤율을 포함해) 모두에 오류가 존재하는 것이다.

하지만 역사유물론의 방법론으로부터 정확하게 안내를 받아 마르크스는 여러 문제에 대한 사고에서 이미 리카도의 관점을 초월하고 있었다. 리카도(고전경제학)는 긍정적인 입장에서 부르주아 사회의 생산양식이 운용되는 기제를 가치 법칙을 통해 설명했지만, 프루동과 같은 프티부르주아 사회주의자는 이른바 '진정으로 실현된' 가치를 통해 부르주아 사회가 만들어내는 모든 문제를 일소해버리고 사회적 평등을 새롭게 구축하고자 했다. 하지만 마르크스는 다음의 사항을 과학적으로 증명해냈다. '가치는 역사적 범주이며 그것은 다만 부르주아 사회의 생산양식이 발생시킨 특정한 역사와 관련을 맺고 있을 뿐이다. 가치는 바로 개인 간의 교환을 기초로 하는 사회적 관계의 표현일 뿐이며, 오직 교환을 통해서만 실현될 뿐이다. 그러므로 개인 사이의 교환, 그리고 노동가치의 상품으로의 전환을 기초로 삼는 부르주아 사회에서 만약 생산양식 자체를 근본적으로 개조시키지 않는다면 부르주아 사회의 사회제도가 만들어내는 병폐를 근본적으로 없앨 수 없다.' 동시에 마르크스는 사유제라는 조건하에서의 가치 법칙의 실현 문제를 최초로 온전하게 드러냈다. 물론 이 당시 마르크스는 노동가치론을 긍정하고 옹호하기 시작했지만, 가치 자체의 역사적 형성과 변형을 역사적으로 설명하지는 않았고, 자신의 정치경제학 이론을 전면적으로 증명하지도 않았다.

거대한 사유의 독수리는 이미 고요한 대양 속에서 잔잔한 물결을 만들어내고 있었지만 여전히 그 끝을 알 수 없는 해안에서 배회하고 있었던 것이다. 이 거대한 사유는 여전히 사납고도 거대한 파도가 급류를 몰고 올 때를 기다리고 있었고 거친 바람이 춤을 추며 몰고 올 자유를 기다리고 있었다.

3) 정치경제학 총체의 방법론에 대한 마르크스의 비판

『철학의 빈곤』 제2장의 다섯 개 절 가운데 제1절은 프루동의 유사 헤겔주의식의 연구방법을 비판하는 데 주목했는데, 실상 이것은 경제학 연구를 철학적으로 지도하는 방법의 문제에 관한 것으로, 이 책 전체에서 비교적 의미 있는 부분이다. 소련의 학자 로젠버그의 말을 빌리면 이 책에서 "프루동에 반대했던 논쟁은 전체 부르주아 정치경제학에 대한 반대로 변화했고, 특히 그 방법론에 반대하는 논쟁으로 변화했다".[78] 나머지 네 개의 절에서는 각각 분업과 기계, 경쟁과 독점, 토지 소유권과 지대, 파업과 노동조합 등의 측면에 대한 구체적인 비판이 전개된다. 제2장의 시작 부분에서 마르크스는 '정치경제학의 형이상학'을 설명한 것임을 명확하게 언급하고 있다. 이 말은 그가 다시 한 번 철학을 논하겠다는 것과도 같다. 이 때문에 마르크스는 이러한 설명이 독일로 돌아가는 것, 다시 말해 영국인(정치경제학)이 독일인(철학자)으로 변하는 것이라고 풍자적으로 말한 것이다. 우리는 여기서 마르크스가 처음으로 리카도와 헤겔의 관계를 직접적으로 언급하고 있다는 것에 주목할 필요가 있다. "만약 영국인이 인간을 모자로 만들었다면, 독일인은 모자를 관념으로 변화시켰다".[79] 앞서 보았던 사유에 근거한다면, 리카도는 인간을 모자로 변

78　盧森貝, 『十九世紀四十年代馬克思恩格斯經濟學說發展槪論』, 方鋼等譯(三聯書店, 1958), 246쪽.

화시켰다. 이것은 부르주아 사회의 경제 과정에서 인간과 인간의 관계가 물질과정으로 변화함을 드러낸 것이다. 하지만 헤겔은 부르주아 사회의 사물화된 상태에 불만을 느꼈고 이 때문에 다시 사물화된 인간을 절대 관념으로 고양시켰던 것이다. 프루동은 리카도도 헤겔도 이해하지 못했다. 앞서 언급한 것처럼, 그는 '유사 헤겔적 문구'를 사용해 정치경제학을 폭파시켜버렸다.

앞서 제시했던 『철학의 빈곤』목표에 관한 분석에서 우리는 마르크스가 리카도의 경제학 이론에 대해 긍정적인 서술을 적잖이 남겨놓았음을 보았다. 하지만 제2장에서 마르크스는 역사유물론으로써 부르주아 정치경제학적 방법론(특히 방법론으로서 존재하는 사회유물론)을 넘어섰다. 동시에 그는 부르주아 정치경제학 심층부에 깔려 있는 관념론적 역사관을 설명하는 전제하에, 다시 프루동의 천박함을 비판하고 있다. 투슈세러는 『철학의 빈곤』에서 마르크스가 이미 "정치경제학이 역사과학"[80]임을 의식하고 있었다고 주장했다. 이러한 판단은 정확했다. 우리는 여기서 마르크스가 이미 자각적으로 생산관계에서 착수해 정치경제학의 방법론적 전제를 해결하고 있음을 볼 수 있다. 좀 더 구체적으로 말해 사회 생산양식의 발전을 특정한 단계와 상응하는 것으로 상정하고, 사회 생산양식의 발전이 역사적으로 일시적인 생산관계의 생산, 운동, 그리고 그 내부와 관련될 수밖에 없다는 것이다. 그러므로 정치경제학은 오직 특정한 역사적 조건하에서 사람들이 생산·소비·교환하는 경제 형식과 그 경제관계 발전에 관한 특수한 법칙성을 연구할 수밖에 없다. 마르크스는 프루동과 같은 부류는 "화폐(monnaie)가 특정한 사물(chose)이 아니라[81] 사회관계(rapport social)"이자 "생산관계"이며 "이러한 관계는 개인 간의 교환과 마찬가지로 특정한 생산양식과 상응하는 것"[82]임을 결코 이해하지 못한다

---

79   『馬克思恩格斯全集』, 第4卷, 138쪽.
80   圖赫舍雷爾, 『馬克思經濟理論的形成和發展』, 202쪽.
81   여기서 chose는 마르크스가 독일어의 Ding(物)을 번역한 것이다.
82   『馬克思恩格斯全集』, 第4卷, 119쪽 참조.

고 말했다. 나는 마르크스의 과학적 생산관계라는 개념이 바로 이 시기에 형성
되었다고 생각한다. 마르크스는 이 텍스트에서 rapports de production(독일
어 Produktionsverhältnis에 해당되는)이라는 단어를 16회 사용하는데, 그중 6회
는 rapports de la production bourgeoise, 1회는 rapports sociaux de la
production bourgeoise라는 단어를 사용한다. 그는 정치경제학 역시 "생산
이라는 것이 어떻게 상술한 관계 속에서 진행되는가", 그리고 "그 관계
(rapports) 자체가 어떻게 생산되는가"[83]를 연구하는 것이라고 주장했다. 이렇
게 마르크스는 매우 당연하게도 모든 부르주아 경제학자의 이론적·논리적
척도보다 훨씬 높은 위치에서 문제를 사유했다. 동시에 그는 또한 그처럼 높
은 수준에서 고전 정치경제학의 근본적인 오류를 발견할 수 있었다.

마르크스는 다음과 같이 주장하고 있다. 이전의 정치경제학 연구에서 모
든 부르주아 계급의

> 경제학자들은 분업(division du travail),[84] 신용-(crédit), 화폐 등과 같은 부르
> 주아 생산관계(rapports de la production bourgeoise)를 고정 불변의 영원한
> 범주로 보았다. …… 경제학자들은 생산이 어떻게 상술한 관계(rapports) 속에
> 서 진행되는지 설명해주었지만, 그러한 관계 자체가 어떻게 생산되는지에 대해
> 서는 설명해주지 않았다. 다시 말해 그러한 관계를 만들어내는 역사적 운동
> (mouvement historique)을 설명해주지는 않았던 것이다.[85]

83　같은 책, 139쪽 참조. 프랑스어에서 rapport는 '관계'라는 뜻으로, 마르크스가 프랑스어를 독일어로 번
　　역하는 과정에서 이 단어는 독일어의 Verhältnis에 해당된다. 그가 안넨코프에게 보낸 편지에서 여러
　　차례 사용한 relation은 독일어의 Beziehung에 해당된다. 그 외에 connexion은 대략적으로 독일어의
　　Zusammenhang에 해당된다.
84　마르크스가 여기서 사용한 division du travail에서 travail은 '노동', division은 '분할'의 뜻이다. 독일어
　　의 Teilung der Arbeit와 비슷하다. 프랑스어에서 '분업'에 해당되는 또 다른 단어는 se partager la be-
　　sogne인데, besogne는 '작업'이라는 뜻이다. 후자는 직접적으로 노동자의 노동을 뜻할 수 없다.
85　『馬克思恩格斯全集』, 第4卷, 139~140쪽.

이와 같이 언급한 것은 마르크스가 정립한 역사유물론 안에서 인류 생존의 가장 중요한 '본체'적 규정은 영원불변한 추상적 본질이 아니라 특정한 역사적 존재이기 때문이다. 부르주아 정치경제학은 인류 생활에서 생산되는 기본적 작용을 정확하게 간파했다. 또한 몇몇 우수한 대표적인 인물(리카도와 같은)은 심지어 이미 부르주아 사회에서 운용되고 있는 경제 법칙을 파악하기도 했다. 마르크스는 동일한 시기에 썼던 『도덕적 비판과 비판적 도덕』이라는 글에서 스미스와 리카도의 제자들은 현대의 사유제가 모든 "부르주아 생산관계(bürgerliches Produktionsverhältnis)의 총화"임을 알고 있으며, 이러한 생산관계는 모두 계급관계, 즉 "특정한 '역사적 운동'의 산물"[86]임을 알고 있다고 주장했다. 앞서 우리는 그들의 중요한 사상을 사회유물론으로 개괄한 바 있다. 부르주아 계급이 과거의 사회역사 운동을 대할 때, 특히 봉건사회에 대한 부정에 있어 부르주아 과학자들은 특정한 역사적 시각을 갖추고 있었다고 할 수 있다. 하지만 부르주아 사회의 현실을 대면한 경제학자는(계몽운동 이후 모든 부르주아 사상가들과 마찬가지로) 부르주아 사회의 생산양식을 인류 생존의 자연(천연)적 형태, 즉 고정불변의 형태로 보았다. 마르크스는 이에 대해 "경제학자들이 논설에서 사용하고 있는 방식은 매우 기이하다. 그들은 오직 두 종류의 제도만 존재한다고 생각한다. 하나는 인위적인 것이고 다른 하나는 자연적인 것으로, 봉건제도는 인위적인 것(artificiel)이고 부르주아 제도는 자연적인 것(naturel)이라고 주장한다"[87]라고 분석한 바 있다. 따라서 실질적인 측면에서 보았을 때,

경제학자는 현존하는 관계(부르주아 생산관계, rapports de la production bourgeoise)가 자연적인 것이라고 말한다. 그리고 이를 통해 이 관계가 바로 부

---

86   같은 책, 352쪽 참조.
87   같은 책, 153쪽.

의 생산과 생산력의 발전이 자연법칙(loi de la nature)에 근거해 진행될 수 있게 해주는 관계라고 설명하고 싶어 한다. 이 때문에 그 관계는 시간의 영향을 받지 않는 자연 규칙인 것이다. 또한 자연 규칙은 사회를 지배하는 영원한 법칙(lois éternelles)이어야 한다. 그러므로 이전에는 역사가 있었지만 현재 다시는 역사가 존재하지 않게 된 것이다(Ainsi il y a eu de l'histoire, mais il n'y en a plus).[88]

마지막 구절은 마르크스가 부르주아 이데올로기를 비판했던 매우 유명한 말이기도 하다. 분명 마르크스가 보기에 "이전에는 역사가 있었지만 현재 다시는 역사가 존재하지 않게 되었다". 이것은 부르주아 이데올로기가 부르주아 생산양식의 역사성을 본질적으로 은폐한 것이다. 그리고 이러한 비역사적인 은폐된 역사 관념론은 오직 역사유물론과 역사변증법이라는 과학적 척도를 통해 비로소 정확하게 꿰뚫어 볼 수 있다.

바로 이러한 의미에서 우리는 비로소 프루동의 유치하고도 가소로운 점을 발견할 수 있다. 왜냐하면 프루동은 부르주아 경제학자들이 비역사적으로 묘사해놓은 사회관계를 자명한 원리로 보고, 철학을 사용해 그 순서를 다시 배열하기만 하면 되었기 때문이다. 마르크스는 프루동의 오류가 다음과 같다고 지적했다.

그 어떠한 사물도 논리 범주로 환원시켜버리고, 그 어떠한 운동과 생산행위도 방법으로 귀결시켜버린다. 그렇게 되면 상품과 생산, 대상과 운동의 그 어떠한 총화도 모두 응용될 수 있는 형이상학으로 귀결될 수 있다는 결론이 자연스럽게 도출된다. 종교와 법 같은 것에 대해 헤겔이 했던 일을 프루동은 정치경제학에 대해 하려고 애쓴다.[89]

---

88   같은 책, 154쪽.

이를 통해 우리는 프루동이 정 – 반 – 합이라는 만능 법칙을 정치경제학의 역사적 논리에 적용했으며 그 결과 그릇된 결론을 도출해서 "사람들이 모두 알고 있는 경제 범주를 사람들이 알 수 없는 언어로 바꾸어놓았음"[90]을 알 수 있다.

마르크스는 프루동이 "'경제 범주(catégories économiques)'가 생산의 사회적 관계(rapports sociaux)에 대한 이론적 표현, 즉 추상(abstractions)이라는 점"[91]을 결코 이해할 수 없었다고 지적했다. 프루동은 부르주아 경제학자들과 마찬가지로 사람들이 특정한 생산관계 안에서 생산한다는 것을 알지 못했다. 다시 말해 그는 다음과 같은 사실을 알지 못했던 것이다.

특정한 사회관계(rapports sociaux déterminés)는 아마포와 마찬가지로 인간에 의해 생산된 것이다. 사회관계와 생산력은 밀접하게 연관되어 있다. 인간은 새로운 생산력(nouvelles forces productives)을 얻으면 자신의 생산양식(mode de production)을 바꾸고, 생산양식, 즉 자신의 생활 방식이 바뀌면 자신의 모든 사회관계 역시 바꾼다. 맷돌이 만들어내는 것이 봉건 영주를 위주로 한 사회라면, 증기제분기가 만들어내는 것은 공업 자본가를 위주로 한 사회(la société avec le capitalisme industriel)다.[92]

"공업 자본가를 위주로 한 사회"라는 이 표현이 매우 중요한데, 그 이유는 이것이 마르크스가 자본주의에 대한 사회과학적 인식에 중요한 한 걸음을 내디뎠음을 의미하기 때문이다. 우리는 마르크스가 『철학의 빈곤』에서 처음으로 capitalistes(자본가)와는 다른 capitalisme라는 단어를 사용했다는 점에 주

89   같은 책, 142쪽.
90   같은 책, 143쪽.
91   같은 책, 143쪽.
92   같은 책, 143~144쪽.

목해야 한다. 앞뒤 문맥을 고려했을 때, 여기서 사용된 단어는 '자본가'로 번역될 수 있지만, 이 텍스트의 다른 곳에 쓰인 capitalisme는 자본주의로 번역될 수 있다.[93] 이것은 분명 마르크스가 안넨코프에게 보낸 편지에서 설명했던 관점이다. 투슈세러는 마르크스가 안넨코프에게 보냈던 편지를 『철학의 빈곤』 제2장의 요강으로 볼 수 있다고 주장한 바 있다.[94] 이러한 관점은 일리가 있다고 해야 할 것이다. 물론 마르크스는 이에 대해 더욱 명확하고 설득력 있게 분석하고 있다.

어떻게 부가 이러한 계급 적대 사이에서 형성되는지, 어떻게 생산력이 계급 적대와 동시에 발전할 수 있는지, 한 사회의 나쁜, 부정적인 측면을 대표하는 계급이 해방을 얻을 수 있는 물적 조건(conditions matérielles)이 완전히 성숙할 때까지 어떻게 발전할 수 있는지를 보여주어야 한다. 이것은 생산양식과 생산력은 발전 중인 그 관계(rapports) 속에서 영원한 법칙(lois éternelles)인 것이 아니라, 사람들과 그 생산력 발전의 특정한 수준(développement déterminé)과 상응하는 것임을, 그리고 사람들의 생산력의 모든 변화가 그들의 생산관계의 변화를 필연적으로 초래하는 것임을 말해주는 것 아닌가?[95]

이상이 첫째 차원에서의 설명이다. 마르크스는 다시 한 번 프루동에게 부르주아 사회에 존재하는 생산양식과 모든 사회관계는 불변의 자연적 존재가 아니라, 생산력 발전의 특정 수준에 따라 부단히 변화하는 사회적 현상임을 말해주고 있다. 그리고 여기서도 우리는 마르크스가 안넨코프에게 보낸 편지에서 제기한 중요한 관점을 다시 한 번 확인할 수 있다. 오직 실증적인 현실적 과학 연구에서만 비로소 새로운 현실 비판의 역량을 이끌어낼 수 있다는 것을 말이

---

93   Karl Marx, *Misère de la philosophie*(l'Université du Québec, 1968), p.77 참조.
94   圖赫舍雷爾, 『馬克思經濟理論的形成和發展』, 199쪽.
95   『馬克思恩格斯全集』, 第4卷, 154~155쪽.

다! 마르크스는 "부르주아 계급의 품 안에서 생산력이 사람들로 하여금 프롤레타리아 계급을 해방시키고 새로운 사회를 건설하는 데 필요한 물질적 조건을 목도하도록 하기 이전까지는" 사회주의적 요구가 공상에 불과할 뿐이라고 말한 바 있다.[96] 그리고 "해방을 위한 물적 조건(conditions matérielles)의 최종적 성숙"을 기반으로 하는 과학적 사회주의야말로 비로소 실질적으로 현실적인 역사발전 과정 속의 객관적 현실에 가능성을 부여해줄 수 있는 것이다. 그리고 이러한 가능성은 성숙된 물질적 생산을 기초로 하는 객관적 가능성이기도 하다.

둘째 차원에서 마르크스는 프루동과 부르주아 정치경제학자의 관점이 모두 **특정한** 사회 경제관계의 이론적 반영일 뿐임을 증명하려 한다. "사람들은 자신의 물질생산 발전(productivité)에 근거해 그것에 상응하는 사회관계를 구축한다. 그리고 사람은 자신의 사회관계에 근거해 그것에 상응하는 원리, 관념, 범주(les principes, les idées, les catégories)를 만들어낸다."[97] 이는 곧 한 사회에 출현하는 사상 관념이 항상 특정한 사회관계의 주관적 반영임을 말하고 있는 것이다. "그러므로 이러한 관념과 범주 역시 그것들이 표현해내고 있는 관계(relations)와 마찬가지로 영원한 것이 아니다. 그것들은 역사적으로 잠정적인 산물(produits historiques et transitoires)이다."[98] 이것은 프루동이 인식할 수 없었던 문제다. 마르크스는 근본적으로 "모든 원리는 그것이 출현한 시대를 갖는다. 예컨대 권위의 원리와 상응하는 것은 11세기이고, 개인주의의 원리와 상응하는 것은 18세기다"[99]라고 말한 바 있다. 하지만,

왜 해당 원리가 11세기 또는 18세기에 출현하고 다른 시대에는 출현하지 않

---

96   같은 책, 157쪽 참조.
97   같은 책, 144쪽.
98   같은 책, 144쪽.
99   같은 책, 148쪽.

았을까? 우리는 이 문제를 자세하게 연구해볼 필요가 있다. 11세기의 사람들은 어떠했고, 18세기의 사람들은 어떠했는가? 그리고 시대마다 사람들의 수요, 생산력(forces productrices), 생산양식(mode de production), 그리고 생산과정에서 사용하는 원료는 어떠했는가? 마지막으로 모든 생존 조건이 만들어내는 사람과 사람 사이의 관계(rapports d'homme à homme)는 어떠했는가? 이러한 일체의 문제를 탐구하는 것은 곧 매 시대 사람들의 현실적·세속적 역사(l'histoire réelle)를 연구하는 것이 아닌가? 그리고 그 시대의 사람들을 극작가이자 동시에 배우(les auteurs et les acteurs de leur propre drame)로 보는 것이 아닌가? 하지만 당신이 만약 사람들을 그들 역사 속의 극작가이자 배우로 보자마자 당신은 우회로를 거쳐 진정한 출발점으로 되돌아온 것이다. 왜냐하면 당신은 출발점으로서의 영원한 원리라는 것을 버렸기 때문이다.[100]

이 지점에서 우리는 마르크스가 설명하고 있는 것이 바로 자신이 얼마 전에 구축한 역사유물론의 관점이라는 것을 알 수 있다. 이 점에 있어 마르크스는 프루동보다 훨씬 높은 논리적 수준을 보여주고 있었던 것이다.

프루동이 부르주아 경제학자에게 반대하면서 공산주의적 입장에도 반대한 것에 대해 마르크스는 프루동이 자기 스스로를 부르주아 계급과 프롤레타리아 계급보다 우월한 위치에 놓았고 그 결과 결국 프티부르주아적 입장에 빠져들었다고 비판했다. "종종 자본과 노동, 정치경제학과 공산주의 사이에서 요동치고 있다."[101] 이 때문에 마르크스는 자신이 이해한 경제학의 제3의 유파를 본격적으로 설명한 것이다. 그리고 더욱 중요한 것은 새로운 과학적 사회주의를 직접적으로 설명했다는 점이다. 이러한 사유는 마치 당겨진 화살처럼 얼마 지나지 않아 탄생한 『공산당 선언』의 주체적 사유경로로 이어

---

100 같은 책, 148~149쪽.
101 같은 책, 158쪽.

졌다.

4) 분열과 봉합: 경제학 맥락 속의 철학 담론

이상의 토론을 통해 우리는 『철학의 빈곤』 안에서 경제학과 철학이 각자 나름의 전투를 치르고 있었고, 자신의 사유를 지속해나가고 있던 마르크스의 이론적 논리 역시 분할되어 있었음을 알 수 있다. 다시 말해 『독일 이데올로기』에서부터 시작된 완전히 서로 다른 이론적 사유가 여전히 통일되지 않았던 것이다. 마르크스가 안넨코프에게 보낸 편지는 총체적으로 말해 철학적 텍스트다. 그는 당시까지만 해도 역사유물론을 경제학에 관한 과학적 분석으로 진정으로 통합시키지 못했다. 당시는 마르크스의 사상 발전에 있어 특별한 시기라고 할 수 있는데, 마르크스 자신의 독특한 경제학 연구가 아직 진정으로 시작되지 않고 있었으며 광의의 유물론 역시 사회역사의 진정한 과정을 대면할 수 없는 상황이었다. 모든 것이 곧 터져 나올 듯하면서도 여전히 서로 다른 논리적 관점 속에 응고되어 있는 상황이었고 이 때문에 마르크스의 사유에서는 일시적인 고착화와 단절의 국면이 나타났다.

이러한 단절이 접합되기 시작한 것은 마르크스가 얼마 지나지 않아 저술한 『임금노동과 자본』에서였다. 이 텍스트는 본래 마르크스가 1847년 말 브뤼셀에서 자본과 노동의 관계에 대해 여러 차례 강의한 내용이었다. 1848년 2월 마르크스는 이 텍스트를 수정하기 시작했다. 1849년 4월 이 텍스트는 연재 형식의 사설로 ≪신라인신문≫에 발표되었다. 그리고 1880년에는 브레슬라우에서 단행본으로 출판되었다. 이 텍스트의 출현은 마르크스가 고전경제학보다 높은 위치에서 독립적으로 경제학 문제를 해결하기 시작했으며 처음으로 경제학적 시각에서 부르주아 사회를 비판하기 시작했음을 의미한다. 투슈세러의 말을 빌리면, 『임금노동과 자본』은 "마르크스가 자신의 경제학적 관점을 체계적이고도 정면으로 서술해서 공개적으로 발표한 최초의 저서다".[102] 바로 여기에서 우리는 역사유물론이 경제학과 직접적으로 결합하고 있으며 철학 담론이 현실적인 경제 분석 안에서 대상화되고 있다는 것을 목도할 수 있다.

이어서 우리는 철학과 경제학 사이의 관계에 주목해볼 필요가 있다. 의심의 여지없이 마르크스가 여기에서 강조하고 있는 것은 사회와 사회관계다. 왜냐하면 임금노동과 자본의 관계를 설명하기 위해서는 사회관계에 관한 일반 법칙을 설명해야 했기 때문이다. 마르크스는 첫 번째 강연에서 세 가지 문제를 설명할 것이라고 밝히고 있다. 첫째는 노동과 자본의 관계, 둘째는 부르주아 사회의 발전 과정에서의 중간 계급과 농민의 소멸, 셋째는 국제 시장에 있어 각국 부르주아 계급 사이의 불평등 관계다. 실제로 발표한 텍스트에 입각해서 보면, 마르크스는 첫째 문제만 논하고 있다.[103] 이 때문에 『독일 이데올로기』의 철학적 관점이 다시 우리 앞에 등장한다. 마르크스는 자신이 여기에서 주로 대면해야 할 것이 경제관계(ökonomische Verhältnisse)라고 말했다. 그는 물질생산이 사회 경제의 기초라고 밝히고 다음과 같이 주장한다.

사람들은 생산에 있어 오직 자연계하고만 관련되는 것이 아니다. 만약 그들이 특정한 방식(bestimmte Weise)으로 공동의 활동과 상호 교환의 활동을 결합시키지 않는다면 생산은 이루어질 수 없다. 생산하기 위해 사람들은 특정한 연계와 관계(bestimmte Beziehungen und Verhältnisse)를 발생시킨다. 오직 이러한 사회연계 및 사회관계(die gesellschaftliche Beziehungen und Verhältnisse)의 범위 안에서만 비로소 자연계에 대한 인간의 관계가 존재하는 것이며 생산이 존재하는 것이다.[104]

---

102   圖赫舍雷爾, 『馬克思經濟理論的形成和發展』, 242쪽.
103   『馬克思恩格斯全集』, 第6卷, 474쪽 참조.
104   같은 책, 486쪽.

생산은 결국 특정한 사회역사 조건하에서의 생산이다. 또한 생산은 필연적으로 특정한 사회관계하에서 특정한 형식으로 구성된 물질적이고 실천적인 과정이다. "생산자 상호 간 발생하는 사회관계(gesellschaftliche Verhältnisse), 그들이 활동을 교환하고 생산의 모든 활동 속에서 공유하는 조건은 당연히 생산수단의 성질에 따라 다르다."[105] 이 말의 요지는 도구를 제약적으로 사용한다는 것이며, 한 발 더 나아가 어떠한 사회관계도 특정한 물질적 생산 수준에 의해 결정되며 생산력이 발전하면서 변화가 발생한다는 것이기도 하다. "생산양식과 생산수단은 부단히 갱신되고 혁명화된다. 분업은 한층 발전한 분업을 만들어내고, 기계의 사용은 기계의 더욱 광범위한 사용을 만들어낸다. 대량 생산은 더욱 큰 규모의 대량 생산을 만들어낸다."[106] 이것이 곧 점차 발전해나가는 사회적 발전의 논리다. "요컨대 각각의 사람이 만들어내는 사회관계, 즉 사회 생산관계(gesellschaftliche Produktionsverhältnisse)는 물질적 생산수단, 생산력의 변화와 발전에 따라 변화한다."[107] 이와 같은 역사유물론의 기본적 관점이 확립된 배경하에 마르크스는 이어서 다음과 같이 말하고 있다.

생산관계의 총합(Pruduktionsverhältnisse in ihrer Gesamtheit)이 이른바 사회관계를 구성하고, 사회를 구성하며, 특정한 역사적 발전 단계에 놓인 사회, 독특한 특징을 가진 사회를 구성한다. 고대사회, 봉건사회, 그리고 부르주아 사회(bürgerliche Gesellschaft)는 모두 이러한 생산관계의 총화다. 그리고 각각의 생산관계의 총화는 동시에 인류 역사발전의 특수한 단계를 나타내고 있다.[108]

---

105   같은 책, 486~487쪽.
106   같은 책, 501쪽.
107   같은 책, 487쪽.
108   같은 책, 487쪽.

마르크스는 여기서 bürgerliche Gesellschaft라는 단어를 조금만 사용하고 있다(4회). 하지만 마르크스는 본문에서 bürgerlich라는 단어를 11회 사용하고 있으며, Kapitalisten 등의 관련 어휘는 좀 더 많이 사용하기 시작한다. 마르크스가 안넨코프에게 보낸 편지와 『철학의 빈곤』을 읽고 난 후 우리는 마르크스의 철학 담론에 사용되는 '특수한'이라는 독특한 언어적 맥락에 이미 매우 익숙해졌다. 마르크스는 여기서 많은 분량을 할애해 원칙에 대해 논하고 있는데, 이것은 당연히 하나의 목적 때문이다. 바로 현실 부르주아의 사회경제적 관계에 대한 비판을 이끌어내기 위함이다. 특히 부르주아 경제학의 경제관계의 성질에 대한 이데올로기적 은폐, 다시 말해 부르주아 사회관계의 자연성과 영원성이라는 허위의식에 대한 비판을 이끌어내기 위해서다. 뒤에서 우리는 이것이 바로 협의의 역사유물론의 기원임을 보게 될 것이다. 그러므로 마르크스는 다음과 같이 반복적으로 강조하고 있다.

> 흑인은 흑인일 뿐이다. 오직 특정한 관계(bestimmte Verhältnisse)에서만 그는 노예가 된다. 방적기는 면화를 생산하는 기계다. 오직 특정한 관계에서만 그것은 자본이 된다. 이러한 관계를 떠나면 그것은 자본이 아니다. 이것은 황금이 그 자체로 화폐가 아니며 설탕이 설탕의 가격과 같지 않은 것과 마찬가지다.[109]

동시에 자본가(Kapitalist) 역시 특정한 사회관계의 특정한 결과다. 마르크스는 본문에서 73회에 걸쳐 Kapitalist와 같은 관련 어휘를 사용하고 있다. 그중 5회는 Kapitalistenklasse(자본가 계급)라는 단어를 사용했다. 언급해두어야 할 것은 당시 마르크스 사유의 언어에서 Kapitalist라는 단어는 매우 분명하게 자본가를 지칭하고 있었고, '자본주의적'이라는 의미의 전환은 아직 시작되지 않고 있었다는 것이다. 또 다른 측면에서 노동자의 "노동이 줄곧 상품이었

---

109 같은 책, 486쪽.

던 것은 아니다. 노동은 줄곧 임금노동(Lohnarbeit), 즉 자유노동(freie Arbeit)은 아니었던 것이다".[110] 이 역시 마르크스가 최초로 경제학적 의미에서의 임금노동 문제를 과학적으로 설명한 것이라고 해야 할 것이다. 임금노동은 곧 자신의 노동을 자유롭게 사고파는 것을 말한다. 마르크스의 경제학적 문제에서 정확하지 않은 부분은 잠시 논외로 한다면(왜냐하면 노동은 상품이 아니기 때문이다. 마르크스는 이 단계에서는 여전히 노동력 상품에 대한 이론적 규정을 하지 못하고 있었다. 이 문제는 『정치경제학 비판 요강』에 가서야 비로소 해결된다), 마르크스는 분명 부르주아 사회의 역사성을 설명하고자 했던 것임에 틀림없다. 그것은 경제학 분석에 있어 매우 심각한 철학적 규정이다.

이때 마르크스는 경제학적으로 중요한 인식을 갖기 시작했고, 다음과 같이 날카롭게 지적했다.

> 자본 역시 사회 생산관계다. 이것은 **부르주아** 생산관계이며, 부르주아 사회의 생산관계다. 자본을 구성하는 생활수단, 노동 도구 및 원료는 특정한 사회 조건, 사회관계에서 산출되고 축적되는 것이 아닌가? 이 모든 것은 특정한 사회 조건에서, 특정한 사회관계에서 사용되어 새로운 생산을 만들어내는 것이 아닌가? 더구나 이러한 특정한 사회 성질(bestimmte gesellschaftliche Charakter)은 새로 생산된 생산물을 자본으로 만드는 것이 아닌가?[111]

역사유물론의 담론으로부터 유래한 다섯 개의 '특정한'이라는 용어는 마르크스가 경제학적 인식을 일정 정도 심화시키는 데 직접적인 촉매제 역할을 했다. 마르크스가 볼 때, 자본은 "독립적인 사회 역량으로서, 다시 말해 사회의 일부분에 속한 역량으로서 직접적이고 살아있는 노동을 교환함으로써 보존

---

110 같은 책, 478쪽.
111 같은 책, 487쪽.

되고 증식된다".[112] 그러므로 자본이 주도하는 생산양식에서는 자본 이외에 아무것도 갖지 못한 계급의 존재가 자본의 필수 전제다. 더욱 비극적인 것은 노동자는 자본가에 의해 고용되지 않으면 생존할 수 없다는 것이다. 이것은 특정한 생산양식이자 지배 관계다. 이에 대해 마르크스는 "오직 축적된, 과거의, 대상화된 노동이 직접적이고 살아있는 노동을 지배할 때에만 비로소 자본이 된다"[113]라고 분석했다. 이렇게 "자본의 본질은 살아있는 노동이 축적된 노동을 위해 그것의 교환가치를 유지하고 증가시키는 수단으로서 기능한다는 점에 있다".[114] 이것은 또한 마르크스가 말한 '노동자의 노예적 위치'와 '자본가적 지배' 사이의 관계이기도 하다.[115] 실상 이것은 또한 자본 - 주의의 생산양식이기도 하다!

여기에서 나는 매우 중요한 텍스트적 사실을 설명하려 했다. 사실 이 책의 제1장부터 제7장에 이르기까지의 본문에서 나는 전통적인 마르크스 연구자들이 1857년 이전의 마르크스의 사상을 표현할 때 습관적으로 사용하던 '자본주의'라는 단어를 한 번도 사용하지 않았다. 왜냐하면 마르크스는 1857년 이전, 구체적으로 말해『자본론』제2권을 쓰기 전까지 독일어 명사인 '자본주의(Kapitalismus)'를 사용하지 않고 '부르주아 사회(bürgerliche Gesellschaft, 이것은 중역본의 '시민사회'와 동의어다)'라는 개념만 사용했기 때문이다.[116] 마르크스는 사회생활 관계인 자본을 '부르주아 사회'의 본질적인 존재 방식이라고 과학적으로 확증한 이후에야 비로소 자본주의적(capitalist) 사회와 '자본주의적 생산양식(kapitalistische Produktionsweise)'이라는, 자본주의를 과학적으로 인식하기 위한 핵심 개념을 명확하게 구축할 수 있었다. 『임금노동

---

112 같은 책, 488쪽.
113 같은 책, 488쪽. 중역본에서는 여기서 사용되는 vergegenständlichen을 '물화'로 번역했는데, 이는 정확하지 않은 표현으로 '대상화'로 번역해야 한다.
114 같은 책, 488~489쪽.
115 같은 책, 474쪽 참조.
116 문헌적으로 볼 때 마르크스 역시 이후『자본론』과 그 수고 및 소량의 편지에서만 Kapitalismus를 사용했다.

과 자본』에서 마르크스는 이미 이 문제를 초보적으로 인식하기 시작했지만, 이 문제는『정치경제학 비판 요강』에 이르러서야 비로소 해결되었다. 마르크스가 '자본주의적 생산양식'이라는 단어를 구별해서 사용하기 시작한 것은『1861~1863년 경제학 수고』에서였다. 그는『자본론』제1권에서 비로소 자신의 자본주의 생산양식에 대한 체계적인 확증을 형성했다. 그 책에서 마르크스는 bürgerliche Gesellschft를 kapitalistische Produktionsweise로 대체했다.[117]

물론 총체적으로 보아 마르크스가 당시의 노동 계급을 위해 준비한 강연 원고는 경제학적 이론논리에 있어, 특히 노동가치론에 있어 별다른 성취를 이루었다고 보기 어렵다. 또한 자본과 임금노동의 관계라는 각도에서 직접적으로 보았을 때, 이 강연 원고는 마르크스가『독일 이데올로기』이래로 유지해온 이론적 논리에 관한 비현상학적 관점을 반영하는 것이기도 하다. 철학적 사고가 경제적 분석에 침투하기 시작한 것은 분명했지만, 그러한 분석이 '부르주아 사회'의 중층적으로 전도된 현실적 경제관계와 아직 대면하지는 못했다. 독자들은 이 점을 새겨두길 바란다. 이것은 마르크스의 세 번째 경제학 연구가 진행되기 이전에 이루어진 중요한 이론적 노력이라고 할 수 있다.

---

117   張一兵·王浩斌,「馬克思眞的沒有使用過"資本主義"一詞嗎?」, ≪南京社會科學≫(1999), 第4期; 張一兵·周嘉昕,『資本主義理解史』, 第1卷(江蘇人民出版社, 2008) 참조. 우리의 현재 관점은 이미 비교적 커다란 변화를 겪은 셈이다.

제8장

『정치경제학 비판 요강』과
역사유물론

앞에서 이미 말했듯이, 마르크스의 정치경제학을 이해하지 않고서는 마르크스주의 철학을 진정으로 이해할 수 없다. 여기서 나는 마르크스가 두 번째 위대한 발견 – 마르크스주의 정치경제학의 정립 – 을 할 수 있었던 까닭은 그가 경제학 연구뿐만 아니라 철학방법론상의 철저한 혁명에도 노력을 기울였기 때문임을 지적하고 싶다. 바로 그 '특정한' 역사철학의 맥락이 그로 하여금 고전경제학을 근본적으로 뛰어넘을 수 있게 했다. 고전경제학은 자생적이며 경험론적인 사회유물론이지만, 마르크스의 역사유물론만이 진정한 과학적 길로 나아갈 수 있었으며, 이 역사유물론은 그가 섭렵한 모든 사상영역에서 깊은 변화를 가져왔다. 동시에 마르크스의 위대한 정치경제학 혁명에 의해서만 그의 역사유물론은 비로소 처음으로 진정한 과학이 될 수 있었다. 이것은 양방향의 구축과정이다.

더 중요한 점은 마르크스가 사회역사적 경제발전 과정에 직면해서, 철학적 비판이성과 현실의 경제학 실증연구를 유기적으로 결합해 자신의 가장 독특한 과학적 비판인 역사현상학을 형성한 것이다. 이것이 마르크스가 『정치경제학 비판 요강』(그의 "일생 중 황금시대의 연구 성과"[1])에서 우리에게 남긴 가장 뛰어난 이론적 유산이다.

---

[1] 『馬克思恩格斯'資本論'書信集』(人民出版社, 1976), 137쪽.

1.『런던 노트』와『정치경제학 비판 요강』

1850년대에 들어서면서 마르크스는 그의 세 번째 정치경제학 연구 중 마르크스주의 경제과학을 구축하는 새로운 단계에 진입했다. 이는 또한 마르크스가 그의 두 번째 위대한 발견을 한 시기이기도 하다. MEGA2의 최신 자료에 따르면,『정치경제학 비판 요강』을 쓰기 전 마르크스는 직접 일차자료를 섭렵하는 중요한 연구를 수행했다. 그것이 바로 전통 정치경제학의 포괄적 연구를 담은『런던 노트』다. 이 방대한 이론자료들을 연구하는 과정에서 우리는 마르크스의 그 후 과학적 사상 실험에서 등장한 원초적 사고와 직접적인 사고의 기원을 알 수 있다.

1)『런던 노트』와 마르크스의 제3차 경제학 연구

1849년 8월 마르크스와 엥겔스는 런던으로 망명한 직후 1848~1849년 유럽 혁명 중 노동자운동의 경험을 결산하려고 시도했다. 후에 그들은 1850년에 유럽 '부르주아 사회'에 일시적인 경제적 번영의 시기가 출현해 노동자운동이 퇴조할 것으로 예상했다. 또한 실제 투쟁을 통해 마르크스는 자신의 경제학 이론이 여전히 충분히 성숙하지 못했고 이로 인해 부르주아 사회의 위기와 혁명의 관계를 지나치게 단순하게 보았다는 것을 다시 한 번 알게 되었다. 그래서 1850년 9월부터 마르크스는 영국 대영박물관 열람실에서 새로운 '전쟁터'를 열었다. 즉, 정치경제학에 대한 체계적 연구를 다시 시작한 것이다. 이것은 그의 세 번째이자 가장 중요한 경제학 연구의 초기 단계였다. 마르크스는 나중에『정치경제학 비판』서문에서 다음과 같이 언급했다.

1848년과 1849년 ≪신라인신문≫의 출판 및 곧이어 발생한 일련의 사건들은 나의 경제학 연구를 중단시켰다. 1850년에 가서야 나는 런던에서 이 일을 다

마르크스가 연구하던 대영박물관 열람실

시 시작할 수 있었다. 영국박물관에는 정치경제학과 관련된 엄청난 자료들이 쌓여 있었고, 런던은 부르주아 사회를 관찰하기에 편리한 장소였다. 마지막으로, 캘리포니아와 오스트레일리아 금광이 발견되면서 부르주아 사회는 새로운 발전단계로 진입한 듯했고 이 모든 것은 나를 처음부터 다시 시작하도록, 그리고 비판적 정신으로 새로운 자료들을 철저하게 연구하도록 이끌었다.[2]

마르크스는 아마도 당시 유럽에서 가장 종합적인 자료를 갖추고 있던 대영박물관 열람실에서 정치경제학, 역사학과 문화 등 각 영역 거의 1500여 종의 문헌과 자료를 수집·이용할 수 있었는데, 이는 그의 새로운 경제학 연구의 지평을 넓히는 데 기여했다.

---

2   『馬克思恩格斯全集』, 第13卷, 10쪽.

1850년 9월에서 1853년 8월까지 마르크스는 대량의 발췌노트와 수고를 써내려갔다. 그 가운데 번호가 매겨진 것이 24권, 대략 1250쪽에 이른다. 이것이 바로 그 유명한『런던 노트』다. 이 노트들은 대부분 보존되어 있는데 현재 네덜란드 암스테르담 국제사회역사연구소에 보관되어 있다.[3] 이 노트는 마르크스의 두 번째 위대한 발견, 즉 마르크스가 과학적 정치경제학 이론을 정립했음을 보여주는 원 자료들이다. 따라서 이것은 마르크스주의 정치경제학의 최초의 이론 구성물인『정치경제학 비판 요강』에서 보여준 사고의 직접적인 전제이기도 하다. 이들 노트에서 문헌의 선택과 정리 자체가 마르크스가 시작하려 한 사상 실험과 기본적 사고방식을 예시하고 있으며, 발췌문 중 써놓은 주해로부터, 또는 노트 속이나 노트와 노트 사이에 포함된 일부 수고로부터 마르크스가 이후 전개한 사고 실험의 초기 구상과 맥락을 분명하고 직접적으로 볼 수 있다.『런던 노트』전체는 MEGA2 제4부의 제7~11권으로 출간될 예정이다. 제7권(『런던 노트』제1~6권, 베를린, 1983), 제8권(『런던 노트』제7~10권, 베를린, 1986), 제9권(『런던 노트』제11~14권, 베를린, 1991)은 현재 이미 출판되어 있으며, 제10권(『런던 노트』제15~18권)과 제11권(『런던 노트』제19~24권)은 편집 중이다.『마르크스·엥겔스 전집』중국어판 제1판 제44권의『런던 노트』에는 리카도에 관한 기록(제4권 5~61쪽; 제8권 19~65쪽)과, 리카도 기록에 관한 색인과 별도의 수고『재고』(제7권 48~52쪽)가 수록되어 있다.[4]

마르크스는 이상의 편폭이 다양한 24권의 발췌노트 전부에 일련번호를 매겼으며 또한 연속적인 쪽 번호를 표기했다. 이 노트들의 주요 내용은 그가 1851년에 기록한 것이다.[5]

1850~1851년 마르크스가 쓴 앞의 일곱 권의 노트는 주로 화폐이론 문제를

---

3   2008년 8월, 나는 암스테르담 국제사회역사연구소 자료관에서 이 노트의 원고를 직접 보았다.

4   『馬克思恩格斯全集』, 第44卷, 1982, 73~163쪽.

5   『런던 노트』의 24권 노트는 1850년에 4권(제1~4권), 1851년에 14권(제5~18권), 1852년에 2권(제19~20권), 1853년에 4권(제21~24권)이 쓰였다.

연구한 것인데 그중 '통화학파'와 '은행학파'에 대한 토론이 주요 내용이다. 일반적으로 말해, 마르크스의 이 발췌는 주로 부르주아 경제학의 국가화폐학과 신용대출 정책으로부터 1847년 경제위기의 원인을 찾는 것이었다. 그는 자본주의 경제위기의 원인은 유통영역에 있는 것이 아니라 부르주아 사회의 생산 모순에 근원한다는 것을 알고 있었다. 그러나 프루동과 그레이 등 부르주아 사회에 대한 비판자들이 부르주아 사회의 위기를 해결하는 희망을 화폐와 신용영역의 개혁에 두는 오류에 직면해서 마르크스는 자신의 이론 분석을 똑같이 이 영역에서부터 시작하지 않을 수 없었다. 물론 우리는 마르크스가 노트에서 주목한 주제와 사고의 출발점에서 볼 때, 그가 실제로 리카도의 화폐수량론을 핵심으로 한 기초이론 연구를 중시했음을 알 수 있다. 왜냐하면 여기서 리카도를 부정하는 것은 마르크스가 반드시 자신의 노동가치론을 구축해야 한다는 것을 의미하기 때문이다! 이는 마르크스가 경제학 지평에서 『철학의 빈곤』을 뛰어넘는 중요한 한걸음을 내디딘 것이다. 그 증거가 이 단계의 노트 기록 이후 나온 저술인데, 특히 1851년 3월 마르크스가 별도로 저술한 정제된 내용의『금, 은, 지금. 완성된 화폐체계』(이하『금, 은, 지금』)다.[6] 『금, 은, 지금』은 두 개의 노트로 구성된 메모 형태인데, 이 글에서 마르크스는『파리 노트』,『브뤼셀 노트』,『맨체스터 노트』및『런던 노트』에서 발췌한 80여 명 학자의 화폐 문제에 관한 경제학 논점을 주제별로 다시 체계적으로 편집했다. 이 수고는 거의 12쪽이 유실되었다. 마르크스의 편집에서 드러난 사유방식과 그가 추가한 메모의 단서를 통해서 우리는『정치경제학 비판 요강』의 이론적 출발점을 확인할 수 있다. 그 출발점은 바로 프루동과 그레이 같은 프티부르주아 개량주의자들에 대한 비판이었다. 우리는 마르크스가 『런던 노트』제7권에 쓴『재고』에서 이 사실을 분명하게 볼 수 있다.

『런던 노트』제7권 노트의 마지막에서 마르크스는 스미스의 주요 저작을

---

6   MEGA2, IV/8, 3~36쪽.

다시 발췌했는데, 계속 화폐와 화폐자본 문제에 천착했다. 제8권의 메모는 리카도 저작을 연구한 제4권의 속편이다. 또한 제8권을 시작하면서 마르크스는 일반 경제이론에 대한 평론으로 방향을 바꿔 가치, 이윤, 임금 등 문제 외에 주로 지대에 관한 자료를 발췌했다. 리카도 외에 마르크스는 또한 스튜어트, 투크, 존 바턴(John Barton), 조지 램지(George Ramsay), 토머스 드 퀸시(Thomas de Quincey), 헨리 찰스 케리(Henry Charles Carey), 그리고 존스의 저작들을 발췌했다. 그러나 마르크스 사유의 중심축은 여전히 리카도였다. 이것은 마르크스가 세 번째로 진지하게 리카도를 대면한 것이었다. 여기에서 우리는 마르크스가 리카도를 근본적으로 전복시킨 후 필연적으로 과학적 노동가치론과 잉여가치론을 정립하는 논리적 전조를 나타낸 것을 볼 수 있다. 또한 우리는 마르크스가 리카도를 기록하기 위해 편집한 색인에서 이러한 사상적 논리가 변화한 흔적을 볼 수 있다.[7]

제11권 노트에서 마르크스는 주로 노동자의 생존 상황, 그중에서도 임금, 공장수공업과 공장제도, 취업, 보건위생, 노동조합과 기계의 작용 등에 관한 문제에 주목했다. 마르크스가 발췌한 주요 대상은 호지스킨, 오언, 시니어, 로버트 토런스(Robert Torrens), 브릴턴, 존 필든(John Fielden), 시몽 니콜라 앙리 링게(Simon Nicolas Henri Linguet), 피터 개스켈(Peter Gaskell) 등의 저작이다.

제12~13권 노트에서 마르크스가 집중적으로 발췌한 내용은 주로 농업 문제였다. 제14권 이후의 노트에서 마르크스는 식민시스템 문제(제14권, 제21~23권), 자연과학과 기술문제, 특히 기술사와 혁신사에 관한 연구(제15권), 역사와 경제사의 문제(제14권, 제17~18권, 제20~22권, 제24권), 은행문제(제14권), 문학사(제18권), 문화사(제19권, 제20~21권, 제24권), 여성문제(제19권), 윤리사(제20~21권), 당시의 외교정책(제14권)을 각각 발췌했다. 이들 발췌는 마르크스의 과학 연구범위가 협의의 경제학에만 국한되지 않을 뿐 아니라 당시

---

7   『馬克思恩格斯全集』, 第44卷, 88~89쪽.

서구사회에 출현한 모든 문화과학을 거의 다 포함한다는 것을 보여준다. 마르크스가 이후 보여준 모든 중요한 과학적 진전은 실제 역사와 문화를 진정으로 이해한 결과라고 말할 수 있다.

2) 『런던 노트』 시기 마르크스의 초기 이론적 성과

우리가 이미 언급했듯이, 『런던 노트』 시기 마르크스의 경제학 연구는 그의 세 번째 경제학 연구의 시작 단계이며 또한 자료를 완전히 파악하는 최초의 시도다. 『정치경제학 비판 요강』은 이 기초 위에서 이루어진 중요한 혁명적 사상 실험이다. 그러나 『런던 노트』 시기의 발췌노트와 수고의 단편으로부터 우리는 마르크스의 이후 이론연구의 대략적인 단서와 방향을 발견할 수 있다. 내가 보기에 이것은 주로 마르크스 『런던 노트』의 앞 열 권과 열 권 중간에 저술한 일부 수고에 나타난다. 여기서 우리는 이 자료에 대한 초보적인 논리적 탐구를 행할 것이다.

실제로 마르크스가 1851년 3월에 쓴 『금, 은, 지금』은 그가 앞 일곱 권의 노트에 쓴 내용을 전문적으로 사유한 것이다. 이 수고에서 우리는 이미 마르크스의 학술 자원에 대한 고려와 사상적 정제에 대한 노력을 볼 수 있었다. 『금, 은, 지금』에서 80여 명의 작가와 대면하면서 마르크스는 52명의 저자의 63권 저서에 드러난 관점을 비교연구하고 비슷한 주제들을 하나로 묶었다. 그 외 24명의 저자에 대해서는 일부 제목만 남겨놓았다. 이 중요한 비교연구에서 마르크스는 약간의 평론과 주석을 써놓았다. 수고의 내용 면에서 볼 때 일부는 마르크스가 화폐문제 연구에서 참고할 만하다고 여긴 중요한 이론적 관점으로, 이러한 편성 자체가 과학적 화폐사상사의 단서를 체현해내고 있다. 다른 일부는 잘못된 관점을 지닌 자료를 명확히 지적했다. 이 자료들은 분명 마르크스가 자신의 이후 연구에서 비판적으로 사용하기 위해 준비한 것이다. 총체적으로 말하면, 마르크스는 이미 중요한 경제학 이론 방면에서 큰 진전을

『런던 노트』 제2필기본 복사본

이루었음을 알 수 있다. 그는 이미 화폐를 일종의 역사적 규정으로 보았다. 비록 화폐의 탄생이 부르주아 사회의 출현보다 이르지만 화폐는 부르주아 사회적 생산관계의 지배하에서만 비로소 진정으로 보편적인 것이 될 뿐이다. 본질적 측면에서 화폐는 사물적 외피 아래 은폐된 사회관계에 지나지 않는다. 사람들은 자신이 창조해낸 생산물의 노예가 되고 사물적 형태로서의 화폐는 인간과 서로 대립한다. 이런 대립은 표면적 평등으로서, 생산과정에서 실제로 발생하는 착취의 본질을 은폐한다. 이것은 마르크스가 이미 부르주아 물신숭배의 본질을 의식했다는 것을 의미한다. 왜냐하면 유통과 화폐는 단지 부르주아 사회에서 경제가 운행하는 현상일 뿐이며 전도된 현상이기 때문이다.[8] 이에 근거해 마르크스는 프루동과 그레이 등이 화폐시스템 개혁을 통해 실현하려 한 가짜 사회주의를 강력하게 비판할 수 있었다. 마르크스는 수고의 부제를 반어적으로 '완전한 화폐 시스템'이라고 달았다. 이 수고의 사유는 『정치경제학 비판 요강』의 서두 부분과 직접적으로 맞닿아 있다.

우리는 마르크스가 제7권 48~52쪽에 서술한 『재고』[9]에서도 프루동과 그레이 같은 '어리석은 사람'을 비판하면서 시작하는 것을 볼 수 있다. 나는 『재고』가 『금, 은, 지금』에 대한 해설이기도 하고 다른 의미에서는 『철학의 빈곤』에서 끝나지 않은 사유의 연속이기도 하다는 것을 발견했다. 마르크스는 프루동과 그레이가 주장하는 개량주의의 실질이 부르주아 사회 생산양식을 유지하려는 환상이라며 정곡을 찔렀다. "그들은 화폐를 유지하지만 화폐의 속성을 갖지 못하도록 하려고 한다."[10] 현재 '부르주아' 사회의 모순은 바로 "화폐제도의 존재를 기초로 하고, 똑같이 화폐제도 역시 현재의 생산양식을 기초로 한다"는 데 있다는 것을 전혀 이해하지 못한다는 것이다.[11] 마르크스는 이것을 '부르주아의 기초를 견지'하는 개량이라고 여겼다. 프루동과 그레이는 부르주아 사회관계의 미혹을 제대로 뚫어 볼 수 없고 사회관계 자체의 전도를 이해할 수 없었기 때문에 항상 허상을 보았다. "가치와 가치의 올바른

---

8   MEGA2, IV/8, 37쪽.
9   1977년 소련 잡지 《코뮤니스트》 제1호에 러시아어로 처음 발표되었다.
10   『馬克思恩格斯全集』, 第44卷, 159쪽.
11   같은 책, 158쪽.

교환, 이런 교환 속에서 개인의 자유는 최고의 실제적 확인을 획득한다."[12] 단지 현행의 화폐교환 체계가 자유와 평등의 진정한 실현을 파괴할 뿐이기 때문에 그들의 모든 개혁은 유통영역의 모순을 제거하는 데 집중되고, 이상화된 '화폐체계'를 통해 자유를 실현한다. 이렇게 그들이 주장하는 평등의 이상은 실제로 부르주아의 자유와 평등의 이상을 실현하는 것이다. 이것이 그들을 사회 경제의 현상적 수준에 머물게 하는 필연적 비극이다.

여기서 우리는 마르크스가 이미 화폐에 대해 분명한 역사적·과학적 인식을 형성했음을 볼 수 있다. 한편 마르크스는 부르주아 사회의 화폐제도와 고대사회에 존재했던 신분제도가 확실히 다르다는 점을 인정했다. "화폐제도가 충분히 발달한 사회에서는 사실상 개인의 실질적 부르주아 평등"이 이루어졌다. 왜냐하면 이것은 이미 과거에 "특권을 가진 사람만이 이것저것을 교환할 수 있었던 것과 달리, 모든 사람이 모든 것을 획득할 수 있고, 각자는 자신의 수입이 화폐로 전환될 수 있는 수량에 따라 어떠한 물질도 교환할 수 있기 때문이다".[13] 다른 한편 마르크스는 다음을 주목했다.

> 개인의 소비와 개인의 물질교환은 신분제 틀 내에서는 개인이 종속된 특정한 분업에 의존하고, 계급제 틀 내에서는 개인이 점유할 수 있는 일반적 교환수단에 의해 결정된다. 전자의 상황에서 개인은 사회의 제한을 받는 주체로서 그의 사회적 지위가 제한하는 교환에 참여한다. 후자의 상황에서 개인은 일반적 교환수단의 소유자로서 만물의 대표자 사회가 제공할 수 있는 모든 것의 교환에 참여한다.[14]

과거의 그런 상황 아래에서는 수입의 성격이 여전히 수입을 획득하는 방법

---

12 같은 책, 159쪽.
13 같은 책, 161쪽.
14 같은 책, 161~162쪽.

에 의존했지, 지금처럼 단순하게 일반적인 교환수단의 양에 의해 결정되지 않았다. 따라서 "노동자가 사회와의 관계에 진입하고 장악할 수 있는 방식은 매우 제한적이었으며 사회의 물질적 생산물과 지적생산물을 상호교환하기 위한 사회조직은 처음부터 일정한 방식과 특수한 내용의 제한을 받았다".[15] 현재의 부르주아 사회에서 모든 것은 철저하게 깨져버렸다. 오늘날의 이런 교환에서 "질적 계급차별이 구매자가 보유한 화폐량의 양적 차별로 전환되었다".[16] 금전의 양은 계급의 질적 차별을 소멸시켰다. "화폐는 계급대립의 최고 표현으로서 동시에 종교, 신분, 지력, 그리고 개인적 차이를 모호하게 만들었다."[17] 그 이유는 다음과 같다.

> 이러한 교환행위에서는 화폐로 전환되는 수입의 특성이 사라지고, 모든 계급의 개인은 모두 모호하게 변하고 구매자의 범주 속으로 사라진다. 그들은 여기서 판매자와 대립한다. 이것은 일종의 가상을 만들어낸다. 즉, 이러한 매매 행위 중에 보이는 것은 계급적 개인이 아니라 계급성을 갖지 않는, 단순히 구매 행위를 하는 개인이기 때문이다.[18]

표면적으로는 자유와 평등이 진짜 실현된 것같이 보인다.

그러나 마르크스는 '부르주아 사회'의 병리가 이 '표면적 평등' 현상의 배후에 은폐되어 있다는 것을 발견했다. 단순한 교환은 '총체적·객관적으로 존재하는 계급관계', 즉 노동자와 자본가의 근본적 대립을 변화시키지 못한다. 마르크스는 나아가 이러한 교환 자체가 "사전에 존재하는 특수한 사회관계"를 나타내는 것이며 이것이 재물에 자본의 성격을 부여하는 것임을 꿰뚫어

---

15 같은 책, 162~163쪽.
16 같은 책, 163쪽.
17 같은 책, 163쪽.
18 같은 책, 162쪽.

보았다.[19] 자본은 일종의 사회관계다. 바로 자본이 사회적 존재의 기초인 생산 과정 자체를 근본적으로 변화시킨다. '부르주아 사회' 생존의 비밀은 유통과정 에서 이루어지는 교환관계에 있는 것이 아니라 생산과정에 있다. 미완성인 『재고』 수고에서는 이 점에 관한 생각을 확장하지 못했다.

사실 제8권에 쓴 메모를 보면 마르크스는 리카도의 『정치경제학 및 조세 원리』를 발췌하면서 이윤은 교환과 분배에서 나오는 것이 아니라 생산에서 만 만들어질 수 있다고 직접적으로 지적했다. 분배를 하려면 분배할 무언가 가 반드시 존재해야 한다. 이윤 자체가 존재해야 이윤의 불평등이 있을 수 있 다. 물론 개별적 특별이윤이 상업에 의해 설명될 수 있지만 "상업은 잉여 자 체를 설명할 수 없다". 이 잉여는 교환에서 실현되지만 절대로 교환 중에 만 들어지는 것은 아니다. "모든 부르주아 계급의 원래 수입은 반드시 생산에서 온다."[20] "노동자의 노동생산물의 교환이 이윤을 가져올 수 있을 때에만 자본 가는 비로소 노동자와 교환한다."[21] 이 때문에 리카도는 자연가격과 시장가 격을 구분할 때 시장가격의 우연성을 지적하면서 동시에 자신이 이러한 현상 의 본질과 규칙, 즉 '자연가격, 자연임금과 자연이윤'에 착안했다는 점도 설명 했던 것이다. 이에 대해 마르크스는 리카도의 관점을 다음과 같이 평가했다.

> 리카도는 자신이 우연하다고 여긴 것을 사상했다. 그러나 실제 과정을 서술하 > 는 것은 별개의 일이다. 왜냐하면 이 과정에서 그가 우연적 운동 탓으로 돌렸지 > 만 안정적이고 현실적인 것이든 아니면 그것의 법칙, 즉 평균관계이든 상관없 > 이 양자는 똑같이 모두 본질적이기 때문이다.[22]

---

19 같은 책, 161쪽.
20 같은 책, 140쪽.
21 같은 책, 143쪽.
22 같은 책, 108쪽.

마르크스는 이때 이미 단순하게 현상을 부정해서는 안 된다는 것을 인식했고, 현상이 어떻게 왜곡과 전도의 형식으로 본질을 은폐하는지 설명하려고 했다. 이렇게 다시 현상학적 비판이 필요하게 되었다.

정치경제학 연구에 관한 마르크스의 다음 단계의 대체적인 생각이 이미 여기에서 나타나기 시작했다. 『런던 노트』에서 『정치경제학 비판 요강』으로 가는 것은 그 이론적·논리적 발전에서 필연적이었다.

3) 『정치경제학 비판 요강』의 텍스트 구조

『런던 노트』이후 마르크스는 1857~1858년 자신의 독립적 정치경제학 이론연구를 시작했다. 그 결과물이 바로 잘 알려진 『정치경제학 비판 요강』이다. 내가 보기에 이것은 마르크스가 진행한 정치경제학 연구의 최초의 사상실험실이며 또한 그가 광의 및 협의의 역사유물론을 형성·심화시킨 발원지이다. 더 중요한 것은 그가 여기서부터 과학적 역사인식론과 비판적 역사현상학을 세웠다는 점이다. 이어서 우리는 먼저 마르크스 『정치경제학 비판 요강』의 원문 및 논리 구조를 정리할 것이다.

마르크스가 이 수고를 쓴 시기는 1857년 7월부터 1858년 10월까지이며, 모두 네 개의 수고를 각각 여덟 권의 노트에 기록했다. 구체적으로 보면 다음과 같다.

첫째, 마르크스는 먼저 훗날 'III'으로 편집한 노트에 모두 7쪽의 『바스티아의 '경제적 조화'』라는 수고를 썼다(마르크스가 나중에 『내 노트의 요강』에서 이 원본에 「바스티아와 카레이」라는 표제를 추가했다). 노트 표지에는 마르크스가 직접 쓴 "런던, 1857년 7월"이라는 시간 기록이 적혀 있다. 이 원본은 카우츠키[23]가 편집을 주관한 ≪신시대≫ 1904년 3월 제2권 제27호에 「카레이와 바

---

23 카를 카우츠키(Karl Kautsky, 1854~1938), 독일과 국제노동운동의 이론가로, 제2인터내셔널의 지도

스티아」라는 제목으로 처음 발표되었다.

둘째, 마르크스는 'M'으로 타이틀을 붙인 노트에 23쪽(쪽수 번호는 22쪽인데, 이는 9쪽이 2번 나오기 때문이다)의 「서설」을 썼는데, 이 노트의 표지에는 "런던, 1857년 8월 23일"이라고 주를 달았다. 이것은 마르크스가 「서설」을 쓰기 시작할 때 기록한 시간이다. 표지에 제목은 없다. 엥겔스는 살아있을 당시 이 수고에 주목하지 않았는데 1902년 카우츠키가 수고를 정리할 때 발견해 다음 해 자신이 주관하던 ≪신시대≫ 제2권 제23~25호에 발표했다.

셋째, 일곱 권의 노트에는 'I~VII'로 번호를 매겼는데 이 노트들이 『정치경제학 비판』 수고다. 원래 쪽수는 287쪽, 총 글자 수는 모두 59만 자(중문)다. 그중 제1권은 48쪽, 제2권은 29쪽(그중 29쪽 유실), 제3권은 45쪽, 제4권은 53쪽, 제5권은 33쪽, 제6권은 44쪽, 제7권은 63쪽이다. 원문을 저술한 시기는 대략 1857년 10월부터 1858년 5월까지다. 제1권 노트 표지에 마르크스는 아무런 제목도 달지 않았다. 마르크스는 제7권의 표지에 가서야 '정치경제학 비판[계속(Continued)]'라는 제목을 달아놓았다. 이 역시 이 수고의 제목이다. 이후 과거 소련과 동유럽의 학자들은 마르크스가 쓴 한 통의 편지 내용에 근거해 그 제목을 『정치경제학 비판 요강(초고), 1857~1858년』으로 정했다. 이후 이 원문에 관한 서유럽 학술계의 토론에서 사람들은 통상적으로 이를 『요강(Grundrisse)』으로 약칭했다.

넷째, 1858년 6월 마르크스는 또 'M' 노트의 23~33쪽에 일곱 권의 노트를

자 가운데 한 명이며 마르크스주의 발전사에서 중요한 인물이다. 1854년 10월 16일 프라하에서 출생했으며, 1874년 비엔나대학에 입학해 역사와 철학을 연구했다. 1875년 1월에는 오스트리아 사회민주당에, 1877년에는 독일 사회주의 노동자당에 가입했다. 1881년 3월 런던으로 파견되어 마르크스와 엥겔스를 회견했는데 이때부터 급진적 민주주의에서 점차 마르크스주의로 전향했다. 1885년 런던으로 이주해 정치경제학과 역사를 연구했다. 1880~1890년대 마르크스의 『자본론』과 유물사관 및 당의 강령에 대해 통속적인 서술로 저술·발표해 엥겔스로부터 인정을 받았다. 1895년 엥겔스가 세상을 떠난 뒤에는 사회민주주의 주요 이론가 및 독일 사회민주의당의 핵심 이론가가 되어 아우구스트 베벨 등과 함께 제2인터내셔널 주요 이론의 대표로 여겨졌다. 카우츠키는 마르크스의 대표작 『자본론』 제4권의 편집자다. 주요 저작으로 『카를 마르크스의 경제학설』(1877), 『윤리학과 유물사관』(1906), 『기독교의 기원』(1908) 등이 있다.

위한 색인, 즉『7개 노트를 위한 색인』을 편집했다. 텍스트의 구체적인 상황으로 볼 때 마르크스의 이 수고는 명확한 이론 구조를 갖지 않는다. 이것은 마르크스가 미리 생각해놓은 다음 계획대로 서술한 것이 아님을 보여준다. 정확하게 말하자면, 현재와 같은 텍스트 구조는 서술 과정에서 차츰 형성된 것이다. 제7권의 주요 수고에 마르크스는 원래 제목을 넣지 않았다. 단지 제2권의 첫 쪽에『화폐장(계속)[Chapter on Money(Continued)]』이라고 써놓았을 뿐이다. 8쪽에서 마르크스는『자본장』을『자본으로서의 화폐장』이라고 부르기 시작했고 제3권 8쪽에서『바스티아의 '경제적 조화'』수고 뒤에『자본장(노트 II의 계속)』을 다시 썼다.

내가 보기에 마르크스의 이 수고 저술은 다음과 같이 진행되었다.

첫째, 1857년 7월 마르크스는 먼저『바스티아의 '경제적 조화'』를 썼다. 당시만 해도 마르크스는 정치경제학 연구의 전체적인 사고 방향을 포괄적으로 고려할 준비가 되어 있지 않았다. 따라서 이 텍스트는 단지 마르크스가『런던 노트』이후 준비적 성격으로 탐구한 것일 뿐이다. 어떤 의미에서 이는『철학의 빈곤』에 보이는 경제학 비판이 연속되고 심화한 것이라고 말할 수 있다. 이 텍스트의 사유경로를 보면, 이 텍스트는 사실 여전히 철학적 역사관에서 출발하여 부르주아 경제학을 비판한 사유의 연속이다. 그러나 그것은 당연히 마르크스 자신이 하려던 경제학 연구의 중점이 아니었기 때문에 마르크스는 곧 이 저술의 집필을 중단했다. 이 텍스트가 갖는 이론적 의의는 마르크스가 부르주아 고전경제학과 속류 정치경제학의 근본적 구별을 분명하게 지적했다는 것이다.

둘째, 1857년 8월, 마르크스는「서설」을 썼다. 내가 보기에 이「서설」은 마르크스의 성숙한 텍스트가 아니라 당시 마르크스가 수행한 정치경제학 연구의 최초 기점에 대한 탐구이자 정치경제학 연구방법에 대한 성찰이다. 나아가 마르크스의 기초적 정치경제학 이론연구와 서술 구조에 대한 구상을 포함하고 있다. 이 구상은 나중에 기본적으로 포기되었다.

셋째, 1857년 10월에서 1858년 5월까지 마르크스는 'Ⅰ~Ⅶ'의 노트를 썼다. 이것이 수고의 주요 부분이다. 『화폐장』에서 마르크스는 '화폐'를 논술의 출발점으로 삼았다. 왜냐하면 이것이 자본주의 사회현실 속 최대의 허상이기 때문이다. 경제학적 척도에서 보았을 때, 마르크스는 상품의 두 가지 요인[24]을 분석하고 처음으로 상품생산 노동의 이중성[25]을 확인했으며, 또한 상품생산에서 발생하는 사회적 노동과 개별적 노동의 모순[26]을 폭로했다. 그 후 『자본장』에서 마르크스는 전체 부르주아 사회를 지배하는, 부르주아 사회적 존재의 본질인 자본관계를 중점적으로 설명했다. 이것이 부르주아 사회생활 중 모든 것을 진정으로 지배하는 '일반적 조명(general illumination)'이자 '에테르'다. 경제학의 발전에서 마르크스는 처음으로 '노동'과 '노동력'[27]을 구분하고 자본을 '불변자본(invariable capital)'과 '가변자본(variable capital)'[28]으로 구분했다. 수고의 주요 부분 저술을 완성한 후 마르크스는 1858년 6월 또 '증보'편 『Ⅰ. 가치』를 저술했으며 여기에서 상품이 부르주아 계급의 부를 나타내는 첫째 범주[29]임을 확인했다. 나의 견해로는, 이 수고 자체는 마르크스 정치경제학의 이미 완성된 논리 체계가 아니라 첫 번째 위대한 사상혁명의 실험 과정이다. 이것은 초고로서, 한층 더 정제되어야 할 엄청난 무더기의 텍스트였다. 또한 바로 이 혁명적 사상 실험에서 광의의 역사유물론과 역사변증법이 비로소 한층 더 심화되었고, 협의의 역사유물론, 역사인식론, 역사현상학이 비로소 형성되고 정치경제학의 과학적 기초가 건립되었다. 그러나 과거의 연구들은 세 번째 위대한 성과에만 초점을 맞추었을 뿐이다.

이 중요한 수고는 마르크스와 엥겔스 생전에 빛을 보지 못했다. 1939년 수

---

24 『馬克思恩格斯全集』, 第46卷(1979), 85~89쪽.
25 같은 책, 115쪽.
26 같은 책, 102~111쪽.
27 같은 책, 240쪽.
28 같은 책, 322쪽.
29 『馬克思恩格斯全集』, 第46卷(1982), 411쪽.

고는 소련 마르크스레닌주의연구소에 의해 독일어로 처음 공개 발표되었다. 당시 수고는 『정치경제학 비판 요강』이라는 제목으로 출판되었다. 1968~ 1969년 소련 학자들은 러시아어판 『마르크스·엥겔스 전집』제46권을 편집하면서 이 수고의 제목을 『1857~1858년 경제학 수고』로 바꾸어 출판했고, 이후 중국어판 『마르크스·엥겔스 전집』에 이 수고를 수록할 때 이 제목을 계속해서 사용했다. 1976년 MEGA2 제2부 제1권 수고를 재출판할 때 다시 한 번 『정치경제학 비판 요강』이라는 제목을 회복했다. 이때부터 해외 학술계의 연구에서 사람들은 이 수고를 『정치경제학 비판 요강』으로 지칭했다. 1962~1964년 중국 인민출판사는 류샤오란(劉瀟然)의 번역으로 베를린 디에츠출판사의 1939년 독일어판인 『정치경제학 비판 요강』의 제2~4분책('자본장'과 '가치장')을 출판했다. 1975년에는 또 이 책의 제1분책을 출판했다. 한편 1979~1980년에는 『마르크스·엥겔스 전집』중국어판 제1판 제46권 상하권으로 다시 한 차례 수고를 전문 발간했다. 수고의 편집은 완전히 러시아어판 『마르크스·엥겔스 전집』제46권을 따랐다.

언급할 만한 가치가 있는 것은 서유럽에서는 1939년 마르크스의 이 수고가 공개 발표된 후 1932년 『1844년 수고』가 발표된 이후의 '두 번째 충격'으로 일컬어졌다는 것이다. 심지어 알튀세르가 유명한 '단절설'을 제기한 후에도 일부 학자들은 『정치경제학 비판 요강』을 마르크스 사상 발전에서 '잃어버린 연결고리'로 칭하면서 『1844년 수고』와 『자본론』사이의 간극을 연결하는 교량을 구축하고자 했다. 이러한 학자들에게 『정치경제학 비판 요강』은 마르크스의 사상적 창조의 '정점'이었고, 이 수고의 발표는 '잘 알려지지 않은 마르크스'[30]를 사람들에게 드러내주었다. 분명히 여기에는 『정치경제학 비판 요강』과 『자본론』을 대립시키려는 의도가 있다. 이에 대해 나는 결단코

---

30 尼古拉斯, 「不爲人知的馬克思」, ≪新左派評論≫(1968), 第48期; 麥克萊倫, 『馬克思的'大綱'』(倫敦, 1972).

반대한다. 그러나 나는 마르크스 철학 논리의 발전 과정에서 『정치경제학 비판 요강』은 확실히 철학적 사고의 높은 봉우리라고 생각한다. 이는 마르크스가 이후의 순수 경제학 텍스트(『자본론』 포함)에서 이러한 중요한 철학적 문제를 더 이상 토론하지 않은 데서 연유한다. 이런 의미에서 코헨[31]이 "『정치경제학 비판 요강』을 이해하는 가장 좋은 방법은 바로 먼저 『자본론』을 읽는 것"이라고 말한 것은 좋은 건의가 아니다.[32]

2. 『정치경제학 비판 요강』에서의 철학 논리의 위치

과거 우리는 마르크스의 『정치경제학 비판 요강』을 연구하면서 이 저작을 주로 경제학 텍스트로 독해했다.[33] 이 저작은 1939년 처음 발표된 이후 기본적으로 마르크스에 의한 경제학 혁명 초기의 주요 경제학 수고(『자본론』의 초안 또는 초고)로 위치 지어졌다. 심층 독해의 차원에서 우리가 마르크스에 대해 주로 보는 것은 경제학자로서의 모습이다. 비록 일부 철학자가 끊임없이 이 텍스트에서 '3대 사회형태'와 '소외'의 개념을 찾아내기는 하지만 경제학자와 철학자 모두 이 수고가 사실 총체적으로 철학과 경제학의 두 가지 성격을 지니고 있다는 것을 생각하지 못했다. 『정치경제학 비판 요강』은 『1857~1858년 경제학 수고』라고 불리기도 하는데 정확하게 말하자면, 이 수고는 분명 『1857~1858년 철학 - 경제학 수고』[34]로 불려야 마땅하다. 또한 이런 이중성은 이원적으로 분립되어 있는 것이 아니라 일체화되어 있다. 마르크스

---

31   제럴드 앨런 코헨(Gerald Allan Cohen, 1942~2009), 영국의 철학자이자 분석적 마르크스주의의 창시자다.

32   科恩, 「論'大綱'的思想」, ≪今日馬克思主義≫(1972), 第12期, 373쪽.

33   그 가운데 비교적 뛰어난 저작은 羅曼·羅斯多爾斯基, 『馬克思'資本論'的形成』, 魏塤等譯(山東人民出版社, 1992); 曼弗雷德·繆勒: 『通往'資本論'的道路』, 錢學敏等譯(山東人民出版社, 1992); 顧海良, 『馬克思"不惑之年"的思考』(中國人民大學出版社, 1993)다.

34   孫伯鍨·姚順良, 『馬克思主義哲學史』, 第2卷, 125쪽.

의 경제학 발견은 동시에 그가 역사유물론을 구축하는 데 있어 가장 중요하고도 최종적인 이론적 논리의 완성이다. 후크는 이를 "마르크스의 경제학설은 역사유물론을 가치, 가격과 이윤 이러한 '신비한 것'에 응용한 산물이다"라고 지나치게 단순하게 설명했다. 하지만 실제로 이것은 양방향의 구축과정이다. 역사유물론의 원칙과 방법이 마르크스의 경제학 혁명 담론의 중추가 되었고 경제학의 구체적 심화는 다시 역사유물론의 거대한 비약을 가능하게 했다.[35] 이것은 주로 마르크스가 협의의 역사유물론과 역사인식론에 대한 역사현상학을 구축했음을 보여주는 것이다. 우리는 이 점을 구체적으로 독해하기 위한 전제적 인식으로서 먼저 마르크스의 이론논리에 대한 기본적 설명을 제공해야 한다.

1) 정치경제학과 역사유물론의 심화

우리가 5장에서 이미 토론한 바와 같이 마르크스의 역사유물론은 주로 추상적 자연존재를 대면한 것이 아니라 사회역사적 존재와 사회역사 속의 자연을 대면한 것이다. 이런 사회역사적 존재의 '본체'는 주로 일반적 물질실체가 아니라 인류사회의 **활동과정**, 즉 물질적 실천이다. 우리는 마르크스의 새로운 세계관의 초석으로서 실천이 역사적으로 **구축**되고 **탈구축**된다는 점을 특히 주의해야 한다. 인류 사회역사의 발전 과정에서 모든 시기의 실천은 질적으로 다르며 단순에서 복잡으로의 발전 과정을 겪는다. 정확히 말하자면, 실천은 특정한 역사조건 아래서 인류가 외부세계와 사회생활을 개조하는 물질적 활동이다. 한편 실천은 인간과 자연 사이의 창조적 활동으로서, 인력, 자연력에서 공업력으로 변화하며 그 후 과학실험(즉, 실물활동의 특수조작)의 변혁과 발전 과정을 거친다. 현대 정보시대에 가장 중요한 창조는 이미 가상세

---

35   胡克,『對卡爾·馬克思的理解』, 徐崇溫譯(重慶出版社, 1989), 154쪽.

계에 구축되었다. 다른 한편 실천은 사람과 사람 간의 사회관계 구조를 변화시키는, 정돈되고 새로운 객관적 실천이다. 이 두 가지 측면의 창조성이 마르크스가 「포이어바흐에 관한 테제」와 『독일 이데올로기』에서 토론한 실천의 주체적 특성이다.

『독일 이데올로기』에서 사회적 실천은 더 구체적으로 물질적 생산 활동으로 귀결되고 생산은 인간과 사회의 역사적 생존조건으로 규정된다. 나아가 이런 활동의 형식, 즉 어떻게 생산하는가의 방식은 특정한 사회적 존재의 본질로 확정된다. 마르크스는 이미 사회적 존재의 기초관계, 인간과 자연과의 관계, 즉 특정한 생산력이 일종의 토대이고 또한 이 토대 위에 형성된 사회적 본질이 사람과 사람 사이의 사회적 교통관계임을 밝혔다. 역사유물론에서 사회생활의 실체는 물체를 의미하는 것이 아니라 일종의 객관적 사회활동으로서 확인된다. 사회적 존재는 사람들의 사회활동 중에 발생하고 사람들의 객관적인 물질적 실천 중에 역사적으로 구성되고 해체된다. 만약 어느 날 사람들이 생산하지 않고 교통하지 않는다면 인간의 사회적 역사적 존재는 더 이상 존재하지 않을 것이다. 이런 의미에서 역사유물론에서 말하는 사회생활에서의 물(物)은 극히 난해한 개념이다. 이런 사회적 존재의 '사물'은 주로 사람의 활동, 사람이 활동 중에 형성한 기능적 사회관계와 구조다. 이들 관계, 구조 및 사회과정에서의 법칙 역시 마찬가지로 사람들의 매순간 활동을 통해 구성되고 해체된다. 따라서 사회생활에서의 모든 사회현상은 실체적이 아니라 기능적이다. 그것들은 사물화될 수 있지만 이러한 물적 대체물 역시 반드시 활동의 특수기능에서 위치 지어져야 한다. 그렇지 않다면 그것은 특정한 사회체계의 성질을 상실하게 된다. 이후 카를 폴라니[36]의 경제인류학에

---

36 카를 폴라니(Karl Polanyi, 1886~1964), 영국에 거주한 헝가리 정치경제학자. 철학자 마이클 폴라니의 형이며, 20세기 경제사학자 가운데 가장 철저하고 가장 변별력 있는 경제사학자로 공인되었다. 어려서부터 양호한 교육을 받고 부다페스트대학에서 철학과 법률을 공부했으며, 1908년 철학박사학위를 받고, 1912년 법학박사학위와 변호사 자격을 획득했다. 1933년 영국으로 이주해 차례로 옥스퍼드대학의 버닝턴학원과 런던대학에서 가르쳤다. 1935년 이후에는 미국에서 강의하기 시작했다. 1947년

서 실체(substance)는 사회생활에서 사람과 자연, 사람과 사람 사이에서 일어나는 상호활동과정을 의미한다. 예를 들면 폴라니는 경제를 사람과 대상, 그리고 사회 환경 사이의 비실체적 변환으로 규정했다.[37] 이로 인해 마르크스는 1859년에 쓴『정치경제학 비판』서문에서 자신의 경제학 연구방법을 개괄할 때 역사유물론에서 의식을 결정하는 '사회적 존재(gesellschaftliches Sein)'를 일종의 '물질적 생활관계(meterielle Lebensverhältnisse)', 즉 "인간은 그들 생활의 사회적 생산에서 특정하고 필연적이며(bestimmt, notwendig), 그들의 의사와 독립적인 관계, 즉 그들의 물질적 생산력의 일정한 발전단계와 대응하는 생산관계(Produktionsverhältnisse)로 들어간다"[38]라고 직접적으로 지적했다. 이것은 마르크스가 주요 텍스트에서 gesellschaftliches Sein이라는 단어를 유일하게 한 번 사용한 것이다. 마르크스는『정치경제학 비판 요강』에서 gesellschaftliches Dasein을 사용한 적이 한 번 있을 뿐이다. 그것은 본문 앞에 쓴『바스티아의 '경제적 조화'』수고에서다.[39]

따라서 마르크스가 경제학 연구를 지도하는 데 사용한 역사유물론의 비밀은 특정한 유물론적이며, 역사적이며 과학적인 추상에 있다. 이것은 일종의 관계성의 본질을 반영하는 것이지 물질적 대상(Ding)을 직접 반영하는 것이 아니다. 역사유물론적 관계의 투시는 특정한 직관을 통해 물질적 실체를 직접 대면하는 것이 아니다. 우리가 이미 지적한 바와 같이 생산양식, 생산관계, 생산력은 모두 일종의 과학적 추상이지 근본적으로 대상물 그 자체는 아니며, 일종의 본질적인 객관적 사회관계다. 상부구조의 구성 부분 역시 이와 같으며, 마르크스가 확인한 사회역사적 존재를 기초로 하는 유물론의 특성

컬럼비아대학의 방문학자이자 부교수로 초빙되어 경제사과목을 강의하고 경제성장의 제도적 요인에 대한 학제적 연구 과제를 주관했다. 주요 저서로『파시즘의 본질』(1935),『거대한 전환』(1944) 등이 있다.

37   波蘭尼,『人的經濟』(紐約, 1977).
38   『馬克思恩格斯全集』, 第13卷, 8쪽.
39   Karl Marx, *Grundrisse*, MEGA2, II/1(Berlin: Dietz Verlag, 1976), S. 12.

역시 이와 같다. 이 기초는 근본적으로 감각적 직관을 통해 도달할 수 있는 것이 아니라 과학의 구체적 추상을 통해 실현할 수 있는 것이다. 역사유물론의 '물(物)'은 자연물 위에 있는 사회적·관계적 존재다. 이에 대해 일본학자 쿠리모토 신이치로는 다음과 같이 말한다. "생산관계는 표층에서 볼 수 있는 물리적 단순 조합이 아니다." 이것은 의심의 여지없이 정확하다. 따라서 "과학으로서의 마르크스주의는 바로 그러한 환상으로 보이는 사회관계로부터 진정한 존재를 파악하는 것이다".[40] 또한 바로 이런 의미에서 루카치가 역사유물론은 사회적 존재의 실체론이라고 말한 것은 핵심을 짚은 것이다. 그러나 이것이 마르크스가 단지 사회적 존재에만 주목했음을 의미하지는 않는다. '자연주의적 유물론'은 여전히 마르크스의 실천적 유물론의 내재적 전제다. 마르크스의 새로운 세계관에는 이미 구식의 실체론은 없다. 여기서 '실체론'은 단지 자연물질이 가진 시원성의 전제 아래 사람들이 객관적 세계를 대면하는 역사적 시각이며, 실체론이 사회적 존재를 세계의 본원으로 간주하는 것은 결코 아니다. 의심할 바 없이 이 점은 매우 중요한데, 왜냐하면 이것이 마르크스의 사회역사인식론이 펼쳐진 전당의 대문을 여는 열쇠이기 때문이다. 다음에서 우리는 『정치경제학 비판 요강』에 등장하는 수많은 경제현상을 마주칠 것이다. 이러한 경제현상들에 직면해서 마르크스는 이 현상들이 일종의 사회관계이자 사회적 속성임을 반복해서 강조했고, 부르주아 고전경제학과 분명히 구분되는 입장을 밝혔다. 만약 우리가 이 둘을 분명하게 구분할 수 없고 이 둘 사이의 중대한 차이를 혼동한다면 물신숭배에 기울어 잘못된 길로 빠질 것이다.

마땅히 지적해야 할 점은, 1845~1847년 경제학 연구 및 철학의 구축에서 마르크스는 부르주아 정치경제학(주로 고전경제학)에 이미 존재하던 추상으로부터 생산력, 생산관계, 생산양식과 사회구조 등 일련의 추상적이고 철학

---

40   栗本愼一郞, 『經濟人類學』, 王名等譯(商務印書館, 1997), 24쪽.

적인 규정성들을 뽑아냈다는 것이다. 이것이 광의의 역사유물론의 기본 틀을 형성했다. 『독일 이데올로기』에서 마르크스의 철학의 구축(사유경로 1)과 사회 경제발전에 기초한 역사비판(사유경로 2)은 유기적인 결합을 형성하지 못했고 특히 사회역사의 본질에 대한 광의의 역사유물론의 철학적 추상은 현실 역사로 복귀하지 못했다. 즉, 사회생활의 복잡한 구체적인 상과 서로 통일되지 못했다. 직설적으로 말하면, 아직 경제학을 통해 현대 사회생활의 복잡한 층위까지 깊이 들어가지 못했으며, 특히 '부르주아 사회'의 경제운용 중 사회적 본질의 전도된 사물화를 철저하게 분석하지 못했기 때문에 역사유물론의 철학적 추상은 아직 역사적 확증을 얻을 수 없었다. 내가 보기에 마르크스는 자신의 세 번째 경제학 연구, 즉『정치경제학 비판 요강』에서 이 중요한 이론적 도약을 완성시켰다.

마르크스는 경제학의 구체적인 연구에 진입한 후 복잡한 현대사회의 경제활동, 즉 대공업 생산의 유통, 분배와 소비체계 등을 점점 빈번하게 목도하기 시작했다. 이런 특정의 경제활동과 복잡한 구조는 사람과 자연 간의 단순한 관계에 그치는 것이 아니라 특유한 자본의 권력구조에 의해 지배받는 생산양식으로부터 만들어져 나온, 새롭고 끊임없이 복잡화되는 사회현실의 경제기초("시민사회")가 되는 경향이 있다. 마르크스는 당시 이런 협의의 경제활동과 구조 자체가 역사적이고 일시적이라는 것을 발견했다. 이것은『마르크스가 안넨코프에게』와『철학의 빈곤』의 이론적 성과다. 일반 물질생활은 모든 사회적 존재와 발전의 기초다. 이것은 영원한 자연필연성(Naturnotwendigkeit)이다. 동시에 물질적 생산 형식이 근대 상품경제 방식으로 발전한 후 대다수 경제활동은 시장경쟁의 교환시스템으로부터 유통과 분배의 매개과정을 생성·구축한다. 이것은 거대한 매개 구조로서 사람과 자연, 사람과 사람의 관계가 이 매개 과정 속에서 사물화되고 전도된다. 자본주의 생산양식 중 원래 생산의 토대 위에 형성된 것이 도리어 주도적인 것이 되고 결정적인 것이 된다. 간단히 말해서 근대 상품경제활동의 표상으로부터 드러나는 것은 주로 생산이 아니라 가치의 실현으로 보인다. 모든 것은 반드시 화폐로 실현된다. 그래서 사람들이 창조해낸 일종의 경제활동 중의 매개 도구가 이제는 도리어 하늘 높이 있는 신이 되어버린다. 자본의 신비성은 그것이 더 많은 화폐를 가져올 수 있을 때 신으로서 출현한다. 여기에서 마르크스는 실제로 자본(일반적 조명)의 생활관계를 추상화함으로써 비로소 처음으로 '자본에 의한 지배'라는 완전히 새로운 사회적 생활방식을 과학적으로 입증했다. 앞에서 언급한 바와 같이, 마르크스는 자신의 주요 저작에서 명사적 의미로 자본주의(Kapitalismus)라는 단어를 거의 사용하지 않았다. 매우 드물게『자본론』과 그 수고에서 이 단어를 사용했는데『1861~1863년 경제학 수고』에서 먼저 사용했고(마르크스는 여기서 Capitalismus를 사용했다), 나중에『자본론』제2권에서 사용했다.[41]
『1861~1863년 경제학 수고』이후 그는 대부분의 텍스트에서 모두 형용사 '자본주의적'(capitalist 또는 kapitalistisch)이라는 단어를 사용했다. 바로 이런 복잡한 사회적 존재인 자본주의에서 생산력과 생산관계는 직접적인 형태로 나타나는 것이 아니고, 사회적 본질은 모두 왜곡된 허상과 전도된 경제적 현실에 의해 은폐된다. 우리가 단순하게 광의의 역사유물론으로 자본주의적 경제 현실을 대면할 수 없는 이유가 바로 여기에 있다.

우리가 이미 아는 바와 같이, 고전경제학이 자본주의라는 이런 특정한 사회적 역사존재를 영구적 자연물질 존재로 보았기 때문에 마르크스는『정치경제학 비판 요강』에서 바로 이런 이데올로기적 오류를 비판하고 부정하기 위해 정치경제학(die politische Ökonomie) 연구를 시작했다. 마르크스의 목적은 자본주의의 사회적 존재가 지닌 역사성과 일시성의 측면을 설명하는 것이었다. 왜냐하면 그 자체가 역사적으로 변화하는 현실이기 때문이다. 바로 이 역사성의 현실이 자본주의 상품생산과 시장경제 속에서 다양하게 전도된 거대

---

41   Karl Marx, *Zur Kritik der politischen Ökonomie(Manuskript 1861~1863)*, S.1114; Marx, *Das Kapital*, Bd. II, MEW, Band 24, S.123.

하고 복잡한 구조를 만드는 것이다. 여기서 본질은 허상에 의해 은폐된다. 진짜가 가짜가 되고, 가짜가 진짜가 된다. 없는 것이 있는 것이 되고, 있는 것이 없는 것이 된다. 주체가 객체가 되고 객체가 뒤집혀 주체가 된다. 부르주아 정치경제학은 바로 이런 사물화의 경제현상으로부터 그들 특유의 물신숭배 이데올로기를 형성한다. 즉, 자본주의 생산양식 특유의 사회역사적 존재를 경제운행 자체의 자연적 객관 속성으로 직접 설정한다. 따라서 자본주의 경제운행은 인류 생존의 본질의 전도로서 인식되는 것이 아니라 인간의 자연적 본성('자연법')과 사회적 존재(생산)가 하늘에 의해 운명 지워진 정상형태('자연 질서')로 인식된다. 이리하여 3대 물신숭배는 그 논리적 발전의 필연적 결과가 될 것이다.[42] 따라서 마르크스는 부르주아 정치경제학을 비판하고 자신의 정치경제학 변혁을 구축·실현하는 동시에 새로운 출구를 찾지 않을 수 없었다. 즉, 부르주아 고전경제학의 사물화 의식을 초월해 과학적 비판의 출발선상에서 사회역사의 본질에 더 가까이 다가가는 과학적 인식론을 형성하는 것이다. 사실 이러한 과학인식론 역시 끊임없이 심화되고 있는 역사유물론의 철학적 논리를 표현한다. 즉, 협의의 역사유물론과 역사인식론을 전제로 하는 비판적 역사현상학(geschichtliche Phänomenologie)인 것이다.

2) 역사인식론과 과학적 추상

우리가 이미 말한 바와 같이, 광의의 역사유물론은 사회역사 발전의 일반법칙에 관한 이론이다. 이것은 주로 물질생활의 생산과 재생산이 사회적 역사적 생존과 발전의 기초로 체현되는 것을 의미한다. 특정한 생산양식은 인류사회생활의 본질을 결정한다. 협의의 역사유물론은 주로 마르크스가 협의의 정치경제학, 즉 자본주의 경제생활을 연구하는 과정에서 경제적 사회형태

---

42   張一兵, 『馬克思歷史辯証法的主体向度』, 3章.

가 생성·발전하는 특수한 법칙을 겨냥한 이론으로, 주로 경제관계가 사회생활을 지배하는 국면으로 나타나며 인간이 자신이 만들어낸 물질적 힘에 의해 노예가 된다는 관점으로 체현된다. 전자는 마르크스가 『독일 이데올로기』에서 확인한 중요한 이론적 관점이다. 후자는 마르크스가 『정치경제학 비판 요강』에서 점차적으로 형성한 새로운 견해다. 나는 협의의 역사유물론과 동시에 싹튼 매우 독특한 과학적 역사인식론이 있다는 것을 발견했다. 그 핵심 구성요소는 바로 사회생활을 대면하는 과학적 추상의 문제다.

앞에서 말한 바와 같이 마르크스가 막 일반적 유물론의 입장을 취하기 시작했을 때는 그가 1844년 정치경제학을 접촉하기 시작하던 초기 단계로, 그는 부르주아 사회생활에 대한 스미스와 리카도의 경제학적 추상을 직접적으로 반대하고 비판했었다. 1845~1847년에 이르러서야 그는 비로소 고전경제학의 과학적 추상과 역사유물론의 논리관계를 인식했다. 우리는 역사유물론이 바로 사회적 존재와 사회관계의 추상이며, 이것은 직관적 자연주의적 유물론과 확연히 다르다는 것을 이미 설명했다. 당연히 역사유물론의 추상은 단순한 주관적 추상이 아니라 사회생활 자체의 객관적 추상이다. 예를 들면, 「포이어바흐에 관한 테제」에서 제기한 실천이 바로 과학적·객관적 추상이다. 왜냐하면 실천 활동은 항상 그때 그 장소에서 발생하기 때문이다. 심지어 『독일 이데올로기』에서 확인한 생산양식과 사회관계도 항상 사회활동 중 기능적으로 존재한다. 그러한 생산양식과 사회관계는 정지된 직관을 통해서는, 특히 개인의 직관을 통해서는 이를 수 없다.

그러므로 이 지점에서 사회역사적 인식론의 문제를 갖게 된다. 첫째, 인식대상의 이질성이다. 마르크스의 새로운 세계관에서 사람들이 자연대상을 대면할 때 자연대상은 항상 특정한 역사적 실천 중에 놓여 있으며 실천의 방식과 정도에 따라 역사적으로 인간의 눈에 반영된다. 그 본질과 법칙에 대한 인간의 인식은 실천의 역사성과 밀접한 관련이 있다. 인간은 단순하게 자연을 직관하고 방관하는 것이 아니라 실천의 프리즘을 통해 자연에 개입한다. 모든 것은 이 프리즘의 역사적 투시도와 관련된다. 사물이 전제이기는 하나 인식의 본질을 결정하는 요소는 아니다. 마르크스는 경제학을 연구하면서 자연물질이 의식을 직접 결정한다는 전통적인 자연경제에 기초한 낡은 유물론의 관점이 오류라는 것을 깊이 통찰했다. 자연물질이 근본적이기는 하지만 역사적 실천이 있어야만 비로소 자연대상에 대한 인간 인식의 성질과 방식, 방향과 정도를 직접 결정할 수 있다.[43] 이런 의미에서 모든 자연대상에 대한 인식 역시 광의의 사회역사적 인식론에 속한다. 협의의 범주에서 보면 사회적 존재를 직접 대면하는 인식은 당연히 자연대상을 대하는 인식과 다르다. 사회인식 자체가 실천구조에 대한 자신의 인식, 즉 사람이 자신의 활동과 생활에 대해 갖는 인식을 의미한다. 사람 자체가 바로 사회역사인식론을 구성하는 인지대상이며 이는 바로 마르크스가 말한 바와 같이 역사적 활동에서 인간은 배우인 동시에 관중이라는 의미다. 하이데거가 나중에 깨달은, '현존재(Dasein)' (현실 역사 시간 속의 개인)는 항상 '세계 - 내 - 존재'라는 것도 같은 의미다. 신은 '너 자신을 알라'라고 말했지만, 사람이 자신을 인식한다는 것은 의심할 바 없이 가장 어려운 일이다. 왜냐하면 사람 자신은 외재적 대상이 아니기 때문이다. 활동과정 속의 자신을 반추하는 일은 정지된 사물을 인식하는 것보다 훨씬 어렵다. 이러한 추상은 체험하거나 관찰하기 어렵다. 왜냐하면 일반적 대상물 위에 세워진 정지된 영상이 아니라 어떤 기능적 행위 경험의 추상, 특히 비개별행위인 사회 전체 활동구조의 추상이기 때문이다. 현대의 과학 인식론의 관점에서 이런 추상 자체는 자연히 개념 틀의 제약을 받으며, 또한 사회역사 인식은 더욱 이데올로기의 영향을 받는다. 당연히 사회역사 인식은 동시에 실천의 작용 정도에 의해 제약받는다. 사회인식에서 인식구조와 실천구조는 동일한 실체와 동일한 틀을 갖는다. 같은 방식으로 사회적 실천의 복잡성

---

43 슈미트는 이 점을 정확하게 보았다. 施密特, 『馬克思的自然概念』, 歐力同·吳仲譯(商務印書館, 1988), 111~112쪽.

과 사회생활의 복잡성은 반드시 사회인식의 복잡성을 일으킨다. 사회대상에 대한 인식과 자연대상에 대한 인식 간에 엄청난 차이가 존재하는 것을 알 수 있다.

둘째, 역사적 인식의 비개체성이다. 다음의 토론에서 우리는 스미스 등 고전 경제학의 로빈슨 크루소식 개인 인식의 관점을 비판하는 마르크스를 보게 될 것이다. 이런 관점은 왜 옳지 못한가? 이런 관점은 로크의 사상, 즉 경험적 개인의 직관을 답습했기 때문이다. 그러나 실제 사회생활에서 사실 모든 사람이 성인으로 성장한 후 항상 객관적 외부세계를 직접 대면하는 것은 아니다. 세계를 대면하는 개인의 처지에서 말하자면, 간접 경험과 간접 지식은 종종 결정적이다. 이것이 헤겔이 이념을 세계의 시작으로 삼는 논리적 이유다. 사람은 유년에서 성인으로 성장하는 시기에 수백만 명이 인정하는 감각적 경험을 받아들인다. 한편 우리는 사람들의 습관, 상식, 감정, 심리, 그리고 문화적 전통에 어떤 특정한 방식이 있다는 것을 직접 감각한다. 다른 한편, 개념 자체는 수백만 세대에 걸친 수백만 명의 실천과 경험의 결과이며 우리는 종종 '보기(see)' 위해 개념을 사용한다[한 예로 포퍼(Popper)의 "관찰에 선행하는 관념"과 한센(Hansen)의 발견모델의 "이론적 부하"]. 만약 인간이 과학, 생산, 사회개혁의 최전선에 놓여 있지 않다면 창조적 실천 과정도 있을 수 없다. 이것이 의미하는 바는 개인의 각종 개별 감각경험 역시 항상 외부의 영향을 거쳐 개인이 파악한 사회적 의식 형태라는 가장 복잡한 프리즘을 통해 투사되어 형성된다는 것이다. 감각 재료에 대한 이론적 가공은 모두 개인이 자신의 눈으로 직접 본 것이 아니라 감각경험의 총화이자 사회적으로 완성된 직관이다. 즉, 모든 개인이 어떤 대상에 대해 아는 것은 모두 다른 사람들로부터 얻는 것이다. 또한 언어는 인식의 중요한 매개체로, 개인이 직접 세계를 관찰한다기보다 개인이 수백만 개의 눈으로 세계를 관찰한다고 말하는 게 맞다. 사람들이 세계현상을 대면할 때 이 특징은 더욱 두드러지게 나타난다. 마르크스는 항상 사회생활이 관념을 결정한다고 언급했다. 이것은 개인의 기억 속에 남아 있는 사물의 영상을 의미하는 것이 아니라 우리 머릿속의 사회현상이 반영됨을 의미한다. "나와 내 환경 간의 관계가 내 의식이다." 사회적 존재의 본질과 현상은 자연의 물질적·객체적 현상(안과 밖)과는 다르다. 즉, 상대적 주체의 현시성과 지향성이 존재한다. 사회적 존재에서 드러나는 것은 사회역사의 주체가 구축하는 활동의 현상과 관계(법칙)의 본질이다. 사회현상이 비록 객관적이지만 본질은 아니며 사회현상 사이에 본질을 은폐하는 허상이 곳곳에 가득 차 있다는 것은 말할 필요도 없는 일이다. 이것은 매우 복잡한 문제다.[44]

셋째, 역사인식론에서 과학적 추상의 문제다. 역사유물론에서 마르크스는 일부 경험적 직관에 기초한 유물론 철학자와는 달리 개인의 눈으로 직접 볼 수 없는 사회적 존재들에 관해 토론했다. 우리는 이미 마르크스의 사회적 존재는 물체를 지시할 뿐만 아니라 주로 감각 활동, 활동 중의 관계, 기능적 속성을 의미한다고 정의했다. 현재의 복잡한 과학적 담론으로 말하자면, 바로 활동과정에서의 시스템적 본질과 시스템 구조를 의미한다. 사람들은 이러한 대상을 망원경과 현미경으로 관찰할 수 없으며 과학적 추상의 매개를 통해서만 볼 수 있다. 마르크스는 광의의 역사유물론을 만들 때 이미 이 점을 충분히 인식했다.

추상의 문제도 사실 매우 복잡한 이론적 난제다. 옛날부터 지금까지 사람들은 추상에 대해 이미 상당히 다양한 차원의 주장을 펼쳤다. 그 예로 관념 추상(경험추상)과 주관 추상(내성적 추상), 객관 현실의 추상(공업과 교환)과 경제학의 과학적 추상 등을 들 수 있다. 추상의 유형 역시 다양하다. 예를 들면, 플라톤의 이데아는 공업을 기초로 한 것이 아니라 감각 경험의 직관 위에 존재하는 이성적 추상을 기초로 한 것이다. 그 밖에 동양적인 역경(易經) 같은 부류의 추상이 있다. 실제로 나는 이미 마르크스 유물론과 비교적 가까운 추상

---

44   1990년대 이래 한동안 인식론 문제는 중국 철학 연구에서 심각하게 주변화되었다. 사실 인식론 연구는 철학이론의 논리를 설정하는 데 가장 최전선에 있으며 가장 활력 있는 영역이다. 기회가 주어진다면 나는 이 중요한 문제로 되돌아갈 것이다.

인식은 페티부터 리카도까지 자본주의 경제 현실에 대한 과학적 추상을 사용한 부르주아 정치경제학이라고 여러 번 암시했다. 이런 추상(사회적 유물론 포함)은 사실 역사유물론의 방법론을 구성하는 중요한 기초다.

그러나 만약 이 문제를 더 심층적 차원에서 분석한다면, 우리는 추상 문제에 관한 사고가 '다(多)'와 '일(一)'의 관계, 즉 현상과 본질의 관계문제에까지 미친다는 것을 알게 될 것이다. 일반적으로 추상은 항상 현상에서 보편(본질)을 뽑아내는 것이다. 추상적 관념의 발전은 바로 '다'(경험적 현상)에서 '일'(이성적 개념)로 이르는 것이다. 개념은 사물의 유(類)이고 보편과 법칙에 대한 주관적 지적이다. '다'에서 '일'로 가는 것이 바로 철학의 발단이다. 고대 그리스의 엘레아학파가 확인한 만물 배후의 제일 존재, 모든 변화 가운데 불변하는 존재와 같은 것이다. 이것이 바로 플라톤의 이데아(현상)론에서 중세기 일신론('절대 본질')으로, 나아가 헤겔의 절대정신에 이르는 한 걸음씩 심화하는 논리의 배치이기도 하다. 그러나 인류사회발전 과정이 자본주의 경제 과정에 진입하면서 과거에 관념적인 추상은 객관적 사회생활의 현실에서 직접 발생하기 시작했고 현실의 객관적 '추상'이 되었다. 마르크스는『정치경제학 비판 요강』을 저술하면서 자본주의 생산이 대규모 생산과정에서, 상품경제가 시장의 경쟁과 교환 속에서 '다'에서 '일'로 끊임없이 일종의 객관적·추상적 전환을 실현한다는 것을 비로소 발견했다. 먼저 공업을 기초로 하는 생산 일반(표준화와 획일화의 첫 출현)과 무차별 노동 일반(추상적 노동의 기초)이 나타나고 그다음 시장교환의 필연적 결과인 가치 일반이 온다. 가치(등가물) 교환(동일성, Identität)은 사회생활에서 인간의 진정한 '유'(노동)관계이며, 가치(교환가치를 통한 표현)의 출현은 인류사회가 총체성의 추상으로 나아가는 진정한 시작이다. 노동에서 가치와 화폐로, 그리고 다시 자본으로의 운동 과정에는 완결된 객관적 추상의 역사 논리가 존재하고 있다. 자본주의 생산양식이 있어야만 자본은 비로소 당대 사회적 존재의 '일반적 조명'이 된다. 과거 환상 속 신의 도시에서 출현했던 '하나라는 것'이 지금 공업의 역사 속에서 창조되었다. 그러나 이번은 절대정신의 세계 역사가 아니라 자본이 열어젖힌 참된 현실의 세계 역사다. 오늘날에는 '하나'는 세계를 정복한 달러, 유로화 같은 경화다. 바로 이것들을 통해 비로소 인류사회 현실의 진정한 동일성을 이룩했다. 아도르노는 나중에 바로 이런 동일성의 억압에 반대했지만 하이데거 등은 이 존재에 대해 충분한 주의를 기울이지 않았다. 자본주의 경제생활에 실제로 발생한 이런 객관적 추상이야말로 부르주아 고전경제학, 특히 리카도의 과학적 추상의 기초이며 헤겔의 사변철학과 마르크스의 1845~1847년 철학적 추상의 기초다.

마르크스는 부르주아 정치경제학 연구를 시작한 후 새로운 문제, 즉 자신의 이론적 추상과 리카도의 이론적 추상 간의 근본적 이질성을 반드시 구분해야 하는 문제를 인식했다. 마르크스는 리카도가 전체 경제학의 최고봉에 설 수 있었던 까닭은 리카도의 경제학 이론이 인류 사회역사 존재가 현실에서 도달한 최고 형식인 자본주의 대공업에 기초하기 때문이라는 것을 이해하기 시작했다. 사실 리카도의 추상과 기타 부르주아 경제학자들의 '형식적 추상' 또는 '임의의 추상' 사이에는 본질적인 차이가 있다. 마르크스가 리카도의 추상이 이미 과학적 추상이라고 확인한 까닭은 리카도가 페티와 스미스 이후 대공업이 이미 충분히 실현된 경제활동의 수많은 복잡한 현상 속에서 직접 본질을 찾아냈기 때문이다. 『런던 노트』 제8권에서 마르크스는 다음과 같이 서술했다.

비록 애덤 스미스와 세가 여전히 노동의 어떤 생산물을 (가치의) 조절자로 보았지만 리카도는 노동과 활동, 즉 생산 자체를, 다시 말해서 생산물이 아니라 생산, 즉 창조적 행위를 조절자로 보았다. 이로부터 나타난 것이 부르주아 생산의 시대다. 스미스에게 활동은 아직 해방되지 않았고 여전히 자유롭지 않았으며, 자연과 물질의 속박에서 벗어나지 못했다.[45]

마르크스는 또한 "리카도에게 사람들은 모든 곳에서 자신의 생산성과 결부되는 존재다. 애덤 스미스에게 사람들은 자신의 창조물을 숭배하고 어떤 특정한 사물, 자신의 활동 밖의 사물들을 이야기하는 존재다"[46]라고 지적했다. 마르크스의 이해에 따르면, 리카도를 통해 부르주아 정치경제학이 이룬 진보는 우선 수공업 생산에서 벗어날 수 없었던 대상화된 노동에서 기계제 대생산의 추상적 사회화 노동으로의 비약인 자본주의 생산발전의 결과다. 이것이 리카도의 과학적 추상과 과거 경제학자의 추상이론을 구별하는 기초다. 그러나 부르주아 이데올로기의 제약을 받아 리카도는 자본주의 생산양식 특유의 사물화된 사회구조를 영원불변의 자연 상태로 여겼다. 리카도의 추상은 현실 자본주의 경제 현상의 '다(多)' 가운데서의 '일(一)'이지만 여전히 허구적 영원성의 자연으로 물들어 있다. 마르크스가 새롭게 구축한 과학적 추상은 사회 경제 현상을 비판적으로 관찰한 후 현실의 역사성을 드러내는 생산관계의 본질을 꿰뚫어본다. 이때 마르크스는 리카도의 경제학적 추상을 인정했다. 그뿐만 아니라 더 중요한 것은 그가 이 추상을 과학적·역사적 추상으로 만들고 이 추상을 통해 처음부터 끝까지 철저하게 역사변증법의 비판 정신을 관철했다는 것이다.

바로 『정치경제학 비판 요강』에서 시작한 경제학 연구 중 마르크스는 자본주의 대공업이 제공한 이 '인체'에 발을 딛고 리카도가 멈춘 발자취를 이어 앞으로 나아갔다. 마르크스는 부르주아 경제학자들은 단지 물질의 규정성과 만질 수 있는 것만 알고 있을 뿐 사회관계가 물적·객관적 특성을 가지고 있을지라도 실체적 존재가 아니라는 것을 이해할 수 없다고 비판했다. 구유물론의 직관으로는 이러한 법칙을 파악할 방법이 없었다. 고전경제학의 사회유물론이 진보한 지점은 노동-가치라는 이 과학적 추상의 본질을 보았다는 데

45   『馬克思恩格斯全集』, 第44卷, 115 쪽.
46   같은 책, 115쪽.

있다. 그러나 그들 역시 역사적인 과학적 추상을 과학적으로 형성할 수 없었다. 마르크스는 경제학 연구를 하면서 이전의 낡은 철학이 동일시한 선형적·단형질적인 것들이 현실사회생활에서는 실제로 존재하지 않는다는 것을 발견했다. 특히 자본주의 대공업이 창조해낸 현대사회 경제생활에서는 모든 과거의 단순한 사회적 존재의 규정성이 복잡한 관계와 표현형식을 갖는다. 더이상 단순하게 존재하는 사람은 없다. 각종 경제관계와 정치관계에 개입된 사람만이 존재한다. 자연대상, 노동활동도 이와 같고, 민주, 자유, 박애도 당연히 이와 같다. 마르크스는 자본주의 경제왕국의 사회관계 자체는 실증의 대상이 아니라 객관적이고 '형이상'학적인 것이라고 인식했다. 부르주아 경제학은 고전학파를 빼고는 나중에 대부분 실증과학, 즉 형이하학적인 것이 되었다. 『정치경제학 비판 요강』의 경제학 연구에서 마르크스는 추상적 노동의 역사적 형성은 발달한 자본주의 상품생산에서 인간노동이 획득한 생산형태와 경제 형태의 객관적 특징일 수밖에 없다는 것을 발견했다. 즉, 추상적 노동의 역사적 형성은 근대 자본주의 생산과정에서 매일 진행되는 상황인 것이다. 분명 물질 대상 자체에 추상성은 없으며, 오직 인류의 역사적 실천만이 객관적 추상을 가능하게 한다. 이것은 또한 역사적·실천적 유물론의 관점이다. 예를 들면 가치는 하나의 '형이상'학적 개념이고 일종의 추상이다. 그것은 가치의 가설(postulate)이 아니며, 존재하지만 분명하게 직접 드러나지 않는다. 가치는 이미 만들어져 있는 것이 아니다. 이것은 단지 단순한 노동교환관계로 나타나는 듯 보이지만 역사적으로 보면 가치에서 가치형태를 통해 다시 화폐(가격)로 가는 하나의 역사적 형성 과정이 존재한다. 현실 자본주의 경제 과정에서 가치는 가장 심각한 각종 대립을 매개한다. 예를 들면, 자유경쟁은 가치의 존재와 발전의 최초 형태이며 현대로 올수록 가치의 전환 관계는 더욱 복잡해져서 현대 금융시스템에서는 이미 가치의 참모습을 전혀 찾아볼 수 없다. 우리는 이 실체화, 사물화(Versachlichung)된 가치가 사물을 지배하는 특수한 물(物)이 된다는 것과 이것이 협의의 역사유물론이 말하는 가장 심오한 사회적 실체라는 것을 발견할 것이다. 이것은 가장 오해하기 쉬운 마르크스의 철학적 측면이다. 가치 실체(상품, 자본)는 참된 사물(Sache)이지만 역사유물론에서 가장 이해하기 어려운 물(物)이다. 왜냐하면 이 물은 이중성이라는 역설을 갖고 있기 때문이다. 물(物)은 사용가치를 갖는 효용이 존재하지만 자본주의 경제관계의 본질은 아니다. 그 본질은 인류의 일반적·추상적·사회적 노동, 즉 가치다. 그러나 가치 자체는 시장경쟁과 교환 중에는 자신의 직접적인 형태로 표현되지 못하고 반드시 교환의 등가물이라는 사물화된 형식, 즉 화폐가격으로 실현된다. 이것은 실체적인 물이 아니라 일종의 사물화된 관계 또는 전도된 관계성의 사물이라고 말할 수 있다.

여기에서 우리는 다시 한 번 히로마쓰 와타루가 1960년대에 일으킨 논쟁, 즉 마르크스 텍스트 중 물상화 이론의 문제로 되돌아갈 필요가 있다. 그는 마르크스 말년의 경제학 텍스트 중 두 개의 서로 비슷한 비판적 개념, 즉 Versachlichung과 Verdinglichung에 대해 Verdinglichung은 전통적 이해 속의 물화(物化) 개념으로 정착시키고 Versachlichung은 새로운 사고의 맥락에서 물상화(物象化)로 번역했다.[47] 그의 이 번역은 일본 마르크스 연구계에 거대한 영향을 끼쳤고 사람들은 별다른 생각 없이 Versachlichung을 일본어로 번역한 한자인 '物象化'를 받아들였다. 그러나 나는 히로마쓰 와타루의 철학을 연구하면서 그가 후설과 하이데거 현상학의 개념적 틀로부터 많은 영향을 받았음을 발견했다. 후설은 '사물 자체로 향한다(sich nach den Sachen selbst richten)'와 '사물 자체로 돌아간다(auf die Sachen selbst zurükgehen)'라는 명제를 제시한 바 있다. 여기서 사물(Sache)이란 마르크스가 말한 구유물론과 가

---

47   사실 마르크스의 책에서 이 두 개념의 사용 빈도는 매우 낮다. 나의 불완전한 문헌 수치 통계에 따르면 Verdinglichung은 『정치경제학 비판 요강』에서 전혀 사용되지 않았고 Versachlichung은 6회 사용되었다. 이 시기 마르크스의 다른 주요 텍스트를 보면 『1861~1863년 경제학 수고』와 『자본론』 1~2권에서 Verdinglichung은 전혀 쓰이지 않았고 『자본론』 3권에서 비로소 2회 나타난다(Marx, *Das Kapital*, Bd. III, MEW, Band 25, S.838, S.888). Versachlichung은 『자본론』 3권에서 3회 나타난다(Marx, *Das Kapital*, Bd. III, MEW, Band 25, S.406, S.838, S.839).

상 속의 외부의 물(物, Ding)에 구분되는, 인간과 관련된 **사물**이고 아울러 후설에게 진정한 사상이란 곧 진정한 현상이다. 나중에 비트겐슈타인은 Sache를 변형해 Tatsache(사태), Sachlage(논리적으로 가능한 사태), Sachverhalt(기본적으로 논리적으로 가능한 사태) 등의 단어를 만들어냈다. 이로부터 히로마쓰 와타루는 마르크스의 Versachlichung을 '물상화'로 의역했다.

첫째, 내가 보기에 히로마쓰 와타루의 번역법과 그의 현상학상의 전체 이론체계는 논리적으로 일치한다. 1845년 시점에 마르크스가 소외론에서 물상화론으로 전환한 것은 마르크스의 관계 실체론에서의 비판적 사고에 대한 히로마쓰 와타루의 논리와는 통일될 수 있다. 그러나 다른 일본학자들까지 일반적 맥락에서 마르크스를 '물상화'로 독해하는 것은 이상한 일이며 옳지도 않다.

둘째, 물론 히로마쓰 와타루가 Versachlichung을 자신의 이해 맥락에서 '물상화'로 의역한 것은 일리가 있지만, 마르크스 사고의 출발점이라는 맥락에서 보면 이러한 의역은 편향된 것이다. 히로마쓰 와타루에게서 경제적 물신숭배의 전제는 "사람과 사람의 사회관계가 **마치** 물(物)과 물(物)의 관계와 **같고** 나아가 **마치** 물과 같은 성질을 갖는다는, 전도된 시각"이다(이 인용문에서 강조 부분은 내가 표시한 것이다. 히로마쓰 와타루가 이해한 '마치 ~같다'의 의미를 두드러지게 나타내고자 한 의도다).[48] 따라서 물신숭배의 전제는 물의 성질(물성)과 흡사한 허구적 형상이 드러난다는 것이다. 이리하여 그는 비로소 Versachlichung이 **물상적** 관점이라고 여겼다. 내가 보기에 마르크스의 경제적 물신숭배의 전제는 바로 사람과 사람 간의 연결이 객관적 사물(Sache)과 사물(Sache) 간의 매개적 관계에 의해 객관적으로 대체된다는 것이다. 비록 이것이 확실히 주객 이원구조 중의 '주체적인 것이 직접 물적 존재가 되는' 것은 아니지만 절대로 주관적 관점과 가상일 뿐은 아니다. 그래서 나는 마르

---

48   廣松涉, 『唯物史觀的原像』, 鄧習議 譯(南京大學校出版社, 2008), 38쪽.

크스의 Versachlichung을 '사물화'로 직역하는 것이 훨씬 더 마르크스의 사고 맥락에 가깝다고 생각한다.

이 지점에서 직접적인 경험묘사는 쓸모가 없다. 묘사는 현상적 표층에만 도달하기 때문에 현상의 배후, 즉 물상 배후의 전도된 인간의 본질('類') 관계는 꿰뚫어 볼 수 없다. 이런 관계는 매개적 과학적 추상을 통해서만 파악할 수 있다.[49] 또 다른 예로 자본 일반과 현실의 자본 문제를 보자. 자본 일반은 추상적 '일'이고 현실의 자본은 구체적 '다'다. 전자는 불변적 본질이고 후자는 경쟁 중의 변화이자 이를 표현하는 것이다. 전자는 '참된 것', 후자는 전도된 것이다(나중에『자본론』에서 마르크스는 '자본 일반'이라는 이 한정된 개념을 포기했다).

그러므로 어떤 의미에서 마르크스는 모든 비역사적 추상성을 단호히 반대했다. 이로 인해 마르크스의 추상은 헤겔의(플라톤 이후의) 관념적 '일', 포이어바흐의 인류 본질의 '일'이 아니며, 고전경제학의 가치라는 '일'도 아니다. 마르크스의 '일'은 이 모든 '일'의 역사성의 형성, 역사성의 발전, 역사적 권력통치와 역사적 소멸이다. 마르크스는 자신의 정치경제학에서 잉여가치론을 통해 일거에 이 문제를 해결했다. 현재 서유럽사회의 포스트모더니즘 사조 역시 이 '일'을 비판한다. 그러나 그들은 자본주의 공업경제의 주도성을 무시했기 때문에 반동적이다. 왜냐하면 오늘날 세계 동일성의 기초는 자본의 국제화이기 때문이다. 이 점에서 제임슨의 분석은 정확했다.[50] 사실『독일 이데올로기』의 '세계 역사'에 대한 연구를 빌려 말하자면, 잉여가치 − 자본이 세계성(에테르적 '하나')을 분명히 한 후에야 비로소 '하나'의 철학적 본질을 이해할 수 있다. 그러나 마르크스는 당시 에테르적 '하나'로 세계에 대해 말하는 것이 서

---

49 청년 루카치는 부르주아의 '직접적 방법'과 구별해 이를 '매개의 방법'이라고 표현했다. 이 문제와 관련한 그의 논술은 일리가 있다. 그러나 루카치가 '매개성'을 마르크스의 과학적 비판학설의 본질이라고 여겼다는 것은 정확한 사실이 아니다. 盧卡奇,『歷史与階級意識』, 236~237쪽.

50 詹明信,『晚期資本主義的文化邏輯』, 張旭東譯(三聯書店, 1997), 17쪽.

유럽 중심적 식민주의라는 것에 주의하지 못했다. 이후의 역사과정은 자본의 세계 침투를 막을 수 없다는 마르크스의 이런 인식이 멀리 내다본 탁견이었음을 증명한다. 이것 역시 오늘날 소위 말하는 '지구화'의 진정한 의미다. 우리는 이 문제를 나중에 토론할 것이다.

3) 과학적 비판의 역사현상학

나는 마르크스가 1850년대 이후 특히 『정치경제학 비판 요강』에서 실현한 경제학 혁명이 바로 역사유물론적 철학 혁명을 내재적 동력으로 삼았다고 생각한다. 만약 역사변증법과 프롤레타리아 해방의 내적 담론이 없었다면 마르크스는 결코 과학적 비판의 목적을 이루지 못했을 것이다. 나는 과학적 세계관의 변혁을 이룬 마르크스가 처음부터 끝까지 인류 주체의 생존과 발전상황에 주목했고 인류의 해방과 전면적인 자유의 발전은 그가 추구한 공산주의의 최종 목표였다는 점을 이미 설명했다. 역사유물론이 생산력과 생산관계를 연구하고 정치경제학이 경제관계 자체를 연구하는 것은 목적이 아니고, 외부의 사회법칙을 단순히 방관자적이고 객관적으로 반영하기 위해서도 아니다. 마르크스의 과학적 이론은 먼저 인류사회 역사발전의 법칙과 영원한 진보를 설명하기 위한 것이다. 자본주의 생산양식은 과거 모든 생산양식보다 진보했다. 그러나 바로 이 생산양식의 객관적 운행의 내부 모순 속에서 마르크스는 또한 프롤레타리아혁명의 객관적 필연성을 확인하려고 시도했다. 이 점을 잊어서는 안 된다. 이것은 마르크스 철학과 경제학이 갖는 비판성의 근원이다. 부르주아 정치경제학자(고전경제학자를 포함해서)의 사회적 유물론은 사실 부르주아 특유의 물신숭배 이데올로기를 제거할 수 없다. 따라서 그들은 자본주의 사회 경제생활의 현상과 본질이 모순된다는 것을 자각적으로 의식할 수 없다. 사회관계가 사물의 관계로 전도됨으로 인해 경제 과정은 주로 전도된 표상으로 나타나고 사회구조 역시 진정한 역사발전 질서와는 상반되는 논리로 나타난다. 이것은 인간주의가 '해야' 한다고 가정하는 주체적 가치 상정의 전도와 소외가 아니라 직접적인 사회역사 자체의 본질적 구조의 객관적 전도다. 정치경제학에서 부르주아 경제학자가 정상이라고 여기는 객관적 사물과 경제관계 현상이 마르크스의 눈에는 도리어 비정상적이고, 소외되고 전도된 것이었다. 마르크스는 예리한 통찰력으로 현란한 외피를 두른 카멜레온 같은 허상이 숨을 곳을 허락하지 않았다. 이런 인식의 형성에는 당연히 복잡한 물음의 과정이 존재한다. 이것은 직접 경험 위에 이념이 구성되는 것은 아니었다. 해리스 파인(Harris-Fain) 등의 표현에 따르면, 마르크스는 이미 이념이 "표상 배후의 현상(또는 이런 현상의 관념)은 단순하게 그곳에서 발견되기를 기다리는 것이 아니"[51]라는 것을 이해하고 있었다. 바로 이 점에서 마르크스는 헤겔의 『정신현상학』이 지닌 비판적 논리의 심오함을 새롭게 깨달았다.

우리가 앞에서 얘기했던, 인류의 사회역사의 진보과정에서 출현한 자본주의 가치를 체현한 경화는 진정한 비관념적 '일'이며, 플라톤의 이데아나 관념적 신성을 진정 역사적으로 실현한 것이다. 반면 헤겔의 절대정신의 기저는 바로 이 자본(가치 실체)의 '일'이다. 자본주의 생산 중 인류사회는 처음으로 전면적이고 풍부한 노동관계 시스템을 만들어냈고 인간의 '유(類)적 본질'은 가치교환의 지역적 제약을 타파하는 보편성 속에서 비로소 진정한 교통의 전면성으로서 출현했다. 그러나 이런 인류 주체의 본질 관계는 자신의 형식으로 직접 표현되는 것이 아니라 사물화된 경제형식으로 표현된다. 즉, 각각의 주체(개체)가 소원한 관계가 된다는 사물화된 형식으로 실현된다. 사실 헤겔은 이 본질이 물적 모습으로 '침윤한다'는 필연성을 통찰했다. 따라서 외화는 필연적으로 소외다. 『1844년 수고』에서 청년 마르크스는 분명히 이 점을 알지 못했다. 우리는 헤겔의 절대정신이 인간의 유적 본질의 추상이고, 절대정신의 역사 형성 과정 중 필연적으로 출현한 전도된 세계가 바로 자본주의 사

---

51   法因·哈里斯, 『重讀'資本論'』, 魏塡·張彤玉等譯(山東人民出版社, 1993), 6쪽.

회관계의 완전한 전도를 은유한 것이며 자본주의 사회관계의 참된 묘사라고 얘기했다. 헤겔은 고전경제학, 특히 리카도의 진실한 함의를 읽어냈다. 그는 자본주의 운동에서만 자연계가 비로소 대상이 된다는 것을 발견했다. 하이데거는 나중에 이 점을 복권했다. 이것은 중요한 이론적 고지다(마르크스의 '인체'의 비유). 사물화의 마귀가 신 자체가 되고 인간은 사물화를 통해 비로소 고통스럽게 자신을 발전시킨다. 이것은 전도된 역사다. 사실 이것은 우선 관념이 전도된 것이 아니라 자본주의 경제 과정에서 현실 역사 자체가 객관적으로 전도된 것이다. 하지만 포이어바흐는 이 점을 보지 못했을 뿐만 아니라 1845년 이전의 마르크스도 똑같이 이를 이해하지 못했다. 앞에서 언급한 대로 1845~1847년의 철학 혁명에서 마르크스는 역사유물론 일반의 건축을 완성했으며, 다른 한편으로는 일반 경제발전의 각도에서 출발해 분업을 시작으로 자본주의 생산과정의 각종 객관적 모순을 비판적으로 보여줬다. 그러나 역사유물론의 객체 층위로 나아가던 중 마르크스는 **현상학** 비판을 포기했다. 이리하여 자본주의 경제생활 특유의 사물화 전도, 사회현상과 본질 간의 불일치성은 실증연구에서 알게 모르게 약화되었다. 이런 상황은『철학의 빈곤』때까지 계속되었다.『철학의 빈곤』은 철학과 경제학의 분기점이다.

마르크스는『정치경제학 비판 요강』에서 구체적인 경제학 이론과 논리를 구축하는 과정에서 리카도와 헤겔의 관계를 더 깊이 이해했다. 우리는『1844년 수고』에서 마르크스가 헤겔과 스미스, 리카도를 동시에 비판한 것을 기억한다. 그때 그는 인간주의적 사회현상학을 빌려 주체의 차원에서 출발해 인간주의로 부르주아 정치경제학이 긍정한 현상의 추악한 가면을 한 층 한 층 벗겨냄으로써 인간적 노동의 유적 본질의 회복을 시도했다. 1845년 이후 마르크스는 역사유물론 과학을 건립했으며, 인간주의적 소외사관을 내버려두는 동시에 현상학 비판도 내버려두었다. 그의 주요 관심은 자본주의 역사발전에 내재하는 객관적 모순에 집중되어 있었고 이런 사회역사법칙의 표현형식과 현실의 **구상**(具象)은 주된 관심사가 아니었다. 따라서 사물화('소외')와 전도된 경제 현상은 광의의 역사유물론의 객체 차원의 주제가 아니다. 1847년 이후, 특히 1850년대의 세 번째 경제학 연구과정에서 마르크스는 자본주의 생산양식의 구체적 표상에 관한 방대한 연구를 수행하면서 다시 한 번 주체 (노동)에서 출발하고 다시 한 번 경제관계의 사물화와 전도의 문제를 주목하기 시작했다. 마르크스는 다시 경제학 연구를 하면서 자본주의 생산관계는 노동에서 가치로, 다시 화폐로, 그리고 자본으로의 진행과정이라는 것을 또 한 번 발견했다. 이는 노동과 노동의 성과 자체의 사물화와 제2차의 전도, 즉 '소외의 소외'를 뜻한다. 여기 주체에서 출발해 확인한 전도와 사물화의 발생은 더 이상 인간주의적 유적 본질의 '해야 하는' 것에 대응하는 것이 아니다. 이것은 '과거'(봉건사회 및 이전의 경제관계)와 '미래'(공산주의라는 인류의 이상적 생존의 객관적인 현실적 가능성)에 대응하는 것이다. 전자본주의의 '과거'에 대해 이런 사물화는 일종의 객관적 진보이며 또한 인간의 진보다. '미래'에 대해 이런 사물화는 노예화이며 대항해야 할 역사형태다. 마르크스는 '과거'와 '미래' 각각에 대해 사물화의 의의가 다르다는 점을 지적했는데, 이는 바로 마르크스의 이 시기의 역사 논리와 과거 인간주의적 소외사관의 중요한 차이다.

구체적으로 말하면, 『정치경제학 비판 요강』에서 마르크스는 경제학을 이용해 철학적 의의를 지닌 다음과 같은 중요한 문제들을 분명히 했다. 첫째, 사람들이 쉽게 관찰할 수 있는 상품의 사용가치, 자연적 특성, 그리고 물적 특성의 규정성은 일종의 물질적 전제다. 자본주의 운행에서 이런 객관적 존재들은 부차적인 것이 된다. 이것들은 존재하지 않는 것이 아니라 사회 경제관계의 어떤 부속물이 되는 것이다. 이것은 사회생활 속에서 만지고 볼 수 있는 것들로, 헤겔이 말한 그다지 중요하지 않은 물상에 해당한다. 둘째, 마르크스는 상품과 화폐가 은폐한 사회관계와 경제 형태에 주목했다. 이는 자본주의 생산양식의 특수한 산물로서, 사람과 사람 사이의 노동교환이 전도되어 사물과 사물의 관계로 표현된다. 이런 사물화 관계는 사실 진실한 사회관계를 은폐하는 허상이 되었다. 헤겔은 이런 종류의 사물화된 관계는 관념(본질과 법칙)

이 자연 물질 속에 응고된 것이라고 생각했으며, 나중에는 노동의 외화 중의 소외에 해당한다고 생각했다. 셋째, 마르크스는 노동의 이중성을 발견하고 또한 처음으로 이 이론을 통해 자본주의 경제관계가 전도된 원인을 밝혔다. 자본주의 분업의 기초 위에서는 노동(개인)이 더는 직접적 사회성을 갖지 않는다. 단지 교환을 통해서만 일반 생산요소로 확정될 수 있다. 시장에서 이런 공통된 노동(추상적 노동)은 비로소 가치 실체를 구성하고 특수한 사회관계를 형성한다. 노동은 모든 노동생산물로 하여금 같은 질을 갖도록 한다(상품의 질은 직접 비교될 수 없다). 가치 실체는 특수노동이 아니라 필연적으로 사회적 일반 노동이다. 사용가치(자연적 차이)와 가치(경제적 등가)의 모순은 반드시 상품과 화폐의 직접적 대립을 발생시킨다. 이로 인해 가치관계는 독립적인 상품의 자연적 존재와 병존하는 순경제적 존재, 즉 화폐(일반등가물)를 획득한다. 화폐는 실제로 상품생산자 상호 간의 전적인 의존성, 즉 사물적 의존성의 근원을 형성한다. 넷째, 현실의 경제구조는 역사 발생학적 의미의 사회역사 구조를 직접 전도시켰다. 사회관계의 역사적 순서는 "오히려 근대 부르주아 사회에서의 그들의 상호관계에 의해 결정된다. 이런 관계는 그들의 자연적 서열로 나타나거나 또는 역사발전에 부합하는 순서와 완전히 정반대로 나타난다".[52]

그러므로 경제운행 과정에서 사물화된 사회관계는 역사적으로 결정적인 제약으로 작용하며 또한 인류의 물질적 실천이 경제활동 중 자신 의지에 따라 좌우되지 않는 일종의 새로운 외부적 힘을 창조해낸다. 인간은 자신의 경제적 창조물과 도구의 노예가 된다. 처음엔 매개물이었던 것이 지금은 주체가 되었다. 사물의 본질은 비본질이 되고 사물의 현상은 도리어 전도되어 본질이 되었다. 화폐가 이자를 낳고 자본이 이윤을 획득할 때 부르주아 이데올로기의 허상은 새로운 신화가 된다. 그래서 경제(상품, 화폐로서의 자본) 물신숭

52   『馬克思恩格斯全集』, 第46卷, 上冊(1979), 45쪽.

배(Fetischismus)가 출현하고 자신도 모르는 사이에 사람들이 비판적으로 직시할 수 없는 물샐 틈 없는 상식이 되어버렸다! Fetischismus라는 단어는 이 텍스트에서 한 번 사용되었다.[53] 모든 부르주아 이데올로기는 바로 이 환상으로 가득 채워진 신화 위에 세워진 것이다. 이후 베버의 가치중립성과 전복은 이 점에서 마르크스의 이론 구축과 직접적인 관련이 있다. 베버는 바로 생산과 기술구조에서, 즉 사물화의 첫째 차원에서 출발했지만, 마르크스가 더 심층적 차원에서 사물화와 전도된 사회관계를 의식적으로 제거하려 했다. 사회관계로부터 벗어나 다시 물상으로 돌아온 이것은 바로 새로운 형태의 이데올로기 형성 과정이다. 베버의 사고방식은 기술 현상 경험론이기 때문에, 이후 반드시 기예, 도구이성, 과학기술 이데올로기를 초래한다.

가상과 신화의 공모가 밝혀진 후 이 사실은 마르크스에게 사람들이 자본주의 경제현상 속의 자본, 화폐, 가치, 상품 등 경제 현상을 직접 대면할 때, 그러한 현상이 전도되고 왜곡된 사회현상이기 때문에 개인과 일반 사람의 경험적 상식적 시각으로는 경제 현상의 본질을 꿰뚫어 볼 수 없다고 확신하도록 했다. 자본주의 사회에서 사물들의 관계는 "항상 전도되고 머리와 다리가 거꾸로 달린 것으로 나타난다".[54] 다시 말해 설사 '노동 일반'을 추상해낼 수 있다 하더라도 경제 현상의 현실 존재 형식은 사물화되고 다중적으로 전도된다. 설사 '자본 일반'을 파악할 수 있다 하더라도 시장과 경쟁을 통해 모든 규정은 자본일반 속에서 경제 현상의 상황과 비교해볼 때 모두 전도되어 나타난다. 그러나 부르주아 정치경제학(그 사회유물론을 포함해서)은 오히려 바로 이런 가상을 전체 이론의 긍정적 전제로 삼는다. 분명 마르크스가 당시 관심을 둔 문제는 더는 광의의 역사유물론 원칙이 아니라 협의의 역사유물론의 관점으로 이 전도된 가상을 분석하는 것이었다. 즉, 이 현상과 가상을 어떻게

---

53   Karl Marx, *Grundrisse*, S.567.
54   『馬克思恩格斯全集』, 第26卷(II)(1973), 241쪽.

한 겹 한 겹 벗겨내 참된 존재의 본질과 법칙에 도달하는가에 있었다. 이것은 자본주의 경제의 현실적 자연성에서 객관적으로 발생하는 다중적 전도와 복잡성으로 인해 비직관적이고 비현성적(非現成的)이며 비판적인 현상학이 필요하기 때문이다. 즉, 이데올로기를 제거하고 경제현실이 지닌 본질적 관계의 본모습을 발굴하는 것이 필요하다. 이것이 마르크스의 역사현상학의 기본 내용이다. 이 부분에서 청년 루카치가 마르크스의 비판적 방법을 단지 '매개적 방법'이라고만 파악한 것은 충분히 정확하지 않다. 역사현상학은 헤겔 정신현상학이 다루는 주관적 현상세계가 아니며 또한 포이어바흐, 헤스와 청년 마르크스 자신이 처음 현실 경제 현상을 부정하는 데 사용했던 인간주의적 사회현상학도 아니다. 왜냐하면 이때 마르크스가 수립한 역사현상학의 비판적 대상은 사회관계의 객관적 전도이기 때문이다. 이런 전도의 제거는 결코 관념 속에서 실현할 수 없고 물질적 변혁을 거쳐서만 완성할 수 있다. 과학적 사회역사현상학은 자본주의 경제현상 중의 이런 전도가 어떻게 역사적으로 형성되었는지 설명한다. 그것은 자본주의 생산양식 중 객관적으로 전도된 사회관계를 폭로하고 최종적으로 자본주의 경제착취의 비밀을 밝히려는 것이다. 이 점에서 모리스 고들리에(Maurice Godelier)의 묘사는 정확하다. "마르크스가 위대한 까닭은 바로 그가 상품, 화폐, 자본 등의 분석을 통해 자본주의 생산양식 중 전도된 형식으로 사람들의 일상생활에 또는 관념상에 나타나는 각종 사실을 '올바르게 재현했고' 사회관계가 가진 환상을 설명한 데 있다."[55] 또는 청년 루카치의 용어로 말하자면, 마르크스는 역사변증법으로 "이렇게 만들어진 사회의 허상을 꿰뚫어 우리에게 허상 아래의 본질을 보게 했다".[56]

구체적으로 말하면, 마르크스는 자본주의 경제 과정 안의 복잡한 사물, 물상, 외재적 관계, 전도된 관계, 사물화된 관계 및 비지배적 관계(남아 있는 봉건

---

55 戈德利爾, 『境界, 人類學中的馬克思主義的歷程』(巴黎, 1972). 栗本愼一郎, 『經濟人類學』, 王名等譯 (商務印書館, 1997), 23쪽 재인용.

56 盧卡奇, 『歷史与階級意識』, 53쪽.

적 관계)를 다룰 때, 과학적인 역사적 추상에서 원래의 관계(단순한 관계)를 찾아내고 다시 차츰차츰 현재의 진정한 복잡한 관계와 전도된 사회구조를 재현해야 했다. 이는 직관과 추상의 반영이 아니라 일종의 재구성 반영이다. 여기에서 마르크스는 점차 사회관계 중 전도로 인해 생겨난 미혹의 장애를 제거해 선사시대 사회공동체의 단순한 사회관계를 얻어야 했고, 이런 추상적 관계로부터 차츰차츰 전도된 각종 복잡한 경제의 구체적 양상으로 복귀해야 했다. 더 중요한 것은, 마르크스는 자본주의 사회에서 이런 관계의 전도가 갖는 객관적의의, 즉 객체차원과 주체차원의 두 가지 종류가 다른 가치의 동일화를 더 깊게 파헤쳐 드러낼 필요가 있었다. 즉, 인간노동 - 교환관계 - 가치실체화 - 가치형식 - 화폐 - 자본 - 신용으로 이어지는 가치의 동일화다. 마르크스의 자본에 대한 비판은 사실 전도된 인간 본질에 대한 과학적 묘사와 비판이다. 따라서 자본은 물질이 아니라 인간의 전도된 사회관계다. 바로 상품과 시장경제가 있기 때문에 비로소 인간 자신이 창조한 경제 세계가 있는 것이고 교환가치가 있기 때문에 인간은 비로소 인류사회 생존의 고급단계에 다다를 수있었다. 자본의 논리는 시공간 안에 펼쳐진 인간의 세계 역사다. 그러나 이것은 전도된 인류 역사다. 왜냐하면 인간의 발전은 물적 발전의 형식을 취하기 때문이다. 즉, 자본의 세계 역사다. 바로 이런 의미에서 오늘날 중국은 비로소 진정으로 인간의 현실 발전을 기반으로 하는 세계 역사를 시작했고, 비로소 세계적 인류 생존이라는 장, 즉 유통성이라는 장을 갖추었다. 이것이 바로 인간의 역사발전이고 '유(類)'의 실현이다. 이런 특정 맥락에서 마르크스의 역사현상학은 바로 그의 정치경제학 혁명에 내재한 논리의 전제다. 왜냐하면 자본에 의해 지배된 생활 관계의 확인에 근거해서만 비로소 마르크스 경제학연구의 대상과 과학사회주의의 혁명대상을 구축할 수 있기 때문이다. 이 점은 과거 우리의 전통적 연구에서 진지하게 주의한 적이 없는 측면이다. 이 주제와 관련된 연구에서 나는 헬미히(Hellmich)의 저서『전도된 세계는 마르크스 저작의 기본사상』,[57] 만프레트 밀러(Manfred Müller)가 사회역사에서 '자연의 질서'와 현실 질서의 전도라는 '가상의 수수께끼'를 지적했던 것,[58] 코지크가 『구체의 변증법』에서 '조작된 가상세계'를 비판했지만 초기 하이데거식의 인간주의적 논리에 집착했던 것[59] 등에 유의했다.

나는 『정치경제학 비판 요강』을 마르크스가 자본주의를 비판한 역사현상학이라고 생각한다. 마르크스는 여기서 한 층 한 층 현상의 위장을 벗겨내 본질을 드러냈다. 『정치경제학 비판 요강』은 마르크스의 경제철학 연구의 진정한 사상 실험실이고 일부 중요한 이론문제가 모두 여기에서 해결되었다. 1860년대 마르크스의 경제학 수고의 특징이 여기에 드러나 있으며, 그는 이미 진정한 의미에서 경제학 연구의 길을 향해 나아가고 있었다. 『자본론』은 마르크스 경제이론의 '논리학'이 확립되었음을 의미한다. 비록 용어는 변하지 않았지만 표현형식은 변했다. 그러나 마르크스가 협의의 역사유물론과 역사인식론의 기초 위에 세운 역사현상학은 처음부터 끝까지 그의 경제과학의 창조적 사상 실험과 함께 발전했기 때문에 그는 경제학 용어와는 별도의 순수철학 용어로 역사현상학을 직접 표현하지는 않았다. 이것이 바로 우리가 경제학 연구의 심층에 깔려 있는 이론적 담론을 추출할 수 없게 된 원인이 되었다. 특히 우리가 마르크스주의 내부의 다양한 학문 분야 간 경계를 부당하게 높일 때 이론적 독해에서 오류가 야기된다.

3. '추상에서 구체로'의 방법과 역사유물론

『정치경제학 비판 요강』「서설」(이하 「서설」)은 매우 중요한 텍스트다. 이

---

57   赫爾米希, 『"顚倒的世界"是馬克思著作的基本思想』(法蘭克福, 1980).
58   繆勒, 『通往'資本論'的道路』, 錢學敏等譯(山東人民出版社, 1992), 20쪽.
59   科西克, 『其体的辯証法』, 傅小平譯(社會科學文獻出版社, 1989). 카렐 코지크(Karel Kosik, 1926~2003), 체코슬로바키아의 저명한 철학자이자 '체코 존재인류학파'의 창시자다.

「서설」은 과거 경제학자들의 눈에 비친 것같이 단지 마르크스가 정치경제학의 일반원칙을 토론한 것은 아니다. 사실 그것은 우선 역사유물론을 경제연구 과정에 내화하는 사상 실험이다. 마르크스는 여기서 주로 일반경제학의 출발점을 어떻게 확정할지, 과학적으로 경제현상을 어떻게 분석할지, 이런 연구의 역사적 준거 틀을 어떻게 정립할지를 연구했다. 이 텍스트에서 마르크스는 생산, 개인, 생산의 총체성 및 생산의 기초적 지위와 정치경제학의 방법 문제를 차례로 토론했다. 텍스트 마지막에는 저작의 편별 구성에 대한 간략한 설명이 포함되어 있다. 내가 보기에 이것은 『자본론』의 서문이 아니라, 더 거대한 미완성의 정치경제학 이론체계의 구상을 탐색하기 위한 도입부이며, 이후의 『자본론』은 그 주요 부분일 뿐이다. 또한 이 텍스트에는 절대적으로 확정된 것이 전혀 존재하지 않으며 대부분의 논점은 모두 가변적인 토론의 여지를 남겨두고 있다. 그러나 협의의 경제학 범주에서 벗어나면 우리는 더 없이 뛰어난 많은 풍경을 확실히 볼 수 있다.

1) 경제학 연구에 투사된 역사유물론

「서설」은 생산 일반(Produktion im allgemeinen)에서 출발해 이 책의 전체 토론을 전개한다. 이런 선택을 한 이유는 무엇일까? 내가 보기에 「서설」은 마르크스의 일반 철학방법, 즉 역사유물론에서 경제학으로 넘어가는 일종의 과도적 이론일 뿐이다. 왜냐하면 『독일 이데올로기』에서 인류사회의 역사적 생존은 물질적 생산에 의해 규정되는 것으로 되어 있고 「서설」의 첫 문장도 "여기에서 대상(Gegenstand)은 먼저 물질적 생산(materielle Produktion)이다"[60] 라고 되어 있기 때문이다. 우리는 이 물질적 생산이 광의의 역사유물론의 출발점이고 또한 역사유물론의 기초로서 광의의 정치경제학의 출발점이라는

---

60   『馬克思恩格斯全集』, 第46卷, 上卷(1993), 18쪽.

사실을 알고 있다. 이후 마르크스의 『자본론』은 협의의 정치경제학, 즉 자본주의 비판의 정치경제학으로, 자본주의 특유의 생산관계에서 출발한다. 이상이 첫째 측면이다. 둘째 측면은 우리가 앞에서 이미 설명했다. 부르주아 고전경제학은 바로 물질적 생산에서 출발하기 때문에 생산과정 중 표면적으로 대등한 세 가지 투입(노동, 자본, 토지)은 대응하는 세 가지 산출(임금, 이윤, 지대)을 형성한다. 또한 부르주아 정치경제학의 연구대상은 전체 물질적 생산과정의 네 개 부분, 즉 생산(Produktion), 소비(Konsumtion), 분배(Distribution), 교환/유통(Austausch/Zirkulation)에서 출발한다. 마르크스의 말을 빌면, "첫머리에 일반적 부분, 즉 「생산」으로 제목을 붙인 그 부분(존 스튜어트 밀 참고)을 배치하는 것은 경제학의 유행이며, 여기에서는 모든 생산의 일반조건을 논술했다".[61] 그러나 마르크스가 이렇게 생산에서 출발한다는 경제학의 논리를 단순하게 긍정했다고 여겨서는 결코 안 된다. 내 생각에 마르크스는 부르주아 정치경제학에 역사과학적 사고를 진행한 후 객체 차원, 즉 인간과 자연 간의 관계인 생산에서 시작해 경제현상을 다루는 사유경로를 취하지 않았다. 마르크스가 정립한 협의의 정치경제학의 주요 대상은 사람과 사람 간의 경제관계라는 주체 차원이었다(이 대상은 나중에 확정되었다). 이것은 역사유물론의 전체 논리 중 사회역사를 연구하는 출발점과 직접 맞물리지 않는다. 우리는 이 점을 주의해야 한다. 내가 발견한 것은 마르크스 자신이 구축한 정치경제학 측면에서 볼 때 「서설」의 시작 부분의 논리는 바로 역사유물론의 원칙으로, 부르주아 정치경제학의 이론 설정을 부정하는 실험적인 사유경로의 탐색이라는 것이었다.

첫째, 마르크스는 처음부터 부르주아 정치경제학의 주체로서 독립적 개인(스미스와 리카도가 즐겨 말하는 고립된 사냥꾼과 어부)이라는 허상을 부정했다. 마르크스는 생산은 반드시 현실의 개인에게서 출발한다고 말한다. "사회에

---

61 같은 책, 23쪽.

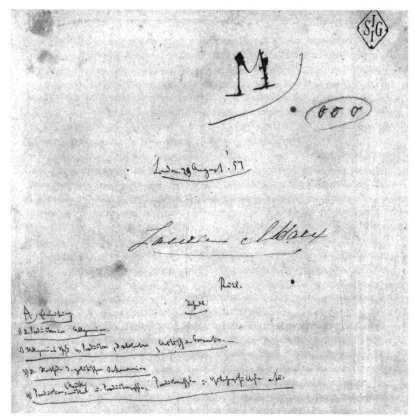

『정치경제학 비판 요강』「서설」의 한 쪽

서 생산하는 개인이, 따라서 이들 개인의 사회적으로 규정된 생산이 당연히 출발점이다."[62] 이것은『독일 이데올로기』제1장 제4수고에서 설명한 문제다.『런던 노트』의 사유를 거쳐 마르크스는 이미 독립적 개인은 단지 하나의 역사적 결과일 뿐 전제가 아니라는 더 심층적인 지적을 할 수 있었다. 이것은 '인간은 최근의 발명품이다'라는 20세기 푸코의 포스트모더니즘 선언을 생각

---

62   같은 책, 18쪽.

나게 한다. 마르크스가 보기에 스미스와 리카도의 추상적 개인은 단지 일종의 '미학적 허상(Schein)'일 뿐이고, 18세기 부르주아 사회의 인류 생존 환경에 대한 '상상력이 결핍된' 예감일 뿐이다. 왜냐하면 자본주의 사회의 자유경쟁 사회에서만 단일한 개인은 비로소 자연의 속박에서 풀려날 수 있기 때문이다. 반면 과거 자연경제의 역사시대에서 자연의 속박하에 개인은 '어떤 협애한 인간 무리의 부속물'에 불과했다. 그래서 '시민사회'의 독립적 개인은 사회역사 발전의 결과다. "한편으로는 봉건사회 해체의 산물이고, 다른 한편으로는 16세기 이래 신흥생산력의 산물이다."[63] 그러나 부르주아 경제학(모든 비과학적 이데올로기를 포함하여)은 이처럼 역사적으로 생성된 개인을 자연적인 사람인 양 허구적으로 표현하고 그것을 역사의 출발점으로 삼았다. 경제학에서 아마도 스튜어트만이 예외일 것이다.

마르크스는 역사를 되돌아보면서 그 발전의 족적을 발견했다.

> 우리가 역사를 거슬러 올라갈수록 개인은, 또한 생산하는 개인은 자립적이지 않은 것으로, 비교적 큰 전체에 종속된 것으로 나타난다. 처음에는 매우 자연스러운 방식으로 가족 가운데 나타나고, 그 뒤에는 종족으로까지 확대된 가족 가운데 나타나며, 나중에는 종족 간의 충돌과 융합으로 생성된 각종 형식의 공동체 가운데 나타난다. 18세기에 이르러 '시민사회(bürgerliche Gesellschaft)'에서야 비로소 사회적 연관(gesellschaftlicher Zusammenhang)의 각종 형태는, 개인적 측면에서, 단지 그 개인들의 사적 목적을 달성하는 수단으로 표현되었고, 외재적 필연성(äußrliche Norwendigkeit)으로서 개인들과 대립하는 것으로 표현되었다. 그러나 이런 고립된 개인의 관점을 발생시킨 시대는 바로 오늘날까지 가장 발달한 사회관계(이런 관점에서 보면 일반적인 관계[gesellschaftliche (allgemeine von diesem Standpunkt aus) Verhältnisse]를 갖는 시대다.[64]

---

63 같은 책, 18쪽.

이것은 개인이 진정으로 독립적 생존을 한다는 것은 사실 영원한 상태가 아니라 일종의 특정 역사조건의 산물이라는 것을 의미한다. 「포이어바흐에 관한 테제」와 『독일 이데올로기』 시기에 마르크스는 인간의 본질은 현실사회관계의 총화이고 인간의 생존은 일정한 역사적 규정을 갖는다고 설명했을 뿐이며, 이 두 설명은 아직 일종의 철학적 규정에 머물러 있었다. 이와 달리 역사 현실의 경제학 범주 속에서 인간의 생존 및 그 본질은 모두 **발생학적** 의미상의 역사적 규정이다. 마르크스가 보기에 인간의 생존과 본질은 특정 사회관계의 총화이며 처음에 인간의 본질은 인간과 자연, 인간과 인간의 자연적 관계 속에 있고, 개인은 종족을 떠나서 생존할 수 없었으며 혈연집단의 부속물에 불과했다. 이후 오로지 부르주아 시민사회에서만 분업과 교환의 매개 아래, 사회적 노동의 단일성 속에서 개인은 비로소 과거 자신과 동일한 '본질'인 자연적 종족관계를 상실했다. 그래서 다시 한 번 유(類)(사회 경제관계)를 구성할 때, 형성된 관계는 개인을 벗어나 독립된 사물과 사물의 관계가 된다. 여기에서 개인은 모두 독립적 존재다. 그리고 시장의 교환은 다시 자발적으로 사물의 관련 형식을 통해 일면적 개인들을 결합한다. 개인의 독립은 사실 부르주아 사회의 경제가 발전한 결과다. 이것은 헤겔이 깊이 인식했던 법칙이다. 또한 이런 의미에서 마르크스는 슈티르너를 반박했다. 그러나 이런 현실적 개인의 역사적 규정성을 정치경제학자들은 인류사회 주체가 생존하는 상태의 전제로 오인했다. 이것은 마르크스가 부정하려던 첫 번째 직관적 '상식'이다. 마르크스는 만년에 경제학을 연구할 때 이 문제를 다시 캐물은 적이 있다.

　'인간'? 만약 여기서 지시한 것이 '일반적 인간'의 범주라면 그는 '어떠한' 욕망도 갖고 있지 않다. 만약 여기서 지시하는 것이 고립적으로 자연의 앞에 서 있

64　같은 책, 21쪽.

는 사람이라면 그는 일종의 비군서동물로 보일 것이다. 만약 이것이 어떠한 사회형태 속에서 생활하는 사람이라면 …… 출발점으로서 이 사회적 개인의 특정한 성격이, 즉 그가 생활하고 있는 공동 사회의 일정한 성격이 제시되어야 한다. 왜냐하면 여기에서 생산, 즉 그가 **생활수단을 획득하는** 과정은 이미 이러저러한 사회적 성격을 갖고 있기 때문이다.[65]

둘째, 나는 마르크스가 사실 똑같이 부르주아 정치경제학 대상으로서의 전제, 즉 **생산 일반**이라는 개념에 찬성하지는 않았다는 것을 발견했다. 마르크스는 "우리가 생산을 말할 때는 항상 특정한 사회적 발전단계(bestimmte gesellschaftliche Entwicklungsstufe)에서의 생산, 즉 사회적 개인들의 생산 (Produktion gesellschagtilicher Individuen)을 의미한다"[66]라고 말했다. 역사유물론의 관점에 따르면, 일단 생산을 언급하면 그것은 특정한 역사조건 아래에서의 생산을 의미한다. 즉, "생산의 각 단계에서 역사의 발전 과정을 하나하나 연구해나가거나, 처음부터 우리가 지시하는 것은 어떤 일정한 역사시대 (bestimmte historische Epoche)라고 밝혀야 한다". 예를 들면 마르크스는 앞으로 연구하려는 문제를 근대 부르주아 사회의 생산(morderne bürgerliche Produktion)이라고 언급했다. 그러나 이것이 생산이라는 개념을 추상할 수 없다고 말하는 것은 아니다. "생산의 모든 시대는 어떤 공통의 표지와 공통의 규칙이 있다." 이것이 바로 생산 일반이다. 생산 일반은 일반적 생산과 다르다. 앞의 '생산 일반'이 의미하는 것은 생산의 추상이고 뒤의 '일반적 생산'은 "각각의 **특수한** 생산부문, 즉 농업, 목축업, 제조업 등"으로 구성된 생산의 '총체'로서, 즉 "특정한 사회체인 사회적 주체가 광의의 또는 협의의 각 생산부문으로 구성된 총체 속에서 활동하는 것이다".[67] 마르크스는 비록 이 생산 일반

---

65 『馬克思恩格斯全集』, 第19卷, 404~405쪽.
66 『馬克思恩格斯全集』, 第46卷, 上卷(1979), 22쪽.
67 같은 책, 23쪽.

자체도 많은 다양한 역사부분에서 추출한 공통점으로 구성되지만 "그중 일부는 모든 시대에 속하고, 또 다른 일부는 몇몇 시대가 공유하며, 어떤 규정은 현대와 고대가 공유한다"[68]라고 분석했다. 첫째 종류는 모든 사회 생산과정 중 반드시 존재하는 주체(사람)와 객체(자연)이고, 둘째 종류는 사유제 조건 아래 일부 사회 생산에서 특유한 것(소유제, 시장교환 등)이며, 셋째 종류는 원시공동체와 공산주의 사회에 공통적인 것(공유제 등)이다. 마르크스는 생산 일반을 논할 때 더 중요한 것은 생산의 역사적 존재의 '본질적 차이'를 잊지 않는 것이라고 지적했다. 그러나 부르주아 경제학자의 오류는 바로 이 생산 일반에서 출발해서 사회적 생산의 역사적 차이를 말살하고 자본이라는 이 특정한 역사 조건하의 사회관계를 "일종의 일반적·영속적 자연관계"로 변화시켰으며, 이를 통해 "현존 사회적 관계(soziale Verhältnisse)의 영속과 조화"[69]를 확언했다는 데 있다.

여기서 마르크스의 사고 맥락이 철학이론에서 갖는 의의는 마르크스와 엥겔스가 『독일 이데올로기』 제1권 제1장 수고에서 제시한 생산과 재생산 일반에 대해 과학적으로 설명하기 위해 특별한 설정에 기초한 설명을 제공했다는 점에 있다. 당시 마르크스와 엥겔스는 아직 사회역사의 경제적 진행과정에 대한 현실적·구체적 이해가 없었기 때문에 당시 '시민사회'가 모든 사회의 기초라고 주장할 수 있었다. 그러나 사실 시민사회는 단지 특정 역사조건, 특히 근대자본주의 발전의 결과일 뿐이다. 비록 마르크스가 말한 시민사회를 경제적 토대를 직접 비유한 것이라고 여겨도, 이처럼 발달한 형태의 경제관계 구조 역시 물질적 생산의 일정단계에 이르러서야 비로소 출현할 수 있을 뿐이다. 이 역시 우리가 『독일 이데올로기』를 완전히 성숙한 논저로 보지 않는 이유 중의 하나다.

68　같은 책, 22쪽.
69　같은 책, 22쪽.

바로 이런 이유로 마르크스 또한 부르주아 경제학자들이 그 이론체계의 첫머리에 득의양양하게 '생산'이라는 제목을 붙인 '총론 부분'을 펼쳐놓고 이것으로 '모든 생산의 일반조건을 논술하는 것'에 동의할 수 없었다. 분명히 마르크스는 이에 대해 명확한 비판적 태도를 지니고 있었다. 부르주아 경제학자들에게 이 총론 부분은 통상 두 가지 측면의 내용을 포함한다. 하나는 '생산을 진행하는 데 빠질 수 없는 조건'이고 다른 하나는 '많든 적든 생산을 촉진하는 조건'이다. 마르크스는 이른바 생산의 일반조건이라는 이름 아래 생산과 분배 등 사회역사적 성격을 갖는 구체적인 사회 운동과 특수한 법칙이 "역사와 무관한 영속적 자연법칙을 따르는 것으로 묘사되고, 그래서 부르주아 관계는 기회를 타고 사회 일반의 절대 뒤엎을 수 없는 자연법칙으로 살금살금 기어들어왔다. 이것이 전체 과정의 다소 의식적인 목적이다"[70]라고 분석했다. 예를 들면 분배문제에 대해 부르주아 경제학자는 사회역사적 존재 속에서 생산과 분배의 특정한 현실관계를 전혀 분석하지 않는다. 또한 분배를 마음대로 가지고 놀 수 있는 장난감 정도로 여긴다. 이것은 바로 "모든 역사적 차이를 일반 인류법칙 속에 혼합하고 융화하는 것이다".[71] 따라서 부르주아 경제학자는 재산과 사법, 재산에 대한 경찰의 보호를 항상 추상적으로 언급한다. 마르크스는 "모든 생산은 특정 사회형태(bestimmte Gesellschaftform)이며, 또 이를 매개로 한 개인의 자연에 대한 영유(Aneignung der Natur)다"[72]라고 말했다. 또 마르크스는 참된 역사에서 출발하면 우리는 원시공동체 공유재산의 내용과 사유제 조건하의 재산의 내용 사이에 하늘과 땅만큼의 차이가 있다는 것을 발견할 것이며 "모든 생산형태는 그 특유의 법적관계와 통치형태를 만들어낸다"[73]라고 서술했다. "결론적으로 모든 생산단계에 공통적인 규정이 있

---

70 같은 책, 24쪽.
71 같은 책, 24쪽.
72 같은 책, 24쪽.
73 같은 책, 24쪽.

고, 이들은 사고에 의해 일반적 규정으로 확정된다. 그러나 이른바 모든 생산의 일반적 조건이란 추상적 계기에 불과하며, 이것으로는 어떤 현실의 역사적 생산단계도 이해할 수 없다."[74]

셋째, 마르크스가 이어서 생각한 문제는 현대 경제운행 과정에서 생산과정 자체의 내적 구조, 즉 생산에 의해 결정되고 제약되는 분배, 교환, 소비 간의 관계에 대한 역사유물론적 관점을 설명하는 것이었다. 그러나 부르주아 경제학자들에게 이들 사이의 관계는 병렬적이었다. 마르크스는 이것이 다음에 그가 '생산을 더 심층적으로 분석하기 전에 반드시 고찰해야 할' '몇 가지 항목'이라고 언급했다. 따라서 그의 시각은 여전히 부르주아 정치경제학을 반박하기 위한 논설이다. 나는 마르크스의 이 논설이 그의 경제학을 과학적으로 구축한 대표적인 논설이라고 생각하지 않는다. 왜냐하면 이들 언술은 분명히 우리가 앞에서 보았던 역사유물론적 관점을 경제학 이론에 운용한 것에 지나지 않기 때문이다. 여기에서 마르크스가 일반적으로 부르주아 경제학의 대상을 반대한 것은 그가 자신의 독특한 경제학 연구대상을 아직 확정할 수 없었다는 것을 의미할 뿐이다. 이 토론의 마지막에서 마르크스는 다음과 같이 말하고 있다.

우리가 얻은 결론은 생산, 분배, 교환, 소비가 같다는 것이 아니라, 그것들이 하나의 총체의 각 부분이고 통일체 내부의 차이를 구성한다는 것이다. 생산은 생산이라는 대립적 규정 가운데 있는 자신을 포괄함과 동시에 또 다른 계기들도 포괄하고 있다. …… 일정한 생산은 일정한 소비, 분배, 교환을 규정하고, 이 다른 계기들 상호 간의 특정한 관계(bestimmte Verhältnisse)를 규정한다.[75]

74   같은 책, 25쪽.
75   같은 책, 36~37쪽.

나는 이 특정한 역사적 규정성이 또한 바로 마르크스가 과거의 모든 정치경제학자를 뛰어넘은 중요한 출발점이라고 앞에서 언급했다. 우리는 각각의 구체적인 경제학의 상세한 연구에서 이 점을 볼 수 있을 것이다.

2) 마르크스가 경제학의 과학적 연구방법에 관해 최초로 논의했을 때의 맥락

마르크스는 생산과 기타 몇 가지 경제 부분의 관계를 논술한 후 갑자기 논술의 중심을 '정치경제학 방법'으로 옮겼다. 이 방법에 대한 토론에서 과거의 대다수 논자는 논술의 중심이 이동한 것을 마르크스가 자신의 정치경제학 방법을 구축하는 데 대한 일종의 직접적인 지표로 보았다. 그러나 나는 마르크스가 이때 사실상 사고 실험의 과정에 있었고 분석의 진행과정 속에서 그는 비로소 자신의 연구방법의 기본방향을 확정할 수 있었을 뿐이었다는 것을 발견했다. 우리가 마르크스의 정치경제학 방법이 단지 기본방향이었을 뿐이라고 말하는 까닭은 그것이 주로 헤겔 철학 및 스미스, 리카도의 정치경제학 방법에 대한 비판적 긍정에 머물렀기 때문이다.

마르크스는 우선 정치경제학에서 이미 나타났던 두 가지 연구방법을 열거했다. 첫째 방법은 구체에서 추상으로의 논리 경로다. 그는 다음과 같이 말했다. 경제학 연구에서 "실재와 구체에서 시작하는 것, 즉 현실의 전제에서 시작하는 것"은 "전체에 대한 혼돈된 표상"에서 시작하는 것이며, "더 진전된 규정에 의해 나는 분석적으로 더 단순한 개념에 도달할 수 있었다. 표상된 구체적인 것으로부터 점점 더 희박한 추상적인 것으로 나아가 마침내 가장 단순한 규정들에 도달할 수 있다".[76] 이런 방법은 인구, 민족, 국가를 비롯한 '완전한 표상' 또는 '살아있는 전체'에서 출발해, 마지막에는 분석을 통해 분업, 화폐, 가치 같은 "규정적인 추상적 일반적 관계(ein allgemeines)를 추상한"[77] 방

---

76   같은 책, 37쪽.

법인데, 마르크스는 이런 연구방법이 경제학이 탄생한 시기에 밟아온 경로였다고 생각했다. 그는 자신의 현재 연구에서 이런 방법은 분명히 취할 수 없는 경로라고 여겼다. 당연히 이런 연구방법은 이론연구 초기에 대량의 자료를 구체적으로 점유한 후에 그것들을 추상화시키는 것을 배제하지 않는다. 이것은 또 다른 의미의 '구체에서 추상으로'다. 예를 들면 『런던 노트』에서 『정치경제학 비판 요강』까지의 연구과정은 바로 이런 방법이 체현된 것이다.

둘째 방법은 마르크스가 '과학적으로 정확한 방법'이라고 긍정한 추상에서 구체로의 이론논리 경로다. 여기에서 경제학 연구는 '추상적 규정(abstrakte Bestimmung)'에서 출발하여 다시 '다양한 규정과 관계를 포함한 풍부한 총체'로 되돌아가는 것이다. 이것은 일종의 "사유의 진행과정에서 구체의 재생산(Concretes zu reproducieren)을 이끄는 것이다".[78] 실제로 이것은 영국 고전경제학이 시작한 과학적 연구방법이다. 즉, 노동, 분업, 수요, 교환가치와 같은 추상적이고 단순한 개념을 기점으로 국가, 국제교환과 세계시장으로 한 층 한 층 상향해 각종 근대적 경제학 체계를 형성하는 것이다.

특히 우리의 주의를 끄는 것은 당시 마르크스의 고전경제학 방법에 대한 인식과 판단은 그가 1848년 『파리 노트』에서 경제학 연구를 막 시작할 때의 시각과 분명히 다르다는 것이다. 그 당시 마르크스는 스미스, 리카도의 '비인간적' 추상적 방법을 부정했었다. 그러나 여기서는 상황이 역전되어 역사유물론자 마르크스는 연구방법상 그가 원래 반대했던 방향으로 나아가기 시작한 것 같다.

「서설」에서 마르크스는 이런 과학적 추상법에 대해 매우 구체적으로 언급했다.

---

77   같은 책, 37~38쪽.
78   같은 책, 38쪽.

구체적인 것(Das Concrete)은 그것이 다양한 규정의 총괄이며 따라서 다양성의 통일이기 때문에 구체적이다. 따라서 구체적인 것은 그것이 현실의 출발점이며 따라서 직관과 표상의 실제적인 출발점임에도 불구하고 사고에 있어서는(im Denken) 총괄의 과정이며, 따라서 결과로서 나타나며 출발점으로 나타나지 않는다.[79]

나는 마르크스의 이 관점이 사실 헤겔이 『논리학』에서 관념의 논리적 운동을 묘사한 것과 매우 비슷하다는 사실을 발견했다. 바로 이러한 점 때문에 마르크스는 이에 대해 자신이 확정한 추상법과 헤겔의 추상에서 구체로의 방법 간의 차이를 구분했다. 마르크스는 헤겔 철학의 비밀은 그가 사유방법의 구조 자체를 논리적 본체에 직접 다져넣고 그 결과 추상적 관념에서 출발해서 구체적 물질존재를 배척하는 객관적 관념론을 창조한 것이라고 지적한다. 헤겔에게서 "추상에서 구체로 상승하는 방법은 단지 사유로서 구체를 장악하고 그것을 정신 속의 구체로 삼아 재현해내는 방식일 뿐이다. 그러나 결코 구체 자체의 발생과정은 아니다". 그러나 이로 인해 "헤겔은 환각에 빠져 실재(das Reale)를 자기를 자기 안에 총괄하고, 자기 안에 심화해가는, 즉 자기 자신에서 출발해 운동하는 사유의 결과로 이해했다".[80] 당시 마르크스의 이런 관점은 심오하다. 『헤겔 법철학 비판』 시기 청년 마르크스는 일반 유물론을 포이어바흐식의 주어와 술어가 전도된 것으로 이해했는데, 당시의 주장과 비교하면 이 관점은 훨씬 우수한 것으로 보인다. 사실 헤겔의 그런 추상에서 구체로의 방법은 개인의 간접 지식이 심화하는 과정으로, 즉 각각의 개인이 추상적 개념에서 출발해 구체적이고 다양한 감각 생활을 경험한 후 일종의 개념의 구체적 추상에 도달하는 것이다. 여기에서 나는 마르크스가 헤겔 철학

79 　같은 책, 38쪽.
80 　같은 책, 38쪽.

의 일부분만 선별해서 취했다는 것을 발견했다. 왜냐하면 앞선 토론을 통해 우리는 헤겔 철학의 발전 과정이라는 측면에서 보면 헤겔은 먼저 구체적 사회역사, 특히 경제학 연구(예나 시기)에 착안했고 그 후에 서서히 성숙한 철학적 추상을 형성했다는 사실을 이미 알고 있기 때문이다. 헤겔의 철학체계에서 『정신현상학』의 논리적 사유경로는 감각적 구체를 부정하는 데서 출발해 추상으로 상승하는 것이다. 그러나 이는 일종의 전도된 객관적 '현상'을 반증하는 과정이다. 『정신현상학』에서 헤겔은 우리를 객관적 확정성에서 출발하도록 이끌지만 우리가 대상을 마주할 때는 반드시 한정된 표상에서 시작해야 한다고 지적한다. 이것은 자기의식을 기초로 하는데 자기의식은 필연적으로 이념을 기초로 세계를 대면한다. 따라서 이념이야말로 모든 것의 진정한 출발점이다. 『논리학』은 추상적 개념에서 출발해 구체적 개념에 도달한다. 또한 전체 『논리학』은 세계 역사의 추상적 출발점이다. 헤겔의 철학은 감각적 자연, 인류사회의 역사적 구체를 통해 다시 구체적 추상, 즉 절대정신으로 회귀한다. 이 발전 과정은 다음과 같이 정리할 수 있다.

- 『예나 시기의 실재철학』: 사회역사 중 경제적 현실적 구체 → 객관적 추상(노동, 화폐)
- 『정신현상학』: 개인의 감성적 구체성의 부정 → 이성적 추상
- 『논리학』: 추상적 개념 → 구체적 개념
- 『철학강요』: 추상적 논리 → 역사적인 감성적 구체성 → 구체적 절대정신(추상)

명백히 마르크스는 여기서 이 가운데 한 부분, 즉 '추상에서 구체로'라는 부분을 절취했을 뿐이다. 특히 중요한 것은 이 부분이 공교롭게도 고전경제학의 기본 연구방법이라는 점이다. 나는 마르크스의 경제학의 추상에서 구체로의 방법이 그의 역사변증법과는 다르며 단지 변증법적 분석의 특수한 측면이

라고 생각한다. 쑨보쿠이는 분명하고 예리하게 "『자본론』의 방법은 유물변증법을 제한적으로 적용한 것"이라고 지적했다.[81] 이는 이 방법이 독립적으로 확증되고 과장되어서는 안 된다는 의미다. 이 방법의 전제는 반드시 객관적인 역사적 추상이 형성되어야 한다는 것이다. 앞에서 언급했듯이 여기에서의 맥락과는 대조적으로 『런던 노트』는 바로 '구체에서 추상으로'의 과정을 거쳤다. 그렇지 않았다면 필연적으로 잘못된 길로 들어섰을 것이다. 더 중요한 점은, 만약 마르크스의 역사현상학의 관점에서 본다면 이와 같은 추상에서 구체로의 단선적인 사유경로로는 마르크스의 복잡한 분석과정을 참되게 설명할 수 없다는 것이다. 바로 젤레니가 말한 것처럼 "마르크스의 과학체계는 '현상에서 본질로'라든가 '본질에서 현상으로'라는 단순한 직선이 아니다. 반대로 그것은 현상과 본질 사이에서 왔다 갔다 하는 파동"이며, 이를 통해 사물에 대한 전면적이고 총체적인 이해를 형성하는 것이다.[82]

다른 한편, 연구방법에 대한 마르크스의 사유에서 더 주요한 특징은 그가 헤겔 변증법과 고전경제학의 내재적 연관성을 깊이 이해하고 있었다는 것이다. 즉, 스미스와 리카도가 왜 추상적 경제법칙에서 출발했고 동시에 이런 추상에서부터 출발한 것이 근대 정치경제학 연구에서 왜 정확한 방법인지를 마르크스가 이해하고 있었다는 것이다. 이 때문에 마르크스는 텍스트를 집필하는 중에 특별히 헤겔 변증법에 관한 책을 집필해보려는 구상도 했다. 바가투리아는 마르크스가 1857년 '우연히' 헤겔의 저작을 만나면서 이런 창작의 충동이 일어났다고 말한다. 바가투리아는 대량의 복잡한 텍스트를 고증했지만 마르크스의 사상적 발전 과정과는 동떨어진 주관적 가설을 증명하는 데 이 텍스트들을 사용한 것은 매우 애석한 일이다.[83] 이러한 새로운 인식에 대해 마르크스는 노동 일반이라는 범주의 역사적 추상을 통해 설명하고 있다.

---

81   孫伯鍨·姚順良, 『馬克思主義哲學史』, 第2卷, 340쪽.
82   澤勒尼, 『馬克思的邏輯』, 121쪽.
83   巴加圖利亞, 『馬克思的經濟學遺産』, 陸忍譯(貴州人民出版社, 1981), 158~159쪽.

3) 과학적인 노동 규정의 현실적인 역사적 추상

독자들은 노동이라는 개념이 완전히 낯설지는 않으리라 생각한다. 왜냐하면 『1844년 수고』에서 우리는 인간의 유적 본질로서 출현한 '노동'을 만난 적이 있기 때문이다. 그러나 당시 마르크스는 경제학의 역사적 관점으로부터 그가 논리적 전제로 삼았던 '노동 일반'이 실제로는 '근대적 범주'라는 것을 알았다. 당대 포스트모던 사상가들이 좋아하는 말을 빌려 얘기하면 이 개념은 바로 최근에 발명된 것이다. 철학방법론상으로 보면 이것은 마르크스가 안넨코프에게 보낸 편지와 『철학의 빈곤』에서 이미 해결한 문제다. 그러나 이번에는 마르크스가 『런던 노트』에서 획득한 최신의 연구 성과, 즉 부르주아 고전경제학에 대한 포괄적·계통적·역사적 연구의 성과이기도 하다.

언뜻 보기에 노동은 매우 단순하고 늘 얘기하는 개념이며, 인류 생존의 일반법칙으로서의 노동의 표상은 고대 시기부터 존재해왔다. 그러나 마르크스는 이렇게 경제학 연구에서 진정으로 "단순성으로 파악된 '노동'은 이런 단순한 추상을 만들어내는 관계와 마찬가지로 근대적 범주"[84]라는 것을 발견했다. 우리가 이 책 제1장에서 토론한 바와 같이 정치경제학의 사유맥락과 방법론은 마르크스의 과학적 방법론의 역사적 전제다. 이번에 마르크스는 매우 분명한 사유를 통해 부르주아 경제학에서 '노동 일반'이라는 범주가 갖는 역사적 추상 과정을 재현했다. 첫째, 초기 중금주의에 부는 객관적인 것, 즉 볼 수 있고 만질 수 있는 '자신의 밖에 존재하는 물(物)'로서, 화폐형태로 규정될 뿐이다. 이와 반대로 중상주의와 공업주의는 초보적이지만 물적 표층을 투시하여 "부의 원천을 대상으로부터 주체적인 활동, 즉 상업노동과 **공업노동**"으로 이전시켰다. 비록 그들은 이 활동 자체를 '화폐 취득 활동'에 국한시켰을 뿐이지만 이것은 이미 역사적 추상의 '일대 진보'였다.[85] 둘째, 이어서 중농주

---

84   『馬克思恩格斯全集』, 第46卷, 上卷(1979), 41쪽.

의(부르주아 고전경제학의 진정한 시작)는 처음으로 "더 이상 대상 자체를 화폐의 외투 속에 감춰진 것으로 보지 않고 생산물 일반, 노동의 일반적 성과로 보았다". 바로 이런 노동이 '노동의 특정 형식인 농업'에 국한되었을 뿐이지만 부의 본질인 노동은 결국 이미 화폐라는 물적 외피에서 추상되어 나왔다. 마지막으로, 스미스에 대해 말하자면 마르크스는 그를 '거대한 진보'라고 일컬었다. 왜냐하면 "그는 부를 창조하는 활동의 모든 규정성을 내버렸다. 설사 노동이라도 공업노동도 아니고 상업노동도 아니고 또 농업노동도 아닌, 그러나 이런 노동이기도 하고 저런 노동이기도 한 것이라고 말했기 때문이다". 이것은 비로소 "부를 창조하는 활동의 추상적 일반, 부로서 규정된 대상의 일반성, 생산물 일반성, 즉 노동 일반이지만, 사물화된 과거의 노동으로서의 노동 일반이다".[86] 이것이 바로 근대 공업의 경제적 발전에서 노동 일반이 역사적으로 생성된 과정이다. 즉 노동 일반은 '최근 발생한 상황이다'.

여기에서 보충 설명해야 할 두 가지가 있다. 첫째, 마르크스는 여기에서 노동 일반의 추상 과정을 단지 경제학적 의미에서 묘사했을 뿐이다. 주관적 논리적 추상의 기초로 된 현실 역사의 진행과정, 즉 프랑스 농업 생산과 영국의 자본주의 수공업 발전의 진정한 진행과정은 생략했다. 둘째, 노동 일반이라는 이 중요한 추상의 정점은 분명 스미스 이후 영국 대공업 생산 시대의 리카도라는 것이다. 이 중요한 차이는 마르크스가 이후 연구에서 직접 설명했다.

지적해야 할 것은, 기존의 연구들은 단지 경제학적 관점에서만 마르크스의 이론적 사유에 주목했다는 점이다. 그러나 마르크스의 이 중요한 논술은 중대한 철학적 함의를 내포하고 있다. 왜냐하면 마르크스의 역사유물론이라는 과학은 여기에 와서야 비로소 현실적으로 확증되기 시작했기 때문이다. 사회적 존재가 사회적 의식을 결정한다는 것은 관념이 물질을 직관한다는 것을

---

85   같은 책, 41쪽.
86   같은 책, 41쪽.

의미하는 것이 아니라 관념이 인간의 역사적인 특정한 물질 활동의 성격에 의해 규정된다는 것을 의미한다. 『독일 이데올로기』의 매우 추상적인 철학적 구상은 여기에서 경제학을 통해 분명하게 나타난다.

마르크스는 계속해서 다음과 같이 결론짓는다. "가장 일반적인 추상은 항상 구체적 발전이 가장 풍부한 곳에서 만들어질 뿐이다. 거기에서 하나의 것이 많은 것에 공통된 것으로 나타나고 모든 것에 의해 공유된다."[87] 이 문장은 매우 추상적으로 보이지만 사실 마르크스는 이 말로써 과학적 추상과 현실의 자본주의 물질적 생산발전에 의한 역사적 제약 관계를 설명했다.

> 보다 단순한 범주는 보다 구체적인 범주보다 역사적으로 이전에 존재할 수 있지만, 단순한 범주의 충분한 심층적이고 광범위한 발전은 복잡한 사회형태에 속할 뿐이다. 반면 보다 구체적인 범주는 아직 발전하지 못한 사회형태 속에서 충분한 발전을 이루었다.[88]

따라서 노동 일반이 이론적으로 실현되려면, 첫째, 인류의 역사적 생존 과정에서 "각종 실재하는 노동으로 구성된 매우 발달한 총체를 전제해야 하고, 이 노동과정에서 어떤 한 노동도 다시는 모든 노동을 지배하지 않아야 한다". 그래야만 노동이 어떤 특수형태(중농주의가 주목한 농업노동 같은)의 노동으로 고찰되지 않는다. 둘째, 이런 상황에서 각종 노동은 '동등한 것으로 여겨진다'. 왜냐하면 여기서 "개인은 매우 쉽게 하나의 노동에서 다른 노동으로 이동할 수 있고 특정 종류의 노동은 그들에게 우연한 것이라서 무차별적"이기 때문이다.[89] 사실 우리는 이런 노동이 이미 자본주의 대공업의 물질적 생산 노동이라는 것을 알 수 있다. 왜냐하면 오로지 여기에서만 자본주의 물질생산

---

87 같은 책, 42쪽.
88 같은 책, 41쪽.
89 같은 책, 42쪽.

에서의 노동이 비로소 "현실에서 부를 창조하는 일반적 수단이 될 수 있고, 그 것은 더 이상 특수하게 개인과 결합한 규정이 아니기" 때문이다.[90] 이런 노동 일반은 분명히 스미스 시대 수공업 생산에서 나타나는 개인과 개인 사이에 발생하는 **총체적 노동**이 아니라 리카도의 경제학 속에서 비로소 표현되어나 온 대공업 생산의 객관적 노동 일반일 뿐이다. 이것이 이후 마르크스가 수립 한 과학적 추상의 참된 기초다. 그러나 마르크스는 이 시점에서는 이 점에 대 해 직접적으로 지적하지 않았다.

마르크스는 당시의 미국 사회가 바로 자본주의 사회의 가장 현대적인 존재 형태이고 그래서 이 노동 일반이 미국의 가장 발달한 공업화 물질생산 가운 데 가장 잘 나타난다고 여겼다.

> '노동', '노동 일반(Arbeit überhaupt)', 단순한 노동이라는 범주의 추상, 즉 근 대경제학의 출발점은 여기에서 비로소 실제 진정한 것이 되었다. 이리하여 근 대경제학이 앞자리에 내건 가장 단순한 추상 또는 모든 사회형태에 타당한 태 고로부터의 관련을 표현하는 가장 단순한 추상은 가장 근대적인 사회적 범주로 서만 이런 추상 과정에서 실제로 진정한 것으로 표현된다.[91]

이는 다시 말하면, 노동개념은 인류 생활 전체 과정에서 노동의 현실작용 을 전제함을 의미하기도 한다. 자본주의 대공업 생산에서만 노동은 사회생활 에서 일어나는 모든 현상의 보편적 실체가 되고, 전체 인류 사물의 실제 본질 이 되고, 인간의 모든 소질의 현실 원천이 된다. 노동의 이러한 특징은 그것이 부르주아 정치경제학에서 중요한 규정의 현실적 기초가 되는 초석을 마련했 다는 점이다. 이제 노동은 정말로 대규모 생산의 교환과정에서 인간의 현실

---

90 같은 책, 42쪽.
91 같은 책, 42쪽. Karl Marx, *Grundrisse*, S.40.

적 추상인 '유적 본질'이 되었다.

　주의해야 할 점은, 이 노동이 바로 마르크스가 당시 '추상에서 구체로'라고 할 때 그 추상의 출발점이라는 것이다. 여기에서 내가 또 말하고자 하는 것은, 구체에서 추상으로, 그리고 다시 추상에서 구체로 가는 것은 이론적 논리의 표현방법일 뿐만 아니라 동시에 인류사회의 역사가 자본주의 자체로 발전해 가는 역사적 구조를 더 심원하게 예시하고 있다는 것이다. 무엇을 보고 이를 알 수 있는가? 왜냐하면 이 노동은 당대 자본주의 사회의 역사적 존재를 현실적으로 일반화한 것이지만, 실제로는 전도되어 표현된 것이자 또한 현실관계의 사물화와 '소외'이기 때문이다. 일단 소외 문제를 언급하면, 우리는 여기에서의 노동개념과 『1844년 수고』에 나오는 노동 사이의 차이를 주의해야 한다. 『1844년 수고』에서의 노동(유적 본질)은 현실 존재가 아니라 일종의 가치 설정이고 '해야 하는' 것이다. 여기서의 노동은 자본주의 대공업 생산 현실에서 나타나는 일반성을 드러내는 것으로, 차별 없는 노동을 뜻한다. 이러한 노동은 자본주의 대공업 생산에서만 출현한다. 이 일반성은 되풀이되는 현상의 주관적 추상이 아니라 이미 인류의 역사적 생존의 구체적 현실관계를 형성했다. 더욱 중요한 것은 이런 노동 일반은 자본주의 경제현실에서 직접적인 감성 형태로 표현되는 것이 아니라 무수한 경제적 매개를 통해 드러날 수 있다는 점이다. 이것은 인류노동의 새로운 사회적 존재형태다. 자본주의 분업과 교환의 체계 및 분업과 교환의 모순 속에서 인간의 생존은 오색찬란한 풍부함을 박탈당하고 일면적인 역사 존재가 되어버렸다. 과거 사회에서 개인의 노동은 전면적이었고 사회적 측면에서 노동 자체는 유기적 전체를 구성하지 않았다. 그러나 자본주의 분업은 개인 노동으로부터 그 전면성을 박탈하고 필연적으로 단편적인 역사 생존을 만들었다. 하지만 사회는 바로 이런 전문화 분업과 교환 과정에서 처음으로 유기적 경제운행 시스템을 이루었다. 바로 이런 노동의 파편화는 독립적 개인에게 서로 필요로 하는 집단으로 연계하게 했고 또한 상호 간의 보충은 근대 '시민사회'를 형성토록 했다. 이런 객관적 총체성은 새로운 강제와 예속이고 각 개인의 노동은 분업으로 인해 모두 찢겨 산산조각이 나서 파편화되었다. 따라서 개인 노동은 직접 실현되지 못하고 사회(타인)적 욕구를 매개로 하는 시장교환을 통해서만 비로소 실현될 수 있다. 이로 인해 노동은 필연적으로 둘로 분리되는데, 물질적 내용을 구성하며 특정 목적과 형태를 갖는 **구체적 노동**은 창조한 물품의 사용가치를 낳는다. 반면 새로운 사회구성 형태로서 구체적 사회형태와 관련 없는 일반 노동이 소모한 **추상적 노동**은 교환에 쓰이는 가치를 형성한다. 이렇게 노동의 자연적 속성과 사회적 속성은 역사적으로 분리된다. 교환 속에서 가치형태의 발전은 다음과 같은 과정을 거친다. 물물교환에서 단순한 가치형태로, 단순한 가치형태에서 다시 확대된 가치형태로 발전하고, 나아가 일반적 가치형태, 즉 화폐로 변화한다. 시장경쟁 속에서 상품의 가치는 가격으로 전화한다. 여기에 이르러 인간의 노동은 이미 교환에서 특수한 사회적 존재형태를 획득한다. 그것은 원래 사람과 사람 사이의 상호교환의 **직접적인 노동의 성과 관계**였지만 지금은 시장의 매개를 통한 물(物)과 물(物)의 관계로 표현된다. 이렇게 되면 개인의 눈에는 물의 사회역사적 속성이 자주 물의 자연적 속성과 섞여 '자본의 물질요소와 자본의 사회형식'이 하나가 되고, 이로써 물과 인간의 일시적인 사회역사적 속성이 영원한 것으로 변한다. 이것은 부르주아 시민사회에서 사람의 직관이 사회 본질의 진상을 볼 수 없게 하고 물과 사람 모두 물신숭배에 휩싸이는 것을 의미한다. 부르주아 정치경제학은 이처럼 영원히 안개가 자욱한 마계에서 벗어날 수 없다.[92]

내가 말하고자 하는 것은 마르크스는 여기에서 이미 경제학을 연구했을 뿐만 아니라 경제학 연구의 과학적 방법, 즉 광의의 역사유물론도 설명하고 있다는 것이다. 이 독특한 사유경로는 모든 부르주아 경제학자와 완전히 다른

---

92 청년 루카치는 『역사와 계급의식』에서 이런 상황에 대한 인식을 매우 깊이 있게 내비쳤다. 盧卡奇, 『歷史与階級意識』, 148~149쪽.

것이다. 그는 노동을 예로 들어 다음을 설명했다.

　　가장 추상적인 범주라 하더라도, 바로 그것들의 추상으로 말미암아 모든 시대
　　에 적용되지만, 이 추상적 규정성 자체는 역사적 관계(historische Verhältnisse)
　　의 산물이므로, 추상적 범주는 이들 관계에 대해서만 그리고 이들 관계 안에서만
　　비로소 충분한 의미를 가진다.[93]

　또한 바로 여기에서 마르크스는 처음으로 자신이 수행한 협의의 정치경제
학 연구의 진정한 출발점을 확정했다. 자본주의 사회의 역사 현실, 특히 이 경
제운행 현실 속의 특수한 생산관계가 그것이다! 이는 관제고지로, 여기에서
출발해야만 멀리 바라볼 수 있고, 정치경제학 시야의 가장 높은 지점을 점할
수 있다. 그리고 이 관찰점을 통해서만 비로소 멀리보고 과거 사회역사적 생
존의 본질을 꿰뚫어 볼 수 있다. 왜냐하면 "부르주아 사회는 역사상 가장 발
달한 그리고 가장 복잡한 생산조직(Organisation der Produktion)이기 때문이
다. 따라서 부르주아 사회의 각종 관계를 표현하는 범주 및 그것의 구조를 이
해하는 것은 동시에 우리로 하여금 이미 사라져버린 모든 사회형태의 구조와
생산관계(Produktionsverhältnisse)를 꿰뚫어 볼 수 있게 한다".[94] 여기에서 마
르크스는 반짝이는 영감으로 질풍같이 저 유명한 비유를 써 내려갔다. "인체
의 해부는 원숭이 해부에 대한 열쇠다. 반대로 말하면 하등동물 신체에 나타
난 고등동물의 징조는 고등동물 자체가 이미 인식된 다음에야 비로소 이해할
수 있다."[95] 이때의 '인체'는 바로 자본주의 대공업의 물질적 생산력이다. 오
늘날의 '인체'는 정보화 사회 속의 '디지털화된 생존'이다!
　마르크스는 다음과 같이 지적하고 있다. "부르주아 경제는 부르주아 사회

93　『馬克思恩格斯全集』, 第46卷, 上卷(1979), 43쪽.
94　같은 책, 43쪽.
95　같은 책, 43쪽.

의 자기비판이 이미 시작되었을 때에만 비로소 봉건적·고대적·동양적 경제를 이해할 수 있다".[96] 동시에 "경제 범주의 발전을 연구할 때는 어떤 역사과학, 사회과학(historische, soziale Wissenschaft)을 연구할 때와 마찬가지로 현실에서든 머릿속에서든 주체 — 여기선 부르주아 사회 — 는 주어진 것임을 항상 기억해야 한다. 따라서 범주는 이 특정 사회, 즉 이 주체의 정재(定在) 형태(Daseinsform), 존재규정, 그리고 단지 개별적 측면만을 표현한다. 따라서 이 사회가 그 자체로 언급될 때, 이 사회가 *과학적으로도* 존재하기 시작하는 것이 결코 아니다". 이런 주장은 역사유물론의 논리를 포함하고 있으며 또한 여기에서 마르크스는 다음과 같은 유명한 경구를 썼다.

> 모든 사회형태에서 일종의 특정한 생산(bestimmte Produktion)이 다른 모든 생산의 순위와 영향력을 지정한다. 따라서 그 생산의 관계들(Verhältnisse)이 또한 다른 모든 관계의 순위와 영향력을 규정한다. 특정한 생산은 일반적인 조명이며 그 일반적 조명은 모든 다른 색채를 씻어버리고 다른 모든 색채의 특징을 변화시킨다. 일반적 조명은 특수한 에테르(Äther)이며 그 에테르는 그 속에서 드러나는 모든 정재(Dasein)의 비중을 결정한다.[97]

이 '에테르'가 의미하는 것은 지배적 지위를 점한 생산양식이다. 당시 부르주아 사회의 현실을 대면하면서 마르크스는 "자본은 부르주아 사회의 모든 것을 지배하는 경제 권력이다. 그것은 반드시 출발점이자 종착점이다"[98]라고 언급했다. 이러한 관점은 마르크스가 **자본주의적 생산양식**에 대해 최초의 과학적 성과를 이룬 것이다.

마르크스가 정립한 협의의 정치경제학의 출발점이자 종착점으로서의 과

---

96   같은 책, 44쪽.
97   같은 책, 44쪽. Karl Marx, *Grundrisse*, S.41.
98   같은 책, 45쪽.

학적 자본 패러다임이 마침내 수면 위로 떠올랐다. 과학적 자본 패러다임의 출현은 「서설」의 사상 실험에서 가장 중요한 성과다. 여기서 나는 마르크스가 정치경제학을 만난 이후 그의 철학 발전 논리에서 이루어진 몇 가지 중요한 역사적 단계를 구분하는 시도를 할 것이다. 1844~1857년 마르크스는 잇따라 간헐적으로 세 차례 체계적인 정치경제학 연구를 진행했다. 첫 번째 경제학 연구는 1844~1845년 『파리 노트』 위주의 초기 비판적 연구, 두 번째 연구는 1845~1847년 『브뤼셀 노트』와 『맨체스터 노트』를 축으로 한 최초의 과학적 연구, 세 번째 연구는 1850년대 초 시작한, 『런던 노트』를 축으로 한 경제학의 구축적 연구다. 총체적 철학논리에서 마르크스의 사유경로는 인간주의적 노동 규정에서 실천 규정으로 나아갔고, 그런 다음 생산 규정을 거쳐 다시 과학적 노동 규정으로 회귀하는 역정을 지나왔다. 달리 말하면, 가치 주체에서 역사적 객체로 나아갔다가 다시 역사적 주체로 회귀한다는 논리적 변화다. 도식으로 표현하면 다음과 같다.

1. 노동(유적 본질)의 소외 → 복귀: 인간주의 소외사관, 주체, 윤리적 가치 비판
2. 실천 → 인간의 역사적 본질 → 현실: 감성적 활동, 실천적 유물론, 혁명적 현실 비판
3. 생산 → 특정의 사회역사적 생존 → 생산양식: 현실의 개인, 광의의 역사유물론, 역사변증법, 경제학적 실증적 비판
4. 노동(특정한 사회관계의 본질) → 가치('유적 관계') → 화폐(사물화된 관계) → 자본: 협의의 역사유물론, 경제학과 역사학에서 역사현상학적 비판

여기서 우리는 다시 마르크스의 사상적 진행과정에서 나타난 이런 논리적 변화에 대해 간략하게 설명하겠다. 1844년 첫 번째 경제학 연구 시기, 마르크스는 부르주아 정치경제학에 대해 단순히 부정적 태도를 가졌다. 그는 비판

논리에서 주로 인간주의적 사회현상학(노동소외 사관)의 주체적 가치설정[당위(Sollen)]을 통해 부르주아 사회의 객관적 경제현실[존재(Sein)]의 부당성을 선언했다. 비록 당시 마르크스는 이미 프롤레타리아 계급의 입장에 서 있었지만 끝내 독일적 이데올로기의 틀을 넘어서지 못했다. 1845~1847년 사이의 두 번째 경제학 연구에서 마르크스는 이미 사회역사적 존재의 진정한 기초를 분명히 보았다. 그래서 그는 먼저 모든 낡은 유물론 및 모든 관념론과 구별되는 사회의 물질적 실천에서 출발해 자신의 새로운 세계관의 논리적 출발점을 확정하고 이 논리적 기초에 특정한 사회역사적 조건의 제약을 부여했으며, 처음으로 인간의 본질이 이상화된 주체의 가치설정에서 현실사회 관계의 총체로 내려가도록 했다. 이 중요한 경제학 연구과정에서 마르크스는 인류사회 생존의 진정한 규정은 물질생활의 생산과 재생산일 뿐이며 자신이 세운 광의의 역사유물론에서 특정한 역사 조건하의 생산양식이 역사적 사회의 본질이 된다는 원칙을 분명하게 보았다. 동시에 이 기초 위에서 마르크스는 과거 주체에서 출발한 가치비판을 경제학적 객관 현실에서 출발한 실증적인 과학적 비판으로 전환했다. 1850년대 시작한 세 번째 정치경제학 연구에서 마르크스는 만약 광의의 역사유물론의 생산(객관적 차원)에서 출발한다면 부르주아 정치경제학을 진정으로 뛰어넘을 수 없고 또한 자본주의 사회가 지닌 생산양식의 본질을 철저하게 폭로할 수 없다는 것을 발견했다. 그래서 그는 다시 한번 역사적으로 형성된 자본주의 사회 대공업의 노동 일반이라는 현실적 주체의 본질(주체적 차원)에서 출발했던 것이며, 이것은 프롤레타리아 계급의 근본 입장이기 때문에 경제학과 역사학 연구에 기초한 비판적 역사현상학을 일보 진전시켜 구축할 수 있었다. 이런 역사현상학은 바로 화폐라는 경제현상에서 시작해서 노동의 이중성의 내재적 모순을 밝혀내어 사용가치 대 가치라는 이항대립과 일반 등가물에서 화폐에 이르는 가치형태를 도출했고, 다시 시장경쟁이 낳는 가치의 가격으로의 전환에 도달했으며, 최종적으로 '이윤'을 가져오는 화폐, 즉 자본이 잉여가치를 착취하는 비밀을 폭로했던 것이다.

마르크스의 세 번째 경제학 연구에서는 자본주의 사회 경제의 사물화 현상이 한 층 한 층 벗겨지고 인간의 시야를 전도시킨 3대 물신숭배의 본질이 폭로되었다. 이는 마르크스의 협의의 역사유물론에서 가장 중요한 내용이다.

마르크스는 이 점을 명확히 한 후 새로운 연구의 조감도를 그리기 시작했고, 정치경제학 연구의 단서적 구상, 즉 첫째 '편별 구성'의 연구방법을 제시했다. 또한 마지막 항목에서는 주의해야 할 몇 가지 문제를 새롭게 다시 열거했다. 이 문제들은 예외 없이 모두 광의의 역사유물론의 기본원칙이다.

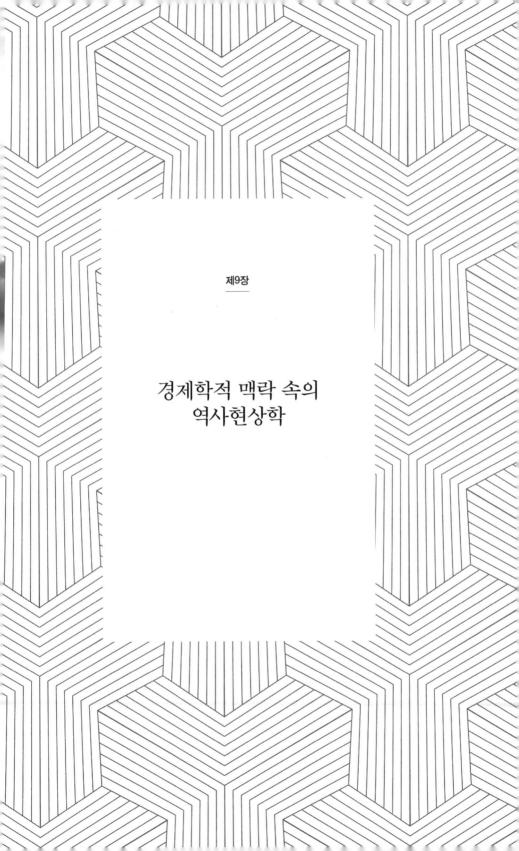

제9장

경제학적 맥락 속의
역사현상학

우리는 부르주아 고전경제학이 자본주의 사회라는 특정한 역사 존재를 인류의 영원한 자연적인 물질존재로 본다는 것을 알고 있다. 마르크스가『정치경제학 비판 요강』에서 진행한 세 번째 정치경제학 연구의 목적 가운데 하나는 이러한 이데올로기적 미망을 비판하고 부정하는 것이다. 여기에서 마르크스는 자본주의 사회적 존재의 역사성과 일시성을 힘써 설명하고 이것이 역사적으로 변화하는 사회 현실임을 과학적으로 설명했다. 마르크스는 바로 이런 역사적인 자본주의사회의 존재 현실이 상품생산과 시장경제 속에서 거대하고 중첩적으로 전도된 복잡한 구조를 만든다는 것을 발견했다. 그러나 그 가운데 사회적 본질로서의 자본생산관계는 경제적 허상에 의해 은폐된다. 즉, 진짜가 가짜가 되고 가짜가 진짜가 된다. 허상이 실재가 되고 실재가 허상이 된다. 주체가 객체로 사물화되고 객체가 거꾸로 주체가 된다. 부르주아 정치경제학은 바로 이런 사물화의 경제 현상 속에서 무의식적으로 자본주의사회의 생산양식을 자연적이고 영속적인 물상으로 간주하는 이데올로기로 된다. 따라서 3대 경제 물신숭배는 필연적 결과다. 그래서 마르크스는 부르주아 정치경제학을 비판하고 자신의 정치경제학 변혁을 구축하고 실현하는 동시에 새로운 철학적 출구를 찾지 않을 수 없었다. 즉, 부르주아 고전경제학의 사물화 의식을 뛰어넘고 과학적 비판의 출발점에서 끊임없이 사물화현상을 투시하고 전도된 가상을 꿰뚫어 보면서 점차 사회역사 본질에 접근하는 비판적 역사현상학을 형성했다.

1. 자본주의 경제의 본질과 현상의 전도의 논리와 역사 분석

마르크스의 역사현상학 구축은 먼저 자본주의 경제의 사실에서 중심 현상
으로 나타나는 유통영역의 환상이 틀렸음을 입증하는 데서 시작한다. 여기에
서 부르주아 경제학의 모든 물질 이데올로기와 프루동식의 개량주의 환상은
모두 가장 먼저 과학적인 강한 공세를 받아 산산조각이 난다. 유통 왕국의 환
상세계 너머에는 자본주의 생산과정이 낳은 착취라는 예속적 경제관계의 본
질이 드러난다. 화폐는 특정 사회관계의 사물화 결과로서 처음으로 이론논리
와 참된 역사 진행과정에서 해명된다. "추상(Abstraktion)은 어떻게 현실 존재
를 통치하게 되는가"라는 중요한 문제가 해결됨에 따라 역사적 관념론의 근
대적 기초 역시 처음으로 과학적으로 설명된다. 이것은 마르크스의 역사현상
학에서 첫째로 중요한 이론영역이다.

1) 노동화폐와 '체로 황소 젖 받기'

마르크스의 『정치경제학 비판 요강』은 '화폐장'을 서두로 삼는다. 왜 화폐
에서 고민을 시작했을까? 전통적인 경제학 연구에서 사람들은 보통 마르크
스의 이런 연구순서가 "서술은 반드시 단순한 관계, 즉 자본과 임금노동 관계
에 비해 더 일반적인 관계에서 시작해야 한다"[1]라는 것을 설명하기 위해서라
고 여겼다. 그러나 우리가 여기서 적용할 철학적 사고의 단서로 볼 때, 나는
마르크스가 이런 식으로 사유한 것은 주로 화폐가 자본주의 사회의 역사과정
에서 가장 중요한 사물화 현상이고 이것이 부르주아 경제에서 물신주의의 가
장 핵심적인 영역이기 때문이라고 생각한다. 동시에 이것은 마르크스가『밀
노트』에서 맨 처음에 화폐에서 시작해 자신의 이론을 전개했다는 점을 상기

---

1   繆勒, 『通往'資本論'的道路』, 7쪽.

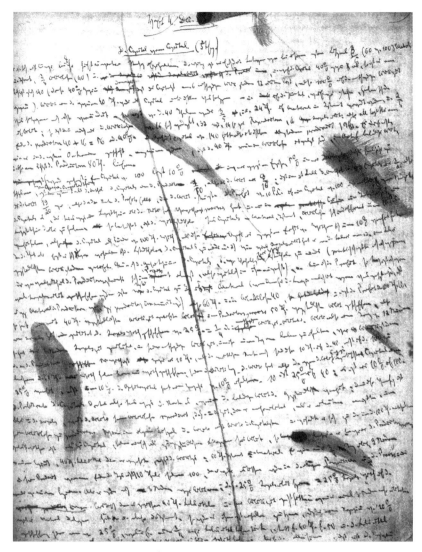

『정치경제학 비판 요강』 제6권의 한 쪽

시킨다. 물론『정치경제학 비판 요강』에서 마르크스는 한층 더 심화한 이론
을 구축했다.

더 구체적으로 분석하면, '화폐장'은 프루동주의자 다리몽의 '노동화폐'에 대한 비판에서 출발한다. 앞에서 언급했듯이, 1845년부터 마르크스는 이미 경제학의 기초 위에서 사회주의를 논증하는 것에 초점을 맞추기 시작했다. 이 이론적 비판의 창시자는 그레이, 브레이, 톰슨, 그리고 호지스킨 같은 리카도파 영국 사회주의자였다. 특히 앞의 두 사람은 소위 노동화폐 이론의 창시자이고, 프루동과 그 추종자들은 그레이 등의 영향을 받은 것에 불과하다. 『브뤼셀 노트』와 『맨체스터 노트』를 저술한 후부터 마르크스는 유물론 철학과 사회주의적 비판에 기대는 것만으로는 불충분하다는 것을 깨달았다. 동시에 비과학적 경제학에 사회주의를 더해도 여전히 아무런 도움이 되지 않으며, 경제학, 역사학 등 현실적 과학 연구를 통해서만 비로소 과학적 사회주의의 기초를 구축할 수 있고 이로부터 비로소 진정한 과학적 철학방법을 만들어낼 수 있다고 깊이 인식했다. 정치경제학 연구가 심화되면서 마르크스는 이미 그레이, 브레이 같은 경제학의 '프롤레타리아 반대파'가 지닌 이론적 최대 맹점은 자본주의 사회현실에 대한 비판에서의 비과학성이라고 충분히 인식했다. 표면적으로 볼 때 그들은 자본주의를 비판하는 것 같았으며 이미 경제학의 기초 위에서 자본주의에 대한 개혁구상을 진행하고 있었다. 그러나 사실 그들의 탐색의 발걸음은 여전히 자본주의의 특수한 사회현상에 머물고 있었다. 이런 현상은 바로 일종의 사물의 형태로 전도되어 표현되는 신비한 것, 즉 화폐 종류의 가장 기만적인 허상이다. 이런 전도된 경제적 허상 위에서 행해지는 개량이 이런 비과학적 이론경향의 본질이다. 나는 여기에 세 가지 차원의 의미가 있다고 생각한다. 첫째, 부르주아 정치경제학자는 자본주의의 전도된 물상에 대한 직접 긍정에 기초해서 물신숭배를 핵심으로 하는 부르주아 경제이론을 구축했다. 둘째, 리카도파 사회주의 경제학자들은 부르주아 정치경제학의 결론을 부정하는 입장에서 노동가치론의 교환변질론으로 유통영역 중 부르주아 계급의 경제적 기만을 비판하고 노동화폐(노동시간)를 대체물로 하는 '공정교환'을 실현하고자 한다. 셋째, 프루동의 프티부르주아 사조, 그것은 부르주아도 반대하고 프롤레타리아도 반대하는 '제3의 길'이다. 프루동은 진정으로 고전경제학의 논리를 이해하지도 못했고 또 리카도파 사회주의 경제학자로서의 이론적 용기도 없었다. 따라서 그의 이론 관점은 종종 이미 비과학적인 것(노동화폐)으로 증명된 것을 한층 더 속류화한 산물이다. 이런 행위는 칸트가 말한 '체로 황소의 젖을 받는' 것과 같은 오류 중의 오류다.

모두 알다시피 『정치경제학 비판 요강』의 저작은 '화폐장'에서 시작하는데, 마르크스는 이 장에서 경제학상의 황소는 우유를 만들어낼 수 없다는 이치, 즉 부르주아 경제운행 속에서 화폐의 진정한 역할을 설명하려 했고, 전체 자본주의 생산관계 속에서 유통과 분배관계의 진정한 위치를 설명하여 해를 가린 구름을 걷어내고 허상을 벗겨내 본질에 도달하려 했다. 우리가 앞에서 말한 마르크스의 사상적 실험과 이론적 창조는 바로 여기에서 시작했다. 여기서부터 마르크스는 『정치경제학 비판 요강』의 과학실험 중 자신의 과학적 사회 비판인 역사현상학을 만들어내기 시작했던 것이다. 이것이 그의 첫째 층위의 직접적인 이론 목표였다. 다음으로, 이론문제에서 그의 진정한 경쟁자는 리카도였다. 리카도 경제학을 청산하는 과정에서 그의 과학적 경제학 이론의 논리가 비로소 처음으로 나타날 수 있었다. 그러나 우리가 여기서 주목하는 것은 주로 첫째 이론 층위의 문제다.

수고 중에서 마르크스는 먼저 프루동주의자 다리몽이 자본주의의 화폐유통과 신용대출을 같은 것으로 잘못 본 문제를 분석했다. 마르크스가 보기에 프루동식 지혜의 모든 비밀은 사실 바로 이런 우스운 논리의 혼란 위에 세워진 것이었다. 동시에 마르크스는 다리몽이 자본주의 화폐시장을 조절하는 데 은행의 역할을 과대하게 부풀린 구체적인 잘못을 깊이 파헤쳤다. 우리는 마르크스가 단번에 문제의 핵심을 깊이 찌르고 들어가는 것을 어렵지 않게 볼 수 있다.

유통 도구의 변화 — 유통 조직의 변화 — 를 통해 현존하는 생산관계 및 이들 관계와 서로 상응하는 분배관계(Distributionsverhältnisse)를 혁명적으로 변화시킬 수 있는가? 한 발 더 나아가 유통에 이런 개조를 하는 데 현존하는 생산관계(Produktionsverhältnisse)와 이런 관계 위에 세워진 사회관계(gesellschaftliche Verhältnisse)를 건드리지 않을 수 있는가?[2]

이런 날카로운 질문은 사실 프루동 부류가 유통영역에만 머물러 전도된 현상에 붕 떠 '개량적 변혁'을 행하는 '유통상의 곡예'를 바로 폭로한 것이다. 마르크스는 프루동 등은 "생산관계, 분배관계, 유통관계 간의 내부적 관련을 전혀 이해하지 못한다"라고 언급했다. 여기에서 우리는 「서설」 중 많은 분량을 할애해 말한 생산과 기타 경제부분 간의 관계가 원래 이 부분의 비판에 복선을 깔기 위한 것이었음을 알 수 있다. 마르크스는 이때 이미 유통은 경제관계에서 결정적인 요소가 아니며 화폐는 자본주의 생산양식의 본질이 아니라는 것을 알고 있었다. 그러나 프루동은 화폐를 자본주의 사회적 존재의 본질과 동일시했고, 그 후 '좋은', '변형되지 않은' 화폐형태인 노동화폐로 다른 '나쁜' 화폐형태를 대체하려 했다. 마르크스는 프루동이 이해하지 못했던 점을 언급하고 있다.

> 그것들이 여전히 화폐형태(Form des Geldes)라면, 화폐가 여전히 중요한 생산관계라면, 그렇다면 어떤 화폐형태도 화폐관계 고유의 모순을 제거하지 못할 것이고 이런저런 형태로 이들 모순을 대표할 수 있을 뿐이다. 어떤 형태의 임금노동(Form der Lohnarbeit)도, 그 형태가 다른 형태의 폐해를 극복할 수 있다 할지라도, 임금노동 그 자체를 극복할 수는 없다.[3]

---

2   『馬克思恩格斯全集』, 第46卷, 上卷, 63쪽.
3   같은 책, 64쪽.

따라서 마르크스는 반어적인 투로 말한다. "당신들은 교황을 유지하려 하면서 모든 사람을 교황으로 만들려고 한다. 당신들은 화폐를 폐지하려 하면서 모든 상품을 화폐로 변화시키고 그 상품에 화폐의 특성을 부여하는 방법을 취한다."[4] 이것은 다시 말해, 프루동 부류는 '현존하는 사회적 기초를 내버리지 않는' 상황에서 화폐제도를 조절해 교환관계가 일으키지도 않은 사회모순을 제거하려 시도했던 것이다. 이것은 분명 공중에 누각을 짓는 터무니없는 공상이다.

마르크스가 보기에 프루동주의자의 이론은 전혀 과학적이지 않았다. 그들의 인지 수준은 고전경제학의 기본원리와 인식수준에도 미치지 못했다. 중상주의는 이미 유통에서 생산영역으로 반드시 나아가야 한다는 점을 인식하고있었고, 스미스와 리카도의 노동가치론은 사회유물론을 전제로 하는 훨씬 더과학적인 추상적 관점이었다. 그래서 마르크스는 프루동주의를 비판할 때 고전경제학을 출발점으로 삼지 않을 수 없었다. 우리는 마르크스가 이때서야 비로소 처음으로 진지하게 가치, 교환가치, 화폐와 가격의 관계를 토론했으며그의 출발점은 여전히 리카도였다는 점을 알 수 있다. 그는 리카도의 관점을직접 인용했다. "모든 상품(노동포함)의 가치(실질적 교환가치)는 그들의 생산비용으로 결정된다. 바꿔 말하면 그것들을 생산하는 데 필요한 노동시간으로결정된다. 가격은 바로 화폐로 표현된 상품의 교환가치."[5] 물론 당시 마르크스의 용어는 아직 정확하지 않았지만 이것이 그가 과학적으로 어떤 이치를 설명하는 것을 방해하지는 않았다. 상품의 가치와 가격이 직접적으로 동등한 것은 아니다. "가치는 가격운동의 법칙으로서 나타난다."[6] 또한 "노동시간이 결정하는 상품가치는 단지 상품의 평균가치일 뿐이다". 당연히 당시 마르크스는 가치와 교환가치의 차이를 여전히 구분하지 못했고, 또한 필요노동시간이

---

4   같은 책, 68쪽.
5   같은 책, 80쪽.
6   같은 책, 81쪽.

라는 규정에 관한 인식도 갖지 못했다. 그래서 그는 시장교환에서는 평균가격이 큰 역할을 한다고 생각했다. 그러나 리카도의 관점은 프루동, 그레이, 브레이의 노동화폐를 비판하기에 충분했다. 마르크스는 만약 직접 노동시간을 표시한 '시간 전표'로 귀금속에 사물화된 노동시간을 대체한다면 가격과 가치 간의 실제 차이와 모순을 제거할 수 있다고 여기거나, 이렇게 해서 이런 "부르주아 생산의 모든 위기와 모든 폐단이 제거된다"고 여기는 것은 실로 착각이라고 말하면서, 여기에 나타난 오류들을 다음과 같이 지적하고 있다.

> 상품의 화폐가격은 실질 가치와 같고, 수요는 공급과 같고, 생산은 소비와 같고, 화폐는 폐지됨과 동시에 보존된다. 상품을 생산하고 상품에 대상화된 노동시간을 확인하기만 하면 이 노동시간에 조응하는 복제품을 생산할 수 있다. 이 복제품은 가치기호와 화폐로 표현되고 시간 전표로 표현된다. 이리하여 모든 상품이 직접 화폐로 전환되지만, 금과 은은 다른 모든 상품의 지위로 하락한다.[7]

마르크스는 그레이 - 프루동이 제안한 방안(노동화폐)의 근본적인 잘못은 자본주의 경제생활 중의 본질과 현상, 실재내용과 그 표현형식을 직접 동등한 것으로 간주해버린 데 있다고 폭로했다. 이와 같은 흑백 전도, 사슴을 말이라 일컫는 행위는 이론적으로는 현상학적 근시다.

분명히 알 수 있듯이 마르크스는 그들에게 자본주의 경제 과정에 존재하는 **본질과 현상의 이질성**을 알려주려 했다. 이것은 리카도가 이론적 추상 과정에서 이미 자신도 모르게 성취한 것이다. 다음으로, 마르크스가 특히 설명하고자 했던 것은 화폐라는 상품의 일반 등가물이 상품 자신의 '소외된 것'이 되어 상품과 대립한다는 점이며, 더 중요한 것은 상품의 사회적 본질인 가치관계가 "어떻게 그리고 왜 화폐형태라는 물질적·독립적 존재를 취득했는가"[8]라는

---

7   같은 책, 82쪽.

점이다. 이런 관점은 마르크스가 협의의 역사유물론에서 역사현상학이 말하려는 주제, 즉 자본주의의 특정한 사회관계의 본질이 어떻게 전도되어 사물화된 현상을 통해 표현되는가에 이미 근접해 있다. 『독일 이데올로기』에서 전개한 '사물에의 노예화' 비판과 비교해보면, 이번에 마르크스는 경제학의 구체적 분석을 통해 이런 전도 현상을 역사적으로 설명하고, 이를 통해 현상을 진짜 비판적으로 꿰뚫음으로써 자본주의 생산관계의 은폐된 본질을 파헤쳤다. 이 비판의 예리함은 모든 '허상', '기괴한 형상'의 원형을 드러냈다.

2) 교환과정에서 화폐 실체로 전화된 가치라는 추상물

마르크스의 이런 현상학 비판은 다중적인 허위현상을 벗겨냄으로써 실현된다.

마르크스의 첫째 층위의 분석은 가치와 화폐의 사물화 관계에 초점을 두었다. 그는 이때 아직 가치의 본질, 즉 추상적 노동을 구체적으로 직접 설명하지 않았다. 마르크스는 상품의 가치와 상품 자체는 다르며, 상품(생산물)은 다른 상품과 교환(실제로든 상상 속에서든)될 때의 평가에 있어서만 비로소 가치(교환가치)를 갖는다고 말했다. 그는 이미 '가치는 상품의 사회관계이고 상품의 경제적 본질'이라는 것을 알았다. 나중에 마르크스는 일종의 사회관계로서의 가치가 특정 역사 조건하의 산물이며 인간의 사회적 생존의 새로운 역사 형태라는 것을 역사적으로 설명했다. 앞에서 언급한 대로 마르크스는 광의의 역사유물론을 통해 사회적 존재, 특히 사회관계 자체는 비실체적 주객체 간, 그리고 주체 간 상호작용의 기능적 존재임을 이미 확인했다. 이런 의미에서 사회관계로서의 가치는 객관적 존재이지만 직접 관찰할 수 있는 물(物)은 아니다. 마르크스는 "일종의 관계는 추상을 통해서만 비로소 특수한 상징을 얻

---

8   같은 책, 83쪽.

을 수 있고 자신 역시 비로소 개체화될 수 있다"[9]라고 말한다. 그러나 마르크스의 사상적 깊이는 프루동 등이 이해할 수 없었다.

이론적으로 볼 때, 가치의 상품 등가 작용은 "종이 위에서 그리고 머릿속에서 이루어지는데, 이런 형태변화는 순수한 추상을 통해 진행된다. 그러나 실제 교환에서 이런 추상을 실현하기 위해서는 하나의 현실 매개, 하나의 수단이 필요하다".[10] 일반적으로 말해서 가치는 일종의 추상이며 "상품을 비교할 때 이런 추상이면 충분하다. 그러나 현실의 교환에서는 이런 추상은 반드시 대상화·상징화되어 하나의 기호를 통해서 실현한다."[11] 이것은 가치추상(Wertabstraktion)과 **사물화된** 그 실체 사이의 필연적 연계이며, 그 실현 결과는 상품 간에 제3자로서 출현하는 등가물의 등장이다. 마르크스는 상품과 등가물의 관계를 다음과 같이 언급하고 있다.

> 상품은 반드시 제3의 물(物, ein Dritte)과 서로 교환된다. 이 제3의 물 자체는 더 특수한 상품이 아니다. 그것은 상품으로서의 상품의 상징이자, 상품의 교환가치 자체의 상징이다. 따라서 이 제3의 물은 노동시간 자체를 대표한다고 말할 수 있다. 예를 들면, 한 장의 종이와 한 장의 가죽은 노동시간의 나눌 수 있는 부분을 대표한다(그와 같은 상징은 일반적 승인을 전제로 한다. 그것은 일종의 사회적 상징일 뿐이다. 사실상 그것은 일종의 사회관계를 표현할 뿐이다). …… 이런 상징, 이런 교환가치의 물질적 기호는 교환 자체의 산물이지, 선험적으로 형성된 관념의 실현이 아니다(사실 교환의 매개로 쓰이는 상품은 단지 점차 화폐로, 즉 하나의 상징으로 전환된다. 이런 상황이 발생한 후 이 상품 자체는 그 자신의 상징에 의해 대체될 것이다. 현재 그것은 사람들에 의해 승인된 교환가치의 기호가 되었다).[12]

---

9   같은 책, 87쪽.
10 같은 책, 86쪽.
11 같은 책, 88쪽.

이 인용문에서 마르크스가 비판한 것은 헤겔-프루동식의 관념론적 논리다. 그는 자본주의 경제 과정에서 추상이 지배하는 것은 일종의 선험적 존재론적 가정에 연유하는 것이 아니라 경제운행의 역사적 결과임을 강조하려고 노력했다.

상품경제의 현실 운행에서 "가치로서의 상품은 등가물이다. 상품은 등가물로서, 그 상품의 모든 자연적 속성은 전부 사라진다. 그 상품은 더 이상 다른 상품과 어떤 특수한 질적 관계에 있지 않다. 그 상품은 다른 모든 상품의 일반적 척도이기도 하며 또한 다른 상품의 일반적 대표, 일반적 교환 수단이기도 하다. 가치로서의 상품은 화폐다".[13] 왜냐하면 실제 경제교환 속에서 사람들이 직접 대면할 수 없는 상품 가치는 반드시 "그것의 자연적 존재와 다른 존재형태를 취득해야" 하기 때문이다. 다른 말로 하면,

상품의 가치는 반드시 질적으로 상품과 구별될 수 있는 존재를 얻기 마련이다. 또한 실제 교환 과정에서 이런 분리 가능성은 반드시 변해 실제로 분리된다. 이것은 왜냐하면 상품의 자연적 차이가 반드시 상품의 경제적 등가와 모순되기 때문이다. 이 양자가 병존할 수 있는 이유는 상품이 이중의 존재를 성취하기 때문일 뿐이다. 상품은 자연적 존재 외에도 순수한 경제적 존재를 성취한다.[14]

추상적 가치관계는 사물의 형태를 획득하는데, 이것이 바로 화폐다. 가치는 교환 중 상품이 반사적으로 동일화한 관계적 수단이다. 추상적 가치관계는 현실 속에서 일종의 실체적 물로 사물화되어야 한다. 따라서 화폐는 이미 시장교환에서 생산물을 실현하는 이차적 수단이다. 주의할 점은, 여기서 관계의 사물화 자체는 이미 일종의 본질 은폐라는 것이다. 이 당시 마르크스는 화폐의

---

12 같은 책, 89쪽.
13 같은 책, 85쪽.
14 같은 책, 85쪽.

속성이 네 가지 측면에서 체현된다고 인식하고 있었다. 바로 (1) 상품교환의 척도, (2) 교환수단, (3) 상품의 대표, (4) 특수한 상품과 병존하는 일반 상품이다.[15] 당연히 우리는 나중에 추상적 가치에서 화폐까지 현실 속에서 장기적인 역사변천을 겪는 과정을 보게 될 것이다.

둘째 이론 층위에서, 마르크스는 화폐라는 독립적이고 또 사물화된 교환관계가 현실 존재를 지배하는 역할에 연구의 초점을 집중했다. 마르크스는 교환과정에서 형성된 가치는 상품경제에서 생산으로 인해 발생하는 필연적 결과라고 여겼다. 교환의 필요성과 생산물의 교환가치로의 전화는 분업, 즉 생산의 사회적 특성과 같은 정도로 발전한다. 원래 교환가치는 상품이 사회적 교환을 하는 과정에서 실현되는 수단과 도구일 뿐이다. 그러나 상품경제가 한층 더 발전하면서 상품경제 요소의 위치와 관계에 중요한 변화가 생겨나기 시작했다. 첫째, 원래 수단으로 출현한 화폐(교환관계)가 갈수록 생산의 목적이 되었다. "생산의 발전은 모든 생산자로 하여금 자신이 생산한 상품의 교환가치에 더욱 의존하게 만든다. 즉, 생산물은 갈수록 실제로 교환가치가 되고 교환가치는 갈수록 생산의 직접 목표가 된다."[16] 둘째, 교환관계 자체가 사람과 사람의 관계에서 지배적인 것이 되기 시작한다. 화폐는 경제운행에서 진정한 지배적 권력요소가 되었다. 마르크스는 다음과 같이 분석하고 있다.

생산의 사회적 성격이 발전함에 따라 화폐의 권력(Macht) 역시 같은 정도로 발전한다. 다시 말해 교환관계가 생산자들에 대해서는 외적인, 그들에게 의존하지 않는 권력으로 고정된다. 처음에 생산을 촉진하는 수단으로서 출현한 것이 생산자들에게 소원한(fremd) 관계가 되었다.[17]

---

15 같은 책, 90쪽.
16 같은 책, 91쪽.
17 같은 책, 91쪽.

이를 통해 인간의 도구가 인간의 주인이 되어버린 것을 볼 수 있다. 이로부터 자본주의 사회의 모든 사회관계는 화폐관계로 전화되어 "현물세는 화폐세로 전환되고 현물지대는 화폐지대로 전환되고 의무 병역은 용병으로 전환되었다. 모든 인신적 의무는 화폐적 의무로 전환되고 가부장적·노예제적·농노제적·길드적 노동은 순수한 임금노동으로 전환되었다".[18] 이른바 금전만능 사회가 바로 이렇게 우리 눈앞에 도래했다. 이 세계의 본성은 수단과 목적의 전도이고, 인간의 생존과 금전 관계의 전도다. 그러나 돈이 무더기로 쌓여 있는 '이 산' 속에 '몸을 담그고' 있어 사람들은 갈수록 이 경제왕국의 '진면목'을 '알지 못한다'. 오늘날 중국 사회에서도 역시 이러한 현상이 발생하고 있다.

이어서 마르크스는 화폐와 상품의 병존이 필연적으로 일으키는 경제 과정의 모순과 위기의 가능성을 구체적으로 분석했다. 간단히 말해 "화폐에 내재한 특징은 자기목적의 부정을 통해 동시에 자신의 목적을 실현한다. 화폐는 상품들과 대립해 자신을 자립화하고 수단에서 목적으로 된다. 화폐가 상품의 교환가치를 실현하는 것은 상품들을 교환가치로부터 분리하는 것에 의해서이며, 교환을 용이하게 하는 것은 교환을 분열시키는 것에 의해서이며, 직접적인 상품교환의 어려움을 극복하는 것은 이런 어려움을 일반화하는 것에 의해서라는 것, 즉 생산자들이 교환에 의존하는 정도에 비례해 화폐는 교환을 생산자들에게 대립시키고 자립화한다는 것"[19]이다. 화폐는 모순의 산물이면서 모순을 해결하는 방법이기도 하다. 화폐는 또한 모순의 실체적 분립이자 모순을 다시 악화시키는 전제다. 바로 이 모순 관계의 셋째 측면에 대한 분석 과정에서 마르크스는 돌연히 정상적 사고과정의 토론을 중단하고 영감에 가득 차서 격정적으로 수고의 첫째 경구를 써내려갔으며, 그것을 하나의 괄호로 묶었다.

---

18   같은 책, 91쪽.
19   같은 책, 91쪽.

모든 상품은 임시적 화폐이지만, 화폐는 영구적 상품이다. 분업이 발달할수록 직접적인 생산물은 더 이상 교환수단으로 활용되지 않는다. 반드시 일반적 교환수단의 필연성, 즉 반드시 모든 사람의 특수한 생산에 의존하지 않는 교환수단의 필연성이 생겨난다. 화폐 차원에서 물(物)의 가치는 물의 실체와 분리된다. 화폐는 원래 모든 가치를 대표한다. 실제에서는 이 상황은 전도되어 모든 실재하는 생산물과 노동이 화폐의 대표가 된다.[20]

의심할 바 없이 이것은 무척 중요한 이론적 요약이다. 마르크스는 이것이 현실 자본주의 사회 경제관계에서 발생하는 전도와 소외라고 직접 확인했다. 그러나 부르주아 경제학자는 '소외 빼버리기'를 시도하면서 이런 사회적 본질의 모순과 전도를 정상적이고 자연적인 것이라고 말하고 있다. 이것은 우리가 경계하고 반성해야 하는 일이다.

이 이론적 논리의 설명을 끝내기 바로 전에 마르크스는 다음과 같이 선언했다. "관념론적 서술방법은 개념 규정과 이들 개념의 변증법을 탐구하는 것만이 중요하다는 가상을 만들어내는데, 이를 수정하는 것이 나중에는 필요할 것이다."[21] 이 선언은 또한 명백히 헤겔과 프루동을 비판하는 것이다. 이론적 논리 차원에서 마르크스는 근본적으로 존재하는 것은 추상적 개념의 자기운동, 전도, 모순적 발전의 변증법이 아니라, 먼저 자본주의 사회의 역사적 현실 속에서 경제관계(추상화된) 가운데 객관적으로 발생하는 운동, 전도와 모순적 발전의 변증법이라고 말했다. 당연히 이런 객관적 운동은 자연계의 일반적 물질변화로 말미암는 것이 아니라 인간의 주체적 활동이 구성한 사회역사 운동에서 오는 것이다. 따라서 이런 변증법은 반드시 실천적 역사변증법이다. 동시에 마르크스는 우리에게 경고하고 있다. 그의 현상학 분석대상은 관념의

---

20   같은 책, 94~95쪽.
21   같은 책, 97쪽.

본질, 그리고 자기의식의 연상과 사물화된 현실 사이의 관계가 아니라 객관적 사회현실 속의 복잡한 경제현실, 그리고 가상과 생산관계의 본질적 관계다. 따라서 마르크스는 처음부터 자신의 역사현상학과 헤겔식 정신현상학 간에 분명히 선을 그었다.

3) '3대 사회형태'와 사회관계 전도의 역사적 전제

사실 앞의 토론에서 우리는 경제학 맥락에서 마르크스의 철학 논리를 추출하는 데 치중했다. 이제 독자들은 마르크스가 『정치경제학 비판 요강』에서 밝힌 경제학 토론 가운데 첫째 **철학적 쟁점**을 직접 마주칠 것이다. 이 쟁점은 제1노트 제20쪽 아래 중간부터 갑자기 튀어나와 24쪽까지 계속 할애된다.[22] 나는 이 철학적인 경제학적 역사 분석을 역사유물론의 역사적 원리에 대한 깊은 관철과 새로운 심화로 간주한다. 이것은 역사현상학에서 수행한 역사 분석의 기초다. 나는 이 경제학에서 역사 분석의 직접적인 목적이 당연히 부르주아 경제학의 비역사성을 부정하는 데 있다고 생각한다. 즉, 오늘날의 자본주의 생산관계는 처음부터 존재했던 것도 아니고 반드시 영원히 존재하는 것도 아니다. 따라서 우리는 역사적 시각을 가질 필요가 있고 역사적 분석을 할 필요가 있다. 즉, 인간관계의 과거는 무엇이었고, 현재는 무엇인가, 이후는 무엇일까를 캐묻는 것이다. 이런 분석은 역사 본질의 과학적 정립이자 학계 일반에서 말하는 '3대 사회형태' 이론이다. 그러나 나는 이것이 역사에 대한 실증적 고찰이 아니라 매우 깊은 철학적 논리를 엮는 역사적 분석이라고 생각한다. 이런 분석은 '삼유(三有)' 또는 '두 개의 실재, 하나의 가능성'으로 개괄할 수 있다.

우리는 마르크스가 「서문」에서 언급한 인체와 원숭이 몸체에 대한 비유

---

22 같은 책, 102~111쪽.

를 이미 알고 있다. 인체는 자본주의 경제 생산양식이고 원숭이 몸체는 전자 본주의 사회다. 이 논리에 기대면 공산주의는 발전한 더 고급의 건강한 인체 라 할 수 있다. 내가 보기에, 이러한 논리가 이전의 인간주의적 논리 중의 '당 위(Sollen)' 및 '존재(Sein)'의 대립과 현저한 차이가 나는 부분은 1845년 이후 현실의 역사(객관적 '존재' 또는 '있다')가 이미 마르크스의 과학적 이론의 전제 가 되었다는 것이다. 이것은 역사의 과거[선유(先有)], 현재[현유(現有)], 미래 [후유(後有)]의 '삼유'관계 또는 현실 인류 생존의 두 번의 역사시기와 하나의 역사가 지향하는 현실 가능성이다. 정확하게 말하면, 마르크스가 보기에 현 실의 역사 역시 인류 역사발전에서 단순한 생존 유기체와 고급의 복잡한 유 기체가 맺는 관계를 나타낸다. 만약 우리가 선사시대의 단순한 인류 생존 유 기체를 인류 역사라는 존재의 직접적인 형태로 본다면 자본주의 사회 경제 의 복잡한 유기체는 반대로 전도된 형태로 출현한다. 이것이 바로 앞 절 마 지막에서 마르크스가 언급한 전도와 소외다. 본질적 문제는 이런 전도를 어 떤 형태와 비교해서 말한 것인가에 있다. 『1844년 수고』의 인간주의적 소외는 이상화된 노동이라는 '유적 본질'과 비교한 전도다. 그러면 여기에서의 전도 는 무엇에 대한 것인가? 분명 그것은 **노동관계 자신에 대한 객관적 전도**다. 이 런 객관적 전도라는 사고는 이제까지 토론했듯이, 노동에서 출발해 주체적 비판으로 나아간다는 마르크스에 의해 처음 제시된 착안점이다. 그러나 여 기서의 '노동'은 과거 자연경제에서의 개인의 구체적 노동인가 아니면 미래 공산주의 사회에서의 인간의 제1의 필요성으로서의 비예속적 노동활동인 가? 이 전도와 소외 중에 '당위(Sollen)'가 있는지 없는지 우리는 구체적으로 분석해야 한다.

우리는 먼저 3대 사회형식 중 세 종류의 사회관계에 관한 마르크스의 유명 한 논의를 인용할 필요가 있다.

인격적 의존관계(persönliche Abhängigkeitsverhältnisse)(처음에 완전히 자

연발생적인)는 최초의 사회형식(die Gesellschaftsform)이다. 이 형식에서 인간적 생산성은 협소한 범위 안에서 그리고 고립된 지역에서 발전하고 있었을 뿐이다. 사물적 의존성(die sachliche Abhängigkeit)을 기초로 하는 인격적 독립성(Unabhängigkeit)은 두 번째 사회형식이다. 이 형식(form)에서 비로소 보편적인 사회적 물질대사, 전면 연계(universale Beziehungen), 다방면의 요구, 보편적 능력이라는 하나의 체계가 형성된다. 개인의 전면적인 발전과 그들의 공동체적인 사회적 생산능력이 그들의 사회적 부가 되는 이런 기초 위에 세워진 자유로운 개성(freie Individualität)은 셋째 단계다. 둘째 단계는 셋째 단계를 위한 조건을 창출한다.[23]

3대 사회형식과 역사 시대구분 등의 문제에 관해서 나는 『마르크스 역사변증법의 주체 국면』에서 이미 특별히 다루었다.[24] 지금 우리는 독해의 초점을 역사현상학이 주목하는 사회관계의 역사적 변형에 직접 집중할 것이다. 우리는 이 중요한 단락이 포함하고 있는 하나의 전제, 하나의 핵심 구성요소와 하나의 목표지향을 발견할 것이다. 즉, 인류의 생산능력, 사람과 사람의 사회관계 및 현실 역사 상황 속에서 인간 개인의 진정한 자유와 해방이다. 주의해야 할 것은, 앞의 두 개의 이론적 관점은 우리가 통상적으로 말하는 일반 물질생산력과 경제학적 의미에서의 인간의 생산관계를 지시하는 것이 아니라 일정한 역사적 조건 아래서 구체적 사회가 갖는 역사적 정재(定在)를 지시한다는 점이다. 인간 개인 또한 추상적 가치의 가정이 아니라 특정한 역사적 조건 아래의 현실적인 인간 개인이다.

마르크스가 말한 '3대 사회형식'의 토론 범주에 들어가기 전에 우리는 마르크스가 여기서 결코 역사학의 역사적 시대구분을 정의하고자 시도한 것이 아

---

23 같은 책, 104쪽. 중역본에서는 여기서의 Form을 주로 '형태'로 번역했는데 나는 '형식'으로 바꿔 번역했다. Karl Marx, *Grundrisse*, S.90~91.

24 張一兵, 『馬克思歷史辨證法的主體向度』, 第3章.

니라 자본주의 경제관계의 사물화와 전도['현재 있는(현유)']가 어떻게 역사적으로 발생했는지('과거에 있었던', 즉 첫 번째 사회형식은 이 사물화와 전도의 객관적 역사의 준거 틀이다), 그리고 이런 전도가 역사적으로 지양되는 현실적 가능('미래에 있을 수 있는')은 무엇인지를 설명하려 했다는 것을 분명히 해야 한다. 공산주의는 이런 사물화와 전도를 제거하기 위한 **초월적 준거** 틀이다. 여기의 모든 것은 이 특정한 이론적 초점 ─ 사람과 사람의 관계가 자본주의 경제 과정에 진입한 후에 객관적·역사적 변형과 전도가 발생 ─ 을 둘러싸고 차츰차츰 전개해나가면서 변주를 반복한다. 동시에 마르크스는 텍스트를 구체적으로 서술하는 과정에서 세 개의 사회형식을 분리해서 서술하지 않고 주로 두 번째 형식을 연구의 초점으로 삼았기 때문에 다른 두 개의 사회형식에 대한 토론은 분산되어 있다. 토론의 편의를 위해 우리는 앞뒤 두 종류의 사회형식에 대한 마르크스의 논술을 텍스트의 논리적 순서에 따르지 않고 한꺼번에 모아 분석할 것이다.

이른바 '첫 번째 사회형식'이란 주로 자본주의 사회 이전에 이미 객관적으로 존재했던 경제적 사회형식을 지칭한다. 그것은 우리가 말하는 '과거에 있었던(선유)' 또는 '증유(曾有)'를 의미한다. 마르크스가 이 텍스트에서 가리키는 것으로 볼 때, 첫 번째 사회형식은 아직 경제적 사회형식으로 발전하지 못한 원시공동체 단계는 포함하지 않는다. 그것은 구체적으로 원시공동체 이후 출현한 '가부장제적 관계, 고대공동체, 봉건제도와 길드제도'를 가리키는 것이다. 이에 대해 마르크스는 다음 세 가지 중요한 설명을 했다.

첫째, 인류 생존체 중 인간의 생산능력은 낮아서 그 수준과 규모 모두 매우 제한적이었다. 마르크스는 첫 번째 사회형식에서 인간의 자연적 생산(인간종의 재생산과 인간의 자연에 대한 요구)이 인간의 현실생활에서 지배적 위치를 점하고 있었다고 지적한다. 당시 물질적 생활수단의 생산은 '기껏해야 부차적인 일'이었다. 『독일 이데올로기』에서 나온 광의의 역사유물론 중 이른바 인류사회의 역사적 생존의 3단계에 대한 주장과 비교해보면 여기서의 설명은 분명 더 정확하다.[25] 첫 번째 사회형식의 시대에 농업채집이든 수렵어로이든 인간의 주체적 노동은 자연에 대해 **보조적** 역할을 했을 뿐이다. 또한 인류의 주체적 생활 과정의 "목적은 재물을 일으켜 부를 일구는 것이 아니라 자급자족하는 것이었다".[26] 다시 말해, 이때의 인류 생존은 동물과 마찬가지로 자연의 생산에 의존해서 힘들고 어렵게 자신의 생명을 연명하는 정도로, 아직 거대한 잉여적 부를 창출할 능력이 없었다. 마르크스는 다음과 같이 말하고 있다. 이런 상황에서 "개인적으로 또는 자연적으로 또는 역사적으로 확대된 가족과 종족(나중에는 공동체)의 개인은 직접 자연계에서 자신을 재생산했고 자신의 생산 활동과 생산에의 참여는 노동과 생산물의 특정한 형식에 의존했으며, 자신과 타인의 관계 역시 이렇게 결정되었다".[27] 따라서 이 당시 인간과 자연존재는 같았다. 마르크스는 뒤쪽에서 다음과 같이 언급하고 있다. 이런 사회형식 속의 생산 노동과정에서 "노동자(Arberiter)는 자기노동의 객관적 조건을 자신의 재산으로 간주했다. 이는 노동과 노동의 물질적 전제가 자연스럽게 통일된 것이다. 따라서 노동자는 (심지어) 노동과는 독립적으로 대상적 존재를 갖는다. 개인은 자신을 소유자로 간주하고 자신의 현실조건의 주인으로 간주했다". 사람은 자신이라는 존재의 주인이고 또한 자신의 현실생활 조건의 지배자다. 동시에 이 단계에서,

개개인 모두 자신을 노동자로 간주하지 않고, 자신을 소유자이자 동시에 노동하는 공동체 성원으로 간주했다. 이 노동의 목적은 가치 **창출**을 위한 것이 아니라 ─ 비록 그들은 타인의 생산물, 즉 (다른 사람의) 잉여 생산물과 바꾸기 위해 잉여노동을 창조할 수 있지만 ─ 이와 반대로, 그들 노동의 목적은 각 소유자 및 가족, 그리고 전체 공동체(Gemeinschaft)의 생존을 위한 것이었다.[28]

---

25 『馬克思恩格斯全集』, 第46卷, 上卷, 172쪽.
26 같은 책, 477쪽.
27 같은 책, 103쪽.

따라서 당시 경제활동의 목적은 사용가치를 생산하는 것이었으며, 교환을 위해 생겨나는 가치관계는 전혀 존재하지 않았다. 생산의 직접 목적은 개인과 공동체(개인은 공동체를 구성하는 기초) 간의 일정한 관계 속에서 개인을 재생산하는 것이었다. 구체적으로 말해, 자연조건에 대한 노동의 점유, 즉 최초의 노동수단, 작업장과 원료 저장소인 토지에 대한 점유는 노동을 통해 이루어진 것이 아니라 노동 자신의 전제였다. 개인은 노동의 객관적 조건을 단순히 자신의 것으로 간주하고, 자기라는 주체가 자기실현하는 무기적(無機的) 자연으로 간주한다. 노동의 주요 객관적 조건은 노동의 산물이 아니라 자연이라는 것을 알 수 있다.

둘째, 이런 생산능력에 대응해 두 종류의 다른 인간관계가 존재한다. 즉, 자연적 혈연관계와 지배 - 예속 관계를 기초로 하는 지역적 권력관계다. 이 두 종류 관계의 본질은 '인간에 대한 인간의 의존성'이다. 전자는 '자연발생적'이고 후자는 '정치적'이다. 이 가운데 "개인들은 그들의 관계가 보다 인격적인 것으로 나타난다 할지라도, 단지 어떤 한 규정성을 갖는 개인들로서 상호 관련을 가질 뿐이다. 예컨대 봉건군주와 가신, 영주와 농노 등으로서, 또는 카스트의 성원 등으로서, 또는 신분에 속한 자 등으로서 관련을 가질 뿐이다".[29] 다시 말하면 이들 인류 생존체 속에서 인간과 인간의 관계는 '인간과 인간의 직접적 연계(die unmittelbare persönliche Beziehung)'로 표현되는 것이지, 이후의 자본주의 시장교환에서 발생하는 사물과 사물의 관계로 전도되어 실현되는 간접적인 인간과 인간의 상호관계(Verhältnis)로 표현되는 것이 아니다. 이것이 의미하는 바는 이런 인류 생존체 사이에는 교환이 존재하지 않는다는 것이 아니라 "이런 상황에서 진정한 교환은 단지 부차적으로 행해지거나 또

---

28 같은 책, 471쪽. 여기서 Gemeinschaft는 근대의 사회적 관계가 구축하기 시작한 사회(Gesellschaft)와는 다른 인류 생존체다. 이런 의미에서 중역본의 '원시사회'라는 표현은 정확하지 않다. 나는 이것을 '원시공동체'로 바꿔 번역했다.

29 같은 책, 110쪽.

는 대체로 전체 공동체 생활에까지 미치지 못했고, 다른 공동체 사이에서만 발생했을 뿐이지 결코 전체 생산관계와 교류 관계를 지배하지 못했다는 것이다".[30] 이 당시 교환은 인류 생존체 생활의 목적이 아니었고, 교환은 인류 생존체의 존재를 주도하는 관계가 아니었다.

셋째, 개인의 생존상태 또한 수준이 낮아지고 개인은 독립성이 없어져서 혈연 또는 종법 공동체에 의존할 수밖에 없었다. 공동체는 직접적인 자연적 혈연관계 또는 외재적 봉건적 종법관계로 개인을 서로 연결했다. 이 공동체 속에서 개인은 자유롭지 못했고, 개인은 '타인의 제한'을 받았다.[31] 그러나 개인적 특성으로 말하자면, "이 단계에서 단일한 개인은 보다 완전한 모습으로 나타나지만, 그것은 바로 그가 아직 자신의 풍부한 관계를 만들지 못했고 또한 이런 관계를 그 자신에게서 독립한 외적 사회 권력과 관계로서 그 자신과 서로 대립하도록 하지 못했기 때문이다".[32] 이것은 고대인의 **생존의 전면성과 현실의 비풍부성** 간의 변증법적 관계다. 또한 이런 의미에서 마르크스는 다음과 같이 말하고 있다.

> 아무리 협애한 민족적·종교적·정치적 규정을 받는다 할지라도, 인간이 항상 생산의 목적으로 나타나는 고대의 사고방식은 생산이 인간의 목적으로 나타나고 부가 생산의 목적으로 나타나는 근대 세계와 비교하면 훨씬 더 숭고한 것으로 보인다.[33]

고대 인류 생존체 속에서 인간은 인간의 목적이다. 그것은 숭고한 인성의 빛을 충분히 보여준다. 그러나 근대사회에서는 **생산**(교환을 위한)이 인간의 목적이

---

30 같은 책, 105쪽.
31 같은 책, 110쪽.
32 같은 책, 109쪽.
33 같은 책, 486쪽.

되었다. 그것은 또 포스트모던에서 인간의 소멸을 예견했던 푸코가 말한 것처럼, 인간성은 모래 위에 그린 얼굴처럼 흔적도 남지 않고 소실될 것이다. 이런 비교는 역사적 좌표축에 의한 비교이기도 하다.

당연히 마르크스는 첫 번째 사회형식을 사회발전의 **이상적 모델**(루소의 자연사회 같은)로 설정하려는 생각을 조금도 하지 않았다. 따라서 여기서도 현유인 두 번째 사회형식의 소외에 대한 설정으로서 어떤 당위는 결코 존재하지 않는다. 첫 번째 사회형식은 자본주의 사회 이전에 객관적으로 존재했고, 사실 이것은 인류 사회발전 초기의, 단순한 사회적 유기체에 불과했다. 또 하나 의심할 바 없는 점은, 선유의 사회(물론 직접적인 사람과 사람 간의 공동체)에 대해 현유의 자본주의 사회는 어떤 측면에서 보더라도 거대한 역사적 진보였다는 것이다. 그래서 마르크스는 분명한 태도로 다음과 같이 지적했다. "그런 원시적 풍부함으로 되돌아가려는 것이 우스운 것처럼, 그런 완전한 공허 속에 반드시 머물러야 한다고 믿는 것도 우스운 일이다."[34] 이것은 마르크스의 관점을 루소, 시스몽디, 프루동 등의 낭만주의 논리와 구별 짓는 것이기도 하고, 마르크스 자신이 『1844년 수고』에서 소외되지 않은 인간의 진정한 유적 관계에 관한 논리를 설정한 것과 구별되는 것이기도 하다. 이 점을 정확하게 이해하는 것이 우리가 자본주의 경제의 역할을 과학적으로 평가하는 데 있어서뿐만 아니라 마르크스가 사물화, 전도, 소외의 관계를 역사현상학에 재도입한 것의 의미를 과학적으로 이해하는 데서도 매우 중요하다.

4) 사회관계의 사물화와 전도된 역사성의 발생

두 번째 사회형식으로서의 현유의 자본주의 사회는 시종 마르크스 역사현상학 분석의 주요 대상이었다. 당연히 마르크스가 먼저 대면해야 하는 것은

---

34   같은 책, 109쪽.

물질적 생산능력이 극대화된 자본주의 사회의 발전 현황이었다. 이런 발전의 근본적 동인은 물질적 생산이 개인의 직접적 필요를 벗어나 생산의 목적이 과거의 구체적 사용가치에서 교환가치로 전환한 것이었다. 첫 번째 사회형식인 "가부장적·고대적(및 봉건적) 상태는 상업, 사치, 화폐, 교환가치의 발전에 따라 몰락하기 시작했고, 근대사회는 이러한 것들과 발맞추어 발전하기 시작했다".[35] 여기서 "활동이 어떠한 개인적 표현형식을 채택했는지, 이런 활동의 생산물이 어떠한 특성을 가졌는지와 상관없이 활동과 이런 활동의 생산물은 모두 교환가치, 즉 모든 개성과 특성이 전부 부정되고 소멸한 일반적인 것이다".

여기에는 엘레아학파가 처음으로 사고한 '다'와 '일'의 심오한 관계가 함축되어 있다. 각종 물품의 사용가치는 차이가 있는 '다'이지만, 물품의 질적 차이를 지워버린 추상적 교환의 등가 관계(가치)는 '일'이다. 양자는 서로 친밀하면서 또 상호 대립하는 관계이기도 하다. 궁극적으로 객관적으로 발생한 이 교환가치 '일'은 특정한 특성을 갖는 생산품인 '다'를 부정하고 소멸시킨다. 당연히 이런 철학적 설명은 이미 수많은 매개물을 생략한 것이다. 과거 개인에게 필요한 생산물을 직접 만들어내는 그런 생산은 생산물의 사용가치를 의미한다. 이 자체가 이런 생산을 유한(사치품 포함)하게 만들고, 동시에 이런 생산 활동과 생산물에는 모두 노동자의 풍부하고 다양한 개성과 특성의 낙인이 새겨져 있다. 왜냐하면 당시의 생산은 개인의 개성을 듬뿍 담은 생산으로 구성되었고, 모든 이의 노동생산물은 완전히 똑같을 수 없어서 모든 노동의 성과는 반드시 겨울나무와 봄꽃 같은 특성을 각각 갖고 있었다. 이것이 바로 우리가 지금도 볼 수 있는 수공업 장인(개인 가죽공과 재봉사)의 노작과 같은 것이고, 그들의 노동생산물, 즉 구두와 의복 모두 개성과 독특한 품격을 지니고 있다. 그러나 자본주의 생산과정에서는 생산의 목적이 더 이상 생산물의 사

---

35   같은 책, 104쪽.

용가치가 아니다. 즉, 어떤 특정한, 자연이 결정한, 다른 종류의 노동과 질적으로 다른, 구체적 노동으로서의 결과가 아니라, 상품의 '교환가치', 즉 완전히 노동의 질을 벗어버린 양적으로만 다른 노동인 추상적 노동의 결과다. 이 또한 노동의 이중성을 구분한 것이다. 여기에서 모든 생산물과 활동은 반드시 '교환가치로 전환된다'. "왜냐하면 교환가치 위에서만 모든 사람의 활동 또는 생산물은 그에게 비로소 활동 또는 생산물이 되기 때문이다. 그는 반드시 일반적 생산물 ― 교환가치 ― 이자 고립화·개체화된 것인 화폐를 생산해야 한다."[36] 이렇게 노동은 한편에서 구체적 개인 노동으로 되고, 다른 한편에서 사회적 노동으로 된다. 이 둘은 교환과정에서 특정한 자발적 통일을 형성한다.

> 교환과 분업은 서로의 조건이다. 왜냐하면 모든 사람은 자신을 위해 노동하기 때문에, 또 그의 생산물은 그 자신에 대해서는 무(無)이기 때문에 일반적 생산능력에 참여하기 위해서뿐만 아니라 또한 자신의 생산물을 자신의 생활수단으로 변화시키기 위해서도 당연히 그는 교환해야 한다.[37]

생산의 객관적인 진행과정에서 보면, 생산의 목적은 직접적 사용가치에서 간접적 교환가치로 변화했고, 개인적 생산의 구체적 '다'에서 사회적 시장교환의 추상적 '일'로 변화했다. 교환을 목적으로 하는 상품경제가 처음으로 생산 자체를 무한하게 만들었다. 이것이 바로 자본주의가 지닌 사탄의 맷돌식의 생산력 충동이 유발되는 근본 원인이다. 따라서 마르크스는 근대의 교환(즉, 사회적 교환)은 결코 어떤 인간의 천성으로부터 유발된 교통에 대한 필요(헤스) 등이 아니라 생산이 일정한 역사단계로 발전할 때의 필연적 결과라고 설명하고 있다. 주의할 점은, 분업 생산과 교환시스템의 전제 아래 교환가치는

---

36 같은 책, 103쪽.
37 같은 책, 104쪽.

필연적으로 인류의 삶 속에서 지배적 '일'이 된다는 것이다. 이는 죄악이나 인간성의 타락이 아니라 생산발전의 요구이며 필연적 결과다. 동시에 매우 중요한 문제는 이것이 사회관계 자체의 임의적 변화로 말미암아 생겨난 필연성이 아니라 물질생산이라는 객관적 기초 위에 생겨난 필연적 법칙이라는 점이다. 그래서 마르크스는 자본주의 사회관계 변화의 근본 원인이 생산력의 발전에 있다는 것을 처음으로 과학적으로 설명할 수 있었다. 이 기초를 벗어나 사회관계의 변화를 토론하는 것은 비과학적일 뿐이다.

마르크스는 분석을 계속해나갔다. 부르주아 경제학자(스미스 등)의 눈에 시민사회의 인간관계는 "모든 사람이 자신의 사적 이익을, 그리고 오로지 자신의 사적 이익만을 추구한다. 그렇게 함으로써 부지불식간에 모든 사람의 사적 이익을 위해 봉사하고 보편이익을 위해 봉사하는 것이다".[38] 또한 이런 관계는 '사람들은 자신을 위해서, 신은 모두를 위해서'라는 자연적 사회 본성으로 신격화되었다. 이와 반대로 마르크스는 자본주의 사회의 생존방식은 실제로 전혀 자연법의 의지가 아니라 자본주의 생산이 만들어낸 분업과 교환이 객관적으로 형성한 결과라고 과학적으로 지적했다. 분업과 교환의 사회에서 사람들은 반드시 "전혀 상관없는 사람들 간의 상호적·전면적 의존으로 그들의 사회적 관련을 구성한다".[39] 이런 사회적 관련은 사람들이 자신의 노동성과를 서로 교환하는 교환가치 위에서만 표현될 뿐이다. 마르크스는 다음과 같이 언급하고 있다.

모든 생산물과 활동의 교환가치로의 전환은 생산과정에서 인간(역사적)의 모든 고정적인 인신적(역사적) 의존관계(alle feste persönliche [historiche] Abhängigkeitsverhältnisse)의 해체를 전제하며, 또한 생산자 서로 간의 전면적

38 같은 책, 102쪽.
39 같은 책, 103쪽.

의존성(allseitige Abhängigkeit)을 전제한다. 각 개인의 생산은 다른 모든 사람의 생산에 의존한다. 그의 생산물을 그 본인의 생활수단으로 전환하는 것도 다른 모든 사람의 소비에 의존해야 한다.[40]

이것은 과거 인류의 사회적 존재형태의 해체 및 새로운 사회관계로의 전화는 관념적 실현이나 인간의 주체적 의지가 아니라 사람들이 종사하는 생산에서 성장해온 역사적·객관적 전환임을 의미하는 것이다. 동시에 "교환가치와 화폐를 매개로 한 교환은 물론 생산자 서로 간의 전면적 의존을 전제하기도 하지만 동시에 생산자의 사적 이익의 완전한 분리와 사회적 분업을 전제하기도 한다. 이런 사회적 분업의 통일과 상호 보충은 마치 일종의 자연적 관계인 듯 개인의 외부에 존재하며 개인에 상관없이 존재한다".[41] 첫 번째 사회형식 속 본래의 사람과 사람의 직접적 관계는 해체되었다. 인간은 현재 시장교환의 복잡한 매개 속에서 간접적으로 자연스럽게 연결된다. 인간은 자신에 대해 외재적인 유사 자연성의 관계 속에서 완전히 철저하게 고립되었다. 마르크스는 다음과 같이 말하고 있다.

인간은 역사과정을 통해 개별화된다. 인간은 본원적으로는 ─ 비록 결코 정치적 의미의 '정치적 동물'로서는 아니라 할지라도 ─ 유적 존재, 부족적 존재, 군서동물로 나타난다. 교환 자체가 이런 개별화의 주요한 수단이다. 교환은 군서적 존재를 불필요하게 했으며, 그것을 해체했다.[42]

이때 마르크스가 설명한 근대적 사회관계(자본주의 경제구조)는 분명히 그가 『독일 이데올로기』에서 구체적으로 지적한 그것과는 다르다. 첫째, 여기

---

40 같은 책, 102쪽. Karl Marx, *Grundrisse*, S.89.
41 같은 책, 104쪽.
42 같은 책, 497쪽.

에 실제로 출현한 것은 내가 언급한 마르크스의 경제학 연구 중의 협의의 역사유물론 관점이다. 즉, 경제의 사회형태 중 인간이 창조한 것이 인간의 의지와 상관없이 전이되는 객관적 힘이 되기 시작한 것이다. 통속적으로 말하면 바로 역사적 경제결정론이다. 다시 말하면, 광의의 역사유물론이 지닌 물질생산 시원론의 관점에서 특정의 경제역량과 경제관계가 인간의 근대생활에서 주도적인 것이 된다고 말할 수 있다. 제2인터내셔널의 이론가는 이런 역사적 주도성을 일종의 보편적 법칙으로 비역사적으로 고정했다. 여기서 마르크스의 구체적인 역사 분석은 전통 철학 교과서의 분석 논리에 비해 분명 훨씬 복잡하며, 이것은 결코 생산력이 생산관계를 결정한다는 주장으로 간단히 대체할 수 있는 것이 아니다. 작금의 중국 사회주의 시장경제의 사회관계와 당대 자본주의 사회관계 문제는 모두 훨씬 복잡한 구조의 총체다. 유감스러운 것은 과거 우리 연구에서는 이런 주요한 설명이 단지 경제학의 구체적인 설명 안에 실증적으로 열거되기만 했을 뿐이며 내용적으로는 경시되었다는 점이다.

둘째, 마르크스는 두 번째 사회형식, 즉 자본주의 사회에서 나타나는 인간관계의 사물화와 전도를 처음으로 완전하게 설명했다. 이것은 우리가 매우 주목하는 문제다. 교환가치가 목적이 되면서 모든 것이 교환가치로 전환되어야만 했고 교환가치는 개인이 현실사회의 인정에 도달하는 유일한 통로가 되었다. 동시에 교환가치는 또 필연적으로 일반적 등가물에서 화폐로 발전한다. 과거 사람들 사이의 직접적인 교통관계와 달리, 지금의 자본주의 사회에서 나타나는 인간관계는 교환 매개의 사물화(전도)를 통해야만 하는 피할 수 없는 현상이 되었다. 마르크스는 다음과 같이 언급하고 있다.

> 활동의 사회성은 생산물의 사회형식 및 개인의 생산 참여와 마찬가지로, 여기서는 개인에 대해 소외된 것(Fremdes)으로 표현되고, 사물적인 것(Sachliches)으로 표현된다. 활동의 사회성은 개인상호 간의 관계 행위로 표현되는 것이 아니

라 개인들에게 의존함 없이 존립하고, 무관심한 개인들의 상호 충돌로부터 생겨나는 관계들 아래로의 개인들을 복속시키는 것으로 나타난다. 활동과 생산물의 보편적 교환은 이미 모든 단일한 개인의 생존조건이 되었고, 이와 같은 보편적 교환과 그들의 상호 관련(wechselseitiger Zusammenhang)은 그들 자신의 입장에서 보자면 소외되고 무관한 것으로 표현되며, 일종의 사물(als eine Sache)로 표현된다. 교환가치에서 인간의 사회적 연계(die gesellschaftliche Beziehung der Personen)는 사물적인 사회적 관계(ein gesellschaftliches Verhalten der Sachen)로 전환된다. 그리고 인간의 능력은 사물적인 능력으로 전화된다.[43]

이리하여 전도와 사물화가 생겨났다. "그러나 왜 사람들은 사물(Sache)을 신뢰하는가? 분명 이런 사물은 인간 상호 간의 관계가 사물화된 것(versachlichtes Verhältnis)으로서의 사물, 즉 사물화된 교환가치(Tauschwert)로서의 사물일 뿐이며, 교환가치는 인간 상호 간 생산 활동의 연계(Beziehung der produktiven Tätigkeit)와 다름없다."[44] 마르크스는 화폐 존재의 전제는 바로 사회관계 자체의 사물화이며, 돈은 여기서 일종의 '저당물'로 표현된다고 분석했다. 어떤 사람이 시장교환에서 다른 사람의 수중으로부터 상품을 획득하려면 반드시 이 저당물을 남겨야 한다. 언뜻 보기에 "사람들이 신뢰하는 것은 물(화폐)이지 인간으로서의 자신이 아니다". 또한 "개인의 생산물 또는 활동은 반드시 먼저 교환가치의 형식으로 전환되고 화폐로 전환되어야 비로소 이런 물의 형식을 통해 자신의 사회적 권력을 취득하고 표명한다".[45] 당신이 일단 화폐를 보유하면 당신은 권력을 보유한 것이다. 화폐는 바로 권력이다! "그들 자신의 교환과 그들 자신의 생산은 그들과 **독립**적인 **사물** 관계로서 그들 자신과 상호 대립한

---

43 같은 책, 103~104쪽. Karl Marx, *Grundrisse*, S.90.
44 같은 책, 103~104쪽. 중역본에서는 versachlichen을 '물화'로 번역했지만 나는 '사물화'로 바꿔 번역했다. Karl Marx, *Grundrisse*, S.93.
45 같은 책, 105쪽.

다."[46] 그리고 "각 개인은 물의 형식으로 사회 권력(Macht)을 점유한다. 만약 당신이 물로부터 사회 권력을 빼앗았다면, 당신은 사람을 지배하는 이런 권력을 사람에게 부여해야만 한다".[47] 사실 마르크스는 자본주의 경제 과정에서의 교환관계가 지니는 이런 전도된 성질을 분석하고 경제 현상에서 화폐가 신비한 권력을 획득하는 비밀을 설명했다. 나는 이후에 셸러[48]가 신정론의 맥락에서 마르크스 경제학의 현상학 비판을 차용한 것에 주목했다. 그의 눈에 현실적 상품 - 시장경제는 일종의 신성한 '가치의 전도'로, 즉 질적 가치와 가상적 가치의 전도이자 생명 가치와 유용한 가치의 전도로 보였다.[49]

이후의 『정치경제학 비판』에서 마르크스는 훨씬 정확하게 지적했다. "교환가치를 생산하는 노동은 또 하나의 특징, 즉 사람과 사람 사이의 사회관계가 전도되어 사물과 사물의 관계로 표현된다는 특징을 갖는다고 말할 수 있다. …… 따라서 교환가치가 사람과 사람 간의 관계를 뜻한다는 이런 어법이 정확하다면, 그것은 물의 외피 아래 은폐된 관계라고 반드시 보충설명을 해야 한다."[50] 마르크스의 역사현상학적 관점에서 볼 때, 사회적 생산관계는 사물적 형식을 취해서 사람과 사람이 자신들의 노동의 관계에서 사물과 사물 피차간의 관계로 그리고 사물과 사람의 관계로 표현되도록 만든다. "이런 현상이 일상생활에서 익숙해짐으로써 비로소 평범하고 말하지 않아도 자명한 일로 여겨진다."[51] 이것이 바로 역사현상학이 반증하려고 시도하는 현상이다.

---

46 같은 책, 108쪽. 중역본에서는 sachliche를 '물'로 번역했지만 나는 '사물'로 바꿔 번역했다. Karl Marx, *Grundrisse*, S.94.

47 같은 책, 104쪽.

48 막스 셸러(Max Scheler, 1874~1928), 독일의 저명한 기독교사상가이자 현상학 가치윤리학의 창시자다. 또한 지식사회학의 선구자이며 근대 철학인류학의 정초자이기도 하다.

49 舍勒, 『价值的顚覆』, 羅悌倫等譯(北京三聯書店, 1997), 22~134쪽.

50 『馬克思恩格斯全集』, 第13卷, 22쪽.

51 같은 책, 23쪽.

일종의 사회적 생산관계는 개인의 외부에 존재하는 물로 표현된다. 사회생활의 생산과정에서 발생한 이들 개인의 특정 관계는 사물의 특수한 속성으로 표현된다. 이런 전도, 상상이 아닌 평범한 실재의 이런 신비화는 교환가치를 생산하는 노동의 모든 사회형식이 지닌 특징이다.[52]

『1844년 수고』와 달리 여기에서 마르크스가 말한 사물화와 전도는 더 이상 추상의 주관적 가치판단이 아니라 객관적 역사 인식이라는 점에 대해서도 정의할 필요가 있다. 이것은 두 가지 측면으로 나타난다. 첫째, 과거를 되돌아볼 때 인간관계의 사물화와 전도는 과거 첫 번째 사회형식에서 나타나는 인간 대 인간의 직접 관계('인적 의존성')와 비교하면 그 자체로 역사의 진보를 의미하며 '인간성의 타락'을 의미하는 것이 아니다. "이런 물적 관련이 개인들의 몰연관성보다 좋다거나 협소한 원시적 혈연관계나 지배 – 예속 관계를 기초로 하는 국지적 관련보다 좋다는 데에는 아무런 의심의 여지가 없다."[53] 둘째, 미래를 전망할 때, 바로 이런 사물화와 전도의 관계가 비로소 더 높은 단계의 '보편적으로 발전한 개인', 즉 세 번째 사회형식에서 인간의 자유롭게 발전하는 개성과 능력을 만들어낼 수 있다. 마르크스는 이를 뚜렷하게 전망했다.

이런 개성을 가능하게 하려면 능력의 발전이 일정한 정도와 보편성에 도달해야 한다. 이것은 바로 교환가치의 기초 위에 세워진 생산을 전제한 것이고, 이런 생산이 비로소 개인이 자신 및 타인으로부터의 보편적 소외를 일으키는 동시에 개인의 관련과 능력의 일반성과 전면성을 만들어낸다.[54]

사물화와 전도는 왜 인간관계의 보편성과 전면성을 창조해낼까? 왜냐하면

---

52 같은 책, 38쪽.
53 『馬克思恩格斯全集』, 第46卷, 上卷, 108쪽.
54 같은 책, 108~109쪽.

자본주의 경제가 형성한 교환을 목적으로 하는 세계 역사의 진전인 "세계시장 (Weltmarkt)에서 단일한 개인과 모든 사람 사이에 관련(Zusammenhang)이 발생하지만 동시에 이런 관련은 또한 단일한 개인이 바꿀 수 없"[55]기 때문이다. 상품, 화폐, 자본이 빈번하고 광범위한 교환을 통해 열어놓은 세계시장에서 경제적 사물화라는 매개적 관계는 시장에 진입하는 모든 사람을 전체에 밀접하게 관련된 구성 부분으로 만들었다. 마르크스는 이런 인간관계의 사물화와 전도를 통해서만 비로소 현실의 역사발전에서 인간의 한층 더 전면적인 자유해방의 물질적 가능성을 진정으로 만들 수 있다는 것을 설명하고자 했다. 이 점에서 마르크스의 사상은 헤겔 역사변증법의 객관적 필연성 전제에 한층 더 가까워졌다. 경제학의 기초 위에 세워진 이런 토론은 『독일 이데올로기』에서 행한 관련 주제의 연구에 비해 크게 진전한 것이었다. 동시에 우리는 이미 이런 과학적 인식이 『1844년 수고』 중의 윤리적 비판과 매우 이질적이라는 것도 알 수 있다.

그러나 부르주아 이데올로기와 달리, 마르크스는 이런 역사의 진보를 결코 단순하게 긍정할 수 없었다. 그는 부르주아 경제학자들처럼 "이런 자발적인, 개인의 지식과 의지로 바꿀 수 없는, 개인 상호 간의 독립과 무관심을 전제로 하는 관련"의 사회를 '자연적 산물'로 간주하거나 전도와 사물화의 사회관계를 사회가 본래 가진 객관적 자연속성으로 보지 않았다.[56]

마르크스는 다음과 같이 언급하고 있다. "만약 이런 단순한 사물의 관련 (der sachliche Zusammenhang)을 자연발생적·개성적 자연(반성적 지식과 의지와는 상반된)과 분리될 수 없는 것으로 이해하거나 개성의 내재적 관련으로 이해하는 것은 황당무계하다."[57] 왜냐하면 이런 사물화의 사회관계는 '역사적 산물(hisorisches Produkt)'이기 때문이다.

55 　같은 책, 108쪽.
56 　같은 책, 108쪽.
57 　같은 책, 108쪽.

개인과 상호 대립해 존재하는 이런 관련의 소외성과 독립성은 인간이 자신의 사회적 생활의 조건을 창조하는 과정에 놓여 있지, 이런 조건에서 출발하여 그들의 사회적 생활을 시작하는 것은 아니라는 것을 증명할 뿐이다. 이는 특정하고 협애한 생산관계에 놓여 있는 각 개인의 자연발생적인 관련인 것이다.[58]

마찬가지로 "전혀 의심할 바 없이 개인은 자신의 사회적 관련을 창조해내기 전에는 이런 관련을 자신의 지배 아래 둘 수 없다".[59] 이런 역사적으로 사물화된 사회관계를 사회의 자연적 형식으로 보는 것은 허구의 경제적 물상으로 사회의 본질적 관계를 은폐하는 것이다. 이것이 모든 부르주아 이데올로기의 본질이다!

셋째, 마르크스가 설명한 근대적 사회관계는 두 번째 사회형식에 등장하는 개인의 **생존상황의 전도**를 체현한 것이다. 마르크스가 보기에 자본주의 경제 과정에서 "(1) 개인은 사회를 위해 그리고 사회 안에서 생산을 진행할 뿐이다. (2) 그들의 생산은 **직접적인 사회적 생산**이 아니며, 상호간에 노동을 배분하는 연합(association)의 산물도 아니다. 개인은 그들 외부에 운명처럼 존재하는 사회적 생산에 종속된다. 그러나 사회적 생산은 이런 생산을 자신들의 공동의 능력으로 대하는 개인들에게 종속되지 않는다".[60] 왜냐하면,

화폐관계 속에서, 발달한 교환관계 속에서(이런 표면적 현상은 민주주의를 미혹시킨다) 인간의 의존적 유대, 혈통적 차별, 교육적 차별 등등은 사실상 모두 타파되고 분쇄된다[모든 인신적 유대(persönliche Bande)는 적어도 모두 인격적 관계(persönliche Verhältnisse)로 표현된다]. 각 개인은 보기에 마치 독립적이고(이런 독립은 보통 환상에 불과하다. 정확히 말하면, 서로 무관심 — 서

---

58   같은 책, 108쪽.
59   같은 책, 108쪽.
60   같은 책, 10쪽.

로의 관계가 냉담하다는 의미에서 ─ 하다) 자유롭게 서로 접촉하며 이런 자유 속에서 서로 교환하는 듯하다. 그러나 개인 상호 간 접촉의 조건, 즉 생존 조건(Existenzbedingungen)을 고려하지 않는 사람이 볼 때에만 이들 조건은 또 개인에게 의존하지 않고 존재하며, 그 조건들은 비록 사회가 생산해내지만 개인의 통제를 받지 않는 자연적 조건(Naturbedingungen)으로 나타난다. 각 개인은 비로소 이런 식으로 드러난다.[61]

여기서 개인은 "훨씬 큰 자유를 향유하는 것처럼 보인다". 그러나 사실 이런 "발달한 형태 위에서 개인은 물적 제약으로, 즉 자신이 바꿀 수 없는 독립 존재의 관계 제약으로 나타난다".[62] "개인은 어쩌다 그 관계 제약을 극복할 수 있다. 하지만 그 관계 제약의 통제를 받는 대부분의 사람은 그렇지 못하다. 왜냐하면 그러한 제약이 존재한다는 것 자체가 각 개인이 그것에 종속되거나 또는 반드시 종속된다는 것을 보여주기 때문이다."[63] 분명 이 관계들은 의존 관계의 소멸로 나타나는 것이 아니라 이런 관계를 더 보편적 형식으로 만든다. 마르크스는 "그것들은 인격적 의존관계의 일반적 근거를 만들어낸다"라고 말한다.[64] 마르크스는 뒤에서 자본주의 생산 시기에 "인간의 내재적 본질을 이처럼 완전히 표출하는 것은 완전한 공허로 나타나고, 이런 보편적 사물화 과정은 총체적 소외로 표현되어 이미 정해졌던 모든 단편적 목적의 폐기가 어떤 순수한 외재적 목적을 위해 자신의 목적 자체를 희생하는 것으로 나타난다"[65]라고 언급한다.

바로 이런 역사적인 상품 ─ 시장경제 세계에서 교환가치의 생산을 위해 인간과 인간의 사회관계는 전도되어 사물과 사물의 관계로 나타난다. 개인 생

---

61   같은 책, 105쪽. Karl Marx, *Grundrisse*, S.96.
62   같은 책, 110쪽.
63   같은 책, 111쪽.
64   같은 책, 111쪽.
65   같은 책, 486쪽.

존은 사실 필연적으로 고립적 개체화의 파편적 생존으로 전환된다. 강력한 사물화의 경제적 힘 앞에서 개인 생존은 말할 가치도 없어 보인다. 개인은 시장경제의 자생적 발전과 이윤실현의 도구로 전도되어 나타난다. 생산은 확실히 빠르게 진보하고, 부는 확실히 빠르게 축적된다. 그러나 날마다 새로운 세계를 창조하는 인간은 "완전한 무로 나타난다". 이런 현실의 역사적 진행과정은 본말이 전도되고 흑백이 전도된 것이 아니란 말인가? 과거 이미 존재했던 태고시대에 인류가 생존하던 단순한 형식('선유')과 비교하든, 근대 대공업 생산이 창조한 물질조건 위에 전망할 수 있는 해방된 미래('후유')와 비교하든 간에 현실의 자본주의 인류사회의 생존 상황은 모두 한바탕 매우 비정상적이며 극도로 왜곡된 인간 비극이다. 마르크스의 역사현상학은 시장경제의 두터운 역사현상의 베일을 벗겨내고 이 특정 사회의 역사발전 단계의 본질을 드러나게 해서 진정으로 인류 생존에 부합하는 공산주의 사회 존재의 경계를 보여주는 것이다. 이것이 바로 이른바 세 번째 사회형식이다.

이 텍스트의 맥락에서 세 번째 사회형식은 마르크스의 주요 논제의 대상이 아니다. 공산주의라는 인류 해방은 단지 자본주의 현실에 대한 비판 후에 이를 넘어설 사회형식을 전망하는 것일 뿐이다. 세 번째 사회형식은 현실의 가능성을 지향할 뿐이므로 마땅히 존재해야 하는 가치설정이 아니라 역사발전의 객관적 지향, 즉 '후유(미래)'다. 세 번째 사회형식이 지향하는 목표는 매우 분명하다. 바로 "개인의 전면적 발전과 그들 공통의 사회적 생산능력이 그들의 사회적 부가 되는 기초에서의 자유로운 개성이다".[66] 그것은 먼저 첫 번째 사회형식에서 발전해 나온 사회적 생산능력이며, 두 번째로 생산수단의 공동점유와 공동통제의 기초 위에 연합하기 시작한 개인이다. 이런 연합은 임의적인 것이 아니라 물질적·정신적 조건의 발전을 전제로 한다. 이들 개인 사이에 진행되는 것은 '자유 교환'이다. 마지막으로, 이런 "그들 자신의 공동체 관

---

66   같은 책, 104쪽.

계로서의 보편적으로 발전한 개인들의 사회관계는 또한 자신들의 공동체적 통제에 종속된다. 이와 같이 보편적으로 발전한 개인들은 자연적 산물이 아니라 역사적 산물이다".[67] 이는 다음과 같은 이유 때문이다.

> 사실 만약 협애한 부르주아 형식을 던져버린다면, 부가 어찌 보편적 교환과 정에서 조성된 개인의 욕구, 능력, 향유, 생산력 등등의 보편성이 아니겠는가? 부란 자연력 — 보통 말하는 '자연'의 힘이기도 하고 인간 자체의 자연력이기도 한 — 에 대한 인간 통제를 충분히 발휘한 것 아니겠는가? 부가 어찌 인간의 타고난 창조적 소질의 절대 발휘가 아니겠는가? 이러한 발휘의 전제는 오로지 이전의 역사발전 말고는 없다. 그리고 역사적 발전은 이와 같은 발전의 총체성을, 즉 기존의 척도(Maaβ)로는 측정되지 않는 인간적 힘 자체의 전면적 발전을 자신의 목적으로 한다. 여기에서 인간은 어떤 규정 위에서 자신을 재생산하는 것이 아니라 자신의 총체성을 생산한다. 여기에서 인간은 기성의 어떤 것에 머무르려 힘쓰는 것이 아니라 생성의 절대적 운동 속에 있다.[68]

세 번째 사회형식은 등장해야만 하는 이상사회 같은 것이 아니라 두 번째 사회형식이 창조한 물의 보편적 교환관계라는 기초 위에 성장한 새로운 전면성을 낳은 사회다. 이것은 인간해방 운동에서 '절대적 운동'이다.

5) 추상물이 지배자가 되다: 역사현상학과 정신현상학의 다른 대답

자본주의 경제 과정에서 사람과 사람의 직접적 관계가 전도되어 사물화된 사물의 관계가 된다는 점을 해명한 후, 마르크스는 갑자기 앞에서 자신이 이

---

67   같은 책, 108쪽.
68   같은 책, 486쪽.

미 언급한 철학 역사이론에서 중요하고 깊은 관점, 즉 근대사회에서는 추상물이 지배자가 되는 현상이 왜 발생하는지를 다시 강조했다. 나는 이 역시 마르크스가 근대 관념론적 역사관의 가장 중요한 현실적 근본 문제를 처음으로 드러낸 것이라고 본다. 우리는 심지어 마르크스의 경제학 연구에서 헤겔의 객관적 관념론이 처음으로 깊이 해석되었고 처음으로 심오한 사상의 빛을 발했다고 말할 수 있다. 따라서 마르크스는 자신의 역사현상학과 정신현상학의 이질성을 근본적으로 구분했다.

마르크스는 "'인격적 의존관계(persönliche Abhängigkeitsverhältnisse)와 대립하는 이 사물적 의존관계(sachliche Abhängigkeitsverhältnisse)'[69]는 '표면상 독립한 개인들과 자립적으로 대립하는 사회적 관련들과 다름없고, 즉 이 개인들 자신과 대립해 자립화한, 그들 서로 간의 생산관계(Produktionsbeziehungen)'[70]와 다름없다고 말하고 있다. 바로 이어서 마르크스는 화제를 바꾸었다. "개인은 지금 추상(Abstraktionen)의 지배를 받는다. 그러나 이전에 그들은 서로 의존했다."[71] 이 추상은 무엇을 의미하는가? 마르크스의 정의에 따르면, "추상 또는 관념은 개인들 위에 선 주인이며, 저 물질적 관계들(meterielle Verhältnisse)의 이론적 표현에 불과하다". 이는 매우 심오한 이론적 개괄이다. 사실 일찍이 『독일 이데올로기』에서 마르크스는 이에 대해 초보적 사고를 제시했으며 이미 다음과 같이 의식하고 있었다.

효용의 물질적 표현이 화폐다. 화폐는 모든 물(alle Dinge), 인간과 사회적 관계의 가치를 대표한다. 그러나 어렵지 않게 알 수 있듯 '이용'이라는 범주는 나와 다른 사람 간에 발생한 현실적인 교통의 관련(wirkliche Verkehrsbeziehungen)에서 추상해낸 것이지, 성찰이나 의지로부터 추상해낸 것이 전혀 아니다. 다음

---

69 같은 책, 111쪽.
70 같은 책, 111쪽.
71 같은 책, 111쪽.

도 어렵지 않게 알 수 있다. 순사변적 방법을 통해 이 관계들은 반대로 그 관계들 자체에서 추상해낸 범주의 현실성을 가장하는 데 쓰인다. 헤겔은 똑같은 방법과 똑같은 근거로 모든 관계를 객관적 정신의 관계로 묘사했다.[72]

이 점에서 마르크스의 사고는 더욱 심오해졌다. 구체적으로 말하자면, 추상은 바로 가치이고 가치의 일반적 형태는 화폐다. 전술했듯이 자본주의 경제 운행 가운데 교환과정에서 형성된 가치는 원래 역사의 객관적 추상, 즉 무차별적 노동 일반이다. 당연히 이것은 시장교환에서 실현한 사회적 필요노동이다. 우리는 방금 전 교환가치가 수단에서 목적 자체로 상승해 노동의 교환관계의 **추상적 비율**이 현실경제운행에서 사물화되어 실체화되는 사태를 토론했다. 동시에 이런 사물화 관계는 개인에 대한 외부적 권력이 되었다. 마르크스는 이후의 토론에서 다음과 같이 지적하고 있다.

> 가치는 인간들이 노동을 서로 동등하고 일반적인 노동으로서, 또 이러한 형태에서 사회적인 노동으로서 취급한다는 것에 근거한다. 이것은 인간의 모든 사유가 그러한 것처럼 하나의 추상이다. 또 사회적 관계들이 인간 사이에 존재하는 것은 그들이 사유하는 한에서, 그리고 감각적인 개별성이나 우연성을 사상하는 이런 추상 능력을 그들이 갖춘 한에서일 뿐이다.[73]

이것은 바꿔 말하면 "관계는 당연히 이념 속에서 표현될 수밖에 없다. 따라서 철학자들은 이념에 의해 개인들이 지배되는 상태를 근대의 독자성"[74]으로 파악했다. 이것이 마르크스가 말한 '추상물이 지배자가 된다'는 것의 진정한 맥락이다. 사실 추상물이 지배자가 된다는 것은 근대 각종 관념론 철학의 중요

---

72 『馬克思恩格斯全集』, 第3卷, 上卷, 480쪽.
73 『馬克思恩格斯全集』, 第47卷, 255쪽.
74 같은 책, 255쪽.

한 사상적 근원이다! 이 맥락 또한 우리에게 엘레아학파가 부각한 '일'과 플라톤의 이데아, 특히 한때 청년 마르크스가 빠져든 부르주아 정치경제학의 비밀을 꿰뚫어 본 헤겔 철학을 생각나게 한다. 헤겔의 정신현상학은 인류사회의 실천에서 역사적으로 형성된 사회관계(질서 있는 구조)의 추상을 세계의 본질로 직접 실체화했다. 이로 인해 구체적 물질존재 형태 자체가 관념적 본질의 현상으로 잘못 인식되었다. 그는 사물화된 현상, 자기의식으로부터 이성에 이르기까지의 본질을 각각 벗거내 마침내 역사 현실을 정신의 성장사와 선험적 논리 구조로 바꾸어놓았다. 이 책의 제1장에서 내가 지적한 부르주아 고전경제학에 대한 헤겔의 오해를 여기서 마르크스가 명확하게 드러내 보였다. 이에 대응해 마르크스의 사회역사현상학이 갖는 의의도 한층 더 확장되었다.

내가 보기에 마르크스가 지칭한 '추상물의 지배'는 세 가지 함의를 갖는다.

첫째, 객관적 역사의 추상 자체라는 것이다. 앞에서 언급한 것처럼 어떤 비실체적 관계도 감성적 직관으로 파악할 수 없으며 관념적 추상을 통해서만 비로소 현실에 반영될 수 있다(법칙 또한 이와 마찬가지다). 첫째, 자연 존재는 물적 기능이라는 속성을 갖지만, 자연계의 각종 물질 활동의 비실체적 관계(본질)와 법칙은 직관성을 갖지 않는다. 둘째, 사회적 존재는 인간 활동의 기능적 속성을 갖는데, 그 속성은 실체적이지 않다. 이런 사회적 물질존재는 주로 활동, 관계, 과정과 법칙이며, 물질적 실체는 단지 이러한 요소들의 물질적 담지자일 뿐이다. 어떤 의미에서 우리는 사회적 존재의 본질은 사회적 관계이고 역사유물론은 바로 '관계실체론'이라고 말할 수 있다. 앞에서 우리가 여러 차례 언급했듯이 사회생활의 관계와 법칙 모두 감성적인 직관적 존재가 아니다. 생산력은 일종의 관계적 추상이며 생산관계 역시 관계적 추상이다. 원래 우리는 생산력을 세 가지의 실체적인 것으로 이해했지만 이것은 의심할 바 없는 잘못이다. 생산력의 본질은 사실 인간과 자연의 관계다. 생산관계는 더욱 이와 같다. 특히 생산관계의 재생산 과정에서 인간과 자연의 관계는 언제나 새롭게 구축되지만, 그것은 사물이 아니라 사람의 활동에 따라 구축되는 기능적 관계다. 일단 인간이 활동을 중단하면 이런 관계는 즉각 해체된다. 물론 추상을 통해서만 비로소 파악될 수 있는 사회관계 역시 물의 부속적 실체를 가지며 특정한 역사 조건 아래서 이런 관계도 전도된 사물화(상품, 화폐, 자본)를 발생시킬 것이다. 일단 이런 관계가 사물화되면 그 사회관계는 전도되어 자신을 표상하고 정반대로 인류 생존을 지배하는 힘이 된다. 경제결정론의 본질은 경제관계가 지배적 힘이 되는 것이다.

둘째, 관념이 관계와 법칙(특히 사회생활의 인식에서)을 반영한다는 것이다. 이 때문에 관념이 결정적인 것으로 자주 잘못 인식된다. 이것은 관계실체론을 전도해서 반영한 것이다. 주의할 것은 이런 관념 결정론이 주로 객관적 관념론이라는 점이다. 왜냐하면 주관적 관념론은 인간의 감각, 직감, 욕망과 본능에서 출발하기 때문이다. 사실 합리적 관념론의 실질은 관계와 법칙에 대한 관심이다. 앞에서 언급한 바와 같이 인류사회생활 중의 모든 본질적 존재는 모두 비직관적이기 때문에 그 본질적 존재는 생활과정에서 언제나 역사적으로 구축되고 탈구축된다. 인간의 활동 자체는 사물화되지 않았다면 즉각 사라질 것이다. 따라서 사회활동의 기능적 구조의 존재는 특정한 물질적 부속물을 통해 객관적으로 존속한다. 안개에 휩싸인 사회적 존재를 대면해서 인류 주체는 오직 깊은 이성적 파악을 통해서만 비로소 안개를 걷고 태양을 드러낼 수 있고, 사회관계와 심층의 기능적 사회구조를 투시하고 통찰할 수 있다. 이렇게 사회생활 본질에 대한 자각 및 개인의 결정에 대한 이성적 추상은 항상 관념적인 것으로 잘못 이해된다. 바로 이 점에서 러바인은 매우 큰 잘못을 범했다. 그는 여기에서 마르크스의 관점을 소위 '사회적 선험', 즉 사회생활에서 개념의 진정한 우선성이라고 잘못 인식했다. 이것은 조잡한 객관적 관념론이다.[75] 이것은 분명 근대 역사 관념론의 중요한 발원지다.

---

75   萊文, 『辯証法內部對話』, 199~200쪽.

셋째, 자본주의 현실에서는 추상물이 지배자가 된다는 것이다. 이것은 근대 자본주의 사회에서 객관적 추상이 사물의 형식으로 사회적 존재를 지배하는 것이다. 마르크스에게서 현실의 사회적 존재를 통치하는 '추상(본질)'은 바로 추상적 노동의 등가관계 – 가치관계 – 사물적 대체물 – 관념성 – 사물의 상징 – 기호(신용)다. 본질적 측면에서, 이것은 정말 현실 속의 관념결정론이다. 또한 이런 관계의 추상관념은 경제에서 다시 한 번 사물화되고 인간은 이런 전도된 사물화 관계가 진실로 존재한다고 여기며 물신숭배가 이로부터 생겨난다. 관계와 법칙이 직접 인간을 압박하는 것이 과거 사회의 역사적 특징이었다면, 자본주의 사회에서는 경제교환관계의 추상이 사물의 관계 형식을 취해 간접적으로 인간을 통치하고 압박한다. 또한 이런 노예적 강제는 자연법적 유사 자연성과 '사물의 지배'로 나타난다. 이런 추상적인 '보이지 않는 손'의 통제는 과거 외재적 전제와 비교할 때 마치 더 공정한 '비인격적 통치'라는 객관적 지배처럼 보인다. 분명 마르크스와 엥겔스는 인간에 대한 이런 추상의 지배, 사물적 형식을 취한 추상물의 지배를 부정했다. 그것은 인간적 관계를 표현하는 것이 아니라 자연적 관계와 법칙을 표현한다. 아렌트[76]의 언어로 말하면 바로 "비인격적 지배는 지배가 없음을 의미하는 것이 아니다. 의심할 바 없이 어떤 특정한 상황에서 그것은 심지어 가장 잔혹하고 가장 포악한 통치형식이 될 수 있다".[77]

경제학에 관한 논의에서 마르크스는 하나의 역사를 관통하는 철학을 설명했다. 여기에서 사회 경제관계는 핵심이 되고 이런 관계는 최종적으로 추상에 위치한다. 즉, 마르크스가 말한 "인간을 지배하는 추상"인 것이다. 왜 이렇게 추상이 통치하게 되는가? 이것은 매우 심각한 문제다. 철학은 분명 그것을 확실하게 밝힐 수 없다. 그래서 마르크스는 다시 경제학 원래의 사유로 돌아

---

76 한나 아렌트(Hannah Arendt, 1906~1975), 독일계 미국사상가이자 정치이론가다.
77 阿倫特,「公共領域和私人領域」, 汪暉·陳燕谷主編,『文化与公共性』, 劉鋒譯(三聯書店, 1998), 72쪽.

와서 이런 특수한 추상을 직접 화폐와 연결해 사고를 진행했다.

마르크스는 "노동시간 자체는 직접 화폐가 될 수 없다"[78]라고 지적했는데, 바로 노동의 일반성, 즉 **추상적 사회성의 사물화**에 의해 "노동생산물이 교환가치로 되는 것"[79]이다. 이것은 추상적 가치실체(노동 일반)와 가치량(노동시간)의 관계다. "직접 **일반적 화폐**가 되기 위해서는 개인의 노동은 반드시 처음부터 특수한 노동이 아니라 일반적 노동이어야만 한다. 즉, 처음부터 일반적 생산의 일부로서 규정되어야만 한다."[80] 이것이 구체에서 추상으로의 객관적 필연이다!

> 교환가치가 된 생산물은 실질적으로 이미 더 이상 단순한 생산물로 규정되지 않는다. 그것은 그것의 자연적 질(natürliche Qualität)과 다른 질로 간주된다. 그것은 일종의 관계(Verhältnis)로 간주된다. 이런 관계는 일반적 관계인데, 이는 하나의 상품에 대한 관계가 아니라 모든 상품에 대한 관계, 모든 가능한 상품에 대한 관계에서 그렇다. 따라서 그것은 일반적 관계를 반영한다. 이런 상품은 자신을 일정량의 일반적 노동, 즉 사회적 노동시간의 실현으로 간주한다.[81]

추상적 가치는 일반적으로 특정한 사물화 대상으로 전화된다. "교환가치는 모든 생산물의 실체로서 사회적 노동을 전제로 하며, 생산물의 자연 성질과 완전히 무관하다."[82] 그러나 그것은 또 직접 자연적 물품으로 표현된다. 이렇게 생산물은 상품이 되고 상품은 교환가치가 되며, 교환가치는 상품과 나란히 특수한 존재, 즉 화폐가 된다. 이로부터 "화폐는 단순한 유통수단으로 표현되는 이러한 노복의 신분에서 일약 상품세계의 통치자와 신(Herrscher

---

78 『馬克思恩格斯全集』, 第46卷, 上卷, 115쪽.
79 같은 책, 115쪽.
80 같은 책, 118~119쪽.
81 같은 책, 154쪽. Karl Marx, *Grundrisse*, S.133~134.
82 같은 책, 154쪽.

제9장 _ 경제학적 맥락 속의 역사현상학 869

und Gott in der Welt der Waren)이 되었다".[83] 현실사회에서 일어나는 추상물의 지배는 바로 여기에서 발생한다. 과거 자연적 부가 어떤 형식이었든지 간에 그것들과 인간의 관계는 모두 "개인과 물 사이의 본질적 관계를 전제로 한다. 따라서 개인은 자신의 어떤 측면을 사물 속에 물화해, 사물을 점유하는 동시에 자신의 개성의 일정한 발전을 나타낸다".[84] 만약 소와 양을 영유한다면 그는 목축업자가 될 것이고, 곡물을 영유한다면 농민이 될 것이다. 마르크스는 이어서 다음과 같이 언급하고 있다.

> 이와 반대로 화폐는 일반적 부의 개체다. 화폐는 유통에서 생겨나고, 화폐 자체는 단지 일반적인 것을 대표할 뿐이며, 순수하게 사회적 결과(gesellschaftliches Resultat)다. 화폐는 완전히 자신의 점유자에 대한 어떤 개인적 관련(individuelle Beziehung)을 전제하지 않는다. 화폐를 점유 (Besitzaen)하는 것은 화폐 점유자 (Besitzer)의 개체성에서 나타나는 어떤 본질적 측면의 발전이 아니라 오히려 몰개체성의 점유다. 왜냐하면 이런 사회적 관계(gesellschaftliches [Verhältnis])는 동시에 느낄 수 있는 외재적 대상으로서 존재하고 있어 화폐를 기계적으로 점유할 수도 있지만 마찬가지로 기계적으로 상실할 수도 있기 때문이다.[85]

따라서 누군가 이런 추상적인 일반적 부를 갖는다면 누군가 세계를 지배할 수 있다. 추상의 점유를 통해 나아가 세계를 점유하는 것, 이것이야말로 바로 추상물이 지배자가 되는 근본 원인이다!

마르크스는 "화폐 자체가 바로 공동체이며 화폐는 어떤 다른 공동체가 자신의 위에 군림하는 것을 용납하지 못한다"[86]라고 지적한다. 임금노동이 존

---

83 같은 책, 171쪽.
84 같은 책, 171쪽.
85 같은 책, 171쪽. Karl Marx, *Grundrisse*, S. 146.
86 같은 책, 172쪽.

재하는 곳에서 화폐는 결코 사회형식을 와해시키지 않을 뿐 아니라 오히려 사회형식의 발전조건으로 되며 모든 생산력, 즉 물질적·정신적 생산력을 발전시키는 회전축이 된다. 현실에서 추상의 지배는 잔학한 강제로 나타나는 것이 아니라 그 지배를 떠나서는 생존할 수 없는 자기인정의 조건이 된다. 이것은 이런 특수한 (부르주아 계급의) 추상물의 지배를 더욱 안정적이고 강고하게 한다. 마르크스는 계속해서 다음과 같이 언급하고 있다.

> 일반적 부의 물질적 대표(meterieller Repräsentant)로서, 개체화된 교환가치로서, 화폐는 직접적으로 반드시 일반적 노동, 즉 모든 개인 노동의 직접적인 대상, 목적, 그리고 산물이어야 한다. 노동은 직접적으로 반드시 교환가치를, 즉 화폐를 생산해야 한다. 따라서 노동은 반드시 **임금노동**(Lohnarbeit)이어야 한다.[87]

바로 이 세 가지 '반드시'의 억압 아래 노동자는 자원해서 노역자가 될 수밖에 없다. 자본가가 일반적 부를 생산하는 것은 바로 일반적 부의 대표물을 점유하기 위해서다. 그러나 이로부터 진정한 부의 원천이 열렸다. "노동의 목적이 특수생산물, 즉 개인의 특수한 욕구와 함께 특수한 관계를 발생시키는 생산물을 위한 것이 아니라 화폐, 즉 일반적 형태의 부를 위한 것이기 때문에 개인의 근면에는 끝이 없다."[88] 바로 이렇게 "화폐는 부가 보편성을 갖도록 하고 아울러 교환의 범위를 전체 지구로 확장한다. 이렇게 물질적으로 그리고 공간적으로 교환가치의 진정한 일반성을 창조한다".[89] 그래서 금전이라는 추상물의 지배는 필연적으로 전 세계로 향해 나아간다. 여기에 이르러 마르크스가 말한 부르주아 계급의 금전관계는 진정으로 세계적인 '일'(일원론적 신의 절대 본질)이 되어 전도된 가상세계가 실제 존재하는 세

---

87 같은 책, 173쪽.
88 같은 책, 174쪽.
89 같은 책, 175쪽.

계를 완전히 뒤덮는다.

2. 자본: 교환 배후의 진정한 관계

교환가치 및 화폐의 역사와 논리 관계를 분석한 후 마르크스의 역사현상학은 자본에 대한 비판에 더 심층적인 이론적 노력을 기울였다. 즉, 일종의 특수한 금전으로서, 화폐를 생산하는 화폐, 즉 자본을 더 상세하게 설명했다. 자본은 물이 아니며, 물의 자연적 속성도 아닌, 진정으로 자본주의 생산양식을 반영하는 특정한 역사 관계이자 일종의 괴상하게 은폐되어가는 사회관계다. 또한 마르크스는 사회관계로서의 자본이 과연 어떤 층위에서 근본적으로 결정적 작용을 일으키는지, 그리고 그것은 어떤 종류의 관계인지 설명하려 시도했다. 마지막으로 마르크스는 또한 이러한 관계가 드러난 가상에 의해 어떻게 은폐되는지 설명하려 시도했다. 역사현상학은 바로 역사적으로 자본주의 사회생활 속에 켜켜이 역사적으로 구성된 현상(Phänomen)과 허상(Schein)을 벗겨내는 것이다. 이 현상과 가상은 바로 화폐관계를 출발점과 종착점으로 하는 유통영역의 교환이다. 그래서 마르크스는 생산의 총 과정이라는 더 광범위한 시각에서 더 중요한 본질을 찾기 위해 유통의 현상 범위에서 벗어나기로 했다. 우리는 앞으로 마르크스가 자본관계의 본질을 드러낼 때 다시 한 번 자본주의 경제운행에서 현실로 발생한 소외현상을 과학적으로 확인했다는 사실을 보게 될 것이다.

1) 교환에서 발생해 나온 형식상의 평등과 자유

『정치경제학 비판 요강』의 새로운 첫 장은 제2노트에서 시작한다. 그 제목은 『자본으로서의 화폐장』이다. 이후의 수고에서 마르크스는 약칭해『자본장』으로 제목을 사용했다. 이것은 마르크스가 이어서 해결하려는 문제가 화폐에서 자본으로의 이행임을 미리 보여주고 있다.

마르크스는 또한 화폐의 토론을 기점으로 하여 텍스트를 쓰기 시작했다. 그는 사실 화폐의 규정성만으로 화폐를 이해하는 것은 금전의 세계에서 금전 세계의 본질을 이해하는 것만큼이나 어려운 일이라고 지적하고 있다. 왜냐하면 화폐에서는 "사회관계(Gesellschaftverhältinis)가, 즉 개인과 개인 서로 간의 규정된 관련(bestmmte Beziehung)이 여기에서는 일종의 금속으로, 돌로, 즉 그들의 외부에 있는 순수하게 물체적인 사물로 나타나기 때문이다".[90] 사람들은 화폐가 경제생활에서 가장 중요하다고 잘못 알고 있는데, 사실 화폐는 단지 상품 – 시장경제의 사회형태 가운데 나타나는 하나의 현상일 뿐이다. 전술했듯이, 화폐는 표현형식에서 사회생활의 본질이 전도된 현상이다. 그러나 그 현상 역시 자본주의 사회생활의 매우 중요하고 회피할 수 없는 특징이자 저항할 수 없는 징후다. 마르크스는 다음 단계의 현상학 분석에 들어가기 전에 먼저 이 현상 층위와 한 몸을 이루는 부르주아의 평등과 자유문제를 탐구했다. 나는 이 부분의 분석이 매우 훌륭하다고 생각한다.

모두 알다시피, 부르주아 이데올로기의 핵심 내용 가운데 하나로서 자유, 평등, 박애는 지금까지 천부인권, 자연적 권리로 정의되었다. 여기서 마르크스는 경제관계의 측면에서 이에 대한 깊은 분석을 했다. 그는 부르주아의 평등 요구가 절대 자연법적 권리가 아니며 자본주의 경제관계 내에서 형성된 인간관계 위에 역사적으로 형성된 법적 권리개념임에 주목했다. 이것은 부르주아의 평등과 자유는 자본주의 경제 과정에서 직접 생겨난 것임을 의미한다. 그것은 특정한 형태의 사회적 규정이다.

경제학에서는 평등이라는 개념이 출현했는데, 마르크스는 그 개념의 첫째 특징을 다음과 같이 지적했다.

---

90   같은 책, 190쪽.

형식적 규정에 관해 보자면 이들 개인 간에는 어떠한 구별도 존재하지 않는다. 그리고 이런 형식적 규정은 경제적 규정이고, 개인들 간에 상호 교통관계(Verkehrsverhältnis)가 발생할 때의 규정이며, 개인들의 사회적 직능 또는 서로 간의 사회적 상호 관련의 지표다. 모든 주체는 교환자다. 즉, 모든 주체가 다른 주체에 대해 갖는 사회관계, 바로 후자가 전자에 대해 갖는 사회관계다. 따라서 교환의 주체로서 그들의 관련은 평등의 관련이다.[91]

이것은 교환 주체의 평등이다. 이런 평등은 법적 주체의 의미에서 형식적 평등이다.

둘째 특징은 교환 중 "그들이 교환한 상품은 교환가치로서 등가물"[92]이라는 것이다. 다시 말해 평등한 교환 주체가 교환하는 것은 등질적이다. 이 점에서 교환 역시 평등하다. 마르크스는 이런 평등한 교환에는 형식상 세 가지 요소가 존재한다고 지적했다. 첫째는 교환관계의 주체, 즉 교환자다. 그들은 같은 규정에 놓여 있다. 둘째는 그들 교환의 대상, 교환가치, 등가물이다. 이것들은 서로 같을 뿐만 아니라 반드시 확실히 서로 같아야 하고, 또한 같은 것으로 인정되어야 한다. 마지막은 교환행위 자체, 즉 매개 작용이다. 이런 매개 작용을 통해 주체는 비로소 교환당사자, 즉 동등한 사람으로 나타나고 그들의 객체도 등가물, 즉 동등한 물건으로 나타난다.[93]

마르크스는 다음과 같은 이치, 즉 인간들 사이의 "욕구와 생산의 차이가 교환 및 교환에서 그들의 사회적 등치를 가능하게 한다"[94]는 것을 설명하려 했다. 만약 두 사람이 모두 공기를 필요로 하고 공기도 충분하다면, 그들에게는 사회적 접촉이 발생하지 않을 것이다. 만약 두 사람의 필요가 같고 또 자신의

---

91 같은 책, 192~193쪽.
92 같은 책, 193쪽.
93 같은 책, 193쪽.
94 같은 책, 194쪽.

노동을 같은 대상에 투입한다면, 그들 간에는 어떠한 사회적 관계도 생겨나지 않을 것이다. 현실생활에서 사람의 필요는 모두 다르고 이런 필요는 특정한 역사발전에서 더욱 풍부해진다. 그러나 분업의 조건 아래서 생산은 각각 다르기 때문에 이런 상황에서 "한 개인의 필요는 다른 사람의 생산물로 만족시킬 수 있다".[95] 그 반대의 상황도 마찬가지다. 그래서 사람들 사이는 서로 보충하고, 서로 필요로 하며, 교환을 통해 이런 상호의존의 관계를 실현한다. "따라서 그들 서로는 평등한 관계에 놓여 있을 뿐 아니라 사회적 관계에도 놓여 있다."[96] 사회적 존재 속에서 인간과 인간이 획득한 평등 관계는 임의적인 것 또는 부여된 것이 아니라 자본주의 시장교환이 만들어낸 특정 사회관계의 끊임없는 풍부함에서 발전해온 것이다.

둘째, 경제학에서 자유의 관념이 발생한다는 것이다. 마르크스는 계속해서 개인들 간의 차이, 그리고 그 상품들 간의 자연적 차이가 사람들로 하여금 교환을 통해 결합되게 하고 "그들로 하여금 교환자로서 그들이 평등한 인간으로 가정되고 증명된 그런 사회관계의 동인을 발생시킨다면 그렇다면 평등의 규정 외에 자유의 규정도 더해져야 한다"라고 지적한다. 이것은 또한 다음과 같은 사실을 의미한다.

(교환과정에서) 비록 개인 A가 개인 B의 상품을 필요로 한다고 할지라도, 그는 폭력으로 이 상품을 점유하지 않으며, 반대의 상황도 마찬가지다. 이와 상반되게 그들은 상대방을 소유자, 자신의 의지를 상품에 녹여낸 사람으로 인정한다. 이로 인해 인격이라는 법률적 계기, 또 거기에 포함되는 한에서의 자유라는 법률적 계기가 처음으로 출현했다. 누구도 폭력으로 타인의 재산을 점유할 필요가 없다. 모든 사람은 소유물을 자유의지로 양도한다.[97]

---

95   같은 책, 195쪽.
96   같은 책, 195쪽.
97   같은 책, 195~196쪽.

이것은 자유의 가장 중요한 현실적 기초를 구성한 것이다. 또한 이런 경제 관계에서 모든 사람은 다른 사람을 위해 봉사한다. 목적은 자신을 위해 봉사하는 것이다. 모든 사람은 다른 사람을 자신의 수단으로 서로 이용한다. 이 두 가지 상황은 두 명의 개인의 의식 속에 다음과 같이 나타난다. (1) 모든 사람은 자신이 타인의 수단이 되는 것에 의해서만 비로소 자신의 목적을 달성할 수 있다. (2) 모든 사람은 자기 목적(이기적 존재)을 위해서만 자신을 타인의 수단(이타적 존재)으로 삼는다. (3) 모든 사람은 수단인 동시에 목적이다. 또한 타인의 수단이 되어야만 비로소 자신의 목적을 달성할 수 있으며, 자신을 자기 목적으로 삼아야만 비로소 타인의 수단이 될 수 있다. 이것은 매우 사변적 진술이다. 왜냐하면 마르크스는 자본주의 교환관계에서 객관적으로 출현한 수단과 목적의 변증법을 설명하고자 했기 때문이다. 마르크스는 "교환행위 자체에서 출발해 개인은 각자 배타적이며 지배적 지위(결정적 역할을 하는)를 점하는 교환 주체로 스스로를 반영한다. 따라서 이는 개인의 완전한 자유를 확정한 것이다"[98]라고 말한다. 이것은 부르주아적 개인의 자유는 바로 경제 과정에서 필연적으로 발생하는 것임을 의미한다.

> 그러므로 만약 경제형식과 교환이 주체 간의 전면적 평등을 확립한다면, 사람들에게 교환을 촉진하는 내용, 즉 개인적이며 사물적인 소재는 자유를 확립한다고 말할 수 있다. 평등과 자유는 교환가치를 기초로 한 교환에서 존중을 받으며 교환가치의 교환은 모든 평등과 자유의 생산적이고 현실적인 기초라는 것을 알 수 있다.[99]

분명 부르주아적 평등과 자유의 관념은 사회적 존재의 필연적 산물이다.

---

98 같은 책, 196쪽.
99 같은 책, 197쪽.

그 가운데 가장 중요한 현실적 기초는 자본주의 상품 – 시장경제 중의 교환관계다. 이에 대해 마르크스는 다음과 같이 깊이 있게 지적했다. "순수관념으로서의 평등과 자유는 교환의 관념화된 표현일 뿐이다. 법률적·정치적·사회적 관계에서 발전한 것으로서의 평등과 자유는 이 토대가 다른 위상에서 나타난 것에 불과할 뿐이다."[100] 마르크스의 이 분석은 매우 중요하다.

마르크스가 보기에 자본주의적 화폐제도는 바로 이런 "자유와 평등을 제도적으로 실현한 것이다". 화폐유통에서 화폐가 누구의 손에 있든 모두 똑같다. 여러 등급으로 구분하지 않는다. 화폐의 저울 위에서 평등은 심지어 물질적 측면에서도 표현된다. 왜냐하면 교환에서는 상품의 자연적 차이도, 화폐 보유자의 차별도 사라지기 때문이다. 판매자의 관점에서 보면 10원으로 물건을 사는 노동자와 10원으로 물건을 사는 왕 "두 사람의 직능은 같고 지위는 평등하다. 그들 간의 모든 차이는 사라졌다".[101] 바로 화폐가 봉건적 신분 차별을 무너뜨린 것이다. 이것이 부르주아 계급에 의한 정치적 해방의 근본적 바탕이다. 마르크스의 이 분석은 사실 앞에서 우리가 고찰한 『런던 노트』시기에 쓰인 수고 『재고』의 논리적 확장이다. 그러나 마르크스는 곧 이런 평등과 자유는 단지 형식적 평등과 자유일 뿐이라고 설명했다. 비록 그렇다 하더라도 과거 봉건 전제 사회와 비교하면 이는 사람과 사람의 사회관계에서 또한 진정한 역사적 진보다.

이 점에서 마르크스는 일반 경제학자부터 사회주의 경제학자까지 주목했던 유통과 교환과정을 파고들었고, 이 층위에서 발생한 표면적 관계, 특히 이런 현상 층위 위에 건립한 허구적인 부르주아적 정치와 법의 개념과 관련해 이것이 모두 부르주아 이데올로기의 입각점이라는 것을 지적했다. 그러나 마르크스가 진정으로 착수하려 한 것은 이 현상을 단순하게 긍정하거나 부정하

---

100 같은 책, 197쪽.
101 같은 책, 198~199쪽.

는 것이 아니라, 모든 부르주아 이데올로기를 지탱하는 표층의 사회현상의 실질을 더 깊게 고찰하는 것이었다. 그는 다음과 같이 지적하고 있다.

현존하는 부르주아 사회 전체에서 가격 및 상품의 유통 등은 단지 표면적 과정으로 나타날 뿐이며, 이 과정의 배후의 심층에서 진행되고 있는 것은 완전히 다른 별개의 과정이다. 거기에서는 이와 같은 가상적인 평등과 자유가 사라진다.[102]

주의할 것은, 마르크스가 여기서 다시 자본주의적 사회현상을 역사적으로 벗겨내면서 그 심층의 본질을 꿰뚫어 보았다는 점이다. 이로 인해 우리는 마르크스의 훌륭한 역사현상학적 분석을 다시 볼 수 있다.

마르크스는 사실 전체 자본주의 생산제도의 객관적 기초로서의 교환가치라는 이 전제는 "처음부터 이미 개인에 대한 강제를 포함하고 있다"라고 흥미롭게 분석한다. 당신들은 평등과 자유를 말하지 않는가? 그렇다면 진상은 무엇인가? 이것이 마르크스가 힘써 우리에게 알려주는 것이다. 마르크스의 예리한 비판적 눈빛 아래 자본주의 사회 경제 과정에서 생산되는 개인의 생산물은 개인을 위해 생산한 생산물이 아니다. 이것은 시장교환의 사회과정에서만 그러한 (개인을 위해 생산한 생산물이 아닌) 생산물이 되는 것이다. 이 안에는 이미 "자연적 존재로서의 개인에 대한 완전한 부정이 포함되기 때문에 개인은 완전히 사회에 의해 규정된다".[103] 이것은 개인에게는 보이지 않는 강제력이다. 동시에 분업의 조건 아래 분업 중 처한 개인의 관계는 이미 단순한 교환자끼리의 관계가 아니다. "교환가치라는 이 전제는 결코 개인의 의지로부터 생겨난 것이 아니고 또한 개인의 직접적 본성으로부터 생겨난 것도 아니다. 그것은 역사적 전제로서, 이미 개인을 사회에 의해 규정된 것으로 상정했

---

102 같은 책, 200쪽.
103 같은 책, 200쪽.

다."[104] 이것 역시 숨겨진 강제다. 이는 바로 부르주아 사상가와 일부 자본주의 반대자들에게서 공통으로 발견되는 이론적 맹점이다. 또한 이런 의미에서 마르크스는 프루동 류의 프랑스 사회주의자의 개혁 구상은 사실 '부르주아 사회의 이상'에 불과하다고 여겼다. 그들은 "교환, 교환가치 등등은 **최초의**(시간상) 또는 그 개념에 따라(가장 적당한 형식상) 보편적 자유와 평등을 보장하는 제도이지만 화폐, 자본 등에 의해 왜곡되었다"라고 생각했다. 따라서 그들은 화폐와 자본의 간섭을 제거하면 진정한 평등과 자유를 회복할 수 있다고 생각했다. 그들의 이런 얕고 순진한 생각과 달리 마르크스는 깊이 있게 사실의 진상을 밝혔다.

> 교환가치, 더 정확하게 말해서 화폐제도는 사실 평등과 자유의 제도이며 이 제도의 더 정교한 발전 과정에서 평등과 자유에 대해 교란 작용을 일으키는 것은 이 제도 고유의 교란이다. 이것이 바로 **평등**과 자유의 실현이며 이런 평등과 자유는 그 자체가 바로 불평등과 부자유임을 증명하는 것이다.[105]

여기 깊은 경제관계 속에 은닉된 현상과 본질의 변증법은 프루동 등이 이해할 수 없는 것이다. 여산(廬山)의 참모습을 알지 못하는 것은 여산에 몸을 담고 있기 때문이다(不識廬山眞面目 只緣身在此山中)(중국의 속담으로, 산중에서는 그 산의 진정한 면모를 볼 수 없듯 한 대상을 제대로 알기 위해서는 다양한 측면에서 바라봐야 한다는 의미임 _옮긴이). 마르크스가 보기에 만약 진정으로 부르주아 세계의 진상을 꿰뚫어 보고 싶다면 반드시 유통-교환의 경제현상계를 뛰어넘어 사회 본질의 깊은 곳으로 발을 내딛고 생산과정에 들어가야 했다. 그래야만 자본주의 생산관계의 본질을 진정으로 드러낼 수 있었다.

---

104 같은 책, 200~201쪽.
105 같은 책, 201쪽.

2) 심층을 드러내다: 유통 배후에서 벌어지는 일

마르크스가 사실 설명하고 싶었던 것은 자본주의 경제운행 가운데 유통영역에서 지배적 역할을 하는 교환관계는 확실히 이런 사회생활을 구성하는 주도적 관계이고, 자본주의 사회생활과 모든 이데올로기도 확실히 이 기본관계 위에 건립되었다는 점이었다. 부르주아 계급의 이론적 논리, 심지어 과거 모든 자본주의 사회를 반대한 사회주의 사상가의 개혁조차 기본적으로 모두 이 층위에서 전개되었다. 그러나 마르크스는 사람들의 직접적 감성이 도달할 수 있는 모든 유통과 교환영역은 사실 이 사회생활의 표층 현상일 뿐이며 이 사회의 진정한 본질 관계는 아니라고 여겼다. 마르크스의 분석에서는 이런 운동과정에서의 교환가치가 부르주아 세계의 표면에서 발생하는데, 이는 마치 유통 중 순수한 형식으로 실현되는 듯 보인다. 앞에서 우리가 말한 것처럼, 빵을 사는 노동자와 빵을 사는 왕은 이 행위 안에서는 단지 단순한 구매자일 뿐이고 구매자의 처지에서 보자면 빵 판매상은 단지 판매자일 뿐이다. "그 외 모든 규정은 여기에서 전부 사라진다."[106] '모든 것이 전부 사라진다.' 이 판단이 담고 있는 의미는 심오하고 매우 중요하다. 그것은 인간의 감각기관이 정지한 본질 영역이자 또 부르주아 정치 무의식의 기망이 있는 곳이다. 베냐민이 말한 것처럼 "일종의 행위방식의 성격과 의의가 중요해질수록 그 행위방식은 점점 더 인간의 시야에서 벗어나고자 한다".[107] 유통과정에서나 또는 마르크스가 말한 바대로 '화폐로서의 화폐의 단순 규정'이 교환과정에 출현할 때면 자본주의 사회의 진정한 사회관계 자체는 늘 은폐된다. 마르크스의 역사현상학 비판의 새로운 이론적 출발점은 바로 이런 관찰의 층위를 넘어 화폐가 자본이 되는 이론 층위로 진입하는 것이다.

---

106 같은 책, 205쪽.
107 本雅明, 『單向街』(倫敦, 1977), 100쪽.

마르크스는 자본으로서의 화폐의 규정에 대해 "그것은 화폐의 더 높은 실현으로 볼 수 있다. 유인원이 사람으로 발전하는 것과 똑같은 것"[108]이라고 말한다. 이 층위에 들어가 탐구하려면 먼저 경제학 범주의 역사성 문제를 정리해야 한다. 역사유물론의 방법론적 역할이 바로 여기에서 시작한다는 것을 우리는 어렵지 않게 발견할 수 있다. 우리는 부르주아 경제학자가 자연(천연)적 인성과 사회 본성으로 만든 이른바 영원불변의 일반적인 경제학적 규정은 전혀 존재하지 않는다는 것을 분명하게 보았다. 모든 범주는 역사적이다. 분명 마르크스는 역사유물론의 역사적 원칙으로 경제학에서 사회적 유물론의 비역사적 장벽을 돌파하려 시도했다. 마르크스는 예를 들어 한편에서는 논리적으로 가치는 자본에 선행한다고 분석했지만, 다른 한편에서는 현실에서 일반적 가치의 존재는 반드시 자본주의 생산양식을 전제한다고 분석했다. 마르크스는 단 한마디로 정곡을 찔렀다. "가치규정 자체는 사회적 생산양식의 특정한 역사단계를 전제하는데, 그 자체가 바로 이런 역사단계와 함께 생겨난 관계다. 따라서 그것은 역사적 관계다."[109] 마르크스의 이 구절은 두 가지 함의를 갖는다. 하나는 가치규정 자체의 각종 요소는 과거 역사적 생산양식의 일정 단계의 형성과 발전에서 나온 것이고 또한 이런 과정의 결과로 나타난 것이라는 것이다. 가치에서 화폐로, 다시 자본으로의 이 과정은 역사적 발전 과정이다. 다른 하나는, 후자가 일단 생겨나면, 객관적으로 예컨대 '일반적 조명'과 같은 주도적인 것이 된다는 것이다. 그러므로 마르크스는 여기서 자신의 자본으로서 화폐를 연구하는 것은 당연히 이런 역사적 발생 과정을 인정한 전제 아래 추상적 또 중심적으로 '이미 형성된, 자신의 기초 위에 운행되는 부르주아 사회'[110]를 연구하는 것이라고 정의했다.

마르크스가 여기서 취한 관점에 따르면, 자본관계가 지닌 이런 자본주의

---

108 『馬克思恩格斯全集』, 第46卷, 上卷, 204쪽.
109 같은 책, 205쪽.
110 같은 책, 206쪽.

사회의 본질을 은폐하는 현상은 바로 우리가 앞에서 방금 토론했던 유통영역의 교환과정, 즉 여전히 현상계에 속한 금전의 왕국이다. 우리는 마르크스의 사상이 한층 더 깊은 곳에서 순항하는 것을 볼 수 있다. 마르크스는 부르주아 경제학자가 "자본을 진정으로 순수한 교환으로 환원함으로써 권력으로서 자본을 소멸시켰다"[111]라고 예리하게 지적했다. 우리는 부르주아 경제학자의 눈으로 보자면 교환과정에서 세 가지 주체와 세 가지 물이 동시에 출현했다는 것을 알고 있다. 지주는 토지를 내고, 자본가는 자본을 내고, 노동자는 노동을 낸다. 교환에서 세 가지 주체는 모두 공평하게 교환한다. 그 후 다시 평등하게 세 가지 수입, 즉 지대, 이윤과 임금을 들고 돌아간다. 그러나 사람들은 오로지 유통 중의 교환과정에서 실현한 평등과 자유만 보았을 뿐, 이 유통의 배후에 어떤 일이 발생하는지는 더 캐묻지 않는다. 마르크스는 다음과 같이 폭로했다. "유통의 직접적 존재는 순수한 가상이다. 유통은 그 배후에서 진행되는 과정의 표면 현상이다."[112] 이 또한 부르주아의 자유와 평등은 바로 현상적이거나 형식상의 가상임을 의미한다. 교환에서 출현한 주체와 대상 모두 유통과정에서 생겨난 것이 아니기 때문에 "유통 자체는 자기갱신의 원리를 포함하지 않는다. 자기 갱신의 계기들은 유통에 대해 전제되는 것이며, 유통 그 자체에 의해 규정되는 것이 아니다".[113] 교환의 배후에는 여전히 자본가가 폭로하길 원하지 않는 것들이 숨겨져 있다.

마르크스는 자본이 처음에 유통, 즉 화폐를 자신의 출발점으로 하는 상업자본(유통자본)에서 비롯된다는 것을 인정했다. 이 역시 자본주의 경제발전의 가장 초기에 나타난 자본의 최초 형식이다. 상업자본의 한층 더 발전한 자본형식이 화폐자본이다. 그러나 우리가 앞에서 토론한 순수한 유통(단순한 교환가치의 운동)영역에서 상품자본과 화폐자본 자체는 실제로 자본이 될 수 없

---

111 같은 책, 208쪽.
112 같은 책, 209쪽.
113 같은 책, 208쪽.

다. 다시 말하면, 교환과정에서 출현한 상품과 화폐(자본)는 유통과정에서 창조되어 나온 것이 아니다. 유통은 일종의 표상에 불과하다. 마르크스가 캐물으려 했던 문제는 다음과 같다. 자본은 무엇인가? 자본으로서의 화폐는 어떻게 생겨나는가? 만약 우리가 방금 벗어났던 곳으로 다시 돌아간다면, 교환가치는 어떻게 창조되어 나오는가? 그러나 진지하게 이 문제들을 해결하려면 유통이라는 이 표면적 현상을 뚫고 생산영역에 들어가 사고해야 한다. 우리는 『런던 노트』 중 『리카도 노트』에서 동일한 사유경로가 전개되고 심화된다는 데 주목했다. 사실 우리는 부르주아 정치경제학 가운데 전개된 이런 사유의 탐구는 중농학파에서 싹트기 시작한 것으로, 중요한 사상적 진보라는 것을 이미 알고 있다. 고전경제학은 교환가치가 생산영역에서 나타난다는 것을 인식해 생산영역에 대한 연구를 시작했다. 그러나 중요한 것은 마르크스는 부르주아 경제학자가 생산영역에서 본 시야에는 여전히 전도된 형식으로 나타난 사물화의 가상이 곳곳에 가득 차 있었다는 것을 발견했다는 점이다. 그들은 여전히 안개 속에서 꽃을 보았고 연못 속의 달을 보았던 것이다. 이래서야 과연 진실을 볼 수 있을까?

마르크스는 고전경제학에서 자본이 비록 생산영역에 들어갔지만 아직 사물적 형태로 나타나고 있다고 생각했다. "화폐에서 교환가치가, 즉 교환가치로서의 상품의 모든 관련이 물로 나타나는 것처럼, 자본에서 교환가치를 창조하는 활동, 즉 노동의 모든 규정 역시 사물로 나타난다."[114] 리카도 등의 눈에는 자본이 생산수단이다. 리카도의 용어를 빌려 말하자면, 자본은 "새로운 노동(생산)을 위해 수단으로 쓰이는 축적된(이미 실현된) 노동(정확히 말해 사물화된 노동)"[115]이다. 이 인용 구절에서 괄호 안의 보충주석은 마르크스 자신이 단 것이다. 이렇게 모든 부르주아 경제학자는 "자본의 물질만을 볼 뿐 자본이

---

114 같은 책, 208쪽, 주1.
115 같은 책, 211쪽에서 재인용. 원문은 마르크스가 李嘉圖, 『政治經濟學和賦稅原理』, 第3版(倫敦, 1821), 327, 499쪽에서 인용.

자본 되게 하는 형태 규정을 홀시한다".[116] 이 구절은 매우 중요하다. 이 본질을 투시하는 현상학적 인식은 직관적인 낡은 유물론(모든 철학적 유물론, 특히 사회유물론을 포함해)의 맥락에서는 이해할 수 없는 것이다. 마르크스가 여기서 부르주아 경제학의 이데올로기 장막을 타파하기 위해 사용한 무기는 비실체론적 역사유물론의 과학적 인식론이었다. 그는 감각으로는 직접 도달할 수 없는 자본의 형태 규정을 꽉 움켜쥐려 했다. 이것이 바로 사물화된 대상이 실재의 담당자가 되는 일정한 사회관계다. 적절하지 못한 비유를 든다면, 이것은 바로 헤겔 관념론이 말하는 물화된 관계를 투시한 결과로서의 관념 형식과 논리적·본질적으로는 비슷하다. 마르크스가 견고하게 움켜쥔 것은 바로 사회적 존재를 구성하는 비실체적 기능구조, 즉 사회적으로 물질적 내용을 재구성하는 사회 층위의 역사적 본질이다.

　마르크스는 만약 자본의 특정한 사회적 형태를 빼고 자본의 내용만 강조해서 "이런 내용으로서의 자본이 모든 노동의 필요요소라면, 자본이 모든 인류 생산의 필요조건임을 증명하는 것은 자연히 가장 쉬운 일이다"[117]라고 말하고 있다. 마르크스는 여기에서 "자본은 사물로 파악되지, 관계로 파악되지 않는다"[118]라고 나중에 또다시 언급한다. "사물들에서 표현되는 일정한 사회관계를 이들 물 자체의 물적 자연속성이라고 생각하는 것은 괜찮은 경제학 개론서를 아무거나 펼치면 한눈에 알 수 있는 사실이다." 만약 고전경제학이 말한 것처럼 자본이 바로 생산도구라면, 그것은 필연적으로 모든 사회에 존재하는 것이다. "자본은 모든 사회형태에 존재해 완전히 비역사적인 것이 된다."[119] 이것이 바로 부르주아 이데올로기가 증명하려는 것이며, 또한 모든 부르주아 경제학에 숨겨진 이데올로기 마술의 비밀이다.

116　같은 책, 211쪽.
117　같은 책, 212쪽.
118　같은 책, 212쪽.
119　같은 책, 211쪽.

마르크스는 이후의 토론에서 정곡을 찌르면서 다음과 같이 지적한다.

> 경제학자들의 조야한 유물론은 인간의 사회적 생산관계와 사물이 수취하는, 이러한 관계 아래에 포섭된 것으로서의 규정성을 물의 자연적 속성(natürliche Engenschaften der Ding)으로 간주한다. 이 같은 조야한 유물론(grober Materialismus)은 똑같이 조야한 관념론(Idealismus), 심지어 물신숭배(Fetischismus)다. 그것은 사회관계를 물의 내재적 규정으로 삼아 물(Ding)에 귀결시킨다. 그럼으로써 물을 신비화(mystifiziert)한다.[120]

이것이 바로 물신숭배다! 여기에서 마르크스는 이 텍스트에서 유일하게 Fetischismus라는 단어를 사용했다. 이것은 더 두터운 사회적 가상의 베일이다! 당연히 이런 가상의 베일을 통해서만 비로소 "자본은 매우 신비한 존재가될 수 있다".[121] 그러나 마르크스의 역사현상학의 과학적 지평 안에서 자본은 물이 아니라 특정 역사조건 아래의 사회관계이며, 또한 처음부터 끝까지 고정되지 않는 영원히 변화하고 있는 동태적 관계다. "자본은 분명히 관계이고또한 생산관계일 뿐이다."[122] 마르크스는 이후 1861~1863년 경제학 연구에서계속 다음과 같이 언급하고 있다. "자본관계의 형성은 처음부터 자본관계가사회적 경제발전, 즉 사회생산관계와 사회생산력 발전의 일정한 역사단계에서만 비로소 출현할 수 있다는 것을 의미한다. 그것은 처음부터 역사상 일정한 경제관계로 나타나고 경제발전, 즉 사회생산의 일정한 역사시기의 관계로나타난다."[123] 자본주의 경제운행에서 자본은 화폐이자 고정자산이며 동시에인간이다. 그러나 이것은 자본이 각종 사물임을 의미하는 것이 아니라, 인간,

---

120 『馬克思恩格斯全集』, 第46卷, 下卷, 202쪽. Karl Marx, *Grundrisse*, S. 567.
121 『馬克思恩格斯全集』, 第48卷(1985), 40쪽.
122 『馬克思恩格斯全集』, 第46卷, 上冊(1979), 518쪽.
123 『馬克思恩格斯全集』, 第47卷, 上冊(1979), 47쪽.

물질, 금은 모두 이런 관계의 물질적 담지체가 될 수 있다는 것을 의미하는 것이다. 마르크스가 여기서 입증한 사실은 분명 이 명제를 제기한『임금노동과 자본』에서의 논증보다 심오하고 포괄적이다.

한 걸음 더 진전시켜 말하자면, 마르크스는 자본이 일종의 관계임을 확인했고 자본이 자본 되게 하는 형식에 주목했다. 이는 사실 자본과 노동이 대립하고 교환하는 과정에서 실현된 일종의 표면적 평등, 공정한 교환 현상에 의해 은폐되는 진정한 예속적 관계를 역사적으로 확인한 것에 지나지 않는다. 마르크스의 관점은 핵심을 찌르고 있다. "자본은 비자본, 즉 자본의 부정과 서로 관련되어야만 교환된다. 바꿔 말하면, 자본은 이런 규정 속에 존재하는 것이며, 자본의 부정과 관련되는 한에서만 자본은 자본이다. 현실적인 비자본은 바로 노동이다."[124] 자본에 대한 역사적 분석에서 보자면 노동의 출현은 새로운 사고의 출발점이 출현한 것이다. 나의 견해는 이 노동이 바로 마르크스 역사현상학의 진정한 현실적 기원점이며 중요한 전환점이라는 것이다. 역사유물론의 논리 발전 과정이라는 관점에서 볼 때, 이것은 마르크스가 생산이라는 객체적 차원에서 다시 한 번 노동활동이라는 주체적 국면으로 회귀했음을 의미한다. 동시에 이런 심층의 예속적 관계를 현상학적으로 폭로하는 가운데 마르크스는 경제학 연구 중 자신의 가장 위대한 발견 — 잉여가치(Mehrwert) 발생의 비밀 — 에 도달했다. 역사유물론의 확립에 이어 이것은 그의 두 번째 위대한 역사적 발견이다(엥겔스).

3) 주체적 국면에서 출발한 비판논리: 자본과 노동 및 대상화된 노동과 살아있는 노동

지금까지의 토론에서 의심할 바 없는 사실은 자본과 노동이 이미 추상화되었다는 것이다. 사람들이 충분히 목도할 수 있는 경제운행 일부는 자본가와

---

124   『馬克思恩格斯全集』, 第46卷, 上卷(1979), 231쪽.

노동자는 교환을 한다는 것이다. 자본가가 꺼내는 돈은 화폐형태의 임금이고, 노동자가 제공하는 것은 노동이라는 '상품'이다. 표면적으로 볼 때 이 교환과정에서 쌍방은 자발적이면서 평등하다. 그러나 힘든 과정을 거쳐 다양한 사상적 편력을 겪고 난 후 마르크스는 교환자 쌍방이 실제로 지불한 것과 교환후 얻는 실제의 소득은 실질적으로 완전히 다르다는 것을 마침내 발견했다. 출발점에서의 평등과 종착점에서의 불평등은 거대하게 단절되어 있다.

우리가 만약 마르크스의 이런 심오한 꿰뚫음을 진정으로 이해하려 한다면 단지 일반적 사회인식론의 기초 위에서 고찰해서는 안 된다. 나는 심지어 광의의 역사유물론의 원칙 위에서 고찰하더라도 이러한 꿰뚫음을 이해하는 데 어려움을 겪을 것이라고 본다. 따라서 이 교환의 본질을 더 깊이 분석하기 전에 우리는 마르크스가 자본과 노동에 대해 각각 행한 몇 가지 특수한 정의를 고찰할 필요가 있다. 내가 또한 지적하고 싶은 것은, 바로 이 새로운 정의 가운데 마르크스가 자신이 구축한 협의의 역사유물론의 가장 중요한 기초, 특히 역사현상학의 역사적 원점인 현실의 주체적 노동을 구축해냈다는 점이다. 그 이유는 아래와 같다.

첫째, 우리는 「포이어바흐에 관한 테제」에서 실천은 새로운 세계관의 주춧돌이었지만 『독일 이데올로기』에서 광의의 역사유물론을 구축할 때 실천과정에서의 물질적 생산이 사회적 존재의 기초로 자리매김된 것을 모두 알고 있다. 일반적 철학 논리에서 실천과 생산 모두는 항상 주체와 객체의 객관적 활동에서 완전한 통일을 지칭한다. 생산에서 출발해 사회적 부를 자리매김하고 나아가 사회의 기초를 확정하는 것은 부르주아 고전경제학(사회유물론)이 받아들일 수 있는 논리적 사유경로다. 그러나 마르크스는 경제학의 시각에서 자본주의 생산양식을 비판할 당시 반드시 더 결정적인 문제, 즉 생산과정에서의 각종 생산요소의 지위 문제를 대면해야 했다. 부르주아 이데올로기에서 지주, 자본가, 노동자는 병렬적으로 세 가지 생산요소, 즉 토지, 자본, 노동을 보유한다. 이 세 가지 요소는 모두 똑같이 중요한 것처럼 보인다. 비록 고전경제학이 노동가치론을 인정하고, 자본이 축적된 노동임을 인정했지만, 그들이 생산과정에서 출발해 이 세 가지 전혀 다른 생산요소를 표면적으로 동질화하는 것을 방해하지 못했다. 당시 마르크스는 생산에서 출발한다는 객체적 차원에서 자본주의 경제관계를 구체적으로 비판할 때 도리어 더 깊은 문제가 존재한다는 것을 발견했다. 그래서 그는 다시 이 문제를 더 깊이 탐구하지 않을 수 없었다.

일반적으로 말해 사회적 존재의 기초를 창조하는 일반 물질생산 중 생산과정에 참여하는 모든 요소가 전부 동등한 역할을 하는 것은 아니다. 마르크스는 생산과정에 노동대상, 노동도구와 노동(노동자가 아닌)이 존재한다고 적절하고 예리하게 정의했다. 이를 구체적으로 살펴보면 첫째, 노동대상은 '원료'로서 무형식의 물질이며, 노동의 창조형식으로서 목적을 갖는 단순 재료다. 둘째, 노동도구, 즉 주체 활동은 어떤 대상을 자신의 전도체로서 자신과 대상 사이에 놓는 물질적 수단으로 사용한다. 셋째, 노동 또는 '살아있는 노동'은 인류 주체가 생산 중에 대상을 겨냥해 그리고 도구를 통해 움직이게 하고 실현해낸다고 할 수 있다.[125] 마르크스는 다음과 같이 말하고 있다. 일반 생산에서 "노동은 살아있는, 창조의 불이다. 살아있는 시간에 의한 사물의 형성(Formung)으로서, 사물의 무상성, 그러한 것들의 시간성이다".[126] 생산 중 인간의 노동은 물질 자체를 창조하는 것이 아니라 자연물에 어떤 성격(일정한 사회적·역사적 욕구에 대해 필요한 것)의 사회적 존재 형식을 부여하는 것이다. 사실 이 역시 '사회적 부'의 근본 의의다. 만약 이 점을 인정한다면, 물질적 생산, 사회역사적 존재를 창조하는 과정에서 주체의 객관적으로 대상화된 노동활동의 근본적 지위를 인정하는 것이다. 나는 『독일 이데올로기』에서 사용률이 제로이던 Vergegenständlichung이라는 단어가 『정치경제학 비판 요강』에서는 거의

---

125 같은 책, 256쪽.
126 같은 책, 331쪽.

400회나 출현했고, 『1861~1863년 경제학 수고』에서는 20여 회로 하락했다가 『자본론』 제1권에서는 52회, 제2권에서는 15회 출현하고, 제3권에서 다시 52회 나타나는 것을 발견했다. 나는 이것이 바로 마르크스의 협의의 유물론의 논리적 출발점이라고 생각한다. 철학적 논리에서 보면, 마르크스는 『정치경제학 비판 요강』에서 다시 주체적 국면에서 출발했는데 이 역시 그의 역사현상학이 시작되는 현실적 역사의 원점이다. 특별히 설명할 필요가 있는 것은 이 노동활동의 개념은 『1844년 수고』에서 언급한 것처럼 존재해야 하지만 존재하지 않는 이상화된 인간의 유적 본질이 아니라 모든 현실사회의 생산에서 객관적으로 존재하는 노동활동이라는 점이다.

둘째, 명확하게 설명해야 하는 것은 일정한 역사조건 아래, 구체적으로 말해서 마르크스가 연구한 교환을 목적으로 하는 자본주의 생산 아래 노동 자체는 분열되었고, 나아가 생산과정 역시 둘로 나누어져 있었다는 것이다. 마르크스는 노동에는 앞서 우리가 토론한 일반적 생산 안에 가지고 있는 물질적 형태(사용가치)를 창조하는 구체적 노동 외에, 교환 중 필연적으로 나타나는 가치를 창조하는 추상적 노동도 있다는 것을 발견했다. 이것이 바로 그 유명한 노동의 이중성 이론이다. 생산과정에는 생산물의 사용가치를 형성하는 실제 물질 구성과정 외에, 가치를 창조하는 노동의 사회적 결정(結晶)과정도 존재한다. 여기에서 마르크스가 더 관심을 가진 것은 분명 생산과정 중 후자의 가치차원의 사회적 규정 측면이다.

셋째, 만약 과거의 사회형태 가운데 노동자와 자신의 노동활동, 노동자와 생산도구, 노동대상이 통일체 안에 놓여 있다고 본다면 마르크스가 자본주의 경제 과정에서 대면한 노동은 단지 비자본으로서의 노동, 즉 소유권으로부터 분리되어 자본에 의존할 수밖에 없는 노동이다. 이 노동개념에 대해 마르크스는 비교적 상세하게 규정했다. 그는 다음과 같이 말하고 있다. '비자본 자체로서의 노동'은,

(1) 부정적으로 파악된 대상화되지 않은 노동(Nich-vergegenständlichte Arbeit) (자체로는 여전히 대상적이지만 객관적 형식 차원에서 비대상적인 것). 이런 차원에서 노동은 원료가 아니고, 노동도구도 아니며, 원자재도 아니다. 모든 노동 수단 및 노동대상으로부터 분리된 노동이자, 노동의 모든 객관성으로부터 분리된 노동이다. 그리고 이것은 노동의 진정한 현실성(reale Wirlichkeit)이라는 요소들을 추상함으로써 존재하는 살아있는 노동(마찬가지로 가치가 아님)이다. 살아있는 노동은 완전히 벌거벗겨진 어떤 객체성도 결여되어 있는, 노동의 순수 주체적 존재(rein subjektive Existenz)다.[127]

다시 말해, 자본주의 경제조건 아래의 노동 주체는 객관적 현실조건을 상실한 순수한 독립적 존재로서 일종의 특수한 역사적 결과이자 또한 비참한 역사적 결과다.

(2) 긍정적 측면에서 본 대상화되지 않은 노동은 비가치이고 자신의 자신에 대한 부정성이다. 그것은 대상화되지 않는다. 따라서 비대상적인, 즉 주체적인 노동 그 자체의 존재(subjektive Existenz)다. 즉, 대상으로서의 노동이 아니라 활동으로서의 노동이며, 그 가치 자체로서의 노동이 아니라 가치의 살아있는 원천(lebendige Quelle)으로서의 노동이다.[128]

이것은 가능성 위에 존재하는 비대상화된 순주체적 노동활동이지만 진정으로 가치를 창조하는 유일의 생생한 원천이다.

(3) 노동은 자본으로 표현되는 화폐와 서로 대립하는 사용가치로서, 이런저

---

127 같은 책, 252~253쪽. Karl Marx, *Grundrisse*, S.216.
128 같은 책, 253쪽.

런 노동이 아니라 노동 자체의, 추상적 노동이며, 자신의 특수한 **규정성**에 대해서는 완전히 무관심하지만 어떤 규정성도 가질 수 있다.[129]

이는 자본주의 경제조건 아래의 노동은 반드시 사회적 교환에 의존하는 추상적 노동과 다름없으며, 이 과정에서 이탈한 개인의 노동은 무(無, 굶어 죽는 것)와 같다는 것을 의미한다.

아울러 마르크스는 한발 더 나아가 이런 주체적 노동, 즉 살아있는 노동은 대상화된 노동과 전혀 다르다는 점을 확인했다.

대상화된 노동(vergegenständlichte Arbeit), 즉 공간적으로 현존하는 노동은 또한 과거의 노동(vorhandne Arbeit)으로서 시간적으로 현존하는 노동과 대립할 수 있다. 만약 이 노동이 시간적인 것으로서 존재하는 노동이라면, 그리고 살아있는 노동으로서 존재한다면, 살아있는 주체(lebendiges Subjekt)로서만 존재할 수 있다. 이 주체에서 노동은 능력으로서, 가능성(Möglichkeit)으로서 존재한다. 그러므로 자본과 대립할 수 있는 유일한 사용가치는 바로 노동(그리고 가치를 창조하는[werthschaffend] 노동, 즉 생산적 노동)이다.[130]

1861~1863년의 경제학 연구에서 마르크스는 이 점을 다시 확인했다.[131] 마르크스가 보기에 이런 사용가치는 자본의 요구와 추진 아래서만 비로소 현실이 될 수 있다. 왜냐하면 대상 없는 활동은 탁상공론에 불과하며 사실 아무 것도 아니기 때문이다. 이런 노동이 바로 역사가 자본의 생존을 위해서 준비한 것이다! 이런 노동의 유일한 존재형식은 바로 자본에 피를 빨리는 것이다!

---

129 같은 책, 253쪽.
130 같은 책, 228쪽. 중역본에서는 vergegenständlichte를 '물화'로 번역했지만 나는 '대상화'로 바꿔 번역했다.
131 같은 책, 33쪽.

자본의 착취 없이 노동은 생존할 수 없다. 이것이 노동 주체가 자본주의 경제의 지배에 자발적으로 굴종할 수밖에 없는 근본 원인이다. 테리 이글턴(Terry Eagleton)은 "주체의 굴종은 바로 부르주아 사회제도의 일반적 특징이다"[132]라고 말한다. 이 말은 단도직입적이며 정곡을 찌른 것이다.

이러한 현상학 분석을 거친 후 우리는 다시 노동자와 자본가의 평등한 교환으로 돌아왔다. 앞에서의 토론으로부터 우리는 표면상 존재하는 이런 자본주의 경제교환은 단순 교환이며 쌍방이 모두 등가물을 얻는다는 것을 알았다. 노동자는 화폐를 얻고 자본가는 상품(노동)을 얻는다. 이 상품의 가격은 마치 그 상품에 지불한 금액과 동등한 것처럼 보인다. 노동자는 이 교환에서 평등한 신분으로 자본가와 서로 대립하는데, 이때 양자는 마치 동등한 듯 보인다. 마르크스의 이후의 관점에 기대어 보면, "자본가와 노동자 간에 진행된 교환은 완전히 교환법칙에 부합한다. 부합할 뿐만 아니라 또한 교환이 최고로 발전한 것이다".[133] 그러나 이것은 표면만 파악한 데 불과하다. 만약 우리가 방금 확정한 협의의 역사유물론의 척도로 관찰한다면 상황은 전혀 다르다. 마르크스는 다음과 같은 내용을 강조했다. 자본과 노동의 교환 측면에서 첫 행보는 교환으로서, 보통의 상품유통과 똑같다. 이는 일종의 평등한 교환이다. 그러나 둘째 행보는 성격상 교환과는 완전히 다른 과정이다. 왜냐하면 마르크스는 사실 이 교환에서 자본가가 지불한 것은 일정 수량의 화폐(실제로 이것은 또한 대상화된 노동, 즉 노동자가 과거 창조해낸 노동성과다)이지만 노동자는 노동을 팔지 않았다고 보았기 때문이다. 마르크스는 이렇게 봄으로써 『임금노동과 자본』에서 보인 인식 수준을 순식간에 뛰어넘었다. "노동자가 판 것은 일정한 노동이며, 일정한 숙련 등의 자신의 노동에 대한 처분권이다."[134] 이것은 마르크스의 잉여가치론이라는 이론 혁명의 가장 중요한 기점이 되었

132　伊格爾頓, 『美學意識形態』, 王杰譯(广西師范大學出版社, 1997), 158쪽.
133　『馬克思恩格斯全集』, 第46卷, 下卷(1980), 186쪽.
134　『馬克思恩格斯全集』, 第46卷, 上卷(1979), 240쪽.

다. 이로부터 노동자는 자신의 생존을 유지하는 필요조건인 일정 수량의 화폐를 획득하지만, "자본이 교환으로 입수한 이런 노동은 살아있는 노동, 부를 생산하는 일반적 역량, 부를 증가시키는 활동이다".[135] 현상학적으로 환원한 후 본질의 이질성은 자본가가 교환으로 얻은 노동 처분권이 사실 바로 가치 창조의 원천이라는 데 있다는 점이다. 이후의 토론에서 마르크스는, 노동자의 관점에서 말할 때, 이 자유교환의 최후 단계는 노동력이 상품이자 가치로서 동등한 상품 및 가치와 교환되는 것, 즉 자신의 노동력이 대상화된 노동으로서 구매되는 것이지만, 노동력의 사용가치의 의의는 오히려 살아있는 노동으로서 교환가치를 창조하는 데 있다고 지적했다.

> 활동으로서 노동자는 자본에 의해 흡수되고, 또한 자본 속에 체화된다. 이렇게 교환은 자신의 반대물로 전환하고, 사적 소유의 법칙 ─ 자유, 평등, 소유, 즉 자신 노동에 대한 소유와 그것의 자유로운 처분 ─ 은 노동자의 무소유, 자기 노동의 양도로 변화한다. 그리고 노동자의 자기노동에 대한 관계는 타인의 재산에 대한 관계로 변한다.[136]

마르크스는 "자본가는 가치를 창조하는 활동으로서의 노동과, 생산적 노동(produktive Arbeit)으로서의 노동을 교환으로 손에 넣으며, 이런 생산력은 자본을 보존하고 증식시키기 때문에 자본의 생산력과 자본을 재생산하는 힘(Produktivkraft und reproduzierende Kraft des Kapitals)으로, 자본 자체에 속한 힘으로 된다"[137]라고 말했다. 표면적으로 볼 때 공평한 이런 교환에서 자본가는 "무상으로 두 가지를 얻는다. 하나는, 그의 자본 가치를 증가시키는 잉여노동이다. 다른 하나는, 살아있는 노동의 질이다. 이런 질은 자본의 각 구성

---

135 같은 책, 266쪽.
136 같은 책, 187쪽.
137 같은 책, 231쪽.

부분 안에 물질화된 과거 노동을 보존하게 하고, 이를 통해 원래의 자본 가치를 보존한다".[138] 사실 마르크스는 과학적으로 자본주의의 공평 거래 배후에 은폐된 착취 관계를 맨 처음 폭로했다. 이것이 바로 마르크스의 두 번째 위대한 발견인 잉여가치 이론이 최초로 구축된 계기이며 동시에 마르크스 역사현상학 가운데 가장 중요한 심층 비판이다. 또한 여기에서 마르크스는 처음으로 임금노동의 진정한 본질을 폭로했다! 이후 1861~1863년 경제학 연구에서 마르크스는 임금노동 형성의 특정한 역사적 조건을 분석했다. "노동을 임금노동(Lohnarbeit)으로 되게 하려면, 노동자를 비소유자로서 노동시키려면 노동자로 하여금 상품으로서 자신을 판매하는 것이 아니라 자신의 노동능력(Arbeitsvermögen)에 대한 지배권을 판매하도록 해야 한다. 즉, 그에게 노동능력이 판매될 수 있는 유일한 방식에 따라 노동능력 자체를 팔도록 해서 그의 노동을 실현하는 그 조건들이 반드시 소외의 조건이자 이질적 권력(entfremdete Bedingungen, als fremde Mächte), 그리고 다른 사람 의지의 지배를 받는 조건이 되게 한다. 다시 말해 다른 사람의 재산이 그와 서로 대립한다는 조건이 되게 하는 것이다."[139] 이 소외 조건과 권력이 바로 역사적으로 형성된, 노동과 교환할 수 있는 자본관계다.

마르크스가 해결한 문제는 자본과 노동이 이 교환을 끝내고 나면 진실한 사회관계가 사실 생산과정에서 발생한다는 것이다. 마르크스는 자본주의 사회에서 표면적 평등교환 아래 숨겨져 있는 실질적 불평등을 증명하려 했다.

살아있는 노동능력(Arbeitsvermögen)과 교환되는 자본 부분은 첫째, 그 자체가 등가물을 지불하지 않고 취득된 타인의 노동이고, 둘째, 반드시 노동능력이 잉여액을 부가해서 상환해야 한다. 다시 말해 이 부분의 자본은 사실상 넘겨진 것

---

138 같은 책, 336쪽.
139 『馬克思恩格斯全集』, 第47卷, 123쪽. Karl Marx, *Zur Kritik der politischen Ökonomie(Manuskript 1861~1863)*, S.99 참조.

이 아니라 한 형태에서 다른 형태로 변화했을 뿐이다. 교환의 관계는 전혀 존재하지 않거나 또는 순순한 가상이 된 것을 알 수 있다.[140]

자본가가 노동과 교환하는 데 사용하는 것, 그 자체가 바로 타인의 노동을 대상화한 결과다. 왜냐하면 그것은 대등한 보상을 얻어야만 하기 때문이다. 그래서 그것은 방식을 바꿔 자신에게 되돌아올 뿐이며, "근본적으로는 '노동에서 떠나 행해지지 않았다'고 할 수 있다". 따라서 자본가가 교환에 참여하는 전제는 근본적으로 존재하지 않는다.

둘째, 사회의 역사적 진행과정에서 소유권의 출현은 최초에는 자신의 노동을 기초로 했다. 그러나 현재 자본주의 경제관계 내의 소유권은 오히려 타인노동을 점유하는 권리로 나타나고, 노동은 그 자신의 생산물을 점유할 수 없는 것으로 나타난다. 우리는 『1844년 수고』에서도 이와 유사한 형태의 자본주의 경제관계에 대한 설명을 볼 수 있지만, 『1844년 수고』와 비교할 때 여기서의 마르크스의 분석은 더 과학적이다. 마르크스는 이것이 필연적으로 더 중요한 결과를 일으킨다고 인식했다. "생산과정과 가치증식과정의 결과로서 최후에 나타나는 것은 무엇보다도 자본과 노동의 관계 자체, 자본가와 노동자의 관계 자체의 재생산과 새로운 생산이다. 이런 사회관계와 생산관계는 사실 이 과정의 물질적 결과보다 훨씬 더 중요한 결과다."[141]

바로 이처럼 실질적으로 불평등한 자본의 지배 관계에 예속된 상황에서, 유통영역의 평등 교환의 배후에서 자본가에게 무상으로 점유되는 노동자의 잉여노동이 등가교환을 초과하는 잉여액을 창출하는데, 이것이 바로 잉여가치다. 이것은 마르크스가 처음으로 잉여가치 문제를 제기한 것이다(제3노트 제19쪽).

---

140 『馬克思恩格斯全集』, 第46卷, 上卷, 455쪽.
141 같은 책, 455쪽.

잉여가치는 항상 등가물을 초과하는 가치다. 등가물은 그 규정에 따라 말하자면, 가치가 그 자신과 동등하다는 것을 의미할 뿐이다. 따라서 잉여가치는 절대로 등가물에서 생겨나지 않는다. 따라서 유통에서 잉여가치가 나올 수는 없다. 잉여가치는 반드시 자본의 생산과정 자체에서 발생한다.[142]

그리하여 자본과 노동은 표면적으로 교환을 진행하지만 교환의 "이런 형식은 표면적 현상이며 또한 사람을 속이는 표면적 현상이다!"[143] 마르크스는 바로 역사현상학의 비판적 투시력을 가지고 부르주아 이데올로기의 기만을 벗겨냈다. "그것은 교환을 통하지 않고 도리어 교환의 외관 아래 타인의 노동을 취득하는 것에 기초한 생산의 표층일 뿐이다. …… 이것은 단지 외관일 뿐이며, 이것은 필연적 외관에 불과하다."[144] 재미있는 것은, 마르크스가 여기에서 놀랍게도 이런 가상의 관계를 소외, 그리고 **노동소외**라고 불렀다는 점이다.

> 교환가치를 기초로 하는 생산은 표층에서는 자유롭고 평등한 교환이 행해지고 있지만 그 토대에서는 교환가치로서 대상화된 노동과 사용가치로서 살아있는 노동 사이의 교환이다. 또는 다른 말로 하면 노동이 자신의 객관적 조건을 ─ 따라서 또한 자신이 창조한 객체성을 ─ 타인의 재산으로 간주하는 관계, 즉 노동의 소외다.[145]

우리는 앞에서 마르크스가 1845년 인간주의 사관의 이론을 포기했다고 단언하지 않았던가? 그런데 마르크스는 왜 여기서 또 소외라는 단어를 다시 들

---

142 같은 책, 286쪽.
143 같은 책, 462쪽.
144 같은 책, 513쪽.
145 같은 책, 519쪽.

896 마르크스로 돌아가다

고 나왔을까? 따라서 우리는 이어서 소외 문제를 탐구할 필요가 있다.

4) 소외: 새로 확정한 객관적 전도관계

우리는 마르크스가 경제학 연구에서 다시 한 번 진지하게 소외 문제를 제기하는 것을 보았다. 또한 여기서의 소외는 마르크스 역사현상학의 과학적 비판 중 가장 핵심적인 관점이다. 나는 마르크스가 여기서 드러낸 자본주의 경제관계의 자기대립성은 결코 더 이상 『1844년 수고』에서와 같은 인간주의적 가치설정인 '당위(Sollen)'가 아니라 현실사회 관계에서 발생한 객관적 자기 대립성이라고 생각한다.

앞에서 분석했듯이, 과거 전자본주의의 사회적 생산에서 노동이 하는 역할과 지위, 특히 노동활동의 주체 자체, 노동대상, 도구 간의 통일성은 매우 명확하다.

> 노동의 시각에서 고찰한다면, 생산과정에서 노동은 다음의 역할을 한다. 노동은 객관적 조건에서 노동을 실현하는 동시에 노동을 타인의 실재로 삼아 자신으로부터 배척한다. 따라서 자신을 자기로부터 소외되고 자기가 아닌 타인에 속한 이 실재에 대립시키고, 노동 자신이 실체성을 결여한 궁핍한 노동능력으로 규정하는 그와 같은 활동으로 나타난다. 즉, 노동은 자신의 현실성을 자신을 위한 존재로서가 아니라 단순히 타자, 즉 자신과 서로 대립하는 타인의 존재로 규정하는 그와 같은 활동으로 변화시킨다.[146]

따라서 자본주의 경제 과정에서 노동이 이런 현실성으로 변화하는 과정은 또한 자신의 현실성을 상실하는 과정이다. "노동은 자신을 객관적인 것으로

---

146 같은 책, 450쪽.

규정하지만, 자신의 이런 객체성을 자기 자신의 비존재[Nichtsein]로서 또는 자기의 비존재 — 자본 — 의 존재로서 규정한다."[147] 자본주의 조건 아래 노동자가 노동을 투입해서 생산한 결과는 '자신'으로부터 생겨났음에도 불구하고 '자신'을 적대시하는 자본을 만들어낸 것이다. 자본은 노동활동의 현실적 소외형태다!

이에 대해 마르크스는 상세하게 설명하고 있다.

> 객체적인 노동조건이 살아있는 노동능력에 대해 독립적이며 객체적으로 무관심하고 소원하면 다음과 같은 지경으로까지 진전된다. 즉, 여기에서는 객체적인 노동조건이 자본가의 인격을 갖는 형식을 취해, 즉 자기의 의지와 이익을 갖는 인격화로써 노동자의 인격과 서로 대립한다. 다시 말해 살아있는 노동능력으로부터 소유가, 즉 노동의 사물적 조건이 절대적으로 분열 또는 분리된다. 객체적인 노동조건이 노동자에 대해 타인의 소유로서, 다른 법적 인격의 실재로서, 이 법적 인격이 지닌 의지의 절대적 영역으로서 살아있는 노동능력과 서로 대립을 일으킨다. 다른 한편 노동이 자본가로서 인격화된 가치와, 노동조건과 대립하는 타인의 노동으로 나타난다. 즉, 소유와 노동 사이에, 살아있는 노동능력과 그것의 실현 조건들 사이에, 대상화된 노동과 살아있는 노동 사이에, 가치와 가치를 창조하는 활동 사이에 발생하는 이런 절대적 분리(이 때문에 노동자 자신에 대해 노동의 내용도 소원해지는 것), 즉 이런 분열은 현재 노동 자체의 생산물로 표현되고 노동 자신의 계기들의 대상화·객체화로 표현된다.[148]

두렵게 느껴지는 것은 바로 "노동능력이 조건들 자체를 물, 가치로 변화시킨다는 점이다. 이러한 것은 명령을 내리는 타인의 인격화라는 형태로 노동

---

147 같은 책, 450쪽.
148 같은 책, 448쪽.

능력과 대립한다. 노동능력이 [생산과정을 벗어날 때면 노동능력이 진입할 때와 비교해 더 풍부해지지 않을 뿐 아니라 반대로 더 빈약해진다".[149] 이것은 결코 인간주의적 논리 가운데 'Sollen'과 'Sein'의 모순과 충돌이 아니라 자본주의 생산과정에서 객관적이고 역사적으로 발생한 소외관계다.

마르크스는 노동이 만들고 아울러 끊임없이 증식되는 이 대상화의 힘이 자본으로서, 지배로서, 살아있는 노동을 지배하는 대상화된 노동으로서 표현된다고 말한다. 이 대상화의 힘은 자본이자, 살아있는 노동능력에 대한 지배권이자, 자기 권력과 의지를 갖는 가치이며, 또한 추상적이며 객관조건을 상실한, 순수하게 주관적인 빈궁 속에 있는 노동력과 대립한다. 노동력은 타인의 부와 자신의 빈곤을 생산할 뿐만 아니라 그 자체로서 관계를 발생시키는 부와 빈궁으로서의 노동력 사이의 관계도 생산한다. 이런 빈궁을 소비할 때 부는 새로운 생명력을 획득하고 다시 새롭게 증식한다.[150] 한발 더 나아가서 보면, "노동의 생산물은 타인의 재산으로 나타나고, 독립적으로 살아있는 노동과 서로 대립적 존재 방식으로 표현되며, 또한 대자적 존재의 가치로서 표현된다. 아울러 자신을 살아있는 노동과 서로 대립하는 타인의 권력으로 만든다".[151] 이는 경제관계 자체의 현실적 소외다.

나중에 마르크스는 매우 예리하게 이런 소외의 특징을 마무리했다.

노동자에 대한 자본가의 지배는 바로 인간에 대한 물의 지배이며 살아있는 노동에 대한 죽은 노동의 지배이고 생산자에 대한 생산물의 지배다. 노동자를 지배하는 수단으로(그러나 단지 자본 자신의 지배 수단으로만) 변해버린 상품은 사실 생산관계의 결과일 뿐이고 생산과정의 산물일 뿐이다. 이것은 관념 형태 중에서 종교로 표현되는 관계, 즉 주체의 개체로의 전도 및 그 역의 전도라는

---

149 같은 책, 449쪽.
150 같은 책, 449쪽.
151 같은 책, 450쪽.

관계와 완전히 똑같은 관계가 물질적 생산에서, 현실의 사회적 생활과정(왜냐하면 그것은 바로 생산과정이기 때문에)에서 나타난 것이다. 역사적으로 볼 때, 이런 전도는 다수를 희생시켜 강제적으로 부 자체를 창조하는, 즉 무한한 사회 생산력을 창조하는 데 반드시 거쳐야 하는 지점이다. 이런 무한한 사회노동생 산력이 있어야만 비로소 자유로운 인류사회의 물질 기초를 구성할 수 있다. 이런 대립적 형식을 반드시 거쳐야 하는 것은 바로 인간이 처음에 반드시 종교의 형식으로 자신의 정신역량을 일종의 독립적 역량으로 삼아 자신과 서로 대립시 키는 것과 완전히 똑같다. 이것이 인간 자신이 겪는 노동의 소외과정이다. 이 점에서 노동자는 처음부터 자본가보다 높은 입장에 있다. 왜냐하면 자본가는 이 소외과정에 뿌리를 두고 있는 이 과정 중에서 자신의 절대적 만족을 찾지만, 노동자는 이 과정의 희생양으로서 처음부터 이 과정에 대해 반항의 관계에 서 서 이 과정을 예속의 과정이라고 느끼기 때문이다.[152]

확실히 이것은 철저한 전도다. 나중에 마르크스는 다음과 같이 지적한 바 있다. "사회적 노동의 생산력이 모두 자본의 생산력으로 표현된다. 그것은 노 동의 일반적 사회형식이 화폐에서 일종의 물의 속성으로 표현되는 상황과 완 전히 똑같다. …… 여기서 우리는 또 관계의 전도와 마주쳤는데, 우리가 화폐 를 고찰할 때 이미 이런 관계의 전도의 표현을 물신숭배(Fetischismus)라고 칭 했다."[153] 이런 전도는 "사물의 인격화와 인간의 사물화다". 자본가는 이런저 런 개인적 속성의 체현자로 노동자를 지배하는 것이 아니라, 그가 '자본'인 한 에서 노동자를 지배하는 것이다. 그의 지배는 "대상화된 노동이 살아있는 노 동에 대해 지배하는 것이며, 노동자가 생산한 생산물이 노동자 자신에 대해 지배하는 것이다".[154]

---

152 『馬克思恩格斯全集』, 第49卷, 48~49쪽.
153 『馬克思恩格斯全集』, 第48卷, 36쪽.
154 『馬克思恩格斯全集』, 第46卷, 37쪽.

마르크스는 자본주의 생산과정에서 객관적 부의 세계는 노동과 대립하는 소원한 권력으로서 노동 자체를 통해 점점 더 커지고 또한 점점 더 광범위해지고 점점 더 완전한 존재를 획득한다고 보았다. 반면 살아있는 노동능력의 빈궁한 주체는 자신이 이미 창조한 가치 또는 가치창조의 현실조건과 비교해 점점 더 선명한 대조를 형성한다고 지적했다. "노동 자체가 객체화될수록 타인의 세계로서, 타인의 재산으로서 노동과 서로 대립하는 객관적 가치 세계는 점점 더 확대된다."[155] 마르크스는 이어서 노동생산력 발전 과정에서 노동의 물질적 조건, 즉 대상화된 노동은 살아있는 노동과 비교해 필연적으로 성장한다고 쓰고 있다. 그는 다음과 같이 지적했다.

> 살아있는 노동에 대해 노동의 객관적 조건은 점점 더 거대한 독립성(이런 독립성은 이들 객관적 조건의 규모를 통해 표현된다)을 갖는다. 사회적 부의 점점 더 거대한 부분은 소원하고 압도적인 권력으로서 노동과 대립한다. 여기에서 관건은 대상화된 존재(Vergegenständlichte sein)에 있는 것이 아니라, 소외되고 외화되고 양도되고 있다는 것(Ent fremdet-, Entäussert-, Veräussertsein)에 있다. 즉, 거대한 대상화된 권력이 노동자에게 돌아가지 않고 인격화된 생산조건(personifizierte Produktionsbedingungen), 즉 자본에 귀속한다는 것(Kapital-Zugehören)에 있다. 이런 대상화된 권력이 사회노동 자체를 자신의 한 요소로 삼아 자신과 상호 대립하는 지위에 놓는다.[156]

이것은 자본주의 경제운행에서 발생하는 인간관계의 객관적 전도와 착란이라는 것을 알 수 있다!

---

155 『馬克思恩格斯全集』, 第46卷, 上卷, 452쪽.
156 『馬克思恩格斯全集』, 第46卷, 下卷, 360쪽. 중역본에서는 여기서의 '대상화(Vergegenständlichte)'를 '물화'로 오역했다. 중문 제2판에서도 이 오역을 고치지 않았다. Zugehören은 '소유'로 번역했는데 나는 '귀속'으로 고쳐 번역했다. Karl Marx, *Grundrisse*, S.698.

마르크스가 보기에 "이런 착란과 전도는 현실적인 것이며, 단지 상상에 그치거나 노동자와 자본가의 관념 속에 존재하는 데 그치는 것이 아니다. 그러나 분명히 이런 전도의 과정은 역사적 필연성(historische Notwendigkeit)에 불과하고 특정한 역사로부터의 출발점 또는 기초에서 출발한 생산력 발전에 대한 필연성에 불과할 뿐, 결코 생산의 절대적 필연성(absolute Notwendigkeit)이 아니다. 오히려 일종의 일시적 필연성이다. 그리고 이 과정의 결과와 목적은 과정의 토대 자체 및 과정의 이런 형식을 지양하는 것이다".[157] 전도는 상상이 아니라 사회의 역사에 존재하는 자본주의 사회관계의 객관적 형태다. 그러나 "부르주아 경제학자는 일정한 사회역사 발전단계에서 발생한 관념의 엄중한 속박을 받았기 때문에, 그들이 보기에 노동의 사회적 힘이 대상화하는 필연성은 이 사회적 힘이 살아있는 노동과 대립해서 소외되는 필연성과 분리될 수 없는 것이다".[158] 이와 달리 마르크스의 탁월한 역사현상학의 시각에서는 전도가 다음과 같이 인식된다.

노동이, 즉 자기 자신의 조건과 자기 자신의 생산물에 대한 생산적 활동이 자본의 임금노동에 대한 관계로 나타나는 소외의 극단적 형식은 하나의 필연적 통과점이고, 따라서 또 그것은 즉자적으로는, 아직 전도되고 거꾸로 선 형태에 서이기는 하지만, 생산의 모든 협애한 전제의 해체를 포함하고 있다. 오히려 소외의 극단적 형식은 생산의 무제한적 전제를 창조하고 건립해서 개인의 생산력이 총체적·보편적으로 발전하기 위한 충분한 물질적 조건을 만들어낸다.[159]

이것은 완전히 새로운 과학적 진단이다.

여기서 우리는 간단한 평가를 하려고 한다. 마르크스는 왜 자신의 경제학

---

157 같은 책, 360~361쪽.
158 같은 책, 361쪽.
159 같은 책, 520쪽.

902 마르크스로 돌아가다

지평에서 역사현상학을 토론한 후 새롭게 소외 문제를 제기했는가?[160] 앞의 토론에서 우리는 마르크스가 1845년『독일 이데올로기』시기에 이미 인간주의 철학 논리를 부정했고 동시에 소외 사관을 내버린 것을 알고 있다. 그렇다면 여기에서 도대체 무슨 일이 벌어진 것일까?

첫째, 1845년 이후 마르크스 철학 발전의 기본 사유경로를 총체적으로 살펴보면서 나는 그의 사상적 탐색의 궤적은 거대한 나선형이라는 것을 발견했다. 1845년의 사상적 변혁에서 그는 인간주의적 가치 논리를 부정했다. 그 새로운 기점은 광의의 역사유물론 가운데 일반적 물질생산이라는 객체적 차원이었다. 자본주의 현실을 비판하는 이론 층위에서, 그는 더 이상 소외 사관이라는 주체를 척도로 하는 각도에서 현상학 비판의 장력을 끌어내는 것이 아니라, 분업 생산이 일으킨 객관적인 경제적 모순의 시각에서 실증적인 객관적 역사인식을 제기하는 길을 선택했다. 이런 상황은 1840년대 말까지 지속되었다. 구체적인 경제학 연구에 진입한 후, 특히『정치경제학 비판 요강』연구에서 그는 물질생산에서 출발해 일반 사회역사적 기초를 설명하는 것이 정확하긴 하지만, 생산에서 출발해 무수한 전도된 사물화의 중개를 통한 복잡한 자본주의 생산관계를 대면하면서 오히려 경제학이 뛰어넘을 수 없는 베일을 낳는다는 것을 의식하기 시작했다. 객체 층위에서 자본주의를 비판하는 것만으로는 아직 자본세계의 사회관계에서 나타나는 도치 현상을 진정으로 해결할 수 없었다. 이에 마르크스는 다시 물질생산에서의 주체적 노동활동에서 출발하지 않을 수 없었고, 다시 한 번 그의 역사현상학 비판을 과학적·역사적인 주체적 국면에 기초를 두지 않을 수 없었다. 소련 학자 다비도프 역시 이 문제를 주목했다. 그는 마르크스가 여기에서 제기한 경제적 소외개념과 과거 제기한 노동

---

160 나의 불완전한 문헌수치 통계에 의하면, entfremdet는『정치경제학 비판 요강』에서 16회 출현하고, entäussert는 11회 나타난다. 이 시기 마르크스의 다른 주요 텍스트를 보면, entfremdet가『1861~1863년 경제학 수고』에서 8회,『자본론』, 제1권에서 6회, 제2권에서 0회, 제3권에서 12회 출현한다. entäussert는 다른 문헌에서 기본적으로 나타나지 않는다.

소외 사관의 차이를 정확하게 설명했다. 그러나 그의 분석은 경제학 텍스트를 독해하는 측면에서 깊이가 부족하다.[161]

둘째, 마르크스는 역사현상학을 구축하던 초기에 교환가치부터 화폐까지 현상학적 비판을 하면서 이미 사회관계의 **사물화와 전도**라는 이론을 사용했다. 그러나 자본과 노동의 심층적 본질 관계에서는 사물화와 전도라는 규정성을 여전히 현실에서 발생하는 사회관계의 **자기대립성**으로 정확하게 자리매김할 수 없었다. 따라서 관계적 소외의 과학적 규정이 출현한 것은 필연적이고 정상적이다. 그러나 여기서 마르크스가 경제학과 역사현상학에서 다시 사용한 과학적 소외 개념은 인간주의 소외 사관과 다르다. 특히 그가 이때 사용한 노동소외 규정과 『1844년 수고』에서 사용한 노동소외 논리 간에는 근본적인 이질성이 있다. 사실 이 두 가지는 확연히 다른 소외관이다. 『1844년 수고』에서의 노동소외는 인간주의적 가치 가설이었다. 그것이 구성한 것은 이상적 본질과 현실적 존재의 모순, 허와 실의 모순이었다. 노동의 자기 소외는 일종의 논리적 사고이며 관념 속에 설정된 것이었다. 그러나 『정치경제학 비판 요강』에서의 노동소외는 근본적으로 말해 현실의 역사에 관한 사고다. 원래 노동자 활동을 대상화한 결과이던 것이 현실에서는 노동자를 지배하고 착취하는 존재가 되었다. 노동자가 창조한 '선유'가 '현유'의 지배자가 된 것이다. 자본가는 내가 노동을 써서 창조한 것(사물화는 추상적이며 무명의 것이다)과 나(노동자 및 과거의 노동자의 성과를 포함해)를 교환한다. 그것은 더 진전된 불평등 교환이다. 여기에서 선유가 현유를 지배하는 것은 모종의 논리적 가설의 출발점도 아니며 논리적 방법의 선험적 구조도 아니다. 그것은 사회현실의 객관적 역사의 결과이며 자본주의 경제관계의 객관적 전환의 필연적 형식이다. 그것은 노동소외 때문에 야기된 죄악이 아니며, 자본주의 생산은 인간의 외화된 경제역량에 대한 의존성을 필연적으로 야기한다. 임금노동은 자신

---

161   達維多夫, 『新馬克思主義与文化社會學問題』, 第1章 第6節.

으로부터 전화해서 생겨난 지배적 힘, 즉 자본을 창조한다. 이것이 바로 마르크스가 여기서 묘사한 자본과 노동관계의 현실적 소외다.[162]

이때 마르크스에게 『1844년 수고』의 노동소외에 대한 성격 규정과 달리, 이런 자본주의 경제 현실에서 발생한 노동소외는 역사변증법의 객체적 차원에서 진보적인 것으로서 위치 지어졌다. 인간과 인간의 객관적 관계는 불평등 교환, 약탈, 일면성, 객관적 전도, 불공정인데 바로 이런 '악'이 악마 같은 거대한 생산력을 창조했다. 그러나 그것이 동시에 필연적으로 앞으로의 발전에서 장애를 생산한다. 노동소외는 역사변증법의 주체적 차원에서 보자면 진보적이다. 과거의 인격적 의존관계와 비교하면 노동소외는 당연히 일종의 해방이다. 그러나 노동소외는 또한 새로운 사물과 사물의 관계성을 더 심각하게 형성하고 주체성의 상실을 조성하며 사회관계의 소원성과 자기대립성을 가져온다. 나는 바로 여기에서 소외의 개념이 머릿속에 출현한 것이 아니라 현실 자본주의 생산관계의 소외를 진실하게 반영했다는 것을 마르크스가 처음으로 의식했다고 느꼈다. 이것은 단순한 철학적 유물론이 명확하게 정리할 수 있는 내용이 아니다. 따라서 헤겔의 소외관이 심오한 까닭은 역시 그가 경제 현실 속에서 노동활동의 진정한 객관적 전도를 보았기 때문이라고 생각된다.

3. 『자본론』: 역사현상학의 성숙한 서술

나는 앞에서 『정치경제학 비판 요강』은 마르크스 철학의 역사현상학이고, 이후의 『자본론』은 마르크스 경제학의 '논리학'이라고 분석했다. 그러나 이 특징에 대해 자세하게 탐구해보면 마르크스가 『자본론』에서 자신의 정치경

---

162 이 문제에 관한 상세한 분석은 孫伯鑠·姚順良, 『馬克思主義哲學史』, 第2卷, 238~239쪽; 張一兵, 『馬克思歷史辨證法的主體向度』, 第3章 참조.

제학 이론을 포괄적으로 설명하고 서술함과 동시에, 철학적 의미에서 구축한 그의 역사현상학적 비판에서도 더 성숙한 설명을 갖추었다는 것을 알 수 있다. 우리가 『정치경제학 비판 요강』에서 보았던 극히 난해한 논리 구축과 달리, 『자본론』의 논리 전개는 과학적 이론의 사유경로를 조리 있게 드러내는 과정으로 구성되어 있다. 여기에서 우리는 『자본론』에서 마르크스가 훌륭하게 분석했던 역사현상학과 물신숭배 비판을 간단하게 개관할 것이다. 이는 또한 여태까지의 우리의 논의에 대한 작은 결론이기도 하다.

1) 거꾸로 춤추는 탁자와 상품의 물신숭배

여기서 역사현상에 대한 마르크스의 서술은 『자본론』 제1권 제1장에서 제4장까지에 주로 집중되어 있다. 나는 마르크스의 역사현상학적 비판이 자본주의 3대 물신숭배에 대한 그의 분석과 직접 연결되어 있다는 점에 주목했다. 이것은 나중에 이 3대 물신숭배에서 3개의 층으로 된 사물화된 현상을, 마르크스가 직접 자신의 역사현상학이 한 층 한 층 꿰뚫고 벗겨내는 가상적 시야로 삼았음을 의미한다. 사실 이런 현상학적 비판 역시 『자본론』에서 마르크스의 경제학 분석과 어깨를 나란히 하는 것이다. 『마르크스 역사변증법의 주체 국면』에서 나는 이미 마르크스의 3대 물신숭배에 대한 초보적인 토론[163]을 진행한 바 있다. 여기서는 다시 한 번 마르크스가 역사인식론의 지평을 기준으로 삼아 자신의 경제학 연구 지평에서 3대 물신숭배 비판이론을 구체적으로 구축한 과정을 더 깊이 분석할 것이다. 당연히 이 분석에서 우리는 마르크스의 구체적인 경제학의 사유경로를 따르지 않고 이야기를 전개할 것이다. 즉, 문헌학적 양식으로 차츰 문제를 제기하고 해결하는 것이 아니라 가장 분명하고 간결한 단서를 써서 마르크스가 의식하지 못하고 경제학적 논리에 감

---

163 張一兵, 『馬克思歷史辨證法的主體向度』, 第3章 참조.

추어놓은 독특한 역사현상학적 비판을 총결할 것이다.

여기에서 우리는 우선 마르크스가 사회 경제 분석에서 사용한 물신숭배 (Fetischismus) 개념[164]과 원시적 물신숭배 개념의 구별을 다시 강조해야 한다. 상고시대의 자연숭배와 토템의식에서의 물신숭배는 외부자연의 객관적 물 또는 신비적 역량에 대한 숭배다. 반면 마르크스에게 그것은 주로 무의식중에 발생한 사람들의 사회적 존재(관계)를 숭배하는 것이자 전도되고 사물화된 현상(가상의 관계)을 지시하는 것이다. 양자를 비교하면 이 사회경제적 물신숭배가 더 복잡하다. 물신숭배의 중심적 우상은 물질의 형태도 사람의 형태도 아니다. 심지어 사람은 숭배하는 것의 실질이 무엇인지도 모른다. 신을 숭배할 때면 신이 초인적이고 초자연(übernatürlich)적인 존재라는 것을 안다. 그러나 사람들은 상품, 화폐, 자본의 진정한 본질에 대해서는 오히려 아는 게 거의 없다. 그들의 일반 물질적 담지체에 대한 지식 외에 그 본질에 대해서는 거의 늘 아는 바가 없으며, 심지어 그 본질을 상상조차 할 수 없다. 마르크스에게는 이러한 전도된 가상적 시야가 경제적 **물신숭배 성격**(Fetischcharakter)의 중요한 측면이다. 그것은 다음과 같은 몇 가지 측면으로 나타난다.

중요한 것은 **상품 물신숭배**라는 **가상**의 시야다. 마르크스의 분석은 우리의 감각기관이 직접 미칠 수 있는 경험적 층위에서 시작한다는 것을 알 수 있다. 우리가 일상생활에서 어떤 물품을 대면할 때, 이들 물품에서 일반적으로 인지할 수 없는 신비감을 느끼지 않는다. 탁자를 예로 들면 목재 유형이며, 설수 있고, 또 물품을 올려놓을 수 있다. 이때 탁자에는 아무런 '형이상학적 장황함(metaphysische Spitzfindigkeit)과 신학적 미묘함'도 없다. 자연유물론과 모든 낡은 유물론의 정확한 전제는 모두 이 직관의 진실성에 기초한다. 당연히 우리는 여기서 탁자가 이미 인류노동의 제품이라는 것을 인정하고, 그 탁

---

164 나의 불완전한 문헌 통계에 따르면, 마르크스는 『자본론』 제1권에서는 Fetischismus를 3회 사용했고, 제2권에서는 1회 사용했으며, 제3권에서는 사용하지 않았다.

자는 사용됨으로써 인간의 필요에 대한 물품의 사회적 기능을 실현한다. 또 효용이라는 위상에서도 어떤 이해하지 못할 신비감은 없다. 그러나 똑같은 이 탁자가

> 일단 상품으로 출현하면, 그것은 감각적이면서 동시에 초감각적인 물(ein sinnliches Ding)이 된다. 그것은 두 다리로 지상에 설 뿐만 아니라 다른 모든 상품과의 관계에서 머리로 물구나무서면서, 자신의 나무 두뇌 속으로부터 탁자가 저절로 춤추는 것보다 훨씬 더 불가사의한 환상을 전개한다.[165]

다시 말해, 과거 사회에서는 탁자가 노동을 통해 제작되었는데, 그것은 물품을 놓기 위한 것이었으며, 생산의 목적은 사용을 위해서였다. 상품경제에서는 생산물이 상품(상업교환에 쓰이는 물품)으로 되는데, 상품생산의 목적은 우선 사용이 아니라 교환 및 교환을 통해 탁자가 대표하는 가치를 실현하는 것이다. 마르크스는 우리에게 이런 탁자의 가치 속성은 그것의 물적 자연속성이나 효용적 기능이 아니라 일종의 특정한 사회관계라는 것을 알려준다. 이것은 탁자가 자신의 효용이라는 사용가치 관계 외에, 교환에서 스스로를 포함하는 노동의 사회적 가치관계도 실현한다는 것을 의미한다. 특히 자본주의 경제활동에서 이처럼 직접 나타나지 않는 탁자의 사회관계의 속성은 물적 형태로 전도되어 표현된다. 나아가 모종의 '착시(Quidproquo)'도 생겨난다.
마르크스는 다음과 같이 말하고 있다.

> 물(Ding)이 시신경에 남긴 빛의 인상은 시신경 자체의 주관적 자극으로서가 아니라 눈 외부의 물의 대상적 형태로 나타난다. 그러나 시각의 경우 현실에서

『資本論』, 第1卷(人民出版社, 1953), 46~47쪽. 중역본에서는 여기서의 Ding을 '사물'로 번역했지만 나는 '물'로 바꿔 번역했다. Marx, *Das Kapital*, Bd. I, MEW, Band 23, S.85.

마르크스로 돌아가다

빛이 하나의 물로부터, 즉 외적 대상으로부터 다른 하나의 물로, 즉 눈으로 투사되는 것이다. 이것은 물리적 물과 물 사이의 하나의 물리적 관계(physisches Verhältnis zwischen physischen Dingen)다. 이것에 반해 상품형식이나 이 형식이 나타나는 노동생산물들의 가치관계(Wertverhältnis)는 노동생산물의 물리적 성질이나 그것으로부터 생겨나는 물적 관계와는 완전히 무관하다. 여기에서 인간에 대해 물들의 관계라는 환상적인 형태(die phantasmagorische Form eines Verhältnisses von Dingen)를 취하는 것은 단지 사람과 사람 간의 특정한 사회관계(das bestimmte gesellschaftliche Verhältnis der Menschen selbst)일 뿐이다. 우리는 종교 세계의 환상 속에서만 비로소 이러한 현상의 비유를 찾을 수 있다. 거기서는 인간 두뇌의 산물이 그 자신의 생명을 부여받으며, 이로 인해 그들 사이에서도 인간과의 사이에서도 관계를 맺고 독립한 모습으로 나타난다. 이와 마찬가지로 상품세계(Warenwelt)에서는 인간 손의 생산물이 그렇게 보인다. 이것을 나는 물신숭배(Fetischismus)라고 부른다. 이러한 물신숭배는 노동생산물이 상품으로 생산되자마자 그 상품에 부착된 것이며, 따라서 상품생산과 불가분한 것이다.[166]

이것은 상품 물신주의에 관해 마르크스가 설명한 매우 유명한 말이다. 마르크스가 설명하고 싶었던 것은 상품 물신숭배는 자본주의 생산양식 특유의 **사물화된 현상**이라는 점이다. 그러나 우리는 왜 이런 물상의 전도가 발생하는지를 추궁하지 않을 수 없다.

상품을 대면할 때 우리는 보통 그 상품이 직접 사용에 쓰이는 가치와 시장 교환에서 쓰이는 가치를 동시에 주의한다. "우리는 보통 상품은 사용가치와 교환가치를 갖는다고 말한다. 정확하게 말해서 이런 표현은 잘못되었다." 그런데 이 "보통 …… 말한다"라는 것은 사실 마르크스와 엥겔스도 계속 사용했

---

166 같은 책, 47쪽. Marx, *Das Kapital*, Bd. I, MEW, Band 23, S.86.

던 고전경제학의 기본 술어다. 『정치경제학 비판 요강』의 시점에서도 마르크 스는 아직 가치와 교환가치를 엄격하게 구분하지 않았다. 하지만 『자본론』의 시점에서 마르크스는 교환가치는 시장교환 중 가치의 표현방식에 불과하고 통상 가격을 통해 실현된다는 것을 이미 인식했다. "교환가치는 가치 속에 포 함되어 있지만 또한 가치와 충분히 구별할 수 있는 것의 표현방식, '현상상태' 일 뿐이다."[167]

> 상품은 사용가치 또는 사용대상이자 '가치'다. 그러나 상품은 그 상품의 가치 가 상품의 현물형태와는 다른 독특한 현상형태, 즉 교환가치의 형태를 취할 때 이런 이중적인 물로 나타난다. 상품을 따로 떼어놓고 고찰하면 상품은 교환가 치라는 형태를 취하지 않는다. 상품은 반드시 다른 종류의 상품과 가치관계 또 는 교환관계에서만 이 형태를 갖는다.[168]

따라서 "사용가치로서는 상품은 우선 질적으로 다르다. 교환가치일 때 상 품들은 양적으로만 다를 뿐이며, 따라서 분자 하나의 사용가치도 포함하고 있지 않다".[169] 상품의 효용성은 이질적이지만, 상품의 가치가 교환가치의 형 태로 표현될 때는 오히려 모종의 '초자연적 속성(übernatürliche Eigenschaft)' 을 가지고 있고 질적 차이가 없는 양적 관계를 표징한다. 우리는 마르크스가 말한 이러한 상품의 속성과 표현형태 자체는 우리가 감각을 통해 직접 파악 할 수 있는 경험적 현상이 아니라는 것을 알 수 있다. 이것이 바로 마르크스가 역사유물론 시야에서 확인한 사회적 존재와 사회관계의 본질적 규정이다. 그래 서 마르크스는 항상 "상품의 가치대상성은 그것이 이러한 물(Ding)의 순수한 '사회적 정재(定在)'(das gesellschaftliche Dasein)이기 때문에 상품의 전면적 사

---

167 같은 책, 7쪽.
168 같은 책, 34쪽.
169 같은 책, 8쪽.

회적 관련(allseitigegesellschaftliche Beziehung)에 의해서만 표현될 수 있다"[170]라고 말했다. 이는 협의의 역사유물론에서 지적한 비직관적 물이다.

마르크스는 다음과 같이 분석했다. "노동생산물은 어떤 사회형태에서도 전부 사용대상이지만, 노동생산물을 상품으로 만드는 것은 오직 하나의 역사적으로 규정된 발전단계, 즉 유용한 물품을 생산하는 데 지출한 노동이 그 물의 '대상적' 속성, 즉 그 물의 가치로서 표현되는 발전단계일 때뿐이다."[171] 단지 이런 상황에서 노동은 비로소 "유령 같은 대상성(dieselbe gespenstige Genständlichkeit)"으로 표현된다. 이 특수한 역사시기가 바로 자본주의 사회다. 광범위한 사회적 분업과 노동 분업으로 인해 개인은 고립된 개체가 되었고 일차원의 기능인이 되었다. 따라서 그들의 단편적 노동과 활동은 근본적으로 독립적으로 존재할 수 없고 그들의 노동생산물은 결코 직접 실현될 수 없다. 시장교환이라는 매개를 통해서만 노동은 비로소 생산과 결합할 수 있고 노동생산물은 비로소 실현될 수 있다. 이렇게 교환이 비로소 생산의 목적이 되었다. 『자본론』 수고에서 마르크스는 사회적 인간에 관해서 설명한 적이 있다. "그가 상품을 생산한다고 말하는 것은 그의 노동이 일면적이고 자신의 생활수단을 직접적으로는 생산하지 않으며 자신의 노동과 다른 노동부문의 생산물의 상호교환을 통해서만 이들 생활수단을 획득한다고 말하는 것이다."[172] 그러므로 이런 특정한 사회관계에서,

> 자신의 사회생산 과정에서 원자와 같은 인간들의 행위(atomistische)는 그들 자신의 생산관계(Produktionsverhätnisse)의 사물적 형태(sachliche Gestalt)다. 그들의 통제를 받지 않고 그들 개인의 의식행위와 서로 독립되어 있어 그것

---

170 같은 책, 41쪽. 이것은 『자본론』에서 마르크스가 gesellschaftliches Dasein을 유일하게 사용한 예인데, 그는 특별히 여기에 따옴표를 붙였다. Marx, *Das Kapital*, Bd. I, MEW, Band 23, S.80.
171 같은 책, 35쪽.
172 『馬克思恩格斯全集』, 第47卷, 303쪽.

으로 바꿀 수 없는 물질형식은 우선 그들의 노동생산물 일반(Arbeitsprodukte allgemein)이 상품형식(Warenform)을 취하는 사실로 나타난다.[173]

마르크스는 여기에서만 비로소 필연적으로 이러한 국면이 형성된다고 여겼다. 즉, "모든 노동은 한편으로는 생리학적 의미에서의 인간 노동력의 지출이다. 또한 동일한 인간노동 또는 추상적 인간노동이라는 속성에서 이것은 상품 가치를 형성한다. 모든 노동은 다른 한편으로는 특수한 일정한 목적을 갖는 인간 노동력의 지출이며, 이 구체적 유용노동이라는 속성에서 인간노동은 사용가치를 생산한다".[174] 이것은 역사적으로 형성된 노동의 이중성, 즉 추상적 노동과 구체적 노동(일반적인 사회적 노동과 특수한 개인적 노동)이 각각 상이한 위상에서 형성된 두 가지 종류의 가치관계라는 것을 의미한다.

그러나 방금 우리가 말한 상품의 신비성은 또 어디서 오는 것인가? 마르크스는 "사람들은 자신의 노동생산물을 가치로 간주해 그것들을 서로 관계 맺게 하는데, 이는 이들 물품이 그들이 보기에 동일한 인간노동의 물질적 외피에 불과하기 때문이 아니다. 오히려 이와 반대로, 인간이 자신들의 교환과정에서 다른 종류의 노동을 가치로 간주하고 그것들을 상호 균등하게 만들 때 자신의 서로 다른 노동을 인류의 노동으로 삼아 그것들을 균등하게 만든다. 그들은 이를 알지 못하지만 이를 행하고 있다. 가치는 자기 이마에 가치라고 써 붙이고 있지 않다. 가치는 오히려 모든 노동생산물을 일종의 사회적 상형문자로 바꾼다".[175] 그들은 알지 못하면서 반대로 이렇게 하고 있다. 이것은 일종의 사회적 무의식이다. 그리고 이런 사회적 관계의 속성이 물을 통해 실

---

173 『資本論』, 第1卷, 71쪽. 중역본에서는 여기서의 sachliche Gestalt를 '물질적 형식'으로 번역했지만 나는 '사물적 형태'로 바꿔 번역했다. 또한 중역본에서는 Warenform을 '상품형태'로 번역했으나 나는 '상품형식'으로 바꿔 번역했다. Karl Marx and Friedrich Engels, *Werke*, Band 23, S.108.

174 같은 책, 18쪽.

175 같은 책, 50쪽. 이후 지젝은 『의식형태의 숭고대상』에서 마르크스의 이 주장을 강화하고 확대했다. 나아가 소위 '견유의식 형태' 이론을 형성했다. 齊澤克, 『意識形態的崇高對象』, 季广茂譯(中央編譯出版社, 2004), 第一部分.

현될 때, 그것은 '노동의 사회 성격의 물질적 가상'이 된다. 따라서 투시할 수 없는 신비성이 조용히 강림한다.

마르크스는 핵심을 찌르면서 다음과 같이 지적했다.

상품형식(Warenform)이 신비한 까닭은 사람의 눈에 이 형식이 자신 노동의 사회적 성격(gesellschaftlichen Charaktere)을 노동생산물 자체의 대상적 성질 (gegenständliche Charaktere)로, 각종 물의 사회적 자연속성(gesellschaftliche Natureigenschaften dieser Dinge)으로 반영하기 때문이다. 따라서 사회생산의 총 노동에 대한 생산자의 사회관계를 생산자 사이에 존재하는 것이 아니라 객 관세계에 존재하는 각종 대상 사이에 존재하는 사회적 관계(gesellschaftliches Verhältnis von Gegenstnäden)로 삼아 반영한다.[176]

이보다 조금 앞서 썼던 수고에서 마르크스는 자본주의 생산의 당사자는 "마법에 걸린 세계"에서 생활하지만, "그들이 보기에 그들 자신의 관계는 물 적 속성, 생산의 물질적 요소의 속성을 갖는다"[177]라고 말했다. 이것은 매우 심각한 신비적 도착, 즉 전도된 사물화의 사회관계를 투시할 수 없기 때문에 사람들이 이 관계가 생겨난 **비실체적 사회관계**의 존재를 물품 자체의 자연적 속성으로 잘못 인식한 것이다. 따라서 "생산자 눈에 그들의 사적 노동의 사회 관계(gesellschaftliche Beziehungen ihrer Privatabeiten)는 있는 그대로의 것으로 나타난다. 다시 말해, 개인들이 자신의 노동 자체에서 맺는 직접적 사회관계 (unmittelbar gesellschaftliches Verhältnis)로서 나타나는 것이 아니라, 개인들 간의 사물적 관계 및 사물들의 사회적 관계(das gesellschaftliche Verhältniss der Sachen)로서 나타난다".[178] 이것이 바로 상품의 물신성이 발생하는 진정한 이

---

176 같은 책, 48쪽. 중역본에서는 여기서의 Warenform을 '상품형태'로 번역했지만 나는 '상품형식'으로 바 꿔 번역했다. Marx, *Das Kapital*, Bd. I, MEW, Band 23, S.86.

177 馬克思, 『剩餘価値論』, 第3册, 571쪽.

유다. 마르크스는 "우리가 다른 생산형태로 도망가야만 상품세계의 모든 신비, 상품생산의 기초 위에 노동생산물을 둘러싸고 있는 모든 마법요술이 소멸한다"고 말하고 있다.[179] 예를 들면, 자본주의 사회 이전의 봉건사회에서는 "여기에서 상대하는 사람들이 쓰고 있는 가면이 어떻게 판단되든, 그들의 노동에서 사람과 사람의 사회적 관계는 늘 그들의 인적 관계로 나타나며, 물과 물, 노동생산물과 노동생산물 사이의 사회관계로 변장되는 것은 아니다".[180] 분명 마르크스가 물신숭배를 분석한 논리적 사유경로는 인간주의적 가치를 설정한 'Sollen'에 기초한 것이 아니라, 현실 역사발전에서 '선유'(전자본주의 사회 속의 인간관계의 직접적 형식)와 '후유'(자본주의 사회 속의 사물화된 경제관계)의 대비 관계를 분석한 것이다.

2) 사회의 일반적 부와 화폐의 물신성

상품 물신성에 대한 마르크스의 분석은 그의 역사현상학이 벗겨낸 첫 번째 현상 층위다. 우리는 사람들에게 이런 미혹을 가져오고 사람들을 혼란하게 하는 사물화된 현상의 전도가 아직 물신숭배의 심층 모델은 아니라는 것을 지적해야만 한다. 즉, "상품세계(Warenwelt)에 부착되어 있는 물신숭배 또는 노동의 사회적 규정이 갖고 있는 대상적 외관"은 아직 경제 물신주의의 첫 번째 현상 층위일 뿐이다. "상품형식은 부르주아 생산의 가장 일반적이고 가장 발달하지 않은 형식이다(따라서 상품 물신이 일찍 출현했다. 비록 그것이 오늘날처럼 지배적이고 그래서 전형적인 형식과는 다르지만). 그래서 상품형식의 물신숭배 성격은 분명히 쉽게 간파할 수 있다."[181] 그러나 화폐의 물신숭배에 대한

---

178 『資本論』, 第1卷, 52쪽.
179 같은 책, 52쪽.
180 같은 책, 53쪽.
181 『馬克思恩格斯全集』, 第23卷, 99쪽.

비판은 마르크스가 자본주의의 복잡한 사물화와 전도된 사회관계구조의 두 번째 층위를 폭로한 표지다.

우리는 자본주의 사회가 극단적인 금전 사회라는 것을 안다. 현실의 자본주의 경제운행에서 상품교환과 가치의 실현은 모두 화폐와의 교환을 종점으로 한다.

> (이런 사회생활에서) 모든 것은, 상품이든 아니든, 전부 화폐로 전화된다. 모든 것은 전부 사고 팔 수 있는 것이 된다. 유통은 거대한 사회적 증류기로 변한다. 모든 물은 그 안에 내던져져 화폐의 결정(結晶)이 되어 거기에서 나온다. 성인의 뼈마저도 이 연금술에 저항할 수 없다. 인간의 교환 영역 외부에 있는 훨씬 미약한 성물(聖物)은 더욱 저항할 수 없다.[182]

화폐는 자본주의 사회가 **사회적 실현**으로 향하는 유일한 경로이며, 또한 이로 인해 금전은 비로소 인간이 목숨을 걸고 추구하는 것이 된다. 화폐가 신이 되는 것 역시 자연적이고 필연적이다.

이런 현상의 미혹을 대면하면서 마르크스는 "우리는 지금 부르주아 경제학자가 해본 적이 없는 일을 해야 한다. 그것은 바로 이 화폐형태의 발생 과정을 파악하고, 상품가치관계 중 포함된 가치표현이 어떻게 가장 단순하고 가장 사람들의 주의를 끌지 못하는 형식에서 사람의 시각을 흐리는 화폐형태로 발전했는지 연구하는 것이다".[183] 왜냐하면 만약 상품의 교환가치가 여전히 다른 종류의 물품과의 교환관계를 통해 표현된다고 말한다면 이것은 사람들에게 그 속에 은닉된 모종의 사회관계를 상기시키지만, 화폐형식에서는 사회관계의 이런 흔적마저 모두 사라질 것이기 때문이다. 마르크스의 분석에 따

---

182 『資本論』, 第1卷, 113~114쪽.
183 같은 책, 20쪽.

르면 물신숭배의 신비성은 화폐에서 더 강화되고 심화된다.

앞에서 언급한 바와 같이, 화폐는 상품교환에서 역사적으로 형성된 것이다. 맨 처음에는 물물교환이 있었다. 상품교환의 수량이 증가하고 규모가 확대됨에 따라 사람들은 교환척도로서의 등가물이 필요했고, 이 '등가물이 바로 인류 노동'이었는데, 인류 노동은 교환에서 필연적으로 출현하는 노동(가치)관계다. 처음에 가치관계의 추상은 구체적인 물품을 통해 대표되는 특수한 등가물로 표현되었다. 교환의 역사발전 과정에서 특수한 등가물은 일반적 등가물로 발전했고, 이 일반적 등가물은 일부 특수한 물품을 통해 표현되었다. "이 일반적 등가물 위에서 물품의 가치는 이제 모든 인류노동의 가시적인 체화물이 되었고 일반적인 사회적 번데기로 탈바꿈했다."[184] 마지막으로, 일반 사회적 부를 대표하는 화폐가 출현했다. 마르크스는 다음과 같이 언급하고 있다.

> 상품의 모든 성질상의 차별이 화폐에서 소멸되는 것같이, 화폐 그 자체도 철저한 평균으로서 모든 차별을 소멸시킨다. 그러나 화폐는 그 자신이 상품이면서 어떤 사람의 사유물도 될 수 있는 외적 물이다. 사회적 권력이 이로 인해 개인의 사유 권력이 되었다.[185]

따라서 원래 보이지 않던 행적이 묘연한 교환관계가 현재 감성적인 물질적 대상으로서 모습을 드러냈다. 금전은 인간관계에서 발생하는 모든 차별을 소멸시켰고 또한 현상 배후의 모든 진상을 은폐했다. 이 때문에 상품 물신주의에서 생겨난 사회관계의 신비화는 화폐에서 무한하게 확대되고 극도로 팽창해 현재는 아예 알기 어려운 수수께끼가 되었다.

184　같은 책, 41쪽.
185　같은 책, 113~114쪽.

마르크스는 화폐라는 등가 형태에 실제로 경제 현상의 3중의 전도가 발생한다고 깊이 있게 지적했다. 첫째, "사용가치는 그의 반대물인 가치의 현상형태가 된다". 원래 '사용가치'(물품의 효용)는 일반적인 생산물의 자연적 규정성이고 가치의 물적 기초다. 그러나 끊임없이 발전하는 상품시장경제의 교환과정에서 물과 물의 교환 매개물인 가치가 반대로 사람들이 우선으로 추구하는 주체가 되었고, 그것의 대리와 대체물인 화폐가 모든 것을 점유할 수 있기 때문에 '사용가치'는 반대로 화폐를 실현하기 위한 표상이 되었다. 둘째, "구체적 노동은 그것의 반대물인 추상적 인간노동의 현상상태가 된다". 원래 구체적 노동은 진정으로 물질 대상을 변화시키는 활동이다. 추상적 노동은 구체적 노동의 일반적 등치(Gleichsetzung) 규정에 불과하다. 그러나 현재 화폐라는 추상적 노동의 대표가 도리어 모든 구체적 노동의 현실적 지배자가 되었다. 셋째, "사적 노동은 그것의 반대물, 즉 직접적 사회형태 노동의 현상형태가 된다". 이것은 자본주의 조건 아래 개인 노동과 사회적 노동이 직접 대항하는 모순이 되었다는 말이다. 바로 이런 복잡한 사회 경제관계에서의 3중 전도는 직접적으로 많은 화폐적 속임수를 만들어냈고, 이로써 원래 바닥에서 기던 매개물이 돌연 변신해서 만물의 신이 되었다.

여기서 마르크스는 계속해서 상품과 화폐의 속임수를 폭로했다.

이 외관은 일반적 등가형태가 어떤 특수한 상품 종류의 현물형태와 결합할 경우, 즉 화폐형태로 결정될 경우 이미 완성된다. 상품이 화폐가 되는 것은 다른 상품이 그 상품을 통해 서로 자신의 가치를 표현하는 것처럼 보이기 때문이 아니라, 반대로 이 상품이 화폐라서 다른 상품이 일반적으로 비로소 화폐를 통해 자신들의 가치를 표현하는 것처럼 보이기 때문이다. 매개 작용을 일으키는 운동은 그 자신의 결과 속에서 사라지고 또한 어떤 흔적도 남기지 않는다. 상품은 어떠한 힘도 쓰지 않고 자신의 가치가 화폐들과 병존하고 화폐들 밖의 상품 속에 고정되어 나타나는 것을 발견한다. 이들 단순한 물, 즉 금과 은은 땅속에서 나올 때부터 모든 인간노동의 직접적 화신으로 표현된다. 화폐의 마술은 바로 여기에서 나온 것이다.[186]

이 점에 대해 마르크스는 간결하게 핵심을 찔렀다. "화폐 물신숭배의 수수께끼는 단지 인간의 눈을 현혹시키는 상품 물신숭배의 수수께끼가 눈에 보이는 형태로 드러난 것일 뿐이다."[187]

3) 돈을 낳는 돈과 자본의 물신성

앞서 상품 물신숭배와 화폐 물신숭배에 대한 마르크스의 분석을 통해 우리는 이미 자본주의 생활에서 이런 물신숭배가 발생하는 기본적인 상황을 초보적으로 이해했다. 사실 이 역시 현재 중국의 사회 경제 현실에서 직접 느낄 수 있는 현상이다. 그러나 만약 "이전의 각종 사회형태 아래 이런 경제상의 신비화가 주로 화폐 및 이자 낳는 자본과 관련 있었을 뿐"이라고 말한다면, "자본주의 생산양식 아래 …… 이런 마법에 걸린 전도된 세계(verzauberte und verkehrte Welt)는 훨씬 더 사납게 발전하고 있다". 이것은 "전체 자본주의 생산양식을 특징짓는 생산의 사회규정으로서 사물화와 생산의 물질기초의 주체화를 이미 포함하고 있다".[188] 마르크스는 자본주의 사회의 경제생활에서 절대 다수의 사람이 결코 직접 대면할 수 없고 진정으로 꿰뚫어 볼 수 없는 물신숭배, 즉 자본 물신숭배를 발견했다. 이 또한 마르크스 역사현상학이 주로 투시하려 한 사회의 본질적 관계다. 마르크스는 나중에 말하길,

---

186 『資本論』, 第1卷(프랑스어 수정본), 73쪽.
187 같은 책, 71쪽.
188 『馬克思恩格斯全集』, 第25卷, 939~940, 935, 995~996쪽. Marx, *Das Kapital*, Bd. I, MEW, Band 23, S.839, 835, 887 참조.

(자본 물신숭배의) 이런 신비한 성질은 사회적 관계, 즉 생산에서 부의 소재적 요소가 그 담당자로서 기능하는 사회적 관계를 이러한 물 자체의 속성들로 전화하며(상품), 더욱 분명하게 생산관계 자체를 사물(화폐)로 전환시켜버린다. 모든 사회형태는 상품생산과 화폐유통을 내포하는 한 이러한 전도를 피할 수 없다. 그러나 [자본이 지배적인 범주이고 규정적인 생산관계를 형성하는] 자본주의적 생산양식에서는 이 마법에 걸린 전도된 세계(verkehrte Welt)는 훨씬 더 사납게 발전한다.[189]

　　앞에서 우리가 이미 이해했듯이, 화폐는 교환과 상품유통의 산물이다. 마르크스는 화폐가 '**바로 자본의 최초 현상형태**'[190]라고 말한다. 자본주의 초기 생성의 역사로부터 볼 때, 자본은 항상 화폐의 형태로 출현해왔다. 그것은 상업자본과 고리대자본으로서 토지소유권과 대립한다. 그러나 화폐가 자본의 현상이라고 말하는 것은 우리의 경제생활(오늘날 중국의 경제생활 포함)에서 흔한 일이며 신기할 것도 없다. 왜냐하면 각각의 새로운 자본은 항상 화폐의 형식으로 시장에 나오기 때문이다. 산업자본가가 노동력시장에 올 때, 상업자본가가 상품시장에 올 때, 그리고 금융자본가가 화폐시장에 올 때 약속이나 한 듯 손에 들고 있는 것은 분명 돈이다. 바로 이 '돈'은 일정한 절차를 거쳐 자본으로 변한다.

　　마르크스는 다음과 같은 사실로 우리의 주의를 일깨운다. 자본주의 시장경제에 두 가지 다른 유통과정이 있다. 하나는 사기 위해 파는 상품 - 화폐 - 상품(W - G - W)의 과정이고, 다른 하나는 팔기 위해 사는 화폐 - 상품 - 화폐(G - W - G)의 과정이다. 마르크스는 앞 과정의 화폐는 '화폐로서의 화폐', 뒤 과정의 화폐는 '자본으로서의 화폐'라고 분석한다. 앞의 과정에서 화폐는 진

189　『資本論』, 第3卷(1953), 971쪽.
190　『資本論』, 第1卷, 133쪽.

짜 지불되는 것이며, 뒤의 과정에서 사람들이 "화폐를 떠나보내는 것은 단지 그가 교활한 의도를 품고 화폐를 다시 되가져오기 위해서일 뿐이다. 따라서 화폐는 단지 선대(先貸)되었을 뿐이다".[191] 앞 과정에서는 사용가치가 그 목적 이지만, 뒤 과정의 목적은 교환가치다. 더 중요한 것은 앞 과정의 교환에서 상 품과 상품은 같은 값을 갖지만, 뒤 과정이 끝났을 때 "마지막으로 유통에서 뽑 아낸 화폐는 원래 투입한 화폐보다 훨씬 많다".[192] $G - W - G$는 $G - W - G'$가 된 것이다. 바로 이 G'의 '많음', 즉 이 돈을 낳을 수 있는 돈이 화폐를 자본으로 만 든다. 또한 이로 인해 마르크스는 이 $G - W - G'$를 "유통영역에서 출현한 자본 의 일반적 공식"[193]이라고 불렀다. 우리가 이 공식을 더 축약하면 '물신숭배를 가장 잘 나타내는 형식', 즉 $G - G'$가 출현한다. 이것이 바로 이자 낳는 자본이 다. 마르크스는 이자 낳는 자본은 순수한 물신숭배 형식인데, 여기서 물신은 자신의 가장 완전한 정도에 도달했다고 말했다. 왜냐하면 이자 낳는 자본의 기초 위에 이 '자동적 물신숭배', 즉 저절로 증식하는 가치, 화폐를 낳을 수 있 는 화폐가 순수하게 표현되어 나오기 때문이다. 아울러 "이 형식에서 그 기원 의 어떤 흔적도 더 이상 볼 수 없다. 사회관계는 마지막에 물(화폐, 상품)과 그 자신과의 관계로 된다".[194] 마르크스는 이자 낳는 자본으로서의 자본은 이미 전도된 자본주의 세계의 '완전한 사물화, 전도와 도착 상태'[195]에 도달했다고 말 했다. 바로 이런 특수한 화폐 보유자는 이 운동을 담당하는 감각적 의식을 갖 는 자본가로 변신한다. 동시에 또한 "추상적 부를 더 많이 취득하는 것이 그 의 유일한 추진 동기가 될 때만 그는 비로소 자본가가 되며, 인격화된 의지와 의식을 갖는 자본으로서 역할을 한다".[196] 우리는 이미 사용가치가 자본가의

---

191 같은 책, 135~136쪽.
192 같은 책, 144쪽.
193 같은 책, 144쪽.
194 馬克思, 『剩余价值理論』, 第3冊, 503쪽.
195 같은 책, 505쪽.
196 『資本論』, 第1卷, 140쪽.

직접적인 목적이 아니라는 점을 지적했다. "그의 목적은 개별적 이윤이 아니라 끊임없는 이윤 추구 행위와 운동이다."[197] 자본가는 실제로 진실한 존재인 주체적 의미에서의 인간으로서 존재하는 것이 아니라 자본의 이윤 추구를 인격화한 것으로서 곳곳에서 활약하고 있다. 이와 상대되는 노동자는 반대로 무생명의 노동력이라는 도구가 되었다. 이것이 이글턴이 말한 "자본가와 자본이 모두 사망한 생명 형상(形象)이다. 한편에서는 생명은 있지만 감각이 없는 것이, 다른 한편에서는 생명이 없는 것이 도리어 활약하고 있다"[198]라는 것이다.

마르크스는 우리가 다음과 같은 사실을 볼 수 있게 한 발 더 이끌었다. 현재 직접 볼 수 있는 표면현상으로부터 볼 때, 유통과정은 평등한 교환이 실현된다. 그러나 "만약 등가물이 상호 교환된다면 잉여가치는 발생할 수 없다". 왜냐하면 유통과정에서 "가치는 하나의 원자도 증가시키지 않기" 때문이다. 여기에서 하나의 모순이 나타나는데, 즉 돈을 버는 자본가는 어디에서 부를 더 얻는가? 이 문제는 분명 유통과정, 이 현상적 층위에서부터 손을 대면 답을 얻을 수 없다. 이를 위해 마르크스는 더 깊고 추상적인 사회적 본질의 층위에서부터 언급하지 않을 수 없었다.

마르크스는 자본은 결코 부르주아 경제학자가 말한 일종의 물이 아니라 역사성을 갖는 사회적 관계라는 것을 인상 깊게 보여주었다. 이것이 자본주의 사회 생산양식의 본질이다. 이런 관계는 영원한 것이 아니라 조건부의 역사적 존재다.

> 그것의 역사적 존재 조건은 상품유통과 화폐유통이 이미 갖춰져 있다고 해서 존재하는 것이 아니다. 자본은 생산수단과 생활수단의 소유자가 시장에서

197   같은 책, 141쪽.
198   伊格爾頓, 『美學意識形態』, 192쪽.

자신의 노동력의 판매자로서 자유로운 노동자와 만날 때에야 비로소 발생할 수
있다.[199]

한쪽은 금과 옥을 쌓아놓고 있는 화폐 보유자, 다른 한쪽은 아무것도 소
유하지 못한 노동자, "이런 관계는 자연사적인 관계도 아니고 모든 역사시기
에 공통된 사회관계도 아니다. 그것은 분명 선행한 역사발전의 결과이며, 많
은 경제적 변혁의 산물이자, 일련의 낡고 오래된 사회형식이 몰락한 산물이
다".[200] 이것은 자연법의 자연적 질서가 아니며, 근대 자본주의 발전이 역사
적으로 계급분화한 결과다. 마르크스가 보기에 "이 역사적 조건은 하나의 세
계사를 포함한다. 따라서 자본은 그것이 출현할 때부터 사회적 생산과정의
한 시대를 고지하고 있다".[201] 이 특정한 역사조건 아래서만 자본은 비로소
특정한 사회적 관계를 구성한다. 이런 사회적 관계가 바로 자본주의적 생산양
식이다.

마르크스의 이런 역사적 차원의 지평에서 다음과 같은 사실을 발견할 수
있다. 바로 이런 특정한 자본주의 생산양식의 지배 아래, 자본가와 노동자의
교환은 사실 일반적 의미의 등가교환이 아니며, 자본가는 사실상 특정 수량
의 화폐(노동력의 가치)를 가지고 교환을 통해 노동능력의 **사용권** 또는 노동력
자체의 창조성 발휘의 가능성('노동력의 사용은 바로 노동 자체')을 획득하는 반
면 "그것의 사용가치는 도리어 이후 노동력의 운용 중에 존재한다"는 것이다.
교환과 그것의 실제 운용은 두 개의 다른 과정이라는 것을 알 수 있다. 전체
자본주의 착취의 비밀 메커니즘은 여기에서 발생한다. 자본가와 노동자의 평
등한 것 같은 교환의 배후에 "교환 중 화폐 보유자가 얻는 사용가치는 우선 노
동력의 실제 소비, 그것의 소비 과정에 나타난다". 자본가가 획득한 이 "노동력

---

199 『資本論』, 第1卷, 159쪽.
200 같은 책, 159쪽.
201 같은 책, 160쪽.

의 소비과정은 동시에 바로 상품과 잉여가치의 생산과정이다".[202] 우리가 앞에서 본 그 공평한 교환이라는 유통과정에 돌연 출현한, 이해 불능의 G′가 바로 이 유통 배후의 생산과정에서 창조되어 나온 것이다.

마르크스는 풍자적으로 다음과 같이 말했다.

> 이제 우리는 모든 일이 많은 사람이 보고 있는 가운데 진행되는 떠들썩한 곳을 떠나서 화폐 소유자와 노동력 소유자가 함께 들어가는 비밀스러운 생산의 장소로 가보자. 그곳의 대문에는 '관계자 외 출입금지'라는 표지가 걸려 있다. 거기서는 자본이 어떻게 생산하는지 볼 수 있을 뿐 아니라 또한 자본이 어떻게 생산되는지도 볼 수 있다. 화폐 증식의 비밀이 마침내 드러나는 것이다.[203]

그는 주의 깊게 관찰하면서 부르주아의 자유 평등은 단지 사회경제적 가상에서 비롯된 이데올로기적 환상이라고 심오하게 지적했다. "노동력의 매매는 유통 영역 또는 상품교환 영역의 범주에서 진행된다. 이 영역은 사실 천부인권의 진정한 낙원이다." 부르주아 계급과 모든 '속류 자유무역상'은 단순 유통 또는 상품교환의 영역에서 관념, 개념, 기준을 빌려 이것으로 자본과 임금노동의 사회적 평등과 자유를 판단한다. 그러나 일단 이 허구의 평등교환과 유통과정에서 벗어나서 생산영역에 진입하면 우리는 흡혈귀 같은 자본가와 가죽이 벗겨지길 기다리는 노동자를 발견할 것이다. 마르크스는 생동감 있게 다음과 같이 말했다.

> 자본가로서 그는 단지 인격화된 자본이다. 그의 영혼은 바로 자본의 영혼이다. 자본이 갖는 생명의 충동은 단 하나인데, 그것은 바로 가치증식, 잉여가치

---

202 같은 책, 167쪽.
203 같은 책, 167쪽.

의 창조, 자신의 불변 부분(생산수단)으로 가능한 최대의 잉여노동력을 흡수하려는 충동이다. 자본은 죽은 노동이다. 흡혈귀처럼 반드시 산 노동을 흡수해야 비로소 살아갈 수 있다. 또한 많이 흡수할수록 자본의 활력은 더 커진다.[204]

이것이 바로 교환 유통영역 밖에서 발생하는 모든 것이며 또한 바로 은폐되는 진상이다. 유통영역에서의 형식적인 교환의 평등은 생산과정에서의 잉여가치 생성과 질적으로 다르다. 이것이 전체 자본주의 사회의 존재와 발전의 진정한 기초다. 이것이 평등이라는 허구의 배후에 자리하는 진정한 불평등이며 공정이라는 배후의 불공정이다. 왜냐하면 실제로 존재하고 있는 사회적 관계는 바로 여기서 근본적으로 전도되었기 때문이다. 그것은 바로 노동과 노동성과의 관계다. "자본주의 생산의 특유한 그리고 특징으로 볼 수 있는 전도는 죽은 노동과 산 노동(가치와 가치창조의 능력)의 관계의 전도다."[205] 본질적으로, 분명한 것은 노동자가 노동을 통해 자본가를 먹여 살린다는 것이다. 그러나 반대로 자본가가 노동자에게 임금을 주어서 노동자를 먹여 살리는 것으로 전도되어 나타난다. 더 슬픈 일은, 노동자가 만약 착취당하러 자본가의 공장에 가지 않으면 그는 굶어 죽을 것이라는 점이다. 사실의 진상은 분명하다. 자본가는 노동자가 과거에 창조한 죽은 노동으로 노동자와 교환한다. 이런 교환의 실질은 자본가가 잉여가치를 창조할 수 있는 노동의 원천을 획득하는 것이다. 그러나 이런 불평등은 현상적으로 도리어 자본가가 노동자에게 은혜와 박애를 베푸는 것으로 표현된다.

지금까지 우리는 이 표면적으로 아름다운 자본주의 세계가 근본적으로 전도된 것임을 이미 분명하게 보았다. 그것은 여러 겹으로 전도된 마법에 걸린, 가상이 본질을 은폐하는 거짓의 세계(카렐 코지크의 표현)다. 마르크스의 이후

---

204 같은 책, 223쪽.
205 같은 책, 324쪽.

설명에 따르면, 그것은 바로

> 자본주의 생산양식의 신비화, 사회적 관계의 물화, 물질생산관계와 그것의
> 역사사회적 규정성의 직접적 융합 현상은 이미 완성되었다. 이것은 마법에 걸
> 린, 전도된 거꾸로 선 세계다. 이 세계에서 자본 도련님과 토지 아가씨는 사회
> 적 인물로서 동시에 또한 단순한 사물로서 괴상한 춤을 추고 있다.[206]

이제 우리는 마르크스의 과학적인 역사현상학이 최종적으로 구축될 수 있
기 위해서는 왜 반드시 자본주의 사회 현실이라는 "흘러 나가는 물"을 부단히
받아들여야만 하는가, 즉 왜 표면적인 사물화된 현상과 전도된 가상을 투시
해야만 하는가, 왜 현상을 한 겹 한 겹 벗겨내야만 하는가를 이해할 수 있다.
이는 마치 울창한 소나무가 한쪽은 이상의 하늘을 향하고 한쪽은 현실의 대
지에 견실하게 뿌리내린 것과 같다. 마르크스는 "만약 사물의 현상형태와 본
질이 직접 일치한다면 모든 과학은 불필요할 것이다"[207]라고 말했다. 똑같이
우리는 이렇게 자신 있게 말할 수 있다. 만약 자본주의 경제 형태에서 전도와
사물화 현상이 자본주의 경제의 생산양식의 본질과 직접적으로 동일하다면
역사유물론과 역사현상학은 아무런 쓸모가 없어질 것이라고 말이다.

---

206 『資本論』, 第3卷, 974~975쪽.
207 같은 책, 959쪽.

참고문헌

Adorno, Theodor W. 1970. *Die Idee der Naturgeschichte, Gesammelte Schriften*, Bd. 1. Frankfurt am Main: Suhrkamp Verlag.

Engels, Friedrich. 1985. *Umrisse zu einer Kritik der NationalökonomieGesamtausgabe (MEGA2)* I/3, Berlin: Dietz Verlag.

Hegel, Georg Wilhelm Friedrich. 1970. *Werke 7*, Frankfurt am Main: Suhrkamp Verlag.

Hess, Moses. 1961. *Philosophische und sozialistische Schriften 1837-1850*, Herausgegeben und eingeleitet von Auguste Cornu und Wolfgang Mönke, Berlin.

Lukacs, Georg. 1968. *Geschichte und Klassenbewußtsein, Georg Lukacs Werke Gesamtausgabe*, Bd. 2. Darmstadt: Hermann Luchterhand Verlag.

Marx, Karl and Friedrich Engels. 1963. *Das Kapital*, Bd. I, *Marx-Engels-Werke(MEW)*, Bd. 23, Berlin: Dietz Verlag.

_____. 1963. *Das Kapital*, Bd. II, *Marx-Engels-Werke(MEW)*, Bd. 24, Berlin: Dietz Verlag.

_____. 1963. *Das Kapital*, Bd. III, *Marx-Engels-Werke(MEW)*, Bd. 25, Berlin: Dietz Verlag.

_____. 1969. *Die deutsche Ideologie, Marx-Engels-Werke(MEW)*, Bd. 3, Berlin: Dietz Verlag.

_____. 1972. *Probeband, Gesamtausgabe(MEGA2)*, Berlin: Dietz Verlag.

_____. 1979. *Briefwechsel. Mai 1846 bis Dezember 1848, Gesamtausgabe(MEGA2)* III/2, Berlin: Dietz Verlag.

Marx, Karl. 1968. *Misère de la philosophie*, l'Universitè du Québec.

_____. 1971. *Zur Kritik der Politischen Ökonomie, Marx-Engels-Werke(MEW)* Bd. 13, Berlin: Dietz Verlag.

_____. 1976. *Berliner und Bonner Hefte zur Philosophie, Gesamtausgabe(MEGA2)* IV/1, Berlin: Dietz Verlag.

_____. 1976. *Grundrisse, Gesamtausgabe(MEGA2)* II/1, Berlin: Dietz Verlag.

_____. 1976. *Hefte zur epikureischen Philosophie, Gesamtausgabe(MEGA2)* IV/1, Berlin: Dietz Verlag.

_____. 1978. *Zur Kritik der politischen Ökonomie(Manuskript 1861-1863), Gesamtausgabe (MEGA2)* II/3, Bd.3. Berlin: Dietz Verlag.

_____. 1981. *Historisch-politische Notizen, Kreuznacher,Gesamtausgabe(MEGA2)* IV/2, Berlin: Dietz Verlag.

_____. 1981. *Historisch-politische Notizen, Pariser, Gesamtausgabe(MEGA2)* IV/2, Berlin:

Dietz Verlag.

_____. 1982. *Ökonomisch-philosophische Manuskripte, Gesamtausgabe(MEGA2)* I/2, Berlin: Dietz Verlag.

_____. 1988. *Manchester-Hefte, Gesamtausgabe(MEGA2)* IV/4, Berlin: Dietz Verlag.

_____. 1990. *Gesamtausgabe(MEGA2)* IV/8, Berlin: Dietz Verlag.

G. A. 柯亨. 1989. 『卡爾·馬克思的歷史理論』, 岳長齡譯, 重慶出版社.

H. G. 伽達默爾. 1992. 『伽達默爾論黑格爾』, 張志偉譯, 光明日報出版社.

B. A. 馬利宁等. 1987. 『黑格爾左派批判分析』, 曾盛林譯, 社會科學文獻出版社.

B. П. 伊林柯夫. 1992. 『馬克思'資本論'中抽象和具体的辯証法』, 孫開煥等譯, 山東人民出版社.

加爾維諾·德拉-沃爾佩. 1993. 『盧梭和馬克思』, 趙培杰譯, 重慶出版社.

格·阿·巴加圖利亞. 1981. 『馬克思的第一个偉大的發現』, 陸忍譯, 中國人民大學出版社.

格·阿·巴加圖利亞·維戈茨基. 1981. 『馬克思的經濟學遺産』, 馬健行譯, 貴州人民出版社.

格奧爾格·威廉·弗里德里希·黑格爾. 1956~1978. 『哲學史講演彔』(第1~4卷), 北京大學哲學系外國哲學史教研室譯, 商務印書館.

_____. 1961. 『法哲學原理』, 范揚·張企泰譯, 商務印書館.

_____. 1966. 『邏輯學』(上·下卷), 楊一之譯, 商務印書館.

_____. 1979. 『精神現象學』(上·下卷), 賀麟, 王玖興譯商務印書館.

_____. 1997. 『黑格爾早期著作集』(上卷), 賀麟等譯, 商務印書館.

_____. 2006. 『精神哲學』, 楊祖陶譯, 人民出版社.

見田石介. 1992. 『'資本論'的方法』, 沈佩林譯, 山東人民出版社.

顧海良. 1993. 『馬克思"不惑之年"的思考』, 中國人民大學出版社.

科西克. 1989. 『具体的辯証法』, 傅小平譯, 社會科學文獻出版社.

喬治·盧卡奇. 1963. 『青年黑格爾』, 王玖興譯, 商務印書館.

_____. 1992. 『歷史与階級意識』, 杜章智·任立·燕宏遠譯, 商務印書館.

_____. 1993. 『關于社會存在本体論』(上·下卷), 李秋零等譯, 重慶出版社.

金德里希·澤勒尼. 1980. 『馬克思的邏輯』, 牛津.

諾曼·萊文. 1997. 『辯証法內部對話』, 張翼星, 黃振定, 鄒溱譯, 云南人民出版社.

納騷·威·西尼爾. 1977. 『政治經濟學大綱』, 蔡受百譯, 商務印書館.

納爾斯基等. 1984. 『十九世紀馬克思主義哲學』(上·下卷), 中國社會科學出版社.

尼·拉賓. 1981. 『論西方對青年馬克思思想的研究』, 馬哲譯, 人民出版社.

_____. 1982. 『馬克思的青年時代』, 南京大學外文系俄羅斯語言文學教研室翻譯組譯, 三聯書店 (北京).

大衛·李嘉圖. 1976. 『政治經濟學及賦稅原理』, 郭大力·王亞南譯, 商務印書館.

戴維·麥克萊倫. 1982. 『青年黑格爾派与馬克思』, 夏威儀譯, 商務印書館.

_____. 1992. 『馬克思主義以前的馬克思』, 李興國等譯, 社會科學文獻出版社.

_____. 2006. 『馬克思傳』, 中國人民大學出版社.

戴維·休謨. 1980. 『人性論』(上·下卷), 關文運譯, 商務印書館.

杜閣. 1978. 『關于財富的形成和分配的考察』, 南開大學經濟系經濟學說史敎硏組譯, 商務印書館.

羅曼·羅斯多爾斯基. 1992. 『馬克思'資本論'的形成』, 魏塤等譯, 山東人民出版社.

路德維希·費爾巴哈. 1984. 『費爾巴哈哲學著作選集』(上·下卷), 榮震華譯, 商務印書館.

盧森貝. 1958. 『十九世紀四十年代馬克思恩格斯經濟學說發展槪論』, 方鋼等譯, 三聯書店(北京).

_____. 1958~1960. 『政治經濟學史』(第1~3卷), 翟松年等譯, 三聯書店(北京).

路易·阿爾都塞. 1983. 『保衛馬克思』, 顧良譯, 商務印書館.

劉北城. 1998. 『本雅明思想肖像』, 上海人民出版社.

劉永佶等. 1992. 『剩余价值發現史』, 北京大學出版社.

栗本愼一郎. 1997. 『經濟人類學』, 王名等譯, 商務印書館.

理査德·琼斯. 1994. 『論財富的分配和賦稅的來源』, 于樹生譯, 商務印書館.

馬克斯·霍克海默. 1989. 『批判理論』, 李小兵等譯, 重慶出版社.

馬克斯·霍克海默·阿多諾. 1990. 『啓蒙的辯証法』, 洪佩郁等譯, 重慶出版社.

曼弗雷德·繆勒. 1992. 『通往'資本論'的道路』, 錢學敏等譯, 山東人民出版社.

麥克斯·施蒂納. 1989. 『唯一者及其所有物』, 金海民譯, 商務印書館.

米歇爾·福科. 1997. 『權力的眼睛』, 嚴鋒譯, 上海人民出版社.

_____. 1998. 『知識考古學』, 謝 强·馬月譯, 三聯書店(北京).

柄谷行人. 2006. 『馬克思, 其可能性的中心』, 中田友美譯, 中央編譯出版社.

普雷德腊格·費蘭尼茨基. 1986. 『馬克思主義史』, 李嘉恩等譯, 第1卷, 人民出版社.

本·法因·勞倫斯·哈里斯. 1993. 『重讀'資本論'』, 魏塤等譯, 山東人民出版社.

弗·梅林. 1962. 『馬克思傳』, 羅稷南譯, 三聯書店(北京).

_____. 1962. 『馬克思和恩格斯是科學共産主義的創始人』, 何淸新譯, 三聯書店(北京).

弗·謝·阿法納西耶夫. 1984. 『資産階級古典政治經濟學的産生』, 張奇方, 黃連璧譯, 商務印書館.

弗朗斯瓦·魁奈. 1979. 『魁奈經濟著作選』, 吳斐丹, 張草紉選譯, 商務印書館.

弗里德里希·李斯特. 1961. 『政治經濟學的國民体系』, 陳萬煦譯, 商務印書館.

_____. 1997. 『政治經濟學的自然体系』, 楊春學譯, 商務印書館.

菲舍爾. 1983. 『靑年黑格爾的哲學思想』, 張世英譯, 吉林人民出版社.

比埃爾·約瑟夫·蒲魯東. 1961. 『貧困的哲學』, 徐公肅, 任起莘譯, 商務印書館.

_____. 1963. 『什么是所有權』, 孫署冰譯, 商務印書館.

薩伊. 1963. 『政治經濟學槪論』, 陳福生·陳振驊譯, 商務印書館.

徐亦讓. 1995. 『人道主義到歷史唯物主義』, 天津人民出版社.

城冢登. 1988. 『靑年馬克思的思想』, 肖晶晶等譯, 求實出版社.

孫伯鍨. 1985. 『探索者道路的探索』, 安徽人民出版社.

宋祖良. 1989. 『靑年黑格爾的哲學思想』, 湖南敎育出版社.

施密特. 1988. 『馬克思的自然槪念』, 歐力同, 吳仲譯, 商務印書館.

_____. 1993. 『歷史和結构』, 張偉譯, 重慶出版社.

悉尼·胡克. 1965. 『理性·社會神話与民主』, 金克·徐崇溫譯, 上海人民出版社.

_____. 1989. 『對卡爾·馬克思的理解』, 徐崇溫譯, 重慶出版社.

阿·弗·圖舒諾夫. 1982. 『'剩余价值理論'及其在馬克思的經濟學說中的地位』, 鐘仁譯, 人民出版社.

阿多諾. 1993. 『否定的辯証法』, 張峰譯, 重慶出版社.

亞当·斯密. 1972. 『國民財富的性質和原因的研究』(上卷), 郭大力·王亞南譯, 商務印書館.

_____. 1974. 『國民財富的性質和原因的研究』(下卷), 郭大力·王亞南譯, 商務印書館.

_____. 1997. 『道德情操論』, 蔣自强等譯, 商務印書館.

樂志强. 1988. 『'德意志意識形態'簡明教程』, 中山大學出版社.

安東尼奧·葛蘭西. 1983. 『獄中札記』, 葆煦譯, 人民出版社.

_____. 1992. 『葛蘭西文選』, 中共中央馬克思恩格斯列宁斯大林著作編譯局國際共運史研究所編譯, 人民出版社.

愛德華·威斯特. 1992. 『論資本用于土地』, 李宗正譯, 商務印書館.

埃里希·弗羅姆. 1983. 『馬克思關于人的概念』, 載. 『西方學者論'1844年經濟學哲學手稿'』, 夏旦大學出版社.

約·雷·麥克庫洛赫. 1975. 『政治經濟學原理』, 郭家麟譯, 商務印書館.

約奇姆·伊斯雷爾. 1990. 『辯証法的語言和語言的辯証法』, 王路·叶翔譯, 商務印書館.

約瑟夫·熊彼特. 1991~1994. 『經濟分析史』(第1~3卷), 朱泱等譯, 商務印書館.

約翰·格雷. 1963. 『人類幸福論』, 商務印書館, 張草紉譯.

_____. 1986. 『格雷文集』, 陳太先, 眭竹松譯, 商務印書館.

_____. 1959. 『對勞動的迫害及其救治方案』, 袁賢能譯, 商務印書館.

讓·沙爾·列奧納爾·西蒙·德·西斯蒙第. 1964. 『政治經濟學新原理』, 何欽譯, 商務印書館.

_____. 1989. 『政治經濟學研究』(第1~2卷), 胡堯步譯, 商務印書館.

讓-保羅·薩特. 1988. 『存在主義是一种人道主義』, 周煦良, 湯永寬譯, 上海譯文出版社.

_____. 1998. 『辯証理性批判』, 林驤華等譯, 安徽文藝出版社.

广松涉編注. 2005. 『文獻學語境中的'德意志意識形態'』, 彭曦譯, 南京大學出版社.

广松涉. 2008. 『唯物史觀的原像』, 鄧習儀譯, 南京大學出版社.

奧古斯特·科爾紐. 1963·1965·1980. 『馬克思恩格斯傳』(第1~3卷), 王以鑄·劉丕坤·楊靜遠譯, 依次分別于三聯書店(北京).

吳易風. 1988. 『英國古典經濟理論』, 商務印書館.

吳曉明. 1993. 『歷史唯物主義的主体概念』, 上海人民出版社.

瓦·圖赫舍雷爾. 1981. 『馬克思經濟理論的形成和發展』, 馬經靑譯, 人民出版社.

尤爾根·哈貝馬斯. 1989. 『交往与社會進化』, 張博樹譯, 重慶出版社.

熊子云·張向東. 1988. 『歷史唯物主義形成史』, 重慶出版社.

威廉·羅雪爾. 1981. 『歷史方法的國民經濟學講義大綱』, 朱紹文譯, 商務印書館.

威廉·萊斯. 1993. 『自然的控制』, 岳長齡·李建華譯, 重慶出版社.

威廉·配第. 1960. 『政治算術』, 陳冬野譯, 商務印書館.

_____. 1978. 『賦稅論·獻給英明人士·貨幣略論』, 陳冬野等譯, 商務印書館.

威廉·湯普遜. 1986. 『最能促進人類幸福的財富分配原理的研究』, 何慕李譯, 商務印書館.

威廉姆·肖. 1989. 『馬克思的歷史理論』, 阮仁慧等譯, 重慶出版社.

維·索·維戈茨基. 1979. 『卡爾·馬克思的一个偉大發現的歷史』, 馬健行·郭繼嚴譯, 中國人民大學出版社.

維·索·維戈茨基. 1983. 『'資本論'創作史』, 周成啓等譯, 福建人民出版社.

卡·洛貝爾圖斯. 1980. 『關于德國國家經濟狀況的認識』, 斯竹, 陳慧譯, 商務印書館.

卡爾·柯爾施. 1993. 『卡爾·馬克思』, 熊子云·翁延眞譯, 重慶出版社.

卡爾·考茨基. 1958. 『馬克思的經濟學說』, 區維譯, 三聯書店(北京).

_____. 1964. 『唯物主義歷史觀』(5卷), 『哲學研究』編輯部編, 上海人民出版社.

卡爾·科爾施. 1989. 『馬克思主義和哲學』, 王南湜, 榮新海譯, 重慶出版社.

卡爾·馬克思. 1953. 『資本論』第1~3卷, 人民出版社.

_____. 1975. 『剩余价值理論』第1~3冊, 人民出版社.

_____. 1983. 『資本論』第1卷, 法文修訂版, 中國社會科學出版社.

_____. 1992. 『歷史學筆記』, 中央編譯局馬恩室譯, 紅旗出版社.

卡爾·馬克思·弗里德里希·恩格斯. 1950. 『德意志意識形態』, 郭沫若譯, 群益出版社.

_____. 1988. 『費爾巴哈』(.『德意志意識形態』第一章手稿新譯中文版), 人民出版社.

張一兵. 2002. 『馬克思歷史辯証法的主体向度』, 南京大學出版社.

趙仲英. 1994. 『馬克思早期思想探源』, 云南人民出版社.

周憲. 1998. 『20世紀西方美學』, 南京大學出版社.

中國. 『資本論』研究會. 1981~1985. 『'資本論'研究資料和動態』第1~6輯, 江蘇人民出版社.

中國社會科學院哲學研究所西方哲學史研究室. 1982. 『國外黑格爾哲學新論』, 中國社會科學出版
    社.

陳岱遜. 1981. 『從英國古典經濟學到馬克思』, 上海人民出版社.

陳先達. 1992. 『走向歷史的深處』, 北京出版社.

詹明信. 1997. 『晚期資本主義的文化邏輯』, 張旭東等譯, 三聯書店(北京).

詹姆斯·穆勒. 1993. 『政治經濟學要義』, 吳良健譯, 商務印書館.

沈眞編. 1982. 『馬克思恩格斯早期哲學思想研究』, 中國社會科學出版社.

托馬斯·霍吉斯金. 1996. 『通俗政治經濟學』, 王鐵生譯, 商務印書館.

托馬斯·羅伯特·馬爾薩斯. 1959. 『人口論』, 郭大力譯, 商務印書館.

_____. 1960. 『政治經濟學定義』, 何新譯, 商務印書館.

湯在新. 1993. 『馬克思經濟學手稿研究』, 武漢大學出版社.

特里·伊格爾頓. 1997. 『美學意識形態』, 王杰譯, 广西師范大學出版社.

巴日特諾夫. 1981. 『哲學中革命變革的起源』, 劉丕坤譯, 中國社會出版社.

赫伯特·馬爾庫塞. 1989. 『單向度的人』, 劉繼譯, 上海譯文出版社.

亨利·勒裴弗爾. 1966. 『馬克思主義的当前問題』, 李元明譯, 三聯書店(北京).

黃楠森等主編. 1991~1997. 『馬克思主義哲學史』第1~8卷, 北京出版社.

侯才. 1994. 『青年黑格爾派与馬克思早期思想的發展』, 中國社會科學出版社.

『1844年經濟學哲學手稿'研究』, 1983. 中共中央馬克思恩克斯列宁大林著作編譯局馬恩室編譯,
    湖南人民出版社.

『馬克思恩格斯'資本論'書信集』. 1976. 人民出版社.

『馬克思恩格斯列宁斯大林研究』第1~8期, 中共中央編譯局編譯.

『馬克思恩格斯選集』(中文第二版) 第1~4卷, 1995. 人民出版社.

『馬克思恩格斯研究』第1~24期, 中共中央編譯局馬克思恩格斯研究室編譯.

『馬克思恩格斯全集』(歷史文獻第二版, MEGA2) 第四部分, 第1~2卷; 第4卷; 第6~9卷. 狄茨出版社 (柏林), 1975~1991.

『馬克思恩格斯全集』(歷史文獻第一版, MEGA1) 第1部分第1~6卷. 萊茵河畔法蘭克福, 1927~1935.

『馬克思恩格斯全集』(中文第二版) 第1卷; 第30卷; 1995. 人民出版社.

『馬克思恩格斯全集』(中文第一版) 第1~50卷, 1956~985. 人民出版社.

『馬克思恩格斯通信集』第1~4卷, 1957~1958. 人民出版社.

『馬克思哲學思想研究譯文集』, 1983. 中國社會科學院哲學研究所馬克思主義哲學史研究室『哲學 譯叢』編輯部編譯, 人民出版社.

『馬列主義研究資料』第1~58期, 1978~1990. 中共中央編譯局編, 人民出版社.

『馬恩列斯研究資料匯編』(1980), 1982. 北京圖書館馬列著作研究室編, 書目文獻出版社.

『馬恩列斯研究資料匯編』(1981), 1985. 北京圖書館馬列著作研究室編, 書目文獻出版社.

『西方學者論'1844年經濟學哲學手稿'』, 1983. 夏旦大學哲學系現代西方哲學研究室編譯, 夏旦大學 出版社.

『資産階級古典政治經濟學選輯』, 1979. 王亞南主編, 商務印書館.

『回憶馬克思恩格斯』, 1957. 蘇共中央馬克思列宁主義研究院編, 胡堯等譯, 人民出版社.

주제어

옮긴이의 말
길안내를 겸하여

1.

이 글은 옮긴이의 후기인 동시에, 번역과 교정 과정을 통해 텍스트를 몇 차례 꼼꼼하게 읽은 옮긴이가 이 책을 처음 읽는 독자를 위해 제공하는 길안내의 성격을 가지고 있다. 그동안 서양에 경도되어온 한국 학술계에서 중국학자의 서양학 관련 연구서는 낯설 수밖에 없다. 이를테면 중국학자가 칸트의 비판철학을 연구한 결과물인 리쩌허우(李澤厚)의 『비판철학의 비판』을 한국어로 번역 출간하는 일은 여러 가지 상황을 고려해야만 가능한 일이었다. 이 책 또한 중국학자가 마르크스 텍스트를 연구한 책이기에 한국 독자들이 읽기에 낯선 느낌이 없지 않을 것이다.

현재 중국의 마르크스주의 연구 수준을 한 마디로 개괄하기는 어렵지만, 중화인민공화국 건국 이후 중국공산당이 집권하면서 마르크스주의 특유의 비판적 성격이 약화되고 마르크스주의 연구의 주류가 관변적 성격을 갖게 된 것은 분명하다. 하지만 이 책은 다소 달랐다. 중국 내 관변적 학자들은 장이빙(張一兵)의 『마르크스로 돌아가다』에 대해 어느 정도 이론적 급진성을 가지고 있다고 평가한다. 이를테면 탕정둥(唐正東)은 2018년 「『마르크스로 돌아가다』와 당대 중국 마르크스주의 철학의 발전」이라는 글에서, 이 책으로 인해 중국 학계의 많은 학자들이 경전 텍스트에 대한 의식을 가지기 시작한 점,

경전 문헌을 운용할 때 뚜렷한 역사의식을 가지게 된 점, 다성악(polyphony)적인 해석 논리로 마르크스 철학 및 마르크스주의 철학의 심층적인 내용을 깊이 있게 이해하게 된 점을 긍정적인 면으로 들었다. 하지만 비판적 지식인들의 입장에서 보면 장이빙의 『마르크스로 돌아가다』는 주류 이데올로기 범주에서 수행되는 연구의 일환일 수도 있다. 이런 상황을 감안하되 우리는 실사구시의 입장에서 장이빙의 연구 성과를 바라볼 필요가 있다.

저자 장이빙은 난징대학 당서기, 마르크스주의사회이론연구센터 소장, 국제마르크스주의연구원 원장 등을 겸임하고 있는데, 그의 저서 목록은 그의 이력만큼이나 다양하다. 『마르크스 역사변증법의 주체 국면』(2002, 제2판)과 『텍스트의 심층 경작: 서양 마르크스주의 경전 텍스트 독해』(제1권, 2004; 제2권, 2008)는 『마르크스로 돌아가다』와 더불어 마르크스 및 마르크스주의에 대한 연구서이고, 『무조(無調)식의 변증법적 상상: 아도르노 '부정변증법'의 텍스트학 독해』(2001), 『문제설정, 징후적 독해와 이데올로기: 알튀세르의 텍스트학 독해』(2003), 『불가능한 존재의 참: 라캉 철학 영상』(2006), 『푸코로 돌아가다』(2006) 등은 서양의 마르크스주의자인 아도르노, 알튀세르, 라캉, 푸코에 대한 연구서이며, 『레닌으로 돌아가다: '철학 노트'에 관한 포스트텍스트적 독해』(2008)는 레닌에 대해 『마르크스로 돌아가다』와 비슷한 연구를 진행한 저서다. 특히 '돌아가다'라는 제목이 붙은 세 권은 현상학의 취지에서 진행하는 '사상의 고고학' 시리즈다. 그 연장선상에서 현재는 후배 학자들과 함께 『개념의 맥락과 사상의 고고학: '마르크스로 돌아가다'의 기본으로 다시 돌아가기』와 『하이데거로 돌아가다』라는 제목의 저서를 준비하고 있다. 우리는 저자 장이빙이 마르크스뿐 아니라 레닌, 라캉, 알튀세르, 아도르노, 푸코, 하이데거 등을 폭넓게 전문적으로 연구한 경력에 놀라지 않을 수 없다. 그리고 그의 저서들의 제목으로부터 그의 주요한 연구방법이 텍스트 해석학 또는 포스트텍스트학임을 유추할 수 있다.

이 책을 독파하기 위해서는 우선 세 가지 주제어를 이해해야 한다. 첫째는 텍스트 해석학이고, 둘째는 이 책의 부제이기도 한, 경제학 맥락에서 고찰한 철학 담론의 전환이며, 셋째는 저자가 자신의 연구를 명명한 역사현상학이다. 이는 저자가 해제에서 제시한 다섯 가지 키워드 — 마르크스로 돌아가다, 텍스트학 연구, 경제학 맥락, 잠재적 철학 담론, 역사현상학 — 와 중복된다. 그중에서도 "『마르크스·엥겔스 전집』 제2판(MEGA2)의 최신 문헌을 효율적으로 활용해 대량의 마르크스의 초기 경제학 노트를 독해했고, 이를 철학이론 분석과 연결시킴으로써 학술적 혁신을 완성한 책"이라는 경제학자 홍인싱(洪銀興)의 평가에서 알 수 있듯, 경제학과 철학을 융합해서 해석한 것은 이 책의 커다란 성과라 할 수 있다.

이제 이 세 가지 주제와 다섯 가지 키워드를 주요 표지판으로 삼아 간략한 길안내를 시작하겠다.

2.

1) 마르크스로 돌아가다: 원전으로 돌아간다는 것은, 아직 도달해보지 못한 완전히 새로운 텍스트 해석의 역사적 관점을 재구축하거나 우리로 하여금 마르크스 사상의 개방성과 당대적 가능성을 새롭게 구축하게 만드는 것이라 할 수 있다. 현대 철학사에서 에드문트 후설은 '사실 자체로 돌아감'을 현상학의 중요한 이론적 출발점으로 삼았다. 그러나 훗날 해석학적 의미에서의 '돌아감'은 하이데거가 소크라테스 이전의 이른바 사유의 본원성으로 돌아감을 통해 현재의 사상사를 새롭게 쓰는 발단이 되었다. 실상 해석학에 있어 그 어떠한 '돌아감'도 역사적 관점의 정합(整合)에 불과하다.

마찬가지로 '마르크스로 돌아가다'에서 '텍스트로의 돌아감' 역시 '완고한 숭고의식'에서 비롯된 것이 아니며 '마르크스 원전으로의 물러남'을 의미하는 것도 아니다. 그것은 오히려 교조적인 체제 합법성으로부터 탈피하기 위한 준비이며 기성의 강제성을 배제시키고 텍스트에 대한 독해를 통해 새로운 '도구존재성(Zuhandenheit, ready to hand)의 상태'를 만들어내는 것을 의미한다. 이것은 또한 중국인들이 과거에 말하곤 했던 '법고창신(法古創新)'의 정신이기도 하다.

'마르크스로 돌아가다' 자체는 우리가 오늘날 얻게 된 최신의 방법과 맥락으로 개방된 시각 속에서 마르크스를 대면하는 것을 말한다. 바꿔 말해 해석학적 관점에 의하면 마르크스는 결코 원초적 대상이 아니라 이미 해석된 역사적 효과가 되었다. 완전히 새로운, 하지만 근거를 갖는 마르크스가 우리 앞에 놓여 있는 것이다.

2) 마르크스 철학과 당대성: 마르크스 철학과 당대성의 문제는 결코 새로운 명제가 아니다. 이 문제는 지난 1960년대 교조화된 체제에서의 서술 방식을 둘러싸고 구소련의 전통적인 학계가 논쟁을 벌였을 때부터 존재해왔던 것이다. 여기에는 전통적인 인식틀로써 마르크스를 해석하는 방식이 완전하다는 가정이 전제되어 있다. 그러한 해석방식의 이데올로기적 본질은 구소련의 전통적인 마르크스 철학 해석의 비역사적 성격과 절대적인 담론권력의 불법성을 은폐하는 것이다.

실상 마르크스 철학이 반드시 당대적 성격을 띠어야 한다는 것은 의심의 여지가 없는 사실이다. 관건은 그와 같은 의도를 어떻게 현실화할 것인가 하는 것이다. 그러기 위해서는 용감하게 이전의 경전을 다시 해석하고 새로운 텍스트를 정면으로 바라보면서 견실하게 텍스트를 새롭게 펼쳐들어 새로운 역사적 시각에서 당대 생활세계의 새로운 문제들을 진정으로 해결해야 한다. 장이빙은 마르크스 철학에 관한 텍스트(특히 MEGA2)를 직접 정밀하게 독해하지 않는다면 마르크스 사상 발전의 맥락을 과학적이고 전면적으로 파악할 수 없으며 마르크스 철학의 당대성에 대한 언설 역시 실현할 수 없다고 주장한다.

3) 다섯 가지 독해모델: 그는 우선 마르크스 철학 발전사를 고찰하면서 객관적으로 존재하는 '다섯 가지 독해모델'을 추출해낸다. 즉, 서양 마르크스학 모델, 서양 인간주의적 마르크스주의 모델, 알튀세르 모델, 소련 학자들 모델,

그리고 중국 학자 쑨보쿠이 교수의 모델이 그것이다. 이에 대해서는 저자가 '이끄는 말'에서 친절하게 설명하고 있으므로 여기서는 반복하지 않겠다.

4) 마르크스의 텍스트의 분류학적 구분: 장이빙은 마르크스의 텍스트를 세 종류로 분류한다. 첫째는 책을 읽고 발췌한 노트와 사실을 기술한 노트이고, 둘째는 미완성 수고와 서신이며, 셋째는 이미 완성된 논저와 공개 발표 문헌들이다. 이는 마르크스의 텍스트를 분류학적으로 구분한 것이다. 과거 마르크스주의 연구에서 학자들이 보편적으로 중시하고 연구에 열을 올렸던 부류는 대부분 셋째 유형의 논저들이었고, 둘째 유형의 문헌들 역시 어느 정도 관심을 받았다. 하지만 첫째 유형의 텍스트들은 아직 실질적으로 그에 합당한 분석과 연구의 지위를 얻지 못하고 있다. 장이빙은 첫째와 둘째 유형의 텍스트들에 대한 심도 있는 분석을 통해서만 마르크스 사상의 발전과 변혁의 진실한 사유의 맥락과 그 원인이 되는 맥락을 발견할 수 있다고 주장하고, 이 책의 상당 부분을 할애해 노트와 수고 등의 텍스트 자체로 돌아가 그에 대한 문헌학적 고증 작업을 진행하고 있다.

특히 장이빙은 노트의 중요성을 강조한다. 마르크스의 노트에는 담론의 단절, 범주의 설정, 그리고 이론논리 속의 특이한 이질성이 남김없이 그리고 무형식적으로 드러나고 있다. 노트 기록은 주로 독서노트가 중심인데, 이는 마르크스가 독서를 하면서 느낀 점과 해당 도서에 대한 논평을 메모한 것이기 때문에, 우리는 그로부터 학술적 관점의 개요에 실린 이론적 경향성과 최초의 평론, 그리고 논쟁을 통해 형성된 저술 계획과 구상, 그리고 각종 사상이 최초로 형성된 이론적 촉발점과 원초적 단서를 직접적으로 확인할 수 있다. 그것은 첫 번째 텍스트에 대해 '상호 텍스트'적으로 다시 쓴 것으로, 저자와 일차 텍스트가 만난 후 만들어진 의식적 효과의 표현이라 할 수 있다. 이와 같은 내용은 일반적인 이론 수고와 논저에서는 찾아보기 어렵다.

5) 기능적 심층 독해 방법: 장이빙은 '기능적 심층 독해 방법'을 제안한다. 이는 알튀세르의 '징후적 독해'에서 계시를 받은 것이다. 장이빙의 스승인 쑨

보쿠이도 동일한 텍스트에 담긴 이중 논리를 파악해야 한다는 주장을 했다. 장이빙은 이 연장선상에서 비교적 성격의 기능적 독해 방법을 제시하고 있다. 이는 특히 마르크스의 노트를 대할 때 문자에 머무르지 않고 더욱 많은 사고를 하는 것을 가리킨다. 특히 노트 텍스트가 가지고 있는 복잡한 독해 구조, 예를 들어 전도적인 성격의 텍스트(예를 들어『파리 노트』), 그리고 수고 텍스트의 복합적인 담론 구조(예를 들어『1844년 수고』) 등을 분석하기 위해 사용한 방법이다.

6) 단어빈도 통계연구: 텍스트 해석학과 관련해 주목할 것은 '단어빈도 통계연구'다. 이는 저자가 제3판 수정작업 과정에서 이 책이 근거로 삼는 마르크스의 주요 독일어 텍스트에 대해 불완전하게나마 문헌학적 단어빈도 통계를 진행하면서 명명한 방법론이다. 이는 일본 학자 모치즈키 세이지로부터 얻은 교훈 덕분이다. 단어빈도 통계방법은 문헌통계학(Biblimetrics)의 전통적인 방법 가운데 하나다. 이른바 단어빈도(term frequency)는 주어진 문헌에서 특정 단어가 그 문헌에 나타나는 횟수를 의미한다. 단어빈도 통계는 연구자가 일정한 연구목표에 따라 통계학 방법을 운용해 서로 다른 문헌 텍스트(예컨대 인터넷 검색엔진, 신문잡지, 역사문건, 개인기록 등) 연구에서 문제가 되는 핵심 어휘들을 수집하고 특수한 기호화 작업을 거친 뒤 정량(定量) 어휘빈도 분석을 진행하는 방법이다. 이를 통해 저자는 특정 시기 특정 단어를 사용한 빈도수를 통해 마르크스의 개념 형성 과정을 고찰할 수 있었다. 이는 한 사상가의 중요한 텍스트의 모국어 원문에 대해, 지배적 담론 구조에서 나타나는 지배적인 개념 혹은 범주를 통계화하고 다른 시기에 발생한 중요한 사상 변이의 텍스트에 나타나는 단어빈도를 통계화해 시기에 따른 비교분석을 진행하는 한편, 2차원적인 단어빈도 그래프에서 직관의 곡선을 표시해냄으로써 기존의 텍스트학 분석에 데이터를 제공하는 것을 말한다.

7) 경제학 맥락의 철학 담론: 부제에서도 밝힌 것처럼, 이 책의 새로운 관점의 하나는 '경제학적 맥락에서 고찰한 철학 담론'이다. 문자 그대로, 마르크스

경제학 연구의 심층적 맥락에서 그의 철학 담론의 전환을 새롭게 탐색해내는 것이다. 이런 시도는 마르크스와 엥겔스 사후 최초일 것이다. 1842년 하반기 마르크스가 처음으로 경제학 연구를 시작한 이래로 경제학에 관한 내용이 그의 중후기 학술 연구에서 70% 이상을 차지했고 만년에 이르러서는 그 비중이 90%에 달했다. 1846년 이후 마르크스주의의 창시자인 마르크스에게 순수한 철학과 과학적 사회주의는 독자적인 의미에서 근본적으로 존재한 적이 없다. 마르크스는 부르주아 정치경제학 경전의 텍스트를 독해함으로써 경제학이 대면하고 있는 각종 상황이 바로 당시의 사회 현실이라는 점을 인식하게 되었다. 그러므로 객관적인 역사적 현실로부터 출발하기 위해서는 우선 경제학에 대한 이해와 깊이 있는 탐구를 완성해야 했다. 그리고 이 주도적인 연구 자체의 실질적인 과정을 분명히 해야만 철학과 과학적 사회주의 발전 경로의 진정한 기초를 근본적으로 파악할 수 있었다.

마르크스 이론을 연구하는 과정에서 마르크스의 철학, 경제학, 그리고 사회와 역사에 대한 현실적 비판(과학적 사회주의)은 하나의 완전하고 시종일관 분리되지 않는 총체로서, 각종 이론연구의 상호 간에는 상호 침투하고 포용하는 관계가 존재하고 있다. 그러므로 마르크스의 경제학을 연구하려면 마르크스의 철학적 관점을 이해하지 않으면 안 된다. 또한 철학적 분석이 마르크스 경제학 연구와 완전히 분리되어서도 안 된다. 이 두 연구가 마르크스가 자본주의를 비판했던 현실적 목적과 분리되어서는 더욱 안 된다. 장이빙은, 마르크스의 철학을 연구한다는 것은 반드시 마르크스의 경제학 저작을 진지하게 이해해야 한다는 것을 의미한다고 말했다. 그렇지 않으면 형이상학적 거품 속에서 헤매게 되기 때문이다. 이것은 또한 이 책이 본래 의도한 것이기도 하고 이 책의 완전히 새로운 시각이 겨냥하고 있는 바이기도 하다.

8) 유물론 - 역사유물론 - 역사현상학으로 이어지는 마르크스의 3대 담론 전환: 장이빙은 이 책에서 마르크스의 세 개의 이론 정점을 지적하면서, 이를 마르크스 철학사상 발전 과정의 3대 담론 전환 및 인식의 비약이라 칭하고 있

다. 첫째 정점은 1844년으로, 이 시기의 가장 중요한 텍스트는 청년 마르크스가 수립한 인간주의적 사회현상학의 『파리 노트』 가운데 『밀 노트』와 『1844년 수고』다. 둘째 정점은 1845년 1월에서 1846년 12월까지로, 이 시기의 가장 중요한 텍스트는 마르크스의 첫 마르크스주의 문헌들, 즉 광의의 역사유물론을 정립한 「포이어바흐에 관한 테제」와 『독일 이데올로기』, 그리고 『마르크스가 안넨코프에게』다. 셋째 정점은 1847년부터 1858년까지로, 이 시기의 가장 중요한 텍스트는 마르크스가 마르크스주의의 협의의 역사유물론 학설과 역사인식론 위에 역사현상학을 수립한 『정치경제학 비판 요강』이다.

마르크스 철학사상 발전의 첫 번째 전환은 청년 헤겔의 관념론에서 일반유물론으로, 그리고 민주주의에서 사회주의(공산주의)로 전환한 것이다. 장이빙은 이 전환이 마르크스주의로의 전향이 아니었다고 밝힌 바 있다. 이 전환은 『크로이츠나흐 노트』에서 시작되어 『헤겔 법철학 비판』과 『유대인 문제에 대하여』를 거쳐 『파리 노트』 후기와 『1844년 수고』에서 정점에 이르렀다. 일반적으로 말해 이 시기 마르크스의 사상 전환의 현실적 기초는 마르크스의 역사연구와 사회주의 노동자운동 실천의 접촉이었다. 하지만 이 단계의 후기에 마르크스는 이미 첫 번째 경제학 연구를 시작했다. 이 지점에서 저자는 새로운 견해를 제시하고 있다. 사상 배경과 사고의 맥락을 당시 유럽사상사의 총체적 단면에 놓는다면, 마르크스의 이 사상 전환은 단순한 이론 혁신이 아니라 여러 배경 요소의 제약 아래 발생한 논리적 승인이다. 배경 요소로는 포이어바흐의 일반 유물론과 헤겔의 변증법 외에 청년 엥겔스와 헤스, 프루동 등의 경제학에 기초한 철학 비판과 사회주의 관점이 있다. 그리고 청년 마르크스에게 표면적으로 부정당한 고전경제학의 사회유물론의 사유경로와 방법도 있다. 마르크스는 이들을 비판적으로 수용해 사상 전환의 자료로 삼은 셈이다.

마르크스 철학사상의 두 번째 전환은 바로 마르크스주의 철학혁명, 즉 마르크스의 첫 번째 위대한 발견인 광의의 역사유물론을 수립한 것이다. 마르크스의 두 번째 경제학 연구(『브뤼셀 노트』와『맨체스터 노트』) 과정에서 발생한 이 철학사상의 혁명은 「포이어바흐에 관한 테제」에서 시작해『독일 이데올로기』를 거쳐『마르크스가 안넨코프에게』까지 이어졌다. 이러한 전환의 가장 중요한 이론적 기초는 정치경제학에 대한 마르크스의 과학적 비판의 기초가 형성된 것이었다. 장이빙은 마르크스가 사회주의 실천과 기타 철학 관념으로부터 영향을 받긴 했지만 그 외에도 고전 정치경제학에서의 스미스와 리카도의 사회역사관의 사회유물론을 비판적으로 수용하고 부르주아 이데올로기를 비판적으로 초월한 토대 위에 역사유물론과 역사변증법을 수립한 것이라는 생각하에 새로운 관점을 제시했다. 실천유물론을 기본 입장으로 한 일정한 사회역사 단계의 구체적인 역사적 현실에 나타나는 사회관계에 대한 연구, 특히 과학적인 역사적 존재에 대한 '본체'적 규정에 관한 사유는 마르크스 철학 관심의 이론적 초점이 되었다. 마르크스주의 철학 연구의 새로운 단계는 사회현실의 경제학 및 역사학에 대해 과학적 연구를 진행하는 시기였다. 따라서 이 특별한 혁명 시기에 마르크스주의 철학변혁의 발단과 정치경제학에 대한 과학 연구의 시작은 전통 연구에서 말하는 것처럼 마르크스가 먼저 역사유물론을 창립하고 나서 뒤이어 정치경제학 연구로 전향한 것이 아니라 동시에 발생한 것이라 할 수 있다.

마르크스 철학사상의 세 번째 전환은 협의의 역사유물론과 역사인식론으로부터 역사현상학의 창립이라는 위대한 인식의 비약이다. 이러한 변화는 마르크스의 세 번째 경제학 연구에 기초한다. 이 변화는『철학의 빈곤』에서 시작되어『런던 노트』에서 크게 발전한 다음『정치경제학 비판 요강』에서 기본적으로 완성되었다. 그 기초는 직접 마르크스 경제학 혁명의 탐색, 즉 마르크스의 두 번째 위대한 발견인 잉여가치 이론의 형성으로 이어졌다. 1847년 이후 마르크스는 '부르주아 사회'를 생산력 발전의 최고점('인체')으로 하는 인류 사회역사에 대해 과학적 비판과 고찰을 진행하기 시작했다. 이로 인해 이전 자본주의 사회, 특히 자본주의 사회의 경제역사에 대한 마르크스의 연구에서 인류사회 발전의 역사 본질이 처음으로 과학적 설명을 얻게 되었고 모든 사회역사 발전의 특수한 운행법칙도 처음으로 드러나게 되었다. 인간과 자연(주위 환경)의 관계, 인간과 인간 사이의 사회관계가 처음으로 진실한 사회역사의 정경 속에 구체적으로 인식된 것이다. 이것이 마르크스가 정립한 협의의 역사유물론 철학이론의 주요 내용이다. 자본주의 사회화라는 물질 대생산 발전 과정에서 분업과 교환이 형성하는 생활조건은 필연적으로 인간의 사회적 노동관계의 객관적 외면화(가치) 및 자본주의 시장조건에서 한 걸음 더 나아간, 사물에 노예화되는 전도된 관계(자본)를 유발한다. 그리고 이에 따라 역사적으로 유사 이래 사회생활 분야에서 가장 복잡한 사회차원과 내재 구조를 구축하고, 이는 필연적으로 독특한 비직접적 역사인식론의 완전히 새로운 철학 기초를 형성한다. 그리고 각종 전도와 사물화된 경제관계 가상을 통해 비판적으로 부르주아 이데올로기의 물신숭배를 배제하고, 최종적으로 자본주의 생산양식의 본질을 설명한다. 이것이 마르크스 역사현상학의 주체적 내용이다.

9) 다섯 번의 전환과 전도: 장이빙은 자신의 연구 성과를 토대로 마르크스에게 다섯 차례의 방법론 전환이 있었다고 주장한다. 이 전환은 단순하고 돌발적인 변화가 아니라 여러 차례 다차원적인 전진을 거쳐 완성된 복잡한 과정이다.

1838년부터 계산하면 첫 번째는 1843년 청년헤겔학파에서 포이어바흐식의 일반 유물론으로의 전향이었고, 두 번째는 1845년에 일반 유물론에서 방법론상의 역사유물론으로의 전환이었으며, 세 번째는 1847년 철학에서 현실 비판으로의 전향이었고, 네 번째는 1857~1858년에 역사현상학의 비판논리 실현이었으며, 다섯 번째는 경제학 표현 논리방법의 확립이었다.

시각을 바꿔보면 상술한 변화들은 마르크스 철학논리가 다섯 차례 전도했음을 말해준다. 첫 번째는 1843년 마르크스 철학 전제의 전도로서, 감성적 구체에서 출발한(실제로는 아직 비역사적 추상이다) 논리를 형성하기 시작했고, 두 번째는 1845년 인지방법의 전도로서, 실천과 생산의 역사 '본체'라는 현실에서 출발한 논리를 형성하기 시작했다. 세 번째는 연구내용의 전도로서, 역사 현실에서 출발한 논리를 형성하기 시작했다. 네 번째는 1857~1858년 자본주의 사회 대상화의 표상 현상학의 전도였고, 다섯 번째는 경제학 이론 구축의 형식 전도, 즉 추상에서 구체로의 재귀환이었다. 물론 이처럼 복잡한 사상변화의 과정은 본질적으로는 상술한 3대 담론 전환의 범위 안에서 이루어졌다.

이상의 길안내는 표지판의 위치를 지시할 뿐이다. 자세한 길 찾기는 독자들이 만보객(flâneur)이 되어 수행할 몫이다.

3.

3년 전 맑스코뮤날레 집행위원회 회의석상에서 만난 정성진 교수가 장이빙 교수의 『마르크스로 돌아가다』의 번역을 제안해왔을 때, 내가 이 책 번역에 참가하게 되리라고는 생각지도 못했다. 왜냐하면 2005년 리쩌허우의 『중국근대사상사론』을 번역 출간한 후 다시는 번역을 하지 않겠다고 마음먹고 있었기 때문이다. 번역에 들이는 시간과 노력을 내 글을 쓰는 데 투여해야겠다는 생각이었다. 하지만 중국 연구를 하면서 번역과 무관할 수는 없었고, 그 후에도 여러 권의 책을 엮으면서 감역(監譯)이라는 새로운 역할을 떠맡게 되었다. 아울러 '문화연구'의 연장선상에서 '번역연구(translation studies)'에 관심을 가지면서 대학원에 관련 분야 과목을 개설하고 자연스레 논문 지도를 하게 되었다. 이 와중에 '번역연구'와 관련해 몇 편의 글도 쓰게 되었다. 그러나 번역을 하는 것과 감역 및 번역연구를 수행하는 것은 별개의 일이다. 얼마 전 『루쉰전집』(20권) 완역 출간을 지켜보면서 오랜 시간 생명력을 가지는 책은 어쩌면 『루쉰전집』 같은 대가의 글일 수 있겠다 하는 생각을 했지만, 그럼에도 내 글을 써야겠다는 생각에는 변함이 없었다.

하지만 이렇게 옮긴이의 말을 쓰게 된 이유는 공동번역자 중 한 사람인 김태성 선생과의 오랜 인연과 의리 때문이다. 석사과정부터 고락을 함께 해온 오랜 친구 김 선생과는 먹고사는 문제로 인해 소식이 끊겼다가 만나는 과정을 두어 차례 겪었다. 그가 중국어 전문 번역가의 길을 걷게 된 이후에는 동업자로서 자주 만나게 되었고, 정성진 교수가 이 책의 번역을 의뢰했을 때에도 중국 정부의 '중화도서특별공헌상'을 받은 번역자인 만큼 믿을 만하다고 생각해 그를 소개했던 것이다. 그런데 철석같이 믿었던 김 선생이 제 시간에 번역을 완료하지 못함으로 인해(중국 출판사와의 계약 문제도 있었던 듯하다) 소개자로서의 도덕적 책무를 다해야 한다는 생각에서 번역에 뛰어들게 되었다. 게다가 금년 10월에 열리는 마르크스 탄생 200주년 기념 학술토론회에 맞춰 출간하면 좋겠다는 저자의 제안에 부응해야 한다는 주위의 강박에 못 이겨, 부득불 몇몇 동료들과 공동번역팀을 꾸리지 않을 수 없었다. 번역팀의 일원인 김현석 박사는 번역한 원고를 가지고 세미나를 진행하자는 제안을 했지만, 촉급한 시간은 우리에게 그런 여유를 허락하지 않았다.

이상의 외적인 과정과 더불어, 내가 이 책의 공동번역을 조직해 참여하고 인고를 요구하는 통고(統稿)를 자임한 속내는 따로 있다. 무엇보다 중국학자가 '마르크스로 돌아가' 그의 원초적 텍스트를 새롭게 검토하되, 정치경제학과 철학을 결합해 연구해야 한다고 주장하는데, 그의 주장이 얼마나 설득력 있게 논술되었는지가 궁금했다. 나아가 중국 학자가 마르크스를 비판적으로 읽어낸 결과물에 대해 그간 서양에 경도되어온 한국 학술계가 어떤 반응을 보일지도 궁금했다. 다행히 이 책은 저자의 학술 파트너인 정성진 교수의 추동에 힘입은 바 크기 때문에 한국 학계의 적극적인 반응이 예상된다. 그리고 더 깊은 층위에는 이 기회를 빌려 그동안 띄엄띄엄 진행해온 마르크스와 마르크스주의에 대한 학습을 정리해보자는 생각도 없지 않았다.

이 책의 번역은 주로 '중국어『자본론』독해 세미나'의 구성원이 담당했다. 중국어『자본론』세미나는 2017년 제8차 맑스코뮤날레를 마치고 뒤풀이 자리에서 이재현 선생의 제안으로 구성되었다. 평소 한국의 진보 진영 학자들이 중국에 대한 이해(Chinese literacy)가 부족하다고 생각하고 있던 그는 관심과 의지가 있는 사람들이라도 모여 중국에 대한 공부를 시작해야 한다며 이 세미나를 제안했던 것이다. 이에 2017년 7월부터 『마르크스엥겔스 저작 선독: 정치경제학(馬列著作選讀-政治經濟學)』(1988)을 텍스트로 삼아 참세상 연구소 세미나실에서 격주 토요일 오후에 한 번도 거르지 않고 3시간씩 독해 세미나를 해왔다. 지금은 독해 세미나에서 발제 토론 세미나로 변신한 『자본론』 세미나 팀에는 이 책의 번역이 훌륭한 실천과 자기검증의 장이 된 셈이다.

학제 간 융복합과 통섭이 대세임에도 불구하고 전공 영역의 고유성은 존중되어야 한다. 옮긴이들은 대부분 중국 근현대문학을 기반으로 공부한 터에 사회과학, 특히 마르크스주의에 익숙한 편은 아니다. 중국 근현대문학의 전공 특성상 마오쩌둥 사상 및 마르크스·레닌주의와 불가분의 관계에 있었음에도 불구하고, 그리고 개인적으로 마르크스의 저작들을 읽기도 하고 『자본론』 독해의 공동 학습을 거쳤음에도 불구하고 마르크스주의 전공자라 하기에는 부족함이 있다. 이에 정치경제학의 권위자인 정성진 교수에게 감수를 부탁했고, 정 교수의 소개로 마르크스주의 철학 전공자인 서유석 교수에게 감수를 의뢰함으로써 부족함을 보완하고자 했다. 아울러 모호한 부분에 대해서는 여러 차례 저자와 이메일로 확인 과정을 거쳤다. '도구존재성'으로 번역한 상수성(上手性)이 대표적인 예다. 상수성이 하이데거의 Zuhandenheit (ready to hand, 도구존재성)의 중국식 번역어라는 사실은 저자와의 메일을 통해서야 알 수 있었다. 그럼에도 불구하고 남겨진 오역이 있다면 이는 오롯이 옮긴이들의 몫이다. 3판 서문과 이끄는 글, 그리고 1, 2, 3장은 김태성, 4장은 김순진, 5장은 고재원, 6장은 임춘성, 7장과 저자 해제는 피경훈, 그리고 8장과 9장은 김현석이 맡아 번역했다.

이 책은 정성진 교수의 제안과 추동이 없었다면 출간되기 어려웠을 것이다. 특히 형식적인 감수에 그치지 않고 거의 모든 원고를 꼼꼼하게 읽고 전문적인 용어와 내용에 대해 대안을 제시해주었을 뿐만 아니라 일본어판을 대조해 상세한 교정까지 진행해주었다. 특별한 감사의 말을 전한다. 그리고 2교 교정을 보면서 독일어 표기를 검토해준 서유석 교수에게 감사드린다. 저자가 마르크스 원전을 읽겠다는 일념에 반백이 넘어 독일어를 학습해서 원전을 대조해 병기한 노고를 치하하는 동시에, 독일어 표기에 일부 혼선이 있어 번역본에서 이를 바로잡는 데 서 교수가 많은 노력을 기울였음을 밝힌다. 또한 저자와 옮긴이, 그리고 중국 출판사 사이에서 정성진 교수와 옮긴이를 믿고 판권 문제를 원활하게 처리해준 난징대학의 쉬리밍(徐黎明) 교수에게 감사의 말을 전한다. 혼연하게 출판을 수락해준 한울 출판사 김종수 사장에게 감사드리며, 아울러 편집부의 신순남 선생에게도 감사드린다. 촉급한 시간과 공동번역으로 인해 난삽하게 작성된 초고가 신 선생의 꼼꼼한 교열을 통해 딱딱한 번역 투 원고에서 벗어나 순통한 우리말 문장으로 바뀌었다. 그럼에도 불구하고 여전히 남겨진 번역 투의 문장은 당연히 옮긴이들의 책임이다.

지속적으로 학술공동체를 지향해왔음에도 불구하고 공동 작업은 여전히 쉽지 않은 일이다. 각 성원들의 개성과 스타일, 그리고 학문 수준과 중국어 독해력 등을 감안해 하나로 묶는 통고 작업은 경이로운 다양함을 경험하는 과정인 동시에 독자에게 통일된 방안을 제시해야 하는 인고의 과정이기도 하다. 바쁜 와중에 나를 믿고 공동번역에 참가하고 많은 부분을 위임해준 옮긴이들에게 감사의 말을 전한다. 그리고 이 과정이 우리들의 이후 공부에 좋은 밑거름이 되기를 충심으로 기대한다. 이 책은 2014년 1월 장쑤런민(江蘇人民) 출판사에서 나온 제3판을 저본으로 삼았고, 부분적으로 영역본과 일역본을 참조했다. 영역본은 두루뭉술한 번역이 많았고, 일역본은 설명적인 의역이 많았음을 부기해둔다. 독자 여러분의 생산적인 비판을 기대한다!

2018년 10월
옮긴이를 대표하여
임춘성

필자 소개

지은이

장이빙(張一兵) 본명 장이빈(張異賓). 중국 난징대학 철학과 교수로서 난징대학 당서기, 마르크스주의사회이론연구센터 소장, 국제마르크스주의연구원 원장을 겸임하고 있고, 중국마르크스엥겔스연구회 상무이사, 중국변증유물론학회 상무이사, 중국 마르크스주의철학사학회 부회장, 장쑤성(江蘇省)철학학회 회장으로 활동하고 있다. 대표 논저로는 『레닌으로 돌아가다: '철학 노트'에 관한 포스트텍스트적 독해』, 『불가능한 존재의 참: 라캉 철학 영상』, 『텍스트의 심층 경작: 서양 마르크스주의 경전 텍스트 독해』, 『문제설정, 징후적 독해와 이데올로기: 알튀세르의 텍스트학 독해』, 『마르크스 역사변증법의 주체 국면』, 『무조(無調)식의 변증법적 상상: 아도르노 '부정변증법'의 텍스트학 독해』 등이 있다.

옮긴이

김태성 한국외국어대학교 중국어과를 졸업하고 동 대학원에서 타이완문학 연구로 박사학위를 받았다. 중국학 연구공동체인 한성문화연구소를 운영하면서 중국 저작물 번역과 문학 교류 활동에 주력하고 있다. 『마르크스 엥겔스 교육론』(전 3권), 『자본론을 읽다』, 『사람의 목소리는 빛보다 멀리 간다』, 『고별혁명』, 『문명의 대화』, 『중국 문화 지리를 읽다』, 『마르케스의 서재에서』 등 100여 권의 중국 저작물을 한국어로 번역했다. 중국 문화번역네트워크인 CCTSS 고문을 맡고 있으며, 2016년 중국 신문광전총국이 운영하는 '중화도서특별공헌상'을 수상했다.

김순진 문학박사이며, 한신대학교 중국학과 부교수로 재직 중이다. 연구 분야는 중국 현대문학이며, 특히 중국 여성문학과 아동문학에 많은 관심을 갖고 있다. 저서로는 『영화로 읽는 중국』(공저), 『현대 도시 상하이의 발전과 상하이인의 삶』(공저), 『중국대도시의 발전과 도시인의 삶』(공저) 등이 있고, 역서로는 『경성지련』, 『제일로향』, 『만사형통』(공역), 『복사꽃 피는 날들』, 『거울 속에 있는 듯』(공역), 『21세기 중국의 문화지도: 포스트사회주의 중국의 문화연구』(공역), 『월미각의 만두』(공역), 『빅토리아 항을 지나며』(공역), 『한눈에 보는 중국문화』, 『석류나무에 앵두가 열리듯』 등이 있다. 중국어 저서로는 『新世紀韓國的中國現當代文學硏究』(공저)가 있다.

고재원 중국 화동사대(華東師大) 중문과에서 중국 현대문학과 문화연구로 박사학위를 받았다. 현재 가톨릭대학교, 숭실대학교 중문과 외래 강사로 강의 중이다. 주요 연구 분야는 현대 중국의 근대성과 청년담론이며, 사회주의 시기 문화연구에도 관심을 가지고 있다. 번역서로『가까이 살피고 멀리 바라보기: 왕샤오밍 문화연구』(공역), 『나의 이웃: 조선인 제재 중국 단편소설선 1919-1945』가 있다.

피경훈 고려대학교 중어중문학과와 동 대학원을 졸업하고, 베이징대학교에서 중문학 박사학위를 받았다. 고려대학교 중국학연구소 연구교수를 거쳐 현재 국립목포대학교 중국언어와문화학과 조교수로 있다. '문화대혁명과 사회주의적 주체성의 문제', '중국의 제국 담론' 등에 관심을 가지고 연구하고 있다. 주요 논문으로「해방으로서의 과학」, 「주체와 유토피아」, 「문화대혁명의 종결을 어떻게 재사유할 것인가」, 「계몽의 우회」 등이 있고, 저서로는『혁명과 이행』(공저), 역서로는『상하이학파 문화연구』(공역), 『계몽의 자아와해』(공역), 『비판철학의 비판』이 있다.

김현석 중국사회과학원 석사과정에서 중국근현대 경제사를, 박사과정에서 중화인민공화국 경제사를 공부했다. 한국외국어대학교 중국어과, 서울시립대학교 중국어문화학과 등에서 외래 강사로 강의 중이다. 최근 연구로는「중국의 경제성장 방식 전환과 공공성 회복」, 「중국 이행기의 정치경제학」, 「중국지방정부 기업화와 도시공간 재편」 등이 있다. 역서로는『중국자본주의를 바꾸다』(공역)가 있다.

임춘성 문학박사이며, 국립목포대학교 중국언어와문화학과 교수와 동 대학원 문화응용과스토리텔링협동과정 교수로 재직 중이다. 연구 분야는 중문학과 문화연구다. 한국 중국현대문학학회 회장을 역임했으며 동 학회 상임고문직을 맡고 있다. ≪문화/과학≫ 편집자문위원, 상하이대학교 문화연구학부 국제위원, 맑스코뮤날레 집행위원 등으로 활동하고 있다. 저서로는『포스트사회주의 중국의 문화정체성과 문화정치』, 『혁명과 이행』(공저), 『리쩌허우』, 『좌파가 미래를 설계하는 방법』(공저), 『왕샤오밍』, 『상하이학파 문화연구』(편저), 『중국 근현대문학사 담론과 타자화』, 『상하이영화와 상하이인의 정체성』(공편저), 『21세기 중국의 문화지도: 포스트사회주의 중국의 문화연구』(공편저), 『동아시아의 문화와 문화적 정체성』(공저), 『홍콩과 홍콩인의 정체성』(공저) 등이 있다. 역서로는『중국현대통속문학사上』(공역), 『중국근대사상사론』, 『중국근현대문학운동사』(편역), 『중국통사강요』(공역) 등이 있다. 중국어 저서로는『新世紀韓國的中國現當代文學研究』(편저), 『文化上海』(공저), 『精神中國』(공저), 『視野與方法: 重構當代文學研究的版圖』(공저) 등이 있다.

감수

정성진 서울대학교 경제학과를 졸업하고 동 대학원 경제학과에서 석사와 박사 학위를 취득했다. 경상대학교 사회과학연구원장과 한국사회경제학회장을 역임했다. 현재는 경상대학교 경제학과 교수로 재직하면서 ≪마르크스주의 연구≫ 편집위원장, 맑스코뮤날레 공동대표를 맡고 있다. 저서로는 『마르크스와 한국경제』, 『마르크스와 트로츠키』, 『마르크스와 세계경제』, *Marxist Perspectives on South Korea in the Global Economy* 등이 있으며, 역서로는 『칼 맑스의 혁명적 사상』 등이 있다.

서유석 서울대 철학과에서 「존 엘스터의 '개체론적 마르크스주의'에 대한 비판적 고찰」로 철학박사학위를 받았다. 현재 호원대학교 교양학과 교수로 재직 중이다. 저서로는 『철학, 문화를 읽다』(공저), 『처음 만나는 진보』(공저) 등이 있으며, 역서로는 『머레이 북친의 사회적 생태론과 코뮌주의』, 『철학 오디세이』, 『청년헤겔』(공역), 『변증법적 유물론』(공역)이 있다.

한울아카데미 2114

마르크스로 돌아가다
경제학적 맥락에서 고찰한 철학 담론

지은이 장이빙
옮긴이 김태성·김순진·고재원·피경훈·김현석·임춘성
감수 정성진·서유석
펴낸이 김종수
펴낸곳 한울엠플러스(주)
편집 신순남

초판 1쇄 인쇄 2018년 10월 15일
초판 1쇄 발행 2018년 10월 26일

주소 10881 경기도 파주시 광인사길 153 한울시소빌딩 3층
전화 031-955-0655
팩스 031-955-0656
홈페이지 www.hanulmplus.kr
등록번호 제406-2015-000143호

Printed in Korea.
ISBN 978-89-460-7114-8 93300(양장)
     978-89-460-6562-8 93300(반양장)

※ 책값은 겉표지에 표시되어 있습니다.